경찰채용 · 경찰간부 · 경정승진 / 7급공무원
법원서기보 · 법무사 · 법원행시

원기총 2.0
원헌법 기출총정리
KIM WON-WOOK CONSTITUTION

총론+기본권론

2023년 경찰채용 1차까지
최신판례 & 기출 반영

| 김원욱 편저 |

질문답변과 자료업데이트

[경찰간부·승진]다음카페 | 김원욱헌법교실 cafe.daum.net/policewon
[경찰채용]네이버카페 | 김원욱경찰학교 cafe.naver.com/wonwook2021

이책의 **머리말**

김원욱헌법 **기출총정리 2.0**을 소개합니다.

헌법 원기총 2.0은 **전면개정판**으로 완전 새롭게 탄생하였습니다.

⑴ **중복문 삭제** : 기출문제를 지문별로 쪼갠 뒤 다시 지문별로 합쳤습니다.
⑵ **목차별 배열** : 목차대로 지문을 배열하여 헌법 전체의 체계가 잡힙니다.
⑶ **판례의 비교** : 헷갈리기 쉬운 판례들을 묶어서 차이점을 정리했습니다.
⑷ **슬림한 해설** : 장황한 판례해설들을 핵심 위주로 줄여서 수록했습니다.
⑸ **상세한 해설** : 〈주〉를 대폭 보강하여 구어체로 풀어서 쉽게 해설했습니다.
⑹ **독학 최적화** : 구어체 해설로 수강후 혼자 복습하기 쉽게 만들었습니다.
⑺ **절반의 두께** : 2단 편집으로 기존보다 페이지가 절반으로 줄었습니다.
⑻ **빠른 가독성** : 소설 읽듯이 술술 읽히면서 핵심이 머릿속에 남습니다.
⑼ **한권만 반복** : 최다 문제수록으로 이 책 한 권만으로 헌법은 끝납니다.
⑽ **최기판 수록** : 2023년 4월말까지 국내 최신기출을 모두 수록했습니다.

본 교재에 수록된 기출문제들은 다음과 같습니다.

⑴ 경찰채용, 해양경찰, 경찰경력채용, 경찰간부, 해경간부, 경찰승진, 해경승진
⑵ 법원직 9급 5급, 법무사, 군무원 5급, 비상계획관, 소방간부
⑶ 국가직 7급 5급, 지방직 7급, 국회직 9급, 8급, 5급

헌법은 기본 체계만 잘 잡으면 판례 공부는 수월한 편입니다.
판례마다 스토리가 있어서 한 번 공부하면 기억이 오래 갑니다.
법률용어가 어렵지만 원욱쌤이 세상 쉽게 설명해서 이해시킵니다.
헌법총론의 암기사항들은 특허받은 방법으로 머릿속에 때려박습니다.
헌법은 50점 만점을 받으려 하지 말고, 최소투자로 45점을 노려야 합니다.
혼자 공부가 어려운 학생이 있다면 원욱쌤이 손잡고 같이 헤쳐 나갑니다.

2023. 5. 1
원욱쌤

CONTENTS

제1편
헌법 총론

제1장 헌법과 헌법학 _ 4

제1절 헌법의 의의   4

제2절 헌법의 해석   5
    1. 헌법의 해석   5
    2. 합헌적 법률해석   6
    3. 합헌적 법률해석의 한계   8

제3절 헌법의 제정, 개정과 변천   9
    1. 헌법 제정·개정 권력   9
    2. 헌법의 개정   11
    3. 헌법의 변천과 침해   16

제4절 헌법의 보장   17
    1. 헌법의 보장   17
    2. 저항권   18
    3. 방어적 민주주의   21

제2장 대한민국 헌법총설 _ 23

제1절 대한민국 헌정사   23
    0. 1948년 제헌헌법 (제1공화국)   23
    1. 1952년 1차개헌 (제1공화국)   26
    2. 1954년 2차개헌 (제1공화국)   27
    3. 1960년 3차개헌 (제2공화국)   29
    4. 1960년 4차개헌 (제2공화국)   31
    5. 1962년 5차개헌 (제3공화국)   31
    6. 1969년 6차개헌 (제3공화국)   33
    7. 1972년 7차개헌 (제4공화국)   33
    8. 1980년 8차개헌 (제5공화국)   34
    9. 1987년 9차개헌 (제6공화국)   36

제2절 대한민국의 국가형태와 구성요소   38
    ▌제1항 국민주권 (헌법 제1조)   38
    ▌제2항 국민 (헌법 제2조) – 국적법   38
    1. 서설   38
    2. 출생   40
    3. 인지   41
    4. 일반, 간이, 특별귀화   42
    5. 수반취득, 국적회복   44
    6. 복수국적, 국적상실, 권리양도   45
    7. 국적법 부칙   49
    8. 국적법 기타   50
    9. 재외국민과 해외동포의 보호   51
    ▌제3항 영토와 통일 (헌법 제3조 내지 제4조)   53
    1. 북한과의 관계   53
    2. 영토조항과 통일조항   57

이책의 목차

제3절 헌법의 기본원리 ... 58

제1항 헌법 전문 ... 58
1. 서설 ... 58
2. 헌법 전문의 내용 ... 59
3. 관련 판례 ... 62

제2항 국민주권원리 ... 63
1. 주권의 역사 ... 63
2. 국민주권 ... 64
3. 기타 문제 ... 66

제3항 민주주의 ... 67

제4항 법치주의 ... 68
1. 서설 ... 68
2. 법률유보와 법률우위 ... 70
3. 명확성원칙 ... 74
4. 신뢰보호원칙 ... 75
5. 소급입법금지원칙 ... 79
6. 신뢰보호와 소급금지 판례 ... 83
7. 체계정당성원칙 ... 87

제5항 사회국가원리 ... 88
1. 서설 ... 88
2. 헌법상 경제질서 ... 91
3. 관련 판례 ... 95

제6항 문화국가원리 ... 100
1. 서설 ... 100
2. 관련 판례 ... 101

제7항 국제평화주의 ... 103
1. 서설 ... 103
2. 조약 ... 106

제3장 헌법상 제도 _ 111

제1절 공무원제도 ... 112
1. 서설 ... 112
2. 직업공무원의 정치적 중립 ... 113
3. 직업공무원의 신분보장 ... 115
4. 관련 판례 ... 116

제2절 정당제도 ... 117
1. 서설 ... 117
2. 정당의 자유와 복수정당제 (제8조 제1항) ... 119
3. 정당의 한계 (제8조 제2항) ... 123
4. 정당 보조금 등 (제8조 제3항) ... 127
5. 선거관리위원회의 등록취소 ... 131
6. 헌법재판소의 강제해산 (제8조 제4항) ... 132

제3절 선거제도 ... 142
1. 서설 ... 142
2. 선거권 ... 146
3. 피선거권 ... 152
4. 선거구의 획정 ... 153
5. 비례대표제 ... 156
6. 후보자과 기탁금 ... 158
7. 선거운동 ... 160
8. 투표와 소송 ... 166

제4절 지방자치제도 ... 169
1. 서설 ... 169
2. 주민의 권한과 의무 ... 173
3. 지방자치단체의 사무와 조례 제정 ... 177
4. 지방자치단체의 기관 ... 182
5. 지방자치단체에 대한 통제 ... 187

CONTENTS

제2편 기본권론

제1장 기본권 총론 _ 192

제1절 기본권의 의의 192

제2절 기본권의 법적 성격 192

제3절 기본권의 주체 193
   1. 국민 193
   2. 외국인 195
   3. 법인 199
   4. 정당 205

제4절 기본권의 효력 206
   1. 기본권의 대국가적 효력 206
   2. 기본권의 대사인적 효력 (제3자적 효력) 206

제5절 기본권의 갈등 208
   ▎제1항 기본권의 경합 208
   1. 기본권 경합의 의의 208
   2. 특별기본권 209
   3. 주된 기본권 209
   ▎제2항 기본권의 충돌 210
   1. 기본권 충돌의 의의 210
   2. 이익형량 방법 (상위기본권 우선) 211
   3. 규범조화 해석 (과잉금지원칙) 212

제6절 기본권의 제한과 한계 214
   1. 기본권 제한의 유형 214
   2. 기본권 제한의 형식 215
   3. 과잉금지원칙 216
   4. 목적의 정당성 부정 218
   5. 수단의 적절성 부정 219
   6. 기본권의 본질침해 금지 220
   7. 관련 판례 221
   8. 특별권력관계 222

제7절 기본권의 확인과 보장 222
   1. 서설 222
   2. 과소보호금지원칙 223
   3. 관련 판례 225

제8절 기본권의 침해와 구제 227
   1. 인권위원회에 대한 진정 227
   2. 인권위원회 기타 228

제2장 포괄적 기본권 _ 232

제1절 인간의 존엄과 가치 232
   1. 인격권 232
   2. 초상권, 명예권 234
   3. 생명권 234
   4. 사형제도 236
   5. 기타 판례 238

제2절 행복추구권 238
   1. 서설 238
   2. 일반적 행동자유권 239
   3. 자기결정권 244

제3절 평등권 245
   1. 서설 245
   2. 평등원칙 심사 247
   3. 적극적 평등실현조치 250
   4. 기타 판례 251

제3장 자유권적 기본권 _ 259

제1절 신체의 자유 259

제1항 신체의 자유의 실체적 보장 259
1. 죄형법정주의 259
2. 일사부재리원칙 269

제2항 신체의 자유의 절차적 보장 272
1. 적법절차원칙 272
2. 진술거부권 276
3. 영장주의 276
4. 변호인의 조력을 받을 권리 284
5. 체포구속적부심사제도 290
6. 무죄추정원칙 291
7. 기타 헌법규정 및 판례 293

제2절 사생활의 자유 299

제1항 사생활의 비밀과 자유 299
1. 서설 299
2. 개인정보자기결정권 301
3. 기타 판례 304

제2항 주거의 자유 313

제3항 거주·이전의 자유 314
1. 거주이전의 자유의 범위 314
2. 거주이전의 자유 침해 여부 315

제4항 통신의 자유 316
1. 서설 316
2. 통신비밀보호법 317
3. 기타 판례 319

제3절 정신적 자유권 321

제1항 양심의 자유 321
1. 서설 321
2. 양심적 병역거부 324
3. 기타 판례 326

제2항 종교의 자유 329
1. 종교의 자유의 범위 329
2. 종교의 자유에 대한 제한 330

제3항 언론·출판의 자유 333
1. 서설 333
2. 알권리 336
3. 엑세스권 340
4. 언론기관의 자유 341
5. 사전허가·검열 절대금지 342
6. 인터넷 본인확인 349
7. 선거, 음란, 명예훼손 등 351
8. 기타 판례 354

제4항 집회·결사의 자유 355
1. 집회의 자유의 내용 355
2. 허가제 절대금지 358
3. 집회의 제한 360
4. 집시법의 주요내용 362
5. 결사의 자유의 주체 365
6. 결사의 자유의 내용 366

제5항 학문·예술의 자유 366

CONTENTS

제4장 경제적 자유 _ 368

제1절 재산권   368
    1. 재산권의 범위   368
    2. 재산권의 보장과 한계 (제23조 제1항)   374
    3. 재산권의 제한 (제23조 제2항)   375
    4. 재산권의 수용과 보상 (제23조 제3항)   378
    5. 재산권의 소급박탈 금지 (제13조 제2항)   380
    6. 재산권 판례   381

제2절 직업의 자유   384
    1. 서설   384
    2. 직업의 자유의 주체   385
    3. 직업의 자유의 내용   386
    4. 1단계 제한 (직업수행)   387
    5. 2단계 제한 (주관적 직업선택)   388
    6. 3단계 제한 (객관적 직업선택)   390
    7. 기타 판례   390

제3절 소비자의 권리   403

제5장 참정권 _ 404

제1절 국민투표권   404
    1. 서설   404
    2. 헌법 제72조의 국민투표   405
    3. 기타 문제   406

제2절 공무담임권   408
    1. 서설   408
    2. 공무담임권의 보호영역   409
    3. 공무담임권의 제한   411

제6장 청구권적 기본권 _ 417

제1절 청원권   417

제2절 재판청구권   422
    1. 서설   422
    2. 법률에 의한 재판   423
    3. 국민참여재판   426
    4. 행정심판전치주의   428
    5. 군사재판과 소송비용재판   430
    6. 신속, 공개, 공정한 재판   431
    7. 재판절차진술권   438

제3절 형사보상청구권   439
    1. 서설   439
    2. 형사보상의 요건   440
    3. 형사보상의 효과   441
    4. 기타 문제   442
    5. 형사소송법상 형사비용보상청구권   443

제4절 국가배상청구권   444
    1. 서설   444
    2. 공무원   444
    3. 직무관련성   445
    4. 불법행위 – 고의·과실   445
    5. 손해배상책임   446
    6. 기타문제   447

제5절 범죄피해자구조청구권   449
    1. 서설   449
    2. 범죄피해자구조의 요건   450
    3. 기타 문제   451

제7장 사회적 기본권 _ 452

제1절 인간다운 생활권 452
    1. 서설 452
    2. 사회보장 453
    3. 근로자, 수용자, 장애인, 유공자 등 456
    4. 연금, 퇴직금 458
    5. 세금, 보험, 기타 460

제2절 교육을 받을 권리 462
    1. 서설 462
    2. 주체 464
    3. 의무교육 466
    4. 대학의 자율권 468
    5. 기타문제 472

제3절 근로의 권리와 근로3권 475
    1. 근로의 권리 475
    2. 근로3권 477
    3. 유니언 샵 481
    4. 근로권의 주체 482
    5. 해고예고, 연차휴가 등 484
    6. 노동쟁의 기타 486

제4절 환경권 488

제5절 혼인과 가족생활의 권리 491
    1. 서설 491
    2. 부부관계 492
    3. 가족관계 493

제6절 보건권 494

제8장 국민의 기본적 의무 _ 495

    1. 서설 495
    2. 납세의 의무 496
    3. 국방의 의무 497

PART 01

김원욱 원기총 2.0
cafe.daum.net/policewon

헌법총론

제1장 헌법과 헌법학

제1절 헌법의 의의

001
다음 설명 중 가장 적절하지 않은 것은? (판례)

① 헌법은 국가를 창설하는 기능을 가지므로 최고규범성을 가지며, 헌법개정절차를 어렵게 해 놓은 것은 헌법의 최고규범성을 확보하기 위한 것이다. 또한 헌법재판제도는 헌법의 최고규범성을 간접적으로 인정한 것이다. 03입시
② 헌법 개정 절차의 난이에 따라 경성헌법과 연성헌법으로 나눌 수 있으며, 경성헌법은 개정 절차에서 국민투표를 필수적으로 요구한다. 15지방7
③ 헌법에 헌법 제37조 제2항과 같은 일반적 법률유보조항을 두는 것은 헌법의 최고규범성을 약화시킬 가능성이 있다. 13서울
④ 헌법은 그 조문 등이 갖는 구조적 특성으로 인하여 하위의 법규범에 비해 해석에 의한 보충의 필요성이 큰 편이다. 13서울
⑤ 헌법은 개방성을 특징으로 하지만, 개방된 사항의 결정을 위한 핵심절차에 대하여는 규정해 두어야 한다. 10사시

해설
① (O) 헌법이 최고법이라서 개정을 어렵게 하였다.
② (X) 국회의 의결정족수를 가중하는 등으로도 가능하다.
③ (O) 일반적 법률유보는 일반적인 모든 내용을 법률로 정할 수 있도록 하는 규정이므로 헌법의 최고규범성을 약화시킬 가능성이 있다.
④ (O)
⑤ (O)

정답 ②

002
다음 설명 중 가장 적절하지 않은 것은? (판례)

① 성문헌법이라고 하여도 그 속에 모든 헌법사항을 빠짐없이 완전히 규율하는 것은 불가능하고 또한 헌법은 국가의 기본법으로서 간결성과 함축성을 추구하기 때문에 형식적 헌법전에는 기재되지 아니한 사항이라도 이를 불문헌법 내지 관습헌법으로 인정할 소지가 있다. 22경승
② 국민은 성문헌법의 제·개정에는 직접 참여하지만, 헌법전에 포함되지 아니한 헌법사항을 필요에 따라 관습의 형태로 직접 형성할 수 없다. 22경승/22경간
③ 관습헌법규범은 헌법전에 그에 상반하는 법규범을 첨가함에 의하여 폐지하게 된다. 22경간
④ 관습헌법도 성문헌법과 마찬가지로 주권자인 국민의 헌법적 결단의 의사 표현이나, 성문헌법과 동등한 효력을 가진다고 볼 수 없다. 22경승/22경채
⑤ 관습헌법은 주권자인 국민에 의하여 유효한 헌법규범으로 인정되는 동안에만 존속한다. 22경간

해설
① (O) (헌재 2004. 10. 21. 2004헌마554) 〈주〉 예컨대 서울이 수도라는 점, 한국의 국어는 한글이라는 점 등은 관습헌법에 해당한다.
② (X) 성문헌법의 제·개정에 참여할 뿐만 아니라 헌법전에 포함되지 아니한 헌법사항을 필요에 따라 관습의 형태로 직접 형성할 수 있다.(헌재 2004. 10. 21. 2004헌마554) 〈주〉 서울이 수도라는 사실은 성문헌법에 없지만 국민의 합의에 따라 관습헌법으로 인정된다.
③ (O) (헌재 2004. 10. 21. 2004헌마554) 〈주〉 관습헌법 개정도 국회 의결과 국민투표를 통해서 이루어진다.
④ (O) 관습헌법도 성문헌법과 마찬가지로 주권자인 국민의 헌법적 결단의 의사의 표현이며 성문헌법과 동등한 효력을 가진다고 보아야 한다. (헌재 2004. 10. 21. 2004헌마554) 〈주〉 따라서 관습헌법을 개정하려면 성문헌법과 동일하게 헌법개정절차를 거쳐야 한다.
⑤ (O) (헌재 2004. 10. 21. 2004헌마554) 〈주〉 따라서 국민적 합의가 소멸하면 관습헌법도 소멸된다.

정답 ②

003

다음 설명 중 가장 적절하지 않은 것은? (판례)

① 관습헌법도 성문헌법과 마찬가지로 주권자인 국민의 헌법적 결단의 의사 표현이고 성문헌법과 동등한 효력을 가지며, 관습헌법의 요건들은 그 성립의 요건일 뿐 효력 유지의 요건은 아니다. 23경찰1
② 관습헌법이 성립하기 위하여서는 관습이 성립하는 사항이 단지 법률로 정할 사항이 아니라 반드시 헌법에 의하여 규율되어 법률에 대하여 효력상 우위를 가져야 할 만큼 헌법적으로 중요한 기본적 사항이 되어야 한다. 23경찰1
③ 일반적인 헌법사항 중 과연 어디까지가 기본적이고 핵심적인 헌법사항에 해당하는지 여부는 일반추상적인 기준을 설정하여 재단할 수는 없고, 개별적 문제사항에서 헌법적 원칙성과 중요성 및 헌법원리를 통하여 평가하는 구체적 판단에 의하여 확정하여야 한다. 23경찰1
④ 성문헌법이라고 하여도 그 속에 모든 헌법사항을 빠짐없이 완전히 규율하는 것은 불가능하고 또한 헌법은 국가의 기본법으로서 간결성과 함축성을 추구하기 때문에 형식적 헌법전에는 기재되지 아니한 사항이라도 이를 불문헌법 내지 관습헌법으로 인정할 소지가 있다. 23경찰1

해설
① (✕) 관습헌법의 요건들은 그 성립의 요건일 뿐만 아니라 효력 유지의 요건인 것이다. (헌재 2004. 10. 21. 2004헌마554)
② (○) (헌재 2004. 10. 21. 2004헌마554)
③ (○) (헌재 2004. 10. 21. 2004헌마554)
④ (○) (헌재 2004. 10. 21. 2004헌마554)

정답 ①

제2절 헌법의 해석

1. 헌법의 해석

004

다음 설명 중 가장 적절하지 않은 것은? (판례)

① 헌법의 제 규정 가운데는 헌법의 근본가치를 보다 추상적으로 선언한 것도 있고, 이를 보다 구체적으로 표현한 것도 있으므로 이념적·논리적으로는 규범 상호 간의 우열을 인정할 수 있는 것이 사실이다. 17입시/23경승
② 헌법규범 상호간에는 이념적·논리적으로 우열을 인정할 수 있으나 효력상으로도 특정 규정이 다른 규정의 효력을 부인할 수 있는 정도의 가치의 우열을 인정할 수 없다. 13서울/23경승
③ 헌법의 제 규정 가운데는 헌법의 근본가치를 보다 추상적으로 선언한 것도 있고 이를 보다 구체적으로 표현한 것도 있으므로, 헌법의 어느 특정규정이 다른 규정의 효력을 전면 부인할 수 있는 정도로 개별적 헌법규정 상호간의 효력상의 차등을 인정할 수 있다. 18변시
④ 우리 헌법의 각 개별규정 가운데 무엇이 헌법제정규정이고 무엇이 헌법개정규정인지를 구분하는 것이 가능하지도 아니할 뿐 아니라, 각 개별규정에 그 효력상의 차이를 인정하여야 할 형식적인 이유를 찾을 수 없다. 18입시/22경찰1차

해설
① (○) (헌재 1996. 6. 13. 94헌바20)
② (○) (헌재 1996. 6. 13. 94헌바20)
③ (✕) 헌법규범상호간의 우열은 추상적 가치규범의 구체화에 따른 것으로서 헌법의 통일적 해석에 있어서는 유용할 것이지만, 그것이 헌법의 어느 특정규정이 <u>다른 규정의 효력을 전면적으로 부인할 수 있을 정도의 개별적 헌법규정 상호간에 효력상의 차등을 의미하는 것이라고는 볼 수 없다.</u> (헌재 1996. 6. 13. 94헌바20)
④ (○) (헌재 1995.12.28. 95헌바3) 〈주〉 헌법재판소는 헌법제정권력과 헌법개정권력이 모두 국민에게 속하므로, 헌법 각 규정 사이에도 효력상 차이를 인정할 수 없다고 본다.

정답 ③

005

다음 설명 중 가장 적절한 것은? (판례)

① 우리 헌법의 각 개별규정 가운데 무엇이 헌법제정규정이고 무엇이 헌법개정규정인지를 구분하는 것이 가능할 뿐만 아니라, 그 효력상의 차이도 인정할 수 있다. 22경승
② 헌법의 각 개별조항 간에는 이념적·논리적으로 규범 상호 간의 우열을 인정할 수 있으므로 특정한 헌법 조항은 다른 헌법 조항이 개정될 경우 그 개정된 조항에 대한 위헌 여부를 심사할 수 있는 기준이 될 수 있다. 11법원
③ 우리나라의 수도가 서울이라는 것을 불문의 관습헌법으로 인정하고 이러한 관습헌법에 성문헌법을 개폐하는 효력을 인정하는 것은 가능하다. 14사시
④ 헌법해석상 특정인에게 구체적인 기본권이 생겨 이를 보장하기 위한 국가의 행위의무 내지 보호의무가 발생하였음이 명백함에도 불구하고 입법자가 아무런 입법조치를 취하지 아니한 경우에는 입법자에게 입법의무가 인정된다. 18변시

[해설]

① (×) 우리 헌법의 각 개별규정 가운데 무엇이 헌법제정규정이고 무엇이 헌법개정규정인지를 구분하는 것이 가능하지도 아니할 뿐 아니라, 각 개별규정에 그 효력상의 차이를 인정하여야 할 형식적인 이유를 찾을 수 없다. (헌재 1995.12.28. 95헌바3)
② (×) 헌법의 개별규정에 대한 위헌심사는 허용될 수 없다. (헌재 2001. 2. 22. 2000헌바38)
③ (×) 관습헌법도 헌법의 일부로서 성문헌법의 경우와 동일한 효력을 가지기 때문에 그 법규범은 최소한 헌법 제130조에 의거한 헌법개정의 방법에 의하여만 개정될 수 있다. (헌재 2004. 10. 21. 2004헌마554)
④ (○) (헌재 1997. 7. 16. 97헌마143)

[정답] ④

2. 합헌적 법률해석

006

다음 설명 중 가장 적절하지 않은 것은? (판례)

① 합헌적 법률해석이란 법률의 개념이 다의적이어서 여러 가지 해석이 가능할 때 헌법에 합치되는 방향으로 해석을 하여야 한다는 원칙으로서, 독일연방헌법재판소의 판례는 물론 미국 연방대법원 판례에서도 확인할 수 있다. 05법행
② 합헌적 법률해석은 독일연방헌법재판소 판례를 통하여 처음으로 행해졌다. 08국가7
③ 법률의 합헌적 해석은 헌법의 최고규범성에서 나오는 법질서의 통일성에 바탕을 두고 법률이 헌법에 조화하여 해석될 수 있는 경우에는 위헌으로 판단하여서는 아니 된다는 것을 뜻하는 것으로서 권력분립과 입법권을 존중하는 정신에 그 뿌리를 두고 있다. 21국회5
④ 합헌적 법률해석은 해석하고자 하는 법조문만이 아니라 그 해석의 기준이 되는 헌법조문의 해석도 필요한 바, 법률의 헌법합치적 해석이 헌법의 법률합치적 해석으로 나아가서는 아니 된다. 06사시

[해설]

① (○) (헌재 1990. 4. 2. 89헌가113) 〈주〉 이러한 합헌적 법률해석은 먼저 미국 연방대법원 판례에 의해 확립되어 나중에 독일연방헌법재판소가 수용하였다.
② (×) 합헌적 법률해석은 미연방대법원의 1827년 Ogden v. Saunder 사건에서 처음 행하여졌다. 이후 독일 헌법재판소가 합헌적 법률해석원칙을 수용하여 확립하였고, 우리나라 헌법재판소와 대법원도 이를 수용하였다.
③ (○) (헌재 1990. 6. 25. 90헌가11) 〈주〉 사법소극주의이다.
④ (○) 합헌적 법률해석은 헌법규범이 정상적으로 수용할 수 있는 한계를 넘을 수 없다는 헌법수용적 한계를 가지므로 합헌적 법률해석이 합법적 헌법해석이 되어서는 안된다. 〈주〉 법률을 헌법에 맞게 해석해야지, 헌법을 법률에 맞게 해석해서는 안된다는 뜻이다.

[정답] ②

007

다음 설명 중 옳지 않은 것을 모두 고른 것은? (판례)

> ㉠ 법률의 합헌적 해석이 헌법의 합법률적 해석으로 주객이 전도되어서는 안된다. 08법행
> ㉡ 합헌적 법률해석이란 법률이 외형상 위헌적으로 보일 경우라도 그것이 헌법의 정신에 맞도록 해석될 여지가 조금이라도 있는 한 이를 쉽사리 위헌이라고 판단해서는 안 된다는 헌법의 해석지침을 말한다. 08법행/23경승
> ㉢ 합헌적 법률해석은 헌법재판소가 헌법과 법률을 해석·적용함에 있어서 입법자의 입법취지대로 해석하여야 한다는 것으로 민주주의와 권력분립원칙의 관점에서 입법자의 입법권에 대한 존중과 규범유지의 원칙에 의하여 정당화된다. 14사시/20경승/23경승
> ㉣ 법률의 합헌적 해석은 그 법률이 위헌으로도 해석되고 합헌으로도 해석되는 경우에 가능한 것이지, 법률의 위헌성이 분명한 경우에는 반드시 위헌선언을 하여야 한다. 21국회5

① ㉠㉡
② ㉡㉢
③ ㉠㉡㉢
④ ㉡㉢㉣

해설

㉠ (O) 합헌적 법률해석은 헌법규범이 정상적으로 수용할 수 있는 한계를 넘을 수 없다는 헌법수용적 한계를 가지므로 합헌적 법률해석이 합법적 헌법해석이 되어서는 안된다.
㉡ (X) 법률에 대하여 합헌적인 해석을 택하여야 하며, 이에 의하여 위헌적인 결과가 될 해석을 배제하면서 합헌적이고 긍정적인 면은 살려야 한다는 것이 헌법의 일반 법리이다. (헌재 1990. 4. 2. 89헌가113) 〈주〉합헌적 "법률"해석은 "법률"의 해석지침이지 "헌법"의 해석지침이 아니다.
㉢ (X) 법률에 대하여 합헌적인 해석을 택하여야 하며, 이에 의하여 위헌적인 결과가 될 해석을 배제하면서 합헌적이고 긍정적인 면은 살려야 한다는 것이 헌법의 일반 법리이다. (헌재 1990. 4. 2. 89헌가113) 〈주〉합헌적 "법률"해석은 "법률"의 해석지침이지 "헌법"의 해석지침이 아니다.
㉣ (O) (헌재 1990. 6. 25. 90헌가11) 〈주〉법률이 다의적으로 해석될 경우에 한해서 한정합헌, 한정위헌 등의 변형결정을 하여 합헌적 법률해석을 한다. 따라서 위헌결정, 헌법불합치결정은 합헌적 법률해석이 아니다.

[정답] ②

008

다음 설명 중 가장 적절하지 않은 것은? (판례)

① 합헌적 법률해석이란 어떤 법률의 개념이 다의적이고 그 어의의 테두리 안에서 여러 가지 해석이 가능할 때 가급적 헌법에 합치되는 해석을 택하여야 한다는 법률의 해석지침을 말한다. 15국회9
② 합헌적 법률해석이란 어떤 법률이 한 가지 해석방법에 의하면 헌법에 위배되는 것처럼 보이더라도 다른 해석방법에 의하면 헌법에 합치되는 것으로 볼 수 있다면 합헌으로 해석하여야 한다는 사법적극주의적인 법률 해석기술이다. 15지방7
③ 합헌적 법률해석은 위헌적 결과가 될 해석은 배제하면서 합헌적이고 긍정적인 면은 살려야 한다는 것을 말한다. 15국회9
④ 「군인사법」제48조 제4항 후단의 '무죄의 선고를 받은 때'의 의미와 관련하여, 형식상 무죄판결뿐 아니라 공소기각재판을 받았다 하더라도 그와 같은 공소기각의 사유가 없었더라면 무죄가 선고될 현저한 사유가 있는 이른바 내용상 무죄재판의 경우도 이에 포함된다고 확대해석하는 것은 합헌적 법률해석에 부합한다. 21비상

해설

① (O) (헌재 1990. 4. 2. 89헌가113) 〈주〉어떤 법률이 명백히 합헌이면 합헌결정을 하면 되고, 위헌이면 위헌결정을 하면 된다. 그러나 여러 가지 해석이 가능할 때에는 가급적 헌법에 맞게 해석하여야 하는데 이를 합헌적 법률해석이라고 한다.
② (X) 합헌적 법률해석이란 어떤 법률이 한 가지 해석방법에 의하면 헌법에 위배되는 것처럼 보이더라도 다른 해석방법에 의하면 헌법에 합치되는 것으로 볼 수 있다면 합헌으로 해석하여야 한다는 사법소극주의적인 법률 해석기술이다. 〈주〉사법적극주의가 아니라 사법소극주의이다.
③ (O) (헌재 1990. 4. 2. 89헌가113)
④ (O) (대법원 2004. 8. 20. 2004다22377)

[정답] ②

009

다음 설명 중 가장 적절한 것은? (판례)

① 헌법재판소의 법률에 대한 한정합헌결정은 합헌적 법률해석과 차원을 달리하는 위헌법률심판의 결정유형에 관한 문제이므로 양자는 특별한 관계가 없다. 15국회9
② 합헌적 법률해석은 규범통제의 과정에서만 문제되며, 대체로 규범통제를 강화하는 기능을 한다. 08국가7
③ 합헌적 법률해석은 주로 헌법재판소가 법률을 해석할 때 사용하는 해석기법이나, 일반법원에서도 합헌적 법률해석을 한다. 10법무
④ 헌법재판소의 헌법해석은 헌법이 내포하고 있는 특정한 가치를 탐색·확인하고 이를 규범적으로 관철하는 작업인 점에 비추어, 헌법재판소가 행하는 구체적 규범통제의 심사기준은 원칙적으로 법률제정 당시에 규범적 효력을 가지는 헌법이다. 14사시

해설

① (×) 헌법재판소는 한정합헌결정이나 한정위헌결정을 합헌적 법률해석의 한 유형으로 본다.
② (×) 합헌적 법률해석은 규범통제 과정 뿐만 아니라 법을 사건에 적용할 때도 발생한다. 즉 법률이 헌법에 합치하는지 심사할 때도 합헌적 법률해석이 필요하고, 법률에 따라 사건을 재판할 때에도 합헌적 법률해석이 필요하다.
③ (○) 합헌적 법률해석은 규범통제 과정 뿐만 아니라 법을 사건에 적용할 때도 발생한다.
④ (×) 헌법재판소가 행하는 구체적 규범통제의 심사기준은 원칙적으로 헌법재판을 할 당시에 규범적 효력을 가지는 현행헌법이다. (헌재 2013. 3. 21. 2010헌바70)

[정답] ③

3. 합헌적 법률해석의 한계

010

다음 설명 중 가장 적절하지 않은 것은? (판례)

① 합헌적 법률해석에는 법 조항의 문구가 가지는 말의 뜻과 완전히 다른 의미로 해석할 수 없다는 문의적 한계와 당해 법 조항의 제정을 통해 추구하려는 입법자의 의지와 목적을 헛되게 하는 내용으로 해석할 수 없다는 목적적 한계가 있다. 15국회9
② 합헌적 법률해석은 입법자의 명백한 의지 및 입법목적과 완전히 다른 해석을 하여서는 아니된다. 08국가7
③ 합헌적 법률해석을 통해 당해 법조항의 본래의 의미나 목적을 새롭게 변경시키는 것은 허용되지 않는다. 10법무
④ 입법권자가 그 법률의 제정으로써 추구하고자 하는 입법자의 명백한 의지와 입법의 목적을 헛되게 하는 내용으로 법률조항을 해석할 수 없다는 '법 목적에 따른 한계'는 사법적 헌법해석기관에 의한 최종적 헌법해석권을 형해화할 수 있으므로 인정될 수 없다. 08법행/20경승

해설

① (○) 법률의 합헌적 해석은 법률의 조항의 문구가 간직하고 있는 말의 뜻을 넘어서 말의 뜻이 완전히 다른 의미로 변질되지 아니하는 범위내이어야 한다는 문의적 한계와 입법권자가 그 법률의 제정으로써 추구하고자 하는 입법자의 명백한 의지와 입법의 목적을 헛되게 하는 내용으로 해석할 수 없다는 법목적에 따른 한계가 있다. (헌재 1989. 7. 14. 88헌가5)
② (○) 헌법재판소가 합헌적 법률해석을 통하여 입법자가 결정한 입법목적을 변경하는 것은 한법재판소가 국회의 입법권을 침해하는 것이 된다. 〈주〉 이를 합헌적 법률해석의 목적적 한계라고 한다.
③ (○) (헌재 1990. 4. 2. 89헌가113) 〈주〉 이를 합헌적 법률해석의 목적적 한계라고 한다.
④ (×) 법목적에 따른 한계를 벗어난 합헌적 해석은 그것이 바로 실질적 의미에서의 입법작용을 뜻하게 되어 결과적으로 입법권자의 입법권을 침해하는 것이 되기 때문에 허용되지 않는다. (헌재 1989. 7. 14. 88헌가5) 〈주〉 권력분립의 원칙상 사법부는 입법부의 목적을 마음대로 바꿀 수 없다는 한계를 가진다.

[정답] ④

011

다음 설명 중 옳지 않은 것을 모두 고른 것은? (판례)

㉠ 헌법재판소의 합헌적 법률해석이 설사 입법목적을 벗어났다 하더라도, 위헌법률을 무효선언하는 규범통제보다 입법부의 법률제정권을 더 침해한 것이라 볼 수 없다. 06사시

㉡ 국가 간에 체결된 조약에 있어서는, 조약상대방이 이해하고 있는 조약내용을 조약의 다른 상대방이 합헌적 해석이라는 이름 하에 달리 해석하는 것은 허용되지 않는데, 이런 점에서 조약의 합헌적 해석에는 한계가 있다. 08법행

㉢ 법률의 합헌적 해석은 주로 경제적, 사회적 자유규제입법에 적용된다. 05법행

㉣ 합헌적 법률해석은 주로 정신적 자유의 규제입법에 적용된다. 08국가7

① ㉠ ㉡
② ㉠ ㉢
③ ㉡ ㉢
④ ㉠ ㉣

해설

㉠ (×) 법목적에 따른 한계를 벗어난 합헌적 해석은 그것이 바로 실질적 의미에서의 입법작용을 뜻하게 되어 결과적으로 입법권자의 입법권을 침해하는 것이 되기 때문에 허용되지 않는다. (헌재 1989. 7. 14. 88헌가5) 〈주〉 권력분립의 원칙상 사법부는 입법부의 목적을 마음대로 바꿀 수 없다는 한계를 가진다.

㉡ (○) 국가간의 신뢰보호 문제가 있으므로 조약에 대해 조약당사자 중 일방이 합헌적 해석이라는 이름 하에 달리 해석하는 것은 허용되지 않는다.

㉢ (○) 정신적 자유권 영역보다는 경제적, 사회적 자유규제 영역에서 주로 합헌적 법률해석이 이루어진다.

㉣ (×) [1] 정신적 자유는 헌법상 우월한 자유이므로 정신적 자유를 제한하는 입법은 합헌성 추정이 배제되므로 합헌적 법률해석이 배제된다. 즉 조금이라고 위헌의 가능성이 있으면 위헌결정을 하여 무효화시켜야 한다.
[2] 반면에 경제적 자유는 상대적으로 헌법상 낮은 가치의 자유이므로 경제적 자유를 제한하는 입법은 합헌성이 추정된다. 즉 조금의 위헌 가능성만으로 바로 위헌결정을 하지는 않고 합헌적 요소가 있다면 합헌적 법률해석을 하여 합헌결정으로 하여 그 법률의 효력을 유지시킨다.

정답 ④

제3절 헌법의 제정, 개정과 변천

1. 헌법 제정·개정 권력

012

다음 설명 중 가장 적절하지 않은 것은? (판례)

① 법실증주의자들은 헌법개정의 한계를 부정하는데, 그 이유의 하나로서 헌법전 내의 모든 규정은 서열이 동일하다고 보는 것을 들 수 있다. 10국가7

② 헌법개정 무한계설에 의하면 헌법제정권력과 헌법개정권력의 차이를 인정하지 아니한다. 18입시

③ 헌법제정권력과 헌법개정권력의 구별을 부인하는 입장에서는 헌법개정금지조항을 제외한 모든 헌법조항은 개정의 대상이 될 수 있다고 본다. 18서울2회

④ 시에예스에 따르면 헌법제정권력의 주체는 오직 국민뿐이며, 슈미트에 따르면 헌법제정권력의 주체는 이론적으로 개인, 소수인, 또는 국민이 될 수 있다고 한다. 10국가7

해설

① (○) ② (○) ③ (×) 법실증주의자들은 등가이론에 따라 헌법제정권력과 개정권력이 동일하다고 보았다. 따라서 헌법개정권력의 한계가 존재하지 않는다고 주장하였다.

④ (○) 시에예스는 헌법제정권력의 주체를 오직 국민으로만 보았다. 그러나 슈미트는 근본결단을 내릴 수 있는 실력과 권위를 가진 자가 곧 헌법제정권력의 주체가 될 수 있다고 보았기 때문에 개인이나 소수인 또는 국민도 제정권력의 주체가 될 수 있다고 하였다. 이때 슈미트가 말하는 개인은 히틀러를 말한다.

정답 ③

013

다음 설명 중 가장 적절하지 않은 것은? (판례)

① 헌법개정 무한계론은 헌법전에 헌법개정한계가 명시된 경우에 예외적으로 헌법개정한계를 인정할 수 있다고 한다. 02사시
② 시예스와 슈미트 모두 헌법제정권력을 시원적 권력으로 보기 때문에 헌법제정권력의 한계를 인정하지 않는다. 10국가7
③ 슈미트(C. Schmitt)는 헌법제정의 한계는 부인하나, 헌법개정의 한계는 인정한다. 09국가7
④ 헌법개정한계설에 의하면 헌법제정규범(상위규범)과 헌법개정규범(하위규범)은 구별된다. 14국회9

해설

① (×) 헌법개정의 한계가 없다는 견해에 의하면 헌법개정한계가 헌법전에 명시되어 있더라도 그 개정금지조항까지 개정할 수 있다.
② (○) 시이예스와 슈미트는 헌법제정권력을 시원적 권력으로 보았으며 그에 따라 제정권력의 한계는 인정되지 않는다고 주장하였다.
③ (○) 슈미트는 헌법제정권력과 개정권력을 구별하여 제정권력은 한계가 없다고 보나, 개정권력은 제정권력에 의한 한계가 존재한다고 본다. 예컨대 히틀러가 전쟁을 위하여 헌법을 제정한 경우 그 전쟁을 하겠다는 근본적 결단은 개정할 수 없다고 보았다.
④ (○) 헌법개정규범의 상위규범으로 헌법제정규범이 존재한다는 견해에 의하면 헌법개정권력으로 헌법제정규범을 개정할 수 없으므로 헌법의 개정에 한계가 존재하게 된다.

[정답] ①

014

다음 설명 중 가장 적절한 것은? (판례)

① 헌법개정의 한계를 부정하는 법실증주의와는 달리 결단주의 헌법이론은 헌법의 중심적 가치를 강조하여 그것이 헌법개정의 한계라고 주장한다. 04사시
② 통합론의 입장에서는 헌법개정을 역사적 변천 속에서 헌법의 계속성을 유지하는 것으로 이해하고, 헌법의 기본적 동일성을 상실시키는 헌법개정은 금지된다고 본다. 04사시
③ 실정헌법의 상위에 자연법원리 또는 실정법을 초월한 헌법적 가치가 존재한다고 보는 견해는 헌법개정의 한계를 부정한다. 18서울2회
④ 우리 헌법재판소는 헌법제정권과 헌법개정권의 구별론을 헌법의 개별규정에 대하여 위헌심사를 할 수 있다는 논거로 원용할 수 있다는 입장이다. 18서울2회

해설

① (×) 법실증주의의 시에에스는 헌법개정의 한계를 부정하였고, 결단주의의 슈미트는 헌법개정의 한계를 긍정하였다. 이에 반해 헌법의 중심적 가치를 개정한계로 보는 견해는 통합주의의 주장이다. 〈주〉 헌법의 중심적 가치란 국민적 합의사항을 말한다.
② (○) 통합주의의 스멘트는 헌법의 기본적 동일성을 상실시키는 헌법개정은 통합에 방해가 되므로 금지된다고 본다.
③ (×) 자연법리 등 헌법상위의 가치가 존재한다고 보는 견해에 의하면 헌법개정은 헌법상위가치를 훼손하는 방향으로 이루어질 수 없으므로 헌법개정의 한계가 인정된다. 〈주〉 예컨대 생명권, 침략전쟁의 부인 등은 절대적 가치를 가지므로 이를 개정할 수 없다고 한다.
④ (×) 헌법제정권과 헌법개정권의 구별론이나 헌법개정한계론은 그 자체로서의 이론적 타당성 여부와 상관없이 우리 헌법재판소가 헌법의 개별규정에 대하여 위헌심사를 할 수 있다는 논거로 원용될 수 있는 것이 아니다. (헌재 1995. 12. 28. 95헌바3)

[정답] ②

015

다음 설명 중 가장 적절한 것은? (판례)

① 헌법개정의 한계를 넘어선 개정 헌법조항에 대하여 적용중지를 명할 권한이 헌법수호를 책임지고 있는 헌법재판소에 있다고 보는 것이 헌법재판소의 결정례이다. 02사시
② 헌법개정의 한계에 관한 규정을 두지 아니하고 헌법의 개정을 법률의 개정과는 달리 국민투표로 확정하는 현행 헌법상 어떤 규정이 헌법의 핵 내지는 헌법제정규범으로서 상위규범이고 어떤 규정이 단순한 헌법개정구범으로서 하위규범인지를 구별하는 것이 가능하지 않다. 18국가7
③ 현행 헌법과 마찬가지로 역대 헌법은 헌법개정의 실정법적 한계를 인정하지 않았다. 09국가7
④ 우리 헌법은 헌법개정의 한계에 관한 규정을 두고 있으며, 헌법의 개정을 법률의 개정과는 달리 국민투표에 의하여 이를 확정하도록 규정하고 있다. 22경승

해설

① (×) 헌법조항 자체는 헌법재판의 대상이 되지 않는다는 것이 헌법재판소의 입장이다. 따라서 헌법재판소가 헌법조항에 대한 적용중지를 명할 수는 없다. 〈주〉 헌법재판소는 헌법에 따라 국회가 제정한 법률을 심사할 권한은 있지만, 국민이 만든 헌법을 심사할 권한은 없다.
② (○) (헌재 1995.12.28. 95헌바3) 〈주〉 헌법재판소는 헌법규정을 심사할 권한이 없다는 뜻이다.
③ (×) 1954년 제2차 개정헌법에서는 민주공화국, 국민주권, 주권제약 영토변경에 대한 헌법조항을 개정금지조항으로 규정하고 있었다.
④ (×) 1987년 제9차 현행헌법에는 헌법개정 한계조항이 없다.

정답 ②

2. 헌법의 개정

016

다음 설명 중 가장 적절한 것은? (판례)

① 대통령은 헌법 제72조의 국민투표부의권을 행사하여 국회의 의결을 거치지 않고 헌법을 개정할 수 있다. 11법원
② 헌법개정안에 대한 국민투표는 국회의결을 전제로 하여 헌법개정안에 관한 국민의 찬반의사를 묻는 국민투표인 반면, 헌법 제72조에 따라 대통령이 부의한 국민투표는 외교·국방·통일 기타 국가안위와 관련된 중요정책에 대하여 국회의 의사를 묻지 않고 국민에게 직접 찬반의사를 물을 수 있는 국민투표라는 점에서 차이가 있다. 09국회8
③ 헌법개정안에 대한 국민투표권은 헌법개정기관인 국민 전체에게 부여된 권한으로서, 국민의 기본권이 아니다. 11국가7
④ 관습헌법은 성문법률의 경우와 동일한 효력을 가지기 때문에 그 법규범은 최소한 헌법 제130조에 의거한 헌법개정의 방법에 의하여 개정될 수 있다. 18서울1회

해설

① (×) 우리 헌법은 제72조의 국민투표의 대상을 명시적으로 '정책'에 한정하고 있어 헌법 제72조에 따른 국민투표로 헌법을 개정할 수는 없다. (헌재 2003. 11. 27. 2003헌마694) 〈주〉 헌법을 개정하려면 제72조가 아니라 제130조에 의하여 국민투표로 개정하여야 한다.
② (○) 헌법 제72조는 중요정책에 대한 국민투표이고, 헌법 제130조는 헌법개정에 대한 국민투표이다.
③ (×) 헌법 제130조에 의하면 헌법의 개정은 반드시 국민투표를 거쳐야만 하므로 국민은 헌법개정에 관하여 찬반투표를 통하여 그 의견을 표명할 권리를 가진다. (헌재 2004. 10. 21. 2004헌마554) 〈주〉 국민투표권은 국민선거권, 공무담임권과 함께 국민의 참정권으로, 헌법상 기본권이다.
④ (×) 관습헌법도 헌법의 일부로서 성문헌법의 경우와 동일한 효력을 가지기 때문에 그 법규범은 최소한 헌법 제130조에 의거한 헌법개정의 방법에 의하여만 개정될 수 있다. (헌재 2004. 10. 21. 2004헌마554)

정답 ②

017

다음 설명 중 가장 적절하지 않은 것은? (판례)

① 관습헌법을 개정하기 위해서는 헌법이 정한 절차에 따른 헌법개정이 이루어져야 한다. 06입시/10국가7

② 관습헌법은 주권자인 국민에 의하여 유효한 헌법규범으로 인정되는 동안에만 존속하는 것이며, 관습법의 존속요건의 하나인 국민적 합의성이 소멸되면 관습헌법으로서의 법적 효력도 상실하게 된다. 21경채

③ 관습헌법은 그것을 지탱하고 있는 국민적 합의성을 상실하더라도 법적 효력을 상실하는 것은 아니다. 06입시/10국가7

④ 대통령의 임기를 4년으로 하고 중임을 허용하는 내용의 헌법개정은 가능하지만, 그러한 헌법개정제안 당시의 대통령에 대하여는 효력이 없다. 18서울1회

해설

① (O) 어느 법규범이 관습헌법으로 인정된다면 그 개정가능성을 가지게 된다. 관습헌법도 헌법의 일부로서 성문헌법의 경우와 동일한 효력을 가지기 때문에 그 법규범은 최소한 헌법 제130조에 의거한 헌법개정의 방법에 의하여만 개정될 수 있다. (헌재 2004. 10. 21. 2004헌마554)

② (O) (헌재 2004. 10. 21. 2004헌마554) 〈주〉 따라서 국민적 합의는 관습헌법의 성립요건이며 동시에 효력유지요건이 된다.

③ (×) 관습헌법규범은 헌법전에 그에 상반하는 법규범을 첨가함에 의하여 폐지하게 되는 점에서, 헌법전으로부터 관계되는 헌법조항을 삭제함으로써 폐지되는 성문헌법규범과는 구분된다. 한편 이러한 형식적인 헌법개정 외에도, 관습헌법은 그것을 지탱하고 있는 국민적 합의성을 상실함에 의하여 법적 효력을 상실할 수 있다. (헌재 2004. 10. 21. 2004헌마554)

④ (O) 헌법 제128조 제2항. 〈주〉 개정은 가능하지만, 제안 당시 대통령에게 효력은 없다.

[정답] ③

018

다음 설명 중 가장 적절한 것은? (판례)

① 대통령의 임기연장 또는 중임변경을 위한 헌법개정은 그 헌법 개정 제안 당시의 대통령에 대하여도 효력이 있다. 21경승

② 대통령은 그가 4년 중임으로 대통령 임기조항을 개정하는 헌법개정안을 제안하여 그 개정이 이루어진 경우에 후임대통령선거에 출마할 수 있다. 02사시

③ 헌법개정안 공고문의 전문에는 대통령 또는 국회 재적의원 과반수가 발의한 사실을 적고, 대통령이 서명한 후 대통령인을 찍고 그 공고일을 명기하여 국무총리와 각 국무위원이 부서한다. 16지방7

④ 헌법개정은 국회재적의원 3분의 1 이상 또는 대통령의 발의로 제안된다. 19서울1회

해설

① (×) 헌법 제129조 제2항. 대통령의 임기연장 또는 중임변경을 위한 헌법개정은 그 헌법개정 제안 당시의 대통령에 대하여는 효력이 없다.

② (×) 헌법 제128조 제2항. 대통령의 임기연장 또는 중임변경을 위한 헌법개정은 그 헌법개정 제안 당시의 대통령에 대하여는 효력이 없다. 〈주〉 제안 당시의 대통령은 개정안이 효력이 없으므로 대통령선거에 다시 출마할 수는 없다.

③ (O) 법령 등 공포에 관한 법률 제3조. 〈주〉 대통령이 하는 모든 국정과 관련된 일은 국무총리와 각 국무위원이 부서하고 국무회의의 심의를 거쳐야 한다.

④ (×) 헌법 제128조 제1항. 헌법개정은 국회재적의원 과반수 또는 대통령의 발의로 제안된다.

[정답] ③

019
다음 설명 중 옳지 않은 것을 모두 고른 것은? (판례)

> ㉠ 헌법개정은 국회 재적의원 3분의 2 이상 또는 대통령의 발의로 제안된다. 14법원
> ㉡ 헌법개정은 국회재적의원 과반수 또는 국회의원선거권자 50만인 이상의 발의로 제안된다. 15지방7
> ㉢ 현행 헌법상 대통령과 일정수의 국회의원만이 헌법개정안을 발의할 수 있으며 국민이 직접 헌법개정안을 발의할 수는 없다. 10국가7
> ㉣ 헌법개정은 국회재적의원 과반수 또는 대통령의 발의로 제안되며, 제안된 헌법개정안은 대통령이 20일 이상의 기간 이를 공고하여야 한다. 21국가7/22경찰1차

① ㉠ ㉡
② ㉠ ㉡ ㉢
③ ㉡ ㉢ ㉣
④ ㉠ ㉡ ㉢ ㉣

[해설]
㉠ (X) 헌법 제128조 제1항. 헌법개정은 국회재적의원 과반수 또는 대통령의 발의로 제안된다. 〈주〉 국회발의는 재적의원 과반수이고, 국회의결이 재적의원 3분의 2이다. 구별하여야 한다.
㉡ (X) 헌법 제128조 제1항. 헌법개정은 국회재적의원 과반수 또는 대통령의 발의로 제안된다. 〈주〉 국민발안제는 1954년 제2차 개정헌법에서 처음 인정하였는데, 현행 헌법에는 없다.
㉢ (O) 현행헌법에서는 국민발안권을 인정하지 않는다.
㉣ (O) 헌법 제129조.

[정답] ①

020
다음 설명 중 가장 적절한 것은? (판례)

① 제안된 헌법개정안은 대통령이 30일 이상의 기간 이를 공고하여야 한다. 21경승
② 국회는 헌법개정안이 공고된 날로부터 60일 이내에 의결하여야 하며, 국회의 의결은 재적의원 3분의 2 이상의 찬성을 얻어야 한다. 21경승
③ 대통령의 발의로 제안된 헌법개정안은 국회의장이 20일 이상의 기간 이를 공고하여야 하며, 국회는 헌법개정안이 공고된 날로부터 60일 이내에 의결하여야 한다. 18국가7
④ 헌법개정안이 국회에서 의결된 후 60일 이내에 국민투표에 붙여 국회의원선거권자 과반수의 투표와 투표자 과반수의 찬성을 얻으면 헌법개정은 확정되며, 국회의장은 즉시 이를 공포하여야 한다. 22경찰1차
⑤ 국회는 헌법개정안이 공고된 날로부터 30일 이내에 의결하여야 하며, 국회의 의결은 출석의원 3분의 2 이상의 찬성을 얻어야 한다. 21국가7

[해설]
① (X) 헌법 제129조. 제안된 헌법개정안은 대통령이 20일 이상의 기간 이를 공고하여야 한다
② (O) 헌법 제130조.
③ (X) 헌법 제129조. 제안된 헌법개정안은 대통령이 20일 이상의 기간 이를 공고하여야 한다.
④ (X) 헌법 제129조. 제안된 헌법개정안은 대통령이 20일 이상의 기간 이를 공고하여야 한다.
⑤ (X) 헌법 제130조 ① 국회는 헌법개정안이 공고된 날로부터 60일 이내에 의결하여야 하며, 국회의 의결은 재적의원 3분의 2 이상의 찬성을 얻어야 한다. 〈주〉 "30일"이 아니라 "60일"이다. "출석의원"이 아니라 "재적의원"이다.

[정답] ②

021

다음 설명 중 옳지 않은 것을 모두 고른 것은? (판례)

㉠ 국회는 공고기간이 만료된 날로부터 60일 이내에 의결하여야 하며, 국회의 의결은 재적의원 3분의 2 이상의 찬성을 얻어야 한다. 17법행/23경찰1

㉡ 헌법개정안에 대한 국회의 의결을 위해서는 출석의원의 3분의 2 이상의 찬성을 얻어야 한다. 14법원

㉢ 현행 헌법상 헌법개정의 제안은 대통령과 국회 재적의원 과반수이며, 대통령은 제안된 헌법개정안을 20일 이상의 기간 동안 공고하여야 하고, 국회는 헌법개정안이 공고된 날로부터 70일 이내에 이를 의결하여야 한다. 10국가7

㉣ 현재 재적 국회의원정수를 고려할 때, 국회의원 100인이 반대하는 경우라 하더라도 헌법을 개정하는 것이 불가능한 것은 아니다. 06입시,10국가7

① ㉠ ㉡
② ㉠ ㉡ ㉢
③ ㉡ ㉢ ㉣
④ ㉠ ㉡ ㉢ ㉣

해설

㉠ (×) 헌법 제130조 제2항. 국회는 헌법개정안이 공고된 날로부터 60일 이내에 의결하여야 하며, 국회의 의결은 재적의원 3분의 2 이상의 찬성을 얻어야 한다.

㉡ (×) 헌법 제130조 제1항. 국회는 헌법개정안이 공고된 날로부터 60일 이내에 의결하여야 하며, 국회의 의결은 재적의원 3분의 2 이상의 찬성을 얻어야 한다. 〈주〉 "출석의원"이 아니라 "재적의원"이다.

㉢ (×) 제130조 ① 국회는 헌법개정안이 공고된 날로부터 60일 이내에 의결하여야 하며, 국회의 의결은 재적의원 3분의 2 이상의 찬성을 얻어야 한다.

㉣ (O) 헌법개정안은 재적의원 과반수로 발의가 가능하고 개정안에 대해 재적의원 2/3이상의 찬성으로 의결이 가능하므로 국회 전체 재적의원 300명 중 1/3에 해당하는 100명이 반대한다고 하더라도 나머지 200명이 찬성하면 헌법개정이 가능하다.

[정답] ②

022

다음 설명 중 옳은 것을 모두 고른 것은? (판례)

㉠ 현행 헌법상 헌법개정안을 국회에서 수정의결 할 수 없다. 14국회9

㉡ 헌법개정안은 국회에서 기명투표로 표결한다. 18법원/20법원

㉢ 국회는 헌법개정안이 공고된 날로부터 60일 이내에 의결하여야 하며, 국회의 의결은 무기명투표로 한다. 22경승

㉣ 헌법개정안은 국회가 의결한 후 30일 이내에 국민투표에 붙여 국회의원선거권자 과반수의 투표와 투표자 과반수의 찬성을 얻어야 한다. 17법행

① ㉠ ㉡
② ㉠ ㉡ ㉣
③ ㉡ ㉢ ㉣
④ ㉠ ㉡ ㉢ ㉣

해설

㉠ (O) 현행 헌법에 의하면 헌법개정안은 공고절차를 거친 이후에 국회의 의결을 거치게 되는데 만약 국회의 수정의결이 허용된다고 하면 이는 공고되지 않은 개정안에 대한 국회의 의결이 있는 것이 되어 현행헌법상 허용될 수 없다.

㉡ (O) 국회법 제112조 제4항. 헌법개정안은 기명투표로 표결한다. 〈주〉 역사의 증거로 남기기 위하여 무기명투표가 아니라 기명투표를 한다.

㉢ (×) [1] 헌법 제130조 제2항. 국회는 헌법개정안이 공고된 날로부터 60일 이내에 의결하여야 하며, 국회의 의결은 재적의원 3분의 2 이상의 찬성을 얻어야 한다. [2] 국회법 제112조 제4항. 헌법개정안은 "기명" 투표로 표결한다. 〈주〉 무기명투표 부분이 틀렸다.

㉣ (O) 헌법 제130조 제2항. 〈주〉 공직선거법상 현재 국회의원선거권자는 18세 이상의 국민이다.

[정답] ②

023

다음 설명 중 가장 적절한 것은? (판례)

① 헌법개정안은 국회가 의결한 후 20일 이내에 국민투표에 붙여 국회의원 선거권자 과반수의 투표와 투표자 과반수의 찬성을 얻어야 한다. 21경승
② 헌법개정안은 국회가 의결한 후 60일 이내에 국민투표에 붙여 국회의원선거권자 과반수의 투표와 투표자 과반수의 찬성을 얻어야 한다. 21국가7
③ 헌법개정안은 대통령이 공고한 후 30일 이내에 국민투표에 붙여 국회의원선거권자 과반수의 투표와 투표자 과반수의 찬성을 얻어야 한다. 11국가7
④ 헌법개정안은 헌법이 정한 기간 내에 국민투표에 붙여 헌법이 정한 수의 찬성을 얻은 때에 헌법으로 확정되는 것이지 대통령이 공포함으로써 확정되는 것은 아니다. 15지방7/22경승

> [해설]
> ① (×) 헌법 제130조 제2항. 헌법개정안은 국회가 <u>의결한 후 30일 이내</u>에 국민투표에 붙여 국회의원선거권자 과반수의 투표와 투표자 과반수의 찬성을 얻어야 한다.
> ② (×) 헌법 제130조 ② 헌법개정안은 국회가 의결한 후 <u>30일 이내</u>에 국민투표에 붙여 국회의원선거권자 과반수의 투표자 과반수의 찬성을 얻어야 한다.
> ③ (×) 헌법 제130조 제2항. 헌법개정안은 국회가 <u>의결한 후 30일 이내</u>에 국민투표에 붙여 국회의원선거권자 과반수의 투표와 투표자 과반수의 찬성을 얻어야 한다. 〈주〉 헌법개정 절차는 ① 발의, ② 공고, ③ 의결, ④ 투표, ⑤ 공포이다.
> ④ (○) 헌법 제130조 제3항. 헌법개정안이 제2항의 <u>찬성을 얻은 때에는 헌법개정은 확정</u>되며, 대통령은 즉시 이를 공포하여야 한다.
>
> [정답] ④

024

다음 설명 중 가장 적절한 것은? (판례)

① 헌법개정안이 국회 재적의원 2/3 이상의 찬성을 얻고, 국회의원선거권자 과반수의 투표와 투표자 과반수의 찬성을 얻어, 대통령이 공포하는 때 확정된다. 20법원
② 헌법개정은 헌법개정안을 국민투표에 부쳐 국회의원선거권자 과반수의 투표와 투표자 과반수의 찬성을 얻고, 대통령이 이를 15일 이내에 공포하여야 확정된다. 13서울
③ 헌법개정안은 국회재적의원 과반수 또는 대통령의 발의로 제안되고, 공고의 절차를 거쳐, 국회가 의결한 후 30일 이내에 국민투표에 회부하여, 국회의원선거권자 과반수의 찬성을 얻어 헌법개정이 확정되면 대통령은 즉시 이를 공포하여야 한다. 18입시
④ 국민투표의 효력에 관하여 이의가 있는 투표인은 투표인 10만인 이상의 찬성을 얻어 중앙선거관리위원회위원장을 피고로 하여 투표일로부터 20일 이내에 대법원에 제소할 수 있다. 11국가7

> [해설]
> ① (×) 헌법 제130조 제3항. 헌법개정안이 제2항의 <u>찬성을 얻은 때에는 헌법개정은 확정</u>되며, 대통령은 즉시 이를 공포하여야 한다. 〈주〉 헌법은 국민이 만드는 것이므로 "국민투표"로 확정된다.
> ② (×) 헌법 제130조 ③ 헌법개정안이 제2항의 찬성을 얻은 때에는 헌법개정은 확정되며, <u>대통령은 즉시 이를 공포하여야 한다</u>.
> ③ (×) 헌법 제130조 제2항. 헌법개정안은 국회가 의결한 후 30일 이내에 국민투표에 붙여 <u>국회의원선거권자 과반수의 투표와 투표자 과반수의 찬성을 얻어야 한다</u>. 〈주〉 과반수가 1번 나오면 틀리고 2번 나온다는 것을 주의한다. 예컨대 치킨은 역시 후라이드 양념 반반이 최고. ^^
> ④ (○) 국민투표법 제92조(국민투표무효의 소송) 국민투표의 효력에 관하여 이의가 있는 투표인은 투표인 10만인 이상의 찬성을 얻어 중앙선거관리위원회위원장을 피고로 하여 투표일로부터 20일 이내에 대법원에 제소할 수 있다.
>
> [정답] ④

025
다음 설명 중 옳지 않은 것을 모두 고른 것은? (판례)

> ㉠ 국민투표의 효력에 관하여 이의가 있는 투표인은 투표인 10만인 이상의 찬성을 얻어 중앙선거관리위원회위원장을 피고로 하여 투표일로부터 30일 이내에 대법원에 제소할 수 있다. 16지방7
> ㉡ 헌법개정국민투표의 효력에 관하여 이의가 있는 투표인은 중앙선거관리위원회 위원장을 피고로 하여 헌법재판소에 제소할 수 있다. 13서울
> ㉢ 헌법개정에 관한 국민투표의 효력에 관하여 이의가 있는 투표인은 투표인 10만인 이상의 찬성을 얻어 중앙선거관리위원회에 이의를 제기할 수 있다. 20법원

① ㉠ ㉡
② ㉠ ㉢
③ ㉡ ㉢
④ ㉠ ㉡ ㉢

해설
㉠ (×) 국민투표법 제92조(국민투표무효의 소송) 국민투표의 효력에 관하여 이의가 있는 투표인은 투표인 10만인 이상의 찬성을 얻어 중앙선거관리위원회위원장을 피고로 하여 투표일로부터 <u>20일 이내</u>에 대법원에 제소할 수 있다.
㉡ (×) 국민투표법 제92조(국민투표무효의 소송) 국민투표의 효력에 관하여 이의가 있는 투표인은 투표인 10만인 이상의 찬성을 얻어 중앙선거관리위원회위원장을 피고로 하여 투표일로부터 20일 이내에 <u>대법원</u>에 제소할 수 있다.
㉢ (×) 국민투표법 제92조(국민투표무효의 소송) 국민투표의 효력에 관하여 이의가 있는 투표인은 투표인 10만인 이상의 찬성을 얻어 중앙선거관리위원회위원장을 피고로 하여 투표일로부터 20일 이내에 <u>대법원</u>에 제소할 수 있다.

[정답] ④

3. 헌법의 변천과 침해

026
다음 설명 중 가장 적절하지 않은 것은? (판례)

① 헌법변천이란 헌법이 예정한 헌법개정절차와 방법에 의하지 아니하고 헌법규범을 달리 적용함으로써 헌법의 의미와 내용에 실질적인 변화를 초래하게 되는 것을 말한다. 14국회9
② 헌법개정은 실정 헌법의 조문은 그대로 존속하는 상태에서 그 의미 또는 내용이 실질적으로 변화하는 것을 의미한다. 15지방7
③ 헌법개정이 의식적인 헌법규정의 변경이라고 한다면, 헌법변천은 무의식적인 헌법규정의 내용변화라고 할 수 있다. 09국가7
④ 헌법개정과 헌법변천은 헌법규범과 헌법현실 사이의 괴리를 좁혀 궁극적으로 헌법의 규범력을 유지하는 데 기여한다. 04사시

해설
① (○) 헌법변천은 개정절차를 거치지 않는다는 점에서 개정절차가 꼭 필요한 헌법개정과 다르다.
② (×) [1] 헌법변천은 실정 헌법의 조문은 그대로 존속하는 상태에서 그 의미 또는 내용이 실질적으로 변화하는 것을 의미한다. 예컨대 제1차 개정헌법에 양원제가 규정되었지만, 양원제는 한국의 현실에 맞지 않아서 바로 시행할 수 없는 경우, 나중에 시행하려고 헌법에서 삭제하지 않고 그대로 규정을 둔 경우이다. 〈주〉 헌법개정이 아니라 헌법변천에 대한 설명이다.
③ (○) 헌법개정은 헌법규정을 개정하는 <u>의식을 거쳐야 하는</u> "의식적" 헌법규정의 변경에 해당하고, 헌법변천은 헌법규정을 개정하는 <u>의식을 치르지 않는</u> "무의식적" 변경에 해당한다.
④ (○) 헌법개정과 변천은 모두 규범과 현실간 괴리를 좁혀 규범력을 높이는 기능을 한다. 다만 헌법을 개정하는 의식을 치르느냐 치르지 않느냐의 차이가 있을 뿐이다.

[정답] ②

027

다음 설명 중 가장 적절한 것은? (판례)

① 헌법규범과 헌법현실간에 괴리가 생긴 경우, 헌법개정은 그 괴리를 좁혀 궁극적으로 규범력을 높이는 기능을 하지만, 헌법변천은 그와 같은 기능을 기대할 수 없다. 13서울
② 헌법변천을 한계 없이 인정할 경우 사실상 관철된 헌법현실 또는 심지어 위헌적인 헌법현실이 정당화되는 결과가 발생된다. 15지방7
③ 경성헌법의 원리를 중시하면 헌법변천은 헌법해석과 헌법개정의 한계를 초월할 수 있다. 15지방7
④ 불문헌법국가에서는 헌법의 변천이 불가능하다. 14국회9
⑤ 헌법의 개정은 조문의 명시적 변경이라는 점에서 헌법의 변천 및 헌법의 침해와 구별된다. 02사시

해설

① (×) 헌법개정과 변천은 모두 규범과 현실간 괴리를 좁혀 규범력을 높이는 기능을 한다. 다만 헌법을 개정하는 의식을 치르느냐 치르지 않느냐의 차이가 있을 뿐이다.
② (O) 헌법변천을 무한정 인정할 경우 위헌적인 헌법현실도 헌법변천이라는 미명 하에 명문의 헌법규범을 대신할 수 있다는 문제점이 발생한다. 즉 헌법규정이 있으나 마나 한 결과가 발생하게 된다.
③ (×) 경성헌법은 헌법 개정절차가 까다롭기 때문에 헌법변천이 발생할 가능성이 크지만 성문헌법의 규범적 효력을 약화시키는 헌법변천에 대해 부정적이다. 따라서 헌법변천은 "제한적으로만" 인정되며 헌법해석과 개정의 한계를 초월하여 인정될 수는 없다.
④ (×) 헌법변천이란 헌법의 조문은 그대로 존속하면서 그 의미나 내용만이 실질적으로 변화하는 경우로 헌법변천은 성문헌법을 전제로 하는 것은 아니므로 불문헌법국가에서도 발생할 수 있다.
〈주〉영국과 같은 불문헌법국가에서는 법률이 실질적인 헌법의 역할을 하는데, 여기서도 법률의 규정을 그대로 둔 채 현실에 다르게 적용하는 헌법변천이 발생할 수 있다.
⑤ (×) 헌법개정은 조문의 명시적 변경이 있다. 헌법변천은 조문의 명시적 변경이 없다. 그러나 헌법침해는 조문의 명시적 변경이 있는 경우도 있고(예컨대 제7차 유신헌법; 위헌적 헌법개정), 조문의 명시적 변경이 없는 경우도 있다(예컨대 전두환, 노태우의 군사쿠데타)

[정답] ②

제4절 헌법의 보장

1. 헌법의 보장

028

다음 설명 중 가장 적절한 것은? (판례)

① 헌법수호의 대상으로서 헌법은 형식적 의미의 헌법뿐만 아니라 실질적 의미의 헌법도 포함한다. 09지방7
② 헌법보장의 대상은 성문헌법전에 한정된다. 04국가7
③ 평상적 헌법보장제도로는 위헌법률심사제와 계엄선포권을 들 수 있다. 04국가7
④ 대통령은 평상시에 헌법수호의 기능을 담당하지만, 비상시에는 헌법재판소가 그 역할을 분담하게 된다. 09지방7

해설

① (O) 형식적 헌법(성문헌법전)은 물론이고, 수도서울, 국어한글 등과 같은 관습헌법 등의 실질적 의미의 헌법도 헌법보장의 대상이 된다.
② (×) 형식적 헌법(성문헌법전)은 물론이고, 수도서울, 국어한글 등과 같은 관습헌법 등의 실질적 의미의 헌법도 헌법보장의 대상이 된다.
③ (×) 위헌법률심사제는 평상시의 헌법보장제도이지만, 계엄선포권은 비상적 헌법보장제도에 해당한다.
④ (×) 비상시 헌법수호수단으로는 국가긴급권과 저항권이 있다. 따라서 비상시에 헌법재판소가 아니라 대통령의 국가긴급권이 헌법수호기능을 담당하고, 대통령이 헌법을 침해하면 보충적으로 국민의 저항권이 헌법의 비상수호수단이 된다.

[정답] ①

029

다음 설명 중 가장 적절하지 않은 것은? (판례)

① 사전예방적 헌법수호수단으로는 권력분립제도, 방어적 민주주의 채택 등이 있다. 04국가7
② 헌법의 최고법규성 선언, 헌법개정의 곤란성, 권력분립원리 채택, 탄핵제도 등은 사전예방적 헌법수호 제도이다. 14서울
③ 사후교정적 헌법수호수단으로는 위헌법률심판제도, 헌법소원제도, 위헌정당해산제도, 기본권상실제도, 저항권, 국가긴급권 등이 있다. 04국가7
④ 헌법개정에 의해서도 헌법침해가 행해질 수 있다. 04국가7

[해설]
① (O) 권력분립제도, 방어적 민주주의는 헌법이 침해되기 전의 사전예방적 수호이다.
② (X) 예컨대 대통령 탄핵제도는 대통령이 헌법을 침해한 이후에 발생하는 사후적 헌법보호수단에 해당한다.
③ (O) 헌법재판소의 역할, 국민의 저항권, 대통령의 긴급권 등은 사후교정적 수호이다. 〈주〉 기본권상실제도는 사전예방수단이 아니라 사후교정수단이다. 다만 우리나라헌법에서는 인정하지 않는 제도이다.
④ (O) 정부에 현혹된 국민들의 잘못된 판단에 의하여 헌법이 개정되면 헌법개정을 통해 헌법의 기본질서나 가치에 대한 침해가 이루어질 수도 있다. 예컨대 1972년 제7차 개헌은 유신헌법으로 박정희 대통령이 국민들을 현혹하여 개정된 위헌적 헌법으로서 헌법을 침해하는 헌법개정이었다.

[정답] ②

2. 저항권

030

다음 설명 중 가장 적절하지 않은 것은? (판례)

① 저항권은 고대 그리스 도시국가에서 참주에 대한 국외추방제도나 고대 중국의 사상가인 맹자(孟子)의 역성혁명론에서 그 사상적 기원을 찾을 수 있다. 17법무
② 저항권은 자연권으로 출발하여 발전된 것이고, 이를 최초로 성문화한 것은 1215년 영국의 대헌장이다. 08지방7
③ 저항권은 자연권으로 발전되었고, 영국의 대헌장, 미국의 독립선언서, 프랑스의 1789년 인권선언에서 실정화되었으며, 대한민국의 헌법에도 저항권이 명문으로 규정되어 있다. 17법무
④ 1948년 이래 우리 헌법에서는 저항권을 인정하는 명문규정이 없었으나, 현행헌법 전문의 '불의에 항거한 4·19민주이념을 계승하고'라는 문구를 저항권의 헌법상 근거규정으로 볼 수 있다는 견해가 있다. 09사시

[해설]
① (O) 저항권은 고대 그리스와 고대 중국에서 기원을 찾을 수 있다. 〈주〉 이렇게 아주 옛날부터 인정되었던 권리를 자연권이라고 한다.
② (O) 저항권은 자연권에서 출발하였고, 1215년 영국의 대헌장에서 처음 규정되었다.
③ (X) 대한민국 헌법에는 저항권이 명문으로 규정되어 있지 않다. 〈주〉 따라서 우리나라에서 저항권은 자연권에 불과할 뿐, 실정법상 권리가 아니다.
④ (O) 저항권을 우리 헌법에서 명시적으로 규정하고 있지는 않지만, 헌법전문의 4.19혁명과 관련한 부분을 저항권의 헌법적 근거가 된다는 견해가 학계의 다수설이다.

[정답] ③

031

다음 설명 중 가장 적절한 것은? (판례)

① 우리나라에서 저항권의 본질을 초실정법적 자연권이라고 보는 학설은 저항권에 관한 헌법상의 명문규정의 유무를 불문하고 저항권을 당연히 보장되어야 할 권리라고 본다. 09사시

② 국가기관이나 지방자치단체와 같은 공법인도 저항권의 주체가 될 수 있다. 17서울

③ 저항권은 민주적 헌법질서의 수호·유지라는 소극적 목적 뿐만 아니라 사회·경제체제를 개혁하기 위한 적극적 목적을 위하여도 행사할 수 있다. 08지방7

④ 헌법보장수단으로서의 저항권은 폭력적 수단을 사용해서는 안된다. 04국가7

해설

① (O) 저항권을 초실정법적 자연권으로 보게 되면 명문의 규정이 없어도 당연히 보장되어야 할 권리로 볼 수 있다.

② (×) 자연인 뿐 아니라 단체도 저항권의 행사 주체가 될 수 있으나, 국가기관이나 지방자치단체 등은 저항권 행사의 주체가 될 수 없다. 〈주〉 저항권은 "국민"이 국가에 저항하는 권리이다.

③ (×) 저항권의 행사는 민주적 기본질서의 유지, 회복이라는 "소극인" 목적에 그쳐야 하고 정치적, 사회적, 경제적 체제를 개혁하기 위한 수단으로 이용될 수 없다. (헌재 2014. 12. 19. 2013헌다1) 〈주〉 적극적 목적은 안되고 소극적 목적만 된다.

④ (×) 저항권은 공권력의 행사자가 민주적 기본질서를 침해하거나 파괴하려는 경우 이를 회복하기 위하여 국민이 공권력에 대하여 폭력·비폭력, 적극적·소극적으로 저항할 수 있다는 국민의 권리이자 헌법수호제도를 의미한다. (헌재 2014. 12. 19. 2013헌다1) 〈주〉 목적은 소극적이어야 하지만, 그 수단은 적극적 폭력도 가능하다.

[정답] ①

032

다음 설명 중 가장 적절한 것은? (판례)

① 헌법재판소는 헌법보호수단인 저항권이 체제개혁이라는 적극적 목적을 위하여 행사될 수 있다고 보았다. 21군무5

② 저항권은 불법적인 국가권력의 행사에 대하여 저항하는 권리로서, 입헌주의적 헌법질서를 침해하거나 파괴하려는 국가기관이나 공권력담당자에 대하여 주권자로서 개개국민 또는 집단이 헌법 질서를 유지 회복시키기 위하여 최후의 무기로서 행사할 수 있는 헌법보장수단이다. 14국회8

③ 저항권은 민주적 기본질서의 유지, 회복을 목적으로 저항할 수 있을 뿐, 기존의 위헌적인 정권을 물러나게 하기 위한 목적으로는 행사할 수 없다. 17법무

④ 저항권은 사회·경제적 체제개혁이라는 적극적 목적을 위하여 행사될 수 없으며, 평화적인 방법으로만 행사되어야 한다. 11지방7

해설

① (×) 저항권의 행사는 민주적 기본질서의 유지, 회복이라는 "소극적인" 목적에 그쳐야 하고 정치적, 사회적, 경제적 체제를 개혁하기 위한 수단으로 이용될 수 없다. (헌재 2014. 12. 19. 2013헌다1) 〈주〉 적극적 목적은 안되고 소극적 목적만 된다.

② (O) 저항권을 행사하려면 민주적, 법치국가적 기본질서 또는 기본권 보장체계가 전면적으로 부인되는 경우로서 공권력 행사의 불법성이 객관적으로 명백해야 하고 저항권 행사가 최후의 수단이어야 한다. 〈주〉 최후수단성을 보충성이라고 한다.

③ (×) 저항권의 행사는 민주적 기본질서의 유지, 회복이라는 소극적인 목적에 그쳐야 하고 정치적, 사회적, 경제적 체제를 개혁하기 위한 수단으로 이용될 수 없다. (헌재 2014. 12. 19. 2013헌다1) 〈주〉 기존의 위헌적인 정권을 물러나게 하기 위한 목적도 민주적 기본질서를 유지하려는 소극적 목적이다.

④ (×) 저항권은 공권력의 행사자가 민주적 기본질서를 침해하거나 파괴하려는 경우 이를 회복하기 위하여 국민이 공권력에 대하여 폭력·비폭력, 적극적·소극적으로 저항할 수 있다는 국민의 권리이자 헌법수호제도를 의미한다. (헌재 2014. 12. 19. 2013헌다1)

[정답] ②

033

다음 설명 중 가장 적절하지 않은 것은? (판례)

① 저항권의 행사는 헌법질서의 수호 유지 또는 회복을 위해 남겨진 최후의 수단이어야 한다. 17서울
② 저항권은 헌법이나 법률에 규정된 일체의 법적 구제수단이 이미 유효한 수단이 될 수 없는 경우에 행사될 수 있다. 11지방7
③ 저항권이 행사되려면 불법적인 공권력행사의 존재가 객관적으로 명백해야 한다. 11지방7
④ 헌법재판소는 국회법 소정의 협의 없는 개의시간 변경과 회의 일시를 통지하지 아니한 입법과정의 하자도 저항권의 대상이 된다고 판시하고 있다. 14국회8

해설

① (O) 저항권은 공권력의 행사에 대한 '실력적' 저항이어서 그 본질상 질서교란의 위험이 수반되므로, 저항권의 행사에는 개별 헌법조항에 대한 단순한 위반이 아닌 민주적 기본질서라는 전체적 질서에 대한 중대한 침해가 있거나 이를 파괴하려는 시도가 있어야 하고, 이미 유효한 구제수단이 남아 있지 않아야 한다는 보충성의 요건이 적용된다. (헌재 2014. 12. 19. 2013헌다1)
② (O) (헌재 2014. 12. 19. 2013헌다1) 〈주〉 최후수단성을 보충성이라 한다.
③ (O) 저항권을 행사하려면 민주적, 법치국가적 기본질서 또는 기본권 보장체계가 전면적으로 부인되는 경우로서 공권력 행사의 불법성이 객관적으로 명백해야 하고 저항권 행사가 최후의 수단이어야 한다. 〈주〉 이를 보충성이라 한다.
④ (✕) 저항권이 헌법이나 실정법에 규정이 있는지 여부를 가려볼 필요도 없이 제청법원이 주장하는 국회법 소정의 협의없는 개의시간의 변경과 회의일시를 통지하지 아니한 입법과정의 하자는 저항권행사의 대상이 되지 아니한다. (헌재 1997. 9. 25. 97헌가4) 〈주〉 다른 해결방법이 있으므로 보충성의 원칙상 저항권을 행사할 수 없다.

[정답] ④

034

다음 설명 중 가장 적절한 것은? (판례)

① 대법원 판례는 저항권이 실정법에 근거를 두지 못하고 오직 자연법에만 근거하고 있더라도 법관은 이를 재판규범으로 원용할 수 있다고 본다. 08지방7
② 대법원은 저항권이 일종의 자연법상의 권리로서 이를 인정하는 것이 타당하다 할 것이고 저항권이 인정된다면 재판규범으로서의 기능을 배제할 근거가 없다는 입장을 가지고 있다. 14서울
③ 대법원은 실정법을 근거로 국가사회의 법질서위반 여부를 판단하는 재판권 행사에서는 저항권을 적용할 수 없지만, 초실정법적 자연권으로서의 저항권 자체는 실정법질서에서도 존중되어야 하기 때문에, 위법성조각사유로서의 정당행위 여부를 판단할 때에는 저항권을 충분히 고려해야 한다는 입장을 견지하고 있다. 09사시
④ 저항권은 국민적 정당성에 기초해 있다는 점에서 혁명과 동일하지만, 혁명의 목적이 새로운 헌법질서의 창출에 있다면, 저항권의 목적은 기존 헌법질서의 수호에 있다. 17서울

해설

① (✕) 헌법 및 법률에 저항권에 관하여 아무런 규정없는 우리나라의 현 단계에서는 저항권이론을 재판의 근거규범으로 채용, 적용할 수 없다. (대법원 1980. 5. 20. 80도306)
② (✕) 헌법 및 법률에 저항권에 관하여 아무런 규정없는 우리나라의 현 단계에서는 저항권이론을 재판의 근거규범으로 채용, 적용할 수 없다. (대법원 1980. 5. 20. 80도306)
③ (✕) 우리나라의 현 단계에서는 저항권이론을 재판의 근거규범으로 채용, 적용할 수 없다. (대법원 1980. 5. 20. 80도306) 〈주〉 실정법상 저항권이든 자연법상 저항권이든 모두 적용할 수 없다.
④ (O) 저항권은 기존의 헌법질서를 유지하고 회복하려는 소극적 목적으로 행사되지만, 혁명권은 기존의 헌법질서를 폭력으로 파괴하고 새로운 헌법질서를 수립하는 것을 적극적 목적으로 행사된다. 〈주〉 예컨대 5.18민주항쟁(저항권)은 기존의 헌법질서를 유지하려는 소극적 목적에서 발생하였지만, 프랑스혁명은 기존의 군주와 귀족 제도를 타파하려는 적극적 목적에서 발생하였다.

[정답] ④

035

다음 설명 중 가장 적절한 것은? (판례)

① 저항이 성공하여 법치국가적 질서가 재건되면 저항행위는 소급하여 유효한 것으로 정당화된다. 09지방7
② 소수의 특수집단을 중심으로 헌정체제의 변화를 유발하는 쿠데타는 혁명이나 저항권과 같이 국민적 정당성을 확보한다고 볼 수 있다. 14서울
③ 저항권은 실정법 질서를 부정하는 폭력적 방법으로도 정당화 될 수 있듯이, 시민불복종도 폭력적 방법이 정당화 될 수 있다. 17서울
④ 국가권력 행사의 불법이 객관적으로 명백하고 민주적 기본질서를 중대하게 침해하고 헌법의 존재 자체를 부인하는 경우에만 국민은 시민불복종운동을 행사할 수 있다. 14서울
⑤ 대법원은 낙선운동을 저항권의 한 형태로 인정하고 있다. 14국회8

> 해설

① (○) 요건을 갖추어 정당하게 행사된 저항권은 정당행위로서 위법성이 조각된다. 〈주〉예컨대 5.18민주항쟁(저항권)이 성공했다면 현재 정당화되었을 것이다. 그러나 아쉽게도 실패하였다.
② (×) 혁명권과 저항권은 국민적 정당성을 기초로 하지만, 쿠데타는 국민적 정당성을 확보할 수 없다. 〈주〉박정희, 전두환의 군부쿠데타는 당시 성공했는데도 국민적 합의를 무시했기 때문에 이후에도 정당화되지 못했다. 박정희는 살해되었고 전두환은 옥살이를 하였다.
③ (×) 시민불복종이란 전체 법질서의 정당성은 긍정하되, 자신의 양심에 비추어 부정의하다고 판단되는 개별 법령이나 정책을 비폭력적, 의도적으로 위반하는 것으로 폭력적인 방법이 허용되지 않는다는 점에서 저항권과 차이가 있다.
④ (×) 저항권을 행사하려면 민주적, 법치국가적 기본질서 또는 기본권 보장체계가 전면적으로 부인되는 경우로서 공권력 행사의 불법성이 객관적으로 명백해야 하고 저항권 행사가 최후의 수단이어야 한다. 시민불복종운동은 단순히 개별법령에 위반된 경우에도 행사될 수 있다.
⑤ (×) 시민단체의 특정 후보자에 대한 낙선운동은 시민불복종운동으로서 정당행위 또는 긴급피난에 해당한다고 볼 수 없다. (대법원 2004. 11. 12. 2003다52227) 〈주〉낙선운동은 시민불복종운동에 해당하지 않고 저항권에도 해당하지 않는다.

[정답] ①

3. 방어적 민주주의

036

다음 설명 중 가장 적절하지 않은 것은? (판례)

① 다원주의적 가치관을 전제로 개인의 자율적 이성을 존중하고 자율적인 정치적 절차를 보장하는 것이 공동체의 올바른 정치적 의사형성으로 이어진다는 신뢰는 우리 헌법상 민주주의 원리의 근본바탕이다. 15법행
② 방어적 민주주의는 민주주의의 자기방어적인 성격을 갖는 것으로서 가치 상대주의 내지 다원주의에 대한 한계로서 인정될 것이다. 09지방7
③ 위헌정당해산제도는 형식적 민주주의에 대한 반성으로부터 출발하여 민주주의의 가치상대주의적 관용을 지향하는 헌법보호의 수단이다. 05행시
④ 방어적 민주주의는 민주적 헌법질서의 전복을 기도하는 민주주의의 적은 관용할 수 없다는 철학에 기초한다. 07국회8
⑤ 우리나라의 경우 대법원과 헌법재판소는 공히 방어적 민주주의를 수용하고 있다. 02입시

> 해설

① (○) (헌재 2014. 12. 19. 2013헌다1)
② (○) 방어적 민주주의는 가치상대주의, 다원주의를 배제하는 한계로서 인정된다.
③ (×) 위헌정당해산제도는 가치상대주의를 "지양"하고 침략전쟁은 절대로 반대한다는 가치절대주의를 "지향"한다.
④ (○) 방어적 민주주의는 민주적 헌법질서의 적으로부터 민주주의를 보호하기 위한 것이다.
⑤ (○) (대법 1992.8.18. 92도1244) (헌재1990.4.2. 89헌가113)

[정답] ③

037

다음 설명 중 가장 적절하지 않은 것은? (판례)

① 방어적 민주주의는 그 출현의 배경에 비추어 볼 때 적극적이고 공격적인 것일 수밖에 없다. 02입시
② 방어적 민주주의를 위한 장치로 위헌정당해산제도와 기본권 실효제도를 들 수 있는데, 이 중 우리는 독일과 달리 위헌정당해산제도만을 도입하고 있다. 14서울
③ 현행 헌법상 방어적 민주주의의 구현을 위하여 반민주적 정당의 강제해산제를 수용하고 있지만 기본권상실제는 수용하고 있지 아니하다. 02입시
④ 방어적 민주주의의 실현수단으로서 위헌정당해산제도는 제3차 개정헌법에 최초로 규정되었으나, 기본권실효제도는 채택되지 않았다. 05행시
⑤ 우리나라에서는 정당이 그 목적이나 활동이 반민주적이고 헌법적대적이라는 이유로 헌법재판소에 의하여 강제해산된 예가 있다. 02입시

> **[해설]**
> ① (×) 방어적 민주주의는 민주적 헌법질서의 적으로부터 민주주의를 보호하기 위한 것으로 <u>본질적으로 방어적·소극적</u>이다.
> ② (○) <u>우리나라 현행헌법은 기본권 실효제도는 인정하지 않는다.</u> 위헌정당해산제도만을 헌법 제8조 4항에서 규정하고 있다.
> ③ (○) 헌법상 기본권 실효제도는 둔 적이 없다.
> ④ (○) 위헌정당해산제도는 1060년 6월 15일 제3차 개정헌법에서 신설되었다. 그러나 우리 헌법상 기본권 실효제도는 둔 적은 없다. (기본권실효제도는 독일 기본법에서 수용한 적이 있다.)
> ⑤ (○) 2014년 12월 19일 헌법재판소 판결로 <u>통합진보당 해산결정</u>이 있었다.
>
> [정답] ①

제2장 대한민국 헌법총설

제1절 대한민국 헌정사

0. 1948년 제헌헌법 (제1공화국)

038
다음 설명 중 가장 적절하지 않은 것은? (판례)

① 건국헌법은 기본권, 정부형태, 경제조항 등에서 독일 바이마르 헌법과 본기본법의 영향을 많이 받은 것으로 평가되고 있다. 05행시
② 제헌국회를 구성하기 위한 5·10 총선에 남한의 모든 정파가 참여한 것은 아니었다. 05행시
③ 제헌국회의 헌법기초위원회는 헌법초안을 작성함에 있어 유진오안 등을 기초로 하였다. 05행시
④ 건국헌법은 대통령, 부통령, 국무총리를 모두 두고 있었다. 10국회8

해설
① (✕) 건국헌법은 1948년 제정하였고, 독일 바이마르헌법은 1919년, 독일 본기본법은 1949년 제정하였다. 〈주〉 1948년 건국헌법의 제정이 빠르므로 1949년 독일 본기본법의 영향을 받을 수 없다.
② (○) 제헌국회를 구성하기 위한 총선에 김구 등의 정파는 참여하지 않았고, 유진오와 이승만이 주도하였다.
③ (○) 제헌국회의 헌법기초위원회는 의원내각제와 양원제를 골자로 하는 유진오 초안을 통과시켰으나 이승만과 미군정의 반발로 대통령제와 단원제를 시행하면서 의원내각제의 요소인 국무총리제와 국무원제를 가미하였다.
④ (○) 제헌헌법은 대통령제를 채택하였으나, 의원내각제적 요소도 가미하여 국무총리를 두었다.

정답 ①

039
다음 설명 중 가장 적절하지 않은 것은? (판례)

① 1948년 헌법은 대통령제를 채택하였으며, 국회는 양원제를 실시하였다. 17입시
② 제헌 헌법(1948년 헌법)은 대통령과 부통령을 국회에서 무기명 투표로 선출하도록 규정하였다. 18국회9
③ 1948년 건국헌법은 국민투표에 의하지 않고, 국회에서만의 의결로 제정되었다. 13사시
④ 제헌헌법은 국회에서 통과되어 국회의장이 서명 공포하여 시행되었다. 18법행

해설
① (✕) 1948년 제헌헌법은 대통령제를 채택하였고, 국회는 단원제를 실시하였다. 1952년 제1차 개헌에서 양원제를 처음 규정하였으나 이때에도 실제로는 단원제로 운영되었다.
② (○) 1948년 제헌헌법은 대통령과 부통령을 국회에서 무기명 투표로 선출하도록 규정하였다.
③ (○) 1948년 건국헌법은 국민투표 거치지 않고, 국회에서만의 의결로 제정되었다. 헌법개정에 대한 국민투표 제도는 1962년 제5차 개정헌법에서 처음 채택하였다.
④ (○) 1948년 제헌헌법은 국회의 의결을 거쳐 국회의장 이승만이 서명 및 공포함으로서 시행되었고 별도의 국민투표를 거치지 않았다.

정답 ①

040

다음 설명 중 가장 적절한 것은? (판례)

① 1948년 제헌헌법은 국회 본회의에서 헌법을 의결하고 국민투표를 거쳐 확정되었다. 10법행
② 우리 국민은 1948년 7월 12일 헌법제정권력을 직접 행사하여 건국헌법을 제정하였다. 13서울
③ 건국헌법이 국회를 통과한 것은 1948년 7월 12일이었지만, 부칙의 규정에 따라 7월 17일 국회의장이 공포함으로써 시행되었다. 05시
④ 1948년 헌법은 지방자치에 관한 장과 재정에 관한 장을 별도로 두지 않았다. 19입시

해설

① (×) 1948년 제헌헌법은 국회에서 통과하여 시행되었다. 국민투표는 거치지 않았다.
② (×) 제헌헌법은 국민투표를 통해 제정된 것이 아니라 제헌의회에서 제정되었기 때문에 헌법제정권력을 직접 행사한 것으로 보기 어렵다.
③ (○) 당시 국회의장이었던 이승만의 공포로 시행되었다. 공포된 날이 7월 17일로서 제헌절이다.
④ (×) 1948년 헌법은 제7장 재정에 관한 장과 제8장 지방자치에 관한 장을 별도로 두었다.

[정답] ③

041

다음 설명 중 가장 적절하지 않은 것은? (판례)

① 1948년 제헌헌법부터 지방자치제도에 관한 헌법규정이 존재하지 않았다. 19행시
② 미군정하에서 구속적부심사제가 도입되면서 서구적 기본권 보장의 역사가 시작된 이래, 건국헌법은 근로3권, 생활무능력자의 보호, 사기업에서의 근로자의 이익분배균점권 등 일련의 사회적 기본권 등을 보장하였다. 09국회8
③ 제헌헌법은 중요한 운수, 통신, 금융, 보험, 전기, 수리, 수도, 가스 및 공공성을 가진 기업을 국영 혹은 공영으로 하도록 하였다. 16국회9
④ 1948년 제정된 우리 헌법에 이미 근로의 권리가 명시되어 있었다. 21법행
⑤ 우리 헌법은 1948년 제헌헌법에서 "가족의 건강은 국가의 특별한 보호를 받는다."라고 규정한 이래 1962년 제3공화국 헌법에서 "모든 국민은 보건에 관하여 국가의 보호를 받는다."라고 정하여 현행 헌법까지 이어져 오고 있다. 22경찰2

해설

① (×) 1928년 제헌헌법에 지방자치제도가 규정되었으나, 실제로 시행되지는 않았다.
② (○) 1948년 제헌헌법은 당시 해방 이후 혼란한 상황에서 통제경제와 사회주의를 채택하였다. 자유주의가 도입된 것은 1950년에 시작된 6.25전쟁이 1953년에 끝나고 1954년 제2차 개정헌법 때였다.
③ (○) 1948년 제헌헌법은 통제경제와 사회주의를 채택하였다.
④ (○) 1948년 제헌헌법은 근로의 권리, 근로3권, 근로자의 이익분배균점권 등을 규정하였다.
⑤ (○) 1948년 제헌헌법에서 혼인의 순결과 가족의 건강을 국가가 보호한다고 규정하였다.

[정답] ①

042

다음 설명 중 가장 적절하지 않은 것은? (판례)

① 1948년 헌법은 근로3권과 사기업에 있어서 근로자의 이익분배균점권, 생활무능력자의 보호, 가족보호 등 다양한 사회적 기본권을 규정하였다. 16국회8

② 1948년 제헌헌법은 기본적으로 대통령제를 채택하였으나 국무총리를 두고 국무원을 의결기관으로 하였으며, 단원제 국회와 사기업 근로자의 이익분배균점권을 인정하였다. 14국회9

③ 제헌헌법(1948년)에서는 영리를 목적으로 하는 사기업 근로자의 이익분배균점권, 생활무능력자의 보호를 명시하였다. 21경승

④ 1948년 헌법은 평등권, 신체의 자유 및 직업의 자유를 비롯한 고전적 기본권을 보장하였을 뿐만 아니라, 근로3권과 사기업에 있어서 근로자의 이익분배균점권, 생활무능력자의 보호, 혼인의 순결과 가족의 건강의 특별한 보호 등 일련의 사회적 기본권까지 규정하여 사회주의적 요소를 가미하였다. 16국가7

> **해설**
> ① (○) 1948년 제헌헌법은 통제경제와 사회주의를 실시하였다.
> ② (○) 제헌헌법은 대통령제를 채택하고 임기는 4년으로 국회에서 간접선거로 선출하였다.
> ③ (○) 1948년 제헌헌법은 근로의 권리, 근로3권, 근로자의 이익분배균점권 등을 규정하였다.
> ④ (×) "직업의 자유"는 1962년 제5차 개정헌법에서 처음 규정하였다.
>
> [정답] ④

043

다음 설명 중 가장 적절하지 않은 것은? (판례)

① 형사피고인으로서 구금되었던 자가 무죄판결을 받은 때에는 법률의 정하는 바에 의하여 국가에 대하여 보상을 청구할 수 있다. 13법행

② 1948년 제헌헌법에서 구금되었던 자가 무죄판결을 받은 때에는 법률의 정하는 바에 의하여 국가에 대하여 보상을 청구할 수 있도록 하였다. 11법무

③ 형사보상청구권은 제3차 개헌에서 처음 채택되었다. 99행시

④ 1948년 제헌헌법에서 대통령의 임기는 4년으로 하되, 국회에서 간접선거로 선출하였다. 11법무

> **해설**
> ① (○) 1948년 제헌헌법은 형사피고인의 보상청구권을 두었다.
> 〈주〉 형사피의자의 보상청구권은 1987년 현행 제9차 개정헌법에서 처음 규정하였다.
> ② (○) 1948년 제헌헌법은 형사피고인의 보상청구권을 두었다. "무죄판결"을 받은 때란 형사피고인의 경우를 의미한다. 〈주〉 형사피의자의 보상청구권은 1987년 현행 제9차 개정헌법에서 처음 규정하였다.
> ③ (×) 1948년 제헌헌법에서 형사피고인의 형사보상청구권을 처음 채택하였다.
> ④ (○) 1948년 제헌헌법은 대통령제를 채택하고 임기는 4년으로 국회에서 간접선거로 선출하였다.
>
> [정답] ③

044
다음 설명 중 가장 적절한 것은? (판례)

① 제헌헌법에서는 대통령직선제를 채택하였다. 99행시
② 1948년 제헌헌법은 대통령과 부통령을 4년 임기로 국회에서 선출하도록 하였고, 국회는 임기 4년의 단원제를 채택하였다. 10법행
③ 국회의 양원제와 단원제가 지니는 각각의 장단점에도 불구하고 1962년 헌법 이래로 국회의 단원제가 정착되었는데, 1948년 헌법제정 이래 1962년 헌법개정 전까지는 국회의 양원제가 채택되었다. 04사시
④ 1948년 제헌헌법에서 위헌법률심사와 탄핵심판을 담당하는 헌법위원회를 두었다. 12국회

해설

① (✗) 1948년 제헌헌법에서는 대통령·부통령 국회에서 간선제를 채택하였다.
② (O) 1948년 제헌헌법은 대통령과 부통령 간선제 임기 4년에 중임제한하고 국회는 단원제를 채택하였다. 〈주〉 양원제는 1952년 제1차 개정헌법에서 처음 규정되었다.
③ (✗) 1948년 제헌헌법은 단원제를 채택하였다. 1952년 제1차 개헌에서 양원제가 채택되었으나 실제로 시행되지는 않았다. 1960년 제3차 개헌에서 의원내각제와 함께 양원제가 실제로 시행되었다.
④ (✗) 1948년 제헌헌법은 위헌법률심사는 헌법위원회에서, 탄핵심판은 탄핵재판소에서 각각 따로 담당하도록 규정하였다.
〈주〉 헌법재판소는 1960년 제3차 개정헌법에서 처음 규정되었다.

[정답] ②

1. 1952년 1차개헌 (제1공화국)

045
다음 설명 중 가장 적절한 것은? (판례)

① 1952년 제1차 헌법개정은 사전공고절차를 결여하였음은 물론 독회·토론도 없이 의결한 점에서, 1954년 제2차 헌법개정은 의결정족수의 미달인 점에서, 1962년 제5차 헌법개정은 민의원 및 참의원에서의 의결을 거치지 않은 채 국가재건비상조치법상의 국민투표로만 개정하였다는 점에서 모두 위헌적인 요소를 가지고 있다. 16국회8
② 1952년 헌법은 헌법개정에 필요한 의결정족수에 미달하여 부결되었는데 이를 번복하여 가결되었으며, 1954년 헌법은 헌법이 정하는 공고절차를 거치지 않은 문제가 있었다. 16사시
③ 1차 헌법 개정은 정부안과 야당안을 발췌·절충한 개헌안을 대상으로 하여 헌법개정절차인 공고절차를 그대로 따랐다. 20국가7
④ 제1차 헌법개정(1952년 7월)은 헌법이 정하는 공고 절차를 거치지 아니하였으나, 국민투표에 의하여 확정되었다. 11국가7

해설

① (O) 1952년 제1차 개헌은 발췌개헌으로서 위헌적 요소를 가지고 있었고, 1954년 제2차 개헌은 사사오입으로 의결정족수 미달의 요소가 있었으며, 1962년 제5차 개헌과 1972년 제7차 개헌은 국회의결을 거치지 않았다. 〈주〉 헌법개정에서 국회의 의결절차에 문제가 있는 개헌은 52년, 62년, 72년 개헌이고, 의결정족수 미달의 사사오입 개헌은 54년 2차 개헌이다.
② (✗) 1952년 제1차 개정헌법은 공고와 토론절차가 생략된 점이 문제이고, 1954년 제2차 개정헌법은 의결정족수에 미달이었는데 이를 가결로 처리한 사사오입 방식이 문제였다. 〈주〉 1952년 개헌과 1954년 개헌의 내용을 바꾸어야 한다.
③ (✗) 1952년 1차 개헌은 발췌개헌으로 헌법개정절차의 하나인 공고절차를 생략하였다는 점에서 위헌적인 헌법개정이었다.
④ (✗) 1952년 제1차 개정헌법은 발췌개헌으로서 국회통과로 행하여졌다. 헌법이 정한 공고절차를 위배하였으며 국회에서의 토론절차도 생략되었고 국민투표도 하지 않았다. 〈주〉 헌법개정에 대한 국민투표제도는 1962년 제5차 개헌에서 처음 규정되었다.

[정답] ①

046

다음 설명 중 가장 적절한 것은? (판례)

① 발췌개헌이라고 불리는 제1차 헌법개정에서 양원제국회가 최초로 규정되었다. 14국회9
② 제2차 개헌(1954년)에서 여당의 개헌안과 야당의 개헌안을 발췌하여 개헌안을 제안하였다. 15국회9
③ 헌법에서 최초로 양원제를 규정한 것은 1960년 헌법이다. 10국회8
④ 제1차 개정헌법(1952년)은 야당안과 정부안을 발췌하여 절충한 것으로 국회 단원제를 규정하고, 대통령과 부통령의 국민 직선제를 채택하였다. 13지방7
⑤ 1948년 제헌헌법은 민주공화국, 국민주권주의, 국제평화주의에 관한 규정은 개폐할 수 없다고 규정하였다. 22비상

해설

① (O) 1952년 제1차 개정헌법은 양원제국회를 최초로 규정하였지만 실제로 실시되지는 못했다. 처음으로 양원제가 실시되었던 것은 제2공화국 1960년 제3차 개정헌법때이다.
② (X) 1952년 제1차 개헌에서 여당의 개헌안과 야당의 개헌안을 발췌하여 개헌안을 제안하였다.
③ (X) 양원제가 최초로 헌법에 규정된 것은 제1차 개헌헌법(1952년 헌법)이었으나 실제로 실시되지는 못했다. 〈주〉양원제가 실제로 시행된 것은 1960년 제3차 개헌이다.
④ (X) 1952년 제1차 개정헌법에서 양원제가 최초로 헌법에 규정되었으나 실제로 실시되지는 못했다. 대통령 선출방식은 직선제를 채택하였다.
⑤ (X) 헌법개정금지조항은 1948년 제헌헌법이 아니라 1954년 제2차 개정헌법에 있었다.

[정답] ①

2. 1954년 2차개헌 (제1공화국)

047

다음 설명 중 가장 적절하지 않은 것은? (판례)

① 1954년 헌법개정안에 대한 표결결과 민의원 재적의원 203명 중 135명이 찬성하여 헌법개정에 필요한 의결정족수인 3분의 2 이상의 찬성이라는 기준에 한 표가 모자랐지만 이른바 사사오입(四捨五入)이라는 계산법을 적용하여 부결 선포를 번복하고 가결로 선포하였다. 16국가7
② 제2차 개정헌법은 초대 대통령에 한하여 중임제한 규정을 적용하지 않도록 하여 초대 대통령에게 영구집권의 가능성을 열어 주었다. 16국회9
③ 1960년 6월의 제3차 개정헌법(제2공화국)은 경제질서에 자유시장경제적 요소를 최초로 도입하였다. 11국회9
④ 제2차 개정헌법(1954년)에서는 주권의 제약 또는 영토의 변경을 가져올 국가안위에 관한 중대 사항은 국회의 가결을 거친 후 국민투표에 붙여 결정하도록 하였다. 21경승

해설

① (O) 1954년 제2차 개헌은 사사오입 개헌으로 초대 대통령에 한해서 중임제한을 적용하지 않는다는 위헌적 개정이었다.
② (O) 1954년 제2차 개헌은 사사오입 개헌으로 초대대통령에 한하여 중임제한을 적용하지 않았다.
③ (X) 자유시장경제적 요소를 최초 도입 헌법은 제1공화국 제2차 개정헌법이었다. 〈주〉제1공화국은 제헌, 1차, 2차개헌이고, 제2공화국은 3차, 4차개헌이고, 제3공화국은 5차, 6차개헌이다. 이후 제4공화국은 7차, 제5공화국은 8차, 제6공화국은 9차개헌이다.
④ (O) 1954년 제2차 개정헌법에서 중요정책에 대한 국민투표를 처음 규정하였고, 1962년 제5차 개정헌법에서 헌법개정에 대한 국민투표를 처음 규정하였다.

[정답] ③

048

다음 설명 중 가장 적절하지 않은 것은? (판례)

① 제2차 개정헌법(1954년)은 주권의 제약이나 영토변경의 경우에 국민투표를 거치게 하였으며, 헌법개정에 관하여 국민발안제를 채택하고, 헌법개정시 개폐할 수 없는 조항을 명시하였다. 13지방7

② 1954년 제2차 개정헌법은 민주공화국, 국민주권, 주권의 제약 또는 영토의 변경을 가져올 국가안위에 관한 중대사항에 대한 국민투표 규정은 개폐할 수 없다고 명시하였다. 18입시

③ 1954년 제2차 개정헌법은 민의원선거권자 50만 명 이상의 찬성으로도 헌법개정을 제안할 수 있다고 규정하였다. 19국회8

④ 1948년 헌법에서부터 현행 헌법에 이르기까지 헌법개정의 발의권은 국회와 대통령에게만 부여되어 그 권한이 인정되어 오고 있다. 16서울

해설

① (○) 1954년 제2차 개정헌법은 <u>자유경제질서</u>를 채택하고, 주권의 제약이나 영토변경의 <u>중요정책</u>에 대한 <u>국민투표</u>를 거치게 하였으며, 헌법개정에 관하여 <u>국민발안제</u>를 채택하고, <u>헌법개정 한계조항(금지조항)</u>을 명시하였다.
② (○) 1954년 제2차 개정헌법은 헌법개정금지조항을 두었다.
③ (○) 1954년 제2차 개정헌법은 <u>국민발안권</u>을 인정하였다.
④ (×) <u>제2차 개정헌법에서 민의원 선거권자 50만인의 찬성으로 국민발안권이 인정된 경우가 있다.</u>

[정답] ④

049

다음 설명 중 가장 적절한 것은? (판례)

① 제2차 개정헌법은 초대 대통령의 중임제한 폐지, 국민소환제 등을 규정하였다. 14서울

② 우리나라 헌법사에서 대통령에 대한 국민소환제가 채택된 적이 있었다. 97사시

③ 우리나라는 1954년 제2차 개정헌법에서 일부 조항의 개폐를 명시적으로 금지한 바 있지만, 현행 헌법에서는 그러한 규정을 두고 있지 않다. 18서울2회

④ 대법원은 1959년 진보당(進步黨) 사건에서 그 정강정책이 사실상 계획경제를 지향하고 있다는 이유로 헌법상의 위헌정당해산제도에 따라 해산판결을 내린 바 있다. 09사시

해설

① (×) 제2차 개정헌법은 초대 대통령의 중임제한 폐지, 국무총리제 폐지 등을 규정하였다. 그러나 <u>국민소환제는 우리 헌정사에 규정된 적이 없다.</u>
② (×) <u>국민소환제는 헌정사에서 도입된 적이 한 번도 없다.</u>
③ (○) <u>2차 개정헌법에서는 민주공화국, 국민주권, 주권제약 영토변경에 대한 헌법조항을 개정금지조항으로 규정하고 있었으나 현행헌법은 개정금지조항을 두고 있지 않다.</u> 〈주〉1954년 헌법 제98조 ⑥ 제1조, 제2조와 제7조의 2의 규정은 개폐할 수 없다.
④ (×) 1959년 진보당(進步黨) 사건은 <u>행정처분에 의한 해산</u>이었다. 〈주〉헌법재판소에 의한 위헌정당해산제도는 1960년 제3차 개정헌법에서 처음 규정하였고, 헌법재판소에 의하여 강제해산된 정당은 통합진보당이다.

[정답] ③

3. 1960년 3차개헌 (제2공화국)

050
다음 설명 중 가장 적절한 것은? (판례)

① 헌법재판소는 제5차 개헌에서 처음 규정되었다. 99행시
② 1960년 헌법은 헌법재판소에 위헌법률심판권과 더불어 헌법에 대한 최종적 해석권한을 부여하였다. 16사시
③ 헌법재판제도는 현행 헌법이 최초로 채택하고 있다. 12변시
④ 제3차 개정헌법은 정당에 관한 규정을 처음으로 두었고, 정당이 민주적 기본질서에 위배되는 경우에 헌법위원회의 결정에 의하여 해산될 수 있도록 하였다. 16국회9

해설
① (×) 1960년 제3차 개헌에서 헌법재판소의 설치를 처음 규정하였다.
② (○) 1960년 제3차 개헌에서 헌법재판소의 설치를 처음 규정하였다.
③ (×) 헌법재판 '제도'는 제헌헌법에서 규정하였고, 헌법재판소의 '설치'는 1960년 제3차 개헌에서 규정하였다.
④ (×) 1960년 제3차 개정헌법은 헌법재판소의 결정에 의하여 해산될 수 있도록 하였다. 〈주〉 헌법위원회가 아니라 헌법재판소이다.

정답 ②

051
다음 설명 중 가장 적절한 것은? (판례)

① 1960년 제3차 개정헌법은 헌법위원회를 설치하여 정당해산심판을 담당하도록 규정하였다. 20비상
② 제3차 개정헌법(1960년 헌법)에서는 3·15부정선거에 대한 반성으로 중앙선거관리위원회와 각급선거관리위원회를 처음 규정하였다. 18국회9
③ 독립된 헌법기관인 중앙선거관리위원회가 선거의 공정한 관리를 위하여 1962년 헌법개정으로 처음 도입된 이래 현행헌법에 이르기까지 선거관리기능을 담당해 왔다. 04사시
④ 1960년 6월 제3차 개정헌법은 헌법재판소의 설치, 언론·출판·집회·결사의 자유에 대한 사전허가 내지 검열의 금지, 기본권의 본질적 내용의 침해 금지, 공무원의 정치적 중립의 제도화 등을 주요 내용으로 하였다. 10법행

해설
① (×) 헌법위원회는 1948년 제헌헌법 당시에 있었고, 1960년 제3차 개정헌법은 헌법재판소를 두어 위헌정당해산심판을 담당하였다.
② (×) 1960년 제3차 개정헌법은 중앙선거관리위원회를 규정하였다. 1962년 제5차 개정헌법은 각급 선거관리위원회를 규정하였다.
③ (×) 1960년 제3차 헌법개정에서 중앙선거관리위원회를 신설하였다.
④ (○) 1960년 제3차 개헌은 헌법재판소, 중앙선거관리위원회를 설치하고 일반적 법률유보와 기본권의 본질적 침해금지, 언론출판의 검열금지, 정당설립과 해산제도, 공무원의 정치적 중립성 등을 규정하였다.

정답 ④

052

다음 설명 중 가장 적절한 것은? (판례)

① 1962년 제5차 개헌에서 기본권의 본질적 내용에 대한 침해를 금지하는 규정을 신설하는 한편 헌법재판소에 관한 규정을 두었다. 15국회9
② 언론·출판에 대한 허가 검열의 금지는 제3공화국 헌법에서 처음으로 명시하였다. 13국회9
③ 제3공화국 헌법은 의원내각제, 헌법재판소의 설치 등을 규정하였다. 14서울
④ 1960년 제3차 개정헌법은 기본권의 본질적 내용 침해금지 조항을 신설하였으며 선거권 연령을 법률로 위임하지 않고 헌법에서 직접 규정하였다. 22경간

해설

① (×) 1960년 제3차 개정헌법에서 기본권의 본질적 내용에 대한 침해를 금지하고 헌법재판소를 처음 도입하였다.
② (×) 1960년 제3차 개정헌법(제2공화국 헌법)에서 언론·출판에 대한 허가 검열의 금지가 처음으로 명시되었다. 이후 제4공화국 헌법때 삭제되었으나 현행 헌법에서 부활하였다. 〈주〉제2공화국 헌법은 3차, 4차 개헌이고, 제3공화국 헌법은 5차, 6차 개헌이다.
③ (×) 제2공화국 제3차 개정헌법은 의원내각제, 헌법재판소의 설치 등을 규정하였다. 〈주〉[제1공화국] 제헌헌법, 1차, 2차개헌 [제2공화국] 3차, 4차개헌 [제3공화국] 5차, 6차개헌 [제4공화국] 7차개헌 [제5공화국] 8차개헌 [제6공화국] 9차개헌(현행헌법)
④ (○) 1960년 제3차 개정헌법은 일반적 법률유보, 기본권의 본질적 침해금지 등을 신설하였다.

[정답] ④

053

다음 설명 중 가장 적절한 것은? (판례)

① 정당 조항은 제5차 개헌(1962년)에서 신설되었다. 12변시
② 1960년 제3차 개정헌법은 정당에 대한 국가의 보호 규정을 신설하였다. 13사시
③ 현행 헌법은 정당 조항과 헌법재판소 조항을 처음으로 규정하면서 정당 해산을 헌법재판소의 결정에 따르게 하였다. 17행시
④ 정당해산심판 조항은 제3차 개정 헌법(1960년 헌법)에서 최초로 규정된 이래 제7차 개정헌법(1972년 헌법)에서 삭제되었다가 현행 헌법에서 부활되었다. 18국회9
⑤ 제3차 개정헌법(1960년)은 대법원장과 대법관 선거제를 두었으며, 위헌법률심판을 담당하는 헌법재판소를 두었고, 정당조항을 신설하였으며, 국회 단원제 조항을 두었다. 13지방7

해설

① (×) 정당 조항은 1960년 제3차 개헌에서 처음으로 헌법상 신설하였다.
② (○) 1960년 제3차 개정헌법은 정당에 대한 국가의 보호 규정을 신설하였다.
③ (×) 1960년 제3차 개정헌법에서 정당조항과 위헌정당해산조항, 헌법재판소 조항을 처음 규정하였다. 〈주〉현행헌법에서 처음 규정한 것이 아니다.
④ (×) 1960년 제3차 개정 헌법에서 정당해산심판 조항이 최초로 규정되었고, 제7차 개헌에서도 삭제되지 않았고 현행 제9차 개헌까지 계속 유지되고 있다.
⑤ (×) 1960년 제3차 개정헌법은 대법원장과 대법관 선거제, 위헌법률심판을 담당하는 헌법재판소를 두었고, 정당조항을 헌법에서 처음으로 신설하였다. 그러나 양원제가 최초로 헌법에 규정된 것은 제1차 개정헌법(1952년 헌법)이었으나 실제로 실시되지는 못했다. 1960년 제3차 개헌에서 양원제를 규정하였고 의원내각제와 함께 실제 운영되었다.

[정답] ②

4. 1960년 4차개헌 (제2공화국)

054
다음 설명 중 옳은 것을 모두 고른 것은? (판례)

> ㉠ 제4차 개정헌법은 반민주행위자의 공민권제한을 위한 소급입법을 마련하였다. 13국가7
> ㉡ 반민주행위자공민권제한법 등 소급입법의 근거를 마련한 것은 제4차 개정헌법이다. 17입시
> ㉢ 제4차 개헌 (1960년) – 제1공화국 말기에 발생되었던 부정선거 관련자의 처벌을 위해 법률의 소급 적용을 가능하게 하는 헌법적 근거를 마련하였다. 15국회9

① ㉠ ㉡
② ㉠ ㉢
③ ㉡ ㉢
④ ㉠ ㉡ ㉢

해설

㉠ (O) 1960년 제4차 개정헌법에서 반민주행위자의 공민권제한 등을 규정하였다.
㉡ (O) 1960년 11월 제4차 개헌에서 부정선거관련자처벌법, 반민주행위자공민권제한법, 부정축재특별처리법, 특별재판소 및 특별검찰부 조직법 등 일련의 소급적인 특별법을 제정하였다.
㉢ (O) 1960년 제4차 개정헌법에서 부정선거관련자 처벌의 소급적용을 규정하였다.

정답 ④

5. 1962년 5차개헌 (제3공화국)

055
다음 설명 중 가장 적절하지 않은 것은? (판례)

① 1962년의 제5차 개헌은 국회의 의결 없이 국가재건최고회의가 의결하였으며 국민투표로 확정하였다. 이것은 제2공화국 헌법의 헌법개정절차에 따른 개정이 아니었다. 12국회
② 제3공화국 헌법 이래 헌법 전문(前文)에서 명시되었던 「5·16혁명」 규정은 1987년 개정헌법에서 삭제되었다. 21군무5
③ 헌법전문은 1962년 제5차 개정 헌법에서 처음으로 개정되었다. 17변시
④ 1962년 제5차 개정헌법은 헌법개정안에 대한 국민투표제를 도입하였다. 19입시
⑤ 1962년 제5차 개정헌법에서 직업선택의 자유를 처음 도입하였다. 22국가5

해설

① (O) 1962년 제5차 개정헌법에서 최초로 헌법개정안에 대한 국민투표제를 규정하였으므로, 국가재건최고회의가 의결한 후 국민투표로 확정되었다. 따라서 제2공화국 헌법의 헌법개정절차에 따른 개정이 아니었다.
② (X) 제3공화국(1962년 제5차 개헌과 1969년 제6차 개헌)과 제4공화국(1972년 제7차 개헌, 유신헌법)은 박정희 정권이었다. 따라서 제5차, 제6차, 제7차에서 박정희정권이 규정한 5.16혁명은 박정희가 사망하고, 1980년 제8차 개헌에서 삭제되었다.
③ (O) ④ (O) ⑤ (O)

정답 ②

056

다음 설명 중 가장 적절한 것은? (판례)

① 제3차 개헌(1960년)에서 헌법개정 절차에 국민투표를 도입하였다. 15국회9
② 1960년 제4차 개정헌법에서 헌법개정안에 대한 국민투표가 처음으로 규정되었다. 19행시
③ 국민투표권을 최초로 규정한 것은 1962년 제5차 개헌 때였다. 18서울2회
④ 인간의 존엄성 조항은 1962년 헌법에 처음 규정되었다. 10국회8/22국가5
⑤ 1980년 제8차 개정헌법은 대통령선거 및 국회의원선거에서 후보자가 필수적으로 정당의 추천을 받도록 하는 조항을 추가하였다. 19국회8

해설

① (×) 1962년 제5차 개정헌법에서 헌법개정 절차에 국민투표를 처음 도입하였다.
② (×) 1962년 제5차 개정헌법에서 헌법개정안에 대한 국민투표가 처음으로 규정되었다.
③ (×) 국민투표권을 최초로 규정한 것은 중요정책에 대한 국민투표를 규정한 1954년 제2차 개헌 이었다. 1962년 제5차 개헌에서는 헌법개정에 대한 국민투표권을 최초로 규정하였다.
④ (○) 1962년 제5차 개정헌법은 인간의 존엄과 가치에 대한 조항을 최초로 규정하였다.
⑤ (×) 1962년 제5차 개정헌법에서 대통령선거 및 국회의원선거에서 후보자가 필수적으로 정당의 추천을 받도록 하는 조항을 추가하였다.

정답 ④

057

다음 설명 중 가장 적절하지 않은 것은? (판례)

① 1962년의 제5차 개정헌법에서는 대통령과 국회의원의 입후보에 소속정당의 추천을 받도록 하고, 국회의원의 당적 이탈 변경 또는 정당 해산 시 의원직을 상실하도록 규정했다. 12국회
② 1962년 헌법은 국회의원의 입후보에 정당추천을 의무화하였지만, 임기 중 당적을 이탈하거나 변경하더라도 의원직을 유지하도록 하였다. 16사시
③ 정당에 관한 명문의 조항을 둔 것은 1960년 헌법부터이고, 1962년 헌법은 정당의 추천을 받아야만 대통령선거와 국회의원선거에 입후보할 수 있도록 제한하여 정당제민주주의를 추구하였다. 12변시
④ 1962년 헌법은 인권보장의 이념적 지표가 되는 인간의 존엄과 가치의 존중에 관한 조항이 신설되고, 인간다운 생활을 할 권리, 고문금지 및 자백의 증거능력제한규정을 신설하였다. 09국회8
⑤ 우리나라 헌법이 신앙과 양심을 별개의 조항에서 규정하기 시작한 것은 제5차 개정헌법부터이다. 04행시

해설

① (○) 1962년의 제5차 개정헌법에서는 대통령과 국회의원의 입후보시 소속정당의 추천을 요구, 정당해산시 의원직 상실 등을 규정하여 정당정치를 강화하였다.
② (×) 1962년 제5차 개정헌법은 국회의원의 입후보에 정당추천을 의무화하였으며, 임기 중 당적을 이탈하거나 변경하더라도 의원직을 상실하도록 하였다. 〈주〉 이를 초정당국가 경향이라고 한다.
③ (○) 1960년 제3차 개헌에서 정당의 헌법적 지위를 강화하면서 정당조항과 위헌정당해산제도를 신설하였고, 1962년 제5차 개헌에서 국회의원 입후보에 정당추천을 필수요건으로 하고 무소속 입후보를 금지하여 초정당국가(정당제민주주의) 경향을 띠었다.
④ (○) 1962년 제5차 개헌은 인간의 존엄과 가치, 인간다운 생활권 등을 규정하였다.
⑤ (○) 제헌헌법부터 양심의 자유가 종교의 자유와 함께 규정하다가, 1962년 5차 개헌에서 양자를 분리하여 규정하였다.

정답 ②

6. 1969년 6차개헌 (제3공화국)

7. 1972년 7차개헌 (제4공화국)

058
다음 설명 중 가장 적절하지 않은 것은? (판례)

① 헌법재판소는 유신헌법에는 권력분립의 원리에 어긋나고 기본권을 과도하게 제한하는 등 제헌헌법으로부터 현행 헌법까지 일관하여 유지되고 있는 헌법의 핵심가치인 '자유민주적 기본질서'를 훼손하는 일부 규정이 포함되어 있었다고 판단하였다. 20비상
② 유신헌법하에서의 헌법개정안은 대통령 또는 국회재적의원 과반수의 발의로 제안되어 국민투표로 확정되었다. 14국회9
③ 1972년 개정헌법(제7차 개헌)은 대통령이 제안한 헌법개정안은 국민투표로 확정되며, 국회의원이 제안한 헌법개정안은 국회의 의결을 거쳐 통일주체국민회의의 의결로 확정되도록 헌법개정절차를 이원화하여 규정하였다. 19변시
④ 제7차 헌법개정에서는 대통령이 제안한 헌법개정안은 국민투표로 확정되며, 국회의원이 제안한 헌법개정안은 국회의 의결을 거쳐 통일주체국민회의의 의결로 확정되도록 하였다. 22경찰1차

> 해설
> ① (O) 1972년 7차 개헌은 유신헌법으로 "가장적"(가짜) 입헌주의라는 비판을 받는다. 즉 기존의 헌법질서를 침해하는 위헌적 개헌이었다는 평가를 받는다.
> ② (×) 1972년 제7차 개정헌법은 헌법개정을 이원화하였다. 대통령이 제안한 경우–국민투표를 거쳐 확정하였다. 국회 재적 과반수가 제안한 경우 재적 2/3의 의결을 거쳐 통일주체국민회의에서 확정하였다.
> ③ (O) 1972년 제7차 개정헌법은 헌법개정을 대통령이 제안한 경우와 국회의원의 제안한 경우로 이원화하였다.
> ④ (O) 제7차 개정헌법 제124조 ② 대통령이 제안한 헌법개정안은 국민투표로 확정되며, 국회의원이 제안한 헌법개정안은 국회의 의결을 거쳐 통일주체국민회의 의결로 확정된다.
>
> [정답] ②

059
다음 설명 중 가장 적절하지 않은 것은? (판례)

① 대통령이 제안한 헌법개정안의 경우 1972년 헌법에서는 통일주체국민회의의 의결을 거쳐 확정하도록 규정하였고, 현행헌법에서는 국회가 의결한 후 국민투표에 부쳐 확정하도록 규정하고 있다. 09국회8
② 1972년 제7차 개정헌법은 대통령에게 평화적 통일을 위한 성실한 의무를 규정하였다. 19입시
③ 제7차 개정헌법(1972년)은 부칙에서 지방의회를 조국통일이 이루어질 때까지 구성하지 않는다고 규정하였다. 15국회8
④ 1972년 헌법은 종전 헌법보다 정당국가적 경향이 약화되었다. 10국회8

> 해설
> ① (×) 제7차 개정헌법 제124조 ② 대통령이 제안한 헌법개정안은 국민투표로 확정되며, 국회의원이 제안한 헌법개정안은 국회의 의결을 거쳐 통일주체국민회의의 의결로 확정된다.
> ② (O) 1972년 제7차 개정헌법 제43조는 대통령에게 평화적 통일을 위한 성실한 의무를 규정하였다. 〈주〉 제7차 개헌은 평화통일을 핑계로 국민의 기본권을 침해한 위헌적 헌법이었다.
> ③ (O) 1972년 제7차 개정헌법은 통일을 강조하면서 유신헌법을 단행하였다.
> ④ (O) 1962년 제5차 개정헌법은 정당 추천 없이는 선거에 입후보할 수 없었으므로 초정당국가 경향이었으나, 1972년 제7차 개정헌법은 무소속입후보를 허용함으로써 정당국가적 경향이 약화되었다.
>
> [정답] ①

060

다음 설명 중 가장 적절하지 않은 것은? (판례)

① 1972년 헌법은 대통령과 국회가 제안한 헌법개정안이 국회의 의결을 거쳐 통일주체국민회의의 의결로 확정되는 방식을 취하였다. 16서울
② 제7차 개정헌법은 기본권의 본질적 내용 침해 금지 조항을 삭제하였다. 16국회9
③ 1972년 제7차 개정헌법에서는 언론·출판의 허가나 검열 금지조항을 폐지하였다. 21국회5
④ 구속적부심사청구권제도는 제1공화국 헌법에서부터 인정되어 오다가 제4공화국 헌법에서 삭제되었고 제5공화국 헌법에서 부활되었다. 12변시

해설

① (×) 제7차 개정헌법 제124조 ② 대통령이 제안한 헌법개정안은 국민투표로 확정되며, 국회의원이 제안한 헌법개정안은 국회의 의결을 거쳐 통일주체국민회의의 의결로 확정된다.
② (○) 1972년 제7차 개헌에서 기본권의 본질침해금지, 구속적부심사제도, 언론출판 허가검열금지 등을 삭제하였다.
③ (○) 제7차 개헌에서는 대통령의 권한을 강화하고 국민의 기본권을 탄압하였다.
④ (○) 구속적부심사청구권제도는 1948년 제1공화국 제헌헌법에서부터 인정되어 오다가, 1972년 제4공화국 제7차 개정헌법에서 삭제되었고, 1980년 제5공화국 제8차 개정헌법에서 부활하였다.

[정답] ①

8. 1980년 8차개헌 (제5공화국)

061

다음 설명 중 가장 적절한 것은? (판례)

① 정당운영자금에 대한 국고보조금 조항은 1980년 헌법에 처음 규정되었다. 10국회8
② 행복추구권은 제5차 개헌에서 처음 채택되었다. 99행시
③ 1948년 헌법에서 사기업 근로자의 이익분배균점권을 인정하였으며, 1980년 헌법에서 국가가 최저임금제를 시행할 의무에 관하여 최초로 규정하였고, 1987년 헌법에서 국가가 근로자의 적정임금의 보장에 노력하여야 할 의무를 최초로 규정하였다. 09사시
④ 1980년 헌법은 행복추구권, 형사피고인의 무죄추정, 사생활의 비밀과 자유의 불가침 등 국민의 자유와 권리보장 조항을 강화하고 평화통일조항을 최초로 규정하였다. 20국회8

해설

① (○) 1980년 제8차 개정헌법에 처음 규정된 조항은 정당운영자금에 대한 국고보조금 조항, 적정한 임금 조항, 행복추구권, 환경권, 소비자의 권리, 사생활의 비밀과 자유 등이다.
② (×) 1980년 제8차 개헌에서 환경권, 행복추구권 등을 처음 채택하였다.
③ (×) 1948년 제헌헌법에서 근로자 이익분배균점권을 규정하였다. 그러나 1980년 제8차 개정헌법에서 적정임금의 보장을 규정하였고, 1987년 제9차 개정헌법에서 최저임금을 최초로 규정하였다.
④ (×) 1972년 유신헌법에 대한 비판을 수정하기 위하여 1980년 8차 개헌에서는 국민의 자유와 권리를 보장하는 조항들을 강화하였다. 이에 따라 행복추구권, 환경권, 형사피고인의 무죄추정, 연좌제 금지, 소비자의 권리, 사생활의 비밀과 자유의 불가침 등 국민의 자유와 권리보장 조항을 강화하였다. 그러나 평화통일조항은 1972년 7차개정 유신헌법에서 대통령의 권한강화를 정당화하기 위하여 처음 규정한 이래로 현행 9차 개헌까지 유지되고 있다.

[정답] ①

062

다음 설명 중 가장 적절한 것은? (판례)

① 제7차 개정헌법은 환경권과 행복추구권을 신설하였다. 13국가7
② 1962년 헌법은 인간의 존엄과 가치를 명시하고, 행복추구권을 기본권으로 신설하였다. 18국가7
③ 제8차 개정헌법(1980년)에서는 깨끗한 환경에서 생활할 권리인 환경권을 처음으로 규정하였다. 21경승
④ 1987년 제9차 개정헌법에서는 현대적 인권인 환경권을 최초로 규정하였다. 13사시20경승

해설

① (×) 1980년 제8차 개정헌법에서 환경권과 행복추구권 등을 신설하였다.
② (×) 1962년 제5차 개헌에서 인간의 존엄과 가치를 규정하였고, 1980년 제8차 개헌에서 행복추구권을 최초로 규정하였다.
③ (○) 제8차 개정헌법(1980년).
④ (×) 1980년 제8차 개정헌법에서는 환경권을 최초로 규정하였다.

[정답] ③

063

다음 설명 중 가장 적절하지 않은 것은? (판례)

① 1980년 헌법은 기본권의 본질적 내용 침해금지를 규정하면서 기본권의 자연권화를 기하는 한편 환경권, 사생활의 비밀과 자유, 근로자의 적정임금보장, 평생교육에 관한 권리를 신설하였다. 09국회8
② 사생활의 비밀과 자유가 우리 헌법에 처음으로 규정된 것은 1987년 제6공화국 헌법에서부터이다. 21소방
③ 재외국민보호규정은 1980년의 제8차 개정헌법에서 처음으로 규정되었다. 13국회9
④ 1980년 제8차 개정헌법에서 소비자보호가 처음으로 규정되었다. 19행시

해설

① (○) 1980년 제8차 개헌은 환경권, 행복추구권, 사생활의 자유, 소비자보호, 적정임금 등을 규정하였다. 〈주〉 기본권의 본질적 내용 침해금지는 3차 개헌때 처음 규정하였고, 8차 개헌 때도 그대로 규정되어 있었다.
② (×) 사생활의 비밀과 자유는 1980년 제5공화국 제8차 개정헌법에서 처음 규정되었다. 〈주〉 [제1공화국] 제헌헌법, 1차, 2차개헌 [제2공화국] 3차, 4차개헌 [제3공화국] 5차, 6차개헌 [제4공화국] 7차개헌 [제5공화국] 8차개헌 [제6공화국] 9차개헌(현행헌법)
③ (○) 재외국민보호규정은 제8차 개정헌법(1980년)에서 처음으로 규정되었다. 〈주〉 재외국민보호 "의무" 조항은 1987년 제9차 개정헌법에서 처음 규정되었다.
④ (○) 1980년 제8차 개정헌법에서 행복추구권, 환경권, 사생활의 자유, 소비자보호 등이 처음으로 규정되었다.

[정답] ②

9. 1987년 9차개헌 (제6공화국)

064
다음 설명 중 가장 적절하지 않은 것은? (판례)

① 국회의결과 국민투표를 다 같이 거친 헌법은 1969년 제6차 개정헌법과 1987년 제6공화국헌법이다. 94기술고시
② 국회의 의결과 국민투표를 모두 거쳐 확정된 것은 제헌헌법, 1969년 개정헌법(제6차 개헌), 1987년 현행헌법이다. 21법행
③ 대한민국 임시정부의 법통계승은 현행헌법(1987년 헌법)에 최초로 명문화되었다. 13국회9
④ 1987년 헌법 전문에서는 불의에 항거한 4·19 민주이념을 계승하도록 처음으로 규정하였다. 16국회8

[해설]
① (O) 대부분의 헌법은 국회의결만 거치거나 국민투표만 거쳤다. 그러나 <u>제6차 개헌, 제9차 개헌</u>은 국회의결과 국민투표를 모두 거친 헌법이다.
② (X) <u>국회의 의결과 국민투표를 모두 거쳐 제정된 헌법은 제6차 개정헌법과 제9차 개정 현행헌법만이다.</u>
③ (O) 현행헌법(1987년 헌법) 전문에서 대한민국 임시정부의 법통계승을 최초로 명문화하였다.
④ (O) 1987년 현행헌법에서 대한민국임시정부의 법통과 4.19민주이념을 전문에서 최초로 규정하였다.

[정답] ②

065
다음 설명 중 가장 적절하지 않은 것은? (판례)

① 제9차 개정헌법은 자유민주적 기본질서에 입각한 평화적 통일정책의 수립·추진규정을 신설하였다. 13국가7
② 적법절차의 원칙은 공권력에 의한 국민의 생명·자유·재산의 침해는 반드시 합리적이고 정당한 법률에 의거해서 정당한 절차를 밟은 경우에만 유효하다는 원리로서, 1987년 제9차 개정 헌법에서 처음으로 인신보호를 위한 헌법상의 기속원리로 채택되었다. 20경채
③ 현행 헌법은 신체의 자유보장에 있어 적법절차원리를 도입하는 등 기본권의 절차적 보장을 확대·강화하고, 범죄피해자구조청구권 등의 새로운 유형의 기본권들을 신설한 것이 특색이다. 09국8
④ 피의자와 피고인의 형사보상청구권은 건국헌법에서 처음 규정되었고, 범죄피해자구조청구권은 현행 헌법에서 처음으로 규정되었다. 21법행

[해설]
① (O) 1987년 제9차 개정헌법에서 자유민주적 기본질서에 입각한 평화적 통일정책의 수립·추진규정을 신설하였다. 〈주〉북한 헌법에서는 쓸 수 없고 한국 헌법에서만 쓸 수 있는 단어가 "자유"이다. 헌법 전문은 이를 강조하고 있다.
② (O) (헌재 2001. 11. 29. 2001헌바41) 〈주〉 1987년 제9차 개헌에서 적법절차를 처음 규정하였다.
③ (O) 1987년 제9차 현행헌법은 구속이유고지, 적법절차 등을 규정하였다.
④ (X) 형사피고인에 대한 형사보상청구권은 1948년 제헌헌법에서 처음 규정되었다. 그러나 <u>형사피의자의 형사보상청구권과 범죄피해자의 구조청구권은 1987년 제9차 현행헌법에서</u> 신설되었다.

[정답] ④

066

다음 설명 중 가장 적절하지 않은 것은? (판례)

① 1987년 제9차 개정헌법에서 범죄피해자 구조청구권이 처음으로 규정되었다. 19행시
② 1987년 헌법은 체포·구속 시 이유고지 및 가족통지제도를 추가하였고, 범죄피해자구조청구권을 기본권으로 새로 규정하였다. 18국가7
③ 1980년 개정헌법은 행복추구권, 친족의 행위로 인하여 불이익한 처우의 금지 및 범죄피해자구조청구권을 새로 도입하였다. 20국가7
④ 제헌헌법 이래 신체의 자유 보장규정에서 "구금"이라는 용어를 사용해 오다가 현행헌법 개정 시에 이를 "구속"으로 바꾸었는데, '국민의 신체와 생명에 대한 보호를 강화'하는 것이 현행헌법의 주요 개정이유임을 고려하면, "구금"을 "구속"으로 바꾼 것은 헌법에 규정된 신체의 자유의 보장 범위를 구금된 사람뿐 아니라 구인된 사람에게까지 넓히기 위한 것으로 해석하는 것이 타당하다. 19변시
⑤ 헌법 제21조 제2항의 집회에 대한 허가금지조항은 처음으로 1960년 개정헌법에서 규정되었으며, 1972년 개정헌법에서 삭제되었다가 현행헌법에서 다시 규정된 것으로, 집회의 허용 여부를 행정권의 일방적 사전적 판단에 맡기는 집회에 대한 허가제를 절대적으로 금지하겠다는 헌법개정권력자인 국민들의 헌법가치적 합의이며 헌법적 결단이라고 보아야 할 것이다. 19변시

해설

① (O) 1987년 제9차 개정헌법에서 형사 "피의자"의 형사보상청구권, 형사피해자의 재판절차진술권, 범죄피해자 구조청구권 등이 처음으로 규정되었다.
② (O) 1987년 현행헌법에서 구속이유고지, 형사피의자의 형사보상청구권, 형사피해자의 재판절차진술권, 범죄피해자의 구조청구권 등을 새로 신설하였다.
③ (X) 1980년 8차 개헌에서 행복추구권과 연좌제금지 규정이 처음 도입되었다. 그러나 범죄피해자구조청구권은 1987년 제9차 개헌에서 처음 도입되었다.
④ (O) (헌재 2018. 5. 31. 2014헌마346)
⑤ (O) (헌재 2009. 9. 24. 2008헌가25)

[정답] ③

067

다음 설명 중 가장 적절한 것은? (판례)

① 1987년 제9차 개헌에서는 재외국민보호의무를 신설하고, 형사보상청구권을 피의자까지 확대 인정하였다. 14국회9
② 1962년 헌법은 인간의 존엄성에 관한 규정을, 1980년 헌법은 국가가 최저임금제를 시행할 의무와 환경권을 처음으로 규정하였고, 1987년 헌법은 국가가 근로자의 적정임금의 보장에 노력하여야 할 의무를 처음으로 규정하였다. 16국회8
③ 1987년 제9차 개정헌법에서는 환경권과 국가의 최저임금제 시행의무를 최초로 규정하였다. 21국회5
④ 국군의 정치적 중립성 준수에 관한 규정은 군의 정치개입 폐단을 방지하려는 의지를 천명한 것으로서, 1980년 제8차 개정헌법에서 처음으로 규정하였다. 18입시/22국무5
⑤ 1987년 제9차 개정「헌법」에서는 근로자의 적정임금 보장, 재외국민 보호의무 규정을 신설하고 형사보상청구권을 피의자까지 확대 인정하였다. 22해간

해설

① (O) 1987년 제9차 개정헌법은 헌법개정은 재외국민보호의무, 적법절차조항, 형사피해자재판절차진술권, 범죄피해자구조청구권, 최저임금조항 등을 신설하였다. 〈주〉 1980년 제8차 개헌에서는 재외국민보호 조항을 신설하였고, 1987년 제9차 개헌에서는 재외국민보호 "의무" 조항을 신설하였다.
② (X) 1962년 제5차 개헌에서 인간의 존엄과 가치를 규정하였고, 1980년 제8차 개헌에서 적정임금제와 환경권을 규정하였고, 1987년 제9차 개헌에서 최저임금제를 규정하였다.
③ (X) 1980년 제8차 개정헌법에서 행복추구권, 환경권, 적정임금제를 규정하였고, 최저임금제는 1987년 제9차 개정헌법에서 최초로 규정하였다.
④ (X) 1987년 현행 헌법에서 국군의 정치적 중립성 준수에 관한 규정을 처음으로 규정하였다. 〈주〉 1960년 제3차 개헌에서 공무원의 정치중립을 처음 규정하였고, 1987년 제9차 개헌에서 국군의 정치중립을 처음 규정하였다.
⑤ (X) 근로자의 적정임금 보장은 1980년 제8차 개헌내용이다. 재외국민 보호의무와 피의자에 대한 형사보상청구권은 1987년 제9차 개헌내용이 옳다.

[정답] ①

제2절 대한민국의 국가형태와 구성요소

제1항 국민주권 (헌법 제1조)

068
다음 설명 중 가장 적절하지 않은 것은? (판례)

① 헌법 총강은 대한민국의 국가형태와 주권의 소재를 명시하고 있다. 12사시
② '대한민국은 … 공화국이다'라는 헌법 제1조 제1항이 가장 기본적으로 요구하는 것은 군주제의 불채택, 자유민주주의 국가, 기본권의 보장이다. 97사시
③ 헌법 총강에서 대한민국의 국민이 되는 요건은 입법사항임을 밝히고 있다. 12사시
④ 헌법 총강은 국군과 공무원의 정치적 중립성에 대하여 서술하고 있다. 12사시
⑤ 헌법 총강은 헌법상 국제법과 조약에 따른 외국인의 지위 보장에 대하여 밝히고 있다. 12사시

[해설]
① (O) 헌법 제1조 ① 대한민국은 민주공화국이다. ② 대한민국의 주권은 국민에게 있고, 모든 권력은 국민으로부터 나온다. 〈주〉 헌법 총강은 헌법 제1조부터 제9조까지를 말한다.
② (X) 공화국이라는 표현은 기본적으로 대한민국은 군주제가 아니라는 뜻이며, <u>자유민주주의국가, 기본권의 보장을 기본적으로 의미하는 것이 아니다.</u>
③ (O) 헌법 제2조 ① 대한민국의 국민이 되는 요건은 법률로 정한다. 〈주〉 국민이 되는 요건을 정한 법률이 국적법이다.
④ (O) 헌법 제5조 ② <u>국군은 국가의 안전보장과 국토방위의 신성한 의무를 수행함을 사명으로 하며, 그 정치적 중립성은 준수된다.</u> 헌법 제7조 ② <u>공무원의 신분과 정치적 중립성은 법률이 정하는 바에 의하여 보장된다.</u>
⑤ (O) 헌법 제6조 ② 외국인은 국제법과 조약이 정하는 바에 의하여 그 지위가 보장된다.

[정답] ②

제2항 국민 (헌법 제2조) - 국적법

1. 서설

069
다음 설명 중 가장 적절하지 않은 것은? (판례)

① 대한민국의 국민이 되는 요건은 법률로 정한다. 16법원
② 대한민국의 국민이 되는 요건은 법률로 정하고, 국가는 법률이 정하는 바에 의하여 재외국민을 보호할 의무를 진다. 14법행
③ 헌법은 국적취득요건을 정하는 것을 입법자에게 위임하고 있으므로 입법자는 누가, 어떠한 요건 하에서 대한민국 국민이 될 수 있는지를 정할 수 있다. 11국회8
④ 헌법 제2조 제1항은 '대한민국의 국민이 되는 요건은 법률로 정한다'고 하여 대한민국 국적의 취득에 관하여 위임하고 있으나, 국적의 유지나 상실을 둘러싼 전반적인 법률관계를 법률에 규정하도록 위임하고 있는 것으로 풀이할 수는 없다. 18지방7

[해설]
① (O) 헌법 제2조 제1항.
② (O) 헌법 제2조 제2항.
③ (O) 헌법 제2조 제1항. - 대한민국의 국민이 되는 요건은 법률로 정한다.
④ (X) 헌법 제2조 제1항은 "대한민국의 국민이 되는 요건은 법률로 정한다"고 하여 기본권의 주체인 국민에 관한 내용을 입법자가 형성하도록 하고 있다. 이는 대한민국 국적의 '취득'뿐만 아니라 국적의 유지, 상실을 둘러싼 전반적인 <u>법률관계를 법률에 규정하도록 위임하고 있는 것으로 풀이할 수 있다.</u> (헌재 2014. 6. 26. 2011헌마502) 〈주〉 헌법은 국적 관련 모든 법률관계를 법률에 위임했기 때문에 국적법에서 복수국적을 원칙적으로 불허하더라도 헌법위반이 아니다.

[정답] ④

070

다음 설명 중 옳지 않은 것을 모두 고른 것은? (판례)

> ㉠ 국적은 성문의 법령을 통해서가 아니라 국가의 생성과 더불어 존재하는 것이므로, 헌법의 위임에 따라 국적법이 제정되나 그 내용은 국가의 구성요소인 국민의 범위를 구체화, 현실화하는 헌법사항을 규율하고 있는 것이다. 17법무
> ㉡ 국적은 국가의 생성과 더불어 당연히 존재하는 것이 아니라 성문의 법령을 통하여 비로소 존재하게 된다. 12국회9
> ㉢ 국적은 국가의 생성과 더불어 발생하지만, 국가의 소멸이 바로 국적의 상실 사유가 되는 것은 아니다. 18행시
> ㉣ 거주·이전의 자유는 국가의 간섭 없이 자유롭게 거주와 체류지를 정할 수 있는 자유로서 정치·경제·사회·문화 등 모든 생활영역에서 개성신장을 촉진함으로써 헌법상 보장되고 있는 다른 기본 권들의 실효성을 증대시켜 주는 기능을 하며, 국내에서 체류지와 거주지를 자유롭게 정할 수 있는 자유영역뿐 아니라 나아가 국외에서 체류지와 거주지를 자유롭게 정할 수 있는 '해외여행 및 해외 이주의 자유'를 포함하고 덧붙여 대한민국의 국적을 이탈할 수 있는 '국적변경의 자유'도 포함한다. 17법무/23경승

① ㉠ ㉡ ② ㉠ ㉢
③ ㉡ ㉢ ④ ㉡ ㉢ ㉣

해설

- ㉠ (O) (헌재 2000. 8. 31. 97헌가12) 〈주〉 국가가 있어야 국적도 있고, 국가가 없으면 국적도 없다. 따라서 국가가 성립하면 법률의 규정이 있든 없든 불문하고 국적은 당연히 인정되는 기본권이다.
- ㉡ (X) 국적은 성문의 법령을 통해서가 아니라 <u>국가의 생성과 더불어 존재하는 것이다.</u> (헌재 2000. 8. 31. 97헌가12)
- ㉢ (X) 국적은 국가의 생성과 더불어 발생하고 <u>국가의 소멸은 바로 국적의 상실 사유</u>인 것이다. (헌재 2000. 8. 31. 97헌가12) 〈주〉 국가가 없어지면 국적도 자동 소멸한다.
- ㉣ (O) (헌재 2004. 10. 28. 2003헌가18) 〈주〉 거주이전의 자유에 국적변경의 자유도 포함된다.

[정답] ③

071

다음 설명 중 옳은 것을 모두 고른 것은? (판례)

> ㉠ 이중국적자의 국적이탈의 자유는 거주 이전의 자유가 아니라 일반적 행동의 자유에 포함된다. 12국회9
> ㉡ 외국인인 개인이 특정한 국가의 국적을 선택할 권리가 우리 헌법상 당연히 인정된다고는 할 수 없다. 12국회9/18행시
> ㉢ 외국인이 복수국적을 누릴 자유는 헌법상 행복추구권에 의하여 보호되는 기본권에 해당하지 않는다. 16법원

① ㉠ ㉡ ② ㉠ ㉢
③ ㉡ ㉢ ④ ㉠ ㉡ ㉢

해설

- ㉠ (X) 국적을 이탈하거나 변경하는 것은 헌법 제14조가 보장하는 <u>거주·이전의 자유에 포함된다.</u> (헌재 2006. 11. 30. 2005헌마739) 〈주〉 거주이전의 자유라는 개별적 기본권에 포함되면 일반적 기본권은 따로 판단하지 않는다.
- ㉡ (O) "이중국적자의 국적선택권"이라는 개념은 별론으로 하더라도, 일반적으로 외국인인 개인이 특정한 국가의 국적을 선택할 권리가 자연권으로서 또는 우리 헌법상 당연히 인정된다고는 할 수 없다고 할 것이다. (헌재 2006. 3. 30. 2003헌마806) 〈주〉 외국인이 한국 국적을 임의로 선택할 헌법상 기본권은 없다.
- ㉢ (O) 참정권과 입국의 자유에 대한 외국인의 기본권 주체성이 인정되지 않고, 외국인이 대한민국 국적을 취득하면서 자신의 외국 국적을 포기한다 하더라도 이로 인하여 재산권 행사가 직접 제한되지 않으며, <u>외국인이 복수국적을 누릴 자유가 우리 헌법상 행복추구권에 의하여 보호되는 기본권이라고 보기 어려우므로,</u> 외국인의 기본권주체성 내지 기본권침해가능성을 인정할 수 없다. (헌재 2014. 6. 26. 2011헌마502)

[정답] ③

2. 출생

072

다음 설명 중 가장 적절하지 않은 것은? (판례)

① 헌법의 인적 적용범위와 관련하여 우리나라는 부모양계 혈통주의에 기초한 속인주의를 원칙으로 하면서 속지주의를 보충적으로 채택하고 있다. 14국회8/16사시
② 출생 당시에 부 또는 모가 대한민국의 국민인 자는 출생과 동시에 대한민국 국적을 취득한다. 19행시
③ 출생 당시에 부(父)가 대한민국의 국민인 자만 출생과 동시에 대한민국 국적을 취득한다. 20지방7
④ 출생하기 전에 부(父)가 사망한 경우에는 그 사망 당시에 부(父)가 대한민국의 국민이었던 자는 출생과 동시에 대한민국 국적을 취득한다. 16국회9
⑤ 대한민국에서 발견된 기아(棄兒)는 대한민국에서 출생한 것으로 추정한다. 19행시

해설

① (O) 국적법 제2조(출생에 의한 국적 취득)
① 다음 각 호의 어느 하나에 해당하는 자는 출생과 동시에 대한민국 국적(國籍)을 취득한다.
1. 출생 당시에 부(父)또는 모(母)가 대한민국의 국민인 자
2. 출생하기 전에 부가 사망한 경우에는 그 사망 당시에 부가 대한민국의 국민이었던 자
3. 부모가 모두 분명하지 아니한 경우나 국적이 없는 경우에는 대한민국에서 출생한 자
② 대한민국에서 발견된 기아(棄兒)는 대한민국에서 출생한 것으로 추정한다.
〈주〉제1호에서 속인주의 원칙을 규정하고, 제3호에서 속지주의 예외를 규정하였다.
② (O) 국적법 제2조 제1항. 〈주〉"부와 모"가 아니라 "부 또는 모"로서 부모양계 혈통주의를 규정하였다.
③ (X) 국적법 제2조 제1항. 출생 당시에 <u>부 또는 모가 대한민국의 국민인 자</u>는 출생과 동시에 대한민국 국적을 취득한다. 〈주〉부가 대한민국의 국민인 자 "만" 부분이 틀렸다.
④ (O) 국적법 제2조 제1항 제2호. 〈주〉 유복자의 한국 국적 취득 조항이다.
⑤ (O) 국적법 제2조 제2항. 〈주〉 간주가 아니라 추정이다.

정답 ③

073

다음 설명 중 옳지 않은 것을 모두 고른 것은? (판례)

㉠ 국적법상 부모가 모두 국적이 없는 경우에는 대한민국에서 출생하더라도 대한민국의 국적을 취득할 수 없다. 15서울
㉡ 부모 중 어느 한쪽이 국적이 없는 경우에 대한민국에서 출생한 자는 대한민국 국적을 취득한다. 19행시
㉢ 부모가 모두 분명하지 아니한 경우 대한민국에서 출생한 자는 출생과 동시에 대한민국 국적을 취득한다. 19입시
㉣ 대한민국에서 발견된 기아는 대한민국에서 출생한 것으로 간주한다. 21경승
㉤ 부모가 모두 분명하지 아니하거나 국적이 없는 경우에 대한민국에서 출생한 자는 출생과 동시에 대한민국의 국적을 취득하며, 대한민국에서 발견된 기아(棄兒)는 대한민국에서 출생한 것으로 간주한다. 12변시

① ㉠ ㉡ ㉢
② ㉠ ㉡ ㉤
③ ㉠ ㉡ ㉣ ㉤
④ ㉠ ㉡ ㉢ ㉣ ㉤

해설

㉠ (X) 국적법 제2조 제1항 제3호. – 부모가 모두 분명하지 아니한 경우나 국적이 없는 경우에는 대한민국에서 출생한 자는 출생과 동시에 대한민국 국적(國籍)을 취득한다.
㉡ (X) 국적법 제2조 제1항 제3호. – <u>부모가 모두 분명하지 아니한 경우나 국적이 없는 경우에는 대한민국에서 출생한 자는 출생과 동시에 대한민국 국적(國籍)을 취득한다.</u> 〈주〉 부모 중 어느 한쪽만 국적이 없는 경우 그 자는 국적이 있는 부 또는 모의 국적을 취득하면 된다.
㉢ (O) 국적법 제2조 제1항 제3호.
㉣ (X) 국적법 제2조 제2항. 대한민국에서 발견된 기아(棄兒)는 대한민국에서 출생한 것으로 <u>추정한다</u>.
㉤ (X) 국적법 제2조 제2항. – 대한민국에서 발견된 기아(棄兒)는 대한민국에서 출생한 것으로 <u>추정한다</u>. 〈주〉 간주한다는 것은 반대증거로도 깰 수 없는 100% 강력한 효력을 준다는 것이고, 추정한다는 것은 반대증거로 깰 수 있는 90% 정도의 약한 효력을 준다는 것이다.

정답 ③

3. 인지

074

다음 설명 중 옳은 것을 모두 고른 것은? (판례)

㉠ 국적을 후천적으로 취득하는 방법으로 인지나 귀화 등이 있다. 19행시
㉡ 사실혼 관계에 있는 한국인 아버지와 외국인 어머니 사이에서 출생한 미성년인 자는 한국인 생부(生父)가 인지하여야 대한민국 국적을 취득할 수 있다. 이때에 인지를 하는 한국인 생부는 자의 출생당시에 대한민국의 국민이어야 한다. 11국회8
㉢ 대한민국의 국민이 아닌 자로서 대한민국의 국민인 부 또는 모에 의하여 인지(認知)된 자가 '대한민국의 민법상 미성년이고, 출생 당시에 부 또는 모가 대한민국의 국민이었던 경우'에는 법무부장관에게 신고함으로써 대한민국 국적을 취득할 수 있다. 16법무

① ㉠ ㉡   ② ㉠ ㉢
③ ㉡ ㉢   ④ ㉠ ㉡ ㉢

해설

㉠ (O) 국적의 선천적 취득 방법에는 출생이 있고, 국적의 후천적 취득 방법에는 인지, 입양, 귀화, 수반취득, 국적회복에 의한 국적 취득 등이 있다.
㉡ (O) 국적법 제3조 제1항. - 미성년의 자가 출생할 때에도 아버지가 한국인이었고, 미성년의 자를 인지할 때에도 아버지가 한국인이어야만 인지에 의하여 대한민국의 국적을 취득할 수 있다.
㉢ (O) 국적법 제3조(인지에 의한 국적 취득)
① 대한민국의 국민이 아닌 자(이하 "외국인"이라 한다)로서 대한민국의 국민인 부 또는 모에 의하여 인지(認知)된 자가 다음 각 호의 요건을 모두 갖추면 법무부장관에게 신고함으로써 대한민국 국적을 취득할 수 있다.
1. 대한민국의 「민법」상 미성년일 것
2. 출생 당시에 부 또는 모가 대한민국의 국민이었을 것
② 제1항에 따라 신고한 자는 그 신고를 한 때에 대한민국 국적을 취득한다.
〈주〉 외국 민법이 아니라 대한민국 민법이고, 성년이 아니라 미성년이며, 허가가 아니라 신고이다.

[정답] ④

075

다음 설명 중 옳지 않은 것을 모두 고른 것은? (판례)

㉠ 만 18세의 외국인은 출생 당시 대한민국 국민인 부 또는 모가 인지하는 경우에 법무부장관의 허가를 받아 대한민국 국적을 취득할 수 있다. 19입시
㉡ 인지에 의하여 국적을 취득하는 시점은 법무부장관에게 신고를 한 때이다. 20경채
㉢ 외국인으로서 대한민국의 국민인 부 또는 모에 의하여 인지된 사람은 국적법에 따라 법무부장관에게 신고함으로써 출생시로 소급하여 대한민국 국적을 취득할 수 있다. 17법행

① ㉠ ㉡   ② ㉠ ㉢
③ ㉡ ㉢   ④ ㉠ ㉡ ㉢

해설

㉠ (×) 국적법 제3조(인지에 의한 국적 취득) 대한민국의 국민이 아닌 미성년자로서 대한민국의 국민인 부 또는 모에 의하여 인지(認知)된 자는 법무부장관에게 신고함으로써 대한민국 국적을 취득할 수 있다. 〈주〉 허가가 아니라 신고이다.
㉡ (O) 국적법 제3조(인지에 의한 국적 취득) ① 대한민국의 국민이 아닌 자(이하 "외국인"이라 한다)로서 대한민국의 국민인 부 또는 모에 의하여 인지(認知)된 자가 다음 각 호의 요건을 모두 갖추면 법무부장관에게 신고함으로써 대한민국 국적을 취득할 수 있다. ② 제1항에 따라 신고한 자는 그 신고를 한 때에 대한민국 국적을 취득한다.
㉢ (×) 국적법 제3조 (인지에 의한 국적 취득) ② 제1항에 따라 신고한 자는 그 신고를 한 때에 대한민국 국적을 취득한다. 〈주〉 인지의 소급효는 민법상 친족과 형법상 친족상도례에는 적용되지만, 국적 취득에는 적용되지 않는다.

[정답] ②

4. 일반, 간이, 특별귀화

076
다음 설명 중 옳은 것을 모두 고른 것은? (판례)

㉠ 법무부장관은 귀화신청인이 법률이 정하는 귀화요건을 갖추었다고 하더라도 귀화를 허가할 것인지 여부에 관하여 재량권을 가진다. 19입시

㉡ 귀화의 방법으로 국적을 취득하는 시점은 법무부장관이 귀화허가를 한 때이다. 20경채

㉢ 기간의 제한 없이 귀화허가를 취소할 수 있도록 규정한 국적법 제21조는 과잉금지원칙에 위반하여 청구인의 거주·이전의 자유를 침해한다. 21법행

㉣ 국적법상 일반귀화 요건은 '5년 이상 계속하여 대한민국에 주소가 있을 것, 대한민국의 민법상 성년일 것, 품행이 단정할 것, 자신의 자산(資産)이나 기능(技能)에 의하거나 생계를 같이하는 가족에 의존하여 생계를 유지할 능력이 있을 것, 국어능력과 대한민국의 풍습에 대한 이해 등 대한민국 국민으로서의 기본 소양(素養)을 갖추고 있을 것이다. 16법무

① ㉠ ㉣
② ㉠ ㉡ ㉢
③ ㉡ ㉢ ㉣
④ ㉠ ㉡ ㉢ ㉣

[해설]

㉠ (O) 법무부장관은 귀화신청인이 귀화 요건을 갖추었다 하더라도 귀화를 허가할 것인지 여부에 관하여 재량권을 가진다고 보는 것이 타당하다. (대법원 2010. 10. 28. 2010두6496)

㉡ (X) 국적법 제4조(귀화에 의한 국적 취득) ③ 제1항에 따라 귀화허가를 받은 사람은 법무부장관 앞에서 국민선서를 하고 귀화증서를 수여받은 때에 대한민국 국적을 취득한다.

㉢ (X) 적법 제21조 중 귀화허가취소에 관한 부분은 과잉금지원칙에 위배되어 거주·이전의 자유 및 행복추구권을 침해하지 않는다. (헌재 2015. 9. 24. 2015헌바26).

㉣ (O) 국적법 제5조(일반귀화 요건)

[정답] ①

077
다음 설명 중 가장 적절한 것은? (판례)

① 일반귀화는 대한민국에서 영주할 수 있는 체류자격을 가지고 3년 이상 대한민국에 주소를 가지는 것 등의 요건을 갖추어야 한다. 19서울1회

② 국적법상 귀화허가를 받기 위한 요건 중 '품행이 단정할 것'은 귀화신청자를 대한민국의 새로운 구성원으로 받아들이는 데 지장이 없을 만한 품성과 행실을 갖춘 것을 의미한다. 19입시

③ 외국인이 귀화허가를 받기 위해서는 '품행이 단정할 것'의 요건을 갖추도록 규정한 국적법 제5조 제3호는 명확성원칙에 위배된다. 18지방7

④ 대한민국에서 출생한 자로서 부 또는 모가 대한민국에서 출생한 자에 해당하는 외국인이 대한민국에 1년 이상 계속하여 주소가 있는 때에는 귀화허가를 받을 수 있다. 18국회8

[해설]

① (X) 국적법 제5조 제1호. – 외국인이 귀화허가를 받기 위해서는 5년 이상 계속하여 대한민국에 주소가 있을 것을 요건으로 한다.

② (O) (헌재 2016. 7. 28. 2014헌바421)

③ (X) 심판대상조항은 명확성원칙에 위배되지 아니한다. (헌재 2016. 7. 28. 2014헌바421)

④ (X) 국적법 제6조(간이귀화) ① 다음 각 호의 어느 하나에 해당하는 외국인으로서 대한민국에 3년 이상 계속하여 주소가 있는 사람은 제5조제1호 및 제1호의2의 요건을 갖추지 아니하여도 귀화허가를 받을 수 있다.
1. 부 또는 모가 대한민국의 국민이었던 사람
2. 대한민국에서 출생한 사람으로서 부 또는 모가 대한민국에서 출생한 사람
3. 대한민국 국민의 양자(養子)로서 입양 당시 대한민국의 「민법」상 성년이었던 사람

[정답] ②

078

다음 설명 중 가장 적절하지 않은 것은? (판례)

① 부(父) 또는 모(母)가 대한민국의 국민이었던 외국인은 대한민국에 일정 기간 거주하지 않아도 귀화허가를 받을 수 있다. 16국회9
② 대한민국 국민의 양자로서 입양 당시 대한민국의 민법상 성년이었던 외국인은 대한민국에 3년 이상 계속하여 주소가 있는 경우 귀화허가를 받을 수 있다. 21법행
③ 배우자가 대한민국의 국민인 외국인은 그 배우자와 혼인한 상태로 대한민국에 2년 이상 계속하여 주소가 있는 경우에는 귀화허가를 받을 수 있다. 09국회8
④ 배우자가 대한민국 국민인 외국인으로서 그 배우자와 혼인한 후 3년이 지나고 혼인한 상태로 대한민국에 1년 이상 계속하여 주소가 있는 자는 귀화허가를 받을 수 있다. 19입시

해설

① (X) 국제법 제6조 제1항 제1호. – 부 또는 모가 대한민국의 국민이었던 외국인으로서 대한민국에 3년 이상 계속하여 주소가 있는 사람은 귀화허가를 받을 수 있다.
② (O) 국적법 제6조(간이귀화 요건) 제1항 제3호.
③ (O) 국적법 제6조 제2항 제1호.
④ (O) 국적법 제6조(간이귀화) 제2항 제2호.

[정답] ①

079

다음 설명 중 옳지 않은 것을 모두 고른 것은? (판례)

㉠ 배우자가 대한민국 국민인 외국인으로서 그 배우자와 혼인에 따라 출생한 미성년의 자를 양육하고 있거나 양육하여야 할 자는 법무부장관이 상당하다고 인정하는 경우에 거주기간과 주소에 관계없이 귀화허가를 받을 수 있다. 15국회8
㉡ 외국인이 대한민국 국민과 혼인하면 자동으로 대한민국 국적을 취득한다. 22법무
㉢ 대한민국 남자와 결혼하여 국적을 취득한 여자는 이혼하였다고 하여 한국국적을 상실하는 것은 아니다. 19서울
㉣ 외국인 여자가 한국인 남자와의 혼인으로 인하여 한국의 국적을 취득하고 동시에 해당 국가의 국적을 상실한 뒤 한국인 남자와 이혼하였다고 하여 한국 국적을 상실하고 본래 국적을 당연히 다시 취득하는 것은 아니다. 11국회8
㉤ 대한민국에 특별한 공로가 있는 외국인은 대한민국에 주소가 없어도 귀화허가를 받을 수 있다. 17법행

① ㉠ ㉡
② ㉢ ㉣
③ ㉠ ㉡ ㉤
④ ㉡ ㉢ ㉤

해설

㉠ (X) 국적법 제6조 제2항 제4호. – 배우자와의 혼인에 따라 출생한 미성년의 자(子)를 양육하고 있거나 양육하여야 할 사람으로서 법무부장관이 상당하다고 인정하는 사람은 귀화허가를 받을 수 있다. 〈주〉 다만 거주기간과 주소의 요건을 갖추어야만 귀화허가를 받을 수 있다.
㉡ (X) 국적법 제6조(간이귀화 요건) 제2항. 1. 그 배우자와 혼인한 상태로 대한민국에 2년 이상 계속하여 주소가 있는 사람 2. 그 배우자와 혼인한 후 3년이 지나고 혼인한 상태로 대한민국에 1년 이상 계속하여 주소가 있는 사람 등에 한하여 한국국적을 취득한다. 〈주〉 '자동으로'가 틀렸다.
㉢ (O) (대법원 1976. 4. 23. 73마1051)
㉣ (O) (대법원 1976. 4. 23. 73마1051)
㉤ (X) 국적법 제7조(특별귀화) – 특별공로 귀화도 대한민국에 주소가 있어야 한다.

[정답] ③

080
다음 설명 중 옳지 않은 것을 모두 고른 것은? (판례)

㉠ '대한민국에 특별한 공로가 있는 자'나 '과학·경제·문화·체육 등 특정 분야에서 매우 우수한 능력을 보유한 자로서 대한민국의 국익에 기여할 것으로 인정되는 자'는 대한민국에 주소가 없어도 귀화허가를 받을 수 있다. 16법무

㉡ 평창올림픽을 앞두고 아이스하키 분야에 매우 우수한 능력을 보유한 자로서 대한민국의 국익에 기여할 것으로 인정되는 자는 대한민국에 주소가 없어도 귀화허가를 받을 수 있다. 18국회8

㉢ 대한민국에 특별한 공로가 있는 외국인으로서 대한민국에 주소가 있는 사람은 자신의 자산이나 기능에 의하거나 생계를 같이하는 가족에 의존하여 생계를 유지할 능력이 없더라도 귀화허가를 받을 수 있다. 21법행

① ㉠ ㉡
② ㉠ ㉢
③ ㉡ ㉢
④ ㉠ ㉡ ㉢

해설

㉠ (×) 국적법 제7조 제1항. – 대한민국에 특별한 공로가 있는 사람 또는 과학·경제·문화·체육 등 특정 분야에서 매우 우수한 능력을 보유한 사람으로서 대한민국의 국익에 기여할 것으로 인정되는 외국인으로서 대한민국에 주소가 있는 사람은 귀화허가를 받을 수 있다.

㉡ (×) 국적법 제7조(특별귀화) 제1항 제3호. – 과학·경제·문화·체육 등 특정 분야에서 매우 우수한 능력을 보유한 사람으로서 대한민국의 국익에 기여할 것으로 인정되는 외국인으로서 대한민국에 주소가 있는 사람은 귀화허가를 받을 수 있다.
〈주〉 모든 귀화는 주소가 있어야 하고, 허가사항이다.

㉢ (O) 국적법 제7조(특별귀화 요건) ① 다음 각 호의 어느 하나에 해당하는 외국인으로서 대한민국에 주소가 있는 사람은 제5조 제1호·제1호의2·제2호 또는 제4호의 요건을 갖추지 아니하여도 귀화허가를 받을 수 있다. 2. 대한민국에 특별한 공로가 있는 사람
〈주〉 특별귀화에는 일반귀화의 요건인 생계유지능력 등을 요건으로 하지 않는다.

정답 ①

5. 수반취득, 국적회복

081
다음 설명 중 가장 적절하지 않은 것은? (판례)

① 외국인의 자로서 대한민국의 민법에 의하여 미성년인 자는 그 부 또는 모가 귀화허가를 신청할 때 함께 국적취득을 신청할 수 있다. 16국회9

② 외국인의 자(子)로서 대한민국의 「민법」상 성년인 사람은 부 또는 모가 귀화허가를 신청할 때 함께 국적 수반취득을 신청할 수 있다. 20지방7/22군무5

③ 외국인의 자(子)로서 대한민국의 민법 상 미성년인 사람은 부 또는 모가 귀화허가를 신청할 때 함께 국적 취득을 신청할 수 있고, 이에 따라 국적 취득을 신청한 사람은 부 또는 모가 대한민국 국적을 취득한 때에 함께 대한민국 국적을 취득한다. 18지방7

④ 대한민국의 국적을 취득한 사실이 있었던 외국인은 법무부장관의 귀화허가를 받을 수 없다. 09국회8

⑤ 대한민국 국적을 취득한 사실이 없는 외국인은 법무부장관의 귀화허가를 받아 대한민국 국적을 취득할 수 있다. 14법행

⑥ 병역을 기피할 목적으로 대한민국 국적을 상실하였거나 이탈하였던 자에 대해 법무부장관은 국적회복을 허가하지 아니한다. 21경채

해설

① (O) 국적법 제8조(수반 취득)
② (×) 국적법 제8조 제1항. 외국인의 자로서 대한민국의 민법에 의하여 미성년인 자는 그 부 또는 모가 귀화허가를 신청할 때 함께 국적취득을 신청할 수 있다.
③ (O) 국적법 제8조 제1항.
④ (O) 대한민국의 국적을 취득한 사실이 있었던 외국인은 국적회복허가를 받아야 하고, 대한민국의 국적을 취득한 사실이 없었던 외국인은 귀화허가를 받아야 한다.
⑤ (O) 국적법 제4조 제1항.
⑥ (O) 국적법 제9조 제2항 제3호.

정답 ②

6. 복수국적, 국적상실, 권리양도

082

다음 설명 중 가장 적절한 것은? (판례)

① 대한민국 국적을 취득한 외국인으로서 외국 국적을 가지고 있는 자는 대한민국 국적을 취득한 날부터 1년 내에 그 외국 국적을 포기하여야 한다. 21경승
② 대한민국 국적을 취득한 외국인으로서 외국 국적을 가지고 있는 자는 대한민국 국적을 취득한 날로부터 2년 내에 그 외국 국적을 포기하여야 한다. 20소방
③ 대한민국 국적을 취득한 외국인으로서 외국 국적을 가지고 있는 자는 대한민국 국적을 취득한 날부터 2년 내에 그 외국 국적을 포기하여야 하며 이를 이행하지 아니한 자는 그 기간이 지난 때에 대한민국 국적을 상실한다. 14지방7
④ 대한민국 국적을 취득한 외국인으로서 외국 국적을 가지고 있는 자는 대한민국 국적을 취득한 날부터 그 외국 국적을 상실한다. 20국회9

> **해설**
> ① (○) 국적법 제10조(국적 취득자의 외국 국적 포기 의무)
> ② (×) 국적법 제10조. 〈주〉 2년이 아니라 1년이다.
> ③ (×) 국적법 제10조. 〈주〉 2년이 아니라 1년이다.
> ④ (×) 국적법 제10조(국적 취득자의 외국 국적 포기 의무) ① 대한민국 국적을 취득한 외국인으로서 외국 국적을 가지고 있는 자는 대한민국 국적을 취득한 날부터 1년 내에 그 외국 국적을 포기하여야 한다. ③ 제1항 또는 제2항을 이행하지 아니한 자는 그 기간이 지난 때에 대한민국 국적을 상실(喪失)한다. 〈주〉 외국국적이 아니라 한국국적을 상실한다.
>
> [정답] ①

083

다음 설명 중 옳지 않은 것을 모두 고른 것은? (판례)

> ㉠ 대한민국의 국적을 취득한 외국인으로서 외국 국적을 가지고 있는 자는 대한민국의 국적을 취득한 날부터 1년 내에 그 외국국적을 포기하여야 하며, 이를 이행하지 아니하여 대한민국의 국적을 상실한 자가 그 후 1년 내에 그 외국 국적을 포기한 때에는 법무부장관에게 신고함으로써 대한민국의 국적을 재취득할 수 있다. 12변시
> ㉡ 대한민국 국적을 취득한 외국인으로서 외국 국적을 가지고 있는 자는 대한민국 국적을 취득한 날로부터 1년 내에 그 외국 국적을 포기하여야 하고 이를 이행하지 아니한 자는 대한민국 국적을 상실하며 이후 대한민국 국적을 재취득할 수 없다. 21법행
> ㉢ 외국 국적 포기의무를 이행하지 아니하여 대한민국 국적을 상실한 자가 그 후 1년 내에 그 외국 국적을 포기하면 법무부장관의 허가를 받아 대한민국 국적을 재취득할 수 있다. 20국회8
> ㉣ 국적법은 대한민국 국적을 취득한 외국인으로서 일정한 경우에 외국 국적을 행하지 않겠다는 서약을 하고 기존 국적과 대한민국 국적을 보유할 수 있도록 허용하는 바, 예컨대 특별한 공로가 있거나 우수한 능력보유자로서 국익에 기여할 것으로 인정되어 특별 귀화허가를 받은 자는 복수국적을 유지할 수 있다. 19국회8

① ㉠ ㉡　　　　　　② ㉠ ㉢
③ ㉡ ㉢　　　　　　④ ㉠ ㉡ ㉢

> **해설**
> ㉠ (○) 국적법 제11조(국적의 재취득)
> ㉡ (×) 국적법 제11조(국적의 재취득) ① 제10조 제3항에 따라 대한민국 국적을 상실한 자가 그 후 1년 내에 그 외국 국적을 포기하면 법무부장관에게 신고함으로써 대한민국 국적을 재취득할 수 있다.
> ㉢ (×) 국적법 제11조(국적의 재취득) ① 제10조 제3항에 따라 대한민국 국적을 상실한 자가 그 후 1년 내에 그 외국 국적을 포기하면 법무부장관에게 신고함으로써 대한민국 국적을 재취득할 수 있다.
> ㉣ (○) 국적법 제10조 제2항 제2호. – 국적회복허가를 받은 자로서 대한민국에 특별한 공로가 있는 사람 → 복수국적 유지 가능
>
> [정답] ③

084

다음 설명 중 가장 적절하지 않은 것은? (판례)

① 대한민국 국민이었다가 만 17세에 외국인에게 입양되어 외국 국적을 취득하고 외국에서 계속 거주하다가 국적회복허가를 받은 사람은 대한민국 국적을 취득한 날부터 1년 내에 법무부장관이 정하는 바에 따라 대한민국에서 외국 국적을 행사하지 아니하겠다는 뜻을 법무부장관에게 서약함으로써 외국 국적을 유지할 수 있다. 19국회8

② 출생이나 그 밖에 국적법에 따라 대한민국 국적과 외국 국적을 함께 가지게 된 자는 대한민국의 법령 적용에서 대한민국 국민으로만 처우한다. 14지방7

③ 국적법은 출생이나 그 밖에 국적법에 따라 대한민국 국적과 외국국적을 함께 가지게 된 자, 즉 복수국적자는 대한민국의 법령적용에 있어서 대한민국 국민과 외국국민으로 처우한다.

④ 출생 기타 국적법의 규정에 의하여 만20세가 되기 전에 대한민국의 국적과 외국 국적을 함께 가지게 된 자는 만22세가 되기 전까지, 만20세가 된 후에 복수국적자가 된 자는 그 때부터 2년 내에 하나의 국적을 선택하여야 한다. 15국회8

해설

① (O) 국제법 제10조(국적 취득자의 외국 국적 포기 의무)
② (O) 국적법 제11조의2 제1항.
③ (X) 국적법 제11조의2(복수국적자의 법적 지위 등) ① 복수국적자는 대한민국의 법령 적용에서 <u>대한민국 국민으로만</u> 처우한다.
④ (O) 국적법 제12조(복수국적자의 국적선택의무)

정답 ③

085

다음 설명 중 옳지 않은 것을 모두 고른 것은? (판례)

㉠ 만 20세가 되기 전에 대한민국 국적과 외국 국적을 함께 가지게 된 자는 만 22세가 되기 전까지 하나의 국적을 선택하여야 한다. 이때까지 하나의 국적을 선택하지 아니한 자는 만 22세에 외국 국적을 상실한다. 08법행

㉡ 복수국적자가 국적법에서 정한 기간 내에 국적을 선택하지 아니한 경우에 법무부장관은 1년 내에 하나의 국적을 선택할 것을 명하여야 한다. 18입시/20경승

㉢ 복수국적자는 제1국민역에 편입된 날부터 3개월 이내에 대한민국 국적을 이탈하지 않으면 병역의무를 해소한 후에야 국적이탈이 가능하도록 한 것은 과잉금지원칙에 위반하여 국적이탈의 자유를 침해하지 않는다. 18입시/23경찰1

㉣ 복수국적자에 대하여 제1국민역에 편입된 날부터 3개월 이내에 대한민국 국적을 이탈하지 않으면 병역의무를 해소한 후에야 이를 가능하도록 한 「국적법」 조항은 복수국적자의 국적이탈의 자유를 침해한다. 21경승

① ㉠ ㉡
② ㉠ ㉢
③ ㉠ ㉡ ㉢
④ ㉡ ㉢ ㉣

해설

㉠ (X) 국적법 제12조 ① 만 20세가 되기 전에 복수국적자가 된 자는 만 22세가 되기 전까지, 만 20세가 된 후에 복수국적자가 된 자는 그 때부터 2년 내에 제13조와 제14조에 따라 하나의 국적을 선택하여야 한다. 국적법 제14조의2 ④ 제1항 또는 제2항에 따라 국적선택의 명령을 받고도 이를 따르지 아니한 자는 그 기간이 지난 때에 <u>대한민국 국적을 상실</u>한다.

㉡ (O) 국적법 제14조의2 제1항.

㉢ (X) 심판대상 법률조항은 과잉금지원칙에 위배되어 청구인의 <u>국적이탈의 자유를 침해한다.</u> (헌재 2020. 9. 24. 2016헌마889)

㉣ (O) (헌재 2020. 9. 24. 2016헌마889) 〈주〉 2016헌마889 헌법불합치 결정에 따라 과거 합헌으로 보았던 2013헌마805 결정은 폐기되었다.

정답 ②

086

다음 설명 중 가장 적절하지 않은 것은? (판례)

① 국적이탈 신고자에게 신고서에 '가족관계기록사항에 관한 증명서'를 첨부하여 제출하도록 규정한 국적법 시행규칙 조항은 과잉금지원칙에 위배되어 청구인의 국적이탈의 자유를 침해하지 않는다. 비교판례
② 복수국적자인 대한민국 남성이 대한민국 국적에서 이탈하려 할 때, 국적선택기간이 경과하였다는 이유로 병역의무 해소 전에는 그의 국적 이탈신고를 일률적으로 허용하지 않는 것은 국적이탈의 자유를 침해하지 않는다. 20비상
③ B는 대한민국과 미국의 이중국적을 가지고 있는데, 구체적인 병역의무가 발생하는 때로부터 3개월 이내에 미국 국적을 선택하지 않으면 병역의무를 해소한 후에야 미국 국적을 선택할 수 있도록 하는 경우, B는 국적이탈의 자유를 제한받은 것이다. 21국회8
④ 직계존속이 외국에서 영주할 목적 없이 체류한 상태에서 출생한 자는 병역의무 이행과 관련하여 제2국민역(전시근로역)에 편입된 경우 국적이탈 신고를 할 수 있다. 09국회8

해설

① (O) (헌재 2020. 9. 24. 2016헌마889)
② (×) 과잉금지원칙에 위배되어 청구인의 국적이탈의 자유를 침해한다. (헌재 2020. 9. 24. 2016헌마889)
③ (O) 심판대상 법률조항은 과잉금지원칙에 위배되어 청구인의 국적이탈의 자유를 침해한다. (헌재 2020. 9. 24. 2016헌마889) 〈주〉 국적이탈의 자유가 제한되어 침해되었다.
④ (O) 국적법 제12조(복수국적자의 국적선택의무) ③ 직계존속이 외국에서 영주(永住)할 목적 없이 체류한 상태에서 출생한 자는 병역의무의 이행과 관련하여 다음 각 호의 어느 하나에 해당하는 경우에만 제14조에 따른 국적이탈신고를 할 수 있다.
1. 현역·상근예비역·보충역 또는 대체역으로 복무를 마치거나 마친 것으로 보게 되는 경우 2. 전시근로역에 편입된 경우 3. 병역면제처분을 받은 경우

정답 ②

087

다음 설명 중 가장 적절하지 않은 것은? (판례)

① 출생 당시에 모가 자녀에게 외국 국적을 취득하게 할 목적으로 외국에서 체류 중이었던 사실이 인정되는 자는 외국 국적을 포기한 경우에만 대한민국 국적을 선택한다는 뜻을 신고할 수 있다. 15국회8
② 출생 당시 모가 자녀에게 외국 국적을 취득하게 할 목적으로 외국에서 체류 중이었던 사실이 인정되는 자는 대한민국에서 외국 국적을 행사하지 않겠다는 서약을 한 후 대한민국 국적을 선택한다는 뜻을 신고할 수 있다. 18국회8/20경승
③ 국적법에 따라 대한민국에서 외국 국적을 행사하지 아니하겠다는 뜻을 서약한 복수국적자가 그 뜻에 현저히 반하는 행위를 한 경우에 법무부장관은 6개월 내에 하나의 국적을 선택할 것을 명할 수 있다. 18입시
④ 복수국적자로서 외국 국적을 선택하려는 자는 외국에 주소가 있는 경우에만 주소지 관할 재외공관의 장을 거쳐 법무부장관에게 대한민국 국적을 이탈한다는 뜻을 신고할 수 있다. 15국회8

해설

① (O) 국적법 제13조 제3항. – 이중국적자가 된 사람은 원칙적으로 서약하고 이중국적을 유지할 수 있다. 그러나 국적선택 기간이 경과하였거나 해외원정출산의 경우에는 이중국적을 가질 수 없고, 반드시 외국 국적을 포기한 경우에만 한국 국적을 유지할 수 있다.
② (×) 국적법 제13조(대한민국 국적의 선택 절차) 제3항. – 출생 당시에 모가 자녀에게 외국 국적을 취득하게 할 목적으로 외국에서 체류 중이었던 사실이 인정되는 자는 외국 국적을 포기한 경우에만 대한민국 국적을 선택한다는 뜻을 신고할 수 있다. 〈주〉 해외원정출산된 사람은 서약을 통한 복수국적 취득이 금지된다.
③ (O) 국적법 제14조의2 제2항. 〈주〉 서약을 위반한 자는 6개월 내에 하나의 국적을 선택하도록 명할 수 있다.
④ (O) 국적법 제14조 제1항.

정답 ②

088

다음 설명 중 옳은 것을 모두 고른 것은? (판례)

> ㉠ 복수국적자로서 외국 국적을 선택하려는 자는 외국에 주소가 있는 경우에만 주소지 관할 재외공관의 장을 거쳐 법무부장관에게 대한민국 국적을 이탈한다는 뜻을 신고할 수 있으며 법무부장관이 신고를 수리한 때에 대한민국 국적을 상실한다. 14사시
> ㉡ 복수국적자로서 외국 국적을 선택하려는 자는 외국에 주소가 없어도 법무부 장관에게 대한민국 국적을 이탈한다는 뜻을 신고할 수 있다. 18국회8
> ㉢ 대한민국의 국민으로서 자진하여 외국 국적을 취득한 자는 그 외국 국적을 취득한 때에 대한민국국적을 상실한다. 20소방
> ㉣ 대한민국의 국민으로서 자진하여 외국 국적을 취득한 자는 그 외국 국적 취득 신고를 한 때에 대한민국 국적을 상실한다. 18지방7
> ㉤ 공무원이 그 직무상 대한민국 국적을 상실한 자를 발견하면 3개월 이내에 법무부장관에게 그 사실을 통보하여야 한다. 22경간

① ㉠ ㉡　　② ㉠ ㉢
③ ㉡ ㉢ ㉤　　④ ㉡ ㉣ ㉤

해설

㉠ (○) 국적법 제14조 제1항.
㉡ (×) 국적법 제14조(대한민국 국적의 이탈) 제1항. - 복수국적자로서 외국 국적을 선택하려는 자는 외국에 주소가 있는 경우에만 주소지 관할 재외공관의 장을 거쳐 법무부장관에게 대한민국 국적을 이탈한다는 뜻을 신고할 수 있다.
㉢ (○) 국적법 제15조
㉣ (×) 국적법 제15조 제1항. 대한민국의 국민으로서 자진하여 외국 국적을 취득한 자는 그 외국 국적을 취득한 때에 대한민국 국적을 상실한다. 〈주〉 신고한 때가 아니라 취득한 때이다.
㉤ (×) 국적법 제16조(국적상실자의 처리) ② 공무원이 그 직무상 대한민국 국적을 상실한 자를 발견하면 지체 없이 법무부장관에게 그 사실을 통보하여야 한다.

정답 ②

089

다음 설명 중 가장 적절한 것은? (판례)

① 대한민국 국민으로서 자진하여 외국 국적을 취득한 자는 그 외국 국적을 취득한 때부터 6개월 후에 대한민국 국적을 상실한다. 21경승
② 대한민국 국민이 자진하여 외국 국적을 취득한 경우 대한민국 국적을 상실하도록 하는 것은 거주 이전의 자유 및 행복추구권을 침해하지 않는다. 18행시
③ 대한민국 국민이 미국의 시민권을 취득하면 이중국적자가 되어 국적법에 따라 법무부장관의 허가를 얻어 대한민국의 국적을 이탈하여야 대한민국의 국적을 상실한다. 09국회8
④ 대한민국 국민이 자진하여 미국의 시민권을 취득하는 경우 그 시민권은 국적과 그 법적 성격이나 기능이 거의 동일하다고 할 것이어서 대한민국과 미국의 복수국적자가 되기 때문에, 국적법 규정에 따라 국적선택을 하지 않거나 법무부장관의 허가를 얻어 대한민국의 국적을 이탈하여야 비로소 대한민국의 국적을 상실하게 된다. 14사시

해설

① (×) 국적법 제15조 제1항. 대한민국의 국민으로서 자진하여 외국 국적을 취득한 자는 그 외국 국적을 취득한 때에 대한민국 국적을 상실한다.
② (○) 대한민국 국민이 자진하여 외국 국적을 취득한 경우 대한민국 국적을 상실하도록 한 국적법 제15조 제1항이 청구인의 거주·이전의 자유 및 행복추구권을 침해한다고 볼 수 없다. (헌재 2014. 6. 26. 2011헌마502)
③ (×) [1] 국적법 제15조(외국 국적 취득에 따른 국적 상실) 제1항. - 대한민국의 국민으로서 자진하여 외국 국적을 취득한 자는 외국 국적을 취득한 때에 대한민국 국적을 상실한다. [2] 제16조(국적상실자의 처리) 제1항. - 대한민국 국적을 상실한 자는 법무부장관에게 국적상실신고를 하여야 한다.
④ (×) 대한민국의 국민이 미국의 시민권을 취득하면 '자진하여 외국의 국적을 취득한 자'에 해당하여 우리나라의 국적을 상실하게 되는 것이지 대한민국과 미국의 '이중국적자'가 되어 법무부장관의 허가를 얻어 대한민국의 국적을 이탈하여야 비로소 대한민국의 국적을 상실하게 되는 것은 아니다. (대법원 1999. 12. 24. 99도3354)

정답 ②

090
다음 설명 중 옳은 것을 모두 고른 것은? (판례)

㉠ 대한민국의 국민으로서 외국인에게 입양되어 그 양부의 국적을 취득하게 된 자는 그 외국 국적을 취득한 때부터 1년 내에 법무부장관에게 대한민국 국적을 보유할 의사가 있다는 뜻을 신고하지 아니하면 그 외국 국적을 취득한 때로 소급하여 대한민국 국적을 상실한 것으로 본다. 19국회8

㉡ 대한민국의 국민으로서 외국 국적을 취득하여 대한민국 국적을 상실하게 된 자의 배우자나 미성년의 자로서 그 외국의 법률에 따라 함께 그 외국 국적을 취득하게 된 자는 그 외국 국적을 취득한 때부터 6개월 내에 법무부장관에게 대한민국 국적을 보유할 의사가 있다는 뜻을 신고하지 아니하면 그 외국 국적을 취득한 때로 소급하여 대한민국 국적을 상실한 것으로 본다. 21법행

㉢ 대한민국의 국적을 상실한 자는 국적을 상실한 때부터 대한민국 국민만이 향유할 수 있는 권리를 향유할 수 없는데, 이 중 대한민국 국민이었을 때 취득한 양도 가능한 권리는 별도의 규정이 없는 한 3년 내에 대한민국 국민에게 양도되어야 한다. 12변시

㉣ 대한민국의 국민만이 누릴 수 있는 권리 중 대한민국의 국민이었을 때 취득한 것으로서 양도할 수 있는 것은 그 권리와 관련된 법령에서 따로 정한 바가 없으면 2년 내에 대한민국의 국민에게 양도하여야 한다. 21경승

① ㉠ ㉡
② ㉠ ㉢
③ ㉡ ㉢
④ ㉡ ㉢ ㉣

해설

㉠ (✕) … 6개월 내에 법무부장관에게 대한민국 국적을 보유할 의사가 있다는 뜻을 신고하지 아니하면 그 외국 국적을 취득한 때로 소급(遡及)하여 대한민국 국적을 상실한 것으로 본다.

㉡ (○) 국적법 제15조(외국 국적 취득에 따른 국적 상실) 제2항 제4호.

㉢ (○) 국적법 제18조 제1항.

㉣ (✕) 국적법 제18조 제2항. 대한민국의 국민이었을 때 취득한 것으로서 양도(讓渡)할 수 있는 것은 그 권리와 관련된 법령에서 따로 정한 바가 없으면 3년 내에 대한민국의 국민에게 양도하여야 한다.

정답 ③

7. 국적법 부칙

091
다음 설명 중 가장 적절하지 않은 것은? (판례)

① 부계혈통주의 원칙은 출생한 당시 자녀의 국적을 부의 국적에만 맞추고 모의 국적은 단지 보충적인 의미만을 부여하는 차별을 의미하므로 위헌이다. 18입시

② 우리나라의 국적법은 속인주의를 택하면서 아버지를 중심으로 하는 부계혈통주의를 원칙으로 하고 예외적으로 모계혈통주의를 택하고 있다. 11국회8

③ 1978.6.14.부터 1998.6.13. 사이에 태어난 모계출생자가 대한민국 국적을 취득할 수 있는 특례를 두면서 2004.12.31.까지 국적취득신고를 한 경우에만 대한민국 국적을 취득하도록 한 것은, 특례의 적용을 받는 모계출생자가 그 권리를 조속히 행사하도록 하여 위 모계출생자가 권리를 남용할 가능성을 억제하기 위한 것으로 합리적 이유 있는 차별이다. 18입시/20경승

④ 구법상 부가 외국인이기 때문에 대한민국 국적을 취득할 수 없었던 한국인 모의 자녀 중에서 신법 시행 전 10년 동안에 태어난 자에게만 대한민국 국적을 취득하도록 하는 경과규정인 신 국적법(1997. 12. 13. 법률 제5431호로 국적법을 전문개정된 것) 부칙 제7조 제1항은 헌법에 합치되지 아니한다. 비교판례

해설

① (○) (헌재 2000. 8. 31. 97헌가12)

② (✕) 국적법 제2조 제1항 제1호. 출생 당시에 부(父)또는 모(母)가 대한민국의 국민인 자는 출생과 동시에 대한민국 국적(國籍)을 취득한다.

③ (○) (헌재 2015. 11. 26. 2014헌바211) 〈주〉1978년부터 1998년까지 20년 동안 한국인 모계출생자에 대하여 2001년에 법을 개정하면서 2004년까지 3년간 국적취득신고를 하게 한 부칙은 합헌이다.

④ (○) 신법 시행 전 10년 동안에 태어난 자에게 신고 등 일정한 절차를 거쳐 대한민국 국적을 취득하도록 하는 경과규정으로서, 헌법 제11조 제1항의 평등원칙에 위배된다. (헌재 2000. 8. 31. 97헌가12)

정답 ②

8. 국적법 기타

092

다음 설명 중 가장 적절한 것은? (판례)

① 복수국적자란 출생이나 기타 국적법에 따라 대한민국 국적과 외국 국적을 함께 가지게 된 자를 말하며, 복수국적자는 대한민국의 법령 적용시 원칙적으로 대한민국 국민으로만 처우하여야 하나, 중앙행정기관의 장이 복수국적자를 외국인과 동일하게 처우하는 내용으로 법령을 제정 또는 개정하려는 경우에는 미리 법무부장관과 협의하여야 한다. 14사시
② 중앙행정기관의 장이 복수국적자를 외국인과 동일하게 처우하는 내용으로 법령을 제정 또는 개정하려는 경우, 미리 법무부장관과 협의할 필요는 없다. 20국회9
③ 중앙행정기관의 장이 복수국적자를 외국인과 동일하게 처우하는 내용으로 법령을 제정 또는 개정하려는 경우에는 미리 법무부장관에게 통보하여야 한다. 19국회8
④ 출생을 이유로 대한민국 국적과 외국 국적을 함께 가지게 된 자가 국가안보, 외교관계 및 국민경제 등에 있어서 대한민국의 국익에 반하는 행위를 하는 경우, 혹은 대한민국의 사회질서의 유지에 상당한 지장을 초래하는 행위로서 대통령령으로 정하는 경우에 해당하여 대한민국의 국적을 보유하는 것이 현저히 부적합하다고 인정되는 경우에는 법무부장관이 청문을 거쳐 대한민국의 국적상실을 결정할 수 있다. 14사시

해설

① (O) 국적법 제11조의2.
② (×) 국적법 제11조의2. 중앙행정기관의 장이 복수국적자를 외국인과 동일하게 처우하는 내용으로 법령을 제정 또는 개정하려는 경우에는 <u>미리 법무부장관과 협의하여야 한다</u>.
③ (×) 미리 법무부장관과 <u>협의</u>하여야 한다.
④ (×) 국적법 제14조의3(대한민국 국적의 상실결정) ① 법무부장관은 복수국적자가 국가안보, 외교관계 및 국민경제 등에 있어서 대한민국의 국익에 반하는 행위를 하는 경우 또는 대한민국의 사회질서 유지에 상당한 지장을 초래하는 행위로서 대통령령으로 정하는 경우에 해당하여 대한민국의 국적을 보유함이 현저히 부적합하다고 인정하는 경우에는 청문을 거쳐 대한민국 국적의 상실을 결정할 수 있다. 다만, <u>출생에 의하여 대한민국 국적을 취득한 자는 제외한다</u>.

[정답] ①

093

다음 설명 중 옳지 않은 것을 모두 고른 것은? (판례)

㉠ 외국의 영주권을 취득한 재외국민은 대한민국 국민만이 향유할 수 있는 권리를 행사할 수 없다. 20국회9
㉡ 국적법에 규정된 신청이나 신고와 관련하여 그 신청이나 신고를 하려는 자가 18세 미만이면 법정 대리인이 대신하여 이를 행한다. 19국회8
㉢ 안전행정부장관은 징역형이나 금고형의 집행이 끝나지 아니한 국민에 대하여는 6개월 이내의 기간을 정하여 출국을 금지할 수 있다. 14지방7
㉣ 법무부장관으로 하여금 거짓이나 그 밖의 부정한 방법으로 귀화허가를 받은 자에 대하여 그 허가를 취소할 수 있도록 규정하면서도 그 취소권의 행사기간을 따로 정하고 있지 아니한 국적법 조항은 귀화허가취소의 기준 절차와 그 밖의 필요한 사항을 모두 하위법령에 위임하고 있어 시행령의 내용을 종합적으로 살펴보더라도 취소권의 행사기간을 전혀 예측할 수 없으므로 포괄위임입법금지원칙에 위반된다. 19국회8

① ㉠㉡
② ㉠㉡㉢
③ ㉡㉢㉣
④ ㉠㉡㉢㉣

해설

㉠ (×) 국적법 제18조(국적상실자의 권리 변동) ① <u>대한민국 국적을 상실한 자는</u> 국적을 상실한 때부터 대한민국의 국민만이 누릴 수 있는 권리를 누릴 수 없다.
㉡ (×) 국적법 제19조(법정대리인이 하는 신고 등) - 이 법에 규정된 신청이나 신고와 관련하여 그 신청이나 신고를 하려는 자가 <u>15세 미만이면 법정대리인이 대신하여 이를 행한다</u>
㉢ (×) 출입국관리법 제4조(출국의 금지) ① <u>법무부장관은</u> 다음 각 호의 어느 하나에 해당하는 국민에 대하여는 6개월 이내의 기간을 정하여 출국을 금지할 수 있다. 2. 징역형이나 금고형의 집행이 끝나지 아니한 사람
㉣ (×) 청구인의 주장 자체에 의하더라도 이 사건 법률조항에는 귀화허가취소권의 행사기간의 제한이 없고, 시행령에 그 행사기간이 위임된 바도 없으므로, <u>명확성원칙 및 포괄위임입법금지원칙은 문제되지 않는다</u>. (헌재 2015. 9. 24. 2015헌바26)

[정답] ④

9. 재외국민과 해외동포의 보호

094

다음 설명 중 가장 적절하지 않은 것은? (판례)

① 법률이 정하는 일정한 재외국민에게는 대통령선거권, 국회의원선거권, 지방의원 및 단체의 장 선거권, 국민투표권, 주민투표권을 부여하고 있다. 19서울1회

② 대한민국 국민인 재외선거인의 의사는 국민투표에 반영되어야 하고, 재외선거인의 국민투표권을 배제할 이유가 없다. 15서울

③ 선거인명부에 오를 자격이 있는 국내거주자에 대해서만 부재자신고를 허용함으로써 재외국민과 단기 해외체류자 등 국외거주자 전부의 국정선거권을 부인하고 있는 구 공직선거 및 선거부정방지법의 규정은 정당한 입법목적을 갖추지 못한 것으로 헌법 제37조 제2항에 위반하여 국외거주자의 선거권과 평등권을 침해하고 보통선거 원칙에도 위반된다. 11법행

④ 국내거주자에 대하여만 부재자투표를 인정하고 재외국민과 단기해외체류자 등 국외 거주자에 대해서는 부재자투표를 인정하지 않은 공직선거법 조항은 헌법에 합치된다. 14법행

해설
① (O) 공직선거법 제15조 제1항.
② (O) 재외선거인은 대의기관을 선출할 권리가 있는 국민으로서 대의기관의 의사결정에 대해 승인할 권리가 있으므로, 국민투표권자에는 재외선거인이 포함된다고 보아야 한다. (헌재 2014. 7. 24. 2009헌마256)
③ (O) 국제화시대에 해외로 이주하여 살 가능성이 높아지고 있는 상황에서, 그것이 자발적 계기에 의해 이루어졌다는 이유만으로 국민이면 누구나 향유해야 할 가장 기본적인 권리인 선거권의 행사가 부인되는 것은 타당성을 갖기 어렵다. (헌재 2007. 6. 28. 2004헌마644 등)
④ (X) 재외국민과 단기해외체류자 등 국외거주자 전부의 국정선거권을 부인하고 있는 법 제38조 제1항은 정당한 입법목적을 갖추지 못한 것으로 헌법 제37조 제2항에 위반하여 국외거주자의 선거권과 평등권을 침해하고 보통선거원칙에도 위반된다. (헌재 2007. 6. 28. 2004헌마644 등)

정답 ④

095

다음 설명 중 가장 적절하지 않은 것은? (판례)

① 주민등록을 할 수 없는 재외국민의 국민투표권 행사를 전면적으로 배제하고 있는 구 국민투표법의 규정은 재외국민의 국민투표권을 침해하지 않는다. 11법행

② 국내에 주민등록이 되어 있지 않은 재외국민에게 선거권 피선거권을 부여하지 않은 것은 헌법에 합치하지 않는다. 14법행

③ 국내거주 재외국민에 대해 그 체류기간을 불문하고 지방선거 선거권을 전면적·획일적으로 박탈하는 구 공직선거 및 선거부정방지법의 규정은 국내거주 재외국민의 평등권과 지방의회 의원선거권을 침해한다. 11법행

④ 국민은 항구적 소속원이므로 어느 곳에 있든지 그가 속하는 국가의 통치권에 복종할 의무를 부담하고, 국외에 있을 때에는 예외적으로 거주국의 통치권에 복종하여야 한다. 15서울

해설
① (X) 주민등록을 할 수 없는 재외국민의 국민투표권 행사를 전면적으로 배제하고 있는 구 국민투표법의 규정은 재외국민의 국민투표권을 침해한다. (헌재 2007. 6. 28. 2004헌마644) 〈주〉 국민투표권은 국내에 거주하든 해외에 거주하든 불문하고 모든 국민에게 인정되어야 한다.
② (O) 주민등록만을 기준으로 함으로써 주민등록이 불가능한 재외국민인 주민의 지방선거 피선거권을 부인하는 법 제16조 제3항은 헌법 제37조 제2항에 위반하여 국내거주 재외국민의 공무담임권을 침해한다. (헌재 2007. 6. 28. 2004헌마644) 〈주〉 2007년 헌재 결정 당시에는 재외국민 국내 등록제도가 없어서 주민등록을 하고 싶어도 할 수 없었다. 이후 2015년부터 재외국민 주민등록제도가 마련되어 현재는 국내 거주 재외국민도 지역 선거에 참여할 수 있게 되었다.
③ (O) (헌재 2007. 6. 28. 2004헌마644)
④ (O) (헌재 2000. 8. 31. 97헌가12)

정답 ①

096
다음 설명 중 가장 적절하지 않은 것은? (판례)

① 국제협력요원이 병역의무를 이행하기 위하여 개발도상국 등에 파견되어 일정한 봉사업무에 종사하던 중 사망한 경우 국가유공자법에 의하여 보상하여야 하는지에 관련된 사건에 관하여 국가의 재외국민 보호의무의 보호법익이 그대로 적용된다고 보기 어렵다. 11법행

② 재일 한국인 피징용 부상자들의 보상청구를 인정하지 않는 일본국을 상대로 정부가 중재위원회에 중재를 회부하여야 할 헌법상 작위의무가 있다고 할 수 없다. 14법행

③ 헌법 전문의 '대한민국임시정부 법통의 계승' 또는 헌법 제2조 제2항의 '재외국민 보호의무 규정은 대한민국 정부에게 중국동포와 같이 특수한 국적상황에 처해 있는 사람들의 이중국적 해소 또는 국적선택을 위한 특별법 제정의무를 명시적으로 위임한 것이다. 17법행/23경승

④ 헌법상 재외국민의 보호조항이, 국가로 하여금 특정한 협약에 가입하거나 조약을 체결하여야 하는 입법위임을 한 취지라고 할 수 없다. 12국회9

해설

① (O) (헌재 2010. 7. 29. 2009헌가13) 〈주〉 국제요원은 국제기구의 보상을 받으므로, 한국이 보상할 의무는 없다.

② (O) (헌재 2000. 3. 30. 98헌마206) 〈주〉 일본에 주재한 피징용 부상자들을 위해서 일본국과 분쟁을 해결하는 것은 사실상 어렵다.

③ (X) 헌법 전문의 '대한민국임시정부 법통의 계승' 또는 제2조 제2항의 '재외국민 보호의무' 규정이 중국동포와 같이 특수한 국적상황에 처해 있는 자들의 이중국적 해소 또는 국적선택을 위한 특별법 제정의무를 명시적으로 위임한 것이라고 볼 수 없고, 뿐만 아니라 동 규정 및 그 밖의 헌법규정으로부터 그와 같은 해석을 도출해 낼 수도 없다. (헌재 2006. 3. 30. 2003헌마806) 〈주〉 중국동포와 같은 조선족들에게 모두 한국 국적을 주는 것은 사실상 어렵다.

④ (O) (헌재 1998. 5. 28. 97헌마282) 〈주〉 조약 체결권은 대통령과 국회에서 결정할 사안이다.

[정답] ③

097
다음 설명 중 가장 적절한 것은? (판례)

① 국내에 주소를 두고 있는 피상속인의 경우에만 상속세 인적공제의 적용대상에 포함시키는 상속법 조항은 재외국민 보호의무에 위반되어 헌법에 합치하지 않는다. 14법행

② 구 상속세법이 비거주자에 대하여 상속세 인적공제 적용을 배제하였다면 이는 국가의 재외국민보호의무에 위배된다. 11법행

③ 대한민국 국적을 가지고 있는 영유아 중에서 재외국민인 영유아를 보육료·양육수당의 지원대상에서 제외되도록 한 보건복지부지침은 국내에 거주하면서 재외국민인 영유아를 양육하는 부모를 차별하는 것으로서 평등권을 침해한다. 21경승

④ 대한민국 국적을 가지고 있는 영유아 중에서 재외국민인 영유아를 보육료·양육수당의 지원대상에서 제외한다고 하더라도 국내에 거주하면서 재외국민인 영유아를 양육하는 부모를 국내에 주민등록을 두고 있는 국민에 비하여 차별하고 있는 것은 아니다. 21국회5

해설

① (X) 위 법률조항이 비거주자에 대하여 상속세 인적공제 적용을 배제하였다 하더라도 국가가 재외국민을 보호할 의무를 행하지 않은 경우라고는 볼 수 없다. (헌재 2001. 12. 20. 2001헌바25) 〈주〉 한국에 주소를 두었으면 한국법에 따라 인적공제를 받고 오외에 주소를 두었으면 그 외국법에 따라 인적공제를 받는다.

② (X) 구 상속세법 조항이 비거주자에 대하여 상속세 인적공제 적용을 배제하였다 하더라도 국가가 재외국민을 보호할 의무를 행하지 않은 경우라고는 볼 수 없다. (헌재 2001. 12. 20. 2001헌바25)

③ (O) (헌재 2016. 1. 12. 2015헌마1188)

④ (X) 보건복지부지침은 청구인들의 평등권을 침해한다. (헌재 2018. 1. 25. 2015헌마1047)

[정답] ③

098

다음 설명 중 옳지 않은 것을 모두 고른 것은? (판례)

> ㉠ 재외국민에 대하여 부동산실명법의 적용 예외를 두지 않은 것이 헌법에 위반된다고 할 수 없다. 14법행
> ㉡ 재외국민은 국가유공자 등 예우 및 지원에 관한 법률 또는 독립유공자 예우에 관한 법률에 따른 보훈급여금을 받을 수 있으나 외국국적동포는 그렇지 아니하다. 14지방7
> ㉢ 헌법재판소는 1948년 정부수립 이전 이주동포를 재외동포의 출입국과 법적지위에 관한 법률의 적용 대상에서 제외하는 것은 헌법 제11조의 평등원칙에 위배된다고 판시하였다. 19서울1회/20경승
> ㉣ 북한주민은 대한민국 국민이므로 헌법 해석상 탈북의료인에게도 국내 의료면허를 부여할 입법의무가 발생한다. 20국회9

① ㉠ ㉡   ② ㉠ ㉢
③ ㉡ ㉢   ④ ㉡ ㉣

해설

㉠ (O) (헌재 2001. 5. 31. 99헌가18) 〈주〉 부동산실명제에서 재외국민은 국민과 동일하게 취급하고 외국국적동포는 국민과 다르게 취급해도 합헌이다.
㉡ (X) 재외동포의 출입국과 법적 지위에 관한 법률 제16조(국가유공자·독립유공자와 그 유족의 보훈급여금) 외국국적동포는 「국가유공자 등 예우 및 지원에 관한 법률」 또는 「독립유공자예우에 관한 법률」에 따른 보훈급여금을 받을 수 있다. 〈주〉 독립유공자라면 재외국민이든 외국국적동포든 모두 동일하게 취급하여야 한다.
㉢ (O) (헌재 2001. 11. 29. 99헌마494) 〈주〉 정부수립 이전에 이주한 동포와 정부수립 이후에 이주한 동포는 출입국과 관련하여 동일하게 취급하여야 한다.
㉣ (X) 청구인과 같은 탈북의료인에게 국내 의료면허를 부여할 것인지 여부는 북한의 의학교육 실태와 탈북의료인의 의료수준, 탈북의료인의 자격증명방법 등을 고려하여 입법자가 그의 입법형성권의 범위 내에서 규율할 사항이지, <u>헌법조문이나 헌법해석에 의하여 바로 입법자에게 국내 의료면허를 부여할 입법의무가 발생한다고 볼 수는 없다.</u> (헌재 2006. 11. 30. 2006헌마679)

[정답] ④

제3항 영토와 통일 (헌법 제3조 내지 제4조)

1. 북한과의 관계

099

다음 설명 중 가장 적절하지 않은 것은? (판례)

① 현행 헌법 제3조(영토조항)에 의하면 북한지역도 대한민국의 영토이기 때문에 당연히 대한민국의 주권이 미친다. 15법원
② 헌법 제3조(영토조항)는 제4조의 평화통일 조항과 저촉되므로 개정되어야 한다는 것이 학설의 지배적 견해이다. 21군무5
③ 조선인을 부친으로 하여 출생한 자는 설사 그가 북한국적을 취득하였다고 하더라도 대한민국의 국적을 취득한 것으로 인정할 수 있다. 15서울
④ 헌법상 영토조항에 따라 북한지역도 대한민국의 영토에 속하는 한반도의 일부를 이루는 것이어서 대한민국의 주권이 미치고, 북한주민도 대한민국 국적을 취득·유지하는 데 아무런 영향이 없다. 17법무

해설

① (O) 대한민국 헌법은 북한 지역을 포함한 한반도 전체에 효력이 미치므로 북한 지역도 당연히 대한민국의 영토가 되고, 북한주민 역시 일반적으로 대한민국 국민에 포함된다. (대법원 2016. 1. 28. 2011두24675)
② (X) 학설의 지배적 견해는 헌법 제3조(영토조항), 제4조(평화통일조항) 두 조항이 상호모순·배척관계가 아니라 의존, 보완적 관계에 있다고 본다.
③ (O) 조선인을 부친으로 하여 출생한 자는 설사 그가 북한법의 규정에 따라 북한국적을 취득하였다고 하더라도, 위 임시조례의 규정에 따라 조선국적을 취득하였다가 1948. 7. 17. 제헌헌법의 공포와 동시에 대한민국 국적을 취득하였다고 한다. (헌재 2000. 8. 31. 97헌가12)
④ (O) 헌재 2000. 8. 31. 97헌가12 〈주〉 북한 주민들도 당연히 한국 국적을 가진다.

[정답] ②

100
다음 설명 중 옳지 않은 것을 모두 고른 것은? (판례)

㉠ 북한주민은 대일항쟁기 강제동원 피해조사 및 국외강제동원 희생자 등 지원에 관한 특별법상 위로금 지급 제외대상인 '대한민국 국적을 갖지 아니한 사람'에 해당한다. 16국가7

㉡ 남북은 국제연합(UN)에 2개의 국가로 동시 가입하였으므로 북한주민은 별도의 국적취득절차를 거쳐야 대한민국 국민이 된다. 19입시

㉢ 북한이탈주민의 보호 및 정착 지원에 관한 법률에 따르면 북한을 벗어난 후 외국의 국적을 취득한 자는 '북한이탈주민'으로 보호된다. 14회8

㉣ 북한이탈주민의 보호 및 정착지원에 관한 법률 상 북한이탈주민이란 군사분계선 이북지역에 주소, 직계 가족, 배우자, 직장 등을 두고 있는 사람으로서 북한을 벗어난 후 외국 국적을 취득한 사람과 외국 국적을 취득하지 않은 사람을 모두 포함한다. 13법행

① ㉠ ㉡
② ㉠ ㉡ ㉢
③ ㉡ ㉢ ㉣
④ ㉠ ㉡ ㉢ ㉣

해설

㉠ (×) 북한주민은 강제동원조사법상 위로금 지급 제외대상인 '대한민국 국적을 갖지 아니한 사람'에 해당하지 않는다. (대법원 2016. 1. 28. 2011두24675)

㉡ (×) 국가보안법의 해석·적용상 북한을 반국가단체로 보고 이에 동조하는 반국가활동을 규제하는 것 자체가 헌법이 규정하는 국제평화주의나 평화통일의 원칙에 위반된다고 할 수 없다. (헌재 1997. 1. 16. 92헌바6) 〈주〉 북한은 반국가 단체에 해당하므로, 북한영토는 대한민국 영토에 해당하고 북한주민도 대한민국 국민에 해당한다.

㉢ (×) 북한이탈주민의 보호 및 정착지원에 관한 법률 제2조(정의) 이 법에서 사용하는 용어의 뜻은 다음과 같다. 1. "북한이탈주민"이란 군사분계선 이북지역(이하 "북한"이라 한다)에 주소, 직계 가족, 배우자, 직장 등을 두고 있는 사람으로서 북한을 벗어난 후 외국 국적을 취득하지 아니한 사람을 말한다.

㉣ (×) 북한을 벗어난 후 외국 국적을 취득한 자는 대한민국 국적이 부정된다.

정답 ④

101
다음 설명 중 가장 적절하지 않은 것은? (판례)

① 마약거래범죄자인 북한이탈주민을 보호대상자로 결정하지 않을 수 있도록 규정한 북한이탈주민의 보호 및 정책지원에 관한 법률 제9조 제1항은 마약거래범죄자인 북한이탈주민의 인간다운 생활을 할 권리를 침해한다. 19입시/21소방

② '대한민국의 영토는 한반도와 그 부속도서로 한다.'는 영토조항(제3조)을 두고 있는 이상 대한민국의 헌법은 북한지역을 포함한 한반도 전체에 그 효력이 미치고 따라서 북한지역은 당연히 대한민국의 영토가 되지만, 개별 법률의 적용내지 준용에 있어서는 남북한의 특수관계적 성격을 고려하여 북한지역을 외국에 준하는 지역으로, 북한주민 등을 외국인에 준하는 지위에 있는 자로 규정할 수 있다. 10회8

③ 외국환거래의 일방 당사자가 북한의 주민일 경우 그는 「남북교류협력에 관한 법률」상 '북한의 주민'에 해당하는 것이므로, 북한의 조선아시아태평양위원회가 「외국환거래법」제15조에서 말하는 '거주자'나 '비거주자'에 해당하는지 또는 「남북교류협력에 관한 법률」상 '북한의 주민'에 해당하는지 여부는 헌법 제3조의 영토조항과는 관련이 없다. 22경승/22국회8

④ 우리 헌법이 '대한민국의 영토는 한반도와 그 부속도서로 한다'는 영토조항을 두고 있는 이상 북한지역은 당연히 대한민국의 영토가 되며, 개별 법률의 적용에서 북한지역을 외국에 준하는 지역으로, 북한의 주민 또는 법인 등을 외국인에 준하는 지위에 있는 자로 규정하는 것도 허용될 수 있다. 17법무

해설

① (×) 북한이탈주민의 인간다운 생활을 할 권리를 침해한다고 볼 수 없다. (헌재 2014. 3. 27. 2012헌바192)
② (○) (헌재 2005. 6. 30. 2003헌바114)
③ (○) (헌재 2005. 6. 30. 2003헌바114)
④ (○) (헌재 2005. 6. 30. 2003헌바114)

정답 ①

102

다음 설명 중 가장 적절하지 않은 것은? (판례)

① 영토조항을 두고 있는 이상 대한민국의 헌법은 북한을 포함한 한반도 전체에 효력이 미치고, 따라서 북한지역은 대한민국의 영토가 되어, 북한은 외국환거래법 소정의 '대한민국'으로 인정되고 북한 주민은 '거주자'로 인정된다. 13법행

② 헌법상 규정된 통일이라는 국가목표를 저해하지 않는 한 입법자는 남북한관계를 적대적으로 또는 우호적으로 규정하는 유동적인 입법을 할 수 있다. 03입시

③ 헌법재판소는 남북합의서를 한민족공동체 내부의 특수관계를 기초로 하여 합의된 공동성명이나 신사협정에 준하는 것으로 보아, 남북합의서의 채택 발효가 북한을 하나의 국가로 인정한 것으로 볼 수 없다고 하였다. 14국회8

④ 남북합의서는 한민족공동체 내부의 특수관계를 기초로 하여 합의된 것으로서 일종의 공동성명 내지 신사협정에 준하므로, 남북합의서의 채택 및 발효는 북한을 반국가단체로 인정하는 것에 영향을 미치지 않는다. 16사시

해설

① (×) 외국환거래의 일방 당사자가 북한의 주민일 경우 그는 이 사건 법률조항의 '거주자' 또는 '비거주자'가 아니라 남북교류법의 '북한의 주민'에 해당하는 것이다. (헌재 2005. 6. 30. 2003헌바114) 〈주〉 외국환거래법에서는 한국 내 거주자와 비거주자를 구별하므로 북한 주민은 거주자가 된다. 그러나 남북관계에서는 남북교류법이 우선적용되므로 북한주민은 외국인에 준하는 지위에 있는 자로 규정할 수 있다.

② (○) 북한은 대화의 협력의 동반자이면서 동시에 반국가단체라는 이중적 성격을 가진다. 따라서 북한을 국가보안법에서는 반국가단체라고 규정하면서 남북협력법에서는 협력의 동반자로 규정할 수도 있다.

③ (○) (헌재 1997. 1. 16. 92헌바6)

④ (○) (헌재 1997. 1. 16. 92헌바6)

정답 ①

103

다음 설명 중 가장 적절한 것은? (판례)

① 남북기본합의서는 일종의 조약으로서 국회의 동의를 거쳐 발효되어야 하나 그러한 절차를 경료하지 않았으므로 구속력이 없다는 것이 판례의 입장이다. 03입시

② 남북 사이의 화해와 불가침 및 교류협력에 관한 합의서(남북기본합의서)는 남북한 당국이 특수관계인 남북관계에 관하여 채택한 합의문서로서, 국가 간의 조약 또는 이에 준하는 것으로 볼 수 있다. 15법원

③ 이른바 남북기본합의서는 남북한 당국이 성의 있는 이행을 약속한 것이므로 국가 간의 조약은 아니나 적어도 그에 준하는 것에 해당한다. 19입시

④ 국가가 평화적 통일을 위해 힘써야 할 의무가 있음에도 불구하고 남북교류협력에 관한 법률에서 남한의 주민이 북한 주민 등과 접촉하고자 할 때 통일부장관의 승인을 받도록 하는 것은, 무절제한 경쟁적 접촉을 통한 남북관계의 저해를 예방하기 위한 것으로서 불가피한 것이기 때문에 헌법에 위반되지 않는다. 12사시

해설

① (×) 1992. 2. 19. 발효된 '남북합의서'는 일종의 공동성명 또는 신사협정에 준하는 성격을 가짐에 불과하여 법률이 아님은 물론 국내법과 동일한 효력이 있는 조약이나 이에 준하는 것으로 볼 수 없다. (헌재 2000. 7. 20. 98헌바63)

② (×) 1992. 2. 19. 발효된 '남북사이의 화해와 불가침 및 교류협력에 관한 합의서'는 일종의 공동성명 또는 신사협정에 준하는 성격을 가짐에 불과하여 법률이 아님은 물론 국내법과 동일한 효력이 있는 조약이나 이에 준하는 것으로 볼 수 없다. (헌재 2000. 7. 20. 98헌바63)

③ (×) 1992. 2. 19. 발효된 '남북사이의화해와불가침및교류협력에관한합의서'는 일종의 공동성명 또는 신사협정에 준하는 성격을 가짐에 불과하여 법률이 아님은 물론 국내법과 동일한 효력이 있는 조약이나 이에 준하는 것으로 볼 수 없다. (헌재 2000. 7. 20. 98헌바63)

④ (○) (헌재 2000. 7. 20. 98헌바63)

정답 ④

104
다음 설명 중 가장 적절하지 않은 것은? (판례)

① 북한을 반국가단체로 보고 있는 국가보안법은 우리 헌법이 규정하고 있는 국제평화주의나 평화통일의 원칙에 모순되지 않는다. 15법원
② 국가보안법과 남북교류협력에 관한 법률은 법체계상 일반법과 특별법의 관계에 있다. 19입시
③ 북한은 조국의 평화적 통일을 위한 대화와 협력의 동반자임과 동시에 반국가단체이다. 15법원
④ 북한은 조국의 평화적 통일을 위한 대화와 협력의 동반자임과 동시에, 대남적화노선을 고수하며 우리의 자유민주체제 전복을 획책하는 반국가단체라는 이중적 성격을 함께 가진다. 13법행

해설

① (O) 아직도 북한이 우리 사회의 자유민주적 기본질서에 대한 위협이 되고 있음이 분명한 상황에서 국가보안법이 북한을 반국가단체로 본다고 하여 우리 헌법이 천명한 국제평화주의 등의 원칙과 모순되는 법률이라 할 수 없다. (대법원 1991. 12. 24. 91도2419)
② (×) 국가보안법과 남북교류협력에관한법률은 상호 그 입법목적과 규제대상을 달리하고 있으며 따라서 구 국가보안법 제6조 제1항 소정의 잠입·탈출죄와 남북교류협력에관한법률 제27조 제2항 제1호 소정의 죄는 각기 그 구성요건을 달리하고 있는 것이므로 위 두 법률조항에 관하여 형법 제1조 제2항이 적용될 수 없다. (헌재 1993. 7. 29. 92헌바48) 〈주〉 서로 대등한 관계이다.
③ (O) 북한은 조국의 평화적 통일을 위한 대화와 협력의 동반자임과 동시에 적화통일노선을 고수하면서 우리의 자유민주주의 체제를 전복하고자 획책하는 반국가단체의 성격도 아울러 가지고 있다. (대법원 2008. 4. 17. 2003도758, 전합)
④ (O) 북한은 조국의 평화적 통일을 위한 대화와 협력의 동반자임과 동시에 적화통일노선을 고수하면서 우리의 자유민주주의 체제를 전복하고자 획책하는 반국가단체의 성격도 아울러 가지고 있다. (대법원 2008. 4. 17. 2003도758, 전합)

[정답] ②

105
다음 설명 중 가장 적절하지 않은 것은? (판례)

① 현 단계에 있어서의 북한은 대남적화노선을 고수하면서 대한민국 자유민주주의체제의 전복을 획책하고 있는 반국가단체라는 성격만을 가지므로, 한반도의 이북지역을 불법적으로 점유하고 있는 불법단체에 불과하다. 10국회8
② 자유민주적 기본질서에 위해를 준다 함은 모든 폭력적 지배와 자의적 지배 즉 반국가단체의 일인독재를 배제하고 다수의 의사에 의한 국민의 자치, 자유 평등의 기본 원칙에 의한 법치주의적 통치질서의 유지를 어렵게 만드는 것을 말한다. 14국회8
③ 헌법조항이나 헌법해석에 의하여 바로 탈북의료인에게 국내 의료면허를 부여할 입법의무가 발생한다고 볼 수 없다. 19입시
④ 우리 헌법이 "대한민국의 영토는 한반도와 그 부속도서로 한다"는 영토조항(제3조)을 두고 있는 이상 대한민국의 헌법은 북한지역을 포함한 한반도 전체에 그 효력이 미치고 따라서 북한지역은 당연히 대한민국의 영토가 된다. 22경승

해설

① (×) 북한은 조국의 평화적 통일을 위한 대화와 협력의 동반자임과 동시에 적화통일노선을 고수하면서 우리의 자유민주주의 체제를 전복하고자 획책하는 반국가단체의 성격도 아울러 가지고 있다. (대법원 2008. 4. 17. 2003도758, 전합) 〈주〉 북한은 이중적 성격을 가지므로, 그 중 하나의 성격만 가진다고 하면 틀린 지문이 된다.
② (O) 자유민주적 기본질서에 위해를 준다 함을 보다 구체적으로 말하면 기본적 인권의 존중, 권력분립, 의회제도, 복수정당제도, 선거제도, 사유재산과 시장경제를 골간으로 한 경제질서 및 사법권의 독립 등 우리의 내부 체제를 파괴·변혁시키려는 것으로 풀이할 수 있을 것이다. (헌재 1990. 4. 2. 89헌가113) 〈주〉 국가보안법 한정합헌 결정이다.
③ (O) 헌법조문이나 헌법해석에 의하여 바로 입법자에게 국내 의료면허를 부여할 입법의무가 발생한다고 볼 수는 없다. (헌재 2006. 11. 30. 2006헌마679)
④ (O) (헌재 2005. 6. 30. 2003헌바114)

[정답] ①

2. 영토조항과 통일조항

106

다음 설명 중 가장 적절하지 않은 것은? (판례)

① 헌법 제3조의 영토조항은 제헌헌법 당시부터 규정되어 왔고 제4조의 통일조항은 현행헌법에서 비로소 규정되었으므로 제4조로 인하여 제3조가 사문화된다는 데 학설은 일치한다. 03입시
② 대한민국의 영토는 한반도와 그 부속도서로 하며, 대한민국의 영해는 기선으로부터 측정하여 그 바깥쪽 12해리의 선까지에 이르는 수역으로 하되, 대통령령으로 정하는 바에 따라 일정수역의 경우에는 12해리 이내에서 영해의 범위를 따로 정할 수 있다. 16국가7
③ 독도 등을 중간수역으로 정한 대한민국과 일본국 간의 어업에 관한 협정은 배타적 경제수역을 직접 규정한 것이 아니고, 독도의 영유권 문제나 영해 문제와는 직접적인 관련을 가지지 아니하므로 헌법상 영토조항에 위반되지 않는다. 16국가7
④ 영토는 국가의 구성요소에 해당하므로 영토조항만을 근거로 하여 국민의 개별적 기본권을 인정하는 것은 불가능하다. 10지방7

해설

① (✕) 영토조항의 규범력이 현재에도 인정되는지에 대해서는 견해간 대립이 있다.
② (○) 영해 및 접속수역법 제1조(영해의 범위)
③ (○) (헌재 2001. 3. 21. 99헌마139)
④ (○) 국민의 개별적 기본권이 아니라 할지라도 기본권보장의 실질화를 위하여서는, 영토조항만을 근거로 하여 독자적으로는 헌법소원을 청구할 수 없다. (헌재 2001. 3. 21. 99헌마139)

정답 ①

107

다음 설명 중 가장 적절한 것은? (판례)

① 헌법 전문에 기재된 3·1정신은 우리나라 헌법의 연혁적 이념적 기초로서 헌법이나 법률해석에서의 해석기준으로 작용할 뿐만 아니라 곧바로 국민의 개별적 기본권성을 도출해 내어, 예컨대 '영토권'을 헌법상 보장된 기본권으로 인정할 수 있다. 17국가7/23경승/23경찰1
② 영토조항만을 근거로 하여 독자적으로 헌법소원을 청구할 수 있다. 22경승
③ 헌법상의 여러 통일관련 조항들은 국가의 통일의무를 선언한 것이기는 하지만, 그로부터 국민 개개인의 통일에 대한 기본권, 특히 국가기관에 대하여 통일과 관련된 구체적인 행동을 요구하거나 일정한 행동을 할 수 있는 권리가 도출된다고 볼 수 없다. 12사시/14법행
④ 헌법상의 여러 통일관련 조항들은 국가의 통일의무를 선언한 것이므로, 그로부터 국민 개개인의 통일에 대한 기본권, 특히 국가기관에 대하여 통일과 관련된 구체적인 행위를 요구하거나 일정한 행동을 할 수 있는 권리도 도출된다. 21국가7

해설

① (✕) "헌법전문에 기재된 3.1정신"은 우리나라 헌법의 연혁적·이념적 기초로서 헌법이나 법률해석에서의 해석기준으로 작용한다고 할 수 있지만, 그에 기하여 곧바로 국민의 개별적 기본권성을 도출해낼 수는 없다고 할 것이므로, 헌법소원의 대상인 "헌법상 보장된 기본권"에 해당하지 아니한다. (헌재 2001. 3. 21. 99헌마139)
② (✕) 국민의 개별적 기본권이 아니라 할지라도 기본권보장의 실질화를 위하여서는, 영토조항만을 근거로 하여 독자적으로는 헌법소원을 청구할 수 없다. (헌재 2001. 3. 21. 99헌마139)
③ (○) (헌재 2000. 7. 20. 98헌바63)
④ (✕) 헌법상의 여러 통일관련 조항들은 국가의 통일의무를 선언한 것이기는 하지만, 그로부터 국민 개개인의 통일에 대한 기본권, 특히 국가기관에 대하여 통일과 관련된 구체적인 행동을 요구하거나 일정한 행동을 할 수 있는 권리가 도출된다고 볼 수 없다. (헌재 2000. 7. 20. 98헌바63)

정답 ③

108

다음 설명 중 가장 적절한 것은? (판례)

① 일반 국민이 특정의 조약에 대하여 헌법 제3조의 영토조항의 침해를 이유로 헌법소원을 제기하는 것은 부적법하다. 또한 헌법소원의 적법성을 판단함에 있어서 영토권을 침해된 기본권의 하나로 간주하는 것도 불가능하다. 08사시
② 국민의 기본권 침해에 대한 권리구제를 위하여 그 전제조건으로서 영토에 관한 권리를 영토권이라 구성하여, 이를 헌법소원의 대상인 기본권으로 간주하는 것은 가능하다. 22경승
③ 외교통상부 장관이 중국에 대해 간도협약의 무효를 주장하는 등 간도지역을 우리의 영토로 회복하기 위한 적극적인 행위를 하지 않고 있는 것은 국민의 영토권을 제한하는 것이어서 헌법소원의 대상이 되는 공권력 불행사에 해당된다. 12사시
④ 영토조항만을 근거로 하여 독자적으로 헌법소원을 청구할 수 있다. 22경승

[해설]
① (✕) 국민의 개별적 기본권이 아니라 할지라도 기본권보장의 실질화를 위하여서는, 영토조항만을 근거로 하여 독자적으로는 헌법소원을 청구할 수 없다 할지라도, 모든 국가권능의 정당성의 근원인 국민의 기본권 침해에 대한 권리구제를 위하여 그 전제조건으로서 영토에 관한 권리를, 이를테면 영토권이라 구성하여, 이를 헌법소원의 대상인 기본권의 하나로 간주하는 것은 가능한 것으로 판단된다. (헌재 2001. 3. 21. 99헌마139)
② (○) (헌재 2001. 3. 21. 99헌마139)
③ (✕) 우리 헌법에 피청구인 또는 대한민국 정부가 중국에 대해 간도협약이 무효임을 주장하여야 하는 어떠한 법적인 의무가 있다고도 볼 수 없다. 따라서 청구인은 피청구인에 대해 그와 같은 적극적 공권력 행사를 청구할 수 있는 권리가 있다고 볼 수 없으므로, 이 사건 심판청구는 헌법소원이 허용될 수 없는 공권력의 불행사를 대상으로 한 것이어서 부적법하다. (헌재 2009. 9. 22. 2009헌마516)
④ (✕) 영토조항만을 근거로 하여 독자적으로는 헌법소원을 청구할 수 없다. (헌재 2001. 3. 21. 99헌마139)

[정답] ②

제3절 헌법의 기본원리

제1항 헌법 전문

1. 서설

109

헌법 전문에 대한 설명으로 가장 적절하지 않은 것은?

① 헌법 전문은 헌법의 본문 앞에 위치한 문장으로서 헌법전의 일부를 구성하는 헌법서문을 말한다. 18국회8
② 헌법전문이란 헌법전(憲法典)의 일부를 구성하는 헌법서문을 말하지만, 성문헌법의 필수적 구성요소는 아니다. 18법원
③ 현행 헌법전문에 담겨있는 최고이념은 국민주권주의와 자유민주주의에 입각한 입헌민주헌법의 본질적 기본원리에 기초하고 있다. 18법원
④ 현행 헌법 전문은 "1945년 7월 12일에 제정되고 9차에 걸쳐 개정된 헌법을 이제 국회의 의결을 거쳐 국민투표에 의하여 개정한다."고 규정하고 있다. 21경승

[해설]
① (○) 전문은 본문 앞의 서문으로 머리말과 같은 역할을 한다.
② (○) 헌법 전문이 성문헌법의 필수요소는 아니다. 전문이 있는 나라도 있고 없는 나라도 있다.
③ (○) 국민주권과 국민대표제 우리 헌법의 전문과 본문의 전체에 담겨있는 최고 이념은 국민주권주의와 자유민주주에 입각한 입헌민주헌법의 본질적 기본원리에 기초하고 있다. (헌재 1989. 9. 8. 88헌가6)
④ (✕) 헌법 전문. … 1948년 7월 12일에 제정되고 8차에 걸쳐 개정된 헌법을 이제 국회의 의결을 거쳐 국민투표에 의하여 개정한다.

[정답] ④

110

헌법 전문에 대한 설명으로 가장 적절하지 않은 것은?

① 현행 헌법의 전문은 성문헌법을 구성하는 일부분이 아니라 헌법의 제정목적과 과정을 설명하는 공포문의 성격을 가진다. 05입시
② 현행 헌법의 전문에는 헌법의 성립유래만이 아니라, 헌법의 기본이념과 가치도 제시되어 있다. 17행시
③ 헌법 전문에는 헌법의 제정과 개정과정에 관한 역사적 서술 외에도 대한민국의 국가적 이념과 국가질서를 지배하는 지도이념과 지도원리 등이 구체적으로 규정되어 있다. 18국회8
④ 헌법재판소 결정에 의하면 헌법전문은 헌법규범의 일부로서 헌법으로서의 규범적 효력을 나타내기 때문에 구체적으로는 헌법소송에서의 재판규범이 된다. 17행시

해설

① (×) 헌법은 전문, 본문, 부칙으로 구성되어 있다. 따라서 헌법 전문도 성문헌법을 구성하는 일부분이다.
② (○) (헌재 2006. 3. 30. 2003헌마806)
③ (○) 헌법 전문에는 헌법의 제정과 개정 및 국가이념이 규정되어 있다.
④ (○) 헌법 전문은 헌법의 이념 내지 가치를 제시하고 있는 헌법규범의 일부로서 헌법으로서의 규범적 효력을 나타내기 때문에 구체적으로는 헌법소송에서의 재판규범인 동시에 헌법이나 법률 해석에서의 해석기준이 되고, 입법형성권 행사의 한계와 정책결정의 방향을 제시하며, 나아가 모든 국가기관과 국민이 존중하고 지켜가야 하는 최고의 가치규범이다. (헌재 2006. 3. 30. 2003헌마806)

[정답] ①

2. 헌법 전문의 내용

111

다음 설명 중 가장 적절한 것은? (판례)

① 현행 헌법은 전문 앞 부분에서 헌법의 개정권자를 '대한민국'이라고 명문으로 밝히고 있다. 05입시
② 현행 헌법 전문은 "1947년 7월 17일에 제정되고 9차에 걸쳐 개정된 헌법을 이제 국회의 의결을 거쳐 국민투표에 의하여 개정한다"라고 규정하고 있다. 17국가7
③ 1948년 헌법 전문에는 3·1운동으로 건립된 대한민국임시정부의 법통과 독립정신을 규정하고 있으며, 안으로는 국민생활의 균등한 향상을 기하고 밖으로는 국제평화의 유지에 노력할 것을 언급하고 있다. 17국가7
④ 헌법전문은 1962년 제5차 개정 헌법에서 처음으로 개정되었다. 21경승
⑤ 제헌헌법부터 존재하던 헌법전문은 1972년 제7차 헌법개정에서 최초로 개정이 이루어졌다. 17행시

해설

① (×) "유구한 역사와 전통에 빛나는 우리 대한국민은 ..." 〈주〉 헌법의 개정권자를 "대한민국"이 아니라 "대한국민"이라고 명시하고 있다.
② (×) [헌법전문] ... 1948년 7월 12일에 제정되고 8차에 걸쳐 개정된 헌법을 이제 국회의 의결을 거쳐 국민투표에 의하여 개정한다.
③ (×) 제헌헌법 당시부터 3.1운동이 규정되어 있었지만, 대한민국임시정부의 법통은 9차 개헌때 최초로 규정되었다.
④ (○) 헌법전문은 1962년 제5차 개정 헌법에서 처음으로 개정되었다.
⑤ (×) 헌법 전문을 개정한 개헌은 제5차, 제7차, 제8차, 제9차 개헌이 있다. 1962년 제5차 개정헌법에서 헌법 전문이 최초로 개정되었다. 1972년 7차 개헌에서는 전문에 5.16혁명을 추가하였고, 1980년 8차 개헌에서는 전문에서 5.16혁명을 삭제하였으며, 1987년 9차 개헌에서는 대한민국임시정부의 법통과 4.19민주이념을 추가하였다.

[정답] ④

112

헌법 전문에 대한 설명으로 가장 적절하지 않은 것은?

① 1972년 제7차 개정 헌법의 전문에서는 3·1운동의 숭고한 독립정신과 4·19 의거 및 5·16혁명의 이념을 계승한다고 규정하였으나, 1980년 제8차 개정 헌법의 전문에서는 3·1운동의 숭고한 독립 정신을 계승한다고 규정하였다. 17변시/21지방7

② 현행 헌법의 전문에는 3·1운동으로 건립된 대한민국임시정부, 4·19민주이념의 계승, 항구적인 세계평화와 인류공영, 평화적 통일의 사명, 자율과 조화를 바탕으로 한 자유민주적 기본질서 등이 명시되어 있다. 11법행

③ 현행 헌법의 전문에 전통문화의 계승 발전, 자유민주적 기본질서에 입각한 평화통일, 복수정당제의 보장, 5·16 혁명이념, 5·18 민주화 운동의 이념 등은 명시되어 있지 않다. 13서울

④ 현행 헌법의 전문은 조국의 민주개혁, 경제의 민주화, 세계평화와 인류공영, 국민생활의 균등한 향상 등을 명시적으로 언급하고 있다. 16법원

해설

① (○) 박정희 정권은 자신의 군부쿠데타를 정당화하기 위하여 4.19민주이념과 자신의 5.16군사정변을 동급으로 간주하기 위해서 <u>1972년 제7차 유신헌법 개헌에서 4.19이념과 5.16혁명이념을 같이 규정하였다.</u> 그러나 박정희가 사망한 이후 1980년 제8차 개헌에서 5.16혁명의 이념은 삭제되었다.

② (○) 3·1 운동은 제헌헌법부터 명시되었고, 대한민국임시정부와 4·19민주이념은 9차 개헌때 추가되었다. 나머지 모두 현행 헌법 전문에 명시되어 있다.

③ (○) 전통문화의 계승 발전은 헌법 제9조, 복수정당제의 보장은 헌법 제8조에 규정되어 있고, 5·16 혁명이념 계승, 5·18 민주항쟁이념 계승 등은 헌법전문에 규정되어 있지 않다. 〈주〉 평화적 통일의 사명은 전문에 규정되어 있지만, 자유민주적 기본질서에 입각한 평화통일은 헌법 제4조에 규정되어 있다.

④ (✕) 현행 헌법 전문에 "조국의 민주개혁"은 있지만, <u>"경제의 민주화"는 명시되어 있지 않다.</u>

[정답] ④

113

헌법 전문에 대한 설명으로 가장 적절하지 않은 것은?

① 현행 헌법 전문에는 '조국의 민주개혁', '국민생활의 균등한 향상', '세계평화와 인류공영에 이바지함' 등이 규정되어 있다. 21경승

② 현행 헌법 전문에는 각인(各人)의 기회 균등, 대한민국임시정부의 법통계승, 국민생활의 균등한 향상, 자유와 권리에 따르는 책임과 의무의 완수 등이 명시적으로 규정되어 있다. 21국회9

③ 헌법재판소는 현행 헌법의 전문은 정치·경제·사회·문화의 모든 영역에 있어서 각인의 기회를 균등히 한다고 규정하여 평등원칙이 국가권력행사의 한계를 형성함을 분명히 한 것으로 판단하였다. 05입시

④ 현행 헌법의 전문은 개인의 존엄과 양성의 평등, 균형 있는 국민경제의 성장 및 안정, 전통문화의 계승·발전 등을 명시적으로 언급하고 있다. 16법원

⑤ 헌법 전문에는 조국의 민주개혁과 평화적 통일의 사명이 명시되어 있다. 14법원

해설

① (○) 헌법 전문. 유구한 역사와 전통에 빛나는 우리 대한국민은 3·1운동으로 건립된 대한민국임시정부의 법통과 불의에 항거한 4·19민주이념을 계승하고, <u>조국의 민주개혁과 평화적 통일의 사명에 입각하여</u> … 안으로는 <u>국민생활의 균등한 향상</u>을 기하고 밖으로는 항구적인 세계평화와 인류공영에 이바지함으로써 …

② (○) [헌법전문] 모두 규정되어 있다.

③ (○) <u>각인의 기회 균등</u>은 헌법 전문에 명시되어 있다. 〈주〉 반면에 양성평등은 본문 제11조에 규정되어 있다.

④ (✕) <u>현행 헌법 전문에는 이상의 내용들이 모두 명시되어 있지 않다.</u> 개인존엄은 헌법 제10조, 양성의 평등은 헌법 제11조, 균형있는 국민경제의 성장과 안정은 헌법 제119조, 전통문화의 계승과 발전은 헌법 제9조에 명시되어 있다.

⑤ (○) 조국의 민주개혁은 헌법 전문에 있다. 〈주〉 평화적 통일의 사명은 전문에 규정되어 있지만, 자유민주적 기본질서에 입각한 평화통일은 헌법 제4조에 규정되어 있다.

[정답] ④

114

다음 설명 중 가장 적절한 것은? (판례)

① 헌법 전문에는 민족문화의 창달, 개인의 자유와 창의의 존중 등은 명시되어 있지 않다. 21국회9
② 헌법 전문에는 자유민주적 기본질서를 더욱 확고히 하여 민주주의제도를 수립한다고 규정되어 있다. 17국회9
③ 헌법 전문에는 국가에 대한 의무 완수와 국민생활의 균등한 향상이 명시되어 있다. 17국회9
④ 헌법제정 및 개정의 주체, 건국이념과 대한민국의 정통성, 자유민주주의적 기본질서의 확립, 평화통일과 국제평화주의의 지향은 물론 대한민국이 민주공화국이고 모든 권력이 국민으로부터 나온다는 사실도 헌법전문에 선언되어 있다. 18국회8

해설

① (O) 민족문화의 창달, 개인의 자유와 창의의 존중 등은 헌법 전문에 없다.
② (×) 자유민주적 기본질서는 전문에 있지만, 민주주의제도는 전문에 없다.
③ (×) 국가에 대한 의무 완수는 전문에 없고, 자유와 권리에 따르는 책임과 의무 완수와 국민생활의 균등한 향상은 전문에 있다.
④ (×) 헌법전문에는 헌법개정의 주체, 건국이념과 대한민국의 정통성, 자유민주주의적 기본질서의 확립, 평화통일과 국제평화주의는 규정되어 있으나 대한민국이 민주공화국이라는 사실과 모든 권력이 국민으로부터 나온다는 사실은 전문이 아닌 헌법 1조에서 규정하고 있다.

정답 ①

115

다음 설명 중 가장 적절한 것은? (판례)

① 현행 헌법 전문(前文)에는 우리 대한민국, 조국의 민주개혁, 세계평화와 인류공영이 규정되어 있다. 22경간
② 현행 헌법 전문(前文)에는 5.18 민주화운동의 이념, 자유민주적 기본질서, 평화적 통일의 사명이 규정되어 있다. 22경간
③ 현행 헌법 전문(前文)에는 민족의 단결, 국민생활의 균등한 향상, 대한민국 임시정부의 법통이 규정되어 있다. 22경간
④ 현행 헌법 전문(前文)에는 9차에 걸쳐 개정된 헌법, 개인의 존엄과 양성의 평등, 전통문화의 계승·발전이 규정되어 있다. 22경간/22소방7
⑤ 현행 헌법 전문(前文)에는 국민생활의 균등한 향상, 자유와 권리에 따르는 책임과 의무의 완수, 민족문화의 창달, 1948년 7월 12일에 제정되고 8차에 걸쳐 개정된 헌법이 규정되어 있다. 22해경2
⑥ 3·1운동의 정신과 4·19민주이념이 헌법 전문에 함께 규정되어 있는 점을 감안하여 보면, 4·19혁명공로자에 대한 보훈 수준은 애국지사와 동일하게 설정되어야 한다. 22법무

해설

① (×) 우리 대한민국은 틀렸고 우리 대한국민이다. 나머지는 옳다.
② (×) 5.18 민주화운동은 틀렸고 4.19민주이념이다. 나머지는 옳다.
③ (O) 모두 전문에 있는 내용으로 옳다.
④ (×) '9차'가 아니라 '8차'에 걸쳐 개정된 헌법이라고 규정되어 있다. 개인의 존엄과 양성의 평등, 전통문화의 계승·발전은 전문에 없다. 나머지는 옳다.
⑤ (×) '민족문화의 창달'은 헌법전문에 명시적 규정이 없다.
⑥ (×) 국가가 국가유공자에게 지급할 구체적인 보상은 국가유공자의 희생과 공헌의 정도를 고려하여 결정된다. 독립유공자인 애국지사와 국가유공자인 4·19혁명공로자 사이에 서훈의 종류와 훈격이 같다고 하여, 보상과 예우의 수준도 서로 동일하게 결정되어야 한다고는 볼 수 없다. (헌재 2022. 2. 24. 2019헌마883)

정답 ③

3. 관련 판례

116

헌법 전문에 관한 판례로서 가장 적절하지 않은 것은?

① 헌법은 전문에서 3·1운동으로 건립된 대한민국임시정부의 법통의 계승을 천명하고 있다는 점에서 지금의 정부는 일제강점기에 일본군위안부로 강제 동원되어 인간의 존엄과 가치가 말살된 상태에서 장기간 비극적인 삶을 영위하였던 피해자들의 훼손된 인간의 존엄과 가치를 회복시켜야 할 의무를 부담한다. 17변시

② "3·1운동으로 건립된 대한민국임시정부의 법통을 계승한다는 표현은 대한민국이 일제에 항거한 독립운동가의 공헌과 희생을 바탕으로 이룩된 것임을 선언한 것이지만, 국가는 독립유공자와 그 유족에 대한 응분의 예우를 할 헌법적 의무는 없다. 18입시/23경찰1

③ 일본군위안부로 강제 동원되어 비극적인 삶을 산 피해자들의 훼손된 인간존엄과 가치를 회복시켜야 할 의무는 대한민국임시정부의 법통을 계승한 지금 정부의 보호의무에 속한다. 18입시

④ 우리 헌법이 제정되기 전의 일이라도 일제강점기에 징병과 징용으로 일제에 의해 강제이주 당하여 원폭피해를 당한 상태에서 장기간 방치됨으로써 심각하게 훼손된 피해자들의 인간으로서의 존엄과 가치를 회복시켜야 할 의무는 대한민국임시정부의 법통을 계승한 지금의 정부가 국민에 대하여 부담한다. 18입시

해설

① (○) (헌재 2011. 8. 30. 2006헌마788)
② (×) 국가는 일제로부터 조국의 자주독립을 위하여 공헌한 독립유공자와 그 유족에 대하여는 응분의 예우를 하여야 할 헌법적 의무를 지닌다. (헌재 2005. 6. 30. 2004헌마859)
③ (○) (헌재 2011. 8. 30. 2008헌마648)
④ (○) (헌재 2011. 8. 30. 2008헌마648)

정답 ②

117

다음 설명 중 가장 적절한 것은? (판례)

① 헌법재판소 결정에 의하면 헌법전문은 헌법규범의 일부이지만, 헌법으로서의 규범적 효력은 없으므로, 구체적으로 헌법소송에서의 재판규범이 될 수 없다. 17행시

② 현행 헌법은 전문에서 "3·1운동으로 건립된 대한민국임시정부의 법통을 계승"한다고 선언하고 있으나, 이는 추상적 프로그램적 규정일 뿐이고 이로부터 국민의 구체적인 기본권이나 국가의 헌법적 의무가 도출되는 것은 아니다. 18법원/23경찰1

③ 헌법 전문에서 '3·1운동으로 건립된 대한민국임시정부의 법통을 계승'한다고 선언하고 있는바, 국가는 일제로부터 조국의 자주독립을 위하여 공헌한 독립유공자와 그 유족에 대하여는 응분의 예우를 하여야 할 헌법적 의무를 지니며, 이러한 헌법적 의무는 당사자가 주장하는 특정인을 독립유공자로 인정해야 한다는 것을 뜻한다. 21지방7

④ 헌법 전문에서 '대한민국은 3·1운동으로 건립된 대한민국임시정부의 법통을 계승하(였다)'라고 규정되어 있지만, 특정 토지에 대한 보상이라는 작위의무가 헌법에서 유래하는 작위의무로 특별히 구체적으로 규정되어 있다거나 해석상 도출된다고 볼 수 없다. 21지방7/23경찰1

해설

① (×) 헌법 전문은 헌법소송에서의 재판규범인 동시에 헌법이나 법률해석에서의 해석기준이 된다. (헌재 2006. 3. 30. 2003헌마806)
② (×) [1] 헌법전문에 기하여 곧바로 국민의 개별적 기본권성을 도출해낼 수는 없다. (헌재 2001. 3. 21. 99헌마139) [2] 국가는 일제로부터 조국의 자주독립을 위하여 공헌한 독립유공자와 그 유족에 대하여는 응분의 예우를 하여야 할 헌법적 의무를 지닌다. (헌재 2005. 6. 30. 2004헌마859)
③ (×) 국가가 독립유공자의 인정절차를 합리적으로 마련하고 독립유공자에 대한 기본적 예우를 해주어야 한다는 것을 뜻할 뿐이며, 당사자가 주장하는 특정인을 반드시 독립유공자로 인정하여야 하는 것을 뜻할 수는 없다. (헌재 2005. 6. 30. 2004헌마859)
④ (○) (헌재 2019. 7. 2. 2019헌마647)

정답 ④

118

다음 설명 중 가장 적절한 것은? (판례)

① 독립유공자와 그 유가족에 대한 예우의무는 독립유공자 인정절차를 마련하고 독립유공자에 대한 기본적 예우를 해야 한다는 것을 뜻할 뿐, 특정인을 반드시 독립유공자로 인정해야 하는 것은 아니다. 18입시
② 헌법 전문에 기재된 3·1 정신은 우리 헌법의 연혁적 이념적 기초로서 헌법이나 법률해석의 기준으로 작용하므로 이에 기하여 국민의 개별적 기본권을 도출해 낼 수 있다. 21경승/23경찰1
③ 헌법의 기본원리는 헌법의 이념적 기초인 동시에 헌법을 지배하는 지도원리로서 입법이나 정책결정의 방향을 제시하며 공무원을 비롯한 모든 국민 국가기관이 헌법을 존중하고 수호하도록 하는 지침이 되며, 구체적 기본권을 도출하는 근거가 될 수 있다. 21지방7/21경채/23경찰1
④ 헌법의 기본원리는 헌법의 이념적 기초인 동시에 헌법을 지배하는 지도원리로서 입법이나 정책결정의 방향을 제시하며, 구체적 기본권을 도출하는 근거가 되고 기본권의 해석 및 기본권제한입법의 합헌성 심사에 있어 해석기준의 하나로 작용한다. 17입시/20경승/23경찰1

해설

① (O) 당사자가 주장하는 특정인을 반드시 독립유공자로 인정하여야 한다는 것을 뜻할 수는 없다. (헌재 2005. 6. 30. 2004헌마859)
② (X) 헌법전문에서 곧바로 국민의 개별적 기본권성을 도출해낼 수는 없다. (헌재 2001. 3. 21. 99헌마139).
③ (X) 헌법전문에서 곧바로 국민의 개별적 기본권성을 도출해낼 수는 없다. (헌재 1996. 4. 25. 92헌바47)
④ (X) 헌법전문에서 곧바로 국민의 개별적 기본권성을 도출해낼 수는 없다. (헌재 1996. 4. 25. 92헌바47)

[정답] ①

제2항 국민주권원리

1. 주권의 역사

119

다음 설명 중 가장 적절한 것은? (판례)

① 장 보댕(J. Bodin)은 국민주권이론을 체계화하였고, 이를 통하여 왕권을 제한하는 데 결정적 역할을 하였다. 14국가7
② 외견적 입헌주의는 프랑스의 자유주의를 적극적으로 수용하기 위하여 위로부터의 근대화의 수단으로 채택된 절충적 이데올로기로서 독일에서 확립되었다. 99사시
③ 외견적 입헌주의는 국민주권론과 군주주권론의 충돌을 피하기 위한 이론으로 국가주권론이 대두되었다. 99사시
④ 인민주권론에는 추상적이고 이념적인 전체국민을 주권자로 보지만, 국민주권론에서는 유권자 총체를 주권자로 본다. 01입시

해설

① (X) 보댕은 군주주권론을 주장하였다. 국민주권론을 체계화한 것은 로크이고, 인민주권론을 체계화한 것은 루소이다.
② (X) 외견적 입헌주의는 시민세력이 국가권력을 장악할 정도로 성숙하지 못했던 독일에서 군주의 권력을 유지하기 위해서 등장한 이론이다. 따라서 외견적 입헌주의는 국민주권이 확립되지 않아서 권력분립이 실질적으로 이루어지지 않았고 여전히 모든 국가권력이 군주에 집중되었다. 〈주〉 '프랑스의 자유주의를 적극적으로 수용하기 위하여' 부분이 틀렸다.
③ (O) 외견적 입헌주의는 국가주권론을 주장하였는데, 이는 군주주권론에서 국민주권론으로 넘어가는 과도기적 사상이었다.
④ (X) 국민주권론에는 추상적이고 이념적인 전체국민을 주권자로 보지만, 인민주권론에서는 유권자 총체를 주권자로 본다. 〈주〉 국민주권론과 인민주권론의 내용이 서로 바뀌었다.

[정답] ③

120
다음 설명 중 옳은 것을 모두 고른 것은? (판례)

> ㉠ 인민주권론하에서는 제한선거를 실시하더라도 문제가 없다. 01입시
> ㉡ 헌법 제1조는 "대한민국은 민주공화국이다.", "대한민국의 주권은 국민에게 있고 모든 권력은 국민으로부터 나온다."라고 규정하여 국민주권의 원리를 천명하고 있는바, 그 중요한 의미는 국민의 합의로 국가권력을 조직한다는 것이다. 16사시
> ㉢ 우리나라의 헌정사에서도 외견적 입헌주의로 볼 수 있는 시기가 있었다. 99사시

① ㉠ ㉡
② ㉠ ㉢
③ ㉡ ㉢
④ ㉠ ㉡ ㉢

해설

㉠ (×) 인민주권론은 보통 평등선거를 실시하여야 한다고 보는 반면, 국민주권론은 제한이나 차등선거도 가능하다고 본다.

㉡ (O) 헌법 제1조는 "대한민국은 민주공화국이다" "대한민국의 주권은 국민에게 있고 모든 권력은 국민으로부터 나온다"라고 하여 국민적 합의로 국가권력을 조직하고 그 국민의 기본권을 최대한으로 보장한다(헌법 제10조)는 국민주권론의 원칙을 채택하여 국민에게 선언하고, 헌법전문은 각인의 기회를 균등히 보장하고 자유민주적 기본질서를 더욱 확고히 하는 헌법을 국민이 제정하고 그 헌법을 국민투표에 의하여 개정한다고 밝히고 있다. (헌재 1989. 9. 8. 88헌가6)

㉢ (O) 우리나라의 1972년 유신헌법은 박정희 대통령이 집행권뿐만 아니라 입법권과 사법권까지 장악하고 국민의 권리를 탄압하는 외견적 입헌주의 헌법으로 볼 수 있다.

[정답] ③

2. 국민주권

121
다음 설명 중 가장 적절하지 않은 것은? (판례)

① 주권은 대내적으로 최고, 대외적으로 독립의 권력을 의미한다. 01입시
② 국민주권의 원리는 기본적 인권의 존중, 권력분립제도, 복수정당제도와 함께 헌법 제8조 제4항이 의미하는 민주적 기본질서의 주요한 요소이다. 16사시
③ 통치권은 주권에서 유래되어 국가목적을 달성하기 위하여 국민에게 명령하고 강제할 수 있는 권력으로서 분할과 양도가 불가능하다. 01입시
④ 국민의 개념을 이념적 통일체로서 전체 국민으로 파악할 때, 국민은 주권의 보유자이지만 구체적인 국가의사결정에 있어서 주권의 행사자는 국민대표가 된다. 14국가7

해설

① (O) 주권은 국가의 주인인 권리이므로 국내적으로 최고권, 국외적으로 독립권을 의미한다.

② (O) 헌법 제8조 제4항이 의미하는 '민주적 기본질서'는 구체적으로는 국민주권의 원리, 기본적 인권의 존중, 권력분립제도, 복수정당제도 등이 현행 헌법상 주요한 요소라고 볼 수 있다. (헌재 2014. 12. 19. 2013헌다1) 〈주〉 헌법 제4조 평화통일 규정의 자유민주 기본질서에서는 국민주권원리를 언급하지 않았다. 그러나 헌법 제8조 제4항 위헌정당해산 규정의 민주적 기본질서에서는 국민주권원리도 포함된다고 언급하고 있다.

③ (×) 주권에서 나온 통치권은 분할과 양도가 가능하다. 예컨대 국민의 주권에서 나오는 통치권을 행정부, 입법부에 나누어 맡길 수 있다.

④ (O) 국민이 주권을 보유하지만 국민이 선거로 뽑은 국민대표가 그 주권을 행사한다.

[정답] ③

122

다음 설명 중 가장 적절하지 않은 것은? (판례)

① 현대 민주사회에서 표현의 자유가 국민주권주의 이념의 실현에 불가결한 것인 점에 비추어 볼 때, 불명확한 규범에 의한 표현의 자유의 규제는 헌법상 보호받는 표현에 대한 위축적 효과를 야기한다. 14서울

② 헌법상 주권자인 국민에게 부여된 효과적 무기는 대통령과 국회의원을 선출하고 누구나 입후보자가 되어 국정에 참여할 수 있는 참정권 그리고 헌법 제72조와 제130조에 의한 국민투표권이다. 15사시

③ 민주주의는 참정권의 주체와 국가권력의 지배를 받는 국민이 되도록 일치할 것을 요청하는 것은 아니다. 14서울

④ 민주주의 국가에서 참정권은 국민주권의 원리를 실현하기 위한 가장 기본적이고 필수적인 권리로서 다른 기본권에 대하여 우월적인 지위를 가진다. 16사시

해설

① (O) (헌재 2015. 4. 30. 2012헌바95)
② (O) (헌재 1989. 9. 8. 88헌가6)
③ (×) 민주주의는 참정권의 주체와 국가권력의 지배를 받는 국민이 되도록 일치할 것을 요청한다. 국민의 참정권에 대한 이러한 민주주의적 요청의 결과가 바로 보통선거의 원칙이다. 원칙적으로 모든 국민이 균등하게 선거에 참여할 것을 요청하는 보통·평등선거원칙은 국민의 자기지배를 의미하는 국민주권의 원리에 입각한 민주국가를 실현하기 위한 필수적 요건이다. (헌재 2014. 1. 28. 2013헌마105) 〈주〉 집행유예자에 대하여 선거권을 부정한 조항에 대하여 위헌결정을 한 사안이다.
④ (O) 국민이 국정에 참여하는 참정권은 국민주권의 상징적 표현으로서 국민의 가장 중요한 기본적 권리의 하나이며 다른 기본권에 대하여 우월적 지위를 가진다. (헌재 1989. 9. 8. 88헌가6)
〈주〉 참정권 중에서 국민투표권은 직접 민주주의 요소이고, 선거권과 공무담임권은 간접 민주주의 요소이다.

[정답] ③

123

다음 설명 중 가장 적절하지 않은 것은? (판례)

① 국민주권의 원리는 헌법의 해석기준으로 작용하므로 그에 기하여 곧바로 국민의 개별적 기본권을 도출할 수 있다. 16사시

② 원칙적으로 모든 국민이 균등하게 선거에 참여할 것을 요청하는 보통·평등선거원칙은 국민의 자기지배를 의미하는 국민주권의 원리에 입각한 민주국가를 실현하기 위한 필수적 요건이다. 14서울

③ 우리 헌법상 자유위임은 국민대표가 자신을 선출한 국민의 의사에 종속되지 않고, 국민 전체의 이익을 위하여 직무상 양심에 기속됨을 근거로 한다. 14국가7

④ 국민주권 원리는 전통적으로 정치적 공동체의 최종적인 의사결정권의 소재와 관련하여 논의되어 왔으나, 오늘날에는 공동체 의사결정의 정당화원리의 측면에서 그 중요성이 특히 강조되기도 한다. 15사시

해설

① (×) 헌법의 기본원리는 헌법의 이념적 기초인 동시에 헌법을 지배하는 지도원리로서 입법이나 정책결정의 방향을 제시하며 공무원을 비롯한 모든 국민·국가기관이 헌법을 존중하고 수호하도록 하는 지침이 되며, 구체적 기본권을 도출하는 근거로 될 수는 없으나 기본권의 해석 및 기본권제한입법의 합헌성 심사에 있어 해석기준의 하나로서 작용한다. (헌재 1996. 4. 25. 92헌바47)
② (O) (헌재 1999. 5. 27. 98헌마214)
③ (O) 대의제도에 있어서 국민과 국회의원은 명령적 위임관계에 있는 것이 아니라 자유위임관계에 있기 때문에 일단 선출된 후에는 국회의원은 국민의 의사와 관계없이 독자적인 양식과 판단에 따라 정책결정에 임할 수 있다. (헌재 1998. 10. 29. 96헌마186)
④ (O) (헌재 2009. 3. 26. 2007헌마843) 〈주〉 종래에는 국회에서 만든 법률이면 효력이 있었으나, 오늘날에는 국회에서 만든 법률도 정당한 내용인지 헌법재판을 통해서 심사할 수 있게 되었다는 뜻이다.

[정답] ①

124
다음 설명 중 옳은 것을 모두 고른 것은? (판례)

㉠ 고전적 형식적 국민주권론은 선거라는 절차를 거쳐서 선임된 국민대표의 의사결정이 바로 전체 국민의 의사결정인양 법적으로 의제되는 것으로 보기 때문에, 이에 따르면 대표자의 의사결정이 국민의 뜻에 반하더라도 법적 항변을 할 수 있는 실질적인 수단이 없다. 16사시
㉡ 통일정신, 국민주권원리 등은 우리나라 헌법의 연혁적·이념적 기초로서 헌법이나 법률해석에서의 해석기준으로 작용하므로 그에 기하여 곧바로 국민의 개별적 기본권성을 도출해 낼 수 있다. 21국회5
㉢ 국회구성권이란 유권자가 설정한 국회의석분포에 국회의원들을 기속시키고자 하는 것이며, 오늘날 대의제도의 본질에 반하는 것으로 헌법상 기본권으로 인정될 여지가 없다. 14국가7

① ㉠㉡ ② ㉠㉢
③ ㉡㉢ ④ ㉠㉡㉢

해설

㉠ (O) (헌재 1989. 9. 8. 88헌가6) 〈주〉 고전적 국민주권론에 의하면 국회에서 만든 법률의 내용을 국민이 문제삼을 수 없었다. 그러나 오늘날에는 국회에서 만든 법률도 정당한 내용인지 헌법재판을 통해서 심사할 수 있게 되었다.
㉡ (×) 통일정신, 국민주권원리 등은 우리나라 헌법의 연혁적·이념적 기초로서 헌법이나 법률해석에서의 해석기준으로 작용한다고 할 수 있지만 그에 기하여 <u>곧바로 국민의 개별적 기본권성을 도출해내기는 어렵다</u>. (헌재 2008. 11. 27. 2008헌마517)
㉢ (O) 대의제 민주주의하에서 국민의 국회의원 선거권이란 국회의원을 보통·평등·직접·비밀선거에 의하여 국민의 대표자로 선출하는 권리에 그치며, <u>국민과 국회의원은 명령적 위임관계에 있는 것이 아니라 자유위임관계에 있으므로</u>, 유권자가 설정한 국회의석분포에 국회의원들을 기속시키고자 하는 내용의 "국회구성권"이라는 기본권은 오늘날 이해되고 있는 대의제도의 본질에 반하는 것이어서 헌법상 인정될 여지가 없다. (헌재 1998. 10. 29. 96헌마186)

[정답] ②

3. 기타 문제

125
다음 설명 중 옳은 것을 모두 고른 것은? (판례)

㉠ 지방자치제도의 헌법적 보장은 한마디로 국민주권의 기본원리에서 출발하여 주권의 지역적 주체로서의 주민에 의한 자기 통치의 실현으로 요약할 수 있다. 14서울
㉡ 국민주권 원리는 국민이 국가의사의 형성에 직접적으로 참여하는 특정한 방식으로만 국가권력을 행사할 것을 요구하는 것이 아니며 헌법은 국민이 직접 국민투표를 제안할 권리를 인정하고 있지 않음을 고려할 때, 주민발안권의 인정 여부나 구체적 범위가 국민주권원리의 한 내용을 이루고 있다고는 볼 수 없다. 15사시
㉢ 근대국가에서의 직접민주제는 대의제가 안고 있는 문제점과 한계를 극복하기 위하여 예외적으로 도입된 제도라 할 것이므로, 법률에 의하여 직접민주제를 도입하는 경우에는 기본적으로 대의제와 조화를 이루어야 하고, 대의제의 본질적인 요소나 근본적인 취지를 부정하여서는 안 된다는 내재적인 한계를 지닌다. 15사시

① ㉠㉡ ② ㉠㉢
③ ㉡㉢ ④ ㉠㉡㉢

해설

㉠ (O) 지방자치제도의 헌법적 보장은 한마디로 국민주권의 기본원리에서 출발하여 주권의 지역적 주체로서의 주민에 의한 자기 통치의 실현으로 요약할 수 있다. (헌재 2014. 1. 28. 2012헌바216)
㉡ (O) (헌재 2009. 7. 30. 2007헌바75)
㉢ (O) (헌재 2009. 3. 26. 2007헌마843) 〈주〉 법률에 의하여 주민발안제, 주민소환제 등을 인정하더라도 지역의 일은 지자체장을 통해서 처리하되 위법, 무능 등의 사유가 있을 때에만 보충적으로 행사하여야 한다는 뜻이다.

[정답] ④

제3항 민주주의

126
민주주의에 관한 내용으로 가장 적절하지 않은 것은?

① 자유민주적 기본질서 및 시장경제원리는 헌법의 지배원리로서 모든 법령의 해석기준이 되기에는 부족하다. 15국회9
② 우리 헌법은 자유민주적 기본질서 및 시장경제질서를 기본으로 하면서 위 질서들에 수반되는 모순을 제거하기 위하여 사회국가원리를 수용하고 있는 반면에, 사회국가의 원리는 자유민주적 기본질서의 범위 내에서 이루어져야 한다는 한계를 지니고 있다. 03입시
③ 우리 헌법은 전문과 제4조에 자유민주적 기본질서를 규정함으로써 자유주의와 민주주의가 결합된 개념인 자유민주주의를 헌법질서의 최고 기본가치로 파악하고, 이러한 헌법질서의 근간을 이루는 기본적 가치를 '기본질서'로 선언하고 있다. 03입시
④ 현행 헌법에서 직접 '자유민주적 기본질서'를 명시하고 있는 것은 헌법전문(前文)과 제4조의 통일조항이다. 22경찰1차
⑤ 자유민주적 기본질서라 함은 모든 폭력적 지배와 자의적 지배를 배제하고 다수의 의사에 의한 국민의 자치, 자유·평등의 기본원칙에 의한 법치주의적 통치질서를 말한다. 03입시

> 해설
① (×) 우리 국민들의 정치적 결단인 자유민주적 기본질서 및 시장경제원리는 우리 헌법을 관류하는 지배원리로서 모든 법령의 해석기준이 된다. (헌재 2001. 9. 27. 2000헌마238)
② (○) (헌재 2001. 9. 27. 2000헌마238)
③ (○) (헌재 2001. 9. 27. 2000헌마238)
④ (○) 헌법 전문과 헌법 제4조의 통일조항은 북한헌법과 다르다는 점을 강조하여 "자유"민주적 기본질서라고 명시하고 있다. 그러나 헌법 제8조 제4항의 위헌정당해산 사유로는 "자유"라는 문구 없이 민주적 기본질서라고 명시하고 있다.
⑤ (○) (헌재 1990. 4. 2. 89헌가113)

[정답] ①

127
민주주의에 관한 내용으로 가장 적절하지 않은 것은?

① 헌법에서 채택한 사회국가원리는 자유민주적 기본질서의 범위 내에서 이루어져야 하고, 국민 개인의 자유와 창의를 보완하는 범위 내에서 이루어지는 내재적 한계를 지닌다. 22경찰1차
② 자유민주적 기본질서는 모든 폭력적 지배와 자의적 지배 즉 반국가단체의 일인독재 내지 일당독재를 배제하고 다수의 의사에 의한 국민의 자치, 자유·평등의 기본원칙에 의한 법치주의적 통치질서를 말하고, 구체적으로는 기본적 인권의 존중, 권력분립, 의회제도, 복수정당 제도, 선거제도, 사유재산과 시장경제를 골간으로 한 경제질서 및 사법권의 독립 등을 의미한다. 10국회8
③ 우리 헌법재판소는 자유민주적 기본질서의 구체적 내용으로 기본적 인권의 존중, 권력분립, 국민주권, 의회제도, 복수정당제도, 선거제도, 직업공무원제도, 사유재산과 시장경제를 골간으로 한 경제질서 및 사법권의 독립 등을 천명하고 있다. 03입시
④ 헌법 제8조 제4항이 의미하는 '민주적 기본질서'는, 다원적 세계관에 입각한 것으로서, 모든 폭력적·자의적 지배를 배제하고, 다수를 존중하면서도 소수를 배려하는 민주적 의사결정과 자유·평등을 기본원리로 하여 구성되고 운영되는 정치적 질서를 말하며, 구체적으로는 국민주권의 원리, 기본적 인권의 존중, 권력분립제도, 복수정당제도 등이 현행 헌법상 주요한 요소라고 볼 수 있다. 21지방7

> 해설
① (○) (헌재 2001. 9. 27. 2000헌마238)
② (○) (헌재 1990. 4. 2. 89헌가113)
③ (×) (헌재 1990. 4. 2. 89헌가113) 〈주〉 "자유"민주주의의 내용으로 국민주권, 직업공무원제도는 헌법재판소가 판시한 바 없다.
④ (○) (헌재 2014. 12. 19. 2013헌다1) 〈주〉 자유민주적 기본질서와 달리, 헌법 제8조 제4항의 민주적 기본질서에는 "국민주권주의"를 추가하였다.

[정답] ③

제4항 법치주의

1. 서설

128
다음 설명 중 가장 적절하지 않은 것은? (판례)

① 법치국가의 원리는 국가작용이 법에 의해 이루어져야 한다는 것을 의미한다. 17법무
② 헌법 전문에는 법치주의 이념에 대한 명문 규정이 없다. 17법행
③ 현행 헌법상 법치주의를 선언하고 있는 명문의 규정은 없으나, 법치주의는 헌법의 기본원리로 인정된다. 17행시
④ 법치주의는 본질상 유동성을 가지고 있으나, 정당제 민주주의는 법치주의의 유동적인 측면을 제도적으로 안정시켜 주는 기능을 한다. 00행시

해설
① (O) 법치국가원리는 사람이 아닌 법에 의한 통치를 의미한다.
② (O) 현행헌법의 전문은 법치주의에 대해 규정하고 있지 않다.
③ (O) (헌재 2011. 4. 28. 2009헌바167) 〈주〉 사회국가원리, 문화국가원리, 법치주의는 헌법에 규정은 없으나 헌법의 기본원리로 인정된다.
④ (×) 민주주의는 국민들의 뜻에 따르기 때문에 유동성을 가지고 있다. 반면에 법치주의는 법이라는 매뉴얼을 정해놓고 법대로 처리하기 때문에 본질적으로 안정성을 가진다.

[정답] ④

129
다음 설명 중 가장 적절한 것은? (판례)

① 현대법치국가에서는 어떠한 경우에도 처분적 법률이 인정되지 아니한다. 00행시
② 특정 규범이 개별사건법률에 해당한다면 그것만으로 곧바로 위헌이 된다. 08국가7
③ 입법자가 법원으로 하여금 증거조사 없이도 형을 선고하도록 하는 법률을 제정하는 것은 입법의 의해서 사법의 본질적인 중요부분을 대체시킨 것은 아니기 때문에 권력분립원칙에 어긋나는 것은 아니라는 것이 판례이다. 05사시
④ 자기책임의 원리는 민사법이나 형사법에 국한된 원리라기보다는 근대법의 기본이념으로서 법치주의에 당연히 내재하는 원리이다. 08국가7

해설
① (×) 특정규범이 개인대상 또는 개별사건 법률에 해당한다고 하여 그것만으로 바로 헌법에 위반되는 것은 아니다. 따라서 연합뉴스사를 위한 심판대상조항의 차별적 규율이 합리적인 이유로 정당화되는 경우에는 이러한 처분적 법률도 허용된다. (헌재 2005. 6. 30. 2003헌마841)
② (×) 특정규범이 개인대상 또는 개별사건 법률에 해당한다고 하여 그것만으로 바로 헌법에 위반되는 것은 아니다. (헌재 2005. 6. 30. 2003헌마841)
③ (×) 법관으로 하여금 증거조사에 의한 사실판단도 하지말고, 최초의 공판기일에 공소사실과 검사의 의견만을 듣고 결심하여 형을 선고하라는 것은 입법에 의해서 사법의 본질적인 중요부분을 대체시켜 버리는 것에 다름 아니어서 우리 헌법상의 권력분립원칙에 어긋나는 것이다. (헌재 1996. 1. 25. 95헌가5)
④ (O) (헌재 2017. 5. 25. 2014헌바360)

[정답] ④

130

다음 설명 중 가장 적절하지 않은 것은? (판례)

① 자기책임의 원리는 인간의 자유와 유책성, 그리고 인간의 존엄성을 진지하게 반영한 원리로서 그것이 비단 민사법이나 형사법에 국한된 원리가 아니라 근대법의 기본이념으로서 법치주의에 당연히 내재하는 원리이지만, 이에 반하는 제재는 그 자체로 헌법위반을 구성하는 것은 아니다. 15국회 9/18법원

② '책임 없는 자에게 형벌을 부과할 수 없다'라는 형벌에 관한 책임주의는 형사법의 기본원리로서, 헌법상 법치국가의 원리에 내재하는 원리이다. 17회8

③ '책임 없는 자에게 형벌을 부과할 수 없다'는 형벌에 관한 책임주의는 형사법의 기본원리로서, 헌법상 법치국가의 원리에 내재하는 원리인 동시에 헌법 제10조의 취지로부터 도출되는 원리이고, 법인의 경우도 자연인과 마찬가지로 책임주의원칙이 적용된다. 16변시

④ 범죄행위의 무게 및 그 범행자의 책임에 상응하는 정당한 비례성을 감안하여, 기본권의 제한은 필요한 최소한에 그쳐야 한다는 것은 헌법상 법치국가의 원리에서 나온다. 17행시

해설

① (×) 자기책임의 원리는 근대법의 기본이념으로서 법치주의에 당연히 내재하는 원리로 볼 것이고, 헌법 제13조 제3항은 그 한 표현에 해당하는 것으로서 자기책임의 원리에 반하는 제재는 그 자체로서 헌법위반을 구성한다고 할 것이다. (헌재 2003. 7. 24. 2001헌가25)

② (○) (헌재 2009. 7. 30. 2008헌가10)
③ (○) (헌재 2012. 10. 25. 2012헌가18)
④ (○) (헌재 1992. 4. 28. 90헌바24)

정답 ①

131

다음 설명 중 가장 적절하지 않은 것은? (판례)

① 종업원이 고정조치의무를 위반하여 화물을 적재하고 운전한 경우 그를 고용한 법인을 면책사유 없이 형사처벌하도록 규정한 구 「도로교통법」 제116조 중 '법인의 대리인, 사용인 그 밖의 종업원이 그 법인의 업무에 관하여 위반한 때에는 그 법인에 대하여도 해당 조항의 벌금 또는 과료의 형을 과한다'는 부분은 자기책임원칙에 위반된다.

② 노동조합 및 노동관계조정법 제94조는 양벌규정으로서 "법인 또는 단체의 대표자, 법인·단체 또는 개인의 대리인·사용인 기타의 종업원이 그 법인·단체 또는 개인의 업무에 관하여 제88조 내지 제93조의 위반행위를 한 때에는 행위자를 벌하는 외에 그 법인·단체 또는 개인에 대하여도 각 해당 조의 벌금형을 과한다."라고 규정하고 있는데, 위 규정 중 '법인의 대리인·사용인 기타의 종업원' 관련 부분은 책임주의 원칙에 위배되지만, '법인의 대표자' 관련부분은 책임주의 원칙에 위배되지 않는다. 20국회8/21법무

③ 독립행위가 경합하여 상해의 결과를 발생하게 한 경우 원인된 행위가 판명되지 아니한 때에는 공동정범의 예에 의하도록 규정한 「형법」 제263조는 책임주의원칙에 위반된다. 20국회8

④ 법인의 대표자 등이 법인의 재산을 국외로 도피한 경우 행위자를 벌하는 외에 그 법인에도 도피액의 2배 이상 10배 이하에 상당하는 벌금형을 과하는 「특정경제범죄 가중처벌 등에 관한 법률」 제4조 제4항 본문 중 '법인에 대한 처벌'에 관한 부분은 책임주의에 위반되지 않는다. 20국회8

해설

① (○) (헌재 2016. 10. 27. 2016헌가10)
② (○) (헌재 2020. 4. 23. 2019헌가25; 헌재 2020. 6. 25. 2020헌가7).
③ (×) 심판대상조항을 적용하기 위하여 검사는 실제로 발생한 상해를 야기할 수 있는 구체적인 위험성을 가진 가해행위의 존재를 입증하여야 하므로 이를 통하여 상해의 결과에 대하여 아무런 책임이 없는 피고인이 심판대상조항으로 처벌되는 것을 막을 수 있다. 따라서 심판대상조항은 책임주의원칙에 반한다고 볼 수 없다. (헌재 2018. 3. 29. 2017헌가10)
④ (○) (헌재 2019. 4. 11. 2015헌바443)

정답 ③

132
다음 설명 중 가장 적절하지 않은 것은? (판례)

① 형사법상 책임원칙은 형벌은 범행의 경중과 행위자의 책임 사이에 비례성을 갖추어야 하고 특별한 이유로 형을 가중하는 경우에도 형벌의 양은 행위자의 책임의 정도를 초과해서는 안 된다는 것을 의미한다. 23경승
② 상관을 살해한 경우 사형만을 유일한 법정형으로 규정하고 있는 「군형법」조항은 책임과 형벌 사이의 비례원칙에 위배된다. 23경승
③ 예비군대원 본인의 부재시 예비군훈련 소집통지서를 수령한 같은 세대 내의 가족 중 성년자가 정당한 사유없이 소집통지서를 본인에게 전달하지 아니한 경우 형사처벌을 하는 「예비군법」조항은 책임과 형벌 사이의 비례원칙에 위배되지 않는다. 23경승/23법행
④ 초·중등학교 교원이 자신이 보호하는 아동에 대하여 아동학대범죄를 범한 때에는 그 죄에 정한 형의 2분의 1까지 가중하여 처벌하도록 한 「아동학대범죄의 처벌 등에 관한 특례법」조항은 책임과 형벌 사이의 비례원칙에 위배되지 않는다. 23경승

해설

① (O) (헌재 2021. 11. 25. 2019헌바446).
② (O) (헌재 2007. 11. 29. 2006헌가13)
③ (X) 과태료 등의 행정적 제재를 부과하는 것만으로도 그 목적의 달성이 충분히 가능하다고 할 것임에도 불구하고, 심판대상조항은 훨씬 더 중한 형사처벌을 하고 있어 그 자체만으로도 형벌의 보충성에 반하고, 책임에 비하여 처벌이 지나치게 과도하여 비례원칙에도 위반된다고 할 것이다. (헌재 2022. 5. 26. 2019헌가12)
④ (O) (헌재 2021. 3. 25. 2018헌바388)

[정답] ③

2. 법률유보와 법률우위

133
다음 설명 중 옳지 않은 것을 모두 고른 것은? (판례)

㉠ 법률유보원칙과 의회유보원칙은 서로 다른 별개의 원리로서 법률유보원칙이 의회유보원칙을 포함하는 것은 아니다. 21법무
㉡ 대통령령은 법률의 위임이 없어도 법률에 위반되지 않는 범위 내에서 국민의 권리·의무에 관한 사항을 규율할 수 있다. 21법무
㉢ 위임명령의 내용이 헌법에 위반되면 상위법도 위헌이라고 함이 헌법재판소의 견해이다. 21군무5
㉣ 오늘날 사회현상의 복잡화에 따라 국민의 권리 의무에 관한 사항이라 하여 모두 입법부에서 제정한 법률만으로 다 정할 수는 없으므로 반드시 구체적이고 개별적으로 한정된 사항이 아니더라도 하위법령에 위임하는 것이 허용된다. 20경채

① ㉠㉡
② ㉠㉡㉢
③ ㉡㉢㉣
④ ㉠㉡㉢㉣

해설

㉠ (X) 법률유보원칙은 국민의 기본권 실현에 관련된 영역에 있어서는 행정에 맡길 것이 아니라 국민의 대표자인 입법자 스스로 그 본질적 사항에 대하여 결정하여야 한다는 요구, 즉 의회유보 원칙까지 내포하는 것으로 이해되고 있다. (헌재 2009. 10. 29. 2007헌바63)
㉡ (X) 헌법 제75조. 대통령은 법률에서 구체적으로 범위를 정하여 위임받은 사항과 법률을 집행하기 위하여 필요한 사항에 관하여 대통령령을 발할 수 있다. 〈주〉 "법률의 위임이 없어도" 부분이 틀렸다.
㉢ (X) 대통령령으로 규정한 내용이 헌법에 위반될 경우라도 그 대통령령의 규정이 위헌으로 되는 것은 별론으로 하고 그로 인하여 정당하고 적법하게 입법권을 위임한 수권법률조항까지 위헌으로 되는 것은 아니다. (헌재 1997. 9. 25. 96헌바18)
㉣ (X) 법률의 위임은 반드시 구체적이고 개별적으로 한정된 사항에 대하여 행해져야 한다. (헌재 1991. 7. 8. 91헌가4)

[정답] ④

134

다음 설명 중 가장 적절하지 않은 것은? (판례)

① 기본권 제한에 관한 법률유보의 원칙은 법률에 의한 규율만을 뜻하는 것이 아니라 법률에 근거한 규율을 요구하는 것이므로 기본권 제한의 형식이 반드시 법률의 형식일 필요는 없다. 18법원
② 법치주의는 행정작용에 국회가 제정한 형식적 법률의 근거가 요청된다는 법률유보를 그 핵심적 내용의 하나로 한다. 17행시
③ 오늘날 법률유보원칙은 단순히 행정작용이 법률에 근거를 두기만 하면 충분한 것이 아니라, 국가 공동체와 그 구성원에게 기본적이고도 중요한 의미를 갖는 영역, 특히 국민의 기본권실현과 관련된 영역에 있어서는 국민의 대표자인 입법자가 그 본질적 사항에 대해서 스스로 결정하여야 한다는 요구까지 내포하고 있다. 17국회8
④ 「헌법」 제37조 제2항에서 규정하는 "법률로써"란 말은 국민의 자유나 권리를 제한하는 행정작용의 경우 적어도 그 본질적인 사항에 관한 한 국회가 제정하는 법률에 근거를 두는 것만으로 충분하다는 것을 의미한다. 20경채

해설

① (O) (헌재 2005. 2. 24. 2003헌마289)
② (O) (헌재 2011. 4. 28. 2009헌바167)
③ (O) (헌재 1999. 5. 27. 98헌바70)
④ (×) 헌법 제37조 제2항은 "국민의 모든 자유와 권리는 국가안전보장·질서유지 또는 공공복리를 위하여 필요한 경우에 한하여 법률로써 제한할 수 있다"고 규정하고 있는바, 여기서 "법률로써"라고 한 것은 국민의 자유나 권리를 제한하는 행정작용의 경우 적어도 그 제한의 본질적인 사항에 관한 한 국회가 제정하는 법률에 근거를 두는 것만으로 충분한 것이 아니라 국회가 직접 결정함으로써 실질에 있어서도 법률에 의한 규율이 되도록 요구하고 있는 것으로 이해하여야 한다. (헌재 1999. 5. 27. 98헌바70)

정답 ④

135

다음 설명 중 가장 적절한 것은? (판례)

① 입법자가 형식적 법률로 스스로 규율하여야 하는 사항이 어떤 것인지는 일률적으로 획정되어야 한다. 21법무
② 법률이 국민의 기본권 실현과 관련된 영역에 있어서 본질적인 사항에 대하여 스스로 결정하지 않고 행정입법에 위임하였다고 하더라도, 법률유보원칙에 위반되는 것은 아니다. 21법무
③ 헌법상 법치주의의 한 내용인 법률유보의 원칙은 국민의 기본권 실현에 관련된 영역에 있어서 국가 행정권의 행사에 관하여 적용되는 것이지, 기본권규범과 관련 없는 경우에까지 준수되도록 요청되는 것은 아니다. 17행
④ 법률유보의 원칙은 기본권과 관련하여 국가 행정권에 의한 기본권 침해가 문제되는 경우뿐만 아니라 기본권규범과 전혀 관련 없는 경우에도 준수되어야 한다. 20경채

해설

① (×) 입법자가 형식적 법률로 스스로 규율하여야 하는 그러한 사항이 어떤 것인가는 일률적으로 획정할 수 없다. (헌재 1999. 5. 27. 98헌바70)
② (×) 오늘날 법률유보원칙은 특히 국민의 기본권실현과 관련된 영역에 있어서는 국민의 대표자인 입법자가 그 본질적 사항에 대해서 스스로 결정하여야 한다는 요구까지 내포하고 있다(의회유보원칙). (헌재 1999. 5. 27. 98헌바70)
③ (O) 헌법상 법치주의의 한 내용인 법률유보의 원칙은 국민의 기본권 실현에 관련된 영역에 있어서 국가 행정권의 행사에 관하여 적용되는 것이지, 기본권규범과 관련 없는 경우에까지 준수되도록 요청되는 것은 아니라 할 것이다. (헌재 2010. 2. 25. 2008헌바160)
④ (×) 법률유보원칙의 준수는 기본권과 관련하여 국가 행정권에 의한 기본권 침해가 문제되는 경우에 요청되는 것이지, 기본권규범과 관련 없는 경우에까지 적용되어야 하는 것은 아니다. (헌재 2010. 2. 25. 2008헌바160)

정답 ③

136

다음 설명 중 가장 적절하지 않은 것은? (판례)

① 시행령규정이 법률의 위임 없이 미결수용자의 면회횟수를 매주 2회로 제한하고 있는 것은 접견교통권을 침해하는 것이다. 15서울

② 텔레비전방송수신료는 대다수 국민의 재산권 보장의 측면이나 한국방송공사에게 보장된 방송자유 측면에서 국민의 기본권 실현에 관련된 영역에 속한다. 19서울

③ 특별한 법적 근거 없이 엄중격리대상자의 수용거실에 CCTV를 설치하여 24시간 감시하는 행위는 법률유보의 원칙에 위배되지 않는다. 15서울

④ 지역농협 임원선거는 국민주권 내지 대의민주주의 원리와 관계가 있는 단체의 조직구성에 관한 것으로서 공익을 위하여 상대적으로 폭넓은 법률상 규제가 불가능하다. 14서울

해설

① (O) 군행형법 제15조는 면회에의 참여에 관한 사항만을 대통령령으로 정하도록 위임하고 있고 면회의 횟수에 관하여는 전혀 위임한 바가 없다. 따라서 헌법 제37조 제2항 및 제75조에 위반된다. (헌재 2003. 11. 27. 2002헌마193)

② (O) 텔레비전방송수신료는 대다수 국민의 재산권 보장의 측면이나 한국방송공사에게 보장된 방송자유의 측면에서 국민의 기본권실현에 관련된 영역에 속한다. 따라서 국회의 결정이나 관여를 배제한 채 한국방송공사로 하여금 수신료금액을 결정해서 문화관광부장관의 승인을 얻도록 한 것은 법률유보원칙에 위반된다. (헌재 1999. 5. 27. 98헌바70)

③ (O) (헌재 2008. 5. 29. 2005헌마137)

④ (×) 이 사건 법률조항에서 공직선거법 제251조 단서와 같은 특수한 위법성조각사유를 두지 않은 것은 지역농협 임원선거가 국민주권 내지 대의민주주의 원리의 구현과 직접적인 관계가 없는 단체 내부의 조직구성에 관한 것으로 상대적으로 폭넓은 제한이 허용된다. (헌재 2012. 11. 29. 2011헌바137)

정답 ④

137

다음 설명 중 가장 적절하지 않은 것은? (판례)

① 입주자대표회의의 구성원인 동별 대표자가 될 수 있는 자격이 반드시 법률로 규율하여야 하는 사항이라고 볼 수 없으므로 입주자대표회의의 구성에 필요한 사항을 대통령령에 위임하도록 한 구 주택법 제43조 제7항은 법률유보원칙에 위반되지 않는다. 17법행

② 집회나 시위 해산을 위한 살수차 사용은 집회의 자유 및 신체의 자유에 중대한 제한을 초래하므로 그 사용요건이나 기준은 법률에 근거를 두어야 한다. 20소방

③ 최루액 혼합살수방법은 이미 법률 및 대통령령에 위해성 경찰장비의 하나로 규정되어 있는 최루제와 그 발사장치, 살수차 등을 실제 사용할 때 그 운용하는 형태의 하나를 말하는 것으로서 새로운 위해성 경찰장비의 하나로 볼 수 없고, 관련 법령의 근거에 따라 이루어진 것으로서 법률유보원칙에 위배되지 않는다. 21비상

④ 직사살수는 타인의 법익이나 공공의 안녕질서에 대한 직접적인 위험이 명백히 초래되었고, 다른 방법으로는 그 위험을 제거할 수 없는 경우에 한하여 이루어져야 하며, 부득이 직사살수를 하는 경우에도 구체적인 상황에서 필요한 최소한의 범위 내로 조절하여야 한다. 20경채

해설

① (O) (헌재 2016. 7. 28. 2014헌바158)

② (O) (헌재 2018. 5. 31. 2015헌마476)

③ (×) 혼합살수방법은 법령에 열거되지 않은 새로운 위해성 경찰장비에 해당하고 이 사건 지침에 혼합살수의 근거 규정을 둘 수 있도록 위임하고 있는 법령이 없으므로, 법률유보원칙에 위배되어 청구인들의 신체의 자유와 집회의 자유를 침해한다. (헌재 2018. 5. 31. 2015헌마476)

④ (O) 직사살수행위는 수단의 적합성을 인정할 수 없다. 그러므로 과잉금지원칙에 반하여 생명권 및 집회의 자유를 침해하였다. (헌재 2020. 4. 23. 2015헌마1149)

정답 ③

138
다음 설명 중 적절한 것을 모두 고르면? (판례)

㉠ 노동부장관은 거짓이나 그 밖의 부정한 방법으로 고용안정·직업능력개발 사업의 지원을 받은 자 등에게 대통령령이 정하는 바에 따라 그 지원을 제한할 수 있다고 정한 구 고용보험법은 포괄위임금지의 원칙에 위배된다. 23법행

㉡ 노동부장관은 거짓이나 그 밖의 부정한 방법으로 고용안정·직업능력개발 사업의 지원을 받은 자 등에게 대통령령으로 정하는 바에 따라 지원받은 금액을 반환하도록 명할 수 있다고 정한 구 고용보험법은 포괄위임금지의 원칙에 위배된다. 23법행

㉢ 포괄위임금지는 법규적 효력을 가지는 행정입법의 제정을 그 주된 대상으로 하고, 이는 자의적인 제정으로 국민들의 자유와 권리를 침해할 수 있는 가능성을 방지하고자 엄격한 헌법적 기속을 받게 하는 것이므로, 법률이 행정부에 속하지 않는 기관의 정관으로 특정 사항을 정할 수 있다고 위임하는 경우에는 자치입법에 해당되는 영역으로 보아 자치적으로 정하도록 하는 것이 바람직하다. 23법행

① ㉠ ㉡ ㉢　　② ㉠ ㉡
③ ㉠ ㉢　　　④ ㉡ ㉢

해설

㉠ (O) 이 사건 법률조항에서는 지원금의 부당수령자에 대한 제재의 목적으로 '이미 지원된 것의 반환'과는 별도로 '지원을 제한'하도록 하고 있는데, 이러한 지원 제한에 대하여 제한의 범위나 기간 등에 관하여 기본적 사항도 법률에 규정하지 아니한 채 대통령령에 포괄적으로 위임하고 있으므로 포괄위임금지원칙에 위반된다. (헌재 2013. 8. 29. 2011헌바390)

㉡ (×) 이 사건 법률조항은 사업주 등이 부정한 방법으로 지원금을 지급받는 것을 방지하려는데 그 목적이 있으므로 이 사건 법률조항에서 규정하는 '이미 지원된 것의 반환' 범위와 관련하여 대통령령에 위임될 내용은 원상회복을 위하여 사업주 등이 부정한 방법으로 지원받은 금액의 회수에 관한 것임을 쉽게 예측할 수 있다. (헌재 2013. 8. 29. 2011헌바390)

㉢ (O) (헌재 2021. 5. 27. 2019헌바332) 〈주〉 증권거래소가 증권의 상장과 폐지를 스스로 정하도록 위임한 사안이다.

정답 ③

139
다음 설명 중 가장 적절하지 않은 것은? (판례)

① 헌법 제75조에서 규정된 포괄위임금지의 원칙은 법률의 명확성의 원칙이 행정입법에 관하여 구체화된 특별규정이다. 17법무

② 헌법 제95조는 부령에의 위임근거를 마련하면서 '구체적으로 범위를 정하여'라는 문구를 사용하고 있지 않으므로, 법률의 위임에 의한 대통령령에 가해지는 헌법상의 제한은 법률의 위임에 의한 부령의 경우에는 적용되지 않는다. 23경승

③ 부당한 공동행위에 대한 자진신고자 또는 조사협조자에 대하여 과징금을 감경하거나 면제함에 있어서, 과징금이 감경 또는 면제되는 자의 범위와 과징금 감경 또는 면제의 기준·정도 등을 대통령령에 위임하고 있는 구 독점규제 및 공정거래에 관한 법률은 법률유보원칙에 위반되지 않는다. 23법행

④ 상시 4명 이하의 근로자를 사용하는 사업 또는 사업장에 대하여 대통령령으로 정하는 바에 따라 근로기준법의 일부 규정을 적용할 수 있도록 위임한 근로기준법은 법률유보원칙에 위배되지 않는다. 23법행

해설

① (O) (헌재 2003. 7. 24. 2002헌바82)
② (×) 헌법 제95조는 부령에의 위임근거를 마련하면서 '구체적으로 범위를 정하여'라는 문구를 사용하고 있지는 않지만, 법률의 위임에 의한 대통령령에 가해지는 헌법상의 제한은 당연히 법률의 위임에 의한 부령의 경우에도 적용된다. (헌재 2013. 2. 28. 2012헌가3)
③ (O) (헌재 2017. 10. 26. 2017헌바58)
④ (O) (헌재 2019. 4. 11. 2013헌바112)

정답 ②

3. 명확성원칙

140
다음 설명 중 가장 적절하지 않은 것은? (판례)

① 실정법이 규율하고자 하는 내용이 명확하여 다의적으로 해석 적용되어서는 안 된다는 명확성의 원칙은 법치국가의 원리에서 파생된 원칙이다. 17법무
② 죄형법정주의에서 요구되는 명확성 원칙을 인정한다고 하더라도 오늘날 복잡한 현대 사회에서 법규범의 문언을 순수하게 기술적 개념만으로 구성하는 것은 불가능하다. 17국회9
③ 명확성의 원칙은 기본적으로 최소한이 아닌 최대한의 명확성을 요구하는 것이다. 17국회9
④ 명확성의 원칙은 모든 법률에 있어서 동일한 정도로 요구되는 것이 아니고, 개개의 법률이나 법조항의 성격에 따라 요구되는 정도에 차이가 있을 수 있으며 각각의 구성요건의 특수성과 그러한 법률이 제정되게 된 배경이나 상황에 따라 달라질 수 있다. 10사시/22해경2

[해설]
① (○) 명확성의 원칙은 법치국가의 원리에서 파생된 원칙이다.
② (○) (99헌바31, 2001. 6. 28)
③ (×) 명확성의 원칙은 기본적으로 최대한이 아닌 최소한의 명확성을 요구하는 것이다. (헌재 1998. 4. 30. 95헌가16)
④ (○) (대법원 2015. 10. 22., 2015즈기12)

[정답] ③

141
다음 설명 중 가장 적절하지 않은 것은? (판례)

① 기본권제한입법의 명확성의 원칙이란 기본적으로 최대한이 아닌 최소한의 명확성을 요구하는 것이므로 법문언의 해석을 통해서 그 의미내용을 확인해낼 수 있고, 그러한 보충적 해석이 해석자의 개인적인 취향에 따라 좌우될 가능성이 없다면 명확성의 원칙에 반한다고 할 수 없다. 10국회8
② 기본권 제한과 관련한 법률의 명확성 원칙은 법률을 제정함에 있어서 개괄조항이나 불확정 법개념의 사용을 금지하는 것은 아니다. 15법원
③ 법률조항의 불명확성이 인정된다면 장기간에 걸쳐 형성된 법원의 판례에 의해서는 그 불명확성이 치유될 수 없다. 15국회9
④ 형벌법규의 내용은 일반인에게 명확한 고지가 이루어져야 하는 것이나, 수범자가 자신만의 판단에 의해서가 아니라 법률 전문가의 조언이나 전문서적 등을 참고하여 당해 법규에 맞게 자신의 행동방향을 잡을 수 있다면 그 법규는 명확성의 원칙에 위반되지 않는다. 08국가7

[해설]
① (○) (헌재 1998. 4. 30. 95헌가16)
② (○) (헌재 2004. 7. 15. 2003헌바35)
③ (×) 법률조항의 불명확성이 설혹 시인될 수 있다 하여도, 장기간에 걸쳐 집적된 동일한 취지의 판례가 가지는 법률보충적 기능으로 인하여 이 불명확성은 이미 치유 내지 제거되었다고 보아야 할 것이다. (헌재 2003. 1. 30. 2002헌바53)
④ (○) (헌재 2005. 3. 31. 2003헌바12)

[정답] ③

142

다음 설명 중 가장 적절한 것은? (판례)

① 기본권을 제한하는 법률의 명확성에 관하여 법적 안정성과 예측가능성의 보장은 법치국가의 중요한 내용이기 때문에 법률의 규율 영역과 상관없이 동일하게 엄격한 기준이 적용된다. 15국회9
② 기본권제한입법에 있어서 규율대상이 지극히 다양하거나 수시로 변화하는 성질의 것이어서 입법 기술상 일의적으로 규정할 수 없는 경우라도 명확성의 요건이 강화되어야 한다. 22해경2
③ 어린이집이 시·도지사가 정한 수납한도액을 초과하여 보호자로부터 필요경비를 수납한 것에 대해 해당 시·도지사가 「영유아보육법」에 근거하여 발할 수 있도록 한 '시정 또는 변경' 명령은 명확성원칙에 위배되지 않는다. 21경승
④ 취소소송 등의 제기 시 '회복하기 어려운 손해'를 집행정지의 요건으로 규정한 「행정소송법」 조항은 명확성원칙에 위배된다. 21경승
⑤ 전문과목을 표시한 치과의원은 그 표시한 '전문과목'에 해당하는 환자만을 진료하여야 한다고 규정한 「의료법」 조항은 명확성원칙에 위배된다. 21경승

해설

① (×) 명확성의 원칙은 모든 법률에 있어서 동일한 정도로 요구되는 것은 아니고 개개의 법률이나 법조항의 성격에 따라 요구되는 정도에 차이가 있을 수 있다. (헌재 1992. 2. 25. 89헌가104)
② (×) 규율대상이 지극히 다양하거나 수시로 변화하는 성질의 것일 때에는 위임의 구체성, 명확성의 요건이 완화된다. (헌재 1995. 11. 30. 91헌바)
③ (○) (헌재 2017. 12. 28. 2016헌바249)
④ (×) 명확성원칙에 위배되지 않는다. (헌재 2018. 1. 25. 2016헌바208)
⑤ (×) 명확성원칙에 위배되지 않는다. (헌재 2015. 5. 28. 2013헌마799)

[정답] ③

4. 신뢰보호원칙

143

다음 설명 중 가장 적절한 것은? (판례)

① 현행 헌법은 신뢰보호원칙에 대한 명문규정을 두고 있지 않다. 16서울
② 헌법재판소는 법치국가원리에 대하여 신뢰보호의 중요성은 강조하면서도 공권력행사의 예측가능성 보장에 대해서는 언급을 하지 않고 있다. 00행시
③ 법적 안정성의 객관적 요소로서 신뢰보호원칙은 한번 제정된 법규범은 원칙적으로 존속력을 갖고 자신의 행위기준으로 작용하리라는 헌법상 원칙이다. 21경승
④ 신뢰보호원칙은 객관적 요소로서 법질서의 신뢰성 항구성 법적 투명성과 법적 평화를 의미하고, 이와 내적인 상호 연관 관계에 있는 법적 안정성은 한번 제정된 법규범은 원칙적으로 존속력을 갖고 자신의 행위기준으로 작용하리라는 개인의 주관적 기대이다. 22경찰1차/22해간

해설

① (○) 현행 헌법은 <u>신뢰보호원칙을 명문규정으로 두고 있지 않고, 신뢰보호와 관련하여 소급입법금지원칙을 규정하고 있다.</u>
② (×) 규범의 의미내용으로부터 무엇이 금지되는 행위이고 무엇이 허용되는 행위인지를 수범자가 알 수 없다면 법적 안정성과 예측가능성은 확보될 수 없다. (헌재 1998. 4. 30. 95헌가16)
③ (×) 법적 안정성의 "주관적" 측면은 개인의 신뢰보호원칙이다. (헌재 1996. 2. 16. 96헌가2)
④ (×) 법적 안정성의 "주관적" 측면은 개인의 신뢰보호원칙이다. (헌재 1996. 2. 16. 96헌가2)

[정답] ①

144
다음 설명 중 가장 적절하지 않은 것은? (판례)

① 공소시효제도가 헌법 제12조 제1항 및 제13조 제1항에 정한 죄형법정주의의 보호범위에 바로 속하지 않는다면, 소급입법의 헌법적 한계는 법적 안정성과 신뢰보호원칙을 포함하는 법치주의의 원칙에 따른 기준으로 판단하여야 한다. 22경찰1차
② 법치주의 원리로부터 파생되는 신뢰보호의 원칙은 입법부가 하는 법률의 개정에 있어서는 적용되지 않으므로 법률개정으로 야기되는 당사자의 손해 여부나 그 정도와는 무관하게 새로운 법률로 달성하고자 하는 공익적 목적이 있다면 입법자는 자유로이 새 법령을 제정하여 시행하거나 적용할 수 있다. 17법행
③ 신뢰보호원칙은 법률이나 하위법규뿐만 아니라 국가관리의 입시제도와 같이 국·공립대학의 입시전형을 구속하여 국민의 권리에 직접 영향을 미치는 지침의 개폐에도 적용된다. 16서울
④ 종합생활기록부에 의하여 절대평가와 상대평가를 병행, 활용하도록 한 교육부장관 지침(종합생활기록부제도개선 보완시행지침, 1996.8.7.)은 교육 개혁위원회의 교육개혁 방안에 따라 절대평가가 이루어 질 것으로 믿고 특수목적 고등학교에 입학한 학생들의 신뢰이익을 침해하였다고 볼 수 없다. 22해경2
⑤ 지방고시의 최종시험일을 예년과 달리 연도말로 정함으로써 전년도 공무원 채용을 위한 제1차 시험에 합격한 청구인의 연령이 응시상한연령을 5일 초과하게 하여 청구인이 2차 시험에 응시할 수 있는 자격을 박탈한 것은 청구인의 정당한 신뢰를 해한 것이다. 17국회9

해설
① (○) (헌재 1996. 2. 16. 96헌가2)
② (×) 입법자는 경과규정을 두는 등 당사자의 <u>신뢰를 보호할 적절한 조치</u>를 하여야 한다. (대법원 2006. 11. 16. 2003두12899, 전합)
③ (○) (헌재 1997. 7. 16. 97헌마38)
④ (○) (헌재 1997. 7. 16. 97헌마38)
⑤ (○) (헌재 2000. 1. 27. 99헌마123)

정답 ②

145
다음 설명 중 가장 적절한 것은? (판례)

① 신뢰보호의 원칙은 법률이나 그 하위법규의 개폐에만 적용될 뿐, 국가관리의 입시제도와 같은 제도운영지침의 개폐에는 적용되지 않는다. 08국가7
② 사회환경이나 경제여건의 변화에 따른 필요성에 의하여 법률이 신축적으로 변할 수 있고, 변경된 새로운 법질서와 기존의 법질서 사이에 이해관계의 상충이 불가피하더라도 국민이 가지는 모든 기대 내지 신뢰는 헌법상 권리로서 보호되어야 한다. 16변시/22경채
③ 신뢰보호의 원칙이 국가공권력 행사에 관하여 가지는 국민의 모든 기대 내지 신뢰를 절대적인 권리로서 보호하는 것은 아니다. 18국회9/22경채
④ 개인의 신뢰이익에 대한 보호가치는 법령에 따른 개인의 행위가 국가에 의하여 일정방향으로 유인된 신뢰의 행사인지, 아니면 단지 법률이 부여한 기회를 활용한 것으로서 원칙적으로 사적 위험부담의 범위에 속하는 것인지 여부에 따라 달라지는 것은 아니다. 14국가7

해설
① (×) 국가는 <u>국가관리의 입시제도변경</u>에 따라 대학입시지망자들이 종전 제도에 대하여 가지게 된 신뢰보호를 위한 적절한 조치를 취하여야 한다. (헌재 1992. 10. 1. 92헌마68)
② (×) 국민이 가지는 모든 기대 내지 신뢰가 헌법상 권리로서 보호될 것은 아니다. (헌재 1992. 10. 1. 92헌마68)
③ (○) (헌재 1996. 4. 25. 94헌마119)
④ (×) 개인의 신뢰이익에 대한 보호가치는 ① <u>법령에 따른 개인의 행위가 국가에 의하여 일정방향으로 유인된 신뢰의 행사인지,</u> ② 아니면 <u>단지 법률이 부여한 기회를 활용한 것으로서 원칙적으로 사적 위험부담의 범위에 속하는 것인지 여부에 따라 달라진다.</u> 만일 법률에 따른 개인의 행위가 단지 법률이 반사적으로 부여하는 기회의 활용을 넘어서 국가에 의하여 일정 방향으로 유인된 것이라면 특별히 보호가치가 있는 신뢰이익이 인정될 수 있고, 원칙적으로 개인의 신뢰보호가 국가의 법률개정이익에 우선된다고 볼 여지가 있다. (헌재 2002. 11. 28. 2002헌바45)

정답 ③

146

다음 설명 중 가장 적절하지 않은 것은? (판례)

① 사회 환경이나 경제여건의 변화에 따른 필요성에 의하여 법률은 신축적으로 변할 수밖에 없고 변경된 새로운 법질서와 기존의 법질서 사이에는 이해관계의 상충이 불가피하므로, 국민이 가지는 모든 기대 내지 신뢰가 헌법상 권리로서 보호될 것은 아니다. 21국가7

② 법률에 따른 개인의 행위가 법률이 반사적으로 부여하는 기회의 활용을 넘어서 국가에 의하여 일정 방향으로 유인된 것이라면 특별히 보호가치가 있는 신뢰이익이 인정될 수 있고, 이러한 경우 원칙적으로 개인의 신뢰보호가 국가의 법률개정이익에 우선된다고 볼 여지가 있다. 21경승

③ 법률에 따른 개인의 행위가 단지 법률이 반사적으로 부여하는 기회의 활용을 넘어서 국가에 의하여 일정 방향으로 유인된 것이라 하더라도 개인의 신뢰보호가 국가의 법률개정이익에 우선된다고 볼 여지는 없다. 21국가7

④ 조세법의 영역에 있어서는 국가가 조세·재정정책을 탄력적 합리적으로 운용할 필요성이 매우 큰 만큼, 조세에 관한 법규·제도는 신축적으로 변할 수밖에 없다는 점에서 납세의무자로서는 구법질서에 의거한 신뢰를 바탕으로 적극적으로 새로운 법률관계를 형성하였다든지 하는 특별한 사정이 없는 한 원칙적으로 세율 등 현재의 세법이 변함없이 유지되리라고 기대하거나 신뢰할 수는 없다. 17법행

해설

① (O) (헌재 2002. 2. 28. 99헌바4)
② (O) (헌재 2019. 4. 11. 2018헌마221)
③ (×) 법률에 따른 개인의 행위가 단지 법률이 반사적으로 부여하는 기회의 활용을 넘어서 국가에 의하여 일정 방향으로 유인된 것이라면 특별히 보호가치가 있는 신뢰이익이 인정될 수 있고, 원칙적으로 개인의 신뢰보호가 국가의 법률개정이익에 우선된다고 볼 여지가 있다. (헌재 2002. 11. 28. 2002헌바45)
④ (O) (대법원 2012. 10. 25. 2010두17281) 〈주〉 예측가능성이 신뢰보호보다 큰 경우이다.

정답 ③

147

다음 설명 중 가장 적절한 것은? (판례)

① 법령에 따른 개인의 행위가 국가에 의해서 일정방향으로 유인된 신뢰의 행사라고 볼 수 있어 특별히 보호가치가 있는 신뢰이익이 인정된다면, 아무리 법적 상태의 변화에 대한 개인의 예측가능성이 있더라도 그 개인의 신뢰는 언제나 보호되어야 한다. 17법무

② 의무사관후보생의 병적에서 제외된 사람의 징집면제 연령을 31세에서 36세로 상향 조정한 병역법 규정은 신뢰보호원칙에 위반되는 것이다. 15서울

③ 공무원의 임용 당시에는 연령정년에 관한 규정만 있었는데 사후에 계급정년규정을 신설하여 이를 소급적용하였다 하더라도 구법질서에 대하여 기대했던 당사자의 신뢰보호 내지 신분관계의 안정이라는 이익을 지나치게 침해하지 않는 한 헌법에 위반되지 않는다. 02사시

④ 군인연금법상 퇴역연금 등의 급여액 산정의 기초를 종전의 '퇴직 당시의 보수월액'에서 '평균보수월액'으로 변경한 경우 신뢰보호원칙에 위배된다. 13법원

해설

① (×) 법적 상태의 존속에 대한 개인의 신뢰는 그가 어느 정도로 법적 상태의 변화를 예측할 수 있었는지, 또는 예측하였어야 하는지 여부에 따라 상이한 강도를 가진다(헌재 2002. 11. 28. 2002헌바45).
② (×) 소급입법금지원칙, 신뢰보호원칙 및 평등원칙에 위반되지 않는다. (헌재 2002. 11. 28. 2002헌바45)
③ (O) (헌재 1994. 4. 28. 91헌바15)
④ (×) 신뢰보호의 원칙에 위배된다고 보기 어렵다. (헌재 2003. 9. 25. 2001헌마194)

정답 ③

148

다음 설명 중 가장 적절하지 않은 것은? (판례)

① 조세에 관한 법규는 신축적으로 변할 수밖에 없다는 점에서 납세의무자로서는 구법 질서에 의거한 신뢰를 바탕으로 적극적으로 새로운 법률관계를 형성하였다든지 하는 특별한 사정이 없는 한 원칙적으로 현재의 세법이 변함없이 유지되리라고 기대하거나 신뢰할 수는 없다. 21국가7

② 공무원보수 인상률 방식에 의하여 공무원연금액을 조정하던 것을 전국 소비자물가 변동률을 기준으로 하여 연금액을 조정한 공무원연금법조항은 연금재정의 파탄을 막고 공무원연금제도를 유지하려는 공익의 가치보다 구법에 대한 퇴직연금 수급자의 신뢰가치가 크므로 신뢰보호원칙에 위반된다. 15국회8

③ 신뢰보호원칙의 위반 여부는 한편으로는 침해되는 이익의 보호가치, 침해의 정도, 신뢰의 손상 정도, 신뢰침해의 방법 등과 또 다른 한편으로는 새로운 입법을 통하여 실현하고자 하는 공익적 목적 등을 종합적으로 형량하여야 한다. 21경승

④ 법률의 제정이나 개정 시 구법 질서에 대한 당사자의 신뢰가 합리적이고도 정당하며, 법률의 제정이나 개정으로 야기되는 당사자의 손해가 극심하여 새로운 입법으로 달성하고자 하는 공익적 목적이 그러한 당사자의 신뢰의 파괴를 정당화할 수 없다면, 그러한 새로운 입법은 신뢰보호의 원칙상 허용될 수 없다. 21국가7

해설

① (O) (헌재 2014. 2. 27. 2012헌바424)
② (X) 보호해야 할 퇴직연금수급자의 신뢰의 가치는 크지 않고 신뢰의 손상 또한 연금액의 상대적인 감소로서 그 정도가 심하지 않은 반면, 연금재정의 파탄을 막고 공무원연금제도를 건실하게 유지하는 것은 긴급하고도 대단히 중요한 공익이므로 이 사건 경과규정이 헌법상 신뢰보호의 원칙에 위배된다고는 볼 수 없다. (헌재 2005. 6. 30. 2004헌바42)
③ (O) (헌재 1997. 11. 27. 97헌바10)
④ (O) (헌재 2004. 12. 16. 2003헌마226)

[정답] ②

149

다음 설명 중 가장 적절하지 않은 것은? (판례)

① 입법자는 구법질서가 더 이상 그 법률관계에 적절하지 못하며 합목적적이지도 아니함에도 불구하고 그 수혜자군을 위하여 이를 계속 유지하여 줄 의무는 없다. 08국회

② 신뢰보호원칙은 헌법상 법치국가원리로부터 도출되는 것으로, 법률이 개정되는 경우 구법질서에 대한 당사자의 신뢰가 합리적이고도 정당하며 법률의 제정이나 개정으로 야기되는 당사자의 손해가 극심하여 새로운 입법으로 달성하고자 하는 공익적 목적이 그러한 당사자의 신뢰의 파괴를 정당화할 수 없다면, 그러한 새로운 입법은 신뢰보호원칙상 허용될 수 없다. 21경승

③ 위헌적 법률에 기초한 신뢰이익은 합헌적인 법률에 기초한 신뢰이익과 동일한 정도의 보호, 즉 '헌법에서 유래하는 국가의 보호의무'까지는 요청할 수 없다. 10사시

④ 1953년부터 시행된 "교사의 신규채용에 있어서는 국립 또는 공립 교육대학 사범대학의 졸업자를 우선하여 채용하여야 한다."라는 교육공무원법 조항에 대한 헌법재판소의 위헌결정에도 불구하고 헌법재판소의 위헌결정 당시의 국·공립 사범대학 등의 재학생과 졸업자의 신뢰는 보호되어야 한다. 19변시/20경승

해설

① (O) (헌재 2008. 11. 27. 2007헌마389)
② (O) (헌재 1996. 4. 25. 94헌마119)
③ (O) (헌재 1995. 5. 25. 90헌마196)
④ (X) 국공립사범대학 졸업자들의 우선임용제도 자체가 헌법에 위반된다는 결정이 선고된 이상, 위헌결정 당시의 국립사범대학 졸업자 또는 재학생들이 우선적으로 임용될 것이라는 점에 대하여 가졌던 기대 또는 신뢰는 법적으로 보호될 수 없다. 따라서 그 결정이 합리적 재량의 범위를 벗어나 현저하게 불합리하고 불공정한 것이 아닌 한 헌법에 위반된다고 할 수 없다. (헌재 2006. 5. 25. 2005헌마715)

[정답] ④

150

다음 설명 중 가장 적절하지 않은 것은? (판례)

① 상가건물 임차인의 계약갱신요구권 행사기간을 10년으로 연장한 개정법 조항의 시행 이전에 체결되었더라도 개정법 시행 이후 갱신되는 임대차의 경우에 개정법 조항의 연장된 기간을 적용하는 「상가건물임대차 보호법」 부칙조항은 신뢰보호원칙에 위반되지 않는다. 22경간/23법행

② 구 「매장 및 묘지 등에 관한 법률」이 「장사 등에 관한 법률」로 전부 개정되면서 그 부칙에서 종전의 법령에 따라 설치된 봉안시설을 신법에 의하여 설치된 봉안시설로 보도록 하였다면, 신법시행 후 추가로 설치되는 부분까지 기존의 법상태에 대한 보호가치 있는 신뢰가 있다고 보기 어렵다. 22경찰2/22국가7

③ '개성공단의 정상화를 위한 합의서'에는 국내법과 동일한 법적구속력을 인정하기 어렵기 때문에, 개성공단 전면중단 조치는 신뢰보호원칙을 위반하여 개성공단 투자기업인 청구인들의 영업의 자유와 재산권을 침해하지 아니한다. 22경찰2/22국가7

④ 부진정소급입법의 경우 법적 안정성을 도모하기 위해 특단의 사정이 없는 한 구법에 의하여 이미 얻은 자격 또는 권리를 새 입법을 하는 마당에 그대로 존중할 의무가 있다고 할 것이나, 진정소급입법의 경우에는 새 입법을 하면서 구법관계 내지 구법상의 기대이익을 존중하여야할 의무가 발생하지는 않는다. 22경찰2/22국가7

[해설]
① (O) (헌재 2021. 10. 28. 2019헌마106) 〈주〉법 시행 이후 갱신된 계약에 적용하므로 소급입법이 아니다.
② (O) (헌재 2021. 8. 31. 2019헌바453)
③ (O) (헌재 2022. 1. 27. 2016헌마364)
④ (×) 진정소급입법에 있어서특단의 사정이 없는 한 구법에 의하여 이미 얻은 자격 또는 권리를 존중할 입법의무가 있다 할 것이고, 부진정소급입법의 경우에는, 특단의 사정이 없는 한 새 입법을 하면서 구법관계 내지 구법상의 기대이익을 존중하여야 할 의무가 발생하지는 않는다.(헌재 2008. 7. 31. 2005헌가16)

[정답] ④

5. 소급입법금지원칙

151

다음 설명 중 가장 적절하지 않은 것은? (판례)

① 국가 형벌권을 소급하여 부과하거나 형벌을 가중하게 하는 소급입법은 금지된다. 06입시

② 신뢰보호원칙은 법치국가원리에 근거를 두고 있는 헌법상 원칙으로서, 특정한 법률에 의하여 발생한 법률관계는 그 법에 따라 파악되고 판단되어야 하고 과거의 사실관계가 그 뒤에 생긴 새로운 법률의 기준에 따라 판단되지 않는다는 국민의 신뢰를 보호하기 위한 것이다. 18지방7

③ 형벌불소급의 원칙은 행위의 가벌성에 관한 것이 아니고, 형사소추가 얼마 동안 가능한가의 문제에 관한 것이다. 18서울1회

④ 소급입법의 태양에는 진정소급효의 입법과 부진정소급효의 입법을 상정할 수 있다. 다만 이러한 구분기준이 실제에 있어서 항상 명확한 결과를 도출해 내는 것은 아니다. 17법행

[해설]
① (O) (헌재 1996. 2. 16. 96헌가2)
② (O) (헌재 2012. 11. 29. 2011헌마786)
③ (×) 형벌불소급의 원칙은 "행위의 가벌성" 즉 형사소추가 "언제부터 어떠한 조건하에서" 가능한가의 문제에 관한 것이고, "얼마동안" 가능한가의 문제에 관한 것은 아니므로, 과거에 이미 행한 범죄에 대하여 공소시효를 정지시키는 법률이라 하더라도 그 사유만으로 헌법 제12조 제1항 및 제13조 제1항에 규정한 죄형법정주의의 파생원칙인 형벌불소급의 원칙에 언제나 위배되는 것으로 단정할 수는 없다. (헌재 1996. 2. 16. 96헌가2) 〈주〉과거 어느 시점에 처벌이 가능하였다면 공소시효 기간이 얼마동안이든 관계 없이 처벌이 가능하다는 뜻이다.
④ (O) (헌재 1989. 3. 17. 88헌마1)

[정답] ③

152
다음 설명 중 옳지 않은 것을 모두 고른 것은? (판례)

㉠ 진정소급입법의 경우는 개인의 신뢰보호와 법적 안정성을 내용으로 하는 법치국가원리에 의하여 헌법적으로 허용되지 아니하는 것이 원칙이나, 특단의 사정이 있는 경우에는 예외적으로 허용될 수 있다. 19행시

㉡ 진정소급입법이라 할지라도 예외적으로 국민이 소급입법을 예상할 수 있었던 경우와 같이 소급입법이 정당화되는 경우에는 허용될 수 있다. 18서울1회

㉢ 국민이 소급입법을 예상할 수 있었다는 사정만으로는 진정소급입법이 정당화되어 허용된다고 할 수 없다. 12법무

㉣ 기존의 법에 의하여 형성되어 이미 굳어진 개인의 법적 지위를 사후입법을 통하여 박탈하는 것을 내용으로 하는 진정소급입법은 개인의 신뢰보호와 법적안정성을 내용으로 하는 법치국가원리에 반하므로 헌법적으로 허용될 여지가 없다. 17법행

① ㉠ ㉡   ② ㉠ ㉢
③ ㉡ ㉢   ④ ㉢ ㉣

해설

㉠ (O) (헌재 1999. 7. 22. 97헌바76)
㉡ (O) (헌재 1999. 7. 22. 97헌바76)
㉢ (X) 일반적으로 국민이 소급입법을 예상할 수 있었거나 법적 상태가 불확실하고 혼란스러워 보호할 만한 신뢰이익이 적은 경우와 소급입법에 의한 당사자의 손실이 없거나 아주 경미한 경우 그리고 신뢰보호의 요청에 우선하는 심히 중대한 공익상의 사유가 소급입법을 정당화하는 경우 등에는 예외적으로 진정소급입법이 허용된다. (헌재 1999. 7. 22. 97헌바76, 98헌바50)
㉣ (X) 예외적으로 진정소급입법이 허용될 수 있다. (헌재 1999. 7. 22. 97헌바76)

정답 ④

153
다음 설명 중 옳은 것을 모두 고른 것은? (판례)

㉠ 친일행위의 대가로 취득한 친일반민족행위자의 재산을 그 취득 원인행위 시에 국가의 소유로 하도록 한 것은 헌법에 위배되지 않는다. 18국회9

㉡ 친일재산을 그 취득·증여 등 원인행위시에 국가의 소유로 하도록 규정한 친일반민족행위자 재산의 국가귀속에 관한 특별법 제3조 제1항 본문은 진정소급입법에 해당하여 신뢰보호원칙에 위반된다. 18국회8

㉢ 공무원이 '직무와 관련 없는 과실로 인한 경우' 및 '소속상관의 정당한 직무상의 명령에 따르다가 과실로 인한 경우'를 제외하고 재직 중의 사유로 금고 이상의 형을 받은 경우, 퇴직급여 등을 감액하도록 2009. 12. 31. 개정된 감액조항을 2009. 1. 1.까지 소급하여 적용하도록 규정한 「공무원연금법」 부칙조항은 소급입법금지원칙에 위반하지 않는다. 21소방

㉣ 법령불소급의 원칙은 법령의 효력발생 전에 완성된 요건 사실에 대하여 당해 법령을 적용할 수 없다는 의미일 뿐, 계속 중인 사실이나 그 이후에 발생한 요건 사실에 대한 법령적용까지를 제한하는 것은 아니다. 14국가7

① ㉠ ㉡   ② ㉠ ㉢
③ ㉡ ㉢   ④ ㉠ ㉣

해설

㉠ (O) (대법원 2011. 5. 13. 2009다26831)
㉡ (X) 이 사건 귀속조항은 진정소급입법에 해당하나 헌법 제13조 제2항에 반하지 않는다. (헌재 2011. 3. 31. 2008헌바141)
㉢ (X) 2009. 12. 31. 개정된 이 사건 감액조항을 2009. 1. 1.까지 소급하여 적용하도록 규정한 조항은 소급입법금지원칙에 위배된다. (헌재 2013. 9. 26. 2013헌바170)
㉣ (O) (대법원 2014. 4. 24. 2013두26552) 〈주〉 계속 중인 사실에 법령을 적용하는 것은 부진정소급적용으로 허용된다.

정답 ④

154

다음 설명 중 옳지 않은 것을 모두 고른 것은? (판례)

㉠ 헌법 제13조 제2항이 금지하고 있는 소급입법은 진정소급효를 가지는 법률만을 의미하고, 이에 반하여 부진정소급효의 입법은 원칙적으로 허용된다. 06입시/23경승
㉡ 부진정소급입법은 헌법적으로 허용되지 않는 것이 원칙이며, 특단의 사정이 있는 경우에만 예외적으로 허용될 수 있다. 16사시/23경승
㉢ 부진정소급입법의 경우에는 특단의 사정이 없는 한 헌법적으로 허용되지 않는 것이 원칙이나, 예외적으로 신뢰보호의 요청에 우선하는 심히 중대한 공익상의 사유가 소급입법을 정당화하는 경우에 허용될 수 있다. 15국회 8/23경승
㉣ 공소시효가 아직 완성되지 않은 경우, 진행 중인 공소시효를 연장하는 법률은 부진정소급효를 갖게 되나, 공소시효제도에 근거한 개인의 신뢰와 공소시효의 연장을 통하여 달성하려는 공익을 비교형량하여 공익이 개인의 신뢰보호이익에 우선하는 경우에는 소급효를 갖는 법률도 헌법상 정당화될 수 있다. 17국회9/23경승

① ㉠ ㉡
② ㉡ ㉢
③ ㉠ ㉡ ㉢
④ ㉡ ㉢ ㉣

해설

㉠ (○) (헌재 1999. 7. 22. 97헌바76)
㉡ (×) 부진정소급입법은 원칙적으로 허용되지만 소급효를 요구하는 공익상의 사유와 신뢰보호의 요청 사이의 교량과정에서 신뢰보호의 관점이 입법자의 형성권에 제한을 가하게 된다. (헌재 1999. 7. 22. 97헌바76)
㉢ (×) 소위 부진정소급효의 입법의 경우에는 원칙적으로 허용되는 것이다. (헌재 1997. 6. 26. 96헌바94)
㉣ (○) (헌재 1996. 2. 16. 96헌가2)

[정답] ②

155

다음 설명 중 가장 적절하지 않은 것은? (판례)

① 부진정소급효의 경우 구법질서에 대하여 기대했던 당사자의 신뢰보호보다는 광범위한 입법권자의 입법형성권을 경시해서는 안 될 일이므로 특단의 사정이 없는 한 새 입법을 하면서 구법관계 내지 구법상의 기대이익을 존중하여야 할 의무가 발생하지는 않는다. 17법행
② 부진정소급입법은 원칙적으로 허용되지만 소급효를 요구하는 공익상의 사유와 신뢰보호 요청 사이의 교량과정에서 신뢰보호의 관점이 입법자의 형성권에 제한을 가하게 된다. 18서울1회
③ 부진정소급입법의 경우에도 신뢰보호의 필요성과 개정법률로 달성하려는 공익을 비교형량하여 종합적으로 판단하여야 한다. 21소방
④ 부진정소급입법은 원칙적으로 허용되는 것이기 때문에 위헌여부 심사에 있어서 진정소급입법과 달리 공익과 비교형량하여 판단할 필요는 없다. 05사시

해설

① (○) (헌재 1989. 3. 17. 88헌마1)
② (○) (헌재 1999. 7. 22. 97헌바76)
③ (○) (헌재 1995. 10. 26. 94헌바12)
④ (×) 부진정소급입법은 원칙적으로 허용되지만 소급효를 요구하는 공익상의 사유와 신뢰보호의 요청 사이의 교량과정에서 신뢰보호의 관점이 입법자의 형성권에 제한을 가하게 된다. (헌재 1999. 7. 22. 97헌바76)

[정답] ④

156
다음 설명 중 가장 적절한 것은? (판례)

① 부진정 소급입법의 경우, 일반적으로 과거에 시작된 구성요건사항에 대한 신뢰는 더 보호될 가치가 있는 것이므로, 신뢰보호의 원칙에 대한 심사는 장래 입법의 경우보다 일반적으로 더 완화되어야 한다. 14국가7
② 법치주의로부터 도출되는 신뢰보호의 원칙상 모든 법규범은 현재와 장래에 한하여 효력을 가지기 때문에 시혜적 소급입법은 금지된다. 17행시
③ 개정된 신법이 피적용자에게 유리한 경우인 이른바 시혜적인 소급입법을 할 것인지의 여부는 입법재량의 문제로서 국민의 권리를 제한하거나 새로운 의무를 부과하는 경우와는 달리 입법자에게 보다 광범위한 입법형성의 자유가 인정된다. 17법행/23경승
④ 신법이 피적용자에게 유리하게 개정된 경우 이른바 시혜적인 소급입법이 가능하므로 이를 피적용자에게 유리하게 적용하는 것은 입법자의 의무이다. 18국회9

해설
① (×) 부진정소급입법의 경우, 일반적으로 과거에 시작된 구성요건사항에 대한 신뢰는 더 보호될 가치가 있는 것이므로, 신뢰보호의 원칙에 대한 심사는 장래 입법의 경우보다 일반적으로 더 강화되어야 한다. (헌재 1995. 10. 6. 94헌바12) 〈주〉 장래입법보다 부진정소급입법의 신뢰보호가 더 강화되어야 하고, 부진정소급입법보다 진정소급입법의 신뢰보호가 더 강화되어야 한다.
② (×) 신법이 피적용자에게 유리한 경우에는 이른바 시혜적인 소급입법이 가능하며, 국민의 권리를 제한하거나 새로운 의무를 부과하는 경우와는 달리 입법자에게 보다 광범위한 입법형성의 자유가 인정된다고 할 것이다. (헌재 1995. 12. 28. 95헌마196)
③ (○) (헌재 2006. 5. 25. 2005헌바15)
④ (×) 개정된 신법이 피적용자에게 유리한 경우에 이른바 시혜적인 소급입법을 하여야 한다는 입법자의 의무가 헌법상의 원칙들로부터 도출되지는 아니한다. 따라서 국민의 권리를 제한하거나 새로운 의무를 부과하는 경우와는 달리 입법자에게 보다 광범위한 입법형성의 자유가 인정된다. (헌재 1998. 11. 26. 97헌바67)

정답 ③

157
다음 설명 중 가장 적절한 것은? (판례)

① 신법이 피적용자에게 유리한 경우에는 시혜적인 소급입법을 하여야 하므로, 순직공무원의 적용범위를 확대한 개정 공무원연금법을 소급하여 적용하지 아니하도록 한 개정 법률 부칙은 평등의 원칙에 위배된다. 18법행/20경승/22경채
② 시혜적 소급입법은 수익적인 것이어서 헌법상 보장된 기본권을 침해할 여지가 없어 위헌 여부가 문제되지 않는다. 14법원
③ 진정소급입법의 경우는 개인의 신뢰보호와 법적 안정성을 내용으로 하는 법치국가원리에 의하여 헌법적으로 허용되는 것이 원칙이다. 19행시
④ 개정된 법률 이전의 행위를 소급하여 형사처벌하도록 규정하고 있는 것이 아니라 형사처벌을 규정하고 있던 행위시법이 사후 폐지되었음에도 신법이 아닌 행위시법에 의하여 형사처벌하도록 규정한 것은 헌법 제13조 제1항의 형벌불소급원칙 보호영역에 포섭되지 아니한다. 19행시

해설
① (×) 이 사건 부칙조항이 신법을 소급하는 경과규정을 두지 않았다고 하더라도 입법정책적으로 정한 것이므로 입법재량의 범위를 벗어나 불합리한 차별이라고 할 수 없다. (헌재 2012. 8. 23. 2011헌바169)
② (×) 입법자의 판단은 존중되어야 하며 그 결정이 합리적 재량의 범위를 벗어나 현저하게 불합리하고 불공정한 것이 아닌 한 헌법에 위반된다고 할 수는 없다. (헌재 2006. 5. 25. 2005헌바15) 〈주〉 시혜적 소급입법도 시혜를 받지 못하는 사람의 평등권을 침해할 수도 있다.
③ (×) 신뢰보호의 요청에 우선하는 심히 중대한 공익상의 사유가 소급입법을 정당화하는 경우 등에는 예외적으로 진정소급입법이 허용된다. (헌재 1999. 7. 22. 97헌바76)
④ (○) (헌재 2015. 2. 26. 2012헌바268) 〈주〉 과거 행위시법으로 재판하는 경우는 소급효가 아니라 추급효이다.

정답 ④

6. 신뢰보호와 소급금지 판례

158
다음 설명 중 가장 적절한 것은? (판례)

① 새로운 입법으로 과거에 소급하여 과세하는 것은 소급입법금지 원칙에 위반되지만, 이미 납세의무가 존재하는 경우에 소급하여 중과세하는 것은 소급입법금지원칙에 위반되지 않는다. 13지방7
② 부당환급받은 세액을 징수하는 근거규정인 개정조항을 개정된 법 시행 후 최초로 환급세액을 징수하는 분부터 적용하도록 규정한 법인세법 부칙 조항은 이미 완성된 사실 법률관계를 규율하는 진정소급입법에 해당하나, 이를 허용하지 아니하면 위 개정조항과 같이 법인세 부과처분을 통하여 효율적으로 환수하지 못하고 부당이득반환 등 복잡한 절차를 거칠 수밖에 없어 중대한 공익상 필요에 의하여 예외적으로 허용된다. 16사시/19행시/20경승
③ 2009. 12. 31. 개정된 공무원연금법 제64조 제1항을 2009. 1. 1.까지 소급하여 적용하도록 규정함으로써 재직 중에 직무관련성 있는 범죄로 금고 이상의 형을 받은 공무원의 연금을 소급적으로 환수하는 것은 소급입법금지원칙에 위반되지 않는다. 19행시
④ 헌법불합치결정으로 구법 조항이 실효되어 이미 전액 지급된 공무원 퇴직연금의 일부를 다시 환수할 수 있도록 규정한 부칙조항은 진정소급입법으로서 국회가 개선입법을 하지 않은 것에 기인함에도 불구하고, 법집행의 책임을 퇴직 공무원들에게 전가하는 것으로 소급입법금지원칙에 위반된다. 15국가7

해설
① (×) 납세의무가 존재하는 경우에도 소급하여 "중과세"하는 것은 헌법에 위반된다. (헌재 2014. 7. 24. 2012헌바105)
② (×) 신뢰보호의 요청에 우선하여 진정소급입법을 하여야 할 매우 중대한 공익상 이유가 있다고 볼 수 없다. (헌재 2014. 7. 24. 2012헌바105) 〈주〉 개정법을 그 시행 전에 환급이 완성된 사건에 적용하는 것은 진정소급입법이므로 금지된다. 개정법 시행 후에 환급된 사건에 적용하는 것이 옳다.
③ (×) 소급입법금지원칙에 위배된다. (헌재 2013. 9. 26. 2013헌바170)
④ (○) (헌재 2013. 8. 29. 2010헌바354)

[정답] ④

159
다음 설명 중 가장 적절하지 않은 것은? (판례)

① 선출직 공무원인 지방의회의원으로서 받게 되는 보수가 기존의 연금에 미치지 못하는 경우에도 연금 전액의 지급을 정지하도록 정한 구 공무원연금법 조항은 과잉금지원칙에 위배되어 재산권을 침해한다. 18국가7(수정)
② 기존의 퇴직연금 수급자에게 전년도 평균임금월액을 초과한 소득월액이 있는 경우에 그 초과 액수에 따라 퇴직연금 중 일부의 지급을 정지하는 것은 보호해야 할 퇴직연금 수급자의 신뢰의 가치는 매우 큰 반면, 공무원연금 재정의 파탄을 막고 공무원 연금제도를 건실하게 유지하려는 공익적 가치는 그리 크지 않으므로 헌법상 신뢰보호의 원칙에 위반된다. 22경승
③ 현재 공무원으로 재직 중인 자가 퇴직하는 경우 장차 받게 될 퇴직연금의 지급시기를 변경하는 것은, 아직 완성되지 아니한 사실 또는 법률관계를 규율대상으로 하는 부진정소급입법에 해당되는 것이어서 원칙적으로 허용된다. 18법행
④ 실종기간이 구법 시행기간 중에 만료되는 때에도 그 실종이 개정 민법 시행일 후에 선고된 때에는 상속에 관하여 개정 민법의 규정을 적용하도록 한 민법 부칙의 조항은 재산권 보장에 관한 신뢰보호원칙에 위배된다고 볼 수 없다. 22경찰1

해설
① (○) (헌재 2022. 1. 27. 2019헌바161) 〈주〉 신뢰보호원칙위반 여부는 판단하지 않았다. 기존에 신뢰보호원칙에 반하지 않는다는 2015헌마1052 결정은 폐기되었다.
② (×) 이 사건 심판대상조항은 퇴직연금 중의 일부의 지급을 정지할 뿐이므로, 헌법상 신뢰보호의 원칙에 위반된다고 할 수 없다. (헌재 2009. 7. 30. 2007헌바113)
③ (○) (헌재 2015. 12. 23. 2013헌바259)
④ (○) (헌재 2016. 10. 27. 2015헌바203) 〈주〉 개정 민법 시행 이후에 실종선고되면 그때부터 사망한 것으로 간주되므로, 그에 따른 상속절차도 개정민법에 의하게 된다.

[정답] ②

160

다음 설명 중 가장 적절한 것은? (판례)

① 이미 발생하여 이행기에 도달한 퇴직연금 수급권의 내용을 변경하지 않고 부칙조항 시행 이후에 장래 이행기가 도래하는 퇴직연금 수급권의 내용을 변경하는 것은 진정소급입법이다. 13지방7

② 법 시행일 이후에 이행기가 도래하는 퇴직연금에 대하여 소득과 연계하여 그 일부의 지급을 정지할 수 있도록 한 공무원연금법 조항을 이미 확정적으로 연금수급권을 취득한 자에게도 적용하도록 한 것은, 이미 종료된 과거의 사실관계 또는 법률관계에 새로운 법률이 소급적으로 적용되어 과거를 법적으로 새로이 평가하는 진정소급입법에 해당한다. 18변시

③ 사법연수원의 소정 과정을 마치더라도 바로 판사임용자격을 취득할 수 없고 일정 기간 이상의 법조경력을 갖추어야 판사로 임용될 수 있도록 한 「법원조직법」 개정조항의 시행일 및 그 경과조치에 관한 부칙은, 동법 개정 시점에 이미 사법연수원에 입소하여 사법연수생의 신분을 가지고 있던 자가 사법연수원을 수료하는 해의 판사 임용에 지원하는 경우에 적용되는 한 신뢰보호의 원칙에 위반된다. 22경승

④ 국세관련 경력공무원 중 일부에게만 종전 세무사법 규정을 적용하여 세무사 자격이 부여되도록 규정한 개정된 세무사법 규정은 관련자들의 신뢰이익을 침해한 것이 아니다. 08국회

⑤ 특허청 경력공무원에 대하여 변리사자격을 부여해왔던 변리사법을 개정하여, 기존 특허청공무원 중 일부에게만 구법을 적용하여 변리사자격을 부여하도록 한 변리사법 부칙 제3항은 신뢰원칙에 위반되지 않는다. 13법원

해설

① (×) 진정소급입법에는 해당하지 아니한다. (헌재 2016. 6. 30. 2014헌바365) 〈주〉 부진정소급입법이다.
② (×) 진정소급입법에는 해당하지 아니한다. (헌재 2008. 2. 28. 2005헌마872) 〈주〉 부진정소급입법이다.
③ (○) (헌재 2012. 11. 29. 2011헌마786)
④ (×) 신뢰이익을 과도하게 침해한 것으로서 헌법에 위반된다. (헌재 2001. 9. 27. 2000헌마152)
⑤ (×) 신뢰이익을 과도하게 침해한 것으로서 헌법에 위반된다. (헌재 2001. 9. 27. 2000헌마208)

정답 ③

161

다음 설명 중 가장 적절한 것은? (판례)

① 의료기관 시설에서의 약국개설을 금지하는 입법을 하면서 1년의 유예기간을 두어 법 시행 후 1년 뒤에는 기존의 약국을 더 이상 운영할 수 없게 되는 경우 신뢰보호원칙에 위배되어 직업행사의 자유를 침해한다. 13법원

② 종전 「약사법」에 의하여 약국개설 등록을 받은 장소에서 법 시행일 후 1년 뒤에는 기존 약국을 더 이상 운영할 수 없도록 한 것은, 이미 개설 등록된 기존 약국의 효력이나 이제까지의 약국영업과 관련한 사법상의 법률효과를 소급하여 부인하는 것이므로, 헌법 제13조 제2항에서 의미하는 소급입법에 해당한다. 21비상

③ 한약사제도를 신설하면서 그 이전부터 한약을 조제해온 약사들의 한약조제를 금지하면서 향후 2년간만 한약을 제조할 수 있도록 한 약사법의 경과규정은 신뢰보호원칙에 위배된다. 13법원

④ 2011. 4. 28. 개정된 의료법에서 전문과목을 표시한 치과의원은 그 전문과목에 해당하는 환자만을 진료하도록 규정하고, 이를 2014. 1. 1.부터 시행되도록 한 것은 신뢰보호원칙을 위반하여 치과전문의의 직업수행의 자유를 침해하는 것이 아니다. 16사시

해설

① (×) 비례의 원칙이나 신뢰보호의 원칙에 위반되지 않으므로 청구인들의 직업행사의 자유를 침해하지 않는다. (헌재 2003. 10. 30. 2001헌마700) 〈주〉 1년의 유예기간을 두었다.
② (×) 소급입법에 해당되지 아니한다. (헌재 2003. 10. 30. 2001헌마700) 〈주〉 법 시행 이후의 행위를 규제하는 것이지, 법 시행 이전의 행위를 규제하는 것이 아니라는 뜻이다.
③ (×) 이 사건 법률 시행 후 2년 내에 간이화된 한약조제시험을 치르도록 하고 있으므로 충돌하는 사익과 공익을 비례의 원칙에 적합하게 조정하고 있다. (헌재 1997. 11. 27. 97헌바10)
④ (○) (헌재 2015. 5. 28. 2013헌마799) 〈주〉 신뢰보호원칙이나 명확성원칙에 위반되지 않는다. 과잉금지원칙에 위반하여 직업수행의 자유를 침해한다고 결정하였다.

정답 ④

162

다음 설명 중 가장 적절하지 않은 것은? (판례)

① 택지소유상한에 관한 법률이 택지를 소유하게 된 경위나 그 목적 여하에 관계없이 법 시행 이전부터 택지를 소유하고 있는 개인에 대하여 일률적으로 소유상한을 적용하도록 한 것은, 입법목적을 달성하기 위하여 필요한 정도를 넘어 과도하게 침해하는 것이자 신뢰보호의 원칙 및 평등원칙에 위반되는 것이다. 18국회8

② 개발이익환수에 관한 법률 시행 당시 진행 중인 사업에 대하여 장차 개발이 완료되면 개발부담금을 부과하려는 것은 부진정소급입법에 해당하는 것으로 원칙적으로 허용된다. 18서울1회

③ 개발이익 환수에 관한 법률 시행 전에 이미 개발에 착수하였다면 비록 법 시행 당시 개발이 완료되지 아니하였더라도 개발부담금을 부과하는 것은 소급입법금지의 원칙에 위배된다. 18법행

④ 폐기물재생처리업을 허가제로 하도록 법률을 개정하면서 종전 규정에 의하여 폐기물 재생처리 신고를 한 자는 이 법 시행일로부터 1년 이내에 허가를 받도록 한 것은 신뢰보호를 위한 경과조치를 규정하고 있고 그 유예기간이 지나치게 짧은 것이라 할 수 없으므로 신뢰보호위반이 아니다. 17국회9

해설

① (O) (헌재 1999. 4. 29. 94헌바37) 〈주〉 법시행 전부터 소유하던 것을 규제하여 신뢰보호원칙 위반이고, 일률적 금지라서 과잉금지원칙 위반이다.

② (O) 부진정소급입법에 해당하는 것이어서 원칙적으로 헌법상 허용되는 것이다. (헌재 2001. 2. 22. 98헌바19)

③ (X) 부진정소급입법에 해당하는 것이어서 원칙적으로 헌법상 허용되는 것이다. (헌재 2001. 2. 22. 98헌바19)

④ (O) 도시계획결정에 관한 새로운 유예기간이 추가된 점에 비추어 볼 때 지나치게 짧은 것이라고 할 수 없으므로, 과잉금지의 원칙에 위반하여 청구인들의 직업결정의 자유를 침해하는 것이라고 볼 수 없다. (헌재 2000. 7. 20. 99헌마452)

정답 ③

163

다음 설명 중 가장 적절한 것은? (판례)

① 신고로만 영업이 가능하였던 폐기물재생처리신고업에 대하여 일정한 경우 폐기물중간처리업으로 허가를 받아야만 영업이 가능하도록 그 요건을 강화하였다면 그 허가를 얻어야 하는 기간으로 법 개정일로부터 1년 6월 이내의 유예기간을 두었다하더라도 신뢰보호의 원칙을 위배한 하자가 치유되지 않는다. 02사시

② 종전의 수산업법에 의하여 아무런 제한 없이 주장이 가능하던 관행어업권에 대하여 수산업법 시행 이후부터는 등록하여야만 주장할 수 있는 것으로 변경하는 것은 재산권을 소급적으로 박탈하는 규정으로 위헌이다. 18법행

③ 저작인접권이 소멸된 음원을 무상으로 이용하여 음반을 제작·판매하는 방식으로 영업을 해오던 사업자가 소멸한 저작인접권을 회복시키는 입법으로 인하여 이를 할 수 없게 되었더라도, 2년의 유예기간을 두어 음반 제작·판매업자로서의 이익을 보호하는 것은 신뢰보호원칙에 위배되지 아니한다. 16국가7

④ 세무당국에 사업자등록을 하고 운전교습에 종사해 왔음에도 불구하고, 자동차운전학원으로 등록한 경우에만 자동차 운전교습업을 영위할 수 있도록 법률을 개정하는 것은 관련자들의 정당한 신뢰를 침해하는 것이다. 08국회

해설

① (X) 직업결정의 자유를 침해하는 것이라고 볼 수 없다. (헌재 2000. 7. 20. 99헌마452) 〈주〉 유예기간을 두었다.

② (X) 장래에 대하여 관행어업권의 행사방법을 규제할 뿐이므로 종전의 수산업법에 의하여 인정되던 관행어업권을 일방적으로 박탈하는 것이 아니다. (헌재 1999. 7. 22. 97헌바76)

③ (O) (헌재 2013. 11. 28. 2012헌마770)

④ (X) 청구인들이 비록 세무당국에 사업자등록을 하고 운전교습업에 종사하였다고 하더라도, 사업자등록은 과세행정상의 편의를 위하여 납세자의 인적사항 등을 공부에 등재하는 행위에 불과하므로 운전교습의 계속에 대하여 국가가 신뢰를 부여하였다고 보기도 어렵다. (헌재 2003. 9. 25. 2001헌마447)

정답 ③

164
다음 설명 중 가장 적절하지 않은 것은? (판례)

① PC방 전체를 금연구역으로 지정하고 부칙조항을 통해 공포 후 2년이 경과한 날부터 시행하도록 유예한 국민건강증진법은 신뢰보호원칙에 위반되지 아니한다. 16국가7
② 정부가 1976년부터 자도소주구입제도를 시행한 것을 고려할 때, 자도소주구입 명령제도에 대한 소주제조업자의 강한 신뢰보호이익이 인정되지만, 이러한 신뢰보호도 "능력경쟁의 실현"이라는 보다 우월한 공익에 직면하여 종래의 법적 상태의 존속을 요구할 수는 없다. 19변시
③ 종전의 법령에 따라 학교보건법의 학교환경위생정화구역 내에서 노래연습장 영업을 적법하게 하였는데, 시행령의 변경으로 이미 설치되어 있던 노래연습장시설을 5년 이내에 폐쇄 또는 이전하도록 하는 것은 법적 안정성과 신뢰보호원칙에 위배된다. 19변시
④ 광명시가 고등학교 비평준화 지역으로 남아 있을 것이라는 신뢰는 헌법상 보호하여야 할 가치나 필요성이 있다고 보기 어려우며, 교육감이 추첨에 의하여 고등학교를 배정하는 지역에 광명시를 포함시킨 것은 신뢰보호원칙에 위반되지 아니한다. 16국가7

해설
① (O) (헌재 2013. 6. 27. 2011헌마315)
② (O) (헌재 1996. 12. 26. 96헌가18) 〈주〉 약자보호를 위한 혜택은 영원할 수 없고, 한시적으로만 가능하다.
③ (X) 약 5년간의 유예기간을 주고 있으므로, 법적 안정성과 신뢰보호의 원칙에 어긋난다고 할 수 없다. (헌재 1999. 7. 22. 98헌마480)
④ (O) (헌재 2012. 11. 29. 2011헌마827)

[정답] ③

165
다음 설명 중 옳은 것을 모두 고른 것은? (판례)

㉠ 위법건축물에 대하여 이행강제금을 부과하도록 하면서 이행강제금제도 도입 전의 위법건축물에 대하여도 이행강제금제도 적용의 예외를 두지 아니한 것은 신뢰보호원칙에 위배된다. 16서울
㉡ 실종기간이 구법 시행기간 중에 만료되는 때에도 그 실종이 개정 민법 시행일 후에 선고된 때에는 상속에 관하여 개정 민법의 규정을 적용하도록 한 민법 부칙의 조항은 재산권보장에 관한 신뢰보호원칙에 위배된다고 볼 수 없다. 22경찰1차
㉢ 임차인의 계약갱신요구권 행사 기간을 10년으로 규정한 상가건물 임대차보호법의 개정법 조항을 개정법 시행 후 갱신되는 임대차에 대하여도 적용하도록 규정한 동법 부칙의 규정은 신뢰보호원칙에 위배되어 임대인의 재산권을 침해한다고 볼 수 없다. 22경찰1차

① ㉠ ㉡
② ㉠ ㉢
③ ㉡ ㉢
④ ㉠ ㉡ ㉢

해설
㉠ (X) 건축물의 안전, 기능, 미관을 증진하여야 한다는 공익적 필요는 중대하다 할 것이다. 따라서 이 사건 부칙조항은 신뢰보호원칙에 위배된다고 볼 수 없다. (헌재 2015. 10. 21. 2013헌바248)
㉡ (O) (헌재 2016. 10. 27. 2015헌바203) 〈주〉 개정 민법 시행 이후에 실종선고되면 그때부터 사망한 것으로 간주되므로, 그에 따른 상속절차도 개정민법에 의하게 된다.
㉢ (O) 이 사건 부칙조항은 아직 진행과정에 있는 사안을 규율대상으로 한다. 따라서 헌법 제13조 제2항이 말하는 소급입법에 의한 재산권침해는 문제되지 않는다. (헌재 2021. 10. 28. 2019헌마106)
〈주〉 진행 중에 있는 사안에 적용되는 부진정소급입법이므로 허용된다는 뜻이다.

[정답] ③

7. 체계정당성원칙

166
다음 설명 중 가장 적절하지 않은 것은? (판례)

① 체계정당성의 원리라는 것은 동일 규범 내에서 또는 상이한 규범 간에 그 규범의 구조나 내용 또는 규범의 근거가 되는 원칙면에서 상호 배치되거나 모순되어서는 아니된다는 하나의 헌법적 요청이다. 21국가7
② 체계정당성의 원리는 동일 규범 내에서 또는 상이한 규범 간에 그 규범의 구조나 내용 또는 규범의 근거가 되는 원칙면에서 상호 배치되거나 모순되어서는 안된다는 하나의 헌법적 요청이며, 국가공권력에 대한 통제와 이를 통한 국민의 자유와 권리의 보장을 이념으로 하는 법치주의원리로부터 도출된다. 21소방
③ 규범 상호간의 체계정당성을 요구하는 이유는 입법자의 자의를 금지하여 규범의 명확성, 예측가능성 및 규범에 대한 신뢰와 법적 안정성을 확보하기 위한 것이고 이는 국가공권력에 대한 통제와 이를 통한 국민의 자유와 권리의 보장을 이념으로 하는 법치주의원리로부터 도출되는 것이다. 21국가7
④ 체계정당성의 원리는 규범 상호간의 구조와 내용 등이 모순됨이 없이 체계와 균형을 유지하여야 한다는 헌법적 원리이지만 곧바로 입법자를 기속하는 것이라고는 볼 수 없다. 21국가7

해설
① (O) (헌재 2004. 11. 25. 2002헌바66)
② (O) (헌재 2004. 11. 25. 2002헌바66)
③ (O) (헌재 2004. 11. 25. 2002헌바66)
④ (×) '체계정당성'의 원리라는 것은 동일 규범 내에서 또는 상이한 규범간에 (수평적 관계이건 수직적 관계이건) 그 규범의 구조나 내용 또는 규범의 근거가 되는 원칙면에서 상호 배치되거나 모순되어서는 안 된다는 하나의 헌법적 요청이다. 즉 이는 규범 상호간의 구조와 내용 등이 모순됨이 없이 체계와 균형을 유지하도록 입법자를 기속하는 헌법적 원리라고 볼 수 있다. (헌재 2004. 11. 25. 2002헌바66)

[정답] ④

167
다음 설명 중 가장 적절하지 않은 것은? (판례)

① 체계정당성의 원리는 동일 규범 내에서 또는 상이한 규범 간에 그 규범의 구조나 내용 또는 규범의 근거가 되는 원칙면에서 상호 배치되거나 모순되어서는 안된다는 하나의 헌법적 원칙으로, 이러한 체계정당성의 위반을 정당화할 합리적인 사유의 존재에 대하여는 입법재량이 인정될 수 없다. 10사시
② 신뢰보호원칙에 위반되는 법률은 위헌이지만, 체계정당성에 위반되는 법률이라는 이유 때문에 바로 위헌이라고 할 수는 없다. 14국가7
③ 법치주의원리로부터 도출되는 체계정당성의 원리에 대한 위반 자체가 바로 위헌이 되는 것은 아니고 이는 비례의 원칙이나 평등원칙위반 내지 입법의 자의금지위반 등의 위헌성을 시사하는 하나의 징후일 뿐이다. 18국가7
④ 일반적으로 일정한 공권력작용이 체계정당성에 위반한다고 해서 곧 위헌이 되는 것은 아니고, 그것이 위헌이 되기 위해서는 결과적으로 비례의 원칙이나 평등의 원칙 등 일정한 헌법의 규정이나 원칙을 위반하여야 한다. 21국가7
⑤ 체계정당성의 원리는 비례의 원칙이나 평등의 원칙 등 일정한 헌법의 규정이나 원칙을 위반하여야만 비로소 그 위반이 인정된다. 15서울

해설
① (×) 체계정당성 위반은 비례의 원칙이나 평등의 원칙 등 일정한 헌법의 규정이나 원칙을 위반하여야만 비로소 위헌이 되며, 체계정당성의 위반을 정당화할 합리적인 사유의 존재에 대하여는 입법재량이 인정된다. (헌재 2004. 11. 25. 2002헌바66)
② (O) (헌재 2004. 11. 25. 2002헌바66)
③ (O) (헌재 2004. 11. 25. 2002헌바66)
④ (O) (헌재 2004. 11. 25. 2002헌바66)
⑤ (O) (헌재 2004. 11. 25. 2002헌바66)

[정답] ①

제5항 사회국가원리

1. 서설

168
다음 설명 중 가장 적절한 것은? (판례)

① 우리 헌법은 '사회국가원리'를 헌법전문과 경제질서 부분에서 명문으로 직접 규정하고 있다. 22경승

② 사회국가란 경제·사회·문화의 모든 영역에서 정의로운 사회질서의 형성을 위하여 사회현상에 관여하고 간섭하고 분배하고 조정하는 국가이며, 궁극적으로는 국민 각자가 실제로 자유를 행사할 수 있는 그 실질적 조건을 마련해 줄 의무가 있는 국가이다. 22경승/22국가7

③ 사회적 기본권은 입법과정이나 정책결정과정에서 사회적 기본권에 규정된 국가목표의 무조건적인 최우선적 배려를 요청하는 것이며, 이러한 의미에서 사회적 기본권은 국가의 모든 의사결정과정에서 사회적 기본권이 담고 있는 국가목표를 최우선적으로 고려하여야 할 국가의 의무를 의미한다. 22경승

④ 국가가 인간다운 생활을 보장하기 위한 헌법적 의무를 다하였는지의 여부가 사법심사의 대상이 된 경우, 국가가 최저생활보장에 관한 입법을 전혀 하지 아니한 경우에만 한하여 헌법에 위반된다고 할 수 있다. 22경승/22경간

해설

① (✕) 우리 헌법은 사회국가원리를 명문으로 규정하고 있지 않다. (헌재 2004. 10. 28. 2002헌마328) 〈주〉 사회국가원리, 문화국가원리, 법치주의원리 등은 헌법에 명시적 규정이 없다.

② (○) (헌재 2004. 10. 28. 2002헌마328)

③ (✕) 사회적 기본권은 입법과정이나 정책결정과정에서 사회적 기본권에 규정된 국가목표의 무조건적인 최우선적 배려가 아니라 단지 적절한 고려를 요청하는 것이다. (헌재 2002. 12. 18. 2002헌마52)

④ (✕) 국가가 인간다운 생활을 보장하기 위한 헌법적 의무를 다하였는지의 여부가 사법적 심사의 대상이 된 경우에는, 국가가 최저생활보장에 관한 입법을 전혀 하지 아니하였다든가 그 내용이 현저히 불합리하여 헌법상 용인될 수 있는 재량의 범위를 명백히 일탈한 경우에 한하여 헌법에 위반된다고 할 수 있다. (헌재 2004. 10. 28. 2002헌마328) 〈주〉 명백히 일탈한 경우도 있으므로, 지문에서 "한하여" 부분이 틀렸다.

정답 ②

169
다음 설명 중 가장 적절한 것은? (판례)

① 헌법 제119조 제2항에 규정된 '경제주체 간의 조화를 통한 경제민주화'의 이념은 경제영역에서 정의로운 사회질서를 형성하기 위하여 추구할 수 있는 국가목표로서 개인의 기본권을 제한하는 국가행위를 정당화하는 헌법규범이다. 18국회9

② 헌법 제119조 제2항에 규정된 '경제주체 간의 조화를 통한 경제민주화'의 이념은 경제영역에서 정의로운 사회질서를 형성하기 위하여 추구할 수 있는 국가목표로서 기능하지만, 개인의 기본권을 제한하는 국가행위를 정당화하는 규범적 기능은 갖고 있지 않다. 14국가7

③ 헌법 제119조 제2항에 규정된 '경제주체간의 조화를 통한 경제민주화'의 이념은 경제영역에서 정의로운 사회질서를 형성하기 위하여 추구할 수 있는 국가목표일 뿐, 개인의 기본권을 제한하는 국가행위를 정당화하는 헌법규범이 아니다. 20법원

④ 헌법 제119조 제2항에 규정된 '경제주체간의 조화를 통한 경제민주화'의 이념은 경제영역에서 정의로운 사회질서를 형성하기 위하여 추구할 수 있는 국가목표에 불과하여, 이 조항이 기본권을 제한하는 국가행위를 정당화하는 직접적인 헌법규범이 될 수는 없다. 21국회8/22경간

해설

① (○) (헌재 2004. 10. 28. 99헌바91)

② (✕) 헌법 제119조 제2항에 규정된 '경제주체의 조화를 통한 경제민주화'의 이념은 국가목표로서 개인의 기본권을 제한하는 국가행위를 정당화하는 헌법규범이다. (헌재 2004. 10. 28. 99헌바91)

③ (✕) 국가목표로서 개인의 기본권을 제한하는 국가행위를 정당화하는 헌법규범이다. (헌재 2004. 10. 28. 99헌바91)

④ (✕) 국가목표로서 개인의 기본권을 제한하는 국가행위를 정당화하는 헌법규범이다. (헌재 2003. 11. 27. 2001헌바35).

정답 ①

170

다음 설명 중 가장 적절하지 않은 것은? (판례)

① 우리 헌법상의 경제질서는 사유재산제를 바탕으로 하고 자유경쟁을 존중하는 자유시장경제질서를 기본으로 하면서도 이에 수반되는 갖가지 모순을 제거하고 사회복지·사회정의를 실현하기 위하여 국가적 규제와 조정을 용인하는 사회적 시장경제질서로서의 성격을 띠고 있다. 18법원/22국회8

② 경제적 기본권의 제한을 정당화하는 공익은 헌법에 명시적으로 규정된 목표에만 제한되는 것이다. 09법무

③ 헌법은 제119조 이하의 경제에 관한 장에서 경제영역에서의 국가목표를 명시적으로 규정함으로써, 국가가 경제정책을 통하여 달성하여야 할 '공익'을 구체화하고 동시에 헌법 제37조 제2항의 '공공복리'를 구체화하고 있다. 18국회9

④ 헌법은 경제조항에서 단지 국가가 실현하려고 의도하는 전형적인 경제목표를 예시적으로 구체화하고 있을 뿐이므로 기본권의 침해를 정당화 할 수 있는 모든 공익을 아울러 고려하여 법률의 합헌성 여부를 심사하여야 한다. 21국회5

⑤ 헌법 제119조 제1항이 규정하고 있는 '경제적 자유와 창의'는 직업의 자유, 재산권의 보장, 근로3권과 같은 경제에 관한 기본권 및 비례의 원칙과 같은 법치국가원리에 의하여 비로소 헌법적으로 구체화된다. 21국회5

해설

① (○) (헌재 2001. 6. 28. 2001헌마132)
② (×) 경제적 기본권의 제한을 정당화하는 공익이 헌법에 명시적으로 규정된 목표에만 제한되는 것은 아니고, 헌법은 단지 국가가 실현하려고 의도하는 전형적인 경제목표를 예시적으로 구체화하고 있을 뿐이므로 기본권의 침해를 정당화할 수 있는 모든 공익을 아울러 고려하여 법률의 합헌성 여부를 심사하여야 한다. (헌재 1996. 12. 26. 96헌가18)
③ (○) (헌재 1996. 12. 26. 96헌가18)
④ (○) (헌재 1996. 12. 26. 96헌가18)
⑤ (○) (헌재 2002. 10. 31. 99헌바76)

정답 ②

171

다음 설명 중 옳지 않은 것을 모두 고른 것은? (판례)

㉠ 헌법의 지도원리는 국가기관 및 국민이 준수하여야 할 최고의 가치규범이고, 헌법의 각 조항을 비롯한 모든 법령의 해석기준이며, 입법권의 범위와 한계 그리고 국가 정책결정의 방향을 제시한다. 10국회8

㉡ 헌법상의 경제질서인 사회적 시장경제질서는 헌법의 지도원리로서 모든 국민 국가기관이 헌법을 존중하고 수호하도록 하는 지침이 되며, 기본권의 해석 및 기본권 제한 입법의 합헌성 심사에 있어 해석기준의 하나로서 작용함은 물론 구체적 기본권을 도출하는 근거도 될 수 있다. 15사시

㉢ 헌법 제119조는 헌법상 경제질서에 관한 일반조항으로서 국가의 경제정책에 대한 하나의 헌법적 지침이 됨과 동시에 경제에 관한 기본권의 성질도 포함하고 있으므로 독자적인 위헌심사의 기준이 될 수 있다. 21국회5/22경간

㉣ 헌법 제119조는 헌법상 경제질서에 관한 일반조항으로서 국가의 경제정책에 대한 하나의 헌법적 지침일 뿐 그 자체가 기본권의 성질을 가진다고 할 수는 없다. 18국가7

① ㉠ ㉡ ② ㉠ ㉢
③ ㉡ ㉢ ④ ㉠ ㉡ ㉣

해설

㉠ (○) (헌재 2001. 9. 27. 2000헌마238)
㉡ (×) 헌법의 기본원리는 국민·국가기관이 헌법을 존중하고 수호하도록 하는 지침이 되며, 구체적 기본권을 도출하는 근거로 될 수는 없으나 기본권의 해석 및 기본권제한입법의 합헌성 심사에 있어 해석기준의 하나로서 작용한다. (헌재 1996. 4. 25. 92헌바47)
㉢ (×) 하나의 헌법적 지침일 뿐, 그 자체가 기본권의 성질을 가진다거나 독자적인 위헌심사의 기준이 된다고 할 수 없다. (헌재 2017. 7. 27. 2015헌바278) 〈주〉 위헌심사를 할 때에는 헌법 제119조를 포함한 여러 공익들을 아울러 고려하여 심사한다.
㉣ (○) (헌재 2017. 7. 27. 2015헌바278)

정답 ③

172
다음 설명 중 가장 적절하지 않은 것은? (판례)

① 국가의 경제정책에 대한 헌법적 지침인 헌법 제119조의 경제질서는 직업의 자유와 같은 경제에 관한 기본권에 의하여 구체화된다. 18국회9
② 개별 학교법인이 그 자체로 교원노조의 상대방이 되어 단체교섭에 나서지 못하고 전국단위 또는 시·도 단위의 교섭단의 구성원으로서만 단체교섭에 참여할 수 있도록 한 법률조항의 위헌여부를 심사함에 있어서, 「헌법」 제119조 소정의 경제질서는 독자적인 위헌심사의 기준이 되며, 결사의 자유에 대한 과잉금지원칙에 흡수되는 것은 아니다. 21경채
③ 현행 헌법이 추구하는 경제질서는 사유재산제를 바탕으로 하면서 경제활동의 자유와 자유경쟁을 존중하는 자유시장적 경제질서를 기본으로 채택하고 있다. 12변시
④ 경제질서의 근본이념은 자유시장 경제질서를 기본으로 하면서 사회국가원리를 수용하여 실질적 자유와 평등을 아울러 달성하려는 것이다. 08지방7

해설

① (O) (헌재 2014. 4. 24. 2012헌마865).
② (X) 헌법 제119조 소정의 경제질서는 독자적인 위헌심사의 기준이 된다기보다는 결사의 자유에 대한 법치국가적 위헌심사기준, 즉 과잉금지원칙 내지는 비례의 원칙에 흡수되는 것이라고 할 것이다. (헌재 2006. 12. 28. 2004헌바67) 〈주〉 과잉금지원칙으로 심사하면 경제질서로 별도의 심사를 하지 않는다.
③ (O) (헌재 2001. 6. 28. 2001헌마132)
④ (O) (헌재 1998. 5. 28. 96헌가4)

[정답] ②

173
다음 설명 중 옳은 것을 모두 고른 것은? (판례)

㉠ 우리 헌법은 사유재산제를 바탕으로 자유경쟁을 존중하는 자유시장경제질서를 기본으로 하면서도 국가의 규제와 조정을 인정하는 사회적 시장경제질서의 성격을 띠고 있다. 15국가7
㉡ 경제질서에 있어서 국가적인 규제와 통제는 보충성원칙에 입각해야 하며 사유재산제도와 더불어 경제행위에 대한 사적 자치원칙이 존중되는 범위 내에서만 허용된다. 12변시
㉢ 사회국가는 사회적 문제를 해결하는 데에 있어서 개인과 사회의 자율을 우선하며, 이러한 개인과 사회의 노력이 기능하지 않을 때에만 국가는 부차적으로 도움을 제공하고 배려하며 조정한다는 기본적 사고를 바탕으로 하고 있으므로, 사회국가의 실현은 보충성의 원리에 의하여 제한된다. 10회8
㉣ 입법자가 경제영역에서의 국가목표를 이루기 위하여 가능한 여러 정책 중 필요하다고 판단되는 경제정책을 선택하였다면 입법자의 그러한 정책판단과 선택은 현저히 합리성을 결여한 것이라고 볼 수 없는 한 존중되어야 한다. 21국회5

① ㉠ ㉡
② ㉠ ㉡ ㉢
③ ㉡ ㉢ ㉣
④ ㉠ ㉡ ㉢ ㉣

해설

㉠ (O) (헌재 2001. 6. 28. 2001헌마132)
㉡ (O) (헌재 1989. 12. 22. 88헌가13).
㉢ (O) 사회국가원리의 경우 그 달성은 1차적으로는 개인적 차원에서 이루어져야 하고 그것이 불가능할 경우에 국가가 개입해야 한다는 보충성의 원리에 따른 한계가 존재한다.
㉣ (O) 입법자의 정책판단과 선택은 경제에 관한 국가적 규제 조정 권한의 행사로서 존중되어야 하고 사법적 판단에 의해 함부로 대체되어서는 아니된다. (헌재 1996. 12. 26. 96헌가18)

[정답] ④

174

다음 설명 중 옳은 것을 모두 고른 것은? (판례)

> ㉠ 헌법 제119조 제1항에 비추어 보더라도, 개인의 사적 거래에 대한 공법적 규제는 되도록 사전적·일반적 규제보다는 사후적·구체적 규제방식을 택하여 국민의 거래자유를 최대한 보장하여야 할 것이다. 19변시/22경간
> ㉡ 헌법 제119조 제2항이 국가가 경제영역에서 실현하여야 할 목표의 하나로서 '적정한 소득의 분배'를 들고 있기 때문에, 입법자가 사회·경제정책을 시행함에 있어서 이에 대하여 정책적으로 항상 최우선적인 배려를 하여야 한다. 08지방7
> ㉢ 고의나 과실로 타인에게 손해를 가한 경우에만 그 손해에 대한 배상책임을 가해자가 부담한다는 과실책임 원칙은 헌법 제119조 제1항의 자유시장경제질서에서 파생된 것이다. 19변시
> ㉣ 자동차손해배상보장법이 위험책임의 원리에 기하여 무과실책임을 지운 것은 사회국가원리를 수용한 헌법이념에 따른 것이다. 10지방7
> ㉤ 자유시장 경제질서를 기본으로 하면서도 사회국가원리를 수용하고 있는 우리 헌법의 이념에 비추어 볼 때, 일반불법행위책임에 관하여 과실책임의 원리를 기본원칙으로 하면서도 일정한 영역의 특수한 불법행위책임에 관하여 위험책임의 원리를 수용하는 것은 헌법에 의해 직접적으로 부과되는 명령이므로, 입법자의 재량에 속한다고 볼 수 없다. 10국회8

① ㉠ ㉡
② ㉠ ㉡ ㉢
③ ㉠ ㉢ ㉣
④ ㉡ ㉢ ㉣ ㉤

해설

㉠ (○) (헌재 2012. 8. 23. 2010헌가65)
㉡ (×) "적정한 소득의 분배"를 무조건적으로 실현할 것을 요구한다거나 정책적으로 항상 최우선적인 배려를 하도록 요구하는 것은 아니라 할 것이다. (헌재 1999. 11. 25. 98헌마55)
㉢ (○) (헌재 2015. 3. 26. 2014헌바202)
㉣ (○) (헌재 1998. 5. 28. 96헌가4)
㉤ (×) 자유시장 경제질서를 기본으로 하면서도 사회국가원리를 수용하고 있는 우리 헌법의 이념에 비추어, 일반불법행위책임에 관하여는 과실책임의 원리를 기본원칙으로 하면서 특수한 불법행위책임에 관하여 위험책임의 원리를 수용하는 것은 입법정책에 관한 사항으로서 입법자의 재량에 속한다. (헌재 1998. 5. 28. 96헌가4)

정답 ③

2. 헌법상 경제질서

175

다음 설명 중 옳은 것을 모두 고른 것은? (판례)

> ㉠ 대한민국의 경제질서는 개인과 기업의 경제상의 자유와 창의를 존중함을 기본으로 한다. 09사시
> ㉡ 헌법 제119조 제1항은 기업의 생성·발전·소멸은 어디까지나 기업의 자율에 맡긴다는 기업자유의 표현이며 국가의 공권력은 특단의 사정이 없는 한 이에 대한 불개입을 원칙으로 한다는 뜻이다. 14국가7
> ㉢ 현행 헌법은 지속가능한 국민경제의 성장을 명문으로 규정하고 있다. 15법원
> ㉣ 현행 헌법은 공정거래의 보장과 독과점에 대한 규제 및 조정을 명문으로 규정하고 있다. 05법행

① ㉠ ㉡
② ㉠ ㉡ ㉢
③ ㉡ ㉢ ㉣
④ ㉠ ㉡ ㉢ ㉣

해설

㉠ (○) 헌법 제119조 제1항.
㉡ (○) (헌재 1993. 7. 29. 89헌마31)
㉢ (×) 헌법 제119조 ② 국가는 균형있는 국민경제의 성장 및 안정과 적정한 소득의 분배를 유지하고, 시장의 지배와 경제력의 남용을 방지하며, 경제주체간의 조화를 통한 경제의 민주화를 위하여 경제에 관한 규제와 조정을 할 수 있다. 〈주〉 지속가능한 국민경제의 성장은 규정하고 있지 않다.
㉣ (×) 헌법 제119조 ① 대한민국의 경제질서는 개인과 기업의 경제상의 자유와 창의를 존중함을 기본으로 한다. ② 국가는 균형있는 국민경제의 성장 및 안정과 적정한 소득의 분배를 유지하고, 시장의 지배와 경제력의 남용을 방지하며, 경제주체간의 조화를 통한 경제의 민주화를 위하여 경제에 관한 규제와 조정을 할 수 있다. 〈주〉 독과점 규제에 대한 규정은 없다.

정답 ①

176
다음 설명 중 옳은 것을 모두 고른 것은? (판례)

> ㉠ 국가의 경쟁정책은 시장경제가 제대로 기능하기 위한 전제조건으로서의 가격과 경쟁의 기능을 유지하고 촉진하려고 하는 것인바, 독과점규제의 목적이 경쟁의 회복에 있다면 이 목적을 실현하는 수단 또한 자유롭고 공정한 경쟁을 가능하게 하는 방법이어야 한다. 08지방7
> ㉡ 국가는 경제의 민주화를 위하여 경제에 관한 규제와 조정을 할 수 있다. 17행시
> ㉢ 현행 헌법은 지하자원 등의 채취 개발 이용의 특허 및 국가의 보호를 명문으로 규정하고 있다. 05법행
> ㉣ 수력(水力)은 법률이 정하는 바에 의하여 일정한 기간 그 이용을 특허할 수 있다. 18법무

① ㉠ ㉡
② ㉠ ㉡ ㉢
③ ㉡ ㉢ ㉣
④ ㉠ ㉡ ㉢ ㉣

해설

㉠ (O) (헌재 1996. 12. 26. 96헌가18)
㉡ (O) 헌법 제119조 ① 대한민국의 경제질서는 개인과 기업의 경제상의 자유와 창의를 존중함을 기본으로 한다. ② 국가는 균형있는 국민경제의 성장 및 안정과 적정한 소득의 분배를 유지하고, 시장의 지배와 경제력의 남용을 방지하며, 경제주체간의 조화를 통한 경제의 민주화를 위하여 경제에 관한 규제와 조정을 할 수 있다.
㉢ (O) 헌법 제120조 ① 광물 기타 중요한 지하자원·수산자원·수력과 경제상 이용할 수 있는 자연력은 법률이 정하는 바에 의하여 일정한 기간 그 채취·개발 또는 이용을 특허할 수 있다.
㉣ (O) 헌법 제120조 ① 광물 기타 중요한 지하자원·수산자원·수력과 경제상 이용할 수 있는 자연력은 법률이 정하는 바에 의하여 일정한 기간 그 채취·개발 또는 이용을 특허할 수 있다.

[정답] ④

177
다음 설명 중 가장 적절한 것은? (판례)

① 현행 헌법은 수력과 풍력의 개발 또는 이용의 특허를 명문으로 규정하고 있다. 09사시
② 국토와 자원은 국가의 보호를 받으며, 국가는 그 균형 있는 개발과 이용을 위하여 필요한 계획을 수립한다. 10국가7
③ 현행 헌법은 국토의 효율적이고 지속가능한 개발과 보전을 명문으로 규정하고 있다. 09사시
④ 현행 헌법은 환경보호운동의 보장을 명문으로 규정하고 있다. 09사시

해설

① (×) 헌법 제120조 ① 광물 기타 중요한 지하자원·수산자원·수력과 경제상 이용할 수 있는 자연력은 법률이 정하는 바에 의하여 일정한 기간 그 채취·개발 또는 이용을 특허할 수 있다. 〈주〉 풍력은 없다.
② (O) 헌법 제120조 ② 국토와 자원은 국가의 보호를 받으며, 국가는 그 균형있는 개발과 이용을 위하여 필요한 계획을 수립한다.
③ (×) 헌법 제122조. 국가는 국민 모두의 생산 및 생활의 기반이 되는 국토의 효율적이고 균형있는 이용·개발과 보전을 위하여 법률이 정하는 바에 의하여 그에 관한 필요한 제한과 의무를 과할 수 있다. 〈주〉 국토의 지속가능한 개발은 헌법 규정에 없다.
④ (×) 환경보호운동의 보장은 헌법에 없다.

[정답] ②

178

다음 설명 중 옳은 것을 모두 고른 것은? (판례)

> ㉠ 농지는 원칙적으로 농민에게 분배되어야 하며 그 분배의 방법, 소유의 한도, 소유권의 내용과 한계는 법률로써 정한다. 10국가7
>
> ㉡ 농지의 소작제도는 금지되나 농업생산성의 제고와 농지의 합리적인 이용을 위하거나 불가피한 사정으로 발생하는 농지의 임대차와 위탁경영은 법률이 정하는 바에 의하여 인정된다. 10국가7
>
> ㉢ 국가는 농지에 관하여 경자유전의 원칙이 달성될 수 있도록 노력하여야 하며, 농지의 임대차는 금지된다. 17행시
>
> ㉣ 헌법 제121조는 국가에 대해 '경자유전 원칙의 달성'을 요청하는 한편 '불가피한 사정으로 발생하는 농지의 임대차와 위탁경영'을 허용하고 있는바, 농지법상 상속으로 농지를 취득하여 소유하는 경우 자기의 농업경영에 이용하지 아니할지라도 농지를 소유할 수 있다. 15사시

① ㉠ ㉡
② ㉠ ㉢
③ ㉡ ㉢
④ ㉡ ㉣

해설

㉠ (×) 현행헌법상 농지의 분배에 대한 헌법규정은 존재하지 않는다.

㉡ (○) 헌법 제121조 ① 국가는 농지에 관하여 경자유전의 원칙이 달성될 수 있도록 노력하여야 하며, 농지의 소작제도는 금지된다. ② 농업생산성의 제고와 농지의 합리적인 이용을 위하거나 불가피한 사정으로 발생하는 농지의 임대차와 위탁경영은 법률이 정하는 바에 의하여 인정된다.

㉢ (×) 헌법 제121조 ① 국가는 농지에 관하여 경자유전의 원칙이 달성될 수 있도록 노력하여야 하며, 농지의 소작제도는 금지된다. ② 농업생산성의 제고와 농지의 합리적인 이용을 위하거나 불가피한 사정으로 발생하는 농지의 임대차와 위탁경영은 법률이 정하는 바에 의하여 인정된다.

㉣ (○) 농지법 제6조(농지 소유 제한) ② 다음 각 호의 어느 하나에 해당하는 경우에는 제1항에도 불구하고 자기의 농업경영에 이용하지 아니할지라도 농지를 소유할 수 있다. 4. 상속으로 농지를 취득하여 소유하는 경우

정답 ④

179

다음 설명 중 가장 적절한 것은? (판례)

① 현행 헌법은 농·어민의 이익보호 및 중소기업의 보호·육성과 지역경제의 육성을 명문으로 규정하고 있다. 05법행

② 국가는 지역 간의 균형 있는 발전을 위하여 지역경제를 육성할 의무를 지나, 중소기업을 보호·육성하여야 할 의무를 지지 아니한다. 21국가5

③ 현행 헌법은 농업 및 기간산업의 보호·육성을 명문으로 규정하고 있다. 09사시

④ 국가는 농수산물의 수급균형과 유통구조의 개선에 노력하여 가격안정을 도모함으로써 소비자의 이익을 보호한다. 20소방

해설

① (○) 헌법 제123조 ① 국가는 농업 및 어업을 보호·육성하기 위하여 농·어촌종합개발과 그 지원등 필요한 계획을 수립·시행하여야 한다. ② 국가는 지역간의 균형있는 발전을 위하여 지역경제를 육성할 의무를 진다. ③ 국가는 중소기업을 보호·육성하여야 한다.

② (×) 헌법 제123조 ② 국가는 지역 간의 균형있는 발전을 위하여 지역경제를 육성할 의무를 진다. ③ 국가는 중소기업을 보호·육성하여야 한다.

③ (×) 헌법 제123조 ① 국가는 농업 및 어업을 보호·육성하기 위하여 농·어촌종합개발과 그 지원등 필요한 계획을 수립·시행하여야 한다. 〈주〉 기간산업의 보호·육성은 없다.

④ (×) 헌법 제123조 ④ 국가는 농수산물의 수급균형과 유통구조의 개선에 노력하여 가격안정을 도모함으로써 농·어민의 이익을 보호한다.

정답 ①

180
다음 설명 중 가장 적절하지 않은 것은? (판례)

① 국가가 보조금이나 세제상의 혜택 등을 통하여 시장의 형성과정에 지역적으로 또는 경제부문별로 관여함으로써 시장에서의 경쟁이 국가의 지원조치에 의하여 조정된 새로운 기초위에서 이루어질 수 있도록 하는 것이 헌법 제123조의 목적이다. 04사시

② 국가는 건전한 소비행위를 계도하고 생산품의 품질향상을 촉구하기 위한 소비자보호운동을 법률이 정하는 바에 의하여 보장한다. 17행시

③ 국방상 또는 국민경제상 긴절한 필요로 인하여 법률이 정하는 경우를 제외하고는, 사영기업을 국유 또는 공유로 이전하거나 그 경영을 통제 또는 관리할 수 없다. 14국가7

④ 우리 헌법은 경제주체의 경제상의 자유와 창의를 존중함을 기본으로 하므로 국민경제상 긴절한 필요가 있어 법률로 규정하더라도 사영기업을 국유 또는 공유로 이전하는 것은 인정되지 않는다. 18법무

해설

① (O) (헌재 1996. 12. 26. 96헌가18)
② (O) 헌법 제124조 국가는 건전한 소비행위를 계도하고 생산품의 품질향상을 촉구하기 위한 <u>소비자보호운동을 법률이 정하는 바에 의하여 보장한다.</u>
③ (O) 헌법 제126조 국방상 또는 국민경제상 긴절한 필요로 인하여 법률이 정하는 경우를 제외하고는, 사영기업을 국유 또는 공유로 이전하거나 그 경영을 통제 또는 관리할 수 없다.
④ (×) 헌법 제126조. 〈주〉긴절한 필요로 인하여 법률이 정하는 경우에는 국유 또는 공유로 이전할 수 있다.

[정답] ④

181
다음 설명 중 가장 적절한 것은? (판례)

① 국방상 또는 국민경제상 긴절한 필요로 인하여 법률이 정하는 경우에도 사영기업을 국유 또는 공유로 이전할 수 없다. 17행시

② 재산권의 행사에 있어서는 토지소유권의 제한과 자연자원의 부분적 사회화 및 국민경제상 필요한 때에는 예외적으로 사영기업의 국·공유화 등을 통하여 공공복리성이 강조된다. 12변시

③ 사기업의 '경영에 대한 통제 또는 관리'라 함은 사기업 경영에 대한 국가의 광범위하고 강력한 감독과 통제 또는 관리의 체계를 의미한다고 할 것이며, 여기에는 기업에 대한 소유권의 보유주체에 대한 변경을 포함한다. 09법무

④ 현행 헌법은 과학기술의 혁신과 정보 및 인력의 개발, 국가표준제도의 확립을 명문으로 규정하고 있지 않다. 09사시

해설

① (×) 헌법 제126조. 〈주〉긴절한 필요로 인하여 법률이 정하는 경우에는 국유 또는 공유로 이전할 수 있다.
② (O) 재산권의 행사에 있어서는 공공복리성이 강조된다.
③ (×) [1] '사영기업의 국유 또는 공유로의 이전'은 일반적으로 공법적 수단에 의하여 사기업에 대한 소유권을 국가나 기타 공법인에 귀속시키고 사회정책적·국민경제적 목표를 실현할 수 있도록 그 재산권의 내용을 변형하는 것을 말하며,
[2] 또 사기업의 '경영에 대한 통제 또는 관리'라 함은 비록 <u>기업에 대한 소유권의 보유주체에 대한 변경은 이루어지지 않지만</u> 사기업 경영에 대한 국가의 광범위하고 강력한 감독과 통제 또는 관리의 체계를 의미한다고 할 것이다. (헌재 1998. 10. 29. 97헌마345)
④ (×) 헌법 제127조 ① 국가는 <u>과학기술의 혁신과 정보 및 인력의 개발</u>을 통하여 국민경제의 발전에 노력하여야 한다. ② 국가는 <u>국가표준제도를 확립</u>한다.

[정답] ②

3. 관련 판례

182
다음 설명 중 가장 적절하지 않은 것은? (판례)

① 헌법이 보장하는 소비자보호운동은 소비자의 제반 권익을 증진할 목적으로 이루어지는 구체적 활동을 의미하고, 단체를 조직하고 이를 통하여 활동하는 형태, 즉 근로자의 단결권이나 단체행동권에 유사한 활동뿐만 아니라, 하나 또는 그 이상의 소비자가 동일한 목표로 함께 의사를 합치하여 벌이는 운동이면 모두 이에 포함된다. 18국가7

② 소비자 불매운동은 원칙적으로 공정한 가격으로 양질의 상품 또는 용역을 적절한 유통구조를 통해 적절한 시기에 안전하게 구입하거나 사용할 소비자의 제반 권익을 증진할 목적에서 행해지는 소비자보호운동의 일환으로서 헌법 제124조를 통하여 제도로서 보장된다. 17서울

③ 불매운동의 목표로서의 '소비자의 권익'이란 원칙적으로 사업자가 제공하는 물품이나 용역의 소비생활과 관련된 것으로서 상품의 질이나 가격, 유통구조, 안정성 등 시장적 이익에 국한된다. 20경승

④ 특정한 사회, 경제적 또는 정치적 대의나 가치를 주장·옹호하거나 이를 진작시키기 위한 수단으로 선택한 소비자불매운동은 헌법상 보호를 받을 수 없다. 17서울/20경승

> **해설**
> ① (O) (헌재 2011. 12. 29. 2010헌바54)
> ② (O) (대법원 2013. 3. 14. 2010도410)
> ③ (O) (헌재 2011. 12. 29. 2010헌바54)
> ④ (×) 헌법 제124조를 통하여 제도로서 보장되나, 그와는 다른 측면에서 일반 시민들이 특정한 사회, 경제적 또는 정치적 대의나 가치를 주장·옹호하거나 이를 진작시키기 위한 수단으로서 소비자불매운동을 선택하는 경우도 있을 수 있고, 이러한 소비자불매운동 역시 반드시 헌법 제124조는 아니더라도 헌법 제21조에 따라 보장되는 정치적 표현의 자유나 헌법 제10조에 내재된 일반적 행동의 자유의 관점 등에서 <u>보호받을 가능성이 있다</u>. (대법원 2013. 3. 14. 2010도410)
>
> [정답] ④

183
다음 설명 중 옳은 것을 모두 고른 것은? (판례)

㉠ 소비자 불매운동은 헌법이나 법률의 규정에 비추어 정당하다고 평가되는 범위를 벗어날 경우에는 형사책임이나 민사책임을 피할 수 없다. 17서울

㉡ 소비자불매운동은 모든 경우에 있어서 그 정당성이 인정될 수는 없고, 헌법이나 법률의 규정에 비추어 정당하다고 평가되는 범위에 해당하는 경우에만 형사책임이나 민사책임이 면제된다. 14국가7

㉢ 일간신문의 정치적 입장이나 보도논조의 편향성은 해당 신문을 구매하는 '소비자의 권익'과 관련되는 문제가 아니므로, 헌법이 보장하는 소비자불매운동의 목표가 될 수 없다. 18법행

㉣ 일간신문에 대한 불매운동의 수단으로 해당 신문에 광고를 게재하는 광고주들을 대상으로 '전화걸기'는 사회통념의 허용한도를 벗어나 피해자의 자유의사를 제압하기에 족한 '위력'이 될 수 없으므로, 형법상 '위력에 의한 업무방해죄'의 구성요건에 해당하지 않는다. 18법행

① ㉠ ㉡
② ㉢ ㉣
③ ㉠ ㉡ ㉢
④ ㉠ ㉢ ㉣

> **해설**
> ㉠ (O) (헌재 2011. 12. 29. 2010헌바54)
> ㉡ (O) (헌재 2011. 12. 29. 2010헌바54)
> ㉢ (×) 일간신문을 구매하는 소비자의 입장에서 볼 때, 해당 신문의 정치적 입장이나 보도논조는 신문에 실리는 정보 또는 지식의 품질이나 구매력과 밀접한 연관성이 있어서 신문의 구매여부를 결정하는 중요한 요소로서 불매운동의 목표가 될 수 있다. (헌재 2011. 12. 29. 2010헌바54) 〈주〉 신문은 사상과 논조가 시장적 가치로 평가되므로 불매운동의 대상이 된다.
> ㉣ (×) 사회통념의 허용한도를 벗어나 피해자의 자유의사를 제압하기에 족한 '위력'이 될 수도 있다. (헌재 2011. 12. 29. 2010헌바54) 〈주〉 대법원은 광고주에 대한 업무방해죄가 성립한다고 보았다.
>
> [정답] ①

184
다음 설명 중 가장 적절하지 않은 것은? (판례)

① 소비자단체소송제도는 소비자단체에게만 원고적격을 인정하고 있지만 경쟁질서의 확립보다 소비자 보호기능에 중점이 맞추어져 생산자의 침해행위를 금지하거나 중지하도록 요구하고 손해배상까지 청구할 수 있게 되어 있다. 15국가7
② 국민연금제도는 상호부조의 원리에 입각한 사회연대성에 기초하여 소득재분배의 기능을 함으로써 사회적 시장경제질서에 부합하는 제도이므로, 국민연금에 가입을 강제하는 법률조항은 헌법의 시장경제질서에 위배되지 않는다. 18법무/22비상
③ 국민연금제도는 가입기간 중에 납부한 보험료를 급여의 산출근거로 하여 일정한 급여를 지급하는 것으로 반대급부 없이 국가에서 강제로 금전을 징수하는 조세와는 성격을 달리하므로, 조세법률주의나 재산권보장에 위배되지 않는다. 14법행
④ 국가는 자연자원에 관한 강력한 규제권한을 가지는 한편 자연자원에 대한 보호의무를 지므로, 자연자원인 지하수의 이용에 대하여 부담금 부과라는 수단을 동원하더라도, 그것이 자연자원에 관한 국가적 보호조치의 일환으로서 의도되고 그 방법상 다른 헌법상의 한계를 일탈하지 아니한다면 허용된다고 본다. 08지방7

[해설]
① (✗) 소비자기본법 제70조(단체소송의 대상등) 법원에 소비자권익침해행위의 금지·중지를 구하는 소송(이하 "단체소송"이라 한다)을 제기할 수 있다. 〈주〉손해배상청구는 소비자기본법에 의한 단체소송으로 할 수는 없고, 개인적으로 하여야 한다.
② (○) 국민연금제도는 헌법상의 시장경제질서에 위배되지 않는다. (헌재 2001. 2. 22. 99헌마365)
③ (○) 국민연금제도는 가입기간 중에 납부한 보험료를 급여의 산출근거로 하여 일정한 급여를 지급하는 것이므로 반대급부 없이 국가에서 강제로 금전을 징수하는 조세와는 성격을 달리한다. (헌재 2007. 8. 30. 2004헌바88)
④ (○) (헌재 1998. 12. 24. 98헌가1) 〈주〉 수질개선부담금 사안이다.

[정답] ①

185
다음 설명 중 옳지 않은 것을 모두 고른 것은? (판례)

㉠ 국가가 국민에게 질 좋은 수돗물을 저렴하게 공급하고 음용수에 관한 국가자원배분의 효율성을 제고하고자 수질개선부담금을 부과·징수하는 것은 헌법에 위반되지 아니한다. 12변시
㉡ 일간신문들 중 구독률이 낮은 신문들에게만 국가재정으로 조성된 신문발전기금을 주는 것은 언론의 독과점을 막고 신문의 다양성을 보장하기 위한 것으로 헌법상 경제질서에 어긋나지 않는다. 12변시
㉢ 오늘날 조세는 국민이 공동의 목표로 삼고 있는 일정한 방향으로 국가사회를 유도하고 그러한 상태를 형성한다는 적극적인 목적을 가지고 부과되는 경향이 있는바, 이러한 조세의 유도적 형성적 기능은 국가로 하여금 경제에 관한 규제와 조정을 할 수 있도록 한 헌법 제119조 제2항 등의 규정에 의하여 헌법적 정당성이 뒷받침되고 있다. 08지방7
㉣ 구 「특정범죄 가중처벌 등에 관한 법률」에서 밀수입 예비행위를 본죄에 준하여 처벌하도록 한 규정은 책임과 형벌 사이의 비례성 원칙에 위배되지 않는다. 20경승수정

① ㉠ ㉡
② ㉠ ㉢
③ ㉡ ㉢
④ ㉡ ㉣

[해설]
㉠ (○) (헌재 2004. 7. 15. 2002헌바42)
㉡ (✗) 발행부수만을 기준으로 특정 신문사업자를 정부가 기금지원에서 배제하고 다른 사업자에게만 기금을 지원하는 차별적 규제를 행하는 것은 헌법상의 시장경제질서에 어긋난다. (헌재 2006. 6. 29. 2005헌마165)
㉢ (○) (헌재 1994. 7. 29. 92헌바49)
㉣ (✗) 심판대상조항은 구체적 행위의 개별성과 고유성을 고려한 양형판단의 가능성을 배제하는 가혹한 형벌로서 책임과 형벌 사이의 비례성의 원칙에 위배된다. (헌재 2019. 2. 28. 2016헌가13) 〈주〉 과거 관세포탈 예비범을 본죄에 준하여 처벌하는 규정에 대하여 합헌 결정을 하였던 2005헌바88, 2008헌바88과 다른 결정을 하였다.

[정답] ④

186

다음 설명 중 가장 적절하지 않은 것은? (판례)

① 헌법의 경제질서 조항은 보다 적극적인 목적을 가지고 조세를 부과하는 이른바 조세의 유도적·형성적 기능의 헌법적 정당성을 뒷받침한다. 18국회9
② 국가가 저소득층 지역가입자를 대상으로 소득 수준에 따라 보험료를 차등지원하는 것은 사회국가원리에 의하여 정당화된다. 17국가7
③ 헌법 제119조 제2항은 국가가 경제영역에서 실현하여야 할 목표의 하나로서 '적정한 소득의 분배'를 들고 있으므로, 이로부터 소득에 대하여 누진세율에 따른 종합과세를 시행하여야 할 구체적인 헌법적 의무가 입법자에게 부과된다. 15사시
④ 경제영역에서 실현하여야 할 목표의 하나로서 적정한 소득의 분배를 위해서는 국가에게 소득에 대하여 누진세율에 따른 종합과세를 시행해야 할 헌법적 의무가 있는 것은 아니다. 12변시

해설

① (O) 현대에 있어서의 조세의 기능은 국가재정 수요의 충당이라는 고전적이고도 소극적인 목표에서 한걸음 더 나아가, 국민이 공동의 목표로 삼고 있는 <u>일정한 방향으로 국가사회를 유도하고 그러한 상태를 형성한다는 보다 적극적인 목적을 가지고 부과되는 것이 오히려 일반적인 경향이 되고 있다.</u> (헌재 1994. 7. 29. 92헌바49)
② (O) (헌재 2000. 6. 29. 99헌마289)
③ (×) 헌법 제119조 제2항은 국가가 경제영역에서 실현하여야 할 목표의 하나로서 "적정한 소득의 분배"를 들고 있지만, 이로부터 반드시 소득에 대하여 누진세율에 따른 종합과세를 시행하여야 할 구체적 헌법적 의무가 조세입법자에게 부과되는 것이라고 할 수 없다. (헌재 1999. 11. 25. 98헌마55)
④ (O) 헌법 제119조 제2항은 국가가 경제영역에서 실현하여야 할 목표의 하나로서 "적정한 소득의 분배"를 들고 있지만, 이로부터 반드시 소득에 대하여 누진세율에 따른 종합과세를 시행하여야 할 구체적 헌법적 의무가 조세입법자에게 부과되는 것이라고 할 수 없다. (헌재 1999. 11. 25. 98헌마55) 〈주〉 구체적 입법내용은 국가의 재량이라는 뜻이다.

[정답] ③

187

다음 설명 중 가장 적절한 것은? (판례)

① 헌법 제34조 제5항의 신체장애자에 대한 국가보호의무 조항은 사회국가원리를 구체화한 것이므로, 이 조항으로부터 장애인을 위하여 저상버스를 도입해야 한다는 구체적 내용의 의무가 도출된다. 16변시
② 임대한 토지를 유휴토지로 규정하고 고율의 세금을 부과하는 것은 토지이용 능력이 미흡한 토지소유자와 토지구매력이 없는 임차인 사이에 토지를 효율적으로 이용하는 것을 방해하므로 헌법상 경제질서에 위반된다. 12사시
③ 중계유선방송사업자가 방송의 중계송신업무만 할 수 있고, 보도, 논평, 광고는 할 수 없도록 제한하고 이를 위반한 경우 과징금 등의 제재를 가하도록 한 것은 시장의 지배와 경제력의 남용을 방지하기 위한 것이라도 헌법상 경제질서를 위반한 것이다. 04사시
④ 헌법 제123조 제5항은 국가에게 '농·어민의 자조조직을 육성할 의무'와 '자조조직의 자율적 활동과 발전을 보장할 의무'를 아울러 규정하고 있는바, 국가는 자조조직이 제대로 활동하고 기능하는 시기에는 적극적으로 이를 육성하여야 할 전자의 의무를 다하여야 하지만, 만약 어떠한 이유에서든 그 조직이 제대로 기능하지 못하고 향후의 전망도 불확실하다면 그 조직의 자율성을 침해하지 않도록 하는 후자의 의무를 다하면 된다고 할 것이다. 04사시

해설

① (×) <u>장애인을 위하여 저상버스를 도입해야 한다는 구체적 내용의 의무가 헌법으로부터 나오는 것은 아니다.</u> (헌재 2002. 12. 18. 2002헌마52) 〈주〉 법률이 정하는 바에 따라 보장된다.
② (O) (헌재 1994. 07. 29. 92헌바49)
③ (×) 경제주체간의 조화를 도모하기 위한 것으로서(헌법 제119조 제2항) 헌법상 경제질서를 위반하는 것이 아니다. (헌재 2001. 5. 31. 2000헌바43)
④ (×) 자조조직이 제대로 활동하고 기능하는 시기에는 그 조직의 자율성을 침해하지 않도록 하는 <u>후자의 소극적 의무를 다하면 된다고 할 수 있지만</u>, 그 조직이 제대로 기능하지 못하고 향후의 전망도 불확실한 경우라면 단순히 그 조직의 자율성을 보장하는 것에 그쳐서는 아니 되고, 적극적으로 이를 육성하여야 할 <u>전자의 의무까지도 수행하여야 한다.</u> (헌재 2000. 6. 1. 99헌마553)

[정답] ②

188
다음 설명 중 가장 적절한 것은? (판례)

① 국가는 농·어민과 중소기업의 자조조직이 제대로 기능하지 못하고 향후의 전망도 불확실한 경우라면 단순히 그 조직의 자율성을 보장하는 것에 그쳐야 하고, 적극적으로 이를 육성하여야 할 의무까지도 수행하여야 하는 것은 아니다. 18국가7

② 헌법 제123조 제5항은 국가의 '농·어민의 자조조직을 육성할 의무'와 '농·어민의 자조조직의 자율적 활동과 발전을 보장할 의무'를 아울러 규정하고 있는데, 이때 국가는 그 조직의 자율성을 침해하지 않도록 하는 소극적 의무를 다하면 족하고 그 조직이 제대로 기능하지 못하고 향후의 전망도 불확실한 경우라 하여 그 조직을 적극적으로 육성하여야 할 의무까지 수행하여야 하는 것은 아니다. 15사시

③ 우리 헌법은 제123조 제3항에서 중소기업이 국민경제에서 차지하는 중요성 때문에 중소기업의 보호를 국가경제정책적 목표로 명문화하고 있는데, 중소기업의 보호는 원칙적으로 경쟁질서의 범주 내에서 경쟁질서의 확립을 통하여 이루어져야 한다. 13법행

④ 의약품 도매상 허가를 받기 위해 필요한 창고면적의 최소기준을 규정하고 있는 「약사법」 조항들은 국가의 중소기업 보호·육성의무를 위반하였다. 20지방7

해설

① (✗) 조직이 제대로 기능하지 못하고 향후의 전망도 불확실한 경우라면 단순히 그 조직의 자율성을 보장하는 것에 그쳐서는 아니 되고, 적극적으로 이를 육성하여야 할 전자의 의무까지도 수행하여야 한다. (헌재 2000. 6. 1. 99헌마553)

② (✗) 조직이 제대로 기능하지 못하고 향후의 전망도 불확실한 경우라면 단순히 그 조직의 자율성을 보장하는 것에 그쳐서는 아니 되고, 적극적으로 이를 육성하여야 할 전자의 의무까지도 수행하여야 한다. (헌재 2000. 6. 1. 99헌마553)

③ (○) (헌재 1996. 12. 26. 96헌가18)

④ (✗) 이 사건 법률조항들의 입법취지는 중소기업을 대상으로 하여 그 영업을 규제하려는 것이 아니며, 그 내용도 중소기업에 대해 제한을 가하는 것이 아니므로, 헌법 제123조 제3항에 규정된 국가의 중소기업 보호·육성의무를 위반하였다고 볼 수 없다. (헌재 2014. 4. 24. 2012헌마811)

[정답] ③

189
다음 설명 중 가장 적절하지 않은 것은? (판례)

① 도시개발구역에 있는 국가나 지방자치단체 소유의 재산으로서 도시개발사업에 필요한 재산에 대한 우선 매각 대상자를 도시개발사업의 시행자로 한정하고 국공유지의 점유자에게 우선 매수 자격을 부여하지 않는 도시개발법 관련 규정은 사적자치의 원칙을 기초로 한 자본주의 시장경제질서를 규정한 헌법 제119조 제1항에 위반되지 않는다. 15국가7

② 경제적 약자를 보호하기 위하여 사인간의 약정이자를 제한하는 것은 민법상의 일반원칙에 반할 뿐만 아니라 자유시장적 경제질서를 침해하는 것으로 이에 대한 입법자의 재량은 허용될 수 없다. 12변시

③ 다단계판매에서 다른 가입자의 영업활동에 의하여 상위가입자가 이익을 얻을 수 없도록 규제하는 것은 자유경제질서에 위반되지 아니한다. 12변시

④ 소주판매업자가 소주류 총구입액의 100분의 50 이상을 소주판매업자가 속한 도(道)의 소주로 구입하도록 하는 것은 독과점규제를 달성하기 위하여 헌법이 허용하는 적정한 조치로 볼 수 없다. 12변시

해설

① (○) (헌재 2009. 11. 26. 2008헌마711)

② (✗) 경제적 약자의 보호문제는 민법상의 일반원칙에 맡길 것인가는 입법자의 위와 같은 재량에 속하는 것이라 할 것이므로, 입법자가 입법재량권을 남용하였거나 입법형성권의 한계를 일탈하여 명백히 불공정 또는 불합리하게 자의적으로 입법형성권을 행사한 것이라고 볼 수 없다. (헌재 2001. 1. 18. 2000헌바7)

③ (○) (헌재 1997. 11. 27. 96헌바12)

④ (○) (헌재 1996. 12. 26. 96헌가18)

[정답] ②

190

다음 설명 중 가장 적절한 것은? (판례)

① 전통시장 등의 보호라는 명분으로 대형마트 등의 영업 자체를 규제하는 유통산업발전법 규정은, 시대의 흐름과 소매시장구조의 재편에 역행할 뿐만 아니라 소비자의 자기결정권을 과도하게 침해하는 과잉규제입법이다. 18국회9
② 명의신탁의 효력과 관련된 부동산 실권리자명의 등기에 관한 법률의 규정들은 헌법 제37조 제2항 유지 또는 공공복리를 위하여 필요한 조항으로서, 헌법 제119조 제1항의 자본주의적 시장 경제질서에 내재된 재산권보장의 원칙의 본질을 침해하였다고 볼 수 없다. 09법무
③ 자경농지의 양도소득세 면제대상자를 '농지소재지에 거주하는 거주자'로 규정하고 있는 조세특례법 규정은 경자유전의 원칙에 위배된다. 15국가7
④ 소유자가 거주하지 아니하거나 경작하지 아니하는 농지를 비사업용 토지로 보아 60%의 중과세율을 적용하도록 한 것은, 투기의 목적 없이 농지를 취득한 경우에도 적용을 피할 수 없을 뿐 아니라 그 중과세율이 지나치게 높다고 할 것이므로 헌법상 과잉금지원칙에 위반하여 국민의 재산권을 침해한다. 13법행

해설

① (×) 심판대상조항에 따른 영업규제로 인하여 소비자들이 받는 불편함은 단지 심야시간이나 특정 일자에 대형마트 등을 이용하지 못하는 것에 불과하므로 이를 이유로 소비자의 자기결정권이 제한된다고 볼 수 없다. (헌재 2018. 6. 28. 2016헌바77)
② (O) (헌재 2001. 5. 31. 99헌가18)
③ (×) 조세특례법 규정의 입법목적이 외지인의 농지투기를 방지하는 데 있음을 고려하면 위 규정은 경자유전의 원칙을 실현하기 위한 것으로 볼 것이지 경자유전의 원칙에 위배된다고 볼 것은 아니라 할 것이다. (헌재 2003. 11. 27. 2003헌바2)
④ (×) 투기로 인한 이익을 환수하여 부동산 시장의 안정과 과세형평을 도모함에 그 입법목적이 있는바, 과잉금지원칙에 위배되어 청구인의 재산권을 침해한다고 할 수 없다. (헌재 2012. 7. 26. 2011헌바357)

[정답] ②

191

다음 설명 중 옳은 것을 모두 고른 것은? (판례)

㉠ 제주특별자치도 안에서 생산되는 감귤의 출하조정 품질검사 등에 관하여 필요한 조치를 위반한 자에게 과태료를 부과하도록 한 것은, 감귤이 제주지역 경제에서 차지하는 비중이 매우 높은 농작물로서 지역경제와 감귤산업을 보호·육성하기 위하여 특별히 마련된 것으로서 다른 지역의 감귤 생산·유통업자들에 비해 자의적으로 차별한다고 할 수 없다. 13법행
㉡ 특정의료기관이나 특정의료인의 기능 진료방법에 관한 광고를 금지하는 것은 새로운 의료인들에게 자신의 기능이나 기술 혹은 진단 및 치료방법에 관한 광고와 선전을 할 기회를 배제함으로써, 기존의 의료인과의 경쟁에서 불리한 결과를 초래할 수 있는데, 이는 자유롭고 공정한 경쟁을 추구하는 헌법상의 시장경제질서에 부합되지 않는다. 13법행
㉢ 허가받은 지역 밖에서의 이송업의 영업을 금지하고 처벌하는 응급의료에 관한 법률 규정은 응급환자이송업체 사이의 자유경쟁을 막아 헌법상 경제질서에 위배된다. 18국가7
㉣ 허가받지 않은 지역의 의료기관이 더 가까운 경우에도 허가 받은 지역의 의료기관으로 환자를 이송할 수밖에 없도록 강제하고 있는 응급의료에 관한 법률 조항은 응급환자이송업체사이의 자유경쟁을 막아 헌법상 경제질서에 위배된다. 19변시

① ㉠ ㉡
② ㉢ ㉣
③ ㉠ ㉡ ㉢
④ ㉡ ㉢ ㉣

해설

㉠ (O) (헌재 2011. 10. 25. 2010헌바126).
㉡ (O) (헌재 2005. 10. 27. 2003헌가3)
㉢ (×) 심판대상조항과 가장 밀접한 관계에 있는 직업수행의 자유 침해 여부를 판단하는 이상 헌법상 경제질서에 대해서는 별도로 판단하지 아니한다. (헌재 2018. 2. 22. 2016헌바100) 〈주〉과잉금지원칙에 의하여 직업수행의 자유 침해 여부를 판단하면 경제질서위반 여부는 별도로 심사하지 않는다. (합헌결정)
㉣ (×) 심판대상조항과 가장 밀접한 관계에 있는 직업수행의 자유 침해 여부를 판단하는 이상 헌법상 경제질서에 대해서는 별도로 판단하지 아니한다. (헌재 2018. 2. 22. 2016헌바100)

[정답] ①

제6항 문화국가원리

1. 서설

192
다음 설명 중 가장 적절하지 않은 것은? (판례)

① 문화국가원리는 국가의 문화국가실현에 관한 과제 또는 책임을 통하여 실현되고 국가의 문화정책과 밀접 불가분의 관계를 맺고 있다. 그러나 오늘날 문화국가에서도 국가의 적극적인 문화간섭정책은 당연한 것으로 여겨지지 않는다. 15법행

② 문화국가원리는 1948년 제헌헌법 이래 헌법상의 기본원리로 인정되어온 바, 이 원리의 구체적인 실현을 위해서는 국가가 어떤 문화현상도 특별히 선호하거나 우대하는 경향을 보이지 않는 불편부당의 원칙에 입각한 정책이 바람직하다. 15사시

③ 우리나라는 제9차 개정 헌법에서 문화국가원리를 헌법의 기본원리로 처음 채택하였으며, 문화국가원리는 국가의 문화국가실현에 관한 과제 또는 책임을 통하여 실현된다. 21국가7

④ 헌법은 문화조성의 의무를 국가에게 부과하고 있다. 00행시

해설
① (○) (헌재 2004. 5. 27. 2003헌가1)
② (○) (헌재 2004. 5. 27. 2003헌가1)
③ (×) 우리나라는 <u>제헌헌법 이래 문화국가의 원리를 헌법의 기본원리로 채택하고 있다.</u> 문화국가원리는 국가의 문화국가실현에 관한 과제 또는 책임을 통하여 실현되는바, 국가의 문화정책과 밀접 불가분의 관계를 맺고 있다. (헌재 2020. 12. 23. 2017헌마416)
④ (○) 헌법 제9조 국가는 전통문화의 계승·발전과 민족문화의 창달에 노력하여야 한다.

[정답] ③

193
다음 설명 중 옳은 것을 모두 고른 것은? (판례)

㉠ 문화국가원리는 국민으로 하여금 최저한의 문화생활을 향유할 수 있도록 국가의 과제를 확대시키는 기능을 수행한다. 00행시
㉡ 국가는 문화의 시장종속성을 완화하여야 할 과제를 갖고 있다. 00행시
㉢ 헌법은 문화국가를 실현하기 위하여 양심과 사상의 자유, 종교의 자유, 언론·출판의 자유, 학문과 예술의 자유 등을 규정하고 있는바, 이들은 문화국가원리의 불가결의 조건이라고 할 수 있다. 15사시
㉣ 국가의 문화조성의무는 문화활동의 자유를 포함하는 것이며, 예술 및 학문의 자유를 보충하는 의미를 갖는다. 00행시

① ㉠ ㉡
② ㉢ ㉣
③ ㉡ ㉢ ㉣
④ ㉠ ㉡ ㉢ ㉣

해설
㉠ (○) 문화국가원리를 위해서 국가의 과제가 확대된다.
㉡ (○) 문화가 시장성에 종속되면 시장에서 돈이 되는 대중문화만 발전하게 되고, 돈이 되지 않는 교양문화 또는 소수문화는 발전하지 못하게 된다. 따라서 국가는 문화가 시장성에 종속되는 현상을 완화시키고, <u>돈이 되지 않는 문화도 육성할</u> 과제가 인정된다.
㉢ (○) (헌재 2004. 5. 27. 2003헌가1)
㉣ (○) 문화조성의무는 문화활동의 자유를 포함하기 때문에 예술 및 학문의 자유를 보충하는 역할을 한다. 문화활동의 자유가 보장되면 예술 및 학문의 자유도 함께 더 많이 보장된다.

[정답] ④

194

다음 설명 중 가장 적절한 것은? (판례)

① 원칙적으로 모든 과외교습행위를 금지하고 그에 위반된 경우 형사처벌하도록 한 규정은 문화국가원리에 위반되는 것이다. 10지방7

② 고액 과외교습을 방지하기 위하여 모든 학생으로 하여금 오로지 학원에서만 사적으로 배울 수 있도록 규율한다는 것은 개성과 창의성, 다양성을 지향하는 문화국가원리에 위반되지 않는다. 22경찰2

③ 국가는 다양한 문화적 가치에 대하여 중립적이어야 하기 때문에 문화적 가치에 대한 평가는 전적으로 사회적 및 개인적 판단에 유보되어야 한다. 00행시

④ 헌법의 기본원리는 헌법의 이념적 기초인 동시에 헌법을 지배하는 지도원리로서 구체적 기본권을 도출하는 근거가 될 뿐만 아니라 기본권의 해석 및 기본권제한입법의 합헌성 심사에 있어 해석기준의 하나로서 작용한다. 16변시

[해설]

① (O) 자기결정과 자기책임을 생활의 기본원칙으로 하는 헌법의 인간상이나 개성과 창의성, 다양성을 지향하는 <U>문화국가원리에도 위반되는 것이다.</U> (헌재 2000. 4. 27. 98헌가16 등)

② (X) 개성과 창의성, 다양성을 지향하는 <U>문화국가원리에 위반된다.</U> (헌재 2000. 4. 27. 98헌가16 등)

③ (X) 국가는 문화적 가치에 대해서는 가급적 중립적이어야 하지만 그 평가가 <U>전적으로 사회적 또는 개인적 판단에 유보되어 있는 것은 아니다.</U> 예컨대 동성동본금혼이 사회적·개인적으로 통용되고 있더라도 헌법재판소가 위헌으로 결정하여 그 제도를 폐지할 수도 있는 것이다.

④ (X) 헌법의 기본원리는 헌법의 이념적 기초인 동시에 헌법을 지배하는 지도원리로서 입법이나 정책결정의 방향을 제시하며 공무원을 비롯한 모든 국민·국가기관이 헌법을 존중하고 수호하도록 하는 지침이 되며, <U>구체적 기본권을 도출하는 근거로 될 수는 없으나</U> 기본권의 해석 및 기본권제한입법의 합헌성 심사에 있어 해석기준의 하나로서 작용한다. (헌재 1996. 4. 25. 92헌바47)

[정답] ①

2. 관련 판례

195

다음 설명 중 가장 적절하지 않은 것은? (판례)

① 헌법 전문(前文)과 헌법 제9조에서 말하는 '전통', '전통문화'란 역사성과 시대성을 띤 개념으로 이해하여야 하므로, 과거의 어느 일정 시점에서 역사적으로 존재하였다는 사실만으로도 헌법의 보호를 받는 전통이 되는 것이다. 17국가7

② 우리 헌법에서 말하는 '전통', '전통문화'란 오늘날의 의미로 재해석되어야 하므로, 전래의 어떤 가족제도가 헌법 제36조 제1항이 요구하는 개인의 존엄과 양성평등에 반한다면 헌법 제9조를 근거로 그 헌법적 정당성을 주장할 수는 없다. 10국회8

③ 문화국가원리에서 도출되는 가족제도에 관한 전통·전통문화는 적어도 가족제도에 관한 헌법이념인 개인의 존엄과 양성의 평등에 반하는 것이어서는 안 된다. 15사시

④ 개인의 정치적 견해를 기준으로 청구인들을 문화예술계 정부지원사업에서 배제되도록 차별 취급한 것은 헌법상 문화국가원리에 반하는 자의적인 것으로 정당화될 수 없다. 21국가7

[해설]

① (X) 헌법 전문과 헌법 제9조에서 말하는 '전통', '전통문화'란 역사성과 시대성을 띤 개념으로 이해하여야 한다. 과거의 어느 일정 시점에서 <U>역사적으로 존재하였다는 사실만으로 모두 헌법의 보호를 받는 전통이 되는 것은 아니다.</U> (헌재 2005. 2. 3. 2001헌가9)

② (O) (헌재 2005. 2. 3. 2001헌가9)

③ (O) (헌재 2005. 2. 3. 2001헌가9)

④ (O) [1] <U>목적의 정당성을 인정할 수 없어 청구인들의 표현의 자유를 침해한다.</U> [2] 청구인들의 정치적 견해를 기준으로 이들을 문화예술계 지원사업에서 배제되도록 한 것은 <U>자의적인 차별행위로서 청구인들의 평등권을 침해한다.</U> (헌재 2020. 12. 23. 2017헌마416)

[정답] ①

196
다음 설명 중 가장 적절한 것은? (판례)

① 우리 헌법상 문화국가원리는 견해와 사상의 다양성을 그 본질로 하지만, 이를 실현하는 국가의 문화정책이 국가가 어떤 문화현상에 대하여도 이를 선호하거나 우대하는 경향을 보이지 않는 불편부당의 원칙을 따라야 하는 것은 아니다. 21국가7

② 오늘날 국가가 어떤 문화현상에 대하여도 이를 선호하거나 우대하는 경향을 보이지 않는 불편부당의 원칙이 가장 바람직한 정책으로 평가받고 있으며, 문화국가에서의 문화정책은 그 초점이 문화풍토 조성이 아니라 문화 그 자체에 있다. 17국가7

③ 헌법 제9조의 규정취지와 민족문화유산의 본질에 비추어 볼 때, 국가가 민족문화유산을 보호하고자 하는 경우 이에 관한 헌법적 보호법익은 '민족문화유산의 존속' 그 자체를 보장하는 것에 그치지 않고, 민족문화유산의 훼손 등에 관한 가치보상이 있는지 여부도 이러한 헌법적 보호법익과 직접적인 관련이 있다. 17국가7

④ 국가의 문화육성의 대상에는 원칙적으로 모든 사람에게 문화창조의 기회를 부여한다는 의미에서 모든 문화가 포함되므로 엘리트문화뿐만 아니라 서민문화, 대중문화도 그 가치를 인정하고 정책적인 배려의 대상으로 하여야 한다. 17국가7

해설

① (×) 오늘날에 와서는 국가가 어떤 문화현상에 대하여도 이를 선호하거나, 우대하는 경향을 보이지 않는 불편부당의 원칙이 가장 바람직한 정책으로 평가받고 있다. (헌재 2004. 5. 27. 2003헌가1)

② (×) 오늘날 문화국가에서의 문화정책은 그 초점이 문화 그 자체에 있는 것이 아니라 문화가 생겨날 수 있는 문화풍토를 조성하는 데 두어야 한다. (헌재 2004. 5. 27. 2003헌가1)

③ (×) 국가가 민족문화유산을 보호하고자 하는 경우 이에 관한 헌법적 보호법익은 '민족문화유산의 존속' 그 자체를 보장하는 것이고, 원칙적으로 민족문화유산의 훼손등에 관한 가치보상(價值補償)이 있는지 여부는 이러한 헌법적 보호법익과 직접적인 관련이 없다. (헌재 2003. 1. 30. 2001헌바64)

④ (O) (헌재 2004. 5. 27. 2003헌가1)

[정답] ④

197
다음 설명 중 옳지 않은 것을 모두 고른 것은? (판례)

㉠ 문화국가원리의 특성은 문화의 개방성 내지 다원성의 표지와 연결되므로, 국가는 엘리트 문화를 제외한 서민문화·대중문화를 인정하고 정책적인 배려의 대상으로 하여야 한다. 21국가7

㉡ 공동체 구성원들 사이에 관습화된 문화요소라 하더라도 종교적인 의식, 행사에서 유래된 경우에까지 국가가 지원하는 것은 문화국가원리와 정교분리 원칙에 위반된다. 17국가7

㉢ 어떤 의식·행사 유형물이 종교적인 의식 행사 또는 상징에서 유래되었다면, 비록 그것이 이미 우리 사회공동체 구성원들 사이에서 관습화된 문화요소로 인식되고 받아들여질 정도에 이르렀다고 하더라도 그에 대한 국가의 지원은 헌법상 정교분리원칙에 반하게 된다. 15사시

㉣ 건설공사 과정에서 매장문화재 발굴로 인하여 문화재 훼손 위험을 야기한 건설공사 시행자에게 원칙적으로 발굴경비를 부담시키는 구 문화재보호법 조항은 합리적인 이유 없이 부당한 재산상 부담을 지워 재산권을 침해하므로 헌법에 위반된다. 15사시

① ㉠ ㉡
② ㉠ ㉡ ㉢
③ ㉡ ㉢ ㉣
④ ㉠ ㉡ ㉢ ㉣

해설

㉠ (×) 엘리트문화뿐만 아니라 서민문화, 대중문화도 그 가치를 인정하고 정책적인 배려의 대상으로 하여야 한다. (헌재 2004. 5. 27. 2003헌가1)

㉡ (×) 사회공동체 구성원들 사이에서 관습화된 문화요소로 인식되고 받아들여질 정도에 이르렀다면, 이는 정교분리원칙이 적용되는 종교의 영역이 아니라 헌법적 보호가치를 지닌 문화의 의미를 갖게 된다. (대법원 2009. 5. 28. 2008두16933)

㉢ (×) 이는 정교분리원칙이 적용되는 종교의 영역이 아니라 헌법적 보호가치를 지닌 문화의 의미를 갖게 된다. (대법원 2009. 5. 28. 2008두16933)

㉣ (×) 문화재 훼손 위험을 야기한 사업시행자에게 원칙적으로 발굴경비를 부담시킴으로써 각종 개발행위로 인한 무분별한 문화재 발굴로부터 매장문화재를 보호하는 것이어서 과잉금지원칙에 위배되어 위헌이라고 볼 수 없다. (헌재 2010. 10. 28. 2008헌바74)

[정답] ④

제7항 국제평화주의

1. 서설

198
다음 설명 중 가장 적절하지 않은 것은? (판례)

① 상호방위조약을 체결한 국가에 전쟁이 발발한 경우 그것이 자위전쟁이라면, 그 국가에 군대를 파견하는 것은 헌법에 위반되지 않는다. 05사시
② 국군의 해외파견 결정은 그 성격상 국방 및 외교에 관련된 고도의 정치적 결단을 요하는 문제로서 절차의 합법성이 준수된 경우 대통령과 국회의 판단은 존중되어야 하고 헌법재판소가 사법적 기준만으로 이를 심판하는 것은 자제되어야 한다. 17국회8
③ 헌법은 일반적으로 승인된 국제법규에 대하여 국회의 동의와 같은 별도의 절차 없이도 국내법적 효력을 갖도록 하고 있다. 05사시
④ 헌법 제6조 제1항의 국제법 존중주의에 따라 조약과 일반적으로 승인된 국제법규는 국내법에 우선한다. 16국가7
⑤ 헌법에 의하여 체결·공포된 조약과 일반적으로 승인된 국제법규는 국내법과 같은 효력을 가진다. 21지방7

해설

① (O) 헌법 제5조 ① 대한민국은 국제평화의 유지에 노력하고 침략적 전쟁을 부인한다. 〈주〉 침략전쟁은 헌법에 의해 부인되지만 자위권 행사로 인한 전쟁은 헌법에 반하지 않는다.
② (O) (헌재 2004. 4. 29. 2003헌마814)
③ (O) 헌법 제6조 ① 헌법에 의하여 체결·공포된 조약과 일반적으로 승인된 국제법규는 국내법과 같은 효력을 가진다.
④ (×) 헌법 제6조 ① 헌법에 의하여 체결·공포된 조약과 일반적으로 승인된 국제법규는 국내법과 같은 효력을 가진다.
⑤ (O) 헌법 제6조 ① 헌법에 의하여 체결·공포된 조약과 일반적으로 승인된 국제법규는 국내법과 같은 효력을 가진다.

[정답] ④

199
다음 설명 중 가장 적절하지 않은 것은? (판례)

① 우리 헌법은 어떠한 조약에 대해서도 헌법과 동일한 효력을 인정하지 않는다. 15서울
② 조약과 헌법의 효력관계에 있어서 조약우위설은 국제주의 또는 국제협조주의의 규정상 국제조약이 헌법에 우월하다고 본다. 04행시
③ 평화추구이념을 헌법상의 기본원리로 채택하고 있는 우리 헌법 하에서 평화적 생존권은 기본권성이 인정된다. 17국가7
④ 헌법재판소의 위헌심사 대상에는 형식적 의미의 법률과 동일한 효력을 갖는 조약도 포함된다. 17회9

해설

① (O) 조약은 법률 또는 명령으로서의 효력은 인정될 수 있으나 헌법과 동일한 효력은 인정될 수 없다.
② (O) 조약우위설로서 소수설이다. 다수설은 조약이 국내법과 동일한 효력을 가진다고 본다.
③ (×) 청구인들이 평화적 생존권이란 이름으로 주장하고 있는 평화란 헌법의 이념 내지 목적으로서 추상적인 개념에 지나지 아니하고, 평화적 생존권은 이를 헌법에 열거되지 아니한 기본권으로서 특별히 새롭게 인정할 필요성이 있다거나 그 권리내용이 비교적 명확하여 구체적 권리로서의 실질에 부합한다고 보기 어려워 헌법상 보장된 기본권이라고 할 수 없다. (헌재 2009. 5. 28. 2007헌마369)
④ (O) (헌재 2016. 4. 28. 2013헌바396)

[정답] ③

200
다음 설명 중 가장 적절한 것은? (판례)

① 조약은 국회의 동의를 얻어 체결·비준되었더라도 형식적 의미의 법률이 아닌 이상 헌법재판소의 위헌법률심판대상이 될 수 없다. 17국가7
② 법률적 효력을 갖는 조약은 헌법재판소의 위헌법률심판의 대상이 될 수 있다. 18행시
③ 국회의 동의를 요하지 않는 조약은 헌법소원심판의 대상이 될 수 없다. 05사시
④ 조약에 대한 위헌여부의 심사는 헌법재판소법 제41조 제1항에 따른 위헌법률심판과 헌법재판소법 제68조 제2항에 따른 위헌심사형 헌법소원의 형태로는 가능하지만, 헌법재판소법 제68조 제1항에 따른 권리구제형 헌법소원의 형태로는 불가능하다. 10국회8

해설

① (×) 헌법 제111조 제1항 제1호, 제5호 및 헌법재판소법 제41조 제1항, 제68조 제2항에 따르면 위헌심판의 대상을 '법률'이라고 규정하고 있는데, 여기서 '법률'이라고 함은 국회의 의결을 거친 형식적 의미의 법률뿐만 아니라 법률과 같은 효력을 갖는 조약 등도 포함된다. (헌재 2016. 4. 28. 2013헌바396) 〈주〉 형식적 의미의 법률이 아니라도, 대통령의 긴급명령 또는 국회의 동의를 거친 조약은 법률과 동일한 효력을 가진다.
② (○) 헌위헌심판의 대상인 '법률'은 형식적 의미의 법률뿐만 아니라 법률과 같은 효력을 갖는 조약 등도 포함된다. (헌재 2016. 4. 28. 2013헌바396)
③ (×) 국회의 동의를 요하지 않는 조약으로 명령과 같은 효력이 인정되는 조약도 직접 국민의 기본권을 침해한다고 인정될 경우라면 헌법소원심판의 대상이 될 수 있다. 다만 법률의 효력은 없으므로 위헌법률심사의 대상은 될 수 없다.
④ (×) 법령을 집행하는 행위가 존재하지 아니하고 바로 법령으로 말미암아 직접 기본권이 침해되는 예외적인 경우에는 법령에 대한 헌법소원이 가능한바 이 사건 협정이 직접 기본권을 침해한다면 권리구제형 헌법소원의 대상이 될 수 있다. (헌재 2001. 3. 21. 99헌마139)

[정답] ②

201
다음 설명 중 가장 적절하지 않은 것은? (판례)

① 대통령이 국회의 동의 없이 조약을 체결 비준하였다 하더라도 국가기관의 부분 기관이 자신의 이름으로 소속기관의 권한을 주장할 수 있는 '제3자 소송담당'을 명시적으로 허용하는 법률의 규정이 없는 현행법 체계 하에서는 국회의 구성원인 국회의원이 국회의 조약에 대한 체결·비준 동의권의 침해를 주장하는 권한쟁의심판을 청구할 수는 없다. 11법행
② 조약의 체결·비준의 주체인 대통령이 국회의 동의를 필요로 하는 조약에 대하여 국회의 동의절차를 거치지 아니한 채 체결·비준하는 경우 국회의원의 심의·표결권을 침해한 것이다. 22국회5
③ 대통령이 국회의 동의 없이 조약을 체결 비준하였다고 하더라도 국회의원의 조약동의를 위한 심의·표결권이 침해될 가능성이 없으므로 대통령에 의하여 국회의 권한이 침해되었다는 이유로 국회의원이 제기한 권한쟁의심판청구는 부적법하다. 08사시/17법무
④ 조약이란 일반적으로 둘 이상의 국가 사이에 합의되는 내용이지만, 국제기구도 국제법의 주체로서 국가와 조약을 체결할 수 있다. 14국회8

해설

① (○) (헌재 2007. 7. 26. 2005헌라8) 〈주〉 국회의 동의권을 침해한 경우, 권한쟁의심판의 당사자는 국회의원이 아니라 국회이다.
② (×) 피청구인인 대통령이 국회의 동의 없이 조약을 체결·비준하였다 하더라도 국회의 조약 체결·비준에 대한 동의권이 침해될 수는 있어도 국회의원인 청구인들의 심의·표결권이 침해될 가능성은 없다. (헌재 2011. 8. 30. 2011헌라2)
③ (○) 피청구인 대통령이 조약 체결·비준에 대한 국회의 동의를 요구하지 않았다고 하더라도 국회의원인 청구인들의 심의·표결권이 침해될 가능성은 없다. (헌재 2015. 11. 26. 2013헌라3)
④ (○) 국가 뿐만 아니라 국제기구도 조약체결의 주체가 될 수 있다.

[정답] ②

202

다음 설명 중 가장 적절하지 않은 것은? (판례)

① 조약은 '국가·국제기구 등 국제법 주체 사이에 권리의무관계를 창출하기 위하여 서면 또는 구두 형식으로 체결되고 국제법에 의하여 규율되는 합의'라고 할 수 있다. 17국가7

② 국제법적으로, 조약은 국제법 주체들이 일정한 법률효과를 발생시키기 위하여 체결한 국제법의 규율을 받는 국제적 합의를 말하며 서면에 의한 경우가 대부분이지만 예외적으로 구두합의도 조약의 성격을 가질 수 있다. 21지방7/22경간

③ 조약은 국가·국제기구 등 국제법 주체 사이에 권리의무관계를 창출하기 위하여 서면 형식으로 체결되고 국제법에 의하여 규율되는 합의라고 할 수 있다. 22국회5

④ 조약은 국가·국제기구 등 국제법 주체 사이에 권리의무관계를 창출하기 위하여 체결되고 국제법에 의하여 규율되는 합의를 의미하는 것으로, 반드시 서면형식으로 체결되어야 한다. 19소방

해설

① (O) (헌재 2019. 12. 27. 2016헌마253)
② (O) (헌재 2019. 12. 27. 2016헌마253)
③ (O) (헌재 2008. 3. 27. 2006헌라4) 〈주〉 서명으로 한다는 원칙을 의미하므로 옳은 지문이고, 반드시 서명으로 한다는 틀린 지문이다.
④ (×) 조약의 개념에 관하여 우리 헌법상 명문의 규정은 없다. 국제법적으로, 조약은 국제법 주체들이 일정한 법률효과를 발생시키기 위하여 체결한 국제법의 규율을 받는 국제적 합의를 말하며 서면에 의한 경우가 대부분이지만 예외적으로 구두합의도 조약의 성격을 가질 수 있다. (헌재 2019. 12. 27. 2016헌마253)

[정답] ④

203

다음 설명 중 가장 적절하지 않은 것은? (판례)

① 조약의 체결 권한은 대통령에게 있고, 비준권은 국회에 속한다. 17법무/17국회9

② 우리헌법은 조약의 체결 비준에 관하여 대통령에게 전속적인 권한을 부여하면서도 조약을 체결·비준함에 있어서는 반드시 국무회의의 심의를 거치도록 하고 있다. 10법행

③ 조약안은 국무회의의 심의를 거쳐야 한다. 18행시

④ 국회는 상호원조 또는 안전보장에 관한 조약, 중요한 국제조직에 관한 조약, 우호통상항해조약, 주권의 제약에 관한 조약, 강화조약, 국가나 국민에게 중대한 재정적 부담을 지우는 조약 또는 입법사항에 관한 조약의 체결 비준에 대한 동의권을 가진다. 21경승

해설

① (×) 헌법 제73조 대통령은 조약을 체결·비준하고, 외교사절을 신임·접수 또는 파견하며, 선전포고와 강화를 한다.
② (O) 헌법 제73조 대통령은 조약을 체결·비준하고, 외교사절을 신임·접수 또는 파견하며, 선전포고와 강화를 한다. 헌법 제89조 다음 사항은 국무회의의 심의를 거쳐야 한다. 3. 헌법개정안·국민투표안·조약안·법률안 및 대통령령안
③ (O) 헌법 제89조 다음 사항은 국무회의의 심의를 거쳐야 한다. 3. 헌법개정안·국민투표안·조약안·법률안 및 대통령령안
④ (O) 헌법 제60조 ① 국회는 상호원조 또는 안전보장에 관한 조약, 중요한 국제조직에 관한 조약, 우호통상항해조약, 주권의 제약에 관한 조약, 강화조약, 국가나 국민에게 중대한 재정적 부담을 지우는 조약 또는 입법사항에 관한 조약의 체결·비준에 대한 동의권을 가진다.

[정답] ①

204

다음 설명 중 가장 적절하지 않은 것은? (판례)

① 자기집행조약은 법률의 입법이 없이 국내에서 효력을 발생하지만, 비자기집행조약은 이를 집행하기 위한 법률의 제정이 있어야 비로소 국내에서 적용할 수 있다. 14국회8
② 조약과 비구속적 합의를 구분함에 있어서는 합의의 명칭, 합의가 서면으로 이루어졌는지 여부 등과 같은 형식적 측면 외에도 합의의 과정과 내용·표현에 비추어 법적 구속력을 부여하려는 당사자의 의도가 인정되는지 여부 등 실체적 측면을 종합적으로 고려하여야 한다. 21지방7
③ 국회는 중요한 국제조직에 관한 조약, 주권의 제약에 관한 조약, 국가나 국민에게 중대한 재정적 부담을 지우는 조약 또는 입법사항에 관한 조약에 대한 동의권을 가진다. 11법행
④ 주권의 제약에 관한 조약은 체결할 수 없다. 18행시
⑤ 중요한 국제조직에 관한 조약, 우호통상항해조약의 체결 및 비준에 대해서는 국회가 동의권을 가진다. 17법무

해설

① (O) ② (O) (헌재 2019.12.27. 2016헌마253)
③ (O) ④ (×) 헌법 제60조 ① 국회는 상호원조 또는 안전보장에 관한 조약, 중요한 국제조직에 관한 조약, 우호통상항해조약, 주권의 제약에 관한 조약, 강화조약, 국가나 국민에게 중대한 재정적 부담을 지우는 조약 또는 입법사항에 관한 조약의 체결·비준에 대한 동의권을 가진다. ② 국회는 선전포고, 국군의 외국에의 파견 또는 외국군대의 대한민국 영역안에서의 주류에 대한 동의권을 가진다. 〈주〉두문자 한시 – 상안조우 주화재립 주류파전
⑤ (O) 헌법 제60조 제1항.

정답 ④

2. 조약

205

다음 설명 중 가장 적절하지 않은 것은? (판례)

① 전 세계적으로 양심적 병역거부권의 보장에 관한 국제관습법이 형성되었다고 할 수 없어 양심적 병역거부가 일반적으로 승인된 국제법규로서 우리나라에 수용될 수는 없다. 18행시
② 국제노동기구의 제87호 협약(결사의 자유 및 단결권 보장에 관한 협약), 제98호 협약(단결권 및 단체교섭권에 대한 원칙의 적용에 관한 협약), 제151호 협약(공공부문에서의 단결권 보호 및 고용조건의 결정을 위한 절차에 관한 협약)은 헌법 제6조 제1항에서 말하는 일반적으로 승인된 국제법규로서 헌법적 효력을 갖는 것이 아니다. 21경승
③ 세계인권선언의 각 조항은 보편적인 법적 구속력을 가짐과 아울러 국제법적 효력을 갖는다. 15서울
④ 우리나라가 비준한 바 없고, 헌법 제6조 제1항에서 말하는 일반적으로 승인된 국제법규로서의 효력도 가지고 있다고 볼 수 없는 경우에는 이를 국내법규 위헌성에 대한 심사의 척도로 삼을 수 없다. 10법행

해설

① (O) 유럽 등의 일부국가에서 양심적 병역거부권이 보장된다고 하더라도 전 세계적으로 양심적 병역거부권의 보장에 관한 국제관습법이 형성되었다고 할 수 없어 양심적 병역거부가 일반적으로 승인된 국제법규로서 우리나라에 수용될 수는 없다. (헌재 2011. 8. 30. 2007헌가12)
② (O) (헌재 2007. 8. 30. 2003헌바51) 〈주〉위 협약들은 우리나라가 비준하여 2022년 4월부터 효력을 발생하므로 조약의 효력을 가진다. 그러나 일반적으로 승인된 국제법규는 아니다.
③ (×) 세계인권선언은 선언하는 의미는 있으나, 그 선언내용인 각 조항이 바로 보편적인 법적 구속력을 가지거나 국제법적 효력을 갖는 것으로 볼 것은 아니다. (헌재 2008. 12. 26. 2005헌마971)
④ (O) 강제노동의 폐지에 관한 국제노동기구(ILO)의 제105호 조약은 우리나라가 비준한 바 없고, 이 사건 심판대상 규정의 위헌성 심사의 척도가 될 수 없다. (헌재 1998. 7. 16. 97헌바23) 〈주〉현재 ILO 조약 중에서 제105호(강제노동금지)만 비준을 하지 않았다.

정답 ③

206

다음 설명 중 가장 적절한 것은? (판례)

① 강제노동의 폐지에 관한 국제노동기구(ILO)의 제105호 조약은 우리나라가 비준한 바가 없고, 헌법 제6조 제1항에서 말하는 일반적으로 승인된 국제법규로서 헌법적 효력을 갖는다고 볼 수도 없기 때문에 위헌성 심사의 척도가 될 수 없다. 16국가7
② 헌법재판소는 「강제노동 폐지에 관한 국제노동기구(ILO) 협약 제105호」와 「결사의 자유 및 단결권 보장에 관한 협약 제98호」를 일반적으로 승인된 국제법규라고 판단하여 국내법적 효력을 인정했다. 20소방
③ 국제노동기구 산하 '결사의 자유위원회'의 권고는 일반적으로 승인된 국제법규라고 볼 수 있다. 21법행
④ 헌법재판소는 국제연합의 인권선언 및 국제연합의 교육과학문화기구와 국제노동 기구가 채택한 '교원의 지위에 관한 권고'에 대해 일반적으로 승인된 국제법규성을 인정하여 그 국내법적 효력을 인정하고 있다. 14국회8
⑤ 자유권규약위원회는 자유권규약의 이행을 위해 만들어진 조약상의 기구이므로, 규약의 당사국은 그 견해를 존중하여야 하며, 우리 입법자는 자유권규약위원회의 견해의 구체적인 내용에 구속되어 그 모든 내용을 그대로 따라야 하는 의무를 부담한다. 21지방7

해설

① (○) (헌재 1998. 7. 16. 97헌바23)
② (×) 강제노동의 폐지에 관한 국제노동기구(ILO)의 제105호 조약은 우리나라가 비준한 바가 없고, 헌법 제6조 제1항에서 말하는 일반적으로 승인된 국제법규로서 헌법적 효력을 갖는 것이라고 볼 만한 근거도 없다. (헌재 1998. 7. 16. 97헌바23)
③ (×) 국제노동기구 산하 '결사의 자유위원회'의 권고는 일반적으로 승인된 국제법규라고 볼 수 없다. (헌재 2014. 5. 29. 2010헌마606)
④ (×) 위 권고는 권고적 효력밖에 없어 직접적으로 국내법적인 효력을 가진다고는 할 수 없다(서울고법 1992. 2. 14. 89구16296)
⑤ (×) 우리 입법자가 자유권규약위원회의 견해(Views)의 구체적인 내용에 구속되어 그 모든 내용을 그대로 따라야만 하는 의무를 부담한다고 볼 수는 없다. (헌재 2018. 7. 26. 2011헌마306)

[정답] ①

207

다음 설명 중 가장 적절한 것은? (판례)

① '시민적 및 정치적 권리에 관한 국제규약'은 헌법에 의하여 체결·공포된 조약이므로 그 조약상 기구인 자유권규약위원회의 견해에 따라 우리 입법자는 기존에 유죄판결을 받은 양심적 병역거부자에 대해 전과기록 말소 등의 구제조치를 할 입법의무가 있다. 21법행
② 한미동맹 동반자관계를 위한 전략대화 출범에 관한 공동성명은 구체적인 법적 권리·의무를 창설하는 내용을 포함하고 있지 아니하므로, 조약에 해당된다고 볼 수 없다. 15서울
③ 외교통상부장관이 2006. 1. 19. 미합중국 국무장관과 발표한 '동맹 동반자 관계를 위한 전략대화 출범에 관한 공동성명'은 국회의 동의가 필요 없는 조약이다. 10법행
④ 특정의 외국 농산물의 긴급수입제한조치를 더 이상 연장하지 않겠다는 취지의 대한민국정부와 당해 외국과의 합의는 헌법 제6조 제1항 소정의 조약이므로 반드시 조약공포의 방법으로 국민에게 공개되어야 한다. 08사시

해설

① (×) 자유권규약위원회의 견해를 존중하고 고려하여야 한다는 점을 감안하더라도, 피청구인에게 이 사건 견해에 언급된 구제조치를 그대로 이행하는 법률을 제정할 구체적인 입법의무가 발생하였다고 보기는 어렵다. (헌재 2018. 7. 26. 2011헌마306)
② (○) (헌재 2008. 3. 27. 2006헌라4)
③ (×) 조약에 해당된다고 볼 수 없다. (헌재 2008. 3. 27. 2006헌라4)
④ (×) 긴급수입제한조치의 연장은 중국과의 합의로 그 연장여부가 최종적으로 결정된 것으로 볼 수 없는 점에 비추어 헌법적으로 정부가 반드시 공포하여 국내법과 같은 효력을 부여해야한다고 단정할 수 없다. (헌재 2004. 12. 16. 2002헌마579)

[정답] ②

208

다음 설명 중 가장 적절한 것은? (판례)

① 1992. 2. 19. 발효된 '남북사이의 화해와 불가침 및 교류협력에 관한 합의서'는 국가간의 조약에 준하는 것이므로 국회의 동의가 필요하다. 11법행
② 남북 사이의 화해와 불가침 및 교류협력에 관한 합의서는 일종의 조약으로서 국회의 동의를 얻어야 하는 것이다. 17국가7
③ 국회의 동의를 요하는 조약은 널리 국가간 합의를 포괄하는 개념이므로 당사국간의 신의에 기초하여 이루어진 정치적 합의, 즉 신사협정도 위 조약에 해당한다. 08사시/10국회8/14법행
④ 통상조약의 체결 절차 및 이행과정에서 남한과 북한 간의 거래는 남북교류협력에 관한 법률 제12조에 따라 국가 간의 거래가 아닌 민족내부의 거래로 본다. 17국가7

해설

① (×) 남북 사이의 화해와 불가침 및 교류협력에 관한 합의서는 남북한 당국이 각기 정치적인 책임을 지고 상호간에 그 성의 있는 이행을 약속한 것이기는 하나 법적 구속력이 있는 것은 아니어서 이를 국가 간의 조약 또는 이에 준하는 것으로 볼 수 없고, 따라서 국내법과 동일한 효력이 인정되는 것도 아니다. (대법원 1999. 7. 23. 98두14525)
② (×) 남북 사이의 화해와 불가침 및 교류협력에 관한 합의서는 남북한 당국이 각기 정치적인 책임을 지고 상호간에 그 성의 있는 이행을 약속한 것이기는 하나 법적 구속력이 있는 것은 아니어서 이를 국가 간의 조약 또는 이에 준하는 것으로 볼 수 없고, 따라서 국내법과 동일한 효력이 인정되는 것도 아니다. (대법원 1999. 7. 23. 98두14525)
③ (×) 1992. 2. 19. 발효된 '남북사이의화해와불가침및교류협력에관한합의서'는 일종의 공동성명 또는 신사협정에 준하는 성격을 가짐에 불과하여 법률이 아님은 물론 국내법과 동일한 효력이 있는 조약이나 이에 준하는 것으로 볼 수 없다. (헌재 2000. 7. 20. 98헌바63)
④ (O) 남한과 북한 간의 거래는 「남북교류협력에 관한 법률」 제12조에 따라 국가 간의 거래가 아닌 민족내부의 거래로 본다.

정답 ④

209

다음 설명 중 옳은 것을 모두 고른 것은? (판례)

㉠ 국제통화기금협정 제9조 제3항 및 제8항 등은 각 국회의 동의를 얻어 체결된 것으로서 헌법 제6조 제1항에 따라 국내법적, 법률적 효력을 가지나, 가입국의 재판권 면제에 관한 것이므로 국내에 바로 적용될 수 없는 법규범으로서 위헌법률심판의 대상이 될 수 없다. 04행시/14법행
㉡ 대한민국과 아메리카합중국 간의 상호방위조약 제4조에 의한 시설과 구역 및 대한민국에서의 합중국군대의 지위에 관한 협정은 국회의 관여 없이 체결되는 행정협정이므로 국회의 동의를 요하지 않는다. 11법행/17국회9/21경승
㉢ 대한민국과 일본국간의 어업에 관한 협정(조약 제1477호)은 우리나라와 일본간의 어업에 관해 헌법에 의하여 체결·공포된 조약으로서 국내적으로 법률과 같은 효력을 가진다. 04행시

① ㉠ ㉡
② ㉠ ㉢
③ ㉡
④ ㉢

해설

㉠ (×) 국회의 동의를 얻어 체결된 것으로서, 헌법 제6조 제1항에 따라 국내법적, 법률적 효력을 가지는 바, 가입국의 재판권 면제에 관한 것이므로 성질상 국내에 바로 적용될 수 있는 법규범으로서 위헌법률심판의 대상이 된다. (헌재 2001. 9. 27. 2000헌바20)
㉡ (×) 이 사건 조약은 그 명칭이 "협정"으로 되어 있어 국회의 관여 없이 체결되는 행정협정처럼 보이기도 하나 우리나라의 입장에서 볼 때에는 외국군대의 지위에 관한 것이고, 국가에게 재정적 부담을 지우는 내용과 입법사항을 포함하고 있으므로 국회의 동의를 요하는 조약으로 취급되어야 한다. (헌재 1999. 4. 29. 97헌가14)
㉢ (O) 이 사건 협정은 우리나라 정부가 일본 정부와의 사이에서 어업에 관해 체결·공포한 조약(조약 제1477호)으로서 헌법 제6조 제1항에 의하여 국내법과 같은 효력을 가지므로, 그 체결행위는 고권적 행위로서 '공권력의 행사'에 해당한다. (헌재 2001. 3. 21. 99헌마139)

정답 ④

210

다음 설명 중 옳은 것을 모두 고른 것은? (판례)

㉠ 대한민국과 일본국간의 어업에 관한 협정은 우리 정부가 일본 정부와의 사이에서 체결 공포한 조약으로서 국내법과 같은 효력을 갖고, 그 체결행위는 공권력의 행사에 해당한다. 17국회9
㉡ 조약자체가 국민의 권리의무에 관한 법규범을 포함하고 있어서 그 문구나 내용으로 보아 국내의 법적용에 의해서 조약이 직접 구체적인 사건에 적용될 수 있는 경우가 있다. 04행시
㉢ '대한민국과 일본국간의 어업에 관한 협정'은 한일간 행정협정에 불과하여 국내법과 같은 효력을 가지는 조약에 해당되지 않는다. 17법무
㉣ 헌법 제2조 재외국민의 보호조항은 국가로 하여금 특정한 협약에 가입하거나 조약을 체결하여야 하는 입법위임을 한 취지라고 할 수 있다. 04행시

① ㉠ ㉡
② ㉠ ㉡ ㉢
③ ㉡ ㉢ ㉣
④ ㉠ ㉡ ㉢ ㉣

해설

㉠ (○) (헌재 2001. 3. 21. 99헌마139)
㉡ (○) 이 사건 협정은 법령을 집행하는 행위가 존재하지 아니하고 바로 법령으로 말미암아 직접 기본권이 침해되는 예외적인 경우에 해당한다. (헌재 2001. 3. 21. 99헌마139).
㉢ (×) 대한민국과 일본국간의 어업에 관한 협정은 우리나라 정부가 일본 정부와의 사이에서 어업에 관해 체결·공포한 조약으로서 헌법 제6조 제1항에 의하여 국내법과 같은 효력을 가지므로, 그 체결행위는 고권적 행위로서 '공권력의 행사'에 해당한다. (헌재 2001. 3. 21. 99헌마139)
㉣ (×) 헌법 제2조 제2항은 "국가는 법률이 정하는 바에 의하여 재외국민을 보호할 의무를 진다"고 규정하고 있으나, 위 규정이나 다른 어떤 헌법규정으로부터도 우리나라 정부가 특정 협약에 가입, 수정가입, 일부가입 또는 별도조약을 체결할 것을 요구할 수 있는 권리가 도출되지 않는다. (헌재 1998. 5. 28. 97헌마282)

정답 ①

211

다음 설명 중 옳지 않은 것을 모두 고른 것은? (판례)

㉠ 조약에 기하여 새로운 범죄를 구성하거나 범죄자에 대한 처벌을 가중하는 것은 헌법적으로 허용되지 않는다. 10국회8
㉡ 우루과이라운드의 협상결과 체결된 마라케쉬 협정은 적법하게 체결되어 공포된 조약이다. 21경승
㉢ 국내법의 개정 없이 마라케쉬협정에 의하여 관세법위반자의 처벌이 가중되는 것은 죄형법정주의 원칙에 위배된다. 17법무
㉣ 마라케쉬협정에 의한 관세법위반자의 가중처벌은 국내법에 의한 가중처벌과 같은 효력을 지닌다. 15서울

① ㉠ ㉡
② ㉠ ㉢
③ ㉡ ㉢
④ ㉡ ㉣

해설

㉠ (×) 마라케쉬협정도 적법하게 체결되어 공포된 조약이므로 국내법과 같은 효력을 갖는 것이어서 그로 인하여 새로운 범죄를 구성하거나 범죄자에 대한 처벌이 가중된다고 하더라도 이것은 국내법에 의하여 형사처벌을 가중한 것과 같은 효력을 갖게 되는 것이다. (헌재 1998. 11. 26. 97헌바65)
㉡ (○) (헌재 1998. 11. 26. 97헌바65)
㉢ (×) 마라케쉬협정에 의하여 관세법위반자의 처벌이 가중된다고 하더라도 이를 들어 법률에 의하지 아니한 형사처벌이라거나 행위시의 법률에 의하지 아니한 형사처벌이라고 할 수 없다. (헌재 1998. 11. 26. 97헌바65)
㉣ (○) 마라케쉬협정도 적법하게 체결되어 공포된 조약이므로 국내법과 같은 효력을 갖는 것이어서 그로 인하여 새로운 범죄를 구성하거나 범죄자에 대한 처벌이 가중된다고 하더라도 이것은 국내법에 의하여 형사처벌을 가중한 것과 같은 효력을 갖게 되는 것이다. (헌재 1998. 11. 26. 97헌바65)

정답 ②

212
다음 설명 중 가장 적절하지 않은 것은? (판례)

① 마라케쉬협정은 적법하게 체결·공포된 조약이므로 이 협정에 의하여 관세법위반자의 처벌이 가중되어도 위헌은 아니다. 16국가7
② 이라크전쟁이 침략적 전쟁인지 여부는 성격상 국방 및 외교에 관련된 고도의 정치적 결단을 요하는 문제로서 대통령과 국회의 판단이 존중되어야 하므로 헌법재판소가 판단하기에 적절치 않다는 것이 판례이다. 05사시
③ 한미무역협정(FTA)은 대한민국의 입법권의 범위, 사법권의 주체와 범위, 헌법상 경제조항에 변경을 가져오는 등 실질적으로 헌법 개정에 해당함에도, 국민투표 절차를 거치지 않고 이 협정을 체결한 것은 대한민국 국민의 국민투표권을 침해한다. 17국회9
④ 특정 지방자치단체의 초·중·고등학교에서 실시하는 학교급식을 위해 위 지방자치단체에서 생산되는 우수농산물을 우선적으로 사용하도록 한 위 지방자치단체의 조례안은 내국민대우원칙을 규정한 1994년 관세 및 무역에 관한 일반협정(GATT)에 위반되어 무효이다. 12사시

해설

① (O) 마라케쉬협정에 의하여 관세법위반자의 처벌이 가중된다고 하더라도 이를 들어 법률에 의하지 아니한 형사처벌이라거나 행위시의 법률에 의하지 아니한 형사처벌이라고 할 수 없다. (헌재 1998. 11. 26. 97헌바65)
② (O) 이 사건 파견결정은 대통령과 국회의 판단은 존중되어야 하고 헌법재판소가 사법적 기준만으로 이를 심판하는 것은 자제되어야 한다. (헌재 2004. 4. 29. 2003헌마814)
③ (×) 대통령이 한미무역협정을 체결하기 이전에 그에 관한 국민투표를 실시하지 아니하였다고 하더라도 국민투표권이 행사될 수 있는 계기인 대통령의 중요정책 국민투표 부의가 행해지지 않은 이상 청구인의 국민투표권이 행사될 수 있을 정도로 구체화되었다고 할 수 없으므로 그 침해의 가능성은 인정되지 않는다. (헌재 2013. 11. 28. 2012헌마166)
④ (O) (대법원 2005. 9. 9. 2004추10)

[정답] ③

제3장 헌법상 제도

213
다음 설명 중 옳은 것을 모두 고른 것은? (판례)

㉠ 제도적 보장 이론을 체계화한 것은 C. Schmitt인데, 그에 의하면 제도적 보장의 대상은 역사적·전통적으로 형성된 기존의 제도일 뿐이므로, 헌법으로 특정의 제도를 창설하는 것을 의미하지는 않는다. 05법행
㉡ 전래의 어떤 가족제도가 헌법 제36조 제1항이 요구하는 양성평등에 반한다고 할지라도, 헌법 제9조의 전통문화와 규범 조화적으로 해석하여 헌법적 정당성이 인정될 수도 있다. 18국가7
㉢ 제도보장 규정은 주관적 권리가 아닌 객관적 법규범이라는 점에서 기본권과 구별되며, 제도보장 그 자체만을 근거로 소를 제기할 수는 없는 것이지만, 단순한 프로그램적 규정이 아니라 재판규범으로서의 성질을 갖는다. 05법행
㉣ 기본권이 입법권 집행권 사법권을 구속하는 법규범인데 반하여, 제도적 보장은 프로그램적 규정으로서 재판규범으로서의 기능을 하지 못한다. 18국가7

① ㉠㉡　② ㉠㉢　③ ㉡㉢　④ ㉡㉣

해설
㉠ (O) 제도보장은 결단주의 학파의 칼 슈미트(C. Schmitt)가 체계화하였다.
㉡ (X) 전래의 어떤 가족제도가 헌법 제36조 제1항이 요구하는 개인의 존엄과 양성평등에 반한다면 헌법 제9조를 근거로 그 헌법적 정당성을 주장할 수는 없다. (헌재 2005. 2. 3. 2001헌가9)
㉢ (O) (헌재 1997. 4. 24. 95헌바48)
㉣ (X) 제도보장 규정은 주관적 권리가 아닌 객관적 법규범이라는 점에서 기본권과 구별되며, 제도보장 그 자체만을 근거로 소를 제기할 수는 없는 것이지만, 단순한 프로그램적 규정이 아니라 재판규범으로서의 성질을 갖는다. (헌재 1997. 4. 24. 95헌바48)
〈주〉 지켜도 되고 안지켜도 되는 프로그램 매뉴얼이 아니라 반드시 지켜야 되는 규범이란 뜻이다.

정답 ②

214
다음 설명 중 옳지 않은 것을 모두 고른 것은? (판례)

㉠ 제도적 보장은 역사적 전통적으로 확립된 기존의 객관적 제도 그 자체의 본질적 내용이 입법에 의하여 폐지되거나 본질이 훼손되는 것을 방지하기 위하여 헌법이 특별히 보장하는 것이다. 15서울
㉡ 제도적 보장이란 것은 그 제도의 폐지나 본질적 침해를 방지하고자 하는 소극적 최소한도의 보장을 의미하는 것으로서, 그 본질적 내용이 입법에 의하여 결정된다. 05법행
㉢ 제도적 보장은 주관적 권리가 아닌 객관적 법규범이라는 점에서 기본권과 구별되며, 헌법에 의하여 일정한 제도가 보장되더라도 입법자는 그 제도를 설정하고 유지할 입법의무를 지는 것은 아니다. 18국가7
㉣ 제도적 보장은 지방자치제도처럼 아무런 관련 없이 독자적으로 보장되는 경우가 있는가 하면, 제도적 보장이 기본권 보장의 수단으로 기능하는 경우도 있고, 제도적 보장과 기본권 보장이 동시에 존재하는 경우도 있다. 05법행

① ㉠㉡　② ㉠㉢　③ ㉡㉢　④ ㉡㉣

해설
㉠ (O) (헌재 1997. 4. 24. 95헌바48)
㉡ (X) 제도적 보장은 헌법에 규정되어 있기 때문에 법률로써 이를 폐지할 수 없고, 비록 내용을 제한하더라도 그 본질적 내용을 침해할 수 없다. (헌재 1997. 4. 24. 95헌바48) 〈주〉 입법으로 결정된다는 부분이 틀렸다.
㉢ (X) 헌법에 의하여 일정한 제도가 보장되면 입법자는 그 제도를 설정하고 유지할 입법의무를 지게될 뿐만 아니라 헌법에 규정되어 있기 때문에 법률로써 이를 폐지할 수 없고, 비록 내용을 제한하더라도 그 본질적 내용을 침해할 수 없다. (헌재 1997. 4. 24. 95헌바48)
㉣ (O) 지방자치제도는 헌법상 보장되는 제도이지만 주민들의 선거권은 헌법상 기본권이 아니라 법률상 권리일 뿐이다. 그러나 선거제도는 헌법상 보장되는 제도이면서 국민의 선거권과 피선거권은 헌법상 기본권이기도 하다.

정답 ③

215

다음 설명 중 가장 적절하지 않은 것은? (판례)

① 특정 제도가 헌법상 보장됨으로써 부수적 간접적으로 특정한 기본권이 보장되는 경우도 있는데, 예를 들면 정당제도가 보장됨으로써 정당의 설립 가입·탈퇴의 자유가 보장되는 것이 그것이다. 05법행
② 방송의 자유는 주관적 권리로서의 성격과 함께 신문의 자유와 마찬가지로 자유로운 의견형성이나 여론형성을 위해 필수적인 기능을 행하는 객관적 규범질서로서 제도적 보장의 성격을 함께 가진다. 18국가7
③ 우리나라의 학설과 판례에 의하면 제도는 국법질서에 의하여 국가 내에서 인정되는 객관적 법규범인 동시에 재판규범으로 기능하며, 기본권과 달리 최대한의 보장을 내용으로 한다. 15서울
④ 직업공무원제도는 지방자치제도, 복수정당제도, 혼인제도 등과 함께 '제도보장'의 하나로서 이는 일반적인 법에 의한 폐지나 제도본질의 침해를 금지한다는 의미의 '최소보장'의 원칙이 적용되는바, 이는 기본권의 경우 헌법 제37조 제2항의 과잉금지의 원칙에 따라 필요한 경우에 한하여 '최소한으로 제한'되는 것과 대조되는 것이다. 22경찰2

해설

① (○) 정당제도가 보장되어야 정당의 설립 자유도 보장된다.
② (○) (헌재 2003. 12. 18. 2002헌바49) 〈주〉 기본권의 주관적 공권성과 객관적 제도의 이중적 성격을 가진다.
③ (×) 기본권 보장은 "최대한 보장의 원칙"이 적용됨에 반하여, 제도적 보장은 그 본질적 내용을 침해하지 아니하는 범위 안에서 입법자에게 제도의 구체적 내용과 형태의 형성권을 폭넓게 인정한다는 의미에서 "최소한 보장의 원칙"이 적용될 뿐이다. (헌재 1997. 4. 24. 95헌바48)
④ (○) (헌재 1994. 4. 28. 91헌바15)

정답 ③

제1절 공무원제도

1. 서설

216

다음 설명 중 가장 적절하지 않은 것은? (판례)

① 헌법이 공무원의 신분 보장을 명문으로 규정하고 있고 공무수행의 독자성과 영속성을 유지하는 것은 헌법상 목표이므로, 직업공무원제도는 최대한 보장의 원칙을 적용하여 그 위헌성 여부를 판단한다. 17법행/21소방
② 헌법 제7조 제1항에 의하여 국민전체에 대한 봉사자로서의 공무원과 같은 조 제2항에 의하여 신분과 정치적 중립성이 보장되는 공무원은 일치하지는 않는다. 22법무
③ 직업공무원제도에서 말하는 공무원은공무를 담당하는 것을 직업으로 하는 협의의 공무원을 말하며 정치적 공무원이라든가 임시적 공무원은 포함되지 않는다. 21법행/23경찰1
④ 국가배상법 제2조 소정의 '공무원'이라 함은 널리 공무를 위탁받아 실질적으로 공무에 종사하고 있는 일체의 자를 가리키는 것으로서, 공무의 위탁이 일시적이고 한정적인 사항에 관한 활동을 위한 것이어도 달리 볼 것은 아니다. 21법행

해설

① (×) 기본권 보장은 "최대한 보장의 원칙"이 적용됨에 반하여, 제도적 보장은 "최소한 보장의 원칙"이 적용될 뿐이다. (헌재 1997. 4. 24. 95헌바48)
② (○) 헌법 제7조 제1항은 광의의 공무원이고, 제2항은 협의의 직업공무원이다.
③ (○) (헌재 1989. 12. 18. 89헌마32)
④ (○) (대법원 2001. 1. 5. 98다39060) 〈주〉 국가배상법의 공무원은 공무수탁사인을 포함하는 최광의의 공무원이다.

정답 ①

217

다음 설명 중 옳은 것은? (판례)

① 직업공무원제도의 공무원은 국가 또는 공공단체와 근로관계를 맺고, 공무를 담당하는 것을 직업으로 하는 자로서 선거직 공직자를 포함한 광의의 공무원을 말한다. 11국가7
② 직업공무원제도하에 있어서는 과학적 직위분류제, 성적주의 등에 따른 인사의 공정성을 유지하는 장치가 중요하지만 특히 공무원의 정치적 중립과 신분보장은 그 중추적 요소라고 할 수 있다. 17법행/17입시
③ 공직자선발에 관하여 능력주의에 바탕한 선발기준을 마련하지 아니하고 해당 공직이 요구하는 직무수행능력과 무관한 요소, 예컨대 성별·종교·사회적 신분·출신지역 등을 기준으로 삼는 것은 국민의 공직취임권을 침해하는 것이 되므로, 헌법상 능력주의 원칙에 대한 예외는 허용되지 않는다. 17법행
④ 원칙적으로 공직자선발에 있어 해당 공직이 요구하는 직무수행능력과 무관한 요소인 성별·종교·사회적 신분·출신지역 등을 이유로 하는 차별은 허용되지 않는다고 할 것이므로, 우리 헌법의 기본원리인 사회국가원리도 능력주의 원칙에 대한 예외로 작용할 수 없다. 16변시

[해설]

① (×) 직업공무원제도에서 말하는 공무원은 협의의 공무원을 말하며 정치적 공무원이라든가 임시적 공무원은 포함되지 않는 것이다. (헌재 1989. 12. 18. 89헌마32)
② (○) (헌재 2004. 11. 25. 2002헌바8)
③ (×) 헌법의 기본원리나 특정조항에 비추어 능력주의원칙에 대한 예외를 인정할 수 있는 경우가 있다. 헌법조항으로는 여자·연소자근로의 보호, 국가유공자·상이군경 및 전몰군경의 유가족에 대한 우선적 근로기회의 보장 등을 들 수 있다. (헌재 1999. 12. 23. 98헌마363)
④ (×) 헌법의 기본원리나 특정조항에 비추어 능력주의 원칙에 대한 예외를 인정할 수 있는 경우가 있고, 이러한 헌법적 요청이 있는 경우에는 합리적 범위 안에서 능력주의가 제한될 수 있다. (헌재 2001. 2. 22. 2000헌마25)

[정답] ②

2. 직업공무원의 정치적 중립

218

다음 설명 중 가장 적절하지 않은 것은? (판례)

① 공무원의 정치적 중립성 요청은 공무원의 정치적 신조에 따라서 행정이 좌우되지 않도록 함으로써 공무집행에서의 혼란의 초래를 예방하고 국민의 신뢰를 확보하기 위함이다. 13사시
② 공무원의 직무수행 중 정치적 주장을 표시·상징하는 복장 등의 착용행위를 금지하는 것은 공무원의 근무기강 확립 및 정치적 중립성 확보를 위한 것으로서, 공무원이 직무수행 중인 경우에는 그 활동과 행위에 더 큰 제약이 가능할 뿐만 아니라 공무원의 직무수행 중의 행위만을 금지하고 있으므로, 공무원의 정치적 표현의 자유를 침해하지 않는다. 13사시/23경찰1
③ 공무원에 대하여 직무수행 중 정치적 주장을 표시·상징하는 복장 등 착용행위를 금지한 「국가공무원 복무규정」은 공무원의 정치적 표현의 자유를 필요 이상으로 제한하여 헌법에 위반된다. 20국회9
④ 공무원의 기부금 모집을 금지하고 있는 법률조항은 선거의 공정성을 확보하고 공무원의 정치적 중립성을 보장하기 위한 것이므로, 정치적 의사표현의 자유를 침해하지 않는다. 16변시

[해설]

① (○) (헌재 2004. 3. 25. 2001헌마710)
② (○) (헌재 2012. 5. 31. 2009헌마705)
③ (×) 공무원의 직무수행 중 정치적 주장을 표시·상징하는 복장 등의 착용행위를 금지하는 것은 공무원의 근무기강 확립 및 정치적 중립성 확보를 위한 것으로서, 공무원이 직무수행 중인 경우에는 그 활동과 행위에 더 큰 제약이 가능할 뿐만 아니라 공무원의 직무수행 중의 행위만을 금지하고 있으므로, 공무원의 정치적 표현의 자유를 침해하지 않는다. (헌재 2012. 5. 31. 2009헌마705)
④ (○) (헌재 2012. 7. 26. 2009헌바298)

[정답] ③

219

다음 설명 중 가장 적절하지 않은 것은? (판례)

① 공무원에 대하여 국가의 정책에 대한 반대·방해 행위를 금지한 규정을 과잉금지원칙에 반하여 공무원의 정치적 표현의 자유를 침해한다고 할 수 없다. 14국8

② 선거관리위원회 공무원에게 요청되는 엄격한 정치적 중립성을 고려한다고 하더라도 위 공무원에 대하여 특정 정당이나 후보자를 지지·반대하는 단체에의 가입 활동 등을 금지하는 것은 해당 공무원의 정치적 표현의 자유 등을 침해한다. 13사시

③ 초·중등학교 교원에 대해서는 정당가입의 자유를 금지하면서 대학의 교원에게 이를 허용한다 하더라도, 이는 양자 간 직무의 본질이나 내용 그리고 근무 태양이 다른 점을 고려한 합리적인 차별이라고 할 것이므로 평등원칙에 위배된다고 할 수 없다. 21소방

④ 대통령도 선거중립의무를 진다. 17입시

해설

① (O) 법률유보원칙, 명확성원칙 및 과잉금지원칙에 반하여 공무원의 정치적 표현의 자유를 침해하지 않는다. (헌재 2012. 5. 31. 2009헌마705)

② (×) 선관위 공무원에게 요청되는 엄격한 정치적 중립성에 비추어 볼 때 선관위 공무원이 특정한 정치적 성향을 표방하는 단체에 가입·활동한다는 사실 자체만으로 그 정치적 중립성과 직무의 공정성, 객관성이 의심될 수 있으므로 이 사건 규정들은 <u>선관위 공무원의 정치적 표현의 자유 등을 침해한다고 할 수 없다.</u> (헌재 2012. 3. 29. 2010헌마97)

③ (O) (헌재 2004. 3. 25. 2001헌마710)

④ (O) (헌재 2008. 1. 17. 2007헌마700)

[정답] ②

220

다음 설명 중 가장 적절한 것은? (판례)

① 직무의 기능이나 영향력을 이용하여 선거에서 국민의 자유로운 의사형성과정에 영향을 미치고 정당간의 경쟁관계를 왜곡할 가능성은 정부나 지방자치단체의 집행기관에 있어서 더욱 크다고 판단되므로 대통령, 지방자치단체의 장 등에게는 다른 공무원보다도 선거에서의 정치적 중립성이 특히 요구된다. 21소방/23경찰1

② 선거활동에 관하여 대통령의 정치활동의 자유와 선거중립의 의무가 충돌하는 경우에는 전자가 강조되고 우선되어야 한다. 14국8

③ 공직선거법 제9조에서 규정하고 있는 공무원의 선거중립의무에서의 공무원의 범위는 원칙적으로 국가와 지방자치단체의 모든 공무원 즉, 좁은 의미의 직업공무원은 물론이고 적극적인 정치활동을 통하여 국가에 봉사하는 정치적 공무원, 예컨대 대통령, 국무총리, 국무위원, 도지사·시장·군수·구청장 등 지방자치단체의 장, 국회의원과 지방의회의원까지 포함한다. 10국8/22국가5

④ 선거에서 대통령의 중립의무는 헌법 제7조 제2항이 보장하는 직업공무원제도로부터 나오는 헌법적 요청이다. 23경찰1

해설

① (O) (헌재 2004. 5. 14. 2004헌나1)

② (×) 선거활동에 관하여 대통령의 정치활동의 자유와 선거중립의 의무가 충돌하는 경우에는 <u>후자가</u> 강조되고 우선되어야 한다. (헌재 2008. 1. 17. 2007헌마700)

③ (×) <u>국회의원과 지방의회의원은</u> 정당의 대표자이자 선거운동의 주체로서의 지위로 말미암아 선거에서의 정치적 중립성이 요구될 수 없으므로, <u>공선법 제9조의 '공무원'에 해당하지 않는다.</u> (헌재 2004. 5. 14. 2004헌나1)

④ (×) 선거에서의 공무원의 정치적 중립의무는 '<u>국민 전체에 대한 봉사자</u>'로서의 공무원의 지위를 규정하는 헌법 제7조 제1항, 자유선거원칙을 규정하는 헌법 제41조 제1항 및 제67조 제1항 및 정당의 기회균등을 보장하는 헌법 제116조 제1항으로부터 나오는 헌법적 요청이다. (헌재 2004. 5. 14. 2004헌나1)

[정답] ①

3. 직업공무원의 신분보장

221
다음 설명 중 가장 적절하지 않은 것은? (판례)

① 임명권자인 대통령이 정당한 이유 없이 특정 공무원을 파면함은 직업공무원제도에 위반된다. 17입시
② 헌법 제7조 제2항은 공무원이 정당한 이유 없이 해임되지 아니하도록 신분을 보장하여 국민 전체에 대한 봉사자로서 성실히 근무할 수 있도록 하기 위한 것임과 동시에, 공무원의 신분은 무제한 보장되나 공무의 특수성을 고려하여 헌법이 정한 신분보장의 원칙 아래 법률로 그 내용을 정할 수 있도록 한 것으로 봄이 헌법재판소의 입장이다. 18서울1회
③ 공무원은 공인으로서의 지위와 사인으로서의 지위, 국민전체에 대한 봉사자로서의 지위와 기본권을 향유하는 기본권 주체로서의 지위라는 이중적 지위를 가지므로 공무원이라고 하여 기본권이 무시되거나 경시되어서는 안 되지만, 공무원의 신분과 지위의 특수성상 공무원에 대해서는 일반국민에 비해 보다 넓고 강한 기본권 제한이 가능하다. 17국가7
④ 공무원의 정치적 중립성이 유지되는 경우에도 공무원의 공직수행에 연관이 없거나 영향력을 미치지 않는 한 공무원 개인으로서의 정치적 자유는 인정되어야 하지만, 공무원의 신분을 지니고 있는 한 공직수행에 있어 정치적 중립성을 침해하거나 침해할 우려가 있는 경우에는 관련 기본권의 제한에 있어 일반인의 경우와 다르게 더 강한 제한을 받을 수 있다. 10국회8

해설
① (O) 정당한 이유없이 임면권자가 특정공무원을 파면할 경우 직업공무원제도에 반하는 것이 된다.
② (X) 공무원의 신분은 무제한 보장되는 것이 아니라, 공무의 특수성을 고려하여 헌법이 정한 신분보장의 원칙 아래 법률로 그 내용을 정할 수 있다. (헌재 2002. 8. 29. 2001헌마788)
③ (O) (헌재 2012. 3. 29. 2010헌마97)
④ (O) (헌재 2012. 3. 29. 2010헌마97)

[정답] ②

222
다음 설명 중 옳은 것을 모두 고른 것은? (판례)

㉠ 공무원 정년제도에 대해서는 연령구성의 고령화를 방지하고 조직을 활성화하여 공무능률을 유지·향상시킨다고 하는 목적 때문에 합헌이고, 계급정년제도도 합헌으로 보는 것이 헌법재판소의 입장이다. 10국회8/18서울1회
㉡ 헌법재판소는 조직의 변경과 관련이 없음은 물론 소속 공무원의 귀책사유의 유무라든가 다른 공무원과의 관계에서 형평성이나 합리적 근거 등을 제시하지 아니한 채 임명권자의 후임자 임명이라는 처분에 의하여 그 직을 상실하게 하는 것은 직업공무원제도의 본질적 내용을 침해하는 것이라고 보았다. 11국가7
㉢ 직제가 폐지된 때에 공무원을 직권면직시킬 수 있도록 규정한 지방공무원법의 조항은 공무원의 귀책사유 없이도 그 신분을 박탈할 수 있도록 하여 신분보장을 중추적 요소로 하는 직업공무원제도를 위반한 것으로 볼 수 있다. 11국가7/17법원/23경승
㉣ 직업공무원제도 하에서는 직제폐지로 유휴인력이 생기더라도 직권면직을 하여 공무원의 신분이 상실되도록 해서는 안 된다. 17지방7/19법원

① ㉠ ㉡ ② ㉠ ㉢
③ ㉡ ㉢ ④ ㉠ ㉡ ㉢

해설
㉠ (O) [1] (헌재 1997. 3. 27. 96헌바86)
　　　[2] (헌재 1994. 4. 28. 91헌바15)
㉡ (O) (헌재 1989. 12. 18. 89헌마32)
㉢ (X) 이 사건 규정이 직제가 폐지된 경우 직권면직을 할 수 있도록 규정하고 있다고 하더라도 이것이 <u>직업공무원제도를 위반하고 있다고는 볼 수 없다.</u> (헌재 2004. 11. 25. 2002헌바8)
㉣ (X) 이것이 <u>직업공무원제도를 위반하고 있다고는 볼 수 없다.</u> (헌재 2004. 11. 25. 2002헌바8)

[정답] ①

4. 관련 판례

223
다음 설명 중 가장 적절하지 않은 것은? (판례)

① 국가공무원법 제63조에 규정된 품위유지의무는 명확성의 원칙에 위배된다고 볼 수 없다. 18법행
② 공무원에게 직무의 내외를 불문하고 품위유지의무를 부과하고 품위손상행위를 공무원에 대한 징계사유로 규정한 법률조항은, '품위가 손상되는 행위'라는 가치개념을 사용하여 명확성원칙 및 과잉금지원칙에 위배된다. 17국가7
③ 「국가공무원법」상 '노동운동'의 개념은 근로자의 근로조건의 향상을 위한 단결권·단체교섭권·단체행동권 등 근로3권을 기초로 하여 이에 직접 관련된 행위를 의미하는 것으로 좁게 해석하여야 한다. 21소방
④ 국가공무원법 제66조 제1항은 근로3권이 보장되는 공무원의 범위를 사실상 노무에 종사하는 공무원에 한정하고 있으나, 이는 헌법 제33조 제2항에 근거한 것이고, 입법자에게 허용된 입법재량권의 범위를 벗어난 것이라 할 수 없다. 17법행

[해설]
① (O) (대법원 2017. 11. 9. 2017두47472)
② (×) 이 사건 법률조항은 <u>명확성원칙에 위배되지 아니한다.</u> 또한 공무원의 일반적 행동의 자유를 과도하게 제한한다고 보기 어려우므로, <u>과잉금지원칙에 위배되지 아니한다.</u> (헌재 2016. 2. 25. 2013헌바435)
③ (O) (헌재 1992. 4. 28. 90헌바27)
④ (O) (헌재 2007. 8. 30. 2003헌바51)

[정답] ②

224
다음 설명 중 옳은 것을 모두 고른 것은? (판례)

㉠ 국가공무원법 제66조 제1항이 '공무 외의 일을 위한 집단행위'라고 포괄적으로 규정하고 있다 하더라도, 이는 '공익에 반하는 목적을 위한 행위로서 직무전념의무를 해태하는 등의 영향을 가져오는 집단적 행위'라고 해석되므로 명확성의 원칙에 반한다고 볼 수 없다. 18법행
㉡ 공무원들이 순차적으로 각각 다른 시간대에 릴레이 1인 시위를 하거나 여럿이 단체를 결성하여 그 단체 명의로 의사를 표현하는 경우에는 국가공무원법 제66조 제1항이 금지하는 집단행위에 해당한다. 18법행
㉢ 공무원이 국가를 상대로 실질이 보수에 해당하는 금원의 지급을 구하려면 공무원의 '근무조건 법정주의'에 따라 국가공무원법령 등 공무원의 보수에 관한 법률에 지급근거가 되는 명시적 규정이 존재하여야 하고, 해당 보수 항목이 국가예산에도 계상되어 있어야만 한다. 19법원

① ㉠㉡
② ㉠㉢
③ ㉡㉢
④ ㉠㉡㉢

[해설]
㉠ (O) (대법원 2017. 4. 13. 2014두8469)
㉡ (×) 공무원들의 어느 행위가 국가공무원법 제66조 제1항에 규정된 '집단행위'에 해당하려면, 그 행위가 반드시 같은 시간, 장소에서 행하여져야 하는 것은 아니지만, 공익에 반하는 어떤 목적을 위한 <u>다수인의 행위로서 집단성이라는 표지를 갖추어야만 한다</u>고 해석함이 타당하다. (대법원 2017. 4. 13. 2014두8469) 〈주〉 1인 릴레이 시위는 집단행위가 아니다.
㉢ (O) (대법원 2016. 8. 25. 2013두14610) 〈주〉 법률로 권리가 구체화되고 국가예산에 계상되어 있어야만 공무원이 국가를 상대로 보수를 청구할 수 있다.

[정답] ②

225
다음 설명 중 옳은 것을 모두 고른 것은? (판례)

㉠ 연금급여가 직업공무원제도의 한 내용이라는 점을 감안하더라도, 연금급여의 성격상 그 급여의 구체적인 내용은 국회가 사회정책적 고려, 국가의 재정 및 연금기금의 상황 등 여러 가지 사정을 참작하여 보다 폭넓은 입법재량으로 결정할 수 있다. 19법원

㉡ 국회 소속 공무원은 국회의장이 임용하되, 국회규칙으로 정하는 바에 따라 그 임용권의 일부를 소속 기관의 장에게 위임할 수 있다. 17입시

㉢ 당연무효인 임용결격자에 대한 임용행위에 의하여서는 공무원 신분을 취득할 수 없으나, 임용결격자가 공무원으로 임용되어 사실상 근무하여 왔고 공무원연금제도가 공무원의 재직 중의 성실한 복무에 대한 공로보상적 성격과 사회보장적 기능을 가지고 있는 이상, 적법한 공무원으로서의 신분을 취득하지 못한 자라 하더라도 공무원연금법 소정의 퇴직연금을 청구할 수 있다. 21법행

① ㉠ ㉡
② ㉠ ㉢
③ ㉡ ㉢
④ ㉠ ㉡ ㉢

해설

㉠ (O) (헌재 2008. 2. 28. 2005헌마872)

㉡ (O) 국가공무원법 제32조(임용권자) ④ 국회 소속 공무원은 국회의장이 임용하되, 국회규칙으로 정하는 바에 따라 그 임용권의 일부를 소속 기관의 장에게 위임할 수 있다.

㉢ (X) 공무원연금법이나 근로기준법에 의한 퇴직금은 적법한 공무원으로서의 신분취득 또는 근로고용관계가 성립되어 근무하다가 퇴직하는 경우에 지급되는 것이고, 당연무효인 임용결격자에 대한 임용행위에 의하여서는 공무원의 신분을 취득하거나 근로고용관계가 성립될 수 없는 것이므로 임용결격자가 공무원으로 임용되어 사실상 근무하여 왔다고 하더라도 그러한 피임용자는 위 법률소정의 퇴직금청구를 할 수 없다. (대법원 1987. 4. 14. 86누459).

[정답] ①

제2절 정당제도

1. 서설

226
다음 설명 중 옳은 것을 모두 고른 것은? (판례)

㉠ 현대사회에서 고전적 의미의 3권분립은 그 의미가 약화되고, 통치권을 행사하는 여러 권한과 기능들의 실질적인 분산과 상호간의 조화를 도모하는 이른바 기능적 권력분립이 중요한 의미를 갖게 되었다. 18서울

㉡ 현대의 민주주의는 종래의 순수한 대의제 민주주의에서 정당국가적 민주주의로 변화하고 있으므로, 양자의 이념이 충돌하는 경우 대의제 민주주의보다 정당국가적 민주주의를 우선시켜야 한다. 09법무

㉢ 정당의 설립과 활동의 자유를 보장하는 것은 선거제도의 민주화와 국민주권을 실질적으로 현실화하고 정치적으로 자유민주주의 구현에 기여하는 데 목적이 있는 것이지 정치의 독점이나 무소속후보자의 진출을 봉쇄하는 정당의 특권을 설정할 수 있다는 것은 아니다. 10사시

㉣ 1962년 제5차 헌법에서는 국회의원 입후보자의 정당추천이 강제되었다. 03행시

① ㉠ ㉡
② ㉠ ㉢
③ ㉠ ㉢ ㉣
④ ㉡ ㉢ ㉣

해설

㉠ (O) (헌재 2007. 12. 27. 2004헌바98) 〈주〉 근대에는 형식적 삼권분립을 중시했으나, 현대에는 기능적(실질적) 삼권분립을 중시한다.

㉡ (X) 현대의 민주주의가 종래의 순수한 대의제 민주주의에서 정당국가적 민주주의의 경향으로 변화하고 있음은 주지하는 바와 같다. 그러나 자유위임은 의회내에서의 정치의사형성에 정당의 협력을 배척하는 것이 아니다. (헌재 2003. 10. 30. 2002헌라1) 〈주〉 양자를 조화롭게 해석해야 한다.

㉢ (O) (헌재 1992. 3. 13. 92헌마37) 〈주〉 정당설립이 자유롭다는 뜻이지, 반드시 정당의 추천을 받아야만 국회의의원이 될 수 있다는 뜻은 아니다.

㉣ (O) 1962년 제5차 개헌에서 복수정당제도와 국회의원 입후보자의 정당추천 강제조항이 신설되었다.

[정답] ③

227
다음 설명 중 옳은 것을 모두 고른 것은? (판례)

㉠ 정당해산심판제도는 정부의 일방적인 행정처분에 의해 진보적 야당이 등록취소되었던 우리 현대사에 대한 반성의 산물로서 제3차 헌법개정에서 도입된 것이다. 19입시

㉡ 1962년 제5차 개정헌법에 정당에 대한 규정과 위헌정당해산제도가 신설되었다. 14국회8

㉢ 이른바 정당국가적 민주주의는 치자(治者)와 피치자(被治)간 동일성원리에 입각한 신임투표제적 민주주의라고 주장되는데, 우리나라의 경우 1962년 헌법에서 정당국가적 경향이 두드러졌던 것으로 평가된다. 10사시

㉣ 1972년 헌법에 국회의원이 당적을 이탈하거나 변경할 때에는 국회의원직이 상실되도록 하였다. 03행시

㉤ 1987년 헌법에 정당에 대한 국고보조조항이 신설되었다. 03행시

① ㉠ ㉢
② ㉡ ㉢
③ ㉡ ㉢ ㉤
④ ㉢ ㉣ ㉤

해설

㉠ (O) 제1공화국에서 진보당이 정부의 등록취소로 사라진 역사를 반성하면서 1960년 제2공화국 제3차 개헌에서 헌법재판소를 신설하고 헌법재판소만 정당의 해산을 결정할 수 있도록 위헌정당해산제도를 신설하였다. 이후 통합진보당이 헌법재판소에 의해서 강제해산되었다.

㉡ (X) 1960년 6월 제3차 개정헌법에서 정당에 대한 규정이 신설되었고, 헌법재판소가 신설되어 위헌정당을 강제해산할 수 있게 되었다.

㉢ (O) 1962년 제5차 개정헌법은 복수정당제, 국회의원 후보에 대한 정당의 추천규정, 국회의원의 당적이탈이나 변경, 정당해산시 의원직을 상실토록 하는 규정 등으로 정당국가적 경향이 강화되었다고 볼 수 있다.

㉣ (X) 국회의원이 당적을 이탈하거나 변경할 때 의원직을 상실하도록 규정한 것은 5차, 6차 개정헌법이다.

㉤ (X) 정당에 대한 국고보조금 조항은 1980년 제8차 개정헌법에서 신설되었다.

정답 ①

228
다음 설명 중 가장 적절하지 않은 것은? (판례)

① 정당은 국민 일반이 정치나 국가작용에 영향력을 행사하는 매개체의 구실과 같은 중요한 공적 기능을 수행한다. 18입시

② 정당은 오늘날 대중민주주의에 있어서 국민의 정치의사형성의 담당자이며 매개자이자 민주주의에 있어서 필수불가결한 요소이기 때문에, 정당의 자유로운 설립과 활동은 민주주의 실현의 전제조건이다. 18법행

③ 우리 헌법은 정당의 존재를 당연시하고 있으며, 국회의원의 면책특권 역시 정당정치 하에서 비로소 중요한 의의를 지닌다. 11국회8

④ 비례대표국회의원 또는 비례대표지방의회의원이 소속정당의 합당 해산 또는 제명 외의 사유로 당적을 이탈 변경하거나 2 이상의 당적을 가지고 있는 때에는 퇴직된다. 다만 비례대표국회의 원이 국회의장으로 당선되어 국회법 규정에 의하여 당적을 이탈한 경우에는 그러하지 아니하다. 16법원

해설

① (O) (헌재 1996. 8. 29. 96헌마99)

② (O) 헌재 2004. 3. 25. 2001헌마710)

③ (X) 면책특권은 국회의원의 자유위임을 가능케 하는 제도로 정당이 없다면 국회의원 개인의 면책특권이 중요한 의의를 가지겠지만, 정당정치 하에서는 국회의원 개인의 면책특권은 중요한 의의를 가진다고 볼 수 없다.

④ (O) 공직선거법 제192조(피선거권상실로 인한 당선무효 등) ④ 비례대표국회의원 또는 비례대표지방의회의원이 소속정당의 합당·해산 또는 제명외의 사유로 당적을 이탈·변경하거나 2 이상의 당적을 가지고 있는 때에는 「국회법」 제136조(退職) 또는 「지방자치법」 제78조(의원의 퇴직)의 규정에 불구하고 퇴직된다. 다만, 비례대표국회의원이 국회의장으로 당선되어 「국회법」 규정에 의하여 당적을 이탈한 경우에는 그러하지 아니하다. 〈주〉 비례대표 의원은 당적을 이탈하면 의원직을 상실하지만, 제명되었거나 국회의장이 된 경우에는 의원직을 상실하지 않는다. 참고로 지역구 의원은 당적을 이탈해도 의원직을 유지한다.

정답 ③

2. 정당의 자유와 복수정당제 (제8조 제1항)

229

다음 설명 중 가장 적절한 것은? (판례)

① 헌법 제8조 제1항 전단의 '정당설립의 자유'는 기본권이 아니므로 헌법 제21조 제1항의 '결사의 자유'의 특별규정이라고 할 수 없다. 21국회5
② 오늘날 대의민주주의에서 차지하는 정당의 기능을 고려하여, 헌법 제8조 제1항은 국민 누구나가 원칙적으로 국가의 간섭을 받지 아니하고 정당을 설립할 권리를 기본권으로 보장함과 아울러 복수정당제를 제도적으로 보장하고 있다. 16국회9 / 18입시
③ 복수정당제가 우리 헌법상 반드시 보장되는 것은 아니다. 21법무
④ 정당의 설립은 자유이나 복수정당제는 헌법상 바로 보장되는 것은 아니고, 구체적인 법률의 규정이 존재하여야 비로소 보장된다. 22경승

해설

① (✗) 정당설립의 자유는 '결사의 자유'의 특별규정으로서 헌법 제8조 제1항 전단의 '정당설립의 자유'이다. (헌재 2014. 1. 28. 2012헌가19)
② (○) (헌재 2014. 1. 28. 2012헌가19)
③ (✗) 헌법 제8조 ① 정당의 설립은 자유이며, 복수정당제는 보장된다. 〈주〉 복수정당제도는 헌법 제8조에 의하여 제도로서 보장된다. 따라서 복수정당제도는 법률로써 폐지할 수 없다.
④ (✗) 헌법 제8조 ① 정당의 설립은 자유이며, 복수정당제는 보장된다. 〈주〉 정당설립의 자유는 자유권이므로 구체적 법률규정이 없어도 보장된다. 또한 복수정당제는 헌법상 제도로 보장되므로 법률로 폐지할 수 없다.

[정답] ②

230

다음 설명 중 가장 적절하지 않은 것은? (판례)

① 헌법 제8조 제1항은 정당설립의 자유만을 명시적으로 규정하고 있으므로, 정당활동의 자유는 헌법상 기본권으로 보호되지 않는다. 20법무
② 헌법 제8조 제1항 전단은 단지 정당설립의 자유만을 명시적으로 규정하고 있지만, 정당설립의 자유는 당연히 정당존속의 자유와 정당활동의 자유를 포함하는 것이다. 16국회9
③ 헌법 제8조 제1항이 명시하는 정당의 자유에는 정당설립의 자유, 정당조직의 자유, 정당활동의 자유 등이 포함된다. 18입시
④ 정당설립의 자유는 설립할 정당의 조직형태를 어떠한 내용으로 할 것인가에 관한 정당조직 선택의 자유 및 그와 같이 선택된 조직을 결성할 자유를 포괄한다. 14국회8

해설

① (✗) 당설립의 자유는 사실상 아무런 의미가 없기 때문이다. 따라서 정당설립의 자유는 당연히 정당의 존속과 정당활동의 자유도 보장하는 것이다. (헌재 2006. 3. 30. 2004헌마246)
② (○) (헌재 2014. 1. 28. 2012헌가19)
③ (○) (헌재 2004. 12. 16. 2004헌마456)
④ (○) (헌재 2004. 12. 16. 2004헌마456)

[정답] ①

231
다음 설명 중 가장 적절하지 않은 것은? (판례)

① 헌법 제8조 제1항의 정당설립의 자유는 설립에 대응하는 정당해산의 자유, 합당의 자유, 분당의 자유도 포함한다. 10국회8
② 정당의 명칭은 그 정당의 정책과 정치적 신념을 나타내는 대표적인 표지에 해당하므로, 정당설립의 자유는 자신들이 원하는 명칭을 사용하여 정당을 설립하거나 정당활동을 할 자유도 포함한다. 16국회9
③ 정당의 자유는 개개인의 자유로운 정당설립 및 정당가입의 자유, 조직형식 내지 법형식 선택의 자유, 정당해산의 자유, 합당의 자유, 분당의 자유뿐만 아니라, 개인이 정당 일반 또는 특정 정당에 가입하지 아니할 자유, 정당으로부터 탈퇴할 자유 등 소극적 자유도 포함한다. 19입시
④ 오늘날 민주주의에서 차지하는 정당의 의의와 기능을 고려하여 우리 헌법은 정당을 일반적인 결사의 자유로부터 분리하여 제8조에 독자적으로 규율함으로써, 정당의 기본권성을 부정하고 있다. 18법행

해설

① (○) (헌재 2006. 3. 30. 2004헌마246)
② (○) (헌재 2014. 1. 28. 2012헌가19)
③ (○) (헌재 2006. 3. 30. 2004헌마246) 〈주〉 정당의 자유는 개인과 단체에 모두 인정되고, 적극적 자유와 소극적 자유가 모두 보장된다.
④ (×) 오늘날 민주주의에서 차지하는 정당의 의의와 기능을 고려하여 우리 헌법은 정당을 일반적인 결사의 자유로부터 분리하여 제8조에 독자적으로 규율함으로써, 정당의 <u>특별한 지위를 강조하고 있다.</u> (헌재 2006. 3. 30. 2004헌마246) 〈주〉 정당을 헌법 제2장 기본권에 규정하면 일반 결사와 동일한 제한을 받는다. 이에 정당을 헌법 제1장 총강에 규정하여 일반 결사보다 강력한 보장을 하고 있다.

[정답] ④

232
다음 설명 중 옳지 않은 것을 모두 고른 것은? (판례)

㉠ 헌법 제21조는 결사의 자유를 보장하고 있으나, 정당을 만들고 정당이 정치활동을 할 수 있는 자유는 일반적으로 결사의 자유와 성격을 달리하는 것이므로 정당은 헌법 제21조에 의해 보장되는 결사로서 보장되는 것이 아니라 헌법이 대표민주제를 채용하고 있다는 헌법 전체의 원리나 정신에서 그 근거를 찾을 수 있다. 11국회8
㉡ 정당설립의 자유는 헌법 제8조 제1항 전단에 규정되어 있지만, 국민 개인과 정당 그리고 권리능력 없는 사단의 실체를 가지고 있는 등록취소된 정당에게 인정되는 기본권이다. 18지방7
㉢ 정당설립의 자유는 등록된 정당에게만 인정되는 기본권이므로, 등록이 취소되어 권리능력 없는 사단인 정당에게는 인정되지 않는다. 21경승/23경승
㉣ 정당설립의 자유는 정당으로서의 명칭을 사용하고 정치활동을 하며 당헌에 따라 계속적인 조직을 두고 있는 등 등록정당에 준하는 권리능력 없는 사단의 실질을 가지고 있는 정치적 결사에게도 인정되는 기본권이다. 12국회

① ㉠ ㉡
② ㉠ ㉢
③ ㉠ ㉡ ㉢
④ ㉠ ㉢ ㉣

해설

㉠ (×) 이 사건 법률조항으로 말미암아 침해된 기본권은 '정당의 설립과 가입의 자유'의 근거규정으로서, <u>'정당설립의 자유'를 규정한 헌법 제8조 제1항'과 '결사의 자유'를 보장하는 제21조 제1항에 의하여 보장된 기본권</u>이라 할 것이다. (헌재 1999. 12. 23. 99헌마35)
㉡ (○) (헌재 2006. 3. 30. 2004헌마246)
㉢ (×) 정당설립의 자유는 그 성질상 등록된 정당에게만 인정되는 기본권이 아니라 청구인과 같이 <u>등록정당은 아니지만 권리능력 없는 사단의 실체를 가지고 있는 정당에게도 인정되는</u> 기본권이라고 할 수 있다. (헌재 2006. 3. 30. 2004헌마246)
㉣ (○) (헌재 2006. 3. 30. 2004헌마246)

[정답] ②

233

다음 설명 중 옳은 것을 모두 고른 것은? (판례)

㉠ 정당설립의 자유는 비록 헌법 제8조 제1항 전단에 규정되어 있지만 국민 개인과 정당의 기본권이라 할 수 있다. 18행시

㉡ 헌법 제8조 제1항은 정당설립의 자유, 정당조직의 자유, 정당활동의 자유를 포괄하는 정당의 자유를 보장하는 규정이어서, 이와 같은 정당의 자유는 단체로서 정당이 가지는 기본권이고, 국민이 개인적으로 가지는 기본권이 될 수는 없다. 19변시

㉢ 헌법 제8조 제1항은 정당설립의 자유, 정당조직의 자유, 정당활동의 자유 등을 포괄하는 정당의 자유를 보장하고 있다. 이러한 정당의 자유는 국민이 개인적으로 갖는 기본권일 뿐만 아니라, 단체로서의 정당이 가지는 기본권이기도 하다. 19국회8

㉣ 헌법 제8조 제1항은 정당설립의 자유, 정당조직의 자유, 정당활동의 자유 등을 포괄하는 정당의 자유를 보장하고 있는데, 이러한 자유는 국민의 개인적 기본권일 뿐, 단체로서의 정당이 가지는 기본권이라고는 볼 수 없다. 09법무

① ㉠ ㉡
② ㉠ ㉢
③ ㉡ ㉢
④ ㉡ ㉣

해설

㉠ (○) (헌재 2006. 3. 30. 2004헌마246)
㉡ (×) 정당설립의 자유는 비록 헌법 제8조 제1항 전단에 규정되어 있지만 국민 개인과 정당의 '기본권'이라 할 수 있고, 당연히 이를 근거로 하여 헌법소원심판을 청구할 수 있다. (헌재 2006. 3. 30. 2004헌마246)
㉢ (○) (헌재 2006. 3. 30. 2004헌마246)
㉣ (×) 정당설립의 자유는 그 성질상 등록된 정당에게만 인정되는 기본권이 아니라 청구인과 같이 등록정당은 아니지만 권리능력 없는 사단의 실체를 가지고 있는 정당에게도 인정되는 기본권이라고 할 수 있다. (헌재 2006. 3. 30. 2004헌마246)

정답 ②

234

다음 설명 중 가장 적절하지 않은 것은? (판례)

① 정당은 중요한 공적기능을 수행하는 자발적 조직으로, 그 소유재산의 귀속관계에 있어서는 법인격 없는 사단으로서의 법적 지위를 가진다. 09법무

② 정당의 헌법소원청구인 능력은 정당법상의 등록요건을 구비함으로써 생기는 것이 아니고, 그 법적 성격이 권리능력 없는 사단이라는 점에서 인정되는 것이다. 13지방7

③ 정당의 법적 지위는 적어도 그 소유재산의 귀속관계에 있어서는 법인격 없는 사단으로 보아야 하지만, 정당의 시도당은 중앙당과 지구당의 복합적 구조에 비추어 단순한 중앙당의 하부조직은 아니라고 하더라도 이를 법인격 없는 사단에 해당한다고 할 수는 없다. 12법무

④ 기본권의 성질에 따라서 정당이 기본권의 주체가 되는 경우도 있다. 12법무

해설

① (○) (헌재 1993. 7. 29. 92헌마262)
② (○) (헌재 2006. 3. 30. 2004헌마246)
③ (×) 정당의 법적 지위는 적어도 그 소유재산의 귀속관계에 있어서는 법인격 없는 사단(社團)으로 보아야 하고, 중앙당과 지구당과의 복합적 구조에 비추어 정당의 지구당은 단순한 중앙당의 하부조직이 아니라 어느 정도의 독자성을 가진 단체로서 역시 법인격 없는 사단에 해당한다고 보아야 할 것이다. (헌재 1993. 7. 29. 92헌마262) 〈주〉 과거 지구당 대신 현재는 시도당으로 운영되고 있다.
④ (○) 정당설립의 자유는 그 성질상 등록된 정당에게만 인정되는 기본권이 아니라 청구인과 같이 등록정당은 아니지만 권리능력 없는 사단의 실체를 가지고 있는 정당에게도 인정되는 기본권이라고 할 수 있다. (헌재 2006. 3. 30. 2004헌마246) 〈주〉 정당의 성질상 생명, 신체 등의 기본권의 주체는 되지 못한다.

정답 ③

235
다음 설명 중 옳지 않은 것을 모두 고른 것은? (판례)

> ㉠ 정당설립의 자유는 헌법상의 기본권은 아니므로 이를 근거로 하여 헌법소원심판을 청구할 수 없다. 10법무
> ㉡ 정당의 자유를 규정하는 헌법 제8조 제1항이 기본권의 규정형식을 취하고 있지 아니하고 국민의 기본권에 관한 장인 제2장에 위치하고 있지 아니하므로 객관적 제도보장에 해당하고, 그 침해를 이유로 헌법소원심판을 청구하는 것은 부적법하다. 18법행
> ㉢ 정당은 등록이 취소된 이후에는 헌법소원의 청구인능력이 없다. 14국회8
> ㉣ 정당은 직접 헌법규정에 따라 결성된 조직체이며, 집권정당의 의사는 곧 국가의사를 의미하므로 정당은 헌법기관이다. 12국회

① ㉠ ㉡
② ㉠ ㉡ ㉢
③ ㉡ ㉢ ㉣
④ ㉠ ㉡ ㉢ ㉣

해설

㉠ (×) '정당설립의 자유'를 규정한 헌법 제8조 제1항과 '결사의 자유'를 보장하는 제21조 제1항에 의하여 보장된 기본권이다. (헌재 1999. 12. 23. 99헌마135)
㉡ (×) '정당설립의 자유'를 규정한 헌법 제8조 제1항과 '결사의 자유'를 보장하는 제21조 제1항에 의하여 보장된 기본권이다. (헌재 1999. 12. 23. 99헌마135) 〈주〉 헌법상 기본권으로 인정되므로 그 침해를 이유로 헌법소원청구를 할 수 있다.
㉢ (×) 청구인은 등록이 취소된 이후에도 '등록정당'에 준하는 '권리능력 없는 사단'으로서의 실질을 유지하고 있다고 볼 수 있으므로 이 사건 헌법소원의 청구인능력을 인정할 수 있다. (헌재 2006. 3. 30. 2004헌마246)
㉣ (×) 정당의 지위에 대해 견해대립이 있으나, 헌법재판소와 통설은 정당이 헌법기관이 아니라 중개적 역할을 하는 사적단체에 해당한다는 입장이다.

정답 ④

236
다음 설명 중 가장 적절한 것은? (판례)

① 정당은 헌법소원의 청구인이 될 수도 있고, 권한쟁의심판의 당사자도 될 수 있다는 것이 헌법재판소의 판례이다. 01사시
② 정당공천에서 탈락한 자가 그 공천과정의 비민주성을 이유로 정당공천의 효력을 다투고자 할 때에는 헌법소원심판을 청구할 수 있다. 10사시
③ 입법자는 정당설립의 자유를 최대한 보장하는 방향으로 입법하여야 하고, 헌법재판소는 정당설립의 자유를 제한하는 법률의 합헌성을 심사할 때에 엄격한 비례심사를 하여야 한다. 16국회9
④ 헌법재판소가 정당설립의 자유를 제한하는 법률의 합헌성을 심사하는 경우 제도보장의 법리에 따라 합리성 기준에 따른 심사를 하여야 한다. 14국회8/18입시

해설

① (×) 정당은 권리능력 없는 사단으로서 헌법소원의 청구인이 될 수는 있다. 그러나 헌법상 국가기관이 아니므로 권한쟁의심판의 당사자는 되지 못한다. 〈주〉 권한쟁의심판을 청구할 수 있는 당사자는 국가기관 상호간, 국가기관과 지방자치단체간, 지방자치단체 상호간이다. (헌법 제111조 제1항 제4호)
② (×) 정당의 법률관계에 대하여는 정당법의 관계 조문 이외에 일반 사법 규정이 적용되므로, 정당은 공권력 행사의 주체가 될 수 없다. 따라서 정당공천에서 탈락한 자가 그 공천과정의 비민주성을 이유로 정당공천의 효력을 다투고자 하는 경우라도 헌법소원심판을 청구할 수는 없다. (헌재 2007. 10. 30. 2007헌마1128)
③ (○) (헌재 2014. 1. 28. 2012헌가19)
④ (×) 헌법재판소는 정당설립의 자유를 제한하는 법률의 합헌성을 심사할 때에 헌법 제37조 제2항에 따라 엄격한 비례심사를 하여야 한다. (헌재 2014. 1. 28. 2012헌가19)

정답 ③

3. 정당의 한계 (제8조 제2항)

237
다음 설명 중 가장 적절하지 않은 것은? (판례)

① "정당은 그 목적 조직과 활동이 민주적이어야 하며, 국민의 정치적 의사형성에 참여하는 데 필요한 조직을 가져야 한다."는 규정은, 정당의 자유에 대한 한계로 작용하는 한도에서 정당의 자유의 구체적인 내용을 제시한다고는 할 수 있으나, 정당의 자유의 헌법적 근거를 제공하는 근거규범은 아니다. 13국가7
② 정당은 그 목적 조직과 활동이 민주적이어야 하며, 국민의 정치적 의사형성에 참여하는 데 필요한 조직을 가져야 한다고 규정하고 있는 헌법 제8조 제2항은 정당의 자유의 헌법적 근거규범이 아니다. 13지방7
③ 정당은 그 목적·조직과 활동 및 강령이 민주적이면 족하고, 국민의 정치적 의사형성에 참여하는데 필요한 조직을 반드시 가져야 하는 것은 아니다. 22경승
④ 정당은 국민의 정치적 의사형성에 참여하는 데 필요한 조직을 가져야 한다. 13법무
⑤ 정당은 중앙당이 중앙선거관리위원회에 등록함으로써 성립한다. 10법무

[해설]
① (O) (헌재 2004. 12. 16. 2004헌마456) 〈주〉 헌법 제8조 제2항은 정당의 자유가 아니라 한계규정이다.
② (O) (헌재 2004. 12. 16. 2004헌마456)
③ (X) 헌법 제8조 ② 정당은 그 목적·조직과 활동이 민주적이어야 하며, 국민의 정치적 의사형성에 참여하는데 필요한 조직을 가져야 한다.
④ (O) 정당은 그 목적·조직과 활동이 민주적이어야 하며, 국민의 정치적 의사형성에 참여하는데 필요한 조직을 가져야 한다.
⑤ (O) 정당법 제4조 제1항.

[정답] ③

238
다음 설명 중 가장 적절하지 않은 것은? (판례)

① 정당은 5 이상의 시·도당을 가져야 하며, 시·도당은 1천인 이상의 당원을 가져야 한다. 21국회8
② 정당등록제도는 정당임을 자처하는 정치적 결사가 일정한 법률상의 요건을 갖추어 관할 행정기관에 등록을 신청하고, 이 요건이 충족된 경우 정당등록부에 등록하여 비로소 그 결사가 정당임을 법적으로 확인시켜 주는 제도로서, 법적 안정성과 확실성에 기여한다. 18법행
③ 헌법이 정당설립의 자유를 규정하고 있지만, 정당의 등록 및 등록 취소의 요건은 형식적 요건에 한정되는 것은 아니며, 실질적 내용을 요건으로 하는 것도 허용된다. 05사시
④ 정당의 등록요건으로 '5 이상의 시·도당과 각 시·도당 1천인 이상의 당원'을 요구하는 것은 국민의 정당설립의 자유에 어느 정도 제한을 가하지만, 이러한 제한은 '상당한 기간 또는 계속해서', '상당한 지역에서' 국민의 정치적 의사형성과정에 참여해야 한다는 정당의 개념표지를 구현하기 위한 합리적인 제한이다. 18변시

[해설]
① (O) 정당법 제17조.
② (O) (헌재 2006. 3. 30. 2004헌마246)
③ (X) 입법자가 정당설립과 관련하여 형식적 요건을 설정할 수는 있으나(정당법 제16조), 일정한 내용적 요건을 구비해야만 정당을 설립할 수 있다는 소위 '허가절차'는 헌법적으로 허용되지 아니한다는 것을 뜻한다. (헌재 1999. 12. 23. 99헌마135)
④ (O) (헌재 2006. 3. 30. 2004헌마246)

[정답] ③

239

다음 설명 중 가장 적절한 것은? (판례)

① 정당설립에 대한 국가의 간섭은 원칙적으로 허용되지 아니하며, 입법자가 정당설립에 대해 형식적 요건을 설정하는 것은 금지된다. 18입시

② 정당의 조직 중 기존의 지구당과 당연락소를 강제적으로 폐지하고 이후 지구당을 설립하거나 당연락소를 설치하는 것을 금지하는 규정은, 정당조직의 자유 및 정당활동의 자유를 제한하는 것으로서 정당의 자유의 본질적 내용을 침해한다. 13국가7

③ 정당은 국회의원지역선거구에 지구당이나 당원협의회를 둘 수 없다. 06사시

④ 정당의 시·도당 하부조직의 운영을 위하여 당원협의회 등의 사무소를 두는 것을 금지한 「정당법」 조항은 고비용 저효율의 정당구조를 개선하기 위한 것으로 정당활동의 자유를 침해하지 않는다. 21국회5

해설

① (✗) 입법자가 정당으로 하여금 헌법상 부여된 기능을 이행하도록 하기 위하여 그에 필요한 절차적·형식적 요건을 규정함으로써 정당설립의 자유를 구체적으로 형성하고 동시에 제한하는 경우를 제외한다면 정당설립에 대한 국가의 간섭이나 침해는 원칙적으로 허용되지 않는다. (헌재 2014. 1. 28. 2012헌가19)

② (✗) 특히 교통, 통신, 대중매체가 발달한 오늘날 지구당의 통로로서의 의미가 상당부분 완화되었기 때문에, 본질적 내용을 침해한다고 할 수 없다. (헌재 2004. 12. 16. 2004헌마456)

③ (✗) 정당법 제37조(활동의 자유) ③ 정당은 국회의원지역구 및 자치구·시·군, 읍·면·동별로 당원협의회를 둘 수 있다. 다만, 누구든지 시·도당 하부조직의 운영을 위하여 당원협의회 등의 사무소를 둘 수 없다.

④ (O) (헌재 2016. 3. 31. 2013헌가22) 〈주〉 현행 정당법은 정당의 하부조직인 지구당과 당연락소를 폐지하고 시도당과 당원협의회를 허용하였으나 당원협의회의 사무소는 설치가 금지된다.

정답 ④

240

다음 설명 중 가장 적절한 것은? (판례)

① 대한민국 국민이 아닌 자는 당원이 될 수 없다. 13국가7

② 정당의 발기인과 당원이 될 수 있는 자격은 동일하며, 대한민국 국민이 아닌 자도 당원이 될 수 있다. 16지방7

③ 외국인인 사립대학의 교원은 정당의 발기인이나 당원이 될 수 있다. 18변시

④ 출입국관리법에 따라 영주의 체류자격 취득 후 3년이 경과한 19세 이상의 외국인에게는 지방자치단체 선거의 선거권과 정당가입이 인정된다. 06사시

⑤ 「공직선거법」상 법원의 판결에 의하여 선거일 현재 선거권이 정지된 18세 국민이라도 「정당법」에 따른 정당의 발기인은 될 수 있다. 22국가5

해설

① (O) 정당법 제22조(발기인 및 당원의 자격) ② 대한민국 국민이 아닌 자는 당원이 될 수 없다. 〈주〉 국회의원선거권이 없는 자, 외국인, 공무원, 초중고 교원은 정당의 당원이 될 수 없다. 다만 정치적 공무원과 대학 교원은 정당의 당원이 될 수 있다.

② (✗) ③ (✗) ④ (✗) 정당법 제22조 제2항. – 대한민국 국민이 아닌 자는 당원이 될 수 없다.

⑤ (✗) 정당법 제22조 제1항과 공직선거법 제18조 제21항 제4호에 의하여 법원의 판결 또는 다른 법률에 의하여 선거권이 정지 또는 상실된 자로서 선거권이 없는 자는 정당의 발기인 및 당원이 될 수 없다.

정답 ①

241

다음 설명 중 가장 적절한 것은? (판례)

① 공립중학교 교사, 사립중학교 교사, 지방법원 판사, 주 미국 대한민국 대사는 정당의 당원이 될 수 있다. 18법원
② 헌법재판소 재판관과 중앙선거관리위원회 위원은 헌법상 정당에 가입하거나 정치에 관여할 수 있다. 21소방
③ 국무총리, 국무위원, 국립대학교 교수, 사립대학교 교수, 퇴직한 검찰총장 등은 정당의 당원이 될 수 있다. 18법원
④ 징역 또는 금고의 형의 선고를 받고 그 집행이 종료되지 아니하거나 그 집행을 받지 아니하기로 확정되지 아니한 사람을 제외한 16세 이상의 국민은 공무원 그 밖에 그 신분을 이유로 정당가입이나 정치활동을 금지하는 다른 법령의 규정에 불구하고 누구든지 정당의 발기인 및 당원이 될 수 있다. 22비상

해설

① (×) 공립 또는 사립 초중고 교원은 정당의 당원이 될 수 없다. 또한 지방법원 판사, 주 미국 대한민국 대사는 공무원이므로 정당의 당원이 될 수 없다.
② (×) 헌법 제112조 제2항, 헌법 제114조 제4항. – 헌법상 정당에 가입하거나 정치에 관여할 수 없다.
③ (O) 대통령, 국무총리, 국무위원 등은 정치인으로서 정당의 당원이 될 수 있다. 또한 고등교육법상 교원인 대학교수는 국립대학이든 사립대학이든 상관없이 정당의 당원이 될 수 있다. 그리고 퇴직한 검찰총장은 공무원이 아니기 때문에 정당의 당원이 될 수 있다.
④ (×) 정당법 제22조 및 공직선거법 제18조 제1항. – 정당법에 의하면 16세 이상의 국민은 정당의 발기인 및 당원이 될 수 있다. 그러나 공직선거법에 의하여 선거권이 없는 사람은 여기에서 제외된다. 선거권이 없는 사람은 1년 이상의 징역 또는 금고의 형의 선고를 받고 그 집행이 종료되지 아니하거나 그 집행을 받지 아니하기로 확정되지 아니한 사람이다. 〈주〉 지문에서 '1년 이상'이라는 문구가 빠져있으므로 틀렸다.

정답 ③

242

다음 설명 중 가장 적절한 것은? (판례)

① 국회의원이 국회의장 또는 부의장으로 당선된 때에는 당선된 다음 날부터 국회의장 또는 부의장으로 재직하는 동안은 당적을 가질 수 없다. 20비상
② 초·중등학교 교원에 대해서는 정당가입과 선거운동의 자유를 금지하면서 대학교원에게는 이를 허용한다 하더라도, 이는 양자간 직무의 본질이나 내용 그리고 근무태양이 다른 점을 고려할 때 합리적인 차별에 해당한다. 10법무
③ 초·중등학교의 교원인 공무원에 대하여 정당가입을 전면 금지하는 법률조항은 근무시간 내외를 불문하고 정당관련 활동을 금지함으로써 정당가입의 자유를 침해한다. 21국회8
④ 국가공무원법에서 초·중등학교 교육공무원은 '정당의 결성에 관여하거나 이에 가입할 수 없다.'는 부분은 초·중등학교 교육공무원의 정당가입의 자유를 침해한다. 21법행
⑤ 정당의 설립 및 가입을 금지하는 법률조항은 이를 정당화하는 사유의 중대성에 있어서 적어도 민주적 기본질서에 대한 위반에 버금가는 것이어야 하므로, 지방공무원의 정당가입을 금지하는 입법은 헌법에 위반된다. 19입시/20비상

해설

① (×) 국회법 제20조의2(의장의 당적 보유 금지) ① 의원이 의장으로 당선된 때에는 당선된 다음 날부터 의장으로 재직하는 동안은 당적을 가질 수 없다.
② (O) (헌재 2004. 3. 25. 2001헌마710)
③ (×) 초·중등학교의 교육공무원이 정당의 발기인 및 당원이 될 수 없도록 규정한 정당법 조항은 청구인들의 정당가입의 자유 등을 침해하지 않는다. (헌재 2020. 4. 23. 2018헌마551)
④ (×) 초·중등학교 교육공무원의 정당가입의 자유를 침해하지 않는다. (헌재 2020. 4. 23. 2018헌마551)
⑤ (×) 심판대상조항은 과잉금지원칙에 반하여 지방공무원의 정당가입의 자유를 침해하지 아니한다. (헌재 2014. 3. 27. 2011헌바43)

정답 ②

243

다음 설명 중 가장 적절한 것은? (판례)

① 공무원의 정당가입이 허용된다면, 공무원의 정치적 행위가 직무 내의 것인지 직무 외의 것인지 구분하기 어려운 경우가 많고, 설사 공무원이 근무시간 외에 혹은 직무와 관련 없이 정당과 관련한 정치적 표현행위를 하더라도 공무원의 정치적 중립성에 대한 국민의 기대와 신뢰는 유지되기 어렵다. 16지방7

② 국가공무원법 제65조 제1항에서 초·중등학교의 교육공무원은 '그 밖의 정치단체의 결성에 관여하거나 이에 가입할 수 없다.'는 부분은 초·중등학교 교육공무원의 정치적 표현의 자유 및 결사의 자유를 침해하지 않는다. 21법행/23경찰1

③ 사회복무요원의 정치적 행위를 금지하는 「병역법」 조항 중 '정치적 목적을 지닌 행위'는 '특정 정당, 정치인을 지지·반대 하거나 공직선거에 있어서 특정 후보자를 당선·낙선하게 하는 등 그 정파성·당파성에 비추어 정치적 중립성을 훼손할 가능성이 높은 행위'로 한정하여 해석되므로 명확성 원칙에 위배되지 않는다. 23경찰1

④ 경찰청장의 퇴직 후 일정기간 동안 정당에 가입할 수 없게 하는 것은 공무원의 정치적 중립성을 보장하기 위한 것이어서 정당의 자유를 침해하는 것은 아니다. 13서울

해설

① (○) (헌재 2014. 3. 27. 2011헌바42)
② (✕) 초·중등교육법 제19조 제1항의 교원은 그 밖의 정치단체의 결성에 관여하거나 이에 가입할 수 없다.' 부분은 나머지 청구인들의 정치적 표현의 자유 및 결사의 자유를 침해한다. (헌재 2020. 4. 23. 2018헌마551) 〈주〉 교육공무원의 정당 가입금지는 합헌이나, 그 밖의 정치단체 가입금지는 위헌이다.
③ (✕) 이 사건 법률조항 중 '그 밖의 정치단체'에 관한 부분이 불명확하므로, 그 밖의 정치단체에 가입하는 행위를 '정치적 목적을 지닌 행위'의 예시로 규정하였다 하더라도 명확성원칙에 위반되어 청구인의 결사의 자유와 정치적 표현의 자유를 침해한다. (헌재 2021. 11. 25. 2019헌마534)
④ (✕) 이 사건 법률조항은 정당설립 및 가입의 자유를 침해하는 조항이다. (헌재 1999. 12. 23. 99헌마135)

정답 ①

244

다음 설명 중 가장 적절한 것은? (판례)

① 국회의원이 소속정당의 당론에 위반하는 정치활동을 한 이유로 제재를 받는 경우, 그 정당은 국회의원 신분을 상실하게 할 수는 없으나 정당 내부의 사실상의 강제 또는 소속정당으로부터의 제명은 할 수 있다. 05사시

② 정당이 그 소속 국회의원을 제명하기 위해서는 당헌이 정하는 절차를 거치는 외에 그 소속 당원 전원의 2분의 1 이상의 찬성이 있어야 한다. 18변시

③ 정당이 그 소속 국회의원을 제명하기 위해서는 당헌이 정하는 절차를 거치는 외에 그 소속 국회의원 전원의 3분의 2 이상의 찬성이 있어야 한다. 21경승/22국가7

④ 정당이 그 소속 국회의원을 제명하는 경우 당헌이 정하는 절차 외에도 그 소속 국회의원 전원의 2분의 1 이상의 찬성이 있어야 하며, 무기명투표를 원칙으로 하되 예외적인 경우에는 서면에 의하여 의결할 수 있다. 12국회

해설

① (○) 특정 정당에 소속된 국회의원이 정당기속 내지는 교섭단체의 결정(소위 '당론')에 위반하는 정치활동을 한 이유로 제재를 받는 경우, 국회의원 신분을 상실하게 할 수는 없으나 "정당내부의 사실상의 강제" 또는 소속 "정당으로부터의 제명"은 가능하다. (헌재 2003. 10. 30. 2002헌라1)
② (✕) 정당법 제33조(정당소속 국회의원의 제명) 정당이 그 소속 국회의원을 제명하기 위해서는 당헌이 정하는 절차를 거치는 외에 그 소속 국회의원 전원의 2분의 1 이상의 찬성이 있어야 한다.
③ (✕) 정당법 제33조(정당소속 국회의원의 제명) 정당이 그 소속 국회의원을 제명하기 위해서는 당헌이 정하는 절차를 거치는 외에 그 소속 국회의원 전원의 2분의 1 이상의 찬성이 있어야 한다.
④ (✕) 정당법 제32조(서면결의의 금지) ① 대의기관의 결의와 소속 국회의원의 제명에 관한 결의는 서면이나 대리인에 의하여 의결할 수 없다.

정답 ①

245

다음 설명 중 가장 적절하지 않은 것은? (판례)

① 당론과 다른 견해를 가진 소속 국회의원을 당해 교섭단체의 필요에 따라 다른 상임위원회로 전임(사임 보임)하는 조치는 특별한 사정이 없는 한 헌법상 용인될 수 있다. 13지방7
② 공직선거법은 정당이 당내경선을 실시하는 경우 경선 후보자로서 당해 정당의 후보자로 선출되지 아니한 자는 설사 후보자로 선출된 자가 사퇴·사망·피선거권 상실 또는 당적의 이탈·변경 등으로 자격을 상실한 때에도 당해 선거의 같은 선거구에서는 후보자로 등록될 수 없다고 규정하고 있다. 14서울
③ 국회법이 교섭단체를 구성한 정당에게만 정책연구위원을 배정하고 있다고 하더라도 이것이 그렇지 못한 정당을 합리적 이유 없이 차별하는 것이라고는 볼 수 없다. 10법무
④ 정치자금의 수입·지출내역 및 첨부서류 등의 열람기간을 공고일로부터 3월간으로 제한하고 있는 법률조항은 정당의 정치자금에 관한 정보의 공개라는 공익적 측면 다는 행정적인 업무부담의 경감을 우선시키는 것으로서 국민의 알 권리를 침해하는 것이다. 19국회8

해설

① (O) (헌재 2003. 10. 30. 2002헌라1)
② (✗) 공직선거법 제57조의2(당내경선의 실시) ② 정당이 당내경선을 실시하는 경우 경선후보자로서 당해 정당의 후보자로 선출되지 아니한 자는 당해 선거의 같은 선거구에서는 후보자로 등록될 수 없다. 다만, 후보자로 선출된 자가 사퇴·사망·피선거권 상실 또는 당적의 이탈·변경 등으로 그 자격을 상실한 때에는 그러하지 아니하다.
③ (O) (헌재 2008. 3. 27. 2004헌마654)
④ (O) 영수증, 예금통장은 현행법령 하에서 사본교부가 되지 않아 열람을 통해 확인할 수밖에 없음에도 열람 중 필사가 허용되지 않고 열람기간마저 3월간으로 짧아 그 내용을 파악하고 분석하기 쉽지 않다. 따라서 이 사건 열람기간제한 조항은 과잉금지원칙에 위배되어 청구인 신○○의 알권리를 침해한다. (헌재 2021. 5. 27. 2018헌마1168)

[정답] ②

4. 정당 보조금 등 (제8조 제3항)

246

다음 설명 중 가장 적절하지 않은 것은? (판례)

① 정당은 법률이 정하는 바에 의하여 국가의 보호를 받으며, 국가는 법률이 정하는 바에 의하여 정당운영에 필요한 자금을 보조할 수 있다. 14서울
② 헌법 제8조 제3항은 정당운영에 필요한 자금에 대한 국가보조 의무원칙을 명시하고 있다. 12사시
③ 정당의 기회균등원칙에는 각 정당에 보조금을 균등하게 배분할 것을 요구하는 내용이 포함되는 것은 아니다. 22국회5
④ 입법자는 정당에 대한 국고 보조금의 배분기준을 정함에 있어 입법정책적인 재량권을 가지므로, 그 내용이 현재의 각 정당들 사이의 경쟁 상태를 현저하게 변경시킬 정도가 아니라면 합리성을 인정할 수 있다. 10사시
⑤ 국고보조금 제도는 정당의 역할을 수행하는 데 소요되는 정치자금을 마련함에 있어 정치자금의 기부자인 각종 이익집단으로부터 부당한 영향력을 배제하여 정치부패를 방지하고 정당 간의 자금조달의 격차를 줄여 공평한 경쟁을 유도하는데 입법목적이 있다. 12법무

해설

① (O) 헌법 제8조 제3항.
② (✗) 헌법 제8조 ③ 국가는 법률이 정하는 바에 의하여 정당운영에 필요한 자금을 보조할 수 있다. 〈주〉재량이다.
③ (O) (헌재 2006. 7. 27. 2004헌마655)
④ (O) (헌재 2006. 7. 27. 2004헌마655)
⑤ (O) (헌재 2006. 7. 27. 2004헌마655)

[정답] ②

247

다음 설명 중 옳은 것을 모두 고른 것은? (판례)

㉠ 정당에 대한 국고보조는 정당의 자유와 평등을 침해하지 않도록 이루어져야 한다. 05사시
㉡ 헌법은 법률이 정하는 바에 의하여 정당에 대하여 국가보조금을 지급할 수 있다는 규정을 두고 있고, 보조금은 정당의 운영에 소요되는 경비로서 인건비, 사무용비품 및 소모품비, 사무소 설치·운영비, 공공요금, 정책개발비, 선전비, 당원교육훈련비, 선거관계비용, 조직활동비에 해당하는 경비 외에 사용할 수 없다. 12법무
㉢ 정당은 법인격 없는 사적 결사체에 불과하여 국가가 정당의 운영에 필요한 자금을 보조하는 것은 헌법상 허용되기 어렵고, 다만 선거공영제에 따라 선거경비를 보조한다. 11법원
㉣ 정당의 당비는 정당의 당헌·당규 등에 의하여 정당의 당원이 부담하는 금전으로서 유가증권이나 그 밖의 물건을 제외한다. 20국회9

① ㉠ ㉡
② ㉠ ㉡ ㉢
③ ㉡ ㉢ ㉣
④ ㉠ ㉡ ㉢ ㉣

해설

㉠ (○) 정당에 대한 국고보조는 정당의 자유나 평등원칙에 반하지 않게 이루어져야 한다. 따라서 <u>교섭단체 구성 여부와 각 정당의 국회의원 의석수</u>를 고려하여 보조금을 배분한다.
㉡ (○) <u>정치자금법 제28조 제1항</u>. 보조금은 정당의 운영에 소요되는 경비로서 인건비, 사무용 비품 및 소모품비, 사무소 설치·운영비, 공공요금, 정책개발비, 당원 교육훈련비, 조직활동비, 선전비, 선거관계비용에 해당하는 경비 외에는 사용할 수 없다.
㉢ (×) 헌법 제8조 제제3항. 정당은 법률이 정하는 바에 의하여 국가의 보호를 받으며, 국가는 법률이 정하는 바에 의하여 <u>정당운영에 필요한 자금을 보조할 수 있다.</u> 〈주〉 정당에 대한 보조금지급은 헌법에 규정된 기본적 권리이다.
㉣ (×) 정치자금법 제3조 제3호. - "당비"라 함은 명목여하에 불구하고 정당의 당헌·당규 등에 의하여 정당의 당원이 부담하는 금전이나 <u>유가증권 그 밖의 물건을 말한다.</u>

[정답] ①

248

다음 설명 중 가장 적절한 것은? (판례)

① 정당의 당원은 같은 정당의 타인의 당비를 부담할 수 없으며, 타인의 당비를 부담한 자와 타인으로 하여금 자신의 당비를 부담하게 한 자는 당비를 낸 것이 확인된 날부터 1년간 당해 정당의 당원자격이 정지된다. 18지방7
② 타인의 명의나 가명으로 납부된 당비는 국고에 귀속되며, 국고에 귀속되는 당비는 중앙선거관리위원회가 이를 납부받아 국가에 납입한다. 20국회9/22국가7
③ 정당 스스로 재정충당을 위하여 국민들로부터 모금 활동을 하는 것은 단지 '돈을 모으는 것'에 불과한 것으로 정당의 헌법적 과제수행에 있어 본질적인 부분이 아니다. 22국회5
④ 정당에 대한 재정적 후원을 금지하고 위반 시 형사처벌하는 구 정치자금법 조항은 정당 후원회를 금지함으로써 불법 정치자금 수수로 인한 정경유착을 막고 정당의 정치자금 조달의 투명성을 확보하여 정당 운영의 투명성과 도덕성을 제고하기 위한 것으로 목적의 정당성이 인정되므로 정당활동의 자유를 침해하지 않는다. 16지방7/18법원/19국회8/23법행

해설

① (○) 정당법 제31조 제2항.
② (×) 정치자금법 제4조(당비) ② 정당의 회계책임자는 타인의 명의나 가명으로 납부된 당비는 국고에 귀속시켜야 한다. ③ 제2항의 규정에 의하여 국고에 귀속되는 당비는 <u>관할 선거관리위원회</u>가 이를 납부받아 국가에 납입하되, 납부기한까지 납부하지 아니한 때에는 관할 세무서장에게 위탁하여 관할 세무서장이 국세체납처분의 예에 따라 이를 징수한다. 〈주〉 '중앙' 선관위가 아니라 '관할' 선관위이다.
③ (×) <u>정당 스스로 재정충당을 위하여 국민들로부터 모금 활동을 하는 것</u>은 단지 '돈을 모으는 것'에 불과한 것이 아니라 궁극적으로 자신의 정강과 정책을 토대로 국민의 동의와 지지를 얻기 위한 활동의 일환이며, 이는 <u>정당의 헌법적 과제 수행에 있어 본질적인 부분의 하나인 것이다.</u>(헌재 2015. 12. 23. 2013헌바168)
④ (×) 심판대상 조항은 정당의 정당활동의 자유와 국민의 정치적 표현의 자유를 <u>침해한다.</u> (헌재 2015. 12. 23. 2013헌바168) 〈주〉 이후 중앙당에 한하여 후원회를 둘 수 있도록 개정되었다.

[정답] ①

249

다음 설명 중 가장 적절한 것은? (판례)

① 정당에 대한 재정적 후원을 금지하고 이를 위반 시 형사처벌하는 「정치자금법」 조항은 정당 후원회를 금지함으로써 불법 정치자금 수수로 인한 정경유착을 막고 정당의 정치자금 조달의 투명성을 확보하여 정당 운영의 투명성과 도덕성을 제고하기 위한 것이므로, 정당의 정당활동의 자유를 침해하지 않는다. 21국회5

② 국회의원 개인은 후원회를 둘 수 있지만 정당은 후원회를 둘 수 없다. 20국회9

③ 특별시장·광역시장·특별자치시장·도지사·특별자치도지사 및 자치구의 지역구의회의원 선거의 예비후보자를 후원회지정권자에서 제외하고 있는 2021. 1. 5. 개정 전 정치자금법 조항은 각 선거에서 후보로 출마하기 위하여 예비후보자로 등록한 사람의 평등권을 침해한다. 21법행

④ 대통령선거경선후보자가 당내경선 과정에서 탈퇴함으로써 후원회를 둘 수 있는 자격을 상실한 때에는 후원회로부터 후원받은 후원금 전액을 국고에 귀속하도록 하는 것은 선거의 자유 등을 침해하는 것이다. 10법무

해설

① (×) 이 사건 법률조항은 <u>정당의 정당활동의 자유와 국민의 정치적 표현의 자유를 침해한다.</u> (헌재 2015. 12. 23. 2013헌바168) 〈주〉 정당 후원회금지조항 헌불 사건이다.

② (×) 정당에 대한 재정적 후원을 금지한 조항은 정당의 정당활동의 자유와 국민의 정치적 표현의 자유를 침해한다. (헌재 2015. 12. 23. 2013헌바168) 〈주〉 이후 중앙당에 한하여 후원회를 지정할 수 있도록 개정되었다. (정치자금법 제6조 제1호)

③ (×) [1] <u>특별시장·광역시장·특별자치시장·도지사·특별자치도지사</u> 선거의 예비후보자를 후원회지정권자에서 제외하고 있는 정치자금법 제6조 제6호 부분은 청구인들의 평등권을 침해한다. [2] <u>자치구의 지역구의회의원</u> 선거의 예비후보자를 후원회지정권자에서 제외하고 있는 정치자금법 제6조 제6호 부분은 청구인들의 평등권을 침해하지 <u>않는다.</u> (헌재 2019. 12. 27. 2018헌마301)

④ (○) (헌재 2009. 12. 29. 2007헌마1412) 〈주〉 이후 "잔여" 재산의 국고귀속으로 개정되었다. (정치자금법 제21조 제3항)

정답 ④

250

다음 설명 중 가장 적절하지 않은 것은? (판례)

① 대통령선거경선후보자가 당내경선 후보자로 등록을 하고 당내경선 과정에서 탈퇴함으로써 후원회를 둘 수 있는 자격을 상실한 때에는 후원회로부터 후원받은 후원금 전액을 국고에 귀속하도록 하는 것은 경선에 참여하여 낙선한 대통령선거경선후보자와의 관계에서 합리적인 이유가 있는 차별이라고 하기 어렵다. 15변시

② 지역구국회의원선거 예비후보자의 기탁금 반환 사유로 예비후보자가 당의 공천심사에서 탈락하고 후보자등록을 하지 않았을 경우를 규정하지 않은 공직선거법 제57조는 청구인의 재산권을 침해한다. 비교판례

③ 지방자치단체의 장선거 예비후보자가 정당의 공천심사에서 탈락한 후 후보자등록을 하지 않은 경우를 기탁금 반환 사유로 규정하지 않은 구 공직선거법 조항은 헌법에 위배된다. 23법행

④ 정당에 정치자금을 기부하고자 하는 자는 무기명으로 선거관리위원회에 기탁금을 기탁할 수 있다. 10국회8

해설

① (○) (헌재 2009. 12. 29. 2007헌마1412) 〈주〉 이후 잔여재산의 국고 귀속으로 개정되었다. (정치자금법 제21조 제3항)

② (○) (2018. 1. 25. 2016헌마541) 〈주〉 헌법불합치 결정에 따라 이후 선거일 후 30일 이내에 기탁자에게 반환하는 것으로 개정되었다. (공직선거법 제57조)

③ (○) [1] 헌법재판소는 2016헌마541 결정에서 <u>지역구국회의원선거 예비후보자가 정당의 공천심사에서 탈락한 후 후보자등록을 하지 않은 경우를 기탁금 반환 사유로 규정하지 않은 구 공직선거법 조항은 재산권을 침해한다고 보아 헌법불합치결정을 하였다.</u> [2] <u>지방자치단체의 장선거 예비후보자의 무분별한 난립을 막고 책임성을 강화하는 측면은 동일하므로, 심판대상조항은 <u>과잉금지원칙에 반하여 헌법에 위반된다.</u> (헌재 2020. 9. 24. 2018헌가15)

④ (×) 정치자금법 제22조(기탁금의 기탁) ③ 누구든지 <u>타인의 명의나 가명 또는 그 성명 등 인적 사항을 밝히지 아니하고 기탁금을 기탁할 수 없다.</u> 이 경우 기탁자의 성명 등 인적 사항을 공개하지 아니할 것을 조건으로 기탁할 수 있다.

정답 ④

251

다음 설명 중 가장 적절한 것은? (판례)

① 정치자금에 관한 법률에 의하면 정당에 대한 정치자금은 반드시 선거관리위원회를 통해서만 기부할 수 있다. 01사시
② 국외의 법인 또는 단체뿐 아니라 국내의 법인 또는 단체도 정당에 정치자금을 기부할 수 없다. 06사시
③ 법인 또는 단체는 정치자금을 기부할 수 있다. 20국회9
④ 국내 단체의 이름으로 혹은 국내 단체와 관련된 자금으로 정치자금을 기부하는 것을 금지한 정치자금법 조항은 단체의 정치적 의사표현 등 정치활동의 자유를 침해한다. 20국가7

[해설]

① (×) 기탁금은 선거관리위원회를 통해서만 기부할 수 있지만 후원금이나 당비는 선거관리위원회를 통하지 않고도 기부할 수 있다.
② (○) 정치자금법 제31조(기부의 제한) ① 외국인, 국내·외의 법인 또는 단체는 정치자금을 기부할 수 없다. ② 누구든지 국내·외의 법인 또는 단체와 관련된 자금으로 정치자금을 기부할 수 없다. 〈주〉 노동단체만 정치자금 기부금지는 위헌결정을 받았다(95헌마154). 이후 모든 단체의 정치자금 기부가 금지되었고 이 규정은 합헌결정을 받았다(2008헌바89).
③ (×) 정치자금법 제31조(기부의 제한) ① 외국인, 국내·외의 법인 또는 단체는 정치자금을 기부할 수 없다. ② 누구든지 국내·외의 법인 또는 단체와 관련된 자금으로 정치자금을 기부할 수 없다. 〈주〉 모든 단체는 정치자금을 기부할 수 없다. 따라서 노동단체도 당연히 정치자금을 기부할 수 없다.
④ (×) 이 사건 기부금지 조항에 의한 개인이나 단체의 정치적 표현의 자유 제한은 내용중립적인 방법 제한으로서 수인 불가능할 정도로 큰 것이 아닌 반면, 금권정치와 정경유착의 차단, 단체와의 관계에서 개인의 정치적 기본권 보호 등 이 사건 기부금지 조항에 의하여 달성되는 공익은 대의민주제를 채택하고 있는 민주국가에서 매우 크고 중요하다는 점에서 법익균형성원칙도 충족된다. 따라서 이 사건 기부금지 조항이 과잉금지원칙에 위반하여 정치활동의 자유 등을 침해하는 것이라 볼 수 없다. (헌재 2010. 12. 28. 2008헌바89)

[정답] ②

252

다음 설명 중 옳은 것을 모두 고른 것은? (판례)

㉠ 보조금 계상의 기준이 되는 선거는 최근 실시한 임기만료에 의한 대통령 선거이다. 17국회8
㉡ 정당에 보조금을 배분함에 있어 교섭단체의 구성 여부에 따라 차등을 두는 것은 합헌이다. 11국회8
㉢ 경상보조금과 선거보조금은 지급 당시 동일 정당의 소속 국회의원으로 교섭단체를 구성한 정당에 대하여 그 100분의 50을 정당별로 의석비율에 따라 분할하여 배분·지급한다. 20비상
㉣ 경상보조금과 선거보조금은 동일 정당의 소속의원으로 교섭단체를 구성하지 못하는 정당으로서 5석 이상의 의석을 가진 정당에 대하여는 100분의 5씩을 배분 지급한다. 17국회8

① ㉠ ㉡
② ㉡ ㉣
③ ㉡ ㉢ ㉣
④ ㉠ ㉡ ㉢ ㉣

[해설]

㉠ (×) 정치자금법 제25조(보조금의 계상) ① 국가는 정당에 대한 보조금으로 최근 실시한 임기만료에 의한 국회의원선거의 선거권자 총수에 보조금 계상단가를 곱한 금액을 매년 예산에 계상하여야 한다. 〈주〉 "최근" 실시한 "임기만료"에 의한 "국회의원" 선거 기준이다.
㉡ (○) 교섭단체를 구성할 정도의 다수 정당과 그에 미치지 못하는 소수 정당 사이에 나타나는 차등지급의 정도는 정당 간의 경쟁상태를 현저하게 변경시킬 정도로 합리성을 결여한 차별이라고 보기 어렵다. (헌재 2006. 7. 27. 2004헌마655) 〈주〉 국회의원 의석수 20개 이상을 보유한 정당이 교섭단체가 된다.
㉢ (×) 정치자금법 제27조(보조금의 배분) ① 경상보조금과 선거보조금은 지급 당시 「국회법」 제33조(교섭단체)제1항 본문의 규정에 의하여 동일 정당의 소속의원으로 교섭단체를 구성한 정당에 대하여 그 100분의 50을 정당별로 균등하게 분할하여 배분·지급한다.
㉣ (○) 정치자금법 제27조(보조금의 배분) ② 보조금 지급 당시 제1항의 규정에 의한 배분·지급대상이 아닌 정당으로서 5석 이상의 의석을 가진 정당에 대하여는 100분의 5씩을, 의석이 없거나 5석 미만의 의석을 가진 정당 중 다음 각 호의 어느 하나에 해당하는 정당에 대하여는 보조금의 100분의 2씩을 배분·지급한다.

[정답] ②

253
다음 설명 중 옳은 것을 모두 고른 것은? (판례)

> ㉠ 경상보조금을 지급받은 정당은 경상보조금 총액의 100분의 10이상을 시·도당에 배분 지급하여야 한다. 17국회8
> ㉡ 중앙당은 정당의 재정에 관한 사항을 확인·검사하기 위하여 예산결산위원회를 두어야 한다. 10회8
> ㉢ 중앙선거관리위원회는 보조금을 지급받은 정당이 보조금에 관한 회계보고를 허위로 한 경우 허위에 해당하는 금액의 2배에 상당하는 금액을 이후 감액하여 지급할 수 있다. 17국회8
> ㉣ 보조금을 지급받은 정당이 해산된 경우 정당은 보조금 가운데 잔액이 있는 때에는 이를 중앙선거관리위원회에 반환하여야 한다. 17국회8

① ㉠ ㉡
② ㉡ ㉣
③ ㉡ ㉢ ㉣
④ ㉠ ㉡ ㉢ ㉣

해설

㉠ (O) 정치자금법 제28조(보조금의 용도제한 등) ② 경상보조금을 지급받은 정당은 그 경상보조금 총액의 <u>100분의 30 이상은 정책연구소</u> [「정당법」 제38조(정책연구소의 설치·운영)에 의한 정책연구소를 말한다. 이하 같다]에, <u>100분의 10 이상은 시·도당에 배분·지급하여야 하며, 100분의 10 이상은 여성정치발전을 위하여, 100분의 5 이상은 청년정치발전을 위하여</u> 사용하여야 한다. 〈개정 2022. 2. 22.〉 〈주〉 최근 개정으로 청년정치발전이 추가되었다.

㉡ (O) 정당법 제29조(정당의 기구) ② 중앙당은 정당의 예산과 결산 및 그 내역에 관한 회계검사 등 정당의 재정에 관한 사항을 확인·검사하기 위하여 예산결산위원회를 두어야 한다.

㉢ (O) 정치자금법 제29조. 〈주〉 허위보고는 "2배" 감액이다.

㉣ (O) 정치자금법 제30조. 〈주〉 "전액"이 아니라 "잔액"이다.

[정답] ④

5. 선거관리위원회의 등록취소

254
다음 설명 중 가장 적절한 것은? (판례)

① 정당은 그 대의기관의 결의로써 해산할 수 있으며, 정당이 해산한 때에는 그 대표자는 지체 없이 그 뜻을 국회에 신고하여야 한다. 18지방7
② 정당이 최근 4년간 임기만료에 의한 국회의원선거 또는 임기만료에 의한 지방자치단체의 장 선거나 시·도의회의원선거에 참여하지 아니한 때에는 당해 선거관리위원회는 그 등록을 취소한다. 21국회8
③ 정당등록취소조항에 의하여 등록취소된 정당의 명칭과 같은 명칭을 등록취소된 날부터 최초로 실시하는 임기만료에 의한 국회의원선거의 선거일까지 정당의 명칭으로 사용할 수 없도록 한 「정당법」 조항은 정당활동과 무관하여 정당설립의 자유를 침해하지 않는다. 21소방
④ 공직선거 참여 여부는 정당의 등록취소와는 상관없으나, 공직선거에 참여하지 않은 정당은 국고보조금을 배분받지 못한다. 06사시

해설

① (X) 정당법 제45조(자진해산) ② 정당이 해산한 때에는 그 대표자는 지체 없이 관할 <u>선거관리위원회에</u> 신고하여야 한다.
② (O) 정당법 제44조(등록의 취소) ① 정당이 다음 각 호의 어느 하나에 해당하는 때에는 당해 선거관리위원회는 그 등록을 취소한다. - 2. 최근 4년간 임기만료에 의한 국회의원선거 또는 임기만료에 의한 지방자치단체의 장선거나 시·도의회의원선거에 참여하지 아니한 때
③ (X) 정당법 제41조 제4항 및 정당법 제44조 제1항 제2호. 정당활동으로서 선거에 참여하지 아니하면 정당등록이 취소된다. 〈주〉 지문의 정당법 조항은 정당활동의 자유를 제한하는 것이므로, 정당활동과 "무관하여" 부분이 틀렸다.
④ (X) 정당법 제41조 제4항 및 정당법 제44조 제1항 제2호. 정당활동으로서 선거에 참여하지 아니하면 정당등록이 취소된다. 〈주〉 정당이 정당활동으로 선거에 참여하지 않으면 등록이 취소된다. 따라서 "등록취소와 상관없으나" 부분이 틀렸다.

[정답] ②

255
다음 설명 중 옳지 않은 것을 모두 고른 것은? (판례)

㉠ 등록이 취소된 정당의 잔여산산은 국고에 귀속함이 원칙이다. 13서울
㉡ 헌법 제8조 제1항의 정당설립의 자유와 헌법 제8조 제4항의 입법취지를 고려하여 볼 때, 단지 일정 수준의 정치적 지지를 얻지 못한 군소정당이라는 이유만으로 정당을 국민의 정치적 의사형성과정에서 배제하기 위한 입법은 헌법상 허용될 수 없다. 19입시
㉢ 정당이 임기만료에 의한 국회의원선거에 참여하여 의석을 얻지 못하고 유효투표총수의 100분의 2 이상을 득표하지 못한 경우 그 정당의 명칭과 같은 명칭은 정당의 명칭으로 다시 사용하지 못한다. 18변시/22경채
㉣ 국회의원 총선거에 참여하여 의석을 얻지 못하거나 유효투표 총수의 100분의 2 이상을 득표하지 못하면 정당의 등록은 취소되며, 그 잔여재산은 당헌이 정하는 바에 따르고 당헌에 규정이 없으면 국고에 귀속된다. 14국회 8/21경승

① ㉠ ㉡
② ㉡ ㉢
③ ㉠ ㉢ ㉣
④ ㉠ ㉡ ㉢ ㉣

해설
㉠ (✗) 정당법 제48조. 등록이 취소된 정당의 잔여재산은 <u>당헌이 정하는 바에 따라 처분한다</u>. 이때 처분되지 아니한 정당의 잔여재산은 국고에 귀속한다. 〈주〉 등록취소는 당헌이 정하는 바가 없을 때에만 국고귀속이지만, 강제해산은 바로 국고귀속이다.
㉡ (○) (헌재 2014. 1. 28. 2012헌가19)
㉢ (✗) 유효투표총수의 100분의 2 이상을 득표하지 못한 때의 정당등록취소조항은 과잉금지원칙에 위반되어 청구인들의 <u>정당설립의 자유를 침해한다</u>. (헌재 2014. 1. 28. 2012헌마431) 〈주〉 선거에 참여한 이상 유효득표수가 적더라도 정당등록을 취소하면 안되고 같은 명칭을 사용할 수 있어야 한다.
㉣ (✗) 국회의원선거에 참여하여 의석을 얻지 못하고 유효투표총수의 100분의 2 이상을 득표하지 못한 정당에 대해 그 등록을 취소하도록 한 정당법조항은 <u>정당설립의 자유를 침해한다</u>. (헌재 2014. 1. 28. 2012헌가19) 〈주〉 위헌결정에 따라서 정당은 등록이 취소되지 않으므로, 잔여재산은 정당에 여전히 귀속되고 정당명칭도 여전히 사용할 수 있다.

정답 ③

6. 헌법재판소의 강제해산 (제8조 제4항)

256
다음 설명 중 가장 적절한 것은? (판례)

① 정당해산제도는 정당 존립의 특권을 보장함과 동시에, 정당활동의 자유에 관한 한계를 설정한다는 이중적 성격을 가진다. 17지방7
② 정당의 목적이나 조직이 민주적 기본질서에 위배될 때에는 정부는 헌법재판소에 그 해산을 제소할 수 있고, 정당은 헌법재판소의 심판에 의하여 해산된다. 14서울
③ 정당의 목적이나 활동이 민주적 기본질서에 위배될 때에는 국회는 헌법재판소에 그 해산을 제소할 수 있고, 정당은 헌법재판소의 심판에 의하여 해산된다. 22경승/23경승
④ 정당의 목적이나 활동이 민주적 기본질서에 위배될 때에는 정부는 대법원에 그 해산을 제소할 수 있고, 정당은 헌법재판소의 심판에 의하여 해산된다. 22경찰1차

해설
① (○) (헌재 2014. 2. 27. 2014헌마7)
② (✗) 정당의 목적이나 활동이 민주적 기본질서에 위배될 때에는 정부는 헌법재판소에 그 해산을 제소할 수 있고, 정당은 헌법재판소의 심판에 의하여 해산된다. 〈주〉 "조직"이 아니라 "활동"이다. 그리고 "목적과 활동"이 아니라 "목적이나 활동"이다.
③ (✗) 정당의 목적이나 활동이 민주적 기본질서에 위배될 때에는 <u>정부는</u> 헌법재판소에 그 해산을 제소할 수 있고, 정당은 헌법재판소의 심판에 의하여 해산된다. 〈주〉 "국회"가 아니라 "정부"이다.
④ (✗) 헌법 제8조 ④ 정당의 목적이나 활동이 민주적 기본질서에 위배될 때에는 정부는 <u>헌법재판소에</u> 그 해산을 제소할 수 있고, 정당은 헌법재판소의 심판에 의하여 해산된다. 〈주〉 "대법원"이 아니라 "헌법재판소"이다.

정답 ①

257

다음 설명 중 가장 적절하지 않은 것은? (판례)

① 민주주의 원리는 사회의 자율적인 의사결정이 궁극적으로 올바른 방향으로 전개될 것이라는 신뢰를 바탕으로 한다. 21지방7

② 정당은 오늘날 민주주의에 있어서 필수불가결한 요소이기 때문에 정당의 자유로운 설립과 활동은 민주주의 실현의 전제조건이라고 할 수 있다. 21지방7

③ 모든 정당의 존립과 활동이 최대한 보장되어야 하는 것은 아니므로, 어떤 정당이 민주적 기본질서를 부정하고 이를 적극적으로 공격하는 경우에는 행정부의 통상적인 처분에 의해서도 해산될 수 있다. 21지방7

④ 헌법 제8조 제4항이 의미하는 '정당의 활동'이란 정당 기관의 행위나 주요 정당관계자, 당원 등이 행위로서 그 정당에게 귀속시킬 수 있는 활동 일반을 의미한다. 15법행

⑤ 정당의 활동은 정당 기관의 행위나 주요 정당관계자의 행위로서 그 정당에게 귀속시킬 수 있는 활동 일반을 의미하며 일반 당원의 활동도 포함된다. 19입시/20경승

해설

① (O) (헌재 2014. 12. 19. 2013헌다1)
② (O) (헌재 2014. 12. 19. 2013헌다1)
③ (X) 당으로서 존재하는 한 헌법에 의해 최대한 두텁게 보호되므로, 단순히 행정부의 통상적인 처분에 의해서는 해산될 수 없고, 오직 헌법재판소가 그 정당의 위헌성을 확인하고 해산의 필요성을 인정한 경우에만 정당정치의 영역에서 배제된다. (헌재 2014. 12. 19. 2013헌다1)
④ (O) '정당의 활동'이란, 정당 기관의 행위나 주요 정당관계자, 당원 등의 행위로서 그 정당에게 귀속시킬 수 있는 활동 일반을 의미한다. (헌재 2014. 12. 19. 2013헌다1)
⑤ (O) (헌재 2014. 12. 19. 2013헌다1)

[정답] ③

258

다음 설명 중 가장 적절하지 않은 것은? (판례)

① 정당 소속의 국회의원 등은 비록 정당과 밀접한 관련성을 가지지만 헌법상으로는 정당의 대표자가 아닌 국민 전체의 대표자이므로 그들의 행위를 곧바로 정당의 활동으로 귀속시킬 수는 없다. 22국가7

② 정당 소속 국회의원의 활동 중에서도 국민의 대표자의 지위가 아니라 그 정당에 속한 유력한 정치인의 지위에서 행한 활동으로서 정당과 밀접하게 관련되어 있는 행위들은 정당의 활동이 될 수 있다. 18행시

③ 정당의 목적이나 활동이 민주적 기본질서에 위배되는 것이 헌법이 정한 정당해산의 요건이므로, 정당해산결정 시 비례의 원칙 충족여부에 대하여 반드시 판단할 필요는 없다. 20국가7

④ 헌법재판소가 정당해산결정을 내리기 위해서는 그 해산결정이 비례원칙에 부합하는지를 숙고해야 하는바, 이 경우의 비례원칙준수 여부는 통상적으로 기능하는 위헌심사의 척도에 의한다. 22국가7

해설

① (O) 정당 소속의 국회의원 등은 비록 정당과 밀접한 관련성을 가지지만 헌법상으로는 정당의 대표자가 아닌 국민 전체의 대표자이므로 그들의 행위를 곧바로 정당의 활동으로 귀속시킬 수는 없겠으나, 가령 그들의 활동 중에서도 국민의 대표자의 지위가 아니라 그 정당에 속한 유력한 정치인의 지위에서 행한 활동으로서 정당과 밀접하게 관련되어 있는 행위들은 정당의 활동이 될 수도 있을 것이다. (헌재 2014. 12. 19. 2013헌다1)
② (O) (헌재 2014. 12. 19. 2013헌다1)
③ (X) 헌법재판소는 정당설립의 자유를 제한하는 법률의 합헌성을 심사할 때에 헌법 제37조 제2항에 따라 엄격한 비례심사를 하여야 한다. (헌재 2014. 1. 28. 2012헌가19)
④ (O) (X) 이 경우의 비례원칙 준수 여부는 그것이 통상적으로 기능하는 위헌심사의 척도가 아니라 헌법재판소의 정당해산결정이 충족해야 할 일종의 헌법적 요건 혹은 헌법적 정당화 사유에 해당한다. (헌재 2014. 12. 19. 2013헌다1) 〈주〉 일반결사의 자유보다 더 "엄격한" 비례심사를 하므로, 통상적 위헌심사를 한다는 부분이 틀렸다.

[정답] ③

259
다음 설명 중 적절한 것은 몇 개인가? (판례)

> ㉠ '의심스러울 때에는 자유를 우선시하는(in dubio pro libertate)' 근대 입헌주의의 원칙은 정당해산심판제도에서도 여전히 적용되어야 한다. 15법행
> ㉡ 민주적 기본질서를 부정하지 않는 한 정당은 다양한 스펙트럼의 이념적 지향을 자유롭게 추구할 수 있다. 15서울
> ㉢ 민주적 기본질서를 부정하는 정당이라도 헌법재판소가 그 위헌성을 확인하여 해산결정을 할 때까지는 존속한다. 11국회8
> ㉣ 정당해산 사유를 규정한 헌법 제8조 제4항의 "민주적 기본질서"는 최대한 엄격하고 협소한 의미로 이해하여야 한다. 22법무
> ㉤ 정당의 목적이나 활동이 의회제도와 선거제도를 부정하는 것인 때에는 정부는 헌법재판소에 그 해산을 제소할 수 있고, 그 정당은 헌법재판소의 심판에 의하여 해산될 수 있다. 11법원

① 2개　　② 3개　　③ 4개　　④ 5개

해설

㉠ (○) (헌재 2014. 12. 19. 2013헌다1)
㉡ (○) (헌재 2014. 12. 19. 2013헌다1) 〈주〉 스펙트럼은 분야라는 뜻이다. 즉 정당은 민주주의를 부정하는 사회당이나 공산당도 원칙적으로 존중받는다는 의미이다.
㉢ (○) (헌재 2014. 12. 19. 2013헌다1)
㉣ (○) (헌재 2014. 12. 19. 2013헌다1)
㉤ (○) 헌법 제8조 제4항. 〈주〉 의회제도와 선거제도란 민주적 기본질서를 의미하며, 민주적 기본질서를 부정하는 정당은 헌법재판소의 결정에 의하여 해산될 수 있다.

[정답] ④

260
다음 설명 중 가장 적절한 것은? (판례)

① 헌법 제8조 제4항이 의미하는 '민주적 기본질서'는 그 외연이 확장될수록 정당해산결정의 가능성은 확대되고 이와 동시에 정당활동의 자유는 축소될 것이므로, 헌법 제8조 제4항의 민주적 기본질서는 최대한 엄격하고 협소한 의미로 이해해야 한다. 22경승
② 헌법 제8조 제4항의 민주적 기본질서는 현행 헌법이 채택한 민주주의의 구체적 모습과 동일하게 보아야 하는 것으로, 정당은 민주적 의사결정을 위해서 필요한 불가결한 요소들과 이를 운영하고 보호하는 데 필요한 모든 요소들을 갖추어야 한다. 20비상
③ 정당의 목적이나 활동이 헌법에 위반된 경우, 그 위반이 사소한 위반인 경우에도 그 정당을 해산하는 것이 헌법정신에 부합한다. 21법무
④ 헌법 제8조 제4항에서 말하는 민주적 기본질서의 위배란, 정당의 목적이나 활동이 우리 사회의 민주적 기본질서에 대하여 실질적인 해악을 끼칠 수 있는 구체적 위험성을 초래하는 경우뿐만 아니라 민주적 기본질서에 대한 단순한 위반이나 저촉까지도 포함하는 넓은 개념이다. 19법행

해설

① (○) (헌재 2014. 12. 19. 2013헌다1)
② (×) 헌법 제8조 제4항의 민주적 기본질서 개념은 정당해산결정의 가능성과 긴밀히 결부되어 있음을 감안한다면, 최대한 엄격하고 협소한 의미로 이해해야 한다. 따라서 민주적 기본질서를 현행 헌법이 채택한 민주주의의 구체적 모습과 동일하게 보아서는 "안 된다". 정당이 민주적 의사결정을 위해서 필요한 불가결한 요소들과 이를 운영하고 보호하는 데 필요한 "최소한의" 요소들을 수용한다면, 현행 헌법이 규정한 민주주의 제도의 세부적 내용에 관해서는 얼마든지 그와 상이한 주장을 개진할 수 있는 것이다. (헌재 2014. 12. 19. 2013헌다1)
③ (×) 정당의 목적과 활동에 관련된 모든 사소한 위헌성까지도 문제 삼아 정당을 해산하는 것은 적절하지 않다. (헌재 2014. 12. 19. 2013헌다1)
④ (×) 헌법 제8조 제4항에서 말하는 민주적 기본질서의 '위배'란, 민주적 기본질서에 대한 단순한 위반이나 저촉을 의미하는 것이 아니다. (헌재 2014. 12. 19. 2013헌다1)

[정답] ①

261

다음 설명 중 적절한 것을 모두 고르면? (판례)

㉠ 민주적 기본질서 위배란 민주적 기본질서에 대한 단순한 위반이나 저촉을 의미하는 것이 아니라 정당의 목적이나 활동이 민주적 기본질서에 대한 실질적 해악을 끼칠 수 있는 추상적 구체적 위험성을 초래하는 경우를 가리킨다. 15서울

㉡ 헌법 제8조 제4항이 규정하는 정당의 목적이나 활동이 민주적 기본질서에 '위배'될 때란, 민주적 기본질서에 대한 단순한 위반이나 저촉을 의미하는 것이 아니라, 민주사회의 불가결한 요소인 정당의 존립을 제약해야 할 만큼 그 정당의 목적이나 활동이 우리 사회의 민주적 기본질서에 대하여 실질적인 해악을 끼칠 수 있는 구체적 위험성을 초래하는 경우를 가리킨다. 17국가7/19입시

㉢ 정당해산 사유로서의 '민주적 기본질서의 위배'란, 민주적 기본질서에 대한 단순한 위반이나 저촉만으로도 족하며, 반드시 민주사회의 불가결한 요소인 정당의 존립을 제약해야 할 만큼 그 정당의 목적이나 활동이 민주적 기본질서에 대하여 실질적인 해악을 끼칠 수 있는 구체적 위험성을 초래하는 경우까지 포함하는 것은 아니다. 22경찰1차

① ㉠ ㉡ ㉢
② ㉠ ㉡
③ ㉠ ㉢
④ ㉡

해설

㉠ (✗) 헌법 제8조 제4항에서 말하는 민주적 기본질서의 '위배'란, 민주적 기본질서에 대한 단순한 위반이나 저촉을 의미하는 것이 아니라, 우리 사회의 민주적 기본질서에 대하여 실질적인 해악을 끼칠 수 있는 <u>구체적 위험성을 초래하는 경우를 가리킨다.</u> (헌재 2014. 12. 19. 2013헌다1) 〈주〉 <u>추상적 위험성</u> 부분이 틀렸다.

㉡ (O) (헌재 2014. 12. 19. 2013헌다1)

㉢ (✗) 헌법 제8조 제4항 민주적 기본질서의 '위배'란, <u>민주적 기본질서에 대한 단순한 위반이나 저촉을 의미하는 것이 아니라,</u> 민주사회의 불가결한 요소인 정당의 존립을 제약해야 할 만큼 그 정당의 목적이나 활동이 우리 사회의 민주적 기본질서에 대하여 실질적인 해악을 끼칠 수 있는 <u>구체적 위험성을 초래하는 경우를 가리</u>킨다. (헌재 2014. 12. 19. 2013헌다1)

정답 ④

262

다음 설명 중 가장 적절하지 않은 것은? (판례)

① 정당해산심판제도는 정치적 비판자들을 탄압하기 위한 용도로 남용되는 일이 생기지 않도록 엄격하고 제한적으로 운용되어야 한다. 21법무

② 헌법 제8조 제4항이 의미하는 '민주적 기본질서'는, 개인의 자율적 이성을 신뢰하고 모든 정치적 견해들이 각각 상대적 진리성과 합리성을 지닌다고 전제하는 다원적 세계관에 입각한 것으로서, 모든 폭력적·자의적 지배를 배제하고, 다수를 존중하면서도 소수를 배려하는 민주적 의사결정과 자유·평등을 기본원리로 하여 구성되고 운영되는 정치적 질서를 말하며, 구체적으로는 국민주권의 원리, 기본적 인권의 존중, 권력분립제도, 복수정당제도 등이 현행 헌법상 주요한 요소라고 볼 수 있다. 21지방7

③ '정당의 목적이나 활동이 민주적 기본질서에 위배될 때'라는 헌법 제8조 제4항의 정당해산 요건이 충족되면, 헌법재판소는 해당 정당의 위헌적 문제성을 해결할 수 있는 다른 대안적 수단이 있는 경우라 하더라도 강제적 정당해산결정을 할 수 있다. 19법행/20소방

④ 위헌적인 정당을 금지해야 할 공익도 정당설립의 자유에 대한 입법적 제한을 정당화하지 못하도록 규정한 것이 헌법의 객관적인 의사라면, 입법자가 그 외의 공익적 고려에 의하여 정당설립금지조항을 도입하는 것은 원칙적으로 헌법에 위반된다. 15국회8

해설

① (O) (헌재 2014. 12. 19. 2013헌다1)

② (O) (헌재 2014. 12. 19. 2013헌다1) 〈주〉 헌법 전문과 제4조(통일조항)의 자유민주적 기본질서와 달리, 헌법 제8조 제4항(위헌정당해산)의 민주적 기본질서에는 "국민주권주의"를 추가하였다.

③ (✗) <u>해당 정당의 위헌적 문제성을 해결할 수 있는 다른 대안적 수단이 없고,</u> 사회적 불이익을 초과할 수 있을 정도로 큰 경우에 한하여 정당해산결정이 헌법적으로 정당화될 수 있다. (헌재 2014. 12. 19. 2013헌다1)

④ (O) (헌재 1999. 12. 23. 99헌마135) 〈주〉 민주적 기본질서에 위반하는 정당은 금지할 수 있지만, "그 외"의 목적으로 정당을 금지하는 것은 위헌이다.

정답 ③

263
다음 설명 중 가장 적절하지 않은 것은? (판례)

① 정당의 목적이나 활동이 자유민주적 기본질서에 위배될 때에 정부나 국회는 헌법재판소에 그 해산을 제소할 수 있다. 09법무
② 정당해산심판을 청구할 수 있는 권한은 정부가 독점적으로 가진다. 14국회8
③ 정당의 목적이나 활동이 민주적 기본질서에 위배될 때에는 정부는 국무회의의 심의를 거쳐 헌법재판소에 정당해산심판을 청구할 수 있다. 15지방7
④ 정부가 정당해산심판을 제소하기 위해서는 국무회의의 심의를 거쳐야 하는데, 대통령의 직무상 해외 순방 중 국무총리가 주재한 국무회의에서 정당해산심판청구서 제출안에 대한 의결을 하더라도 위법하지 않다. 19행시

해설

① (✕) 헌법 제8조 ④ 정당의 목적이나 활동이 민주적 기본질서에 위배될 때에는 정부는 헌법재판소에 그 해산을 제소할 수 있고, 정당은 헌법재판소의 심판에 의하여 해산된다. 〈주〉 정부가 독점적으로 제소권을 가진다.
② (○) 헌법 제8조 ④ 정당의 목적이나 활동이 민주적 기본질서에 위배될 때에는 정부는 헌법재판소에 그 해산을 제소할 수 있고, 정당은 헌법재판소의 심판에 의하여 해산된다.
③ (○) 헌법 8조 제4항. 정당의 목적이나 활동이 민주적 기본질서에 위배될 때에는 정부는 헌법재판소에 그 해산을 제소할 수 있고, 정당은 헌법재판소의 심판에 의하여 해산된다. 헌법 제89조. 정당해산의 제소는 국무회의의 심의를 거쳐야 한다.
④ (○) 대통령은 국무회의의 의장으로서 회의를 소집하고 이를 주재하지만 대통령이 사고로 직무를 수행할 수 없는 경우에는 국무총리가 그 직무를 대행할 수 있고, 대통령이 해외 순방 중인 경우는 '사고'에 해당되므로, 대통령의 직무상 해외 순방 중 국무총리가 주재한 국무회의에서 이루어진 정당해산심판청구서 제출안에 대한 의결은 위법하지 아니하다. (헌재 2014. 12. 19. 2013헌다1)

정답 ①

264
다음 설명 중 가장 적절하지 않은 것은? (판례)

① 대통령이 해외순방으로 국무회의에 참석하지 못하여 국무총리가 주재한 국무회의에서 이루어진 정당해산심판청구서 제출안에 대한 의결은 위법하지 아니하다. 15국회9
② 정당해산심판절차에 관하여 민사소송에 관한 법령을 준용하도록 한 헌법재판소법 제40조 제1항은 헌법상 재판을 받을 권리를 침해하지 않는다. 19입시
③ 헌법재판소법에 특별한 규정이 없는 경우에는 준용조항에 따라 정당해산심판의 성질에 반하지 아니하는 한도에서 형사소송에 관한 법령이 준용된다. 17지방7
④ 정당해산결정에 관한 재심대상결정의 심판대상은 재심청구인의 목적이나 활동이 민주적 기본질서에 위배되는지, 재심청구인에 대한 해산결정을 선고할 것인지, 해산결정을 할 경우 그 소속 국회의원에 대하여 의원직 상실을 선고할 것인지 여부이고, 이때 원칙적으로 민사소송법이 준용된다. 19법원

해설

① (○) 대통령은 국무회의의 의장으로서 회의를 소집하고 이를 주재하지만 대통령이 사고로 직무를 수행할 수 없는 경우에는 국무총리가 그 직무를 대행할 수 있고, 대통령이 해외 순방 중인 경우는 '사고'에 해당되므로, 대통령의 직무상 해외 순방 중 국무총리가 주재한 국무회의에서 이루어진 정당해산심판청구서 제출안에 대한 의결은 위법하지 아니하다. (헌재 2014. 12. 19. 2013헌다1)
② (○) 정당해산심판절차에 관하여 민사소송에 관한 법령을 준용하도록 한 헌법재판소법 제40조 제1항은 헌법상 재판을 받을 권리를 침해하지 아니하므로, 정당해산심판절차에는 헌법재판소법과 헌법재판소 심판규칙, 그리고 헌법재판의 성질에 반하지 않는 한도 내에서 민사소송에 관한 법령이 적용된다. (헌재 2014. 12. 19. 2013헌다1)
③ (✕) 헌법재판소법 제40조(준용규정) ① 헌법재판소의 심판절차에 관하여는 이 법에 특별한 규정이 있는 경우를 제외하고는 헌법재판의 성질에 반하지 아니하는 한도에서 민사소송에 관한 법령을 준용한다. 이 경우 탄핵심판의 경우에는 형사소송에 관한 법령을 준용하고, 권한쟁의심판 및 헌법소원심판의 경우에는 「행정소송법」을 함께 준용한다.
④ (○) (헌재 2016. 5. 26. 2015헌아20)

정답 ③

265

다음 설명 중 가장 적절한 것은? (판례)

① 정당해산심판의 심리는 서면에 의한다. 14사시
② 정당해산심판절차에서는 정당해산심판의 성질에 반하지 않는 한도에서 헌법재판소법 제40조에 따라 민사소송에 관한 법령이 준용될 수 있지만, 민사소송에 관한 법령이 준용되지 않아 법률의 공백이 생기는 부분에 대하여는 헌법재판소가 정당해산심판의 성질에 맞는 절차를 창설할 수 있다. 19법행/20경승
③ 헌법재판소법에 특별한 규정이 없는 경우에는 준용조항에 따라 정당해산심판의 성질에 반하지 아니하는 한도에서 행정소송에 관한 법령이 준용된다. 14국회8
④ 정당해산심판절차에는 헌법재판소법과 헌법재판소 심판규칙, 그리고 헌법재판의 성질에 반하지 않는 한도 내에서 형사소송에 관한 법령이 적용된다. 15국회8

해설

① (×) 헌법재판소법 제30조(심리의 방식) ① 탄핵의 심판, 정당해산의 심판 및 권한쟁의의 심판은 구두변론에 의한다. 〈주〉 정당을 해산하려면 정당의 말을 들어보아야 한다는 취지이다.
② (○) 민사소송에 관한 법령의 준용이 배제되어 법률의 공백이 생기는 부분에 대하여는 헌법재판소가 정당해산심판의 성질에 맞는 절차를 창설하여 이를 메울 수밖에 없다. (헌재 2014. 2. 27. 2014헌마7) 〈주〉 입법의 공백이 생기는 경우 헌재가 절차를 창설할 수 있다. (○) 직접 입법할 수 있다. (×)
③ (×) 헌법재판소법 제40조(준용규정) ① 헌법재판소의 심판절차에 관하여는 이 법에 특별한 규정이 있는 경우를 제외하고는 헌법재판의 성질에 반하지 아니하는 한도에서 민사소송에 관한 법령을 준용한다.
④ (×) 헌법재판소법 제40조(준용규정) ① 헌법재판소의 심판절차에 관하여는 이 법에 특별한 규정이 있는 경우를 제외하고는 헌법재판의 성질에 반하지 아니하는 한도에서 민사소송에 관한 법령을 준용한다.

정답 ②

266

다음 설명 중 가장 적절한 것은? (판례)

① 정당해산심판절차에서는 정당해산심판의 성질에 반하지 않는 한도에서 민사소송에 관한 법령과 함께 형사소송에 관한 법령이 함께 준용된다. 20소방
② 헌법재판소의 위헌정당해산결정에는 9인의 재판관 중 6인 이상의 찬성이 있어야 한다. 15서울
③ 정당의 목적이나 활동이 민주적 기본질서에 위배될 때에는 정부는 헌법재판소에 그 해산을 제소할 수 있고, 헌법재판소는 재판관 과반수 이상의 찬성에 따라 정당해산의 결정을 할 수 있다. 16법원
④ 정당해산심판에서 정당해산의 결정을 하기 위해서는 심리에 참여한 재판관 3분의 2 이상의 찬성이 필요하다. 17지방7

해설

① (×) 헌법재판소법 제40조(준용규정) ① 헌법재판소의 심판절차에 관하여는 이 법에 특별한 규정이 있는 경우를 제외하고는 헌법재판의 성질에 반하지 아니하는 한도에서 민사소송에 관한 법령을 준용한다.
② (○) 헌법재판소법 제23조. 법률의 위헌결정, 탄핵의 결정, 정당해산의 결정 또는 헌법소원에 관한 인용결정(認容決定)을 하는 경우 재판관 6명 이상의 찬성이 있어야 한다.
③ (×) 헌법재판소법 제23조(심판정족수) ① 재판부는 재판관 7명 이상의 출석으로 사건을 심리한다. ② 재판부는 종국심리에 관여한 재판관 과반수의 찬성으로 사건에 관한 결정을 한다. 다만, 다음 각 호의 어느 하나에 해당하는 경우에는 재판관 6명 이상의 찬성이 있어야 한다. 1. 법률의 위헌결정, 탄핵의 결정, 정당해산의 결정 또는 헌법소원에 관한 인용결정(認容決定)을 하는 경우 2. 종전에 헌법재판소가 판시한 헌법 또는 법률의 해석 적용에 관한 의견을 변경하는 경우
④ (×) 헌법재판소법 제23조. 법률의 위헌결정, 탄핵의 결정, 정당해산의 결정 또는 헌법소원에 관한 인용결정(認容決定)을 하는 경우 재판관 6명 이상의 찬성이 있어야 한다. 〈주〉 9명 중 6명은 2/3 이지만, 7명이나 8명이 참석할 수도 있다.

정답 ②

267

다음 설명 중 가장 적절한 것은? (판례)

① 일사부재리의 원칙은 형벌 간에 적용되므로 정부는 동일한 정당에 대하여 동일한 사유로 다시 위헌정당의 해산을 제소할 수 있다. 13서울
② 정당해산심판절차에서는 재심을 허용하지 아니함으로써 얻을 수 있는 법적 안정성의 이익이 재심을 허용함으로써 얻을 수 있는 구체적 타당성의 이익보다 더 크므로 재심을 허용할 수 없다. 19국회8
③ 정당해산결정의 파급효과를 고려할 때, 재심을 허용하지 아니함으로써 얻을 수 있는 법적 안정성의 이익보다 재심을 허용함으로써 얻을 수 있는 구체적 타당성의 이익이 더 큰 경우에 한하여 제한적으로 인정된다. 19법원/20경승
④ 정부가 헌법재판소에 정당해산심판을 청구한 경우, 종국결정의 선고 시까지 정당의 활동을 정지하는 가처분결정을 내려줄 것을 헌법재판소에 신청할 수 있다. 05사시

[해설]

① (×) 헌법재판소법 제39조(일사부재리) 헌법재판소는 이미 심판을 거친 동일한 사건에 대하여는 다시 심판할 수 없다.
② (×) 정당해산심판절차에서는 재심을 허용하여야 한다. (헌재 2016. 5. 26. 2015헌아20)
③ (×) 정당해산심판절차에서는 재심을 허용하지 아니함으로써 얻을 수 있는 법적 안정성의 이익보다 재심을 허용함으로써 얻을 수 있는 구체적 타당성의 이익이 더 크므로 재심을 허용하여야 한다. (헌재 2016. 5. 26. 2015헌아20) 〈주〉 "한하여 제한적으로"가 틀렸다.
④ (○) 헌법재판소법 제57조(가처분) 헌법재판소는 정당해산심판의 청구를 받은 때에는 직권 또는 청구인의 신청에 의하여 종국결정의 선고 시까지 피청구인의 활동을 정지하는 결정을 할 수 있다.

[정답] ④

268

다음 설명 중 옳지 않은 것을 모두 고른 것은? (판례)

㉠ 헌법재판소는 정당해산심판의 청구를 받은 때에는 청구인의 신청 또는 직권으로 종국결정의 선고 시까지 피청구인의 활동을 정지하는 결정을 할 수 있다. 15지방7
㉡ 헌법재판소는 정당해산심판의 청구를 받은 때에는 청구인의 신청에 의해서만 종국결정의 선고 시까지 피청구인의 활동을 정지하는 결정을 할 수 있다. 20국가7
㉢ 정당해산심판 청구가 있는 때에 헌법재판소는 직권으로 종국결정의 선고시까지 피청구인 정당의 활동을 정지하는 결정을 할 수 없다. 15회8
㉣ 정당해산심판의 청구가 있는 때, 가처분결정을 한 때 및 그 심판이 종료한 때에는 헌법재판소장은 그 사실을 국회와 중앙선거관리위원회에 통지하여야 한다. 15지방7

① ㉠ ㉡
② ㉡ ㉢
③ ㉠ ㉡ ㉢
④ ㉡ ㉢ ㉣

[해설]

㉠ (○) 헌법재판소법 제57조(가처분) 헌법재판소는 정당해산심판의 청구를 받은 때에는 직권 또는 청구인의 신청에 의하여 종국결정의 선고 시까지 피청구인의 활동을 정지하는 결정을 할 수 있다.
㉡ (×) 헌법재판소법 제57조(가처분) 헌법재판소는 정당해산심판의 청구를 받은 때에는 직권 또는 청구인의 신청에 의하여 종국결정의 선고 시까지 피청구인의 활동을 정지하는 결정을 할 수 있다. 〈주〉 "신청에 의해서만" 부분이 틀렸다.
㉢ (×) 헌법재판소법 제57조(가처분) 헌법재판소는 정당해산심판의 청구를 받은 때에는 직권 또는 청구인의 신청에 의하여 종국결정의 선고 시까지 피청구인의 활동을 정지하는 결정을 할 수 있다.
㉣ (○) 헌법재판소법 제58조(청구 등의 통지) ① 헌법재판소장은 정당해산심판의 청구가 있는 때, 가처분결정을 한 때 및 그 심판이 종료한 때에는 그 사실을 국회와 중앙선거관리위원회에 통지하여야 한다.

[정답] ②

269
다음 설명 중 옳은 것을 모두 고른 것은? (판례)

> ㉠ 정당해산을 명하는 결정서는 피청구인 외에 국회, 정부 및 중앙선거관리위원회에도 송달되어야 한다. 14국회8
> ㉡ 정당의 해산을 명하는 헌법재판소의 결정은 중앙선거관리위원회가 정당법에 따라 집행한다. 15국회9
> ㉢ 정당의 해산을 명하는 헌법재판소의 결정은 헌법재판소가 정당법의 규정에 의하여 이를 집행한다. 15지방7
> ㉣ 정당의 해산을 명하는 헌법재판소의 결정은 국회가 정당법에 따라 집행한다. 14사시

① ㉠ ㉡
② ㉠ ㉢
③ ㉠ ㉡ ㉢
④ ㉡ ㉢ ㉣

해설

㉠ (O) 헌법재판소법 58조(청구 등의 통지) ② 정당해산을 명하는 결정서는 피청구인 외에 국회, 정부 및 중앙선거관리위원회에도 송달하여야 한다.
㉡ (O) 헌법재판소법 제60조(결정의 집행) 정당의 해산을 명하는 헌법재판소의 결정은 중앙선거관리위원회가 「정당법」에 따라 집행한다. 〈주〉 정당은 중앙당을 중앙 선관위에 등록한다. 따라서 정당의 해산도 중앙 선관위가 집행한다.
㉢ (X) 헌법재판소법 제60조(결정의 집행) 정당의 해산을 명하는 헌법재판소의 결정은 중앙선거관리위원회가 「정당법」에 따라 집행한다
㉣ (X) 헌법재판소법 제60조(결정의 집행) 정당의 해산을 명하는 헌법재판소의 결정은 중앙선거관리위원회가 「정당법」에 따라 집행한다.

[정답] ①

270
다음 설명 중 옳은 것을 모두 고른 것은? (판례)

> ㉠ 정당해산심판은 원칙적으로 해당 정당에게만 그 효력이 미치며, 정당해산결정은 대체정당이나 유사정당의 설립까지 금지하는 효력을 가진다. 19법원
> ㉡ 헌법재판소의 결정으로 해산된 정당과 유사한 강령을 가진 정당의 창설은 금지된다. 15국회9
> ㉢ 헌법재판소의 결정에 따라 해산된 정당의 목적을 달성하기 위한 집회 또는 시위는 금지된다. 14사시
> ㉣ 헌법재판소의 결정에 의하여 해산된 정당의 명칭과 같은 명칭은 정당의 명칭으로 다시 사용하지 못하며, 헌법재판소의 해산결정에 의하여 해산된 정당의 잔여재산은 국고에 귀속된다. 13국가7

① ㉠ ㉡
② ㉠ ㉡ ㉢
③ ㉡ ㉢ ㉣
④ ㉠ ㉡ ㉢ ㉣

해설

㉠ (O) 정당법 제40조(대체정당의 금지) 정당이 헌법재판소의 결정으로 해산된 때에는 해산된 정당의 강령(또는 기본정책)과 동일하거나 유사한 것으로 정당을 창당하지 못한다.
㉡ (O) 정당법 제40조(대체정당의 금지) 정당이 헌법재판소의 결정으로 해산된 때에는 해산된 정당의 강령(또는 기본정책)과 동일하거나 유사한 것으로 정당을 창당하지 못한다.
㉢ (O) 집회및시위에 관한 법률 제5조. 헌법재판소의 결정에 따라 해산된 정당의 목적을 달성하기 위한 집회 또는 시위를 주최하여서는 아니 된다.
㉣ (O) 정당법 제41조(유사명칭 등의 사용금지) ② 헌법재판소의 결정에 의하여 해산된 정당의 명칭과 같은 명칭은 정당의 명칭으로 다시 사용하지 못한다. 정당법 제48조(해산된 경우 등의 잔여재산 처분) ② 제1항의 규정에 의하여 처분되지 아니한 정당의 잔여재산 및 헌법재판소의 해산결정에 의하여 해산된 정당의 잔여재산은 국고에 귀속한다.

[정답] ④

271
다음 설명 중 옳지 않은 것을 모두 고른 것은? (판례)

> ㉠ 위헌정당으로 강제해산된 경우와 달리 등록이 취소된 경우에는 정당의 명칭을 곧바로 다시 사용할 수 있다. 13서울
>
> ㉡ 국회의원 선거에서 의석을 얻지 못하고 유효투표총수의 100분의 2 이상도 득표하지 못하여 등록취소된 정당 및 헌법재판소의 결정에 의하여 해산된 정당의 명칭과 같은 명칭은 정당의 명칭으로 다시 사용하지 못한다. 14사시
>
> ㉢ 정당해산결정이 선고되면, 대체정당의 결성이 금지되나 동일한 당명을 사용하는 것은 가능하다. 19행시
>
> ㉣ 정당이 헌법재판소의 결정으로 해산된 때에는 해산된 정당의 강령과 동일하거나 유사한 것으로 정당을 창당하지 못할 뿐만 아니라, 해산된 정당과 동일하거나 유사한 명칭은 사용할 수 없다. 15법무

① ㉠ ㉡
② ㉠ ㉡ ㉢
③ ㉡ ㉢ ㉣
④ ㉠ ㉡ ㉢ ㉣

[해설]

㉠ (×) 정당법 제41조 ② 헌법재판소의 결정에 의하여 해산된 정당의 명칭과 같은 명칭은 정당의 명칭으로 다시 사용하지 못한다. ④ 등록취소된 정당의 명칭과 같은 명칭은 등록취소된 날부터 최초로 실시하는 임기만료에 의한 국회의원선거의 선거일까지 정당의 명칭으로 사용할 수 없다.

㉡ (×) 국회의원선거에 참여하여 의석을 얻지 못하고 유효투표총수의 100분의 2 이상을 득표하지 못한 정당에 대해 그 등록을 취소하도록 한 부분은 정당설립의 자유를 침해한다. (헌재 2014. 1. 28. 2012헌마431) 〈주〉 2% 이상 득표하지 못하여 등록취소되어도 이는 무효이므로 정당명칭을 사용할 수 있다.

㉢ (×) 정당법 제40조(대체정당의 금지) 정당이 헌법재판소의 결정으로 해산된 때에는 해산된 정당의 강령(또는 기본정책)과 동일하거나 유사한 것으로 정당을 창당하지 못한다. 제41조(유사명칭 등의 사용금지) ② 헌법재판소의 결정에 의하여 해산된 정당의 명칭과 같은 명칭은 정당의 명칭으로 다시 사용하지 못한다.

㉣ (×) 정당법 제41조 ② 헌법재판소의 결정에 의하여 해산된 정당의 명칭과 같은 명칭은 정당의 명칭으로 다시 사용하지 못한다. 〈주〉 동일한 명칭은 사용할 수 없으나 유사한 명칭은 사용할 수 있다.

[정답] ④

272
다음 설명 중 가장 적절한 것은? (판례)

① 헌법재판소의 결정에 의하여 해산된 정당의 잔여재산은 국고에 귀속된다. 11국회8

② 헌법재판소는 정당에 대한 해산결정을 한 경우 지체 없이 그 뜻을 공고하여야 하며, 그 정당은 당헌이 정하는 바에 따라 잔여재산을 처분하여야 한다. 12국회

③ 위헌정당으로 제소된 정당이 헌법재판소의 종국 결정 전에 자진해산 하였다 하더라도 그 잔여재산은 정당법에 따라 국고에 귀속된다. 15국회8

④ 어떤 정당이 위헌정당이라는 이유로 해산이 되면 공직선거법이 정한 바에 따라 해당 정당에 소속된 모든 국회의원의 의원직이 상실된다. 15국회8

[해설]

① (○) 정당법 제48조(해산된 경우 등의 잔여재산 처분) ② 제1항의 규정에 의하여 처분되지 아니한 정당의 잔여재산 및 헌법재판소의 해산결정에 의하여 해산된 정당의 잔여재산은 국고에 귀속한다

② (×) 정당법 8조(해산된 경우 등의 잔여재산 처분) ① 정당이 제44조(등록의 취소)제1항의 규정에 의하여 등록이 취소되거나 제45조(자진해산)의 규정에 의하여 자진해산한 때에는 그 잔여재산은 당헌이 정하는 바에 따라 처분한다. ② 제1항의 규정에 의하여 처분되지 아니한 정당의 잔여재산 및 헌법재판소의 해산결정에 의하여 해산된 정당의 잔여재산은 국고에 귀속한다. 〈주〉 당헌이 정하는 바에 따르는 것이 아니라 국고귀속이다.

③ (×) 정당법 제48조. 정당이 등록취소되거나 자진해산한 때에는 그 잔여재산은 당헌이 정하는 바에 따라 처분한다. 이때 처분되지 아니한 정당의 잔여재산 및 헌법재판소의 해산결정에 의하여 해산된 정당의 잔여재산은 국고에 귀속한다

④ (×) 헌법재판소의 해산결정으로 정당이 해산되는 경우에 그 정당 소속 국회의원이 의원직을 상실하는지에 대하여 명문의 규정은 없으나, 정당해산제도의 취지 등에 비추어 볼 때 헌법재판소의 정당해산결정이 있는 경우 그 정당 소속 국회의원의 의원직은 당선 방식을 불문하고 모두 상실되어야 한다. (헌재 2014. 12. 19. 2013헌다1) 〈주〉 "공직선거법이 정한 바에 따라" 부분이 틀렸다.

[정답] ①

273

다음 설명 중 가장 적절하지 않은 것은? (판례)

① 위헌정당의 해산을 명하는 비상상황에서는 국회의원의 국민 대표성은 부득이 희생될 수밖에 없으므로 해산결정된 정당 소속 국회의원의 의원직 상실은 위헌정당해산심판제도의 본질로부터 인정되는 효력이다. 15서울
② 헌법재판소는 정당해산결정의 본질적 효과로서 그 정당 소속 국회의원들의 의원직이 상실된다고 결정하였다. 19법원
③ 헌법재판소의 정당해산 결정으로 해산되는 정당 소속 국회의원은 그 국회의원이 지역구에서 당선되었는지 비례대표로 당선되었는지 상관없이 의원직을 상실한다. 17지방7
④ 헌법재판소의 결정으로 정당이 해산될 경우에 정당의 기속성이 강한 비례대표국회의원은 의원직을 상실하나, 국민이 직접 선출한 지역구 국회의원은 의원직을 상실하지 않는다. 19행시

해설

① (O) (헌재 2014. 12. 19. 2013헌다1) 〈주〉 헌법과 법률에 규정이 없어도 "당연히" 인정되는 효력이다.
② (O) 헌헌법재판소의 정당해산결정이 있는 경우 그 정당 소속 국회의원의 의원직은 당선 방식을 불문하고 모두 상실되어야 한다. (헌재 2014. 12. 19. 2013헌다1) 〈주〉 헌법과 법률에 규정이 없어도 "당연히" 인정되는 효력이다.
③ (O) (헌재 2014. 12. 19. 2013헌다1)
④ (×) 해산정당 소속 국회의원의 의원직을 상실시키지 않는 경우 정당해산결정의 실효성을 확보할 수 없게 되므로, 이러한 정당해산제도의 취지 등에 비추어 볼 때 헌법재판소의 정당해산결정이 있는 경우 그 정당 소속 국회의원의 의원직은 당선 방식을 불문하고 모두 상실되어야 한다. (헌재 2014. 12. 19. 2013헌다1)

정답 ④

274

다음 설명 중 가장 적절한 것은? (판례)

① 위헌정당해산이 결정되면 위헌정당에 소속하고 있는 의원 중 비례대표국회의원은 당연히 그 직을 상실하지만 지역구 국회의원은 별도의 심사를 거쳐서 그 의원직을 상실한다. 15국회9
② 헌법재판소는 위헌정당해산결정으로 정당이 해산되는 경우 정당해산결정의 실효성을 위해 지역구 의원이냐 비례대표 의원이냐를 불문하고 해산된 정당 소속의 국회의원과 지방의회의원은 그 자격을 상실한다고 결정하였다. 19법행/20소방
③ 정당이 선거관리 위원회의 등록 취소나 헌법재판소의 위헌결정에 의하여 해산된 경우 잔여재산은 원칙적으로 국고에 귀속된다. 01사시
④ 우리 헌법사에서 정당해산심판제도는 1960년 6월 헌법에서 처음 채택되어 현재까지 유지되고 있으나, 이른바 진보당사건(대법원 4291 형상559, 진보당 당수 조봉암이 간첩죄 등으로 사형선고를 받은 사건)에서는 위 제도가 없었기 때문에 정부의 등록취소로 해체된 적이 있을 뿐이고 이 사건에서 실제 정당해산심판은 없었다. 12법무
⑤ 제헌헌법 이래 헌법위원회, 대법원 또는 헌법재판소의 판결이나 결정에 의해 정당이 해산된 것은 제1공화국 시절의 진보당 해산이 유일한 사례이다. 01사시

해설

① (×) 헌법재판소의 정당해산결정이 있는 경우 소속 국회의원의 의원직은 당선 방식을 불문하고 모두 상실되어야 한다. (헌재 2014. 12. 19. 2013헌다1) 〈주〉 별도심사 필요없다.
② (×) 헌법재판소의 정당해산결정이 있는 경우 그 정당 소속 국회의원의 의원직은 당선 방식을 불문하고 모두 상실되어야 한다. (헌재 2014. 12. 19. 2013헌다1) 〈주〉 "지방"의회의원의 자격상실여부에 대해서는 판시한 바 없다.
③ (×) 정당법 제48조. 정당이 등록 취소되거나 자진해산한 때에는 그 잔여재산은 당헌이 정하는 바에 따라 처분한다. 이때 처분되지 아니한 정당의 잔여재산은 국고에 귀속한다.
④ (O) [1] 과거 진보당은 행정부에 의하여 등록취소되었다. [2] 이후 2014년에 통합진보당이 헌법재판소에 의하여 강제해산되었다. (헌재 2014. 12. 19. 2013헌다1)
⑤ (×) 진보당은 행정부의 등록취소에 의하여 해산되었다. 헌법재판소의 위헌정당해산심판으로 해산된 정당은 2014년 통합진보당이 유일하다.

정답 ④

제3절 선거제도

1. 서설

275
다음 설명 중 가장 적절하지 않은 것은? (판례)

① 민주국가에서의 국민주권의 원리는 무엇보다도 대의기관의 선출을 의미하는 선거와 일정사항에 대한 국민의 직접적 결단을 의미하는 국민투표에 의하여 실현된다. 17행시
② 대의민주주의를 원칙으로 하는 오늘날의 민주정치 아래에서의 선거는 국민의 참여가 필수적이고, 주권자인 국민이 자신의 정치적 의사를 자유로이 결정하고 표명하여 선거에 참여함으로써 민주사회를 구성하고 움직이게 하는 것이다. 17국회8
③ 선거는 국민이 대표자에게 특정의 공무수행기능을 위임하는 위임행위이다. 12국회
④ 선거권은 권리이므로 어느 경우에나 선거 투표 참여를 법률로 강제할 수 없다는 것에 이론(異論)이 있다. 17법무

해설
① (O) (헌재 2003. 9. 25. 2003헌마106) 〈주〉 선거권과 공무담임권은 간접민주제 방식이고, 국민투표는 직접민주제 방식이다.
② (O) (헌재 2004. 4. 29. 2002헌마467)
③ (✕) 간접민주제 방식인 대의제에서 대표자는 국민과의 관계에서 <u>자유위임관계에 있으므로</u>, 선거를 대표자에게 특정의 공무수행의 기능을 위임하는 행위로 볼 수는 없다.
④ (O) [1] 헌법 제24조 모든 국민은 법률이 정하는 바에 의하여 <u>선거권을 가진다</u>. [2] 공직선거법 제6조 제4항. 선거권자는 성실하게 선거에 참여하여 <u>선거권을 행사하여야 한다</u>. (헌재 2003. 11. 27. 2003헌마259) 〈주〉 선거가 권리인지 의무인지는 논란이 있다.

정답 ③

276
다음 설명 중 가장 적절하지 않은 것은? (판례)

① 헌법 제24조의 선거권은 지방자치단체장과 지방의회의원에 관한 선거권도 포함한다. 17법무
② 지방자치단체의 장 선거권 역시 국회의원·대통령·지방의회의원 선거권과 마찬가지로 헌법에 의해 보호되는 기본권으로 인정하여야 한다. 17행시
③ 공직선거법은 대통령선거, 국회의원선거, 지방의회의원의 선거에 적용되고, 지방자치단체의 장의 선거에는 적용되지 않는다. 17법행
④ 헌법 제118조 제1항 및 제2항은 지방의회의 설치와 지방의회의원선거를 규정함으로써 주민들이 지방의회의원을 선출할 수 있는 선거권 및 주민들이 지방의회의원이라는 선출직공무원에 취임할 수 있는 공무담임권을 기본권으로 보호하고 있다. 16변시

해설
① (O) 지방자치단체의 장 선거권 역시 다른 선거권과 마찬가지로 헌법 제24조에 의해 보호되는 기본권으로 인정하여야 한다. (헌재 2016. 10. 27. 2014헌마797)
② (O) 지방자치단체의 장 선거권도 헌법상 보장되는 기본권이다. (헌재 2016. 10. 27. 2014헌마797) 〈주〉 지방자치단체의 장에 대하여 헌법은 "선임"이라고 규정하였으나 헌법재판소는 이를 "선거"라고 해석한다.
③ (✕) 공직선거법 제2조(적용범위) 이 법은 대통령선거·국회의원선거·지방의회의원 및 지방자치단체의 장의 선거에 적용한다. 〈주〉 공직선거법은 4대 공직선거에 모두 적용된다. 다만 농협 등의 사적단체의 장 선거에는 적용되지 않는다.
④ (O) (헌재 2013. 2. 28. 2012헌마131)

정답 ③

277

다음 설명 중 가장 적절하지 않은 것은? (판례)

① 지방자치법에서 규정한 주민투표권은 그 성질상 선거권, 공무담임권, 국민투표권과 전혀 다른 것이어서 이를 법률이 보장하는 참정권이라고 할 수 있을지언정 헌법이 보장하는 참정권이라고 할 수는 없다. 17회9

② 선거공영제의 내용은 우리의 선거문화와 풍토, 정치문화 및 국가의 재정상황과 국민의 법감정 등 여러 가지 요소를 종합적으로 고려하여 입법자가 정책적으로 결정할 사항으로서 넓은 입법형성권이 인정되는 영역이다. 16변시

③ 선거제도의 기본원칙은 선거인, 후보자와 정당은 물론 선거절차와 선거관리에도 적용되며 선거법을 개정하는 입법자의 입법형성권 행사에도 당연히 준수하여야 한다. 15국회9

④ 비밀선거는 자유선거를 실질적으로 보장하기 위한 수단으로서 유권자 스스로 이를 포기할 수도 있으므로 비밀선거의 원칙에 대한 예외를 두는 법률조항이 선거권을 침해하는지 여부 판단할 때에는 헌법 제37조 제2항에 따른 엄격한 심사가 적용되지 아니한다. 21국회5

⑤ 우리 헌법은 제24조에서 '모든 국민은 법률이 정하는 바에 의하여 선거권을 가진다'고 규정하고 제41조 제1항(제67조 제1항)은 '보통·평등·직접·비밀선거'를 선거의 기본원칙으로 규정하고 있다. 13법행

해설

① (O) (헌재 2005. 10. 4. 2005헌마848) 〈주〉 지방선거권은 헌법상 국민의 기본권이지만, 주민투표권은 법률상 권리에 불과하다.

② (O) (헌재 2010. 5. 27. 2008헌마491)

③ (O) (헌재 1989. 9. 8. 88헌가6)

④ (X) 선거권 역시 헌법 제37조 제2항의 규정에 따라 국가안전보장·질서유지 또는 공공복리 하여 필요한 경우에 한하여 제한할 수 있지만, 선거권이 지닌 헌법적 중요성을 고려할 때, 일반인에 대한 이러한 제한은 불가피한 예외적 사유가 존재할 경우에만 정당화될 수 있는 것이다. (헌재 2007. 6. 28. 2005헌마772) 〈주〉 엄격한 비례심사가 적용된다는 뜻이다.

⑤ (O) (헌재 1997. 6. 26. 96헌마89) 〈주〉 헌법은 국회의원선거와 대통령선거에서 4대 선거원칙을 규정하고 있다. 그러나 자유선거원칙은 규정이 없다.

정답 ④

278

다음 설명 중 가장 적절한 것은? (판례)

① 대통령 선거와 국회의원선거에 대해 우리 헌법은 보통, 평등, 직접, 비밀, 자유 선거라는 민주선거의 원칙을 직접 규정하여 요구하고 있다. 18법행

② 현행 헌법은 대통령선거에 관하여 국민의 보통·평등·직접·비밀선거의 원칙을 규정하고 있고, 국회의원선거에 관하여는 위 원칙들에 관한 규정이 없으나, 헌법해석상 당연히 적용되는 것으로 보아야 한다. 20법원

③ 보통선거라 함은 개인의 납세액이나 소유하는 재산을 선거권의 요건으로 하는 제한선거에 대응하는 것으로 이러한 요건뿐만 아니라 그 밖에 사회적 신분 인종·성별·종교·교육 등을 요건으로 하지 않고 일정한 연령에 달한 모든 국민에게 선거권을 인정하는 제도를 말한다. 13법행

④ 현행 헌법상 명시된 자유선거의 원칙은 선거의 전 과정에 요구되는 선거권자의 의사형성의 자유와 의사실현의 자유를 말하고, 구체적으로는 투표의 자유, 입후보의 자유, 나아가 선거운동의 자유를 뜻한다. 22경채

⑤ 「주민등록법」상 주민등록을 할 수 없는 재외국민의 대통령선거권 행사를 전면 부정하는 것은 헌법에 위배되지 않는다. 22경승

해설

① (X) 헌법 제41조 ① 국회는 국민의 보통·평등·직접·비밀선거에 의하여 선출된 국회의원으로 구성한다. 헌법 제67조 ① 대통령은 국민의 보통·평등·직접·비밀선거에 의하여 선출한다. 〈주〉 자유선거원칙은 헌법에 규정되어 있지 않다.

② (X) 헌법 제41조 ① 국회는 국민의 보통·평등·직접·비밀선거에 의하여 선출된 국회의원으로 구성한다. 헌법 제67조 ① 대통령은 국민의 보통·평등·직접·비밀선거에 의하여 선출한다. 〈주〉 대통령선거와 국회의원선거에 모두 규정이 있다.

③ (O) (헌재 1997. 6. 26. 96헌마89)

④ (X) 자유선거의 원칙은 비록 우리 헌법에 명문으로 규정되지는 아니하였지만 … (헌재 2010. 10. 30. 2005헌바32)

⑤ (X) 재외국민의 선거권과 평등권을 침해하고 보통선거원칙에도 위반된다. (헌재 2007. 6. 28. 2004헌마644)

정답 ③

279

다음 설명 중 가장 적절하지 않은 것은? (판례)

① 보통선거의 원칙은 선거권자의 능력, 재산, 사회적 지위 등의 실질적인 요소를 배제하고 성년자이면 누구라도 당연히 선거권을 갖는 것을 요구하므로 보통선거의 원칙에 반하는 선거권 제한의 입법을 하기 위해서는 헌법 제37조 제2항의 규정에 따른 한계가 한층 엄격히 지켜져야 한다. 21국회8

② 재외국민의 선거권을 전면적으로 제한하는 것은 헌법에 위반된다. 17법무

③ 보통선거의 원칙에 따라 연령에 의하여 선거권을 제한하는 것은, 국정 참여 수단으로써의 선거권 행사는 일정한 수준의 정치적인 판단능력이 전제되어야 하기 때문이다. 19입시

④ 선거연령을 헌법으로 정하지 아니한 것은 그 자체로 위헌의 소지가 있다. 17법무

⑤ 입후보에 과도한 기탁금을 요구하거나 지나치게 높은 기탁금국고 귀속비율을 정하는 것은 보통선거의 원칙에 위배된다. 16국회8

해설

① (O) (헌재 2007. 6. 28. 2004헌마644) 〈주〉 헌법 제37조 제2항의 과잉금지원칙을 준수해야 한다.

② (O) 엄연히 대한민국의 국민임에도 불구하고 <u>주민등록법상 주민등록을 할 수 없는 재외국민의 선거권 행사를 전면적으로 부정</u>하고 있는 법 제37조 제1항은 어떠한 정당한 목적도 찾기 어려우므로 헌법 제37조 제2항에 위반하여 <u>재외국민의 선거권과 평등권을 침해하고 보통선거원칙에도 위반된다.</u> (헌재 2007. 6. 28. 2004헌마644)

③ (O) (헌재 2013. 7. 25. 2012헌마174) 〈주〉 현재 공직선거법에 의하면 18세 이상의 국민에 한하여 제한적으로 선거권을 인정한다(합헌).

④ (X) 헌법 제24조는 모든 국민은 '법률이 정하는 바'에 의하여 선거권을 가진다고만 규정함으로써 선거권이 인정되는 연령을 어떻게 정할 것인지에 관하여는 입법자에게 위임하고 있다. 국회의원 등 선거권 행사연령을 19세 이상으로 정한 것은 합리적인 입법재량의 범위를 벗어난 것으로 볼 수 없으므로 19세 미만인 사람들의 선거권이나 평등권을 침해하지 않는다는 것이다. (헌재 2014. 4. 24. 2012헌마287)

⑤ (O) (헌재 1989. 9. 8. 88헌가6) 〈주〉 현재 대통령후보의 기탁금은 3억원, 비례대표 국회의원후보의 기탁금은 5백만원, 지역구 국회의원후보의 기탁금은 1천5백만원이다.

[정답] ④

280

다음 설명 중 옳지 않은 것을 모두 고른 것은? (판례)

㉠ 평등선거는 사회적 신분 재산·교양 등에 의한 차별 없이 일정 연령에 달한 모든 자에게 원칙적으로 선거권을 인정하여야 한다는 원칙이다. 10법원

㉡ 평등선거의 원칙은 투표의 수적인 평등을 의미할 뿐만 아니라 투표의 성과가치의 평등, 즉 1표의 투표가치가 대표자 선정이라는 선거의 결과에 대하여 기여한 정도에 있어서도 평등하여야 함을 의미한다. 13국회8

㉢ 평등선거원칙이라 함은 모든 선거인이 1표씩을 가지는 투표의 수적 평등을 의미하지, 모든 선거인의 투표가치를 평등한 것이 되게 하는 투표의 결과가치 내지 성과가치의 평등까지 요구하는 것은 아니다. 14국가7

㉣ 선거구 획정에 있어서 인구비례 원칙에 의한 투표가치의 평등은 헌법적 요청으로서 다른 요소에 비해 기본적이고 일차적인 기준이다. 21국회8

① ㉠ ㉢ ② ㉡ ㉣
③ ㉠ ㉡ ㉢ ④ ㉡ ㉢ ㉣

해설

㉠ (X) 위 지문은 <u>보통선거원칙</u>에 관한 설명이다.

㉡ (O) (헌재 1995. 12. 27. 95헌마224) 〈주〉 선거가치의 평등을 위해서 올바른 선거구획정이 필요하다.

㉢ (X) 헌법 제11조 제1항, 제24조, 제41조 제1항에 의하여 보장된 평등선거의 원칙은 투표의 <u>수적 평등</u>, 곧 1인 1표의 원칙과 투표의 <u>성과가치의 평등</u>, 즉 1표의 투표가치가 대표자 선정이라는 선거의 결과에 대하여 기여한 정도에 있어서도 평등하여야 한다는 원칙(one vote, one value)을 그 내용으로 할 뿐만 아니라, 일정한 집단의 의사가 정치과정에서 반영될 수 없도록 차별적으로 선거구를 획정하는, 이른바 '<u>게리맨더링</u>'에 대한 부정을 의미하기도 한다. (헌재 2012. 2. 23. 2010헌마282) 〈주〉 성과가치의 평등은 게리맨더링(자의적 선거구획정)의 부정을 의미한다.

㉣ (O) (헌재 2001. 10. 25. 2000헌마92) 〈주〉 선거구획정에서 인구비례원칙이 1차적 기준이고, 행정구역 등이 2차적 기준이다.

[정답] ①

281

다음 설명 중 옳은 것을 모두 고른 것은? (판례)

㉠ 평등선거 원칙은 일정한 집단의 의사가 정치과정에서 반영될 수 없도록 차별적으로 선거구를 획정하는 이른바 '게리맨더링'에 대한 부정을 의미하기도 한다. 15국회9

㉡ 직접선거는 의원의 선거가 일반유권자에 의하여 직접 행하여지는 경우를 말하는 것으로, 일반유권자가 특정 수의 중간선거인을 선정하고 이 중간선거인이 대표자를 선거하는 간접선거와 반대되는 개념이다. 10법원

㉢ 선거결과가 선거권자의 투표에 의하여 직접 결정될 것을 요구하는 직접선거의 원칙은 다수대표제하에서는 중간선거인의 부정을 의미하는 것으로 충분하나, 비례대표제하에서는 의원의 선출뿐만 아니라 정당의 비례적인 의석 확보도 선거권자의 투표에 의하여 직접 결정될 것을 요구한다. 15사시

㉣ 선거인은 자신이 기표한 투표지를 공개할 수 없으며, 공개된 투표지는 무효로 한다. 16지방7

① ㉠㉡
② ㉢㉣
③ ㉡㉢㉣
④ ㉠㉡㉢㉣

해설

㉠ (O) 평등선거의 원칙은 일정한 집단의 의사가 정치과정에서 반영될 수 없도록 차별적으로 선거구를 획정하는 이른바 '게리맨더링'에 대한 부정(否定)을 의미하기도 한다. (헌재 1998. 11. 26. 96헌마54)

㉡ (O) 위 지문은 직접선거에 관한 옳은 설명이다.

㉢ (O) (헌재 2001. 7. 19. 2000헌마91) 〈주〉 따라서 1인1표제는 위헌이고, 지역구 의원선거와 비례대표 의원선거를 위하여 1인 2표제가 요구된다.

㉣ (O) 공직선거법 제167조(투표의 비밀보장) ③ 선거인은 자신이 기표한 투표지를 공개할 수 없으며, 공개된 투표지는 무효로 한다.

정답 ④

282

다음 설명 중 가장 적절하지 않은 것은? (판례)

① 우리 헌법에 명시적으로 규정되어 있지 않지만 자유선거의 원칙은 민주국가의 선거제도에 내재하는 당연한 원리이다. 16국회8

② 자유선거의 원칙은 선거의 전 과정에 요구되는 선거권자의 의사형성의 자유와 의사실현의 자유를 말하고, 구체적으로는 투표의 자유, 입후보의 자유, 선거운동의 자유를 뜻한다. 21국회5

③ 자유선거원칙은 선거의 전 과정에 요구되는 선거권자의 의사형성의 자유와 의사실현의 자유를 말하는바, 구체적으로는 투표의 자유, 입후보의 자유만을 의미할 뿐이지 선거운동의 자유까지 의미하는 것은 아니다. 14국가7

④ 국회의 의원정수는 공직선거법이 정하고 있다. 11지방7

⑤ 지역농협의 조합장선거에서 조합장을 선출하거나 조합장으로 선출될 권리, 조합장선거에서 선거운동을 하는 것은 헌법에 의하여 보호되는 선거권의 범위에 포함되지 않는다. 15국가7/16변시/20경승/21법행

해설

① (O) (헌재 1994. 7. 29. 93헌가4)

② (O) (헌재 1995. 4. 20. 92헌바29)

③ (×) 자유선거의 원칙은 선거의 전 과정에 요구되는 선거권자의 의사형성의 자유와 의사실현의 자유를 말하고, 구체적으로는 투표의 자유, 입후보의 자유, 나아가 선거운동의 자유를 뜻한다. (헌재 1994. 7. 29. 93헌가4)

④ (O) [1] 헌법 제41조 ② 국회의원의 수는 법률로 정하되, 200인 이상으로 한다. [2] 공직선거법 제21조 ① 국회의 의원정수는 지역구국회의원 253명과 비례대표국회의원 47명을 합하여 300명으로 한다. 〈주〉 국회의원의 수는 헌법이 아니라 법률로 정하고 있다.

⑤ (O) 사법인적인 성격을 지니는 농협의 조합장선거에서 조합장을 선출하거나 선거운동을 하는 것은 헌법에 의하여 보호되는 선거권의 범위에 포함되지 않는다. (헌재 2012. 2. 23. 2011헌바154) 〈주〉 사법인 내부의 선거는 국민선거권으로 보장되지 않으므로 보다 강한 제한을 할 수 있다.

정답 ③

2. 선거권

283
다음 설명 중 가장 적절하지 않은 것은? (판례)

① 영내 기거하는 현역병은 주민등록법 조항 등에 의해 그가 속한 세대의 거주지 선거에서 선거권을 행사하도록 되어 있어, 해당 군인은 자신의 병영이 소재한 지역의 선거에서는 선거권을 행사할 수 없어도 이를 선거권 자체가 제한된 것으로 볼 수는 없다.

② 대한민국 국외의 구역을 항해하는 선박에 장기 기거하는 선원들이 선거권을 행사할 수 있는 방법을 마련하지 않은 공직선거법 조항은 위와 같은 선원들의 선거권을 침해한다. 15변시

③ 해상에 장기 기거하는 선원이 모사전송(팩스) 시스템을 이용하여 선상에서 투표를 할 수 있도록 하는 방안은, 전송과정에서 투표의 내용이 직·간접으로 노출되어 비밀선거의 원칙에 위배되므로 헌법에 위반된다. 12사시/15국회8

④ 모사전송 시스템을 이용한 선상투표와 같은 제도는 국외를 항해하는 대한민국 선원들의 선거권을 충실히 보장하기 위한 입법수단으로 충분히 수용될 수 있고, 입법자는 비밀선거원칙을 이유로 이를 거부할 수 없다 할 것이다. 13국회8

> **해설**
> ① (O) (헌재 2011. 6. 30. 2009헌마59)
> ② (O) (헌재 2007. 6. 28. 2005헌마772)
> ③ (X) <u>선원들에 대하여 선장의 지휘, 감독이 적절하게 이루어진다면 선원들의 투표행위는 공정하게 수행될 수 있고, 나아가 모사전송 시스템을 이용한 선상투표 방법이 선거의 공정성을 저해할 것이라고 쉽사리 단정할 수 없다.</u> (헌재 2007. 6. 28. 2005헌마772) 〈주〉 선상이라는 점을 고려할 때 모사전송을 이용하더라도 비례원칙에 위반되지 않는다.
> ⑤ (O) (헌재 2007. 6. 28. 2005헌마772) 〈주〉 선상투표가 가능하도록 입법할 의무가 있지만, 그 구체적인 방법은 입법재량이다.
>
> [정답] ③

284
다음 설명 중 가장 적절한 것은? (판례)

① 선거권을 가지고 선거일 전 30일 현재 확정된 재외선거인명부에 올라 있는 재외국민은 외국에 거주하면서 국민투표권, 대통령 선거권과 임기만료에 따른 비례대표 국회의원 선거권을 행사할 수 있다. 16국가7

② 재외국민으로서 외국에 거주하면서 국내에 주민등록과 거소신고가 되어 있지 않은 사람도 대한민국의 국회의원 재·보궐 선거권, 임기만료에 의한 지역구 국회의원 선거권, 임기만료에 따른 비례대표 지방의회의원선거권을 행사할 수 있다. 16국가7/20회8

③ 주권자인 국민의 지위에 아무런 영향을 미칠 수 없는 주민등록여부만을 기준으로 하여, 주민등록을 할 수 없는 재외국민의 국민투표권 행사를 전면적으로 배제하는 국민투표법 조항은 재외국민의 국민투표권을 침해하지 않는다. 18국회9

④ 선거권의 제한은 불가피하게 요청되는 개별적·구체적 사유가 존재함이 명백할 경우 정당화될 수 있으며, 막연하고 추상적인 위험이나 국가의 노력에 의해 극복될 수 있는 기술상의 어려움이나 장애 등을 사유로도 그 제한이 정당화될 수 있다. 22경승

> **해설**
> ① (O) 재외국민은 국민과 동일하게 국민의 자격을 가진다. 따라서 국내에 거주하든 외국에 거주하든 국가 전체의 일에 대해서 투표권 또는 선거권을 행사할 수 있다.
> ② (X) 외국에 거주하는 <u>재외국민은 국회의원 재·보궐선거권을</u> 행사할 수 없다. 또한 국내에 주민등록이 되어 있지 않기 때문에 <u>지역구 국회의원 선거권</u>, 비례대표 또는 지역구 <u>지방의회의원 선거권도 행사할 수 없다.</u>
> ③ (X) 재외국민의 국민투표권 행사를 전면적으로 배제하고 있는 국민투표법 관련 조항은 <u>재외국민의 국민투표권을 침해한다.</u> (헌재 2007. 6. 28. 2004헌마644)
> ④ (X) 선거권의 제한은 불가피하게 요청되는 개별적·구체적 사유가 존재함이 명백할 경우에만 정당화될 수 있고, <u>막연하고 추상적인 위험이나 국가의 노력에 의해 극복될 수 있는 기술상의 어려움이나 장애 등을 사유로 그 제한이 정당화될 수 없다.</u> (헌재 2007. 6. 28. 2004헌마644)
>
> [정답] ①

285

다음 설명 중 가장 적절하지 않은 것은? (판례)

① 대통령선거에 있어서 직업이나 학문 등의 사유로 자진 출국한 자들이 선거권을 행사하려고 하면 반드시 귀국해야 하고 귀국하지 않으면 선거권 행사를 못하도록 하는 것은 헌법이 보장하는 해외체류자의 국외 거주 이전의 자유, 직업의 자유, 공무담임권, 학문의 자유 등의 기본권을 희생하도록 강요한다는 점에서 부적절하다. 16지방7

② 주민등록과 국내거소신고를 기준으로 지역구국회의원선거권을 인정하는 것은 해당 국민의 지역적 관련성을 확인하는 합리적인 방법으로, 주민등록이 되어 있지 않고 국내거소신고도 하지 않은 재외국민의 임기만료 지역구 국회의원 선거권을 인정하지 않은 것은 선거권을 침해한다고 볼 수 없다. 19입시

③ 재외투표기간 개시일에 임박하여 또는 재외투표기간 중에 재외선거사무 중지결정이 있었고 그에 대한 재개결정이 없었던 예외적인 상황에서 재외투표기간 개시일 이후에 귀국한 재외선거인 및 국외부재자신고인이 국내에서 선거일에 투표할 수 있도록 하는 절차를 마련하지 아니한 부진정입법부작위는 과잉금지원칙에 위배되어 선거권을 침해한다. 23경승/23법행

④ 공직선거법 상 재외선거인의 임기만료 지역구국회의원 선거권을 인정하지 않은 것은 재외선거인의 선거권을 침해한다. 18국회9

해설

① (O) (헌재 2007. 6. 28. 2004헌마644)
② (O) (헌재 2014. 7. 24. 2009헌마256) 〈주〉 지역구 국회의원선거와 지방선거에서는 어느 지역 사람인지를 확정해야 하므로 반드시 주민등록이 필요하다.
③ (O) 현재의 기술 수준으로도 이와 같은 방법이 충분히 실현가능한 것으로 보인다. 따라서 심판대상조항은 과잉금지원칙에 위배되어 청구인의 선거권을 침해한다. (헌재 2022. 1. 27. 2020헌마895)
④ (✕) 재외선거인 등록신청조항이 재외선거인의 임기만료지역구 국회의원선거권을 인정하지 않은 것이 재외선거인의 선거권을 침해하거나 보통선거원칙에 위배된다고 볼 수 없다. (헌재 2014. 7. 24. 2009헌마256)

정답 ④

286

다음 설명 중 가장 적절한 것은? (판례)

① 입법자가 재외선거인을 위하여 인터넷투표방법이나 우편투표방법을 채택하지 아니하고 원칙적으로 공관에 설치된 재외투표소에 직접 방문하여 투표하는 방법을 채택하는 것은 현저히 불합리하거나 불공정하다고 할 수 없다. 18회9

② 공직선거법 상 재외선거인 등록신청조항에서 재외선거권자로 하여금 선거를 실시할 때마다 재외선거인 등록신청을 하도록 규정한 것은 재외선거인의 선거권을 침해한다. 21경승

③ 현행 공직선거법상 주민등록이 되어 있지 아니하고 국내거소신고도 하지 아니한 사람으로서 외국에서 대통령선거 또는 임기만료에 따른 지역구 국회의원선거에 투표하려는 선거권자는 공관을 직접 방문하여 중앙선거관리위원회에 재외선거인 등록신청을 하여야 한다. 12사시

④ 공직선거법에서 정한 요건을 충족한 외국인은 지역구국회의원의 선거권이 있다. 18법원

⑤ 국내에 3년 이상 체류하고 있는 19세 이상의 외국인에 한하여 지방자치단체장의 선거에서 선거권을 행사할 수 있다. 12국회

해설

① (O) (헌재 2014. 7. 24. 2009헌마256)
② (✕) 재외선거인 등록신청조항이 재외선거인의 선거권을 침해한다고 볼 수 없다. (헌재 2009헌마256)
③ (✕) 공직선거법 제218조의5(재외선거인 등록신청) ① 외국에서 투표하려는 선거권자는 대통령선거와 임기만료에 따른 비례대표국회의원선거를 실시하는 때마다 중앙선거관리위원회에 재외선거인 등록신청을 하여야 한다. 〈주〉 지역구 국회의원이 아니라 비례대표 국회의원이다.
④ (✕) 공직선거법 제15조. 대통령과 국회의원의 선거권은 18세 이상의 국민에게만 인정된다. 〈주〉 외국인도 특정 지역에 외국인등록을 한 경우에 한하여 "지방" 선거권을 가진다.
⑤ (✕) 공직선거법 제15조(선거권) ② 18세 이상으로서 다음 각 호의 어느 하나에 해당하는 사람은 그 구역에서 선거하는 지방자치단체의 의회의원 및 장의 선거권이 있다. – 3. 「출입국관리법」 제10조에 따른 영주의 체류자격 취득일 후 3년이 경과한 외국인으로서 같은 법 제34조에 따라 해당 지방자치단체의 외국인등록대장에 올라 있는 사람

정답 ①

287

다음 설명 중 가장 적절한 것은? (판례)

① 외국인의 기본권주체성은 기본권의 성질에 따라 인정여부가 결정되어야 하는바 공직선거법상 일정한 요건을 갖춘 외국인에게는 지방자치단체의 장에 대한 선거권이 인정되나, 주민투표법에 따른 투표의 경우에는 외국인에게 투표권이 인정되지 않는다. 16서울
② 참정권은 '인간의 자유'라기보다는 '국민의 자유'이므로 「공직선거법」은 외국인의 선거권을 인정하지 않고 있다. 20지방7
③ 외국인은 대통령선거 및 국회의원선거에서는 선거권이 없으나, 지방선거권이 조례에 의해서 인정되고 있다. 20법원
④ 헌법은 제24조에서 모든 국민은 '법률이 정하는 바에 의하여 선거권을 가진다'고만 규정함으로써 선거권연령의 구분을 입법자에게 위임하고 있다. 이와 같이 선거권연령의 구분이 입법자의 몫이라 하여도, 선거권연령에 이르지 못한 국민들의 선거권이 제한되고 그들과 선거권연령 이상의 국민들 사이에 차별취급이 발생하므로, 이에 관한 입법은 국민의 기본권을 보장하여야 한다. 는 헌법의 기본이념과 연령에 의한 선거권제한을 인정하는 보통선거제도의 취지에 따라 합리적인 이유와 근거에 터잡아 합목적적으로 이루어져야 할 것이며, 그렇지 아니한 자의적 입법은 헌법상 허용될 수 없는 것이다. 13법행

해설

① (✕) 대한민국에 계속 거주할 수 있는 자격을 갖춘 <u>외국인으로서 지방자치단체의 조례로 정한 사람은 주민투표권이 있다.</u>
② (✕) 공직선거법 제15조(선거권) ② 18세 이상으로서 영주의 체류자격 취득일 후 3년이 경과한 <u>외국인</u>으로서 같은 법 제34조에 따라 해당 지방자치단체의 외국인등록대장에 올라 있는 사람은 <u>지방자치단체의 의회의원 및 장의 선거권이 있다.</u>
③ (✕) 외국인의 지방선거권은 공직선거법 제15조 제2항에 의하여 인정된다. 〈주〉조례가 아니라 법률에 의하여 인정된다.
④ (O) (헌재 2001. 6. 28. 2000헌마111) 〈주〉선거권자의 연령은 입법재량으로 정할 수 있다는 뜻이다.

[정답] ④

288

다음 설명 중 가장 적절한 것은? (판례)

① 선거권 자체를 제한하는 것이 아니라 선거권의 행사를 제한하는 법률의 경우에는 입법자에게 일정한 형성의 자유가 인정되지만, 이러한 경우에도 입법자는 헌법에 명시된 선거제도의 원칙을 존중하고 국민의 선거권이 부당하게 제한되지 않도록 하여야 한다는 헌법적 한계를 준수해야 한다. 21국회5
② 선거권연령은 선거권행사에 요구되는 정치적 판단능력의 수준을 설정하고 일정 연령집단의 정치적 판단능력의 보편적 수준을 파악하는 일이 기본적으로 요구되므로, 입법자보다 고도의 전문적 식견을 가지고 있는 헌법재판소는 대의민주제에서 선거권행사에 요구되는 최소한의 정치적 판단 능력의 수준과, 또 일정 연령집단의 정치적 판단능력의 보편적 수준을 계측하여 판단할 수 있다고 보아야 한다. 13법행
③ 선거권 행사 연령을 19세 이상으로 정하고 있었던 구 공직선거법 조항은 19세 미만인 사람의 선거권 및 평등권을 침해한다. 18법원
④ 선거연령을 20세에서 19세로 낮춘 것은 헌법재판소의 위헌결정에 따른 것이다. 18행시

해설

① (O) (헌재 2004. 3. 25. 2002헌마411)
② (✕) 선거권연령은 선거권행사에 요구되는 정치적 판단능력의 수준의 판단에 관하여 <u>우리 재판소가 입법자보다 고도의 전문적 식견을 가지고 있는 것도 아니다.</u> (헌재 1997. 6. 26. 96헌마89) 〈주〉선거 연령을 정하는 것은 객관적 기준이 없고 헌법재판소가 판단할 권한도 없으므로 전적으로 입법자의 의견에 맡긴다는 뜻이다.
③ (✕) 우리 입법자가 19세 이상으로 선거권 연령을 정한 것이 현저하게 불합리하거나 자의적이어서 <u>입법형성권의 재량의 범위를 일탈한 것이라고는 볼 수 없다.</u> (헌재 2013. 7. 25. 2012헌마174)
④ (✕) 선거권연령을 공무담임권의 연령인 18세와 달리 20세로 규정한 것은 입법부에 주어진 합리적인 재량의 범위를 벗어난 것으로 볼 수 없다. (헌재 1997. 6. 26. 96헌마89) 〈주〉선거권자 연령은 입법재량 사항이므로, 20세 이상도 합헌이고 19세 이상도 합헌이다. 다만 현재 개정 공직선거법은 18세 이상으로 정하고 있다.

[정답] ①

289

다음 설명 중 가장 적절한 것은? (판례)

① 헌법재판소의 위헌 결정에 따라 현재 선거권 연령은 18세로 낮춰졌다. 15국회9
② 19세 이상의 국민에 한하여 대통령 및 국회의원의 선거권이 있다. 11법무
③ 헌법 제24조는 모든 국민은 법률이 정하는 바에 의하여 선거권을 가진다고 규정함으로써 법률유보의 형식을 취하고 있는데, 이것은 국민의 선거권이 법률이 정하는 바에 따라서 인정될 수 있다는 포괄적인 입법권의 유보 하에 있음을 의미하는 것이다. 21국회8
④ 헌법이 모든 국민은 '법률이 정하는 바에 의하여' 선거권을 가진다고 규정함으로써 법률유보의 형식을 취하고 있지만, 이것은 국민의 선거권이 '법률이 정하는 바에 따라서만 인정될 수 있다'는 포괄적인 입법권의 유보 하에 있음을 의미하는 것이 아니다. 21소방

[해설]

① (×) 공직선거에 관한 선거권연령을 20세로 규정한 공직선거및선거부정방지법 제15조 제1항은 헌법에 위반되지 않는다. (헌재 2003. 11. 27. 2002헌마787 등) → 현재 공직선거법 제15조. 18세 이상의 국민은 대통령 및 국회의원의 선거권이 있다.
② (×) 공직선거법 제15조(선거권) ① 18세 이상의 국민은 대통령 및 국회의원의 선거권이 있다.
③ (×) 헌법 제24조는 모든 국민은 법률이 정하는 바에 의하여 선거권을 가진다고 규정함으로써 법률유보의 형식을 취하고 있는데, 이것은 포괄적인 입법권의 유보 하에 있음을 뜻하는 것이 아니라, 국민의 기본권을 법률로 구체화하라는 뜻이며, 선거권을 법률을 통해 구체적으로 실현하라는 뜻이다. (헌재 2014. 1. 28. 2012헌마409)
④ (○) (헌재 2014. 1. 28. 2012헌마409) 〈주〉 국민의 선거권 자체는 헌법에 의하여 보장되므로 법률로 부정할 수 없으나, 선거권자의 연령 등 구체적 사항은 법률로 정할 수 있다는 뜻이다.

[정답] ④

290

다음 설명 중 가장 적절한 것은? (판례)

① 민주주의 국가에서 국민주권과 대의제 민주주의의 실현수단으로서 선거권이 갖는 중요성 때문에 입법자는 선거권을 최대한 보장하는 방향으로 입법을 하여야 하며, 선거권을 제한하는 법률의 합헌성을 심사하는 경우에는 그 심사의 강도도 엄격하여야 한다. 21소방
② 민주주의 국가에서 국민주권과 대의제 민주주의의 실현수단으로서 선거권이 갖는 중요성으로 인해 입법자는 선거권을 최대한 보장하는 방향으로 입법을 하여야 하는 반면, 헌법재판소가 선거권을 제한하는 법률의 합헌성을 심사하는 경우 그 심사 강도는 완화하여야 한다. 22경승
③ 집행유예기간 중에 있는 자와 수형자의 선거권을 전면적으로 제한하는 것은 헌법에 위반되지 않는다. 17행시/17법무
④ 범죄자가 저지른 범죄의 경중을 전혀 고려하지 않고 수형자와 집행유예자 모두의 선거권을 제한하더라도 헌법에 위반되는 것은 아니다. 14국가7

[해설]

① (○) (헌재 2014. 1. 28. 2012헌마409) 〈주〉 국민선거권은 국민주권원리상 아주 중요한 기본권이므로, 이를 제한하는 입법이 합헌인지를 심사할 때는 엄격한 비례심사로 해야 한다는 뜻이다.
② (×) 선거권을 제한하는 법률의 합헌성을 심사하는 경우에는 그 심사의 강도도 엄격하게 하여야 한다. (헌재 2018. 1. 25. 2015헌마821)
③ (×) 심판대상조항은 청구인들의 선거권을 침해하고, 보통선거원칙에 위반하여 집행유예자와 수형자를 차별취급하는 것이므로 평등원칙에도 어긋난다. (헌재 2014. 1. 28. 2012헌마409) 〈주〉 선거권 제한 – 수형자(헌법불합치), 집행유예자(위헌)
④ (×) 심판대상조항은 청구인들의 선거권을 침해하고, 보통선거원칙에 위반하여 집행유예자와 수형자를 차별취급하는 것이므로 평등원칙에도 어긋난다. (헌재 2014. 1. 28. 2012헌마409) 〈주〉 선거권 제한 – 수형자(헌법불합치), 집행유예자(위헌)

[정답] ①

291

다음 설명 중 가장 적절한 것은? (판례)

① 수형자의 선거권을 제한하는 것은 공동체구성원으로서의 의무를 저버리고 공동체의 유지에 해를 가한 사람들에게는 다른 공동체구성원들과 똑같은 권리를 모두 부여할 수는 없다는 이념에 기초하고 있는 것이므로 보통선거원칙에 위반하는 것이 아니다. 15국회8

② 집행유예자의 경우와 달리 수형자는 그 범행의 불법성이 크다고 보아 그들에 대해 격리된 기간 동안 통치조직의 구성과 공동체의 나아갈 방향을 결정짓는 선거권을 정지시키는 것은 입법목적의 달성에 필요한 정도를 벗어난 과도한 것이 아니다. 15국7

③ 수형자의 선거권을 제한하는 것은 수형자가 정상적이고 자유로운 사회생활에 복귀하기 위한 목적에 부응하거나 수반하는 것이라고 볼 수 없어 헌법적으로 허용될 수 없다. 17국회9

④ 평등선거의 원칙과 선거권 보장의 중요성을 감안할 때, 범죄자의 선거권을 제한할 필요가 있다 하더라도 그가 저지른 범죄의 경중을 전혀 고려하지 않고 수형자와 집행유예자 모두의 선거권을 제한하는 것은 침해의 최소성 원칙에 어긋난다. 17국회8

해설

① (×) 심판대상조항은 청구인들의 선거권을 침해하고, 보통선거원칙에 위반하여 집행유예자와 수형자를 차별취급하는 것이므로 평등원칙에도 어긋난다. (헌재 2014. 1. 28. 2012헌마409)

② (×) 수형자에게 헌법합치적으로 선거권을 부여하는 것은 입법자의 형성재량에 속하므로 심판대상조항 중 수형자에 관한 부분에 대하여 헌법불합치결정을 선고한다. (헌재 2014. 1. 28. 2012헌마409)

③ (×) 심판대상조항은 청구인들의 선거권을 침해하고, 보통선거원칙에 위반하여 집행유예자와 수형자를 차별취급하는 것이므로 평등원칙에도 어긋난다. (헌재 2014. 1. 28. 2012헌마409) 〈주〉 목적에 정당성과 수단의 적합성을 인정하면서 침해의 최소성과 법익의 균형성을 부정하였다.

④ (○) (헌재 2019. 8. 29. 2017헌마442) 〈주〉 선거권 제한 - 수형자(헌법불합치), 집행유예자(위헌) → 양자 모두 침해의 최소성과 법익의 균형성 원칙에 위배된다.

정답 ④

292

다음 설명 중 가장 적절한 것은? (판례)

① 1년 이상의 징역의 형의 선고를 받고 그 집행이 종료되지 아니한 사람의 선거권을 제한하는 것은, 이 과잉금지원칙의 위반을 이유로 선거권을 침해하지 않는다. 21경승

② 전면적·획일적으로 수형자의 선거권을 제한하는 공직선거법 등 관련 규정에 대하여 헌법불합치 결정이 선고되었으며, 개정된 현행법은 3년 이상의 금고형 이상을 선고받은 수형자의 선거권을 박탈하도록 되어 있다. 16국회8

③ 1년 이상의 징역형 선고를 받고 그 집행이 종료되지 아니한 사람의 선거권을 제한하는 공직선거법 조항의 위헌 여부를 판단할 때 1년 이상의 징역형을 선고받은 사람의 범죄행위가 국가적·사회적 법익이 아닌 개인적 법익을 침해하는 경우라면 사회적 법률적 비난가능성의 정도는 달리 판단할 수 있다. 18국회8

④ 1년 이상의 징역형 선고를 받고 그 집행이 종료되지 아니한 사람의 선거권을 제한하는 공직선거법 조항의 위헌 여부를 판단할 때 형 집행 중 가석방 처분을 받았다는 후발적 사유를 고려하지 아니하고 1년 이상의 징역형 선고를 받은 사람의 선거권을 일률적으로 제한하는 것은 불필요한 제한에 해당한다. 18국회8

해설

① (○) 심판대상조항은 과잉금지원칙을 위반하여 청구인의 선거권을 침해하지 아니한다. (헌재 2017. 5. 25. 2016헌마292)

② (×) 공직선거법 제18조 제1항. 1년 이상의 징역 또는 금고의 형의 선고를 받고 그 집행이 종료되지 아니하거나 그 집행을 받지 아니하기로 확정되지 아니한 사람은 선거권이 없다.

③ (×) 재판을 통하여 1년 이상의 징역의 형을 선고받았다면, 당해 범죄자가 저지른 범죄행위가 과실에 의한 것이라거나 국가적·사회적 법익이 아닌 개인적 법익을 침해하는 것이라도 마찬가지이다. (헌재 2017. 5. 25. 2016헌마292)

④ (×) 심판대상조항이 과실범, 고의범 등 범죄의 종류를 불문하고, 침해된 법익의 내용을 불문하며, 형 집행 중에 이뤄지는 재량적 행정처분인 가석방 여부를 고려하지 않고 선거권을 제한한다고 하여 불필요한 제한을 부과한다고 할 수 없다. 따라서 심판대상조항은 과잉금지원칙을 위반하여 청구인의 선거권을 침해하지 아니한다. (헌재 2017. 5. 25. 2016헌마292)

정답 ①

293

다음 설명 중 가장 적절하지 않은 것은? (판례)

① 공직선거법 상 선거일 현재 1년 이상의 징역 또는 금고의 형의 선고를 받고 그 집행이 종료되지 아니하거나 그 집행을 받지 아니하기로 확정되지 아니한 사람 및 그 형의 집행유예를 선고받고 유예기간 중에 있는 사람은 선거권이 없다. 18국가7/21경승/22경찰1차

② 「정치자금법」 제45조 정치자금부정수수죄를 범한 자로서, 100만원 이상의 벌금형의 선고를 받고 그 형이 확정된 후 5년을 경과하지 아니한 자는 헌법개정 시 국민투표권이 없다. 20비상

③ 선거일 현재 선거범으로서 100만 원 이상의 벌금형의 선고를 받고 그 형이 확정된 후 5년 또는 형의 집행유예의 선고를 받고 그 형이 확정된 후 10년을 경과하지 아니한 사람은 선거권이 없다. 19행시

④ 선거범으로서 100만원 이상의 벌금형을 선고 받아 확정되면 5년 동안 피선거권이 제한되는 규정에 의한 기본권침해의 발생시기는 벌금형이 확정되었을 때이다. 18법행

해설

① (✕) 공직선거법 제18조(선거권이 없는 자) ① 선거일 현재 다음 각 호의 어느 하나에 해당하는 사람은 선거권이 없다. 다만, 그 형의 집행유예를 선고받고 유예기간 중에 있는 사람은 제외한다.
〈주〉 현행법상 일반범죄로 집행유예를 선고받은 사람은 선고권이 있다.

② (○) 공직선거법 제18조(선거권이 없는 자) 〈주〉 선거권이 없는 자는 국민투표권도 없다.

③ (○) 공직선거법제18조(선거권이 없는 자) ① 선거일 현재 다음 각 호의 어느 하나에 해당하는 사람은 선거권이 없다. 3. 선거범, 「정치자금법」에 규정된 죄를 범한 자로서, 100만원이상의 벌금형의 선고를 받고 그 형이 확정된 후 5년 또는 형의 집행유예의 선고를 받고 그 형이 확정된 후 10년을 경과하지 아니하거나 징역형의 선고를 받고 그 집행을 받지 아니하기로 확정된 후 또는 그 형의 집행이 종료되거나 면제된 후 10년을 경과하지 아니한 자(형이 실효된 자도 포함한다) ② 제1항제3호에서 "선거범"이라 함은 제16장 벌칙에 규정된 죄와 「국민투표법」 위반의 죄를 범한 자를 말한다.

④ (○) (헌재 2008. 1. 17. 2004헌마41) 〈주〉 청구인의 주장대로 기본권이 침해된다면 그 발생시기는 벌금형이 확정되었을 때란 뜻이다. 헌법재판소는 기본권을 침해하지 않는다고 판시하였다.

[정답] ①

294

다음 설명 중 옳지 않은 것을 모두 고른 것은? (판례)

㉠ 선거일 현재 정치자금법 제45조(정치자금부정수수죄)에 규정된 죄를 범한 자로서, 100만 원 이상의 벌금형의 선고를 받고 그 형이 확정된 후 5년 또는 형의 집행유예의 선고를 받고 그 형이 확정된 후 10년을 경과하지 아니하거나 징역형의 선고를 받고 그 집행을 받지 아니하기로 확정된 후 또는 그 형의 집행이 종료되거나 면제된 후 10년을 경과하지 아니한 자(형이 실효된 자도 포함한다)는 선거권이 없다. 11법무

㉡ 선거범으로서 100만 원 이상의 벌금형의 선고를 받고 그 형이 확정된 후 5년을 경과하지 아니한 자 또는 형의 집행유예의 선고를 받고 그 형이 확정된 후 10년을 경과하지 아니한 자의 선거권을 제한하는 규정은 국민주권과 대의제 민주주의의 실현수단으로서 선거권이 가지는 의미와 보통선거원칙의 중요성을 감안하면, 필요 최소한을 넘어 과도한 제한으로서 이들 선거범의 선거권을 침해한다. 18국가7

㉢ 피성년후견인은 선거권이 있다. 17서울

① ㉠ ㉡
② ㉠ ㉢
③ ㉡ ㉢
④ ㉠ ㉡ ㉢

해설

㉠ (○) 공직선거법 제18조 제1항 제3호.

㉡ (✕) 선거권제한조항은 선거의 공정성을 확보하기 위한 것으로서, 선거권 제한의 대상과 요건, 기간이 제한적인 점, 선거의 공정성을 해친 바 있는 선거범으로부터 부정선거의 소지를 차단하여 공정한 선거가 이루어지도록 하기 위하여는 선거권을 제한하는 것이 효과적인 방법인 점, 법원이 선거범에 대한 형량을 결정함에 있어서 양형의 조건뿐만 아니라 선거권의 제한 여부에 대하여도 합리적 평가를 하게 되는 점, 선거권의 제한기간이 공직선거마다 벌금형의 경우는 1회 정도, 징역형의 집행유예의 경우에는 2~3회 정도 제한하는 것에 불과한 점 등을 종합하면, 선거권제한조항은 청구인들의 선거권을 침해한다고 볼 수 없다. (헌재 2018. 1. 25. 2015헌마821)

㉢ (✕) 공직선거법 제18조(선거권이 없는 자) 제1항 제1호. 금치산선고를 받은 자(피성년후견인)는 선거권이 없다.

[정답] ③

295
다음 설명 중 옳지 않은 것을 모두 고른 것은? (판례)

> ㉠ 강도죄로 2년 징역에 5년의 집행유예를 선고받은 뒤, 유예기간이 종료된 후 1년 지난 자는 선거권이 있다. 17서울
>
> ㉡ 국민투표법 위반 범죄로 300만원의 벌금형이 확정된 후 4년이 지난 자는 선거권이 있다. 17서울
>
> ㉢ 정치자금법 제45조(정치자금부정수수죄) 위반 범죄로 2년 징역에 5년의 집행유예를 선고받고 형이 확정된 뒤 9년이 지난 자는 선거권이 있다. 17서울

① ㉠ ㉡
② ㉠ ㉢
③ ㉡ ㉢
④ ㉠ ㉡ ㉢

해설

㉠ (O) 공직선거법 제18조(선거권이 없는 자) 제1항 제2호. 형의 집행유예를 받은 사람은 집행유예 기간 중이든 기간 경과 후든 상관없이 선거권이 있다.

㉡ (X) 공직선거법 제18조(선거권이 없는 자) 제1항 제3호 및 제2항. 국민투표법 위반죄를 범한 자는 선거범과 동일하게 100만원이상의 벌금형의 선고를 받고 그 형이 확정된 후 5년이 경과되지 않은 자는 선거권이 없다.

㉢ (X) 공직선거법 제18조(선거권이 없는 자) 제1항 제3호. 정치자금부정수수죄를 범한 자는 선거범으로서 형의 집행유예의 선고를 받고 그 형이 확정된 후 10년이 경과되지 아니한 자는 선거권이 없다. 〈주〉 현행법상 일반범으로 집행유예를 받은 사람은 선거권이 인정되나, 선거범으로 집행유예를 받은 사람은 형이 확정된 후 10년간 선거권이 없다. 양자를 구별하여야 한다.

[정답] ③

3. 피선거권

296
다음 설명 중 가장 적절한 것은? (판례)

① 25세 이상의 국민에 한하여 국회의원의 피선거권이 있다. 11법무

② 25세 이상의 국민은 대통령선거와 국회의원선거에서 피선거권이 있다. 18행시

③ 선거일 현재 40세 이상의 국민은 누구든지 대통령의 피선거권이 있고, 공직선거법은 일정 기간 국내에 거주할 것을 대통령의 피선거권의 요건으로 규정하고 있지 않다. 11법무

④ 선거일 현재 5년 이상 국내에 거주하고 있는 40세 이상의 국민은 대통령의 피선거권이 있으며, 이 경우 공무로 외국에 파견된 기간과 국내에 주소를 두고 일정기간 외국에 체류한 기간은 국내거주기간으로 본다. 19행시

해설

① (X) 공직선거법 제16조(피선거권) ② 18세 이상의 국민은 국회의원의 피선거권이 있다. 〈개정 2022. 1. 18.〉

② (X) [1] 헌법 제67조 ④ 대통령으로 선거될 수 있는 자는 국회의원의 피선거권이 있고 선거일 현재 40세에 달하여야 한다.
[2] 공직선거법 제16조(피선거권) ② 18세 이상의 국민은 국회의원의 피선거권이 있다. 〈개정 2022. 1. 18.〉

③ (X) 공직선거법 제16조(피선거권) ① 선거일 현재 5년 이상 국내에 거주하고 있는 40세 이상의 국민은 대통령의 피선거권이 있다. 이 경우 공무로 외국에 파견된 기간과 국내에 주소를 두고 일정기간 외국에 체류한 기간은 국내거주기간으로 본다

④ (O) 공직선거법 제16조.

[정답] ④

297

다음 설명 중 옳은 것을 모두 고른 것은? (판례)

㉠ 선거일 현재 5년 이상 국내에 거주하고 있는 40세 이상의 국민은 대통령의 피선거권이 있다. 그러나 국내에 주소를 두고 일정기간 외국에 체류한 기간은 국내거주기간으로 보지 아니한다. 11법원

㉡ 국회의원 선거 연령의 하한을 규정한 법률조항에 대한 위헌심사는 입법자가 입법목적 달성을 위해 선택한 수단이 현저하게 불합리하고 불공정하며 자의적인 입법인지의 여부로 판단한다. 19입시

㉢ 선거일 현재 금고 이상의 형의 선고를 받고 그 형이 실효되지 아니한 자는 피선거권이 없다. 11법무

㉣ 1년 이상의 징역의 형의 선고를 받고 그 집행이 종료되지 아니한 사람의 선거권을 제한하는 것은, 이 과잉금지원칙의 위반을 이유로 선거권을 침해하지 않는다. 21경승

① ㉠ ㉡
② ㉠ ㉡ ㉢
③ ㉡ ㉢ ㉣
④ ㉠ ㉡ ㉢ ㉣

[해설]

㉠ (✕) 공직선거법 제16조(피선거권) ① 선거일 현재 5년 이상 국내에 거주하고 있는 40세 이상의 국민은 대통령의 피선거권이 있다. 이 경우 공무로 외국에 파견된 기간과 국내에 주소를 두고 일정기간 외국에 체류한 기간은 국내거주기간으로 본다.

㉡ (○) 선거권과 공무담임권의 연령을 어떻게 규정할 것인가는 입법자가 입법목적 달성을 위한 선택의 문제이고 입법자가 선택한 수단이 현저하게 불합리하고 불공정한 것이 아닌 한 재량에 속하는 것이다. (헌재 2013. 7. 25. 2012헌마174)

㉢ (○) 공직선거법 제19조 〈주〉 선거권이 없는 자는 1년 이상의 징역 또는 금고의 형을 선고받은 사람이고, 피선거권이 없는 자는 금고 이상의 형을 선고받은 사람이다. 양자를 구별하여야 한다.

㉣ (○) (헌재 2017. 5. 25. 2016헌마292)

[정답] ③

4. 선거구의 획정

298

다음 설명 중 가장 적절하지 않은 것은? (판례)

① 소선거구제는 과다한 사표(死票) 발생, 정당득표율과 의석획득률의 괴리, 선거구획정의 난점 등의 단점이 있다. 17법행

② 소선거구 다수대표제를 규정하여 다수의 사표가 발생한다 하더라도 그 이유만으로 헌법상 요구된 선거의 대표성의 본질을 침해한다고 할 수 없다. 21경승

③ 공직선거법이 소선거구제 다수대표제를 규정하여 다수의 사표가 발생할 수 있는 여지가 있다면 헌법상 요구된 선거의 대표성이나 헌법상 요구된 국민주권원리를 침해하는 것이다. 17국회9

④ 국회의원지역구의 공정한 획정을 위하여 임기만료에 따른 국회의원선거의 선거일 전 18개월부터 해당 국회의원선거에 적용되는 국회의원지역구의 명칭과 그 구역이 확정되어 효력을 발생하는 날까지 국회의원선거구획정위원회를 설치·운영한다. 21법행

[해설]

① (○) 소선거구제는 과도한 사표발생과, 정당득표율에 비례하지 않는 의석획득률 등이 단점으로 지적되지만, 정국의 안정이라는 장점이 크기 때문에 현재 우리나라 국회의원 선거구로 사용되고 있다.

② (○) 심판대상조항이 청구인의 평등권과 선거권을 침해한다고 할 수 없다. (헌재 2016. 5. 26. 2012헌마374)

③ (✕) 이 사건 법률조항이 소선거구 다수대표제를 규정하여 다수의 사표가 발생한다 하더라고 그 이유만으로 헌법상 요구된 선거의 대표성의 본질을 침해한다거나 그로 인해 국민주권원리를 침해하고 있다고 할 수 없고, 청구인의 평등권과 선거권을 침해한다고 할 수 없다. (헌재 2016. 5. 26. 2012헌마374)

④ (○) 공직선거법 제24조.

[정답] ③

299

다음 설명 중 가장 적절하지 않은 것은? (판례)

① 선거구획정은 특단의 불가피한 사정이 없는 한 인접지역이 1개의 선거구를 구성하도록 함이 상당하며, 이는 선거구획정에 관한 국회의 입법재량권의 한계이기도 하다. 12국회9

② 국가가 특정한 선거구제의 채택을 통하여 특정 정당이나 소수 정당의 지방의회 진출을 반드시 보장하여야 한다거나 모든 정당에 대하여 지방의회에 현실적으로 진출하도록 할 의무가 있는 것은 아니다. 21소방

③ 국회의원지역선거구의 공정한 획정을 위하여 중앙선거관리위원회에 선거구획정위원회를 둔다. 12국회

④ 국회의원 및 지방의회의원은 국회의원선거구획정위원회 및 자치구·시·군의원선거구획정위원회의 위원이 될 수 있다. 11지방7

> 해설

① (O) (헌재 1995. 12. 27. 95헌마224)
② (O) 선거구제나 한 선거구에서 선출되는 의원수를 정하는 문제는 헌법이 직접 규정한 것이 아니라 기본적으로 입법에 맡겨져 있는 것이다. (헌재 2009. 3. 26. 2006헌마14)
③ (O) 공직선거법 제24조(국회의원선거구획정위원회) ② 국회의원선거구획정위원회는 중앙선거관리위원회에 두되, 직무에 관하여 독립의 지위를 가진다. 〈주〉 선거구획정은 전국적 사무이므로 "중앙" 선관위에 두고, 정당의 개입을 막기 위하여 정당의 당원이나 의원의 참여를 금지하면서 독립적으로 운영된다.
④ (X) 공직선거법 24조(국회의원선거구획정위원회) ⑦ 국회의원 및 정당의 당원(제1항에 따른 국회의원선거구획정위원회의 설치일부터 과거 1년 동안 정당의 당원이었던 사람을 포함한다)은 위원이 될 수 없다. 공직선거법 제24조의3(자치구·시·군의원선거구획정위원회) ③ 지방의회의원 및 정당의 당원은 자치구·시·군의원 선거구획정위원회의 위원이 될 수 없다.

[정답] ④

300

다음 설명 중 가장 적절한 것은? (판례)

① 우리 헌법재판소는, 각 선거구가 서로 유기적으로 관련되어 있기 때문에 어느 한 선거구에 위헌적 요소가 있다면 선거구구역표 전체가 위헌이라고 한다. 12국회9

② 자치구의회의원 선거구 인구편차의 허용기준은 의원 1인당 평균인구수가 아닌 최소선거구의 인구수이다. 09법행

③ 헌법상 용인되는 각 자치구·시·군의원 선거구 간 인구편차의 한계를 고려함에 있어서 인구비례의 원칙 이외에 2차적 요소들을 반영하는 것은 선거구 간 인구비례에 의한 투표가치 평등의 원칙에 위배된다. 21국회9

④ 자치구·시·군의원 선거구 획정에 있어서는 국회의원의 경우와는 달리 인구비례 못지않게 행정구역, 지세, 교통 등의 요소들도 1차적인 요소로서 중요하게 고려되어야 한다. 09법행

> 해설

① (O) 선거구구역표는 연쇄적으로 영향을 미치는 성질을 가지며, 이러한 의미에서 선거구구역표는 전체가 "불가분의 일체"를 이루는 것이다. (헌재 1995. 12. 27. 95헌마224)
② (X) 1해당 선거구의 의원 1인당 인구수를 그 선거구가 속한 자치구·시·군 의회의원 1인당 평균인구수(각 자치구·시·군의 인구수÷의원수)에 비교하는 방식이 더욱 간명하고 평등의 원칙에 부합한다. (헌재 2009. 3. 26. 2006헌마14)
③ (X) 선거권의 평등은 투표가치의 평등을 의미하므로 시·도의회의원 선거구획정에 있어서도 인구비례원칙에 의한 투표가치의 평등은 가장 중요하고도 우선적인, 일차적인 기준으로 고려되어야 한다. 다만 인구비례의 원칙 이외에 행정구역, 지세, 교통 등 2차적 요소들을 적절하게 고려하여야 할 것이다. (헌재 2007. 3. 29. 2005헌마985)
④ (X) 선거구 획정에 있어서는 인구비례의 원칙 이외에 행정구역, 지세, 교통 등 2차적 요소들을 적절하게 고려하여 선거구들 사이에 인구비례에 의한 투표가치 평등의 원칙을 완화하고, 이를 통해서 합리적인 인구편차 기준을 설정하는 것이 과제라고 할 것이다. (헌재 2009. 3. 26. 2006헌마14)

[정답] ①

301

다음 설명 중 가장 적절하지 않은 것은? (판례)

① 자치구·시·군의회의원 선거구간 인구편차 비교집단 설정에 있어서는 해당 자치구·시·군 내의 다른 선거구만을 비교할 것이 아니라 특별시, 광역시, 도 내의 모든 선거구를 비교하여 허용 한계를 설정하여야 한다. 09법행

② 국회의원지역선거구 획정에 있어 현 시점에서 헌법이 허용하는 인구편차의 기준은 인구편차 상하 33⅓%, 인구비례 2:1을 넘어서지 않는 것이어야 한다. 15국회8/22경채

③ 국회의원지역선거구구역표 중 인구편차 상하 33⅓%의 기준을 넘어서는 선거구에 관한 부분은 지나친 투표가치의 불평등을 야기하여 위 선거구가 속한 지역에 주민등록을 마친 청구인들의 선거권과 평등권을 침해한다. 15국가7

④ 국회의원선거에 있어서 인구편차 상하 33⅓%를 넘어 인구편차를 완화하는 것은 지나친 투표가치의 불평등을 야기하므로 대의민주주의의 관점에서 바람직하지 않고 국회구성에 있어서 국회의원의 지역대표성이 고려되어야 한다고 할지라도 이것이 투표가치의 평등보다 우선시 될 수는 없다. 15국회9

[해설]

① (X) 지방의회인 이 사건 자치구·시·군의회의원 선거구에 관한 이 사건에서도 해당 자치구·시·군 내의 선거구들만을 비교하여 판단하는 것이 타당하다고 할 것이다. (헌재 2009. 3. 26. 2006헌마14)

② (O) 국회의원선거 허용편차는 상하 33.33%로 1:2 비율이고, 자치구·시·군의회의원선거 허용편차는 상하 50%로 1:3 비율이다. (헌법재판소 결정) 이 비율 안에 있으면 합헌이고, 이 비율을 넘으면 위헌이다.

③ (O) (헌재 2014. 10. 30. 2012헌마192)

④ (O) (헌재 2014. 10. 30. 2012헌마192)

[정답] ①

302

다음 설명 중 옳지 않은 것을 모두 고른 것은? (판례)

㉠ 헌법재판소는 국회의원 선거구간의 인구편차가 전국선거구평균인구수를 기준으로 상하 50% 편차 이내인 경우 평등선거원칙에 위배되지 아니한다고 판시하고 있다. 12국회9

㉡ 전국선거구평균인구수를 5000명으로 했을 때 국회의원 선거구 획정결과 최대선거구가 8000명이고 최소선거구가 3500명인 경우는 평등선거 원칙에 위배되지 않는다. 14국회9

㉢ 헌법재판소는, 지방의회 의원선거의 경우 선거구간의 인구편차가 평균인구수 기준으로 상하 60% 편차 이내인 경우 평등선거원칙에 위배되지 아니한다고 판시하고 있다. 12국회9

㉣ 국회의원선거구와 시·도의회의원 선거구 획정에서 허용되는 인구편차는 평균인구수 기준 상하 50%이다. 09법행

① ㉠ ㉡
② ㉠ ㉡ ㉢
③ ㉡ ㉢ ㉣
④ ㉠ ㉡ ㉢ ㉣

[해설]

㉠ (X) 현재의 시점에서 헌법이 허용하는 인구편차의 기준을 인구편차 상하 33⅓%를 넘어서지 않는 것으로 봄이 타당하다. (헌재 2014. 10. 30. 2012헌마192)

㉡ (X) 현재의 시점에서 헌법이 허용하는 인구편차의 기준을 인구편차 상하 33⅓%를 넘어서지 않는 것으로 봄이 타당하다. (헌재 2014. 10. 30. 2012헌마192) – 5000명의 33⅓%는 1666.6명이다. 따라서 최대선거구는 6666.6명을 넘어서는 안되고 최소선거구는 3333.4명보다 적으면 안된다. 위 사안은 최대선거구가 한도를 넘었으므로 위헌이다. 〈주〉 최소선거구에 2를 곱하여 최대선거구가 이 범위에 있으면 합헌이고, 이 범위를 넘으면 위헌이다.

㉢ (X) 인구편차 상하 60%의 기준에서 곧바로 인구편차 상하 33⅓%의 기준을 채택하는 경우 선거구를 조정하는 과정에서 예기치 않은 어려움에 봉착할 가능성이 크므로, 현재의 시점에서 자치구·시·군의원 선거구 획정과 관련하여 헌법이 허용하는 인구편차의 기준을 인구편차 상하 50%(인구비례 3 : 1)로 변경하는 것이 타당하다. (헌재 2018. 6. 28. 2014헌마166)

㉣ (X) 국회의원선거 허용편차는 상하 33.33%이고, 시도의원과 자치구·시·군의회의원선거 허용편차는 상하 50%이다.(헌법재판소 결정)

[정답] ④

303

다음 설명 중 가장 적절한 것은? (판례)

① 헌법재판소는 시·도의회의원 지역선거구 획정과 관련하여 헌법이 허용하는 인구편차의 기준을 인구편차 상하 50%(인구비례 3:1)로 변경하였다. 21경승
② 자치구·시·군의회의원 선거구 획정에서는 국회의원 선거구 획정에서 요구되는 기준보다 더 완화된 인구편차 허용기준을 적용하는 것이 타당하고, 인구비례·지역대표성 등 고려할 사정이 유사한 시·도의회의원 선거구 획정에서의 선례 또한 평균 인구수로부터 상하 60%의 편차를 허용기준으로 삼았으므로, 이와 동일한 기준에 따르는 것이 상당하다. 13국회8
③ 자치구·시·군의회의원 선거구 획정에서는 시·도의회의원 선거구 획정에서 요구되는 기준보다 더 완화된 인구편차 허용기준을 적용하는 것이 타당하다. 09법행
④ 서울특별시 자치구의회의원 선거구 획정에 관하여 헌법상 허용되는 인구편차 상하 50%(인구비례 3:1)를 넘은 경우 청구인들의 선거권과 평등권을 침해하지 않는다. 최신판례

[해설]

① (O) (헌재 2014. 10. 30. 2012헌마192) 〈주〉 국회의원 선거구는 상하 33⅓%(인구비례 2:1)이고, 지방의회의원은 광역시도, 기초자치시군구를 불문하고 상하 50%(인구비례 3:1)이다.
② (X) 현시점에서는 시·도의원지역구 획정에서 허용되는 인구편차 기준을 인구편차 상하 50%(인구비례 3:1)로 변경하는 것이 타당하다. (헌재 2018. 6. 28. 2014헌마189)
③ (X) 국회의원선거구 확정기준 (상하 33.33%)보다 완화된 기준에 의하였을 뿐이고, 자치구·시·군의회의원선거구 확정기준은 시·도의회의원 선거구 확정기준(상하 50%)가 동일하다.
④ (X) [1] 헌법재판소는 2014헌마166 결정에서 자치구·시·군의원 선거구 획정에 관하여 헌법상 허용되는 인구편차의 한계를 인구편차 상하 50%(인구비례 3:1)로 판단하였다. [2] 각 자치구에 해당하는 선거구구역표는 전체가 불가분의 일체를 이루므로, 일부 선거구의 선거구획정에 위헌성이 있다면 각 자치구에 해당하는 선거구구역표 전부에 관하여 위헌선언을 하는 것이 타당하다. (헌재 2021. 6. 24. 2018헌마405)

[정답] ①

5. 비례대표제

304

다음 설명 중 가장 적절하지 않은 것은? (판례)

① 비례대표제의 경우 모든 투표가 동일한 수적 가치와 동등한 성과 가치를 가지고 선거결과에 동등한 영향을 미치기 때문에 비례대표제는 다수대표제보다 평등선거 원칙에 부합한다. 17법행
② 국회의원선거와 지방의회의원선거에서는 비례대표제를 채택하고 있다. 18행시
③ 비례대표 후보자를 유권자들이 직접 선택할 수 있는 이른바 자유명부식이나 가변명부식과 달리 고정명부식에서는 후보자와 그 순위가 전적으로 정당에 의하여 결정되므로 직접선거의 원칙에 위반된다. 13국회8/22경채
④ 비례대표제를 채택하는 경우 직접선거의 원칙은 의원의 선출 외에 정당의 비례적인 의석확보까지 선거권자의 투표에 의하여 직접 결정될 것을 요구한다. 14국가7/15국회8/22국회5
⑤ 정당명부에 대한 별도의 투표가 없는 1인 1표제 하에서의 비례대표제는 선거권자의 투표행위가 아니라 정당의 명부작성행위가 최종적 결정적인 의미를 갖게 되므로 직접선거의 원칙에 위배된다. 16국회8/22경채

[해설]

① (O) 비례대표제는 다수대표제보다 평등선거원칙에 부합한다.
② (O) 현행 공직선거법에 의하면 국회의원, 지방의원 선거 모두 비례대표제가 인정된다.
③ (X) 고정명부식을 채택한 것 자체가 직접선거원칙에 위반된다고는 할 수 없다. 그러나 1인 1표제 하에서의 비례대표후보자명부에 대한 별도의 투표 없이 지역구후보자에 대한 투표를 정당에 대한 투표로 의제하여 비례대표의석을 배분하는 것은 직접선거의 원칙에 반한다고 하지 않을 수 없다. (헌재 2001. 7. 19. 2000헌마91)
④ (O) 비례대표제를 채택하는 경우 직접선거의 원칙은 의원의 선출뿐만 아니라 정당의 비례적인 의석확보도 선거권자의 투표에 의하여 직접 결정될 것을 요구한다. (헌재 2001. 7. 19. 2000헌마91)
⑤ (O) (헌재 2001. 7. 19. 2000헌마91)

[정답] ③

305

다음 설명 중 가장 적절하지 않은 것은? (판례)

① 1인 1표제 하에서의 비례대표의석 배분방식은 직접선거의 원칙과 평등선거의 원칙에 위반된다. 21국회8
② 1인 1표제 하의 비례대표의석배분방식에 대해서는 헌법에 위반된다는 헌법재판소의 결정이 있다. 10법원
③ 저지조항(봉쇄조항)은 의석배분에 참여하고자 하는 정당에게 일정한 득표율이나 직선의석수 등을 요구함으로써 인위적인 저지선을 설정하는 조항을 말한다. 03사시
④ 비례대표지방의회의원선거에 있어서는 당해 선거구선거관리위원회가 유효투표총수의 100분의 3 이상을 득표한 각 정당을 의석할당정당으로 확정한다. 18행시

해설

① (O) (헌재 2001. 7. 19. 2000헌마91) 〈주〉 비례대표제, 고정명부식제도 자체는 합헌이지만, 1인1표제로 운영되는 것이 직접선거원칙과 평등선거원칙에 위반된다.
② (O) (헌재 2001. 7. 19. 2000헌마91)
③ (O) 저지조항이란 의석배분에 참여하고자 하는 정당에게 일정한 득표율이나 직선의석수 등을 요구함으로써 인위적인 저지선을 설정하는 조항을 말한다. 즉 군소정당의 난립을 저지하려는 조항이다.
④ (X) [1] 공직선거법 제189조(비례대표국회의원의석의 배분과 당선인의 결정·공고·통지) ① 1. 임기만료에 따른 비례대표국회의원선거에서 전국 유효투표총수의 100분의 3 이상을 득표한 정당 2. 임기만료에 따른 지역구국회의원선거에서 5 이상의 의석을 차지한 정당
[2] 공직선거법 제190조의2(비례대표지방의회의원당선인의 결정·공고·통지) ① 비례대표지방의회의원선거에 있어서는 당해 선거구선거관리위원회가 유효투표총수의 100분의 5 이상을 득표한 각 정당. 〈주〉 비례대표 의석배분 - 국회는 3% 이상 득표, 지방의회는 5% 이상 득표 - 이를 봉쇄조항(저지조항)이라고 한다. (두문자 - 비상시국 오지봉쇄)

정답 ④

306

다음 설명 중 가장 적절하지 않은 것은? (판례)

① 공직선거법상 비례대표선거구 시·도의회의원 선거에 있어서는 유효투표 총수의 100분의 5 이상을 득표한 정당에 대하여 의석을 배분한다. 03사시
② 저지조항은 선거제도와 정당체제간의 교차영역에 위치하면서 직·간접적으로 정당체제의 형성에 일정한 영향을 미치고 있으며, 이 제도는 정국의 안정보다 국민의사의 정확한 반영을 우선적으로 고려한 것이다. 03사시
③ 국민의 정당에 대한 지지도가 정확하게 반영되지 못하고 있는 비례대표제 의석배분방식 하에서는 저지조항이 평등원칙에 반한다는 것이 헌법재판소의 입장이다. 03사시
④ 국회의원 비례대표 후보자 명단을 확정하기 위한 당내 경선에는 직접·평등·비밀 투표 등 일반적인 선거원칙이 그대로 적용되고 대리투표는 허용되지 않는다. 15국가7

해설

① (O) 공직선거법 제190조의2 제1항. 〈주〉 비례대표 의원 선거에서 국회의원은 100분의 3 이상, 지방의원은 100분의 5 이상을 득표한 정당에 대하여 의석을 배분하는데 이를 봉쇄조항(저지조항)이라고 한다. (비상시국 오지봉쇄)
② (X) 저지조항은 국민의사의 정확한 반영보다 정국의 안정을 우선적으로 고려하여 군소정당의 난립을 저지하려는 조항이다.
③ (O) 현행 1인 1표제 하에서의 비례대표제 의석배분방식은 위에서 본 바와 같이 국민의 정당에 대한 지지도를 정확하게 반영하지 못하며 오히려 적극적으로 이를 왜곡하고 있다. 이와 같이 국민의 정당지지의 정도를 계산함에 있어 불합리한 잣대를 사용하는 한 현행의 저지조항은 그 저지선을 어느 선에서 설정하건간에 평등원칙에 위반될 수 밖에 없다. (헌재 2001. 7. 19. 2000헌마91) 〈주〉 1인2표로 국민의 지지도가 정확히 반영되는 저지조항이라면 합헌인데, 1인1표로 국민의 지지도가 정확히 반영되지 못하는 저지조항이라서 위헌이라는 뜻이다.
④ (O) (대법원 2013. 11. 28. 2013도5117)

정답 ②

307
다음 설명 중 적절한 것은 모두 몇 개인가? (판례)

> ㉠ 정당이 비례대표국회의원선거 및 비례대표지방의회의원선거에 후보자를 추천하는 때에는 그 후보자 중 100분의 30 이상을 여성으로 추천하되, 그 후보자명부의 순위의 매 홀수에는 여성을 추천하여야 한다. 21경승
>
> ㉡ 비례대표국회의원후보자에게 예비후보자등록제도를 마련하지 않아 사전선거운동을 할 수 없게 한 것은 지역구국회의원 예비후보자에 비하여 비례대표 국회의원후보자를 합리적 이유 없이 차별하는 것으로서 비례대표 국회의원후보자의 평등권을 침해한다. 12사시
>
> ㉢ 선거운동기간 중 공개장소에서 비례대표 국회의원후보자의 연설·대담을 금지하는 것은 지역구국회의원후보자와 차별하는 것이며, 정당의 재정적 능력에 따른 선거운동기회를 부당하게 제한하여 선거운동의 자유 및 정당활동의 자유를 침해한다. 19입시
>
> ㉣ 선거범죄로 인하여 당선이 무효로 된 때를 비례대표지방의회의원의 의석 승계 제한사유로 규정한 것은 궐원된 비례대표지방의회의원 의석을 승계 받을 후보자명부상의 차순위 후보자의 공무담임권을 침해하지 않는다. 18서울2회

① 없음   ② 1개   ③ 2개   ④ 3개

해설

㉠ (×) 공직선거법 제47조 ③ 정당이 비례대표지방의회의원선거에 후보자를 추천하는 때에는 그 후보자 중 <u>100분의 50 이상을 여성으로 추천하되, 그 후보자명부의 순위의 매 홀수에는 여성을 추천하여야 한다</u>

㉡ (×) <u>비례대표국회의원선거는 정당에 대한 선거로서의 성격을 갖고 있기 때문에 청구인의 평등권을 침해하지 아니한다.</u> (헌재 2013. 10. 24. 2012헌마311)

㉢ (×) 과잉금지원칙에 반하여 청구인의 <u>선거운동의 자유 및 정당활동의 자유를 침해한다고 할 수 없다.</u> (헌재 2013. 10. 24. 2012헌마311) 〈주〉 비례대표는 의원 개인의 역량보다 정당의 정책에 따라 선거하기 때문이다.

㉣ (×) 궐원된 비례대표지방의회의원 의석을 승계 받을 후보자명부상의 <u>차순위후보자의 공무담임권을 침해한다.</u> (헌재 2009. 6. 25. 2007헌마40) 〈주〉 비례대표의 궐원은 재보궐선거를 치를 필요 없이 차순위 후보자에게 승계하는 방식으로 손쉽게 해결된다.

[정답] ①

6. 후보자과 기탁금

308
다음 설명 중 가장 적절하지 않은 것은? (판례)

① 예비후보자로 등록한 사람은 선거운동기간 이전이라도 선거운동을 할 수 있다. 21법무

② 예비후보자로서 선거운동을 할 수 있는 기간을 제한하는 것 자체가 선거운동의 자유를 과도하게 제한하는 것이라고 할 수는 없고, 제한되는 기간을 어느 정도로 할 것인지 여부는 입법정책에 맡겨져 있다고 볼 수 있으며, 그 구체적인 기간이 선거운동의 자유를 형해화 할 정도에 이르지 않았다면 이 역시 기본권을 침해하였다고 볼 수 없다. 21법무

③ 주로 농촌 지역에 위치한 군의 평균 선거인수는 도시지역인 자치구·시의 평균 선거인수에 비하여 적어서, 이러한 차이를 고려하여 자치구·시의 장의 선거에서보다 군의 장의 선거에서 예비후보자의 선거운동기간을 단기간으로 정한 차별취급은 자의적인 것이라 할 수 없다. 21국회9/21법행

④ 공직선거법이 자치구·시의 장의 선거에서 예비후보자의 선거운동기간보다 군의 장의 선거에서 예비후보자의 선거운동기간을 단기간으로 정한 것은 합리적인 차별이 아니다. 21법무

해설

① (○) 공직선거법 제59조(선거운동기간) 선거운동은 선거기간 개시일부터 선거일 전일까지에 한하여 할 수 있다. 다만, 다음 각 호의 어느 하나에 해당하는 경우에는 그러하지 아니하다. 1. 제60조의3 제1항 및 제2항의 규정에 따라 <u>예비후보자 등이 선거운동을</u> 하는 경우 〈주〉 예비후보자는 선거일 전에 미리 등록하여 선거운동을 할 수 있다. 대통령은 240일, 지역구국회의원과 시도지사는 120일, 기타는 90일 또는 60일 전부터 등록할 수 있다.

② (○) (헌재 2005. 2. 3. 2004헌마216)

③ (○) (헌재 2020. 11. 26. 2018헌마260) 〈주〉 인구수가 적으면 선거운동도 금방 할 수 있다. 따라서 대통령은 240일, 지역구국회의원과 시도지사는 120일, 기타는 90일 또는 60일 등으로 차별하여도 합리적인 이유가 인정된다.

④ (×) 군은 주로 농촌 지역에 위치하고 있어 도시 지역인 자치구·시보다 대체로 인구가 적다. 따라서 이 조항은 청구인의 <u>평등권을 침해하지 않는다.</u> (헌재 2005. 2. 3. 2004헌마216)

[정답] ④

309
다음 설명 중 옳지 않은 것을 모두 고른 것은? (판례)

㉠ 지방자치단체의 장이 그 임기 중에 그 직을 사퇴하여 대통령선거, 국회의원선거, 지방의회의원선거 및 다른 지방자치단체의 장 선거에 입후보할 수 없도록 하는 것은 공무담임권을 침해한다. 17국회8/22경채

㉡ 지방자치단체의 장으로 하여금 당해 지방자치단체의 관할구역과 같거나 겹치는 선거구역에서 실시되는 지역구 국회의원선거에 입후보하고자 하는 경우 선거일 전 180일까지 그 직을 사퇴하도록 하는 것은 해당 지방자치단체장의 공무담임권을 침해하지 않는다. 17서울

㉢ 공립 또는 사립 초·중등학교 교원으로 하여금 공직선거 및 교육감선거 입후보 시 선거일 전 90일까지 교원직을 그만 두도록 하는 법률 규정은 교원의 공무담임권과 평등권을 침해한다. 21법행

㉣ 헌법재판소는 정당추천후보자와 달리 무소속후보자에게 선거권자의 추천을 요건으로 입후보를 허용한 것을 평등권 위반이라고 결정하였다. 14서울

㉤ 정당이 그 목적을 달성하기 위하여 행하는 고유한 기능과 통상적인 활동은 선거에 있어서도 보장되어야 하며, 따라서 그로 인하여 무소속후보자와 정당후보자 간에 차별이 생긴다 하더라도 그것은 불합리한 차별이라고 할 수 없다. 21소방

① ㉠ ㉡
② ㉢ ㉣
③ ㉠ ㉡ ㉢
④ ㉡ ㉢ ㉣

[해설]
㉠ (O) (헌재 2003. 9. 25. 2003헌마106)
㉡ (X) 침해의 최소성 원칙에 위반되고, 법익의 균형성 원칙에 위배된다. (헌재 2003. 9. 25. 2003헌마106)
㉢ (X) <u>교원의 공무담임권과 평등권을 침해하지 않는다.</u> (헌재 2019. 11. 28. 2018헌마222)
㉣ (X) <u>무소속후보자에게만 선거권자의 추천을 받도록 한 것은 불합리한 차별이라고 할 수 없다.</u> (헌재 1996. 8. 29. 96헌마99)
㉤ (O) (헌재 1996. 8. 29. 96헌마99)

[정답] ④

310
다음 설명 중 옳지 않은 것을 모두 고른 것은? (판례)

㉠ 헌법재판소는 공직선거에 입후보하려는 자에 대하여 기탁금을 부과하는 것 자체가 선거에 입후보하려고 하는 후보자의 공무담임권을 침해한다고 결정하였다. 14서울

㉡ 지역구국회의원 예비후보자에게 지역구국회의원이 납부할 기탁금의 100분의 20에 해당하는 금액을 기탁금으로 납부하도록 하는 것은 예비후보자의 공무담임권을 침해하고, 비례대표기탁금 조항은 비례대표국회의원후보자가 되어 국회의원에 취임하고자 하는 자의 공무담임권을 침해한다. 18지방7

㉢ 지역구국회의원 예비후보자에게 지역구국회의원이 납부할 기탁금의 100분의 20에 해당하는 금액을 기탁금으로 납부하도록 정한 「공직선거법」 조항은 공무담임권을 침해하지 않는다. 21경승

㉣ 비례대표국회의원에 입후보하기 위하여 기탁금으로 1,500만원을 납부하도록 한 규정은 그 액수가 고액이라 거대정당에게 일방적으로 유리하고, 다양해진 국민의 목소리를 제대로 대표하지 못하여 사표를 양산하는 다수대표제의 단점을 보완하기 위하여 도입된 비례대표제의 취지에도 반하는 것이다. 17국회8/18국가7

① ㉠ ㉡
② ㉢ ㉣
③ ㉠ ㉡ ㉢
④ ㉠ ㉡ ㉣

[해설]
㉠ (X) 지역구 기탁금조항 및 지역구 기탁금반환조항은 공무담임권 등을 침해하지 아니한다. (헌재 2016. 12. 29. 2015헌마509)
㉡ (X) 예비후보자의 기탁금 액수를 해당 선거의 후보자등록 시 납부해야 하는 기탁금의 100분의 20인 300만 원으로 설정한 것은 입법재량의 범위를 벗어난 것으로 볼 수 없으므로 청구인의 공무담임권을 침해하지 않는다. (헌재 2017. 10. 26. 2016헌마623)
㉢ (O) (헌재 2017. 10. 26. 2016헌마623)
㉣ (O) (헌재 2016. 12. 29. 2015헌마509) 〈주〉 기탁금은 대통령 3억원, 비례대표 5백만원, 지역구 1천5백만원이다.

[정답] ①

7. 선거운동

311

다음 설명 중 가장 적절한 것은? (판례)

① 선거운동의 자유는 우리 헌법에 명시되어 있지 않다. 21법무
② 미성년자(18세 미만의 자를 말한다)라고 하더라도 예비후보자 후보자의 직계비속인 경우에는 선거운동을 할 수 있다. 11법원
③ 외국인은 영주권을 취득한 후 3년이 경과하고 해당 지방자치단체의 외국인등록대장에 올라온 경우에도 지방자치단체장과 의원선거에서 선거운동을 할 수 없다. 11국회8
④ 지방의회의원선거에서 선거권을 갖는 외국인은 누구라도 해당 선거에서 선거운동을 할 수 없다. 14국가7

해설

① (O) 자유선거의 원칙은 비록 우리 헌법에 명문으로 규정되지는 아니하였지만 민주국가의 선거제도에 내재하는 법원리이다. (헌재 2010. 10. 30. 2005헌바32)
② (X) 공직선거법 제60조(선거운동을 할 수 없는 자) ① 다음 각 호의 어느 하나에 해당하는 사람은 선거운동을 할 수 없다. 1. 대한민국 국민이 아닌 자. 2. 미성년자(18세 미만의 자를 말한다. 이하 같다) 3. 제18조 제1항의 규정에 의하여 선거권이 없는 자
③ (X) 공직선거법 제60조(선거운동을 할 수 없는 자) ② 18세 이상으로서 영주의 체류자격 취득일 후 3년이 경과한 외국인으로서 같은 법 제34조에 따라 해당 지방자치단체의 외국인등록대장에 올라 있는 사람은 지방자치단체의 의회의원 및 장의 선거권이 있다. 〈주〉 선거권이 있으면 선거운동도 할 수 있다.
④ (X) 공직선거법 제60조(선거운동을 할 수 없는 자) ② 18세 이상으로서 영주의 체류자격 취득일 후 3년이 경과한 외국인으로서 같은 법 제34조에 따라 해당 지방자치단체의 외국인등록대장에 올라 있는 사람은 지방자치단체의 의회의원 및 장의 선거권이 있다. 〈주〉 선거권이 있으면 선거운동도 할 수 있다.

[정답] ①

312

다음 설명 중 가장 적절하지 않은 것은? (판례)

① 초·중등학교 교원에 대해서는 정당가입과 선거운동의 자유를 금지하면서 대학교원에게는 이를 허용한다 하더라도, 이는 양자간 직무의 본질이나 내용 그리고 근무태양이 다른 점을 고려할 때 합리적인 차별이라고 할 것이므로 헌법상의 평등권을 침해한 것이라고 할 수 없다. 14법행
② 초·중등학교의 교육공무원이 정당의 발기인 및 당원이 될 수 없도록 규정한 정당법 조항 및 초·중등학교의 교육공무원이 정당의 결성에 관여하거나 이에 가입하는 행위를 금지한 국가공무원법 조항은 청구인들의 정당가입의 자유 등을 침해하지 않는다. 최신판례
③ 사회복무요원의 정치적 행위를 금지하는 병역법 제33조 제2항에서 '정당' 가입을 금지한 부분은 사회복무요원인 청구인의 정치적 표현의 자유 및 결사의 자유를 침해하지 않는다. 최신판례
④ 초·중등학교의 교육공무원이 그 밖의 정치단체의 결성에 관여하거나 이에 가입할 수 없다고 규정한 국가공무원법 조항은 명확성원칙에 위반되어 청구인들의 정치적 표현의 자유 및 결사의 자유를 침해하지 않는다. 최신판례

해설

① (O) (헌재 1993. 7. 29. 91헌마69)
② (O) 헌법재판소는 2001헌마710 결정 및 2011헌바42 결정에서, 정당가입 금지조항이 초·중등학교 교원에 대해서는 정당가입의 자유를 금지하면서 대학의 교원에게 이를 허용한다 하더라도, 평등원칙에 위배되지 않는다고 판시한 바 있다. 위 선례의 견해를 그대로 유지하기로 한다. (헌재 2020. 4. 23. 2018헌마551)
③ (O) 이 사건 법률조항 중 '정당'에 관한 부분은 청구인의 정치적 표현의 자유 및 결사의 자유를 침해하지 않는다. (헌재 2021. 11. 25. 2019헌마534)
④ (X) 국가공무원법조항 중 '그 밖의 정치단체'에 관한 부분은, '그 밖의 정치단체'라는 불명확한 개념을 사용하고 있어, 명확성원칙에 위배되어 청구인들의 정치적 표현의 자유, 결사의 자유를 침해한다. (헌재 2020. 4. 23. 2018헌마551) 〈주〉 명확성원칙에도 위반되고, 과잉금지원칙의 수단의 적합성에도 위반된다.

[정답] ④

313

다음 설명 중 가장 적절한 것은? (판례)

① 지방공단의 상근직원으로 하여금 정당원이 아닌 자에게도 투표권을 부여하는 당내경선에서 경선운동을 할 수 없도록 금지·처벌하는 것은 당내경선의 형평성과 공정성의 확보라는 공익을 위한 합리적인 제한에 해당하므로 정치적 표현의 자유를 침해하지 아니한다. 21법행

② 공무원이 선거운동의 기획행위를 하는 모든 경우를 금지하는 것은 공무원의 정치적 중립성에서 나오는 공익이 정치적 표현의 자유보다 크기 때문에 헌법에 위반되지 아니한다. 14국가7

③ 공무원의 직급이나 직렬 등에 상관없이 공무원의 특정정당 또는 후보자를 위한 선거운동을 모두 금지하는 것은 과잉금지원칙을 위배하여 공무원의 선거운동의 자유 및 정치적 의사표현의 자유를 침해하는 것이다. 12국회9

④ 구 공직선거법에서 '대통령령으로 정하는 언론인'에 대하여 선거운동을 금지하는 것은 포괄위임금지원칙에 위배되고 언론인의 선거운동의 자유를 침해하는 것이다. 16지방7/19법원

해설

① (×) 공단의 상근직원이 그 지위를 이용하여 경선운동을 하는 행위를 금지·처벌하는 규정을 두는 것은 별론으로 하고, 이 사건 공단의 상근직원의 경선운동을 일률적으로 금지·처벌하는 것은 정치적 표현의 자유를 과도하게 제한하는 것이다. (헌재 2021. 4. 29. 2019헌가11)

② (×) 공무원이 그 지위를 이용하였는지 여부에 관계없이 선거운동의 기획행위를 일체 금지하는 것은 공무원의 정치적 표현의 자유를 침해한다. (헌재 2008. 5. 29. 2006헌마1096)

③ (×) 직급이나 직렬 등에 상관없이 공무원의 정치운동을 금지하는 것은 선거운동의 자유 및 정치적 의사표현의 자유를 침해한다고 볼 수 없다. (헌재 2012. 7. 26. 2009헌바298)

④ (○) (헌재 2016. 6. 30. 2013헌가1) 〈주〉 언론인이 지위를 이용하여 선거운동을 하는 것을 금지하면 합헌이지만, 일률적으로 금지하는 것은 위헌이다.

[정답] ④

314

다음 설명 중 가장 적절하지 않은 것은? (판례)

① 공무원의 정상적인 업무 외의 모든 출장행위를 처벌대상으로 하는 것이 아니라 '선거기간 중'에 그리고 '선거운동과 관련하여' 이루어진 경우에 한하여 처벌하는 규정은 죄형법정주의의 명확성 원칙에 위배되지 않는다. 14법행

② 「공직선거법」은 선거에서 공무원의 중립의무를 구체화하고 있는데, 여기서의 공무원이란 원칙적으로 좁은 의미의 직업공무원을 포함한다. 21소방

③ 공무원의 정치적 중립의무에 대한 공직선거법 제9조의 '공무원'에는 원칙적으로 적극적인 정치활동을 통하여 국가에 봉사하는 정치적 공무원이 포함되지 않는다. 09국회8

④ 대통령은 소속 정당을 위하여 정당활동을 할 수 있는 사인으로서의 지위와 국민 모두에 대한 봉사자로서 공익실현의 의무가 있는 헌법기관으로서의 지위를 동시에 갖는데 최소한 전자의 지위와 관련하여서는 기본권 주체성을 갖는다. 09국회8

⑤ 공무원의 선거에서의 중립을 요구하는 공직선거법의 조항은 정치활동 중 '선거에 영향을 미치는 행위'만을 금지하고 있으므로, 선거영역에서의 특별법으로서 일반법인 국가공무원법 조항에 우선하여 적용된다고 할 것이다. 09국회8

해설

① (○) (헌재 2005. 10. 27. 2004헌바41)

② (○) (헌재 2004. 5. 14. 2004헌나1)

③ (×) 공선법 제9조의 '공무원'으로 위 헌법적 요청을 실현하기 위하여 선거에서의 중립의무가 부과되어야 하는 공무원이란 원칙적으로 국가와 지방자치단체의 모든 공무원 즉, 좁은 의미의 직업공무원은 물론이고, 적극적인 정치활동을 통하여 국가에 봉사하는 정치적 공무원을 포함한다. (헌재 2004. 5. 14. 2004헌나1) 〈주〉 공직선거법의 중립의무는 선거에서의 중립을 말한다. 따라서 정치적 공무원 중에서 대통령과 지방자치단체의 장도 포함된다.

④ (○) (헌재 2004. 5. 14. 2004헌나1)

⑤ (○) (헌재 2008. 1. 17. 2007헌마700) 〈주〉 국가공무원법상 정치적 공무원은 정치중립이 요구되지 않는다. 그러나 공직선거법은 특별법이라서 대통령과 지자체장은 선거에 한하여 중립이 요구될 수 있다.

[정답] ③

315

다음 설명 중 가장 적절한 것은? (판례)

① 대통령은 일반적인 공무원과는 달리 정치활동이 허용되고 정당원이 될 수도 있으므로 자신의 정치적 의사를 표현할 수 있는 자유, 즉 정치적 표현의 자유를 가진다. 09국회8
② 선거에 영향을 미치는 행위 중 특정 정당 및 후보자를 위하여 투표를 하거나 하지 아니하도록 권유하는 행위는 선거에 관한 단순한 의견개진 및 의사표시이므로, 이는 공무원의 정치적 중립성에 반하지 않는다. 14법행
③ 선거활동에 관하여 대통령의 정치활동의 자유와 선거중립 의무가 충돌하는 경우에는 어느 하나가 강조되거나 우선되어서는 아니된다. 09국회8
④ 대통령, 지방자치단체의 장, 지방의회의원은 직무의 기능이나 영향력을 이용하여 선거에서 국민의 자유로운 의사형성과정에 영향을 미치고 정당간의 경쟁관계를 왜곡할 가능성이 크다는 점에서 선거에서의 정치적 중립성이 요구된다. 16변시

해설

① (O) (헌재 2008. 1. 17. 2007헌마700)
② (X) 선거에 영향을 미치는 행위 중 특정 정당 및 후보자를 위하여 투표를 하거나 하지 아니하도록 권유하는 행위는 선거에 관한 단순한 의견개진 및 의사표시가 아니라 전형적인 선거운동의 하나로서, 이는 공무원의 정치적 중립성에 정면으로 반하는 행위이다. (헌재 2012. 7. 26. 2009헌바298)
③ (X) 대통령의 선거개입은 선거의 공정을 해할 우려가 무척 높다. 결국 선거활동에 관하여 대통령의 정치활동의 자유와 선거중립 의무가 충돌하는 경우에는 후자가 강조되고 우선되어야 한다. (헌재 2008. 1. 17. 2007헌마700)
④ (X) 특히 직무의 기능이나 영향력을 이용하여 선거에서 국민의 자유로운 의사형성과정에 영향을 미치고 정당간의 경쟁관계를 왜곡할 가능성은 정부나 지방자치단체의 집행기관에 있어서 더욱 크다고 판단되므로, 대통령, 지방자치단체의 장 등에게는 다른 공무원보다도 선거에서의 정치적 중립성이 특히 요구된다. 다만 국회의원과 지방의회의원은 위 공무원의 범위에 포함되지 않는다. (헌재 2004. 5. 14. 2004헌나1)

정답 ①

316

다음 설명 중 가장 적절한 것은? (판례)

① 지방자치단체의 장의 선거운동을 금지하는 것은 지방자치단체의 장의 업무전념성, 지방자치단체의 장과 지방자치단체 소속 공무원의 정치적 중립성, 선거의 공정성에 기여하는 바는 미미한 반면, 과잉금지원칙에 위배하여 지방자치단체의 장의 선거운동의 자유를 침해한다. 21법행
② 다른 지방선거 후보자와는 달리 기초의회의원선거의 후보자에 대해서만 정당표방을 금지하는 규정은 평등원칙에 위배되지 않는다. 13국회8
③ 기초의회의원 후보자에 한정하여 정당표명을 금지한 것은 지방자치의 제도적 보장을 위하여 불가결한 것으로 평등원칙에 위반되지 않는다. 13지방7
④ 기초의회의원선거 후보자로 하여금 특정 정당으로부터의 지지 또는 추천 받음을 표방할 수 없도록 한 것은 정치적 표현의 자유를 침해한다. 17행시

해설

① (X) 지방자치단체의 장은 지방자치단체의 대표로서 그 사무를 총괄하고, 공직선거법상 일정한 선거사무를 맡고 있으며, 지역 내 광범위한 권한 행사와 관련하여 사인으로서의 활동과 직무상 활동이 구분되기 어려운 점 등을 고려할 때 심판대상조항은 과잉금지원칙에 위배하여 선거운동의 자유를 침해한다고 볼 수 없다. (헌재 2020. 3. 26. 2018헌바90)
② (X) 다른 지방선거 후보자와는 달리 기초의회의원선거의 후보자에 대해서만 정당표방을 금지한 것은 평등원칙에 위배된다. (헌재 2003. 1. 30. 2001헌가4) 〈주〉 과거 기초의원과 무소속 후보자의 정당표방금지 규정은 위헌이다. 이후 무소속 후보자의 정당표방만 금지하는 규정으로 개정되었고, 이 규정은 합헌이다.
③ (X) 다른 지방선거 후보자와는 달리 기초의회의원선거의 후보자에 대해서만 정당표방을 금지한 위 조항은 아무런 합리적 이유 없이 유독 기초의회의원 후보자만을 다른 지방선거의 후보자에 비해 불리하게 차별하고 있으므로 평등원칙에 위배된다. (헌재 2003. 1. 30. 2001헌가4)
④ (O) 기초의회의원선거 후보자로 하여금 특정 정당으로부터의 지지 또는 추천 받음을 표방할 수 없도록 한 공직선거및선거부정방지법 제84조 중 "자치구·시·군의원선거의 후보자" 부분은 정치적 표현의 자유를 침해한다. (헌재 2003. 5. 15. 2003헌가9) 〈주〉 목적의 정당성을 부정하였다.

정답 ④

317

다음 설명 중 가장 적절한 것은? (판례)

① 교육감 선거운동과정에서 후보자의 과거 당원경력 표시를 금지시키는 지방교육자치에 관한 법률 조항은 지방교육자치의 정치적 중립성 확보에 기여하는 효과는 매우 불확실한 반면, 교육감후보자의 기본권이 제한되는 정도는 중대하여 헌법에 위반된다. 12사시

② 공직선거법에 따르면, 정당의 후보자추천에 관한 단순한 지지·반대의 의견개진 및 의사표시는 선거운동이다. 04사시

③ 헌법재판소 판례에 따르면, 국회의원이 선거운동기간 개시 전에 행하는 순수한 의정활동보고는 금지되지 않는다. 04사시

④ 선거운동기간 전에는 문자메시지를 전송하는 방법이나 인터넷 홈페이지 또는 그 게시판·대화방 등에 글이나 동영상 등을 게시하거나 전자우편을 전송하는 방법으로 선거운동을 하는 것이 허용되지 않는다. 21법무

해설

① (✗) 교육감선거후보자가 침해받는 사익은 교육의 정치적 중립성을 확보하려는 공익에 비하여 크지 않다 할 것이므로, 법익의 균형성 요건 역시 충족하였다. 따라서, 이 사건 법률조항은 교육감선거후보자의 정치적 표현의 자유를 침해하지 아니한다. (헌재 2011. 12. 29. 2010헌마285) 〈주〉따라서 현재 무소속과 교육감 후보자만 정당표방이 금지되며, 이는 모두 합헌이다.

② (✗) 공직선거법 제58조(정의 등) ① 이 법에서 "선거운동"이라 함은 당선되거나 되게 하거나 되지 못하게 하기 위한 행위를 말한다. 다만, 다음 각 호의 어느 하나에 해당하는 행위는 선거운동으로 보지 아니한다. 3. 정당의 후보자 추천에 관한 단순한 지지·반대의 의견개진 및 의사표시

③ (○) 선거운동기간이 개시된 "후"에 한하여 국회의원의 의정활동보고를 금지하였다고 하더라도 이를 일컬어 명백히 자의적인 입법이라고 할 수 없다. (헌재 2001. 8. 30. 99헌바92)

④ (✗) 공직선거법 제59조(선거운동기간) 선거운동은 선거기간 개시일부터 선거일 전일까지에 한하여 할 수 있다. 다만, 다음 각 호의 어느 하나에 해당하는 경우에는 그러하지 아니하다. 2. 문자메시지를 전송하는 방법으로 선거운동을 하는 경우. 3. 인터넷 홈페이지 또는 그 게시판·대화방 등에 글이나 동영상 등을 게시하거나 전자우편을 전송하는 방법으로 선거운동을 하는 경우

정답 ③

318

다음 설명 중 가장 적절하지 않은 것은? (판례)

① 선거일 180일 전부터 선거일까지 인터넷상 선거와 관련한 정치적 표현 및 선거운동을 금지하고 처벌하는 것은 후보자 간 경제력 차이에 따른 불균형 및 흑색선전을 통한 부당한 경쟁을 막고, 선거의 평온과 공정을 해하는 결과를 방지한다는 입법목적 달성을 위하여 적합한 수단이라고 할 수 없다. 12국회9/18법행

② 인터넷언론사에 대하여 선거일 전 90일부터 선거일까지 후보자 명의의 칼럼이나 저술을 게재하는 보도를 제한하는 '인터넷선거보도 심의기준 등에 관한 규정' 제8조 제2항은 과잉금지원칙에 반하여 청구인의 표현의 자유를 침해하지 않는다. 16국가9(수정)

③ 공직선거 및 교육감선거 입후보 시 선거일 전 90일까지 교원직을 그만 두도록 하는 공직선거법규정은 교원의 공무담임권과 평등권을 침해하지 않는다. 20국가7

④ 헌법재판소 판례에 따르면, 특정 후보자를 당선시킬 목적의 유무에 관계없이 당선되지 못하게 하기 위한 행위 일체를 선거운동으로 규정하여 이를 규제하는 것은 헌법에 합치된다. 04사시

해설

① (○) (헌재 2011. 12. 29. 2007헌마1001) 〈주〉목적의 정당성은 인정되나, 수단의 적협성, 침해의 최소성, 법익의 균형성이 부정되어 과잉금지원칙에 위반된다.

② (✗) 인터넷언론사에 대하여 선거일 전 90일부터 선거일까지 후보자 명의의 칼럼이나 저술을 게재하는 보도를 제한하는 구 '인터넷선거보도 심의기준 등에 관한 규정' 제8조 제2항 본문과 '인터넷선거보도 심의기준 등에 관한 규정' 제8조 제2항은 법률유보원칙에 반하여 청구인의 표현의 자유를 침해하지 않는다. 이 사건 시기제한조항은 과잉금지원칙에 반하여 청구인의 표현의 자유를 침해한다. (헌재 2019. 11. 28. 2016헌마90) 〈주〉시기제한은 포괄적 위임의 필요성이 있으므로 법률유보원칙에 위배되지 않는다. 다만 과잉금지원칙에 위반되어 위헌결정을 선고하였다.

③ (○) (헌재 2019. 11. 28. 2018헌마222)

④ (○) (헌재 2001. 8. 30. 2000헌마121) 〈주〉공직선거법상 선거운동에는 당선운동과 낙선운동이 모두 포함된다. 따라서 이 둘을 모두 선거운동으로 공직선거법이 규제하여도 합헌이다.

정답 ②

319

다음 설명 중 가장 적절하지 않은 것은? (판례)

① 자신의 개인 소셜 네트워크 서비스 계정에 언론의 인터넷 기사나 타인의 게시글을 단순히 '공유하기' 한 행위만으로는 특정 선거에서 특정 후보자의 당선 또는 낙선을 도모하려는 목적의사가 명백히 드러났다고 단정할 수는 없다. 21법행

② 정당제도의 헌법적 기능을 고려하면 무소속 후보자와 정당소속 후보자 간의 합리적이고 상대적인 차별은 가능하나 정당후보자에게 별도로 정당연설회를 할 수 있도록 하는 것은 위헌이다. 14국가7

③ 대통령의 선거기간은 23일이고, 국회의원선거와 지방자치단체의 의회의원 및 장의 선거의 선거기간은 14일이며, 대통령 선거의 선거기간이라 함은 후보자등록마감일의 다음 날부터 선거일까지를 말한다. 11법원

④ 정당을 제외한 모든 단체의 선거운동을 금지한 공직선거법 규정은 표현의 자유를 침해한다고 할 수 있다. 17국회9

해설

① (○) (헌재 2020. 2. 27. 2016헌마1071)
② (○) 당해 지역구에서 정당추천후보자를 연설원으로 포함시킨 정당연설회를 개최하는 경우에는 무소속후보자에게도 정당추천후보자에 준하는 선거운동의 기회를 균등하게 허용하지 아니하는 한 헌법에 위반된다. (헌재 1992. 3. 13. 92헌마37)
③ (○) 공직선거법 제33조
④ (×) 공직선거에 있어서 후보자를 추천하거나 이를 지지 또는 반대하는 등 선거활동을 함에 있어서 "정당"과 "정당이 아닌 기타의 단체"에 대하여 그 보호와 규제를 달리한다 하더라도 이는 일응 헌법에 근거를 둔 합리적인 차별이라 보아야 할 것이다. (헌재 1995. 5. 25. 95헌마105) 〈주〉 현행법상 노동단체의 정당 기부는 금지되나, 노동단체의 선거운동은 허용되므로 구별하여야 한다.

정답 ④

320

다음 설명 중 가장 적절하지 않은 것은? (판례)

① 정당이 아닌 단체에 정당만큼의 선거운동이나 정치활동을 허용하지 아니하였다 하여 곧 그것이 그러한 단체의 평등권이나 정치적 의사표현의 자유를 제한한 것이라고는 말할 수 없다. 21소방

② 공직선거법에 따르면, 노동조합은 그 명의로 선거운동을 할 수 있으나, 종친회 동창회는 그러하지 아니하다. 04사시

③ 선거운동은 정치적 표현의 자유의 한 형태로서 민주사회를 구성하고 움직이게 하는 요소이므로 그 제한입법의 경우에는 완화된 심사기준이 필요하다. 11국회8

④ 선거일에도 인터넷 홈페이지를 이용한 선거운동이 허용된다. 11국회8

⑤ 선거운동기간 중이라도 정당가입을 권유하기 위한 호별방문은 허용되지 않는다. 11국회8

⑥ 선거일에 선거운동을 한 자를 처벌하는 구 공직선거법은 과잉금지의 원칙을 위반하여 정치적 표현의 자유를 침해하지 않는다. 23법행

해설

① (○) (헌재 1995. 5. 25. 95헌마105)
② (○) 공직선거법 제87조. 〈주〉 노동조합의 선거운동은 허용되고 각종 사적모임의 선거운동은 금지하고 있다.
③ (×) 선거운동은 국민주권 행사의 일환일 뿐 아니라 정치적 표현의 자유의 한 형태로서 민주사회를 구성하고 움직이게 하는 요소이므로 그 제한입법에 있어서도 엄격한 심사기준이 적용된다. (헌재 1995. 4. 20. 92헌바29) 〈주〉 국민주권에 대한 제한은 엄격하게 심사하여야 한다.
④ (○) 공직선거법 제59조. 〈주〉 선거운동은 원칙적으로 선거일 전일까지만 할 수 있다. 그러나 인터넷을 이용하는 경우는 예외이다.
⑤ (○) 공직선거법 제106조(호별방문의 제한) ① 누구든지 선거운동을 위하여 또는 선거기간중 입당의 권유를 위하여 호별로 방문할 수 없다.
⑥ (○) (헌재 2021. 12. 23. 2018헌바152)

정답 ③

321

다음 설명 중 가장 적절하지 않은 것은? (판례)

① 선거운동기간을 제한하고 이를 위반한 사전선거운동을 형사처벌하도록 규정한 구 공직선거법 조항 중 '그 밖의 방법'에 관한 부분 가운데 개별적으로 대면하여 말로 하는 선거운동을 한 자에 관한 부분은 헌법에 위반된다. 최신판례
② 시각장애선거인을 위한 점자형 선거공보의 작성 여부를 후보자의 임의사항으로 규정하고 그 면수를 책자형 선거공보의 면수 이내로 한정한 공직선거법 조항은 시각장애인의 선거권과 평등권을 침해하지 않는다. 15변시
③ 대통령선거·지역구국회의원선거 및 지방자치단체의 장 선거의 후보자는 점자형 선거공보를 작성·제출하여야 하되, 책자형 선거공보에 그 내용이 음성·점자 등으로 출력되는 인쇄물 접근성 바코드를 표시하는 것으로 대신할 수 있다. 19행시
④ 후보자 방송광고 등에 있어 청각장애 선거인을 위한 수화 또는 자막 방영을 "하여야 한다"고 규정하지 아니하고 "할 수 있다"고 규정한 공직선거법 조항은 장애인의 참정권 등을 침해하는 것이어서 헌법에 위반된다. 12시시/22경찰1차
⑤ 중증장애인 후보자의 경우에도 비장애인 후보자들과 동일하게 선거사무원의 수를 제한하는 것은 중증장애인 후보자의 평등권 등 기본권을 침해하지 않는다. 14법행

해설

① (O) 사회·경제적 손실을 초래할 위험성이 낮은 개별적으로 대면하여 말로 지지를 호소하는 선거운동까지 포괄적으로 금지함으로써 과잉금지원칙에 반하여 선거운동 등 정치적 표현의 자유를 침해한다. (헌재 2022. 02. 24. 2018헌바146)
② (O) 심판대상조항이 점자형 선거공보의 작성 여부를 후보자의 임의사항으로 규정하고 그 면수를 책자형 선거공보의 면수 이내로 한정하고 있더라도, 시각장애인의 선거권과 평등권을 침해한다고 볼 수 없다. (헌재 2014. 5. 29. 2012헌마913)
③ (O) 공직선거법 제65조 제4항.
④ (×) 심판대상조항이 입법자의 입법형성의 범위를 벗어난 것으로서 청구인들의 참정권, 평등권 등 헌법상 기본권을 침해하는 정도의 것이라고 볼 수 없다. (헌재 2009. 5. 28. 2006헌마285)
⑤ (O) (헌재 2009. 2. 26. 2006헌마626) 〈주〉 장애인은 장애인보호법에 의하여 따로 도우미를 지원받을 수 있다.

정답 ④

322

다음 설명 중 가장 적절한 것은? (판례)

① 예비후보자의 배우자가 함께 다니는 사람 중에서 지정한 자도 선거운동을 위하여 명함교부 및 지지호소를 할 수 있도록 한 공직선거법 조항은 배우자가 없는 예비후보자의 평등권을 침해하는 것은 아니다. 14국가7/21경승
② 신체의 장애로 인하여 자신이 기표할 수 없는 선거인에 대해 투표보조인이 가족이 아닌 경우 반드시 본인이 지명한 2인을 동반하여서만 투표를 보조하게 할 수 있도록 하는 것은 해당 선거인의 선거권을 침해하지 않는다. 22회9
③ 선거에 관하여 기부의 권유 요구 등의 금지규정에 위반한 자에게 50배에 상당하는 금액의 과태료에 처하는 규정은 선거의 공정성을 위한 것으로 과잉금지원칙에 위배되지 아니한다. 18법행
④ 다른 일반범죄에 관한 공소시효의 기산점을 '범죄행위의 종료한 때로부터'로 정한 것과 달리 선거일 이전에 행하여진 범죄에 관하여 '해당 범죄행위 종료 시'가 아닌 '당해 선거일 후'를 기준으로 공소시효를 기산하는 것은 '선거일 이전에 행하여진 선거범죄'와 '선거일 후에 행하여진 선거범죄'를 합리적 이유 없이 차별하는 것으로 평등원칙에 위배된다. 23법행

해설

① (×) 합리적 이유 없이 배우자 없는 후보자와 배우자 있는 후보자를 차별 취급하므로 평등권을 침해한다. (헌재 2016. 9. 29. 2016헌마287)
② (O) (헌재 2020. 5. 27. 2017헌마867)
③ (×) 과태료의 기준 및 액수가 책임원칙에 부합되지 않게 획일적일 뿐만 아니라 지나치게 과중하여 입법목적을 달성함에 필요한 정도를 일탈함으로써 과잉금지원칙에 위반된다. (헌재 2009. 3. 26. 2007헌가22) 〈주〉 이후 "50배 이하"로 개정하였다.
④ (×) 이는 선거로 인한 법적 불안정 상태를 신속히 해소하기 위한 것이므로, 그 합리성을 인정할 수 있으므로 심판대상조항은 평등원칙에 위반되지 않는다. (헌재 2020. 3. 26. 2019헌바71)

정답 ②

8. 투표와 소송

323
다음 설명 중 가장 적절한 것은? (판례)

① 대통령선거는 임기만료에 의한 선거의 경우 그 임기만료일 전 70일 이후 첫번째 목요일이다. 11법원
② 천재·지변 기타 부득이한 사유로 지방의회의원 및 지방자치단체의 장의 선거를 실시할 수 없거나 실시하지 못한 때에는 중앙선거관리위원회위원장이 당해 지방자치단체의 장과 협의하여 선거를 연기하여야 한다. 21국회8
③ 임기만료에 의한 공직선거에서 투표소를 오후 6시에 닫도록 한 것이 투표권의 자유로운 행사를 침해하는 것인가는 총 투표시간, 투표시간 보장 장치, 선거일 전 투표의 기회보장 여부 등 투표제도 전반을 종합적으로 살펴야 할 것이므로 이는 선거권의 침해가 아니다. 17국회8
④ 부재자투표 개시시간을 일과시간 이내인 오전 10시부터로 정한 것은 과잉금지원칙에 위배하여 일과시간에 학업이나 직장업무를 하여야 하는 부재자투표자 청구인의 선거권을 침해하는 것이 아니다. 17국회8/19입시/23법행
⑤ 부재자투표 종료시간을 오후 4시까지로 정한 것은 투표시간을 지나치게 짧게 정한 것으로 사실상 투표가 곤란한 부재자투표자의 선거권을 침해한다. 17지방7

해설
① (×) 공직선거법 제34조(선거일) ① 1. 대통령선거는 그 임기만료일전 70일 이후 첫번째 수요일.
② (×) 공직선거법 제196조(선거의 연기) ① … "관할" 선거구선거관리위원회위원장이 당해 지방자치단체의 장과 협의하여 선거를 연기하여야 한다.
③ (○) (헌재 2013. 7. 25. 2012헌마815) 〈주〉 투표소는 특별한 사정이 없으면 오전 6시에 열고 오후 6시에 닫는다.
④ (×) 청구인의 선거권을 침해하는 것이다. (헌재 2012. 2. 23. 2010헌마601)
⑤ (×) 투표시간조항이 투표종료시간을 오후 4시까지로 정한다고 하더라도 투표개시시간을 일과시간 이전으로 변경한다면, 청구인의 선거권이나 평등권을 침해하지 않는다. (헌재 2012. 2. 23. 2010헌마601)

정답 ③

324
다음 설명 중 가장 적절하지 않은 것은? (판례)

① 투표용지에 표시되는 기호의 게재순위를 후보자등록마감일 현재 국회에서 다수의석을 가지고 있는 정당의 추천을 받은 후보자, 그렇지 않은 정당 추천 후보자, 무소속 후보자순으로 하는 것은 소수의석 정당이나 무소속후보자 등을 차별하는 것이나, 헌법상의 정당제도 보호취지를 고려할 때 평등권 등 기본권을 침해하지 않는다. 10법원
② 일부 개표소에서 동시계표 투표함 수에 비하여 상대적으로 적은 수의 개표참관인이 선정될 수 있다는 사정만으로 실질적인 개표감시가 이루어지지 않는다거나 개표절차 및 계표방법에 관한 입법자의 선택이 현저히 불합리하거나 불공정하여 선거권이 침해되었다고 볼 수는 없다. 16변시
③ 현행 공직선거법상 투표를 마친 선거인에게 국공립유료시설의 이용요금을 면제·할인하는 것은 허용되지 않는다. 17국회9
④ 선거인은 법령에서 정하는 언론사가 출구조사를 하는 경우를 제외하고, 투표한 후보자의 성명이나 정당명을 누구에게도 또한 어떠한 경우에도 진술할 의무가 없으며, 누구든지 선거일의 투표마감시각까지 이를 질문하거나 그 진술을 요구할 수 없다. 16국회8

해설
① (○) (헌재 1996. 3. 28. 96헌마9)
② (○) (헌재 2013. 8. 29. 2012헌마326)
③ (×) 공직선거법 제6조(선거권행사의 보장) ② 각급선거관리위원회는 선거인의 투표참여를 촉진하기 위하여 교통이 불편한 지역에 거주하는 선거인 또는 노약자·장애인 등 거동이 불편한 선거인에게 교통편의를 제공하거나, 투표를 마친 선거인에게 국공립 유료시설의 이용요금을 면제·할인하는 등의 필요한 대책을 수립·시행할 수 있다. 이 경우 공정한 실시방법 등을 정당·후보자와 미리 협의하여야 한다.
④ (○) 공직선거법 제167조(투표의 비밀보장)

정답 ③

325

다음 설명 중 가장 적절한 것은? (판례)

① 대통령선거에서 대통령후보자가 1인일 때에는 그 득표수가 선거권자 총수의 3분의 1이상이 아니면 대통령으로 당선될 수 없다. 21국회9/22경찰1차

② 지방자치단체의 장 선거에서 후보자가 1인일 경우 투표를 실시하지 않고 해당 후보자를 지방자치단체의 장 당선자로 정하도록 하는 것은 해당 선거인의 선거권을 침해한다. 22국회9

③ 대통령선거에 있어서 최고득표자가 2인 이상인 때에는 국회의 재적의원 과반수가 출석한 공개회의에서 과반수의 득표를 한 자를 당선자로 한다. 11지방7/22군무5

④ 선거일의 투표마감시각 후 당선인결정전까지 지역구국회의원후보자가 사퇴·사망하거나 등록이 무효로 된 경우에는 개표결과 유효투표의 다수를 얻은 자를 당선인으로 결정하되, 사퇴·사망하거나 등록이 무효로 된 자가 유효투표의 다수를 얻은 때에는 차순위 득표자가 당선인이 된다. 16지방7

해설

① (O) 헌법 제67조 제3항. 공직선거법 제187조 제1항 단서.
② (X) 입법목적 달성에 필요한 범위를 넘은 과도한 제한이라 할 수 없으므로 심판대상조항은 청구인의 선거권을 침해하지 않는다. (헌재 2016. 10. 27. 2014헌마797)
③ (X) 헌법 제67조 ② 제1항의 선거에 있어서 최고득표자가 2인 이상인 때에는 국회의 재적의원 과반수가 출석한 공개회의에서 다수표를 얻은 자를 당선자로 한다.
④ (X) 공직선거법 제188조(지역구국회의원당선인의 결정·공고·통지) ④ 선거일의 투표마감시각후 당선인결정전까지 지역구국회의원후보자가 사퇴·사망하거나 등록이 무효로 된 경우에는 개표결과 유효투표의 다수를 얻은 자를 당선인으로 결정하되, 사퇴·사망하거나 등록이 무효로 된 자가 유효투표의 다수를 얻은 때에는 그 국회의원지역구는 당선인이 없는 것으로 한다.

정답 ①

326

다음 설명 중 가장 적절하지 않은 것은? (판례)

① 선거사무장이 금지·제한된 기부행위로 인한 죄를 범하여 벌금 300만원 형의 선고를 받아 확정되었다면 그 후보자의 당선은 무효가 된다. 04사시

② 후보자의 직계존비속이 공직선거법을 위반하여 300만원 이상의 벌금형의 선고를 받은 때에는 그 후보자의 당선을 무효로 한다. 15국회8

③ 선거범죄로 당선이 무효로 된 자에게 이미 반환받은 기탁금과 보전받은 선거비용을 다시 반환하도록 한 공직선거법 조항은 국민의 참정권을 침해하지 않는다. 12사시

④ 선거범죄로 당선이 무효로 되는 경우에 이미 보전받은 선거비용뿐만 아니라 반환받은 기탁금 전액까지 반환하도록 하는 것은 지나친 제재라고 볼 수 있다. 18서울2회

해설

① (O) 공직선거법 제265조(선거사무장등의 선거범죄로 인한 당선무효) 선거사무장·선거사무소의 회계책임자 또는 후보자의 직계존비속 및 배우자가 해당 선거에 있어서 제230조부터 제234조까지, 제257조제1항 중 기부행위를 한 죄 또는 「정치자금법」 제45조제1항의 정치자금 부정수수죄를 범함으로 인하여 징역형 또는 300만원 이상의 벌금형의 선고를 받은 때에는 그 선거구 후보자(대통령후보자, 비례대표국회의원후보자 및 비례대표지방의회의원후보자를 제외한다)의 당선은 무효로 한다.
② (O) 공직선거법 제265조.
③ (O) 선거범죄로 당선이 무효로 된 자에게 이미 반환받은 기탁금과 보전받은 선거비용을 다시 반환하도록 한 구 공직선거법 조항은 공무담임권, 재산권, 평등권을 침해하지 않는다. (헌재 2011. 4. 28. 2010헌바232).
④ (X) 선거의 공정성을 해치는 선거 법령 위반행위에 대해서는 주권자인 국민의 정치적 의사형성과 표현의 과정인 참정권의 행사를 담보하기 위하여 일정한 제재를 가함으로써 부정선거의 소지를 차단할 필요가 있다. 따라서 이 사건 법률의 반환조항은 과잉금지원칙에 위배되어 청구인의 재산권을 침해하지 않는다. (헌재 2016. 9. 29. 2015헌마548) 〈주〉 당내경선 탈퇴는 전액이 아니라 잔액이라는 것과 구별하여야 한다.

정답 ④

327
다음 설명 중 가장 적절하지 않은 것은? (판례)

① 지방의회의원의 선거에서는 선거소청을 인정하지만, 국회의원선거에서는 선거소청을 인정하지 않는다. 15지방7
② 시·도지사선거에 대한 효력에 이의가 있는 경우 정당은 소청절차를 경유하지 않고, 대법원에 소송을 제기할 수 있다. 15지방7
③ 선거무효소송은 선거일의 지정, 선거인명부의 작성, 후보자등록, 투·개표관리 등 여러 행위를 포괄하는 집합적 행위인 선거의 효력을 다투는 쟁송이다. 12법무
④ 개표참관인들이, 자신들의 시정요구를 거부한다는 이유 등으로 스스로 퇴장한 경우에는 참관업무를 포기한 것으로 보이므로 선거무효사유에 해당하지 않는다. 12법무

> **해설**
> ① (○) 공직선거법 제219조.
> ② (×) 공직선거법 제222조(선거소송) ② 지방의회의원 및 지방자치단체의 장의 선거에 있어서 선거의 효력에 관한 제220조의 결정에 불복이 있는 소청인은 해당 소청에 대하여 기각 또는 각하 결정이 있는 경우에는 … 소를 제기할 수 있다. 〈주〉 지방의회의원 및 지방자치단체의 장의 선거에 대한 효력에 이의가 있는 경우 소청절차를 경유하여야만 소송을 제기할 수 있다.
> ③ (○) 선거무효소송은 선거일의 지정, 선거인명부의 작성, 후보자등록, 투·개표관리, 당선인결정 등 여러 행위를 포괄하는 집합행위인 선거의 효력을 다투는 쟁송이므로 당선인결정의 내용상의 오류, 즉 구체적으로 득표수 산정이나 확정에서의 판단의 위법은 선거무효사유로 삼을 수 없다. (대법원 2016. 9. 8. 2016수33)
> ④ (○) 개표참관인들이, 자신들의 시정요구를 거부한다는 이유 등으로 스스로 퇴장한 경우에는 선거무효사유에 해당하지 않는다.
>
> [정답] ②

328
다음 설명 중 가장 적절한 것은? (판례)

① 당선소송은 선거의 일부 무효를 주장하는 것으로서 선거의 효력에 관하여 이의가 있는 자가 당해 선거관리위원장을 피고로 하여 대법원에 소를 제기하는 것이다. 12국회
② 선거의 효력을 다투는 선거소송은 일종의 민중소송으로서 대통령 선거, 국회의원 선거의 효력에 관하여 이의가 있는 선거인, 후보자 또는 모든 정당이 제기할 수 있다. 17법행
③ 국회의원 지역구 선거에 있어서 선거의 효력에 관하여 이의가 있는 선거인·정당(후보자를 추천한 정당에 한한다) 또는 후보자는 선거일부터 30일 이내에 중앙선거관리위원회위원장을 피고로 하여 대법원에 소를 제기할 수 있다. 12법무
④ 국회의원선거에 있어서 선거의 효력에 관하여 이의가 있는 선거인·정당(후보자를 추천한 정당에 한한다) 또는 후보자는 선거일로부터 45일 이내에 헌법재판소에 소를 제기할 수 있다. 21경승

> **해설**
> ① (○) 공직선거법 제223조. 대통령선거에서는 중앙선거관리위원회위원장 또는 국회의장을, 국회의원선거에서는 당해 선거구선거관리위원회위원장을 각각 피고로 하여 대법원에 소를 제기할 수 있다.
> ② (×) 공직선거법 제222조(선거소송) ① 대통령선거 및 국회의원선거에 있어서 선거의 효력에 관하여 이의가 있는 선거인·정당(후보자를 추천한 정당에 한한다) 또는 후보자는 선거일부터 30일 이내에 당해 선거구선거관리위원회위원장을 피고로 하여 대법원에 소를 제기할 수 있다.
> ③ (×) 공직선거법 제222조(선거소송) ① 대통령선거 및 국회의원선거에 있어서 선거의 효력에 관하여 이의가 있는 선거인·정당(후보자를 추천한 정당에 한한다) 또는 후보자는 선거일부터 30일 이내에 "당해" 선거구선거관리위원회위원장을 피고로 하여 대법원에 소를 제기할 수 있다.
> ④ (×) 공직선거법 제222조 제1항. 대통령선거 및 국회의원선거에 있어서 선거의 효력에 관하여 이의가 있는 선거인·정당(후보자를 추천한 정당에 한한다) 또는 후보자는 선거일부터 30일 이내에 당해 선거구선거관리위원회위원장을 피고로 하여 대법원에 소를 제기할 수 있다.
>
> [정답] ①

329
다음 설명 중 옳지 않은 것을 모두 고른 것은? (판례)

> ㉠ 당선무효소송은 선거가 적법 유효하게 실시된 것을 전제로 선거관리위원회의 당선인 결정 자체가 위법하다고 한 경우에 그 효력을 다투는 소송이므로 선거가 무효가 되는 사유가 있으면 더 나아가서 당선무효 여부를 따져 볼 필요가 없다. 12법무
> ㉡ 대법원은 선거소송에서 선거에 관한 규정에 위반한 사실이 인정되는 경우라도 선거의 결과에 영향을 미쳤다고 인정하는 때에 한하여 선거의 전부의 무효를 판결하며, 선거의 일부의 무효를 판결할 수는 없다. 17법행
> ㉢ 대법원이나 고등법원은 선거쟁송에서 선거에 관한 규정에 위반된 사실이 있으면 선거 전부나 일부의 무효 또는 당선의 무효를 판결한다. 20국회8
> ㉣ 선거소송에서 수소법원은 소가 제기된 날부터 180일 이내에 처리하여야 한다. 20국회8

① ㉠ ㉡ ② ㉡ ㉢
③ ㉢ ㉡ ㉢ ④ ㉡ ㉢ ㉣

[해설]
㉠ (O) (대법원 1992. 10. 16. 92수198)
㉡ (X) 공직선거법 제224조(선거무효의 판결 등) 소청이나 소장을 접수한 선거관리위원회 또는 대법원이나 고등법원은 선거쟁송에 있어 선거에 관한 규정에 위반된 사실이 있는 때라도 선거의 결과에 영향을 미쳤다고 인정하는 때에 한하여 선거의 전부나 일부의 무효 또는 당선의 무효를 결정하거나 판결한다.
㉢ (X) 공직선거법 제224조(선거무효의 판결 등) 소청이나 소장을 접수한 선거관리위원회 또는 대법원이나 고등법원은 선거쟁송에 있어 선거에 관한 규정에 위반된 사실이 있는 때라도 선거의 결과에 영향을 미쳤다고 인정하는 때에 한하여 선거의 전부나 일부의 무효 또는 당선의 무효를 결정하거나 판결한다.
㉣ (O) 공직선거법 제225조(소송 등의 처리) 선거에 관한 소청이나 소송은 다른 쟁송에 우선하여 신속히 결정 또는 재판하여야 하며, 소송에 있어서는 수소법원은 소가 제기된 날 부터 180일 이내에 처리하여야 한다. 〈주〉 선거소송은 다른 소송보다 더 신속하게 처리한다.

[정답] ②

제4절 지방자치제도

1. 서설

330
다음 설명 중 가장 적절하지 않은 것은? (판례)

① 최초의 지방의회가 구성된 것은 제1공화국 기간이었던 1950년이었고, 지방의회를 조국통일이 이루어질 때까지 구성하지 아니한다는 것을 헌법 부칙에 규정한 것은 1980년 제8차 개정 헌법에서였다. 17변시
② 지방자치의 제도적 보장의 본질적 내용은 자치단체의 보장, 자치기능의 보장 및 자치사무의 보장이다. 19회8
③ 지방자치제도의 헌법적 보장이란 한마디로 국민주권의 기본원리에서 출발하여 주권의 지역적 주체로서의 주민에 의한 자기통치의 실현으로 요약할 수 있고, 이러한 지방자치의 본질적 내용인 핵심영역은 어떠한 경우라도 입법 기타 중앙정부의 침해로부터 보호되어야 한다는 것을 의미한다. 17법행
④ 중앙정부와 지방자치단체 간에 권력을 수직적으로 분배하는 문제는 서로 조화가 이루어져야 하고, 이 조화를 도모하는 과정에서 입법 또는 중앙정부에 의한 지방자치의 본질의 훼손은 어떠한 경우라도 허용되어서는 안 된다. 19회8

[해설]
① (X) 1948년 제헌헌법에서 지방자치제도를 규정하였으나 시행되지는 못하였다. 이후 최초의 지방선거를 실시하려 하였으나 1950년 6·25전쟁으로 미루어졌다가 1952년 4월 25일에 최초의 지방선거가 실시되었다. 이후 박정희의 5·16 군사정변으로 1962년 5차 개헌 이래 지방자치는 시행되지 않았다. 1972년 7차 개헌(유신헌법)에서는 조국통일이 이루어질 때까지 지방의회를 구성하지 않음을 명시하였다. 1987년 9차 개헌 이후 다시 지방선거가 부활되었다.
② (O) (헌재 1994. 12. 29. 94헌마201)
③ (O) (헌재 1998. 4. 30. 96헌바62)
④ (O) (헌재 1998. 4. 30. 96헌바62)

[정답] ①

331

다음 설명 중 가장 적절하지 않은 것은? (판례)

① 지방자치제도는 제도적 보장의 하나로서, 기본권 보장의 경우와는 달리 그 본질적 내용을 침해하지 아니하는 범위 안에서 입법자에게 제도의 구체적인 내용과 형태의 형성권을 폭넓게 인정한다는 의미에서 '최소한 보장의 원칙'이 적용된다. 17행시

② 헌법재판소 결정에 의하면 지방자치제도는 제도적 보장의 하나로서, 그 제도의 본질적 내용을 침해하지 않는 범위 안에서 입법자에게 입법형성의 자유가 폭넓게 인정된다. 17행시

③ 자치제도의 보장이 특정자치단체의 존속을 보장하는 것은 아니기 때문에, 지방자치단체로서 특별시·광역시 및 도와 함께 시·군 및 자치구를 계속하여 존속하도록 할지 여부는 입법자의 입법형성권의 범위에 들어간다. 21법행

④ 헌법상 지방자치제도의 보장은 특정 지방자치단체의 존속을 보장하는 것이며, 지방자치단체의 폐지·분합에 있어 지방자치권의 존중은 법정절차의 준수로 족하다. 09법행

해설

① (O) (헌재 2006. 2. 23. 2005헌마403) 〈주〉 지방자치제도의 본질적 내용이 아닌 사항들은 국회의 입법재량에 의하여 제한될 수 있다.

② (O) 제도적 보장은 기본권 보장의 경우와는 달리 그 본질적 내용을 침해하지 아니하는 범위 안에서 입법자에게 제도의 구체적인 내용과 형태의 형성권을 폭넓게 인정한다는 의미에서 '최소한 보장의 원칙'이 적용된다. (헌재 2006. 2. 23. 2005헌마403) 〈주〉 제도보장은 최소한 보장의 원칙이 적용되므로 입법형성의 자유가 크다.

③ (O) (헌재 2006. 4. 27. 2005헌마1190) 〈주〉 "특정" 지자체의 존속 여부는 입법재량이다.

④ (✕) 헌법상 지방자치제도의 보장은 특정 지방자치단체의 존속을 보장하는 것이 아니며, 지방자치단체의 폐지·분합에 있어 지방자치권의 존중은 법정절차의 준수로 족하다. (헌재 1995. 3. 23. 94헌마175) 〈주〉 지방자치 "제도" 자체를 헌법으로 보장하는 것이지, "특정" 지방자치단체를 보장하는 것이 아니다.

[정답] ④

332

다음 설명 중 옳은 것을 모두 고른 것은? (판례)

㉠ 지방자치의 헌법적 보장은 특정 지방자치단체의 존속을 보장한다는 것은 아니기 때문에, 국회가 법률로써 특정 지방자치단체를 폐지하여 다른 지방자치단체에 병합하더라도 헌법이 보장하는 지방자치제도의 본질적 내용을 침해하는 것은 아니다. 11법원

㉡ 헌법상 특정 지방자치단체의 존속이 보장되어야 하므로 법률로 지방자치단체를 폐지·분합하는 것은 허용되지 않는다. 21법무

㉢ 행정혁신을 위해 현행 2단계(특별시, 광역시 등과 시·군·구)의 지방자치단체를 1단계로 조정하려면 헌법개정이 필수적이다. 18법무

㉣ 지방자치단체의 중층구조를 존속할지 여부는 입법자의 입법형성권에 속한다. 21법행/23경승

① ㉠ ㉣   ② ㉡ ㉢
③ ㉡ ㉢ ㉣   ④ ㉠ ㉡ ㉢ ㉣

해설

㉠ (O) 헌법상 지방자치제도보장의 핵심영역 내지 본질적 부분이 특정 지방자치단체의 존속을 보장하는 것이 아니며 지방자치단체에 의한 자치행정을 일반적으로 보장하는 것이므로, 현행법에 따른 지방자치단체의 중층구조 또는 지방자치단체로서 특별시·광역시 및 도와 함께 시·군 및 구를 계속하여 존속하도록 할지 여부는 결국 입법자의 입법형성권의 범위에 들어가는 것으로 보아야 한다. (헌재 2006. 4. 27. 2005헌마1190) 〈주〉 지방자치단체의 폐치분합은 법률로 정한다.

㉡ (✕) 지방자치제도의 보장은 지방자치단체에 의한 자치행정을 일반적으로 보장하는 것이지 특정 지방자치단체의 존속을 보장하는 것이 아니므로, 지방자치단체의 폐지·분합은 지방자치제도의 보장에 반하는 것이 아니다. (헌재 1994. 12. 29. 94헌마201)

㉢ (✕) 헌법 제117조 ② 지방자치단체의 종류는 법률로 정한다. 〈주〉 지방자치단체의 종류는 법률에 규정되어 있으므로 법률 개정으로 가능하고 헌법을 개정할 필요는 없다.

㉣ (O) (헌재 2006. 4. 27. 2005헌마1190) 〈주〉 예컨대 제주도 내에 제주시를 별도로 인정하는 중층구조 또는 제주도 내에 제주시를 별도로 인정하지 않는 단층구조의 선택 여부는 입법재량이다.

[정답] ①

333

다음 설명 중 가장 적절한 것은? (판례)

① 지방자치법 상의 지방자치단체 외에 특정한 목적을 수행하기 위하여 필요하면 따로 특별지방자치단체를 설치할 수 있다. 17행시
② 「지방자치법」상 일반지방자치단체는 시·도와 시·군·자치구이며, 특별시·광역시·특별자치시·특별자치도는 특별지방자치단체이다. 20국회9
③ 지방자치단체의 장의 선임방법 기타 지방자치단체의 조직과 운영에 관한 사항은 법률로 정하지만, 지방의회의 조직·권한·의원선거에 관한 사항은 조례로 정한다. 17행시
④ 지방의회의 조직·권한·의원선거와 지방자치단체의 장의 선임방법 기타 지방자치단체의 조직과 운영에 관한 사항은 조례로 정한다. 18법무

해설

① (O) 지방자치법 제2조(지방자치단체의 종류) ③ 제1항의 지방자치단체 외에 특정한 목적을 수행하기 위하여 필요하면 따로 특별지방자치단체를 설치할 수 있다. 〈주〉 특별지방자치단체는 특정한 목적을 수행하기 위하여 2개 이상의 지방자치단체가 연합하는 등의 단체이다. 예컨대 2022년 2월 부울경 메가시티가 출범하였다.
② (×) 지방자치법 제2조(지방자치단체의 종류) ① 지방자치단체는 다음의 두 가지 종류로 구분한다. 1. 특별시, 광역시, 특별자치시, 도, 특별자치도 2. 시, 군, 구 ③ 제1항의 지방자치단체 외에 특정한 목적을 수행하기 위하여 필요하면 따로 특별지방자치단체를 설치할 수 있다. 〈주〉 특별시, 광역시, 특별자치시, 특별자치도는 모두 "일반" 지방자치단체이다. 특별지방자치단체는 특정한 목적을 수행하기 위하여 2개 이상의 지방자치단체가 연합한 단체이다.
③ (×) 헌법 제118조 ① 지방자치단체에 의회를 둔다. ② 지방의회의 조직·권한·의원선거와 지방자치단체의 장의 선임방법 기타 지방자치단체의 조직과 운영에 관한 사항은 법률로 정한다.
④ (×) 헌법 제118조 ① 지방자치단체에 의회를 둔다. ② 지방의회의 조직·권한·의원선거와 지방자치단체의 장의 선임방법 기타 지방자치단체의 조직과 운영에 관한 사항은 법률로 정한다.

[정답] ①

334

다음 설명 중 옳은 것을 모두 고른 것은? (판례)

㉠ 지방자치단체를 폐지하거나 설치하거나 나누거나 합칠 때에는 법률로 정한다. 18행시
㉡ 지방자치단체의 명칭과 구역은 종전과 같이 하고, 명칭과 구역을 바꾸거나 지방자치단체를 폐지하거나 설치하거나 나누거나 합칠 때에는 대통령령으로 정한다. 16지방7
㉢ 지방자치단체의 관할 구역 경계변경과 한자 명칭의 변경은 법률로 정한다. 18법무
㉣ 지방자치단체의 관할구역 경계를 결정함에 있어서 명시적 법령이 없는 경우에는 경계에 관한 불문법을 따라야 하며, 불문법도 존재하지 않으면 헌법재판소가 형평의 원칙에 입각하여 합리적이고 공평하게 관할구역의 경계를 획정할 수밖에 없다. 16서울

① ㉠ ㉣ ② ㉡ ㉢
③ ㉡ ㉢ ㉣ ④ ㉠ ㉡ ㉢ ㉣

해설

㉠ (O) 지방자치법 제4조(지방자치단체의 명칭과 구역) ① 지방자치단체의 명칭과 구역은 종전과 같이 하고, 명칭과 구역을 바꾸거나 지방자치단체를 폐지하거나 설치하거나 나누거나 합칠 때에는 법률로 정한다. 다만, 지방자치단체의 관할 구역 경계변경과 한자 명칭의 변경은 대통령령으로 정한다.
㉡ (×) 지방자치법 제4조(지방자치단체의 명칭과 구역) ① 지방자치단체의 명칭과 구역은 종전과 같이 하고, 명칭과 구역을 바꾸거나 지방자치단체를 폐지하거나 설치하거나 나누거나 합칠 때에는 법률로 정한다. 다만, 지방자치단체의 관할 구역 경계변경과 한자 명칭의 변경은 대통령령으로 정한다.
㉢ (×) 지방자치법 제4조(지방자치단체의 명칭과 구역) ① 지방자치단체의 명칭과 구역은 종전과 같이 하고, 명칭과 구역을 바꾸거나 지방자치단체를 폐지하거나 설치하거나 나누거나 합칠 때에는 법률로 정한다. 다만, 지방자치단체의 관할 구역 경계변경과 한자 명칭의 변경은 대통령령으로 정한다.
㉣ (O) (헌재 2015. 7. 30. 2010헌라2) 〈주〉 홍성군과 태안군의 해상경계를 헌법재판소가 형평의 원칙에 따라서 등거리 중간선으로 획정한 사안이다. 헌법재판소가 입법작용을 담당할 수는 없다. 그러나 경계변경은 입법사항이 아니라 대통령령으로 정하는 사안이므로 헌법재판소가 획정할 수도 있다.

[정답] ①

335
다음 설명 중 가장 적절하지 않은 것은? (판례)

① 지방자치단체의 폐치·분합에 관한 것은 대상지역 주민의 인간다운 생활공간에서 살 권리 등을 침해할 수 있으므로 헌법소원의 대상이 될 수 있다. 13국회8
② 법률에 의한 지방자치단체의 폐치와 분합은 헌법소원의 대상이 되지만, 반드시 주민투표에 의한 주민의사 확인절차를 거쳐야 하는 것은 아니다. 17회8
③ 지방자치단체의 폐치·분합의 문제는 지방자치단체의 자치행정권 중 지역고권의 보장문제이므로 헌법소원심판의 대상이 될 수 없다. 17서울/22국5
④ 조례에 의하여 기본권을 침해받고 있다고 주장하는 자는 그 권리구제의 수단으로서 조례에 대한 헌법소원심판을 청구할 수 있다. 13국회8
⑤ 지방자치단체 상호 간 또는 지방자치단체의 장 상호 간에 사무를 처리할 때 의견이 달라 다툼(이하 "분쟁"이라 한다)이 생기면 다른 법률에 특별한 규정이 없으면 행정안전부장관이나 시·도지사가 당사자의 신청을 받아 조정할 수 있지만, 그 분쟁이 공익을 현저히 해쳐 조속한 조정이 필요하다고 인정되면 당사자의 신청이 없어도 직권으로 조정할 수 있다. 22비상

해설

① (O) (헌재 1994. 12. 29. 94헌마201)
② (O) (헌재 1995. 3. 23. 94헌마175) 〈주〉 지방자치단체의 폐치분합은 법률로 정할 수 있는데, 지방자치법에 의할 때 지방의회의 의견을 듣거나 주민투표를 하거나 둘 중 하나만 하면 된다.
③ (✕) 지방자치단체의 폐치·분합에 관한 것은 지방자치단체의 자치행정권 중 지역고권의 보장문제임과 동시에, 다른 한편으로는 그로 인하여 다음과 같은 기본권의 침해문제가 발생하게 된다. (헌재 1994. 12. 29. 94헌마201) 〈주〉 따라서 헌법소원청구의 대상이 될 수 있다는 뜻이다.
④ (O) (헌재 1995. 4. 20. 92헌마264) 〈주〉 조례에 의하여 헌법상 기본권을 직접 침해당한 경우 헌마 사건으로 헌법재판소법 제68조 제1항의 권리구제형 헌법소원을 청구할 수 있다.
⑤ (O) 지방자치법 제165조.

[정답] ③

336
다음 설명 중 가장 적절한 것은? (판례)

① 조례에 대한 무효확인소송을 제기함에 있어서 피고적격이 있는 처분 등을 행한 행정청은 지방자치단체의 장이다. 09법행
② 조례가 집행행위의 개입 없이도 그 자체로서 직접 국민의 구체적인 권리의무나 법적 이익에 영향을 미치는 등의 법률상 효과를 발생하는 경우 그 조례는 항고소송의 대상이 되는 행정처분에 해당하고, 이러한 조례에 대한 무효확인소송을 제기함에 있어서 피고적격이 있는 처분 등을 행한 행정청은 행정주체인 지방자치단체이다. 20법무
③ 지방자치단체의 장은 주민들의 기본권을 보호하기 위해 필요한 범위 내에서 그 자신이 기본권의 주체가 될 수 있다. 15법행
④ 지방자치단체 상호간에 권한의 유무 또는 범위에 관하여 다툼이 있을 때 해당 지방자치단체는 헌법재판소에 권한쟁의심판을 청구할 수 없다. 17서울/21법무

해설

① (O) (대법원 1996. 9. 20. 95누8003) 〈주〉 조례에 의하여 법률상 권리를 직접 침해당한 경우 법원에 소송을 제기할 수 있다. 이때 조례를 만든 기관은 지방의회이지만 조례를 공포하여 효력을 발생시킨 기관은 지자체의 장이므로 지자체의 장을 대상으로 제소한다.
② (✕) 조례에 대한 무효확인소송을 제기함에 있어서 행정소송법 제38조 제1항, 제13조에 의하여 피고적격이 있는 처분 등을 행한 행정청은 조례로서의 효력을 발생시키는 공포권이 있는 지방자치단체의 장이다. (대법원 1996. 9. 20. 95누8003)
③ (✕) 지방자치단체의 장은 공무원의 지위에서는 기본권의 주체가 될 수 없고 일반 국민의 지위에서는 기본권의 주체가 될 수 있다. 위 지문처럼 지방자치단체의 장이 주민들의 기본권을 보호하기 위해서 필요한 범위 내에서는 공무원의 지위를 의미하므로 기본권의 주체가 될 수 없다고 해야 한다.
④ (✕) [1] 헌법 제111조 ① 헌법재판소는 다음 사항을 관장한다. 4. 국가기관 상호간, 국가기관과 지방자치단체간 및 지방자치단체 상호간의 권한쟁의에 관한 심판.
[2] 헌법재판소법 제61조(청구 사유) ① 국가기관 상호간, 국가기관과 지방자치단체 간 및 지방자치단체 상호간에 권한의 유무 또는 범위에 관하여 다툼이 있을 때에는 해당 국가기관 또는 지방자치단체는 헌법재판소에 권한쟁의심판을 청구할 수 있다.

[정답] ①

337

다음 설명 중 옳은 것을 모두 고른 것은? (판례)

> ㉠ 지방자치단체의 자치권이 미치는 관할구역의 범위에는 육지만 포함되므로, 공유수면에 대해서는 지방자치단체의 자치권한이 존재하지 않는다. 19국회8/21국가5
> ㉡ 지방자치단체의 영토고권은 헌법과 법률상 인정되지 아니한다. 20국회9
> ㉢ 자치권이 미치는 관할구역의 범위에는 육지는 물론 바다도 포함되는 바, 지방자치단체의 영토고권이 인정된다. 17국회8
> ㉣ 국가가 영토고권을 가지는 것과 마찬가지로 지방자치단체에게 자신의 관할구역 내에 속하는 영토·영해·영공을 자유로이 관리하고 관할구역 내의 사람과 물건을 독점적·배타적으로 지배할 수 있는 영토고권은 우리나라 헌법과 법률상 인정되지 아니한다. 17국가7

① ㉠ ㉢
② ㉡ ㉣
③ ㉠ ㉡ ㉢
④ ㉡ ㉢ ㉣

[해설]

㉠ (×) 지방자치법 제4조 제1항에 규정된 지방자치단체의 구역은 주민·자치권과 함께 자치단체의 구성요소이고, 자치권이 미치는 관할구역의 범위에는 육지는 물론 바다도 포함되므로, <u>공유수면에 대해서도 지방자치단체의 자치권한이 미친다.</u> (헌재 2015. 7. 30. 2010헌라2)

㉡ (○) 지방자치단체에게 자신의 관할구역 내에 속하는 영토·영해·영공을 자유로이 관리하고 관할구역 내의 사람과 물건을 독점적·배타적으로 지배할 수 있는 권리가 부여되어 있다고 할 수는 없다. (헌재 2006. 3. 30. 2003헌라2) 〈주〉 지방자치단체의 자치권은 인정되나 영토고권은 인정되지 않는다.

㉢ (×) 지방자치제도의 보장은 지방자치단체에 의한 자치행정을 일반적으로 보장한다는 것뿐이고, 마치 국가가 영토고권을 가지는 것과 마찬가지로 지방자치단체에게 자신의 관할구역 내에 속하는 영토·영해·영공을 자유로이 관리하고 관할구역 내의 사람과 물건을 독점적·배타적으로 지배할 수 있는 권리가 부여되어 있다고 할 수는 없다. (헌재 2006. 3. 30. 2003헌라2)

㉣ (○) (헌재 2006. 3. 30. 2003헌라2)

[정답] ②

2. 주민의 권한과 의무

338

다음 설명 중 가장 적절한 것은? (판례)

① 헌법은 지역 주민들이 자신들이 선출한 자치단체의 장과 지방의회를 통하여 자치사무를 처리할 수 있는 대의제 또는 대표제 지방자치를 보장하고 있지 않다. 14지방7

② 헌법은 지방자치단체의 종류, 지방의회의원과 지방자치단체의 장의 선거방법에 대해서는 법률로 정하도록 하고 있다. 15법행

③ 지방자치단체의 장 선거권을 지방의회의원 선거권, 나아가 국회의원 선거권 및 대통령 선거권과 구별하여 하나는 법률상의 권리로, 나머지는 헌법상의 권리로 이원화하는 것은 허용될 수 없으므로 지방자치단체의 장 선거권 역시 다른 선거권과 마찬가지로 헌법 제24조에 의해 보호되는 기본권으로 인정하여야 한다. 22경찰1차

④ 지방의회의원 선거권에 관해서는 헌법에 명시적 규정이 있으나 지방자치단체장에 대한 선거권에 관하여는 오로지 법률에 맡겨져 있으므로, 지방자치단체장 선거권은 헌법상 기본권이 아닌 법률상의 권리이다. 17국가7/21소방

[해설]

① (×) 헌법은 지역 주민들이 자신들이 선출한 자치단체의 장과 지방의회를 통하여 자치사무를 처리할 수 있는 <u>대의제 또는 대표제 지방자치를 보장하고 있다.</u> (헌재 2009. 7. 30. 2007헌바75) 〈주〉 지방의회, 의원선거등의 지방자치단체의 대의제는 헌법으로 보장된다.

② (×) 헌법 제117조 ② <u>지방자치단체의 종류는</u> 법률로 정한다. 헌법 제118조 ① 지방자치단체에 의회를 둔다. ② 지방의회의 조직·권한·<u>의원선거</u>와 <u>지방자치단체의 장의 선임방법</u> 기타 지방자치단체의 조직과 운영에 관한 사항은 법률로 정한다. 〈주〉 '헌법'은 지방자치단체장의 '선거방법'이 아니라 '선임방법'에 대하여 규정하고 있다.

③ (○) (헌재 2016. 10. 27. 2014헌마797)

④ (×) 지방자치단체의 장 선거권 역시 다른 선거권과 마찬가지로 <u>헌법 제24조에 의해 보호되는 기본권으로 인정하여야 한다.</u> (헌재 2016. 10. 27. 2014헌마797) 〈주〉 헌법에는 '선임'이라고 규정되었으나 헌재는 이를 '선거'라고 해석한다.

[정답] ④

339
다음 설명 중 가장 적절한 것은? (판례)

① 주민투표, 주민발안제도의 구체적인 내용은 입법을 통해 형성되지만 제도 그 자체는 헌법에서 도출되는 기본권이다. 15지방7/18국가7
② 지방자치법에 규정된 주민의 조례제정·개폐청구권 및 주민투표권은 헌법상 보장된 지방자치제도의 본질적 내용을 이룬다. 11법원
③ 조례제정·개폐청구권은 헌법 제37조 제1항의 '헌법에 열거되지 아니한 권리'로 볼 수 있으므로, 해당 지방자치단체의 주민이 그 침해를 이유로 제기한 「헌법재판소법」 제68조 제1항에 의한 헌법소원심판청구는 적법하다. 20비상
④ 주민투표에 관한 지방자치법상 규정이 그 구체적 절차와 사항에 관하여는 따로 법률로 정하도록 하였더라도 국회에 이를 입법하여야 할 헌법상 의무가 발생하였다고 할 수 없고, 주민투표에 대한 입법부작위를 다투는 헌법소원심판은 허용되지 아니한다. 16서울

해설

① (✕) 주민투표권이나 조례제정·개폐청구권은 헌법상 기본권으로 보기 어렵다. (헌재 2014. 4. 24. 2012헌마287) 〈주〉 지방선거권은 헌법 제118조에 규정된 국민의 기본권이다. 그러나 주민투표권, 주민발안권, 조례제정·개폐청구권 등은 법률상 권리이다.
② (✕) 주민투표권이나 조례제정·개폐청구권은 헌법상 기본권으로 보기 어렵다. (헌재 2014. 4. 24. 2012헌마287)
③ (✕) 주민투표권이나 조례제정·개폐청구권은 헌법상 기본권으로 보기 어렵다. (헌재 2014. 4. 24. 2012헌마287) 〈주〉 주민투표권, 주민발안권, 조례제정·개폐청구권 등은 모두 헌법에 열거되지 아니한 '기본권'이 아니라 '법률상 권리'이다.
④ (○) (헌재 2001. 6. 28. 2000헌마735)

[정답] ④

340
다음 설명 중 옳은 것을 모두 고른 것은? (판례)

㉠ 법령에 위반되거나 재판 중인 사항은 주민투표에 부칠 수 없다. 05입시
㉡ 국가 또는 다른 지방자치단체의 권한 또는 사무에 속하는 사항은 주민투표에 부칠 수 없다. 05입시
㉢ 지방자치단체의 예산·회계·계약 및 재산관리에 관한 사항이나 지방세·사용료·분담금 등 각종 공과금의 부과 또는 감면에 관한 사항은 주민투표에 부칠 수 없다. 05입시
㉣ 동일한 사항에 대하여 주민투표가 실시된 후 2년이 경과되지 아니한 사항은 주민투표에 부칠 수 없다. 05입시

① ㉠ ㉡
② ㉢ ㉣
③ ㉠ ㉡ ㉢
④ ㉠ ㉡ ㉢ ㉣

해설

㉠ (○) 주민투표법 제7조(주민투표의 대상) ② 다음 각 호의 사항은 이를 주민투표에 부칠 수 없다. - 1. 법령에 위반되거나 재판중인 사항 2. 국가 또는 다른 지방자치단체의 권한 또는 사무에 속하는 사항 3. 지방자치단체의 예산·회계·계약 및 재산관리에 관한 사항과 지방세·사용료·수수료·분담금 등 각종 공과금의 부과 또는 감면에 관한 사항 4. 행정기구의 설치·변경에 관한 사항과 공무원의 인사·정원 등 신분과 보수에 관한 사항 5. 다른 법률에 의하여 주민대표가 직접 의사결정주체로서 참여할 수 있는 공공시설의 설치에 관한 사항. 6. 동일한 사항(그 사항과 취지가 동일한 경우를 포함한다)에 대하여 주민투표가 실시된 후 2년이 경과되지 아니한 사항 〈주〉 국가기관인 입법부·사법부·행정부의 사항, 다른 지자체의 사무, 재산 관련 사항, 법령 위반, 주민투표 후 2년이 경과되지 않은 사항 등은 주민투표에 부칠 수 없다.
㉡ (○) 주민투표법 제7조 제2항. 〈주〉 행정부를 침해하는 투표는 안된다.
㉢ (○) 주민투표법 제7조 제2항. 〈주〉 지방세 등은 주민의 의무이므로 투표 안된다.
㉣ (○) 주민투표법 제7조 제2항. 〈주〉 한 번 투표한 내용은 2년간 다시 할 수 없다.

[정답] ④

341
다음 설명 중 적절한 것을 모두 고른 것은? (판례)

> ㉠ 지방자치단체의 폐치·분합 또는 구역변경, 주요시설의 설치 등 국가정책의 수립에 관한 사항은 주민투표에 부칠 수 없다. 05입시
> ㉡ 주민은 행정기구를 설치하거나 변경하는 것에 관한 사항이나 공공시설의 설치를 반대하는 사항에 대하여 조례의 제정 및 개폐의 청구를 할 수 있다. 11사시
> ㉢ 지방자치단체의 주요결정사항에 관한 주민투표의 경우와 달리 국가정책에 관한 주민투표의 경우에 주민투표소송을 배제하는 것은, 양자의 본질적인 차이를 감안한 것으로서 합리적인 입법형성의 영역 내의 것이라 할 것이므로 자의적인 차별이라고는 보기 어렵다. 20국가7

① ㉠ ㉡
② ㉡ ㉢
③ ㉡
④ ㉢

해설

㉠ (×) 주민투표법 제8조(국가정책에 관한 주민투표) ① 중앙행정기관의 장은 지방자치단체의 폐치·분합 또는 구역변경, 주요시설의 설치 등 국가정책의 수립에 관하여 주민의 의견을 듣기 위하여 필요하다고 인정하는 때에는 주민투표의 실시구역을 정하여 관계 지방자치단체의 장에게 주민투표의 실시를 요구할 수 있다. 이 경우 중앙행정기관의 장은 미리 행정안전부장관과 협의하여야 한다.

㉡ (×) 지방자치법 제19조 제2항 → 주민조례발안에 관한 법률 제4조. – 다음 각 호의 사항은 제1항에 따른 청구대상에서 제외한다. 1. 법령을 위반하는 사항 2. 지방세·사용료·수수료·부담금의 부과·징수 또는 감면에 관한 사항 3. 행정기구를 설치하거나 변경하는 것에 관한 사항 4. 공공시설의 설치를 반대하는 사항

㉢ (O) (헌재 2009. 3. 26. 2006헌마99)

정답 ④

342
다음 설명 중 가장 적절하지 않은 것은? (판례)

① 지방자치법 제17조에 의한 주민소송의 계속 중에 소송을 제기한 주민이 사망하거나 주민의 자격을 잃으면 소송절차는 중단되나, 소송대리인이 있는 경우에는 그러하지 아니하다. 20국가7
② 주민소환제란 지방자치단체의 특정한 공직에 있는 자가 주민의 신뢰에 반하는 행위를 하고 있다고 생각될 때 임기 종료 전에 주민이 직접 그 해직을 청구하는 제도로서, 주민에 의한 지방행정통제의 가장 강력한 수단이다. 12법원
③ 주민소환제는 주민의 참정기회를 확대하고 주민대표의 정책이나 행정처리가 주민의사에 반하지 않도록 주민대표나 행정기관에 대한 통제와 주민에 대한 책임성을 확보하는 데 그 제도적 의의가 있다. 12법원
④ 주민소환제 자체는 지방자치의 본질적인 내용이라고 할 수 없으므로, 주민소환제 및 그에 부수하여 법률상 창설되는 주민소환권이 지방자치의 본질적 내용에 해당하여 반드시 헌법적인 보장이 요구되는 제도라고 할 수 없다. 19국회8

해설

① (×) 지방자치법 제17조 제6항. – 소송의 계속 중에 소송을 제기한 주민이 사망하거나 제12조에 따른 주민의 자격을 잃으면 소송절차는 중단된다. 소송대리인이 있는 경우에도 또한 같다.
② (O) 주민소환은 주민이 지방의원·지방자치단체장 기타 지방자치단체의 공무원을 임기 중에 주민의 청원과 투표로써 해임하는 제도이다. (헌재 2009. 3. 26. 2007헌마843)
③ (O) 주민소환은 주민에 의한 지방행정 통제의 가장 강력한 수단으로서 주민의 참정기회를 확대하고 주민대표의 정책이나 행정처리가 주민의사에 반하지 않도록 주민대표자기관이나 행정기관을 통제하여 주민에 대한 책임성을 확보하는 데 그 목적이 있다. (헌재 2009. 3. 26. 2007헌마843)
④ (O) (헌재 2009. 3. 26. 2007헌마843)

정답 ①

343
다음 설명 중 가장 적절하지 않은 것은? (판례)

① 주민소환제는 지방자치의 본질적인 내용이므로 이를 보장하지 않는 것은 위헌이고, 어떤 특정한 내용의 주민소환제를 보장해야 한다는 헌법적인 요구가 있다고 볼 수 있다. 12국가

② 주민소환제는 주민의 참여를 적극 보장하고, 이로써 주민자치를 실현하여 지방자치에도 부합하므로, 이 점에서 위헌의 문제가 발생할 소지가 없고, 제도적인 형성에 있어서도 입법자에게 광범위한 입법재량이 인정된다. 12국가

③ 직접민주제는 대의제가 안고 있는 문제점과 한계를 극복하기 위하여 예외적으로 도입된 제도라 할 것이므로, 법률에 의하여 직접민주제를 도입하는 경우에는 기본적으로 대의제와 조화를 이루어야 하고, 대의제의 본질적인 요소나 근본적인 취지를 부정하여서는 아니 된다는 내재적인 한계를 지닌다 할 것이다. 14법행

④ 주민소환제는 주민의 참여를 적극 보장하고, 이로써 주민자치를 실현하여 지방자치에도 부합하므로, 이 점에서는 위헌의 문제가 발생할 소지가 없으나, 지방자치단체장도 선거에 의하여 선출되므로 주민소환제라 하더라도 이들의 공무담임권을 과잉으로 제한하여서는 아니 되고, 제도적인 측면에 있어 예외로서의 주민소환제는 원칙으로서의 대의제의 본질적인 부분을 침해하여서도 아니 된다는 점이 그 입법형성권의 한계로 작용한다 할 것이다. 14법행

해설

① (✗) <u>주민소환제 자체는 지방자치의 본질적인 내용이라고 할 수 없으므로</u> 이를 보장하지 않는 것이 위헌이라거나 어떤 특정한 내용의 주민소환제를 반드시 보장해야 한다는 <u>헌법적인 요구가 있다고 볼 수는 없다.</u> (헌재 2009. 3. 26. 2007헌마843)
② (○) (헌재 2009. 3. 26. 2007헌마843)
③ (○) (헌재 2009. 3. 26. 2007헌마843)
④ (○) (헌재 2009. 3. 26. 2007헌마843)

[정답] ①

344
다음 설명 중 가장 적절한 것은? (판례)

① 「지방자치법」상 주민은 그 지방자치단체의 장 및 비례대표의원을 포함한 지방의회의원을 소환할 권리를 가진다. 22국회5

② 주민소환투표가 발의되어 공고되었다는 이유만으로 곧바로 주민소환투표 대상자의 권한행사가 정지되도록 한 것은 주민소환투표 대상자의 공무담임권을 침해하는 것이다. 12국가7

③ 대의민주주의 아래에서 대표자에 대한 선출과 신임은 선거의 형태로 이루어지는 것이 바람직하고, 주민소환은 대표자에 대한 신임을 묻는 것으로서 그 속성은 재선거와 다를 바 없으므로, 선거와 마찬가지로 그 사유를 묻지 않는 것이 제도의 취지에 부합한다. 17국가7

④ 지방자치단체장에 대한 주민소환의 청구사유에 관하여 아무런 규정을 두지 않은 것은 주민소환투표 대상자의 공무담임권을 침해하는 것이다. 12국가7/13국회8

⑤ 우리의 주민소환제는 기본적으로 사법적인 절차로서의 성격이 강한 것으로 평가될 수 있다 할 것이다. 14법행

해설

① (✗) 주민소환에 관한 법률 제7조(주민소환 투표의 청구) ① … 해당 지방자치단체의 장 및 지방의회의원(<u>비례대표선거구시·도의회의원 및 비례대표선거구자치구·시·군의회의원은 제외한다</u>)에 대하여 관할선거관리위원회에 주민소환투표의 실시를 청구할 수 있다. 〈주〉 비례대표의원은 정당에 대한 선거로 당선된 사람이므로 주민이 소환할 수 없다.
② (✗) 과잉금지의 원칙에 반하여 과도하게 공무담임권을 제한하는 것으로 볼 수 없다. (헌재 2009. 3. 26. 2007헌마843)
③ (○) (헌재 2011. 3. 31. 2008헌마355) 〈주〉 따라서 주민소환제도는 사법절차의 성격이 아니라 정치절차적 성격을 가진다.
④ (✗) 주민소환투표 대상자의 <u>공무담임권을 침해하는 것이 아니다.</u> (헌재 2009. 3. 26. 2007헌마843)
⑤ (✗) 주민소환법에 주민소환의 청구사유를 두지 않은 것은 입법자가 주민소환을 기본적으로 정치적인 절차로 설정한 것으로 볼 수 있고, 외국의 입법례도 청구사유에 제한을 두지 않는 경우가 많다는 점을 고려할 때 우리의 주민소환제는 기본적으로 <u>정치적인 절차로서의 성격이 강한 것으로 평가될 수 있다</u> 할 것이다. (헌재 2009. 3. 26. 2007헌마843)

[정답] ③

3. 지방자치단체의 사무와 조례 제정

345
다음 설명 중 가장 적절하지 않은 것은? (판례)

① 지방자치단체는 주민의 복리에 관한 사무를 처리하고 재산을 관리하며, 법령의 범위 안에서 자치에 관한 규정을 제정할 수 있다. 17행시
② 지방자치단체는 법령의 범위 안에서 그 사무에 관하여 조례를 제정할 수 있는데, 이때 법령의 범위 안에서는 법령에 위반되지 않는 범위 내에서를 말하고, 지방자치단체가 제정한 조례가 법령에 위반되는 경우에는 효력이 없다. 10법원
③ 지방자치단체가 제정한 조례가 법령에 위반되는 경우에는 효력이 없다. 21법무
④ 지방자치단체는 법령의 범위 안에서 그 사무에 관하여 조례를 제정할 수 있는데, 이때의 법령에는 헌법, 법률, 대통령령, 총리령, 부령이 포함되나 행정규칙은 포함되지 않는다. 10법원

해설

① (O) 헌법 제117조 ① 지방자치단체는 주민의 복리에 관한 사무를 처리하고 재산을 관리하며, 법령의 범위안에서 자치에 관한 규정을 제정할 수 있다. ② 지방자치단체의 종류는 법률로 정한다.
② (O) 헌법 제117조 ① 지방자치단체는 주민의 복리에 관한 사무를 처리하고 재산을 관리하며, 법령의 범위 안에서 자치에 관한 규정을 제정할 수 있다.
③ (O) 구 지방자치법 제15조 본문은 "지방자치단체는 법령의 범위 안에서 그 사무에 관하여 조례를 제정할 수 있다"고 규정하고 있으므로, 지방자치단체가 제정한 조례가 법령을 위반하는 경우에는 효력이 없다. (대법원 2008. 6. 12. 2007추42)
④ (×) 지방자치단체는 법령의 범위 안에서 자치에 관한 규정을 제정할 수 있다고 규정한 헌법 제117조 제1항에서의 '법령'에는 법규명령으로서 기능하는 행정규칙이 포함된다. (헌재 2002. 10. 31. 2001헌라1) 〈주〉 조례는 상위법인 법령에 위반하면 안된다. 규칙은 조례보다 하위법이지만 법령과 결합하면 조례보다 상위법이 되므로, 역시 조례가 이에 위반하면 안된다는 뜻이다.

정답 ④

346
다음 설명 중 옳지 않은 것을 모두 고른 것은? (판례)

㉠ 헌법재판소는 법령의 규정이 자치입법권에 우선하며, 법령에는 법률과 법규명령은 물론이고 법규명령으로서 기능하는 행정규칙이 포함된다고 본다. 04행시
㉡ 헌법 제117조는 '법령'의 범위 안에서 자치권을 보장하고 있으며, 여기서 '법령'에는 법규명령으로서 기능하는 행정규칙이 포함되지 않는다. 14지방7
㉢ 헌법 제117조 제1항은 지방자치단체가 법령의 범위 안에서 자치에 관한 규정을 제정할 수 있다고 규정하고 있으므로, 고시·훈령·예규와 같은 행정규칙은 상위법령의 위임한계를 벗어나지 아니하고 상위법령과 결합하여 대외적인 구속력을 갖는 것이라 하더라도 위의 '법령'에 포함될 수 없다. 19국회8
㉣ 법령상 지방자치단체의 장이 처리하도록 규정하고 있는 사무가 자치사무인지 기관위임사무인지 판단함에 있어서 법령의 규정 형식과 취지를 우선 고려하여야 할 것이지만, 그 외에도 그 사무의 성질이 전국적으로 통일적인 처리가 요구되는 사무인지 여부, 경비부담과 최종적인 책임귀속의 주체 등도 아울러 고려하여 판단하여야 한다. 16지방7

① ㉠ ㉣
② ㉡ ㉢
③ ㉠ ㉡ ㉢
④ ㉡ ㉢ ㉣

해설

㉠ (O) (헌재 2002. 10. 31. 2001헌라1) 〈주〉 지방자치 조례는 법률, 법규명령 뿐만 아니라 법규명령으로 기능하는 행정규칙도 위반해서는 안 된다는 뜻이다.
㉡ (×) 헌법 제117조 제1항에서 규정하는 '법령'에는 법규명령으로서 기능하는 행정규칙이 포함된다. (헌재 2002. 10. 31. 2001헌라1)
㉢ (×) 헌법 제117조 제1항에서 말하는 '법령' 가운데에는 법규명령으로서 기능하는 행정규칙이 포함된다. 그러나 법규명령이 아닌 단순한 행정규칙에 의하여 정하여지는 것은 이에 포함되지 않는다고 해석된다. (헌재 2002. 10. 31. 2001헌라1) 〈주〉 법규명령으로 기능하는 행정규칙은 헌법 제117조 제1항의 '법령'에 포함된다. 따라서 조례가 이를 위반해서는 안된다.
㉣ (O) (대법원 2001. 11. 27. 2001추57)

정답 ②

347

다음 설명 중 가장 적절하지 않은 것은? (판례)

① 지방선거사무는 지방자치단체의 존립을 위한 자치사무에 해당하지 않는다. 13서울
② 지방의회의원과 지방자치단체장을 선출하는 지방선거사무는 지방자치단체의 존립을 위한 자치사무에 해당하므로, 원칙적으로 지방자치단체가 처리하고 그에 따른 비용도 지방자치단체가 부담하여야 한다. 17국가7
③ 학기당 2시간 정도의 인권교육의 편성·실시는 지방자치법 제9조 제2항 제5호가 지방자치단체의 사무로 예시한 교육에 관한 사무로서 초등학교·중학교·고등학교 등의 운영·지도에 관한 사무에 속한다. 17서울
④ 지방자치단체의 세 자녀 이상 세대 양육비 등 지원에 관한 조례안은 지방자치단체 고유의 자치사무 중 주민의 복지증진에 관한 사무에 해당되고, 위 조례안에는 주민의 편의 및 복리증진에 관한 내용을 담고 있어 그 제정에 있어서 반드시 법률의 개별적 위임이 따로 필요한 것은 아니다. 17서울

해설

① (✕) 지방선거사무는 지방자치단체의 존립을 위한 자치사무에 해당하므로, 원칙적으로 지방자치단체가 처리하고 그에 따른 비용도 지방자치단체가 부담하여야 한다. (헌재 2008. 6. 26. 2005헌라7)
② (○) (헌재 2008. 6. 26. 2005헌라7)
③ (○) (대법원 2015. 5. 14. 2013추98)
④ (○) (대법원 2006. 10. 12. 2006추38)

[정답] ①

348

다음 설명 중 가장 적절하지 않은 것은? (판례)

① 행정정보공개조례안은 행정에 대한 주민의 알 권리의 실현을 그 근본내용으로 하는 것이므로 주민의 권리를 제한하거나 의무를 부과하는 조례에 해당하여 그 제정에 있어 법률의 개별적인 위임이 필요하다.
② 교육감 소속 교육장 등에 대한 징계의결요구 내지 그 신청사무는 징계사무의 일부로서 대통령, 교육부장관으로부터 교육감에게 위임된 국가위임사무이다. 15사회8
③ 지방의회는 법령의 범위 안에서 자신의 고유사무에 관하여 법률의 구체적인 수권 내지 위임이 없어도 조례를 제정할 수 있다. 11사시
④ 조례제정은 원칙적으로 자치사무와 단체위임사무에 한정되며, 기관위임사무에 관해 조례를 제정할 수 없으나, 기관위임사무도 개별 법령에서 위임한 경우에는 예외적으로 가능하다. 17국가7

해설

① (✕) 청주시의회에서 의결한 청주시행정정보공개조례안은 행정에 대한 주민의 알 권리의 실현을 그 근본내용으로 하면서도 이로 인한 개인의 권익침해 가능성을 배제하고 있으므로 이를 들어 주민의 권리를 제한하거나 의무를 부과하는 조례라고는 단정할 수 없고 따라서 그 제정에 있어서 반드시 법률의 개별적 위임이 따로 필요한 것은 아니다. (대법원 1992. 6. 23. 92추17) 〈주〉 정보공개조례안은 주민의 권리를 제한하는 조례가 아니라 주민의 권리를 보다 더 보장하는 조례라는 뜻이다.
② (○) 국가공무원법 등 관계 법령에 의하면 교육감 소속 교육장 등은 모두 국가공무원이고, 그 임용권자는 대통령 내지 교육부장관인 점에 비추어 보면, 국가공무원인 교육장 등에 대한 징계사무는 국가사무라고 보아야 한다. (헌재 2013. 12. 26. 2012헌라3)
③ (○) 지방자치법 제22조(조례) 지방자치단체는 법령의 범위 안에서 그 사무에 관하여 조례를 제정할 수 있다. 다만, 주민의 권리 제한 또는 의무 부과에 관한 사항이나 벌칙을 정할 때에는 법률의 위임이 있어야 한다.
④ (○) (대법원 2000. 5. 30. 99추85) 〈주〉 자치조례는 자치사무와 단체위임사무에 한정되고, 기관위임사무에 대해서는 예외적으로 위임조례만 가능하다.

[정답] ①

349

다음 설명 중 가장 적절한 것은? (판례)

① 지방자치단체가 조례를 제정할 수 있는 사항은 지방자치단체의 고유사무인 자치사무와 개별법령에 의하여 지방자치단체에 위임된 단체위임사무에 한하고, 국가사무가 지방자치단체의 장에게 위임되거나 상위 지방자치단체의 사무가 하위 지방자치단체의 장에게 위임된 기관위임사무에 관한 사항은 원칙적으로 조례의 제정범위에 속하지 않는다. 16법무/23경승

② 조례는 원칙적으로 자치단체의 고유사무, 단체위임사무, 기관위임사무에 관한 사항을 그 내용으로 할 수 있다. 06입시

③ 조례제정은 원칙적으로 자치사무에 한정되며 단체위임사무와 기관위임사무에 대해서는 조례를 제정할 수 없다. 다만 기관위임사무는 개별법령에서 위임한 경우 예외적으로 그 효력을 인정할 수 있다. 16서울

④ 지방자치단체는 그 고유사무인 자치사무와 법령에 따라 지방자치단체에 속하는 사무에 관하여 법령에 위반되지 않는 범위 안에서 스스로 조례를 제정할 수 있지만, 국가사무인 기관위임사무에 관하여는 개별 법령에서 일정한 사항을 조례로 정하도록 위임하고 있더라도 조례를 제정할 수 없다. 22국가5

해설

① (O) (대법원 2000. 5. 30. 99추85)

② (×) 지방자치법 제15조, 제9조에 의하면, 지방자치단체가 자치조례를 제정할 수 있는 사항은 지방자치단체의 고유사무인 자치사무와 개별법령에 의하여 지방자치단체에 위임된 단체위임사무에 한하는 것이다. (대법원 2000. 5. 30. 99추85)

③ (×) 지방자치법 제15조, 제9조에 의하면, 지방자치단체가 자치조례를 제정할 수 있는 사항은 지방자치단체의 고유사무인 자치사무와 개별법령에 의하여 지방자치단체에 위임된 단체위임사무에 한하는 것이다. (대법원 2000. 5. 30. 99추85)

④ (×) 지방자치단체는 그 고유사무인 자치사무와 법령에 따라 지방자치단체에 속하는 사무에 관하여 법령에 위반되지 않는 범위 안에서 스스로 조례를 제정할 수 있지만(지방자치법 제22조, 제9조 제1항), 국가사무인 기관위임사무에 관하여는 개별 법령에서 일정한 사항을 조례로 정하도록 위임하고 있는 경우에 한하여 조례를 제정할 수 있다. (대법원 2009. 12. 24. 2007추141)

[정답] ①

350

다음 설명 중 가장 적절한 것은? (판례)

① 조례에 대한 법률의 위임은 법규명령에 대한 법률의 위임과 같이 반드시 구체적으로 범위를 정하여 하여야 하고 포괄위임은 금지된다. 14법원

② 조례에 위임할 사항이 헌법 제75조 소정의 행정입법에 위임할 사항보다 더 포괄적이면 헌법에 반한다. 06입시

③ 기관위임사무에 관한 사항은 원칙적으로 조례의 제정범위에 속하지 않는다. 19법원

④ 조례에 대한 법률의 위임은 기관위임사무를 대상으로 하는 경우에도 반드시 구체적으로 범위를 정하여 할 필요가 없으며 포괄적인 것으로 족하다. 19법원

해설

① (×) 조례의 제정권자인 지방의회는 선거를 통해서 그 지역적인 민주적 정당성을 지니고 있는 주민의 대표기관이고 헌법이 지방자치단체에 포괄적인 자치권을 보장하고 있는 취지로 볼 때, 조례에 대한 법률의 위임은 법규명령에 대한 법률의 위임과 같이 반드시 구체적으로 범위를 정하여 할 필요가 없으며 포괄적인 것으로 족하다. (헌재 1995. 4. 20. 92헌마264)

② (×) 조례에 대한 법률의 위임은 법규명령에 대한 법률의 위임과 같이 반드시 구체적으로 범위를 정하여 할 필요가 없으며 포괄적인 것으로 족하다. (헌재 1995. 4. 20. 92헌마264)

③ (O) (대법원 2014. 2. 27. 2012추145)

④ (×) 기관위임사무에 관하여도 그 위임의 범위 내에서 이른바 위임조례를 제정할 수 있다. (대법원 2000. 11. 24. 2000추29) 〈주〉 기관위임사무에 관한 조례는 구체적 위임이어야 하고 포괄위임이 금지된다는 뜻이다.

[정답] ③

351
다음 설명 중 옳은 것을 모두 고른 것은? (판례)

> ㉠ 지방자치단체는 조례로 조례를 위반한 행위에 대하여 조례로써 1천만원 이하의 과태료를 정할 수 있다. 04행시
> ㉡ 조례 위반에 형벌을 가할 수 있도록 규정한 조례안 규정들은 죄형법정주의를 선언한 헌법 제12조 제1항에 위반되지 않는다. 09법행
> ㉢ 조례에 대한 법률의 위임은 법규명령에 대한 법률의 위임과 같이 구체적으로 범위를 정하여 할 필요가 없으며 포괄적인 것으로 족하지만, 벌칙 규정은 법률의 위임이 필요하다. 17국회8
> ㉣ 조례는 자치사무와 법령에 따라 지방자치단체에 속하는 사무에 관하여 제정할 수 있는데, 주민의 권리 제한 또는 의무 부과에 관한 사항이나 벌칙을 정할 때에는 법률의 위임이 있어야 한다. 10법원

① ㉠ ㉡
② ㉠ ㉢ ㉣
③ ㉡ ㉢ ㉣
④ ㉠ ㉡ ㉢ ㉣

해설

㉠ (O) 지방자치법 제27조 제1항.

㉡ (X) 조례 위반에 형벌을 가할 수 있도록 규정한 조례안 규정들은 현행 지방자치법 제20조에 위반되고, 적법한 법률의 위임 없이 제정된 것이 되어 지방자치법 제15조 단서에 위반되고, 나아가 죄형법정주의를 선언한 헌법 제12조 제1항에도 위반된다. (대법원 1995. 6. 30. 93추83)

㉢ (O) [1] 조례에 대한 법률의 위임은 법규명령에 대한 법률의 위임과 같이 반드시 구체적으로 범위를 정하여 할 필요가 없으며 포괄적인 것으로 족하다. (헌재 1995. 4. 20. 92헌마264)
[2] 지방자치법 제22조. – 다만 주민의 권리제한, 의무부과, 벌칙을 정할 때에는 반드시 법률의 위임이 있어야 한다.

㉣ (O) 지방자치법 제22조(조례) 지방자치단체는 법령의 범위 안에서 그 사무에 관하여 조례를 제정할 수 있다. 다만, 주민의 권리 제한 또는 의무 부과에 관한 사항이나 벌칙을 정할 때에는 법률의 위임이 있어야 한다.

정답 ②

352
다음 설명 중 가장 적절한 것은? (판례)

① 지방의회가 선거를 통해서 그 지역적인 민주적 정당성을 지니고 있는 주민의 대표기관이라 하더라도 조례를 통하여 주민의 권리의무에 관한 사항을 규율하는 경우에는 법률의 위임이 있어야 하고 조례에 대한 법률의 위임은 법규명령에 대한 법률의 위임과 같이 반드시 구체적으로 범위를 정하여야 한다. 17변시

② 법률의 위임에 의하여 형벌규정을 조례로 정하는 경우에는, 그 한도 내에서 일반적인 국가법이 된다. 06입시

③ 법률에서 위임받은 사항을 전혀 규정하지 않고 하위법령에 재위임하는 것은 '복위임금지원칙'에 반하는 바, 조례는 그 자체가 민주적 정당성이 확보된 규범인 점을 고려하면, 위 '복위임금지원칙'은 조례가 지방자치법 제22조 단서에 따라 주민의 권리제한 또는 의무부과에 관한 사항을 법률로부터 위임받은 후, 이를 다시 지방자치단체장이 정하는 '규칙'이나 '고시'에 재위임하는 경우에는 적용되지 않는다는 것이 대법원의 입장이다. 06입시

④ 헌법재판소는 지방세법에서 지방자치단체가 과세면제 조례를 제정할 때 미리 감독관청의 허가를 받도록 정한 것이 자치입법권의 침해가 아니라고 한다. 04행시

해설

① (X) 조례에 대한 법률의 위임은 법규명령에 대한 법률의 위임과 같이 반드시 구체적으로 범위를 정하여 할 필요가 없으며 포괄적인 것으로 족하다고 할 것이다. (헌재 1995. 4. 20. 92헌마264)

② (X) 조례는 당해 지방자치단체 내에서만 효력을 가진다. 따라서 조례가 일반적인 국가법이 될 수는 없다.

③ (X) 특정사항을 범위를 정하여 하위법령에 다시 위임하는 경우에는 재위임이 허용된다. 이러한 법리는 조례가 지방자치법 제22조 단서에 따라 주민의 권리제한 또는 의무부과에 관한 사항을 법률로부터 위임받은 후, 이를 다시 지방자치단체장이 정하는 '규칙'이나 '고시' 등에 재위임하는 경우에도 마찬가지이다. (대법원 2015. 1. 15. 2013두14238)

④ (O) (헌재 1998. 4. 30. 96헌바62) 〈주〉 조화를 위한 장치일 뿐, 자치입법권 침해가 아니라는 뜻이다.

정답 ④

353

다음 설명 중 가장 적절하지 않은 것은? (판례)

① 조례가 규율하는 특정사항에 관하여 그것을 규율하는 국가의 법령이 이미 존재하는 경우에도 조례가 법령과 별도의 목적에 기하여 규율함을 의도하는 것으로서 그 적용에 의하여 법령의 규정이 의도하는 목적과 효과를 전혀 저해하는 바가 없는 때, 또는 양자가 동일한 목적에서 출발한 것이라고 할지라도 국가의 법령이 반드시 그 규정에 의하여 전국에 걸쳐 일률적으로 동일한 내용을 규율하려는 취지가 아니고 각 지방자치단체가 그 지방의 실정에 맞게 별도로 규율하는 것을 용인하는 취지라고 해석되는 때에는 그 조례가 국가의 법령에 위반되는 것은 아니다. 10법원/22비상

② 조례가 규율하는 특정사항에 관하여 그것을 규율하는 국가의 법령이 이미 존재하는 경우에도 조례가 법령과 별도의 목적에 기하여 규율함을 의도하는 것으로서 그 적용에 의하여 법령의 규정이 의도하는 목적과 효과를 전혀 저해하는 바가 없는 때에는 그 조례가 국가의 법령에 위반되는 것은 아니다. 15국회8

③ 법률이 규제하고 있는 사항과 동일한 사항에 관하여 그 법률과 다른 목적으로 규제하는 경우 그 조례는 위법하다. 06입시

④ 지방자치단체 상호간이나 지방자치단체의 장 상호간 사무를 처리할 때 의견이 달라 다툼이 생긴 경우, 다른 법률에 특별한 규정이 없으면 행정자치부장관이나 시·도지사가 당사자의 신청에 따라 조정할 수 있다. 10법행

해설
① (O) (대법원 1997. 4. 25. 96추244)
② (O) (대법원 1997. 4. 25. 96추244)
③ (X) 법률과 조례가 동일한 목적에서 출발한 것이라고 할지라도 국가의 법령이 반드시 그 규정에 의하여 전국에 걸쳐 일률적으로 동일한 내용을 규율하려는 취지가 아니고 각 지방자치단체가 그 지방의 실정에 맞게 별도로 규율하는 것을 용인하는 취지라고 해석되는 때에는 그 조례가 국가의 법령에 위반되는 것은 아니다. (대법원 1997. 4. 25. 96추244)
④ (O) 지방자치법 제148조 제1항.

[정답] ③

354

다음 설명 중 옳은 것을 모두 고른 것은? (판례)

> ㉠ 지방자치단체의 권한에 부정적인 영향을 주어서 법적으로 문제되는 경우에는 사실행위나 내부적인 행위도 권한쟁의심판의 대상이 되는 처분에 해당한다. 15국회8
> ㉡ 기관위임사무에 관하여 지방자치단체가 청구한 권한쟁의심판청구는 지방자치단체의 권한에 속하지 아니하는 사무에 관한 심판청구로서 그 청구가 부적법하다. 19법원
> ㉢ 지방자치단체의 장이 기관위임사무인 국가사무를 처리하는 경우에 국가는 그 사무의 처리에 관하여 지방자치단체의 장을 상대로 항고소송을 제기할 수 없다. 19법원

① ㉠ ㉡   ② ㉠ ㉢
③ ㉡ ㉢   ④ ㉠ ㉡ ㉢

해설
㉠ (O) 건설교통부장관의 역명 결정은 권한쟁의심판의 대상이 되는 처분에 해당한다. (헌재 2006. 3. 30. 2003헌라2) 〈주〉 경부고속철도 천안아산 역명 결정 관련하여 아산시와 건설교통부장관의 권한쟁의 사건이다.
㉡ (O) 기관위임사무는 지방자치단체의 사무라고 할 수 없고, 지방자치단체의 장은 기관위임사무의 집행권한과 관련된 범위에서는 그 사무를 위임한 국가기관의 지위에 서게 될 뿐 지방자치단체의 기관이 아니다. 따라서 지방자치단체는 기관위임사무의 집행에 관한 권한의 존부 및 범위에 관한 권한분쟁을 이유로 기관위임사무를 집행하는 국가기관 또는 다른 지방자치단체의 장을 상대로 권한쟁의심판청구를 할 수 없다. (헌재 2004. 9. 23. 2000헌라2) 〈주〉 지방자치단체의 자치사무에 관한 권한 침해우려가 있으면 권한쟁의심판을 청구할 수 있다. 그러나 기관위임사무는 지방자치단체의 사무가 아니므로 권한쟁의심판을 청구할 수 없다.
㉢ (O) 건설교통부장관은 직접 지방자치단체의 장의 사무처리에 대하여 시정명령을 발하고 그 사무처리를 취소 또는 정지할 수 있으며, 지방자치단체의 장에게 기간을 정하여 직무이행명령을 하고 지방자치단체의 장이 이를 이행하지 아니할 때에는 직접 필요한 조치를 할 수도 있으므로, 국가가 국토이용계획과 관련한 지방자치단체의 장의 기관위임사무의 처리에 관하여 지방자치단체의 장을 상대로 취소소송을 제기하는 것은 허용되지 않는다. (대법원 2007. 9. 20. 2005두6935)

[정답] ④

4. 지방자치단체의 기관

355
다음 설명 중 가장 적절하지 않은 것은? (판례)

① 지방자치제도는 중앙정부와 지방자치단체 간에 권력을 기능적으로 나누어 가짐으로써 권력분립의 실현에도 기여한다. 18서울
② 헌법상 권력분립의 원리는 지방의회와 지방자치단체의 장 사이에서도 상호견제와 균형의 원리로서 실현되고 있다. 18서울
③ 지방자치단체의 자치입법권인 조례를 제정할 권한을 부여한 필연적인 결과로 지방자치단체에는 과세권이 있고, 이 과세권은 헌법이 보장하는 권리이므로 조세법률주의와 조세평등주의 원칙이 적용된다. 09법행
④ 지방자치단체의 헌법상의 권능에는 자치입법권과 자치행정권 외에도 자치사법권이 포함된다. 11법원

해설
① (O) 지방자치제도는, 국가는 외교, 국방 등 국가 전반의 통치권을 행사하고 지방자치단체는 주민복리에 관한 부분적 통치권을 행사함으로써 중앙정부와 지방자치단체 간에 권력을 기능적으로 나누어 가짐으로써 오늘날 민주주의 헌법이 통치기구의 구성원리로 보편적으로 받아들이고 있는 권력분립의 실현에도 기여한다. (헌재 2007. 12. 27. 2004헌바98) 〈주〉 중앙정부와 지방자치단체의 관계는 수직권 권력분립이다.
② (O) (헌재 2014. 1. 28. 2012헌바216) 〈주〉 지방의회와 지방자치단체의 장의 관계는 수평적 권력분립이다.
③ (O) (헌재 1998. 4. 30. 96헌바62)
④ (X) 지방자치단체는 자치사법권을 가지지 못한다. 따라서 지방자치단체의 주민 관련 소송은 국가사법권에 의하여 재판을 받게 된다.

정답 ④

356
다음 설명 중 가장 적절하지 않은 것은? (판례)

① 지방자치단체에 반드시 지방의회를 두어야 하는 것은 아니다. 21법무
② 지방의회의원, 지방자치단체의 장은 국회의원, 헌법재판소 재판관, 각급 선거관리위원회 위원뿐만 아니라 농업협동조합의 임직원도 겸직할 수 없다. 10법행
③ 지방의회의 의장은 의회를 대표하고 의사를 정리하며, 회의장 내의 질서를 유지하고 의회의 사무를 감독할 뿐만 아니라 위원회에 출석하여 발언할 수 있는 등의 직무권한을 가지는 것이므로, 지방의회의 의사를 결정공표하여 그 당선자에게 이와 같은 의장으로서의 직무권한을 부여하는 지방의회의 의장선거는 행정처분의 일종으로서 항고소송의 대상이 된다. 14법행
④ 지방의회의 의장이나 부의장이 법령을 위반하거나 정당한 사유 없이 직무를 수행하지 아니하면 지방의회는 불신임을 의결할 수 있다. 19행시

해설
① (X) 헌법 제118조 ① 지방자치단체에 의회를 둔다. 〈주〉 지방자치단체, 지방의회, 지방선거는 헌법상 제도보장의 본질적 내용이므로, 반드시 보장되어야 한다.
② (O) 지방자치법 제35조(겸직 등 금지) ① 지방의회의원은 다음 각 호의 어느 하나에 해당하는 직을 겸할 수 없다. 1. 국회의원, 다른 지방의회의 의원 2. 헌법재판소 재판관, 각급 선거관리위원회 위원 6. 농업협동조합, 수산업협동조합, 산림조합, 엽연초생산협동조합, 신용협동조합, 새마을금고(이들 조합·금고의 중앙회와 연합회를 포함한다)의 임직원과 이들 조합·금고의 중앙회장이나 연합회장
③ (O) (대법원 1995. 1. 12. 94누2602)
④ (O) 지방자치법 제55조(의장불신임의 의결) ① 지방의회의 의장이나 부의장이 법령을 위반하거나 정당한 사유 없이 직무를 수행하지 아니하면 지방의회는 불신임을 의결할 수 있다.

정답 ①

357

다음 설명 중 가장 적절하지 않은 것은? (판례)

① 지방의회의 의장이나 부의장이 법령을 위반하거나 정당한 사유 없이 직무를 수행하지 아니하면 지방의회는 불신임을 의결할 수 있는데, 불신임의결은 재적의원 4분의 1 이상의 발의와 재적의원 과반수의 출석과 출석의원 과반수의 찬성으로 행한다. 17국가7
② 지방의회는 새로운 재정부담을 수반하는 조례나 안건을 의결하려면 미리 지방자치단체의 장의 의견을 들어야 한다. 19행시
③ 교육감은 교육·학예에 관한 시·도의회의 의결이 법령에 위반되거나 공익을 현저히 저해한다고 판단될 때에는 그 의결사항을 이송받은 날부터 20일 이내에 이유를 붙여 재의를 요구할 수 있다. 11법행
④ 지방자치단체의 장은 지방의회의 의결이 월권이거나 법령에 위반되거나 공익을 현저히 해친다고 인정되면 그 의결사항을 이송받은 날부터 20일 이내에 이유를 붙여 재의를 요구할 수 있다. 05입시

[해설]
① (×) 지방자치법 제55조(의장불신임의 의결) ① 지방의회의 의장이나 부의장이 법령을 위반하거나 정당한 사유 없이 직무를 수행하지 아니하면 지방의회는 불신임을 의결할 수 있다. ② 제1항의 불신임의결은 재적의원 4분의 1 이상의 발의와 "재적의원 과반수의 찬성"으로 행한다. ③ 제2항의 불신임의결이 있으면 의장이나 부의장은 그 직에서 해임된다.
② (○) 지방자치법 제132조(재정부담을 수반하는 조례제정 등) 지방의회는 새로운 재정부담을 수반하는 조례나 안건을 의결하려면 미리 지방자치단체의 장의 의견을 들어야 한다.
③ (○) 지방교육자치에 관한 법률 제28조(시·도의회 등의 의결에 대한 재의와 제소) ① 교육감은 교육·학예에 관한 시·도의회의 의결이 법령에 위반되거나 공익을 현저히 저해한다고 판단될 때에는 그 의결사항을 이송받은 날부터 20일 이내에 이유를 붙여 재의를 요구할 수 있다. 교육감이 교육부장관으로부터 재의요구를 하도록 요청받은 경우에는 시·도의회에 재의를 요구하여야 한다.
④ (○) 지방자치법 제107조 제1항.

[정답] ①

358

다음 설명 중 가장 적절하지 않은 것은? (판례)

① 지방자치단체의 장은 지방의회의 의결이 예산상 집행할 수 없는 경비를 포함하고 있다고 인정되는 때에는 그 의결사항을 이송받은 날부터 20일 이내에 이유를 붙여 재의를 요구할 수 있다. 05입시
② 지방자치단체의 장은 지방의회가 법령에 의하여 지방자치단체에서 의무적으로 부담하여야 할 경비 또는 비상재해로 인한 시설의 응급 복구를 위하여 필요한 경비를 삭감하는 의결을 한 때에는 그 의결사항을 이송받은 날부터 20일 이내에 이유를 붙여 재의를 요구할 수 있다. 05입시
③ 지방자치단체의 장은 조례안의 일부에 대하여 또는 조례안을 수정하여 재의를 요구할 수 있다. 06입시
④ 지방자치단체장의 재의요구에 대하여 재의한 결과 재적의원 과반수의 출석과 출석의원 3분의 2 이상의 찬성으로 전과 같은 의결을 하면 그 의결사항은 확정된다. 11법행
⑤ 지방의회는 지방자치단체의 장의 동의 없이 지출예산 각항의 금액을 증가시키거나 새로운 비용항목을 설치할 수 없다. 22비상

[해설]
① (○) 지방자치법 제108조 제1항.
② (○) 지방자치법 제108조 제2항.
③ (×) 지방자치법 제26조(조례와 규칙의 제정 절차 등) ③ 지방자치단체의 장은 이송받은 조례안에 대하여 이의가 있으면 제2항의 기간에 이유를 붙여 지방의회로 환부하고, 재의를 요구할 수 있다. 이 경우 지방자치단체의 장은 조례안의 일부에 대하여 또는 조례안을 수정하여 재의를 요구할 수 없다.
④ (○) 지방자치법 ② 제1항의 요구에 대하여 재의한 결과 재적의원 과반수의 출석과 출석의원 3분의 2 이상의 찬성으로 전과 같은 의결을 하면 그 의결사항은 확정된다.
⑤ (○) 지방자치법 제142조.

[정답] ③

359
다음 설명 중 가장 적절한 것은? (판례)

① 조례안의 일부 규정이 법령에 위반된 이상 그 나머지 규정이 법령에 위반되지 않는다 하더라도 조례안에 대한 재의결은 그 전체의 효력을 부정할 수밖에 없다. 16서울
② 지방의회가 의결한 예산안이 예산편성 기준 등에 관하여 직접 규율하는 법령이나 조례에 위배되는 경우 그러한 예산 관련 행위는 위법하나, 세출예산의 집행목적이 법령이나 조례에 위반된다고 하여 해당 예산안 의결이 효력이 없다고 할 수는 없고 그러한 경우 감사기관의 감사, 주민의 감사청구 및 주민소송 등 간접적인 방법에 의해 통제될 수 밖에 없다. 14법행
③ 지방자치단체의 장은 조례안 재의결이 법령에 위반된다고 판단되는 경우에도 대법원에 소를 제기할 수 없다. 14법원
④ 지방자치단체의 장은 재의결된 사항이 법령에 위반된다고 인정되면 대법원에 소를 제기할 수 있으나 그 의결의 집행을 정지하게 하는 집행정지결정을 신청할 수는 없다. 11법행

해설

① (O) (대법원 1992. 7. 28. 92추31) 〈주〉 조례안의 일부를 수정하여 재의결을 요구하는 것은 부정된다.
② (×) <u>지방의회가 의결한 예산의 집행목적이 법령이나 조례에 반하는 경우 당해 예산안 의결은 효력이 없다.</u> (대법원 2013. 1. 16. 2012추84) 〈주〉 예산의 편성기준 등의 '내용' 뿐만 아니라 그 집행 '목적'이 법령이나 조례에 위반되어도 모두 무효이다.
③ (×) 지방자치법 제107조. <u>지방자치단체의 장은</u> 지방의회의 의결이 월권이거나 법령에 위반되거나 공익을 현저히 해친다고 인정되면 그 의결사항에 대하여 재의를 요구할 수 있고, 그에 따라 재의결된 사항이 <u>법령에 위반된다고 인정되면 대법원에 소를 제기할 수 있다.</u>
④ (×) 지방자치법 제172조(지방의회 의결의 재의와 제소) ③ 지방자치단체의 장은 제2항에 따라 재의결된 사항이 법령에 위반된다고 판단되면 재의결된 날부터 20일 이내에 대법원에 소를 제기할 수 있다. 이 경우 필요하다고 인정되면 그 <u>의결의 집행을 정지하게 하는 집행정지결정을 신청할 수 있다.</u>

[정답] ①

360
다음 설명 중 가장 적절하지 않은 것은? (판례)

① 조례안 재의결 무효확인소송에서의 대법원의 심리대상은 지방자치단체의 장이 지방의회에 재의를 요구할 당시 이의사항으로 지적되어 재의결에서 심의의 대상이 된 것에 국한되지 않는다. 14법행
② 지방자치단체의 장은 지방의회가 성립되지 아니한 때와 지방의회의 의결사항 중 주민의 생명과 재산보호를 위하여 긴급하게 필요한 사항으로서 지방의회를 소집할 시간적 여유가 없거나 지방의회에서 의결이 지체되어 의결되지 아니할 때에는 선결처분을 할 수 있다. 05입시
③ 지방자치단체의 영향력 하에 있는 지방공사의 직원이 지방의회에 진출할 수 있도록 하는 것은 권력분립 내지는 정치적 중립성 보장의 원칙에 위배되고, 결과적으로 주민의 이익과 지역의 균형된 발전을 목적으로 하는 지방자치의 제도적 취지에도 어긋난다. 16지방7
④ 지방의회는 지방의회의원 개인을 중심으로 한 구조이며 사무직원은 지방의회의원을 보조하는 지위를 가지는데, 이러한 인적 구조 아래서 지방의회 사무직원의 임용권의 귀속 및 운영 문제를 지방자치제도의 본질적인 내용이라고 볼 수는 없다. 16지방7

해설

① (×) 조례안재의결 무효확인소송에서의 대법원의 심리대상은 지방자치단체의 장이 지방의회에 재의를 요구할 당시 이의사항으로 지적되어 <u>재의결에서 심의의 대상이 된 것에 국한된다.</u> (대법원 2007. 12. 13. 2006추52) 〈주〉 지방자치단체의 장이 재의결이 법령에 위반된다고 제소하면 그 제소된 내용만 대법원이 심사한다.
② (O) 지방자치법 제109조 제1항.
③ (O) (헌재 2004. 12. 16. 2002헌마333) 〈주〉 지방공사 직원의 지방의회의원 겸직금지 기각결정 사안이다.
④ (O) 지방의회 사무직원의 임용권의 귀속 및 운영 문제를 지방자치제도의 본질적인 내용이라고 볼 수는 없다. (헌재 2014. 1. 28. 2012헌바216) 〈주〉 따라서 지방의회 사무직원을 그 지방자치단체의 장이 임명하도록 한 규정은 합헌이다.

[정답] ①

361

다음 설명 중 가장 적절하지 않은 것은? (판례)

① 지방의회 의장의 추천권이 적극적이고 실질적으로 발휘되더라도 지방의회 사무직원의 임용권이 지방자치단체의 장에게 있다고 하면, 그것은 지방의회와 집행기관 사이의 상호견제와 균형의 원리를 침해하는 것이다. 15국회8

② 지방의회 사무직원의 임용권을 지방자치단체의 장에게 부여하는 것은 지방의회와 지방자치단체의 장 사이의 상호견제와 균형의 원리에 위배되지 않는다. 18서울

③ 시의 부시장, 군의 부군수, 자치구의 부구청장은 일반직 지방공무원으로 보하되, 그 직급은 대통령령으로 정하며 시장·군수·구청장이 임명한다. 19행시

④ 지방자치단체의 집행기관의 구성원을 집행기관의 장이 임면하되 다만 그 임면에 지방의회의 동의를 얻도록 하는 것은 지방의회가 집행기관의 인사권에 소극적으로 개입하는 것으로서 지방자치법이 정하고 있는 지방의회의 집행기관에 대한 견제권의 범위 안에 드는 적법한 것이므로, 지방의회가 조례로써 옴부즈맨의 위촉(임명)·해촉시에 지방의회의 동의를 얻도록 정하였다고 해서 집행기관의 인사권을 침해한 것이라 할 수 없다. 14법행

해설

① (×) 지방자치제도의 본질적 내용을 침해한다고 볼 수는 없다. (헌재 2014. 1. 28. 2012헌바216) 〈주〉 국가공무원법 제32조(임용권자) ④ 국회 소속 공무원은 국회의장이 임용하되, 국회규칙으로 정하는 바에 따라 그 임용권의 일부를 소속 기관의 장에게 위임할 수 있다.

② (○) (헌재 2014. 1. 28. 2012헌바216)

③ (○) 지방자치법 제110조 (부지사·부시장·부군수·부구청장) ④ 시의 부시장, 군의 부군수, 자치구의 부구청장은 일반직 지방공무원으로 보하되, 그 직급은 대통령령으로 정하며 시장·군수·구청장이 임명한다.

④ (○) (대법원 1997. 4. 11. 96추138)

정답 ①

362

다음 설명 중 가장 적절한 것은? (판례)

① 지방자치단체의 장의 임기는 4년이며, 계속 재임은 3기에 한한다. 13서울

② 지방자치단체 장의 계속 재임을 3기로 제한하는 것은 주민의 자치권을 심각하게 훼손한다고 볼 수 있다. 13국회8

③ 지방자치단체의 장의 계속 재임을 3기로 제한함에 있어 폐지나 통합되는 지방자치단체의 장으로 재임한 것까지 포함시키는 것은 기본권주체의 공무담임권과 평등권을 침해한 것이다. 17국회8

④ 지방자치단체장은 선거로 취임하는 공무원이지만 그 신분이나 직무수행상 다른 일반공무원과 차이가 없고, 해당 지방자치단체를 통합·대표하고 국가사무를 위임받아 처리하는 등 일반직 공무원에 비하여 중요한 업무를 수행하므로 헌법 제7조 제2항에 따라 신분보장이 필요하고 정치적 중립성이 요구되는 공무원에 해당한다. 17변시

해설

① (○) 지방자치법 제95조.

② (×) 주민자치의 본질적 기능에 침해가 있다고 보기 어렵다. (헌재 2006. 2. 23. 2005헌마403)

③ (×) 지방자치법은 지방자치단체장의 계속 재임을 3기로 제한하고 있는데, 지방자치단체의 폐지·통합시 지방자치단체장의 계속 재임을 3기로 제한함에 있어 폐지되는 지방자치단체장으로 재임한 것까지 포함시킬지 여부는 입법자의 재량에 달려 있다. 따라서 이 사건 심판청구는 진정입법부작위에 대하여 헌법소원을 제기할 수 있는 경우에 해당하지 아니한다. (헌재 2010. 6. 24. 2010헌마167)

④ (×) 지방자치단체장은 특정 정당을 정치적 기반으로 하여 선거에 입후보할 수 있고 주민의 선거에 의하여 선출되는 공무원이라는 점에서, 헌법 제7조 제2항에 따라 신분보장이 필요하고 정치적 중립성이 요구되는 공무원에 해당한다고 보기 어렵다. (헌재 2014. 6. 26. 2012헌마459) 〈주〉 지방자치단체의 장은 신분보장, 정치중립이 필요하지 않다. 다만 국가공무원법의 특별법인 공직선거법이 우선적용될 때에는 선거중립은 필요하므로 구별하여야 한다.

정답 ①

363

다음 설명 중 가장 적절한 것은? (판례)

① 지방자치단체의 장이 그 직을 가지고 그 지방자치단체의 장 선거에 입후보하더라도 선거일까지 그 지방자치단체의 장의 권한을 그대로 행사한다. 18행시

② 「주민투표법」상 투표운동은 주민투표발의일부터 주민투표일의 전일까지에 한하여 이를 할 수 있는데, 해당 지방의회의원은 투표운동을 할 수 없으나 해당 지방자치단체의 장은 투표운동을 할 수 있다. 20비상

③ 지방자치단체장이 궐위된 경우, 공소제기된 후 구금상태에 있는 경우, 금고 이상의 형을 선고받고 그 형이 확정되지 아니한 경우'에는 부단체장이 그 권한을 대행한다. 16법무/23경승

④ 지방교육자치는 교육자치라는 영역적 자치와 지방자치라는 지역적 자치가 결합한 형태로서 교육자치를 지방교육의 특수성을 살리기 위해 지방자치단체의 수준에서 행하는 것을 말한다. 17국가7

> **해설**
>
> ① (✗) 지방자치법 제111조(지방자치단체의 장의 권한대행 등) ② 지방자치단체의 장이 그 직을 가지고 그 지방자치단체의 장 선거에 입후보하면 예비후보자 또는 후보자로 등록한 날부터 선거일까지 부단체장이 그 지방자치단체의 장의 권한을 대행한다.
>
> ② (✗) 주민투표법 제21조(투표운동기간 및 투표운동을 할 수 없는 자) ② 다음 각 호의 어느 하나에 해당하는 자는 투표운동을 할 수 없다. 1. 주민투표권이 없는 자 2. 공무원(그 지방의회의 의원을 제외한다) 3. 각급 선거관리위원회의 위원 〈주〉 지방의회의원은 주민투표운동을 할 수 있으나, 지방자치단체의 장은 주민투표운동을 할 수 없다.
>
> ③ (✗) 지방자치법 제111조(지방자치단체의 장의 권한대행 등) ① 지방자치단체의 장이 다음 각 호의 어느 하나에 해당되면 부지사·부시장·부군수·부구청장(이하 이 조에서 "부단체장"이라 한다)이 그 권한을 대행한다. 1. 궐위된 경우 2. 공소 제기된 후 구금 상태에 있는 경우 3. 「의료법」에 따른 의료기관에 60일 이상 계속하여 입원한 경우 〈주〉 금고 이상의 형을 선고받고 그 형이 확정되지 아니한 경우의 부단체장의 권한 대행 규정은 헌법불합치 결정에 의하여 현재 삭제되었다.
>
> ④ (○) (헌재 2003. 3. 27. 2002헌마573)
>
> **정답** ④

364

다음 설명 중 가장 적절하지 않은 것은? (판례)

① 지방교육자치는 '민주주의·지방자치·교육자주'라고 하는 세 가지의 헌법적 가치를 골고루 만족시킬 수 있어야만 하는 것이다. 11법행

② 지방교육자치도 지방자치권 행사의 일환으로 보장되는 것으로서 중앙권력에 대한 지방적 자치로서의 속성을 지니고 있지만, 동시에 그것은 헌법 제31조 제4항이 보장하고 있는 교육의 자주성·전문성·정치적 중립성을 구현하기 위한 것이다. 17서울7

③ 국민주권의 원리는 공권력의 구성·행사·통제를 지배하는 우리 통치질서의 기본원리이지만, 지방자치권이나 국가교육권까지 이 원리에 따른 국민적 정당성을 갖출 필요는 없다. 11법행

④ 중앙권력에 대한 지방자치와 정치권력에 대한 문화적 자치라는 '이중의 자치'의 요청으로 말미암아 지방교육자치의 민주적 정당성 요청은 어느 정도 제한이 불가피하다. 15국가7

> **해설**
>
> ① (○) (헌재 2008. 6. 26. 2007헌마1175)
>
> ② (○) (헌재 2008. 6. 26. 2007헌마1175)
>
> ③ (✗) 국민주권의 원리는 공권력의 구성·행사·통제를 지배하는 우리 통치질서의 기본원리이므로, 공권력의 일종인 지방자치권이나 국가교육권도 이 원리에 따른 국민적 정당성 기반을 갖추어야만 한다. (헌재 2008. 6. 26. 2007헌마1175) 〈주〉 지방자치권과 국가교육권도 선거제도를 채택하여 국민적 정당성을 갖추어야 한다는 뜻이다.
>
> ④ (○) (헌재 2008. 6. 26. 2007헌마1175) 〈주〉 교육감 선거는 일반 선거와 달리 교육경력 5년의 요건을 요구해도 좋다는 뜻이다.
>
> **정답** ③

365

다음 설명 중 가장 적절한 것은? (판례)

① 중앙권력에 대한 지방자치와 정치권력에 대한 문화적 자치라는 '이중의 자치'의 요청으로 말미암아 지방교육자치의 민주적 정당성 요청은 어느 정도 제한이 불가피하다. 15국가7
② 문화적 권력이라고 하는 국가교육권의 특수성이 존재한다고 하더라도, 교육부문에 있어서의 국민주권·민주주의의 요청도 정치 부문과는 다른 모습으로 구현되어서는 안된다. 11법행
③ 교육의원후보자가 되려는 사람은 5년 이상의 교육경력 또는 교육행정경력을 갖추도록 규정한 구「제주특별자치도 설치 및 국제자유도시 조성을 위한 특별법」의 해당 조항은 이러한 경력을 갖추지 못한 청구인들의 공무담임권을 침해한다. 21국가7
④ 국가는 정책상 필요하다고 인정할 때에는 예산의 범위에서 지방자치단체에 보조금을 교부할 수 있는데, 지방자치단체에 보조금을 교부할 때 법령에서 정한 경우에는 재원 부담 지시를 할 수 있으나, 조례에서 정한 경우에는 재원 부담 지시를 할 수 없다. 20비상

해설

① (○) (헌재 2008. 6. 26. 2007헌마1175) 〈주〉 일반적인 지방자치보다 지방 "교육" 자치는 보다 강한 제한을 할 수 있다. 따라서 일반 선거와 달리, 교육감 후보에게는 5년의 교육경력을 요구한다.
② (×) 국가교육권의 특수성으로 말미암아 정치 부문과는 다른 모습으로 구현될 수 있다. (헌재 2008. 6. 26. 2007헌마1175) 〈주〉 정치 분야 선거와 달리, 교육감 선거에는 5년 이상의 교육경력을 요건으로 하여도 된다는 뜻이다.
③ (×) 구인들의 공무담임권을 침해하는 것이라 볼 수 없다. (헌재 2020. 9. 24. 2018헌마444)
④ (×) 지방재정법 제23조(보조금의 교부) ① 국가는 정책상 필요하다고 인정할 때 또는 지방자치단체의 재정 사정상 특히 필요하다고 인정할 때에는 예산의 범위에서 지방자치단체에 보조금을 교부할 수 있다. ③ 제1항 및 제2항에 따라 지방자치단체에 보조금을 교부할 때에는 법령이나 조례에서 정하는 경우와 국가 정책상 부득이한 경우 외에는 재원 부담 지시를 할 수 없다. 〈주〉 법령, 조례, 부득이한 경우에는 지방자치단체가 보조금을 충당하라는 재원부담지시를 할 수 있다.

정답 ①

5. 지방자치단체에 대한 통제

366

다음 설명 중 가장 적절한 것은? (판례)

① 지방자치단체는 국가와는 별개의 법인격을 가지며 자율적으로 지방의 고유사무를 처리하기 때문에 고유사무에 관해서는 국가적 감독과 통제를 받지 않는다. 11법원
② 지방자치단체는 중앙정부의 하급행정기관으로서 자치사무에 관한 한 중앙행정기관과 지방자치단체의 관계는 상하의 감독관계에 있다. 12국회9
③ 중앙행정기관장 또는 시·도지사는 지방자치단체의 사무에 관하여 조언·권고·지도를 할 수 없다. 13서울
④ 행정자치부장관이나 시·도지사는 지방자치단체의 자치사무에 관하여 보고를 받을 수 있지만, 법령위반사항에 대해서만 서류·장부 또는 회계를 감사할 수 있다. 12국회9

해설

① (×) 지방자치법 제169조. 제171조. 〈주〉 지방자치단체의 고유 자치사무도 지방자치단체장의 사무처리가 법령에 위반된 경우에 한해서 국가의 감독과 통제를 받는다.
② (×) 자치사무에 관한 한 중앙행정기관과 지방자치단체의 관계가 상하의 감독관계에서 상호보완적 지도·지원의 관계로 변화된 지방자치법의 취지를 종합하여 보면, 중앙행정기관의 지방자치단체의 자치사무에 대한 구 지방자치법 제158조 단서 규정의 감사권은 사전적·일반적인 포괄감사권이 아니라 그 대상과 범위가 한정적인 제한된 감사권이라 해석함이 마땅하다. (헌재 2009. 5. 28. 2006헌라6)
③ (×) 지방자치법 제166조(지방자치단체의 사무에 대한 지도와 지원) ① 중앙행정기관의 장이나 시·도지사는 지방자치단체의 사무에 관하여 조언 또는 권고하거나 지도할 수 있으며, 이를 위하여 필요하면 지방자치단체에 자료의 제출을 요구할 수 있다.
④ (○) 지방자치법 제171조(지방자치단체의 자치사무에 대한 감사) ① 행정안전부장관이나 시·도지사는 지방자치단체의 자치사무에 관하여 보고를 받거나 서류·장부 또는 회계를 감사할 수 있다. 이 경우 감사는 법령위반사항에 대하여만 실시한다.

정답 ④

367

다음 설명 중 가장 적절한 것은? (판례)

① 중앙행정기관의 자치사무에 대한 감사 범위는 위법성 감사에 한정되지 않으므로, 그 외의 포괄적인 감사도 허용된다. 15지방7

② 주무주장관이 지방자치단체사무에 관한 시·도지사의 명령이나 처분에 대하여 시정명령을 할 수 있는 것은 그 명령이나 처분이 위법한 경우에 한한다. 13서울

③ 지방자치단체의 사무에 관한 그 장의 명령이나 처분이 법령에 위반되거나 현저히 부당하여 공익을 해친다고 인정되면 시·도에 대하여는 주무부장관이, 시·군 및 자치구에 대하여는 시·도지사가 서면으로 시정할 것을 명하고, 그 기간에 이행하지 아니하면 이를 취소하거나 정지할 수 있다. 이 경우 자치사무에 관한 명령이나 처분에 대하여는 법령을 위반하는 것에 한한다. 10법행

④ 지방자치단체의 사무에 관한 그 장의 명령이나 처분이 법령에 위반되거나 현저히 부당하여 공익을 해친다고 인정될 때에는 시·도에 대하여는 주무부장관이, 시·군 및 자치구에 대하여는 시·도지사가 기간을 정하여 서면으로 시정할 것을 명하고, 그 기간 내에 이행하지 아니할 때에는 이를 취소하거나 정지할 수 있으며, 이러한 시정명령이나 처분의 취소 또는 정지에 대하여 지방자치단체의 장은 소를 제기할 수 없다. 05입시

> **해설**
> ① (×) 중앙행정기관의 <u>자치사무</u>에 대한 감사 범위는 <u>위법성 감사에 한정되므로</u>, 그 외의 포괄적인 감사는 허용되지 않는다. (헌재 2009. 5. 28. 2006헌라6)
> ② (×) 지방자치법 제169조 - 단체사무는 법령에 위반되거나 현저히 부당하여 공익을 해치는 경우에 시정명령을 하고, 자치사무는 법령에 위반되는 경우에만 시정명령을 한다. 〈주〉 단체사무와 자치사무를 구별하지 않아서 틀렸다.
> ③ (○) 지방자치법 제167조 제1항. 지방자치법 제169조 제1항.
> ④ (×) 지방자치법 제169조(위법·부당한 명령·처분의 시정) ② 지방자치단체의 장은 제1항에 따른 <u>자치사무에 관한 명령이나 처분의 취소 또는 정지</u>에 대하여 이의가 있으면 그 <u>취소처분 또는 정지처분을 통보받은 날부터 15일 이내에 대법원에 소(訴)를 제기할 수 있다.</u> 〈주〉 지방자치단체의 사무 중에서 자치사무의 경우에는 취소 또는 정지처분에 대하여 대법원에 제소할 수 있다. 따라서 지방자치단체의 사무(자치사무와 단체사무)에 대해서 소를 제기할 수 없다는 표현은 틀린다.

[정답] ③

368

다음 설명 중 가장 적절한 것은? (판례)

① 시·도 지방자치단체의 사무에 관한 그 장의 처분이 법령에 위반되거나 현저히 부당하여 공익을 해친다고 인정되면 주무부장관은 기간을 정해 서면으로 시정명령을 할 수 있고, 이에 대해 해당 지방자치단체의 장은 이의가 있으면 15일 내에 대법원에 소를 제기할 수 있다. 11사시

② 행정안전부장관은 지방자치단체의 자치사무에 관하여 보고를 받거나 서류·장부 또는 회계를 감사할 수 있으며, 이 경우 자치사무의 합목적성 및 법령위반사항에 대하여 감사한다. 19행시

③ 중앙행정기관이 지방자치법에 따라 지방자치단체의 자치사무에 관하여 감사에 착수하기 위해서는 자치사무에 관하여 특정한 법령위반행위가 확인되었거나 위법행위가 있었으리라는 합리적 의심이 가능한 경우이어야 하지만, 그 감사대상을 특정해야 하는 것은 아니다. 12국회9

④ 행정안전부장관이 지방자치법에 따라 감사에 착수하기 위해서는 자치사무에 관하여 특정한 법령위반행위가 확인되었거나 위법행위가 있었으리라는 합리적 의심이 가능한 경우이어야 하고, 또한 그 감사대상을 특정해야 한다. 따라서 전반기 또는 후반기 감사와 같은 포괄적·사전적 일반감사나 위법사항을 특정하지 않고 개시하는 감사 또는 법령위반사항을 적발하기 위한 감사는 모두 허용될 수 없다. 17법행

> **해설**
> ① (×) 지방자치법 제169조(위법·부당한 명령·처분의 시정) ② 지방자치단체의 장은 제1항에 따른 <u>자치사무에 관한 명령이나 처분의 취소 또는 정지</u>에 대하여 이의가 있으면 그 취소처분 또는 정지처분을 통보받은 날부터 15일 이내에 <u>대법원에 소(訴)를 제기할 수 있다.</u> 〈주〉 (단체사무를 제외한) 자치사무에 한해서, (시정명령을 제외한) 취소 또는 정지처분에 한해서 대법원에 소를 제기할 수 있다.
> ② (×) 지방자치법 제171조(지방자치단체의 자치사무에 대한 감사) ① 행정안전부장관의 감사는 <u>법령위반사항에 대하여만 실시한다.</u>
> ③ (×) 중앙행정기관은 자치사무에 관하여 <u>특정한 법령위반행위가 확인되었거나 위법행위가 있었으리라는 합리적 의심이 가능한 경우이어야 하고, 또한 그 감사대상을 특정해야 한다.</u> (헌재 2009. 5. 28. 2006헌라6)
> ④ (○) (헌재 2009. 5. 28. 2006헌라6)

[정답] ④

369

다음 설명 중 옳지 않은 것을 모두 고른 것은? (판례)

> ㉠ 감사원이 지방자치단체의 위임사무뿐만 아니라, 자치사무에 대하여까지 합법성 감사뿐만 아니라 합목적성 감사까지 하게 된다면 지방자치단체는 자치사무에 대하여 자율적인 정책결정을 하기 어렵고, 그로 인하여 지방자치단체는 독립성과 자율성을 크게 제약받아 중앙정부의 하부행정기관으로 전락할 우려가 다분히 있게 되어 지방자치제도의 본질적 내용을 침해하는 것이어서 위헌이다. 17법행
>
> ㉡ 감사원은 지방자치단체의 자치사무에 대해 합법성과 합목적성 감사를 할 수 있으므로 특정한 위법행위가 확인되었거나 위법행위가 있었으리라는 합리적 의심이 가능한 경우에는 사전적·포괄적 감사가 예외적으로 허용된다. 21국가7
>
> ㉢ 지방자치단체의 자치사무에 관한 감사원의 감사 범위를 합법성 감사로 한정하지 아니하고 합목적성 감사까지 확대한 것은 지방자치단체를 중앙정부의 하부행정기관으로 전락시키는 것으로서 지방자치제도의 본질적 내용을 침해한다. 20법행

① ㉠ ㉡
② ㉠ ㉢
③ ㉡ ㉢
④ ㉠ ㉡ ㉢

해설

㉠ (✗) 감사원법은 지방자치단체의 위임사무나 자치사무의 구별 없이 합법성 감사뿐만 아니라 합목적성 감사도 허용하고 있는 것으로 보이므로, 감사원의 지방자치단체에 대한 이 사건 감사는 법률상 권한 없이 이루어진 것은 아니다. 따라서 이 사건 관련규정이 지방자치단체의 고유한 권한을 유명무실하게 할 정도로 지나친 제한을 함으로써 지방자치권의 본질적 내용을 침해하였다고는 볼 수 없다. (헌재 2008. 5. 29. 2005헌라3)

㉡ (✗) 국가감독권 행사로서 지방자치단체의 자치사무에 대한 감사원의 사전적·포괄적 합목적성 감사가 인정된다. (헌재 2009. 5. 28. 2006헌라6) 〈주〉 "예외적으로"가 틀렸다.

㉢ (✗) 감사원법은 지방자치단체의 위임사무나 자치사무의 구별 없이 합법성 감사뿐만 아니라 합목적성 감사도 허용하고 있는 것으로 보이므로, 감사원의 지방자치단체에 대한 이 사건 감사는 법률상 권한 없이 이루어진 것은 아니다. (헌재 2008. 5. 29. 2005헌라3)

정답 ④

PART 02

김원욱 원기총 2.0
cafe.daum.net/policewon

기본권론

제1장 기본권 총론

제1절 기본권의 의의

제2절 기본권의 법적 성격

001
다음 설명 중 가장 적절하지 않은 것은? (판례)

① 근대자연법론에 의하면 기본권의 본질적 내용인 인권은 초국가적 전국가적 성격을 가진다. 15서울
② 우리나라의 학설과 판례에 의하면 제도는 국법질서에 의하여 국가 내에서 인정되는 객관적 법규범인 동시에 재판규범으로 기능하며, 기본권과 달리 최대한의 보장을 내용으로 한다. 05입시
③ '제3세대 인권'이란 평화에 대한 권리, 환경에 대한 권리, 개발에 대한 권리 등을 포함하는 연대권을 말한다. 09법원
④ 국가인권위원회법은 헌법뿐만 아니라 법률, 대한민국이 가입·비준한 국제인권조약, 국제관습법을 인권의 법원(法源)으로 인정하고 있다. 09법원

해설
① (O) 초국가적 전국가적 성격이란 국적을 불문하고 인정되는 권리이며, 국가가 형성되기 이전부터 인정되던 자연법적 권리라는 뜻이다.
② (X) 기본권 보장은 "최대한 보장의 원칙"이 적용됨에 반하여, 제도적 보장은 "최소한 보장의 원칙"이 적용될 뿐이다. (헌재 1997. 4. 24. 95헌바48)
③ (O) UN의 인권선언 중에서, 제1세대 인권은 시민적, 정치권 권리이고, 제2세대적 인권은 경제적, 사회적, 문화적 권리이고, 제3세대 인권은 평화적 생존권, 환경권, 인류의 공동유산 개발권 등이다.
④ (O) 국가인권위원회법 제2조.

정답 ②

002
다음 설명 중 가장 적절한 것은? (판례)

① 명예권, 생명권, 일반적 행동의 자유권, 자기결정권 등은 헌법상 열거되지 아니한 기본권이다. 10법무
② 평화적 생존권은 헌법상 열거되지 아니한 기본권이다. 10법무
③ 독일의 경우 헌법상 기본권으로서 외국인의 '망명권' 혹은 난민권이 인정되는 반면에, 우리나라의 경우는 법률상의 권리로서 외국인의 '난민인정신청권'도 인정되지 않는다. 14사시
④ 기본권은 국가가 확인하고 보장한다는 점에서 국가가 제정한 법률의 범위 내에서 그 효력이 인정되는 권리이다. 09법원

해설
① (O) (헌재 1991. 6. 3. 89헌마204)
② (X) 청구인들이 평화적 생존권이란 이름으로 주장하고 있는 평화란 구체적 권리로서의 실질에 부합한다고 보기 어려워 헌법상 보장된 기본권이라고 할 수 없다. (헌재 2009. 5. 28. 2007헌마369)
③ (X) 난민법 제5조(난민인정 신청) ① 대한민국 안에 있는 외국인으로서 난민인정을 받으려는 사람은 법무부장관에게 난민인정 신청을 할 수 있다. 이 경우 외국인은 난민인정신청서를 지방출입국·외국인관서의 장에게 제출하여야 한다. 〈주〉 난민인정신청권이 헌법상 기본권은 아니지만, 난민법이라는 법률로 인정되는 권리이다.
④ (X) 기본권은 법률의 범위 내에서 효력이 인정되는 것이 아니라, 오히려 입법권이 법률의 범위 내에서 인정되므로 입법권이 기본권에 구속된다.

정답 ①

003

다음 설명 중 가장 적절하지 않은 것은? (판례)

① 기본권은 원래 국민 대 국가의 관계에서 인정되는 것으로 주관적 공권으로서의 성격이 원칙적인 것이고 우선한다. 05입시

② 헌법이 최고법으로서 모든 법질서를 지도하여야 한다는 측면에서 보면 기본권의 객관적 질서의 요소로서의 성격을 부인할 수 없다. 05입시

③ 국가조직법규나 절차법규 제정에 있어서 기준이 되어야 하는 기본권의 성격은 주관적 공권으로서의 성격이다. 05입시

④ 헌법에 열거되지 아니한 국민의 자유와 권리도 헌법소원에 의하여 구제될 수 있는 헌법상 보장된 기본권에 해당할 수 있다. 09법원

[해설]

① (O) 기본권은 국가에 대한 국민의 개인적 권리이므로 이를 주관적 공권이라 한다. 반면에 헌법이 보장하는 제도는 국민 전체에게 인정되므로 객관적 질서라고 한다.

② (O) 헌법상 기본권은 주관적 공권성과 함께 객관적 제도라는 이중적 성격을 가진다. 객관적 질서의 요소란 객관적 제도보장을 뜻한다.

③ (×) 국민의 권리는 보장하는 법률에서 기준이 되는 기본권의 성격은 주관적 공권성이고, 국가조직법규나 절차법규의 기준이 될 수 있는 기본권의 성격은 객관적 가치질서(제도보장)로서의 성격이다.

④ (O) 헌법 제37조 제1항은, "국민의 자유와 권리는 헌법에 열거되지 아니한 이유로 경시되지 아니한다"라고 규정하여 헌법상 보호하여야 할 가치에 대하여는 비록 헌법에 문언상 명시되지 않았더라도 헌법상 기본권으로 보장하여야 한다고 선언하고 있다. (헌재 2009. 5. 28. 2007헌마369) 〈주〉 헌법상 기본권이므로 이를 침해당하면 헌법소원을 청구할 수 있다.

[정답] ③

제3절 기본권의 주체

1. 국민

004

다음 설명 중 가장 적절하지 않은 것은? (판례)

① 기본권 보유능력은 민법상의 권리능력과 일치하지 않는다. 20경채

② 기본권 주체로서의 법적 지위는 헌법소원에 의해 권리를 구제받을 수 있는지를 판단하는 기준의 하나가 된다. 19법원

③ 초기배아는 아직 모체에 착상되거나 원시선이 나타나지 않았더라도 자연과학적 인식수준에서 독립된 인간과 배아 간의 개체적 연속성을 확정할 수 있으므로 기본권 주체성을 인정할 수 있다. 18국회9/ 21경승/23경찰1

④ 초기배아는 수정된 배아라는 점에서 형성 중인 생명의 첫 걸음을 떼었다고 볼 여지가 있기는 하지만 인간과 배아간의 개체적 연속성을 확정하기 어렵다는 점에서 기본권 주체성은 부인되는 반면, 배아의 경우 형성 중에 있는 생명이라는 독특한 지위로 인해 국가에 의한 적극적인 보호가 요구된다. 16지방7

[해설]

① (O) 민법상 권리능력과 헌법상 기본권 보유능력은 반드시 일치하는 것은 아니다. 예를 들어 태아의 경우 헌법상 기본권의 주체가 될 수 있지만, 민법상 권리능력은 한정된 범위에서만 인정된다.

② (O) 기본권의 주체로 인정되면 헌법상 보호를 받기 때문에, 그 기본권을 침해당한 경우 헌법소원에 의한 구제를 받을 수 있다.

③ (×) 초기배아는 기본권 주체성을 인정하기 어렵다. (헌재 2010. 5. 27. 2005헌마346)

④ (O) 초기배아는 기본권 주체성을 인정하기 어렵다. 다만 초기배아라는 원시생명체에 대하여도 위와 같은 헌법적 가치가 소홀히 취급되지 않도록 노력해야 할 국가의 보호의무가 있음을 인정하지 않을 수 없다 할 것이다. (헌재 2010. 5. 27. 2005헌마346)

[정답] ③

005

다음 설명 중 가장 적절하지 않은 것은? (판례)

① 오늘날 생명공학 등의 발전과정에 비추어 인간의 존엄과 가치가 갖는 헌법적 가치질서로서의 성격을 고려할 때 인간으로 발전할 잠재성을 갖고 있는 초기배아에 대하여도 헌법적 가치가 소홀히 취급되지 않도록 노력해야 할 국가의 보호의무가 인정된다. 16사시
② 태아도 원칙적으로 생명권의 주체이고 형성 중의 생명인 태아에게도 생명에 대한 권리가 인정되어야 하나, 자궁에 착상하기 전 혹은 원시선이 나타나기 전의 수정란 상태의 초기배아에게는 생명권의 주체성을 인정할 수 없다. 16국회8
③ 태아의 경우에는 생명권 등 한정된 기본권에 대해서만 그 주체가 될 수 있다. 13국회9
④ 태아는 생명권의 주체가 될 수 없다. 17국회9

해설

① (O) 초기배아라는 원시생명체에 대하여도 위와 같은 헌법적 가치가 소홀히 취급되지 않도록 노력해야 할 국가의 보호의무가 있음을 인정하지 않을 수 없다 할 것이다. (헌재 2010. 5. 27. 2005헌마346) 〈주〉 초기배아가 생명권의 주체는 아니지만, 국가의 보호는 받는다.
② (O) 초기배아는 기본권 주체성을 인정하기 어렵다. (헌재 2010. 5. 27. 2005헌마346)
③ (O) 모든 인간은 헌법상 생명권의 주체가 되며, 형성 중의 생명인 태아에게도 생명에 대한 권리가 인정되어야 한다. (헌재 2008. 7. 31. 2004헌바81) 〈주〉 태아는 사람이 아니므로 원칙적으로 재산권 등의 헌법상 기본권은 부정된다. 다만 생명권에 한해서 제한적으로 기본권을 가진다.
④ (X) 모든 인간은 헌법상 생명권의 주체가 되며, 형성 중의 생명인 태아에게도 생명에 대한 권리가 인정되어야 한다. (헌재 2008. 7. 31. 2004헌바81)

정답 ④

006

다음 설명 중 옳지 않은 것을 모두 고른 것은? (판례)

㉠ 아동은 성숙하지 못한 인격체이지만 그의 인격권은 성인과 마찬가지로 인간의 존엄성 및 행복추구권을 보장하는 헌법 제10조에 의해 보호된다. 17법원
㉡ 미성년자의 인격권은 성인과 마찬가지로 헌법 제10조에 의하여 보호된다. 13국회9/19법원
㉢ 입법자가 선거 연령을 제한하는 것은 기본권의 보유능력을 제한하는 것이라 할 수 있다. 20경채
㉣ 기본권의 성질상 인간의 권리에 해당하는 기본권은 외국인도 그 주체가 될 수 있다고 할 때 그것이 기본권행사능력을 가짐을 의미한다. 13국회9
㉤ 기본권능력을 가진 사람은 모두 기본권 주체가 되지만, 기본권 주체가 모두 기본권의 행사능력을 가지는 것은 아니다. 17국회8

① ㉠ ㉡
② ㉡ ㉢
③ ㉢ ㉣
④ ㉣ ㉤

해설

㉠ (O) 아동과 청소년의 인격권은 성인과 마찬가지로 인간의 존엄성 및 행복추구권을 보장하는 헌법 제10조에 의하여 보호된다. (헌재 2016. 5. 26. 2014헌마374)
㉡ (O) 아동과 청소년은 인격의 발전을 위하여 어느 정도 부모와 학교 교사 등의 지도를 필요로 하는 아직 성숙하지 못한 인격체이지만, 부모와 국가에 의한 단순한 보호의 대상이 아닌 독자적인 인격체이다. 이들의 인격권은 성인과 마찬가지로 인간의 존엄성 및 행복추구권을 보장하는 헌법 제10조에 의하여 보호된다. (헌재 2016. 5. 26. 2014헌마374)
㉢ (X) 선거 연령을 제한하는 것은 기본권 보유능력이 아니라 기본권 행사능력을 제한한 경우이다.
㉣ (X) 기본권의 주체가 될 수 있다는 것은 원칙적으로 기본권의 보유능력을 말하며, 기본권 보유능력이 있다고 모두 기본권 행사능력까지 있는 것은 아니다. 예컨대 한국 국민인 미성년자는 기본권을 보유하지만 선서권에서는 그 행사가 제한될 수 있다.
㉤ (O) 예컨대 미성년의 한국 국민은 기본권의 주체이지만 선거권에서는 기본권을 행사할 수 없는 제한을 받는다. 따라서 기본권보유능력과 그 행사능력은 반드시 일치하는 것은 아니다.

정답 ③

2. 외국인

007
다음 설명 중 가장 적절하지 않은 것은? (판례)

① 외국인은 원칙적으로 공무담임권, 국가배상청구권, 범죄피해자구조청구권, 국민투표권 및 사회적 기본권 등을 누릴 수 없거나 제한적으로 밖에 향유하지 못한다. 14사시
② 청구인의 출신국가에서 우리 국민의 관련 기본권을 보호하고 있지 않은 경우에는, 상호주의에 따라 우리 헌법상으로도 그 국가 출신의 청구인에 대하여 관련 기본권이 보호되지 않으므로 기본권주체성 자체를 부정하여 심판청구를 각하하여야 한다. 18법행
③ 인간의 권리에 해당하는 기본권이라 하더라도 상호주의에 따른 제한이 가능하다. 18법행
④ 기본권은 그 권리의 성질상 국민의 권리와 인간의 권리로 나눌 수 있고, 인간의 권리에 해당하는 기본권의 경우 외국인에게 기본권주체성이 인정된다. 18법행

해설

① (O) 공무담임권, 국가배상청구권, 국민투표권 등은 국민을 대상으로 인정되는 기본권이므로, 외국인은 원칙적으로 누릴 수 없고, 제한적으로만 향유할 수 있다.
② (X) 청구인들이 침해되었다고 주장하는 <u>인간의 존엄과 가치, 행복추구권</u>은 대체로 '인간의 권리'로서 외국인도 주체가 될 수 있다. (헌재 2001. 11. 29. 99헌마494)
③ (O) 청구인들이 침해되었다고 주장하는 인간의 존엄과 가치, 행복추구권은 대체로 '인간의 권리'로서 외국인도 주체가 될 수 있다고 보아야 하고, <u>평등권도 인간의 권리로서</u> 참정권 등에 대한 성질상의 제한 및 <u>상호주의에 따른 제한</u>이 있을 수 있을 뿐이다. (헌재 2001. 11. 29. 99헌마494)
④ (O) (헌재 2007. 8. 30. 2004헌마670)

정답 ②

008
다음 설명 중 가장 적절하지 않은 것은? (판례)

① 외국인에 대하여는 입국 및 체류의 자유가 일반적으로 보장되는 것은 아니다. 05사시
② 외국인은 입국의 자유의 주체가 될 수 없으며, 외국인이 복수 국적을 누릴 자유는 헌법상 보호되는 기본권으로 볼 수 없다. 19변시
③ 외국인도 거주 이전의 자유가 인정되므로, 특단의 사정이 없는 한 국가는 외국인의 입국을 허가할 의무가 있다. 05법행
④ 특별한 조약이 없는 한 외국인에게 입국을 허가할 의무가 없으므로 외국인은 원칙적으로 입국의 자유가 없다. 16국회8

해설

① (O) 외국인에게는 일반적으로 입국의 자유 및 체류의 자유가 "헌법"으로 보장되지 않는다. 행정부의 허가를 받은 경우에 한해서 법률상 권리로 보장될 뿐이다.
② (O) 외국인이 복수국적을 누릴 자유가 우리 헌법상 행복추구권에 의하여 보호되는 기본권이라고 보기 어려우므로, 외국인의 기본권주체성 내지 기본권침해가능성을 인정할 수 없다. (헌재 2014. 6. 26. 2011헌마502)
③ (X) 참정권과 입국의 자유에 대한 외국인의 기본권주체성이 인정되지 않는다. (헌재 2014. 6. 26. 2011헌마502) 〈주〉 헌법상 기본권이 없으므로 이를 인정해야 할 의무도 없다.
④ (O) 국민과 달리 외국인은 원칙적으로 입국의 자유가 인정되지 않는다. (헌재 2014.6.26. 2011헌마502)

정답 ③

009

다음 설명 중 가장 적절하지 않은 것은? (판례)

① 외국인에게는 입국의 자유에 대한 기본권주체성이 인정되지 않으므로, 외국인이 입국에 관한 우리 출입국관리제도의 위헌성을 다투는 헌법소원심판을 청구하는 것은 허용되지 않는다. 18법행
② 외국인에게는 대한민국의 국적을 취득할 권리가 인정되지 않지만, 외국인은 법무부장관의 귀화 불허가결정에 대해 법원에 제소할 수 있다. 18법행
③ 외국인에게 근로관계가 형성되기 전 단계인 특정한 직업을 선택할 수 있는 권리는 헌법상 기본권에서 유래된다. 21국회8
④ 외국인이 국내에서 누리는 직업의 자유는 법률 이전에 헌법에 의해서 부여된 기본권이라고 할 수 없고, 법률에 따른 정부의 허가에 의해 비로소 발생하는 권리이다. 17법원

해설

① (O) 참정권과 입국의 자유에 대한 외국인의 기본권주체성이 인정되지 않으므로, 외국인의 기본권주체성 내지 기본권침해가능성을 인정할 수 없다. (헌재 2014. 6. 26. 2011헌마502)
② (O) 외국인은 귀화불허가 결정에 대해 법원에 제소하여 이를 다툴 수 있다. 〈주〉 헌법상 기본권이 없으므로 헌법소원은 불가능하다. 그러나 법률상 권리는 인정되므로 일반 법원에 제소는 할 수 있다.
③ (✕) 근로관계가 형성되기 전단계인 특정한 직업을 선택할 수 있는 권리는 국가정책에 따라 법률로써 외국인에게 제한적으로 허용되는 것이지 헌법상 기본권에서 유래되는 것은 아니다. (헌재 2014. 8. 28. 2013헌마359)
④ (O) (헌재 2014. 8. 28. 2013헌마359)

[정답] ③

010

다음 설명 중 가장 적절하지 않은 것은? (판례)

① 국가정책에 따라 정부의 허가를 받은 외국인은 정부가 허가한 범위 내에서 소득활동을 할 수 있는 것이므로 외국인이 국내에서 누리는 직업의 자유는 법률 이전에 헌법에 의해서 부여된 기본권이라 할 수 있다. 21경승
② 고용허가를 받아 적법하게 우리나라에서 일정한 생활관계를 형성 유지하는 외국인 근로자는 직장 선택의 자유에 대한 기본권 주체성이 인정될 수 있다. 18입시
③ 외국인이라 할지라도 적법하게 고용허가를 받아 입국하여 우리나라에서 일정한 생활관계를 형성·유지하는 등 정당한 노동인력으로서의 지위를 부여받은 경우 직장선택의 자유를 인정할 수 있다. 16국회8
④ 국가에 대하여 고용증진을 위한 사회적·경제적 정책을 요구할 수 있는 권리는 사회권적 기본권으로서 국민에 대하여만 인정해야 하지만, 근로자가 기본적 생활수단을 확보하고 인간의 존엄성을 보장받기 위하여 최소한의 근로조건을 요구할 수 있는 권리는 자유권적 기본권의 성격도 아울러 가지므로 이러한 경우 외국인 근로자에게도 기본권 주체성을 인정할 수 있다. 19변시

해설

① (✕) 헌법에 의해서 부여된 기본권이라 할 수는 없고, 법률에 따른 정부의 허가에 의해 비로소 발생하는 권리이다. (헌재 2014. 8. 28. 2013헌마359)
② (O) 이 사건 청구인들에게 직장 선택의 자유에 대한 기본권 주체성을 인정할 수 있다 할 것이다. (헌재 2011. 9. 29. 2007헌마1083) 〈주〉 적법하게 입국하여 근로관계를 형성한 경우에는 헌법상 "직업"선택의 자유에 속하는 "직장"선택의 자유를 가지게 된다.
③ (O) (헌재 2011. 9. 29. 2007헌마1083)
④ (O) (헌재 2007. 8. 30. 2004헌마670)

[정답] ①

011

다음 설명 중 가장 적절한 것은? (판례)

① 직장 선택의 자유는 인간의 권리로 보아야 할 것이므로 외국인도 제한 없이 직장선택의 자유를 향유할 수 있다고 보아야 한다. 17법원/17국회8

② 외국인에게 직장 선택의 자유에 대한 기본권주체성을 인정한다는 것은 곧바로 이들에게 우리 국민과 동일한 수준의 직장 선택의 자유가 보장된다는 것을 의미한다. 22국회8

③ 직장선택의 자유는 인간의 존엄과 가치 및 행복추구권과도 밀접한 관련을 가지는 만큼 단순히 국민의 권리가 아닌 인간의 권리로도 보아야 할 것이므로, 권리의 성질상 외국인도 제한적으로라도 직장선택의 자유를 향유할 수 있다. 16사시

④ 근로의 권리가 일할 환경에 관한 권리도 내포하고 있으므로 건강한 작업환경, 일에 대한 정당한 보수, 합리적인 근로조건의 보장 등을 요구할 수 있는 권리에 관하여 외국인 근로자의 기본권 주체성은 인정되지 않는다. 14사시

⑤ 출국만기보험금의 지급시기에 관한 것은 근로조건의 문제이고 생존권적 성격을 가지므로 외국인에게는 기본권 주체성이 인정되지 않는다. 22소방7

[해설]

① (×) 직장 선택의 자유는 인간의 권리로 보아야 할 것이므로 외국인도 제한적으로라도 직장선택의 자유를 향유할 수 있다고 보아야 한다. (헌재 2011. 9. 29. 2009헌마351)

② (×) 우리 국민과 동일한 수준의 직장 선택의 자유가 보장된다는 것을 의미하는 것은 아니다. (헌재 2011. 9. 29. 2009헌마351)
〈주〉 "제한적으로" 보장된다.

③ (○) (헌재 2011. 9. 29. 2009헌마351)

④ (×) 근로의 권리는 자유권적 기본권의 성격도 아울러 가지므로 이러한 경우 외국인 근로자에게도 그 기본권 주체성을 인정함이 타당하다. (헌재 2007. 8. 30. 2004헌마670)

⑤ (×) 헌법상 근로의 권리 중 '일할 환경에 관한 권리'는 인간의 권리로서 외국인에게도 인정되며, 건강한 작업환경, 일에 대한 정당한 보수, 합리적인 근로조건의 보장 등을 요구할 수 있는 권리 등을 포함한다. 따라서 출국만기보험금은 외국인인 청구인들에게도 기본권 주체성이 인정된다.(헌재 2016. 3. 31. 2014헌마367)

[정답] ③

012

다음 설명 중 가장 적절한 것은? (판례) 22경채

> A는 비전문취업(E-9) 비자를 받고 대한민국에 입국한 외국인 근로자이다. 국회는 「외국인근로자의 고용 등에 관한 법률」을 개정하여 출국만기 보험금의 지급시기를 '피보험자 등이 출국한 때로부터 14일 이내'로 제한하는 내용을 추가하였다. A는 이 조항이 자신의 기본권을 침해한다고 주장하면서 헌법소원심판을 청구하였다. (원욱쌤이 원문보다 내용을 줄였음)

① A에게 근로의 권리에 대한 기본권 주체성을 인정한다는 것은 곧바로 우리 국민과 동일한 수준의 보장을 한다는 것을 의미한다. 22경채

② 출국만기보험금은 퇴직금의 성질을 가지고 있어서 그 지급시기에 관한 것은 근로조건의 문제이므로 A에게도 기본권 주체성이 인정된다. 22경채

③ 퇴직금의 성질을 가진 출국만기보험금의 지급시기를 무조건 출국과 연계하는 것은 퇴직금의 본질적 성격에 반하므로 A의 근로의 권리를 침해한다. 22경채

④ 출국만기보험금의 지급시기를 출국한 때부터 14일 이내로 정한 것은 A와 내국인 근로자를 불합리하게 차별하는 것으로서 A의 평등권을 침해한다.

[해설]

① (×) 외국인에게 곧바로 우리 국민과 동일한 수준의 직장 선택의 자유가 보장된다는 것을 의미하는 것은 아니라고 할 것이다. (헌재 2011. 9. 29. 2009헌마351)

② (○) 출국만기보험금은 퇴직금의 성질을 가지고 있어서 그 지급시기에 관한 것은 근로조건의 문제이므로 외국인인 청구인들에게도 기본권 주체성이 인정된다. (헌재 2016. 3. 31. 2014헌마367)

③ (×) 청구인들의 근로의 권리를 침해한다고 보기 어렵다. (헌재 2016. 3. 31. 2014헌마367)

④ (×) 청구인들의 평등권을 침해한다고 볼 수 없다. (헌재 2016. 3. 31. 2014헌마367)

[정답] ②

013

다음 설명 중 가장 적절하지 않은 것은? (판례)

① 고용허가를 받아 국내에 입국한 외국인 근로자의 출국만기보험금을 출국 후 14일 이내에 지급하도록 한 조항은, 외국인 근로자의 불법체류를 방지할 필요성을 고려하더라도 출국 전에는 예외 없이 보험금을 지급받지 못하도록 한 것이어서 외국인 근로자의 근로의 자유를 침해한다. 19변시

② 출입국관리에 관한 사항 중 외국인의 입국에 관한 사항은 주권국가로서의 기능을 수행하는 데 필요한 것으로서 광범위한 정책재량의 영역이므로, 국적에 따라 사증 발급 신청 시의 첨부서류에 관해 다르게 정하고 있는 조항이 평등권을 침해하는지 여부는 자의금지원칙 위반 여부에 의하여 판단한다. 19변시/20경승

③ 외국인 근로자는 기본적 생활수단을 확보하고 인간의 존엄성을 보장받기 위한 최소한의 근로조건을 요구할 수 있는 근로의 권리의 주체가 될 수 있다. 17국회9

④ 부모의 자녀에 대한 교육권은 비록 헌법에 명문으로 규정되어 있지는 아니하지만 모든 인간이 국적과 관계없이 누리는 양도할 수 없는 불가침의 인권으로서 외국인도 당연히 그 주체성이 인정된다. 14사시

해설

① (×) 청구인들의 <u>근로의 권리를 침해하지 않는다</u>. (헌재 2016. 3. 31. 2014헌마367) 〈주〉 불법체류를 방지하기 위하여 출국이 확인되면 14일 이내에 지급한다.

② (○) 출입국관리에 관한 사항 중 외국인의 입국에 관한 사항은 주권국가로서의 기능을 수행하는데 필요한 것으로서 광범위한 정책재량의 영역이다. (헌재 2014. 4. 24. 2011헌마474) 〈주〉 평등권 침해 여부는 자의금지심사로 한다.

③ (○) (헌재 2007. 8. 30. 2004헌마670)

④ (○) 부모의 자녀에 대한 교육권은 비록 헌법에 명문으로 규정되어 있지는 아니하지만, <u>모든 인간이 국적과 관계없이 누리는 양도할 수 없는 불가침의 인권이다</u>. (헌재 2009. 4. 30. 2005헌마514)

[정답] ①

014

다음 설명 중 가장 적절하지 않은 것은? (판례)

① 근로의 권리의 구체적인 내용에 따라, 국가에 대하여 고용증진을 위한 사회적 경제적 정책을 요구할 수 있는 권리는 사회권적 기본권으로서 국민에 대하여만 인정해야 하지만, 자본주의 경제질서하에서 근로자가 기본적 생활수단을 확보하고 인간의 존엄성을 보장받기 위하여 최소한의 근로조건을 요구할 수 있는 권리는 자유권적 기본권의 성격도 아울러 가지므로 이러한 경우 외국인 근로자에게도 그 기본권 주체성을 인정함이 타당하다. 13국회9/22경찰1차

② 근로의 권리가 "일할 자리에 관한 권리"만이 아니라 "일할 환경에 관한 권리"도 내포하고 있는바, 후자는 건강한 작업 환경, 일에 대한 정당한 보수, 합리적인 근로조건의 보장을 요구할 수 있는 권리를 포함한다. 14국가7/15국가7

③ 근로의 권리란 '일할 자리에 관한 권리'와 '일할 환경에 관한 권리'를 말하며, 후자는 건강한 작업 환경, 일에 대한 정당한 보수, 합리적인 근로조건의 보장 등을 요구할 수 있는 권리 등을 의미하는바, 직장변경의 횟수를 제한하고 있는 법률조항은 '일할 자리에 관한 권리'로서의 근로의 권리를 제한하는 것이다. 21소방

④ 외국인에게도 주체성이 인정되는 일정한 기본권에 관하여 불법체류 여부에 따라 그 인정 여부가 달라지는 것은 아니기 때문에, 불법체류 중인 외국인들이라 하더라도 신체의 자유, 주거의 자유, 변호인의 조력을 받을 권리, 재판청구권 등에 관하여는 기본권 주체성이 인정된다. 21국회9/21경승/23경승

해설

① (○) (헌재 2007. 8. 30. 2004헌마670)

② (○) (헌재 2016. 3. 31. 2014헌마367)

③ (×) 직장변경의 횟수를 제한하고 있는 이 사건 법률 조항은 위와 같은 <u>근로의 권리를 제한하는 것은 아니라</u> 할 것이다. (헌재 2011. 9. 29. 2007헌마1083) 〈주〉 근로의 권리가 아니라 직장선택의 자유를 제한한다.

④ (○) 성질상 <u>인간의 권리</u>에 해당한다고 볼 수 있으므로, 위 기본권들에 관하여는 청구인들의 <u>기본권 주체성이 인정된다</u>. (헌재 2012. 8. 23. 2008헌마430)

[정답] ③

015

다음 설명 중 가장 적절한 것은? (판례)

① 불법체류 중인 외국인이라 하더라도, 불법체류라는 것은 관련 법령에 의하여 체류자격이 인정되지 않는다는 것일 뿐이므로, '인간의 권리'로서 외국인에게도 주체성이 인정되는 일정한 기본권에 관하여 불법체류 여부에 따라 그 인정 여부가 달라지는 것은 아니다. 22경찰1차

② 불법체류 중인 외국인은 다른 기본권은 별론으로 하더라도 주거의 자유의 주체가 될 수는 없다. 16사시

③ 불법체류 중인 외국인이라 하더라도 불법체류라는 것은 관련 법령에 의하여 체류자격이 인정되지 않는다는 것일 뿐이므로, '인간의 권리'로서 외국인에게도 주체성이 인정되는 일정한 기본권에 관하여 불법체류 여부에 따라 그 인정 여부가 달라지는 것은 아니다. 그러므로 불법체류 중인 외국인이 '국가인권위원회의 공정한 조사를 받을 권리' 역시 변호인의 조력을 받을 권리, 재판청구권 등과 마찬가지로 외국인에게도 헌법상 인정되는 기본권에 해당한다고 보아야 한다. 20법행

④ 외국인은 자격제도 자체를 다툴 수 있는 기본권 주체성이 인정되지 않지만 평등권의 주체는 될 수 있으므로, 자격제도와 관련된 평등권의 기본권 주체성은 인정될 수 있다. 21국회5

해설

① (○) (헌재 2012. 8. 23. 2008헌마430)
② (✕) 신체의 자유, 주거의 자유, 변호인의 조력을 받을 권리, 재판청구권 등은 성질상 인간의 권리에 해당한다고 볼 수 있으므로, 외국인의 기본권 주체성이 인정된다. (헌재 2012. 8. 23. 2008헌마430)
③ (✕) '국가인권위원회의 공정한 조사를 받을 권리'는 헌법상 인정되는 기본권이라고 하기 어렵다. (헌재 2012. 8. 23. 2008헌마430)
④ (✕) 외국인은 기본권주체성이 인정되지 아니하는 이상 국가자격제도에 관련된 평등권에 관하여 따로 기본권주체성을 인정할 수 없다. (헌재 2014. 8. 28. 2013헌마359) 〈주〉 자격제도는 입법재량의 영역이므로 외국인에게 평등권이 인정되지 않는다.

[정답] ①

3. 법인

016

다음 설명 중 가장 적절하지 않은 것은? (판례)

① 전형적인 법실증주의의 관점에서는 법인은 기본권의 주체가 될 수 없는 것이 원칙이다. 05법행

② 우리 헌법은 법인 내지 단체의 기본권 향유능력에 대하여 명문의 규정을 두고 있지는 않지만, 본래 자연인에게 적용되는 기본권이라도 그 성질상 법인이 누릴 수 있는 기본권은 법인에게도 적용된다. 19법원

③ 법인도 그 목적과 사회적 기능에 비추어 볼 때 그 성질에 반하지 않는 범위 내에서 인격권의 한 내용인 사회적 신용이나 명예의 주체가 될 수 있다. 17법원

④ 법인도 법인의 목적과 사회적 기능에 비추어 볼 때 그 성질에 반하지 않는 범위 내에서 인격권의 한 내용인 사회적 신용이나 명예 등의 주체가 될 수 있고 법인이 이를 위한 의사결정이나 행동을 어떻게 할 것인지를 자율적으로 결정하는 것도 법인의 인격권의 한 내용을 이룬다. 16지방7/23경승

해설

① (✕) 법실증주의는 법률 내용의 정당성을 검토하지 않고 모든 법률의 효력을 인정하기 때문에 법으로 인격이 인정되는 법인도 기본권의 주체가 될 수 있다고 하였다. 〈주〉 법실증주의는 법률규정대로 하자는 주의이므로 법인(법으로 인정된 인격)에게도 당연히 기본권이 인정된다.
② (○) 법인이 사회적 신용이나 명예 유지 내지 법인격의 자유로운 발현을 위하여 의사결정이나 행동을 어떻게 할 것인지를 자율적으로 결정하는 것도 법인의 인격권의 한 내용을 이룬다고 할 것이다. (헌재 2012. 8. 23. 2009헌가27)
③ (○) (헌재 2012. 8. 23. 2009헌가27) 〈주〉 인격권에 신용, 명예 등이 포함된다.
④ (○) (헌재 2012. 8. 23. 2009헌가27)

[정답] ①

017

다음 설명 중 가장 적절하지 않은 것은? (판례)

① 법인도 법인의 목적과 사회적 기능에 비추어 볼 때 그 성질에 반하지 않는 범위 내에서 인격권의 내용인 사회적 신용이나 명예 등의 주체가 될 수 있다. 18입시
② 법인의 경우 참정권과 직업선택의 자유, 평등권이 인정될 수 있으나, 인격권은 인정될 여지가 없다. 05법행
③ 인간의 존엄과 가치, 행복추구권은 그 성질상 자연인에게 인정되는 기본권이므로 법인에게는 적용되지 않는다. 17법원
④ 법인 등 결사체는 그 조직과 의사형성에 있어서, 그리고 업무수행에 있어서 자기결정권을 가지므로 결사의 자유의 주체가 된다. 21경채

【해설】

① (O) 법인도 법인의 목적과 사회적 기능에 비추어 볼 때 그 성질에 반하지 않는 범위 내에서 인격권의 한 내용인 사회적 신용이나 명예 등의 주체가 될 수 있다. (헌재 2012. 8. 23. 2009헌가27)
② (×) 법인도 인격권의 한 내용인 사회적 신용이나 명예 등의 주체가 될 수 있다. (헌재 2012. 8. 23. 2009헌가27)
③ (O) 성질상 법인이 누릴 수 있는 기본권은 법인에게도 적용될 수 있지만, 생명 또는 신체 등의 자연인을 전제로 한 기본권은 법인에게 인정되지 않는다.
④ (O) 법인 등 결사체도 그 조직과 의사형성에 있어서, 그리고 업무수행에 있어서 자기결정권을 가지고 있어 결사의 자유의 주체가 된다고 봄이 상당하므로, 축협중앙회는 그 회원조합들과 별도로 결사의 자유의 주체가 된다. (헌재 2000. 6. 1. 99헌마553)

[정답] ②

018

다음 설명 중 가장 적절한 것은? (판례)

① 현행 헌법은 법인의 기본권향유능력을 인정하는 명문의 규정을 두고 있지 않지만, 언론·출판의 자유나 재산권과 같이 성질상 법인이 누릴 수 있는 기본권은 당연히 법인에게도 인정된다. 16사시
② 자연인으로서 개인의 존재를 전제로 하거나 인간의 감성과 관련된 기본권은 그 성질상 법인에게 적용될 수 없으므로 법인은 인격권의 주체가 될 수 없다. 17지방7
③ 인간의 존엄과 가치에서 유래하는 인격권은 성질상 법인에게 적용될 수 없다. 21국회8
④ 단체는 원칙적으로 단체 자신의 기본권을 직접 침해당한 경우에만 그의 이름으로 헌법소원을 청구할 수 있는 것이 아니라, 구성원을 위하여 또는 구성원을 대신하여서도 헌법소원을 청구할 수 있다. 16국회9

【해설】

① (O) (헌재 1991. 6. 3. 90헌마56)
② (×) 법인도 법인의 목적과 사회적 기능에 비추어 볼 때 그 성질에 반하지 않는 범위 내에서 인격권의 한 내용인 사회적 신용이나 명예 등의 주체가 될 수 있다. (헌재 2012. 8. 23. 2009헌가27)
③ (×) 법인도 법인의 목적과 사회적 기능에 비추어 볼 때 그 성질에 반하지 않는 범위 내에서 인격권의 한 내용인 사회적 신용이나 명예 등의 주체가 될 수 있다. (헌재 2012. 8. 23. 2009헌가27)
④ (×) 단체는 특별한 예외적인 경우를 제외하고는 헌법소원심판제도가 가진 기능에 미루어 원칙적으로 단체 자신의 기본권을 직접 침해당한 경우에만 그의 이름으로 헌법소원심판을 청구할 수 있을 뿐이고, 그 구성원을 위하여 또는 구성원을 대신하여 헌법소원심판을 청구할 수 없는 것으로 보아야 할 것이다. (헌재 1991. 6. 3. 90헌마56)

[정답] ①

019

다음 설명 중 가장 적절하지 않은 것은? (판례)

① 법인 아닌 사단·재단이라고 하더라도 대표자의 정함이 있고 독립된 사회적 조직체로서 활동하는 때에는 성질상 법인이 누릴 수 있는 기본권을 침해당하게 되면 법인 아닌 사단·재단의 이름으로 헌법소원심판을 청구할 수 있다. 21국가5/23경승

② 한국영화인협회 감독위원회는 영화인협회 내부에 설치된 분과위원회의 하나에 지나지 아니하며, 달리 단체로서 실체를 갖춘 법인 아닌 사단으로 볼 수 없어 헌법소원심판에서 청구인능력이 없다. 21국회9

③ 법인 아닌 사단·재단이라고 하더라도 대표자의 정함이 있고 독립된 사회적 조직체로서 활동하는 때에는 성질상 법인이 누릴 수 있는 기본권을 침해당하게 되면 그의 이름으로 헌법소원심판을 청구할 수 있다. '부정청탁 및 금품 등 수수의 금지에 관한 법률' 조항과 관련하여, 사단법인 한국기자협회는 기본권 침해의 자기관련성이 인정되므로 그 구성원을 위하여 또는 구성원을 대신하여 헌법소원 청구가 허용된다. 20법행

④ 헌법재판소는 국가기관이나 공법인의 기본권주체성을 원칙적으로 부인하는 입장으로 국회노동위원회, 서울시의회, 직장의료보험조합, 농지개량조합에 대하여 기본권주체성을 인정하지 않은 바 있다. 16서울

해설

① (○) (헌재 1991. 6. 3. 90헌마56)
② (○) (헌재 1991. 6. 3. 90헌마56)
③ (✕) 심판대상조항은 언론인 등 자연인을 수범자로 하고 있을 뿐이어서 사단법인 한국기자협회는 자신의 기본권을 직접 침해당할 가능성이 없다. 또 법인이 그 구성원을 위하여 또는 구성원을 대신하여 헌법소원심판을 청구할 수 없다. (헌재 2016. 7. 28. 2015헌마236)
④ (○) 국회의 노동위원회는 국가기관인 국회의 일부조직이므로 기본권의 주체가 될 수 없고 따라서 헌법소원을 제기할 수 있는 적격이 없다고 할 것이다. (헌재 1994. 12. 29. 93헌마120), 서울시의회(96헌마345), 직장의료보험조합(99헌마289), 농지개량조합(99헌마190)도 기본권 주체성이 부인되었다.

정답 ③

020

다음 설명 중 가장 적절하지 않은 것은? (판례)

① 축협중앙회는 공법인성이 상대적으로 크지만 공법인성과 사법인성을 겸유한 특수한 법인으로서 기본권의 주체가 될 수 있다. 21경승

② 축협중앙회는 공법인성과 사법인성을 겸유한 특수한 법인으로서 기본권의 주체가 될 수 있다. 21경채

③ 농업기반공사 및 농지관리기금법에 의하여 해산되어 신설되는 농업기반공사에 합병되는 농지개량조합은 재산권의 주체가 될 수 있다. 17국회9

④ 한국신문편집인협회가 침해받았다고 주장하는 언론·출판의 자유는 그 성질상 법인이나 권리능력 없는 사단도 누릴 수 있는 권리이므로 동 협회가 언론 출판의 자유를 직접 구체적으로 침해받은 경우에는 헌법소원을 청구할 수 있다. 16국회9

해설

① (○) 축협중앙회는 공법인성과 사법인성을 겸유한 특수한 법인으로서 이 사건에서 기본권의 주체가 될 수 있다. (헌재 2000. 6. 1. 99헌마553)
② (○) (헌재 2000. 6. 1. 99헌마553)
③ (✕) 농지개량조합은 농지소유자의 조합가입이 강제되는 점, 조합원의 출자에 의하여 조합재산이 형성되는 것이 아니라 국가 등이 설치한 농업생산기반시설을 그대로 인수하는 점 등을 고려하건대, 이를 공법인이라고 봄이 상당하므로 헌법소원의 청구인적격을 인정할 수 없다. (헌재 2000. 11. 30. 99헌마190)
④ (○) (헌재 1995. 7. 21. 92헌마177)

정답 ③

021

다음 설명 중 적절한 것을 모두 고르면? (판례)

㉠ 청구인은 공법상 재단법인인 방송문화진흥회가 최다출자자인 방송사업자로서 방송법 등 관련 규정에 의하여 공법상의 의무를 부담하고 있으므로, 그 설립목적이 언론의 자유의 핵심 영역인 방송 사업이라고 하더라도 이러한 업무수행과 관련해서는 기본권 주체가 될 수 없다. 16국회9/22경찰1차

㉡ 「학교안전사고 예방 및 보상에 관한 법률」에 의하여 설립된 학교안전공제회는 행정관청 또는 그로부터 행정권한을 위임받은 공공단체로 공법인에 해당할 뿐, 사법인적 성격을 갖는 것은 아니므로 기본권의 주체가 될 수 없다. 22경찰2

㉢ 헌법 제31조 제4항이 규정하는 교육의 자주성 및 대학의 자율성은 대학에 부여된 헌법상 기본권인 대학의 자율권이므로, 국립대학도 이러한 대학의 자율권의 주체로서 헌법소원심판의 청구인 능력이 인정된다. 17지방7

① ㉠ ㉡ ㉢ ② ㉠ ㉡
③ ㉡ ㉢ ④ ㉢

해설

㉠ (✕) 청구인은 그 설립목적이 언론의 자유의 핵심 영역인 방송 사업이므로 이러한 업무 수행과 관련해서는 기본권 주체가 될 수 있다. (헌재 2013. 9. 26. 2012헌마271)

㉡ (✕) 공제회는 공법인적 성격과 사법인적 성격을 겸유하고 있는데, 공제회가 일부 공법인적 성격을 갖고 있다고 하더라도 공무를 수행하거나 고권적 행위를 하는 경우가 아닌 사경제주체로서 활동하는 경우나 조직법상 국가로부터 독립한 고유 업무를 수행하는 경우, 그리고 다른 공권력 주체와의 관계에서 지배복종관계가 성립되어 일반 사인처럼 그 지배하에 있는 경우 등에는 기본권 주체가 될 수 있다. (헌재 2015. 7. 30. 2014헌가7)

㉢ (○) 국립대학인 청구인도 이러한 대학의 자율권의 주체로서 헌법소원심판의 청구인능력이 인정된다. (헌재 2015. 12. 23. 2014헌마1149)

[정답] ④

022

다음 설명 중 옳은 것을 모두 고른 것은? (판례)

㉠ 서울대학교는 공권력 행사의 주체인 동시에 학문의 자유와 대학의 자율권이라는 기본권의 주체가 될 수 있다. 05법행

㉡ 국립서울대학교는 공권력 행사의 주체인 공법인으로서 기본권의 '수범자'이므로 기본권의 주체가 될 수는 없다. 21국가5

㉢ 국립대학교의 교수회는 대학자치의 주체가 될 수 있다. 17회9

㉣ 대학의 자율권은 기본적으로 대학에 부여된 기본권이므로 어떤 경우에도 교수나 교수회가 그 주체가 될 수 없다. 21국회9

① ㉠ ㉡ ② ㉠ ㉢
③ ㉠ ㉣ ④ ㉠ ㉡ ㉣

해설

㉠ (○) 국립대학인 서울대학교는 다른 국가기관 내지 행정기관과는 달리 공권력의 행사자의 지위와 함께 기본권의 주체라는 점도 중요하게 다루어져야 한다. (헌재 1992. 10. 1. 92헌마68)

㉡ (✕) 국립대학인 서울대학교는 다른 국가기관 내지 행정기관과는 달리 공권력의 행사자의 지위와 함께 기본권의 주체라는 점도 중요하게 다루어져야 한다. 여기서 대학의 자율은 대학시설의 관리·운영만이 아니라 학사관리 등 전반적인 것이라야 하므로 연구와 교육의 내용, 그 방법과 그 대상, 교과과정의 편성, 학생의 선발, 학생의 전형도 자율의 범위에 속해야 하고 따라서 입학시험제도도 자주적으로 마련될 수 있어야 한다. (헌재 1992. 10. 1. 92헌마68) 〈주〉 국립대학도 국가에 대해서는 대학의 자율권이라는 기본권의 주체이다.

㉢ (○) 국가에 의한 침해에 있어서는 대학 자체 외에도 대학 전구성원이 자율성을 갖는 경우도 있을 것이므로 문제되는 경우에 따라서 대학, 교수, 교수회 모두가 단독, 혹은 중첩적으로 기본권의 주체가 될 수 있다. (헌재 2006. 4. 27. 2005헌마1047) 〈주〉 교수회는 대학의 내부기관이 아니라 대학과는 독립된 단체이므로 독립적으로 기본권의 주체가 될 수 있다.

㉣ (✕) 국가에 의한 침해에 있어서는 대학 자체 외에도 대학 전구성원이 자율성을 갖는 경우도 있을 것이므로 문제되는 경우에 따라서 대학, 교수, 교수회 모두가 단독, 혹은 중첩적으로 주체가 될 수 있다고 보아야 할 것이다. (헌재 2006. 4. 27. 2005헌마1047)

[정답] ②

023

다음 설명 중 가장 적절한 것은? (판례)

① 공법인이 조직법상 국가로부터 독립한 고유 업무를 수행하는 경우에는 기본권 주체가 될 수 있다. 17국회8
② 공법인은 기본권의 수범자로서 국민의 기본권을 보호 내지 실현하여야 할 책임과 의무를 지닐 뿐이므로 기본권의 주체가 될 여지가 없다. 17법원
③ 국가, 지방자치단체도 다른 공권력 주체와의 관계에서 지배복종관계가 성립되어 일반 사인처럼 그 지배하에 있는 경우에는 기본권 주체가 될 수 있다. 17국회8/20경승
④ 국가, 지방자치단체나 그 기관 또는 국가조직의 일부나 공법인은 원칙적으로 기본권의 수범자이자 동시에 기본권의 주체가 되는 이중적 지위에 있다. 19법원

해설

① (O) 공법인이나 이에 준하는 지위를 가진 자라 하더라도 공무를 수행하거나 고권적 행위를 하는 경우가 아닌 사경제 주체로서 활동하는 경우나 조직법상 국가로부터 독립한 고유 업무를 수행하는 경우, 그리고 다른 공권력 주체와의 관계에서 지배복종관계가 성립되어 일반 사인처럼 그 지배하에 있는 경우 등에는 기본권 주체가 될 수 있다. 이러한 경우에는 이들이 기본권을 보호해야 하는 국가적 기능을 담당하고 있다고 볼 수 없기 때문이다. (헌재 2013. 9. 26. 2012헌마271)
② (✕) 공법인이나 이에 준하는 지위를 가진 자라 하더라도 공무를 수행하거나 고권적 행위를 하는 경우가 아닌 사경제 주체로서 활동하는 경우나 조직법상 국가로부터 독립한 고유 업무를 수행하는 경우 기본권 주체가 될 수 있다. (헌재 2013. 9. 26. 2012헌마271)
③ (✕) 공권력의 행사자인 국가, 지방자치단체나 그 기관 또는 국가조직의 일부나 공법인은 국민의 기본권을 보호 내지 실현해야 할 '책임'과 '의무'를 지는 주체로서 헌법소원을 청구할 수 없다. (헌재 2013. 9. 26. 2012헌마271)
④ (✕) 공권력의 행사자인 국가, 지방자치단체나 그 기관 또는 국가조직의 일부나 공법인은 국민의 기본권을 보호 내지 실현해야 할 '책임'과 '의무'를 지는 주체로서 헌법소원을 청구할 수 없다. (헌재 2013. 9. 26. 2012헌마271) 〈주〉 본 헌재판례는 원칙을 명시한 것이다. 이 중에서 공법인에 한해서 예외적으로 헌법소원을 청구할 수 있다.

[정답] ①

024

다음 설명 중 옳은 것을 모두 고른 것은? (판례)

㉠ 지방자치단체는 기본권의 주체가 될 수 없다. 21경승
㉡ 지방자치단체는 기본권의 수범자일 뿐, 기본권의 주체가 될 수 없다. 18입시
㉢ 지방자치단체는 원칙적으로 기본권의 주체가 될 수 있다. 21경채
㉣ 지방자치단체는 기본권의 주체가 될 수 있다. 20소방

① ㉠ ㉡
② ㉡ ㉢
③ ㉢ ㉣
④ ㉡ ㉢ ㉣

해설

㉠ (O) (헌재 2013. 9. 26. 2012헌마271) 〈주〉 국가나 지방자치단체는 절대로 기본권의 주체가 될 수 없다.
㉡ (O) 국가나 국가기관 또는 국가조직의 일부나 공법인은 기본권의 '수범자(受範者)'이지 기본권의 주체로서 그 '소지자'가 아니고 오히려 국민의 기본권을 보호 내지 실현해야 할 책임과 의무를 지니고 있는 지위에 있을 뿐이므로, 공법인인 지방자치단체의 의결기관인 의회는 기본권의 주체가 될 수 없고 따라서 헌법소원을 제기할 수 있는 적격이 없다. (헌재 1998. 3. 26. 96헌마345)
㉢ (✕) 헌법상 원칙적으로 국민만이 기본권의 주체이고, 공권력의 행사자인 국가, 지방자치단체나 그 기관 또는 국가조직의 일부 및 공법인이나 그 기관은 기본권의 주체가 될 수 없으므로 헌법소원의 심판을 청구할 수 없다고 할 것이다. (헌재 1996. 8. 29. 93헌마61)
㉣ (✕) 공법인인 지방자치단체의 의결기관인 청구인 의회는 기본권의 주체가 될 수 없고 따라서 헌법소원을 제기할 수 있는 적격이 없다. (헌재 1998. 3. 26. 96헌마345)

[정답] ①

025
다음 설명 중 옳지 않은 것을 모두 고른 것은? (판례)

> ㉠ 국가기관인 국회의 일부조직인 노동위원회는 기본권의 주체가 될 수 없다. 21국회5
> ㉡ 서울특별시의회는 기본권의 주체가 될 수 없으므로 헌법소원을 제기할 수 있는 적격이 없다. 14국가7
> ㉢ 국회의원은 국회 구성원의 지위에서 질의권·토론권·표결권 등의 기본권 주체가 될 수 있다. 21국회8
> ㉣ 국회의원은 법률안 의결과 관련하여 국회의장에 대하여 법률안 심의·표결권 침해를 이유로 헌법소원을 청구할 수 있다. 16국회9
> ㉤ 무소속 국회의원으로서 교섭단체소속 국회의원과 동등하게 대우받을 권리는 입법권을 행사하는 국가기관인 국회를 구성하는 국회의원의 지위에서 향유할 수 있는 권한인 동시에 헌법이 일반국민에게 보장하고 있는 기본권이라고 할 수 있다. 22국가7

① ㉠ ㉡
② ㉡ ㉢
③ ㉡ ㉢ ㉣
④ ㉢ ㉣ ㉤

해설

㉠ (O) (헌재 1994. 12. 29. 93헌마120)
㉡ (O) (헌재 1998. 3. 26. 96헌마345)
㉢ (×) 입법권은 국회의 구성원의 지위에 있는 국회의원에게 부여된 권한으로서 국회의원 개인에게 헌법이 보장하는 권리 즉 기본권으로 인정된 것이라고 할 수는 없다. (헌재 1995. 2. 23. 90헌마125)
㉣ (×) 국민의 기본권을 보호 내지 실현할 책임과 의무를 지는 국가기관이나 그 일부는 헌법소원을 청구할 수 없다. (헌재 2000. 8. 31. 2000헌마156)
㉤ (×) 무소속 국회의원의 지위에서 향유할 수 있는 권한일 수는 있을지언정 헌법이 일반국민에게 보장하고 있는 기본권이라고 할 수는 없다. (헌재 2000. 8. 31. 2000헌마156)

정답 ④

026
다음 설명 중 가장 적절한 것은? (판례)

① 대통령은 국민에 대한 봉사자의 지위에서 헌법기관으로서의 기본권 주체가 될 수 있다. 21국회8
② 대통령은 소속 정당을 위하여 정당활동을 할 수 있는 사인으로서의 지위도 있지만 국민 모두에 대한 봉사자로서 공익실현의 의무가 있는 헌법기관으로서의 지위를 동시에 가지므로, 전자의 지위와 관련하여도 기본권 주체성을 갖는다고 볼 수 없다. 16지방7/23경승
③ 대통령도 국민의 한사람으로서 제한적으로나마 기본권의 주체가 될 수 있는바, 대통령은 소속 정당을 위하여 정당활동을 할 수 있는 사인으로서의 지위와 국민 모두에 대한 봉사자로서 공익실현의 의무가 있는 헌법기관으로서의 지위를 동시에 갖는데 최소한 전자의 지위와 관련하여는 기본권 주체성을 갖는다고 할 수 있다. 21국회5/22경찰1차
④ 대통령은 중앙선거관리위원회의 선거운동에 관한 정치적 의사표현의 자유제한에 대하여 헌법소원을 청구할 수 없다. 16국회9

해설

① (×) 대통령의 지위에서 정치적 활동을 할 경우에는, 헌법 제7조 제1항에 따라 '국민 전체에 대한 봉사자'로서 '국민에 대하여 책임을' 져야 하고, 그러한 활동이 제한되더라도 개인의 기본권이 침해된다고 볼 수 없다. 그러나 개인의 지위에서 정치적 활동을 하는 경우에는 개인의 기본권으로서 보장되어야 하므로, 그러한 활동이 공권력의 행사로 인하여 침해될 경우에는 개인의 기본권 침해를 구제받기 위하여 헌법재판소법 제68조 제1항의 헌법소원심판을 청구할 수 있다. (헌재 2008. 1. 17. 2007헌마700)
② (×) 대통령도 국민의 한사람으로서 제한적으로나마 기본권의 주체가 될 수 있는바, 대통령은 소속 정당을 위하여 정당활동을 할 수 있는 사인으로서의 지위와 국민 모두에 대한 봉사자로서 공익실현의 의무가 있는 헌법기관으로서의 지위를 동시에 갖는데 최소한 전자의 지위와 관련하여는 기본권 주체성을 갖는다고 할 수 있다. (헌재 2008. 1. 17. 2007헌마700)
③ (O) (헌재 2008. 1. 17. 2007헌마700)
④ (×) 대통령은 행정부의 수반이지만, 일반적인 공무원과는 달리 정치활동이 허용되고 정당원이 될 수도 있으므로, 자신의 정치적 의사를 표현할 수 있는 자유, 즉 정치적 표현의 자유를 가진다. (헌재 2008. 1. 17. 2007헌마700) 〈주〉 대통령의 정치적 의사표현은 사적 지위에 따른 권한이다.

정답 ③

4. 정당

027
다음 설명 중 가장 적절하지 않은 것은? (판례)

① 정당은 권리능력 없는 단체에 속하므로 그 자체로서 기본권의 주체가 될 수 없다. 20소방
② 정당은 구성원과 독립하여 그 자체로서 기본권의 주체가 될 수 있고, 그 조직 자체의 기본권이 직접 침해당한 경우 자신의 이름으로 헌법소원심판을 청구할 수 있다. 17지방7
③ 정당설립의 자유나 정당활동의 자유 등 정당의 자유의 주체는 정당을 설립하려는 개개인과 이를 통해 조직된 정당 모두에게 인정되는 것이다. 17국회8
④ 정당과 같은 권리능력 없는 단체는 생명·신체의 안전에 관한 기본권의 행사에 있어서는 기본권 주체가 될 수 없다. 18국회9

해설
① (✗) 정당설립의 자유는 비록 헌법 제8조 제1항 전단에 규정되어 있지만 국민 개인과 정당의 '기본권'이라 할 수 있고, 당연히 이를 근거로 하여 헌법소원심판을 청구할 수 있다. (헌재 2006. 3. 30. 2004헌마246)
② (○) (헌재 2006. 3. 30. 2004헌마246) 〈주〉 정당 자신이 이름으로 헌법소원을 청구할 수는 있지만, 당원을 대신하여 청구할 수는 없다.
③ (○) 정당의 자유의 주체는 정당을 설립하려는 개개인과 이를 통해 조직된 정당 모두에게 인정되는 것이다. 구체적으로 정당의 자유는 개개인의 자유로운 정당설립 및 정당가입의 자유, 조직형식 내지 법형식 선택의 자유를 포함한다. 또한 정당설립의 자유는 설립에 대응하는 정당해산의 자유, 합당의 자유, 분당의 자유도 포함한다. (헌재 2006. 3. 30. 2004헌마246)
④ (○) 생명·신체의 안전에 관한 기본권은 성질상 자연인에게만 인정되는 것이므로, 청구인 진보신당과 같은 권리능력 없는 단체는 위와 같은 기본권의 행사에 있어 그 주체가 될 수 없다. (헌재 2008. 12. 26. 2008헌마419)

정답 ①

028
다음 설명 중 옳은 것을 모두 고른 것은? (판례)

㉠ 정당은 권리능력 없는 사단으로서 기본권 주체성이 인정되므로 미국산 쇠고기 수입위생조건에 관한 고시와 관련하여 생명·신체의 안전에 관한 기본권 침해를 이유로 헌법소원을 청구할 수 있다. 14국가7
㉡ 정당등록이 취소된 이후에도 '등록정당'에 준하는 권리능력 없는 사단의 실체를 가지고 있는 정당도 기본권 주체성이 인정된다. 18입시
㉢ 민법상 법인격 없는 사단은 대표자의 정함이 있고 독립된 사회적 조직체로 활동하는 경우에도 그 자체에 대하여 기본권 주체성이 인정되는 것이 아니라, 개개의 구성원에 대하여 기본권 주체성이 인정될 뿐이다. 05법행
㉣ 정당은 국민의 정치적 의사형성에 참여하기 위한 조직으로 성격상 권리능력 없는 단체에 속하지만, 구성원과 독립하여 그 자체로서 기본권의 주체가 될 수 있다. 21경채

① ㉠ ㉡
② ㉡ ㉢
③ ㉡ ㉣
④ ㉢ ㉣

해설
㉠ (✗) 생명·신체의 안전에 관한 기본권은 성질상 자연인에게만 인정되는 것이므로, 이와 관련하여 청구인 진보신당과 같은 권리능력 없는 단체는 위와 같은 기본권의 행사에 있어 그 주체가 될 수 없다. (헌재 2008. 12. 26. 2008헌마419)
㉡ (○) (헌재 2006. 3. 30. 2004헌마246)
㉢ (✗) 법인 아닌 사단·재단이라고 하더라도 대표자의 정함이 있고 독립된 사회적 조직체로서 활동하는 때에는 성질상 법인이 누릴 수 있는 기본권을 침해당하게 되면 그의 이름으로 헌법소원심판을 청구할 수 있다. (헌재 1991. 6. 3. 90헌마56) 〈주〉 정당과 당원은 모두 기본권의 주체이므로 각자 자신의 이름으로 헌법소원을 청구할 수 있다.
㉣ (○) (헌재 2006. 3. 30. 2004헌마246) 〈주〉 등록된 정당, 등록되지 않은 정당, 등록취소된 정당 모두 권리능력 없는 사단으로 기본권의 주체가 되므로 헌법소원을 청구할 수 있다.

정답 ③

제4절 기본권의 효력

1. 기본권의 대국가적 효력

029
다음 설명 중 가장 적절하지 않은 것은? (판례)

① 모든 국가권력은 국민의 기본권에 기속된다. 21경채
② 입법자의 형성의 자유 때문에 평등권의 입법권에 대한 구속력을 인정하지 않는 것이 일반적이다. 09법무
③ 국가의 관리작용과 국고작용 등 비권력작용에도 기본권의 효력이 미친다고 보는 것이 다수의 견해이다. 09법무
④ 국가배상청구권, 형사보상청구권은 그 성질상 사인 간의 관계에 적용될 수 없다. 09법무

해설
① (O) (헌재 2005. 5. 26. 2004헌마671) 〈주〉 기본권이 국가에 기속되는 것이 아니라 국가가 기본권에 기속된다.
② (X) 기본권은 행정부와 사법권은 물론 입법권도 구속한다. 따라서 법률을 제정할 때 기본권을 침해하는 법률을 제정할 수 없다. 〈주〉 평등권의 입법권에 대한 구속력이 인정되고, 입법권의 평등권에 대한 구속력은 부정된다. 즉 국민의 기본권이 입법권보다 상위에 있다는 뜻이다.
③ (O) 국가의 작용은 권력작용과 비권력작용이 있고, 비권력작용은 관리작용과 국고작용이 있는데, 이들 모두 기본권의 효력이 미친다. 다만 권력작용과 관리작용에 의한 기본권 침해는 헌법으로 직접 구제받지만, 국고작용에 의한 기본권 침해는 사법에 의하여 간접적으로 구제받는다.
④ (O) 국가배상청구권, 형사보상청구권 등은 국가에 대해서만 행사할 수 있는 기본권이다.

[정답] ②

2. 기본권의 대사인적 효력 (제3자적 효력)

030
다음 설명 중 가장 적절하지 않은 것은? (판례)

① 국가의 사경제적 활동에 의하여 기본권을 침해받은 사인은 헌법소원을 제기하여 기본권 침해를 구제받을 수 있다. 08사시
② 우리 헌법상 노동3권과 언론·출판의 자유, 통신의 자유, 혼인과 가족생활에 있어서 양성의 평등 등은 직접적이든, 간접적이든 사인 간에도 효력을 인정할 여지가 있을 것이고, 무죄추정의 원칙 등 처음부터 국가에 대한 보장이 문제되어 온 기본권은 사인 간의 관계에서 적용의 여지가 없다. 05법행
③ 헌법상의 기본권은 제1차적으로 개인의 자유로운 영역을 공권력의 침해로부터 보호하기 위한 방어적 권리이지만 다른 한편으로 헌법의 기본적인 결단인 객관적인 가치질서를 구체화한 것으로서, 사법을 포함한 모든 법 영역에 그 영향을 미치는 것이므로 사인간의 사적인 법률관계도 헌법상의 기본권 규정에 적합하게 규율되어야 한다. 21경채
④ 기본권의 제3자적 효력의 문제는 사인이나 사적 단체에 의한 기본권 침해 사례가 증가하는 상황에서 사회적 약자를 보호하기 위하여 제기되었다. 09법무

해설
① (X) 사경제주체로서 행하는 사법상의 법률행위에 지나지 않는다. 그렇다면 헌법소원심판의 대상이 되는 공권력의 불행사라고 볼 수 없다. (헌재 1992. 11. 12. 90헌마160) 〈주〉 사적 침해는 사법에 의하여 간접적인 구제를 받아야 한다.
② (O) 무죄추정의 원칙은 국가의 형벌권 행사에 대하여 필요한 원칙이다.
③ (O) (대법원 2011. 1. 27. 2009다19864)
④ (O) 대기업과 같은 사인의 침해는 국가의 침해에 맞먹는 기본권 침해가 가능하다. 따라서 기본권의 제3자적 효력, 즉 기본권의 대사인적 효력이 제기되었다.

[정답] ①

031

다음 설명 중 가장 적절하지 않은 것은? (판례)

① 기본권의 제3자적 효력은 기본권이 국가기관만이 아니라 사적단체나 조직체 그리고 사인에 의해서도 침해될 수 있다는 현실적 문제에서 출발한 이론이다. 08국회8
② 미국에서는 연방대법원의 판례를 통하여 사인의 행위를 국가행위로 의제하는 이론이 전개되었다. 08국회8
③ 미국에서는 원래는 적법절차를 규정한 수정헌법 제14조의 대상이 국가로 되어 있다는 점을 들어 대사인간 효력을 부인하였는데, 후에는 국가작용으로의 의제를 통하여 우회적으로 인정한 셈이 되었다. 05법행
④ 미국 판례의 입장은 결국 국가의 관여가 있거나 사인의 행위를 국가의 행위로 볼 수 있는 일정한 경우에 기본권 보장이 직접 적용된다는 것이고, 그 밖에도 사법상의 조리(Common Sense)를 접점으로 하여 사인간의 생활영역 전반에 걸쳐 직접 적용된다는 것이다. 05 법행
⑤ 미국에서는 연방대법원의 판례를 통하여 사인 간에도 기본권의 효력을 확대하여 인정하고 있는데, 이론적으로는 국가재산이론, 통치기능이론, 국가원조이론, 사법적 집행의 이론 등의 구성이 있다. 05법행

해설

① (O) ② (O) 이를 국가행위의제설이라 한다.
③ (O) 기본권의 제3자적 효력과 관련하여 미국에서는 사인의 기본권 침해를 국가에 의한 기본권침해로 의제하여 구제하자는 이론이 전개되었다. 이를 국가행위의제설이라 하며, 구체적으로 국가재산이론, 통치기능이론, 국가원조이론, 사법적 집행의 이론 등으로 발전하였다.
④ (✕) 미국의 국가행위의제이론에 의하면 기본권은 사인관계에 직접 적용되므로 헌법에 의하여 직접 구제를 받게 된다. 따라서 사법상 조리를 매개하여 적용되는 것이 아니다.
⑤ (O) 미국에서는 연방대법원의 판례를 통하여 사인간에도 기본권의 효력을 확대하여 인정하고 있는데, 이론적으로는 국가재산이론, 통치기능이론, 국가원조이론, 사법적 집행의 이론 등의 구성이 있다.

[정답] ③

032

다음 설명 중 가장 적절하지 않은 것은? (판례)

① 전통적인 공·사법의 이원적 체계를 가진 독일과 한국에서는 모든 기본권 조항을 직접적으로 사인 간에 적용하는 데에 난점이 있어 전면적 직접적용설 보다는 간접적용설이 보다 많은 지지를 얻고 있다. 05법행
② 우리 헌법에는 독일기본법에서와는 달리 '근로자의 단결권'에 관해서 직접적 사인 효력을 인정하는 명문규정이 없고, 사인간의 기본권 효력을 부인하는 명문규정도 없다. 08사시
③ 기본권의 직접적인 제3자적 효력을 주장하는 입장은 전체 법질서의 통일성과 사법질서(私法秩序)의 독자성을 동시에 존중하고 있다. 08국회8
④ 기본권의 직접적인 제3자적 효력을 주장하는 경우에도 모든 기본권이 예외 없이 사인간의 법률관계에 직접 적용되어야 한다고 주장하지는 않고 있다. 08국회8

해설

① (O) 독일과 독일법을 계수한 한국에서는 간접효력설이 다수설이다.
② (O) 우리 헌법에는 기본권의 대사인적 효력이 규정되어 있지 않다.
③ (✕) 기본권이 직접 제3자에게 효력을 미친다는 직접효력설은 사인의 기본권침해를 국가의 기본권침해와 동일하게 헌법의 직접적인 구제를 인정하기 때문에 사법질서의 독자성을 무시한다는 비판을 받는다.
④ (O) 기본권의 대사인적 효력이 인정되는 경우에도 사인의 의한 기본권 침해가 있으면 이를 헌법으로 직접 구제받는다는 견해(직접효력설), 사법에 의해 간접적으로 구제받는다는 견해(간접효력설)이 있다. 우리나라는 간접효력설이 다수설이다.

[정답] ③

033

다음 설명 중 가장 적절하지 않은 것은? (판례)

① 대법원은 기본권 규정이 사법상의 일반원칙을 규정한 「민법」 제2조, 제103조, 제750조, 제751조 등의 내용을 형성하고 그 해석 기준이 되는 경우에는 직접적으로 사법관계에 효력을 미친다고 판시하였다. 21경채

② 기본권의 간접적인 제3자적 효력을 취하는 입장에서는 기본권이 사법상(私法上)의 법률관계에 적용되기 위하여는 사법상(私法上)의 일반원칙이라는 매개물이 필요하다고 하여 사법상의 사적 자치를 존중하고 있다. 08국회8

③ 대법원은 사적단체가 남성 회원에게는 별다른 심사 없이 총회 의결권 등을 가지는 총회원 자격을 부여하면서도 여성 회원의 경우에는 지속적인 요구에도 불구하고 원천적으로 총회원 자격심사에서 배제하여 온 것에 대해 평등권의 효력이 간접적으로 사법관계에 미친다고 하면서 기본권 침해를 인정하였다. 21경채

④ 甲은 사기업인 A회사에 입사하면서 향후 10년간 퇴사하지 않고 만약 그 이전에 퇴사하는 경우에는 퇴직금을 포기하는 것을 조건으로 고용계약을 체결하였다. 기본권의 '간접효력설(간접 사인효력설)'에 의하면, 甲이 계약을 지키지 못하고 퇴사하는 경우 퇴직금을 반환받기 위해서는 A회사를 상대로 고용계약이 사법상의 일반조항에 반하여 무효임을 주장하여야 한다. 08사시

[해설]
① (✕) 사법상의 일반원칙을 규정한 민법 제2조 등의 내용을 형성하고 그 해석 기준이 되어 간접적으로 사법관계에 효력을 미치게 된다. (대법원 2011. 1. 27. 2009다19864)
② (○) 우리나라 다수설인 간접효력설은 사인에 의한 기본권침해에 대하여 헌법에 의해 직접 구제받을 수는 없고, 사법에 의해 간접적인 구제를 받을 수 있다고 본다.
③ (○) (대법원 2011. 1. 27. 2009다19864) 〈주〉'간접적으로'가 옳은 표현이고, '직접적으로'는 틀린 표현이다.
④ (○) 직접효력설에 의하면 헌법에 의하여 직접 구제받지만, 간접효력설에 의하면 사법에 의하여 구제받는다. 〈주〉 사법상의 일반조항을 주장한다는 것은 간접효력성을 의미한다.

[정답] ①

제5절 기본권의 갈등

제1항 기본권의 경합

1. 기본권 경합의 의의

034

다음 설명 중 가장 적절하지 않은 것은? (판례)

① 기본권의 경합은 동일한 기본권 주체가 동시에 여러 기본권의 적용을 주장하는 경우에 발생하는 문제이다. 14국회9

② 예술적 표현수단을 사용하여 상업적 광고를 하는 경우 영업의 자유, 예술의 자유 등 복합적인 기본권 충돌의 문제가 발생한다. 14국회9

③ 기본권 경합의 경우에는 기본권 침해를 주장하는 자의 의도 및 기본권을 제한하는 입법자의 객관적인 동기 등을 참작하여 사안과 가장 밀접한 관계에 있고 또 침해의 정도가 큰 주된 기본권을 중심으로 그 제한의 한계를 따져보아야 한다는 것이 헌법재판소 판례의 태도이다. 02사시

④ 어떤 법령이 직업의 자유와 행복추구권 양자를 제한하는 외관을 띠는 경우 두 기본권의 경합문제가 발생하는데, 보호영역으로서 '직업'이 문제될 때 직업의 자유는 행복추구권과의 관계에서 특별기본권의 지위를 가지므로, 행복추구권의 침해 여부에 대한 심사는 배제된다. 16국회8

[해설]
① (○) 기본권의 경합은 한 사람이 여러 개의 기본권을 주장할 수 있는 경우이다.
② (✕) 기본권의 경합문제가 발생한다.
③ (○) 사안과 가장 밀접한 관계에 있고 또 침해의 정도가 큰 주된 기본권을 중심으로 해서 그 제한의 한계를 따져 보아야 할 것이다. (헌재 1998. 4. 30. 95헌가16)
④ (○) (헌재 2003. 9. 25. 2002헌마519)

[정답] ②

2. 특별기본권

035
다음 설명 중 가장 적절한 것은? (판례)

① 기본권경합에 관하여 최강효력설은 제한의 가능성이 보다 더 큰 기본권을 우선시켜야 한다는 견해이다. 11지방7
② 공무담임권과 직업의 자유가 경합하는 경우 특별기본권인 직업의 자유의 침해여부만 심사하면 된다. 17입시/17국회9
③ 사생활의 비밀과 통신의 비밀이 경합하는 경우 특별한 기본권인 사생활의 비밀의 침해여부를 심사하면 된다. 17국회9
④ 형제·자매에게 가족관계등록부 등의 기록사항에 관한 증명서 교부청구권을 부여하는 것은 본인의 개인정보자기결정권을 제한하는 것으로 개인정보자기결정권 침해 여부를 판단한 이상 인간의 존엄과 가치 및 행복추구권, 사생활의 비밀과 자유는 판단하지 않는다. 16국가7
⑤ 안전벨트를 맬 것인가의 여부는 자신의 운명이나 생활습관 등과 같은 사생활의 영위를 스스로 형성할 자유와 관련되는 것이고, 헌법 제17조에서 보장되는 사생활의 자유는 일반적 행동자유권과의 관계에서 특별기본권의 지위를 가지므로, 좌석안전 벨트 착용강제의 사생활 자유 침해 여부가 문제될 때 일반적 행동자유권의 침해 여부에 대한 심사는 배제된다. 16국회8

해설
① (×) 최강효력설은 제한의 가능성이 보다 '적은' 효력이 강한 기본권을 우선해야 한다는 견해이다.
② (×) 공무담임권에 관한 헌법규정이 직업의 자유에 대한 특별규정으로서 직업의 자유의 적용은 배제된다. (헌재 2000. 12. 14. 99헌마112)
③ (×) 통신의 비밀을 제한하고 있다는 점에서 별도로 사생활의 비밀을 침해하는지 여부를 검토할 필요는 없다. (헌재 2001. 3. 21. 2000헌바25)
④ (○) (헌재 2016. 6. 30. 2015헌마924)
⑤ (×) 사생활영역의 문제가 아니므로, 청구인의 사생활의 비밀과 자유를 침해하는 것이라 할 수 없다. (헌재 2003. 10. 30. 2002헌마518)

[정답] ④

3. 주된 기본권

036
다음 설명 중 적절한 것을 모두 고르면? (판례)

㉠ 학교정화구역 내 극장영업금지를 규정한 학교보건법 제6조는 극장영업자의 직업의 자유와 예술의 자유를 제한하나 예술의 자유는 간접적으로 제약되고 사안과 가장 밀접한 관계에 있고 또 침해의 정도가 가장 큰 주된 기본권은 직업의 자유이므로 직업의 자유 침해만을 판단하는 것으로 족하므로 예술의 자유 침해여부를 판단할 필요는 없다. 12국회
㉡ 병역거부자에 대한 병역의무를 부과하고 이를 위반시 처벌하는 병역법 제88조는 병역거부자의 양심의 자유와 종교의 자유를 함께 제한한다. 양심의 자유는 종교적 신념에 기초한 양심뿐만 아니라 비종교적 양심도 포괄하는 기본권이고 종교의 자유는 종교적 신념만을 보호하여 종교의 자유가 특별한 기본권이므로 종교의 자유를 중심으로 위헌여부를 판단한다. 12국회

① 없음
② ㉠ ㉡
③ ㉠
④ ㉡

해설
① (×) 침해의 정도가 가장 큰 주된 기본권은 직업의 자유라고 할 것이다. 따라서 이하에서는 직업의 자유의 침해여부를 중심으로 살피는 가운데 표현·예술의 자유의 침해여부에 대하여도 부가적으로 살펴보기로 한다. (헌재 2004. 5. 27. 2003헌가1) 〈주〉 극장운영이 영리목적이면 직업의 자유를 검토하지만, 비영리목적인 때에는 예술의 자유를 검토하여야 하므로, 양자를 모두 검토해야 한다.
② (×) 양심의 자유는 종교적 신념에 기초한 양심뿐만 아니라 비종교적인 양심도 포함하는 포괄적인 기본권이므로, 이하에서는 양심의 자유를 중심으로 살펴보기로 한다. (헌재 2004. 8. 26. 2002헌가1) 〈주〉 종교인의 입장만 판단하지 않고 비종교인의 입장도 판단해 주어야 한다는 뜻이다.

[정답] ①

037
다음 설명 중 가장 적절한 것은? (판례)

① 수용자가 작성한 집필문의 외부반출을 불허하고 이를 영치할 수 있도록 한 것은 수용자의 표현의 자유가 아니라 통신의 자유를 제한한다. 16국가7
② 일반음식점 영업소에 음식점 시설 전체를 금연구역으로 지정하여 운영하여야 할 의무를 부담시키는 것은 음식점 운영자의 직업수행의 자유와 음식점 시설에 대한 재산권을 제한한다. 16국가7
③ 종교단체가 양로시설을 설치하고자 하는 경우 신고하도록 의무를 부담시키는 것은 종교단체의 종교의 자유와 인간다운 생활을 할 권리를 제한한다. 16국가7
④ 종교단체의 복지시설 운영에 대한 제한은 종교단체 내 복지시설을 운영하는 법인의 인격권 및 법인운영의 자유를 제한하는 것이므로 종교의 자유 침해가 아닌 법인운영의 자유를 침해하는지 여부에 대한 문제로 귀결된다. 22경찰2

해설
① (O) 심판대상조항이 사전검열에 해당한다는 청구인의 주장에 대해서는 판단하지 아니하고, 통신의 자유 침해 여부에 대해서만 판단하기로 한다. (헌재 2016. 5. 26. 2013헌바98)
② (X) 심판대상조항은 청구인의 직업수행의 자유를 제한한다. 한편, 심판대상조항은 청구인으로 하여금 음식점 시설과 그 내부 장비 등을 철거하거나 변경하도록 강제하는 내용이 아니므로 재산권이 침해되는 것은 아니다. (헌재 2013. 6. 27. 2011헌마315)
③ (X) 심판대상조항은 종교단체에서 운영하는 양로시설도 일정 규모 이상의 경우 신고하도록 한 규정일 뿐, 양로시설에 들어가려는 노인들의 거주이전의 자유나 인간다운 생활을 할 권리의 제한을 불러온다고 볼 수 없으므로 이에 대해서는 별도로 판단하지 아니한다. (헌재 2016. 6. 30. 2015헌바46) 〈주〉 양로시설을 운영하려는 종교단체의 종교활동의 자유를 제한하는 것이지, 양로시설에 들어가려는 노인들의 기본권을 제한하는 것이 아니다.
④ (X) 종교단체의 복지시설 운영은 종교의 자유의 영역이므로 종교의 자유를 침해하는지 여부에 대한 문제로 귀결된다. (헌재 2016. 6. 30. 2015헌바46)

정답 ①

제2항 기본권의 충돌

1. 기본권 충돌의 의의

038
다음 설명 중 옳지 않은 것을 모두 고른 것은? (판례)

㉠ 기본권의 충돌은 상이한 기본권 주체가 서로 대립되는 기본권의 적용을 주장할 때 발생하는 문제이다. 14회9
㉡ 기본권 충돌이란 하나의 기본권주체가 국가에 대해 동시에 여러 기본권의 적용을 주장하는 경우를 말한다. 23경승
㉢ 기본권을 국가에 대한 방어권으로만 이해하는 경우에는 기본권의 충돌 문제는 처음부터 발생하지 않는다. 03입시
㉣ 조각가가 공사현장에서 대리석을 절취한 행위는 재산권과 예술의 자유의 충돌로 인정할 수 없다. 14국회9
㉤ 기본권의 외견적 충돌(유사충돌)의 경우 그 해결은 법익형량이나 실제적 조화의 원칙에 따라야 한다. 03입시

① ㉠ ㉡
② ㉡ ㉢
③ ㉢ ㉣
④ ㉡ ㉤

해설
㉠ (O) 기본권의 충돌은 서로 다른 사람의 기본권이 충돌하는 경우이다.
㉡ (X) 기본권 충돌은 상이한 기본권의 주체가 국가에 대해 각기 대립하는 기본권의 효력을 주장하는 경우이다. 하나의 기본권주체가 국가에 대해 동시에 여러 기본권의 적용을 주장하는 경우는 기본권 경합이다.
㉢ (O) 대사인적 효력을 인정해야만 충돌이 문제된다.
㉣ (O) 조각가의 대리석 절취는 기본권의 유사충돌로서 진정한 기본권의 충돌이 아니므로 규범조화해석을 할 필요 없이 절도죄로 처벌한다.
㉤ (X) 유사충돌은 기본권의 충돌이 아니다.

정답 ④

2. 이익형량 방법 (상위기본권 우선)

039
다음 설명 중 가장 적절한 것은? (판례)

① 흡연권과 혐연권은 서로 상하의 위계질서가 있는 기본권끼리 충돌하는 경우라고 보아 상위 기본권 우선의 원칙에 따라 하위 기본권이 제한될 수 있다. 15국회8
② 혐연권이 흡연권보다 상위의 기본권이라고 할 수는 없으나 혐연권은 사생활의 자유뿐만 아니라 생명권에까지 연결되는 것이므로 사생활의 자유를 실질적 핵으로 하는 흡연권보다 우선시되어야 한다. 12국회
③ 흡연자의 흡연권과 비흡연자의 혐연권이 충돌하는 경우 이 두 기본권은 각기 독자성을 갖는 기본권이므로 양자는 대등한 효력을 갖는다. 17국회9
④ 흡연권과 혐연권이 충돌하는 경우 두 기본권 사이에 적정한 비례관계를 유지하도록 하여야 하므로 흡연권을 부정하지 않는 한에서 혐연권이 인정되어야 한다. 20경채/23경승
⑤ 교사의 수업권과 학생의 수학권이 충돌하는 경우 두 기본권 모두 효력을 나타내는 규범조화해석에 따라 기본권 충돌은 해결되어야 한다. 12국회

해설

① (O) (헌재 2004. 8. 26. 2003헌마457).
② (X) 혐연권이 흡연권보다 상위의 기본권이다. (헌재 2004. 8. 26. 2003헌마457)
③ (X) 혐연권이 흡연권보다 상위의 기본권이다. (헌재 2004. 8. 26. 2003헌마457).
④ (X) 상하의 위계질서가 있는 기본권끼리 충돌하는 경우에는 상위기본권우선의 원칙에 따라 하위기본권이 제한될 수 있으므로, 흡연권은 혐연권을 침해하지 않는 한에서 인정되어야 한다. (헌재 2004. 8. 26. 2003헌마457)
⑤ (X) 교사의 수업권을 내세워 수학권(학습권)을 침해할 수는 없다. (헌재 1992. 11. 12. 89헌마88) 〈주〉 규범조화적 해석이 아니라 이익형량 방법에 의하여 해결하였다.

정답 ①

040
다음 설명 중 가장 적절하지 않은 것은? (판례)

① 흡연권은 사생활의 자유를 실질적 핵으로 하는 것이고, 혐연권은 사생활의 자유뿐만 아니라 생명권에까지 연결되는 것이므로 혐연권이 흡연권보다 상위의 기본권이다. 14회9
② 학생의 학습권은 교원의 수업권에 대하여 우월한 지위에 있으므로 교원이 고의로 수업을 거부할 자유는 인정되지 아니한다. 17법무
③ 학생의 학습권과 교원의 수업권 중 어느 것이 우월한지는 판단하기 어렵고 대등한 지위에 있다고 보아야 한다. 17입시
④ 개인적 단결권과 집단적 단결권이 충돌하는 경우 기본권의 서열이론이나 법익형량의 원리에 입각하여 어느 기본권이 더 상위 기본권이라고 단정할 수 없다. 20경채
⑤ 노동조합의 적극적 단결권은 '사회적 보호기능을 담당하는 자유권' 또는 '사회권적 성격을 띤 자유권'으로서의 성격을 가지고 있으므로, 근로자 개인의 단결하지 않을 자유보다 중시된다고 판단하고 있다. 10지방7

해설

① (O) 흡연권은 사생활의 자유를 실질적 핵으로 하는 것이고 혐연권은 사생활의 자유뿐만 아니라 생명권에까지 연결되는 것이므로 혐연권이 흡연권보다 상위의 기본권이다. (헌재 2004. 8. 26. 2003헌마457).
② (O) (헌재 1992. 11. 12. 89헌마88)
③ (X) 교사의 수업권을 내세워 수학권(학습권)을 침해할 수는 없다. (헌재 1992. 11. 12. 89헌마88)
④ (O) (헌재 2005. 11. 24. 2002헌바95) 〈주〉 개인의 "적극적" 단결권과 집단의 "적극적" 단결권은 대등하다.
⑤ (O) 노동조합에게 위와 같은 조직강제권을 부여한다고 하여 이를 근로자의 단결하지 아니할 자유의 본질적인 내용을 침해하는 것으로 단정할 수는 없다. (헌재 2005. 11. 24. 2002헌바95)
〈주〉 개인의 "소극적" 단결권인 자유권보다 집단의 "적극적" 단결권인 사회권이 더 중시된다.

정답 ③

3. 규범조화 해석 (과잉금지원칙)

041
다음 설명 중 가장 적절하지 않은 것은? (판례)

① 두 기본권이 서로 충돌하는 경우에는 헌법의 통일성을 유지하기 위하여 상충하는 기본권 모두가 최대한으로 그 기능과 효력을 나타낼 수 있도록 하는 조화로운 방법이 모색되어야 한다. 02사시
② 애초부터 두 개의 서로 충돌하는 기본권들 사이의 조정이 전혀 불가능한 경우도 있다. 03입시
③ 기본권충돌의 해결방법으로서 과잉금지의 방법은 이익형량의 방법을 구체화한 것으로 보아야 한다. 03입시
④ 친양자 입양은 친생부모의 기본권과 친양자가 될 자의 기본권이 서로 대립·충돌하는 관계라고 할 수 있고, 이들 기본권은 공히 가족생활에 관한 기본권으로서 그 서열이나 법익의 형량을 통하여 어느 한쪽의 기본권을 일방적으로 우선시키고 다른 쪽을 후퇴시키는 것은 부적절하다. 17국회9/21국회9

[해설]
① (○) 규범조화해석의 입장으로 과잉금지원칙(비례원칙)에 의하여 판단한다.
② (○) 예컨대 사형 또는 낙태는 생명권을 완전 부정하는 제도이므로 생명권을 인정하면서 최소한으로 침해하는 방법이 있을 수 없다.
③ (✗) 과잉금지원칙은 이익형량이 아니라 규범조화적 해석에 따른 해결방법중 하나이다.
④ (○) (헌재 2012. 5. 31. 2010헌바87) 〈주〉 기본권의 충돌문제이다. 이익형량 방식이 아니라 규범조화적 방식(과잉금지원칙 내지 비례원칙)에 의하여 해결해야 한다는 뜻이다.

[정답] ③

042
다음 설명 중 가장 적절한 것은? (판례)

① 헌법재판소가 채권자취소권을 합헌으로 본 것은 채권자의 재산권과 채무자의 일반적 행동의 자유권 중에서 채권자의 재산권이 상위의 기본권이라고 보았기 때문이다. 17법무/22경간
② 국민의 알권리(정보공개청구권)와 개인정보 주체의 사생활의 비밀과 자유가 서로 충돌하는 경우 개인정보 주체의 사생활의 비밀과 자유가 국민의 알권리(정보공개 청구권)보다 더 상위의 기본권에 해당하므로, 국민의 알권리(정보공개청구권)는 개인의 사생활의 비밀과 자유를 침해하지 않는 한에서 인정될 수 있다. 16국회8
③ 종교단체가 설립한 사립학교에서 특정종교의 교리를 전파하는 종교행사와 종교과목 수업을 실시하면서 참가 거부가 사실상 불가능한 분위기를 조성하고 대체과목을 개설하지 않는 등 다른 신앙을 가진 학생의 기본권을 고려하지 않는 것은 학생의 종교에 관한 인격적 법익을 침해하지 않는다. 14국가7/17법무
④ 정정보도청구권제도는 언론의 자유와는 비록 서로 충돌되는 면이 없지 아니하나, 전체적으로는 상충되는 기본권 사이에 합리적인 조화를 이루고 있다. 16국회8

[해설]
① (✗) 어느 한 쪽의 기본권을 우선시키고 다른 쪽의 기본권을 후퇴시킬 수는 없다. (헌재 2007. 10. 25. 2005헌바96) 〈주〉 대등한 기본권이므로 규범조화적 해석에 의하여 해결한다.
② (✗) 어느 하나를 상위 기본권이라고 하거나 어느 쪽이 우월하다고 할 수는 없다. (헌재 2010. 12. 28. 2009헌바258)
③ (✗) 학생의 종교에 관한 인격적 법익을 침해하는 위법행위이다. (대법원 2010. 4. 22. 2008다38288, 전합)
④ (○) (헌재 1991. 9. 16. 89헌마165)

[정답] ④

043

다음 설명 중 가장 적절한 것은? (판례)

① 구체적인 전달이나 전파의 상대방이 없는 집필의 단계를 표현의 자유의 보호영역에 포함시킬 것인지 의문이 있을 수 있으나 집필은 문자를 통한 모든 의사표현의 기본 전제가 된다는 점에서 당연히 표현의 자유의 보호영역에 속해 있다고 보아야 한다. 22해간

② 인터넷 등 전자적 방법에 의한 판결서 열람·복사의 범위를 개정법 시행 이후 확정된 사건의 판결서로 한정하고 있는 「군사법원법」 부칙조항은 정보공개청구권을 침해한다. 22경간

③ 시청자는 왜곡된 보도에 대해서 의견 개진 내지 비판을 할 수 있음에도, 방송편성에 관하여 간섭을 금지하는 「방송법」 조항의 '간섭'에 관한 부분 및 그 위반 행위자를 처벌하는 구 「방송법」 조항의 '간섭'에 관한 부분은 청구인의 표현의 자유를 침해한다. 22경간

④ 방송사 외부에 있는 자가 방송편성에 관계된 자에게 방송편성에 관해 특정한 요구를 하는 등의 방법으로, 방송편성에 관한 자유롭고 독립적인 의사결정에 영향을 미칠 수 있는 행위 일체를 금지하고 이를 위반한 자를 처벌하는 것은 시청자의 건전한 방송 비판 내지 의견제시까지 처벌대상으로 삼는 것으로 시청자들의 표현의 자유를 침해한다. 22국회8

해설

① (○) (헌재 2005. 2. 24. 2003헌마289)
② (✕) 위 부칙조항이 청구인의 <u>정보공개청구권을 침해한다고 할 수 없다</u>.(헌재 2015. 12. 23. 2014헌마185)
③ (✕) 심판대상조항이 과잉금지원칙에 반하여 <u>표현의 자유를 침해한다고 볼 수 없다</u>.(헌재 2021. 8. 31. 2019헌바439). 〈주〉 정부나 각종 이익단체의 간섭을 금지하는 것이다.
④ (✕) 심판대상조항이 과잉금지원칙에 반하여 <u>표현의 자유를 침해한다고 볼 수 없다</u>. (헌재 2021. 8. 31. 2019헌바439)

정답 ①

044

다음 설명 중 가장 적절하지 않은 것은? (판례)

① 개별 교원이 어떤 교원단체나 노동조합에 가입해 있는지에 대한 정보 공개를 제한하는 것은 학부모인 청구인들의 알 권리를 제한하는 것은 아니다. 22경찰2

② 학교 구성원으로 하여금 성별 등의 사유를 이유로 차별적 언사나 행동, 혐오적 표현 등을 통해 다른 사람의 인권을 침해하지 못하도록 한 「서울특별시 학생인권조례」 규정은 학교 구성원들의 표현의 자유를 침해한 것이라고 볼 수 없다. 22국가7

③ 오늘날 정치적 표현의 자유는 자유민주적 기본질서의 구성요소로서 다른 기본권에 비하여 우월한 효력을 가지므로, 공무원이라는 지위에 있다는 이유만으로 정치적 표현의 자유를 전면적으로 부정할 수는 없다. 22법무

④ 군무원이 연설, 문서 등의 방법으로 정치적 의견을 공표하는 경우 2년 이하의 금고에 처하도록 한 조항은 군무원의 정치적 표현의 자유를 침해하지 않는다. 22법무

해설

① (✕) 개별 교원이 어떤 교원단체나 노동조합에 가입해 있는지에 대한 정보 공개를 제한하고 있는 이 사건 법률조항 및 이 사건 시행령조항은 학부모들의 알 권리를 제한하는 것이며, 학부모는 그런 알 권리를 통해 자녀교육을 행하게 되므로 위 조항들은 동시에 <u>교육권에 대한 제약도 발생시킨다</u>고 할 수 있다. (헌재 2011. 12. 29. 2010헌마293) 〈주〉 교원의 노동조합 가입정보 공개금지 사건을 합헌(기각)이다.
② (○) (헌재 2019. 11. 28. 2017헌마1356)
③ (○) (헌재 2018. 7. 26. 2016헌바139) 〈주〉 전면부정은 침해최소성원칙에 위반된다.
④ (○) (헌재 2018. 7. 26. 2016헌바139)

정답 ①

045

다음 설명 중 가장 적절한 것은? (판례)

① 위법하게 취득한 타인간의 대화내용을 공개하는 자를 처벌하는 「통신비밀보호법」 조항은 대화자의 통신의 비밀과 대화내용을 공개하는 자의 표현의 자유가 충돌하지 않는다. 21소방

② 대한민국을 방문하는 외국의 국가 원수를 경호하기 위하여 지정된 경호구역 안에서 서울종로경찰서장이 안전 활동의 일환으로 청구인들의 삼보일배 행진을 제지한 행위는 집회의 자유를 침해한다. 22경간/22경찰2

③ 자신의 미적 감상 등을 문신시술을 통하여 시각적으로 표현할 수 있다는 측면에서 문신시술이 예술의 자유 또는 표현의 자유의 영역에 포함될 수 없다. 22경찰2

④ 의료인이 아닌 자의 문신시술업을 금지하고 처벌하는 것은 비의료인의 직업선택의 자유를 침해하지 않는다. 22국회9

해설

① (✗) 두 기본권이 충돌하게 된다. (헌재 2012. 8. 30. 2009헌바42) 〈주〉 불법감청녹음으로 취득한 타인 간의 대화내용을 공개한 자를 처벌하되 위법성조각사유에 관한 특별규정을 두지 아니하였다는 점만으로 비례성을 상실한 것은 아니라고 본 사안이다.

② (✗) 과잉금지원칙을 위반하여 청구인들의 집회의 자유를 침해하였다고 볼 수 없다. (헌재 2021. 10. 28. 2019헌마1091)

③ (✗) 자신의 미적 감상 등을 문신시술을 통하여 시각적으로 표현할 수 있다는 측면에서 문신시술이 예술의 자유의 영역에 포함될 수 있다. (헌재 2022. 7. 21. 2022헌바3) 〈주〉 문신시술자들은 직업선택의 자유와 예술과 표현의 자유를 주장하였고, 소비자들은 자기결정권과 의료행위 선택권을 주장하였다. 그러나 의료행위에 포함되므로 의료인만 가능하다.

④ (O) (헌재 2022. 3. 31. 2017헌마1343 등)

[정답] ④

제6절 기본권의 제한과 한계

1. 기본권 제한의 유형

046

다음 설명 중 가장 적절하지 않은 것은? (판례)

① 알 권리는 타인의 명예나 권리 또는 국가의 안전보장이나 질서를 침해하는 경우에는 보호될 수 없지만, 공중도덕이나 사회윤리를 침해하는 경우에는 보호되는 기본권이다. 08국회8

② 헌법은 처분적 법률의 정의규정을 따로 두고 있지 않으므로, 특정규범이 개인대상법률 또는 개별사건법률에 해당한다고 하여 그것만으로 바로 헌법에 위반되는 것은 아니다. 11사시

③ 헌법 제60조 제1항에 따라 국회의 동의를 얻어 법률적 효력을 가지는 조약은 기본권을 제한할 수 있으나, 그 경우에도 헌법 제37조 제2항의 비례의 원칙을 준수해야 한다. 11사시

④ 금융기관의 임원에 대한 문책경고는 적어도 그 제한의 본질적 사항에 관한 한 법률에 근거가 있어야 하는데, 금융감독원의 직무범위를 규정한 조직규범은 법률유보원칙에서 말하는 법률의 근거가 될 수는 없다. 19법원

해설

① (✗) 헌법 제21조 ④ 언론·출판은 타인의 명예나 권리 또는 공중도덕이나 사회윤리를 침해하여서는 아니 된다. 〈주〉 헌법 제21조 제4항에 위반되므로 보호하지 않는다.

② (O) (헌재 2005. 6. 30. 2003헌마841) 〈주〉 과잉금지원칙에 위반되어야 위헌이 된다.

③ (O) 비례원칙을 준수해야 한다.

④ (O) (대법원 2005. 2. 17. 2003두14765) 〈주〉 조직규범은 규칙을 의미하므로, 법률유보의 법률이 아니라는 뜻이다.

[정답] ①

047

다음 설명 중 가장 적절하지 않은 것은? (판례)

① 기본권을 제한하는 작용을 하는 법률에서 하위규범으로 입법위임을 할 때에는 대통령령이나 총리령 또는 부령 등 법규명령의 형식으로만 가능하며, 금융감독위원회의 고시와 같은 행정규칙의 형식으로는 위임할 수 없다. 20경채

② 헌법에는 긴급명령이나 긴급재정경제명령, 계엄에 대한 명시적인 근거조항이 있으며, 이들에 의한 기본권 제한은 그 형식 측면에서 법률에 의하지 않은 기본권 제한이라는 예외적이고 특수한 제한이다. 11사시

③ 대통령의 국가긴급권 행사 시 그 국가작용이 국민의 기본권 침해와 직접 관련되는 경우에는 당연히 헌법재판소의 심판대상이 될 수 있다. 15국회9

④ 비상계엄이 선포된 경우, 영장제도와 언론·출판 집회·결사의 자유에 대한 특별한 조치를 통하여 기본권 제한을 할 수 있는 명시적인 헌법상 근거가 존재한다. 11사시

[해설]

① (X) 기본권을 제한하는 내용의 입법을 위임할 때에는 법규명령에 위임하는 것이 원칙이고, 고시와 같은 형식으로 입법위임을 할 때에는 법령이 전문적·기술적 사항이나 경미한 사항으로서 업무의 성질상 위임이 불가피한 사항에 한정된다. (헌재 2014. 7. 24. 2013헌바183) 〈주〉 불가피한 사항이 있으면 법령의 위임을 받은 고시에 의하여도 기본권을 제한할 수 있다.

② (O) 헌법 제76조, 제77조. – 헌법상 긴급명령은 형식적 의미의 법률이 아닌데도 기본권이 제한이 가능하도록 헌법에 규정되어 있다.

③ (O) 국민의 기본권 침해와 직접 관련되는 경우에는 당연히 헌법재판소의 심판대상이 될 수 있는 것일 뿐만 아니라, 긴급재정경제명령은 법률의 효력을 갖는 것이므로 마땅히 헌법에 기속되어야 할 것이다. (헌재 1996. 2. 29. 93헌마186)

④ (O) 헌법 제77조 ③ 비상계엄이 선포된 때에는 법률이 정하는 바에 의하여 영장제도, 언론·출판·집회·결사의 자유, 정부나 법원의 권한에 관하여 특별한 조치를 할 수 있다.

[정답] ①

2. 기본권 제한의 형식

048

다음 설명 중 가장 적절하지 않은 것은? (판례)

① 기본권의 제한은 원칙적으로 국회에서 제정한 형식적 의미의 법률에 의해서만 가능하다. 08법원

② 헌법 제37조 제2항에 기본권의 제한은 법률로써 가능하도록 규정되어 있는바, 이는 기본권의 제한이 원칙적으로 국회에서 제정한 형식적 의미의 법률에 의해서만 가능하다는 것과, 직접 법률에 의하지 아니하는 예외적인 경우라 하더라도 엄격히 법률에 근거하여야 한다는 것을 의미한다. 15변시

③ 헌법 제37조 제2항의 법률유보의 원칙은 '법률에 의한 규율만을 의미하는 것이 아니라 '법률에 근거한 규율을 요청하는 것이므로 기본권제한의 형식은 반드시 법률의 형식일 필요는 없고 위임의 구체성과 명확성을 구비하기만 하면 위임입법에 의해서도 기본권제한은 가능하다. 10국회8

④ 법률유보의 원칙은 기본권의 제한에 있어서 법률의 근거뿐만 아니라, 그 형식도 반드시 법률의 형식일 것을 요구한다. 15법원

[해설]

① (O) (헌재 2000. 12. 14. 2000헌마659) 〈주〉 "원칙적으로" 라는 표현을 사용하였으므로 옳은 지문이다.

② (O) 법률에 근거를 두면서 헌법 제75조가 요구하는 위임의 구체성과 명확성을 구비하면 위임입법에 의하여도 기본권제한을 할 수 있다. (헌재 2010. 10. 28. 2007헌마890)

③ (O) (헌재 2010. 10. 28. 2007헌마890)

④ (X) 법률유보의 원칙은 '법률에 의한' 규율만을 뜻하는 것이 아니라 '법률에 근거한' 규율을 요청하는 것이므로 위임입법에 의하여도 기본권제한을 할 수 있다. (헌재 2010. 10. 28. 2007헌마890)

[정답] ④

3. 과잉금지원칙

049
다음 설명 중 가장 적절하지 않은 것은? (판례)

① 헌법 제37조 제2항은 기본권 제한에 있어 일반적 법률유보를 규정한 조항이다. 08법원
② 헌법재판소는 기본권제한입법이 목적의 정당성, 수단의 적합성, 피해의 최소성, 법익의 균형성을 갖추어야 하며 이 중 어느 한 요건이라도 충족하지 못하면 그 입법은 위헌입법이라고 보고 있다. 10국회8
③ 과잉금지의 원칙은 법치주의에서 그 근거를 찾을 수 있고 헌법 제37조 제2항에서는 그 근거를 찾을 수 없다. 10법무
④ 과잉금지원칙은 기본권 제한의 방법상 한계로서 헌법 제37조 제2항의 '필요한 경우에 한하여' 부분에서 그 근거를 찾을 수 있다. 22경승

[해설]
① (O) 헌법 제37조 ② 국민의 모든 자유와 권리는 국가안전보장·질서유지 또는 공공복리를 위하여 필요한 경우에 한하여 법률로써 제한할 수 있으며, 제한하는 경우에도 자유와 권리의 본질적인 내용을 침해할 수 없다.
② (O) 기본권제한입법은 목적의 정당성, 수단의 적합성, 피해의 최소성, 법익의 균형성을 갖추어야 하며 이 중 어느 한 요건이라도 충족하지 못하면 과잉금지원칙에 반하여 헌법에 반한다는 것이 헌법재판소의 입장이다.
③ (×) 과잉금지의 원칙은 법치주의와 헌법 제37조 제2항(기본권의 제한규정)에서 그 근거를 찾을 수 있다.
④ (O) 헌법 제37조 ② 국민의 모든 자유와 권리는 국가안전보장·질서유지 또는 공공복리를 위하여 필요한 경우에 한하여 법률로써 제한할 수 있으며, 제한하는 경우에도 자유와 권리의 본질적인 내용을 침해할 수 없다. 〈주〉"필요한 경우에 한하여" → 과잉금지원칙을 의미한다.

[정답] ③

050
다음 설명 중 가장 적절한 것은? (판례)

① 목적의 정당성은 국민의 기본권을 제한하려는 입법의 목적이 헌법 및 법률의 체제상 그 정당성이 인정되어야 함을 뜻한다. 10법무
② 방법 또는 수단의 적정성은 입법 목적을 달성하기 위한 방법 또는 수단으로서 유일하게 효과적이고도 적합한 것을 선택하여야 함을 뜻한다. 10법무
③ 과잉금지원칙의 심사기준 중 하나인 방법의 적정성 심사의 내용은 입법자가 선택한 방법이 입법목적 달성에 유효한 수단으로서 최적의 것인가 하는 점이다. 10사시
④ 국가작용에 있어서 취해진 어떠한 조치나 선택된 수단은 그것이 달성하려는 사안의 목적에 적합하여야 함은 당연하고 그 조치나 수단이 목적달성을 위하여 유일무이한 것이어야 한다. 15국회9

[해설]
① (O) 목적의 정당성은 법률의 목적이 헌법에 잘 맞아야 한다는 원칙이다.
② (×) 국가가 어떠한 목적을 달성함에 있어서는 어떠한 조치나 수단 하나만으로서 가능하다고 판단할 경우도 있고 다른 여러 가지의 조치나 수단을 병과하여야 가능하다고 판단하는 경우도 있을 수 있으므로 과잉금지의 원칙이라는 것이 목적달성에 필요한 유일의 수단선택을 요건으로 하는 것이라고 할 수는 없는 것이다. (헌재 1989. 12. 22. 88헌가13)
③ (×) 방법의 적절성으로 심사하는 내용은 입법자가 선택한 방법이 최적의 것이었는가 하는 것이 아니고, 그 방법이 입법목적 달성에 유효한 수단인가 하는 점에 한정된다 할 것이다. (헌재 2007. 1. 17. 2006헌바3)
④ (×) 국가작용에 있어서 취해진 어떠한 조치나 선택된 수단은 그것이 달성하려는 사안의 목적에 적합하여야 함은 당연하지만 그 조치나 수단이 목적달성을 위하여 유일무이한 것일 필요는 없는 것이다. (헌재 1989. 12. 22. 88헌가13)

[정답] ①

051

다음 설명 중 가장 적절하지 않은 것은? (판례)

① 입법목적을 달성하기 위하여 가능한 여러 수단들 가운데 구체적으로 어느 것을 선택할 것인가의 문제는 기본적으로 입법재량에 속하지만, 반드시 가장 합리적이며 효율적인 수단을 선택해야 한다. 16법원

② 입법목적을 달성하기 위한 수단으로서 반드시 가장 합리적이며 효율적인 수단을 선택하여야 하는 것은 아니라고 할지라도 적어도 현저하게 불합리하고 불공정한 수단의 선택은 피하여야 한다. 22경승

③ 최소침해의 원칙이란 기본권의 제한에 관하여 그 목적을 달성하는 데 적합한 수단이 여러 개가 있을 경우에 입법자는 최소한의 기본권 침해를 가져오는 방법을 선택해야 한다는 것을 말한다. 15국회9

④ 침해의 최소성의 관점에서, 입법자는 그가 의도하는 공익을 달성하기 위하여 우선 기본권을 보다 적게 제한하는 단계인 기본권행사의 '방법'에 관한 규제로써 공익을 실현할 수 있는가를 시도하고 이러한 방법으로는 공익달성이 어렵다고 판단되는 경우에 비로소 그 다음 단계인 기본권행사의 '여부'에 관한 규제를 선택해야 한다. 10국회8

해설

① (×) 입법목적을 달성하기 위한 수단으로서 반드시 가장 합리적이며 효율적인 수단을 선택하여야 하는 것은 아니다. (헌재 1996. 4. 25. 92헌바47) 〈주〉 가장 합리적인 수단인지는 침해의 최소성과 법익의 균형성에서 판단한다.

② (○) (헌재 1996. 4. 25. 92헌바47)

③ (○) (헌재 2009. 11. 26. 2008헌마114)

④ (○) (헌재 1998. 5. 28. 96헌가5) 〈주〉 침해의 정도가 더 약한 기본권행사의 '방법'을 먼저 규제하고, 그 다음에 침해의 정도가 더 강한 기본권행사의 '여부'에 관한 규제를 한다.

정답 ①

052

다음 설명 중 가장 적절한 것은? (판례)

① 입법자가 임의적 규정으로도 법의 목적을 실현할 수 있는 경우에 구체적 사안의 개별성과 특수성을 고려할 수 있는 가능성을 일체 배제하는 필요적 규정을 두었다고 해서 최소침해성의 원칙에 위배될 여지는 없다. 16법원

② 입법자가 임의적 규정으로도 법의 목적을 실현할 수 있는 경우, 구체적 사안의 개별성과 특수성을 고려할 수 있는 가능성을 일체 배제하는 필요적 규정을 둔다면 이는 비례원칙의 한 요소인 '수단의 적합성(적절성) 원칙'에 위배된다. 22경승

③ 법익의 균형성은 입법에 의하여 보호하려는 공익과 침해되는 사익을 비교·형량할 때 보호되는 공익이 더 커야 함을 의미한다. 10법무

④ 범죄의 설정과 법정형의 종류 및 범위의 선택은 입법자가 결정할 사항으로서 광범위한 입법재량이 인정될 수 없는 분야이므로 어느 행위를 범죄로 규정하고 그 법정형을 정한 법률이 헌법상의 평등원칙 및 비례원칙에 위반되는지 여부는 엄격한 심사척도에 의해 심사되어야 한다. 11법원

해설

① (×) 임의적 취소제도의 적절한 운용을 통하여 입법목적을 달성하려는 노력은 기울이지 아니한 채 기본권침해의 정도가 한층 큰 필요적 취소제도를 도입한 이 사건 법률조항은 행정편의적 발상으로서 피해최소성의 원칙에 위반된다. (헌재 2000. 6. 1. 99헌가11)

② (×) 피해최소성의 원칙에 위반된다. (헌재 2000. 6. 1. 99헌가11) 〈주〉 "수단의 적합성"이 아니라 "침해의 최소성"이다.

③ (○) 법익의 균형성은 사익보다 공익이 더 커야 한다는 원칙이다.

④ (×) 법정형의 종류와 범위의 선택은 입법자가 결정할 사항으로서 광범위한 재량이 인정되어야 할 분야이므로, 헌법상의 평등의 원칙 및 비례의 원칙 등에 명백히 위배되는 경우가 아닌 한, 쉽사리 헌법에 위반된다고 단정하여서는 아니된다. (헌재 2006. 12. 28. 2005헌바35) 〈주〉 입법재량이 인정될 수 "없는" 부분과 "엄격한" 심사척도 부분이 틀렸다.

정답 ③

4. 목적의 정당성 부정

053
다음 설명 중 가장 적절하지 않은 것은? (판례)

① 혼인한 등록의무자 모두 배우자가 아닌 본인의 직계존비속의 재산을 등록하도록 공직자윤리법이 개정되었음에도 불구하고, 개정 전 공직자윤리법 조항에 따라 이미 배우자의 직계존비속의 재산을 등록한 혼인한 여성 등록의무자는 종전과 동일하게 계속해서 배우자의 직계존비속의 재산을 등록하도록 규정한 부칙 제2조는 과잉금지원칙 중 목적의 정당성을 인정할 수 없어 평등원칙에 위배된다. 최신판례

② 혼인을 빙자하여 음행의 상습 없는 부녀를 기망하여 간음한 자를 처벌하는 구 형법 조항은 입법목적이 정당하다. 15사시/23경승

③ 헌법재판소는 구 형법상 혼인빙자간음죄에 대해 목적의 정당성은 물론, 수단의 적절성과 피해의 최소성 요건도 갖추지 못해 위헌이라고 보았다. 16법원

④ 형법 제304조 중 "혼인을 빙자하여 음행의 상습없는 부녀를 기망하여 간음한 자" 부분은 형벌규정을 통하여 추구하고자 하는 목적 자체가 헌법에 의하여 허용되지 않는 것으로서 그 정당성이 인정되지 않는다. 22경찰1차

해설
① (O) (헌재 2021. 9. 30. 2019헌가3)
② (×) 형벌규정을 통하여 추구하고자 하는 목적 자체가 헌법에 의하여 허용되지 않는 것으로서 그 정당성이 인정되지 않는다고 할 것이다. (헌재 11. 26. 2008헌바58, 2009)
③ (O) 이 사건 법률조항의 경우 입법 목적에 정당성이 인정되지 않는다. (헌재 2009. 11. 26. 2008헌바58)
④ (O) 이 사건 법률조항의 경우 입법 목적에 정당성이 인정되지 않는다. (헌재 2009. 11. 26. 2008헌바58)

정답 ②

054
다음 설명 중 가장 적절하지 않은 것은? (판례)

① 동성동본금혼제는 '인간으로서의 존엄과 가치 및 행복추구권'을 규정한 헌법이념에 반한다. 10법행

② 변호인이 피의자신문에 자유롭게 참여할 수 있는 권리는 피의자가 가지는 변호인의 조력을 받을 권리를 실현하는 수단이라고 할 수 있어 헌법상 기본권인 변호인의 변호권으로 보호되어야 하므로, 피의자신문 시 변호인에 대한 수사기관의 후방착석요구행위는 목적의 정당성과 수단의 적절성이 인정되지 않는다. 19시시/22경간/23경승

③ 공인이 아니며 보험사기를 이유로 체포된 피의자가 경찰서에 수갑을 차고 얼굴을 드러낸 상태에서 조사받는 과정을 기자들로 하여금 촬영하도록 허용하는 행위는 기본권 제한의 목적의 정당성이 인정된다. 19입시/23경찰1

④ 정부에 대한 반대 견해나 비판에 대하여 합리적인 홍보와 설득으로 대처하는 것이 아니라 비판적 견해를 가졌다는 이유만으로 국가의 지원에서 일방적으로 배제함으로써 정치적 표현의 자유를 제재하는 공권력의 행사는 헌법의 근본원리인 국민주권주의와 자유민주적 기본질서에 반하는 것으로 그 목적의 정당성을 인정할 수 없다. 22국가5/23경승

해설
① (O) (헌재 1997. 7. 16. 95헌가6)
② (O) (헌재 2017. 11. 30. 2016헌마503)
③ (×) 촬영허용행위는 목적의 정당성이 인정되지 아니한다. (헌재 2014. 3. 27. 2012헌마652)
④ (O) (헌재 2020. 12. 23. 2017헌마416) 〈주〉 특정 문화예술인 지원사업 배제 사안이다.

정답 ③

055

다음 설명 중 가장 적절한 것은? (판례)

① 기초의회의원선거 후보자로 하여금 특정 정당으로부터의 지지 또는 추천 받음을 표방할 수 없도록 한 것은 정치적 표현의 자유를 침해한다. 17행시
② 교육공무원이 아닌 대학 교원에 대해서 단결권을 전면적으로 부정하는 것은 입법목적의 정당성과 수단의 적합성은 인정되나, 침해의 최소성과 법익의 균형성이 부정되어 헌법에 합치하지 아니한다. 19입시
③ 유신헌법을 부정·반대·왜곡 또는 비방하거나, 유신헌법의 개정 또는 폐지를 주장·발의·제안 또는 청원하는 일체의 행위, 유언비어를 날조·유포하는 행위 등을 전면적으로 금지하고, 이를 위반하면 비상군법회의에서 재판하여 처벌하도록 한 대통령 긴급조치 제1호 및 제2호는 입법목적이 정당하다. 15사시
④ 주민등록을 요건으로 재외국민의 대통령 선거권을 제한한 구 공직선거법 조항은 입법목적이 정당하다. 15사시

해설

① (O) 기초의회의원선거 후보자로 하여금 특정 정당으로부터의 지지 또는 추천 받음을 표방할 수 없도록 한 공직선거및선거부정방지법 제84조 중 "자치구·시·군의원선거의 후보자" 부분은 정치적 표현의 자유를 침해한다. (헌재 2003. 5. 15. 2003헌가9)
② (X) 교육공무원이 아닌 대학 교원에 대해서는 근로기본권의 핵심인 단결권조차 전면적으로 부정한 측면에 대해서는 그 입법목적의 정당성을 인정하기 어렵다. (헌재 2018. 8. 30. 2015헌가38) 〈주〉 입법목적의 정당성이 인정된다는 부분이 틀렸다.
③ (X) 입법목적의 정당성이나 방법의 적절성을 갖추지 못한 것이다. (헌재 2013. 3. 21. 2010헌바70) 〈주〉 입법목적이 정당하다는 부분이 틀렸다.
④ (X) 재외국민의 선거권 행사에 대한 전면적인 부정에 관해서는 위에서 살펴본 바와 같이 어떠한 정당한 목적도 찾기 어렵다. (헌재 2007. 6. 28. 2004헌마644) 〈주〉 입법목적이 정당하다는 부분이 틀렸다.

[정답] ①

5. 수단의 적절성 부정

056

다음 설명 중 가장 적절하지 않은 것은? (판례)

① 배우자 있는 자의 간통행위 및 그와의 상간행위를 2년 이하의 징역에 처하도록 규정한 형법 제241조는 선량한 성풍속 및 일부일처제에 기초한 혼인제도를 보호하고 부부간 정조의무를 지키게 하기 위한 것으로 그 입법목적의 정당성은 인정된다. 22경찰1차
② 인터넷 매체의 특성 및 기능 등에 비추어 선거일 전 180일부터 선거일까지 인터넷상 일정한 내용의 정치적 표현 내지 선거운동을 일체 금지하는 것은 입법목적 달성을 위한 적합한 수단이라고 할 수 없다. 14법행
③ 변호사시험 성적을 합격자에게 공개하지 않도록 규정한 변호사시험법의 규정은 법학전문대학원 간의 과다경쟁 등을 방지하기 위한 것으로 그 수단의 적절성이 인정되어 과잉금지원칙에 반하지 않는다. 16법원/20법행/23경찰1
④ 재직 중의 사유로 금고 이상의 형을 선고받아 처벌받은 사립학교 교원에 대하여 당연퇴직을 시키면서 직무 관련 범죄 여부, 고의 또는 과실범 여부 등을 묻지 않고 퇴직급여와 퇴직수당을 일률적으로 감액하는 것은 재산권을 침해한다. 21국회5

해설

① (O) 심판대상조항이 일부일처의 혼인제도와 가정질서를 보호한다는 목적을 달성하는 데 적절하고 실효성 있는 수단이라고 할 수 없다. (헌재 2015. 2. 26. 2009헌바17)
② (O) 입법목적 달성을 위하여 적합한 수단이라고 할 수 없다. (헌재 2011. 12. 29. 2007헌마1001)
③ (X) 심판대상조항의 입법목적은 정당하다. 그러나 대학의 서열화는 더욱 고착화된다. 따라서 수단의 적절성이 인정되지 않는다. (헌재 2015. 6. 25. 2011헌마769)
④ (O) 입법목적을 달성하는 데 적합한 수단이라고 볼 수 없다. (헌재 2010. 7. 29. 2008헌가15)

[정답] ③

057

다음 설명 중 가장 적절한 것은? (판례)

① 변호사시험 성적을 합격자에게 공개하지 않도록 규정한 변호사시험법 조항은 법학전문대학원 간의 과다경쟁 및 서열화를 방지하고, 교육과정이 충실하게 이행될 수 있도록 하여 다양한 분야의 전문성을 갖춘 양질의 변호사를 양성하기 위한 것으로서 변호사시험 응시자들의 알 권리(정보공개청구권)를 침해한다고 볼 수 없다.
② 공무원의 신분이나 직무상 의무와 관련이 없는 범죄의 경우에도 퇴직급여 등을 제한하는 것은, 공무원범죄를 예방하고 공무원이 재직 중 성실히 근무하도록 유도하는 입법목적을 달성하는데 적합한 수단이다. 17국회8/22비상
③ 변호사법의 위임을 받아 대한변호사협회에서 정한 '변호사 광고에 관한 규정' 중 '변호사 또는 소비자로부터 대가를 받고 법률상담 또는 사건 등을 소개·알선·유인하기 위하여 변호사등을 광고·홍보·소개하는 행위'를 금지하고 있는 규정은 표현의 자유와 직업의 자유를 침해한다. 23법행
④ 소송사건의 대리인인 변호사가 수형자를 접견하고자 하는 경우 소송계속 사실을 소명할 수 있는 자료를 제출하도록 규정하고 있는 '형의 집행 및 수용자의 처우에 관한 법률 조항은 과잉금지원칙에 위배되어 변호사인 청구인의 직업수행의 자유를 침해하지 않는다.

[해설]
① (×) 심판대상조항은 과잉금지원칙에 위배하여 <u>청구인들의 알 권리를 침해한다</u>. (헌재 2015. 6. 25. 2011헌마769)
② (×) 공무원이 재직중 성실히 근무하도록 유도하는 입법목적을 달성하는 데 <u>적합한 수단이라고 볼 수 없다</u>. (헌재 2007. 3. 29. 2005헌바33)
③ (○) (헌재 2022. 5. 26. 2021헌마619) 〈주〉 수단의 적합성이 부정된다.
④ (×) 과잉금지원칙에 위배되어 변호사인 청구인의 직업수행의 자유를 침해한다. (헌재 2021. 10. 28. 2018헌마60) 〈주〉 수단의 적합성이 부정된다.

[정답] ③

6. 기본권의 본질침해 금지

058

다음 설명 중 가장 적절하지 않은 것은? (판례)

① 기본권의 본질적 내용은 만약 이를 제한하는 경우에는 기본권 그 자체가 무의미하여지는 경우에 그 본질적인 요소를 말하는 것으로서, 이는 개별 기본권마다 다를 수 있다. 15변시
② 재산권의 본질적 내용을 침해하는 경우란 그 침해로 사유재산권이 유명무실해지고 사유재산제도가 형해화되어 헌법이 재산권을 보장하는 궁극적인 목적을 달성할 수 없게 되는 데 이르는 경우를 들 수 있다. 11법원
③ 기본권의 제한에서 과잉금지원칙에 위반되면 당연히 본질적 내용이 침해된다는 것이 헌법재판소의 기본적인 태도이다. 08법원
④ 오늘날 법률유보원칙은 특히 국민의 기본권실현과 관련된 영역에 있어서는 국민의 대표자인 입법자가 그 본질적 사항에 대해서 스스로 결정하여야 한다는 요구까지 내포하고 있다. 08국회8
⑤ 규율대상이 기본권적 중요성을 가질수록, 그리고 그에 관한 공개적 토론의 필요성 내지 상충하는 이익간 조정의 필요성이 클수록, 그것이 국회의 법률에 의해 직접 규율될 필요성 및 그 규율밀도의 요구정도는 그만큼 더 증대된다. 16법원

[해설]
① (○) (헌재 1995. 4. 20. 92헌바29)
② (○) (헌재 1996. 4. 25. 95헌바9)
③ (×) 법률에 의한 기본권의 제한은 헌법 제37조 제2항에 나타나 있는 <u>최소제한의 원칙과 본질적 내용 침해금지의 원칙</u>에 따라야 한다. (헌재 1989. 12. 22. 88헌가13) 〈주〉 과잉금지원칙과 본질침해금지원칙은 헌법상 별개의 원칙이다.
④ (○) (헌재 1999. 5. 27. 98헌바70) 〈주〉 법률유보원칙을 의회유보원칙이라고도 한다.
⑤ (○) (헌재 2004. 3. 25. 2001헌마882)

[정답] ③

059

다음 설명 중 가장 적절한 것은? (판례)

① 특정 사안과 관련하여 법률에서 하위 법령에 위임을 한 경우에 모법의 위임범위를 확정하거나 하위 법령이 위임의 한계를 준수하고 있는지 여부를 판단할 때에는, 하위 법령이 규정한 내용이 입법자가 형식적 법률로 스스로 규율하여야 하는 본질적 사항으로서 의회유보의 원칙이 지켜져야 할 영역인지 여부는 고려되어야 할 사항이라고 볼 수는 없다. 16법원

② 수신료금액의 결정은 납부의무자의 범위, 징수절차 등과 함께 수신료에 관한 본질적이고도 중요한 사항이므로, 수신료금액의 결정은 입법자인 국회 스스로 해야 한다. 16법원

③ 텔레비전방송수신료금액의 결정은 납부의무자의 범위 등과 함께 수신료에 관한 본질적인 중요한 사항이라고 보기 어려우므로 「한국방송공사법」 제36조 제1항이 국회의 결정이나 관여를 배제하고 한국방송공사로 하여금 수신료금액을 결정해서 문화관광부장관의 승인을 얻도록 하더라도 법률유보원칙에 위반되지 않는다. 22경승

④ 텔레비전방송 수신료는 한국방송공사의 텔레비전방송을 시청하는 대가이므로 특정 이익의 혜택이나 특정 시설의 사용가능성에 대한 금전적 급부인 수익자부담금에 해당한다. 20법행

해설

① (×) 의회유보의 원칙이 지켜져야 할 영역인지는 당해 법률 규정의 입법 목적과 규정 내용, 규정의 체계, 다른 규정과의 관계 등을 종합적으로 고려하여야 한다. (대법원 2015. 8. 20. 2012두23808, 전합) 〈주〉 예컨대 형벌의 종류 등은 반드시 법률에 규정하여야 하고, 명령이나 규칙에 위임해서는 안된다.

② (○) (헌재 1999. 5. 27. 98헌바70)

③ (×) 한국방송공사로 하여금 수신료금액을 결정해서 문화관광부장관의 승인을 얻도록 하는 것은 법률유보원칙에 위반된다. (헌재 1999. 5. 27. 98헌바70)

④ (×) 수신료는 공영방송사업이라는 (×) 공익사업의 소요경비를 충당하기 위하여 수상기를 소지한 특정집단에 대하여 부과되는 특별부담금에 해당한다. (헌재 2008. 2. 28. 2006헌바70) 〈주〉 수익자부담금은 공익사업으로 이익을 얻는 자가 부담하는 금전이고, 특별부담금은 공익사업을 위하여 수익이 없어도 부담하는 금전이다.

[정답] ②

7. 관련 판례

060

다음 설명 중 가장 적절한 것은? (판례)

① 법률에서 안마사업은 누구나 종사할 수 있는 업종이 아니라 행정청에 의해 자격인정을 받아야만 종사할 수 있는 직역이라고 규정하고 그 자격인정 요건을 정할 수 있는 권한을 행정부에 위임하는 것은 의회유보 원칙을 준수한 것으로 볼 수 있다. 16법원

② 경찰청장이 경찰버스들로 서울특별시 서울광장을 둘러싸 통행을 제지한 경우에 경찰 임무의 하나로서 기타 공공의 안녕과 질서유지를 규정한 경찰관직무집행법의 규정은 일반적 수권조항으로서 경찰권 발동의 법적 근거가 될 수 있으므로, 통행을 제지한 행위가 법률유보원칙에 위배되는 것은 아니다. 19법원

③ 사법시험의 제2차 시험의 합격결정에 관하여 과락제도를 정한 사법시험령의 규정은 새로운 법률사항을 정한 것이므로, 법률유보의 원칙에 위반된다. 19법원

④ 거주지를 기준으로 중·고등학교의 입학을 제한하는 법령 규정은 학부모의 자녀를 교육시킬 학교선택권의 본질적 내용을 침해한다. 08국회8

해설

① (○) (헌재 2003. 6. 26. 2002헌가16)

② (×) 경찰청장의 이 사건 통행제지행위는 법률적 근거를 갖추지 못한 것이므로 법률유보원칙에도 위반하여 일반적 행동자유권을 침해한다. (헌재 2011. 6. 30. 2009헌마406)

③ (×) 새로운 법률사항을 정한 것이라고 보기 어려우므로 법률유보의 원칙에 위반되지 않는다. (대법원 2007. 1. 11. 2004두10432)

④ (×) 학부모의 자녀를 교육시킬 학교선택권의 본질적 내용을 침해하였거나 과도하게 제한한 경우에 해당하지 아니한다. (헌재 1995. 2. 23. 91헌마204)

[정답] ①

8. 특별권력관계

061
다음 설명 중 가장 적절하지 않은 것은? (판례)

① 특별권력관계에 속하는 자로서 공무원, 군인 등을 들 수 있는데, 전통적(고전적)인 특별권력관계론에 따르면 동 관계는 법으로부터 자유로운 영역으로서 사법심사가 미치지 못하는 것으로 본다. 02입시
② 통설에 따르면 오늘날에는 특별권력관계가 법규에 의하여 강제적으로 성립된 경우에는 헌법에 직접 규정되어 있거나 적어도 헌법이 그것을 전제하고 있는 경우에만 기본권의 제한이 가능하다. 02입시
③ 특별권력관계에서도 위법·부당한 특별권력의 발동으로 인하여 권리를 침해당한 자는 그 위법·부당한 처분의 취소를 구할 수 있다는 대법원판례가 있다. 02입시
④ 경찰공무원을 비롯한 공무원의 근무관계인 이른바 특별권력관계에 있어서 행정청의 위법한 처분 또는 공권력의 행사 불행사 등으로 인하여 권리 또는 법적이익을 침해당한 자는 행정소송 등에 의하여 그 위법한 처분 등의 취소를 구할 수 없다. 11사시

[해설]
① (O) 일반권력관계는 국가와 일반국민 사이의 관계이고, 특별권력관계는 국가가 포괄적 지배권을 가지는 공무원, 군인, 경찰, 소방관 등이 있다. 종래에는 특별권력관계는 원칙적으로 사법심사를 청구할 수 없었다.
② (O) 오늘날의 특별권력관계는 헌법을 근거로 한 경우에만 기본권제한이 가능하다.
③ (O) 특별권력관계에서도 권리침해를 구제받을 수 있다는 것이 현재 판례의 입장이다.
④ (X) 경찰공무원을 비롯한 공무원의 근무관계인 이른바 특별권력관계에 있어서도 권리 또는 법적 이익을 침해당한 자는 행정소송 등에 의하여 그 위법한 처분 등의 취소를 구할 수 있다고 보아야 할 것이다. (헌재 1995. 12. 28. 91헌마80)

[정답] ④

제7절 기본권의 확인과 보장

1. 서설

062
다음 설명 중 가장 적절하지 않은 것은? (판례)

① 헌법 제10조는 국가의 기본권보호의무를 명문으로 규정하고 있지 않다. 09국가7
② 국가는 개인이 가지는 불가침의 기본적 인권을 확인하고 이를 보장할 의무를 진다고 규정한 헌법 제10조는 국가의 기본권보호의무의 근거조항이다. 08사시
③ 헌법이 명문으로 국가의 기본권보호의무를 규정하고 있음에 비추어 볼 때, 이는 단순한 도의적·윤리적 의무가 아니라 법적 의무라고 보아야 할 것이다. 09국회8
④ 헌법 제10조는 소극적으로 국가권력이 국민의 기본권을 침해하는 것을 금지하는데 그치지 아니하고 나아가 적극적으로 국민의 기본권을 타인의 침해로부터 보호할 의무를 부과하고 있다. 08사시

[해설]
① (X) 헌법 제10조 – 모든 국민은 인간으로서의 존엄과 가치를 가지며, 행복을 추구할 권리를 가진다. 국가는 개인이 가지는 불가침의 기본적 인권을 확인하고 이를 보장할 의무를 진다.
② (O) (헌재 2015. 10. 21. 2014헌마456)
③ (O) (헌재 2015. 10. 21. 2014헌마456) 〈주〉 도의적, 윤리적 의무라고 하면 틀린 지문이 된다.
④ (O) (헌재 2015. 10. 21. 2014헌마456)

[정답] ①

063

다음 설명 중 가장 적절하지 않은 것은? (판례)

① 기본권보호의무는 국가가 적극적으로 국민의 기본권을 타인의 침해로부터 보호할 의무까지를 포함한다. 09국회8

② 국가의 기본권 보호의무로부터 국가 자체가 불법적으로 국민의 생명권, 신체의 자유 등 기본권을 침해하는 경우 그에 대한 손해배상을 해 주어야 할 국가의 작위의무가 도출된다고 볼 수 있다. 19국회8

③ 국가의 기본권 보호의무란 사인인 제3자에 의한 생명이나 신체에 대한 침해로부터 이를 보호하여야 할 국가의 의무를 말하는 것으로, 국가가 직접 주방용오물분쇄기의 사용을 금지하여 개인의 기본권을 제한하는 경우에도 국가의 기본권 보호의무 위반 여부가 문제된다. 19국회8

④ 기본권보호의무란 기본권적 법익을 기본권주체인 사인에 의한 위법한 침해 또는 침해의 위험으로부터 보호하여야 하는 국가의 의무를 말하며, 주로 사인인 제3자에 의한 개인의 생명이나 신체의 훼손에서 문제된다. 12사시

[해설]

① (O) 헌법 제10조 제2문은 "국가는 개인이 가지는 불가침의 기본적 인권을 확인하고 이를 보장할 의무를 진다"고 규정함으로써, 소극적으로 국가권력이 국민의 기본권을 "침해"하는 것을 금지하는 데 그치지 아니하고, 나아가 적극적으로 국민의 기본권을 타인의 "침해"로부터 보호할 의무를 부과하고 있다. (헌재 2015. 10. 21. 2014헌마456)

② (O) (헌재 2015. 10. 21. 2014헌마456)

③ (X) 국가의 기본권 보호의무란 사인인 제3자에 의한 생명이나 신체에 대한 침해로부터 이를 보호하여야 할 국가의 의무를 말하는 것으로, 이 사건처럼 국가가 직접 주방용오물분쇄기의 사용을 금지하여 개인의 기본권을 "제한"하는 경우에는 국가의 기본권 보호의무 위반 여부가 문제되지 않는다. (헌재 2018. 6. 28. 2016헌마1151)

④ (O) 기본권 보호의무는 주로 사인인 제3자에 의한 개인의 생명이나 신체의 훼손에서 문제된다. (헌재 2009. 2. 26. 2005헌마764)

[정답] ③

2. 과소보호금지원칙

064

다음 설명 중 가장 적절하지 않은 것은? (판례)

① 환경침해는 사인에 의해서 빈번하게 유발되므로 입법자가 그 허용 범위에 관해 정할 필요가 있다는 점을 고려하면 일정한 경우 국가는 사인인 제3자에 의한 국민의 환경권 침해에 대해서도 적극적으로 기본권 보호조치를 취할 의무를 진다. 21소방

② 국가는 사인인 제3자에 의한 국민의 환경권 침해에 대해서 기본권보호조치를 취할 의무를 지지 않는다. 21국회8

③ 국민의 기본권에 대한 국가의 적극적 보호의무는 궁극적으로 입법자의 입법행위를 통하여 실현된다. 12국회9

④ 국가가 기본권 보호의무를 어떻게 어느 정도로 이행할 것인지는 원칙적으로 한 나라의 정치, 경제, 사회, 문화적인 제반 여건과 재정사정 등을 감안하여 입법정책적으로 판단하여야 하는 입법재량의 범위에 속한다. 21국회9

[해설]

① (O) (헌재 2019. 12. 27. 2018헌마730) 〈주〉 환경권 침해도 국민의 생명 또는 신체에 대한 침해가 될 수 있으므로 국가의 보호의무가 요구된다.

② (X) 일정한 경우 국가는 사인인 제3자에 의한 국민의 환경권 침해에 대해서도 적극적으로 기본권 보호조치를 취할 의무를 부담한다. (헌재 2020. 3. 26. 2017헌마1281)

③ (O) (헌재 1997. 1. 16. 90헌마110) 〈주〉 구체적인 보호는 법률이 제정되어야 가능하다.

④ (O) (헌재 1997. 1. 16. 90헌마110)

[정답] ②

065

다음 설명 중 가장 적절하지 못한 것은? (판례)

① 헌법재판소는 국가가 국민의 법익보호를 위하여 적어도 적절하고 효율적인 최대한의 보호조치를 취했는가를 기준으로 심사한다. 21국회8
② 헌법의 해석상 특정인에게 구체적인 기본권이 생겨 이를 보장하기 위한 국가의 행위의무 내지 보호의무가 발생하였음에도 입법자가 아무런 입법조치를 취하지 않았다면 이러한 입법부작위는 헌법소원심판의 대상이 된다. 08사시
③ 헌법재판소는 국가가 기본권보호의무를 다하지 않는지를 심사할 때 적어도 적절하고 효율적인 최소한의 보호조치를 취하였는가 하는 이른바 '과소보호금지원칙'의 위반 여부를 기준으로 삼는다. 09국가7
④ 기본권보호의무 위반여부는 그 이행에 있어 입법자는 헌법이 요구하는 최저한의 보호수준을 하회 하여서는 아니된다는 이른바 과소보호금지원칙에 의해 판단된다. 09국회8

해설

① (×) 국가가 국민의 건강하고 쾌적한 환경에서 생활할 권리에 대한 보호의무를 다하지 않았는지 여부를 헌법재판소가 심사할 때에는 국가가 이를 보호하기 위하여 적어도 적절하고 효율적인 <u>최소한의 보호조치</u>를 취하였는가 하는 이른바 '<u>과소보호금지원칙</u>'의 위반 여부를 기준으로 삼아야 한다. (헌재 2019. 12. 27. 2018헌마730)
② (○) 헌법에서 기본권보장을 위해 법령에 명시적으로 입법위임을 하였음에도 입법자가 이를 방치하고 있거나 헌법해석상 특정인에게 구체적인 기본권이 생겨 이를 보장하기 위한 국가의 행위의무 내지 보호의무가 발생하였음이 명백함에도 입법자가 전혀 아무런 조치를 취하지 않은 경우가 아니라면, 입법권의 불행사는 헌법소원의 대상이 되지 아니한다. (헌재 1989. 3. 17. 88헌마1)
③ (○) 국가가 국민의 생명·신체의 안전에 대한 보호의무를 다하지 않았는지 여부를 헌법재판소가 심사할 때에는 이른바 '과소보호 금지원칙'의 위반 여부를 기준으로 삼는다. (헌재 2008. 12. 26. 2008헌마419)
④ (○) (헌재 2008. 12. 26. 2008헌마419)

[정답] ①

066

다음 설명 중 가장 적절한 것은? (판례)

① 일정한 경우 국가는 사인인 제3자에 의한 국민의 환경권 침해에 대해서도 적극적으로 기본권 보호조치를 취할 의무를 지나, 헌법재판소가 이를 심사할 때에는 과잉금지원칙의 위반 여부를 기준으로 삼아야 한다. 21비상
② 헌법재판소는 국민의 생명·신체의 안전을 보호하기 위한 조치가 필요한 상황인데도 국가가 아무런 보호조치를 취하지 않았든지 아니면 취한 조치가 법익을 보호하기에 전적으로 부적합하거나 매우 불충분한 것임이 명백한 경우에 한하여 국가의 기본권보호의무의 위반임을 확인하고 있다. 12국회9
③ 국가가 국민의 기본권을 보호하기 위한 충분한 입법조치를 취하지 아니함으로써 기본권보호의무를 다하지 못하였다는 이유로 국회의 입법이나 입법부작위가 헌법에 위반된다고 판단함에 있어서는, 국가권력에 의해 국민의 기본권이 침해당하는 경우와는 다른 판단기준이 적용되어서는 아니된다. 12국회9
④ 국민의 기본권을 보호하는 것은 국민주권의 원리상 국가의 가장 기본적인 의무이므로 입법자는 기본권보호의무를 최대한 실현하여야 하며, 헌법재판소는 입법자의 기본권보호의무를 엄밀하게 심사하여야 한다. 09국가7

해설

① (×) 이른바 "<u>과소보호금지원칙</u>"의 위반 여부를 기준으로 삼아야 한다. (헌재 2008. 7. 31. 2006헌마711)
② (○) (헌재 2008. 12. 26. 2008헌마419)
③ (×) 국가권력에 의해 국민의 기본권이 침해당하는 경우와는 <u>다른 판단기준이 적용되어야</u> 마땅하다. (헌재 1997. 1. 16. 90헌마110) 〈주〉 국가의 기본권 제한은 과잉금지원칙으로 판단하고 기본권보호의무는 과소보호금지원칙으로 판단한다.
④ (×) 적어도 적절하고 효율적인 <u>최소한의 보호조치</u>를 취하였는가 하는 이른바 '과소보호 금지원칙'의 위반 여부를 기준으로 삼는다. (헌재 2008. 12. 26. 2008헌마419)

[정답] ②

3. 관련 판례

067
다음 설명 중 가장 적절한 것은? (판례)

① 외국의 대사관저에 대하여 강제집행을 할 수 없다는 이유로 집달관이 주택임대자들의 강제집행 신청접수를 거부하여 강제집행이 불가능하게 된 경우, 국가가 주택임대자들에게 손실을 보상하는 법률을 제정하여야 할 헌법상의 명시적인 입법위임은 없더라도, 그러한 법률을 제정함으로써 주택임대자들의 기본권을 보호하여야 할 국가의 의무가 헌법의 해석상 도출된다. 08사시

② 선거운동 시 확성장치의 사용시간과 사용지역에 따른 소음규제기준에 관한 구체적인 규정을 두고 있지 않은 것은 국가의 기본권 보호의무를 과소하게 이행한 것이다. 21회8

③ 「공직선거법」이 주거지역에서의 최고출력 내지 소음을 제한하는 등 대상지역에 따른 수인한도 내에서 공직선거운동에 사용되는 확성장치의 최고출력 내지 소음 규제기준을 두고 있지 않았다고 하여 국가의 기본권 보호의무를 과소하게 이행한 것은 아니다. 21소방

④ 태평양전쟁 전후 강제동원된 자 중 국외로 강제동원된 자에 대해서만 의료지원금을 지급하도록 한 법률규정은, 국가가 국내 강제동원자들을 위하여 아무런 보호조치를 취하지 아니하였기 때문에, 이는 국민에 대한 국가의 기본권보호의무에 위배된다. 17국가7

해설

① (✕) 청구인들의 기본권을 보호하여야 할 입법자의 행위의무 내지 보호의무가 발생하였다고 볼 수 없다. (헌재 1998. 5. 28. 96헌마44)
② (○) (헌재 2019. 12. 27. 2018헌마730)
③ (✕) 국가의 기본권 보호의무를 과소하게 이행한 것으로서, 청구인의 건강하고 쾌적한 환경에서 생활할 권리를 침해하므로 헌법에 위반된다. (헌재 2019. 12. 27. 2018헌마730)
④ (✕) 이 사건 법률조항이 국민에 대한 국가의 기본권보호의무에 위배된다고 볼 수 없다. (헌재 2011. 2. 24. 2009헌마94)

정답 ②

068
다음 설명 중 가장 적절하지 않은 것은? (판례)

① 권리능력의 존재 여부를 출생시를 기준으로 확정하고 태아에 대해서는 살아서 출생할 것을 조건으로 손해배상청구권을 인정한 법률조항은 국가의 생명권 보호의무를 위반한 것이라 볼 수 없다. 19국회8/23경찰1

② 사산된 태아에게 불법적인 생명침해로 인한 손해배상청구권을 인정하지 않는 것은 입법형성의 한계를 명백히 일탈한 것으로 보기 어려우므로 기본권보호의무를 위반한 것으로 볼 수 없다. 12사시/22경승

③ 대통령은 행정부의 수반으로서 국가가 국민의 생명과 신체의 안전 보호의무를 충실하게 이행할 수 있도록 권한을 행사하고 직책을 수행하여야 하는 의무를 부담하므로, 국민의 생명이 위협받는 재난상황이 발생한 경우 직접 구조 활동에 참여하여야 하는 등 구체적이고 특정한 행위의무까지 발생한다고 볼 수 있다. 22경찰2

④ 미국산 쇠고기 수입의 위생조건에 관한 고시가 개정 전 고시에 비하여 완화된 수입위생조건을 정한 측면이 있더라도, 관련 과학기술과 국제 기준 등에 근거하여 일정 수준의 보호조치를 취하고 있다면 기본권보호의무를 위반한 것이 아니다. 12사시

해설

① (○) (헌재 2008. 7. 31. 2004헌바81)
② (○) (헌재 2008. 7. 31. 2004헌바81)
③ (✕) 피청구인이 직접 구조 활동에 참여하여야 하는 등 구체적이고 특정한 행위의무까지 바로 발생한다고 보기는 어렵다. (헌재 2017. 3. 10. 2016헌나1) 〈주〉 박근혜 세월호 사건이다.
④ (○) (헌재 2008. 12. 26. 2008헌마419)

정답 ③

069

다음 설명 중 적절한 것은 몇 개인가? (판례)

> ㉠ 원전 건설을 내용으로 하는 전원개발사업 실시계획에 대한 승인권한을 다른 전원개발과 마찬가지로 산업통상자원부장관에게 부여하고 있다면 국가가 국민의 생명·신체의 안전을 보호하기 위하여 필요한 최소한의 보호조치를 취하지 아니한 것으로 볼 수 있다. 21비상
>
> ㉡ '중대사고'에 대한 평가를 제외하는 '원자력이용시설 방사선환경영향평가서 작성 등에 관한 규정' 조항은 과소보호금지원칙에 위반되고, 국민들이 원전과 관련하여 정확하고 공정한 여론을 형성하는 것을 방해하므로 민주주의 원리에도 위반된다. 22경간
>
> ㉢ 종래 산업단지의 지정을 위한 개발계획 단계와 산업단지 개발을 위한 실시계획 단계에서 각각 개별적으로 진행하던 주민의 견청취절차 또는 주민의견수렴절차를 한 번의 절차에서 동시에 진행하도록 하는 것은 국가가 산업단지계획의 승인 및 그에 따른 산업단지의 조성·운영으로 인하여 초래될 수 있는 환경상 위해로부터 지역주민을 포함한 국민의 생명·신체의 안전을 보호하기 위하여 필요한 최소한의 보호조치를 취하지 아니함으로써 국가의 기본권 보호의무를 과소하게 이행한 것이다. 22국회8

① 없음 ② 1개 ③ 2개 ④ 3개

해설

㉠ (✗) 국가가 국민의 생명·신체의 안전을 보호하기 위하여 필요한 <u>최소한의 보호조치를 취하지 아니한 것이라고 보기는 어렵다</u>. (헌재 2016. 10. 27. 2015헌바358) 〈주〉 원전은 원자력발전소를 말한다.

㉡ (✗) 국가가 국민의 생명·신체의 안전을 보호하는 데 적절하고 효율적인 <u>최소한의 조치조차 취하지 아니한 것이라고 보기는 어렵다. 민주주의 원리를 침해한다는 청구인의 주장 역시 이유 없다</u>. (헌재 2016. 10. 27. 2012헌마121) 〈주〉 청구인의 주장이 기각되었으므로 합헌이라는 뜻이다.

㉢ (✗) 견청취동시진행조항이 국가의 기본권 보호의무에 <u>위배되었다고 할 수 없다</u>. (헌재 2016. 12. 29. 2015헌바280)

[정답] ①

070

다음 설명 중 가장 적절하지 않은 것은? (판례)

① 「교통사고처리특례법」상 업무상 과실 또는 중대한 과실로 인한 교통사고로 말미암아 피해자로 하여금 상해에 이르게 한 경우 공소를 제기할 수 없도록 한 부분은 국가의 기본권 보호의무에 위반되지 않는다. 09국회8/21비상/21국회8

② 구 「담배사업법」에서 담배성분의 표시나 경고문구의 표시, 담배광고의 제한 등 여러 규제들을 통하여 직접흡연으로부터 국민의 생명·신체의 안전을 보호하려고 노력하여, 국민의 생명·신체의 안전에 대한 국가의 보호의무에 관한 과소보호금지 원칙을 위반한 것은 아니다. 21비상/23경찰1

③ 동물장묘업 등록에 관하여 「장사 등에 관한 법률」 제17조 외에 다른 지역적 제한사유를 규정하지 않은 것은 국가의 기본권 보호의무를 과소하게 이행한 것이 아니다. 21국회8

④ 검사만 치료감호를 청구할 수 있고 법원은 검사에게 치료감호 청구를 요구할 수 있다고만 정하여 치료감호대상자의 치료감호 청구권이나 법원의 직권에 의한 치료감호를 인정하지 않은 것은 국민의 보건에 관한 국가의 보호의무에 반한다.

⑤ 죽음에 임박한 환자에게 '연명치료 중단에 관한 자기결정권'은 「헌법」상 보장된 기본권이나, 「헌법」 해석상 '연명치료 중단 등에 관한 법률'을 제정할 국가의 입법의무가 명백하다고 볼 수 없다. 22소방7

해설

① (O) (헌재 2009. 2. 26. 2005헌마764)

② (O) (헌재 2015. 4. 30. 2012헌마38)

③ (O) (헌재 2020. 3. 26. 2017헌마1281)

④ (✗) <u>국민의 보건에 관한 국가의 보호의무에 반한다고 보기 어렵다</u>. (헌재 2021. 1. 28. 2019헌가24) 〈주〉 치료감호는 검사만 청구할 수 있다. 법관도 검사에게 청구를 요청할 수만 있고 직권으로 명령할 수 없다.

⑤ (O) 헌법해석상 '연명치료 중단 등에 관한 법률'을 제정할 국가의 <u>입법의무가 명백하다고 볼 수 없다</u>. (헌재 2009. 11. 26. 2008헌마385)

[정답] ④

제8절 기본권의 침해와 구제

1. 인권위원회에 대한 진정

071
다음 설명 중 가장 적절하지 않은 것은? (판례)

① 사인(私人)으로부터 차별행위를 당한 사람은 그 내용을 국가인권위원회에 진정할 수 있다. 17법행
② 위원회의 조사대상은 국가기관, 지방자치단체 또는 구금·보호시설의 업무수행(국회의 입법 및 법원 헌법재판소의 재판을 제외한다)과 관련하여 헌법 제10조 내지 제22조에 보장된 인권을 침해당한 경우 및 법인, 단체 또는 사인(私人)에 의하여 평등권침해의 차별행위를 당한 경우로 한정되어 있다. 07법행
③ 헌법소원은 자기의 기본권을 침해당한 자만이 제기할 수 있는 데 반하여 국가인권위원회에 인권 침해 또는 차별행위를 이유로 진정을 제기하는 것은 그 침해를 당한 사람 외에도 침해사실을 알고 있는 사람이나 단체도 가능하다. 07사시
④ 법인, 단체 또는 사인(私人)에 의하여 평등권침해의 차별행위를 당한 경우 평등권침해의 차별행위를 당한 개인이 위원회에 진정하기 위해서는, 국가기관에 의한 인권침해와는 달리, 헌법소원과 같은 자기관련성이 요구된다. 04사시

해설
① (O) 국가인권위원회법 제30조.
② (O) 국가인권위원회법 제30조.
③ (O) 국가인권위원회법 제30조.
④ (X) 국가인권위원회법 제30조. 다음 각 호의 어느 하나에 해당하는 경우에 인권침해나 차별행위를 당한 사람 또는 그 사실을 알고 있는 사람이나 단체는 위원회에 그 내용을 진정할 수 있다.

정답 ④

072
다음 설명 중 가장 적절한 것은? (판례)

① 인권침해나 차별행위와 관련한 국가인권위원회의 조사대상은 국가기관·지방자치단체 등 공공단체, 구금·보호시설의 업무수행 등과 관련된 것에 그치고, 법인·단체 또는 사인(私人)에 의한 차별 행위는 이에 포함되지 아니한다. 14법행
② 국가기관, 지방자치단체 또는 구금·보호시설의 업무수행과 관련하여 헌법상 보장된 모든 인권을 침해당한 사람 또는 그 사실을 알고 있는 사람이나 단체는 위원회에 그 내용을 진정할 수 있다. 04사시
③ 국가기관, 지방자치단체 또는 구금 보호시설의 업무수행과 관련하여 헌법 제2장에 보장된 인권을 침해당한 사람 또는 그 사실을 알고 있는 사람이나 단체는 국가인권위원회에 그 내용을 진정할 수 있다. 06행시
④ 법인, 단체 또는 사인(私人)에 의하여 생존권의 침해를 당한 사람 또는 그 사실을 알고 있는 사람이나 단체는 국가인권위원회에 그 내용을 진정할 수 없다. 06행시

해설
① (X) 국가인권위원회법 제30조. 법인·단체 또는 사인(私人)에 의한 차별 행위도 조사대상에 포함된다.
② (X) 국가인권위원회법 제30조. 헌법 제10조부터 제22조까지의 규정에서 보장된 인권으로 제한된다.
③ (X) 국가인권위원회법 제30조. 국가기관, 지방자치단체 또는 구금 보호시설의 업무수행과 관련하여 헌법 제10조부터 제22조까지의 규정에서 보장된 인권을 침해당한 사람 또는 그 사실을 알고 있는 사람이나 단체는 국가인권위원회에 그 내용을 진정할 수 있다. 〈주〉 헌법 제2장 전체가 아니라 제10조부터 제22조까지의 인권으로 제한된다.
④ (X) 국가인권위원회법 제30조. 생존권은 헌법 제10조부터 제22조까지의 규정에서 보장된 인권에 포함되지 않는다.

정답 ④

073
다음 설명 중 가장 적절한 것은? (판례)

① 헌법재판소나 법원은 당사자의 청구가 없으면 심판 또는 재판절차를 진행할 수 없지만 국가인권위원회는 진정이 없는 경우에도 인권침해나 차별행위가 있다고 믿을 만한 상당한 근거가 있고 그 내용이 중대하다고 인정할 때에는 이를 직권으로 조사할 수 있다. 07사시

② 국가인권위원회는 피해자의 진정이 없다면 인권침해나 차별행위에 대해 이를 직권으로 조사할 수 없다. 11법원

③ 국회의 입법에 의하여 인권의 침해가 있을 경우에 진정이 가능하다. 06입시

④ 국회의 입법 또는 법원 헌법재판소의 재판에 의하여 헌법 제10조 내지 제22조에 보장된 인권을 침해당하거나 차별행위를 당한 경우, 그 인권침해를 당한 사람이나 단체는 국가인권위원회에 그 내용을 진정할 수 있다. 07사시

해설

① (○) 국가인권위원회법 제30조.
② (×) 국가인권위원회법 제30조 제3항. 위원회는 진정이 없는 경우에도 인권침해나 차별행위가 있다고 믿을 만한 상당한 근거가 있고 그 내용이 중대하다고 인정할 때에는 <u>직권으로 조사할 수 있다</u>.
③ (×) 국가인권위원회법 제30조. <u>국회의 입법 및 법원·헌법재판소의 재판은 인권침해의 진정대상에서 제외한다</u>.
④ (×) 국가인권위원회법 제30조. <u>국회의 입법 및 법원·헌법재판소의 재판은 인권침해의 진정대상에서 제외한다</u>.

[정답] ①

2. 인권위원회 기타

074
다음 설명 중 가장 적절한 것은? (판례)

① 국가인권위원회는 '헌법에 의하여 설치되고 헌법과 법률에 의하여 독자적인 권한을 부여받은 국가기관'이라고 할 수 없어 권한쟁의심판의 당사자능력이 없다. 20경승/21경승

② 국가인권위원회의 진정에 대한 기각 결정은 행정처분이 아니라서 항고소송의 대상이 되지 않으므로, 헌법재판소법 제68조 제1항에 의한 헌법소원의 대상으로 삼을 수 있다. 17국가7

③ 국가인권위원회가 진정에 대해 각하 또는 기각결정을 하면 이 결정은 헌법소원의 대상이 되고 헌법소원의 보충성 요건을 충족한다. 11법원/20경승

④ 진정에 대한 국가인권위원회의 기각결정은 항고소송의 대상이 되는 행정처분에 해당하지 않으므로「헌법재판소법」제68조 제1항에 의한 헌법소원의 대상이 된다. 21경승

해설

① (○) 법률에 의하여 설치된 청구인에게는 권한쟁의 심판의 당사자능력이 인정되지 아니한다. (헌재 2010. 10. 28. 2009헌라6)
② (×) 국가인권위원회의 각하 및 기각결정은 피해자인 진정인의 권리행사에 중대한 지장을 초래하는 것으로서 <u>항고소송의 대상이 되는 행정처분에 해당하므로, 보충성 요건을 충족하지 못하였다</u>. (헌재 2015. 3. 26. 2013헌마214) 〈주〉 헌재법 제68조 제1항의 헌마 사건으로 헌법소원을 청구하려면 다른 모든 구제수단을 거친 후에만 가능하다는 보충성원칙이 적용된다.
③ (×) 행정심판이나 행정소송 등의 사전 구제절차를 모두 거친 후 청구된 것이 아니므로 <u>보충성 요건을 충족하지 못하였다</u>. (헌재 2015. 3. 26. 2013헌마214)
④ (×) 보충성 요건을 충족하지 못하였다. (헌재 2015. 3. 26. 2013헌마214)

[정답] ①

075

다음 설명 중 가장 적절한 것은? (판례)

① 국가인권위원회는 인권의 보호와 향상에 중대한 영향을 미치는 재판이 계속 중인 경우에 법원 또는 헌법재판소의 요청이 있을 때에 한하여 법원의 담당 재판부나 헌법재판소에 법률상의 사항에 관하여 의견을 제출할 수 있다. 17법행
② 국가인권위원회는 피해자의 명시한 의사에 반하여 피해자를 위한 법률구조 요청을 할 수 없다. 21경승
③ 국가인권위원회는 피해자의 권리 구제를 위해 필요하다고 인정하면 피해자를 위하여 피해자의 명시한 의사에 관계없이 대한법률구조공단 또는 그 밖의 기관에 법률구조를 요청할 수 있다. 17국가7/20경승
④ 인권침해행위나 차별행위를 당하였다는 진정이 접수된 경우에는 원칙적으로 피진정인에게 출석을 요구하여 진술을 들어야 한다. 07법행

해설

① (×) 국가인권위원회법 제28조(법원 및 헌법재판소에 대한 의견제출) ① 위원회는 인권의 보호와 향상에 중대한 영향을 미치는 재판이 계속 중인 경우 법원 또는 헌법재판소의 요청이 있거나 필요하다고 인정할 때에는 법원의 담당 재판부 또는 헌법재판소에 법률상의 사항에 관하여 의견을 제출할 수 있다.
② (○) 국가인권위원회법 제47조.
③ (×) 국가인권위원회법 제47조. 위원회는 진정에 관한 위원회의 조사, 증거의 확보 또는 피해자의 권리 구제를 위하여 필요하다고 인정하면 피해자를 위하여 대한법률구조공단 또는 그 밖의 기관에 법률구조를 요청할 수 있다. 그러나 <u>피해자의 명시한 의사에 반하여 할 수 없다.</u>
④ (×) 국가인권위원회법 제36조. 피진정인에 대한 출석 요구는 인권침해행위나 차별행위를 한 행위당사자의 진술서만으로는 사안을 판단하기 어렵고, 제30조제1항에 따른 <u>인권침해행위나 차별행위가 있었다고 볼 만한 상당한 이유가 있는 경우에만</u> 할 수 있다.

[정답] ②

076

다음 설명 중 가장 적절하지 않은 것은? (판례)

① 국가인권위원회는 조사 중이거나 조사가 끝난 진정에 대하여 사건의 공정한 해결을 위하여 필요한 구제조치를 당사자에게 제시하고 합의를 권고할 수 있다. 06행시
② 국가인권위원회는 인권침해 등에 관한 당사자의 진정을 조사한 결과 인권침해가 있다고 인정할 때에는 피진정인 또는 인권침해에 책임이 있는 자에 대한 징계를 소속기관 등의 장에게 권고할 수 있고, 위 권고를 받은 소속기관 등의 장은 이를 존중하여야 하며 그 결과를 위원회에 통보하여야 한다. 14법행
③ 국가인권위원회는 진정을 조사한 결과 인권침해가 있었다고 판단할 때 구제조치의 이행 및 시정명령을 할 수 있다. 11법원
④ 국가인권위원회는 인권의 보호와 향상에 중대한 영향을 미치는 재판이 계속 중인 경우 법원 또는 헌법재판소의 요청이 있거나 필요하다고 인정하는 때에는 법원의 담당재판부 또는 헌법재판소에 법률상의 사항에 관하여 의견을 제출할 수 있다. 06입시

해설

① (○) 국가인권위원회법 제40조.
② (○) 국가인권위원회법 제45조.
③ (×) 국가인권위원회법 제25조 제1항. 위원회는 인권의 보호와 향상을 위하여 필요하다고 인정하면 관계기관 등에 정책과 관행의 개선 또는 <u>시정을 권고하거나 의견을 표명할 수 있다.</u> 〈주〉 시정권고는 가능하지만, 시정명령은 할 수 없다.
④ (○) 국가인권위원회법 제28조.

[정답] ③

077

다음 설명 중 가장 적절하지 않은 것은? (판례)

① 위원회는 인권의 보호와 향상을 위하여 필요하다고 인정하는 경우 행정부 소속 기관에 대해서는 정책과 관행의 개선 또는 시정을 권고할 수 있으나 행정부 소속기관이 아닌 국회나 법원에 대해서는 의견의 표명만을 할 수 있다. 04사시

② 진정의 원인이 된 사실이 범죄행위에 해당된다고 믿을 만한 상당한 이유가 있고 그 혐의자의 도주 또는 증거의 인멸 등을 방지하거나 증거의 확보를 위하여 필요하다고 인정할 경우에, 국가인권위원회는 검찰총장 또는 관할 수사기관의 장에게 수사의 개시와 필요한 조치를 의뢰할 수 있다. 07사시

③ 관계 국가행정기관이나 지방자치단체의 장은 인권의 보호와 향상에 영향을 미치는 내용을 포함하는 법령을 제정 또는 개정하려는 경우 미리 국가인권위원회에 통지하여야 한다. 17법행

④ 국가인권위원회는 조사에 필요한 자료 등의 소재 또는 관계인에 관하여 알고자 할 때에는 그 내용을 알고 있다고 믿을 만한 상당한 이유가 있는 사람에게 질문하거나 그 내용을 포함하고 있다고 믿을 만한 상당한 이유가 있는 서류 및 그 밖의 물건을 검사할 수 있다. 07사시

[해설]

① (✕) 국가인권위원회법 제25조. 위원회는 인권의 보호와 향상을 위하여 필요하다고 인정하면 관계기관 등에 정책과 관행의 개선 또는 시정을 권고하거나 의견을 표명할 수 있다. 〈주〉 의견표명 외에 시정권고도 할 수 있다.

② (○) 국가인권위원회법 제34조.

③ (○) 국가인권위원회법 제20조.

④ (○) 국가인권위원회법 제37조.

[정답] ①

078

다음 설명 중 가장 적절한 것은? (판례)

① 국가인권위원회의 진정에 대한 조사·조정 및 심의는 공개로 한다. 다만, 국가인권위원회의 의결이 있는 때에는 비공개로 할 수 있다. 06 행시/21경승

② 국가인권위원회는 11명의 인권위원으로 구성되며, 국회가 선출하는 4명, 대통령이 지명하는 4명, 대법원장이 지명하는 3명을 대통령이 임명한다. 17국가7

③ 위원은 국회가 선출하는 4인(상임위원 2인을 포함한다), 대통령이 지명하는 4인, 대법원장이 지명하는 4인을 대통령이 임명하되, 특정 성(性)이 10분의 6을 초과하지 아니하도록 하여야 한다. 07법행

④ 위원은 정무직 공무원으로 보하며, 위원장은 위원 중에서 대통령이 임명한다. 07법행

[해설]

① (✕) 국가인권위원회법 제49조. 위원회의 진정에 대한 조사·조정 및 심의는 비공개로 한다. 다만, 위원회의 의결이 있을 때에는 공개할 수 있다.

② (○) 국가인권위원회법 제5조.

③ (✕) 국가인권위원회법 제5조. 위원은 국회가 선출하는 4인(상임위원 2인을 포함한다), 대통령이 지명하는 4인, 대법원장이 지명하는 3인을 대통령이 임명하되, 특정 성(性)이 10분의 6을 초과하지 아니하도록 하여야 한다. 〈주〉 인권위원은 전체 11인이므로, 4+4+4=12인은 틀린 지문이 된다.

④ (✕) 국가인권위원회법 제5조. 위원장은 위원 중에서 대통령이 임명한다. 위원장과 상임위원은 정무직공무원으로 임명한다. 〈주〉 상임위원이 아닌 일반위원은 정무직공무원으로 임명하지 않는다.

[정답] ②

079

다음 설명 중 가장 적절하지 않은 것은? (판례)

① 위원이 퇴직 후 2년간 교육공무원이 아닌 공무원으로 임명되거나 공직선거법에 의한 선거에 출마할 수 없도록 규정한 것은 과잉금지의 원칙 및 평등의 원칙에 위배되지 않는다는 것이 헌법재판소의 판례이다. 07법행
② 국가인권위원회는 그 권한에 속하는 업무를 독립하여 수행하며, 국민의 인권보호에 관한 여러 가지 활동을 담당한다. 06입시
③ 인권위원은 국회의원의 직 등을 겸직할 수 없고, 정당에 가입하거나 정치운동에 관여할 수 없다. 14법행
④ 정당의 당원은 국가인권위원회의 위원이 될 수 없다. 06입시
⑤ 인권위원은 금고 이상의 형의 선고에 의하지 아니하고는 그 의사에 반하여 면직되지 아니한다. 다만, 위원이 신체상 또는 정신상의 장애로 직무수행이 현저히 곤란하게 되거나 불가능하게 된 경우에는 전체 위원 3분의 2 이상의 찬성에 의한 의결로 퇴직하게 할 수 있다. 14법행

> **해설**
>
> ① (✗) 국가인권위원회의 인권위원은 퇴직 후 2년간 교육공무원이 아닌 공무원으로 임명되거나 공직선거및선거부정방지법에 의한 선거에 출마할 수 없도록 규정한 국가인권위원회법은 인권위원의 참정권등 기본권을 제한함에 있어서 준수하여야 할 과잉금지의 원칙에 위배되며 인권위원을 합리적 이유없이 다른 공직자와 차별대우하는 것으로 평등의 원칙에 위배된다. (헌재 2004. 1. 29. 2002헌마788)
> ② (○) 국가인권위원회법 제3조.
> ③ (○) 국가인권위원회법 제10조.
> ④ (○) 국가인권위원회법 제10조.
> ⑤ (○) 국가인권위원회법 제8조.

정답 ①

제2장 포괄적 기본권

제1절 인간의 존엄과 가치

1. 인격권

080
다음 설명 중 가장 적절하지 않은 것은? (판례)

① 흡연자들이 자유롭게 흡연할 권리인 흡연권은 인간의 존엄과 행복추구권을 규정한 헌법 제10조와 사생활의 자유를 규정한 헌법 제17조에 의하여 뒷받침된다. 15국회9

② 성명은 개인의 정체성과 개별성을 나타내는 인격의 상징으로서 개인이 사회 속에서 자신의 생활영역을 형성하고 발현하는 기초가 되는 것이라 할 것이므로 자유로운 성의 사용 역시 헌법상 인격권으로부터 보호된다고 할 수 있다. 21경승

③ 공인이 아니며 보험사기를 이유로 체포된 피의자가 경찰서에 수갑을 차고 얼굴을 드러낸 상태에서 조사받는 과정을 기자들로 하여금 촬영하도록 허용하는 행위는 기본권 제한의 목적의 정당성이 인정된다. 19입시

④ 수용자의 지위에서 예정되어 있는 기본권 제한이라도 형의 집행과 도주 방지라는 구금의 목적과 관련되어야 하고 다른 방법으로는 그 목적을 달성할 수 없는 경우에만 예외적으로 허용되어야 한다. 20경채

[해설]

① (○) (헌재 2004. 8. 26. 2003헌마457)
② (○) (헌재 2005. 12. 22. 2003헌가5)
③ (×) 촬영허용행위는 목적의 정당성이 인정되지 아니한다. 과잉금지원칙에 위반되어 청구인의 인격권을 침해하였다. (헌재 2014. 3. 27. 2012헌마652)
④ (○) (헌재 2016. 6. 30. 2015헌마36)

[정답] ③

081
다음 설명 중 가장 적절한 것은? (판례)

① 수용시설 밖으로 나가는 수형자에게 고무신의 착용을 강제하는 것은, 기본권 제한의 한계를 벗어나 수형자의 인격권과 행복추구권을 침해한다. 14법행

② 포승과 수갑을 채우고 별도의 포승으로 다른 수용자와 연승하는 행위는 청구인의 인격권 내지 신체의 자유를 침해하지 않는다. 21경승

③ 징역 13년을 선고받아 형집행 중인 수형자를 교도소장이 다른 교도소로 이송함에 있어 4시간 정도에 걸쳐 상체승의 포승과 앞으로 수갑 2개를 채운 행위는 과잉금지원칙에 위반된다. 20국회8

④ 출정 시 청구인이 교도관과 동행하면서 교도관이 청구인에게 재판시작 전까지 행정법정 방청석에서 보호장비를 착용하도록 한 행위는 과잉금지원칙에 위반된다. 20국회8

⑤ 수용시설에 수용된 사람의 도주 및 자살, 자해를 막기 위하여 1년 넘게 이중금속수갑과 가죽수갑을 착용한 행위는 인간의 존엄가치와 신체의 자유를 침해하지 않는다. 보충판례

[해설]

① (×) 청구인의 인격권과 행복추구권을 침해하였다고 볼 수 없다. (헌재 2011. 2. 24. 2009헌마209)
② (○) (헌재 2014. 5. 29. 2013헌마280)
③ (×) 장시간 호송하는 경우에 수형자가 수갑을 끊거나 푸는 것을 최대한 늦추거나 어렵게 하기 위하여 수갑 2개를 채운 행위가 과하다고 보기 어렵다. (헌재 2012. 7. 26. 2011헌마426)
④ (×) 민사법정 내 교정사고를 예방하고 법정질서 유지에 협력하고자 하는 공익은 매우 중요하다. 따라서 민사법정 내 보호장비 사용행위는 과잉금지원칙에 위반되어 청구인의 인격권과 신체의 자유를 침해하지 아니한다. (헌재 2018. 6. 28. 2017헌마181)
⑤ (×) 인간의 존엄가치와 신체의 자유를 침해한다. (헌재 2003. 12. 18. 2001헌마163)

[정답] ②

082

다음 설명 중 가장 적절한 것은? (판례)

① 검사조사실에 소환되어 피의자신문을 받을 때 계호교도관이 포승으로 팔과 상반신을 묶고 양손에 수갑을 채운 상태에서 피의자조사를 받도록 한 계구사용행위는 과잉금지원칙에 위배되어 신체의 자유를 침해하지 않는다. 보충판례

② 경찰서 유치장에 수용되는 과정에서 속옷을 내리게 하는 방법으로 한 신체수색행위는 헌법 제10조의 인간의 존엄과 가치로부터 유래하는 인격권 및 헌법 제12조의 신체의 자유를 침해하는 것이다. 15국회9

③ 마약사범에 대하여 교도소 수용 시 정밀신체검사인 항문검사를 행하는 것은 인격권을 침해하는 것이다. 15국회9

④ 수용자를 교정시설에 수용할 때마다 전자영상 검사기를 이용하여 수용자의 항문 부위에 대한 신체검사를 하는 것은 수용자의 인격권을 침해한다. 17승진5/22경찰1차

⑤ 이미 출국 수속 과정에서 일반적인 보안검색을 마친 승객을 상대로 촉수검색(patdown)과 같은 추가적인 보안검색 실시를 예정하고 있는 국가항공보안계획은 과잉금지원칙에 위반되어 해당 승객의 인격권을 침해한다. 22국가7/22비상

해설

① (✕) 과잉금지원칙에 위배되어 신체의 자유를 침해한다. (헌재 2005. 5. 26. 2001헌마728)
② (○) (헌재 2002. 7. 18. 2000헌마327)
③ (✕) 과잉금지의 원칙에 위배되었다고 할 수 없다. (헌재 2006. 6. 29. 2004헌마826) 〈주〉 마약이라는 고려하였다.
④ (✕) 수용자의 인격권 등을 침해하지 않는다. (헌재 2011. 5. 26. 2010헌마775)
⑤ (✕) 국가항공보안계획은 과잉금지원칙에 위반하여 청구인의 인격권 등 기본권을 침해하지 아니한다. (헌재 2018. 2. 22. 2016헌마780)

[정답] ②

083

다음 설명 중 가장 적절하지 않은 것은? (판례)

① 한시적 번호이동을 허용하도록 한 방송통신위원회의 이행명령은 010번호 이외의 식별번호를 사용하는 청구인들의 인격권, 개인정보자기결정권, 재산권을 제한한다고 볼 수 있다. 17국회8

② 초·중등학교에서 한자교육을 선택적으로 받도록 한 '초·중등학교 교육과정'의 '학교 급별 교육과정 편성과 운영 중 한자교육 및 한문 관련 부분은 학생의 자유로운 인격발현권을 침해하지 않는다. 17국회8

③ 변호사 정보 제공 웹사이트 운영자가 변호사들의 개인신상정보를 기반으로 변호사들의 '인맥지수'를 산출하여 공개하는 서비스를 제공하는 행위는 인맥지수의 사적·인격적 성격, 산출과정에서 왜곡 가능성, 인맥지수 이용으로 인한 변호사들의 이익 침해와 공적 폐해의 우려, 이용으로 달성될 공적인 가치의 보호 필요성 정도 등을 종합적으로 고려하면, 변호사들의 개인정보에 관한 인격권을 침해하여 위법하다. 14법행

④ 법률정보 제공 사이트를 운영하는 회사가 공립대학교 법학과 교수의 사진, 성명, 성별, 출생연도, 직업, 직장, 학력, 경력 등 개인정보를 위 법학과 홈페이지 등을 통해 수집하여 위 사이트 내 '법조인' 항목에서 유료로 제공한 경우, 위 회사가 영리 목적으로 개인정보를 수집하여 제3자에게 제공하였더라도 개인정보자기결정권을 침해하는 행위로 평가할 수 없다. 21법무

해설

① (✕) 이 사건 이행명령으로 청구인들의 인격권, 개인정보자기결정권, 재산권이 제한된다고 볼 수 없다. (헌재 2013. 7. 25. 2011헌마63·468)
② (○) (헌재 2016. 11. 24. 2012헌마854)
③ (○) (대법원 2011. 9. 2. 2008다42430, 전합) 〈주〉 개인신상정보를 이용하여 위법하다.
④ (○) (대법원 2016. 8. 17. 2014다235080) 〈주〉 홈페이지를 통해서 누구나 얻을 수 있는 정보를 이용하여 적법하다.

[정답] ①

2. 초상권, 명예권

084
다음 설명 중 가장 적절하지 않은 것은? (판례)

① 헌법 제10조로부터 도출되는 일반적 인격권에는 개인의 명예에 관한 권리도 당연히 포함되며, '명예'에는 사람이나 그 인격에 대한 '사회적 평가', 즉 객관적·외부적 가치평가뿐만 아니라 주관적 내면적인 명예감정도 포함된다. 16사시/22경승

② 범죄사실에 관한 보도 과정에서 실명 공개에 대한 공공의 이익이 대상자의 명예나 사생활의 비밀에 관한 이익보다 우월하다고 인정되어 실명에 의한 보도가 허용되는 경우에는 대상자의 의사에 반하여 실명이 공개되었더라도 그의 성명권이 위법하게 침해되었다고 할 수 없다. 14법행/23경찰1

③ 사자(死者)에 대한 사회적 명예와 평가의 훼손은 사자와의 관계를 통하여 스스로의 인격상을 형성하고 명예를 지켜온 그들 후손의 인격권, 즉 유족의 명예 또는 유족의 사자에 대한 경애추모의 정을 침해한다. 23경찰1

④ 일제강점하 반민족행위 진상규명에 관한 특별법에 근거한 친일반민족행위진상규명위원회의 조사대상자 선정 및 친일반민족행위 결정이 이루어질 당시 조사대상자가 이미 사망한 경우라 하더라도 그 유족은 자신의 인격권 침해를 이유로 헌법소원심판을 청구할 수 있다. 16사시

[해설]

① (×) '명예'란 객관적 외부적 가치평가를 말하는 것이지 단순히 주관적·내면적인 명예감정은 이에 포함되지 않는다. (헌재 2005. 10. 27. 2002헌마425)

② (O) (대법원 2009. 9. 10. 2007다71)

③ (O) (헌재 2011. 3. 31. 2008헌바111) 〈주〉 사자에 대한 명예훼손이 된다면 유족의 인격권도 침해된다.

④ (O) (헌재 2010. 10. 28. 2007헌가23) 〈주〉 반민족행위진상규명법은 사자에 대한 명예훼손이 아니므로 유족의 인격권도 침해하지 않는다.

[정답] ①

3. 생명권

085
다음 설명 중 가장 적절한 것은? (판례)

① 자연법적 권리로서의 생명권의 향유자는 내국인 및 외국인을 불문한다. 그러나 생명권의 본질에 비추어 법인이 아닌 자연인만이 그 주체가 될 수 있다. 18서울

② 인간이라는 생명체의 형성이 출생 이전의 그 어느 시점에서 시작됨을 인정하더라도, 법적으로 사람의 시기를 출생의 시점에서 시작되는 것으로 보는 것은 헌법적으로 금지된다. 22경승

③ 존엄한 인간 존재와 그 근원으로서의 생명 가치를 고려할 때 출생 전 형성 중의 생명에 대해서는 일정한 예외적인 경우에도 기본권 주체성이 긍정될 수 없다. 13법행

④ 국가는 헌법 제10조에 따라 태아의 생명을 보호할 의무가 있지만, 태아가 헌법상 생명권의 주체가 된다고는 할 수 없다. 17법행/22경승

[해설]

① (O) 생명권은 인간의 권리이므로 내국인과 외국인을 포함한 자연인만 그 주체가 될 수 있고, 법인은 주체가 될 수 없다.

② (×) 인간이라는 생명체의 형성이 출생 이전의 그 어느 시점에서 시작됨을 인정하더라도, 법적으로 사람의 시기를 출생의 시점에서 시작되는 것으로 보는 것이 헌법적으로 금지된다고 할 수 없다. (헌재 2008. 7. 31. 2004헌바81)

③ (×) 헌법재판소도 형성 중의 생명인 태아에 대하여 헌법상 생명권의 주체가 되며, 국가는 헌법 제10조에 따라 태아의 생명을 보호할 의무가 있음을 밝힌 바 있다. (헌재 2010. 5. 27. 2005헌마346)

④ (×) 모든 인간은 헌법상 생명권의 주체가 되며, 형성 중의 생명인 태아에게도 생명에 대한 권리가 인정되어야 한다. 따라서 태아도 헌법상 생명권의 주체가 되며, 국가는 헌법 제10조에 따라 태아의 생명을 보호할 의무가 있다. (헌재 2008. 7. 31. 2004헌바81)

[정답] ①

086

다음 설명 중 가장 적절하지 않은 것은? (판례)

① 생명권에서 보호하고자 하는 생명은 모든 생명 있는 것을 의미하기 때문에 독자적인 생존가능성이 있는 생명에 한정시킬 필요는 없다. 따라서 생명권의 생명에는 태아도 포함되어야 한다. 18서울
② 국가는 헌법 제10조에 따라 태아의 생명을 보호할 의무가 있지만, 태아를 위하여 민법상 일반적 권리능력까지도 인정하여야 한다는 헌법적 요청이 도출되지는 않는다. 14사시
③ 사산된 태아에게 불법적인 생명침해로 인한 손해배상청구권을 인정하지 않는 것은 태아의 생명보호를 위한 최소한의 보호조치를 취하여야 할 국가의 생명보호의무를 위반한 것은 아니다. 11사시
④ 태아뿐만 아니라 초기배아에 대하여도 생명권의 주체성이 인정되며, 따라서 국가는 헌법 제10조에 따라 이들의 생명을 보호할 의무가 있다. 14지방7

해설

① (O) 태아도 헌법상 생명권의 주체가 되며, 국가는 헌법 제10조에 따라 태아의 생명을 보호할 의무가 있다. (헌재 2008. 7. 31. 2004헌바81)
② (O) 태아는 형성 중의 인간으로서 생명을 보유하고 있으므로 국가는 태아를 위하여 각종 보호조치들을 마련해야 할 의무가 있다. 하지만 그와 같은 국가의 기본권 보호의무로부터 태아의 출생 전에, 또한 태아가 살아서 출생할 것인가와는 무관하게, 태아를 위하여 민법상 일반적 권리능력까지도 인정하여야 한다는 헌법적 요청이 도출되지는 않는다. (헌재 2008. 7. 31. 2004헌바81)
③ (O) (헌재 2008. 7. 31. 2004헌바81)
④ (X) 초기배아는 기본권 주체성을 인정하기 어렵다. (헌재 2010. 5. 27. 2005헌마346) 〈주〉태아는 생명권 주체성이 인정되나 초기배아는 생명권 주체성이 부정된다. 다만 태아와 초기배아 모두 국가의 보호의무는 인정된다.

 ④

087

다음 설명 중 가장 적절하지 않은 것은? (판례)

① 출생하지 않은 태아에 대하여 태아 상태에서 생명이 침해된 경우에 손해배상청구권이 부정된다고 하여 단지 그 이유만으로 입법자가 태아의 생명보호를 위해 국가에게 요구되는 최소한의 보호조치마저 취하지 않은 것이라고는 할 수 없다. 17법행
② 초기배아는 수정이 된 배아라는 점에서 형성 중인 생명의 첫걸음을 떼었다고 볼 여지가 있기는 하나 아직 모체에 착상되거나 원시선이 나타나지 않은 이상 기본권 주체성 및 국가의 보호필요성을 인정할 수 없다. 17법무
③ 배아생성자의 배아에 대한 결정권은 헌법 제10조로부터 도출되는 일반적 인격권의 한 유형으로서의 헌법상 권리이다. 18법행
④ 장래 가족의 구성원이 될 태아의 성별 정보에 대한 접근을 국가로부터 방해받지 않을 부모의 권리는 일반적 인격권에 의하여 보호된다. 15지방7
⑤ 지역아동센터의 시설별 신고정원의 80% 이상을 돌봄취약아동으로 구성하도록 한 보건복지부 '2019년 지역아동센터 지원 사업안내' 관련 부분은 돌봄취약아동과 일반아동을 분리함으로써 아동들의 인격권을 침해하지 않는다. 23경찰1

해설

① (O) (헌재 2008. 7. 31. 2004헌바81)
② (X) 초기배아는 기본권의 주체가 될 수 없으므로 헌법소원을 제기할 수 있는 청구인적격이 없다고 할 것이다. 다만, 국가의 보호의무가 있음을 인정하지 않을 수 없다 할 것이다. (헌재 2010. 5. 27. 2005헌마346)
③ (O) (헌재 2010. 5. 27. 2005헌마346)
④ (O) (헌재 2008. 7. 31. 2004헌마1010) 〈주〉 (국민 누구나) 알권리가 아니라, (부모의) 인격권으로 보호된다는 점을 주의한다.
⑤ (O) 돌봄취약아동에게 우선권을 부여하려는 것으로, 과잉금지원칙에 위반하여 청구인 운영자들의 직업수행의 자유 및 청구인 아동들의 인격권을 침해하지 않는다. (헌재 2022. 1. 27. 2019헌마583)

 ②

088

다음 설명 중 가장 적절한 것은? (판례)

① 배아생성자는 배아에 대해 자신의 유전자정보가 담긴 신체의 일부를 제공하고, 또 배아가 모체에 성공적으로 착상하여 인간으로 출생할 경우 생물학적 부모로서의 지위를 갖게 되지만, 배아생성자가 배아의 관리 또는 처분에 대한 결정권을 가진다고 볼 수는 없다. 13법행

② 법학자, 윤리학자, 철학자, 의사 등의 직업인들이 보존기간이 경과한 잔여배아를 각종 연구에 사용할 수 있도록 허용하고 있는 생명윤리 및 안전에 관한 법률 조항에 의해 불편을 겪기 때문에 기본권침해의 가능성 및 자기관련성을 인정할 수 있다. 17법무

③ 태아 성별 고지 금지는 태아의 생명권을 보호하기 위한 것이다. 14사시

④ 임부의 생명을 위태롭게 할 위험이 있음에도 불구하고 임신 후반기에 태아의 성별을 이유로 낙태할 가능성이 있으므로 임부 및 태아의 생명보호와 성비의 불균형 해소를 위해서 전체 임신기간 동안 태아의 성별 고지를 금지하는 것은 헌법상 정당화된다. 11사시

해설

① (×) 배아생성자의 배아에 대한 결정권은 헌법상 명문으로 규정되어 있지는 아니하지만, 헌법 제10조로부터 도출되는 일반적 인격권의 한 유형으로서의 헌법상 권리라 할 것이다. (헌재 2010. 5. 27. 2005헌마346)

② (×) 이는 사실적·간접적 불이익에 불과하여 기본권침해의 가능성 및 자기관련성을 인정할 수 없다. (헌재 2010. 5. 27. 2005헌마346)

③ (○) 태아 성별 고지 금지는 낙태, 특히 성별을 이유로 한 낙태를 방지함으로써 성비의 불균형을 해소하고 태아의 생명권을 보호하기 위해 입법된 것이다. (헌재 2008. 7. 31. 2004헌마1010)

④ (×) 의료인과 태아의 부모에 대한 지나친 기본권 제한으로서 피해의 최소성 원칙을 위반하는 것이다. (헌재 2008. 7. 31. 2004헌마1010 등)

[정답] ③

4. 사형제도

089

다음 설명 중 가장 적절한 것은? (판례)

① 일본 헌법은 생명권을 명문으로 규정하고 있지 아니하다. 10법행

② 독일기본법이나 일본헌법도 한국헌법과 같이 명문으로 생명권 보장에 관한 명문의 규정을 두고 있다. 09법행

③ 우리 헌법에는 생명권에 관한 명문 규정을 두고 있지 않지만 헌법재판소는 생명권을 기본권 중의 기본권으로 인정하고 있다. 17법행/22경승

④ 시민적 및 정치적 권리에 관한 국제규약(B규약)은 생명권에 대해서 명시적으로 규정하고 있으나, 사형제도에 대해서는 명시적으로 규정하고 있지 않다. 14지방7

해설

① (×) 일본 헌법은 생명권을 명문으로 규정하고 있다.

② (×) 독일기본법이나 일본헌법은 명문으로 생명권 보장에 관한 명문의 규정을 두고 있다. 그러나 우리헌법에는 생명권이 규정되어 있지 않다.

③ (○) 이러한 생명에 대한 권리는 비록 헌법에 명문의 규정이 없다 하더라도 인간의 생존본능과 존재목적에 바탕을 둔 선험적이고 자연법적인 권리로서 헌법에 규정된 모든 기본권의 전제로서 기능하는 기본권 중의 기본권이라 할 것이다. (헌재 2010. 2. 25. 2008헌가23)

④ (×) 시민적 및 정치적 권리에 관한 국제규약(B규약)에는 생명권과 사형제도에 대해서 명시적으로 규정되어 있다.

[정답] ③

090

다음 설명 중 가장 적절한 것은? (판례)

① 독일기본법은 사형 폐지를 선언하고 있다. 10법행
② 현행 헌법에는 사형이 법률에 의해 형벌로서 정해지고 또 적용될 수 있음을 인정하고 있는 규정을 직접적이거나 간접적으로 두고 있지 않다. 09법행
③ 헌법은 사형제도의 허용을 직접적으로 규정하고 있다. 20국회9
④ 생명권은 헌법에 명문으로 규정하고 있지 않지만 다른 어느 기본권보다 우월한 가치를 가지는 절대적 권리로서 헌법 제37조 제2항에 의한 일반적 법률유보의 대상이 될 수 없다. 14지방7
⑤ 생명권은 개인이 포기할 수 없는 기본권이므로 기본권 제한적 법률유보의 대상이 될 수 없다. 20국회9

해설

① (O) 사형폐지는 독일기본법 102조에 규정되어 있다.
② (×) 헌법 제110조 제4항이 "다만, 사형을 선고하는 경우에는 그러하지 아니하다."고 규정하고 있다. (헌재 1996. 11. 28. 95헌바1)
③ (×) 헌법 제110조 제4항이 "다만, 사형을 선고하는 경우에는 그러하지 아니하다."고 규정함으로써 적어도 문언의 해석상으로는 간접적이나마 법률에 의하여 사형이 형벌로서 정해지고 또 적용될 수 있음을 인정하고 있다. (헌재 1996. 11. 28. 95헌바1) 〈주〉 "직접적으로" 부분이 틀렸다.
④ (×) 비록 생명이 이념적으로 절대적 가치를 지닌 것이라 하더라도 생명에 대한 법적 평가가 예외적으로 허용될 수 있다고 할 것이므로, 생명권 역시 헌법 제37조 제2항에 의한 일반적 법률유보의 대상이 될 수밖에 없다. (헌재 2010. 2. 25. 2008헌가23)
⑤ (×) 비록 생명이 이념적으로 절대적 가치를 지닌 것이라 하더라도 생명에 대한 법적 평가가 예외적으로 허용될 수 있다고 할 것이므로, 생명권 역시 헌법 제37조 제2항에 의한 일반적 법률유보의 대상이 될 수밖에 없다. (헌재 2010. 2. 25. 2008헌가23)

[정답] ①

091

다음 설명 중 가장 적절하지 않은 것은? (판례)

① 사형제도를 존치시킬 것인지 폐지할 것인지의 문제는 민주적 정당성을 가진 입법부가 결정할 입법정책의 문제이다. 10법행
② 모든 인간의 생명은 자연적 존재로서 동등한 가치를 갖는다고 할 것이나 그 동등한 가치가 서로 충돌하게 되거나 생명의 침해에 못지 아니한 중대한 공익을 침해하는 등의 경우에는 국가는 어떠한 생명 또는 법익이 보호되어야 할 것인지 그 규준을 제시할 수 있다. 09법행
③ 생명권의 제한은 어떠한 상황에서든 곧바로 개인의 생명권의 본질적인 내용을 침해하는 것으로서 기본권 제한의 한계를 넘는 것으로 본다면, 이는 생명권을 제한이 불가능한 절대적 기본권으로 인정하는 것과 동일한 결과를 가져오게 된다. 18법원
④ 헌법재판소는 원칙적으로 기본권이 형해화될 정도의 제한은 기본권의 본질적 내용을 침해한 것으로 본다. 따라서 생명권의 제한이 정당화될 수 있는 예외적인 경우에도 생명권의 박탈을 초래하는 것은 곧바로 기본권의 본질적 내용을 침해하는 것이다. 18서울
⑤ 군형법상 상관살해죄에 대해 사형만을 유일한 법정형으로 규정한 것은 인간의 존엄과 가치를 존중하고 보호하려는 실질적 법치국가의 이념에 어긋나고, 형벌체계상 정당성을 상실한 것으로서 헌법에 위반된다. 10법행

해설

① (O) 민주적 정당성을 가진 입법부가 결정할 입법정책적 문제이지 헌법재판소가 심사할 대상은 아니라 할 것이다. (헌재 2010. 2. 25. 2008헌가23)
② (O) (헌재 1996. 11. 28. 95헌바1)
③ (O) (헌재 2010. 2. 25. 2008헌가23) 〈주〉 생명은 절대적 기본권이 아니라 상대적 기본권이므로 사형제도로 제한할 수 있다.
④ (×) 생명권의 제한이 정당화될 수 있는 예외적인 경우에는 생명권의 박탈이 초래된다 하더라도 곧바로 기본권의 본질적인 내용을 침해하는 것이라 볼 수는 없다. (헌재 2010. 2. 25. 2008헌가23)
⑤ (O) (헌재 2007. 11. 29. 2006헌가13)

[정답] ④

5. 기타 판례

092
다음 설명 중 가장 적절하지 않은 것은? (판례)

① 구치소 내에서 인간으로서 최소한의 품위를 유지할 수 없을 정도의 과밀수용행위도 구금의 목적 달성을 위하여 불가피하므로 수용자의 인간의 존엄과 가치를 침해하지 않는다. 17국회9
② 초등학교 정규교과에서 영어를 배제하거나 영어교육 시수를 제한하는 것은 학생들의 인격의 자유로운 발현권을 제한하나, 이는 균형적인 교육을 통해 초등학생의 전인적 성장을 도모하고 영어과목에 대한 지나친 사교육의 폐단을 막기 위한 것으로 학생들의 기본권을 침해하지 않는다. 19변시
③ 공문서의 한글전용을 규정한 국어기본법 및 국어기본법 시행령의 해당 조항은 일상생활에서 사적 의사소통을 위해 작성되는 문서에는 적용되지 않으므로 청구인들의 행복추구권을 침해하지 않는다. 21국가
④ 대학수학능력시험의 문항 수 기준 70%를 EBS 교재와 연계하여 출제한다는 대학수학능력시험시행기본계획은 대학수학능력시험을 준비하는 자의 인격발현권을 제한한다. 19변시
⑤ '2018학년도 대학수학능력시험 시행기본계획'은 성년의 자녀를 둔 부모의 자녀교육권을 제한하지 않는다. 22해간

해설
① (✕) 구치소 내에서 인간으로서 최소한의 품위를 유지할 수 없을 정도의 과밀수용행위는 수용자의 인간의 존엄과 가치를 침해한다. (헌재 2016.12.29. 2013헌마142)
② (○) (헌재 2016. 2. 25. 2013헌마838)
③ (○) (헌재 2016. 11. 24. 2012헌마854)
④ (○) 청구인의 자유로운 인격발현권을 침해한다고 볼 수 없다. (헌재 2018. 2. 22. 2017헌마691) 〈주〉 인격권을 제한하되 침해는 아니다. 또한 교육받을 권리를 제한하지 않는다.
⑤ (○) 성년의 자녀를 둔 청구인에 대해서는 기본권 침해 가능성이 인정되지 않는다. (헌재 2018. 2. 22. 2017헌마691)

정답 ①

제2절 행복추구권

1. 서설

093
다음 설명 중 가장 적절한 것은? (판례)

① 헌법 제10조 전문의 행복추구권에는 일반적 행동자유권이 포함되는바, 이는 적극적으로 자유롭게 행동을 하는 것은 물론 소극적으로 행동을 하지 않을 자유도 포함하는 권리로 포괄적인 의미의 자유권이다. 22경승/22경찰1차
② 행복추구권은 포괄적인 의미의 자유권으로서의 성격을 가지므로, 국민이 행복을 추구하기 위하여 필요한 급부를 국가에게 적극적으로 요구할 수 있는 것도 그 내용으로 한다. 17국회9/22경채
③ 헌법에 열거되지 아니한 자유와 권리로 새롭게 인정되기 위해서는 구체적 권리로서의 실체만 인정되면, 그 필요성까지 특별히 인정될 필요는 없다. 14국가7
④ 헌법에 열거되지 아니한 자유와 권리로서 인정되고 있는 것은 자기결정권, 일반적 행동자유권, 휴식권, 문화향유권, 육아휴직신청권 등이 있다. 14국가7/23경승

해설
① (○) (헌재 2011. 6. 30. 2009헌마406)
② (✕) 헌법 제10조의 행복추구권은 국민이 행복을 추구하기 위하여 필요한 급부를 국가에게 적극적으로 요구할 수 있는 것을 내용으로 하는 것이 아니다. (헌재 2000. 6. 1. 98헌마216)
③ (✕) 헌법에 열거되지 아니한 기본권을 새롭게 인정하려면, 그 필요성이 특별히 인정되고, 구체적 권리로서의 실질에 부합하여야 할 것이다. (헌재 2009. 5. 28. 2007헌마369)
④ (✕) 육아휴직신청권은 헌법적 차원의 권리라고 볼 수는 없다. (헌재 2008. 10. 30. 2005헌마1156)

정답 ①

094

다음 설명 중 가장 적절한 것은? (판례)

① 자기결정권은 개인이 자유의지에 의하여 자유롭게 자기의 삶과 운명을 결정할 수 있는 권리를 말하고, 헌법 명문의 규정은 없지만 기본권으로 인정된다. 17법무
② 평화적 생존권은 인간의 존엄과 가치를 실현하고 행복을 추구하기 위한 기본전제가 되는 것이므로 행복추구권의 내용이 된다. 15사시
③ 행복추구권과 기타 개별 기본권이 경합하는 경우에도 행복추구권 침해 여부에 대하여 독자적으로 판단하여야 한다. 17법행/22경채
④ 행복추구권이 다른 기본권에 대한 보충적 기본권으로서의 성격을 가지고 있고 직업선택의 자유라는 우선적으로 적용되는 기본권의 침해 여부를 판단하는 경우라 할지라도 행복추구권 침해 여부에 대해서도 별도로 판단하여야 한다. 21소방/22경채

해설

① (○) 헌법재판소는 헌법 제10조를 자기결정권의 근거로 보고 있다.
② (×) 평화적 생존권이란 헌법상 보장된 기본권이라고 할 수 없다. (헌재 2009. 5. 28. 2007헌마369)
③ (×) 헌법 제10조 전문의 행복추구권은 다른 개별적 기본권이 적용되지 않는 경우에 한하여 보충적으로 적용되는 기본권이므로, 선거권 및 평등권의 침해 여부를 판단하는 이 사건에 있어서는 <u>행복추구권 침해 여부를 별도로 판단하지 않기로 한다.</u> (헌재 2009. 10. 29. 2007헌마1462) 〈주〉 행복추구권은 언제나 보충적 기본권이다.
④ (×) 행복추구권은 다른 기본권에 대한 보충적 기본권으로서의 성격을 지니므로 직업선택의 자유라는 우선적으로 적용되는 기본권이 존재하여 그 침해여부를 판단하는 이상, <u>그 침해 여부를 독자적으로 판단할 필요가 없다.</u> (헌재 2013. 6. 27. 2011헌가39)

[정답] ①

2. 일반적 행동자유권

095

다음 설명 중 가장 적절하지 않은 것은? (판례)

① 일반적 행동자유권의 보호대상으로서 행동이란 국가가 간섭하지 않으면 자유롭게 할 수 있는 행위를 의미하므로 병역의무이행으로서 현역병 복무도 국가가 간섭하지 않으면 자유롭게 할 수 있는 행위에 속한다는 점에서, 현역병으로 복무할 권리도 일반적 행동자유권에 포함된다. 20지방7
② 원치 않으면 계약을 체결하지 않을 자유도 계약자유의 원칙에 속하며, 이는 헌법상 행복추구권 속에 함축된 일반적 행동자유권으로부터 파생되는 것이다. 17법행
③ 사적자치의 원칙이란 자신의 일을 자신의 의사로 결정하고 행하는 자유뿐만 아니라 원치 않으면 하지 않을 자유로서 행복추구권에서 파생된다. 15사시
④ 일반적 행동자유권의 보호영역에는 개인의 생활 방식과 취미에 관한 사항도 포함된다. 15지방7

해설

① (×) 병역의무의 이행으로서의 현역병 복무는 국가가 간섭하지 않으면 자유롭게 할 수 있는 행위에 속하지 않으므로, 현역병으로 복무할 권리가 <u>일반적 행동자유권에 포함된다고 할 수도 없다.</u> (헌재 2010. 12. 28. 2008헌마527)
② (○) (헌재 1991. 6. 3. 89헌마204)
③ (○) (헌재 2009. 6. 25. 2007헌바39)
④ (○) (헌재 2003. 10. 30. 2002헌마518)

[정답] ①

096

다음 설명 중 가장 적절하지 않은 것은? (판례)

① 무면허의료행위라 할지라도 지속적인 소득활동이 아니라 취미, 일시적 활동 또는 무상의 봉사활동으로 삼는 경우에는 일반적 행동자유권의 보호영역에 포섭된다. 11법행
② 결혼식 하객들에게 주류와 음식물을 접대하는 행위는 인류의 오래된 보편적인 사회생활의 한 모습으로서 일반적 행동자유권의 보호대상이다. 11법행
③ 일반적 행동자유권의 보호영역에는 가치 있는 행동뿐만 아니라 개인의 생활방식과 취미에 관한 사항도 포함되며, 여기에는 위험한 스포츠를 즐길 권리와 같은 위험한 생활방식으로 살아갈 권리도 포함된다. 따라서 운전 중 휴대용 전화를 사용할 자유는 헌법 제10조의 행복추구권에서 나오는 일반적 행동자유권의 보호영역에 속한다. 17법행/22경찰1차/23승
④ 일반적 행동자유권의 보호영역에는 개인의 생활방식과 취미에 관한 사항은 포함되나, 위험한 스포츠를 즐길 권리는 포함되지 않는다. 15사시/23경승

해설

① (O) 이 사건 법률조항은 <u>직업선택의 자유</u>를 제한하거나, 또는 청구인이 의료행위를 지속적인 소득활동이 아니라 <u>취미, 일시적 활동 또는 무상의 봉사활동</u>으로 삼는 경우에는 헌법 제10조의 행복추구권에서 파생하는 <u>일반적 행동의 자유를 제한</u>하는 규정이다. (헌재 2002. 12. 18. 2001헌마370)
② (O) (헌재 1998. 10. 15. 98헌마168)
③ (O) (헌재 2003. 10. 30. 2002헌마518)
④ (X) 일반적 행동자유권은 모든 행위를 할 자유와 행위를 하지 않을 자유로 가치있는 행동만 그 보호영역으로 하는 것은 아닌 것으로, 그 보호영역에는 개인의 생활방식과 취미에 관한 사항도 포함되며, 여기에는 위험한 <u>스포츠를 즐길 권리와 같은 위험한 생활방식으로 살아갈 권리</u>도 포함된다. (헌재 2003. 10. 30. 2002헌마518)

[정답] ④

097

다음 설명 중 가장 적절하지 않은 것은? (판례)

① 형의 집행유예와 동시에 사회봉사명령을 선고받는 경우, 신체의 자유가 제한될 뿐이지 일반적 행동자유권이 제한되는 것은 아니다. 17국가7/23경승
② 부모의 분묘를 가꾸고 봉제사를 하고자 하는 권리는 행복추구권의 내용이 된다. 15사시/22경채
③ 사회복지법인의 법인운영의 자유는 헌법 제10조의 행복추구권에서 보장되는 일반적 행동자유권 내지 사적자치권으로 보장되는 것이다. 14국가7
④ 술에 취한 상태로 도로 외의 곳에서 운전하는 것을 금지하고 이를 위반했을 때 처벌하는 것은 일반적 행동의 자유를 제한한다. 17국가7
⑤ 술에 취한 상태로 도로 외의 곳에서 운전할 자유는 일반적 행동자유권의 보호영역에 속한다. 23경승

해설

① (X) 헌법 제10조의 행복추구권에서 파생하는 <u>일반적 행동의 자유를 제한받게 된다.</u> (헌재 2012. 3. 29. 2010헌바100) 〈주〉 신체의 자유와 직업의 자유는 제한되지 않는다. 일반적 행동자유권이 제한되는데, 침해는 아니다.
② (O) (헌재 2009. 9. 24. 2007헌마872)
③ (O) 헌법 제10조의 행복추구권의 구체적인 한 표현인 일반적인 행동자유권 내지 사적자치권으로 보장되는 사회복지법인의 운영의 자유의 한 내용인 재산을 자유롭게 관리할 권리를 제한하고 있다. (헌재 2005. 2. 3. 2004헌바10) 〈주〉 영리법인의 운영은 직업의 자유로 보호되나, 복지법인과 같은 비영리법인의 운영은 행복추구권으로 보호된다.
④ (O) 술에 취한 상태로 도로 외의 곳에서 운전하는 것을 금지하고 이에 위반했을 때 처벌하도록 하고 있으므로 일반적 행동의 자유를 제한한다. (헌재 2003. 10. 30. 2002헌마518) 〈주〉 다만 과잉금지원칙에는 위반되지 않는다.
⑤ (O) 일반적 행동자유권에는 위험한 스포츠를 즐길 권리와 같은 위험한 생활방식으로 살아갈 권리도 포함된다. (헌재 2016. 2. 25. 2015헌가11)

[정답] ①

098

다음 설명 중 가장 적절한 것은? (판례)

① 국가의 간섭을 받지 아니하고 자유로이 기부행위를 할 수 있는 기회의 보장은 헌법상 보장된 재산권의 보호범위에 포함된다. 16국회8

② 기부금품의 모집행위는 행복추구권에서 파생하는 일반적인 행동자유권에 의하여 기본권으로 보장되지 않는다. 17국회8

③ 기부금품의 모집이나 기부행위 자체는 사회적으로 해로운 행위가 아니고 기부금품 모집과정에서의 위법행위는 형법 등으로 규제되므로, 기부금품의 모집에 허가를 받도록 한 것은 위헌이다. 11법행

④ 지역방언을 자신의 언어로 선택하여 공적 또는 사적인 의사소통과 교육의 수단으로 사용하는 것은 행복추구권에서 파생되는 일반적 행동의 자유 내지 개성의 자유로운 발현의 내용이 된다. 14국가7

[해설]

① (✗) 국가의 간섭을 받지 아니하고 자유로이 기부행위를 할 수 있는 기회의 보장은 헌법상 보장된 <u>재산권의 보호범위에 포함되지 않는다</u>. (헌재 1998. 5. 28. 96헌가5) 〈주〉 기부행위의 제한은 재산권이 아니라 일반적 행동자유권을 제한한다.

② (✗) 기부금품의 모집행위도 행복추구권에서 파생하는 일반적인 행동자유권에 의하여 기본권으로 보장된다. (헌재 1998. 5. 28. 96헌가5) 〈주〉 재산권이 아니라 행복추구권으로 보호된다.

③ (✗) 이 사건 허가조항은 헌법 제37조 제2항의 과잉금지원칙에 위반하여 기부금품을 모집할 <u>일반적 행동의 자유를 침해하지 않는다</u>. (헌재 2010. 2. 25. 2008헌바83) 〈주〉 기부금품 모집에 대한 금지조항은 위헌이지만, 허가조항은 합헌이다.

④ (○) (헌재 2009. 5. 28. 2006헌마618) 〈주〉 공문서에 서울말을 표준어로 사용하도록 강제하는 국어기본법 규정에 대하여 합헌이라고 본 사안이다.

[정답] ④

099

다음 설명 중 가장 적절한 것은? (판례)

① 광장에서 여가활동이나 문화활동을 하는 것은 일반적 행동자유권의 보호영역에 포함되지만, 그 광장 주변을 출입하고 통행하는 개인의 행위는 거주이전의 자유로 보장될 뿐 일반적 행동자유권의 내용으로는 보장되지 아니한다. 15서울/23경승

② 경찰청장이 경찰버스들로 서울광장을 둘러싸 일반시민들의 통행을 제지한 행위는 시민들의 거주·이전의 자유를 제한한다고 할 수 없다. 21국회8

③ 시민이 서울광장이라는 공물을 이용할 수 있는 요건을 갖추는 한 공물을 사용·이용하게 해달라고 국가에 대하여 청구할 수 있는 권리, 즉 공물이용권은 행복추구권에 포함되는 청구권적 기본권이다. 12사시

④ 일반적 행동자유권의 보호영역에는 광장에서 여가활동이나 문화활동을 하는 것이 포함되지만, 그 광장 주변을 개별적으로 출입하고 통행하는 개인의 행위까지 포함되는 것은 아니다. 19입시/23경승

[해설]

① (✗) 일반 공중에게 개방된 장소인 서울광장을 개별적으로 통행하거나 서울광장에서 여가활동이나 문화활동을 하는 것은 <u>일반적 행동자유권의 내용으로 보장된다</u>. (헌재 2011. 6. 30. 2009헌마406) 〈주〉 거주이전의 자유로 보장되지 않고 일반적 행동자유권으로 보장된다.

② (○) (헌재 2011. 6. 30. 2009헌마406) 〈주〉 일반적 행동자유권을 침해한다.

③ (✗) 공물을 사용·이용하게 해달라고 청구할 수 있는 권리는 포괄적인 자유권인 행복추구권에 포함된다고 할 수 없다. (헌재 2011. 6. 30. 2009헌마406)

④ (✗) 일반 공중에게 개방된 장소인 서울광장을 <u>개별적으로 통행</u>하거나 서울광장에서 여가활동이나 문화활동을 하는 것은 <u>일반적 행동자유권의 내용으로 보장된다</u>. (헌재 2011. 6. 30. 2009헌마406)

[정답] ②

100
다음 설명 중 가장 적절한 것은? (판례)

① 일반 공중의 사용에 제공된 공공용물을 그 제공 목적대로 이용하는 일반사용 내지 보통사용에 관한 권리는 일반적 행동자유권의 보호영역에 포함된다. 16사시
② 한자 학습을 통하여 사고력 응용력 창의력을 기를 수 있고, 동아시아에서의 문화적 연대를 확산시킬 수 있으므로 공문서의 한글전용을 규정한 국어기본법은 공무원들의 행복추구권을 침해한다. 17국회8
③ 이륜차의 고속도로 통행을 금지하는 것은 이륜차 운전자의 행복추구권을 침해한다. 17국회9
④ 자동차를 도로에서 운전하는 중에 좌석안전띠를 착용할 것인가 여부의 생활관계는 개인의 전체적 인격과 생존에 관계되는 '사생활의 기본조건'이라 할 수 있으므로, 운전할 때 운전자가 좌석안전띠를 착용할 의무는 청구인의 사생활의 비밀과 자유를 침해한다. 21국가7/23경승

해설

① (○) (헌재 2011. 6. 30. 2009헌마406) 〈주〉 일반적 행동자유권은 자유권이므로 일반적인 사용은 포함되나, 공물이용 청구는 포함되지 않는다.
② (×) 이 사건 공문서 조항은 청구인들의 행복추구권을 침해하지 아니한다. (헌재 2016. 11. 24. 2012헌마854)
③ (×) 이 사건 법률조항은 청구인들의 통행의 자유(일반적 행동의 자유)를 침해하지 않는다. (헌재 2008. 7. 31. 2007헌바90)
④ (×) 자동차를 운전하는 행위는 더 이상 개인적인 내밀한 영역에서의 행위가 아니며, 더 이상 사생활영역의 문제가 아니므로, 운전할 때 운전자가 좌석안전띠를 착용할 의무는 청구인의 사생활의 비밀과 자유를 침해하는 것이라 할 수 없다. (헌재 2003. 10. 30. 2002헌마518)

[정답] ①

101
다음 설명 중 가장 적절한 것은? (판례)

① 법률로 안전띠 착용을 강제하는 것은 개인의 일반적 행동자유권을 침해하여 헌법에 위반된다. 17법무
② 교통경찰관이 전(全) 차로를 가로막고 모든 운전자를 대상으로 무차별적으로 음주단속을 하는 것은 개인의 인간다운 생활을 할 권리 등의 기본권을 침해하는 것이 아니다. 15국회9
③ LPG를 연료로 사용할 수 있는 자동차 또는 그 사용자의 범위를 제한하고 있는 액화석유가스의 안전관리 및 사업법 시행규칙 조항은 LPG승용자동차를 소유하고 있거나 운행하려는 자의 일반적 행동자유권을 침해한다. 18국회8
④ 민사재판에 당사자로 출석하는 수형자에 대하여 사복착용을 허용하지 아니한 것은 수형자의 인격권과 행복추구권을 침해한다. 16지방7/21경승
⑤ 형사재판의 피고인으로 출석하는 수형자에 대하여 사복착용을 허용하지 아니한 것은 행복추구권을 침해하지 않는다. 17국회8/22경채

해설

① (×) 청구인의 일반적 행동자유권을 비례의 원칙에 위반되게 과도하게 침해하는 것이 아니다. (헌재 2003. 10. 30. 2002헌마518)
② (○) (헌재 2004. 1. 29. 2002헌마293)
③ (×) LPG승용자동차를 소유하고 있거나 LPG승용자동차를 운행하려는 청구인들의 일반적 행동자유권 및 재산권을 침해하지 않는다. (헌재 2017. 12. 28. 2015헌마997)
④ (×) 민사재판에서 법관이 당사자의 복장에 따라 불리한 심증을 갖거나 불공정한 재판진행을 하게 되는 것은 아니므로, 심판대상조항이 청구인의 인격권과 행복추구권을 침해하지 않는다. (헌재 2015. 12. 23. 2013헌마712)
⑤ (×) 청구인의 공정한 재판을 받을 권리, 인격권, 행복추구권을 침해한다. (헌재 2015. 12. 23. 2013헌마712)

[정답] ②

102

다음 설명 중 가장 적절한 것은? (판례)

① 4·16 세월호참사 피해구제 및 지원 등을 위한 특별법 시행령에 따른 세월호 참사와 관련된 일체의 이의제기를 금지하는 서약은 세월호 승선 사망자들 부모의 일반적 행동의 자유를 침해한다. 18국회8
② 아동·청소년 대상 성범죄자에게 1년마다 정기적으로 새로 촬영한 사진을 제출하도록 하고 정당한 사유 없이 사진제출의무를 위반한 경우 형사처벌을 하도록 한 것은 일반적 행동자유권에 대한 침해이다. 17국가7
③ 비어업인이 잠수용 스쿠버장비를 사용하여 수산자원을 포획·채취하는 것을 금지하는 수산자원관리법 시행규칙 조항은 비어업인의 일반적 행동의 자유를 침해한다. 18국회8/22경승
④ 부정청탁 및 금품 등 수수의 금지에 관한 법률의 부정청탁금지 조항 및 금품수수금지 조항은 과잉금지원칙을 위반하여 언론인 및 사립학교 관계자의 일반적 행동자유권을 침해한다. 18국회8
⑤ 이동통신단말장치 유통구조 개선에 관한 법률상 이동통신단말장치 구매지원금 상한 조항은 이동통신단말장치를 구입하고, 이동통신서비스의 이용에 관한 계약을 체결하고자 하는 자의 일반적 행동자유권에서 파생되는 계약의 자유를 침해한다. 18국회8

해설

① (O) (헌재 2017. 6. 29. 2015헌마654)
② (X) 신상정보 등록대상자의 재범을 억제하기 위한 것이므로 일반적 행동의 자유를 침해하지 아니한다. (헌재 2015. 7. 30. 2014헌바257)
③ (X) 수산자원을 보호해야 할 공익은 현저히 크다고 할 것이므로, 청구인의 일반적 행동의 자유를 침해하지 아니한다. (헌재 2016. 10. 27. 2013헌마450)
④ (X) 부정청탁금지조항과 금품수수금지조항이 과잉금지원칙을 위반하여 청구인들의 일반적 행동자유권을 침해한다고 보기 어렵다. (헌재 2016. 7. 28. 2015헌마236)
⑤ (X) 이동통신단말장치의 공정하고 투명한 유통질서를 확립하기 위한 것으로 계약의 자유를 침해하지 아니한다. (헌재 2017. 5. 25. 2014헌마844)

정답 ①

103

다음 설명 중 가장 적절하지 않은 것은? (판례)

① 16세 미만 청소년에게 오전 0시부터 오전 6시까지 인터넷게임의 제공을 금지하는 '강제적 셧다운제'를 규정한 것은 오락 활동에 관한 청소년의 일반적 행동자유권과 국내 인터넷게임 제공자들의 평등권을 침해하지 않는다. 15국가7/16사시
② 육군 장교가 민간법원에서 약식명령을 받아 확정되면 자진신고할 의무를 규정한, '2020년도 장교 진급 지시' 부분 중 '민간법원에서 약식명령이 확정된 사실이 있는 자'에 관한 부분은 육군 장교의 일반적 행동의 자유를 침해한다. 22경찰1차
③ 의료분쟁 조정신청의 대상인 의료사고가 사망에 해당하는 경우 한국의료분쟁조정중재원의 원장은 지체 없이 조정절차를 개시해야 한다고 규정한 의료분쟁조정법 조항 중 '사망'에 관한 부분이 일반적 행동의 자유를 침해한다고 할 수 없다. 22경찰1차
④ 주방용오물분쇄기의 판매와 사용을 금지하는 것은 주방용오물분쇄기를 사용하려는 자의 일반적 행동자유권을 제한하나, 이러한 규제가 사용자의 기본권을 침해한다고 볼 수 없다. 19변시
⑤ 정보통신망을 통한 게임물 관련사업자로 하여금 게임물 이용자의 회원가입시 본인인증을 할 수 있는 절차를 마련하도록 한 조항은 인터넷게임 이용자의 일반적 행동자유권을 침해하지 않는다. 16사시

해설

① (O) (헌재 2014. 4. 24. 2011헌마659)
② (X) 육군지시 자진신고조항은 법률유보원칙 및 과잉금지원칙에 반하여 일반적 행동의 자유를 침해한다고 볼 수 없다. (헌재 2021. 8. 31. 2020헌마12)
③ (O) 환자의 사망이라는 중한 결과가 발생한 경우 환자 측으로서는 피해를 신속·공정하게 구제하기 위한 것이다. (헌재 2021. 5. 27. 2019헌마321)
④ (O) (헌재 2018. 6. 28. 2016헌마1151)
⑤ (O) (헌재 2015. 3. 26. 2013헌마517)

정답 ②

3. 자기결정권

104
다음 설명 중 가장 적절한 것은? (판례)

① 비록 연명치료 중단에 관한 결정 및 그 실행이 환자의 생명단축을 초래한다 하더라도 이를 생명에 대한 임의적 처분으로서 자살이라고 평가할 수 없고, 오히려 이는 생명권의 한 내용으로서 보장된다. 14 사시/21법행

② 환자는 연명치료의 거부 또는 중단을 결정할 수 있고, 이는 헌법상 자기결정권의 한 내용으로서 보장되므로, '연명치료중단에 관한 자기결정권을 보장하기 위한 입법의무가 국가에게 명백하게 부여된 것이다. 19입시

③ 연명치료 중단에 관한 결정권을 보장하는 방법으로서 '법원의 재판을 통한 규범의 제시'와 '입법' 중 어떤 방법을 선택할 것인지의 문제는 입법부가 결정할 입법정책적 문제이다. 14사시

④ 연명치료 중단에 관한 환자의 의사 추정은 주관적으로 이루어져야 한다. 따라서 환자가 평소 일상생활을 통하여 가족, 친구 등에 대하여 한 의사표현, 타인에 대한 치료를 보고 환자가 보인 반응, 환자의 종교, 평소의 생활태도 등을 통해 그 의사를 추정할 수 있다. 12국회

⑤ 의식의 회복가능성이 없는 환자의 연명치료 거부 내지 중단에 관한 의사는 명시적인 것이어야 하지, 여러 사정을 종합하여 이를 추정하여서는 아니된다. 09법행

해설

① (✕) 헌법상 기본권인 자기결정권의 한 내용으로서 보장된다 할 것이다. (헌재 2009. 11. 26. 2008헌마385) 〈주〉 죽을 권리이므로 생명권이 아니라 자기결정권으로 보호된다.

② (✕) 국가의 입법의무가 명백하다고 볼 수 없다. (헌재 2009. 11. 26. 2008헌마385)

③ (○) (헌재 2009. 11. 26. 2008헌마385) 〈주〉 입법의무는 없으므로 입법으로 해결해도 되고 재판으로 해결해도 된다.

④ (✕) 환자의 의사 추정은 "객관적으로" 이루어져야 한다. (대법원 2009. 5. 21. 선고 2009다17417 전합)

⑤ (✕) 연명치료 중단에 관한 환자의 의사를 추정할 수 있다. (대법원 2009. 5. 21. 선고 2009다17417 전합)

[정답] ③

105
다음 설명 중 가장 적절하지 않은 것은? (판례)

① 시체의 처분에 관한 자기결정권이 인정되므로 인수자가 없는 시체를 생전의 본인의 의사와는 무관하게 해부용 시체로 제공하도록 하는 것은 개인의 시체처분에 관한 자기결정권을 침해하여 헌법에 위반된다. 17법무/22경승

② 자기운명결정권에는 임신과 출산에 관한 결정, 즉 임신과 출산의 과정에 내재하는 특별한 희생을 강요당하지 않을 자유가 포함되어 있다. 15지방7

③ 자기낙태죄 조항이 임신 초기의 낙태나 사회적·경제적 사유에 의한 낙태를 허용하고 있지 아니한 것이 임부의 자기결정권에 대한 과도한 제한이라고 보기 어려우므로, 자기낙태죄 조항은 헌법에 위반되지 아니한다. 18서울

④ 간통을 형사 처벌하는 법률조항 및 혼인빙자간음을 형사 처벌하는 법률조항은 개인의 성적 자기 결정권을 침해하여 헌법에 위반되지만, 성매매를 한 자를 형사 처벌하는 법률조항은 개인의 성적 자기결정권을 침해하지 않으므로 헌법에 위반되지 않는다. 17법무

⑤ 자신이 마실 물을 선택할 자유는 헌법 제10조에 규정된 행복추구권의 내용을 이룬다. 10법행

해설

① (○) (헌재 2015. 11. 26. 2012헌마940)

② (○) (헌재 2012. 8. 23. 2010헌바402)

③ (✕) 의료인과 태아의 부모에 대한 지나친 기본권 제한으로서 피해의 최소성 원칙을 위반하는 것이다. (헌재 2008. 7. 31. 2004헌마1010 등)

④ (○) 헌법재판소는 혼인빙자 간음죄. (헌재 2009. 11. 26. 2008헌바58)와 간통죄. (헌재 2015. 2. 26. 2009헌바1)는 성적 자기결정권을 침해하여 헌법에 반한다고 하였으나 성매매를 한 자를 형사처벌 하도록 규정한 조항은 성적 자기결정권을 침해하지 않는다고 보았다. (헌재 2016. 3. 31. 2013헌가2).

⑤ (○) (헌재 1998. 12. 24. 98헌가1)

[정답] ③

106

다음 설명 중 가장 적절한 것은? (판례)

① 자동차운전 중 휴대용 전화사용을 원칙적으로 금지하고 이를 형사처벌로 강제하는 것은 과잉금지원칙에 반하여 일반적 행동자유권을 침해한다고 볼 수 없다. 22경간

② 지역 주민의 의사가 반영되지 않은 채 이루어진 미군기지의 이전은 인근 지역에 거주하는 주민들의 삶을 결정함에 있어서 사회적으로 영향을 미치므로 헌법상 보장된 개인의 자기결정권을 제한하는 것이다. 22경찰2

③ 증여계약의 합의해제에 따라 신고기한 이내에 증여받은 재산을 반환하는 경우 처음부터 증여가 없었던 것으로 보는 대상에서 '금전'을 제외한 규정은 수증자의 계약의 자유를 침해한다. 22법원

④ 석조, 석회조, 연와조 또는 이와 유사한 견고한 건물 기타 공작물의 소유를 목적으로 하는 토지임대차나 식목, 채염을 목적으로 하는 토지임대차를 제외한 임대차의 존속기간을 예외 없이 20년으로 제한한 조항은 사적 자치에 의한 자율적 거래관계 형성을 왜곡하므로 계약의 자유를 침해한다. 22법원

[해설]

① (×) 과잉금지원칙에 반하여 일반적 행동자유권을 침해한다고 볼 수 없다. (헌재 2021. 6. 24. 2019헌바5)

② (×) 미군기지의 이전은 개인의 인격이나 운명에 관한 사항은 아니며 개인적 선택에 직접적인 제한을 가하는 것이 아니다. 따라서 헌법상 자기결정권의 보호범위에 포함된다고 볼 수 없다. (헌재 2006. 2. 23. 2005헌마268)

③ (×) 구 상속세 및 증여세법은 수증자의 계약의 자유 및 재산권을 침해하지 않는다.(헌재 2015. 12. 23. 2013헌바117) 〈주〉 현물증여의 합의해제는 처음부터 무효로 보는데 반해, 금전증여는 합의해제하여도 여전히 유효로 보아서 무거운 세금을 부과한다. 금전대여의 탈법행위로 악용될 소지가 있기 때문에 합헌이라고 보았다.

④ (O) (헌재 2013. 12. 26. 2011헌바234) 〈주〉 목조건물도 튼튼해서 20년 이상 사용할 수 있기 때문에, 목조건물 사용을 목적으로 하는 토지임대차를 20년으로 제한하는 것은 그 기간이 너무 짧아서 위헌이라고 보았다.

[정답] ④

제3절 평등권

1. 서설

107

다음 설명 중 가장 적절한 것은? (판례)

① 헌법은 차별금지 사유로 성별, 종교, 인종 또는 사회적 신분을 명시적으로 규정하고 있다. 18행시

② 헌법은 사회적 신분에 대한 차별금지와 같이 헌법 제11조 제1항 후문에서 예시한 사유가 있는 경우에 절대적으로 차별을 금지할 것을 요구함으로써 입법자에게 인정되는 입법형성권을 제한한다. 20법무

③ 평등원칙은 행정권과 사법권만을 구속할 뿐, 입법권까지 구속하는 것은 민주주의의 원칙과 권력분립의 원칙에 반한다. 13사시

④ 사회적 신분이란 사회에서 장기간 점하는 지위로서 일정한 사회적 평가를 수반하는 것을 의미한다 할 것이므로 전과자도 사회적 신분에 해당된다. 18행시

[해설]

① (×) 헌법 제11조 모든 국민은 법 앞에 평등하다. 누구든지 성별·종교 또는 사회적 신분에 의하여 정치적·경제적·사회적·문화적 생활의 모든 영역에 있어서 차별을 받지 아니한다. 〈주〉 우리 헌법에 '인종'은 명시적 규정이 없다.

② (×) 헌법 제11조 제1항 후문의 위와 같은 규정은 불합리한 차별의 금지에 초점이 있다. (헌재 2014. 2. 27. 2011헌마825) 〈주〉 "절대적으로" 차별을 금지하는 것이 아니라 불합리한 차별을 금지한다. 즉 합리적인 차별은 허용된다.

③ (×) 헌법상 평등원칙은 행정부나 사법부에 의한 법적용상의 평등을 뜻하는 것 외에도 입법권자에게 정의와 형평의 원칙에 합당하게 합헌적으로 법률을 제정하도록 하는 것을 명령하는 이른바 법내용상의 평등을 의미한다. (헌재 1992. 4. 28. 90헌바24) 〈주〉 평등권은 행정부, 사법부 외에 입법부도 구속한다는 뜻이다.

④ (O) (헌재 1995. 2. 23. 93헌바43)

[정답] ④

108
다음 설명 중 가장 적절하지 않은 것은? (판례)

① 헌법 제11조 제1항의 규범적 의미는 '법 적용의 평등'에서 끝나지 않고, 더 나아가 입법자에 대해서도 그가 입법을 통해서 권리와 의무를 분배함에 있어서 적용할 가치평가의 기준을 정당화할 것을 요구하는 '법 제정의 평등'을 포함한다. 21지방7/23경승

② 누범을 가중하여 처벌하는 것은 전과자라는 사회적 신분에 의하여 합리적 이유 없이 차별하는 것이어서 헌법 제11조 제1항의 평등의 원칙에 위배된다. 21국회5

③ 훈장 등의 영전은 이를 받은 자에게만 효력이 있고, 어떠한 특권도 이에 따르지 아니한다. 11법원

④ 국가가 합리적인 기준에 따라 능력이 허용되는 범위 내에서 법적 가치의 상향적 구현을 위한 제도의 단계적 개선을 추진하는 것은 평등권을 침해하지 않는다. 18서울

해설

① (O) (헌재 2000. 8. 31. 97헌가12) 〈주〉 평등원칙은 법을 적용하는 행정부와 사법부 뿐만 아니라 법을 제정하는 입법부도 지켜야 한다는 뜻이다.

② (X) 누범을 가중하여 처벌하는 것은 사회방위, 범죄의 특별예방 및 일반예방. 더 나아가 사회의 질서유지의 목적을 달성하기 위한 하나의 적정한 수단이기도 하는 것이므로 이는 합리적 근거 있는 차별이어서 헌법상의 평등의 원칙에 위배되지 아니한다고 할 것이다. (헌재 1995. 2. 23. 93헌바43)

③ (O) 헌법 제11조 제3항. 훈장 등의 영전은 이를 받은 자에게만 효력이 있고, 어떠한 특권도 이에 따르지 아니한다.

④ (O) (헌재 1990. 6. 25. 89헌마107)

[정답] ②

109
다음 설명 중 가장 적절하지 않은 것은? (판례)

① 시혜적 법률의 경우에 수혜 범위에서 제외된 자는 그 법률에 의하여 평등권이 침해되었다고 주장하는 당사자가 될 수 없다. 18서울

② 여자는 고용에 있어서 부당한 차별을 받지 않는다고 헌법이 명시적으로 규정하고 있다. 18행시

③ 헌법 제32조 제6항의 "국가유공자 상이군경 및 전몰군경의 유가족은 법률이 정하는 바에 의하여 우선적으로 근로의 기회를 부여받는다."라는 규정은 엄격하게 해석할 필요가 있고, 이러한 관점에서 위 조항의 대상자는 조문의 문리해석대로 "국가유공자", "상이군경, 그리고 "전몰군경의 유가족"이라고 봄이 상당하다. 19변시

④ "혼인과 가족생활은 개인의 존엄과 양성의 평등을 기초로 성립되고 유지되어야 하며, 국가는 이를 보장한다."라고 규정한 헌법 제36조 제1항이 내포하고 있는 차별금지명령은, 헌법 제11조 제1항에서 보장되는 평등원칙을 혼인과 가족생활 영역에서 더 구체화함으로써 혼인과 가족을 부당한 차별로부터 특별히 더 보호하려는 목적을 가진다. 17(×)7

해설

① (X) '수혜적 법률'의 경우에는 반대로 수혜범위에서 제외된 자가 그 법률에 의하여 평등권이 침해되었다고 주장하는 당사자에 해당된다. (헌재 2001. 11. 29. 99헌마494)

② (O) 헌법 제32조 ④ 여자의 근로는 특별한 보호를 받으며, 고용·임금 및 근로조건에 있어서 부당한 차별을 받지 아니한다. ⑤ 연소자의 근로는 특별한 보호를 받는다. ⑥ 국가유공자·상이군경 및 전몰군경의 유가족은 법률이 정하는 바에 의하여 우선적으로 근로의 기회를 부여받는다.

③ (O) (헌재 2006. 2. 23. 2004헌마675) 〈주〉 따라서 국가유공자의 유가족과 상이군경의 유가족은 헌법 제32조 제6항의 특별보호대상이 아니다.

④ (O) (헌재 2002. 8. 29. 2001헌바82)

[정답] ①

110

다음 설명 중 가장 적절하지 않은 것은? (판례)

① 헌법상 평등의 원칙은 일반적으로 입법자에게 본질적으로 같은 것을 자의적으로 다르게, 본질적으로 다른 것을 자의적으로 같게 취급하는 것을 금하고 있다. 11법원

② 평등원칙의 위반 여부를 판단함에 있어서는 먼저 본질적으로 동일한 것을 다르게 취급하고 있는가 하는 차별취급의 존재여부를 판단하여야 하는데, 두 개의 비교집단이 본질적으로 동일한지의 여부에 대한 판단은 일반적으로 당해 법률규정의 의미와 목적에 달려 있다. 11법원

③ 재량권 행사의 준칙인 행정규칙이 그 정한 바에 따라 되풀이 시행되어 행정관행이 이룩되면 평등원칙이나 신뢰보호원칙에 따라 행정기관은 그 상대방에 대한 관계에서 그 규칙에 따라야 할 자기구속을 당하게 된다. 18서울

④ 차별조항의 위헌성이 그 차별의 효과가 지나치다는 것에 기인할 때에는, 그 위헌성의 제거는 입법부가 행하여야 할 것이므로 헌법재판소는 그 조항에 대하여 합헌결정을 하여야 한다. 18서울

해설

① (○) (헌재 1997. 1. 16. 90헌마110 등)
② (○) (헌재 2002. 11. 28. 2002헌바45) 〈주〉예컨대 남자와 여자를 병역에서는 다르다고 보고, 근로에서는 같다고 본다.
③ (○) (헌재 1990. 9. 3. 90헌마13) 〈주〉따라서 되풀이 시행된 행정규칙은 앞으로도 그렇게 시행될 것이는 신뢰를 준수해야 한다.
④ (×) 이 사건 조항의 위헌성은 국가유공자 등과 그 가족에 대한 가산점제도 자체가 입법정책상 전혀 허용될 수 없다는 것이 아니고, 그 차별의 효과가 지나치다는 것에 기인한다. 그렇다면 이 사건 조항의 위헌성의 제거는 입법부가 행하여야 할 것이므로 이 사건 조항에 대하여는 헌법불합치결정을 하기로 한다. (헌재 2006. 2. 23. 2004헌마675 등)

정답 ④

2. 평등원칙 심사

111

다음 설명 중 가장 적절한 것은? (판례)

① 차별이 문제되는 경우 미국연방대법원은 3중심사기준을 수립하여, 일반적으로 인종차별의 경우에는 주로 엄격심사기준을, 양성차별의 경우에는 중간심사기준을, 사회경제입법의 경우에는 합리성 심사기준을 적용해오고 있다. 04사시

② 양성차별이 문제되는 경우 우리 헌법재판소는 미국연방법원의 판례를 수용하여 차별의 목적이 중요한 공적 이익에 봉사하는 것이어야 하고, 차별입법이 그 목적 수행에 실질적 관련성이 있을 것을 요구하는 중간심사기준을 적용하고 있다. 04사시

③ 비례의 원칙에 의한 평등심사는 문제의 차별적 취급으로 인하여 관련 기본권에 대한 중대한 제한이 초래되는 경우에 하는 심사방식으로서, 광범위한 입법형성권을 인정하는 심사방식이다. 11법원

④ 헌법이 직접 차별의 근거로 삼아서는 안 되는 기준이나 차별을 특히 금지하는 영역을 제시하는 경우에는 그러한 기준을 근거로 한 차별이나 그러한 영역에서의 차별에 대하여 엄격히 심사하여야 하나, 차별적 취급으로 인하여 관련 기본권에 대한 중대한 제한이 발생하는 경우에도 엄격한 심사척도를 적용하여야 하는 것은 아니다. 18국가9

해설

① (○) 미국연방대법원은 3중심사기준을 수립하였다.
② (×) 우리 헌법재판소는 독일연방법원의 판례를 수용하여, 양성차별이 문제되는 경우에 엄격한 심사기준을 적용한다.
③ (×) 입법형성권이 큰 분야에서는 자의금지심사를 하고, 입법형성권이 작은 분야에서는 비례심사를 한다.
④ (×) 헌법재판소에서는 평등위반여부를 심사함에 있어서, 헌법에서 특별히 평등을 요구하고 있는 경우 또는 차별적 취급으로 인하여 관련 기본권에 대한 중대한 제한을 초래하게 되는 경우에는 엄격한 심사척도(비례성원칙에 따른 심사)를 적용하고, 그 밖의 경우에는 완화된 심사척도(자의금지원칙에 따른 심사)에 의한다. (헌재 2003. 3. 27. 2002헌마573)

정답 ①

112

다음 설명 중 가장 적절한 것은? (판례)

① 평등위반 여부를 심사함에 있어 엄격한 심사척도에 의할 것인지, 완화된 심사척도에 의할 것인지는 입법자에게 인정되는 입법형성권의 정도에 따라 달라진다. 18행시

② 헌법재판소의 심사기준이 되는 행위규범으로서의 평등원칙은 단지 자의적인 입법의 금지기준만을 의미하는 것이 아니므로 헌법재판소는 입법자의 결정에서 차별을 정당화할 수 있는 합리적인 이유가 있는 경우에도 평등원칙의 위반을 선언해야 한다. 22소방7

③ 친일반민족행위자의 후손이라는 점이 헌법 제11조 제1항 후문의 사회적 신분에 해당한다면 헌법에서 특별히 평등을 요구하고 있는 경우에 해당하여 친일반민족행위자의 후손에 대한 차별은 평등권 침해 여부의 심사에서 엄격한 기준을 적용해야 한다. 22국가7

④ 대한민국 국민인 남자에 한하여 병역의무를 부과한 구 병역법 조항은 헌법이 특별히 평등을 요구하는 경우나 관련 기본권에 중대한 제한을 초래하는 경우의 차별취급을 그 내용으로 하고 있으므로 이 조항이 평등권을 침해하는지 여부에 대해서는 엄격한 심사기준에 따라 판단하여야 한다. 21법행

해설

① (O) (헌재 2002. 11. 28. 2002헌바45)
② (×) 헌법재판소의 심사기준이 되는 통제규범으로서의 평등원칙은 단지 자의적인 입법의 금지기준만을 의미하게 되므로 헌법재판소는 입법자의 결정에서 차별을 정당화할 수 있는 합리적인 이유를 찾아 볼 수 없는 경우에만 평등원칙의 위반을 선언하게 된다.(헌재 2008. 2. 28. 2006헌마1028)
③ (×) 헌법에서 특별히 평등을 요구하고 있는 경우라고 할 수 없으므로, 엄격한 기준을 적용해야 하는 경우라 볼 수 없다. (헌재 2011. 3. 3. 2008헌바141) 〈주〉 자의금지심사한다.
④ (×) 평등권을 침해하는지 여부는 완화된 심사기준에 따라 판단하여야 한다. (헌재 2011. 6. 30. 2010헌마460) 〈주〉 자의금지원칙으로 심사한다.

정답 ①

113

다음 설명 중 적절하지 않은 것을 모두 고르면? (판례)

㉠ 제대군인이 공무원채용시험 등에 응시한 때에 과목별 득점에 과목별 만점의 5% 또는 2%를 가산하도록 한 규정은 완화된 비례원칙으로 평등권을 심사한다. 17국가9

㉡ 제대군인이 공무원채용시험 등에 응시한 때에 과목별 득점에 과목별 만점의 5퍼센트 또는 3퍼센트를 가산하는 것에 대하여 완화된 심사기준인 자의금지원칙을 적용하고 있다. 20경승/22경채

㉢ 제대군인에 대한 가산점제도는 제대군인과 제대군인이 아닌 사람을 차별하고, 현역복무나 상근예비역 소집근무를 할 수 있는 신체건장한 남자와 질병이나 심신장애로 병역을 감당할 수 없는 남자인 병역면제자를 차별하며, 보충역으로 편입되어 군복무를 마친 자를 차별하는 제도이므로, 그 입법목적의 정당성이 인정되지 않는다. 20법무/22경채

① ㉠㉡㉢ ② ㉠㉡
③ ㉡㉢   ④ ㉢

해설

㉠ (×) 가산점제도는 헌법 제32조 제4항이 특별히 남녀평등을 요구하고 있는 "근로"영역에서 공무담임권이라는 기본권의 행사에 중대한 제약을 초래하는 것이기 때문에 엄격한 심사척도가 적용된다. (헌재 1999. 12. 23. 98헌마363)
㉡ (×) 가산점제도는 공무담임권이라는 기본권의 행사에 중대한 제약을 초래하는 것이기 때문에 엄격한 심사척도가 적용된다. (헌재 1999. 12. 23. 98헌마363)
㉢ (×) 차별취급의 비례성을 상실하고 있다. (헌재 1999. 12. 23. 98헌마363) 〈주〉 목적의 정당성과 수단의 적합성은 인정되나, 침해의 최소성과 법익의 균형성을 위반하여 위헌이다.

정답 ①

114

다음 설명 중 가장 적절한 것은? (판례)

① 국가유공자 본인이 국가기관이 실시하는 채용시험에 응시하는 경우에 10%의 가점을 주도록 한 국가유공자 등 예우 및 지원에 관한 법률 조항은 헌법 제32조 제6항에서 특별히 평등을 요구하고 있는 경우에 해당하므로, 이에 대해서는 엄격한 비례성 심사에 따라 평등권 침해 여부를 심사하여야 한다. 17변시

② 국가유공자의 가족에게 국가기관 등의 공채시험에서 만점의 10%에 해당하는 가산점을 주도록 한 규정은 완화된 비례원칙으로 평등권을 심사한다. 13변시/21군무9

③ 국·공립학교 채용시험의 동점자 처리에서 국가유공자 등 및 그 유족·가족에게 우선권을 주도록 하고 있는 법률 조항은 일반 응시자들의 공무담임권을 침해하지 않는다. 22해간

④ 중등교사 임용시험에서 복수전공 및 부전공 교원자격증소지자에게 가산점을 부여하고 있는 교육공무원법 조항에 의해 복수 부전공 가산점을 받지 못하는 자가 불이익을 입는다고 하더라도 이를 공직에 진입하는 것 자체에 대한 제약이라 할 수 없어, 그러한 가산점 제도에 대하여는 자의금지원칙에 따른 심사척도를 적용하여야 한다. 17변시

해설

① (X) 원칙적으로 비례심사를 하여야 할 것이나, 헌법 제32조 제6항이 근로의 기회에 있어서 국가유공자 등을 우대할 것을 명령하고 있는 점을 고려하여 보다 완화된 기준을 적용하여야 할 것이다. (헌재 2001. 2. 22. 2000헌마25)

② (X) 국가유공자 본인의 경우는 별론으로 하고, 그 가족의 경우는 위에서 본 바와 같이 헌법 제32조 제6항이 가산점제도의 근거라고 볼 수 없으므로 그러한 완화된 심사는 부적절한 것이다. (헌재 2006. 2. 23. 2004헌마675) 〈주〉 엄격한 비례원칙으로 심사하였다.

③ (O) (헌재 2006. 6. 29. 2005헌마44)

④ (X) 이 사건 복수·부전공 가산점 규정의 위헌 여부에 대하여는 엄격한 심사척도를 적용함이 상당하다. (헌재 2006. 6. 29. 2005헌가13) 〈주〉 자격증에 대한 가산점은 합헌이다.

[정답] ③

115

다음 설명 중 가장 적절한 것은? (판례)

① 초등교사 임용시험에서 동일 지역 교육대학 출신 응시자에게 제1차 시험 만점의 6% 내지 8%의 지역가산점을 부여하는 것은 다른 지역 교육대학 출신 응시자들의 평등권을 침해한다. 21국회5

② 교사 신규채용시 국공립대학 졸업자에게 사립대학 졸업자보다 우선권을 주는 것은 위헌이다. 11국가7

③ 특정한 조세 법률조항이 혼인이나 가족생활을 근거로 부부 등 가족이 있는 자를 혼인하지 아니한 자 등에 비하여 차별취급하는 것은 헌법 제36조 제1항의 위반 여부는 자의금지원칙에 의하여 심사한다. 13변시/21법행

④ 종합부동산세의 과세방법을 세대별 합산으로 규정한 종합부동산세법 조항이 혼인이나 가족생활을 근거로 부부 등 가족이 있는 자를 혼인하지 아니한 자 등에 비하여 차별 취급하는 것은 자의금지심사를 통하여 판단하면 족하다. 17변시

⑤ 이미 배우자의 직계존·비속의 재산을 등록한 혼인한 여성 등록의무자는 법개정에도 불구하고 종전과 동일하게 계속해서 배우자의 직계존·비속의 재산을 등록하도록 규정한 것이 평등원칙을 위반하는지는 자의금지심사로 판단한다. 22국회8

해설

① (X) 이 사건 지역가산점규정이 과잉금지원칙에 위배되어 다른 지역 교대출신 응시자들의 공무담임권, 평등권을 침해한다고 볼 수 없다. (헌재 2014. 4. 24. 2010헌마747)

② (O) 헌법상 평등의 원칙에 어긋난다. (헌재 1990. 10. 8. 89헌마89)

③ (X) 비례의 원칙에 의한 심사에 의하여 헌법 제36조 제1항에 위반된다. (헌재 2011. 11. 24. 2009헌바146)

④ (X) 비례의 원칙에 의한 심사에 의하여 헌법 제36조 제1항에 위반된다 할 것이다. (헌재 2008. 11. 13. 2006헌바112)

⑤ (X) 엄격한 심사척도를 적용하여 비례성 원칙에 따른 심사를 하여야 한다.(헌재 2021. 9. 30. 2019헌가3)

[정답] ②

3. 적극적 평등실현조치

116
다음 설명 중 가장 적절하지 않은 것은? (판례)

① 적극적 평등실현조치는 종래 사회로부터 차별을 받아 온 일정집단에 대해 그 동안의 불이익을 보상하기 위한 우대적 조치이다. 15법원
② 적극적 평등실현조치는 개인의 자격이나 실적보다는 집단의 일원이라는 것을 근거로 하여 우대하는 조치이다. 15법원/22경채
③ 적극적 평등실현조치는 결과의 평등보다는 기회의 평등을 추구하기 때문에 합헌적 정책이다. 15법원/22경채
④ 적극적 평등실현조치는 항구적 정책이 아니라 구제목적이 실현되면 종료하는 임시적 조치이다. 15법원/22경채

해설
① (O) (헌재 1999. 12. 23. 98헌마363)
② (O) (헌재 1999. 12. 23. 98헌마363)
③ (×) 기회의 평등보다는 결과의 평등을 추구한다. (헌재 1999. 12. 23. 98헌마363)
④ (O) (헌재 1999. 12. 23. 98헌마363)

정답 ③

117
다음 설명 중 가장 적절하지 않은 것은? (판례)

① 공무원임용에 있어서 여성과 장애인을 잠정적으로 우대하는 입법은 종래 사회로부터 차별을 받아 온 일정 집단에 대하여 그 동안의 불이익을 보상해 주기 위하여 그 집단의 구성원이라는 이유로 취업이나 입학 등에 있어 직·간접적으로 이익을 부여하는 잠정적 우대조치 또는 적극적 평등실현조치의 하나로 볼 수 있다. 04사시/22경채
② 여성을 공무원임용시험에 있어서 일정한 비율까지 합격시키는 여성채용목표제는 헌법상 사회국가원리, 헌법 제32조 제4항(여성근로의 보호 및 차별금지), 제34조 제3항(여자의 복지향상을 위한 국가의무)을 헌법적 근거로 하는 것으로 볼 수 있다. 04사시
③ 동일한 자격을 갖춘 경우에 남성 또는 비장애인보다 여성 또는 장애인을 잠정적으로 우대하는 것은 역차별이라고 볼 수 없으므로 헌법위반이 되지 않는다. 04사시
④ 남녀의 사실적 생리적 차이에 의한 차별은 인정되지 않는다. 04국가7

해설
① (O) (헌재 1999. 12. 23. 98헌마363)
② (O) (헌재 1999. 12. 23. 98헌마363)
③ (O) 헌법 제34조 ③ 국가는 여자의 복지와 권익의 향상을 위하여 노력하여야 한다. ⑤ 신체장애자 및 질병·노령 기타의 사유로 생활능력이 없는 국민은 법률이 정하는 바에 의하여 국가의 보호를 받는다. 〈주〉 헌법에서 직접 보호하고 있기 때문에 헌법 위반이 아니다.
④ (×) 집단으로서의 남자는 집단으로서의 여자에 비하여 보다 전투에 적합한 신체적 능력을 갖고 있음에 비추어 남자만을 징병검사의 대상이 되는 병역의무자로 정한 것이 자의금지원칙에 위배하여 평등권을 침해하지 않는다. (헌재 2010. 11. 25. 2006헌마328)

정답 ④

4. 기타 판례

118
다음 설명 중 가장 적절하지 않은 것은? (판례)

① 독립유공자의 유족(손자녀) 중 나이가 많은 손자녀 1명에게만 유족보상금을 지급하도록 규정한 독립유공자예우에 관한 법률 제12조는 평등원칙에 위배되지 않는다. 15지방7/21국회8

② 보훈보상대상자의 부모에 대한 유족보상금 지급 시, 수급권자를 부모 1인에 한정하고 나이가 많은 자를 우선하도록 규정한 「보훈보상대상자 지원에 관한 법률」 조항은 부모 중 나이가 많은 자와 그렇지 않은 자를 합리적 이유 없이 차별하여 나이가 적은 부모의 평등권을 침해한다. 21경승

③ 6·25 전몰군경자녀에게 수당 지급에 있어 수급권자 수를 확대할 수 있는 어떤 예외도 없고 나이가 많은 1명을 한정하여 우선하도록 한 것은, 나이가 많다는 우연한 사정을 기준으로 순위를 정한 것으로 합리성을 인정하기 어렵다. 21국회9

④ 6·25전몰군경자녀수당의 지급 대상자를 '1953년 7월 27일 이전 전투기간 중 전사한 군경'의 자녀로 설정함으로써 결과적으로 '위 전투기간 중 부상 후 사망한 군경'의 자녀와의 사이에 차별적 취급이 발생하였다고 하더라도 평등의 원칙에 위배되지 아니한다. 23법행

⑤ 애국지사 본인과 순국선열의 유족은 본질적으로 다른 집단이므로 구「독립유공자예우에 관한 법률 시행령」조항이 순국선열의 유족보다 애국지사 본인에게 높은 보상금 지급액 기준을 두고 있다고 하여 순국선열의 유족의 평등권이 침해되었다고 볼 수 없다. 23경찰1

해설
① (×) 이 사건 심판대상조항은 합리적인 이유 없이 상대적으로 나이가 적은 손자녀인 청구인을 차별하여 평등권을 침해한다. (헌재 2013. 10. 24. 2011헌마724)
② (○) (헌재 2018. 6. 28. 2016헌가14)
③ (○) (헌재 2021. 3. 25. 2018헌가6)
④ (○) (헌재 2018. 11. 29. 2017헌바252)
⑤ (○) (헌재 2018. 1. 25. 2016헌마319)

정답 ①

119
다음 설명 중 가장 적절하지 않은 것은? (판례)

① 부마민주항쟁을 이유로 30일 미만 구금된 자를 보상금 또는 생활지원금의 지급대상에서 제외하여 부마민주항쟁 관련자 중 8.1%만 보상금 및 생활지원금을 지급받는 결과에 이르긴 하였으나, 그 차별이 현저하게 불합리하거나 자의적이라고 보기 어렵다. 21법행/22경간

② 자기 또는 배우자의 직계존속을 고소하지 못하도록 규정한 형사소송법 조항은 친고죄의 경우든 비친고죄의 경우든 헌법상 보장된 재판절차진술권의 행사에 중대한 제한을 초래한다고 보기는 어려우므로, 완화된 자의심사에 따라 차별에 합리적 이유가 있는지를 따져 보는 것으로 족하다. 17변시

③ 고소인·고발인만을 항고권자로 규정한 검찰청법 조항은 검찰청법상 항고를 통하여 불복할 수 없게 된 기소유예처분을 받은 피의자의 평등권을 침해하는 것이다. 17법행/22경승/22법무

④ 친고죄에 있어서 고소 취소가 가능한 시기를 제1심 판결선고전까지로 제한한 형사소송법 조항은 항소심 단계에서 고소 취소된 사람을 자의적으로 차별하는 것이 아니다. 22법무

해설
① (○) 부마항쟁보상법에 따라 지급되는 보상금 등 수급권은 부마항쟁보상법에 의하여 비로소 인정되는 권리로서, 이 사건 보상금 조항이 현저히 불합리하다고 보기 어렵다. (헌재 2019. 4. 11. 2016헌마418)
② (○) (헌재 2011. 2. 24. 2008헌바56)
③ (×) 검찰청법상 항고제도의 인정 여부는 기본적으로 입법정책에 속하는 문제이고, 이 사건 법률조항이 헌법소원심판청구 등 피의자의 다른 불복수단까지 원천적으로 봉쇄하는 것은 아닌 점 등을 종합하면, 이 사건 법률조항이 피의자를 고소인·고발인에 비하여 합리적 이유 없이 차별하는 것이라 할 수 없다. (헌재 2012. 7. 26. 2010헌마642) 〈주〉 기소유예처분에 대하여 고소인이나 고발인의 검찰항고는 인정되지만, 피의자의 검찰항고는 부정되며 대신 헌법소원을 청구할 수 있다.
④ (○) (헌재 2011. 2. 24. 2008헌바40)

정답 ③

120

다음 설명 중 가장 적절하지 않은 것은? (판례)

① 선발예정인원 3명 이하인 채용시험에서 취업지원 대상자가 국가유공자법상 가점을 받지 못하게 하는 것은, 공정경쟁이라는 가치를 지키기 위한 부득이한 조치로서 자의적인 차별이 아니다. 17국회9
② 형사소송절차와 달리 소년심판절차에서 검사에게 상소권이 인정되지 않는 것은 소년심판절차의 특수성을 감안하면 합리적 이유가 있어 피해자의 평등권을 침해했다고 할 수 없다. 15지방7/22경승
③ 친양자의 양친을 기혼자로 한정하고 독신자는 친양자 입양을 할 수 없도록 규정한 민법 제908조의2는 독신자를 기혼자에 비하여 차별하는 것으로 평등원칙에 위배된다. 15지방7
④ 선거범죄를 저지른 낙선자를 제외하고 선거범죄로 당선이 무효로 된 자에게만 이미 반환받은 기탁금과 보전받은 선거비용을 다시 반환하도록 한 구 공직선거법 제265조의2 제1항은 평등원칙에 위배되지 않는다. 15지방7

> **해설**
>
> ① (O) (헌재 2016. 9. 29. 2014헌마541)
> ② (O) 소년심판은 심리의 객체로 취급되는 소년에 대한 후견적 입장에서 법원의 직권에 의해 진행되므로 검사의 관여가 반드시 필요한 것이 아니다. 따라서 이 사건 법률조항은 청구인의 평등권을 침해하지 않는다. (헌재 2012. 7. 26. 2011헌마232)
> ③ (×) 입양특례법과 달리 민법에서 독신자의 친양자 입양을 허용하지 않는 것에는 합리적인 이유가 있다. 따라서 심판대상조항은 독신자의 평등권을 침해한다고 볼 수 없다. (헌재 2013. 9. 26. 2011헌가42)
> ④ (O) 공직선거의 후보자들은 모두 당선을 목적으로 하는 이상, 당선자에게만 제재를 부과하는 규정을 두더라도 후보자들은 모두 이를 자신의 제재로 받아들일 것이라서 굳이 낙선자를 제재대상에 포함하지 않더라도 입법목적의 달성의 효과는 동일할 것이므로 낙선자를 제외하고 당선자만 제재대상으로 규정한 이 사건 법률조항이 평등권을 침해한다고 볼 수 없다. (헌재 2011. 4. 28. 2010헌바232)
>
> [정답] ③

121

다음 설명 중 가장 적절하지 않은 것은? (판례)

① 특정규범이 개별사건법률에 해당한다 하여 곧바로 위헌을 뜻하는 것은 아니고, 이러한 차별적 규율이 합리적인 이유로 정당화될 수 있는 경우에는 합헌적일 수 있다. 17법행
② 개별사건법률의 위헌 여부는, 그 형식만으로 가려지는 것이므로, 나아가 평등의 원칙이 추구하는 실질적 내용이 정당한지 아닌지를 따질 필요는 없다. 21지방7변형
③ 마약의 소비매수행위를 다른 마약매매행위와 특별히 구별하지 아니한 채 동일한 법정형으로 처벌하도록 규정하고 있다고 하여, 그것이 곧 평등의 원리나 비례의 원칙 또는 과잉금지의 원칙에 위배되어 입법권이 자의적으로 행사된 경우에 해당한다고 볼 수는 없다. 06입시
④ 형법상의 범죄와 똑같은 구성요건을 규정하면서 법정형만을 상향 조정한 특정범죄 가중처벌 등에 관한 법률 규정은 평등원칙을 위반한 것이다. 17법무
⑤ 특정한 범죄에 대한 형벌이 그 자체로서의 책임과 형벌의 비례원칙에 위반되지 않더라도 보호법익과 죄질이 유사한 범죄에 대한 형벌과 비교할 때 현저히 불합리하거나 자의적이어서 형벌체계상의 균형을 상실한 것이 명백한 경우에는 평등원칙에 반하여 위헌이라 할 수 있다. 21지방7

> **해설**
>
> ① (O) (헌재 1996. 2. 16. 96헌가2)
> ② (×) 개별사건법률의 위헌 여부는, 그 형식만으로 가려지는 것이 아니라, 나아가 평등의 원칙이 추구하는 실질적 내용이 정당한지 아닌지를 따져야 비로소 가려진다. (헌재 1996. 2. 16. 96헌가2)
> ③ (O) (헌재 1995. 4. 20. 91헌바11)
> ④ (O) (헌재 2014. 11. 27. 2014헌바224) 〈주〉 구성요건이 동일하면 법정형도 동일해야 한다.
> ⑤ (O) (헌재 2016. 6. 30. 2015헌바132) 〈주〉 비례원칙과 평등원칙은 별개의 원칙이므로 둘 중 어느 하나만 위반해도 위헌이라는 뜻이다.
>
> [정답] ②

122

다음 설명 중 가장 적절한 것은? (판례)

① 불특정인을 상대로 한 성매매와 특정인을 상대로 한 성매매를 달리 취급하여, 불특정인에 대한 성매매만을 금지대상으로 하는 법률규정은 평등권을 침해하지 않는다. 17국회9
② 자격정지 이상의 형을 받은 전과가 있는 자에 대하여 선고유예를 할 수 없도록 규정한 「형법」 조항은 평등권을 침해한다. 21국회8
③ 공공성이 큰 다른 민간 분야 종사자와 달리 사립학교 관계자와 언론인에게만 부정청탁금지조항과 금품수수금지조항 및 신고조항과 제재조항이 적용되는 것은 평등권을 침해한다. 17지방7
④ 사립학교 관계자와 언론인 못지않게 공공성이 큰 민간분야 종사자에 대하여 「부정청탁 및 금품등 수수의 금지에 관한 법률」이 적용되지 않는 것은 언론인과 사립학교 관계자의 평등권을 침해한다. 21경승

해설

① (O) (헌재 2016. 3. 31. 2013헌가2)
② (×) 입법목적이 정당하고 차별취급의 수단은 합리적인 근거가 있으므로 헌법 제11조 제1항 소정의 평등권 침해로 인정되지 아니한다. (헌재 1998. 12. 24. 97헌바62)
③ (×) 부정청탁금지조항과 금품수수금지조항 및 신고조항과 제재조항이 청구인들의 평등권을 침해한다고 볼 수 없다. (헌재 2016. 7. 28. 2015헌마236)
④ (×) 사립학교 관계자와 언론인 못지않게 공공성이 큰 민간분야 종사자에 대해서 청탁금지법이 적용되지 않는다는 이유만으로 부정청탁금지조항과 금품수수금지조항 및 신고조항과 제재조항이 청구인들의 평등권을 침해한다고 볼 수 없다. (헌재 2016. 7. 28. 2015헌마236)

[정답] ①

123

다음 설명 중 가장 적절하지 않은 것은? (판례)

① 국·공립학교와는 달리 사립학교를 설치·경영하는 학교법인 등이 당해 학교에 운영위원회를 둘 것인지의 여부를 스스로 결정할 수 있도록 한 것은 사립학교의 특수성과 자주성을 존중하기 위한 것이므로 합리적이고 정당한 사유가 있는 차별에 해당한다. 13변시
② 학교폭력에 있어서, 가해학생은 자신에 대한 모든 조치에 대해 당사자로서 소송을 제기할 수 있으므로, 가해학생에 대한 모든 조치에 대해 피해학생 측에는 재심을 허용하면서, 가해학생 측에는 퇴학과 전학의 경우에만 재심을 허용하는 것은 불합리한 차별이 아니다. 17국회9
③ 태평양전쟁 전후 강제동원된 자들 중 국내 강제동원자를 제외하고 국외 강제동원자에게만 위로금을 지급한 것은 합리적 근거가 없는 차별로서 위헌이다. 17법무
④ 외국국적동포는 일정한 조건하에 국민으로서의 혜택을 받을 수 있음에도 불구하고 재외동포법의 적용대상에서 정부수립이전 이주동포를 제외한 것은 자의적인 입법으로 평등원칙에 위배된다. 16서울
⑤ 회원제로 운영하는 골프장 시설의 입장료에 대한 부가금을 규정한 「국민체육진흥법」 조항은 평등권을 침해한다. 21국회8

해설

① (O) (헌재 1999. 3. 25. 97헌마130)
② (O) (헌재 2013. 10. 24. 2012헌마832) 〈주〉 재심기간이 오래 걸리는 점을 고려하여, 퇴학과 전학의 경우에만 재심을 허용할 필요성이 있다고 보았다.
③ (×) 정신적 고통이 더욱 크다고 볼 수 있는 '국외' 강제동원자 집단을 우선적으로 처우하는 것은 청구인의 기본권을 침해하거나 헌법에 위반된다고 볼 수 없다. (헌재 2012. 7. 26. 2011헌바352)
④ (O) (헌재 2001. 11. 29. 99헌마494)
⑤ (O) 수영장 등 다른 체육시설의 입장료에 대한 부가금제도를 국민부담 경감 차원에서 폐지하면서 골프장 부가금 제도를 유지한 것은 헌법상 평등원칙에 위배된다. (헌재 2019. 12. 27. 2017헌가21)

[정답] ③

124

다음 설명 중 가장 적절한 것은? (판례)

① 법무부장관이 제1회 및 제2회 변호사시험의 시험장을 서울 소재 4개 대학교로 선정하여 하나의 지역에서 집중실시한 행위는 지방 소재 법학전문대학원 응시자의 평등권을 침해하는 조치이다. 17법행

② 지방공사와 지방자치단체, 지방의회의 관계에 비추어 볼 때, 지방의회의원은 지방공사 직원의 직을 겸할 수 없게 하고 국회의원은 지방공사 직원의 직을 겸할 수 있도록 한 것은 불합리한 차별이 아니고 지방의회의원의 평등권을 침해한 것이라고 할 수 없다. 17법행

③ 일반 응시자와 달리 공무원의 근무연수 및 계급에 따라 행정사 자격시험의 제1차 시험을 면제하거나 제1차시험의 전과목과 제2차시험의 일부 과목을 면제하는 조항은 평등권을 침해한다. 17지방7

④ 공무원의 초임호봉 획정에 인정되는 경력과 관련하여, 현역병 및 사회복무요원과 달리 산업기능요원의 경력을 제외하도록 한 것은 합리적 이유가 없는 차별이다. 17지방7/23법행

해설

① (✗) 합리적 이유 있는 공권력 행사로서 청구인들의 평등권을 침해하지 아니한다. (헌재 2013. 9. 26. 2011헌마782)

② (○) 지방의회의원인 청구인의 평등권을 침해한 것이라고 할 수 없다. (헌재 2012. 4. 24. 2010헌마605) 〈주〉 지방의원과 국회의원은 하는 일이 달라서 차별이 가능하다.

③ (✗) 국·공립학교 교사나 직업군인을 비롯하여 대부분의 공무원들은 직렬이나 담당 업무를 불문하고 일정한 행정업무를 담당하고 있고, 그와 같은 행정경험이 행정사 업무 수행에 기여할 것이다. 따라서 시험면제조항은 일반 응시자인 청구인들의 평등권이나 직업선택의 자유를 침해하지 아니한다. (헌재 2016. 2. 25. 2013헌마626)

④ (✗) 상대적으로 열악한 환경에서 병역의무를 이행한 것으로 평가되는 현역병 및 사회복무요원의 공로를 보상하도록 한 것으로 산업기능요원과의 차별취급에 합리적 이유가 있으므로, 청구인의 평등권을 침해하지 아니한다. (헌재 2016. 6. 30. 2014헌마192) 〈주〉 산업기능요원은 자발적으로 선택할 수 있고 사기업에서 일하며 급여를 지급받는다.

[정답] ②

125

다음 설명 중 가장 적절한 것은? (판례)

① 사회복무요원과는 달리 산업기능요원의 경력을 공무원 초임호봉에 반영하지 않는 것은 산업기능요원의 평등권을 침해한다. 21국회5

② 공중보건의사가 군사교육에 소집된 기간을 복무기간에 산입하지 않도록 규정한 「병역법」 조항은 평등권을 침해한다. 21국회8

③ 병역의무를 이행한다는 점에서 현역병과 사회복무요원은 동일하다고 볼 수 있으므로, 현역병과 달리 사회복무요원에게 보수 외에 중식비, 교통비, 제복 등을 제외한 다른 의식주 비용을 지급하지 않는 것은 사회복무요원을 현역병에 비하여 합리적 이유 없이 자의적으로 차별한 것으로 사회복무요원의 평등권을 침해한다. 20비상

④ 산업재해보상보험법이 근로자가 사업주의 지배관리 아래 출퇴근하던 중 발생한 사고로 부상 등이 발생한 경우에만 업무상 재해로 인정하고, 도보나 자기 소유 교통수단 또는 대중교통수단 등을 이용하여 출퇴근하는 경우를 업무상 재해로 인정하지 아니하는 조항은 자의적인 차별이다. 21경승

해설

① (✗) 산업기능요원은 본인의사에 따라 편입 가능하며, 근로기준법 및 최저임금법의 적용을 받는다. 따라서 평등권을 침해하지 아니한다. (헌재 2016. 6. 30. 2014헌마192)

② (✗) 해당 지역별로 공중보건의사의 소집해제일인 3월경부터 다른 공중보건의사가 통상 배치되는 4월경까지 약 1개월간 필연적으로 의료공백이 발생하게 된다. 따라서 평등권을 침해하지 않는다. (헌재 2020. 9. 24. 2019헌마472)

③ (✗) 심판대상조항은 청구인들의 평등권을 침해하지 아니한다. (헌재 2019. 2. 28. 2017헌마374)

④ (○) (헌재 2016. 9. 29. 2014헌바254)

[정답] ④

126

다음 설명 중 가장 적절한 것은? (판례)

① 법관의 정년을 직위에 따라 순차적으로 낮게 차등하게 설정하고 있는 것은 법관 업무의 성격과 특수성, 평균수명, 조직체 내의 질서 등을 고려할 경우 그 차별에 합리적인 이유가 없다고 할 것이므로, 법관의 평등권을 침해한다. 20비상
② 대학·산업대학·전문대학에서 의무기록사 관련 학문을 전공한 사람과 달리 사이버대학에서 같은 학문을 전공한 사람은 의무기록사 국가시험에 응시할 수 없도록 하는 것은 사이버대학에서 같은 학문을 전공한 사람의 평등권을 침해하지 않는다. 20비상
③ 입법자가 전문자격제도의 내용인 결격사유를 정함에 있어 변호사의 경우 변리사나 공인중개사보다 더 가중된 요건을 규정한 것은 평등권을 침해한 것이다. 21법원
④ 구「공직선거법」이 고등학교를 졸업한 공직 후보자에 대해서는 수학기간의 기재를 요구하지 않으면서도 고등학교 졸업학력 검정고시에 합격한 공직 후보자에게는 고등학교를 중퇴한 경력에 대해서 그 학력을 기재할 때 그 수학기간을 기재하도록 요구하는 것은 불합리한 차별이므로 평등원칙에 위배된다. 21지방7

해설

① (×) 차별에 합리적인 이유가 있다고 할 것이므로, 청구인의 평등권을 침해하였다고 볼 수 없다. (헌재 2002. 10. 31. 2001헌마557) 〈주〉 법원조직법에 의하면 대법관의 정년은 70세이고, 판사의 정년은 65세이다.
② (○) 현재 사이버대학에서 의무기록사로서의 역량을 갖추기 위한 효과적인 실습·실기수업이 충분히 담보될 것이라고 기대하기 어렵다. (헌재 2016. 10. 27. 2014헌마1037)
③ (×) 법 제11조 제1항에 반하여 청구인의 평등권을 침해하였다고 할 수 없다. (헌재 2009. 10. 29. 2008헌마432) 〈주〉 자격제도에 대해서는 입법재량이 크다.
④ (×) 특별한 사정이 없는 한 고등학교를 졸업한 경우는 그 수학기간이 3년이라고 쉽게 예측할 수 있다. 따라서 중퇴학력 표시규정이 평등원칙에 위배된다고 볼 수 없다. (헌재 2017. 12. 28. 2015헌바232)

정답 ②

127

다음 설명 중 가장 적절한 것은? (판례)

① 대통령령이 정하는 일정 수 이상의 근로자를 고용하는 사업주는 기준고용률 이상에 해당하는 장애인을 고용해야 한다고 규정한 조항은 평등권을 침해한다. 20법원
② 대통령령으로 정하는 공공기관 및 공기업으로 하여금 3년간 한시적으로 매년 정원의 100분의 3 이상씩 34세 이하의 청년미취업자를 채용하도록 하는 법령규정은 35세 이상 미취업자들의 평등권을 침해한다. 17국가7
③ 일정 규모 이상의 사업주에게 직장보육시설 설치 의무를 부과하는 것은, 여러 가지 요인을 종합적으로 고려함이 없이, 해당 사업주에게만 그 의무를 부담시키는 것으로서 자의적인 차별이다. 17국회9
④ 국가라 할지라도 국고작용으로 인한 민사관계에 있어서는 일반인과 같이 원칙적으로 대등하게 다루어져야 하며 국가라고 하여 우대하여야 할 헌법상의 근거가 없다. 21경채/22군무5

해설

① (×) 사업주의 행동자유권, 경제활동의 자유, 평등권을 침해하고 포괄위임입법금지원칙에 위반되는 것이 아니다. (헌재 2003. 7. 24. 2001헌바96)
② (×) 이 사건 청년할당제가 청구인들의 평등권, 공공기관 취업의 자유를 침해한다고 볼 수 없다. (헌재 2014. 8. 28. 2013헌마553)
③ (×) 자의적인 차별이라고는 보기 어려우므로 평등원칙에 위반되지 아니한다. (헌재 2011. 11. 24. 2010헌바373)
④ (○) (헌재 2000. 2. 24. 99헌바17)

정답 ④

128
다음 설명 중 적절한 것은 몇 개인가? (판례)

㉠ 국가를 상대로 하는 당사자소송의 경우에는 가집행선고를 할 수 없다고 규정한 「행정소송법」 제43조는 공법상 법률관계를 전제로 하므로, 사법상 법률관계와 달리 취급할 합리적 이유가 있으므로 평등원칙에 위배되지 아니한다. 22경찰2/23경찰1

㉡ 민사집행법상 경매절차에서의 매수신청보증금이 매수인의 대금미납으로 그에게 반환되지 아니하는 경우 국고에 귀속하지 않고 배당재원에 포함시키는 것과 달리, 국세징수법상 공매절차에서 매각결정을 받은 매수인이 기한 내에 대금납부의무를 이행하지 아니하여 매각결정이 취소되는 경우 그가 납부한 계약보증금을 국고에 귀속하도록 규정한 국세징수법 조항은 국세징수절차와 민사집행절차의 성질이 다르므로 합리적 이유 있는 차별에 해당한다. 22법무/23법행

㉢ 민사소송의 원고 승소판결에는 상당한 이유가 없는 한 법원으로 하여금 반드시 가집행의 선고를 붙이도록 하면서도 유독 국가가 피고일 경우에만은 가집행의 선고를 붙일 수 없도록 예외규정을 둔 소송촉진 등에 관한 특례법 조항은 평등원칙에 위반된다. 보충판례

① 없음   ② 1개   ③ 2개   ④ 3개

해설

㉠ (×) 심판대상조항은 합리적인 이유 없이 차별하고 있으므로 평등원칙에 반한다. (헌재 2022. 2. 24. 2020헌가12)

㉡ (×) 국세징수절차상 체납자 및 담보권자를 민사집행절차상 집행채무자 및 담보권자에 대하여 합리적 이유 없이 차별함으로써 평등원칙에 위반된다. (헌재 2009. 4. 30. 2007헌가8)

㉢ (×) 국가가 피고일 경우에만은 가집행의 선고를 붙일 수 없도록 예외규정을 둔 소송촉진 등에 관한 특례법 조항은 평등원칙에 위반된다. (헌재 1989. 1. 25. 88헌가7)

[정답] ①

129
다음 설명 중 적절하지 않은 것을 모두 고른 것은? (판례)

㉠ 국채에 대한 소멸시효를 5년 단기로 규정하여 민사 일반채권자나 회사채 채권자에 비하여 국채 채권자를 차별 취급한 것은 합리적인 이유 없는 차별에 해당하지 않는다. 22법원

㉡ 우체국보험금 및 환급금 청구채권 전액에 대하여 압류를 금지하여 우체국보험 가입자의 채권자와 일반 인보험 가입자의 채권자를 차별 취급하는 것은 합리적인 사유가 존재하므로 헌법상 평등원칙에 위배되지 아니한다. 22법원

㉢ 경찰공무원은 교육훈련 또는 직무수행 중 사망한 경우 「국가유공자 등 예우 및 지원에 관한 법률」상 순직군경으로 예우받을 수 있는 것과는 달리, 소방공무원은 화재진압, 구조·구급 업무 수행 또는 이와 관련된 교육훈련 중 사망한 경우에 한하여 순직 군경으로서 예우를 받을 수 있도록 하는 「소방공무원법」 규정은 합리적인 이유 없는 차별에 해당한다. 22경승

① ㉠   ② ㉠ ㉡
③ ㉡ ㉢   ④ ㉠ ㉡ ㉢

해설

㉠ (○) 헌법상 평등원칙에 위배되지 아니한다. (헌재 2010. 4. 29. 2009헌바120) 〈주〉 상사채권의 소멸시효는 5년이고, 민사채권의 소멸시효는 10년이다. 이는 입법정책의 문제로서 합헌이다.

㉡ (×) 이 사건 법률조항은 국가가 운영하는 우체국보험에 가입한다는 사정만으로, 일반 보험회사의 인보험에 가입한 경우와는 달리 그 수급권이 사망, 장해나 입원 등으로 인하여 발생한 것인지, 만기나 해약으로 발생한 것인지 등에 대한 구별조차 없이 그 전액에 대하여 무조건 압류를 금지하여 우체국보험 가입자를 보호함으로써 우체국보험 가입자의 채권자를 일반 인보험 가입자의 채권자에 비하여 불합리하게 차별취급하는 것이므로, 헌법 제11조 제1항의 평등원칙에 위반된다. (헌재 2008. 5. 29. 2006헌바5)

㉢ (×) 소방공무원과 경찰공무원은 업무의 내용이 서로 다르다. 따라서 합리적인 이유없는 차별에 해당한다고 볼 수 없다. (헌재 2005. 9. 29. 2004헌바53)

[정답] ③

130

다음 설명 중 가장 적절하지 않은 것은? (판례)

① 「공익신고자 보호법」상 보상금의 의의와 목적을 고려하면 공익신고 유도 필요성에 있어 차이가 있는 내부 공익신고자와 외부 공익신고자를 달리 취급하는 것은 합리성을 인정할 수 있다. 22경간/23경찰1

② '수사가 진행 중이거나 형사재판이 계속 중이었다가 그 사유가 소멸한 경우'에는 잔여 퇴직급여 등에 대해 이자를 가산하는 규정을 두면서, '형이 확정되었다가 그 사유가 소멸한 경우'에는 이자 가산 규정을 두지 않은 「군인연금법」규정은 평등원칙에 위반된다. 22국회5

③ 소년범 중 형의 집행이 종료되거나 면제된 자에 한하여 자격에 관한 법령의 적용에 있어 장래에 향하여 형의 선고를 받지 아니한 것으로 본다고 규정한 구 소년법) 제67조는 평등의 원칙에 위반된다. 22법무

④ 형의 집행이 종료 또는 면제된 자와 달리 집행유예를 선고받은 소년범에 대하여는 자격완화 특례규정을 두지 아니하여 자격제한을 함에 있어 「군인사법」등 해당 법률의 적용을 받도록 한 「소년법」규정은 평등원칙에 위반되지 않는다. 22국회5

해설

① (O) (헌재 2021. 5. 27. 2018헌바127) 〈주〉 내부자가 신고한 때에만 보상을 한다.
② (O) (헌재 2016. 7. 28. 2008헌바40) 〈주〉 재심으로 무죄판결을 받은 경우를 무시했다.
③ (O) 이 사건 구법 조항에 따르면 집행유예를 선고받은 자의 자격제한을 완화하지 아니하여 평등원칙에 위반된다. (헌재 2018. 1. 25. 2017헌가7)
④ (X) 불합리한 차별이라 할 것이므로, 이 사건 구법 조항은 평등원칙에 위반된다.(헌재 2018. 1. 25. 2017헌가7) 〈주〉 군인사법에서 형선고를 받은 소년보다 집행유예를 선고받은 소년에게 오히려 더 큰 불이익을 준다는 점에서 평등원칙에 반한다.

[정답] ④

131

다음 설명 중 가장 적절하지 않은 것은? (판례)

① 입법자가 「근로자 퇴직급여 보장법」상 퇴직급여제도를 설정함에 있어 4주간을 평균하여 1주간의 소정근로시간이 15시간 미만인 근로자를 그 지급대상에서 배제함으로써 차별취급이 발생하였다고 하더라도 이를 입법재량을 벗어난 자의적인 재량권 행사라고 보기는 어렵다. 22비상

② 지역가입자에 대한 보험료 산정·부과 시 소득 외에 재산 등의 요소를 추가적으로 고려하도록 한 「국민건강보험법」조항은 지역가입자를 차별하는 데에 합리적 이유가 있으므로 헌법상 평등원칙에 위배되지 않는다. 22비상

③ 임대의무기간이 10년인 공공건설임대주택의 분양전환가격을 임대의무기간이 5년인 공공건설임대주택의 분양전환가격과 서로 다른 기준으로 산정하는 구 「임대주택법」시행규칙 조항은 10년 임대주택에 거주하는 임차인의 평등권을 침해한다. 22경간

④ 주택재개발사업의 경우 학교용지부담금 부과 대상에서 '기존 거주자와 토지 및 건축물의 소유자에게 분양하는 경우'에 해당하는 개발사업분만 제외하고, 현금청산의 대상이 되어 제3자에게 분양됨으로써 기존에 비하여 가구 수가 증가하지 아니하는 개발사업분을 제외하지 아니한 「학교용지 확보 등에 관한 특례법」규정은 평등원칙에 위반된다. 22국회5

해설

① (O) (헌재 2021. 11. 25. 2015헌바334)
② (O) (헌재 2016.12.29. 2015헌바199) 〈주〉 지역가입자는 얼마를 버는지 데이터가 없기 때문이다.
③ (X) 심판대상조항이 10년 임대주택의 분양전환가격 산정기준을 달리 정한 데에는 합리적 이유가 있으므로, 심판대상조항으로 인하여 10년 임대주택에 거주하는 임차인의 평등권은 침해되지 아니한다.(헌재 2021. 4. 29. 2019헌마202).
④ (O) (헌재 2014. 4. 24. 2013헌가28) 〈주〉 학교용지부담금 부과 대상에서 건축물을 분양받은 자 뿐만 아니라 대신 현금청산된 자도 제외하여야 한다는 의미이다.

[정답] ③

132
다음 설명 중 가장 적절하지 않은 것은? (판례)

① 개정전「공직자윤리법」조항에 따라 이미 재산등록을 한 혼인한 여성 등록의무자에게만 배우자의 직계존·비속의 재산을 등록하도록 예외를 규정한 「공직자윤리법」 부칙조항은 평등원칙에 위배되지 않는다. 22경간
② 변호인선임서 등을 공공기관에 제출할 때 소속 지방변호사회를 경유하도록 하는 「변호사법」 조항은 다른 전문직과 비교하여 차별취급의 합리적 이유가 있다고 할 것이므로 변호사의 평등권을 침해하지 아니한다. 22국가7
③ 공중보건의사로 편입되어 군사교육에 소집된 자에게 군사교육 소집기간 동안의 보수를 지급하지 않도록 규정하였다고 하더라도 이는 한정된 국방예산의 범위 내에서 여러 사정을 종합적으로 고려하여 결정한 것이므로, 평등권을 침해한다고 보기 어렵다. 22비상
④ 1983. 1. 1. 이후 출생한 A형 혈우병 환자에 한하여 유전자재조합제제에 대한 요양급여를 인정하는 '요양급여의 적용기준 및 방법에 관한 세부사항'은 1983. 1. 1. 이전에 출생한 A형 혈우병 환자들의 평등권을 침해한다. 23법행

해설

① (×) 목적의 정당성을 인정할 수 없다. 따라서 이 사건 부칙조항은 평등원칙에 위배된다. (헌재 2021. 9. 30. 2019헌가3)
② (○) 다른 전문직에 비하여 변호사는 포괄적인 직무영역과 그에 따른 더 엄격한 직무의무를 부담하고 있는바, 별취급의 합리적 이유가 있다. (헌재 2013. 5. 30. 2011헌마131)
③ (○) 공중보건의사는 현역병보다 자유로운 환경에서 복무하며, 임기제 공무원으로 신분이 보장되고, 장교에 해당하는 보수를 지급받고, 군사교육은 단 1회 30일 이내의 기간에 한하여 이루어지고, 그 기간 동안 의식주에 필요한 기본물품이 제공된다는 점 등을 고려하면 공중보건의사가 받는 불이익이 심대하다고 보기 어렵다. (헌재 2020. 9. 24. 2017헌마643)
④ (○) (헌재 2012. 6. 27. 2010헌마716) 〈주〉 중증 정도가 아니라 나이 순으로 정해서 위헌이다.

정답 ①

제3장 자유권적 기본권

제1절 신체의 자유

제1항 신체의 자유의 실체적 보장

1. 죄형법정주의

133

다음 설명 중 가장 적절한 것은? (판례)

① 법률의 구체적 위임에 의한 조례의 벌칙규정은 죄형법정주의에 반하지 않는다. 18법원
② 명확성의 원칙은 기본적으로 모든 기본권제한입법에 대하여 요구되는 것은 아니다. 19서울
③ 형식적 의미의 법률뿐만 아니라 명령·규칙에 의하여도 범죄와 형벌을 규정할 수 있다. 22해간
④ 과태료는 행정상 의무위반자에게 부과하는 행정질서벌로서 그 기능과 역할이 형벌에 준하는 것이므로 죄형법정주의의 규율 대상에 해당한다. 21법원/22경승

[해설]
① (O) 지방자치법 제22조.
② (X) "법치국가원리의 한 표현인 명확성의 원칙은 <u>기본적으로 모든 기본권제한입법에 대하여 요구된다.</u> (헌재 2000. 2. 24. 98헌바37)
③ (X) 죄형법정주의의 "법률"이란 입법부에서 제정한 <u>형식적 의미의 법률을 의미한다.</u> (헌재 1998. 3. 26. 96헌가20)
④ (X) 과태료는 행정상의 질서유지를 위한 행정질서벌에 해당할 뿐 형벌이라고 할 수 없어 <u>죄형법정주의의 규율대상에 해당하지 아니한다.</u> (헌재 1998. 5. 28. 96헌바83)

[정답] ①

134

다음 설명 중 가장 적절하지 않은 것은? (판례)

① 죄형법정주의가 적용되는 대상으로는 형벌뿐 아니라 과태료 등의 행정질서벌까지 포함된다. 17국가7
② 과태료는 행정상의 질서유지를 위한 행정질서벌에 해당할 뿐 형벌이라고 할 수 없어 죄형법정주의의 규율대상에 해당하지 아니한다. 18입시
③ 형벌은 범행의 경중과 행위자의 책임, 즉 형벌 사이에 비례성을 갖추어야 한다. 16국회9
④ 형벌조항을 해석할 때에는 헌법상 규정된 죄형법정주의 원칙 때문에 확대해석이나 유추해석은 원칙적으로 금지되고 형벌조항의 문언의 의미를 엄격하게 해석해야 한다. 20경채
⑤ 법정형의 종류와 범위의 선택은 그 범죄의 죄질과 보호법익에 대한 고려뿐만 아니라 우리의 역사와 문화, 입법 당시의 시대적 상황, 국민 일반의 가치관 내지 법감정 그리고 범죄예방을 위한 형사정책적 측면 등 여러 가지 요소를 종합적으로 고려하여 입법자가 결정할 사항으로서 광범위한 재량이 인정되어야 할 분야이다. 13법원

[해설]
① (X) <u>과태료는 행정상의 질서유지를 위한 행정질서벌에 해당할 뿐 형벌이라고 할 수 없어 죄형법정주의의 규율대상에 해당하지 아니한다.</u> (헌재 1998. 5. 28. 선고 96헌바83)
② (O) (헌재 1998. 5. 28. 선고 96헌바83)
③ (O) <u>형사법상 책임원칙</u>은 기본권의 최고이념인 인간의 존엄과 가치에 근거한 것으로, 형벌은 범행의 경중과 행위자의 책임 즉 형벌 사이에 비례성을 갖추어야 함을 의미한다. (헌재 2004. 12. 16. 2003헌가12)
④ (O) (헌재 2012. 12. 27. 2011헌바117)
⑤ (O) (헌재 2006. 6. 29. 2006헌가7)

[정답] ①

135

다음 설명 중 가장 적절하지 않은 것은? (판례)

① 법관의 보충적인 가치판단을 통해서 그 의미내용을 확인해 낼 수 있다면 명확성의 원칙에 반한다고 할 수 없다. 19서울
② 명확성의 원칙은 규율대상이 극히 다양하고 수시로 변화하는 것인 경우에는 그 요건이 완화되어야 한다. 19서울
③ 명확성의 원칙은 입법자가 법률을 제정함에 있어서 개괄조항이나 불확정 법개념의 사용을 금지한다. 20법무
④ 신용협동조합 임원의 선거운동 기간 및 선거운동에 필요한 사항을 정관에서 정할 수 있도록 규정한 신용협동조합법 조항은 죄형법정주의에 위반된다. 최신판례
⑤ 보험재정에 관한 사실관계는 매우 다양하고 수시로 변화될 것이 예상되기 때문에, '보험료부과점수의 산정방법 기준 그 밖에 필요한 사항'을 대통령령에 위임하더라도 그 내용의 범위와 한계가 객관적으로 충분히 예측가능하여 포괄위임금지원칙에 위반되지 않는다. 14지방7

해설

① (O) (헌재 2005. 12. 22. 2004헌바45)
② (O) (헌재 1997. 12. 24. 95헌마390) 〈주〉 예컨대 "음란"의 개념은 계속 변화하므로 법률에는 불확정적 개념을 명시하고 판례에 따라 그 의미를 보충한다.
③ (×) 행정부가 다양한 과제, 각 개별적 경우마다의 특수한 상황, 법이 규율하는 현실의 변화 등에 적절하게 대처하기 위하여 입법자는 추상적이고 불확정적인 개념을 사용하지 아니할 수 없다. (헌재 2000. 2. 24. 98헌바37)
④ (O) 신용협동조합법 제27조의2 제2항 내지 제4항은 구체적으로 허용되는 선거운동의 기간 및 방법을 시행령이나 시행규칙이 아닌 정관에 맡기고 있어 범죄와 형벌은 입법부가 제정한 형식적 의미의 법률로 정하여야 한다는 죄형법정주의를 위반한 것으로 헌법에 위반된다. (헌재 2020. 6. 25. 2018헌바278)
⑤ (O) (헌재 2013. 7. 25. 2010헌바51)

[정답] ③

136

다음 설명 중 가장 적절한 것은? (판례)

① 죄형법정주의는 범죄와 형벌이 법률로 정하여져야 함을 의미하는 것으로 이러한 죄형법정주의에서 파생되는 명확성의 원칙은 누구나 법률이 처벌하고자 하는 행위가 무엇이며, 그에 대한 형벌이 어떠한 것인지를 예견할 수 있어야 하나, 반드시 그에 따라 자신의 행위를 결정할 수 있도록 하는 구성요건의 명확성까지 요구하는 것은 아니다. 22경승
② 형벌 구성요건의 실질적 내용을 법률에서 직접 규정하지 아니하고 새마을금고의 정관에 위임한 것은 범죄와 형벌에 관하여는 입법부가 제정한 형식적 의미의 법률로써 정하여야 한다는 죄형법정주의 원칙에 위반되지 않는다. 22경승
③ 법정형의 폭이 지나치게 넓게 되면 자의적인 형벌권의 행사가 가능하게 되어 형벌체계상의 불균형을 초래할 수 있을 뿐만 아니라, 피고인이 구체적인 형의 예측이 현저하게 곤란해지고 죄질에 비하여 무거운 형에 처해질 위험에 직면하게 되므로 법정형의 폭이 지나치게 넓어서는 아니된다는 것은 죄형법정주의의 한 내포라고 할 수 있다. 22경승
④ 처벌을 규정하고 있는 법률조항이 구성요건이 되는 행위를 같은 법률조항에서 직접 규정하지 않고 다른 법률조항에서 이미 규정한 내용을 원용하였다거나 그 내용 중 일부를 괄호 안에 규정한 경우 그 사실만으로 명확성 원칙에 위반된다. 22경승

해설

① (×) 죄형법정주의 명확성원칙은 법률이 처벌하고자 하는 행위가 무엇이며 그에 대한 형벌이 어떠한 것인지를 누구나 예견할 수 있고, 그에 따라 자신의 행위를 결정할 수 있도록 구성요건을 명확하게 규정할 것을 요구한다. (헌재 2017. 9. 28. 2016헌바376)
② (×) 죄형법정주의 원칙에 위반된다. (헌재 2019. 5. 30. 2018헌가12) 〈주〉 법률에 정할 것을 정관으로 정하도록 하였다.
③ (O) (헌재 1997. 9. 25. 96헌가16)
④ (×) 다른 법률조항에서 이미 규정한 내용을 원용하였다거나 그 내용 중 일부를 괄호 안에 규정하였다는 사실만으로 명확성 원칙에 위반된다고 할 수는 없다. (헌재 2010. 3. 25. 2009헌바121)

[정답] ③

137

다음 설명 중 가장 적절한 것은? (판례)

① '가정의례의 참뜻에 비추어 합리적인 범위 내'라는 소극적 범죄구성요건은 죄형법정주의의 명확성 원칙을 위배하지 아니하였다. 18법원

② 공공수역에 다량의 토사를 유출하거나 버려 상수원 또는 하천 호소를 현저히 오염되게 한 자를 처벌하는 수질 및 수생태계 보전에 관한 법률 조항 중 다량, 토사, 현저히 오염 부분은 명확성원칙에 위배된다. 17서울

③ '다량의 토사'를 유출하거나 버려서 상수원 또는 하천, 호소를 '현저히 오염'되게 하는 행위는 평소 하천이나 호소의 부유 물질량의 증가 또는 변화를 보고 판단할 수 있어, '다량'이나 '현저히' 같은 표현 그 자체로만으로 불명확하다고 볼 수는 없다. 14지방7

④ 공중도덕상 유해한 업무에 취업시킬 목적으로 근로자를 파견한 사람을 형사처벌하도록 규정한 구 파견근로자보호 등에 관한 법률 제42조 제1항 중 '공중도덕상 유해한 업무' 부분은 명확성원칙에 위배되지 않는다. 21경승

해설

① (×) 이 사건 규정은 결국 죄형법정주의의 <u>명확성 원칙을 위배하</u>여 청구인의 일반적 행동자유권을 침해하였다. (헌재 1998. 10. 15. 98헌마168)

② (○) (헌재 2013. 7. 25. 2011헌가26)

③ (×) 이 사건 벌칙규정이나 관련 법령 어디에도 '토사'의 의미나 '다량'의 정도, '현저히 오염'되었다고 판단할 만한 기준에 대하여 아무런 규정도 하지 않고 있으므로, <u>죄형법정주의의 명확성원칙에 위배된다.</u> (헌재 2013. 7. 25. 2011헌가26)

④ (×) 건전한 상식과 통상적 법감정을 가진 사람으로 하여금 자신의 행위를 결정해 나가기에 충분한 기준이 될 정도의 의미내용을 가지고 있다고 볼 수 없으므로 죄형법정주의의 <u>명확성원칙에 위배된다.</u> (헌재 2016. 11. 24. 2015헌가23)

[정답] ②

138

다음 설명 중 가장 적절하지 않은 것은? (판례)

① 구 미성년자보호법의 해당 조항 중 "잔인성"과 "범죄의 충동을 일으킬 수 있게"라는 부분은 그 적용 범위를 법집행기관의 자의적인 판단에 맡기고 있으므로 죄형법정주의에서 파생된 명확성의 원칙에 위배된다. 21국가7

② 공공의 질서 및 선량한 풍속을 문란하게 할 염려가 있는 상표는 등록받을 수 없다고 규정한 구 상표법 제7조 제1항 제4호가 명확성의 원칙에 위반된다고 할 수 없다. 19서울

③ 학교환경위생정화구역 안의 금지행위를 규정한 구 학교보건법의 '미풍양속을 해하는 행위 및 시설' 부분은 죄형법정주의 또는 명확성의 원칙에 위반된다고 보기 어렵다. 14국가7

④ 모양이 총포와 아주 비슷하여 '범죄에 악용될 소지가 현저한 것'을 모의총포의 기준으로 정한「총포·도검·화약류 등의 안전 관리에 관한 법률 시행령」조항은 건전한 상식과 통상적인 법감정을 가진 사람이 어떠한 물건이 모의총포에 해당하는지 알 수 없기 때문에 명확성원칙에 위배된다. 20국회8

⑤ 교정시설의 장이 마약류사범에 대하여는 시설의 안전과 질서유지를 위하여 필요한 범위에서 다른 수용자와의 접촉을 차단하거나 계호를 엄중히 하는 등 법무부령으로 정하는 바에 따라 다른 수용자와 달리 관리할 수 있도록 한 것은 포괄위임금지원칙에 위배되지 않는다. 14지방7

해설

① (○) (헌재 2002. 2. 28. 99헌가8)

② (○) (헌재 2014. 3. 27. 2012헌바55)

③ (○) 금지조항 중 '미풍양속을 해하는 행위 및 시설' 부분은 죄형법정주의 또는 명확성의 원칙에 위반된다고 보기 어렵다. (헌재 2008. 4. 24. 2006헌바61) 〈주〉 미풍양속이라는 표현이 민법에서는 합헌이지만, 형법에서는 원칙적으로 위헌이다. 다만 형법에서도 청소년 또는 학교정화구역과 관련된 경우에는 합헌이다.

④ (×) 이 사건 시행령조항은 문언상 그 의미가 명확하므로, 죄형법정주의의 <u>명확성원칙에 위반되지 않는다.</u> (헌재 2018. 5. 31. 2017헌마167)

⑤ (○) (헌재 2013. 7. 25. 2012헌바63)

[정답] ④

139

다음 설명 중 가장 적절한 것은? (판례)

① '여러 사람의 눈에 뜨이는 곳에서 공공연하게 알몸을 지나치게 내놓거나 가려야 할 곳을 내놓아 다른 사람에게 부끄러운 느낌이나 불쾌감을 준 사람'을 처벌하는 「경범죄 처벌법」 조항은 그 의미를 알기 어렵고 확정하기도 곤란하므로 명확성원칙에 위배된다. 20국회8/23경찰1

② 「군사기밀 보호법」 조항 중 "외국인을 위하여 제12조 제1항에 규정된 죄를 범한 경우에는 그 죄에 해당하는 형의 2분의 1까지 가중처벌한다."는 부분(이하, '외국인 가중처벌 조항'이라 한다) 중 '외국인을 위하여'라는 의미는 '외국인 가중처벌 조항'에 의하여 금지된 행위가 무엇인지 명확하다고 볼 수 없기 때문에 명확성원칙에 위배된다. 20국회8

③ 법률사건의 수임에 관하여 알선의 대가로 금품을 제공하거나 이를 약속한 변호사를 형사처벌하는 구 변호사법 조항 중 '법률사건'과 '알선'은 처벌법규의 구성요건으로 그 의미가 불분명하기에 명확성원칙에 위배된다. 15국가7

④ 방송통신심의위원회의 직무의 하나로 '건전한 통신윤리의 함양을 위하여 필요한 사항으로서 대통령령이 정하는 정보의 심의 및 시정요구'를 규정하고 있는 방송통신위원회의 설치 및 운영에 관한 법률 조항 중 '건전한 통신윤리'라는 부분은 각 개인의 가치관에 따라 달리 해석될 수 있기에 명확성원칙에 위배된다. 15국가7

해설

① (O) (헌재 2016. 11. 24. 2016헌가3)
② (X) 외국인을 이롭게 할 수 있다는 인식 내지 의사'를 의미한다고 충분히 알 수 있으므로, 명확성원칙에 위반되지 아니한다. (헌재 2018. 1. 25. 2015헌바367)
③ (X) 죄형법정주의의 명확성원칙에 위배되지 않는다. (헌재 2013. 2. 28. 2012헌바62)
④ (X) 이 사건 법률조항이 명확성의 원칙에 반한다고 할 수 없다. (헌재 2012. 2. 23. 2011헌가13)

[정답] ①

140

다음 설명 중 가장 적절하지 않은 것은? (판례)

① 구 「군형법」 조항에서 금지하는 연설, 문서 또는 그 밖의 방법으로 '정치적 의견을 공표'하는 행위는 법집행 당국의 자의적인 해석과 집행을 가능하게 한다고 보기 어려우므로 명확성원칙에 위배되지 않는다. 20국회8

② 의료인이 '치료효과를 보장하는 등 소비자를 현혹할 우려가 있는 내용의 광고'를 한 경우 형사처벌하도록 규정한 의료법 규정은 오로지 의료서비스의 긍정적인 측면만을 강조하여 의료소비자를 혼란스럽게 하고 합리적인 선택을 방해할 것으로 걱정되는 광고를 의미하는 것으로 충분히 해석이 가능하기에 명확성원칙에 위배되지 않는다. 15국가7

③ 공무원의 '공무 외의 일을 위한 집단행위'를 금지하는 국가공무원법 규정은 어떤 행위가 허용되고 금지되는지를 예측할 수 없으므로 명확성원칙에 위배된다. 15국가7

④ 방송통신위원회법 제21조 제4호 중 '건전한 통신윤리'라는 개념은 다소 추상적인 것이기는 하나, 전기통신회선을 이용하여 정보를 전달함에 있어 우리 사회가 요구하는 최소한의 질서 또는 도덕률을 의미한다. 13서울

해설

① (O) (헌재 2018. 7. 26. 2016헌바139)
② (O) (헌재 2014. 9. 25. 2013헌바28)
③ (X) '공익에 반하는 목적을 위하여 직무전념의무를 해태하는 등의 영향을 가져오거나 공무에 대한 국민의 신뢰에 손상을 가져올 수 있는 공무원 다수의 결집된 행위'를 말하는 것으로 한정 해석되므로 명확성원칙에 위배된다고 볼 수 없다. (헌재 2014. 8. 28. 2011헌바50)
④ (O) 이 사건 법률조항이 명확성의 원칙에 반한다고 할 수 없다. (헌재 2012. 2. 23. 2011헌가13)

[정답] ③

141

다음 설명 중 가장 적절하지 않은 것은? (판례)

① 구 법관징계법 제2조 제2호는 '품위손상', '위신실추'와 같은 추상적인 용어를 사용하여 수범인인 법관이 구체적으로 어떠한 행위가 이에 해당하는지를 충분히 예측할 수 없을 정도로 그 적용범위가 모호하거나 불분명하다고 할 수 있다. 13서울
② '판결에 영향을 미칠 중요한 사항에 관하여 판단을 누락한 때'를 재심사유로 규정한 민사소송법 제451조 제1항 제9호는 명확성원칙에 위배되지 않는다. 19국회8
③ 상습으로 절도죄를 범한 자를 가중처벌하는 형법 제332조 중 '상습' 부분은 명확성원칙에 위배되지 않는다. 19국회8
④ 옥외집회 및 시위의 경우 관할경찰관서장으로 하여금 '최소한의 범위'에서 질서유지선을 설정할 수 있도록 하고, 질서유지선의 효용을 해친 경우 형사처벌하도록 하는 집회 및 시위에 관한 법률 제13조 제1항 중 '최소한의 범위' 부분은 명확성원칙에 위배되지 않는다. 19국회8
⑤ 술에 취한 상태에서의 운전을 금지하는 도로교통법 조항을 2회 이상 위반한 음주운전자를 가중처벌하는 조항은 죄형법정주의 명확성 원칙에 위배되지 않는다. 22법원

해설

① (×) 명확성원칙에 위배되지 아니한다. (헌재 2012. 2. 23. 2009헌바34)
② (○) (헌재 2016. 12. 29. 2016헌바43)
③ (○) (헌재 2016. 10. 27. 2016헌바31)
④ (○) (헌재 2016. 11. 24. 2015헌바218)
⑤ (○) (헌재 2021. 11. 25. 2019헌바446) 〈주〉 비례원칙에 위반되어 위헌이다.

정답 ①

142

다음 설명 중 가장 적절한 것은? (판례)

① 다른 사람 또는 단체의 집이나 그 밖의 공작물에 함부로 광고물 등을 붙이거나 거는 행위를 처벌하는 구 경범죄처벌법 제1조 제13호 중 '함부로 광고물 등을 붙이거나 거는 행위' 부분은 명확성 원칙에 위배되지 않는다. 19국회8
② 전문과목을 표시한 치과의원에게 그 표시한 전문과목에 해당하는 환자만을 진료하도록 한 의료법 조항은 명확성 원칙에 위배된다. 17서울
③ '다중의 위력으로써' 주거침입의 범죄를 범한 자를 처벌하는 '폭력행위 등 처벌에 관한 법률' 규정에서 '다중'의 개념은 '단체나 집단'과 명확하게 구별되지 않을 뿐만 아니라, '2인 이상이 공동하여'라는 같은 법 규정의 개념과 일치하는 부분 마저 있어 죄형법정주의에서 요구하는 명확성의 원칙에 위배된다. 13법행
④ 학원법에 따른 등록을 하지 아니하고 학원을 설립·운영한 자를 처벌하도록 한 학원법 조항은 명확성원칙에 위배된다. 17서울

해설

① (○) (헌재 2015. 5. 28. 2013헌바385)
② (×) 심판대상조항은 명확성원칙에 위배되어 직업수행의 자유를 침해한다고 볼 수 없다. (헌재 2015. 5. 28. 2013헌마799)
③ (×) 죄형법정주의의 명확성원칙에 위반된다고 볼 수 없다. (헌재 2008. 11. 27. 2007헌가24)
④ (×) 이 사건 처벌조항은 죄형법정주의의 명확성원칙에 반하지 아니한다. (헌재 2014. 1. 28. 2011헌바252)

정답 ①

143
다음 설명 중 가장 적절하지 않은 것은? (판례)

① 광고가 금지되는 내용으로서 '대부조건 등'은 대부업자가 자신의 용역에 관한 대부계약을 소비자와 맺기에 앞서 내놓는 중요한 요구와 거래의 상대방보호를 위해 대부업자에게 요구되는 중요한 사항으로서, 대부업자의 모든 광고가 아니라 대부계약에 대한 청약의 유인으로서의 광고를 금지하는 것이므로, 명확성원칙에 위배되지 않는다. 14지방7

② 음주운전 금지규정을 2회 이상 위반한 사람을 2년 이상 5년 이하의 징역이나 1천만 원 이상 2천만 원 이하의 벌금에 처하도록 한 구 도로교통법 제148조의2 제1항 중 '제44조 제1항을 2회 이상 위반한 사람'에 관한 부분은 죄형법정주의의 명확성원칙에 위반되지 않는다. 22국가7

③ 음주운전 금지규정을 2회 이상 위반한 사람을 2년 이상 5년 이하의 징역이나 1천만 원 이상 2천만 원 이하의 벌금에 처하도록 한 구 도로교통법 제148조의2 제1항 중 '제44조 제1항을 2회 이상 위반한 사람'에 관한 부분은 책임과 형벌 간의 비례원칙에 위반되지 않는다. 22국가7

④ 과거에 이미 행한 범죄에 대하여 공소시효의 정지규정을 적용하도록 하는 법률이라면 그 사유만으로 형벌불소급의 원칙에 언제나 위배되는 것으로 단정할 수 없다. 20경채

[해설]
① (○) (헌재 2013. 7. 25. 2012헌바67)
② (○) 명확성원칙에 위반되지 아니한다. (헌재 2021. 11. 25. 2019헌바446)
③ (✗) 과거 위반행위가 예컨대 10년 이상 전에 발생한 것이라면 이를 중처벌할 필요가 있다고 보기 어렵다. 또한 그 법정형의 하한을 2년 이상의 징역 또는 1천만 원 이상의 벌금을 기준으로 처벌하도록 하고 있어 책임과 형벌 간의 비례원칙에 위반된다. (헌재 2021. 11. 25. 2019헌바446)
④ (○) (헌재 1996. 2. 16. 96헌가2) 〈주〉 진정소급입법은 원칙적으로 금지되나, 내란죄처럼 처벌의 필요성과 공익이 큰 경우에는 허용된다.

[정답] ③

144
다음 설명 중 적절한 것은 몇 개인가? (판례)

㉠ 상습범 등에 대한 보안처분의 하나로서 신체에 대한 자유의 박탈을 그 내용으로 하는 보호감호처분은 형벌과 같은 차원에서의 적법한 절차와 헌법 제13조 제1항에 정한 죄형법정주의의 원칙에 따라 비로소 과해질 수 있는 것이라 할 수 있고, 따라서 그 요건이 되는 범죄에 관한 한 소급입법에 의한 보호감호처분은 허용될 수 없다. 12법행

㉡ 보안처분은 형벌과는 달리 행위자의 장래 재범위험성에 근거하는 것으로서, 행위시가 아닌 재판시의 재범위험성 여부에 대한 판단에 따라 보안처분 선고를 결정하므로 원칙적으로 재판 당시 현행법을 소급적용할 수 있다고 보는 것이 타당하고 합리적이다. 21국회9

㉢ 보안처분이라 하더라도 형벌적 성격이 강하여 신체의 자유를 박탈하거나 박탈에 준하는 정도로 신체의 자유를 제한하는 경우에는 소급효금지원칙을 적용하는 것이 법치주의 및 죄형법정주의에 부합한다. 18변시/21국회9

① 3개 ② 2개 ③ 1개 ④ 없음

[해설]
㉠ (○) (헌재 1989. 7. 14. 88헌가5) 〈주〉 사회보호법상 보호감호는 2005년에 폐지되었다. 그러나 폐지된 법률도 위헌적 요소가 있었는지 출제될 수 있다.
㉡ (○) (헌재 2016. 12. 29. 2015헌바196) 〈주〉 보안처분은 형벌이 아니므로 원칙적으로 소급효금지원칙이 적용되지 않는다는 뜻이다.
㉢ (○) (헌재 2012. 12. 27. 2010헌가82; 헌재 2014. 8. 28. 2011헌마28) 〈주〉 보안처분 중에서 형벌적 성격이 강한 사회봉사명령 등에는 예외적으로 소급효금지원칙이 적용될 수도 있다.

[정답] ①

145

다음 설명 중 가장 적절한 것은? (판례)

① 노역장유치는 그 실질이 신체의 자유를 박탈하는 것으로서 징역형과 유사한 형벌적 성격을 가지고 있으므로 형벌불소급원칙의 적용대상이 된다. 21국회9/23경승
② 특정 범죄자에 대한 위치추적 전자장치 부착 등에 관한 법률에 의한 전자감시제도는 성폭력범죄로부터 국민을 보호함을 목적으로 하는 일종의 보안처분이나, 전자감시제도의 목적과 성격, 그 운영에 관한 위 법률의 규정 내용 및 취지 등을 종합해 보면, 형벌에 관한 소급입법금지의 원칙이 그대로 적용되어야 한다. 12법행/17국가7/18변시/21회9
③ 「디엔에이신원확인정보의 이용 및 보호에 관한 법률」 시행 당시 디엔에이감식시료 채취 대상범죄로 이미 징역이나 금고 이상의 실형을 선고받아 그 형이 확정되어 수용 중인 사람에 대하여 디엔에이신원확인정보를 수집·이용하는 것은 보안처분의 성격을 지니므로 소급입법금지원칙이 적용된다. 20경채
④ 특정범죄에 대하여 형의 선고를 받아 확정된 사람으로부터 디엔에이감식시료를 채취할 수 있도록 한 디엔에이신원확인정보의 이용 및 보호에 관한 법률 조항은 과잉금지의 원칙을 위반하여 신체의 자유를 침해한다. 20법무/23경승

해설

① (○) (헌재 2017. 10. 26. 2015헌바239)
② (×) 이 사건 부착명령은 형벌과 구별되는 비형벌적 보안처분으로서 소급효금지원칙이 적용되지 아니한다. (헌재 2012. 12. 27. 2010헌가82)
③ (×) 디엔에이신원확인정보의 수집·이용은 처벌적인 효과가 없는 비형벌적 보안처분으로서 소급입법금지원칙이 적용되지 않는다. (헌재 2014. 8. 28. 2011헌마28)
④ (×) 제한되는 신체의 자유의 정도는 일상생활에서 경험할 수 있는 정도의 미약한 것으로서, 이 사건 채취조항들이 과도하게 신체의 자유를 침해한다고 볼 수 없다. (헌재 2014. 8. 28. 2011헌마28)

정답 ①

146

다음 설명 중 적절한 것은 몇 개인가? (판례)

> ㉠ 무기징역의 집행 중에 있는 자의 가석방 요건을 종전의 '10년 이상'에서 '20년 이상' 형 집행 경과로 강화한 개정 형법 조항을 형법 개정 당시에 이미 수용 중인 사람에게도 적용하는 형법 부칙 조항은 신뢰보호원칙에 위반된다. 16국가7/22경승
> ㉡ 위법건축물에 대하여 이행강제금을 부과하도록 하면서 이행강제금제도 도입 전의 위법건축물에 대하여도 이행강제금제도 적용의 예외를 두지 아니한 것은 신뢰보호원칙에 위배된다. 16서울/22경채
> ㉢ 행위 당시의 판례에 의하면 처벌대상이 아니었던 행위가 판례변경에 따라 처벌되게 되었다면 형벌불소급의 원칙에 반한다. 17국가7

① 없음   ② 1개   ③ 2개   ④ 3개

해설

㉠ (×) 수형자가 형법에 규정된 형 집행경과기간 요건을 갖춘 것만으로 가석방을 요구할 권리를 취득하는 것은 아니므로, 10년간 수용되어 있으면 가석방 적격심사 대상자로 선정될 수 있었던 구 형법 제72조 제1항에 대한 청구인의 신뢰를 헌법상 권리로 보호할 필요성이 있다고 할 수 없다. 따라서 이 사건 부칙조항이 신뢰보호원칙에 위배되어 청구인의 신체의 자유를 침해한다고 볼 수 없다. (헌재 2013. 8. 29. 2011헌마408)
㉡ (×) 이행강제금제도 도입 전의 위법건축물이라 하더라도 이행강제금을 부과함으로써 위법상태를 치유하여 건축물의 안전, 기능, 미관을 증진하여야 한다는 공익적 필요는 중대하다 할 것이다. 따라서 이 사건 부칙조항은 신뢰보호원칙에 위배된다고 볼 수 없다. (헌재 2015. 10. 21. 2013헌바248)
㉢ (×) 행위 당시의 판례에 의하면 처벌대상이 되지 아니하는 것으로 해석되었던 행위를 판례의 변경에 따라 확인된 내용의 형법 조항에 근거하여 처벌한다고 하여 그것이 헌법상 평등의 원칙과 형벌불소급의 원칙에 반한다고 할 수는 없다. (대법원 1999. 9. 17. 97도3349)

정답 ①

147

다음 설명 중 가장 적절한 것은? (판례)

① 영업주가 고용한 종업원이 그 업무와 관련하여 무면허의료행위를 한 경우에, 종업원의 범죄행위가 있으면 자동적으로 영업주도 처벌하는 것은 무면허의료행위에 대한 규제의 효율성을 위한 것이므로 형벌에 관한 책임주의에 반하지 않는다. 10사시

② 어느 범죄에 대한 법정형이 그 범죄의 죄질 및 이에 따른 행위자의 책임에 비하여 지나치게 가혹한 것이어서 현저히 형벌체계상의 균형을 잃고 있다거나 그 범죄에 대한 형벌 본래의 목적과 기능을 달성함에 있어 필요한 정도를 일탈하였다는 등 헌법상의 평등의 원칙 및 비례의 원칙 등에 명백히 위배되는 경우가 아닌 한, 쉽사리 헌법에 위반된다고 단정하여서는 아니된다. 13법원

③ 보호법익과 죄질이 서로 다르다고 하더라도, 법정형의 과중 여부는 둘 또는 그 이상의 범죄를 동일 선상에 놓고 그 중 어느 한 범죄의 법정형을 기준으로 하여 다른 범죄의 법정형의 과중 여부를 판정할 수밖에 없다. 13법원

④ 공연히 사실을 적시하여 사람의 명예를 훼손한 경우 형사처벌하는 것은 공적 인물과 공적 사안에 대한 감시·비판을 봉쇄할 목적으로 악용될 소지가 크므로 표현의 자유를 침해한다. 21국회8/23법행

해설

① (×) 위 법률조항은 다른 사람의 범죄에 대해 그 책임 유무를 묻지 않고 형벌을 부과함으로써 <u>책임주의에 반한다</u>. (헌재 2007. 11. 29. 2005헌가10)

② (○) (헌재 2006. 6. 29. 2006헌가7)

③ (×) 보호법익과 죄질이 서로 다른 둘 또는 그 이상의 범죄를 동일 선상에 놓고 그 중 <u>어느 한 범죄의 법정형을 기준으로 하여 단순한 평면적인 비교로써 다른 범죄의 법정형의 과중 여부를 판정하여서는 아니 된다</u>. (헌재 2004. 4. 29. 2003헌바118)

④ (×) 형법 제307조 제1항은 과잉금지원칙에 반하여 <u>표현의 자유를 침해하지 아니한다</u>. (헌재 2021. 2. 25. 2017헌마1113).

[정답] ②

148

다음 설명 중 가장 적절하지 않은 것은? (판례)

① 뇌물죄가 국가와 사회에 미치는 병폐는 수뢰액이 많으면 많을수록 가중된다는 점에서 볼 때, 수뢰액을 기준으로 한 단계적 가중처벌은 비록 수뢰액의 다과만이 그 죄의 경중을 가늠하는 유일한 기준은 아니라 할지라도 그 가장 중요한 기준임에 비추어 일응 수긍할 만한 합리적 이유가 있다 할 것이다. 13법원

② 관광진흥개발기금 관리·운용업무에 종사토록 하기 위하여 문화체육관광부 장관에 의해 채용된 민간 전문가에 대해 형법 상 뇌물죄의 적용에 있어서 공무원으로 의제하는 관광진흥개발기금법의 규정은 신체의 자유를 과도하게 제한하는 것은 아니다. 21국가7

③ 공연히 허위의 사실을 적시하여 사람의 명예를 훼손한 자를 형사처벌하도록 규정한 형법 제307조 제2항은 개인의 인격권을 충실히 보호하고 민주사회의 자유로운 여론 형성을 위한 공론의 장이 제 기능을 다 할 수 있도록 하기 위하여 허위사실을 적시하여 타인의 명예를 훼손하는 표현행위를 형사처벌을 통해 규제하기 위한 것으로서 표현의 자유를 침해하지 아니한다. 21법행

④ 모욕죄의 형사처벌은 다양한 의견 간의 자유로운 토론과 비판을 제한하여 정치적·학술적 표현행위가 위축되고 열린 논의의 가능성이 줄어들게 되어 표현의 자유를 침해한다. 21국회8

해설

① (○) (헌재 2001. 5. 31. 2000헌바91)

② (○) (헌재 2014. 7. 24. 2012헌바188)

③ (○) (헌재 2021. 2. 25. 2016헌바84)

④ (×) 모욕죄를 규정하고 있는 심판대상조항이 <u>표현의 자유를 침해한다고 볼 수 없다</u>. (헌재 2013. 6. 27. 2012헌바37)

[정답] ④

149

다음 설명 중 가장 적절하지 않은 것은? (판례)

① 모욕죄를 규정하고 있는 형법은 표현의 자유를 침해하지 아니한다. 18법무

② 청구인이 공적인 인물의 부당한 행위를 비판하는 과정에서 모욕적인 표현을 사용한 행위가 사회상규에 위배되지 아니하는 행위로서 정당행위에 해당될 여지가 있음에도, 이에 대한 판단 없이 청구인에게 모욕 혐의를 인정한 피청구인의 기소유예처분은 청구인의 행복추구권을 침해한다. 21국가7

③ 대중교통수단, 공연·집회 장소, 그 밖에 공중이 밀집하는 장소에서 사람을 추행한 사람을 처벌하는 법률 규정은 법정형의 하한을 두어 법관이 개별 사건마다 행위자의 책임에 상응하는 형을 선고할 수 없도록 하여 과잉금지원칙에 위반된다. 21법행

④ 주거침입강제추행죄의 법정형을 주거침입강간죄와 동일하게 규정한 것은 평등원칙에 반하지 아니한다. 18법무

⑤ 과료는 가장 경한 형벌로서 주로 경미한 범죄에 과해지는 것이나, 이 역시 죄를 범한 자에 대하여 부과하는 형벌의 하나이므로, 과료미납자에 대한 노역장유치조항이 헌법에 위반된다고 볼 수 없다. 23법행

해설

① (O) (헌재 2016. 2. 25. 2013헌바111)
② (O) (헌재 2020. 9. 24. 2019헌마1285)
③ (×) 심판대상조항은 법정형의 하한을 두지 않음으로써 법관이 개별 사건마다 행위자의 책임에 상응하는 형을 선고할 수 있도록 하고 있는 점 등을 고려하면, 심판대상조항은 과잉금지원칙에 위반되지 아니한다. (헌재 2021. 3. 25. 2019헌바413) 〈주〉 공중밀집장소추행죄는 1년 이하의 징역 또는 300만원 이하의 벌금형으로 규정되어 있다.
④ (O) 법관의 양형으로 불법과 책임을 일치시킬 수 있으면 법정형이 내포하고 있는 약간의 위헌성은 극복될 수 있는 것이므로, 이는 법관이 구체적인 양형을 통하여 시정하면 된다. 따라서 이 사건 법률조항이 현저히 형벌체계상의 정당성이나 균형성을 상실하여 평등원칙에 위반된다고 할 수 없다. (헌재 2013. 7. 25. 2012헌바320)
⑤ (O) (헌재 2020. 12. 23. 2018헌바445)

정답 ③

150

다음 설명 중 가장 적절한 것은? (판례)

① 절도범이 체포를 면탈할 목적으로 폭행·협박한 것을 준강도로 처벌하는 것은 국민의 신체자유권을 제한함에 있어서 범죄와 형벌 간의 균형성과 최소성을 상실하여 과잉금지의 원칙에 위배된다. 20경채

② 군인 아닌 자가 유사군복을 착용함으로써 군인에 대한 국민의 신뢰가 실추되는 것을 방지하기 위해 유사군복의 착용을 금지하는 것은 허용되지만, 유사군복을 판매목적으로 소지하는 것까지 금지하는 것은 과잉금지원칙에 위반된다. 21국가7

③ 은닉, 보유 보관된 문화재에 대하여 필요적 몰수를 규정한 문화재보호법 규정은 책임과 형벌 간 비례원칙에 위배된다. 18법무

④ 사회보호법에서 치료감호기간의 상한을 정하지 아니한 것, 법관 아닌 사회보호위원회가 치료감호의 종료 여부를 결정하도록 한 것은 위헌이다. 17서울

해설

① (×) 절도가 체포를 면탈할 목적으로 폭행·협박한 것을 준강도로 처벌하는 것은 그 행위의 죄질이 강도와 등가로 평가할 수 있기 때문인 것이므로 과잉금지의 원칙을 위배하였다고 할 수 없다. (헌재 1997. 8. 21. 96헌바9)
② (×) 단지 유사군복의 착용을 금지하는 것으로는 입법목적을 달성하기에 부족하고, 유사군복을 판매 목적으로 소지하는 것까지 금지하여 유사군복이 유통되지 않도록 하는 사전적 규제조치가 불가피하다. 따라서 과잉금지원칙을 위반하여 직업의 자유 내지 일반적 행동의 자유를 침해한다고 볼 수 없다. (헌재 2019. 4. 11. 2018헌가14)
③ (O) 적법한 보유권한의 유무 등에 관계없이 필요적 몰수형을 규정한 것은 책임과 형벌 간의 비례원칙에 위배된다. (헌재 2007. 7. 26. 2003헌마377)
④ (×) [1] 청구인의 신체의 자유를 침해하는 것이라고 볼 수 없다. (헌재 2005. 2. 3. 2003헌바1) [2] 판사·검사 또는 변호사의 자격이 있는 자와 의사의 자격이 있는 자로 구성된 사회보호위원회로 하여금 재범의 위험성이 상존하는지 여부를 판단하도록 한 것은 적법절차에 위배된다고 할 수 없다. (헌재 2005. 2. 3. 2003헌바1)

정답 ③

151
다음 설명 중 가장 적절하지 않은 것은? (판례)

① 징역형 수형자에게 정역 의무를 부과하는 형법 제67조는 신체의 자유 침해가 아니다. 16국회9

② 마약의 단순매수를 영리매수와 동일한 법정형으로 처벌하는 것은 위헌이다. 17서울

③ 구체적 행위태양이나 적법한 보유권한의 유무 등에 관계없이 은닉, 보유, 보관된 당해 문화재의 필요적 몰수를 규정한 것은 책임과 형벌 간의 비례원칙에 위배된다. 17서울

④ 금융회사 등의 임직원이 그 직무에 관하여 수수, 요구 또는 약속한 금품 기타 이익의 가액이 1억 원 이상인 경우 징역형의 하한을 10년으로 하여 가중처벌하도록 정하고 있는 구 특정경제범죄 가중처벌 등에 관한 법률 규정은 과도한 처벌로서 책임과 형벌 간의 비례원칙에 위배된다. 21법행

⑤ 단순히 선박소유자가 고용한 선장이 선박소유자의 업무에 관하여 범죄행위를 하였다는 이유만으로 그 선박소유자에게도 동일한 벌금형을 과하도록 한 규정은 다른 사람의 범죄에 대하여 그 책임 유무를 묻지 않고 형벌을 부과하는 것으로서 책임주의원칙에 반한다. 18국가7

해설
① (O) (헌재 2012. 11. 29. 2011헌마318)
② (O) 단순범과 영리범의 구별조차 소멸시켜 질적 차이를 무시함으로써 책임과 형벌간의 비례성 원칙과 실질적 법치국가원리에 위반된다. (헌재 2003. 11. 27. 2002헌바24)
③ (O) (헌재 2007. 7. 26. 2003헌마377)
④ (✗) 이 사건 가중처벌조항은 책임과 형벌 간의 비례원칙에 위배되지 아니한다. (헌재 2020. 3. 26. 2017헌바129)
⑤ (O) (헌재 2011. 11. 24. 2011헌가15)

[정답] ④

152
다음 설명 중 가장 적절하지 않은 것은? (판례)

① 미결구금은 실질적으로 자유형의 집행과 다를 바 없으므로 인권보호 및 공평의 원칙상 형기에 전부 산입되어야 한다. 13국회9

② 상소제기 후의 미결구금일수 산입을 규정하면서 상소제기 후 상소취하시까지의 구금일수 통산에 관하여는 규정하지 아니함으로써 이를 본형 산입의 대상에서 제외되도록 한 「형사소송법」 조항은 신체의 자유를 지나치게 제한하는 것으로서 헌법에 위반된다. 21경승

③ 외국에서 형의 전부 또는 일부의 집행을 받은 자에 대하여 형을 감경 또는 면제할 수 있도록 규정한 법률조항은 형의 감면 여부를 법관의 재량에 전적으로 위임하고 있어 외국에서 받은 형의 집행을 전혀 반영하지 아니할 수도 있도록 한 것이어서 과잉금지원칙에 위반되어 신체의 자유를 침해한다. 16국회9/21경승

④ 헌법재판소는 외국에서 형의 전부 또는 일부의 집행을 받은 자에 대하여 형을 감경 또는 면제할 수 있도록 규정한 「형법」(1953. 9. 18. 법률 제293호로 제정된 것) 제7조가 이중처벌금지원칙에 위배되어 위헌이라고 판시하였다. 22경승

⑤ 외국에서 실제로 형의 집행을 받았더라도 우리 형법에 의한 처벌 시 이를 전혀 고려하지 않는다하여 신체의 자유에 대한 과도한 제한이라고 할 수 있다. 21소방

해설
① (O) (헌재 2009. 12. 29. 2008헌가13)
② (O) (헌재 2009. 12. 29. 2008헌가13)
③ (O) (헌재 2015. 5. 28. 2013헌바129)
④ (✗) [1] 이 사건 법률조항은 헌법 제13조 제1항의 이중처벌금지원칙에 위배되지 아니한다. [2] 우리 형법에 의한 처벌 시 외국에서 받은 형의 집행을 전혀 반영하지 아니할 수도 있도록 한 것은 과잉금지원칙에 위배되어 신체의 자유를 침해한다. (헌재 2015. 5. 28. 2013헌바129) 〈주〉 이후 형법 제7조는 형의 필요적 산입으로 개정되었다.
⑤ (O) (헌재 2015. 5. 28. 2013헌바129)

[정답] ④

2. 일사부재리원칙

153

다음 설명 중 가장 적절하지 않은 것은? (판례)

① 이중처벌금지의 원칙은 처벌 또는 제재가 '동일한 행위'를 대상으로 행해질 때에 적용될 수 있는 것이므로, 행위가 서로 다를 경우에는 이 원칙이 적용되지 않는다. 18입시
② 이중처벌금지원칙이 적용되는 대상이 동일한 행위인지 여부는 기본적 사실관계가 동일한지 여부에 의하여 판단된다. 18입시
③ 이중처벌금지의 원칙은 약식재판뿐만 아니라, 즉결심판에 의한 즉결처분의 경우에도 적용된다. 10사시
④ 헌법 제13조 제1항이 정한 이중처벌금지의 원칙은 동일한 범죄행위에 대하여 국가가 형벌권을 거듭 행사할 수 없도록 함으로써 국민의 기본권을 보장하기 위한 것이므로, 그 '처벌'은 국가가 행하는 일체의 제재나 불이익처분을 의미한다. 17입시/18법무

해설

① (O) (헌재 2015. 5. 28. 2013헌바129)
② (O) 이중처벌금지의 원칙은 처벌 또는 제재가 "동일한 행위"를 대상으로 행해질 때에 적용될 수 있는 것이고, 그 대상이 동일한 행위인지의 여부는 기본적 사실관계가 동일한지 여부에 의하여 가려야 할 것이다. (헌재 1994. 6. 30. 92헌바38)
③ (O) 약식재판, 즉결심판 모두 국가의 형벌권 실행이므로 이중처벌금지원칙이 적용된다.
④ (X) 헌법 제13조 제1항은 '이중처벌금지원칙'을 규정하고 있다. 이는 한 번 판결이 확정되면 동일한 사건에 대해서는 다시 심판할 수 없다는 '일사부재리원칙'이 국가형벌권의 기속원리로 헌법상 선언된 것이다. 이러한 점에서 헌법 제13조 제1항에서 말하는 '처벌'은 원칙적으로 범죄에 대한 국가의 형벌권 실행으로서의 과벌을 의미하는 것이고, 국가가 행하는 일체의 제재나 불이익처분을 모두 그 '처벌'에 포함시킬 수는 없다. (헌재 2015. 5. 28. 2013헌바129)

[정답] ④

154

다음 설명 중 가장 적절한 것은? (판례)

① 헌법 제13조 제1항에서 말하는 '처벌'이란 국가가 행하는 일체의 제재나 불이익처분을 모두 포함한다. 18입시
② 이중처벌금지원칙에서 처벌은 국가가 행하는 일체의 제재나 불이익 처분을 모두 포함하는 것이지만, 무죄추정의 원칙은 범죄에 대한 국가의 형벌권 실행으로서의 과벌에만 적용되는 것이다. 14국가7
③ 어떤 행정제재의 기능이 오로지 제재 및 이에 결부된 억지에 있다는 것만으로, 이를 「헌법」 제13조 제1항에 규정된 "처벌"에 해당한다고 할 수 있다. 20경채
④ 이중처벌금지는 징계절차나 민사상 손해배상절차 또는 형법에 근거하지 않는 다른 절차가 개시되는 것을 금지하지 않는다. 18입시

해설

① (X) 헌법 제13조 제1항에서 말하는 '처벌'은 원칙적으로 범죄에 대한 국가의 형벌권 실행으로서의 과벌을 의미하는 것이고, 국가가 행하는 일체의 제재나 불이익처분을 모두 그 '처벌'에 포함시킬 수는 없다. (헌재 2015. 5. 28. 2013헌바129)
② (X) 국가가 행하는 일체의 제재나 불이익처분을 모두 그 "처벌"에 포함시킬 수는 없다 할 것이다. (헌재 1994. 6. 30. 92헌바38) [2] 무죄추정의 원칙은 형사절차 내에서 원칙으로 인식되고 있으나 형사절차뿐만 아니라 기타 일반 법생활 영역에서의 기본권 제한과 같은 경우에도 적용된다고 할 것이다. (헌재 2006. 5. 25. 2004헌바12) 〈주〉 무죄추정원칙은 "국가"가 형벌을 부과하거나 "국가"가 일반생활에서 기본권을 제한할 때 적용된다. 따라서 사법관계에서 사인의 권리제한 등에는 적용되지 않는다.
③ (X) 어떤 행정제재의 기능이 오로지 제재 및 이에 결부된 억지에 있다는 것만으로, 이를 「헌법」 제13조 제1항에 규정된 "처벌"에 해당한다고 할 수는 없다. (헌재 2003. 7. 24. 2001헌가25)
④ (O) (헌재 2015. 5. 28. 2013헌바129)

[정답] ④

155

다음 설명 중 가장 적절하지 않은 것은? (판례)

① 무허가 건축행위에 대한 형사처벌 외에 위법건축물에 대한 시정명령의 이행을 강제하기 위하여 과태료나 이행강제금을 부과하는 것은 이중처벌에 해당하지 않는다. 18입시/22경채

② 공정거래위원회로 하여금 부당내부거래를 한 사업자에 대하여 그 매출액의 2% 범위 내에서 과징금을 부과할 수 있도록 한 것은 이중처벌금지의 원칙에 위반되지 않는다. 09법무

③ 법무부령이 정하는 금액 이상의 추징금을 납부하지 아니한 자에게 출국금지조치를 내릴 수 있도록 한 것은 이중처벌금지의 원칙에 위배된다. 10사시

④ 형사범죄를 일으킨 공무원에 대하여 공무원연금법상 급여를 제한하더라도 이중적인 처벌에 해당하는 것은 아니다. 18법무

⑤ 누범이나 상습범을 가중처벌하는 것은 헌법의 일사부재리에 위반하는 것이 아니다. 18법원

⑥ 헌법재판소는 형벌과 보호감호를 서로 병과하여 선고하는 것은 이중처벌금지원칙에 위반되지 않는다고 판단하였다. 23경승

해설

① (O) (헌재 1994. 6. 30. 92헌바38)
② (O) 공정거래법에서 형사처벌과 아울러 과징금의 병과를 예정하고 있더라도 이중처벌금지원칙에 위반된다고 볼 수 없다. (헌재 2003. 7. 24. 2001헌가25)
③ (×) 출국금지처분은 헌법 제13조 제1항 상의 <u>이중처벌금지원칙에 위배된다고 할 수 없다.</u> (헌재 2004. 10. 28. 2003헌가18)
④ (O) (헌재 2002. 7. 18. 2000헌바57)
⑤ (O) (헌재 2002. 10. 31. 2001헌바68) 〈주〉 누범은 행위책임이고, 상습범은 행위자책임이므로 양자는 취지가 다르다.
⑥ (O) (헌재 2015. 9. 24. 2014헌바222)

정답 ③

156

다음 설명 중 가장 적절한 것은? (판례)

① 공무원의 범죄행위로 인해 형사처벌이 부과된 경우에 그로 인하여 공직을 상실하게 되므로, 이에 더하여 공무원의 퇴직급여청구권까지 제한하는 것은 이중처벌금지의 원칙에 위배된다. 21국회8

② 행형법상의 징벌을 받은 자에 대한 형사처벌은 이중처벌금지의 원칙에 위배된다. 10사시

③ 운전면허 취소처분은 형법상에 규정된 형이 아니고, 그 절차도 일반 형사소송절차와는 다르며, 주취 중 운전금지라는 행정상 의무의 존재를 전제하면서 그 이행을 확보하기 위해 마련된 수단이라는 점에서 형벌과는 다른 목적과 기능을 가지고 있으므로, 이러한 처분을 이중처벌금지원칙에서 말하는 '처벌'로 보기 어렵다. 20경채

④ 특정 범죄자에 대한 보호관찰 및 전자장치 부착 등에 관한 법률에 의한 전자장치 부착기간 동안 다른 범죄를 저질러 구금된 경우, 그 구금기간이 부착기간에 포함되지 않는 것으로 규정한 위 법률 조항은 과잉금지원칙을 위반하여 인격권, 평등권 등의 기본권을 침해한다. 19법원

⑤ 일정한 성폭력범죄를 범한 사람에게 유죄판결을 선고하는 경우 형벌과 함께 성폭력치료프로그램 이수명령을 병과하도록 한 것은 이중처벌금지원칙에 위배된다. 22경승/23경승

해설

① (×) 이중적인 처벌에 해당하는 것은 아니라고 할 것이다. (헌재 2002. 7. 18. 2000헌바57)
② (×) 일사부재리의 원칙에 반하는 것은 아니다. (대법원 1987. 11. 24. 87도1463)
③ (O) (헌재 2010. 3. 25. 2009헌바83)
④ (×) 과잉금지원칙에 위배되지 아니한다. (헌재 2013. 7. 25. 2011헌마781)
⑤ (×) 이수명령은 형벌과 본질적 차이가 있는 보안처분에 해당하므로, 동일한 범죄행위에 대하여 형벌과 병과되더라도 <u>이중처벌금지원칙에 위배된다고 할 수 없다.</u> (헌재 2016. 12. 29. 2016헌바153)

정답 ③

157

다음 설명 중 가장 적절한 것은? (판례)

① 보호관찰이나 사회봉사 또는 수강명령의 준수사항이나 명령을 위반하고 그 정도가 무거운 때 집행유예가 취소되어 본형이 부활되는 것은 동일한 사건에 대한 심판의 결과가 아니므로 일사부재리원칙과는 무관하나 이미 수행된 의무이행부분이 부활되는 형기에 반영되지 않는 것은 적법절차에 위배된다. 15국가7

② 집행유예의 취소 시 부활되는 본형은 집행유예의 선고와 함께 선고되었던 것으로 판결이 확정된 동일한 사건에 대하여 다시 심판한 결과 부과되는 것이 아니므로 일사부재리의 원칙과 무관하다. 14국가7

③ 집행유예의 취소 시 부활되는 본형은 집행유예의 선고와 함께 선고되었던 것으로 판결이 확정된 동일한 사건에 대하여 다시 심판한 결과 부과되는 것이므로 일사부재리의 원칙이 적용된다. 20경채

④ 동일인을 구 석유 및 석유대체연료 사업법 규정에 따라 유사석유제품 제조행위로 처벌하고, 구 조세범 처벌법 규정에 근거하여 유사석유제품을 제조하여 조세를 포탈한 행위로도 처벌하는 것은 기본적 사실관계로서의 행위가 동일하여 이중처벌금지원칙에 위배된다. 18국가7

해설

① (×) 집행유예가 취소되는 경우에 부활되는 본형은 일사부재리의 원칙과는 무관하다. (헌재 2013. 6. 27. 2012헌바345)
② (○) (헌재 2013. 6. 27. 2012헌바345)
③ (×) 집행유예의 취소 시 부활되는 본형은 집행유예의 선고와 함께 선고되었던 것으로 판결이 확정된 동일한 사건에 대하여 다시 심판한 결과 부과되는 것이 아니므로 일사부재리의 원칙과 무관하다. (헌재 2013. 6. 27. 2012헌바345)
④ (×) 양자는 처벌의 대상이 되는 행위를 달리한다. 따라서 심판대상조항은 이중처벌금지원칙에 위배되지 아니한다. (헌재 2017. 7. 27. 2012헌바323)

정답 ②

158

다음 설명 중 가장 적절하지 않은 것은? (판례)

① 양심적 예비군 훈련거부자에 대하여 유죄의 판결이 확정되었더라도, 동일인이 새로이 부과된 예비군 훈련을 또 다시 거부하는 경우 그에 대한 형사처벌을 가하는 것은 이중처벌금지원칙에 위반된다고 할 수 없다. 14국가7

② 공무원의 징계 사유가 공금 횡령인 경우에 해당 징계 외에 공금횡령액의 5배 내의 징계부가금을 부과하도록 하는 것은 이중처벌금지원칙에 위배되지 않는다. 21국회8/23경승

③ 공무원의 업무질서를 유지하기 위하여 공금의 횡령이라는 공무원의 의무위반행위에 대해 지방자치단체가 사용자의 지위에서 행정절차를 통해 부과하는 징계부가금은 「헌법」 제13조 제1항에 규정된 "처벌"에 해당한다고 할 수 없다. 20경채

④ 후보자의 배우자가 공직선거법 소정의 범죄를 범함으로 인하여 징역형 또는 300만원 이상의 벌금형의 선고를 받은 때에는 그 후보자의 당선을 무효로 하는 것은 헌법 제13조 제3항에서 금지하고 있는 연좌제에 해당한다. 13국회9

⑤ 선거사무장의 선거범죄로 인한 당선무효를 규정하고 있는 공직선거법 제265조는 헌법상의 연좌제 금지에 반하지 않는다. 17서울

해설

① (○) (헌재 2011. 8. 30. 선고 2007헌가12)
② (○) (헌재 2015. 2. 26. 2012헌바435)
③ (○) (헌재 2015. 2. 26. 2012헌바435)
④ (×) 후보자와 불가분의 선거운명공동체를 형성하여 활동하게 마련인 배우자의 실질적 지위와 역할을 근거로 후보자에게 연대책임을 부여한 것이므로 헌법 제13조 제3항에서 금지하고 있는 연좌제에 해당하지 아니한다. (헌재 2005. 12. 22. 2005헌마19)
⑤ (○) 원칙적으로 회계책임자가 친족이 아닌 이상, 이 사건 법률조항은 적어도 헌법 제13조 제3항(연좌제 금지)의 규범적 실질내용에 위배될 수는 없다. (헌재 2010. 3. 25. 2009헌마170)

정답 ④

제2항 신체의 자유의 절차적 보장

1. 적법절차원칙

159
다음 설명 중 가장 적절한 것은? (판례)

① 적법절차의 원칙은 미국연방대법원의 판례를 통하여 확립된 원칙으로서 미국연방헌법에는 그 규정이 없다. 18법원
② 적법절차의 원칙은 영미법계 국가에서 인권보장을 위한 원리로 발전되어 온 것으로서, 우리나라는 제8차 개정헌법에서 비로소 헌법전에 규정된 바 있다. 17국회8
③ 누구든지 법률에 의하지 아니하고는 체포·구속·압수·수색 또는 심문을 받지 아니하며, 법률과 적법한 절차에 의하지 아니하고는 처벌 보안처분 또는 강제노역을 받지 아니한다. 13법행
④ 누구든지 법률에 의하지 아니하고는 체포·구속·압수·수색 또는 심문을 받지 아니하며, 법률 또는 적법한 절차에 의하지 아니하고는 처벌·보안처분 또는 강제노역을 받지 아니한다. 20소방

해설
① (×) 미국 수정헌법은 적법절차원칙을 규정하고 있다.
② (×) 적법절차 원칙은 1987년 제9차 개정 현행헌법에서 최초로 규정하였다.
③ (○) 헌법 제12조.
④ (×) 헌법 제12조 ① 모든 국민은 신체의 자유를 가진다. 누구든지 법률에 의하지 아니하고는 체포·구속·압수·수색 또는 심문을 받지 아니하며, 법률과 적법한 절차에 의하지 아니하고는 처벌·보안처분 또는 강제노역을 받지 아니한다. 〈주〉 법률 "또는" 적법한 절차가 아니라 법률"과" 적법한 절차이다.

[정답] ③

160
다음 설명 중 가장 적절하지 않은 것은? (판례)

① 법률과 적법한 절차에 의하는 경우에는 처벌 보안처분뿐만 아니라 강제노역도 받을 수 있다. 14법원
② 모든 국민은 신체의 자유를 가진다. 누구든지 법률과 적법 절차에 의하지 아니하고는 체포 구속 압수 수색을 받지 아니하며, 법률에 의하지 아니하고는 심문 처벌 보안처분 또는 강제노역을 받지 아니한다. 22경찰1차
③ 현행 헌법은 제12조 제1항의 처벌, 보안처분, 강제노역 등과 관련하여 적법절차의 원칙을 규정하고 있지만 이는 그 대상을 한정적으로 열거하고 있는 것이 아니라 그 적용 대상을 예시한 것에 불과하다고 해석해야 한다. 19국회8
④ 헌법 제12조 제1항은 적법절차원칙의 일반조항이고 제12조 제3항의 적법절차원칙은 기본권 제한 정도가 가장 심한 형사상 강제처분의 영역에서 기본권을 더욱 강하게 보장하려는 의지를 담아 중복 규정된 것이다. 15회9

해설
① (○) 헌법 제12조 제1항. 모든 국민은 신체의 자유를 가진다. 누구든지 법률에 의하지 아니하고는 체포·구속·압수·수색 또는 심문을 받지 아니하며, 법률과 적법한 절차에 의하지 아니하고는 처벌·보안처분 또는 강제노역을 받지 아니한다.
② (×) 헌법 제12조 ① 모든 국민은 신체의 자유를 가진다. 누구든지 법률에 의하지 아니하고는 체포·구속·압수·수색 또는 심문을 받지 아니하며, 법률과 적법한 절차에 의하지 아니하고는 처벌·보안처분 또는 강제노역을 받지 아니한다.
③ (○) (헌재 1992.12.24., 92헌가8)
④ (○) (헌재 2012. 6. 27. 2011헌가36)

[정답] ②

161

다음 설명 중 가장 적절하지 않은 것은? (판례)

① 독자적인 헌법원리로서의 적법절차원칙은 형식적인 절차뿐만 아니라 실체적 법률내용이 합리성과 정당성을 갖춘 것이어야 한다는 실질적 의미로 확대해석되고 있다. 17국회8
② 적법절차의 원칙은 헌법조항에 규정된 형사절차상의 제한된 범위 내에서만 적용되는 것이 아니라 국가작용으로서 기본권제한과 관련되든 관련되지 아니하든 모든 입법작용 및 행정작용에도 광범위하게 적용된다. 10국회8
③ 적법절차원칙은 형사소송절차에 국한되지 않고 모든 국가작용전반에 적용되는 것이므로 국민에게 부담을 주는 행정작용인 과징금 부과절차에도 적용된다. 17국회8
④ 현행 헌법이 명문화하고 있는 적법절차의 원칙은 모든 국가작용을 지배하는 독자적인 헌법의 기본원리로서 해석되어야 할 원칙이라는 점에서, 입법권의 유보적 한계를 선언하는 과잉입법금지의 원칙과 중첩되므로 양자는 구별되지 않는다. 13국가7 / 20경채

【해설】
① (○) (헌재 1992.12.24., 92헌가8)
② (○) (헌재 1992. 12. 24. 92헌가8)
③ (○) 국민에게 부담을 주는 행정작용인 과징금 부과의 절차에 있어서도 적법절차원칙이 준수되어야 할 것이다. (헌재 2003. 7. 24. 2001헌가25)
④ (×) 현행 헌법이 명문화하고 있는 적법절차의 원칙은 단순히 입법권의 유보제한이라는 한정적인 의미에 그치는 것이 아니라 모든 국가작용을 지배하는 독자적인 헌법의 기본원리로서 해석되어야 할 원칙이라는 점에서 입법권의 유보적 한계를 선언하는 과잉입법금지의 원칙과는 구별된다고 할 것이다. (헌재 1992. 12. 24. 92헌가8)

【정답】 ④

162

다음 설명 중 가장 적절하지 않은 것은? (판례)

① 적법절차의 원리는 탄핵소추절차에는 직접 적용되지 않는다. 15국회9
② 국가기관이 국민과의 관계에서 공권력을 행사함에 있어서 준수해야 할 법원칙으로서 형성된 적법절차의 원칙은 국가기관에 대하여 헌법을 수호하고자 하는 탄핵소추절차에는 직접 적용되지 않는다. 10국회8
③ 국회 입법에 대하여는 원칙적으로 일반 국민에 대하여 적법절차에서 파생되는 청문권이 인정된다. 17국회8
④ 국회가 법률을 제정하는 과정에서 헌법과 법률이 정하는 절차와 방법을 준수하였다면, 별도의 청문절차를 거치지 않았다고 해서 그것만으로 곧 헌법 제12조의 적법절차를 위반하였다고 볼 수 없다. 13국가7

【해설】
① (○) 국회의 탄핵소추의결에 의하여 사인으로서의 대통령의 기본권이 침해되는 것이 아니라, 국가기관으로서의 대통령의 권한 행사가 정지되는 것이다. 따라서 국회의 탄핵소추절차가 적법절차원칙에 위배되었다는 주장은 이유 없다. (헌재 2004. 5. 14. 2004헌나1)
② (○) 국회의 탄핵소추절차가 적법절차원칙에 위배되었다는 주장은 이유 없다. (헌재 2004. 5. 14. 2004헌나1)
③ (×) 국회입법에 대하여는 원칙적으로 일반 국민의 지위에서 적법절차에서 파생되는 청문권이 인정되지 아니한다. (헌재 2005. 11. 24. 2005헌마579) 〈주〉 국민의 기본권이 침해되는 경우에만 적법절차 위반을 주장할 수 있다.
④ (○) 국회가 이 사건 폐지법을 제정하는 과정에서 별도의 청문절차를 거치지 않았다고 해서 그것만으로 곧 헌법 제12조의 적법절차를 위반하였다고 볼 수는 없다. (헌재 2001. 2. 22. 99헌마613)

【정답】 ③

163
다음 설명 중 가장 적절하지 않은 것은? (판례)

① 보안처분에도 적법절차의 원칙이 적용되어야 함은 당연한 것이지만 보안처분에는 다양한 형태와 내용이 존재하므로 각 보안처분에 적용되어야 할 적법절차의 범위 내지 한계에도 차이가 있어야 할 것이다. 18법원
② 보안처분에 적용되어야 할 적법절차의 원리의 적용범위 내지 한계는 각 보안처분의 구체적 자유박탈 내지 제한의 정도를 고려하여 차이가 있는바, 예컨대 처벌 또는 강제노역에 버금가는 심대한 기본권의 제한을 수반하는 보안처분에는 좁은 의미의 적법절차의 원칙이 엄격히 적용되어야 할 것이나, 보안관찰처분과 같이 단순히 피보안관찰자에게 신고의무를 부과하는 자유제한적인 조치에는 보다 완화된 적법절차의 원칙이 적용된다. 10국회8
③ 보안관찰처분 취소 등을 구하는 행정소송절차에서는 일률적으로 가처분을 할 수 없도록 한 것은 적법절차원칙에 위배된다. 05522군무5
④ 당사자에 대한 적절한 고지와 의견 및 자료 제출의 기회를 부여할 것이 적법절차원칙에서 도출할 수 있는 절차적 요청이라고 볼 수는 없다. 13법행
⑤ 압수·수색의 사전통지나 집행 당시의 참여권의 보장은, 압수·수색에 있어 국민의 기본권을 보장하고 헌법상의 적법절차원칙의 실현을 위한 구체적인 방법의 하나일 뿐, 헌법상 명문으로 규정된 권리는 아니다. 13국가7

해설
① (O) (헌재 2005. 2. 3. 2003헌바1)
② (O) (헌재 1997. 11. 27. 92헌바28)
③ (O) (헌재 2001. 4. 26. 98헌바79)
④ (X) 적법절차원칙에서 도출할 수 있는 중요한 절차적 요청 중의 하나로, 당사자에게 적절한 고지를 행할 것 및 당사자에게 의견 및 자료 제출의 기회를 부여할 것 등이 있다. (헌재 2008. 1. 17. 2007헌마700)
⑤ (O) (헌재 2012. 12. 27. 2011헌바225)

정답 ④

164
다음 설명 중 가장 적절한 것은? (판례)

① 적법절차의 원칙에서 도출되는 가장 중요한 절차적 요청은 당사자에게 적절한 고지를 행할 것, 당사자에게 의견 및 자료 제출의 기회를 부여할 것이므로, 국민의 기본권을 제한하는 불이익처분의 근거법률에 이러한 요소가 누락되어 있다면 그 법률은 적법절차의 원칙을 위반한 것이므로 위헌이다. 17법행
② 압수물에 대한 소유권포기가 있다면, 사법경찰관이 법에서 정한 압수물폐기의 요건과 상관없이 임의로 압수물을 폐기하였어도, 이것이 적법절차원칙을 위반한 것은 아니다. 13국가7
③ 보관 자체가 위험하다고 볼 수 없어 '위험발생의 염려가 있는 압수물'로 볼 수 없는 압수물이라도 기본적으로 그 소유자에게 처분의 자유가 있으므로, 피압수자의 소유권포기가 있으면 폐기가 허용된다. 21법행
④ 일정 기간 수사관서에 출석하지 않았다는 사유로 관세법 위반 압수물품을 별도의 재판이나 처분 없이 국고에 귀속시키도록 한 법률규정은 적법절차의 원칙에 위배된다. 16서울

해설
① (X) 선거운동의 특성상 선거법 위반행위인지 여부와 그에 대한 조치는 가능하면 신속하게 결정되어야 하므로, 청구인에게 위 조치 전에 의견진술의 기회를 부여하지 않은 것이 적법절차원칙에 어긋나서 청구인의 기본권을 침해한다고 볼 수 없다. (헌재 2008. 1. 17. 2007헌마700)
② (X) 법에서 정한 압수물 폐기의 요건과 무관하게 단지 압수물에 대한 소유권포기가 있다는 사유만으로 임의로 압수물을 폐기한 것은 기본권제한의 법률유보원리로서의 적법절차원칙을 위반한 것이다. (헌재 2012. 12. 27. 2011헌마351)
③ (X) 압수물에 대하여 소유권포기가 있다는 이유로 이를 사건종결 전에 폐기하였는바, 위와 같은 피청구인의 행위는 적법절차의 원칙을 위반하고, 청구인의 공정한 재판을 받을 권리를 침해한 것이다. (헌재 2012. 12. 27. 2011헌마351)
④ (O) 헌법상의 적법절차의 원칙과 무죄추정의 원칙에 위배된다. (헌재 1997. 5. 29. 96헌가17)

정답 ④

165

다음 설명 중 가장 적절하지 않은 것은? (판례)

① 출입국관리법은 출국금지 후 즉시 서면으로 통지하도록 하고 있고 이의신청이나 행정소송을 통하여 출국금지결정에 대해 사후적으로 다툴 수 있는 기회를 제공하여 절차적 참여를 보장해 주고 있으므로, 형사재판에 계속 중인 사람에 대하여 출국을 금지할 수 있다고 규정한 출입국관리법은 적법절차원칙에 위배되지 않는다. 16지방7

② 형사재판에 계속 중인 사람에 대하여 출국을 금지할 수 있다고 규정한 출입국관리법 제4조 제1항 제1호는 무죄추정의 원칙에 위배된다. 22경찰1차

③ 공정거래법에서 행정기관인 공정거래위원회로 하여금 과징금을 부과하여 제재할 수 있도록 하고 있는바, 공정거래위원회는 합의제 행정기관으로서 그 구성에 있어 일정한 정도의 독립성이 보장되어 있고, 과징금 부과절차에서는 통지, 의견진술의 기회 여부 등을 통하여 당사자의 절차적 참여권을 인정하고 있으며, 행정소송을 통한 사법적 사후심사가 보장되어 있으므로, 과징금 부과 절차에 있어 적법절차원칙에 위반된다고 볼 수 없다. 10국회8

④ 공정거래위원회로 하여금 부당내부거래를 한 사업자에 대하여 그 매출액의 2% 범위 내에서 과징금을 부과할 수 있도록 한 것은 적법절차원칙에 위배되지 않는다. 19국회8

해설

① (○) 적법절차원칙에 위배된다고 보기 어렵다. (헌재 2015. 9. 24. 2012헌바302)
② (×) 형사재판에 계속 중인 사람에 대하여 출국을 금지할 수 있다고 규정한 출입국관리법 제4조 제1항 제1호는 유죄를 근거로 형사재판에 계속 중인 사람에게 사회적 비난 내지 응보적 의미의 제재를 가하려는 것이라고 보기 어려우므로 무죄추정의 원칙에 위배된다고 볼 수 없다. (헌재 2015. 9. 24. 2012헌바302)
③ (○) (헌재 2016. 4. 28. 2014헌바60)
④ (○) (헌재 2016. 4. 28. 2014헌바60)

정답 ②

166

다음 설명 중 가장 적절한 것은? (판례)

① 징계시효 연장을 규정하면서 징계절차를 진행하지 아니함을 통보하지 아니한 경우에는 징계시효가 연장되지 않는다는 예외규정을 두지 않았다고 하더라도 적법절차원칙에 위배되지 않는다. 19국회8/23경찰1

② 범죄인인도법 제3조가 법원의 범죄인인도심사를 서울고등법원의 전속관할로 하고 그 심사결정에 대한 불복절차를 인정하지 않은 것은 적법절차원칙에 위배된다. 19국회8

③ 범칙금 통고처분을 받고도 납부기간 이내에 범칙금을 납부하지 아니한 사람에 대하여 행정청에 대한 이의제기나 의견진술 등의 기회를 주지 않고 경찰서장이 곧바로 즉결심판을 청구하도록 한 구 도로교통법 조항은 적법절차원칙에 위배된다. 16지방7/20경채/23경승/23경찰1

④ 관계행정청이 등급분류를 받지 아니하거나 등급분류를 받은 게임물과 다른 내용의 게임물을 발견한 경우 관계공무원으로 하여금 이를 수거·폐기하게 할 수 있도록 하는 경우, 그에 앞서 청문이나 의견제출 등 절차보장에 관한 규정을 두고 있지 않으면, 적법절차의 원칙에 위반된다. 10국회8/23경찰1

해설

① (○) 수사가 종료되는 시점에서 징계절차가 진행될 수 있다는 점을 예측하여 대비할 수 있으므로, 적법절차원칙에 위배되지 아니한다. (헌재 2017. 6. 29. 2015헌바29)
② (×) 이 사건 법률조항이 적어도 법관과 법률에 의한 한 번의 재판을 보장하고 있으므로, 재판청구권을 과잉 제한하는 것이라고 보기는 어렵다. (헌재 2003. 1. 30. 2001헌바95)
③ (×) 이에 불복하여 범칙금을 납부하지 아니한 자에게는 재판절차라는 완비된 절차적 보장이 주어진다. 따라서 적법절차원칙에 위배된다고 보기 어렵다. (헌재 2014. 8. 28. 2012헌바433)
④ (×) 수거증 교부와 증표제시 등의 절차적 요건을 규정하고 있으므로, 이 사건 법률조항이 적법절차의 원칙에 위배되는 것으로 보기도 어렵다. (헌재 2002. 10. 31. 2000헌가12)

정답 ①

167
다음 설명 중 가장 적절하지 않은 것은? (판례)

① 징벌혐의의 조사를 위하여 14일간 청구인을 조사실에 분리 수용하고 공동행사참가 등 처우를 제한한 교도소장의 행위에 대하여 법원에 의한 개별적인 통제절차를 두고 있지 않은 것만으로는 적법절차원칙에 위배되지 않는다. 19국회8
② 무죄, 면소, 형의 면제, 형의 선고유예, 형의 집행유예, 공소기각 또는 벌금이나 과료를 과하는 판결이 선고된 때에는 구속영장의 효력을 잃도록 하면서 검사로부터 사형, 무기 또는 10년 이상의 징역이나 금고의 형에 해당한다는 취지의 의견진술이 있는 사건에 대하여는 예외로 하는 것은 헌법상 적법절차의 원칙에 위배된다. 11국회8
③ 산업단지의 지정권자로 하여금 산업단지계획안에 대한 주민의견청취와 동시에 환경영향평가서 초안에 대한 주민의견청취를 진행하도록 한 구「산업단지 인·허가 절차 간소화를 위한 특례법」규정은 적법절차원칙에 위배된다. 20경채
④ 「산업단지 인·허가 절차 간소화를 위한 특례법」상 산업단지의 지정권자로 하여금 산업단지계획안에 대한 주민의견청취와 동시에 환경영향평가서 초안에 대한 주민의견청취를 진행하도록 한 것은 국가의 기본권 보호의무에 위반되지 않는다. 20국회9

해설

① (O) 징벌처분에 대해서는 행정소송을 통해 불복할 수 있다는 점 등을 볼 때, 적법절차원칙에 위반된 것이라고 볼 수는 없다. (헌재 2014. 9. 25. 2012헌마523)
② (O) 형사소송법 제331조 단서 규정과 같이 구속영장의 실효 여부를 검사의 의견에 좌우되도록 하는 것은 헌법상의 적법절차의 원칙에 위배된다. (헌재 1992. 12. 24. 92헌가8)
③ (X) 산업단지의 지정권자로 하여금 산업단지계획안에 대한 주민의견청취와 동시에 환경영향평가서 초안에 대한 주민의견청취를 진행하도록 한 구「산업단지 인·허가 절차 간소화를 위한 특례법」규정은 주민의 절차적 참여를 보장해 주고 있으므로, 적법절차원칙에 위배되지 않는다. (헌재 2016. 12. 29. 2015헌바280)
④ (O) (헌재 2016. 12. 29. 2015헌바280)

[정답] ③

2. 진술거부권

3. 영장주의

168
다음 설명 중 가장 적절한 것은? (판례)

① 헌법 제12조 제2항에 규정된 진술거부권은 형사절차에서만 보장되는 것은 아니고, 행정절차이거나 국회에서의 질문 등 어디에서나 그 진술이 자기에게 형사상 불리한 경우에는 묵비권을 가지고 이를 강요받지 아니할 국민의 기본권으로 보장된다. 17법행
② 신체의 자유를 최대한으로 보장하려는 헌법정신, 특히 영장주의 원칙으로 인하여 불구속수사·불구속재판을 원칙으로 하고 예외적으로 피의자 또는 피고인이 도피할 우려가 있거나 증거를 인멸할 우려가 있는 때에 한하여 구속수사 또는 구속재판이 인정된다. 22소방7
③ 현행범인인 경우와 장기 5년 이상의 형에 해당하는 죄를 범하고 도피 또는 증거인멸의 염려가 있을 때에는 사후에 영장을 청구할 수 있다. 21국회9
④ 체포·구속 압수 또는 수색을 할 때에는 어떠한 경우에라도 적법한 절차에 따라 검사의 신청에 의하여 법관이 발부한 영장을 제시하여야 한다. 22해간

해설

① (O) (대법원 2015. 5. 28. 2015도3136)
② (X) 신체의 자유를 최대한으로 보장하려는 헌법정신, 특히 무죄추정의 원칙으로 인하여 불구속수사·불구속재판을 원칙으로 하고 예외적으로 피의자 또는 피고인이 도피할 우려가 있거나 증거를 인멸할 우려가 있는 때에 한하여 구속수사 또는 구속재판이 인정될 따름이다.(헌재 1992. 4. 14. 90헌마82) 〈주〉 영장주의가 아니라 무죄추정의 원칙이다.
③ (X) 헌법 제12조 ③ 체포·구속·압수 또는 수색을 할 때에는 적법한 절차에 따라 검사의 신청에 의하여 법관이 발부한 영장을 제시하여야 한다. 다만, 현행범인인 경우와 장기 3년 이상의 형에 해당하는 죄를 범하고 도피 또는 증거인멸의 염려가 있을 때에는 사후에 영장을 청구할 수 있다.
④ (X) 헌법 제12조에 사후영장의 예외가 있으며, 법원이 직권으로 발부하는 영장도 있다. 〈주〉 따라서 '어떠한 경우에라도' 부분이 틀렸다.

[정답] ①

169

다음 설명 중 가장 적절하지 않은 것은? (판례)

① 체포 구속 압수 또는 수색을 할 때에는 적법한 절차에 따라 검사의 신청에 의하여 법관이 발부한 영장을 제시하여야 한다. 다만, 현행범인인 경우와 장기 3년 이상의 형에 해당하는 죄를 범하고 도피 또는 증거인멸의 염려가 있을 때에는 사후에 영장을 청구할 수 있다. 22경찰1차

② 체포·구속·압수 또는 수색을 할 때에는 적법한 절차에 따라 검사의 신청에 의하여 법관이 발부한 영장을 제시하여야 한다. 다만, 현행범인인 경우와 장기 3년 이상의 형에 해당하는 죄를 범하고 도피 또는 증거인멸의 염려가 없을 때에는 사후에 영장을 청구할 수 있다. 21경승

③ 긴급체포와 현행범체포의 경우 체포영장 없이 체포를 한 후 피의자를 구속하고자 할 때에는 체포한 때부터 48시간 이내에 구속영장을 청구하여야 한다. 16서울

④ 주거에 대한 압수나 수색을 할 때에는 검사의 신청에 의하여 법관이 발부한 영장을 제시하여야 한다. 18행시

해설

① (O) 헌법 제12조 제3항. 체포·구속·압수 또는 수색을 할 때에는 적법한 절차에 따라 검사의 신청에 의하여 법관이 발부한 영장을 제시하여야 한다. 다만, 현행범인인 경우와 장기 3년 이상의 형에 해당하는 죄를 범하고 도피 또는 증거인멸의 염려가 있을 때에는 사후에 영장을 청구할 수 있다.

② (X) 헌법 제12조 제3항. 체포·구속·압수 또는 수색을 할 때에는 적법한 절차에 따라 검사의 신청에 의하여 법관이 발부한 영장을 제시하여야 한다. 다만, 현행범인인 경우와 장기 3년 이상의 형에 해당하는 죄를 범하고 도피 또는 증거인멸의 염려가 <u>있을 때에는</u> 사후에 영장을 청구할 수 있다.

③ (O) 형사소송법 제200조의4.

④ (O) 헌법 제16조. 모든 국민은 주거의 자유를 침해받지 아니한다. 주거에 대한 압수나 수색을 할 때에는 검사의 신청에 의하여 법관이 발부한 영장을 제시하여야 한다.

[정답] ②

170

다음 설명 중 가장 적절하지 않은 것은? (판례)

① 체포·구속 압수 또는 수색을 할 때에는 적법한 절차에 따라 검사의 신청에 의하여 법관이 발부한 영장을 제시하여야 하며, 주거에 대한 압수나 수색을 할 때에는 검사의 신청에 의하여 법관이 발부한 영장을 제시하여야 한다. 16지방7

② 체포영장을 발부받아 피의자를 체포하는 경우에 필요한 때에는 영장 없이 타인의 주거 등 내에서 피의자 수사를 할 수 있도록 한 형사소송법 규정은 별도로 영장을 발부받기 어려운 긴급한 사정이 있는지 여부를 구별하지 아니하고 피의자가 소재할 개연성만 소명되면 영장 없이 타인의 주거 등을 수색할 수 있도록 허용하고 있으므로 헌법 제16조의 영장주의에 위반된다. 18국가7

③ 헌법은 주거에 대한 압수나 수색 또는 통신제한조치를 할 때에는 검사의 신청에 의하여 법관이 발부한 영장을 제시하도록 명시하고 있다. 15 국회8

④ 비상계엄이 선포된 때에는 법률이 정하는 바에 의하여 영장제도에 관하여 특별한 조치를 할 수 있다. 13국회9

해설

① (O) 헌법 제12조.

② (O) 심판대상조항은 별도로 영장을 발부받기 어려운 <u>긴급한 사정이 있는지 여부를 구별하지 아니하고 피의자가 소재할 개연성만 소명되면</u> 영장 없이 타인의 주거 등을 수색할 수 있도록 허용하고 있다. 이는 헌법 제16조의 영장주의 예외 요건을 벗어나는 것으로서 영장주의에 위반된다. (헌재 2018. 4. 26. 2015헌바370)

③ (X) <u>통신제한 조치</u>에 대해서는 헌법에서 따로 규정하고 있지 않다

④ (O) 헌법 제77조 제3항. 비상계엄이 선포된 때에는 법률이 정하는 바에 의하여 영장제도, 언론·출판·집회·결사의 자유, 정부나 법원의 권한에 관하여 특별한 조치를 할 수 있다

[정답] ③

171
다음 설명 중 가장 적절하지 않은 것은? (판례)

① 영장주의는 적법절차원칙에서 도출되는 원리로서 형사절차와 관련하여 체포·구속·압수·수색의 강제처분을 할 때에는 사법권 독립에 의하여 신분이 보장되는 법관이 발부한 영장에 의하지 않으면 안 된다는 것이다. 21경채

② 영장주의는 구속의 개시시점에 한하여 법관의 판단에 의하여 결정되어야 한다는 것을 의미하고, 구속영장의 효력을 계속 유지할 것인지 여부와는 관련이 없다. 18행시/20경채

③ 헌법 제12조 제3항에 규정된 영장주의는 구속의 개시시점에 한하지 않고 구속영장의 효력을 계속 유지할 것인지 아니면 실효시킬 것인지의 여부도 신분이 보장되고 있는 법관의 판단에 의하여 결정되어야 한다는 것을 의미한다. 따라서 구 형사소송법 제331조 단서 규정과 같이 구속영장의 실효 여부를 검사의 의견에 좌우되도록 하는 것은 헌법에 위반된다. 06사시

④ 헌법 제16조 후문은 주거에 대한 압수나 수색을 할 때 영장주의에 대한 예외를 명문화하고 있지 않지만, 신체의 자유와 비교할 때 주거의 자유에 대해서도 일정한 요건 하에서는 그 예외를 인정할 필요가 있다는 점 등을 고려하면, 헌법 제16조의 영장주의에 대해서도 그 예외를 인정하되, 그 장소에 범죄혐의 등을 입증할 자료나 피의자가 존재할 개연성이 소명되고, 사전에 영장을 발부받기 어려운 긴급한 사정이 있는 경우에만 제한적으로 허용될 수 있다고 보는 것이 타당하다. 19변시/19법원

해설

① (O) (헌재 1997. 3. 27. 96헌바28)
② (X) 구속영장의 효력을 계속 유지할 것인지 아니면 취소 또는 실효시킬 것인지의 여부도 사법권독립의 원칙에 의하여 신분이 보장되고 있는 법관의 판단에 의하여 결정되어야 한다. (헌재 1992. 12. 24. 92헌가8)
③ (O) (헌재 1992. 12. 24. 92헌가8)
④ (O) 헌법 제16조의 영장주의에 대해서도 그 예외를 인정하되, 이는 ① 그 장소에 범죄혐의 등을 입증할 자료나 피의자가 존재할 개연성이 소명되고, ② 사전에 영장을 발부받기 어려운 긴급한 사정이 있는 경우에만 제한적으로 허용될 수 있다고 보는 것이 타당하다. (헌재 2018. 4. 26. 2015헌바370)

정답 ②

172
다음 설명 중 가장 적절한 것은? (판례)

① 헌법에 규정된 영장신청권자로서의 검사는 검찰권을 행사하는 국가기관인 검사로서 공익의 대표자이자 수사단계에서의 인권옹호기관으로서의 지위에서 그에 부합하는 직무를 수행하는 「검찰청법」상 검사만을 지칭하는 것이다. 21경채/23경찰1

② 공판단계에서 피고인에 대하여 법관이 영장을 발부하는 경우에도 형식상 검사의 신청이 필요하며, 그렇지 아니한 경우에는 적법절차의 원칙에 위배된다. 16서울/21법행

③ 법원이 직권으로 발부하는 영장과 수사기관의 청구에 의하여 발부하는 구속영장의 법적 성격은 같다. 08국가7

④ 헌법재판소에 따르면 행정상 즉시강제는 급박한 행정상 장해를 제거하기 위한 목적에 의한 것이지만, 국가가 개인에게 직접 신체나 재산에 실력을 행사하는 것이므로 원칙적으로 영장주의가 적용되지 않는다. 16서울/18국회8

해설

① (X) 검찰청법상 검사만을 지칭하는 것으로 보기 어렵다. (헌재 2021. 1. 28. 2020헌마264) 〈주〉 공수처 검사도 포함된다.
② (X) 법원이 피고인에 대하여 구속영장을 발부하는 경우에도 검사의 신청이 있어야 한다는 것이 그 규정의 취지라고 볼 수는 없다. (대법원 1996. 8. 12. 자, 96모46)
③ (X) 법원이 직권으로 발부하는 영장과 수사기관의 청구에 의하여 발부하는 구속영장의 법적 성격은 같지 않다. 즉, 전자는 명령장으로서의 성질을 갖지만 후자는 허가장으로서의 성질을 갖는 것이다. (헌재 1997. 3. 27. 96헌바28)
④ (O) 행정상 즉시강제는 원칙적으로 영장주의가 적용되지 않는다고 보아야 할 것이다. (헌재 2002. 10. 31. 2000헌가12) 〈주〉 헌법재판소는 행정상 즉시강제에 영장주의가 적용되지 않는 것이 원칙이라고 하고, 대법원은 행정상 즉시강제에도 영장주의가 적용되는 것이 원칙이라고 한다.

〈비교판례〉 헌법 제12조제3항 사전영장주의원칙은 인신보호를 위한 헌법상의 기속원리이기 때문에 인신의 자유를 제한하는 국가의 모든 영역(예컨대, 행정상의 즉시강제)에서도 존중되어야 한다. (대법원 1995. 6. 30. 93추83)

정답 ④

173

다음 설명 중 가장 적절하지 않은 것은? (판례)

① 행정상 즉시강제의 경우 급박한 필요가 있고 공익이 우선하는 경우에는 영장 없이도 불법물을 수거·폐기할 수 있다. 08국가7

② 음주측정은 성질상 강제될 수 있는 것이 아니며 당사자의 자발적 협조가 필수적인 것이므로, 영장주의에 위배되지 않는다. 16서울

③ 구치소 등 교정시설 내에서 마약류사범에게 마약류반응검사를 위하여 소변을 받아 제출하게 한 것은 법관의 영장을 필요로 하는 강제처분에 해당하므로 이와 같은 방법의 소변채취가 법관의 영장 없이 실시되었다고 한다면 영장주의에 위배된다. 15국회8

④ 음주측정은 당사자의 자발적 협조가 필수적이어서 영장을 필요로 하는 강제처분이라 할 수 없다. 08국가7

해설

① (O) 행정상 즉시강제는 원칙적으로 영장주의가 적용되지 않는다. (헌재 2002. 10. 31. 2000헌가12)

② (O) 도로교통법 제41조 제2항에 규정된 음주측정은 성질상 강제될 수 있는 것이 아니라 궁극적으로 당사자의 자발적 협조가 필수적인 것이므로 이를 두고 법관의 영장을 필요로 하는 강제처분이라 할 수 없다. (헌재 1997. 3. 27. 96헌가11)

③ (X) 소변을 받아 제출하도록 한 것은 교도소의 안전과 질서유지를 위한 것으로 수사에 필요한 처분이 아닐 뿐만 아니라 검사대상자들의 협력이 필수적이어서 강제처분이라고 할 수도 없어 영장주의의 원칙이 적용되지 않는다. (헌재 2006. 7. 27. 2005헌마277)

④ (O) 도로교통법 제41조 제2항에 규정된 음주측정은 성질상 강제될 수 있는 것이 아니며 궁극적으로 당사자의 자발적 협조가 필수적인 것이므로 장주의에 위배되지 아니한다. (헌재 1997. 3. 27. 96헌가11)

정답 ③

174

다음 설명 중 가장 적절하지 않은 것은? (판례)

① 범죄의 피의자로 입건된 사람들에게 경찰공무원이나 검사의 신문을 받으면서 자신의 신원을 밝히지 않고 지문채취에 불응하는 경우 형사처벌을 통하여 지문채취를 강제하는 법률조항은 영장주의에 위배되지 않는다. 08국회8

② 수사상 필요에 의하여 수사기관이 직접강제에 의하여 지문을 채취하려 하는 경우에는 반드시 법관이 발부한 영장에 의하여야 한다. 08국회8

③ 범죄의 피의자로 입건된 사람이 경찰공무원이나 검사의 신문을 받으면서 자신의 신원을 밝히지 않고 지문채취에 불응하는 경우 형사처벌을 부과하는 것은, 수사기관이 직접 물리적 강제력을 행사하여 피의자에게 강제로 지문을 찍도록 하는 것을 허용하는 것과 질적인 차이가 없으므로 영장주의에 위배된다. 15국회8/22경채

④ 우편물 통관검사절차에서 이루어지는 우편물의 개봉, 시료채취, 성분분석 등 검사는 수출입물품에 대한 적정한 통관 등을 목적으로 한 행정조사의 성격을 가지는 것으로서 수사기관의 강제처분이라고 할 수 없으므로 압수·수색영장 없이 검사가 진행되었다 하더라도 특별한 사정이 없는 한 위법하다고 볼 수 없다. 17법행

해설

① (O) (헌재 2004. 9. 23. 2002헌가17)

② (O) 수사상 필요에 의하여 수사기관이 직접강제에 의하여 지문을 채취하려 하는 경우에는 반드시 법관이 발부한 영장에 의하여야 하므로 영장주의원칙은 여전히 유지되고 있다고 할 수 있다. (헌재 2004. 9. 23. 2002헌가17)

③ (X) 이 사건 법률조항은 심리적·간접적으로 지문채취를 강요하고 있으므로 영장주의에 의하여야 할 강제처분이라 할 수 없다. (헌재 2004. 9. 23. 2002헌가17)

④ (O) 행정조사의 성격을 가지는 것으로서 특별한 사정이 없는 한 위법하다고 볼 수 없다. (대법원 2013. 9. 26. 2013도7718)

정답 ③

175
다음 설명 중 가장 적절한 것은? (판례)

① 법원에 의하여 구속영장청구가 기각된 피의자에 대하여 구속영장을 재청구하기 위한 요건으로서 절차적 가중요건만 규정할 뿐 실질적 가중요건을 규정하지 아니한 형사소송법 조항은 영장주의에 반한다. 06사시

② 형의 집행 및 수용자의 처우에 관한 법률 제41조 제2항 제1호, 제3호 중 '미결수용자의 접견내용의 녹음·녹화에 관한 부분에 따라 접견내용을 녹음·녹화하는 것은 직접적으로 물리적 강제력을 수반하는 강제처분이 아니므로 영장주의가 적용되지 않아 영장주의에 위배된다'고 할 수 없다. 17법행/23경찰1

③ 도로교통법상 음주측정은 호흡측정기에 의한 측정의 성질상 강제될 수 있는 것이 아니므로 헌법 제12조 제3항에 의하여 영장을 필요로 하는 강제처분에는 해당한다. 17법행/23경승

④ 음주운전 중 교통사고를 야기한 후 운전자가 의식불명 상태에 빠져 있는 등으로 호흡조사에 의한 음주측정이 불가능하고 채혈에 대한 동의를 받을 수도 없으며 법원으로부터 감정처분허가장이나 사전 압수영장을 발부받을 시간적 여유도 없는 긴급한 상황이 발생한 경우에는, 비록 운전자의 동의를 받지 않았다고 하더라도 그 채혈 결과를 근거로 한 운전면허 정지·취소 처분은 적법하다. 17법행/22경승

해설

① (×) 입법자가 구속영장의 재청구에 관하여 '절차적 가중요건'만을 규정하는 정책적 선택을 하였다는 사정만으로 입법형성권을 자의적으로 행사하였다고 할 수는 없다. (헌재 2003. 12. 18. 2002헌마593)

② (○) (헌재 2016. 11. 24. 2014헌바401)

③ (×) 헌법 제12조 제3항에 의하여 영장을 필요로 하는 강제처분에는 해당하지 않는다. (헌재 1997. 3. 27. 96헌가11)

④ (×) 수사기관이 법원으로부터 영장 또는 감정처분허가장을 발부받지 아니한 채 피의자의 동의 없이 피의자의 신체로부터 혈액을 채취하고 사후에도 지체 없이 영장을 발부받지 아니한 채 혈액 중 알코올농도에 관한 감정을 의뢰하였다면, 형사소송법상 영장주의 원칙을 위반하여 수집하거나 그에 기초하여 획득한 증거로서, 피고인이나 변호인의 동의가 있더라도 유죄의 증거로 사용할 수 없다. (대법원 2012. 11. 15. 2011도15258)

정답 ②

176
다음 설명 중 가장 적절하지 않은 것은? (판례)

① 헌법상 영장주의는 신체에 대한 직접적이고 현실적인 강제력이 행사되는 경우에만 적용되므로 특별검사법상 참고인에 대한 동행명령조항과 같이 형벌에 의한 불이익을 통해 심리적·간접적으로 일정한 행위를 강요하는 것에는 영장주의가 적용되지 않는다. 08국회8

② 특별검사가 참고인에게 지정된 장소까지 동행할 것을 명령할 수 있게 하고 참고인이 정당한 이유 없이 위 동행명령을 거부한 경우 천만 원 이하의 벌금형에 처하도록 규정한 동행명령조항은 영장주의 또는 과잉금지원칙에 위배하여 참고인의 신체의 자유를 침해하는 것이다. 16서울/20경승

③ 지방의회에서의 사무감사·조사를 위한 증인의 동행명령장제도는 증인의 신체의 자유를 억압하여 일정 장소로 인치하는 것으로서 헌법 제12조 제3항의 "체포 또는 구속"에 준하는 사태로 보아야 하므로, 이의 실행을 위하여는 법관이 발부한 영장의 제시가 있어야 한다. 13법행

④ 지방자치법에 근거한 조례에 의하여 지방의회에서의 사무감사·조사를 위한 증인의 동행명령장을 지방의회 의장이 발부하는 것은 영장주의원칙에 위배된다. 06사시

해설

① (×) 특별검사가 참고인에게 지정된 장소까지 동행할 것을 명령할 수 있게 하고 참고인이 정당한 이유 없이 위 동행명령을 거부한 경우 천만 원 이하의 벌금형에 처하도록 규정한 이 사건 법률조항은 영장주의 또는 과잉금지원칙에 위배하여 청구인들의 평등권과 신체의 자유를 침해한다. (헌재 2008. 1. 10. 2007헌마1468)

② (○) (헌재 2008. 1. 10. 2007헌마1468)

③ (○) (대법원 1995. 6. 30. 93추83)

④ (○) 헌법 제12조 제3항에 의하여 법관이 발부한 영장의 제시가 있어야 함에도 불구하고 동행명령장을 법관이 아닌 지방의회 의장이 발부하고 이에 기하여 증인의 신체의 자유를 침해하여 증인을 일정 장소에 인치하도록 규정된 조례안은 영장주의원칙을 규정한 헌법 제12조 제3항에 위반된 것이다. (대법원 1995. 6. 30. 93추83)

정답 ①

177

다음 설명 중 가장 적절한 것은? (판례)

① 영장주의는 형사절차와 관련하여 체포·구속·압수·수색의 강제처분을 할 때 신분이 보장되는 법관이 발부한 영장에 의하지 않으면 안 된다는 원칙으로서 형사절차가 아닌 징계절차에는 그대로 적용된다고 볼 수 없다. 22국회5
② 헌법 제12조 제1항의 적법절차원칙은 형사소송절차에 국한되므로 전투경찰순경의 인신구금을 내용으로 하는 영창처분에 있어서는 적법절차원칙이 적용되지 않는다. 16지방7
③ 전투경찰순경의 인신구금을 그 내용으로 하는 영창처분에 있어서도 헌법상 적법절차원칙이 준수될 것이 요청되며 이에 관한 영창조항은 헌법에서 요구하는 수준의 절차적 보장 기준을 충족하지 못했으므로 헌법에 위반된다. 18회8
④ 전투경찰순경에 대한 영창처분은 행정기관에 의한 구속에 해당하고 그 본질상 급박성을 요건으로 하지 않음에도 불구하고 법관의 판단을 거쳐 발부된 영장에 의하지 않고 이루어지는 점에서, 헌법 제12조 제3항의 영장주의에 위반된다. 19법원

[해설]

① (○) (헌재 2016. 3. 31. 2013헌바190) 〈주〉 법정의견은 영창처분을 징계절차로 보아서 영장주의가 적용되지 않는다고 보았다.
② (×) 헌법 제12조 제1항의 적법절차원칙은 형사소송절차에 국한되지 않고 모든 국가작용 전반에 대하여 적용되므로, 전투경찰순경의 영창처분에 있어서도 적법절차원칙이 준수되어야 한다. (헌재 2016. 3. 31. 2013헌바190)
③ (×) 전투경찰순경에 대한 영창처분은 그 사유가 제한되어 있고, 징계위원회의 심의절차를 거쳐야 한다. 따라서 적법절차원칙에 위배되지 아니한다. (헌재 2016. 3. 31. 2013헌바190)
④ (×) 적법절차원칙에 위배되지 아니한다. (헌재 2016. 3. 31. 2013헌바190) 〈주〉 4인은 합헌의견이었으나, 5인의 반대의견은 영장주의에 위반되어 위헌이라고 판단하였다. 6인의 정족수에 미달되어 합헌결정을 하였다.

[정답] ①

178

다음 설명 중 적절하지 않은 것을 모두 고르면? (판례)

㉠ 병(兵)에 대한 징계처분으로 일정기간 부대나 함정 내의 영창, 그 밖의 구금장소에 감금하는 영창처분은, 병의 신체의 자유를 필요 이상으로 과도하게 제한하므로 침해의 최소성 원칙에 어긋난다. 21국가7/21국회8/23경승
㉡ 헌법재판소의 법정의견에 따르면 병(兵)에 대한 징계처분으로 법관의 판단 없이 인신구금이 이루어질 수 있도록 한 영창처분은 징계구금이 신체의 자유를 침해하여 「헌법」에 위반되며 영장주의도 위반하였다. 22해간/22국회8
㉢ 병(兵)에 대한 징계처분으로 일정기간 부대나 함정(艦艇) 내의 영창에 감금하는 처분이 가능하도록 규정한 구 「군인사법」 조항은 군(軍)이라는 특수한 신분관계에서 오는 불가피성 및 그 내용과 집행의 실질, 효과 등에 비추어 볼 때, 그 본질이 일반 형사절차에서 이루어지는 인신구금과 동일하게 취급하기 어렵다는 측면에서 영장주의 원칙이 적용되지 않으므로 헌법에 위반되지 않는다. 22경찰2(수정)

① ㉠ ㉡ ㉢
② ㉠ ㉡
③ ㉠ ㉢
④ ㉡ ㉢

[해설]

㉠ (○) (헌재 2020. 9. 24. 2017헌바157)
㉡ (×) 헌법재판소의 법정의견에 따르면 영창처분은 과잉금지원칙에 위배된다. (헌재 2020. 9. 24. 2017헌바157) 〈주〉 법정의견은 영장주의를 위반 여부를 판단하지 않았다.
㉢ (×) 헌법재판소의 법정의견에 따르면 영창처분은 과잉금지원칙에 위배되어 헌법에 위반된다. (헌재 2020. 9. 24. 2017헌바157) 〈주〉 7인의 위헌의견 중에서 4명은 영장주의에도 위반된다는 의견이었지만 6명의 정족수에 미달하여 법정의견은 아니다. 위 지문은 합헌이라는 표현 때문에 틀린 지문으로 풀이한다.

[정답] ④

179
다음 설명 중 가장 적절하지 않은 것은? (판례)

① 경찰서장이 국민건강보험공단에게 청구인들의 요양급여내역 제공을 요청한 행위는 강제력이 개입되지 않은 임의수사에 해당하므로 이에 응하여 이루어진 정보제공행위에는 영장주의가 적용되지 않는다. 22법원

② 각급선거관리위원회 위원, 직원의 선거범죄 조사에 있어서 피조사자에게 자료제출요구를 하는 것은 강제처분을 수반하는 것이 아니므로 영장주의의 적용대상이 아니다. 22법원/23법행

③ 「출입국관리법」상의 외국인 강제퇴거명령 및 보호는 형사절차상 '체포 또는 구속'에 준하는 것으로서 외국인의 신체의 자유를 박탈하는 것이므로 검사의 신청, 판사의 발부를 거치지 않은 외국인 보호는 영장주의에 위배된다. 22국회8

④ 「형사소송법」제199조 제2항 등에 따른 수사기관의 사실조회행위에 대하여 공사단체가 이에 응하거나 협조하여야 할 의무를 부담하는 것은 아니므로, 이러한 사실조회행위는 강제력이 개입되지 아니한 임의수사에 해당하고 이에 응하여 이루어진 정보제공행위에는 영장주의가 적용되지 않는다. 23경찰1

해설

① (O) (헌재 2018. 8. 30. 2014헌마368) 〈주〉 영장주의 위반 아니고 과잉금지원칙 위반으로 위헌이다.

② (O) 심판대상조항에 의한 자료제출요구는 행정조사의 성격을 가지는 것으로 수사기관의 수사와 근본적으로 그 성격을 달리하며, 청구인에 대하여 직접적으로 어떠한 물리적 강제력을 행사하는 강제처분을 수반하는 것이 아니므로 <u>영장주의의 적용대상이 아니다.</u>(헌재 2019. 9. 26. 2016헌바381)

③ (X) 심판대상조항은 과잉금지원칙에 위배되어 <u>신체의 자유를 침해하지 아니한다.</u> 또한 헌법상 적법절차원칙에 위반된다고 볼 수 없다. (헌재 2018. 2. 22. 2017헌가29) 〈주〉 법정의견은 합헌이다. 과잉금지원칙과 영장주의에 위반되어 위헌이라는 의견은 소수의견이다.

④ (O) (헌재 2018. 8. 30. 2016헌마483)

[정답] ③

180
다음 설명 중 가장 적절하지 않은 것은? (판례)

① 수사기관의 통신자료 제공요청으로 전기통신사업자가 수사기관에게 통신자료를 제공하도록 한 전기통신사업법 조항은 통신자료 취득에 대한 사후통지절차를 두지 않아 적법절차원칙에 위배된다. 23경승

② 통신사실 확인자료 제공요청은 「통신비밀보호법」이 정한 수사기관의 강제처분이므로 영장주의가 적용된다. 22경간

③ 수사를 위하여 필요한 경우 수사기관으로 하여금 법원의 허가를 얻어 전기통신사업자에게 특정 시간대 특정 기지국에서 발신된 모든 전화번호의 제공을 요청할 수 있도록 하는 것은 그 통신 서비스이용자의 통신의 자유를 침해한다. 22경채

④ 수사기관의 위치정보추적자료 제공요청은 「통신비밀보호법」이 정한 강제처분에 해당되므로, 법관이 발부하는 영장에 의하지 않고 관할 지방법원 또는 지원의 허가만 받으면 이를 가능하게 한 것은 영장주의에 위배된다. 22국회8/23경승

해설

① (O) (헌재 2022. 7. 21. 2016헌마388) 〈주〉 전기통신기본법상 통신자료제공요청은 영장주의가 적용되지 않는다.

② (O) (헌재 2018. 6. 28. 2012헌마538) 〈주〉 통신비밀보호법상 통신사실확인자료요청은 강제수사이므로 영장주의가 적용된다.

③ (O) 이 사건 요청조항은 과잉금지원칙에 반하여 청구인의 개인정보자기결정권 및 통신의 자유를 침해한다. (헌재 2018. 6. 28. 2012헌마538) 〈주〉 보충성 없이 필요성만으로 통신사실확인자료를 요청하여 과잉금지원칙에 위반된다. 법원의 허가를 얻었으므로 영장주의 위반은 아니다.

④ (X) 수사기관이 위치정보 추적자료의 제공을 요청한 경우 법원의 허가를 받도록 하고 있는 이 사건 허가조항은 <u>영장주의에 위배된다고 할 수 없다.</u> (헌재 2018. 6. 28. 2012헌마191)

[정답] ④

181

다음 설명 중 적절하지 않은 것은? (판례) 23경찰1

> 검사 乙은 전기통신사업자 A에게 수사를 위하여 시민 甲의 '성명, 주민등록번호, 주소, 전화번호, 가입일' 등의 통신자료 제공을 요청하였고, A는 乙에게 2022.1.1.부터 2022.6.30.까지 甲의 통신자료를 제공하였다. 甲은 수사기관 등이 전기통신사업자에게 통신자료 제공을 요청하면 전기통신사업자가 그 요청에 따를 수 있다고 정한 「전기통신사업법」 제83조에 대해 헌법소원심판을 청구하였다.

① A가 乙의 통신자료 제공요청에 따라 乙에게 제공한 甲의 성명, 주민등록번호, 주소, 전화번호, 아이디, 가입일은 甲의 동일성을 식별할 수 있게 해주는 개인정보에 해당하므로 이 사건 법률조항은 甲의 개인정보자기결정권을 제한한다.

② 헌법상 영장주의는 체포·구속·압수·수색 등 기본권을 제한하는 강제처분에 적용되므로 강제력이 개입되지 않은 임의수사에 해당하는 乙의 통신자료 취득에 영장주의가 적용되지 않는다.

③ 이 사건 법률조항 중 '국가안전보장에 대한 위해를 방지하기 위한 정보수집'은 국가의 존립이나 헌법의 기본질서에 대한 위험을 방지하기 위한 목적을 달성함에 있어 요구되는 최소한의 범위 내에서의 정보수집을 의미하는 것으로 해석되므로 명확성 원칙에 위배되지 않는다.

④ 효율적인 수사와 정보수집의 신속성, 밀행성 등의 필요성을 고려하여 甲에게 통신자료 제공 내역을 통지하도록 하는 것이 적절하지 않기 때문에, 이 사건 법률조항이 통신자료 취득에 대한 사후통지절차를 두지 않은 것은 적법절차원칙에 위배되지 않는다.

해설

① (○) (헌재 2022. 7. 21. 2016헌마388 등)
② (○) (헌재 2018. 8. 30. 2014헌마368)
③ (○) (헌재 2022. 7. 21. 2016헌마388)
④ (×) 통신자료 취득에 대한 사후통지절차를 규정하고 있지 않은 것은 적법절차원칙에 위배하여 청구인들의 개인정보자기결정권을 침해한다. (헌재 2022. 7. 21. 2016헌마388)

정답 ④

182

다음 설명 중 가장 적절한 것은? (판례)

① 피의자를 긴급체포한 경우 사후 체포영장을 청구하도록 규정하지 않고 피의자를 구속하고자 할 때에 한하여 구속영장을 청구하도록 규정한 「형사소송법」상 영장청구조항은 헌법상 영장주의에 위반된다고 단정할 수 없다. 22경간

② 헌법 제12조 제3항이 정한 영장주의는 수사기관이 강제처분을 함에 있어 중립적 기관인 법원의 허가를 얻는 것뿐만 아니라 법원에 의한 사후 통제까지 마련되어야 함을 의미한다. 22법원/22법무

③ 형식적으로 영장주의를 준수하였다면 실질적인 측면에서 입법자가 합리적인 선택범위를 일탈하는 등 그 입법형성권을 남용하였더라도 그러한 법률이 자의금지원칙에 위배되어 위헌이라고 볼 수는 없다. 22법원

④ 국가보안법위반죄 등 범죄혐의자를 법관의 영장없이 구속, 압수, 수색할 수 있도록 규정하고, 법관에 의한 사후영장제도도 마련하지 않은 구 「인신구속 등에 관한 임시 특례법」 조항은 국가비상사태에 준하는 상황에서 내려진 특별조치임을 감안하면 영장주의의 본질을 침해한다고 볼 수 없다. 23경찰1

해설

① (○) (헌재 2021. 3. 25. 2018헌바212)
② (×) 헌법 제12조 제3항이 정한 영장주의가 법원에 의한 사후 통제까지 마련되어야 함을 의미한다고 보기 어렵다.(헌재 2018. 8. 30. 2016헌마263) 〈주〉 인터넷회선 감청 사건으로, 사후통제가 없는 것은 영장주의가 아니라 과잉금지원칙에 위반된다.
③ (×) 형식적으로 준수하였더라도 실질적인 측면에서 입법형성권을 남용하였다면 그러한 법률은 자의금지원칙에 위배되어 헌법에 위반된다. (헌재 2012. 12. 27. 2011헌가5)
④ (×) 형식적으로 영장주의의 본질을 침해한다고 하지 않을 수 없다. (헌재 2012. 12. 27. 2011헌가5) 〈주〉 실질을 따지기도 전에 이미 형식적으로 위헌이라고 보았다.

정답 ①

4. 변호인의 조력을 받을 권리

183
다음 설명 중 가장 적절한 것은? (판례)

① 누구든지 체포 또는 구속을 당한 때에는 즉시 변호인의 조력을 받을 권리를 가진다. 다만, 형사피고인이 스스로 변호인을 구할 수 없을 때에는 법률이 정하는 바에 의하여 국가가 변호인을 붙인다. 21소방
② 헌법 제12조 제4항의 변호인의 조력을 받을 권리는 가사소송에서 당사자가 변호사를 대리인으로 선임하여 조력을 받는 것도 그 보호영역에 포함한다. 15법행
③ 미결수용자가 민사재판, 행정재판, 헌법재판과 관련하여 변호사와 접견하는 것도 원칙적으로 변호인의 조력을 받을 권리에 의해 보호된다. 16사시
④ 강제퇴거명령을 받은 사람을 즉시 대한민국 밖으로 송환할 수 없으면 송환할 수 있을 때까지 보호시설에 보호할 수 있도록 규정한 「출입국관리법」 제63조 제1항은 과잉금지원칙에 반하여 신체의 자유를 침해한다. 21비상

[해설]
① (○) 헌법 제12조 제4항.
② (×) 헌법 제12조 제4항의 변호인의 조력을 받을 권리는 신체의 자유에 관한 영역으로서 가사소송에서 당사자가 변호사를 대리인으로 선임하여 그 조력을 받는 것을 그 보호영역에 포함된다고 보기 어렵다. (헌재 2012. 10. 25. 2011헌마598)
③ (×) 형사사건의 변호인이 아닌 민사재판, 행정재판, 헌법재판 등에서 변호사와 접견할 경우에는 원칙적으로 헌법상 변호인의 조력을 받을 권리의 주체가 될 수 없다. (헌재 1998. 8. 27. 96헌마398)
④ (×) 강제퇴거대상자의 송환이 언제 가능해질 것인지 미리 알 수가 없으므로, 심판대상조항이 보호기간의 상한을 두지 않은 것은 입법목적 달성을 위해 불가피한 측면이 있다. 그러므로 심판대상조항은 과잉금지원칙에 위배되어 신체의 자유를 침해하지 아니한다. (헌재 2018. 2. 22. 2017헌가29)

[정답] ①

184
다음 설명 중 가장 적절하지 않은 것은? (판례)

① 우리 헌법은 변호인의 조력을 받을 권리가 불구속 피의자·피고인 모두에게 포괄적으로 인정되는지 여부에 관하여 명시적으로 규율하고 있지는 않지만, 불구속 피의자의 경우에도 변호인의 조력을 받을 권리는 우리 헌법에 나타난 법치국가원리, 적법절차원칙에서 인정되는 당연한 내용이다. 23경찰1
② 헌법 제12조 제4항 본문에 규정된 구속은 사법절차에서 이루어진 구속뿐 아니라, 행정절차에서 이루어진 구속까지 포함하는 개념이므로 헌법 제12조 제4항 본문에 규정된 변호인의 조력을 받을 권리는 행정절차에서 구속을 당한 사람에게도 즉시 보장된다. 21비상
③ 변호인의 조력을 받을 권리는 형사절차에서 피의자 또는 피고인의 방어권 보장을 위한 것으로서 출입국관리법 상 보호 또는 강제퇴거의 절차에도 적용된다고 보기 어렵다. 18국회9/19국회8
④ 변호인의 조력을 받을 권리의 출발점은 변호인 선임권에 있고, 이는 변호인의 조력을 받을 권리의 가장 기초적인 구성부분으로서 법률로써도 제한할 수 없다. 13사시

[해설]
① (○) (헌재 2004. 9. 23. 2000헌마138)
② (○) (헌재 2018. 5. 31. 2014헌마346).
③ (×) 헌법 제12조 제4항 본문에 규정된 "구속"은 사법절차에서 이루어진 구속뿐 아니라, 행정절차에서 이루어진 구속까지 포함하는 개념이다. 따라서 헌법 제12조 제4항 본문에 규정된 변호인의 조력을 받을 권리는 행정절차에서 구속을 당한 사람에게도 즉시 보장된다. (헌재 2018. 5. 31. 2014헌마346)
④ (○) (헌재 2000헌마138, 2004. 9. 23)

[정답] ③

185

다음 설명 중 가장 적절한 것은? (판례)

① 난민인정심사불회부결정을 받은 외국인을 인천국제공항 송환대기실에 수개월째 수용하고 환승구역으로 출입을 막으면서 변호인접견신청을 거부한 것은, 변호인의 조력을 받을 권리를 침해한 것은 아니다. 18국회9
② 변호인선임권은 변호인의 조력을 받을 권리의 출발점이기는 하나, 법률로써 제한할 수 있다. 13국회9
③ 미결구금자가 수발하는 서신이 변호인 또는 변호인이 되려는 자와의 서신임이 확인되고 미결구금자의 범죄혐의내용이나 신분에 비추어 소지금지품의 포함 또는 불법내용의 기재 등이 있다고 의심할 만한 합리적인 이유가 없음에도 그 서신을 검열하는 행위는 위헌이다. 10사시
④ 미결수용자와 변호인이 되려고 하는 자와의 접견에는 교도관이 참여하지 못한다. 다만, 형사법령에 저촉되는 행위를 할 우려가 있는 경우에는 그러하지 아니하다. 20국회8

해설

① (×) 청구인의 변호인의 조력을 받을 권리를 침해하므로 헌법에 위반된다. (헌재 2018. 5. 31. 2014헌마346)
② (×) 변호인의 조력을 받을 권리의 출발점은 변호인선임권에 있고, 이는 변호인의 조력을 받을 권리의 가장 기초적인 구성부분으로서 법률로써도 제한할 수 없다. (헌재 2004. 9. 23. 2000헌마138)
③ (○) (헌재 1995. 7. 21. 92헌마144)
④ (×) [1] 형집행법 제41조 제4항. – 범죄의 증거를 인멸하거나 형사 법령에 저촉되는 행위를 할 우려가 있는 때, 소장은 교도관으로 하여금 수용자의 접견내용을 청취·기록·녹음 또는 녹화하게 할 수 있다.
[2] 형집행법 제84조 제1항. – 제41조 제4항에도 불구하고 미결수용자와 변호인(변호인이 되려고 하는 사람을 포함한다. 이하 같다)과의 접견에는 교도관이 참여하지 못하며 그 내용을 청취 또는 녹취하지 못한다. 다만, 보이는 거리에서 미결수용자를 관찰할 수 있다. 〈주〉 형사법령에 저촉될 우려가 있으면 접견에 교도관이 참여할 수 있다. 그러나 변호인이 되려는 자와의 접견에는 참여할 수 없다.

정답 ③

186

다음 설명 중 옳지 않은 것을 모두 고른 것은? (판례)

㉠ '변호인이 되려는 자'가 가지는 접견교통권은 형사소송법 등 개별 법률을 통하여 형성된 법률상의 권리에 불과하고, '헌법상 기본권'으로 볼 수는 없다. 20법행/23경승
㉡ 교도소측에서 상대방이 변호인이라는 사실을 확인할 수 없더라도 미결수용자와 변호인 사이의 서신은 원칙적으로 그 비밀을 보장받을 수 있다. 16서울
㉢ 미결수용자와 변호인 사이의 서신으로서 그 비밀을 보장받기 위하여는 서신을 통하여 마약 등 소지금지품의 반입을 도모한다든가 그 내용에 도주·증거인멸 등에 관한 내용이 기재되어 있다고 의심할 만한 합리적인 이유가 있는 경우가 아니어야 한다. 16서울
㉣ 신체를 구속당한 피의자의 변호인과의 자유로운 접견은 변호인의 조력을 받을 권리의 가장 중요한 내용이어서 국가안전보장, 질서유지, 공공복리 등 어떠한 명분으로도 제한될 수 있는 성질의 것이 아니다. 10사시

① ㉠ ㉡
② ㉠ ㉢
③ ㉡ ㉢
④ ㉡ ㉣

해설

㉠ (×) 피의자 등이 가지는 '변호인이 되려는 자'의 조력을 받을 권리가 실질적으로 확보되기 위해서는 '변호인이 되려는 자'의 접견교통권 역시 헌법상 기본권으로서 보장되어야 한다. (헌재 2019. 2. 28. 2015헌마1204)
㉡ (×) 미결수용자와 변호인 사이의 서신으로서 그 비밀을 보장받기 위하여는, 첫째, 교도소측에서 상대방이 변호인이라는 사실을 확인할 수 있어야 하고, 둘째, 서신을 통하여 마약 등 소지금지품의 반입을 도모한다든가 그 내용에 도주·증거인멸·수용시설의 규율과 질서의 파괴·기타 형벌법령에 저촉되는 내용이 기재되어 있다고 의심할 만한 합리적인 이유가 있는 경우가 아니어야 한다. (헌재 1995. 7. 21. 92헌마144)
㉢ (○) (헌재 1995. 7. 21. 92헌마144)
㉣ (○) (헌재 1992. 1. 28. 91헌마111) 〈주〉 "자유로운" 접견이란 접견의 내용을 의미하며, 이는 법률로써도 제한할 수 없다.

정답 ①

187
다음 설명 중 가장 적절하지 않은 것은? (판례)

① 접견교통권이 그 보장의 한계를 일탈한 것이어서 허용될 수 없다고 판단함에 있어서는 신체구속을 당한 사람의 헌법상 기본적 권리인 변호인의 조력을 받을 권리의 본질적인 내용이 침해되는 일이 없도록 신중을 기하여야 한다. 19법원
② 미결수용자의 변호인 접견권 역시 국가안전보장 질서유지 또는 공공복리를 위해 필요한 경우 법률로써 제한될 수 있다. 16사시
③ 피고인의 방어권을 보장하기 위하여 구속 피고인의 변호인 면접·교섭권은 최대한 보장되어야 하고, 계호의 필요성 등의 이유로 어떠한 경우에도 제한되어서는 안되며, 구속된 피고인의 인권보장을 위하여 국가의 형벌권은 후퇴될 수밖에 없다. 13사시
④ 구속피고인의 변호인 면접교섭권은 최대한 보장되어야 하지만, 국가형벌권의 적정한 행사와 피고인의 인권보호라는 형사소송절차의 목적을 구현하기 위하여 제한될 수 있다. 다만 이 경우에도 그 제한은 엄격한 비례의 원칙에 따라야 하고, 시간·장소·방법 등 일반적 기준에 따라 중립적이어야 한다. 19국회8

해설

① (○) (대법원 2017. 3. 9. 2013도16162)
② (○) 미결수용자의 변호인 접견권 역시 국가안전보장·질서유지 또는 공공복리를 위해 필요한 경우에는 법률로써 제한될 수 있음은 당연하다. (헌재 2011. 5. 26. 2009헌마341) 〈주〉 자유로운 접견 내용이 아니라, 접견 자체에 대한 시간, 장소적 제한이 가능하다는 뜻이다.
③ (✕) 구속피고인의 변호인 면접·교섭권은 최대한 보장되어야 하지만, 형사소송절차의 목적을 구현하기 위하여 제한될 수 있다. 따라서 비례의 원칙에 따라 일반적 기준 아래에서 그 절차, 시간, 장소, 방식 등이 제한될 수 있다고 할 것이다. (헌재 2009. 10. 29. 2007헌마992)
④ (○) (헌재 2009. 10. 29. 2007헌마992)

정답 ③

188
다음 설명 중 가장 적절한 것은? (판례)

① 변호인 또는 변호인이 되려는 자가 구체적인 시간적 장소적 상황에 비추어 현실적으로 보장할 수 있는 한계를 벗어나 피고인 또는 피의자를 접견하려고 하는 것은 정당한 접견교통권의 행사에 해당하지 아니하여 허용될 수 없다. 19법원
② 헌법재판소가 미결수용자와 변호인과의 접견에 대해 "어떠한 명분으로도 제한할 수 없다"고 한 것은 구속된 자와 변호인 간의 접견 자체에 대해 아무런 제한도 가할 수 없다는 것을 의미한다. 18국회9/22국가7
③ 미결수용자가 변호인의 조력을 받을 기회가 충분히 보장되었다고 인정될 수 있는 경우라도, 미결수용자 또는 그 상대방인 변호인이 원하는 특정 시점에 접견이 이루어지지 못한 경우에는 변호인의 조력을 받을 권리가 침해된 것이다. 14법원
④ 국선변호인이 6월 5일 접견신청을 하였으나, 접견을 희망한 6월 6일이 현충일(공휴일)이라는 이유로 거부되고 6월 8일 피고인을 접견한 것은, 피고인의 변호인의 조력을 받을 권리를 침해한 것이다. 18국회9

해설

① (○) (대법원 2017. 3. 9. 2013도16162)
② (✕) 미결수용자의 변호인 접견권 역시 국가안전보장·질서유지 또는 공공복리를 위해 필요한 경우에는 법률로써 제한될 수 있음은 당연하다. (헌재 2011. 5. 26. 2009헌마341) 〈주〉 접견 "내용" 또는 "자유로운" 접견은 절대로 보호되어야 하지만, 접견 "자체"에 대한 시간 또는 장소적 제한은 가능하다.
③ (✕) 비록 미결수용자 또는 그 상대방인 변호인이 원하는 특정 시점에는 접견이 이루어지지 못하였다 하더라도 변호인의 조력을 받을 권리가 침해되었다고 할 수 없는 것이다. (헌재 2011. 5. 26. 2009헌마341) 〈주〉 공휴일에 접견을 신청한 사안이다.
④ (✕) 비록 미결수용자 또는 그 상대방인 변호인이 원하는 특정 시점에는 접견이 이루어지지 못하였다 하더라도 변호인의 조력을 받을 권리가 침해되었다고 할 수 없다. (헌재 2011. 5. 26. 선고 2009헌마341)

정답 ①

189

다음 설명 중 가장 적절하지 않은 것은? (판례)

① 구속피고인의 변호인 면접 교섭권은 최대한 보장되어야 하지만, 형사소송절차의 목적을 구현하기 위하여 엄격한 비례의 원칙에 따라 제한될 수도 있다. 15법행

② 법정 옆 피고인 대기실에서 대기 중인 14인 중 11인이 강력범들이고 교도관이 2인인 상황에서, 재판대기 중인 피고인이 재판 시작 20분 전에 교도관에게 변호인 접견을 신청하였으나 변호인 접견신청이 거부된 것은 변호인의 조력을 받을 권리를 침해한 것은 아니다. 18국회9

③ 변호인의 조력을 받을 권리는 피구속자가 가족 등 타인과 교류하는 인간으로서의 기본적인 생활관계가 인신의 구속으로 인하여 완전히 단절되어 파멸에 이르는 것을 방지하고자 하는 것도 그 목적으로 하고 있으므로 변호인 외에 가족 등과의 접견교통권도 포함된다. 13사시

④ 변호인의 수사서류 열람·등사권이 위 헌법상 기본권의 중요한 내용이자 구성요소라고 하더라도 열람·등사의 절차 및 대상, 열람·등사의 거부 및 제한 사유, 검사의 열람·등사 거부처분에 대한 불복절차 및 제재 등 그 상세한 내용의 형성은 입법을 통하여 구체화될 수 있는 것으로서, 형사소송법 제266조의3과 제266조의4는 공소가 제기된 후 검사가 보관하고 있는 서류 등에 대한 피고인 또는 변호인의 열람·등사권을 구체화하고 있는 것이다. 12법무

해설

① (O) (헌재 2009. 10. 29. 2007헌마992) 〈주〉재판대기실에서 강력범들의 변호인 접견을 제한한 사안이다.
② (O) (헌재 2009. 10. 29. 2007헌마992)
③ (X) 미결수용자의 접견교통권은 헌법재판소가 헌법 제10조의 행복추구권에 포함되는 기본권의 하나로 인정하고 있는 일반적 행동자유권으로부터 나온다. (헌재 2003. 11. 27. 2002헌마193) 〈주〉변호인 "아닌" 자와의 접견교통권은 헌법 제12조의 변호인조력권이 아니라 헌법 제10조의 행복추구권으로 보호된다.
④ (O) (헌재 2010. 6. 24. 2009헌마257)

정답 ③

190

다음 설명 중 가장 적절한 것은? (판례)

① 변호인의 조력을 받을 권리에는 피고인이 변호인을 통하여 수사서류를 포함한 소송관계 서류를 열람·등사하고 이에 대한 검토 결과를 토대로 공격과 방어의 준비를 할 수 있는 권리도 포함된다고 보아야 한다. 12법무/13국회9

② 법원의 수사서류 열람·등사 허용 결정에도 불구하고 검사가 이를 신속하게 이행하지 아니하는 것만으로는 변호인의 조력을 받을 권리를 침해하는 것이 아니다. 19국회8

③ 검찰 수사서류에 대한 법원의 열람·등사 허용결정이 있었더라도 검찰이 당해 수사서류를 증거로 사용할 수 없는 불이익을 감수한다면 열람·등사 제한이 가능하며 피고인의 신속·공정한 재판을 받을 권리의 침해도 문제되지 아니한다. 12사시

④ 법원이 검사의 열람·등사 거부처분에 정당한 사유가 없다고 판단하고 그러한 거부처분이 피고인의 헌법상 기본권을 침해한다는 취지에서 수사서류의 열람·등사를 허용하도록 명한 이상 검사로서는 당연히 법원의 그러한 결정에 지체 없이 따라야 하지만, 별건으로 공소제기되어 확정된 관련 형사사건 기록에 관한 경우에는 이를 따르지 않을 수 있다. 23경찰1

해설

① (O) (헌재 1997. 11. 27. 94헌마60)
② (X) 변호인의 조력을 받을 권리를 침해하는 것이다. (헌재 2010. 6. 24. 2009헌마257)
③ (X) 검사의 거부행위는 피고인의 열람·등사권을 침해하고, 나아가 피고인의 신속·공정한 재판을 받을 권리 및 변호인의 조력을 받을 권리까지 침해하게 되는 것이다. (헌재 2010. 6. 24. 2009헌마257)
④ (X) 법원의 그러한 결정에 지체 없이 따라야 하며, 이는 별건으로 공소제기되어 확정된 관련 형사사건 기록에 관한 경우에도 마찬가지이다. (헌재 2022. 6. 30. 2019헌마356)

정답 ①

191
다음 설명 중 가장 적절하지 않은 것은? (판례)

① 누구든지 체포 또는 구속을 당한 때에는 즉시 변호인의 조력을 받을 권리를 가진다. 다만, 형사피고인이 스스로 변호인을 구할 수 없을 때에는 법률이 정하는 바에 의하여 국가가 변호인을 붙인다. 13국회9
② 현행 「헌법」에는 모든 형사사건에 대한 필요적 국선변호제도가 규정되어 있다. 21회5/22해간
③ 법원은 피고인이 빈곤 그 밖의 사유로 변호인을 선임할 수 없는 경우에 피고인의 청구가 있는 때에는 변호인을 선정하여야 한다. 14법원
④ 법원은 피고인의 연령 지능 및 교육의 정도 등을 참작하여 권리보호를 위하여 필요하다고 인정하는 때에는 피고인의 명시적인 의사에 반하지 아니하는 범위 내에서 변호인을 선정하여야 한다. 15법행

해설

① (O) 헌법 제12조 제4항.
② (X) 헌법 제12조 ④ 누구든지 체포 또는 구속을 당한 때에는 즉시 변호인의 조력을 받을 권리를 가진다.
다만, 형사피고인이 스스로 변호인을 구할 수 없을 때에는 법률이 정하는 바에 의하여 국가가 변호인을 붙인다. 〈주〉 국선변호인의 조력을 받을 헌법상 기본권은 "피고인"에게만 인정되고, ""피의자"에게는 인정되지 않는다.
③ (O) 형사소송법 제33조 제2항. 법원은 피고인이 빈곤 그 밖의 사유로 변호인을 선임할 수 없는 경우에 피고인의 청구가 있는 때에는 변호인을 선정하여야 한다.
④ (O) 법원으로서는 형사소송법 제33조 제3항의 규정을 준용하여 피고인의 연령·지능·교육 정도를 비롯한 시각장애의 정도 등을 확인한 다음 권리보호를 위하여 필요하다고 인정하는 때에는 시각장애인인 피고인의 명시적 의사에 반하지 아니하는 범위 안에서 국선변호인을 선정하여 방어권을 보장해 줄 필요가 있다. (대법원 2010. 4. 29. 2010도881)

정답 ②

192
다음 설명 중 가장 적절한 것은? (판례)

① 헌법상 보장되는 '변호인의 조력을 받을 권리'는 변호인의 '충분한 조력'을 받을 권리를 의미하므로, 일정한 경우 피고인에게 국선변호인의 조력을 받을 권리를 보장하여야 할 국가의 의무에는 형사소송절차에서 단순히 국선변호인을 선정하여 주는 데 그치지 않고 한 걸음 더 나아가 피고인이 국선변호인의 실질적인 조력을 받을 수 있도록 필요한 업무 감독과 절차적 조치를 취할 책무까지 포함된다고 할 것이다. 12법무
② 헌법은 변호인의 구체적 변호활동에 관한 결과의 실현까지 국가 또는 법원이 책임지도록 하고 있지는 않으므로, 피고인을 위하여 선정된 국선변호인이 법정기간 내에 항소이유서를 제출하지 아니하여 항소법원이 형사소송법 제361조의4 제1항 본문에 따라 피고인의 항소를 기각하였다고 하더라도, 피고인에게 국선변호인으로부터 충분한 조력을 받을 권리를 보장하고 이를 위한 국가의 의무를 규정하고 있는 헌법의 취지에 반하는 조치라고 할 수 없다. 12법무
③ 불구속 피의자나 피고인은 물론 유죄판결이 확정되어 교정시설에 수용 중인 수형자도 원칙적으로 변호인의 조력을 받을 권리를 행사할 수 있다. 16사시
④ 변호인의 조력을 받을 권리는 체포·구속을 당하지 아니한 불구속 피의자·피고인에게도 인정되지만, 임의동행의 형식으로 연행된 피내사자의 경우나 형사절차가 종료되어 교정시설에 수용중인 수형자에게는 인정되지 아니한다. 13사시

해설

① (O) (대법원 2012. 2. 16., 2009모1044. 전합)
② (X) 피고인을 위하여 선정된 국선변호인이 법정기간 내에 항소이유서를 제출하지 아니하면 이는 피고인을 위하여 요구되는 충분한 조력을 제공하지 아니한 것으로 보아야 한다. (대법원 2012. 2. 16., 2009모1044. 전합)
③ (X) 수형자는 원칙적으로 헌법상 변호인의 조력을 받을 권리의 주체가 될 수 없다. (헌재 1998. 8. 27. 96헌마398)
④ (X) 피의자에게도 변호인 또는 변호인이 되려는 자와의 접견교통권은 당연히 인정된다고 보아야 하고, 임의동행의 형식으로 연행된 피내사자의 경우에도 이는 마찬가지이다. (대법원 1996. 6. 3., 자, 96모18)

정답 ①

193

다음 설명 중 가장 적절하지 않은 것은? (판례)

① 교정시설 내 수용자와 변호사 사이의 접견교통권의 보장은 헌법상 보장되는 재판청구권의 한 내용 또는 그로부터 파생되는 권리로 볼 수 있다. 19국회8
② '변호인이 되려는 자'의 접견교통권도 헌법상 기본권이므로 '변호인이 되려는 자'의 접견교통권 침해를 이유로 한 헌법소원심판청구는 적법하다. 19국회8
③ 체포되어 구속영장이 청구된 피의자를 신문하는 과정에서 변호사가 피의자 가족의 의뢰를 받아 접견신청을 하였음에도 검사가 이를 허용하기 위한 조치를 취하지 않은 것은, 변호인이 되려는 자의 접견교통권을 침해한 것일 뿐이고, 위 접견교통권은 헌법상 보장된 기본권에 해당하지 않으므로 그 침해를 이유로 헌법소원심판을 청구할 수 없다. 21비상
④ 변호인이 피의자신문에 자유롭게 참여할 수 있는 권리는 피의자가 가지는 변호인의 조력을 받을 권리를 실현하는 수단이므로 헌법상 기본권인 변호인의 변호권으로서 보호되어야 한다. 21경승

해설

① (○) (헌재 2013. 8. 29. 2011헌마122)
② (○) (헌재 2019. 2. 28. 2015헌마1204)
③ (×) 피의자 등이 가지는 '변호인이 되려는 자'의 조력을 받을 권리가 실질적으로 확보되기 위해서는 '변호인이 되려는 자'의 접견교통권 역시 헌법상 기본권으로서 보장되어야 한다. (헌재 2019. 2. 28. 2015헌마1204) 〈주〉 변호사가 변호인이 되기 위하여 피의자 등과 접견교통할 권리는 헌법상 기본권이므로, 그 침해를 이유로 헌법소원청구를 할 수 있다.
④ (○) (헌재 2017. 11. 30. 2016헌마503)

[정답] ③

194

다음 설명 중 가장 적절한 것은? (판례)

① 피의자신문 시 변호인에 대한 수사기관의 후방착석요구행위는 헌법상 기본권인 변호인의 변호권을 침해하지 않는다. 19변시
② 형사소송법 제34조는 "변호인 또는 변호인이 되려는 자는 신체구속을 당한 피고인 또는 피의자와 접견하고 서류 또는 물건을 수수할 수 있으며 의사로 하여금 진료하게 할 수 있다."라고 규정하고 있으므로, 변호인이 되려는 의사를 표시한 자가 객관적으로 변호인이 될 가능성이 있다는 사정만으로는 당연히 접견교통권이 보장되는 것은 아니어서 원칙적으로는 그 제한이 가능하다. 19법원
③ 변호인의 접견교통권은 신체구속을 당한 피고인이나 피의자의 인권보장과 방어준비를 위하여 필수불가결한 권리이므로 법률의 규정이 없다면 법원의 결정으로도 제한할 수 없다. 13국회9
④ 변호인의 접견교통권은 신체를 구속당한 피고인이나 피의자의 인권보장과 방어준비를 위하여 필수불가결한 권리이므로 법령 또는 법원의 결정에 의한 제한이 없는 한, 수사기관의 처분으로 제한할 수는 없다. 10사시

해설

① (×) 헌법상 기본권인 변호인의 변호권을 침해한다. (헌재 2017. 11. 30. 2016헌마503)
② (×) 변호인이 되려는 의사를 표시한 자가 객관적으로 변호인이 될 가능성이 있다고 인정되는데도, 신체구속을 당한 피고인 또는 피의자와 접견하지 못하도록 제한하여서는 아니 된다. (대법원 2017. 3. 9. 2013도16162)
③ (○) (대법원 1990. 2. 13., 자, 89모37)
④ (×) 형사소송법 제34조가 규정한 변호인의 접견교통권은 신체구속을 당한 피고인이나 피의자의 인권보장과 방어준비를 위하여 필수불가결한 권리이므로, 법령에 의한 제한이 없는 한 수사기관의 처분은 물론, 법원의 결정으로도 이를 제한할 수 없는 것이다. (대법원 1990. 2. 13., 89모37)

[정답] ③

195

다음 설명 중 가장 적절하지 않은 것은? (판례)

① 피의자 및 피고인을 조력할 변호인의 권리 중 그것이 보장되지 않으면 그들이 변호인의 조력을 받는다는 것이 유명무실하게 되는 핵심적인 부분은 헌법상 기본권인 피의자 및 피고인이 가지는 변호인의 조력을 받을 권리와 표리의 관계에 있다 할 수 있어 헌법상 기본권으로 보호되어야 한다. 19변시
② 변호인의 수사서류 열람·등사권은 피고인의 신속·공정한 재판을 받을 권리 및 변호인의 조력을 받을 권리라는 헌법상 기본권의 중요한 내용이자 구성요소이며 이를 실현하는 구체적인 수단이 된다. 19변시
③ 변호사인 변호인에게는 변호사법이 정하는 바에 따라서 이른바 진실의무가 인정되는 것이지만, 변호인이 신체구속을 당한 사람에게 법률적 조언을 하는 것은 그 권리이자 의무이므로 변호인이 적극적으로 피고인 또는 피의자로 하여금 허위진술을 하도록 하는 것이 아니라 단순히 헌법상 권리인 진술거부권이 있음을 알려 주고 그 행사를 권고하는 것을 가리켜 변호사로서의 진실의무에 위배되는 것이라고는 할 수 없다. 19법원
④ 필요적 변호사건에서 피고인이 재판거부의 의사표시 후 재판장의 허가 없이 퇴정하고 변호인마저 이에 동조하여 퇴정해 버린 경우 법원으로서는 피고인이나 변호인의 재정 없이 심리판결할 수 없다. 13국회9

[해설]
① (○) 따라서 피의자 등이 가지는 '변호인이 되려는 자'의 조력을 받을 권리가 실질적으로 확보되기 위해서는 '변호인이 되려는 자'의 접견교통권 역시 헌법상 기본권으로서 보장되어야 한다. (헌재 2019. 2. 28. 2015헌마1204)
② (○) (헌재 2010. 6. 24. 2009헌마257)
③ (○) (대법원 2007. 1. 31. 2006모656)
④ (×) 법원으로서는 피고인이나 변호인의 재정 없이도 심리판결할 수 있다. (대법원 1991. 6. 28. 91도865)

[정답] ④

5. 체포구속적부심사제도

196

다음 설명 중 가장 적절하지 않은 것은? (판례)

① 체포·구속적부심사청구권은 원칙적으로 국가기관 등에 대하여 특정한 행위를 요구하거나 국가의 보호를 요구하는 절차적 기본권이기 때문에, 본질적으로 강한 제도적 보장의 성격을 지니며, 상대적으로 광범위한 입법형성권이 인정된다. 13법행
② 보석을 허가하는 결정 및 구속을 취소하는 결정에 대하여는 검사가 즉시항고를 할 수 있도록 하는 것은 헌법상 적법절차의 원칙에 위배된다. 11회8
③ 법원의 구속집행정지결정에 대하여 검사가 즉시항고할 수 있도록 한 「형사소송법」 조항은 법원의 구속집행정지결정을 무의미하게 할 수 있는 권한을 검사에게 부여한 것이라는 점에서 적법절차원칙에 위배된다. 20국회8
④ 구속된 피의자가 적부심사청구권을 행사한 다음 검사가 전격기소를 한 경우 법원으로부터 구속의 헌법적 정당성에 대하여 실질적 심사를 받고자 하는 청구인의 절차적 기회가 제한되도록 하는 것은 헌법에 합치된다. 11국회8
⑤ 구속된 피의자가 적부심사청구권을 행사한 다음 검사가 전격기소를 한 경우, 법원은 적부심사를 통하여 석방 또는 기각결정을 할 수 있다. 18입시

[해설]
① (○) (헌재 2004. 3. 25. 2002헌바104)
② (○) 보석허가결정에 대하여 검사의 즉시항고를 허용한 형사소송법 제97조 제3항의 규정은 과잉금지의 원칙에 위반된다. (헌재 1993. 12. 23. 93헌가2) 〈주〉 이후 구속취소에 대한 즉시항고만 가능한 것으로 개정되었다.
③ (○) 검사의 불복을 법원의 판단보다 우선시킨다는 점에서 헌법 제12조 제3항의 영장주의원칙에 위배된다. 또한 헌법 제12조 제1항의 적법절차원칙에도 위배된다. (헌재 2012. 6. 27. 2011헌가36)
④ (×) 헌법상 독립된 법원으로부터 심사를 받고자 하는 청구인의 '절차적 기회'가 반대 당사자의 '전격기소'라고 하는 일방적 행위에 의하여 제한되어야 할 합리적인 이유가 없으므로 헌법불합치결정을 한다. (헌재 2004. 3. 25. 2002헌바1040)
⑤ (○) 형사소송법 제214조의2.

[정답] ④

6. 무죄추정원칙

197

다음 설명 중 가장 적절하지 않은 것은? (판례)

① 무죄추정의 원칙은 프랑스 인권선언과 세계인권선언에서 명문화되었다. 10국가
② 무죄추정의 원칙은 우리나라에서는 제5공화국 헌법에서 신설된 후, 현행 헌법에서는 공소제기된 형사피고인에 적용되는 것으로 규정되어 있지만, 형사피의자에 대한 무죄추정 역시 인정된다는 것이 판례의 입장이다. 10국가
③ 무죄추정의 원칙은 비록 기소된 피고인이라고 할지라도 유죄로 확정되기 전에는 죄가 없는 자로 취급되어야 하며, 유죄인 것을 전제로 한 어떤 불이익도 입혀서는 안되며, 불가피하게 불이익을 입힌 경우에도 필요한 최소한도에 그쳐야 한다는 것이 판례의 입장이다. 10국가
④ 유죄에 관한 입증이 없으면 '의심스러울 때에는 피고인의 이익의 원칙에 따라 무죄가 선고되어야 하므로, 유죄의 입증책임은 국가 즉 검사에게 있다는 의미에서 무죄추정의 원칙은 수사절차에서만 적용된다'는 것이 판례의 입장이다. 10국가

> 해설

① (O) 무죄추정의 원칙은 프랑스 인권선언과 세계인권선언에서 명문화되었다.
② (O) 형사피고인과 형사피의자 모두 무죄로 추정된다. 제5공화국 제8차 개헌에서 신설되었다.
③ (O) (헌재 1994. 4. 28. 93헌바26)
④ (X) 무죄추정의 원칙은 증거법에 국한된 원칙이 아니라 수사절차에서 공판절차에 이르기까지 형사절차의 전과정을 지배하는 지도원리로서 인신의 구속 자체를 제한하는 원리로 작용한다. (헌재 2009. 6. 25. 2007헌바25)

[정답] ④

198

다음 설명 중 가장 적절하지 않은 것은? (판례)

① 상소제기 후 상소취하시까지의 미결구금일수를 본형 형기 산입의 대상에서 제외되도록 한 것은 무죄추정의 원칙에 위배되지 않는다. 18법원
② 판결 선고 전 구금일수의 일부만을 본형에 산입하는 경우는 무죄추정의 원칙에 반하는 것이다. 11법회8
③ 법관으로 하여금 미결구금일수를 형기에 산입하되, 그 산입범위는 재량에 의하여 결정하도록 하는 형법규정은 헌법상 무죄추정의 원칙 및 적법절차의 원칙 등을 위배하여 신체의 자유를 침해한다. 13법행
④ 피고인이 범행 후 미국으로 도주하였다가 한국과 미국정부간의 범죄인인도조약에 따라 체포되어 인도될 때까지 구금되어 있었더라도 이는 인도절차를 밟기 위한 기간에 불과하여 본형에 산입될 미결구금일수에 해당하지 않는다. 10법행

> 해설

① (X) '상소제기 후 미결구금일수의 산입'에 관하여 규정하고 있는 이 사건 법률조항들이 상소제기 후 상소취하시까지의 미결구금일수를 본형에 산입하도록 규정하지 아니한 것은 헌법에 위반된다. (헌재 2009. 12. 29. 2008헌가13)
② (O) (헌재 2009. 6. 25. 2007헌바25)
③ (O) 형법 제57조 제1항 중 "또는 일부 부분"은 헌법상 무죄추정의 원칙 및 적법절차의 원칙 등을 위배하여 합리성과 정당성 없이 신체의 자유를 침해한다. (헌재 2009. 6. 25. 2007헌바25)
④ (O) 피고인이 미결구금일수로서 본형에의 산입을 요구하는 일수는 공소의 목적을 달성하기 위하여 어쩔 수 없이 이루어진 강제처분기간이 아니라, '대한민국 정부와 미합중국 정부간의 범죄인인도조약'에 따라 체포된 후 인도절차를 밟기 위한 기간에 불과하여 형법 제57조에 의하여 본형에 산입될 미결구금일수에 해당하지 않는다. (대법원 2009. 5. 28. 2009도1446)

[정답] ①

199
다음 설명 중 가장 적절한 것은? (판례)

① 군사법경찰관에게 10일의 범위 내에서 구속기간 연장을 허용한 것은 무죄추정의 원칙에 위배되지 않는다. 18법원
② 형사재판에 계속 중인 사람에 대하여 출국을 금지할 수 있도록 한 것은 무죄추정의 원칙에 위배된다. 18법원
③ 공소가 제기되기 전인 수사의 초기단계에서 피의자로 하여금 법 위반사실을 공표하도록 명령하는 것은 관련행위자를 유죄로 추정하는 불이익 처분이다. 11국회8
④ 공정거래법상 불공정 거래행위에 해당하는 부당 내부거래를 했다고 하더라도 아직은 법원의 유·무죄 판단이 가려지지 않은 상태라면 과징금을 부과할 수 없다. 11국회8
⑤ 교도소에 수용된 때에는 국민건강보험급여를 정지하도록 한 규정은 유죄의 확정판결이 있기 전인 미결수용자에게 불이익을 주는 것으로서 무죄추정의 원칙에 위반된다.

11국회8 / 21국회5

해설

① (✕) 군인신분의 피의자라는 이유로 군인이 아닌 일반 민간인 신분의 국민과 다르게, 합리적인 이유 없이, 청구인을 차별하여 그의 평등권을 침해하는 것이다. (헌재 2003. 11. 27. 2002헌마193) 〈주〉 무죄추정원칙과 과잉금지원칙에 위배된다.
② (✕) 해외로 도피할 우려가 있는 경우 법무부장관으로 하여금 출국을 금지할 수 있도록 하는 것일 뿐으로, 무죄추정의 원칙에서 금지하는 유죄 인정의 효과로서의 불이익을 가하려는 것이라고 보기 어렵다. (헌재 2015. 9. 24. 2012헌바302)
③ (O) (헌재 2002. 1. 31. 2001헌바43)
④ (✕) 부당내부거래에 대한 과징금은 헌법 제13조 제1항에서 금지하는 국가형벌권 행사로서의 '처벌'에 해당한다고는 할 수 없으므로, 무죄추정의 원칙에 위반된다고 할 수 없다. (헌재 2003. 7. 24. 2001헌가25)
⑤ (✕) 교도소에 수용된 때에는 국민건강보험급여를 정지하도록 한 심판대상 조항은 수용자의 의료보장체계를 일원화하기 위한 입법 정책적 판단에 기인한 것이므로 무죄추정의 원칙에 위반된다고 할 수 없다. (헌재 2005. 2. 24. 2003헌마31)

[정답] ③

200
다음 설명 중 가장 적절하지 않은 것은? (판례)

① 형사사건으로 기소가 되기만 하면 사건의 경중과 관계없이 해당 공무원을 필요적으로 직위해제하도록 하는 것은 무죄추정의 원칙에 반한다. 11국회8
② 법무부장관이 형사사건으로 공소가 제기된 변호사에 대하여 판결이 확정될 때까지 업무정지를 명하도록 한 구 변호사법 제15조는 직업선택의 자유와 무죄추정의 원칙에 위배되지 않는다. 18입시/20경승
③ 형사기소된 국가공무원을 직위해제할 수 있도록 한 것은 무죄추정의 원칙에 위배되지 않는다. 18법원
④ 소년보호사건에서 제1심 결정에 의한 소년원수용기간을 항고심결정의 보호기간에 산입하지 아니하도록 한 것은 무죄추정의 원칙에 위배되지 않는다. 18법원

해설

① (O) (헌재 1998. 5. 28. 96헌가12) 〈주〉 필요적 직위해제라서 위헌이다.
② (✕) 변호사법 제15조는 그 제한의 정도가 과잉하다 할 것으로서 헌법 제15조(직업의 자유), 동 제27조 제4항(무죄추정의 원칙)에 위반된다. (헌재 1990. 11. 19. 90헌가48) 〈주〉 필요적 업무정지명령이라서 위헌이다.
③ (O) (헌재 2006. 5. 25. 선고 2004헌바12) 〈주〉 임의적 직위해제라서 합헌이다.
④ (O) 소년보호사건은 소년의 개선과 교화를 목적으로 하는 것으로서 통상의 형사사건과는 구별되어야 하므로 이 사건 법률조항은 무죄추정원칙에 위배되지 않는다. (헌재 2015. 12. 23. 2014헌마768)

[정답] ②

201

다음 설명 중 가장 적절한 것은? (판례)

① 수사 또는 재판을 받을 때에 미결수용자에게 재소자용 의류를 입게 하는 것은 무죄추정의 원칙에 반한다. 10법행
② 공금 횡령 비위로 징계부가금 부과를 의결받은 자에 대한 법원의 유죄판결 확정 전 징계부가금 집행은 무죄추정원칙에 위배된다. 22경간
③ 변호사에 대한 징계 절차가 개시되어 그 재판이나 징계 결정의 결과 등록취소, 영구제명 또는 제명에 이르게 될 가능성이 매우 크고, 그대로 두면 장차 의뢰인이나 공공의 이익을 해칠 구체적인 위험성이 있는 경우 법무부징계위원회의 의결을 거쳐 법무부장관이 업무정지를 명하더라도 무죄추정원칙에 위배된다. 22경간
④ 소년보호사건에서 1심 결정 집행에 의한 소년원 수용기간을 항고심 결정에 의한 보호기간에 산입하지 않는 것은 무죄추정원칙에 위배된다. 22경간

해설

① (O) (헌재 1999. 5. 27. 97헌마137) 〈주〉 반면에 교정시설 내에서 재소자용 의류를 입게 하는 것은 합헌이다.
② (X) 행정소송에 관한 판결이 확정되기 전에 행정청의 처분에 대하여 공정력과 집행력을 인정하는 것은 징계부가금에 국한되는 것이 아니라 우리 행정법체계에서 일반적으로 채택되고 있는 것이므로 곧바로 무죄추정원칙에 위배된다고 할 수 없다.(헌재 2015. 2. 26. 2012헌바435)
③ (X) 해당 변호사에게 청문의 기회를 부여하고, 그 기간 또한 원칙적으로 6개월로 정하도록 함으로써, 그러한 불이익이 필요최소한에 그치도록 엄격한 요건 및 절차를 규정하고 있으므로, 무죄추정의 원칙에 위반되지 아니한다.(헌재 2014. 4. 24. 2012헌바45)
④ (X) 소년보호사건은 소년의 개선과 교화를 목적으로 하는 것으로서 통상의 형사사건과는 구별되어야 하므로, 이 사건 법률조항은 무죄추정원칙에 위배되지 않는다.(헌재 2015. 12. 23. 2014헌마768)

정답 ①

7. 기타 헌법규정 및 판례

202

다음 설명 중 가장 적절하지 않은 것은? (판례)

① 누구든지 체포 또는 구속의 이유와 변호인의 조력을 받을 권리가 있음을 고지받지 아니하고는 체포 또는 구속을 당하지 아니한다. 체포 또는 구속을 당한 자의 가족 등 법률이 정하는 자에게는 그 이유와 일시 장소가 지체 없이 통지되어야 한다. 22경찰1차
② 피고인의 자백이 고문 폭행 협박 구속의 부당한 장기화 또는 기망 기타의 방법에 의하여 자의로 진술된 것이 아니라고 인정될 때 또는 정식재판에 있어서 피고인의 자백이 그에게 불리한 유일한 증거일 때에는 이를 유죄의 증거로 삼거나 이를 이유로 처벌할 수 없다. 22경찰1차
③ 헌법 제12조 제2항은 진술거부의 대상이 되는 진술의 내용을 형사상 자신에게 불리한 진술로 한정하고 있지 아니하다. 11경승
④ 금치처분을 받은 자에 대한 집필제한은 표현의 자유를 제한하는 것이며, 서신수수제한은 통신의 자유에 대한 제한에 속한다. 18변시

해설

① (O) 헌법 제12조 ⑤ 누구든지 체포 또는 구속의 이유와 변호인의 조력을 받을 권리가 있음을 고지받지 아니하고는 체포 또는 구속을 당하지 아니한다. 체포 또는 구속을 당한 자의 가족 등 법률이 정하는 자에게는 그 이유와 일시·장소가 지체없이 통지되어야 한다.
② (O) 헌법 제12조 ⑦ 피고인의 자백이 고문·폭행·협박·구속의 부당한 장기화 또는 기망 기타의 방법에 의하여 자의로 진술된 것이 아니라고 인정될 때 또는 정식재판에 있어서 피고인의 자백이 그에게 불리한 유일한 증거일 때에는 이를 유죄의 증거로 삼거나 이를 이유로 처벌할 수 없다.
③ (X) 헌법 제12조 ② 모든 국민은 고문을 받지 아니하며, 형사상 자기에게 불리한 진술을 강요당하지 아니한다.
④ (O) (헌재 2014. 8. 28. 2012헌마623)

정답 ③

203
다음 설명 중 가장 적절하지 않은 것은? (판례)

① 금치 처분을 받은 수형자에 대한 절대적인 운동의 금지는 징벌의 목적을 고려하더라도 그 수단과 방법에 있어서 필요한 최소한도의 범위를 벗어난 것으로서, 수형자의 헌법 제10조의 인간의 존엄과 가치 및 제12조의 신체의 자유를 침해하는 정도에 이르렀다. 16법무
② 금치처분을 받은 사람에 대하여 실외운동을 원칙적으로 금지하고 소장의 재량에 의하여 이를 예외적으로 허용하는 것은 수용자의 정신적·신체적 건강에 필요 이상의 불이익을 가하고 있으므로 신체의 자유를 침해한다. 18변시
③ 금치처분을 받은 미결수용자라 할지라도 금치처분 기간 중 집필을 금지하면서 예외적인 경우에만 교도소장이 집필을 허가할 수 있도록 한 형의 집행 및 수용자의 처우에 관한 법률상의 규정은 미결수용자의 표현의 자유를 침해한다. 18서울/20경승
④ 금치 처분을 받은 미결수용자에 대하여 그 기간 중 집필을 금지하면서 예외적인 경우에만 교도소장이 집필을 허가할 수 있도록 한 형의 집행 및 수용자의 처우에 관한 법률상의 규정은 미결수용자의 표현의 자유를 침해하지 않는다. 16사시

해설
① (○) 금치처분을 받은 수형자는 환기가 잘 안 되는 1평 남짓한 징벌실에 최장 2개월 동안 수용된다는 점을 고려할 때, 헌법 제10조의 인간의 존엄과 가치 및 헌법 제12조의 신체의 자유를 침해한다. (헌재 2004. 8. 26. 2002헌마478)
② (○) 위 조항은 예외적으로 실외운동을 허용하는 경우에도, 실외운동의 기회가 부여되어야 하는 최저기준을 법령에서 명시하고 있지 않으므로, 침해의 최소성 원칙에 위배된다. (헌재 2016. 5. 26. 2014헌마45)
③ (×) 집필을 허용할 수 있도록 예외가 규정되어 있으므로, 청구인의 표현의 자유를 과도하게 제한한다고 보기 어렵다. (헌재 2016. 4. 28. 2012헌마549)
④ (○) 입법자는 집필을 허가할 수 있는 예외를 규정하고 금치처분의 기간도 단축하였다. 따라서, 이 사건 집필제한 조항은 청구인의 표현의 자유를 침해하지 아니한다. (헌재 2014. 8. 28. 2012헌마623) 〈주〉 금치처분 받은 자의 실외운동의 예외적 허용은 신체의 자유 침해이지만, 집필의 예외적 허용은 표현의 자유 침해가 아니므로 비교하여야 한다.

정답 ③

204
다음 설명 중 가장 적절하지 않은 것은? (판례)

① 미결수용자가 교정시설 내에서 규율위반행위 등을 이유로 금치처분을 받은 경우 금치기간 중 서신수수, 접견, 전화통화를 제한하는 형의 집행 및 수용자의 처우에 관한 법률 조항 중 미결수용자에게 적용되는 부분은 미결수용자인 청구인의 통신의 자유를 침해하지 않는다. 16국가7/22경찰1차
② 징벌대상자로서 조사를 받고 있는 수형자가 변호인 아닌 자와 접견할 때 교도관이 참여하여 대화내용을 기록하게 한 교도소장의 행위는 수형자의 사생활의 비밀과 자유를 침해하지 않는다. 20국회8
③ 금치처분을 받은 사람은 금치기간 동안 전화통화, 서신수수, 접견, 라디오, 방송 청취, 신문열람 등을 제한받는데, 여기에 더하여 텔레비전 시청까지 제한되면 정보를 취득할 수 없게 되므로 알 권리를 침해한다. 18입시
④ 금치처분을 받은 사람에 대하여 금치기간 동안 공동행사 참가를 제한하더라도, 서신수수, 접견을 통해 외부와 통신할 수 있고, 종교상담을 통해 종교활동을 할 수 있으면 종교의 자유를 침해하지 않는다. 18입시

해설
① (○) (헌재 2016. 4. 28. 2012헌마549)
② (○) (헌재 2016. 4. 28. 2012헌마549)
③ (×) 금치의 징벌을 받은 사람에 대해 금치기간 동안 텔레비전 시청 제한이라는 불이익을 가함으로써, 규율의 준수를 강제하여 수용시설 내의 안전과 질서를 유지하기 위한 것으로서 청구인의 알 권리를 침해하지 아니한다. (헌재 2016. 5. 26. 2014헌마45)
④ (○) 금치의 징벌을 받은 사람에 대해 금치기간 동안 공동행사 참가 정지라는 불이익을 가함으로써, 규율의 준수를 강제하여 수용시설 내의 안전과 질서를 유지하기 위한 것으로서, 청구인의 통신의 자유, 종교의 자유를 침해하지 아니한다. (헌재 2016. 5. 26. 2014헌마45)

정답 ③

205

다음 설명 중 가장 적절하지 않은 것은? (판례)

① 금치기간 중 신문 도서 잡지 외 자비구매물품의 사용을 제한하는 형의 집행 및 수용자의 처우에 관한 법률 조항은 수용자의 일반적 행동의 자유를 침해하지 않는다. 17국회8

② 청구인인 금치처분을 받은 사람이 최장 30일 이내의 기간 동안 의사가 치료를 위하여 처방한 의약품을 제외한 자비구매물품의 사용을 제한받았다면, 소장이 지급하는 물품을 통하여 건강을 유지하기 위한 필요최소한의 생활을 영위할 수 있도록 하였더라도 청구인의 일반적 행동의 자유를 침해하였다고 할 수 있다. 20국회8

③ 금치기간 중 30일의 기간 내에서만 신문 열람을 금지하는 조치는 미결수용자의 알권리를 침해하지 않는다. 19서울

④ 교화상 또는 구금목적에 부적당한 기사, 조직범죄 등 수용자 관련 범죄기사에 대해 신문을 삭제한 후 수용자에게 구독케 한 행위는 알 권리의 과잉침해가 아니다. 18입시

해설

① (O) (헌재 2016. 5. 26. 2014헌마45)

② (×) 규율 준수를 통하여 수용질서를 유지한다는 공익을 고려할 때, 위 조항은 청구인의 <u>일반적 행동의 자유를 침해하지 아니한다</u>. (헌재 2016. 4. 28. 2012헌마549)

③ (O) 이 사건 신문 및 도서열람제한 조항은 최장 30일의 기간 내에서만 신문이나 도서의 열람을 금지하고 열람을 금지하는 대상에 수용시설 내 비치된 도서는 포함시키지 않고 있으므로 위 조항들이 청구인의 알 권리를 과도하게 제한한다고 보기 어렵다. (헌재 2016. 4. 28. 2012헌마549)

④ (O) 교화상 또는 구금목적에 특히 부적당하다고 인정되는 기사, 조직범죄 등 수용자 관련 범죄기사에 대한 신문기사 삭제행위는 구치소내 질서유지와 보안을 위한 것으로, 청구인의 알 권리를 과도하게 침해한 것은 아니다. (헌재 1998. 10. 29. 98헌마4)

정답 ②

206

다음 설명 중 가장 적절한 것은? (판례)

① 수용거실의 지정은 교도소장의 재량적 판단사항이며 수용자에게 수용거실의 변경을 신청할 권리 내지 특정 수용거실에 대한 신청권이 있다고 볼 수 없으므로, 교도소장의 독거수용 거부는 헌법소원심판의 대상이 되는 공권력의 행사에 해당하지 아니한다. 16법무

② 교정시설의 1인당 수용면적이 수형자의 인간으로서의 기본욕구에 따른 생활조차 어렵게 할 만큼 지나치게 협소하더라도 교정시설의 형편상 불가피한 것이라면 인간의 존엄과 가치를 침해하는 것이 아니다. 17지방7

③ 유치인들이 경찰서 유치장에 수용되어 있는 동안 차폐시설이 불충분하여 사용과정에서 신체부위가 다른 유치인들이나 경찰관들에게 관찰될 수 있고, 냄새가 유출되는 유치실 내 화장실을 사용하도록 강제되었더라도 이는 유치인들의 자살이나 자해방지, 환자의 신속한 발견 등 감시와 보호 목적을 달성하기 위한 것이므로 인격권을 침해하는 것이 아니다. 17지방7

④ 수형자와 그가 제기한 민사소송의 소송대리인인 변호사의 접견을 일반 접견에 포함시켜 시간은 30분 이내로, 횟수는 월 4회로 제한하는 규정은 교정시설의 안전과 질서유지 및 소지금지물품의 반입을 예방하려는 공익이 수형자가 입게 되는 불이익보다 크므로 수형자의 재판청구권을 침해하지 아니한다. 21법행

해설

① (O) (헌재 2013. 8. 29. 2012헌마886) <주> 따라서 <u>교도소장의 독거수용 거부에 대한 헌법소원은 각하되었다.</u>

② (×) 국가형벌권 행사의 한계를 넘어 수형자의 <u>인간의 존엄과 가치를 침해한다.</u> (헌재 2016. 12. 29. 2013헌마142)

③ (×) 헌법 제10조의 인간의 존엄과 가치로부터 유래하는 <u>인격권을 침해하는 정도에 이르렀다고 판단된다.</u> (헌재 2001. 7. 19. 2000헌마546)

④ (×) 심판대상조항들은 법률전문가인 변호사와의 소송상담의 특수성을 고려하지 않고 제한함으로써 청구인의 <u>재판청구권을 침해한다.</u> (헌재 2015. 11. 26. 2012헌마858)

정답 ①

207

다음 설명 중 가장 적절하지 않은 것은? (판례)

① 교도소 내 엄중격리대상자에 대하여 이동 시 계구를 사용하고 교도관이 동행계호하는 행위 및 1인 운동장을 사용하게 하는 처우는 신체의 자유를 과도하게 제한하는 것이 아니다. 13법행
② 출정비용을 예납하지 않았거나 영치금과의 상계에 동의하지 않았다는 이유로 수형자의 행정소송 변론기일에 수형자를 출정시키지 아니한 교도소장의 행위는 수형자의 재판청구권을 침해한다. 16사시
③ 수형자인 청구인이 헌법소원 사건의 국선대리인인 변호사를 접견함에 있어서 그 접견내용을 녹음, 기록한 피청구인의 행위는 청구인의 재판을 받을 권리를 침해한다. 16법무
④ 수형자가 국선대리인인 변호사를 접견하는데 교도소장이 그 접견내용을 녹음·기록하였다고 해도 재판을 받을 권리를 침해하는 것은 아니다. 20경승
⑤ 징벌 대상자로서 조사를 받고 있는 수형자가 변호인 아닌 자와 접견할 때 교도관이 참여하여 대화내용을 기록하게 한 교도소장의 행위는 수형자의 사생활의 비밀과 자유를 침해하지 않는다. 16사시

해설

① (○) (헌재 2008. 5. 29. 2005헌마137).
② (○) (헌재 2012. 3. 29. 2010헌마475)
③ (○) (헌재 2013. 9. 26. 2011헌마398)
④ (×) 청구인과 헌법소원 사건의 국선대리인인 변호사의 접견내용에 대해서는 접견의 목적이나 접견의 상대방 등을 고려할 때 녹음, 기록이 허용되어서는 아니 될 것임에도, 이를 녹음, 기록한 행위는 청구인의 재판을 받을 권리를 침해한다. (헌재 2013. 9. 26. 2011헌마398)
⑤ (○) (헌재 2014. 9. 25. 2012헌마523)

정답 ④

208

다음 설명 중 적절한 것은 몇 개인가? (판례)

㉠ 수형자인 청구인이 헌법소원 사건의 국선대리인인 변호사를 접견함에 있어서 그 접견내용을 녹음, 기록한 교도소장의 행위는 교정시설의 규율과 질서유지를 위한 것으로서 정당성이 인정되므로 청구인의 재판을 받을 권리를 침해한다고 보기 어렵다. 21법행
㉡ 범죄의 증거를 인멸하거나 형사 법령에 저촉되는 행위를 할 우려가 있는 때에는 미결수용자의 접견내용을 녹음·녹화할 수 있도록 한 법률 규정은 법원의 영장 없이 교정시설의 장의 결정에 의하여 미결수용자와 변호인 아닌 자와의 접견내용을 녹음·녹화하도록 하고 있어 영장주의에 위배된다. 21법행
㉢ 증거인멸이나 도망을 예방하기 위한 미결구금제도를 실효성 있게 하기 위한 것이라고 하더라도 미결수용자의 서신에 대한 검열은 통신 비밀에 대한 과잉의 조치이므로 헌법에 위반된다. 08국회8
㉣ 수용자가 내보내려는 모든 서신을 봉함하지 않은 상태로 교정시설에 제출하도록 한 규정은 교정시설의 안전과 질서유지, 수용자의 교화 및 사회복귀를 원활하게 하기 위한 것이므로 수용자의 통신의 자유를 침해하지 않는다. 16사시

① 없음 ② 1개 ③ 2개 ④ 3개

해설

㉠ (×) 심판대상조항은 청구인의 재판청구권을 침해한다. (헌재 2015. 11. 26. 2012헌마858).
㉡ (×) 이 사건 녹음조항에 따라 접견내용을 녹음·녹화하는 것은 직접적으로 물리적 강제력을 수반하는 강제처분이 아니므로 영장주의가 적용되지 않아 영장주의에 위배된다고 할 수 없다. (헌재 2016. 11. 24. 2014헌바401)
㉢ (×) 유효적절한 방법에 의한 최소한의 제한으로서 헌법에 위반된다고 할 수 없다. (헌재 1995. 7. 21. 92헌마144)
㉣ (×) 수용자가 보내려는 모든 서신에 대해 무봉함 상태의 제출을 강제함으로써 수용자의 발송 서신 모두를 사실상 검열 가능한 상태에 놓이도록 하는 것은 기본권 제한의 최소 침해성 요건을 위반하여 수용자인 청구인의 통신비밀의 자유를 침해하는 것이다. (헌재 2012. 2. 23. 2009헌마333)

정답 ①

209

다음 설명 중 가장 적절한 것은? (판례)

① 미결수용자와 변호인 간에 주고받는 서류를 확인하고 이를 소송 관계서류처리부에 등재하는 행위는 그 자체만으로는 미결수용자의 변호인 접견교통권을 제한하는 행위라고 볼 수는 없다. 22경승

② 교도소장으로 하여금 수용자가 주고 받는 서신에 금지물품이 들어 있는지를 확인할 수 있도록 규정하고 있는 형의 집행 및 수용자의 처우에 관한 법률 제43조 제3항은 청구인의 기본권을 직접 침해한다고 볼 수 있다. 13서울

③ 구치소장이 변호인접견실에 CCTV를 설치하여 미결수용자와 변호인 간의 접견을 관찰한 행위는 금지물품의 수수나 교정사고를 방지하기 위한 것으로 미결수용자의 변호인의 조력을 받을 권리를 침해한다고 할 수 없다. 18변시

④ 수용자의 기본권 제한을 최소화하기 위하여 특정부분을 확대하거나 정밀하게 촬영할 수 없는 CCTV를 설치하고, 화장실 문의 창에 불투명재질의 종이를 부착하였으며, 녹화된 영상정보의 무단유출 방지를 위한 시스템을 설치하였더라도 교정시설 내 수용자를 상시적으로 시선계호할 목적으로 CCTV가 설치된 거실에 수용하는 것은 인간으로서의 존엄과 가치 및 사생활의 비밀과 자유를 침해하는 것이다. 17지방7

[해설]

① (×) 교도관은 수수한 서류의 내용을 확인하거나 검열을 하는 것이 아니라 단지 소송 서류인지 여부만을 확인하고 있으므로 청구인의 개인정보자기결정권을 침해하지 아니한다. (헌재 2016. 4. 28. 2015헌마243) 〈주〉 개인정보자기결정권을 제한하지만 침해하지는 않는다.

② (×) 이 사건 법률조항은 수용자의 서신에 금지물품이 들어 있는지 여부에 대한 확인을 교도소장의 재량에 맡기고 있으므로 위 법률조항이 청구인의 기본권을 직접 침해한다고 할 수 없다. (헌재 2012. 2. 23. 선고 2009헌마333)

③ (○) (헌재 2016. 4. 28. 2015헌마243)

④ (×) 이 사건 CCTV 계호행위는 청구인의 생명·신체의 안전을 보호하기 위한 것으로서 과잉금지원칙을 위배하여 청구인의 사생활의 비밀 및 자유를 침해하였다고는 볼 수 없다. (헌재 2011. 9. 29. 2010헌마413)

[정답] ③

210

다음 설명 중 가장 적절한 것은? (판례)

① 종교집회는 수형자의 교정·교화뿐 아니라 교정시설의 안전과 질서유지에 기여하므로 종교집회에 참석할 수 있는 기회는 형이 확정된 수형자뿐 아니라 미결수용자에게도 인정되어야 한다. 16국회8

② 외부 재판에 출정할 때 운동화를 착용하게 해달라는 청구인의 신청에 대하여 이를 불허하고 고무신의 착용을 강제하는 것은, 기본권 제한의 한계를 벗어나 청구인의 인격권과 행복추구권을 침해하였다. 16법무/22경찰1차

③ 교도소·구치소의 수용자가 교정시설 외부로 나갈 경우 도주방지를 위하여 해당 수용자의 발목에 전자장치를 부착하도록 한 「수용자 도주방지를 위한 위치추적전자장치 운영방안」에 따른 전자장치 부착행위는 적법절차원칙에 위반된다. 20국회8

④ 민사재판을 받는 수형자에게 재소자용 의류를 착용하게 하는 것은 재판부나 소송관계자들에게 불리한 심증을 줄 수 있으므로, 수형자의 공정한 재판을 받을 권리를 침해한다. 18변시

⑤ 수용자로 하여금 형사재판 출석 시 아무런 예외 없이 사복착용을 금지하고 재소자용 의류를 입도록 하는 것은 무죄추정의 원칙에 위배되거나 공정한 재판을 받을 권리, 인격권, 행복추구권을 침해하는 것이 아니다. 16국회8

[해설]

① (○) (헌재 2014. 6. 26. 2012헌마782)

② (×) 도주를 예방하기 위한 것으로 인격권과 행복추구권을 침해하였다고 볼 수 없다. (헌재 2011. 2. 24. 2009헌마209)

③ (×) 수용자의 도주를 방지하기 위한 것으로 법에 근거를 두고 있으므로, 법률유보원칙에 위반되어 인격권과 신체의 자유를 침해하지 아니한다. (헌재 2018. 5. 31. 2016헌마191)

④ (×) 민사재판에서 법관이 당사자의 복장에 따라 불리한 심증을 갖거나 불공정한 재판진행을 하게 되는 것은 아니므로, 공정한 재판을 받을 권리가 침해되는 것은 아니다. (헌재 2015. 12. 23. 2013헌마712)

⑤ (×) 형사재판에서 소송관계자들에게 유죄의 선입견을 줄 수 있어 무죄추정의 원칙에 위배될 소지가 크고, 공정한 재판을 받을 권리, 인격권, 행복추구권을 침해한다. (헌재 2015. 12. 23. 2013헌마712)

[정답] ①

211

다음 설명 중 가장 적절한 것은? (판례)

① 보호의무자 2인의 동의와 정신건강의학과 전문의 1인의 진단으로 정신질환자에 대한 보호입원이 가능하도록 한 정신보건법 조항은 보호입원이 정신질환자 본인에 대한 치료와 사회의 안전 도모라는 측면에서 긍정적인 효과가 있으므로 정신질환자의 신체의 자유를 침해하지 아니한다. 17국가7

② 강제퇴거명령을 받은 사람을 즉시 대한민국 밖으로 송환할 수 없으면 송환할 수 있을 때까지 보호시설에 보호할 수 있도록 하는 법률규정은, 보호의 상한을 설정하지 않아 장기 혹은 무기한의 구금을 가능하게 하므로 과잉금지원칙에 위배되어 신체의 자유를 침해한다. 17행시

③ 관광진흥개발기금 관리·운용업무에 종사토록 하기 위해 문화체육관광부장관에 의해 채용된 민간 전문가에 대해 형법상 뇌물죄에서 공무원으로 의제하는 법률규정은 과잉금지원칙에 위배되어 신체의 자유를 침해한다. 17행시

④ 「형법」상의 노역장유치 조항은 재력 있는 자가 단기간의 노역장유치로 고액의 벌금을 면제받는 이른바 황제노역을 방지하기 위해 벌금액수에 따라 유치기간의 하한을 정한 것으로 과잉금지원칙에 반해 신체의 자유를 침해하는 것이라 볼 수 없다. 22국회5

> **해설**
> ① (×) 정신건강의학과 전문의 1인의 진단으로 대한 보호입원이 가능하도록 한 정신보건법 제24조 제1항 및 제2항은 신체의 자유를 침해한다. (헌재 2016. 9. 29. 2014헌가9)
> ② (×) 과잉금지원칙에 위배되어 신체의 자유를 침해하지 아니한다. (헌재 2018. 2. 22. 선고 2017헌가29)
> ③ (×) 뇌물죄의 적용에 대하여만 공무원으로 의제하고 있으므로 과잉금지원칙에 위배되어 신체의 자유를 침해한다고 볼 수 없다. (헌재 2014. 7. 24. 2012헌바188)
> ④ (○) (헌재 2017. 10. 26. 2015헌바239)
>
> [정답] ④

212

다음 설명 중 적절하지 않은 것은? (판례)

① 성폭력범죄를 저지른 성도착증 환자로서 재범의 위험성이 인정되는 19세 이상의 사람에 대해 법원이 15년의 범위에서 치료명령을 선고할 수 있도록 한 법률조항은 장기형이 선고되는 경우 치료명령의 선고시점과 집행시점 사이에 상당한 시간적 간극이 있어서, 집행시점에서 발생할 수 있는 불필요한 치료와 관련한 부분에 대하여는 침해의 최소성과 법익균형성을 인정하기 어려우므로 피치료자의 신체의 자유를 침해한다. 18국회8/20경승

② 전동킥보드의 최고속도는 25km/h를 넘지 않아야 한다고 규정한 조항은 소비자의 자기결정권 및 일반적 행동자유권을 제한할 뿐, 신체의 자유를 제한하는 것은 아니다. 22법원

③ 공익의 대표자로서 준사법기관적 성격을 가지고 있는 검사에게만 치료감호 청구권한을 부여한 것은, 재판의 적정성 및 합리성을 기하기 위한 것이므로 적법절차원칙에 반하지 않는다. 22비상

④ 특정공무원범죄의 범인에 대한 추징판결을 범인 외의 자가 그 정황을 알면서 취득한 불법재산 및 그로부터 유래한 재산에 대하여 그 범인 외의 자를 상대로 집행할 수 있도록 규정한 「공무원범죄에 관한 몰수 특례법」 제9조의2에 의한 추징판결의 집행이 그 성질상 신속성과 밀행성을 요구한다는 사정만으로 이 조항이 추징판결을 집행하기에 앞서 제3자에게 통지하거나 의견을 진술할 기회를 부여하지 않은 데에 합리적인 이유가 있다고 할 수 없으므로 적법절차원칙에 위배된다. 22비상

> **해설**
> ① (○) (헌재 2015. 12. 23. 2013헌가9)
> ② (○) (헌재 2020. 2. 27. 2017헌마1339) 〈주〉 소비자의 자기결정권과 일반적 행동자유권을 제한하지만 침해는 아니므로 합헌이다. 다만 신체의 자유는 제한하지 않는다.
> ③ (○) (헌재 2021. 01.28. 2019헌가24)
> ④ (×) 제3자에게 추징판결의 집행사실을 사전에 통지하거나 의견제출의 기회를 주게 되면 제3자가 또다시 불법재산 등을 처분하는 등으로 인하여 집행의 목적을 달성할 수 없게 될 가능성이 높다. 따라서 적법절차원칙에 위배된다고 볼 수 없다. (헌재 2020. 2. 27. 2015헌가4)
>
> [정답] ④

제2절 사생활의 자유

제1항 사생활의 비밀과 자유

1. 서설

213
다음 설명 중 가장 적절하지 않은 것은? (판례)

① 선거운동 과정에서 자신의 인격권이나 명예권을 보호하기 위하여 대외적으로 해명을 하는 행위는 사생활의 자유에 속하는 것이다. 19입시
② 개인이 자동차를 도로에서 운전하는 중에 좌석 안전띠를 착용할 것인지의 여부는 사생활의 기본조건, 자기결정의 핵심적 영역 또는 인격적 핵심과 관련된다고 보기 어려워 사생활 영역의 문제가 아니다. 11사시
③ 사생활의 자유란 사회공동체의 일반적인 생활규범의 범위 내에서 사생활을 자유롭게 형성하고 그 설계 및 내용에 대해서 외부로부터 간섭을 받지 아니할 권리를 말하며, 담배를 피우는 행위는 이와 같은 사생활의 영역에 포함된다. 11사시
④ 통신의 자유를 기본권으로서 보장하는 것은 사적 영역에 속하는 개인 간의 의사소통을 사생활의 일부로서 보장하겠다는 취지에서 비롯된 것이다. 17국가7

[해설]
① (×) 표현의 자유에 속하는 것이지 사생활의 자유에 속하는 것은 아니다. (헌재 2001. 8. 30. 99헌바92)
② (○) (헌재 2003. 10. 30. 2002헌마518) 〈주〉 일반적 행동자유로서 행복추구권의 영역이다.
③ (○) (헌재 2004. 8. 26. 2003헌마457)
④ (○) (헌재 2001. 3. 21. 2000헌바25) 〈주〉 통신의 자유가 사생활자유에 대한 특칙이다.

[정답] ①

214
다음 설명 중 가장 적절한 것은? (판례)

① 사생활의 비밀은 국가가 사생활영역을 들여다보는 것에 대한 보호를 제공하는 기본권이며, 사생활의 자유는 국가가 사생활의 자유로운 형성을 방해하거나 금지하는 것에 대한 보호를 의미한다. 17국가7
② 헌법 제17조는 "모든 국민은 사생활의 비밀과 자유를 침해받지 아니한다."라고 규정하여 사생활의 비밀과 자유를 국민의 기본권의 하나로 보장하고 있다. 여기서 사생활의 비밀은 국가가 사생활의 자유로운 형성을 방해하거나 금지하는 것에 대한 보호를 의미하고, 사생활의 자유란 국가가 사생활영역을 들여다보는 것에 대한 보호를 제공하는 기본권이다. 20법행
③ 전기통신역무제공에 관한 계약을 체결하는 경우 전기통신사업자로 하여금 가입자에게 본인인지 여부를 확인하도록 한 전기통신사업법 조항은 이동통신서비스에 가입하려는 청구인들의 통신의 비밀을 제한한다. 22경찰1차/22국회8
④ 인터넷언론사의 공개된 게시판·대화방에서 스스로의 의사에 의하여 정당·후보자에 대한 지지·반대의 글을 게시하는 행위는 개인의 양심영역에 해당하므로 사생활의 비밀과 자유에 의하여 보호되는 영역에 포함된다. 11사시

[해설]
① (○) (헌재 2010. 12. 28. 2009헌바258)
② (×) 사생활의 비밀은 국가가 사생활영역을 들여다보는 것에 대한 보호를 제공하는 기본권이며, 사생활의 자유는 국가가 사생활의 자유로운 형성을 방해하거나 금지하는 것에 대한 보호를 의미한다. (헌재 2007. 5. 31. 2005헌마1139)
③ (×) [1] 심판대상조항은 익명으로 통신하고자 하는 청구인들의 통신의 자유를 제한한다. [2] 심판대상조항이 통신의 비밀을 제한하는 것은 아니다. (헌재 2019. 9. 26. 2017헌마1209)
④ (×) 인터넷언론사의 공개된 게시판·대화방에서 스스로의 의사에 의하여 정당·후보자에 대한 지지·반대의 글을 게시하는 행위가 양심의 자유나 사생활 비밀의 자유에 의하여 보호되는 영역이라고 할 수 없다. (헌재 2010. 2. 25. 2008헌마324) 〈주〉 표현의 자유의 보호영역이다.

[정답] ①

215

다음 설명 중 가장 적절한 것은? (판례)

① 흡연자들이 자유롭게 흡연할 권리는 행복추구권을 규정한 헌법 제10조와 사생활의 자유를 규정한 헌법 제17조에 의하여 뒷받침되는 기본권이 아니다. 21법원

② 혐연권과 달리, 흡연권은 헌법 제17조의 사생활의 비밀과 자유와 헌법 제10조에서 그 헌법적 근거를 찾을 수 있는 기본권이 아니다. 14법원

③ 흡연권은 인격의 자유로운 발현 영역에 포함된다고 할 것이므로 그 헌법적 근거는 사생활의 비밀과 자유를 규정한 헌법 제17조가 아닌 인간의 존엄과 가치 및 행복추구권을 규정한 헌법 제10조라 할 것이고, 그에 반하여 흡연이 비흡연자들의 건강과 생명도 위협한다는 면에서 혐연권은 헌법 제10조 외에 헌법이 보장하는 건강권과 생명권에서도 그 근거를 찾을 수 있다. 15사시

④ 흡연권은 사생활의 자유를 실질적 핵으로 하는 것이고 혐연권은 사생활의 자유뿐만 아니라, 생명권에까지 연결되는 것이므로 혐연권이 흡연권보다 상위의 기본권이라 할 수 있다. 15법행

해설

① (×) 흡연자들이 자유롭게 흡연할 권리를 흡연권이라고 한다면, 이러한 흡연권은 인간의 존엄과 행복추구권을 규정한 헌법 제10조와 사생활의 자유를 규정한 헌법 제17조에 의하여 뒷받침된다. (헌재 2004. 8. 26. 2003헌마457)

② (×) 혐연권은 흡연권과 마찬가지로 헌법 제17조, 헌법 제10조에서 그 헌법적 근거를 찾을 수 있다. 나아가 흡연이 흡연자는 물론 간접흡연에 노출되는 비흡연자들의 건강과 생명도 위협한다는 면에서 혐연권은 헌법이 보장하는 건강권과 생명권에 기하여서도 인정된다. (헌재 2004. 8. 26. 2003헌마457)

③ (×) 흡연권은 인간의 존엄과 행복추구권을 규정한 헌법 제10조와 사생활의 자유를 규정한 헌법 제17조에 의하여 뒷받침된다. (헌재 2004. 8. 26. 2003헌마457) 〈주〉 흡연권의 헌법적 근거는 사생활의 비밀과 자유를 규정한 헌법 제17조가 "아닌" → 이 부분이 틀렸다.

④ (O) (헌재 2004. 8. 26. 2003헌마457)

정답 ④

216

다음 설명 중 가장 적절한 것은? (판례)

① 대법원은 헌법 제17조는 개인의 사생활 활동이 타인으로부터 침해되거나 사생활이 함부로 공개되지 아니할 소극적인 권리를 보장하는 것에 국한되고, 자신에 대한 정보를 자율적으로 통제할 수 있는 적극적인 권리까지 보장하는 것은 아니라고 판시한 바 있다. 13법원9

② 공직자의 자질·도덕성·청렴성에 관한 사실은 그 내용이 개인적인 사생활에 관한 것이라 할지라도 순수한 사생활의 영역에 있다고 보기 어렵다. 17국가7

③ 변호사의 업무와 관련된 수임사건의 건수 및 수임액은 변호사의 내밀한 개인적 영역에 속하는 것이므로 이를 소속 지방변호사회에 보고하도록 한 것은 헌법 제17조의 사생활의 비밀과 자유에 대한 제한에 해당한다. 13사시/21지방7

④ 변호사의 수임사건 건수 및 수임액은 변호사의 내밀한 개인적 영역에 속하므로 전년도에 처리한 수임사건의 건수 및 수임액을 소속 지방변호사회에 보고하도록 한 것은 변호사의 사생활 침해가 된다. 10법행

해설

① (×) 헌법 제17조는 개인의 사생활 활동이 타인으로부터 침해되거나 사생활이 함부로 공개되지 아니할 소극적인 권리는 물론, 자신에 대한 정보를 자율적으로 통제할 수 있는 적극적인 권리까지도 보장하려는 데에 그 취지가 있다. (대법원 1998. 7. 24. 96다42789)

② (O) (헌재 2013. 12. 26. 2009헌마747)

③ (×) 변호사의 업무와 관련된 수임사건의 건수 및 수임액이 변호사의 내밀한 개인적 영역에 속하는 것이라고 보기 어렵고, 따라서 이 사건 법률조항이 청구인들의 사생활의 비밀과 자유를 침해하는 것이라 할 수 없다. (헌재 2009. 10. 29. 2007헌마667)

④ (×) 이 사건 법률조항이 청구인들의 사생활의 비밀과 자유를 침해하는 것이라 할 수 없다. (헌재 2009. 10. 29. 2007헌마667) 〈주〉 헌법재판소는 기본권의 보호영역에 속하지 않아서 그 기본권을 제한하지 않는 경우에도 그 기본권을 침해하지 않는다고 표현하기도 한다.

정답 ②

2. 개인정보자기결정권

217

다음 설명 중 가장 적절하지 않은 것은? (판례)

① 개인정보자기결정권은 자신에 관한 정보가 언제, 누구에게, 어느 범위까지 알려지고 또 이용되도록 할 것인지를 정보주체가 스스로 결정할 수 있는 권리를 말한다. 19서울
② 개인정보자기결정권은 헌법에 명시된 기본권이다. 21법원
③ 개인정보자기결정권은 자신에 관한 정보가 언제 누구에게 어느 범위까지 알려지고 또 이용되도록 할 것인지를 그 정보주체가 스스로 결정할 수 있는 권리로서, 헌법 제10조 제1문에서 도출되는 일반적 인격권 및 헌법 제17조의 사생활의 비밀과 자유에 의하여 보장된다. 21국가5
④ 개인정보자기결정권은 헌법상 사생활의 비밀과 자유, 일반적 인격권, 자유민주적 기본질서규정 또는 국민주권원리와 민주주의원리 등에 근거하고 있지만, 이들 모두를 이념적 기초로 하는 독자적 기본권으로 보아야 한다. 19서울

해설

① (O) (헌재 2005. 5. 26. 99헌마513)
② (×) 개인정보자기결정권은 이들을 이념적 기초로 하는 독자적 기본권으로서 헌법에 명시되지 아니한 기본권이라고 보아야 할 것이다. (헌재 2005. 5. 26. 99헌마513)
③ (O) 개인정보자기결정권의 헌법적 근거를 굳이 어느 한 두개에 국한시키는 것은 바람직하지 않은 것으로 보이고, 오히려 개인정보자기결정권은 이들을 이념적 기초로 하는 독자적 기본권으로서 헌법에 명시되지 아니한 기본권이라고 보아야 할 것이다. (헌재 2005. 5. 26. 99헌마513)
④ (O) (헌재 2005. 5. 26. 99헌마513)

정답 ②

218

다음 설명 중 가장 적절하지 않은 것은? (판례)

① 개인정보자기결정권은 개인정보처리자에 대하여 자신의 개인정보 처리를 정지할 것을 요구할 수 있는 권리를 포함한다. 17국회9
② 개인정보를 대상으로 한 조사, 수집, 보관, 처리, 이용 등의 행위는 모두 원칙적으로 개인정보자기결정권에 대한 제한에 해당한다. 12법원
③ 개인정보란 살아 있는 개인에 관한 정보로서 성명, 주민등록번호 및 영상 등을 통하여 개인을 알아볼 수 있는 정보(해당 정보만으로는 특정 개인을 알아볼 수 없더라도 다른 정보와 쉽게 결합하여 알아볼 수 있는 것을 포함한다)를 말한다. 19행시
④ 개인정보보호법 상 개인정보란 살아 있는 개인 또는 사자(死者)에 관한 정보로서 성명, 주민등록번호 및 영상 등을 통하여 개인을 알아볼 수 있는 정보를 말한다. 18지방7

해설

① (O) 개인정보보호법 제37조 제1항. - 정보주체는 개인정보처리자에 대하여 자신의 개인정보 처리의 정지를 요구할 수 있다.
② (O) 개인정보를 대상으로 한 조사·수집·보관·처리·이용 등의 행위는 모두 원칙적으로 개인정보자기결정권에 대한 제한에 해당한다. (헌재 2005. 5. 26. 99헌마513).
③ (O) 개인정보보호법 제2조. "개인정보"란 살아 있는 개인에 관한 정보로서 성명, 주민등록번호 및 영상 등을 통하여 개인을 알아볼 수 있는 정보(해당 정보만으로는 특정 개인을 알아볼 수 없더라도 다른 정보와 쉽게 결합하여 알아볼 수 있는 것을 포함한다)를 말한다.
④ (×) 개인정보보호법 제2조. - "개인정보"란 살아 있는 개인에 관한 정보로서 성명, 주민등록번호 및 영상 등을 통하여 개인을 알아볼 수 있는 정보(해당 정보만으로는 특정 개인을 알아볼 수 없더라도 다른 정보와 쉽게 결합하여 알아볼 수 있는 것을 포함한다)를 말한다.

정답 ④

219
다음 설명 중 가장 적절하지 않은 것은? (판례)

① 개인정보보호법 제2조 제1호는 이 법률의 보호대상인 개인정보의 개념을 살아 있는 개인에 관한 정보로 한정하고 있다. 18입시
② 사람의 지문은 개인의 고유성, 동일성을 나타내고, 정보주체를 타인으로부터 식별가능하게 하는 개인정보이다. 19서울
③ 지문정보는 그 자체로 개인의 존엄과 인격권에 큰 영향을 미칠 수 있는 민감한 정보라고 보기 어려워, 유전자정보 등과 같은 다른 생체정보와는 달리 그 보호정도가 높다고 할 수 없다. 20경채
④ 지문은 그 정보주체를 타인으로부터 식별가능하게 하는 개인정보가 아니므로, 경찰청장이 이를 보관·전산화하여 범죄수사목적에 이용하는 것은 정보주체의 개인정보자기결정권을 제한하는 것이 아니다. 21국가7

해설
① (O) 개인정보보호법 제2조. – "개인정보"란 살아 있는 개인에 관한 정보로서 성명, 주민등록번호 및 영상 등을 통하여 개인을 알아볼 수 있는 정보(해당 정보만으로는 특정 개인을 알아볼 수 없더라도 다른 정보와 쉽게 결합하여 알아볼 수 있는 것을 포함한다)를 말한다.
② (O) 개인의 고유성, 동일성을 나타내는 지문은 그 정보주체를 타인으로부터 식별가능하게 하는 개인정보이므로, 시장·군수 또는 구청장이 개인의 지문정보를 수집하는 것은 청구인들의 개인정보자기결정권을 제한한다. (헌재 2015. 5. 28. 2011헌마731)
③ (O) (헌재 2015. 5. 28. 2011헌마731)
④ (X) 개인의 고유성, 동일성을 나타내는 지문은 그 정보주체를 타인으로부터 식별가능하게 하는 개인정보이므로, 시장·군수 또는 구청장이 개인의 지문정보를 수집하고, 경찰청장이 이를 보관·전산화하여 범죄수사목적에 이용하는 것은 모두 개인정보자기결정권을 제한하는 것이다. (헌재 2005. 5. 26. 99헌마513) 〈주〉 "개인정보가 아니므로" 부분과 "제한하는 것이 아니라" 부분이 틀렸다. 다만 그 제한이 과잉금지원칙에 위반되어 기본권을 침해하지는 않는다.

정답 ④

220
다음 설명 중 가장 적절한 것은? (판례)

① 주민등록증 발급을 위해 열 손가락의 지문을 날인케 하는 것은 신원확인기능의 효율적인 수행을 도모하고, 신원확인의 정확성 내지 완벽성을 제고하기 위한 것이므로 양심의 자유에 대한 최소한의 제한이라고 할 수 있다. 22경승
② 지문은 그 정보주체를 타인으로부터 식별가능하게 하는 개인정보이므로, 시장·군수 또는 구청장이 개인의 지문정보를 수집하고, 경찰청장이 이를 보관·전산화하여 범죄수사목적에 이용하는 것은 모두 개인정보자기결정권을 제한하는 것이라고 할 수 있다. 14법원
③ 지문은 개인의 고유성과 동일성을 나타내는 생체정보로서 개인이 임의로 변경할 수 없는 정보이고, 행정상 목적으로 신원확인이 필요한 경우 반드시 열 손가락 지문 전부가 필요한 것은 아니므로 주민등록증 발급신청서에 열 손가락 지문을 찍도록 하는 것은 개인정보자기결정권을 침해한다. 20법원
④ 주민등록법상의 지문을 날인할 것인지 여부의 결정은 양심의 자유의 보호영역에 속한다. 10지방7

해설
① (X) 이 사건 시행령조항과 관련된 주된 기본권이 개인정보자기결정권이므로 이를 중심으로 하여 판단하기로 한다. (헌재 2015. 5. 28. 2011헌마731) 〈주〉 사생활의 비밀과 자유, 양심의 자유는 별도로 판단하지 않았다.
② (O) (헌재 2005. 5. 26. 99헌마513)
③ (X) 지문정보가 유전자, 홍채, 치아 등 다른 신원확인수단에 비하여 간편하고 효율적이다. 따라서 이 사건 시행령조항이 과도하게 개인정보자기결정권을 침해하였다고 볼 수 없다. (헌재 2015. 5. 28. 2011헌마731)
④ (X) 손가락 지문날인의 의무를 부과하는 이 사건 시행령조항에 대하여 국가가 개인의 윤리적 판단에 개입한다거나 그 윤리적 판단을 표명하도록 강제하는 것으로 볼 여지는 없다고 할 것이므로, 양심의 자유의 침해가능성 또한 없다. (헌재 2005. 5. 26. 99헌마513)

정답 ②

221

다음 설명 중 가장 적절하지 않은 것은? (판례)

① 개인정보자기결정권의 보호대상이 되는 개인정보는 그 개인의 동일성을 식별할 수 있게 하는 일체의 정보로서, 반드시 개인의 내밀한 영역이나 사사(私事)의 영역에 속하는 정보에 국한되지 않고 공적 생활에서 형성되었거나 이미 공개된 개인정보까지 포함된다. 18입시

② 개인정보자기결정권의 보호대상은 개인에 대한 '비밀' 정보에만 한정되지 않는다. 17국회9

③ 개인정보자기결정권의 보호대상이 되는 개인정보는 개인의 내밀한 영역에 속하는 정보에 국한되며, 공적 생활에서 형성되거나 이미 공개된 개인정보는 포함되지 않는다. 14법원

④ 정보주체는 자신의 개인정보 처리로 인하여 발생한 피해를 신속하고 공정한 절차에 따라 구제받을 권리를 가진다. 19행시

[해설]

① (○) (대법원 2016. 3. 10. 2012다105482)
② (○) 개인정보자기결정권의 보호대상이 되는 개인정보는 개인의 동일성을 식별할 수 있게 하는 일체의 정보라고 할 수 있고, 공적 생활에서 형성되었거나 이미 공개된 개인정보까지 포함한다. (대법원 2014. 7. 24. 2012다49933)
③ (×) 반드시 개인의 내밀한 영역에 속하는 정보에 국한되지 아니하며 공적 생활에서 형성되었거나 이미 공개된 개인정보까지 포함한다. (대법원 2016. 8. 17. 2014다235080)
④ (○) 개인정보보호법 제4조. 정보주체는 개인정보의 처리로 인하여 발생한 피해를 신속하고 공정한 절차에 따라 구제받을 권리를 가진다.

[정답] ③

222

다음 설명 중 가장 적절한 것은? (판례)

① 야당 소속 후보자 지지 혹은 정부 비판은 정치적 견해로서 개인의 인격주체성을 특징짓는 개인정보에 해당하지만, 그것이 지지 선언 등의 형식으로 공개적으로 이루어진 것이라면 개인정보자기결정권의 보호범위 내에 속하지 않는다. 21국가7/22해간/23경승

② 헌법 제17조의 사생활의 비밀과 자유 및 헌법 제18조의 통신의 자유에 의하여 보장되는 개인정보자기결정권의 보호대상이 되는 개인정보는 개인의 신체, 신념, 사회적 지위, 신분 등과 같이 개인의 사적 영역에 국한된 사항으로서 그 개인의 동일성을 식별할 수 있게 하는 일체의 정보라고 할 수 있다. 21국가7

③ 보험회사직원이 보험회사를 상대로 손해배상청구소송을 제기한 교통사고 피해자들의 장해 정도에 관한 증거자료를 수집할 목적으로 피해자들의 일상생활을 촬영한 행위는 불법이다. 18입시

④ 이미 공개된 개인정보를 정보주체의 동의가 있었다고 객관적으로 인정되는 범위 내에서 수집·이용·제공 등 처리를 할 때에라도 이를 영리목적으로 이용하는 이상 원칙적으로 정보주체의 별도의 동의를 받아야 한다. 17법행

[해설]

① (×) 정치적 견해에 관한 정보는 공개된 정보라 하더라도 개인의 인격주체성을 특징짓는 것으로, 개인정보자기결정권의 보호 범위 내에 속한다. (헌재 2020. 12. 23. 2017헌마416) 〈주〉 정부를 비판하는 문화예술계에 대한 지원을 배제한 사안이다. 목적의 정당성이 부정되었다.
② (×) 반드시 개인의 내밀한 영역에 속하는 정보에 국한되지 않고 공적 생활에서 형성되었거나 이미 공개된 개인정보까지도 포함한다. (대법원 2016. 3. 10. 2012다105482)
③ (○) (대법원 2006. 10. 13. 2004다16280)
④ (×) 이미 공개된 개인정보를 정보주체의 동의가 있었다고 객관적으로 인정되는 범위 내에서 수집·이용·제공 등 처리를 할 때는 정보주체의 별도의 동의는 불필요하다고 보아야 하고, 별도의 동의를 받지 아니하였다고 하여 개인정보 보호법 제15조나 제17조를 위반한 것으로 볼 수 없다. (대법원 2016. 8. 17. 2014다235080)

[정답] ③

223
다음 설명 중 가장 적절하지 않은 것은? (판례)

① 개인정보처리자는 정보주체가 필요한 최소한의 정보 외의 개인정보 수집에 동의하지 아니한다는 이유로 정보주체에게 재화 또는 서비스의 제공을 거부하여서는 아니 된다. 19행시
② 이미 정보주체의 의사에 따라 공개된 개인정보를 그의 별도의 동의 없이 영리 목적으로 수집·제공한 경우, 그러한 정보처리행위로 침해될 수 있는 정보주체의 인격적 법익과 그 행위로 보호받을 수 있는 정보처리자 등의 법적 이익 등을 고려하여 그 최종적인 위법성 여부를 판단하여야 하고, 단지 정보처리자에게 영리 목적이 있었다는 사정만으로 곧바로 정보처리행위를 위법하다고 할 수는 없다. 18법행
③ 법률정보 제공 사이트를 운영하는 회사가 공립대학교 법학과 교수의 사진, 성명, 성별, 출생연도, 직업, 직장, 학력, 경력 등 개인정보를 위 법학과 홈페이지 등을 통해 수집하여 위 사이트 내 '법조인' 항목에서 유료로 제공한 경우 개인정보자기결정권을 침해하는 위법한 행위로 평가할 수 없다. 21법무
④ 정보주체가 직접 또는 제3자를 통하여 이미 공개한 개인정보라고 하더라도 공개 당시 정보주체가 자신의 개인정보에 대한 수집이나 제3자 제공 등의 처리에 대하여 동의를 하였다고 단정할 수 없으므로, 그 정보를 수집·이용·제공 등 처리하고자 하는 자는 정보주체로부터 별도의 동의를 받아야 한다. 21법무

해설
① (O) 개인정보보호법 제16조 제3항.
② (O) (대법원 2016. 8. 17. 2014다235080)
③ (O) (대법원 2016. 8. 17. 2014다235080)
④ (X) 이미 공개된 개인정보를 정보주체의 동의가 있었다고 객관적으로 인정되는 범위 내에서 수집·이용·제공 등 처리를 할 때는 정보주체의 별도의 동의는 불필요하다고 보아야 한다. (대법원 2016. 8. 17. 2014다235080)

[정답] ④

3. 기타 판례

224
다음 설명 중 가장 적절한 것은? (판례)

① 질병은 병역처분에 있어서 고려되는 본질적 요소이므로 4급 이상 공무원들의 병역 면제사유인 질병명을 관보와 인터넷을 통해 공개하도록 하는 것은 해당 공무원들의 사생활의 비밀과 자유를 침해하지 않는다. 15국가7
② 국민건강보험공단이 피의자의 급여일자와 요양기관명에 관한 정보를 수사기관에 제공하는 것은, 당해 정보가 개인의 건강에 관한 것이기는 하나 개인의 건강 상태에 관한 막연하고 추상적인 정보에 불과하여 보호의 필요성이 높지 않을 뿐만 아니라, 검거목적에 필요한 최소한의 정보를 제공한 것으로써 그의 개인정보자기결정권을 침해하지 아니한다. 19행시/23경승
③ 국민건강보험공단이 2013.12.20. 경찰서장에게 체포영장이 발부된 피의자의 '2010.12.18.부터 2013.12.18.'까지의 상병명, 요양기관명, 요양기관주소, 전화번호 등 요양급여내용을 제공한 행위는 사생활의 비밀과 자유를 침해한다. 20경승
④ 공직선거의 후보자등록 신청을 함에 있어 형의 실효여부와 관계없이 일률적으로 금고 이상의 형의 범죄경력을 제출·공개하도록 한 규정은 사생활의 비밀과 자유를 침해한다. 20경승

해설
① (X) 공적 관심의 정도가 약한 4급 이상의 공무원들까지 대상으로 삼아 모든 질병명을 아무런 예외 없이 공개토록 한 것은 청구인들을 비롯한 해당 공무원들의 헌법 제17조가 보장하는 기본권인 사생활의 비밀과 자유를 침해하는 것이다. (헌재 2007. 5. 31. 2005헌마1139)
② (X) 급여일자와 요양기관명은 피의자의 현재 위치를 곧바로 파악할 수 있는 정보는 아니므로, 개인정보자기결정권을 침해하였다. (헌재 2018. 8. 30. 선고 2014헌마368)
③ (O) (헌재 2017. 7. 27. 2015헌마1094)
④ (X) 이 사건 법률조항은 청구인들의 사생활의 비밀과 자유를 침해한다고 볼 수 없다. (헌재 2008. 4. 24. 2006헌마402)

[정답] ③

225

다음 설명 중 가장 적절하지 않은 것은? (판례)

① 서울용산경찰서장이 전기통신사업자로부터 위치추적자료를 제공받아 청구인들의 위치를 확인하였거나 확인할 수 있었음에도 불구하고 청구인들의 검거를 위하여 국민건강보험공단으로부터 2년 내지 3년 동안의 요양급여정보를 제공받은 것은 청구인들의 개인정보자기결정권에 대한 중대한 침해에 해당한다. 21국가7

② 의료기관에게 환자들의 의료비 내역에 관한 정보를 국세청에 제출하는 의무를 부과하고 있는 소득세법 규정이 개인정보자기결정권을 침해하는 것은 아니다. 12법행

③ 수급자의 주상병명, 급여일수, 처방전교부 기관기호 등의 정보는 인격의 내적 핵심에 근접하는 의료정보에 해당하며, 수급자의 진료정보가 본인들의 동의 없이 국민건강보험공단 등으로 전송·보관되는 것은 청구인들의 개인정보자기결정권을 침해하지 않는다. 22군무5

④ 공직선거에 후보자로 등록하려는 자가 제출하여야 하는 '금고 이상의 형의 범죄경력'에 이미 실효된 형까지 포함시키는 법률 조항은 공직선거 후보자의 사생활의 비밀과 자유를 과도하게 제한하는 것이어서 과잉금지 원칙에 반한다. 11사시/23경승

⑤ 공직선거에 후보자로 등록하려는 자가 제출하여야 하는 금고이상의 형의 범죄경력'에 이미 실효된 형까지 포함시키는 법률 규정은 공직선거후보자의 사생활의 비밀과 자유를 침해하지 않는다. 18서울

해설

① (O) (헌재 2018. 8. 30. 2014헌마368)
② (O) (헌재 2008. 10. 30. 2006헌마1401)
③ (O) (헌재 2009. 9. 24. 2007헌마1092).
④ (✕) 후보자의 실효된 형까지 포함한 금고 이상의 형의 범죄경력을 공개함으로써 국민의 알권리를 충족하고 공정하고 정당한 선거권 행사를 보장한다. 사생활의 비밀과 자유를 침해한다고 볼 수 없다. (헌재 2008. 4. 24. 2006헌마402)
⑤ (O) (헌재 2008. 4. 24. 선고 2006헌마402)

정답 ④

226

다음 설명 중 가장 적절한 것은? (판례)

① 시장·군수 또는 구청장이 개인의 지문정보를 수집하고 경찰청장이 이를 보관·전산화하여 범죄수사목적에 이용하는 것은, 국가가 국민의 지문을 수집하는 본래 목적에 어긋나므로 개인정보자기결정권을 침해하는 것이다. 19서울

② 시장이 경찰서장의 사실조회 요청에 따라 경찰서장에게 청구인들의 이름, 생년월일, 전화번호, 주소를 제공한 행위는 사생활의 비밀과 자유 또는 개인정보자기결정권을 침해한다. 20경승

③ 통계청장이 인구주택총조사의 방문 면접조사를 실시하면서, 담당 조사원을 통해 조사대상자에게 통계청장이 작성한 인구주택총조사 조사표의 조사항목들에 응답할 것을 요구한 행위는 조사대상자의 개인정보자기결정권을 침해하지 않는다. 21경승

④ 통계청장이 인구주택총조사의 방문 면접조사를 실시하면서, 담당 조사원을 통해 청구인에게 인구주택총조사 조사표의 조사 항목들에 응답할 것을 요구한 행위는 사생활의 비밀과 자유 또는 개인정보자기결정권을 침해한다. 20경승

해설

① (✕) 범죄수사활동, 대형사건사고나 변사자가 발생한 경우의 신원확인, 타인의 인적사항 도용 방지 등의 공익이 더 크다. 따라서 과잉금지의 원칙에 위배하여 청구인들의 개인정보자기결정권을 침해하였다고 볼 수 없다. (헌재 2005. 5. 26. 99헌마513)
② (✕) 과잉금지원칙에 위배되어 청구인들의 개인정보자기결정권을 침해하였다고 볼 수 없다. (헌재 2018. 8. 30. 2016헌마483)
③ (O) (헌재 2017. 7. 27. 2015헌마1094)
④ (✕) 피청구인이 작성한 2015 인구주택총조사 조사표의 조사항목들에 응답할 것을 요구한 행위는 개인정보자기결정권을 침해하지 않는다. (헌재 2017. 7. 27. 2015헌마1094).

정답 ③

227

다음 설명 중 가장 적절한 것은? (판례)

① '혐의 없음' 불기소처분에 관한 사건의 개인정보를 보관하는 것은 재수사에 대비한 기초자료를 보존하여 형사사법의 실체적 진실을 구현하는 한편, 수사력의 낭비를 막고 피의자의 인권을 보호하기 위한 것으로 개인정보자기결정권을 침해한다고 볼 수 없다. 18서울

② 수형인 등이 재범하지 않고 상당 기간을 경과하는 경우에는 재범의 위험성이 그만큼 줄어든다고 할 것임에도 일률적으로 이들 대상자가 사망할 때까지 디엔에이신원확인정보를 보관하는 것은 과잉금지원칙에 위반하여 수형인등의 개인정보 자기결정권을 침해한다. 21 국가5

③ 「형의 실효 등에 관한 법률」에서 수사경력자료의 보존 및 보존기간을 정하면서 범죄경력자료의 삭제에 대해 규정하지 않은 것은 개인정보자기결정권을 침해한다. 20경채

④ 기소유예처분에 관한 수사경력자료를 최장 5년까지 보존하도록 하는 것은 기소유예처분을 받은 자의 개인정보자기결정권을 침해한다. 16국가7

해설

① (O) (헌재 2009. 10. 29. 2008헌마257)
② (X) 재범의 위험성이 높은 범죄를 범한 수형인 등은 생존하는 동안 재범의 가능성이 있으므로, 범죄 수사 및 예방에 필요하다. 따라서 개인정보자기결정권을 침해한다고 볼 수 없다. (헌재 2014. 8. 28. 2011헌마28)
③ (X) 이 사건 수사경력자료 정리조항에서 범죄경력자료의 삭제를 규정하지 않은 것이 청구인의 개인정보 자기결정권을 침해한다고 볼 수 없다. (헌재 2012. 7. 26. 2010헌마446)
④ (X) 수사 및 재판과정에서 적정한 양형 등을 통해 사법정의를 실현하기 위한 것으로서 청구인의 개인정보자기결정권을 침해하지 아니한다. (헌재 2016. 6. 30. 2015헌마828) 〈주〉 수사경력자료 중 기소유예처분자료에 대한 보존도 합헌이다.

[정답] ①

228

다음 설명 중 가장 적절하지 않은 것은? (판례)

① 구 형의 실효 등에 관한 법률의 해당 조항이 법원에서 불처분결정된 소년부송치 사건에 대한 수사경력자료의 삭제 및 보존기간에 대하여 규정하지 아니하여 수사경력자료에 기록된 개인정보가 당사자의 사망 시까지 보존되면서 이용되는 것은 당사자의 개인정보자기결정권에 대한 제한에 해당한다. 21국가7

② 통신매체이용음란죄로 유죄판결이 확정된 자는 신상정보 등록대상자가 된다고 규정한 성폭력범죄의 처벌 등에 관한 특례법 조항은 신상정보 등록대상자의 개인정보자기결정권을 침해한다. 18지방7/22경찰1차

③ 법무부장관이 등록대상자의 재범 위험성이 상존하는 20년 동안 그의 신상정보를 보존·관리하는 것은 정당한 목적을 위한 적합한 수단이므로, 모든 등록대상 성범죄자에 대하여 일률적으로 20년의 등록기간을 적용하고 있더라도 개인정보자기결정권을 침해한다고 볼 수 없다. 15국가7

④ 아동 청소년 성매수죄로 유죄가 확정된 자는 신상정보 등록대상자가 되도록 규정한 성폭력범죄의 처벌 등에 관한 특례법 제42조 제1항 중 "구 아동 청소년의 성보호에 관한 법률 제2조 제2호 가운데 제10조 제1항의 범죄로 유죄판결이 확정된 자는 신상정보 등록대상자가 된다."는 부분은 청구인의 개인정보자기결정권을 침해하지 않는다. 22경찰1차

해설

① (O) 소년부송치 및 불처분결정된 사실이 소년의 장래 신상에 불이익한 영향을 미치지 않는 것이 마땅하다. 따라서 심판대상조항은 개인정보자기결정권을 침해한다. (헌재 2021. 6. 24. 2018헌가2)
② (O) 비교적 불법성이 경미한 통신매체이용음란죄를 저지른 이들에 대하여 과잉금지원칙에 위반하여 개인정보 자기결정권을 침해한다. (헌재 2016. 3. 31. 2015헌마688)
③ (X) 모든 등록대상 성범죄자에 대하여 일률적으로 20년의 등록기간을 적용하고 있으므로, 이 사건 관리조항은 개인정보자기결정권을 침해한다. (헌재 2015. 7. 30. 2014헌마340)
④ (O) (헌재 2016. 2. 25. 2013헌마830)

[정답] ③

229

다음 설명 중 가장 적절한 것은? (판례)

① 구 특정 범죄자에 대한 위치추적 전자장치 부착 등에 관한 법률에 의하여 성폭력범죄를 2회 이상 범하여 습벽이 인정되고 재범의 위험성이 있는 자에게 검사의 청구에 따라 법원이 10년의 범위 내에서 위치추적 전자장치를 부착할 수 있도록 하는 것은 피부착자의 사생활의 비밀과 자유 및 개인정보자기결정권을 침해한다. 15국가7

② 아동·청소년 대상 성범죄자에 대하여 신상정보 등록 후 1년마다 새로 촬영한 사진을 관할경찰서에 제출하도록 하고 이에 위반하는 경우 형벌로 제재를 가하는 것은 기본권의 최소침해성 원칙에 반한다. 15국가7

③ '강제추행죄'로 유죄판결이 확정된 신상정보 등록대상자로 하여금 관할 경찰관서의 장에게 신상정보 및 변경정보를 제출하게 하는 것은, 관할 경찰관서의 장이 등록대상자를 대면하는 과정에서 범죄동기의 억제에서 더 효과적이므로, 침해의 최소성 원칙에 반하지 않는다. 18법행

④ 가상의 아동 청소년이용음란물배포죄로 유죄판결이 확정된 자는 신상정보 등록대상자가 되도록 규정한 성폭력범죄의 처벌 등에 관한 특례법 제42조 제1항 중 구 아동 청소년의 성보호에 관한 법률 제8조 제4항의 아동 청소년이용음란물 가운데 "아동청소년으로 인식될 수 있는 사람이나 표현물이 등장하는 것"에 관한 부분으로 유죄판결이 확정된 자에 관한 부분은 청구인의 개인정보자기결정권을 침해한다. 22경찰1차

해설

① (×) 법원이 10년의 범위 내에서 위치추적 전자장치를 부착할 수 있도록 한 구 '특정 범죄자에 대한 위치추적 전자장치 부착 등에 관한 법률은 헌법에 위반되지 않는다. (헌재 2012. 12. 27. 2010헌바187)

② (×) 일반적 행동의 자유를 침해하지 아니한다. (헌재 2015. 7. 30. 선고 2014헌바257)

③ (○) (헌재 2015. 7. 30. 2014헌바257).

④ (×) 개인정보자기결정권을 침해하지 않는다. (헌재 2016. 3. 31. 2014헌마785)

정답 ③

230

다음 설명 중 가장 적절하지 않은 것은? (판례)

① '성적 목적 공공장소 침입죄'는 침입대상을 공공화장실 등 공공장소로 하여 사실상 장소를 정하지 아니하고 있으며 그에 따라 신상정보 등록대상의 범위도 제한되지 않는바, 위 범죄에 의한 신상정보 등록조항은 개인정보자기결정권을 침해한다. 17국회8/22경찰1차

② 성폭력범죄의 처벌 등에 관한 특례법위반(카메라 등 이용 촬영, 카메라 등 이용촬영미수)죄로 유죄판결이 확정된 자는 신상정보 등록대상자가 되도록 규정한 성폭력범죄의 처벌 등에 관한 특례법 제42조 제1항 중 해당 부분은 개인정보자기 결정권을 침해하지 않는다. 16법무

③ 개인정보 보호법에 의하면 특별한 보호대상이 되는 민감정보에는 정치적 견해나 노동조합에의 가입에 관한 정보도 포함된다. 17국회9

④ 개별 교원의 교원단체 및 노동조합 가입 정보는 개인정보 보호법 제23조의 노동조합의 가입·탈퇴에 관한 정보로서 민감정보에 해당한다. 18지방7

해설

① (×) 신상정보 등록제도는 국가기관이 성범죄자의 관리를 목적으로 신상정보를 내부적으로만 보존·관리하는 것으로, 성범죄자의 신상정보를 일반에게 공개하는 신상정보 공개·고지제도와는 달리 법익침해의 정도가 크지 않다. 따라서 등록조항은 청구인의 개인정보자기결정권을 침해하지 않는다. (헌재 2016. 10. 27. 2014헌마709)

② (○) (헌재 2015. 7. 30. 2014헌마340)

③ (○) 개인정보보호법 제23조 제1항. 개인정보처리자는 사상·신념, 노동조합·정당의 가입·탈퇴, 정치적 견해, 건강, 성생활 등에 관한 정보, 그 밖에 정보주체의 사생활을 현저히 침해할 우려가 있는 개인정보로서 대통령령으로 정하는 정보(이하 "민감정보"라 한다)를 처리하여서는 아니 된다.

④ (○) 교원의 교원단체 및 노동조합 가입에 관한 정보는 '개인정보 보호법'상의 민감정보에 해당한다. (헌재 2011. 12. 29. 2010헌마293)

정답 ①

231

다음 설명 중 가장 적절한 것은? (판례)

① '각급학교 교원의 교원단체 및 교원노조 가입현황 실명자료'를 인터넷을 통하여 일반 대중에게 공개하는 국회의원의 행위는 해당 교원들의 개인정보자기결정권을 침해한다. 21국가5

② 특정 범죄자에 대한 보호관찰 및 전자장치 부착 등에 관한 법률에 의한 전자장치 부착기간 동안 다른 범죄를 저질러 구금된 경우, 그 구금기간이 부착기간에 포함되지 않은 것으로 규정한 위 법률조항은 사생활의 비밀과 자유, 개인정보자기결정권을 침해한다. 15국가7

③ 교육감이 졸업생 관련 증명업무를 위해 졸업생의 성명, 생년월일 및 졸업일자에 대한 정보를 교육정보시스템에 보유하는 행위는 개인정보보호법제가 완비되지 않은 상황에서 그 보유의 목적과 수단의 적정성을 인정할 수 없어 졸업생의 개인정보자기결정권을 침해한다. 21법원

④ 학교폭력 가해학생에 대한 조치사항을 학교생활기록부에 기재하고 졸업할 때까지 보존하는 것은 과잉금지원칙에 위배되어 가해학생의 개인정보자기결정권을 침해한다. 16국가7

해설

① (O) (대법원 2014. 7. 24. 2012다49933)
② (×) 심판대상 법률조항은 전자장치 부착명령을 집행할 수 없는 기간 동안 집행을 정지하고 다시 집행이 가능해졌을 때 잔여기간을 집행하는 것으로, <u>과잉금지원칙에 위배되지 아니한다</u>. (헌재 2013. 7. 25. 2011헌마781)
③ (×) 피청구인들이 졸업증명서 발급업무에 관한 민원인의 편의 도모, 행정효율성의 제고를 위한 것으로 <u>목적의 달성에 필요한 최소한의 정보만을 보유하는 것이라 할 수 있다</u>. (헌재 2005. 7. 21. 2003헌마282) 〈주〉 개인정보자기결정권을 침해하지 않는다.
④ (×) 학생들의 경각심을 고취시켜 학교폭력을 예방하고 재발을 방지하는 가장 효과적인 수단이 된다. 따라서 과잉금지원칙에 위배되어 청구인의 <u>개인정보자기결정권을 침해하지 않는다</u>. (헌재 2016. 4. 28. 2012헌마630)

[정답] ①

232

다음 설명 중 가장 적절한 것은? (판례)

① 성폭력범죄를 2회 이상 범하여 그 습벽이 인정된 때에 해당하고 성폭력범죄를 다시 범할 위험성이 인정되는 자에 대해 전자장치 부착을 명할 수 있도록 한 것은 사생활의 비밀과 자유를 침해하는 것이 아니다. 18국회8

② 피보안관찰자에게 자신의 주거지 등 현황을 신고하게 하고, 정당한 이유 없이 신고를 하지 아니한 자를 처벌하는 것은 사생활의 비밀과 자유에 대한 침해이다. 18국회8

③ 보안관찰처분대상자가 교도소에서 출소한 후 7일 이내에 출소사실을 신고하도록 하고 위반할 경우 처벌하도록 정한 보안관찰법상 '출소후신고조항 및 위반 시 처벌조항'은 과잉금지원칙을 위반하여 청구인의 사생활의 비밀과 자유 및 개인정보자기결정권을 침해한다. 22경간/22국회8

④ 보안관찰처분대상자의 변동신고조항 및 이를 위반할 경우 처벌하도록 정한 보안관찰법 조항은 과잉금지원칙을 위반하여 청구인의 사생활의 비밀과 자유 및 개인정보자기결정권을 침해하지 않는다. 22경간

해설

① (O) (헌재 2012. 12. 27. 2011헌바89)
② (×) 피보안관찰자에게 과도한 의무를 부과한다고 볼 수 없으므로, <u>사생활의 비밀과 자유를 침해하지 아니한다</u>. (헌재 2015. 11. 26. 2014헌바475)
③ (×) 출소후신고조항은 과잉금지원칙을 위반하여 <u>사생활의 비밀과 자유 및 개인정보자기결정권을 침해하지 아니한다</u>. (헌재 2021. 6. 24. 2017헌바479)
④ (×) 대상자의 경우에는 정기적 심사도 없이 무기한의 신고의무를 부담하게 된다. 따라서 변동신고조항은 <u>과잉금지원칙을 위반하여 사생활의 비밀과 자유 및 개인정보자기결정권을 침해한다</u>. (헌재 2021. 6. 24. 2017헌바479) 〈주〉 아직 보안관찰처분을 받지 않은 자를 보안관찰처분대상자라 하고, 보안관찰처분을 받으면 피보안관찰자라 한다.

[정답] ①

233

다음 설명 중 가장 적절하지 않은 것은? (판례)

① 검사 등의 요청에 따라 교도소장이 접견 내용을 녹음한 파일을 제공하는 행위는, 직접적으로 물리적 강제력을 행사하는 강제처분을 수반하지 않는 것이기 때문에 영장주의가 적용되지 않는다. 14사시

② 검사 등의 요청에 따라 교도소장이 접견내용을 녹음한 파일을 제공하는 행위는 제공된 접견녹음파일로 특정 개인을 식별할 수 있고, 그 대화내용 등은 인격주체성을 특징짓는 사항으로 그 개인의 동일성을 식별할 수 있게 하는 정보이므로, 정보주체인 수용자의 동의 없이 접견녹음파일을 관계기관에 제공하는 것은 개인정보자기결정권을 침해한다. 21법행

③ 구치소수용자와 배우자의 접견녹음파일은 개인정보에 해당하며, 이를 관계기관에 제공하는 것은 개인정보자기결정권을 제한하는 것이다. 19입시

④ 미결수용자가 배우자를 접견할 때 구치소장이 그 대화내용을 녹음하는 행위는 미결수용자의 내밀한 대화내용의 비밀유지를 어렵게 하고 대화의 자유로운 형성 등을 위축시킬 수 있으므로, 미결수용자의 사생활의 비밀과 자유를 침해하는지 여부가 문제될 수 있다. 15사시

[해설]

① (O) (헌재 2012. 12. 27. 2010헌마153)
② (✕) 사적 대화내용을 분리하여 제공하는 것은 그 구분이 실질적으로 불가능하므로, 접견녹음파일 전체를 제공하는 행위는 과잉금지원칙에 위반하여 개인정보자기결정권을 침해하였다고 볼 수 없다. (헌재 2012. 12. 27. 2010헌마153)
③ (O) 과잉금지원칙에 위반하여 청구인의 개인정보자기결정권을 침해하였다고 볼 수 없다. (헌재 2012. 12. 27. 2010헌마153)
〈주〉 결정권을 제한하지만, 침해하지는 않는다.
④ (O) 과잉금지원칙에 위반하여 청구인의 사생활의 비밀과 자유를 침해하였다고 볼 수 없다. (헌재 2012. 12. 27. 2010헌마153)
〈주〉 결정권을 침해하는지 여부가 문제될 수 있다는 표현은 결정권을 제한한다는 뜻이다. 따라서 헌재는 결정권을 실제로 침해하는지 본안판단을 하게 된다.

[정답] ②

234

다음 설명 중 가장 적절한 것은? (판례)

① 구치소장이 미결수용자와 그 배우자 사이의 접견내용을 녹음한 행위는 과잉금지원칙에 위반하여 미결수용자의 사생활의 비밀과 자유를 침해한다. 17국가7

② 구치소장이 미결수용자와 그 배우자의 접견을 녹음한 행위는 교정시설 내의 안전과 질서유지에 기여하기 위한 것이고, 구치소장이 미리 그 접견내용에 대한 녹음사실 등을 고지하여 미결수용자의 접견내용은 사생활의 비밀로서의 보호가치가 그리 크지 않다는 점 등에 비추어 볼 때 미결수용자와 그 배우자의 접견을 녹음한 행위는 미결수용자의 헌법상 사생활의 비밀과 자유를 침해하지 않는다. 21법행

③ 징벌혐의의 조사를 받고 있는 수용자가 변호인 아닌 자와 접견할 당시 교도관이 참여하여 대화내용을 기록하게 한 행위는 수용자의 사생활의 비밀과 자유를 침해한다. 21경승

④ 교정시설의 장이 수용자가 범죄의 증거를 인멸하거나 형사법령에 저촉되는 행위를 할 우려가 있는 때에 교도관으로 하여금 수용자의 접견내용을 청취 기록 녹음 또는 녹화하게 하는 것은 미결수용자의 사생활을 침해한다. 17국회8

[해설]

① (✕) 과잉금지원칙에 위반하여 청구인의 사생활의 비밀과 자유를 침해하였다고 볼 수 없다. (헌재 2012. 12. 27. 2010헌마153)
② (O) (헌재 2012. 12. 27. 2010헌마153)
③ (✕) 접견내용에 대한 사생활의 비밀로서의 보호가치에 비해 증거인멸의 위험을 방지하고 교정시설 내의 안전과 질서유지에 기여하려는 공익이 크고 중요하다는 점에 비추어 볼 때, 청구인의 사생활의 비밀과 자유를 침해하였다고 볼 수 없다. (헌재 2014. 9. 25. 2012헌마523)
④ (✕) 교정시설 내의 안전과 질서유지를 위한 것으로 과잉금지원칙에 위배되어 청구인의 사생활의 비밀과 자유 및 통신의 비밀을 침해하지 아니한다. (헌재 2016. 11. 24. 2014헌바401)

[정답] ②

235

다음 설명 중 가장 적절하지 않은 것은? (판례)

① 접견기록물을 제공할 필요성이 인정된다 하더라도, 검사가 범죄 혐의사실을 구체적으로 적시하지 않고 어느 범위의 접견녹음파일의 제공이 필요한지 알 수 없을 정도로 광범한 범위의 녹음파일을 요청하면, 범죄수사에 필요한 범위를 넘어서 범죄수사와 무관한 미결수용자의 사사로운 대화내용까지 누설될 수 있어 개인정보자기결정권을 침해한다. 14사시

② 피고인이나 변호인에 의한 공판정에서의 녹취는 진술인의 인격권 또는 사생활의 비밀과 자유에 대한 침해를 수반하고, 실체적 진실발견 등 다른 법익과 충돌할 개연성이 있으므로, 녹취를 금지해야 할 필요성이 녹취를 허용함으로써 달성하고자 하는 이익보다 큰 경우에는 녹취를 금지 또는 제한함이 타당하다. 21국가7

③ 교도소내 거실이나 작업장은 수용자의 사생활 영역이거나 사생활에 연결될 수 있는 영역이므로, 수용자가 없는 상태에서 교도소장이 비밀리에 거실 및 작업장에서 개인물품 등을 검사하는 행위는 수용자의 사생활의 비밀과 자유를 제한한다. 15사시

④ 교도소장이 교도소 수용자가 없는 상태에서 실시한 거실 및 작업장 검사행위는 수용자의 사생활의 비밀과 자유를 침해하지 않는다. 21경승

해설

① (✕) 사적 대화내용을 분리하여 제공하는 것은 그 구분이 실질적으로 불가능하므로, 과잉금지원칙에 위반하여 청구인의 개인정보자기결정권을 침해하였다고 볼 수 없다. (헌재 2012. 12. 27. 2010헌마153)

② (○) (헌재 1995. 12. 8. 91헌마114) 〈주〉 국가보위법 위반 혐의로 기소된 청구인의 변호인들이 법원에 녹취허가 신청을 하였으나 법원에서 녹취불허결정을 한 사안이다.

③ (○) (헌재 2011. 10. 25. 2009헌마691) 〈주〉 다만 검사의 실효성을 확보하기 위한 최소한의 조치이므로 합헌이다.

④ (○) (헌재 2012. 12. 27. 2010헌마153)

[정답] ①

236

다음 설명 중 가장 적절하지 않은 것은? (판례)

① 교도소장이 수용자가 없는 상태에서 실시한 교도소 수용자의 거실 및 작업장 검사행위는 과잉금지원칙에 위배하여 교도소 수용자의 사생활의 비밀과 자유를 침해한다고 할 수 있다. 20법무

② 독거실 내 CCTV를 설치하여 수형자를 상시적으로 관찰한 것은 사생활의 비밀 및 자유를 침해하였다고는 볼 수 없다. 17국회8

③ 구치소장이 수용자의 거실에 폐쇄회로 텔레비전을 설치하여 계호한 행위는 수용자의 사생활의 비밀 및 자유를 침해하지 않는다. 17서울

④ 영유아보육법은 CCTV 열람의 활용 목적을 제한하고 있고, 어린이집 원장은 열람시간 지정 등을 통해 보육활동에 지장이 없도록 보호자의 열람 요청에 적절히 대응할 수 있으므로 동법의 CCTV 열람조항으로 보육교사의 개인정보자기결정권이 필요 이상으로 과도하게 제한된다고 볼 수 없다. 18국가7/19법원/23경승

해설

① (✕) 이 사건 검사행위는 교도소의 안전과 질서를 유지하고, 수형자의 교화·개선에 지장을 초래할 수 있는 물품을 차단하기 위한 것으로서 과잉금지원칙에 위배하여 사생활의 비밀 및 자유를 침해하였다고 할 수 없다. (헌재 2011. 10. 25. 2009헌마691)

② (○) (헌재 2011. 9. 29. 선고 2010헌마413)

③ (○) (헌재 2011. 9. 29. 2010헌마413)

④ (○) 법 제15조의5 제1항 제1호는 어린이집 안전사고 내지 아동학대 적발 및 방지를 위한 것으로, 과잉금지원칙을 위반하여 어린이집 보육교사 등의 개인정보자기결정권 및 어린이집 원장의 직업수행의 자유를 침해하지 아니한다. (헌재 2017. 12. 28. 2015헌마994)

[정답] ①

237

다음 설명 중 옳지 않은 것을 모두 고른 것은? (판례)

> ㉠ '전자발찌'로 불리는 '위치추적 전자장치'의 부착명령을 규정한 구 특정 범죄자에 대한 위치추적 전자장치 부착 등에 관한 법률 조항은 피부착자의 개인정보자기결정권을 제한할 뿐만 아니라, 피부착자의 위치와 이동경로를 실시간으로 파악하여 24시간 감시할 수 있도록 하고 있으므로 피부착자의 사생활의 비밀과 자유를 제한한다. 15사시
>
> ㉡ 수사기관이 전자우편에 대한 압수·수색 집행을 함에 있어 급속을 요하는 때에는 피의자 등에게 그 집행에 관한 사전통지를 생략할 수 있도록 한 형사소송법 조항은, 압수·수색 집행을 통해 전자우편이 제3자에게 공개되게 함으로써 해당 피의자 등의 사생활의 비밀과 자유를 제한한다. 15사시
>
> ㉢ 자신의 주민등록표를 열람하거나 그 등·초본을 교부받는 경우에도 소정의 수수료를 부과하도록 하고 있는 규정은 개인정보자기결정권을 침해한다고 볼 수 없다. 16서울

① ㉠ ㉡
② ㉠ ㉢
③ ㉡ ㉢
④ ㉡

[해설]

㉠ (○) 피부착자를 24시간 감시할 수 있도록 하고 있으므로 피부착자의 <u>사생활의 비밀과 자유를 제한하며</u>, 피부착자의 위치와 이동경로 등 '위치 정보'를 수집, 보관, 이용한다는 측면에서 <u>개인정보자기결정권도 제한한다</u>. (헌재 2012. 12. 27. 2011헌바89) 〈주〉 다만 기본권을 침해하지 않아서 합헌이다.

㉡ (×) 이 사건 법률조항에 의하여 제한되고 있는 것은 사생활의 비밀과 자유 및 통신의 비밀 자체가 아니라 전자우편이 압수수색이라는 강제처분의 대상이 된다는 사실을 미리 통지받을 권리라고 할 것인바, <u>이 사건 법률조항의 위헌 여부에 관하여는 적법절차원칙의 위배 여부가 문제된다</u>. (헌재 2012. 12. 27. 2011헌바225) 〈주〉 급속을 요하는 때로 제한하였으므로 적법절차원칙에 위배되지 않아서 합헌이다.

㉢ (○) 주민등록표 열람 및 그 등·초본 교부에 따른 <u>수수료</u>는 특정인의 신원증명 등의 편익을 위하여 행정기관의 인적, 물적 시설에 드는 비용을 조달하려는 목적에서 부과되는 것으로서 청구인들의 개인정보자기결정권 및 재산권이 침해된다고 할 수 없다. (헌재 2013. 7. 25. 2011헌마364)

[정답] ④

238

다음 설명 중 가장 적절한 것은? (판례)

① 형제자매는 언제나 본인과 이해관계를 같이 하는 것은 아닌데도 형제자매가 본인에 대한 친족·상속 등과 관련된 증명서를 편리하게 발급받을 수 있도록 한 것은 개인정보자기결정권을 침해하지 않는다. 17국회8/21경승

② 직계혈속이기만 하면 아무런 제한 없이 자녀의 가족관계증명서 및 기본증명서의 교부를 청구하여 발급받을 수 있도록 규정한 가족관계의 등록 등에 관한 법률 제15조 제1항은 과잉금지원칙을 위반하여 자녀의 개인정보자기결정권을 침해하지 않는다. 21법무/21국회5

③ 주민등록법에서 주민등록번호 변경에 관한 규정을 두고 있지 않은 것이 주민등록번호 불법 유출 등을 원인으로 자신의 주민등록번호를 변경하고자 하는 사람들의 개인정보자기결정권을 침해하는 것은 아니다. 16국가7/18법행/21법무

④ 성기구의 판매 행위를 제한할 경우 성기구를 사용하려는 소비자는 성기구를 이용하여 성적 만족을 얻으려는 사람의 은밀한 내적 영역에 대한 기본권인 사생활의 비밀과 자유가 제한된다고 볼 수 있다. 15법행

[해설]

① (×) 입법목적 달성을 위해 필요한 범위를 넘어선 것으로 <u>개인정보자기결정권을 침해한다</u>. (헌재 2016. 6. 30. 2015헌마924)

② (×) 이 사건 법률조항은 사실상 자유롭게 그 자녀의 가족관계증명서를 발급받을 수 있도록 함으로써, <u>개인정보가 가정폭력 가해자인 전 배우자에게 무단으로 유출될 수 있는 가능성을 열어놓고 있다</u>. 따라서 과잉금지원칙에 위배되어 청구인의 개인정보자기결정권을 침해한다. (헌재 2020. 8. 28. 2018헌마927)

③ (×) 주민등록번호는 불법 유출 또는 오·남용될 경우 개인의 사생활뿐만 아니라 생명·신체·재산까지 침해될 소지가 크므로 주민등록번호 변경에 관한 규정을 두고 있지 않은 심판대상조항은 과잉금지원칙에 위배되어 <u>개인정보자기결정권을 침해한다</u>. (헌재 2015. 12. 23. 2013헌바68)

④ (○) 이 사건 법률조항은 과잉금지원칙에 위배되지 아니한다. (헌재 2013. 8. 29. 2011헌바176) 〈주〉 <u>사생활의 비밀과 자유를 제한하지만, 과도한 제한은 아니라서 합헌이다.</u>

[정답] ④

239
다음 설명 중 가장 적절한 것은? (판례)

① 정보통신망을 통해 청소년유해매체물을 제공하는 자에게 이용자의 본인확인, 의무를 부과하고 있는 청소년 보호법 조항은 관계자의 개인정보자기결정권을 침해하지 않는다. 17국회8

② 정보통신망을 통하여 공중이 게임물을 이용할 수 있도록 서비스하는 게임물 관련사업자로 하여금 게임물 이용자의 회원가입시 본인인증을 할 수 있는 절차를 마련하도록 한 조항은 인터넷게임 이용자의 일반적 행동자유권을 침해한다. 16사시

③ 이동통신서비스 가입자의 개인정보가 통신에 관한 각종 정보와 연결될 수 있는 가능성이 있다면 본인의 통신 이용 상황과 내용이 수사기관 등 제3자에 의하여 파악될 것이라는 점 또한 충분히 예견될 수 있으므로, 이로 인해 청구인의 사생활의 비밀과 자유가 제한된다고 할 것이다. 20법원/22비상

④ 인터넷언론사가 선거운동기간 중 당해 홈페이지 게시판 등에 정당·후보자에 대한 지지·반대 등의 정보를 게시하는 경우 실명을 확인받도록 정한 「공직선거법」 조항은 게시판 이용자의 정치적 익명표현의 자유, 개인정보자기결정권 및 인터넷언론사의 언론의 자유를 침해한다고 볼 수 없다. 16국회8/23경찰1

[해설]

① (O) (헌재 2015. 3. 26. 2013헌마354)

② (X) 인터넷게임 이용자의 일반적 행동자유권을 침해하지 않는다. (헌재 2015. 3. 26. 2013헌마517)

③ (X) 사생활의 비밀과 자유의 제한 문제는 심판대상조항으로 인하여 발생하는 것이 아니다. 개인정보자기결정권 및 통신의 자유를 침해하지 않는다. (헌재 2019. 9. 26. 2017헌마1209) 〈주〉 가입자정보가 바로 수사기관 등에 넘어가서 위치를 추적당하는게 아니다. 따라서 사생활비밀과 자유, 통신비밀은 제한되지 않는다. 통신자유와 개인정보결정권을 제한하지만 침해는 아니라서 합헌이다.

④ (X) 심판대상조항은 과잉금지원칙에 반하여 인터넷언론사 홈페이지 게시판 등 이용자의 익명표현의 자유와 개인정보자기결정권, 인터넷언론사의 언론의 자유를 침해한다. (헌재 2021. 1. 28. 2018헌마456)

[정답] ①

240
다음 설명 중 가장 적절한 것은? (판례)

① 국정감사는 개인의 사생활을 침해하여서는 아니된다. 16회9

② 채무불이행자 명부나 그 부본을 누구든지 보거나 복사할 것을 신청할 수 있도록 하는 것은 채무불이행자 명부에 등재된 사람들의 개인정보자기결정권을 침해하는 것이다. 12법행

③ 가축전염병의 발생 예방 및 확산 방지를 위해 축산관계시설 출입 차량에 차량무선인식장치를 설치하여 이동경로를 파악할 수 있도록 한 구 가축전염병예방법 제17조의3 제2항은 축산관계시설에 출입하는 자의 개인정보자기결정권을 침해한다. 17입시

④ 법무부장관으로 하여금 합격자가 결정되면 즉시 명단을 공고하고 합격자에게 합격증서를 발급하도록 한 「변호사시험법」 조항은 전체 합격자의 응시번호만을 공고하는 등의 방법으로도 입법목적을 달성할 수 있음에도 변호사시험 응시 및 합격 여부에 관한 사실을 널리 공개되게 함으로써 과잉금지원칙에 위배되어 변호사시험응시자의 개인정보자기결정권을 침해한다. 21국회5

[해설]

① (O) 국정감사 및 조사에 관한 법률 제8조. 감사 또는 조사는 개인의 사생활을 침해하거나 계속 중인 재판 또는 수사 중인 사건의 소추에 관여할 목적으로 행사되어서는 아니된다.

② (X) 채무불이행자명부나 그 부본은 누구든지 보거나 복사할 것을 신청할 수 있도록 규정한 민사집행법 제72조 제4항은 과잉금지의 원칙에 반하여 채무불이행자 명부에 등재된 청구인들의 개인정보자기결정권을 침해하지 않는다. (헌재 2010. 5. 27. 2008헌마663)

③ (X) 축산관계시설에 출입하는 청구인들의 개인정보자기결정권을 침해하지 않는다. (헌재 2015. 4. 30. 2013헌마81)

④ (X) 심판대상조항은 법무부장관이 시험 관리 업무를 위하여 수집한 응시자의 개인정보 중 합격자의 성명을 공개하도록 하는 데 그치므로, 과잉금지원칙에 위배되어 청구인들의 개인정보자기결정권을 침해한다고 볼 수 없다. (헌재 2020. 3. 26. 2018헌마77)

[정답] ①

제2항 주거의 자유

241
다음 설명 중 가장 적절하지 않은 것은? (판례)

① 헌법 제16조가 영장주의에 대한 예외를 마련하고 있지 않으므로 주거에 대한 압수나 수색에 있어서 영장주의의 예외를 인정할 수 없다. 21경승
② 주거의 자유와 관련한 영장주의는 1962년 제5차 헌법 개정에서 처음으로 헌법에 명시되었다. 19행시
③ 헌법 제16조가 보장하는 주거의 자유는 개방되지 않은 사적 공간인 주거를 공권력이나 제3자에 의해 침해당하지 않도록 함으로써 국민의 사생활영역을 보호하기 위한 권리이다. 21경승
④ 주거란 개인의 생활을 영위하는 장소를 말하며, 주거침입죄는 사실상의 주거의 평온을 보호법익으로 하는 것이다. 97행시

해설

① (✕) 헌법 제12조 제3항과는 달리 헌법 제16조 후문은 "주거에 대한 압수나 수색을 할 때에는 검사의 신청에 의하여 법관이 발부한 영장을 제시하여야 한다."라고 규정하고 있을 뿐 영장주의에 대한 예외를 명문화하고 있지 않다. 그러나 헌법 제16조의 영장주의에 대해서도 그 예외를 인정하되, 이는 ⟨1⟩ 그 장소에 범죄혐의 등을 입증할 자료나 피의자가 존재할 개연성이 소명되고, ⟨2⟩ 사전에 영장을 발부받기 어려운 긴급한 사정이 있는 경우에만 제한적으로 허용될 수 있다고 보는 것이 타당하다. (헌재 2018. 4. 26. 2015헌바370)
② (○) 주거의 자유와 관련한 영장주의는 1962년 제5차 헌법 개정에서 처음으로 헌법에 명시되었다.
③ (○) (헌재 2014. 7. 24. 2012헌마662)
④ (○) 주거침입죄는 사실상의 주거의 평온을 보호법익으로 하는 것으로 거주자가 누리는 사실상의 주거의평온을 해할 수 있는 정도에 이르렀다면 범죄구성요건을 충족하는 것이라고 보아야 한다. (대법원 2001. 4. 24. 2001도1092)

[정답] ①

242
다음 설명 중 가장 적절하지 않은 것은? (판례)

① 호텔객실의 경우 주거의 자유의 주체는 그 소유자가 아니라 투숙객이다. 97행시
② 출입국관리법에 의한 보호에 있어서 용의자에 대한 긴급보호를 위해 그의 주거에 들어간 것이라면 그 긴급보호가 적법한 이상 주거의 자유를 침해한 것으로 볼 수 없다. 19행시
③ 대학건물의 관리권은 그 대학 당국에 귀속되므로, 학생회의 동의를 얻어 학생회관에 들어갔다 하여도 주거침입죄를 구성한다. 97행시
④ 점유할 권리가 없는 자가 점유한 경우, 권리자가 자력구제의 수단으로 건조물에 침입한 경우는 주거침입죄가 성립하지 않는다. 97행시
⑤ 점유할 권리 없는 자의 점유라고 하더라도 그 주거의 평온은 보호되어야 할 것이므로, 권리자가 그 권리를 실행함에 있어 법에 정하여진 절차에 의하지 아니하고 그 건조물 등에 침입한 경우에 주거침입죄가 성립한다. 21경승

해설

① (○) 사실상 평온을 누리는 자가 주거의 자유의 주체이다.
② (○) 출입국관리법에 의한 보호에 있어서 용의자에 대한 긴급보호를 위해 그의 주거에 들어간 것이라면 그 긴급보호가 적법한 이상 주거의 자유를 침해한 것으로 볼 수 없으므로 청구인에 대한 긴급보호가 적법한 이상 그 긴급보호 과정에서 청구인의 주거에 들어갔다고 하더라도 주거의 자유를 침해하였다고 볼 수 없다. (헌재 2012. 8. 23. 2008헌마430)
③ (○) (대법원 1992. 9. 25. 92도1520)
④ (✕) 주거침입죄는 사실상의 주거의 평온을 보호법익으로 하는 것이므로 그 거주자 또는 간호자가 건조물등에 거주 또는 간수할 권리를 가지고 있는가의 여부는 범죄의 성립을 좌우하는 것이 아니며, 점유할 권리 없는 자의 점유라고 하더라도 그 주거의 평온은 보호되어야 할 것이므로, 권리자가 그 권리실행으로서 자력구제의 수단으로 건조물에 침입한 경우에도 주거침입죄가 성립한다. (대법원 1985. 3. 26. 85도122)
⑤ (○) (대법원 1985. 3. 26. 85도122)

[정답] ④

제3항 거주·이전의 자유

1. 거주이전의 자유의 범위

243

다음 설명 중 가장 적절한 것은? (판례)

① 헌법 제14조의 거주이전의 자유는 국가의 간섭 없이 자유롭게 거주와 체류지를 정할 수 있는 자유로서 해외여행 및 해외이주의 자유가 포함되고, 이는 필연적으로 출국의 자유와 입국의 자유를 포함한다. 17법행
② 거주·이전의 자유에는 국내에서의 거주·이전의 자유 외에도 국외 이주, 해외여행의 자유는 포함되나 귀국의 자유까지 포함되는 것은 아니다. 21경승/23경승
③ 복수국적자가 대한민국 국적을 버릴 수 있는 자유는 헌법 제10조에서 나오는 것이지 거주·이전의 자유에 포함되지 않는다. 21법행
④ 해외여행을 하는 것, 해외이주를 하는 것, 국적을 이탈하거나 변경하는 것, 무국적자가 되는 것 등은 모두 거주이전의 자유에 포함된다. 11법행

해설

① (O) (헌재 2015. 9. 24. 2012헌바302)
② (X) 거주·이전의 자유는 대한민국의 국적을 이탈할 수 있는 '국적변경의 자유' 등도 그 내용에 포섭된다고 보아야 한다. (헌재 2004. 10. 28. 2003헌가18)
③ (X) 국적을 이탈하거나 변경하는 것은 헌법 제14조가 보장하는 거주·이전의 자유에 포함된다. (헌재 2006. 11. 30. 2005헌마739)
④ (X) 해외여행, 해외이주, 국적이탈·변경의 자유도 거주이전의 자유에 포함되나, 무국적자가 될 자유는 거주이전의 자유에 포함되지 않는다.

[정답] ①

244

다음 설명 중 가장 적절하지 않은 것은? (판례)

① 서울특별시 서울광장을 경찰버스들로 둘러싸 통행을 제지한 행위는 거주·이전의 자유를 제한한다. 21경승/23경승
② 거주·이전의 자유는 거주지나 체류지라고 볼 만한 정도로 생활과 밀접한 연관을 갖는 장소를 선택하고 변경하는 행위를 보호하는 기본권으로서, 생활의 근거지에 이르지 못하는 일시적인 이동을 위한 장소의 선택과 변경까지 그 보호영역에 포함되는 것은 아니다. 23경찰1
③ 영내에 기거하는 군인은 그가 속한 세대의 거주지에서 등록하여야 한다고 규정하고 있는 주민등록법 제6조 제2항은 현역병의 거주·이전의 자유를 제한하지 않는다. 21경승/23경승
④ 형사재판에 계속 중인 사람에 대하여 출국을 금지할 수 있다고 규정한 출입국관리법 조항은 거주·이전의 자유를 침해하지 않는다. 18국회9/23경승/23경찰1
⑤ 국가권력의 간섭 없이 자유롭게 거주지와 체류지를 결정할 수 있는 것, 외국에서 체류 또는 거주하기 위하여 우리나라를 떠날 수 있는 것, 외국체류 또는 거주를 중단하고 다시 대한민국으로 돌아올 수 있는 것, 법인 등 경제주체가 본점이나 사무소를 어디에 둘 것인지 결정하는 것 등은 모두 거주이전의 자유에 포함된다. 11법행

해설

① (X) 서울광장이 청구인들의 생활형성의 중심지인 거주지나 체류지에 해당한다고 할 수 없으므로 청구인들의 거주·이전의 자유가 제한되었다고 할 수 없다. (헌재 2011. 6. 30. 2009헌마406) 〈주〉 일반적 행동자유권을 침해하여 위헌이다.
② (O) (헌재 2011. 6. 30. 2009헌마406)
③ (O) 영내 기거하는 현역병은 병역법으로 인해 거주·이전의 자유를 제한받게 되므로 이 사건 법률조항은 영내 기거 현역병의 거주·이전의 자유를 제한하지 않는다. (헌재 2011. 6. 30. 2009헌마59) 〈주〉 병역법에 의한 제한이지 주민등록법에 의한 제한이 아니다.
④ (O) (헌재 2015. 9. 24. 2012헌바302)
⑤ (O) (헌재 2006. 11. 30. 2005헌마739)

[정답] ①

2. 거주이전의 자유 침해 여부

245
다음 설명 중 가장 적절한 것은? (판례)

① 이륜자동차 운전자의 고속도로 통행을 금지하는 도로교통법 조항은 퀵서비스 배달업을 하는 사람의 직업수행의 자유를 침해한다. 17법행
② 종교의 자유는 국민에게 그가 선택한 임의의 장소에서 자유롭게 종교전파를 할 자유까지 보장한다. 21지방7/23경찰1
③ 아프카니스탄 등 전쟁 또는 테러위험이 있는 해외 위난지역에서 여권사용을 제한하거나 방문 또는 체류를 금지한 외교통상부 고시는 거주이전의 자유를 침해하는 것이 아니다. 17법행
④ 형사재판에 계속 중인 사람에 대하여 6개월의 범위 내에서 출국을 금지할 수 있도록 규정한 출입국관리법 조항은 출국금지된 사람의 거주이전의 자유를 침해한다. 21법행

해설
① (×) 청구인들이 퀵서비스 배달업의 수행에 지장을 받는 점이 있다고 하더라도, 그것은 고속도로 통행금지로 인하여 발생하는 간접적·사실상의 효과일 뿐이므로 이 사건 법률조항은 청구인들의 직업수행의 자유를 침해하지 않는다. (헌재 2008. 7. 31. 2007헌바90)
② (×) 종교(선교활동)의 자유는 국민에게 그가 선택한 임의의 장소에서 자유롭게 행사할 수 있는 권리까지 보장한다고 할 수 없으며, 그 임의의 장소가 해외 위난지역인 경우에는 더욱 그러하다. (헌재 2008. 6. 26. 2007헌마1366)
③ (○) (헌재 2008. 6. 26. 2007헌마1366)
④ (×) 심판대상조항은 과잉금지원칙에 위배되어 출국의 자유를 침해하지 아니한다. (헌재 2015. 9. 24. 2012헌바302)

[정답] ③

246
다음 설명 중 가장 적절한 것은? (판례)

① 이른바 세입자입주권의 매매계약에 있어 "매도자는 어떠한 경우에도 현 거주지에서 세입자카드가 발급될 때까지 살아야 한다."라는 조건을 붙였다면 계약당사자의 자유로운 의사에 기하여 약정되었다 하더라도 거주이전의 자유를 제한하여 헌법에 위반된다. 16국가7
② 한약업사의 허가 및 영업행위에 대하여 지역적 제한을 가하는 것은 평등의 원칙과 거주·이전의 자유를 침해한다. 16국가7
③ 자경농지의 양도소득세면제의 요건으로 농지소재지 거주요건을 둔 것은 거주·이전의 자유를 침해한다. 18국회9
④ 지방자치단체장 피선거권의 자격요건으로 90일 이상 관할구역 내에 주민등록이 되어 있을 것을 요구하는 것은 거주·이전의 자유를 침해하는 것이 아니다. 17국회9

해설
① (×) 계약당사자의 자유로운 의사에 기하여 약정된 것인 이상 그러한 조건이 거주이전의 자유를 제한하는 약정으로서 헌법에 위반되고 사회질서에 반하는 약정으로서 무효로 된다고 할 수 없다. (대법원 1991. 5. 28. 90다19770)
② (×) 한약업사의 허가 및 영업행위에 대하여 지역적 제한을 가한 조항은 오로지 국민건강의 유지·향상이라는 공공의 복리를 위하여 마련된 것으로, 거주이전의 자유 및 직업선택의 자유 등 기본권을 침해하는 것으로 볼 수 없어 헌법에 위반되지 아니한다. (헌재 1991. 9. 16. 89헌마231)
③ (×) 양도세의 부담을 감수하기만 한다면 자유롭게 거주를 이전할 수 있는 것이므로 거주·이전의 자유를 형해화할 정도로 침해하는 것은 아니라 할 것이다. (헌재 2003. 11. 27. 2003헌바2)
④ (○) 선거일 현재 계속하여 90일 이상 당해 지방자치단체의 관할구역 안에 주민등록이 되어 있을 것을 입후보의 요건으로 하는 이 사건 법률조항으로 인하여 청구인이 그 체류지와 거주지의 자유로운 결정과 선택에 사실상 제약을 받는다고 하더라도 청구인의 공무담임권에 대한 위와 같은 제한이 있는 것은 별론으로 하고 거주·이전의 자유가 침해되었다고 할 수는 없다. (헌재 1996. 6. 26. 96헌마200)

[정답] ④

247

다음 설명 중 가장 적절하지 않은 것은? (판례)

① 거주지를 기준으로 중고교 입학을 제한하는 고교입시평준화제도는 거주·이전의 자유를 침해하는 것이 아니다. 17국회9

② 북한 고위직 출신 탈북인사인 여권발급 신청인의 신변에 대한 위해 우려가 있다는 이유로 미국방문을 위한 여권발급을 거부하는 것은 거주·이전의 자유를 침해하는 것이 아니다. 17국회9/23경승

③ 헌법재판소는 정비사업조합에 수용권한을 부여한 도시 및 주거환경정비법 조항의 위헌 여부와 관련하여, '주거로 사용하던 건물이 수용될 경우 그 효과로 거주지도 이전하여야 하는 것은 사실이나, 이는 수용에 따른 부수적 효과로서 간접적, 사실적 제약에 해당한다'는 이유로 거주이전의 자유 침해 여부는 별도로 판단하지 않았다. 21법행

④ 주거용 건축물의 사용·수익관계를 정하고 있는 「도시 및 주거환경정비법」 조항은 헌법 제16조에 의해 보호되는 주거의 자유를 제한하지 않는다. 21경승

[해설]

① (O) 학부모는 원하는 경우 언제든지 자유로이 거주지를 이전할 수 있으므로 이 사건 규정이 거주이전의 자유를 제한한다고는 할 수 없다. 따라서 이 사건 규정이 청구인의 거주이전의 자유를 침해하는 것이라고는 할 수 없다. (헌재 1995. 2. 23. 선고 91헌마204)

② (×) 여권법 제8조 제1항 제5호에 정한 사유에 해당한다고 볼 수 없고 거주·이전의 자유를 과도하게 제한하는 것으로서 위법하다. (대법원 2008. 1. 24. 2007두10846)

③ (O) (헌재 2019. 11. 28. 2017헌바241) 〈주〉 법률에 의한 수용으로 보상을 하였다면 재산권 침해가 아니다. 기타 거주이전의 자유 등은 별도로 판단하지 않았다.

④ (O) 토지 및 건물 등의 수용에 따른 부수적 효과로서 간접적, 사실적 제약에 해당하므로 거주이전의 자유 침해여부는 별도로 판단하지 않는다. (헌재 2019. 11. 28. 2017헌바241) 〈주〉 법률에 의한 수용으로 보상을 하였다면 재산권 침해가 아니다. 기타 거주이전의 자유 등은 별도로 판단하지 않았다.

[정답] ②

제4항 통신의 자유

1. 서설

248

다음 설명 중 가장 적절한 것은? (판례)

① 헌법 제18조는 "모든 국민은 통신의 비밀과 자유를 침해받지 아니한다."라고 규정하고 있다. 14국회8

② 현행 헌법은 우편물의 검열과 전기통신의 감청에 대해 영장주의를 정하고 있다. 02사시

③ 「헌법」 제18조에서 그 비밀을 보호하는 '통신'의 일반적인 속성으로는 '당사자 간의 동의', '비공개성', '당사자의 특정성' 등을 들 수 있다. 20경채

④ 전기통신역무제공에 관한 계약을 체결하는 경우 전기통신사업자로 하여금 가입자에게 본인임을 확인할 수 있는 증서 등을 제시하도록 요구하고 부정가입방지시스템 등을 이용하여 본인인지 여부를 확인하도록 한 전기통신사업법 조항 및 전기통신사업법 시행령 조항은 이동통신서비스에 가입하려는 청구인들의 통신의 비밀을 제한한다. 22경찰1차

[해설]

① (×) 헌법 제18조. 모든 국민은 통신의 비밀을 침해받지 아니한다. 〈주〉 헌법에는 통신의 '비밀'이라고 규정되어 있고, 판례가 통신의 비밀과 자유를 보장한다고 해석한다.

② (×) 헌법은 통신의 자유만을 규정하고 있으며 통신의 자유와 관련하여 영장주의에 대해서는 명시적으로 규정하고 있지 않다. 〈주〉 신체자유에는 영장주의와 예외가 규정되어 있고, 주거자유에는 영장주의만 규정되어 있고, 통신자유에는 영장 규정이 없다.

③ (O) (헌재 2001. 3. 21. 2000헌바25)

④ (×) [1] 가입자의 인적사항이라는 정보는 통신의 내용·상황과 관계없는 '비 내용적 정보'이므로 심판대상조항은 통신의 비밀을 제한하는 것은 아니다. [2] 심판대상조항은 익명으로 통신하고자 하는 청구인들의 통신의 자유를 제한한다. (헌재 2019. 9. 26. 2017헌마1209)

[정답] ③

249

다음 설명 중 가장 적절한 것은? (판례)

① 자유로운 의사소통은 통신내용의 비밀을 보장하는 것으로 충분하고, 구체적인 통신관계의 발생으로 야기된 모든 사실관계, 특히 통신관여자의 인적 동일성·통신장소·통신횟수·통신시간 등 통신의 외형을 구성하는 통신이용의 전반적 상황의 비밀까지 보장하는 것은 아니다. 20비상
② 통신의 자유는 국가기관으로부터의 침해를 방어하기 위한 기본권이기 때문에 사인이 침해하는 경우에는 적용되지 않는다고 보는 것이 다수설이다. 02사시
③ 통신의 자유는 국가안전보장 질서유지 또는 공공복리를 위하여 필요한 경우에는 법률로 제한될 수 있다. 09법원
④ 성질상 비밀이 보장되지 않는 엽서나 전보는 통신의 자유의 보호대상에서 제외된다. 02사시

해설

① (×) 구체적인 통신으로 발생하는 외형적인 사실관계, 특히 통신관여자의 인적 동일성·통신시간·통신장소·통신횟수 등 통신의 외형을 구성하는 통신이용의 전반적 상황의 비밀까지도 보장해야 한다. (헌재 2018. 6. 28. 2012헌마191)
② (×) 사인에 의해서도 통신의 자유가 침해될 수 있으며 따라서 사인이 침해하는 경우에도 통신의 자유가 적용될 수 있다는 것이 통설의 입장이다.
③ (○) 헌법 제37조 제2항.
④ (×) 엽서나 전보도 통신의 자유의 보호대상에 포함될 수 있다.

정답 ③

2. 통신비밀보호법

250

다음 설명 중 가장 적절하지 않은 것은? (판례)

① 통신비밀보호법상 통신이란 우편물, 전기통신을 말하고, 여기에 대화는 제외된다. 14국회8/22경찰1차
② 통신비밀보호법에 위반하여 불법검열로 취득한 우편물이나 그 내용은 재판절차에서는 증거로 사용될 수 없지만, 징계절차에서는 증거로 사용될 수 있다. 11지방7/18입시
③ 수사기관이 아닌 사인이 공개되지 아니한 타인 간의 대화를 비밀녹음한 녹음테이프에 대한 검증조서의 증거능력은 인정되지 않는다. 16국가7
④ 통신의 자유란 통신수단을 자유로이 이용하여 의사소통할 권리이고, 이러한 '통신수단의 자유로운 이용'에는 자신의 인적사항을 누구에게도 밝히지 않는 상태로 통신수단을 이용할 자유, 즉 통신수단의 익명성 보장도 포함된다. 21경승

해설

① (○) 통신비밀보호법 제2조. – 1. "통신"이라 함은 우편물 및 전기통신을 말한다. 〈주〉 통신은 우편물과 전기통신처럼 매개체를 이용한 것이다. 따라서 대화는 제외된다.
② (×) 통신비밀보호법 제4조. 불법검열에 의하여 취득한 우편물이나 그 내용 및 불법감청에 의하여 지득 또는 채록된 전기통신의 내용은 재판 또는 징계절차에서 증거로 사용할 수 없다.
③ (○) 피고인의 동의 없이 불법감청한 것이므로 위 법 제4조에 의하여 그 증거능력이 없다. (대법원 2001. 10. 9. 2001도3106).
④ (○) (헌재 2019. 9. 26. 2017헌마1209)

정답 ②

251
다음 설명 중 적절한 것을 모두 고른 것은? (판례)

> ㉠ 범죄수사를 위한 통신제한조치의 경우 사법경찰관은 검사에 대하여 허가를 신청하고, 검사는 법원에 대하여 그 허가를 청구하여 법원의 허가를 받아 할 수 있다. 18법행
> ㉡ 통신제한조치기간의 연장을 허가함에 있어 횟수나 기간제한을 두지 않는 규정은 범죄수사의 목적을 달성하기 위해 불가피한 것이므로 과잉금지의 원칙에 위배되지 않는다. 11지방7 / 14국회8 / 16사시
> ㉢ 정보수사기관의 장은 국가안전보장에 대한 상당한 위험이 예상되는 경우에 한하여 그 위해를 방지하기 위하여 정보수집이 특히 필요한 때에는 고등법원장의 허가 또는 대통령의 승인을 얻어 통신제한조치를 할 수 있다. 14법행

① ㉠
② ㉠ ㉢
③ ㉡ ㉢
④ ㉠ ㉡ ㉢

해설

㉠ (○) 통신비밀보호법 제6조(범죄수사를 위한 통신제한조치의 허가절차) ② 사법경찰관은 검사에 대하여 각 피의자별 또는 각 피내사자별로 통신제한조치에 대한 허가를 신청하고, 검사는 법원에 대하여 그 허가를 청구할 수 있다. ⑦ 통신제한조치의 기간은 <u>2개월을 초과하지 못하고, 2개월의 범위에서 통신제한조치기간의 연장을 청구할 수 있다.</u>

㉡ (×) 통신제한조치기간의 연장을 허가함에 있어 <u>총연장기간 또는 총연장횟수의 제한을 두지 아니한</u> 구 통신비밀보호법 제6조 제7항 단서 중 전기통신에 관한 '통신제한조치기간의 연장' 부분은 <u>통신의 비밀을 침해한다.</u> (헌재 2010. 12. 28, 2009헌가30) 〈주〉 이후 범죄수사 통신제한조치 총 연장기간을 1년으로 신설하였다.

㉢ (×) 통신비밀보호법 제7조(국가안보를 위한 통신제한조치) ① 대통령령이 정하는 정보수사기관의 장은 <u>국가안전보장에 상당한 위험이 예상되는 경우 또는 대테러활동에 필요한 경우에 한하여 고등법원 수석판사의 허가 또는 대통령의 승인을 얻어 통신제한조치를 할 수 있다.</u> ② 제1항의 규정에 의한 통신제한조치의 기간은 4월을 초과하지 못하고, <u>4월의 범위 이내에서 통신제한조치의 기간을 연장할 수 있다.</u> 〈주〉 국가안전보장에 "한하여" 부분이 틀렸다.

정답 ①

252
다음 설명 중 가장 적절한 것은? (판례)

① 통신의 일방 또는 쌍방당사자가 내국인인 경우 국가안보를 위한 통신제한조치는 정보수사기관의 장이 국가안전보장에 상당한 위험이 예상되는 경우 또는 대테러활동에 필요한 경우에 고등법원 수석부장판사의 허가를 받아 할 수 있다. 18법행
② 국가안전보장에 대한 위해를 방지하기 위한 통신제한조치는 원칙적으로 2월을 초과할 수 없다. 02사시
③ 검사, 사법경찰관 또는 정보수사기관의 장은 중대한 범죄의 계획이나 실행 등 긴박한 상황에 있는 경우 반드시 법원의 사전허가를 받아 통신제한조치를 하여야 한다. 21경승
④ 검사, 사법경찰관 또는 정보수사기관의 장은 긴급한 사유가 있는 때에는 법원의 허가 없이 통신제한조치를 할 수 있으나, 이 경우 긴급통신제한조치의 집행착수 후 36시간 이내에 법원에 허가청구를 하여야 한다. 18법행/22경채

해설

① (○) 통신비밀보호법 제7조.
② (×) 통신비밀 보호법 제7조 제2항. 국가안보를 위한 통신제한조치의 기간은 <u>4월을 초과하지 못하고</u>, 그 기간 중 통신제한조치의 목적이 달성되었을 경우에는 즉시 종료하여야 하되, 제1항의 요건이 존속하는 경우에는 소명자료를 첨부하여 고등법원 수석판사의 허가 또는 대통령의 승인을 얻어 <u>4월의 범위 이내에서 통신제한조치의 기간을 연장할 수 있다.</u>
③ (×) 통신비밀보호법 제8조(긴급통신제한조치) ① 검사, 사법경찰관 또는 정보수사기관의 장은 국가안보를 위협하는 음모행위, 직접적인 사망이나 심각한 상해의 위험을 야기할 수 있는 범죄 또는 조직범죄등 중대한 범죄의 계획이나 실행 등 긴박한 상황에 있는 때에는 <u>법원의 허가없이 통신제한조치를 할 수 있다.</u>
④ (×) 통신비밀 보호법 제8조 (긴급통신제한조치) ② 검사, 사법경찰관 또는 정보수사기관의 장은 제1항의 긴급통신제한조치의 집행착수 후 <u>지체 없이 법원에 허가청구를 하여야 하며</u>, 그 긴급통신제한조치를 한 때부터 36시간 이내에 법원의 허가를 받지 못한 때에는 즉시 이를 중지하여야 한다. 〈주〉 36시간 이내에 허가청구가 아니라 지체없이 허가청구이다.

정답 ①

253

다음 설명 중 가장 적절하지 않은 것은? (판례)

① 긴급통신제한조치가 단시간 내에 종료되어 법원의 허가를 받을 필요가 없는 경우에는 그 종료 후 7일 이내에 관할 지방검찰청검사장은 이에 대응하는 법원장에게 긴급통신제한조치를 한 검사, 사법경찰관 또는 정보수사기관의 장이 작성한 긴급통신제한조치통보서를 송부하여야 한다. 18법행

② 검사는 통신제한조치를 집행한 사건에 관하여 공소를 제기하거나, 공소의 제기 또는 입건을 하지 아니하는 처분을 한 때에는 그 처분을 한 날부터 30일 이내에 우편물 검열의 경우에는 그 대상자에게, 감청의 경우에는 그 대상이 된 전기통신의 가입자에게 통신제한조치를 집행한 사실과 집행 기관 및 그 기간 등을 서면으로 통지하여야 한다. 18법행

③ 3인 간의 대화에 있어서 그 중 한 사람이 그 대화를 녹음하는 경우에 다른 두 사람의 발언은 녹음자에 대한 관계에서 '타인 간의 대화'라고 할 수 있으므로 이를 녹음한 행위는 "공개되지 아니한 타인간의 대화를 녹음 또는 청취하지 못한다"고 규정한 통신비밀보호법 제3조 제1항에 위배된다. 14법행/22경채

④ 전자우편이 송신되어 수신인이 이를 확인하는 등으로 이미 수신이 완료된 전기통신에 관하여 남아 있는 기록이나 내용을 열어보는 등의 행위는 통신비밀보호법상 '전기통신의 감청'에 포함하지 않는다. 14법행

해설

① (O) 통신비밀보호법 제8조 제5항.
② (O) 통신비밀보호법 제9조의2 제1항.
③ (X) 3인 간의 대화에 있어서 그 중 한 사람이 그 대화를 녹음하는 경우에 다른 두 사람의 발언은 그 녹음자에 대한 관계에서 '타인 간의 대화'라고 할 수 없으므로, 이와 같은 녹음행위가 통신비밀보호법 제3조 제1항에 위배된다고 볼 수는 없다. (대법원 2006. 10. 12. 2006도4981)
④ (O) (대법원 2012. 11. 29. 2010도9007) 〈주〉 수신이 완료된 기록을 열어보는 행위는 감청이 아니다.

[정답] ③

3. 기타 판례

254

다음 설명 중 적절한 것을 모두 고른 것은? (판례)

> ㉠ 인터넷회선 감청은 서버에 저장된 정보가 아니라, 인터넷상에서 발신되어 수신되기까지의 과정 중에 수집되는 정보, 즉 전송 중인 정보의 수집을 위한 수사이므로, 압수·수색에 해당한다. 20비상
> ㉡ 인터넷회선 감청은 타인과의 관계를 전제로 하는 개인의 사적 영역을 보호하려는 헌법 제18조의 통신의 비밀과 자유 외에 헌법 제17조의 사생활의 비밀과 자유도 제한하므로, 인터넷회선 감청을 범죄수사를 위한 통신제한조치 허가 대상으로 정함에 있어서는 과잉금지원칙을 준수하여야 한다. 22법무/22국회5
> ㉢ 이른바 패킷감청의 방식으로 이루어지는 인터넷회선 감청은 그 집행 단계나 집행 이후에 수사기관의 권한 남용을 통제하고 관련 기본권의 침해를 최소화하기 위한 제도적 조치가 마련되어있는지 여부에 상관없이 침해의 최소성 요건을 충족한다. 20경채/22경찰1차/22국회5

① ㉠
② ㉡
③ ㉠㉡
④ ㉡㉢

해설

㉠ (X) 인터넷회선 감청은 서버에 저장된 정보가 아니라, 인터넷상에서 발신되어 수신되기까지의 과정 중에 수집되는 정보, 즉 전송 중인 정보의 수집을 위한 수사이므로, 압수·수색과 구별된다. (헌재 2018. 8. 30. 2016헌마263)

㉡ (O) (헌재 2018. 8. 30. 2016헌마263) 〈주〉 통신 중인 정보에 대한 감청에는 영장주의가 적용되므로 법원의 허가가 필요하나, 감청 이후의 조치에는 영장주의가 아니라 과잉금지원칙이 적용된다. 이와 별개로 통신이 종료된 후의 정보에 대한 압수수색에도 영장주의가 적용된다.

㉢ (X) 관련 기본권의 침해를 최소화하기 위한 제도적 조치가 제대로 마련되어 있지 않은 상태에서, 범죄수사 목적을 이유로 인터넷회선 감청을 통신제한조치 허가 대상 중 하나로 정하고 있으므로 침해의 최소성 요건을 충족한다고 할 수 없다. (헌재 2018. 8. 30. 2016헌마263)

[정답] ②

255

다음 설명 중 가장 적절한 것은? (판례)

① 불법 감청 녹음 등에 의하여 취득한 타인 간의 대화내용을 어떠한 경로로 알게 되었는지 그 지득경위를 묻지 않고 그 대화 내용을 공개한 자를 처벌하는 것은 과잉금지 원칙에 위반된다. 14국회8

② 공개되지 아니한 타인간의 대화를 녹음 또는 청취하여 그 내용을 공개하거나 누설한 자를 처벌하는 통신비밀보호법 조항은 불법 감청·녹음 등으로 생성된 정보를 합법적으로 취득한 자가 이를 공개 또는 누설하는 경우에도 그것이 진실한 사실로서 오로지 공공의 이익을 위한 경우에는 이를 처벌하지 아니한다는 특별한 위법성조각사유를 두지 아니한 이상 헌법에 위반된다. 21법원

③ 감청설비 제조·수입 등의 경우 정보통신부장관의 인가를 받도록 하되 국가기관은 예외로 하도록 하는 것은, 국가기관에 의한 통신비밀침해 행위를 용이하게 하는 결과를 초래함으로써 통신의 자유를 침해한다. 16국가7/20비상/20경채

④ 검사 또는 사법경찰관은 수사를 위하여 특정한 기지국에 대한 통신사실확인자료가 필요한 경우에는 원칙적으로 다른 방법으로는 범죄의 실행을 저지하기 어렵거나 범인의 발견·확보 또는 증거의 수집·보전이 어려운 경우에만 전기통신사업자에게 해당 자료의 열람이나 제출을 요청할 수 있다. 21법행

해설

① (×) 위법성조각사유에 관한 특별규정을 두지 아니하였다는 점만으로 기본권 제한의 비례성을 상실하였다고는 볼 수 없다. (헌재 2012. 8. 30. 2009헌바42)

② (×) 형법상의 명예훼손죄와 같은 위법성조각사유에 관한 특별규정을 두지 아니하였다는 점만으로 기본권 제한의 비례성을 상실하였다고는 볼 수 없다. (헌재 2012. 8. 30. 2009헌바42)

③ (×) 이와 같이 국가기관의 감청설비 보유·사용에 대한 관리와 통제를 위한 법적, 제도적 장치가 마련되어 있으므로, 통신의 자유를 침해한다고 볼 수는 없다. (헌재 2001. 3. 21. 2000헌바25)

④ (○) 통신비밀보호법 제13조 제1항.

[정답] ④

256

다음 설명 중 가장 적절하지 않은 것은? (판례)

① 미결수용자가 교정시설 내에서 규율위반 행위를 이유로 금치 처분을 받은 경우 금치기간 중 서신수수 접견 전화통화를 제한하는 것은 통신의 자유를 침해하지 아니한다. 16국가7/22경찰1차

② 미결수용자와 변호인이 아닌 자 사이의 서신을 검열한 행위는 헌법에 위반되지 아니한다. 09법원/22해간

③ 수용자가 밖으로 내보내는 모든 서신을 봉함하지 않은 상태로 교정시설에 제출하도록 한 규정은, 수용자의 발송서신에 대하여 우리 법이 취하고 있는 '상대적 검열주의'를 이행하기 위한 효과적 교도행정의 방식일 뿐이어서 수용자의 통신비밀의 자유를 침해한다고 볼 수 없다. 14법행

④ 수용자가 국가기관에 서신을 발송할 경우에 교도소장의 허가를 받도록 하는 것은 통신비밀의 자유를 침해하는 것이 아니다. 21경승

⑤ 교도소장이 법원, 검찰청 등이 수용자에게 보낸 문서를 열람한 행위는 문서 전달 업무에 정확성을 기하고 수용자의 편의를 도모하여 법령상 기간준수 여부 확인을 위한 공적 자료를 마련하기 위한 것이고, 다른 법령에 따라 열람이 금지된 문서는 열람할 수 없으므로 수용자의 통신의 자유를 침해하지 아니한다. 22법무

해설

① (○) (헌재 2016. 4. 28. 2012헌마549)

② (○) (헌재 1995. 7. 21. 92헌마144)

③ (×) 교도관이 수용자의 면전에서 서신에 금지물품이 들어 있는지를 확인하고 수용자로 하여금 서신을 봉함하게 하는 방법 등으로도 얼마든지 달성할 수 있다고 할 것인바, 수용자인 청구인의 통신비밀의 자유를 침해하는 것이다. (헌재 2012. 2. 23. 2009헌마333)

④ (○) (헌재 2001. 11. 29. 99헌마713)

⑤ (○) (헌재 2021. 9. 30. 2019헌마919)

[정답] ③

257

다음 설명 중 가장 적절한 것은? (판례)

① 미결수용자에 대한 서신검열행위가 이미 종료된 경우 객관적 헌법질서의 유지를 위한 헌법소원심판청구의 이익이 없다. 11지방7
② 피청구인 구치소장이 구치소에 수용 중인 수형자에게 온 서신에 '허가 없이 수수되는 물품'인 녹취서와 사진이 동봉되어 있음을 확인하여 서신수수를 금지하고 발신인인 청구인에게 위 물품을 반송한 것은 과잉금지원칙에 위반되어 청구인의 통신의 자유를 침해한다. 22경승/22해간
③ 육군의 신병훈련소에서 교육훈련을 받는 동안 전화사용을 통제하는 내용의 육군 신병교육 지침서 부분은 신병교육훈련생들의 통신의 자유 등 기본권을 필요한 정도를 넘어 과도하게 제한하는 것이다. 12법행/21경승
④ 사관생도의 모든 사적 생활에서까지 예외 없이 금주의무를 이행할 것을 요구하는 것은 사관생도의 일반적 행동자유권은 물론 사생활의 비밀과 자유를 지나치게 제한한다. 22국가

해설

① (×) 검열행위는 행형법의 규정에 따라 앞으로도 계속될 것으로 보이므로, 이러한 침해행위가 이미 종료되었다 하더라도, 심판청구의 이익이 있다. (헌재 1995. 7. 21. 92헌마144)
② (×) 교정사고를 미연에 방지하고 교정시설의 안전과 질서 유지를 위하여 불가피한 측면이 있다. 따라서 과잉금지원칙에 위반되어 청구인의 통신의 자유를 침해하지 않는다. (헌재 2019. 12. 27. 2017헌마413)
③ (×) 기본권을 필요한 정도를 넘어 과도하게 제한하는 것이라고 보기 어렵다. (헌재 2010. 10. 28. 2007헌마890)
④ (○) 육군3사관학교 사관생도는 군 장교를 배출하기 위하여 국가가 모든 재정을 부담하는 특수교육기관인 육군3사관학교의 구성원이므로 그 존립 목적을 달성하기 위하여 필요한 한도 내에서 일반 국민보다 상대적으로 기본권이 더 제한될 수 있으나, 그러한 경우에도 법률유보원칙, 과잉금지원칙 등 기본권 제한의 헌법상 원칙들을 지켜야 한다. (대법원 2018. 8. 30. 2016두60591)

[정답] ④

제3절 정신적 자유권

제1항 양심의 자유

1. 서설

258

다음 설명 중 가장 적절하지 않은 것은? (판례)

① 헌법상 보호되는 양심은 어떤 일의 옳고 그름을 판단함에 있어서 그렇게 행동하지 아니하고는 자신의 인격적인 존재가치가 허물어지고 말 것이라는 강력하고 진지한 마음의 소리로서 절박하고 구체적인 양심을 말한다. 14법원
② 단순한 사실관계의 확인과 같이 가치적 윤리적 판단이 개입될 여지가 없는 경우는 양심의 자유의 보호대상이 아니다. 17법원
③ 침묵의 자유는 단순한 사실에 관한 지식 또는 기술적 지식에 관한 진술을 거부하는 것도 포함하는 것은 아니다. 04행시
④ 침묵의 자유는 사실에 관한 지식 또는 기술적 지식의 진술을 거부하는 자유도 포함된다. 18입시

해설

① (○) (대법원 2004. 7. 15. 2004도2965, 전합).
② (○) (헌재 2002. 1. 31. 2001헌바43)
③ (○) (헌재 1998. 7. 16. 96헌바35)
④ (×) 국가보안법이 규정한 불고지죄는 국가의 존립과 안전에 저해가 되는 타인의 범행에 관한 객관적 사실을 고지할 의무를 부과할 뿐이므로 양심의 자유 특히 침묵의 자유를 직접적으로 침해하는 것이라고 볼 수 없다. (헌재 1998. 7. 16. 96헌바35) 〈주〉 개인의 사상과 신조에 대한 침묵의 자유는 양심의 자유로 보장되지만, 사실적 지식에 대한 침묵의 자유는 보장되지 않는다.

[정답] ④

259
다음 설명 중 가장 적절하지 않은 것은? (판례)

① 국가보안법이 규정한 불고지죄는 국가의 존립과 안전에 저해가 되는 타인의 범행에 관한 객관적 사실을 고지할 의무를 부과할 뿐이므로 양심의 자유를 직접적으로 침해하는 것으로 볼 수 없다는 것이 헌법재판소의 결정례이다. 02사시
② 법률해석에 다른 의견이 있는 경우와 같이 개인의 인격형성과의 관련성이 거의 없는 의견은 양심의 자유의 보호대상에 속하지 않는다. 19행시
③ 헌법이 보호하고자 하는 양심은 구체적인 양심을 말하며, 막연하고 추상적인 개념으로서의 양심이 아니다. 13국가7
④ 양심상의 결정이 법질서나 사회규범 도덕률과 일치하는지 여부는 양심의 존재를 판단하는 기준이 된다. 21경승/23경찰1

해설

① (O) (헌재 1998. 7. 16. 96헌바35)
② (O) (헌재 2002. 1. 31. 2001헌바43) 〈주〉 단순한 사실관계의 확인, 법률해석에서 견해가 갈리는 경우, 사사로운 의견의 확인 등은 양심의 자유의 보호영역이 아니다.
③ (O) 진지하고 절박한 구체적인 양심이지 막연하고 추상적인 개념으로서의 양심이 아님은 물론, 그 가치 판단의 일관성 내지 보편성을 충족시키는 양심이어야 할 것이다. (헌재 2004. 8. 26. 2002헌가1) 〈주〉 막연한 병역거부는 보호받지 못하고, 구체적인 종교상 교리 등을 이유로 병역을 거부할 때 양심의 자유로 보호받을 수 있다.
④ (X) 양심상의 결정이 이성적·합리적인가, 타당한가 또는 법질서나 사회규범, 도덕률과 일치하는가 하는 관점은 양심의 존재를 판단하는 기준이 될 수 없다. (헌재 2004. 8. 26. 2002헌가1) 〈주〉 다수의견과 다른 소수의견도 양심의 자유로 보호된다. 예컨대 동성애, 병역거부 등이 있다.

[정답] ④

260
다음 설명 중 가장 적절하지 않은 것은? (판례)

① 헌법에 의해 보호받는 양심은 법질서와 도덕에 부합하는 사고를 가진 다수의 양심만을 의미하는 것은 아니다. 19행시/20경승
② 양심상의 결정이 양심의 자유에 의하여 보장되기 위해서는 어떠한 종교관 세계관 또는 그 외의 가치체계에 기초하고 있어야 한다. 14법원
③ 국가의 법질서나 사회의 도덕률과 갈등을 일으키는 양심은 현실적으로 이러한 법질서나 도덕률에서 벗어나려는 소수의 양심이다. 따라서 종교관 세계관 등에 관계없이, 모든 내용의 양심상 결정이 양심의 자유에 의해 보장된다. 13국가7
④ 양심상 결정이 어떠한 종교관 세계관 또는 그 밖의 가치체계에 기초하고 있는지와 관계없이 모든 내용의 양심상 결정은 양심의 자유에 의하여 보장되어야 한다. 17법원
⑤ 양심은 그 대상이나 내용 또는 동기에 의하여 판단될 수 없으며, 특히 양심상의 결정이 이성적·합리적인가, 타당한가 또는 법질서나 사회규범·도덕률과 일치하는가 하는 관점은 양심의 존재를 판단하는 기준이 될 수 없다. 19입시

해설

① (O) 헌법에 의해 보호받는 양심은 법질서와 도덕에 부합하는 사고를 가진 다수가 아니라 이른바 '소수자'의 양심이 되기 마련이다. (헌재 2002. 1. 31. 2001헌바43)
② (X) 양심상의 결정이 어떠한 종교관·세계관 또는 그 외의 가치체계에 기초하고 있는가와 관계없이, 모든 내용의 양심상의 결정이 양심의 자유에 의하여 보장된다. (헌재 2004. 8. 26. 2002헌가1)
③ (O) (헌재 2004. 8. 26. 2002헌가1)
④ (O) (헌재 2008헌가22. 2011. 8. 30.)
⑤ (O) (헌재 2018. 6. 28. 2011헌바379)

[정답] ②

261

다음 설명 중 가장 적절한 것은? (판례)

① 양심의 자유는 양심형성의 자유와 양심결정의 자유를 포함하고 있지만, 비록 내심에 머무르는 경우라 하더라도 내재적 한계는 있다고 보는 것이 헌법재판소의 입장이다. 14법원
② 양심의 자유는 윤리적 판단을 국가권력에 의하여 외부에 표명하도록 강제받지 아니할 자유를 포함하지 않는다. 13국가7
③ 양심적 결정을 외부로 표현하고 실현할 수 있는 권리인 양심실현의 자유는 법률에 의해 제한될 수 있는 상대적인 자유이다. 21경승
④ 양심적 결정을 외부로 표현하고 실현할 수 있는 양심실현의 자유는 표현의 자유에 속하는 행위일 뿐 헌법 제19조가 보호하고 있는 양심의 자유에 포함되지 않는다. 18법원

해설

① (✕) 내심적 자유, 즉 양심형성의 자유와 양심적 결정의 자유는 내심에 머무르는 한 절대적 자유라고 할 수 있다. (헌재 1998. 7. 16. 96헌바35)
② (✕) 양심의 자유에는 널리 사물의 시시비비나 선악과 같은 윤리적 판단에 국가가 개입해서는 아니되는 내심적 자유는 물론, 이와 같은 윤리적 판단을 국가권력에 의하여 외부에 표명하도록 강제받지 아니할 자유까지 포괄한다. (헌재 1998. 7. 16. 96헌바35)
③ (○) (헌재 2004. 10. 28. 2004헌바61)
④ (✕) 양심형성의 자유란 외부로부터의 부당한 간섭이나 강제를 받지 않고 개인의 내심영역에서 양심을 형성하고 양심상의 결정을 내리는 자유를 말하고, 양심실현의 자유란 형성된 양심을 외부로 표명하고 양심에 따라 삶을 형성할 자유, 구체적으로는 양심을 표명하거나 또는 양심을 표명하도록 강요받지 아니할 자유(양심표명의 자유), 양심에 반하는 행동을 강요받지 아니할 자유(부작위에 의한 양심실현의 자유), 양심에 따른 행동을 할 자유(작위에 의한 양심실현의 자유)를 모두 포함한다. (헌재 2004. 8. 26. 2002헌가1)

[정답] ③

262

다음 설명 중 가장 적절하지 않은 것은? (판례)

① 내심적 자유, 즉 양심형성의 자유와 양심적 결정의 자유는 내심에 머무르는 한 절대적 자유라고 할 수 있지만, 양심실현의 자유는 타인의 기본권이나 다른 헌법적 질서와 저촉되는 경우 헌법 제37조 제2항에 따라 국가안전보장 질서유지 또는 공공복리를 위하여 법률에 의하여 제한 수 있는 상대적 자유라고 할 수 있다. 15서울
② 자신의 태도나 입장을 외부에 설명하거나 해명하는 행위는 진지한 윤리적 결정에 관계된 행위라기보다는 단순한 생각이나 의견, 사상이나 확신 등의 표현행위라고 볼 수 있어 양심의 자유의 보호영역에 포괄되지 않는다. 18법원
③ 음주측정요구와 그 거부는 양심의 자유의 보호영역에 포괄되지 아니하므로 양심의 자유를 침해하는 것이라고 할 수 없다. 19행시/21소방
④ 주취운전의 혐의자에게 호흡측정기에 의한 측정에 응할 것을 요구하고 이를 거부할 때 처벌하는 것은 진술거부권을 제한한다. 13사시

해설

① (○) (헌재 1998. 7. 16. 96헌바35)
② (○) 자신의 인격권이나 명예권을 보호하기 위하여 대외적으로 해명을 하는 행위는 표현의 자유에 속하는 영역일 뿐, 사생활의 자유나 양심의 자유를 침해하지 아니한다. (헌재 2001. 8. 30. 99헌바92) 〈주〉 사생활과 양심의 자유 영역이 아니므로, 제한하지 않는다. 이 경우 헌재는 침해하지 않는다고 표현하기도 한다.
③ (○) (헌재 1997. 3. 27. 96헌가11)
④ (✕) 도로교통법 제41조 제2항에 규정된 음주측정은 호흡측정기에 입을 대고 호흡을 불어 넣음으로써 신체의 물리적, 사실적 상태를 그대로 드러내는 행위에 불과하므로 이를 두고 "진술"이라 할 수 없고, 따라서 헌법 제12조 제2항의 진술거부권조항에 위배되지 아니한다. (헌재 1997. 3. 27. 96헌가11)

[정답] ④

2. 양심적 병역거부

263
다음 설명 중 가장 적절하지 않은 것은? (판례)

① 양심적 병역거부의 바탕이 되는 양심상의 결정은 종교적 동기뿐만 아니라 윤리적·철학적 또는 이와 유사한 동기로부터라도 형성될 수 있는 것이므로 양심적 병역거부자의 기본권 침해여부는 양심의 자유를 중심으로 판단한다. 20경승/21경승

② 양심상의 결정을 내세워 입영을 거부하는 것을 처벌하는 것은 '양심에 반하는 행동을 강요당하지 아니 자유', 즉 '부작위에 의한 양심실현의 자유'를 제한한다. 13사시

③ 입영기피자에 대한 형사처벌은 '양심에 따른 행동을 할 자유', 즉 '작위에 의한 양심실현의 자유'를 제한하는 것이다. 20소방

④ 양심적 병역거부자에 대한 대체복무제를 규정하지 아니한 병역종류조항과 양심상의 결정에 따라 입영을 거부하거나 소집에 불응하는 자에 대하여 형벌을 부과하는 처벌조항은 '양심에 반하는 행동을 강요당하지 아니할 자유', 즉, '부작위에 의한 양심실현의 자유'를 제한한다. 19변시

[해설]
① (O) (헌재 2018. 6. 28. 2011헌바379) 〈주〉 비종교인까지 한 번에 판단하기 위해서 종교의 자유가 아니라 양심의 자유로 판단한다.
② (O) (헌재 2004. 8. 26. 2002헌가1)
③ (×) 이 사건 법률조항은 부작위에 의한 양심실현의 자유를 제한하는 규정이다. (헌재 2004. 8. 26. 2002헌가1)
④ (O) [1] 병역종류조항은 과잉금지원칙을 위반하여 양심적 병역거부자의 양심의 자유를 침해한다. [2] 정당한 사유 없이 소집에 응하지 아니한 경우를 형사처벌하는 병역법조항은 과잉금지원칙을 위반하여 양심적 병역거부자의 양심의 자유를 침해하지 않는다. (헌재 2018. 6. 28. 2011헌바379) 〈주〉 처벌조항은 정당한 사유가 없을 때에만 처벌한다고 규정되어 있기 때문에 합헌이다.

[정답] ③

264
다음 설명 중 가장 적절하지 않은 것은? (판례)

① 국가의 존립과 안전을 위한 불가결한 헌법적 가치를 담고 있는 국방의 의무와 개인의 인격과 존엄의 기초가 되는 양심의 자유라는 헌법적 가치가 서로 충돌하는 경우에도 그에 대한 심사는 헌법상 비례원칙에 의하여야 한다. 19변시

② 대체복무제가 마련되지 아니한 상황에서 양심상의 결정에 따라 입영을 거부하거나 소집에 불응하는 사람들에게 형사처벌을 부과하는 병역법 조항은 '양심에 반하는 행동을 강요당하지 아니할 자유'를 제한하는 것이다. 그러나 국방의 의무에 대한 입법이므로 헌법상 자의금지원칙에 따라 입법형성의 재량을 일탈하였는지 여부를 기준으로 판단하여야 한다. 21법원

③ 대체복무제를 도입함으로써 병역자원을 확보하고 병역부담의 형평을 기할 수 있음에도 불구하고, 양심적 병역거부자에 대한 처벌의 예외를 인정하지 않고 일률적으로 형벌을 부과하는 처벌조항은 양심적 병역거부자의 양심의 자유를 침해하지 않는다. 19변시/23경찰1

④ 병역종류조항은 병역의 종류를 현역, 예비역, 보충역, 병역준비역, 전시근로역의 다섯 가지로 한정적으로 열거하고 있다. 그런데 위 병역들은 모두 군사훈련을 받는 것을 전제하고 있으므로, 양심적 병역의무자에게 병역종류조항에 규정된 병역을 부과할 경우 양심과 충돌을 일으킬 수밖에 없다. 19법원

[해설]
① (O) (헌재 2018. 6. 28. 2011헌바379)
② (×) 양심의 자유에 대한 심사는 헌법상 비례원칙에 의하여야 한다. (헌재 2018. 6. 28. 2011헌바379) 〈주〉 자의금지원칙에 따른 심사는 평등권과 제도보장에 대한 심사방법이다.
③ (O) (헌재 2018. 6. 28. 2011헌바379) 〈주〉 형사처벌조항은 병역거부에 정당한 사유가 없을 때 한하여 처벌한다고 규정되어 있기 때문에 합헌이다. "일률적으로"라는 언급 때문에 헷갈리면 안된다.
④ (O) (헌재 2018. 6. 28. 2011헌바379) 〈주〉 병역종류조항은 위헌이고, 형사처벌조항은 합헌이다.

[정답] ②

265

다음 설명 중 가장 적절하지 않은 것은? (판례)

① 각종 병역의 종류를 규정하고 있는 병역법상 병역종류조항은, 대체복무제를 규정하고 있지 않은 이상 정당한 입법목적을 달성하기 위한 적합한 수단에 해당한다고 보기는 어렵다. 19법원

② 국가가 관리하는 객관적이고 공정한 사전심사절차와 엄격한 사후관리절차를 갖추고, 현역복무와 대체복무 사이에 복무의 난이도나 기간과 관련하여 형평성을 확보해 현역복무를 회피할 요인을 제거한다면, 심사의 곤란성과 양심을 빙자한 병역기피자의 증가 문제를 해결할 수 있다. 따라서 대체복무제를 도입하면서도 병역의무의 형평을 유지하는 것은 충분히 가능하다. 19법원

③ 양심적 병역거부자의 수는 병역자원의 감소를 논할 정도가 아니고, 이들을 처벌한다고 하더라도 교도소에 수감할 수 있을 뿐 병역자원으로 활용할 수는 없으므로, 대체복무제 도입으로 병역자원의 손실이 발생한다고 할 수 없다. 전체 국방력에서 병역자원이 차지하는 중요성이 낮아지고 있는 점을 고려하면, 대체복무제를 도입하더라도 우리나라의 국방력에 의미 있는 수준의 영향을 미친다고 보기는 어렵다. 따라서 대체복무제라는 대안이 있음에도 불구하고 군사훈련을 수반하는 병역의무만을 규정한 병역종류조항은 침해의 최소성 원칙에 어긋난다. 19법원

④ 양심적 병역거부자에 대한 대체복무제를 규정하지 아니한 병역종류조항은 과잉금지원칙에 위배하여 양심적 병역거부자의 양심의 자유를 침해한다. 19입시

> **해설**
> ① (×) 정당한 입법목적을 달성하기 위한 적합한 수단이다. (헌재 2018. 6. 28. 2011헌바379) 〈주〉 침해최소성과 법익균형성이 부정되어 위헌이다.
> ② (○) (헌재 2018. 6. 28. 2011헌바379)
> ③ (○) 대체복무제라는 대안이 있음에도 불구하고 군사훈련을 수반하는 병역의무만을 규정한 병역종류조항은, 침해의 최소성 원칙에 어긋난다. (헌재 2018. 6. 28. 2011헌바379)
> ④ (○) (헌재 2018. 6. 28. 2011헌바379).
>
> [정답] ①

266

다음 설명 중 가장 적절하지 않은 것은? (판례)

① 양심의 진실성과 진지성을 확인할 현실적 필요가 있다는 이유로 양심적 병역거부를 주장하는 사람에게 자신의 '양심'을 외부로 표명하여 증명할 의무를 부과하는 것은 개인적 현상으로서의 지극히 주관적인 내심의 상태를 기본권으로 보장하는 취지에 부합하지 아니한다. 19입시

② 헌법재판소의 판례에 의하면 병역법에 대체복무를 도입하지 않거나 그 도입을 미루는 것은 정당화될 수 없다. 10사시

③ '양심적' 병역거부는 실상 당사자의 '양심에 따른' 혹은 '양심을 이유로 한' 병역거부를 가리키는 것일 뿐이지 병역거부가 '도덕적이고 정당하다'는 의미는 아니다. 19입시/20경승

④ 양심적 병역거부자에 대한 관용은 결코 병역의무의 면제와 특혜의 부여에 대한 관용이 아니며, 대체복무제는 병역의무의 일환으로 도입되는 것이므로 현역복무와의 형평을 고려하여 최대한 등가성을 가지도록 설계되어야 한다. 21경승

> **해설**
> ① (×) 양심적 병역거부를 주장하는 사람은 자신의 '양심'을 외부로 표명하여 증명할 최소한의 의무를 진다. (헌재 2018. 6. 28. 2011헌바379)
> ② (○) 대체복무제의 도입이 우리나라의 국방력에 유의미한 영향을 미친다거나 병역제도의 실효성을 떨어뜨린다고 보기 어려운 이상, 위와 같은 특수한 안보상황을 이유로 대체복무제를 도입하지 않거나 그 도입을 미루는 것이 정당화된다고 할 수는 없다. (헌재 2018. 6. 28. 2011헌바379)
> ③ (○) '양심적' 병역거부는 실상 당사자의 '양심에 따른' 혹은 '양심을 이유로 한' 병역거부를 가리키는 것일 뿐이지 병역거부가 '도덕적이고 정당하다'는 의미는 아닌 것이다. (헌재 2018. 6. 28. 2011헌바379) 〈주〉 병역거부를 봐준다는 것이지 잘한다는 것이 아니다.
> ④ (○) (헌재 2018. 6. 28. 2011헌바379) 〈주〉 대체복무로서 현재 현역병의 18개월의 2배인 36개월을 교정시설에서 복무한다.
>
> [정답] ①

267
다음 설명 중 가장 적절한 것은? (판례)

① 병역법 제88조 제1항은 국방의 의무를 실현하기 위하여 현역입영 또는 소집통지서를 받고도 정당한 사유 없이 이에 응하지 않은 사람을 처벌하는 규정이다. 여기에서 정당한 사유는 구성요건해당성을 조각하는 사유이다. 이는 형법상 위법성조각사유인 정당행위나 책임조각사유인 기대불가능성과는 구별된다. 19경승

② 신념이 확고하다는 것은 상황에 따라 타협적이거나 전략적으로 행동하는 것을 금지하지는 아니한다. 병역거부자가 그 신념과 관련한 문제에서 상황에 따라 다른 행동을 하였다고 하더라도, 그러한 신념이 진실하지 않다고 단정할 수는 없다. 21법무

③ 양심은 내면의 영역이므로 양심적 병역거부 행위는 신념이 확고하고 진실한지 여부와 관계없이 병역법에 따라 처벌할 수 없다. 21법무

④ 병역법 제88조 제1항의 '정당한 사유'는, 병역법에서 입영을 일시적으로 연기하거나 지연시키기 위한 요건으로 인정된 사유, 즉 질병, 재난 등과 같은 개인의 책임으로 돌리기 어려운 사유로 한정된다고 보아야 한다. 20법행

해설

① (○) (대법원 2018. 11. 1. 2016도10912 전합)

② (×) 신념이 확고하다는 것은 상황에 따라 <u>타협적이거나 전략적이지 않다는 것</u>을 뜻한다. 그 신념과 관련한 문제에서 상황에 따라 <u>다른 행동을 한다면 그러한 신념은 진실하다고 보기 어렵다</u>. (대법원 2018. 11. 1. 2016도10912 전합)

③ (×) <u>정당한 사유로 인정할 수 있는 양심적 병역거부를 심리하여 판단할 때, 양심은 그 신념이 깊고, 확고하며, 진실하여야 한다</u>. (대법원 2018. 11. 1. 2016도10912 전합)

④ (×) <u>병역의무자가 처한 구체적이고 개별적인 사정이 그로 하여금 병역의 이행을 감당하지 못하도록 한다면 병역법 제88조 제1항의 '정당한 사유'에 해당할 수 있다고 보아야 한다</u>. (대법원 2018. 11. 1. 2016도10912 전합) 〈주〉 질병, 재난 등의 사유가 아니라도 양심에 의한 병역거부라면 정당한 사유가 인정된다.

[정답] ①

3. 기타 판례

268
다음 설명 중 가장 적절한 것은? (판례)

① 양심의 자유의 주체는 자연인이므로, 법인에 대한 사죄광고 제도는 양심의 자유의 제약에 해당하지 않는다. 18법원/22경채

② 헌법재판소는 민법 제764조의 명예회복의 적당한 처분에 사죄광고를 포함시켜 법원의 판결로 사죄광고를 명하는 것은 양심의 자유에 비추어 허용되는 것이라 한다. 18입시/22경채

③ 근로관계의 속성상 사용자가 비위행위를 저지른 근로자에게 자신의 잘못을 반성하고 사죄한다는 내용의 시말서 제출을 명령하는 것은 양심의 자유 침해로 볼 수 없다. 21법무

④ 방송사업자가 방송법에 규정된 심의규정 등을 위반한 경우에 방송통신위원회가 방송사업자에게 사과방송을 할 것을 명령하는 제도는 과잉금지원칙에 위배하여 방송사업자의 인격권을 침해하므로 위헌이다. 12국회9/22국가5/23경찰1

해설

① (×) 사죄광고의 강제는 우리 헌법이 보호하고자 하는 정신적 기본권의 하나인 양심의 자유의 제약이다(<u>법인의 경우라면 그 대표자에게 양심표명의 강제를 요구하는 결과가 된다</u>). (헌재 1991. 4. 1. 89헌마160) 〈주〉 양심은 자연인만 가질 수 있다.

② (×) 민법 제764조가 동조 소정의 "명예회복에 적당한 처분"에 사죄광고를 포함시키는 것이라면 동 규정은 헌법에 위반될 수 밖에 없다. (헌재 1991. 4. 1. 89헌마160) 〈주〉 사죄광고를 권유할 수는 있지만, 이를 강제하는 것은 인격권과 양심의 자유를 침해한다.

③ (×) <u>헌법이 보장하는 내심의 윤리적 판단에 대한 강제로서 양심의 자유를 침해하는 것이다</u>. (대법원 2010. 1. 14. 2009두6605)

④ (○) (헌재 2012. 8. 23. 2009헌가27) 〈주〉 사죄광고와 달리, 사과광고에 대해서 인격권을 침해한다고 판시하였고, 양심의 자유 침해 여부는 판단하지 않았다.

[정답] ④

269

다음 설명 중 가장 적절한 것은? (판례)

① 방송사업자의 의사에 반한 사과행위를 강제하는 구 방송법 규정은 방송사업자의 인격권을 침해하지 않는다. 17국회8

② 선거기사심의위원회가 불공정한 선거기사를 보도하였다고 인정한 언론사에 대하여 언론중재위원회를 통하여 사과문을 게재할 것을 명하도록 하는 공직선거법 조항 중 '사과문 게재' 부분과, 해당 언론사가 사과문 게재 명령을 지체 없이 이행하지 않을 경우 형사처벌하는 구 공직선거법 규정 중 해당 부분은 언론사의 인격권을 침해한다. 22경찰1차

③ 법인의 인격을 자유롭게 발현할 권리가 무엇을 뜻하는지 그 헌법적 근거가 무엇인지 분명하지 않으므로, 선거기사심의위원회가 불공정한 선거기사를 게재하였다고 판단한 언론사에 대하여 사과문 게재 명령을 하도록 한 공직선거법상의 사과문 게재 조항은 언론사인 법인의 인격권을 침해하는 것이 아니라 소극적 표현의 자유나 일반적 행동의 자유를 제한할 뿐이다. 16국회8

④ 방송사업자가 방송심의규정을 위반한 경우 시청자에 대한 사과를 명할 수 있도록 한 방송법규정은, 방송사업자의 의사에 반한 사과행위를 강제함으로써 양심의 자유를 침해한 것으로 헌법에 위반된다. 19서울

해설

① (✗) 방송사업자의 인격권에 대한 제한의 정도가 이 사건 심판대상조항이 추구하는 공익에 비해 결코 작다고 할 수 없다. (헌재 2012. 8. 23. 2009헌가27)

② (〇) (헌재 2015. 7. 30. 2013헌가8) 〈주〉 사과광고에 대해서 인격권을 침해한다고 판시하였고, 양심의 자유는 판단하지 않았다.

③ (✗) 이 사건 법률조항들은 언론사의 인격권을 침해하여 헌법에 위반된다. (헌재 2015. 7. 30. 2013헌가8) 〈주〉 양심의 자유, 소극적 표현의 자유, 일반적 행동의 자유 등은 판단하지 않았다.

④ (✗) 인격권에 대한 제한의 정도가 이 사건 심판대상조항이 추구하는 공익에 비해 결코 작다고 할 수 없다. (헌재 2012. 8. 23. 2009헌가27) 〈주〉 양심의 자유는 판단하지 않았다.

[정답] ②

270

다음 설명 중 가장 적절한 것은? (판례)

① '법위반사실의 공표명령'은 '특정한 내용의 행위를 함으로써 「독점규제 및 공정거래에 관한 법률」을 위반한 사실'을 공표하라는 것이지 행위자에게 사죄 내지 사과를 요구하는 것은 아니다. 따라서 명예권에 대한 제한의 문제는 발생하지 않는다. 21회8

② 행위자가 자신의 법위반 여부에 관하여 사실인정 혹은 법률적용의 면에서 공정거래위원회와는 판단을 달리하고 있음에도 불구하고 불합리하게 법률에 의하여 이를 공표할 것을 강제 당한다면 이는 일반적 행동자유권을 침해하는 것이다. 21국회8

③ 법위반사실의 공표명령은 행정처분의 하나로서 형사절차 내에서 행하여진 처분은 아니므로 관련 행위자를 유죄로 추정하는 불이익한 처분이라고 할 수는 없다. 21국회8

④ 공정거래위원회의 명령으로 스스로 법위반사실을 인정하여 공표하도록 강제하고 있는 '법위반사실공표명령' 부분은 헌법상 일반적 행동의 자유, 명예권, 무죄추정권 및 양심의 자유를 침해한다. 21국가7/22경채

⑤ 전투경찰순경이 법률에 근거한 경찰공무원으로서 시위진압업무를 수행하는 것이 양심의 자유를 침해한다고 판시한 바 있다. 20경승

해설

① (✗) 일반적 행동자유권과 인격발현 혹은 명예권에 대한 제한에 해당한다. (헌재 2002. 1. 31. 2001헌바43) 〈주〉 인격권의 일종인 명예권을 침해한다. 양심의 자유는 제한하지 않는다.

② (〇) (헌재 2002. 1. 31. 2001헌바43)

③ (✗) 법위반사실의 공표명령은 관련 행위자를 유죄로 추정하는 불이익한 처분이라고 아니할 수 없다. (헌재 2002. 1. 31. 2001헌바43) 〈주〉 무죄추정원칙에 위반된다.

④ (✗) 단순한 사실관계의 확인과 같이 가치적·윤리적 판단이 개입될 여지가 없는 경우는 양심의 자유의 보호대상이 아니다. (헌재 2002. 1. 31. 2001헌바43) 〈주〉 "양심의 자유"를 침해한다는 부분이 틀렸다.

⑤ (✗) 진압명령은 넓은 의미의 국방의 의무를 수행하기 위한 것으로 청구인의 행복추구권 및 양심의 자유를 침해하였다고 볼 수 없다. (헌재 1995. 12. 28. 91헌마80)

[정답] ②

271

다음 설명 중 가장 적절하지 않은 것은? (판례)

① 법위반사실 공표명령은 "특정의 행위를 함으로써「독점규제 및 공정거래에 관한 법률」을 위반하였다"는 취지의 행위자의 진술을 공표하게 하는 것으로서 행위자로 하여금 형사절차에 들어가기 전에 법위반 행위를 일단 자백하게 하는 것이 되어 진술거부권을 침해하는 것이다. 21국회8

② 사업자단체의 독점규제 및 공정거래법 위반행위가 있을 때 공정거래위원회가 당해 사업자단체에 대하여 '법위반 사실의 공표'를 명할 수 있도록 한 위 법의 관계규정은 양심의 자유를 침해한다. 15서울

③ 국법질서나 헌법체제를 준수하겠다는 취지의 서약을 할 것을 요구하는 준법서약은 국민이 부담하는 일반적 의무를 장래를 향하여 확인하는 것에 불과하므로, 어떤 구체적이거나 적극적인 내용을 담지 않은 채 단순한 헌법적 의무의 확인 서약에 불과하여 양심의 영역을 건드리는 것이 아니다. 21경채/21법무

④ 보안처분의 면제조건으로 반공정신이 확립되었다는 전향의사를 확인하는 것이 양심의 자유를 침해하는 것은 아니라는 것이 대법원의 판례이다. 02사시

⑤ 이적표현물의 제작이나 반포행위를 금지하는 것은 표현물에 담긴 사상, 내용을 자유롭게 표명하고 타인에게 전파하고자 하는 표현의 자유와 양심의 자유를 제한한다. 23법행

해설

① (O) (헌재 2002. 1. 31. 2001헌바43)
② (×) 법률판단의 문제는 개인의 인격형성과는 무관하므로 헌법 제19조에 의하여 보장되는 양심의 영역에 포함되지 아니한다. (헌재 2002. 1. 31. 2001헌바43)
③ (O) (헌재 2002. 4. 25. 98헌마425)
④ (O) '죄를 다시 범할 현저한 위험성'의 유무를 판단하기 위한 자료를 수집하는 과정에 불과할 뿐 전향의 의사를 강요하는 것이 아니므로 이를 두고 양심의 자유를 보장한 헌법규정에 반한다고 볼 수 없다. (대법원 1997. 6. 13. 96다56115)
⑤ (O) (헌재 2015. 4. 30. 2012헌바95) 〈주〉 침해는 아니다.

정답 ②

272

다음 설명 중 가장 적절하지 않은 것은? (판례)

① 변호사에 대한 징계결정정보를 인터넷 홈페이지에 공개하고, 징계결정정보의 공개범위와 시행방법을 정하는 규정은 변호사의 인격권을 침해하지 아니한다. 23법행

② 이미 탑승을 위한 출국 수속 과정에서 일반적인 보안검색을 마쳤음에도, 취항 예정지 국가인 체약국의 요구가 있다는 이유로 항공기 탑승 전 또는 탑승구 앞에서 보안 담당자로부터 신체검사 등 보안검색을 당한다고 하여 해당 승객의 인격권 침해 여부가 문제된다고 볼 수 없다. 23법행

③ 거짓이나 그 밖의 부정한 방법으로 보조금을 교부받거나 유용하여 운영정지, 폐쇄명령 또는 과징금 처분을 받은 어린이집에 대하여 그 위반사실을 공표하도록 한 조항은 공표대상자의 사회적 평가를 침해할 수 있으므로 일반적 인격권을 제한한다. 23법행

④ 보안관찰법상의 보안관찰처분은 보안관찰처분 대상자의 내심의 작용을 문제 삼는 것이 아니라 보안관찰 해당 범죄를 다시 저지를 위험성이 내심의 영역을 벗어나 외부에 표출되는 경우에 재범의 방지를 위하여 내려지는 특별예방 목적의 처분이므로 양심의 자유를 침해하지 않는다. 10사시

해설

① (O) (헌재 2018. 7. 26. 2016헌마1029)
② (×) 이미 탑승을 위한 출국 수속 과정에서 일반적인 보안검색을 마쳤음에도, 취항 예정지 국가인 체약국의 요구가 있다는 이유로 항공기 탑승 전 또는 탑승구 앞에서 보안 담당자로부터 신체검사 등 보안검색을 당하는 경우 해당 승객은 모욕감 내지 수치심 등을 느낄 수 있다. 따라서 이 사건 국가항공보안계획으로 인한 인격권 침해 여부가 일차적으로 문제된다. (헌재 2018. 2. 22. 2016헌마780) 〈주〉 침해는 아니다.
③ (O) (헌재 2022. 3. 31. 2019헌바520) 〈주〉 인격권과 개인정보자기결정권을 침해하지 않는다. (합헌)
④ (O) (헌재 1997. 11. 27. 92헌바28)

정답 ②

273

다음 설명 중 가장 적절하지 않은 것은? (판례)

① 의사가 환자의 신병(身病)에 관한 사실을 자신의 의사에 반하여 외부에 알려야 한다면, 이는 의사로서의 윤리적·도덕적 가치에 반하는 것으로서 심한 양심적 갈등을 겪을 수밖에 없을 것이므로, 연말정산 간소화를 위하여 의료기관에게 환자들의 의료비 내역에 관한 정보를 국세청에 제출하도록 의무를 부과하는 소득세법 조항은 의사의 양심의 자유를 제한한다. 15서울/22경채
② 법률상의 환자의료비내역 제출의무에 응할 것인지 여부에 대한 의사의 결정은 양심의 자유의 보호영역에 속한다. 10지방7
③ 주민등록법상의 지문을 날인할 것인지 여부의 결정은 양심의 자유의 보호영역에 속하지 않는다. 10지방7/22경채
④ 주민등록발급을 위해 열 손가락의 지문을 날인케 하는 것은 지문을 날인할 것인지 여부의 결정이 선악의 기준에 따른 개인의 진지한 윤리적 결정에 해당하므로 이러한 의무를 부과하는 법령조항은 양심의 자유를 침해한다. 21소방
⑤ 미국 연방대법원은 전쟁일반이 아니라 특정한 전쟁, 예를 들면 월남전쟁에 반대하는 자의 양심적 병역거부를 부정하였다. 04행시

해설

① (O) (헌재 2008. 10. 30. 2006헌마1401)
② (O) (헌재 2008. 10. 30. 2006헌마1401) 〈주〉 양심의 자유를 제한하지만 침해하지는 않는다.
③ (O) (헌재 2005. 5. 26. 99헌마513)
④ (X) 손가락 지문날인의 의무를 부과하는 이 사건 시행령조항에 의한 양심의 자유의 침해가능성 또한 없는 것으로 보인다. (헌재 2005. 5. 26. 99헌마513) 〈주〉 양심의 보호영역이 아니므로, 양심의 자유를 제한하지 않고, 침해가능성 조차 없다. 따라서 양심의 자유를 침해하지 않는다.
⑤ (O) 전쟁 일반을 거부하는 양심적 병역거부는 허용될 여지가 있지만, 특정 전쟁만 반대하는 양심적 병역거부는 부정하였다.

[정답] ④

제2항 종교의 자유

1. 종교의 자유의 범위

274

다음 설명 중 가장 적절한 것은? (판례)

① 우리 헌법은 정교분리의 원칙을 선언하고 있지만, 국가가 특정종교를 국교로 지정하는 것을 금지하고 있지는 않다. 10법무
② 신앙의 자유는 신과 피안 또는 내세에 대한 인간의 내적 확신에 대한 자유를 말하는 것으로서, 이러한 신앙의 자유는 그 자체가 내심의 자유의 핵심이기 때문에 법률로써도 이를 침해할 수 없다. 18지방7
③ 신앙선택의 자유, 신앙변경(개종)의 자유 및 신앙을 포기할 자유는 제한할 수 있는 상대적 자유이다. 06행시
④ 종교의 자유의 핵심적 내용은 신앙의 자유이므로, 무신앙의 자유는 종교의 자유에 의해서가 아니라 일반적 행동의 자유에 의해서만 보호된다. 10사시

해설

① (X) 헌법 제20조 제2항. 국교는 인정되지 아니하며, 종교와 정치는 분리된다.
② (O) (헌재 2011. 12. 29. 2009헌마527)
③ (X) 신앙선택의 자유, 신앙변경(개종)의 자유 및 신앙을 포기할 자유는 내심의 영역이므로 제한할 수 없는 절대적 자유이다.
④ (X) 무신앙의 자유도 종교의 자유에 포함된다.

[정답] ②

275

다음 설명 중 가장 적절하지 않은 것은? (판례)

① 종교전파의 자유는 누구에게나 자신의 종교 또는 종교적 확신을 알리고 선전하는 자유를 말하는데 이러한 종교전파의 자유는 국민에게 그가 선택한 임의의 장소에서 자유롭게 행사할 수 있는 권리까지 보장한다. 17법원/18지방7/21경승

② 한의사인 A가 아프가니스탄 북동부에 의료봉사활동을 하기 위해 여권을 신청했으나 테러위험을 이유로 거부당한 경우, A는 거주·이전의 자유를 제한받은 것이다. 21국회8

③ 종교의 자유의 구체적 내용으로는 신앙의 자유, 종교적 행위의 자유 및 종교적 집회·결사의 자유가 포함된다. 16법원

④ 종교의 자유에 관한 헌법 제20조 제1항은 표현의 자유에 관한 헌법 제21조 제1항에 대하여 특별규정의 성격을 갖는다 할 것이므로 종교적 목적을 위한 언론·출판의 경우에는 일반적인 언론·출판에 비하여 고도의 보장을 받게 된다. 18지방7

⑤ 종교에 관한 집회에는 옥외집회 및 시위의 신고제에 관한 규정이 적용되지 않는다. 06행시

[해설]

① (✕) 종교(선교활동)의 자유는 국민에게 그가 선택한 임의의 장소에서 자유롭게 행사할 수 있는 권리까지 보장한다고 할 수 없으며, 그 임의의 장소가 대한민국의 주권이 미치지 아니하는 지역 나아가 국가에 의한 국민의 생명·신체 및 재산의 보호가 강력히 요구되는 해외 위난지역인 경우에는 더욱 그러하다. (헌재 2008. 6. 26. 2007헌마1366)

② (○) 거주·이전의 자유를 제한한다. (헌재 2008. 6. 26. 2007헌마1366) 〈주〉 거주이전의 자유를 제한하지만 침해하지는 않는다.

③ (○) 종교의 자유는 일반적으로 신앙의 자유, 종교적 행위의 자유 및 종교적 집회·결사의 자유 등 3요소로 구성되어 있다고 한다. (헌재 2014. 6. 26. 2012헌마782)

④ (○) (대법원 2007. 4. 26. 2006다87903) 〈주〉 따라서 종교집회의 자유는 일반집회의 자유보다 특칙으로 우선 적용된다.

⑤ (○) 집회 및 시위에 관한 법률 제15조. 학문, 예술, 체육, 종교, 의식, 친목, 오락, 관혼상제 및 국경행사에 관한 집회에는 옥외집회 및 시위의 신고에 대한 규정을 적용하지 아니한다.

[정답] ①

2. 종교의 자유에 대한 제한

276

다음 설명 중 가장 적절하지 않은 것은? (판례)

① 특정 종교의 의식, 행사, 유형물이 우리 사회공동체 구성원들 사이에서 관습화된 문화요소로 인식되고 받아들여질 정도에 이르렀다면, 그에 대한 국가의 지원은 정교분리의 원칙에 위배되지 않는다. 10법무

② 종교단체가 종교적 행사를 위하여 종교집회장 내에 납골시설을 설치하여 운영하는 것은 종교행사의 자유와 관련된 것이고, 그러한 납골시설의 설치를 금지하는 것은 종교행사의 자유를 제한하는 것이다. 16법원

③ 종교단체가 종교적 행사를 위하여 종교집회장 내에 납골시설을 설치하여 운영하는 것은 종교행사의 자유와 관련된 것으로 보기 어려우므로 그러한 납골시설의 설치를 금지하는 것은 종교행사의 자유를 제한하는 결과로 이어지지 않는다. 21행

④ 전통사찰에 대하여 채무명의를 가진 일반 채권자가 전통사찰 소유의 전법(傳法)용 경내지의 건조물 등에 대하여 압류하는 것을 금지하고 있는 구 전통사찰의 보존 및 지원에 관한 법률 조항은 '전통사찰의 일반 채권자'의 재산권을 제한하지만, 종교의 자유의 내용 중 어떠한 것도 제한하지 아니한다. 21경승

[해설]

① (○) (대법원 2009. 5. 28. 2008두16933).

② (○) (헌재 2009. 7. 28. 2008헌가2) 〈주〉 화장과 납골은 불교를 국교화하였던 신라와 고려에서 유래되었다.

③ (✕) 납골시설의 설치를 금지하는 것은 종교행사의 자유를 "제한"하는 결과로 된다. (헌재 2009. 7. 28. 2008헌가2) 〈주〉 학교정화구역 내에서 납골시설을 금지하는 것은 종교행사의 자유를 제한하지만 침해는 아니다.

④ (○) (헌재 2012. 6. 27. 2011헌바34)

[정답] ③

277

다음 설명 중 가장 적절하지 않은 것은? (판례)

① 사법시험을 일요일에 실시하는 것은 종교의 자유를 침해하지 않는다. 18서울/22경채
② 교원임용시험의 일자를 일요일로 정함으로써 수많은 수험생들의 응시상의 편의와 시험장소의 마련과 같은 합리적인 이유가 있으므로 평등권을 침해하지 않는다. 20국회9
③ 종교시설의 건축행위에만 기반시설부담금을 면제한다면 국가가 종교를 지원하여 종교를 승인하거나 우대하는 것으로 비칠 소지가 있어 국교금지·정교분리에 위배될 수 있다. 21소방
④ 종교단체가 운영하는 학교 형태 혹은 학원 형태의 교육기관도 예외 없이 학교설립인가 혹은 학원설립등록을 받도록 규정하고 있는 교육법 제85조 제1항 및 학원설립·운영에 관한 법률 제6조는 정교분리의 원칙에 위배된다. 18서울1회
⑤ 종교교육도 학교나 학원이라는 교육기관의 형태를 취할 경우에는 교육법이나 학원법상의 규정에 의한 규제를 받게 되고 종교교육이라고 해서 예외가 될 수 없다. 21법행

[해설]

① (○) (헌재 2001. 9. 27. 2000헌마159)
② (○) (헌재 2010. 11. 25. 2010헌마99)
③ (○) 따라서 종교시설의 건축행위에 대하여 기반시설부담금 부과를 제외하거나 감경하지 아니하였더라도, 종교의 자유를 침해하는 것이 아니다. (헌재 2010. 2. 25. 2007헌바131)
④ (×) 학교나 학원설립에 인가나 등록주의를 취했다고 하여 헌법 제20조 제2항이 정한 국교금지 내지 정교분리의 원칙을 위반한 것이라 할 수 없다. (헌재 2000. 3. 30. 99헌바14) 〈주〉 종교단체의 내부적 교육이 아니라, 일반인을 대상으로 한 교육이므로 다른 교육기관과 동일하게 인가 또는 등록이 필요하다.
⑤ (○) (헌재 2000. 3. 30. 99헌바14)

[정답] ④

278

다음 설명 중 적절한 것은 몇 개인가? (판례)

㉠ 수용자 중 미결수용자에 대하여만 일률적으로 종교행사 등에의 참석을 불허한 것은 미결수용자의 종교의 자유를 나머지 수용자의 종교의 자유보다 더욱 엄격하게 제한한 것이긴 하지만, 재판이 확정되지 않은 수용자들 상호간 접촉을 통하여 발생할 수 있는 증거인멸을 방지하고 현 교정시설의 여건 및 수용관리의 적정성을 기하기 위한 것으로서 헌법에 위반되지 않는다. 21소방
㉡ 피청구인인 부산구치소장이 청구인이 미결수용자 신분으로 구치소에 수용되었던 기간 중 교정시설 안에서 매주 실시하는 종교집회 참석을 제한한 행위는 청구인의 종교의 자유 중 종교적 집회·결사의 자유를 제한하지 않는다. 15국가7
㉢ 피청구인인 부산구치소장이 청구인이 미결수용자 신분으로 구치소에 수용되었던 기간 중 교정시설 안에서 매주 실시하는 종교집회 참석을 제한한 행위는 과잉금지원칙을 위반하여 청구인의 종교의 자유 중 종교적 집회·결사의 자유를 침해한 것이 아니다. 19법원

① 없음 ② 1개 ③ 2개 ④ 3개

[해설]

㉠ (×) 피청구인이 수용자 중 미결수용자에 대하여만 일률적으로 종교행사 등에의 참석을 불허한 것은 과잉금지원칙을 위반하여 청구인의 종교의 자유를 침해하였다. (헌재 2011. 12. 29. 2009헌마527)
㉡ (×) 교정시설 안에서 매주 화요일에 실시하는 종교집회 참석을 제한한 행위는 청구인의 종교의 자유를 침해한다. (헌재 2014. 6. 26. 2012헌마782) 〈주〉 기본권을 제한하여 침해한다.
㉢ (×) 이 사건 종교집회 참석 제한 처우는 부산구치소의 열악한 시설을 감안하더라도 과잉금지원칙을 위반하여 청구인의 종교의 자유를 침해한 것이다. (헌재 2014. 6. 26. 2012헌마782) 〈주〉 기본권을 제한하여 침해한다.

[정답] ①

279
다음 설명 중 가장 적절하지 않은 것은? (판례)

① 종교단체는 자신이 설립한 종합대학교에서 자신의 종교를 교육하도록 할 수 있으므로, 이 경우 그 종교를 믿지 않는 재학생은 소극적 종교의 자유를 가질 수 없다. 10사시
② 사립대학은 종교교육 내지 종교선전을 위하여 학생들의 신앙을 가지지 않을 자유를 침해하지 않는 범위 내에서 학생들로 하여금 일정한 내용의 종교교육을 받을 것을 졸업요건으로 하는 학칙을 제정할 수 있다고 함이 대법원 판례이다. 18서울1회
③ 종립학교의 학교법인이 국·공립학교의 경우와는 달리 종교교육을 할 자유와 운영의 자유를 가진다고 하더라도, 그 종립학교가 공교육체계에 편입되어 있는 이상 원칙적으로 학생의 종교의 자유, 교육을 받을 권리를 고려한 대책을 마련하는 조치를 취하는 속에서 그러한 자유를 누린다. 18지방 7/22경채
④ 종립학교가 고등학교 평준화정책에 따라 강제배정으로 입학한 학생들을 상대로 특정 종교의 종교행사를 사전 동의 없이 계속 실시하면서, 불참시 불이익을 주어 사실상 참가 거부가 불가능한 분위기를 조성하는 등 신앙이 없는 학생들이 그러한 행사에 대한 참가 여부를 자유로운 상태에서 결정할 수 없도록 하는 것은, 학생의 종교에 관한 인격적 법익을 침해하는 위법한 행위이다. 15사시

[해설]
① (×) 종교단체는 자신이 설립한 종합대학교에서 자신의 종교를 교육하도록 할 수 있으나, 이 경우에도 그 종교를 믿지 않는 재학생은 소극적 종교의 자유를 가진다. (대법원 2010. 4. 22. 2008다38288, 전합) 〈주〉 대학과 학생의 기본권이 충돌한다.
② (O) (대법원 1998. 11. 10. 96다37268) 〈주〉 사립대학은 종교교육의 자유가 있다. 다만 학생의 자유를 침해하면 안된다.
③ (O) (대법원 2010. 4. 22. 2008다38288, 전합) 〈주〉 국교금지원칙에 따라서 국공립학교는 종교교육을 하면 안되지만, 사립학교는 종교교육을 할 수 있다.
④ (O) (대법원 2010. 4. 22. 2008다38288, 전합) 〈주〉 고등학교에서는 종교불참을 이유로 불이익을 주어서는 안된다.

[정답] ①

280
다음 설명 중 가장 적절하지 않은 것은? (판례)

① 종교단체의 권징(勸懲)결의는 사법심사의 대상이 되지 아니하고 그 집행은 교회내부의 자율에 맡겨져야 한다. 02행시
② 종교단체의 징계결의의 효력 유무와 관련하여 구체적인 권리 또는 법률관계를 둘러싼 분쟁이 존재하고, 또한 그 무효확인청구의 당부를 판단하기에 앞서 위 징계의 당부를 판단할 필요가 있는 경우에는, 그 판단의 내용이 종교 교리의 해석에 미치지 아니하는 한 법원으로서는 위 징계의 당부를 판단하여야 한다. 15사시
③ 군종장교가 최소한 성직자의 신분에서 주재하는 종교활동을 수행함에 있어 소속종단의 종교를 선전하거나 다른 종교를 비판하는 것은 국가공무원으로서 종교적 중립을 준수할 의무를 위반한 직무상의 위법이 있다. 02행시/22경채
④ 종교와 관련된 비판으로 인하여 타인의 명예 등 인격권을 침해하는 경우에 종교의 자유 보장과 개인의 명예 보호라는 두 법익을 어떻게 조정할 것인지는, 그 비판행위로 얻어지는 이익·가치와 공표가 이루어진 범위의 광협, 그 표현방법 등 그 비판행위 자체에 관한 제반 사정을 감안함과 동시에 그 비판에 의하여 훼손되거나 훼손될 수 있는 타인의 명예침해의 정도를 비교 고려하여 결정하여야 한다. 15사시

[해설]
① (O) (대법원 1981. 9. 22. 81다276)
② (O) (대법원 2011. 5. 26. 2010다89012)
③ (×) 종교적 중립을 준수할 의무를 위반한 직무상의 위법이 있다고 할 수 없다. (대법원 2007. 4. 26. 2006다87903).
④ (O) 과장되거나 부적절한 표현을 사용한 바 있더라도 그 행위는 근본적으로 종교적 비판의 표현행위에 해당되어 위법성이 없다고 본 사례. (대법원 1996. 9. 6. 96다19246)

[정답] ③

281

다음 설명 중 가장 적절하지 않은 것은? (판례)

① 개인의 종교적 신념으로 범인을 은닉하는 경우 형사상의 책임을 지지 않는다는 것이 판례의 입장이다. 18서울1회
② 범죄인에게 은신처를 마련해주고 도피자금을 제공하는 것은 종교인으로서의 직무로 인한 행위가 아니므로 정당행위로 볼 수 없다. 02행시
③ 헌금하지 않는 신도는 영생할 수 없다는 설교로 고액의 금원을 헌금으로 교부받는 행위는 사기죄에 해당한다. 02행시
④ 육군훈련소장이 훈련병에게 개신교, 불교, 천주교, 원불교 종교행사 중 하나에 참석하도록 한 것은 국가가 종교를 군사력 강화라는 목적을 달성하기 위한 수단으로 전락시키거나, 반대로 종교단체가 군대라는 국가권력에 개입하여 선교행위를 하는 등 영향력을 행사할 수 있는 기회를 제공하므로, 국가와 종교의 밀접한 결합을 초래한다는 점에서 헌법상 정교분리원칙에 위배된다. 23경찰1

[해설]
① (×) 사제가 죄지은 자를 능동적으로 고발하지 않는 것에 그치지 아니하고 은신처마련, 도피자금 제공등 범인을 적극적으로 인닉·도피케 하는 행위는 사제의 정당한 직무에 속하는 것이라고 할 수 없다. (대법원 1983. 3. 8. 82도3248)
② (○) (대법원 1983. 3. 8. 82도3248)
③ (○) 헌금하지 않는 신도는 영생할 수 없다는 설교로 고액의 금원을 헌금으로 교부받는 행위는 사기죄에 해당한다. (대법원 1995. 4. 28. 95도250)
④ (○) (헌재 2022. 11. 24. 2019헌마941)

[정답] ①

제3항 언론·출판의 자유

1. 서설

282

다음 설명 중 가장 적절하지 않은 것은? (판례)

① 언론·출판의 자유는 종교의 자유, 양심의 자유, 학문과 예술의 자유와 표리관계에 있다고 할 수 있는데 그러한 정신적인 자유를 외부적으로 표현하는 자유가 언론·출판의 자유라고 할 수 있다. 21소방
② 방송의 자유는 주관적 권리로서의 성격과 함께 자유로운 의견 형성이나 여론 형성을 위해 필수적인 기능을 하는 객관적 규범질서로서 제도적 보장의 성격을 함께 가진다. 19서울
③ 의사표현 전파의 자유에는 담화 연설·토론·연극·방송·음악·영화·가요 등과 문서·소설·시가·도화·사진·조각·서화 등 모든 형상의 의사표현 또는 의사전파의 매개체를 포함한다. 11법행
④ 의사의 자유로운 표명과 전파의 자유에는 책임이 따르므로 자신의 신원을 밝히지 아니한 채 익명 또는 가명으로 자신의 사상이나 견해를 표명하고 전파할 익명표현의 자유는 보장되지 않는다. 15변시

[해설]
① (○) (헌재 1992. 11. 12. 89헌마88)
② (○) (헌재 2003. 12. 18. 2002헌바49) 〈주〉 이를 기본권의 이중적 성격이라 한다.
③ (○) (헌재 2001. 8. 30. 2000헌가9)
④ (×) '자유로운' 표명과 전파의 자유에는 자신의 신원을 누구에게도 밝히지 아니한 채 익명 또는 가명으로 자신의 사상이나 견해를 표명하고 전파할 익명표현의 자유도 그 보호영역에 포함된다고 할 것이다. (헌재 2010. 2. 25. 2008헌마324)

[정답] ④

283
다음 설명 중 가장 적절하지 않은 것은? (판례)

① 구체적인 전달이나 전파의 상대방이 없는 집필행위도 표현의 자유의 보호영역에 포함된다. 15변시

② 저작자 아닌 자를 저작자로 하여 실명·이명을 표시하여 저작물을 공표한 자를 처벌하는 저작권법 규정은 표현의 자유를 침해하지 않는다. 19국회8

③ 전자우편은 기존의 우편과 마찬가지로 비밀보호의 대상이 되는 통신에 해당하지만, 의사표현의 수단이 된다는 점에서 표현의 자유에 의한 보호도 받는다. 그러나 영리를 목적으로 하는 광고성 정보인 스팸메일은 영업의 자유에 의해 보호를 받을 수는 있지만, 사상·의견의 전달이 아니기 때문에 표현의 자유에 의한 보호의 대상이 될 수 없다. 06사시/23경승

④ 헌법 제21조 제4항은 "언론·출판은 타인의 명예나 권리 또는 공중도덕이나 사회윤리를 침해하여서는 아니 된다."고 규정하고 있는 바, 이는 언론·출판의 자유에 따르는 책임과 의무를 강조하는 동시에 언론·출판의 자유에 대한 제한의 요건을 명시한 규정으로 볼 것이고, 헌법상 표현의 자유의 보호영역 한계를 설정한 것이라고는 볼 수 없다. 23경찰1

해설

① (O) (헌재 2005. 2. 24. 2003헌마289) 〈주〉 상대방 없는 일기장 등도 표현의 자유로 보호된다.
② (O) (헌재 2018. 8. 30. 2017헌바158)
③ (X) 상업광고도 표현의 자유의 보호영역에 속하므로..... (헌재 2005. 10. 27. 2003헌가3) 〈주〉 광고성 스팸메일 역시 표현의 자유에 의한 보호의 대상이 될 수 있다.
④ (O) (헌재 2021. 2. 25. 2016헌바84) 〈주〉 예컨대 음란표현도 헌법상 보호영역 안에 있지만 법률로 제한할 수 있다는 의미이다.

정답 ③

284
다음 설명 중 가장 적절하지 않은 것은? (판례)

① 광고물도 사상 지식·정보 등을 불특정다수인에게 전파하는 것으로서 그 내용이 공익을 포함하는 때에는 언론·출판의 자유에 의한 보호를 받는 대상이 된다. 08국회8/15변시

② 상업광고는 표현의 자유의 보호영역에 속하면서 동시에 직업의 자유의 보호영역에도 속한다. 18행시/23경승

③ 건강기능식품에 대한 기능성 광고는 상업광고이므로 헌법상 표현의 자유의 보호대상이 될 수 없다. 19변시

④ 표현의 자유는 민주주의의 초석으로서 다른 자유권보다 우월적인 지위를 가지기 때문에 다른 자유권보다도 규제에 대한 합헌성 판단의 기준이 더 엄격하여야 한다. 11국회8

⑤ 노동단체가 정당에 정치자금을 기부하는 것을 금지하는 법률조항은 노동단체의 단결권이 아니라 표현의 자유를 침해하는 것이다. 19국회8

해설

① (O) (헌재 2000. 3. 30. 99헌마143)
② (O) 상업광고는 표현의 자유의 보호영역에 속하지만 사상이나 지식에 관한 정치적, 시민적 표현행위와는 차이가 있고, 한편 직업수행의 자유의 보호영역에 속하지만 인격발현과 개성신장에 미치는 효과가 중대한 것은 아니다. (헌재 2005. 10. 27. 2003헌가3)
③ (X) 광고도 사상·지식·정보 등을 불특정다수인에게 전파하는 것으로서 언론·출판의 자유에 의한 보호를 받는 대상이 됨은 물론이고, 상업적 광고표현 또한 보호 대상이 된다. (헌재 2000. 3. 30. 99헌마143)
④ (O) 방송사업자의 방송의 자유는, 엄격한 기준 아래에서만 제한할 수 있는 정신적 자유권으로서 다른 기본권에 우선하는 우월적 지위를 가지고 있는 개인의 의사표현의 자유와는 구별된다. (대법원 2019. 11. 21. 2015두49474, 전합)
〈주〉 헌법상 기본권 중에서 인격권, 정신적 자유권 등이 가장 강하고, 그 다음으로 경제권, 참정권, 청구권, 사회권의 순서이다. 헌법재판소는 강력한 기본권에 대한 제한일수록 엄격한 심사를 한다.
⑤ (O) 이 사건 법률조항에 의하여 침해된 기본권은 헌법 제33조의 단결권이 아니라 헌법 제21조의 노동조합의 정치활동의 자유, 즉 표현의 자유, 결사의 자유, 일반적인 행동자유권 및 개성의 자유로운 발현권을 그 보장내용으로 하는 행복추구권이라고 보아야 한다. (헌재 1999. 11. 25. 95헌마154)

정답 ③

285
다음 설명 중 적절한 것을 모두 고르면? (판례)

> ㉠ 의료에 관한 광고는 표현의 자유의 보호영역에 속하지만 사상이나 지식에 관한 정치적·시민적 표현행위와는 차이가 있고, 한편 직업수행의 자유의 보호영역에도 속하지만 인격발현과 개성신장에 미치는 효과가 중대한 것은 아니므로, 의료에 관한 광고의 규제에 대한 과잉금지원칙 위배 여부를 심사함에 있어 그 기준을 완화하는 것이 타당하다. 18변시
> ㉡ 상업광고에 대한 규제에 의한 표현의 자유 내지 직업수행의 자유의 제한은 헌법 제37조 제2항에서 도출되는 비례의 원칙(과잉금지원칙)을 준수하여야 하지만, 상업광고는 사상이나 지식에 관한 정치적, 시민적 표현행위와는 차이가 있고, 인격발현과 개성신장에 미치는 효과가 중대한 것은 아니므로, 비례의 원칙 심사에 있어서 '피해의 최소성' 원칙은 '입법목적을 달성하기 위하여 필요한 범위 내의 것인지'를 심사하는 정도로 완화되는 것이 상당하다. 18법원
> ㉢ 상업광고도 표현의 자유의 보호영역에 속하는 것이므로 상업광고 규제에 관한 비례의 원칙 심사에 있어서 피해의 최소성 원칙에서는 같은 목적을 달성하기 위하여 달리 덜 제약적인 수단이 없을 것인지 혹은 입법목적을 달성하기 위하여 필요한 최소한의 제한인지를 심사한다. 17국가7

① ㉠ ㉡ ㉢　　② ㉠ ㉡
③ ㉠ ㉢　　　　④ ㉠

해설
㉠ (○) (헌재 2005. 10. 27. 2003헌가3)
㉡ (○) (헌재 2005. 10. 27. 2003헌가3)
㉢ (×) '피해의 최소성' 원칙은 '입법목적을 달성하기 위하여 필요한 범위 내의 것인지'를 심사하는 정도로 완화되는 것이 상당하다. (헌재 2005. 10. 27. 2003헌가3) 〈주〉 예컨대 스팸메일에 대하여 필요한 제한이면 최소제한이 아니라도 합헌이 될 수 있다.

[정답] ②

286
다음 설명 중 옳은 것을 모두 고른 것은? (판례)

> ㉠ 소비자를 현혹할 우려가 있는 내용의 의료광고를 금지하는 것은 표현의 자유에 대한 침해가 아니다. 18국회8
> ㉡ 비의료인의 의료에 관한 광고를 금지하고 처벌하는 것은 국민의 생명권 등을 보호하는 것이어서 표현의 자유를 침해하지 않는다. 17국회8
> ㉢ 특정의료기관이나 특정의료인의 기능 진료방법에 관한 광고를 금지하는 것은 표현의 자유를 침해하는 것이다. 08국가7
> ㉣ 의료인의 기능과 진료방법에 대한 광고를 금지하고 이에 대하여 벌금형에 처하도록 한 의료법 규정은 입법목적을 달성하기 위하여 필요한 범위를 넘어선 것이므로 표현의 자유를 침해한다. 15지방7
> ㉤ '특정의료기관이나 특정의료인의 기능·진료방법'에 관한 광고를 금지하는 것은 표현의 자유를 침해한다. 17행시

① ㉠ ㉡ ㉢ ㉣ ㉤　　② ㉠ ㉡ ㉢ ㉣
③ ㉢ ㉣ ㉤　　　　④ ㉡ ㉢

해설
㉠ (○) (헌재 2014. 9. 25. 2013헌바28) 〈주〉 불법광고이다.
㉡ (○) (헌재 2016. 9. 29. 2015헌바325) 〈주〉 불법광고이다.
㉢ (○) (헌재 2005. 10. 27. 2003헌가3) 〈주〉 적법광고이다.
㉣ (○) (헌재 2005. 10. 27. 2003헌가3)
㉤ (○) (헌재 2005. 10. 27. 2003헌가3)

[정답] ①

287
다음 설명 중 가장 적절한 것은? (판례)

① 민주사회에서 표현의 자유가 수행하는 역할과 기능에 비추어 볼 때 불명확한 규범에 의한 규제는 헌법상 보호받는 표현에 대한 위축적 효과를 수반하므로 표현의 자유를 규제하는 법률은 표현에 위축적 효과가 미치지 않도록 규제되는 행위의 개념을 세밀하고 명확하게 규정할 것이 헌법적으로 요구된다. 19서울

② 언론출판의 자유를 제한하는 입법의 위헌여부를 심사하는 기준으로는 자의금지의 원칙, 사전억제금지의 원칙, 명백하고도 현존하는 위험의 원칙, 보다 덜 제한적인 규제수단의 선택에 관한 원칙, 명확성의 원칙 등이 있다. 13회9

③ 표현의 자유는 기본적으로 자유로운 정치적 의사표현 등을 국가가 소극적으로 금지하거나 제한하지 말 것을 요구하는 권리이며, 국가에게 국민들의 표현의 자유를 실현할 방법을 적극적으로 마련해 달라는 것까지 포함한다. 21법행

④ 표현의 자유는 자신의 의사를 표현하고 전파할 적극적 자유, 자신의 의사를 표현하지 아니할 소극적 자유, 국가에게 표현의 자유를 실현할 수 있는 방법을 적극적으로 마련해 줄 것을 요청할 수 있는 자유를 포함한다. 따라서 국가가 공직후보자들에 대한 유권자의 전부 거부 의사표시를 할 방법을 보장해 줄 것'도 표현의 자유의 보호범위에 포함된다. 18법원

해설

① (○) (헌재 1998. 4. 30. 95헌가16)
② (✕) 자의금지원칙은 평등권과 제도보장의 심사방법이다.
③ (✕) 가에게 국민들의 표현의 자유를 실현할 방법을 적극적으로 마련해 달라는 것까지 포함하는 것이라 볼 수 없다. (헌재 2007. 8. 30. 2005헌마975)
④ (✕) 표현의 자유는 기본적으로 자유로운 정치적 의사표현 등을 국가가 소극적으로 금지하거나 제한하지 말 것을 요구하는 권리이며, 국가에게 국민들의 표현의 자유를 실현할 방법을 적극적으로 마련해 달라는 것까지 포함하는 것이라 볼 수 없다. (헌재 2007. 8. 30. 2005헌마975)

정답 ①

2. 알권리

288
다음 설명 중 가장 적절하지 않은 것은? (판례)

① 알 권리는 표현의 자유에 당연히 포함되는 것으로 보아야 한다. 14국8

② 헌법재판소의 견해에 의하면 알 권리는 헌법 제21조의 표현의 자유에 포함되는 권리이므로 헌법 제21조에 의하여 직접 보장될 수 있다. 15법원

③ 알 권리의 실현은 법률의 제정이 뒤따라 이를 구체화시키는 것이 필요하므로 법률이 제정되어 있지 않은 경우에는 헌법 제21조에 의해 직접 보장될 수 없다. 14국8

④ 정보공개제도는 국민의 알 권리에 기초한 것이다. 04행시

⑤ 개인정보자기결정권은 독자적 기본권으로서 헌법에 명시되지 아니한 기본권이다. 14회8

해설

① (○) "알 권리"는 표현의 자유에 당연히 포함되는 것으로 보아야 한다. (헌재 1992. 2. 25. 89헌가104)
② (○) (헌재 2004. 8. 26. 2003헌바81)
③ (✕) "알 권리"의 실현은 법률이 제정되어 있지 않다고 하더라도 불가능한 것은 아니고 헌법 제21조에 의해 직접 보장될 수 있다. (헌재 1991. 5. 13. 90헌마133)
④ (○) 행정부의 정보공개제도는 국민의 알 권리를 보장하고자 함에 있다. (서울고법 1995. 8. 24. 94구39262)
⑤ (○) (헌재 2005. 5. 26. 99헌마513)
〈주〉 개인정보자기결정권은 사생활의 자유에서 파생되고, 정보공개청구권은 알권리(표현의 자유)에서 파생된다.

정답 ③

289

다음 설명 중 가장 적절하지 않은 것은? (판례)

① 정부가 보유하고 있는 정보에 대한 국민의 '알 권리'의 실현은 법률의 제정이 뒤따라 이를 구체화시키는 것이 충실하고도 바람직하지만, 그러한 법률이 제정되어 있지 않다고 하더라도 불가능한 것은 아니고 헌법 제21조에 의해 직접 보장될 수 있다. 18법행
② 헌법재판소는 알 권리가 자유권적 성질과 청구권적 성질을 공유한다고 보았다. 18행시
③ 알권리는 국민이 일반적으로 정보에 접근하고 수집·처리함에 있어서 국가권력의 방해를 받지 않음을 보장하는 자유권적 효력에 한정된다. 08국회8
④ 공공기관의 정보에 대한 공개청구와 관련하여서는 알 권리는 청구권적 성격을 가지고, 알 권리가 일반적으로 접근할 수 있는 정보원으로부터 자유롭게 정보를 수집할 수 있는 권리를 의미하는 경우에는 자유권적 성격을 가진다. 15법원

[해설]
① (O) '알 권리'의 실현은 법률의 규정이 제정되어 있지 아니하다고 하더라도 불가능한 것은 아니고 표현의 자유를 규정한 헌법 제21조에 의하여 직접 보장될 수 있는 것이다. (헌재 1989. 9. 4. 88헌마22)
② (O) (헌재 1998. 10. 29. 98헌마4)
③ (X) 알 권리가 공공기관의 정보에 대한 공개청구권을 의미하는 경우에는 청구권적 성격을 지니지만, 일반적으로 접근할 수 있는 정보원으로부터 자유롭게 정보를 수집할 수 있는 권리를 의미하는 경우에는 자유권적 성격을 지니는 것으로서, 별도의 입법이 없더라도 국가권력의 방해를 받음이 없이 보장되어야 한다. (헌재 1998. 10. 29. 98헌마4)
④ (O) (헌재 1998. 10. 29. 98헌마4)

[정답] ③

290

다음 설명 중 가장 적절하지 않은 것은? (판례)

① '알 권리'는 국민이 정부에 대하여 일반적 정보공개를 구하는 청구권적 기본권으로서, 자유권적 기본권에 해당하는 표현의 자유와는 별개의 독자적인 기본권이다. 18법행
② 국민의 알 권리는 국민 누구나가 일반적으로 접근할 수 있는 모든 정보원으로부터 정보를 수집할 수 있는 권리로 정보수집의 수단에는 제한이 없다. 09법행
③ 국민은 헌법상 보장된 알 권리의 한 내용으로서 국회에 대하여 입법과정의 공개를 요구할 권리를 가지며, 국회의 의사에 대하여는 직접적인 이해관계 유무와 상관없이 일반적 정보공개청구권을 가진다. 14국회8
④ 국가 또는 지방자치단체의 기관이 보관하고 있는 문서 등에 관하여 이해관계 있는 국민이 공개를 요구함에도 정당한 이유 없이 이에 응하지 아니하거나 거부하는 것은 당해 국민의 알 권리를 침해하는 것이다. 09법행

[해설]
① (X) 알 권리가 공공기관의 정보에 대한 공개청구권을 의미하는 경우에는 청구권적 성격을 지니지만, 일반적으로 접근할 수 있는 정보원으로부터 자유롭게 정보를 수집할 수 있는 권리를 의미하는 경우에는 자유권적 성격을 지니는 것으로서, 이 경우 그러한 권리는 별도의 입법을 할 필요도 없이 보장되는 것이므로, 일반적으로 정보에 접근하고 수집·처리함에 있어 알 권리는 별도의 입법이 없더라도 국가권력의 방해를 받음이 없이 보장되어야 한다. (헌재 1998. 10. 29. 98헌마4)
② (O) (헌재 2002. 12. 18. 2000헌마764)
③ (O) (헌재 2009. 9. 24. 2007헌바17)
④ (O) (헌재 1994. 8. 31. 93헌마174)

[정답] ①

291

다음 설명 중 가장 적절하지 않은 것은? (판례)

① 알권리의 실현은 법률의 제정에 의해 구체화하는 것이 충실하고 바람직하지만, 그러한 법률이 제정되어 있지 않다고 하더라도 불가능한 것은 아니고 헌법 제21조에 의해 직접 보장될 수 있다. 13국회8
② 국민의 권리의무에 영향을 미치거나 국민의 이해관계와 밀접한 관련이 있는 정책결정 등에 관하여 이를 적극적으로 공개할 국가의 의무는 알 권리에 의하여 바로 인정될 수는 없고, 구체적인 입법이 있는 경우에 비로소 가능하다. 09법행
③ 공공기관이 보유·관리하는 정보는 원칙적으로 모든 국민에게 공개되어야 하지만, '알 권리'라도 헌법 제37조 제2항에 따라 국가안전보장 질서유지 또는 공공복리를 위하여 필요한 경우에는 본질적인 내용을 침해하지 아니하는 한 법률로써 제한할 수 있다. 18법행
④ 알 권리가 일반 국민 누구나 국가에 대하여 보유·관리하고 있는 정보의 공개를 청구할 수 있는 권리를 의미하는 것은 아니다. 15법원

해설

① (O) (헌재 1991. 5. 13. 90헌마133)
② (O) (헌재 2004. 12. 16. 2002헌마579)
③ (O) 공공기관이 보유·관리하는 정보는 원칙적으로 모든 국민에게 공개되어야 하나(정보공개법 제5조 제1항), 다만 이러한 알권리에 대하여도 헌법 제21조 제4항에 의한 한계가 있을 뿐만 아니라 헌법 제37조 제2항에서 규정하는 바와 같이 국가안전보장·질서유지 또는 공공복리를 위하여 필요한 경우는 본질적인 내용을 침해하지 아니하는 한 법률로써 제한할 수 있다. (헌재 2010. 12. 28. 2009헌바258)
④ (✕) 국민의 알 권리, 특히 국가정보에 접근할 권리는 우리 헌법상 기본적으로 표현의 자유와 관련하여 인정되는 것으로 그 권리의 내용에는 일반 국민 누구나 국가에 대하여 보유·관리하고 있는 정보의 공개를 청구할 수 있는 이른바 일반적인 정보공개청구권이 포함된다. (대법원 1999. 9. 21. 98두3426)

정답 ④

292

다음 설명 중 가장 적절하지 않은 것은? (판례)

① 외국인은 정보공개 청구권자에서 제외된다. 04행시
② 공공기관의 정보공개에 관한 법령상의 공공기관에는 사립학교가 포함된다. 04행시
③ 지방자치단체는 그 소관사무에 관하여 법령의 범위 안에서 정보공개에 관한 조례를 정할 수 있다. 04행시
④ 보안업무를 관장하는 기관에서 국가안전보장과 관련된 정보 분석을 목적으로 수집되거나 작성된 정보에 대하여는 공공기관의 정보공개에 관한 법률이 적용되지 아니한다. 04행시

해설

① (✕) 공공기관의 정보공개에 관한 법률 제5조(정보공개 청구권자) ① 모든 국민은 정보의 공개를 청구할 권리를 가진다. ② 외국인의 정보공개 청구에 관하여는 대통령령으로 정한다.
② (O) 공공기관의 정보공개에 관한 법률 시행령 제2조 제1호. – 「유아교육법」, 「초·중등교육법」, 「고등교육법」에 따른 각급 학교 또는 그 밖의 다른 법률에 따라 설치된 학교가 포함된다.
③ (O) 공공기관의 정보공개에 관한 법률 제4조.
④ (O) 공공기관의 정보공개에 관한 법률 제4조 제3항. 국가안전보장에 관련되는 정보 및 보안업무를 관장하는 기관에서 국가안전보장과 관련된 정보분석을 목적으로 수집되거나 작성된 정보에 대하여는 이 법을 적용하지 아니한다.

정답 ①

293

다음 설명 중 가장 적절하지 않은 것은? (판례)

① 국회법 제57조 제5항 단서가 소위원회 회의를 소위원회 의결로 공개하지 아니할 수 있도록 규정한 것은 헌법 제50조 제1항 단서가 국회 의사공개 원칙에 대한 예외로서의 비공개 요건을 규정한 내용을 소위원회 회의에 관하여 그대로 이어받아 규정한 것에 불과하므로, 헌법 제50조 제1항에 위반하여 국민의 '알 권리'를 침해한 것이라고는 볼 수 없다. 18법행

② 정보위원회의 회의 일체를 비공개 하도록 정하고 있는 국회법 조항은 헌법 제50조 제1항의 의사공개원칙에 위배되어 청구인들의 알 권리를 침해하지 않는다. 23법행

③ 고소로 시작된 형사피의사건의 구속적부심절차에서 피구속자의 변호를 맡은 변호인에게는 고소장과 피의자신문조서의 내용을 알 권리가 있으므로 수사기관에 위 서류들의 공개를 청구할 권리가 있다. 09법행

④ 일정한 표현물에 대한 일반 국민의 접근을 차단하거나 일정한 내용의 표현물의 제작에 대해서 규제를 하는 경우에는 의사표현의 자유의 제한문제뿐만 아니라 알 권리의 제한문제도 발생할 수 있다. 16국회8

해설

① (O) (헌재 2009. 9. 24. 2007헌바17) 〈주〉 비공개로 할 수 있도록 한 임의규정은 합헌이다.

② (×) 헌법 제50조 제1항은 본문에서 국회의 회의를 공개한다는 원칙을 규정하면서, 단서에서 '출석의원 과반수의 찬성이 있거나 의장이 국가의 안전보장을 위하여 필요하다고 인정할 때'에는 이를 공개하지 아니할 수 있다는 예외를 두고 있다. 따라서 심판대상조항은 헌법 제50조 제1항에 위배되는 것으로 과잉금지원칙 위배 여부에 대해서는 더 나아가 판단할 필요 없이 청구인들의 알 권리를 침해한다. (헌재 2022. 1. 27. 2018헌마1162) 〈주〉 일률적 비공개라서 위헌이다. 헌법 제50조의 의사공개칙을 위반하였으므로 과잉금지원칙은 별도로 판단하지 않았다.

③ (O) (헌재 2003. 3. 27. 2000헌마474)

④ (O) (헌재 2016. 4. 28. 2012헌마549)

[정답] ②

294

다음 설명 중 가장 적절한 것은? (판례)

① 헌법재판소는 인터넷을 이용하여 정보를 제공하는 자로 하여금 청소년유해매체물임을 나타낼 수 있는 전자적 표시를 하도록 하는 것은 성인의 알 권리를 제한할 수 있다고 보기 어렵다고 판단하였다. 17법행

② 태아의 성별에 대해 임신기간 동안 이를 알려주는 것을 금지하는 것은 태아 부모의 태아 성별에 대한 알 권리를 침해하는 것이다. 09법행

③ 군사기밀은 국가이익에 따라 판단되어야 하므로 그 결정권은 정부가 형식적인 표지에 의해 기밀로 지정한 것에 따른다. 08국회8

④ 공공기관은 전자적 형태로 보유·관리하지 아니하는 정보에 대하여 청구인이 전자적 형태로 공개하여 줄 것을 요청한 경우에는 정상적인 업무수행에 현저한 지장을 초래하거나 그 정보의 성질이 훼손될 우려가 없는 한 그 정보를 전자적 형태로 변환하여 공개하여야 한다. 20법행

해설

① (O) (헌재 2004. 1. 29. 2001헌마894) 〈주〉 청소년에 대한 제한이지, 성인에 대한 제한이 아니다.

② (×) 의료인의 직업수행의 자유와 일반적 인격권으로부터 나오는 부모의 태아의 성별 정보에 대한 접근을 부당하게 제한하는 것이어서 헌법에 위반된다고 할 것이다. (헌재 2008. 7. 31. 2004헌마1010) 〈주〉 부모의 인격권을 침해하는 것이지, 누구나 알권리를 침해하는 것이 아니다.

③ (×) 일반적으로 국가기밀은 국가의 안전에 명백한 위험을 초래한다고 볼 만큼의 실질적 가치가 있는 것 즉 "실질비성"을 갖춘 것이어야 한다. (헌재 1997. 1. 16. 92헌바6) 〈주〉 정부가 기밀로 지정하지 않았어도 국가안전에 위험이 있으면 기밀로 보호된다.

④ (×) 공공기관의 정보공개에 관한 법률 제15조(정보의 전자적 공개) ② 공공기관은 … 그 정보를 전자적 형태로 변환하여 공개할 수 있다. 〈주〉 의무조항이 아니라 재량조항으로 규정되어 있다.

[정답] ①

3. 엑세스권

295
다음 설명 중 가장 적절하지 않은 것은? (판례)

① 언론으로부터 피해입은 사람은 언론중재법에 따라 인터넷신문을 상대로 정정보도청구, 반론보도청구, 추후보도청구를 할 수 있고, 형사상 명예훼손죄로 고소할 수도 있으나, 민사상 손해배상 청구를 할 수는 없다. 18지방7

② 언론중재 및 피해구제 등에 관한 법률은 언론이 사망한 사람의 인격권을 침해한 경우에 그 피해가 구제될 수 있도록 명문의 규정을 두고 있으며, 사망한 사람의 인격권을 침해하였거나 침해할 우려가 있는 경우의 구제절차는 유족이 수행하도록 하고 있다. 18변시

③ 반론권은 언론기관의 사실적 보도에 의한 피해자가 그 보도내용에 대한 반박의 내용을 게재해줄 것을 청구할 수 있는 권리를 의미하므로, 그 보도내용의 진실여부를 따지거나 허위보도의 정정을 청구하기 위한 것은 아니다. 06사시

④ 사실적 주장에 관한 언론보도 등으로 인하여 피해를 입은 자는 그 보도 내용에 관한 반론보도를 언론사 등에 청구할 수 있으며, 반론보도의 청구에는 언론사 등의 고의·과실이나 위법성을 필요로 하지 아니하며, 보도 내용의 진실 여부와 상관없이 그 청구를 할 수 있다. 18지방7

> **해설**
> ① (×) 언론중재 및 피해구제 등에 관한 법률 제30조 제1항. 민사상 손해배상도 청구할 수 있다.
> ② (O) 언론중재 및 피해구제 등에 관한 법률 제5조의2 제2항.
> ③ (O) (헌재 1991. 9. 16. 89헌마165)
> ④ (O) 언론중재 및 피해구제 등에 관한 법률 제16조.
>
> [정답] ①

296
다음 설명 중 가장 적절한 것은? (판례)

① 언론의 자유와 반론보도청구권이 충돌하는 경우 반론보도청구권이 인정되기 위해서는 반론보도청구의 내용이 진실이어야 한다. 14국가7

② 반론보도청구권은 원보도를 진실에 부합되게 시정보도해줄 것을 요구하는 권리이므로 원보도의 내용이 허위일 것을 조건으로 한다. 21국회8

③ 사실적 주장에 관한 언론보도 등이 진실하지 아니함으로 인하여 피해를 입은 자는 해당 언론보도 등이 있음을 안 날부터 3개월 이내에 언론사, 인터넷뉴스서비스사업자 및 인터넷 멀티미디어 방송사업자에게 그 언론보도 등의 내용에 관한 정정보도를 청구할 수 있으나, 해당 언론보도 등이 있은 후 6개월이 지났을 때에는 그러하지 아니하다. 18지방7

④ 진실한 언론보도로 인하여 피해를 입은 자는 그 보도내용에 관한 반론보도를 언론사에 청구할 수 없다. 18행시

⑤ 정정보도청구의 요건으로 언론사의 고의·과실이나 위법성을 요하지 않도록 규정한 언론중재 및 피해구제 등에 관한 법률 제14조 제2항, 제31조 후문은 신문사업자인 청구인들의 언론의 자유를 침해한다. 12국회

> **해설**
> ① (×) 원보도의 내용이 허위임을 요건으로 하지 않고, 나아가 반론보도의 내용도 반드시 진실임을 증명할 필요가 없다. (대법원 2009. 1. 15. 2008그193)
> ② (×) 언론중재 및 피해구제 등에 관한 법률 제16조(반론보도청구권) ② 제1항의 청구에는 언론사등의 고의·과실이나 위법성을 필요로 하지 아니하며, 보도 내용의 진실 여부와 상관 없이 그 청구를 할 수 있다.
> ③ (O) 언론중재 및 피해구제 등에 관한 법률 제14조.
> ④ (×) 언론중재 및 피해구제 등에 관한 법률 제16조. – 보도 내용의 진실 여부와 상관없이 반론보도를 청구할 수 있다.
> ⑤ (×) 신문사업자인 청구인들의 언론의 자유를 침해하지 않는다. (헌재 2006. 6. 29. 2005헌마165)
>
> [정답] ③

4. 언론기관의 자유

297
다음 설명 중 옳지 않은 것을 모두 고른 것은? (판례)

> ㉠ 헌법재판소는 언론기업의 뉴스통신겸영을 금지하는 법률조항에 대하여 언론기관설립의 자유를 제한하는 것이어서 헌법에 위반된다고 보았다. 08국회8
> ㉡ 일간신문과 뉴스통신 방송사업의 겸영을 금지하는 신문법 제15조 제2항이 신문사업자인 청구인들의 신문의 자유를 침해하지는 않는다. 12국회
> ㉢ 일간신문사 지배주주의 뉴스통신사 또는 다른 일간신문사 주식·지분의 소유 취득을 제한하는 신문법 제15조 제3항은 헌법에 합치하지 않는다. 12국회
> ㉣ 일간신문사의 뉴스통신 방송사업 겸영을 일률적으로 금지할 것이 아니라 겸영으로 인한 언론의 집중 내지 시장지배력의 효과를 고려하여 선별적으로 통제하는 방법이 바람직함에도 불구하고, 신문법이 일률적으로 겸영을 금지하는 것은 신문사업자의 언론표현 방법의 자유를 침해하는 것이다. 18국회8

① ㉠ ㉡　　　　② ㉠ ㉣
③ ㉡ ㉢　　　　④ ㉡ ㉣

해설

㉠ (×) 일간신문과 뉴스통신·방송사업의 겸영을 금지하는 신문법 제15조 제2항은 신문사업자인 청구인들의 <u>신문의 자유를 침해하지 않는다</u>. (헌재 2006. 6. 29. 2005헌마165)
㉡ (O) (헌재 2006. 6. 29. 2005헌마165)
㉢ (O) 신문의 복수소유를 <u>일률적으로 금지</u>하고 있어서 필요 이상으로 신문의 자유를 제약하고 있다. 따라서 헌법불합치결정을 선고한다. (헌재 2006. 6. 29. 2005헌마165)
㉣ (×) 일간신문과 뉴스통신·방송사업의 겸영을 금지하는 신문법 제15조 제2항은 신문사업자인 청구인들의 <u>신문의 자유를 침해하지 않는다</u>. (헌재 2006. 6. 29. 2005헌마165)

정답 ②

298
다음 설명 중 옳지 않은 것을 모두 고른 것은? (판례)

> ㉠ 자유언론제도의 역기능을 방지하기 위해서 이종미디어(신문, 통신, 방송)간의 겸영을 금지하고 모든 일간신문의 지배주주가 신문을 복수소유하는 것을 일률적으로 금지하는 것은 헌법적으로 허용된다. 13국회8
> ㉡ 1개 일간신문사의 시장점유율 30%, 3개 일간신문사의 시장점유율 60% 이상인 자를 '시장지배적 사업자'로 추정하는 신문법 제17조는 신문사업자인 청구인들의 신문의 자유와 평등권을 침해한다. 12국회
> ㉢ 시장지배적 사업자를 신문발전기금의 지원대상에서 배제한 신문법 제34조 제2항 제2호는 신문사업자인 청구인들의 평등권을 침해하여 위헌이다. 12국회
> ㉣ 인터넷신문을 발행하려는 사업자가 취재 인력 3인 이상을 포함하여 취재 및 편집 인력 5인 이상을 상시 고용하지 않는 경우 인터넷신문으로 등록할 수 없도록 하는 것은 직업의 자유의 문제이고, 언론의 자유를 제한하지는 않는다. 17국회8/ 18변시

① ㉠ ㉡　　　　② ㉠ ㉢
③ ㉡ ㉢　　　　④ ㉠ ㉣

해설

㉠ (×) 신문의 복수소유를 제한하는 것 자체가 헌법에 위반된다고 할 수 없지만, 이 조항은 신문의 복수소유를 일률적으로 금지하고 있어서 필요 이상으로 신문의 자유를 제약하고 있다. 따라서 <u>헌법불합치결정을 선고한다</u>. (헌재 2006. 6. 29. 2005헌마165)
㉡ (O) (헌재 2006. 6. 29. 2005헌마165)
㉢ (O) (헌재 2006. 6. 29. 2005헌마165) 〈주〉 일률적으로 지원을 배제했다는 점에서 위헌이라고 보았다.
㉣ (×) 고용조항과 확인조항은 인터넷신문의 발행을 제한하는 효과를 가지고 있으므로 <u>언론의 자유를 제한하는 규정에 해당한다</u>. (헌재 2016. 10. 27. 2015헌마1206) 〈주〉 과잉금지원칙에 위배되어 언론의 자유를 침해한다.

정답 ④

299
다음 설명 중 가장 적절하지 않은 것은? (판례)

① 인터넷언론사에 대하여 선거일 전 90일부터 선거일까지 후보자 명의의 칼럼이나 저술을 게재하는 보도를 제한하는 구 인터넷 선거보도 심의기준 등에 관한 규정 은 인터넷 선거보도의 공정성과 선거의 공정성을 확보하려는 것이므로 후보자인 청구인의 표현의 자유를 침해하지 않는다. 21경승/22경찰1차

② 중계유선방송사업자가 자체적인 프로그램 편성의 자유와 그에 따르는 책임을 부여받지 아니한 이상, 방송의 중계송신업무만 할 수 있고 보도, 논평, 광고는 할 수 없도록 하는 법률 규정은 방송의 자유를 침해하지 않는다. 19서울

③ 신문사 내부에서 경영인과 편집인 및 기자들의 상호관계는 원칙적으로 사법상의 계약에 의해서 규율되지만, 그 사법상의 계약에 의해서 편집보도의 자유를 제한하는 것은 신문의 자유의 객관적 가치 질서로서의 성격 때문에 일정한 제약을 받는다. 13법회8

④ 사생활 침해를 이유로 침해받은 자가 삭제요청을 한 경우, 일정한 조건 하에 정보에 대한 접근을 임시적으로 차단하는 조치를 하도록 한 것은 표현의 자유에 대한 침해가 아니다. 18국회8

⑤ 방송통신심의위원회의 시정요구는 헌법소원의 대상이 된다. 18법행

해설
① (✗) 과잉금지원칙에 반하여 청구인의 표현의 자유를 침해한다. (헌재 2019. 11. 28. 2016헌마90)
② (○) (헌재 2001. 5. 31. 2000헌바43)
③ (○) 따라서 신문사 경영인도 기자들의 모든 보도를 제한할 수 있는 것은 아니다.
④ (○) (헌재 2012. 5. 31. 2010헌마88) 〈주〉 피해자를 위한 임시적 차단조치이므로 합헌이다.
⑤ (○) 행정기관인 방송통신심의위원회의 시정요구는 헌법소원 또는 항고소송의 대상이 되는 공권력의 행사라고 봄이 상당하다. (헌재 2012. 2. 23. 2011헌가13)

[정답] ①

5. 사전허가·검열 절대금지

300
다음 설명 중 가장 적절하지 않은 것은? (판례)

① 언론·출판의 자유의 보호를 받는 표현에 대해서는 사전검열이 예외 없이 금지되는 것으로 보아야 한다. 16국회8

② 언론·출판의 자유에 대하여는 검열을 수단으로 한 제한만은 법률로써도 허용되지 않는다. 17법행

③ 헌법 제21조 제2항의 검열금지조항은 절대적 금지를 의미하지만, 국가안전보장·질서유지·공공복리를 위하여 필요한 경우에는 사전검열이 허용된다. 15변시

④ 사전검열로 인정되려면 허가를 받지 않은 의사표현의 금지도 필요하다. 16국회9

해설
① (○) (헌재 2015. 12. 23. 2015헌바75)
② (○) (헌재 1993. 2. 23. 93헌가13)
③ (✗) 언론·출판에 대하여는 검열을 수단으로 한 제한만은 법률로써도 허용되지 아니 한다. (헌재 1996. 10. 31. 94헌가6) 〈주〉 법률로 형식적 제한을 할 수는 있지만, 표현 내용을 검열하는 방식으로 제한할 수는 없다.
④ (○) (헌재 1993. 2. 23. 93헌가13) 〈주〉 헌법이 절대 금지하는 검열의 조건은 강제로 발표금지, 행정부의 심사, 발표내용의 심사, 발표 전의 심사 등이다. (강행내전)

[정답] ③

301

다음 설명 중 가장 적절하지 않은 것은? (판례)

① 검열제가 허용될 경우에는 국민의 예술활동의 독창성과 창의성을 침해하여 정신생활에 미치는 위험이 클 뿐만 아니라 행정기관이 집권자에게 불리한 내용의 표현을 사전에 억제함으로써 이른바 관제의견이나 지배자에게 무해한 여론만이 허용되는 결과를 초래할 염려가 있기 때문에 헌법이 직접 그 금지를 규정하고 있다. 04사시

② 헌법 제21조에서의 검열은 행정권이 주체가 되어 사상이나 의견 등이 발표되기 이전에 예방적 조치로서 그 내용을 심사, 선별하여 발표를 사전에 억제하는, 즉 허가받지 아니한 것의 발표를 금지하는 제도를 뜻한다. 11법무

③ 표현의 특성이나 규제의 필요성에 따라 언론·출판의 자유의 보호를 받는 표현 중에서 사전검열금지원칙의 적용이 배제되는 영역을 따로 설정할 경우 그 기준에 대한 객관성을 담보할 수 없다는 점 등을 고려하면, 헌법상 사전검열은 예외 없이 금지되는 것으로 보아야 한다. 18변시

④ 헌법 제21조 제1항과 제2항은 모든 국민은 언론·출판의 자유를 가지며, 언론·출판에 대한 허가나 검열은 인정되지 아니한다고 규정하고 있으므로, 검열을 수단으로 한 제한은 국가안전보장·질서유지 또는 공공복리를 위하여 필요한 경우에 한하여 법률로써 하는 경우에만 허용될 수 있다. 20법원

해설

① (○) (헌재 1993. 2. 23. 93헌가13)
② (○) (헌재 1993. 2. 23. 93헌가13) 〈주〉 검열의 조건은 강제로 발표금지, 행정부의 심사, 발표내용의 심사, 발표 전의 심사 등이다.
③ (○) (헌재 2015. 12. 23. 2015헌바75)
④ (✕) 언론·출판의 자유에 대하여는 검열을 수단으로 한 제한만은 법률로써도 허용되지 아니한다. (헌재 1996. 10. 31. 94헌가6) 〈주〉 행정부의 검열에 의하여 집회를 금지할 수 있다는 법률은 절대로 허용될 수 없다.

정답 ④

302

다음 설명 중 가장 적절하지 않은 것은? (판례)

① 건강기능식품 기능성 광고 사전심의가 헌법이 금지하는 사전검열에 해당하려면 심사절차를 관철할 수 있는 강제수단이 존재할 것을 필요로 하는데, 영업허가취소와 같은 행정제재나 벌금형과 같은 형벌의 부과는 사전심의절차를 관철하기 위한 강제수단에 해당한다. 19변시/23경찰1

② 행정권이 주체가 된 사전심사절차도 사전검열의 인정요소이다. 16국회9

③ 검열금지의 원칙은 모든 형태의 사전적인 규제를 금지하는 것은 아니고, 의사표현의 발표여부가 오로지 행정권의 허가에 달려있는 사전심사만을 금지하는 것이다. 11법행

④ 검열을 행정기관이 아닌 독립적인 위원회에서 행한 경우 행정권이 주체가 되어 검열절차를 형성하고 검열기관의 구성에 지속적인 영향을 미칠 수 있는 경우라 하더라도 검열기관은 행정기관이 아니라고 보아야 한다. 04사시

해설

① (○) (헌재 2018. 6. 28. 2016헌가8)
② (○) (헌재 1993. 2. 23. 93헌가13)
③ (○) (헌재 2001. 8. 30. 2000헌가9)
④ (✕) 검열을 행정기관이 아닌 독립적인 위원회에서 행한다고 하더라도 행정권이 주체가 되어 검열절차를 형성하고 검열기관의 구성에 지속적인 영향을 미칠 수 있는 경우라면 실질적으로 검열기관은 행정기관이라고 보아야 한다. (헌재 1992. 6. 26. 90헌바26)

정답 ④

303
다음 설명 중 가장 적절하지 않은 것은? (판례)

① 의료광고의 심의기관이 행정기관인가 여부는 기관의 형식에 의하기보다는 그 실질에 판단되어야 하며, 민간심의기구가 심의를 담당하는 경우에도 행정권의 개입 때문에 자율성이 보장되지 않는다면 헌법이 금지하는 행정기관에 의한 사전검열에 해당하게 될 것이다. 16국8

② 의료기기와 관련하여 심의를 받지 아니하거나 심의받은 내용과 다른 내용의 광고를 하는 것을 금지하고 이를 위반한 경우 행정제재와 형벌을 부과하도록 한 의료기기법 조항은 사전검열금지원칙에 위반된다. 최신판례

③ 한국광고자율심의기구가 행하는 텔레비전 방송광고에 대한 사전심의는 행정기관에 의한 사전검열로서 헌법이 금지하는 사전검열에 해당한다. 14법행

④ 검열금지의 원칙은 개인이 정보와 사상을 발표하기 이전에 국가기관이 미리 그 내용을 심사·선별하여 발표를 저지하지 못하도록 하고 있으며, 나아가 헌법상 보호되지 않는 의사표현에 대하여 공개한 뒤에도 국가기관이 간섭하는 것이 금지된다. 04사시

해설

① (O) (헌재 2015. 12. 23. 2015헌바75)
② (O) (헌재 2020. 8. 28. 2017헌가35)
③ (O) (헌재 2008. 6. 26. 2005헌마506)
④ (X) 헌법상 보호되지 않는 의사표현에 대하여 공개한 뒤에 국가기관이 간섭하는 것을 금지하는 것은 아니다. (헌재 1992. 6. 26. 90헌바26) 〈주〉 사전심사 없이 자유롭게 발표하게 해주어야 한다. 발표 후에 명예훼손 등이 문제되면 그때 가서 법원 재판 등으로 피해자를 구제한다.

정답 ④

304
다음 설명 중 가장 적절하지 않은 것은? (판례)

① 사전검열로 인정되려면 사상이나 의견이 발표되기 전에 일반적으로 허가를 받기 위한 표현물의 제출의무가 있어야 한다. 16국회9

② 검열금지의 원칙은 정신작품의 발표 이후에 비로소 취해지는 사후적인 사법적 규제를 금지하는 것이 아니므로 저작권 침해로 인한 사법절차에 의한 영화상영의 금지조치나 형벌규정의 위반으로 인한 압수는 헌법상의 검열금지의 원칙에 위반되지 아니한다. 04사시

③ 사전심의를 받지 아니한 의료광고를 금지하고 이를 위반한 경우 처벌하는 의료법의 규정은 사전검열금지원칙에 위반되지 않는다. 16사시

④ 외국음반을 국내에서 제작하고자 하는 경우 영상물등급위원회의 추천을 받도록 하는 것은 언론·출판에 대한 사전검열에 해당하여 헌법에 위반된다. 08국가7

해설

① (O) (헌재 1993. 2. 23. 93헌가13)
② (O) (헌재 1992. 6. 26. 90헌바26)
③ (X) 헌법상 사전검열은 예외 없이 금지되는 것으로 보아야 하므로 의료광고 역시 사전검열금지원칙의 적용대상이 된다. 각 의사협회는 행정권의 영향력에서 벗어나 독립적이고 자율적으로 사전심의업무를 수행하고 있다고 보기 어렵다. 따라서 이 사건 법률규정들은 사전검열금지원칙에 위배된다. (헌재 2015. 12. 23. 2015헌바75)
④ (O) (헌재 2006. 10. 26. 2005헌가14)

정답 ③

305

다음 설명 중 가장 적절하지 않은 것은? (판례)

① 외국비디오물에 대한 영상물등급위원회의 수입추천제도는 영상물에 대한 필요하고도 적절한 사전검증절차로서 우리 헌법이 금지하고 있는 사전검열이 아니라는 것이 헌법재판소의 법정의견이다. 10지방7

② 의료광고는 상업광고의 성격을 가지고 있지만 헌법 제21조 제1항의 표현의 자유의 보호 대상이 됨은 물론이고, 동조 제2항도 당연히 적용되어 이에 대한 사전검열도 금지된다. 16국회8

③ 헌법상 사전검열은 예외 없이 금지되는 것으로 보아야 하므로 의료광고 역시 사전검열금지원칙의 적용대상이 된다. 19입시

④ 사전심의를 받지 않은 건강기능식품의 기능성 광고를 금지하고 이를 위반할 경우 형사처벌하도록 한 구「건강기능식품에 관한 법률」조항은 사전검열에 해당하므로 헌법에 위반된다. 21경승

해설

① (✗) 허가를 받기 위한 표현물의 제출의무, 행정권이 주체가 된 사전심사절차, 허가를 받지 아니한 의사표현의 금지, 심사절차를 관철할 수 있는 강제수단이라는 요소를 모두 갖추고 있으므로, 우리나라 헌법이 절대적으로 금지하고 있는 사전검열에 해당한다. (헌재 2005. 2. 3. 2004헌가8)

② (〇) (헌재 2015. 12. 23. 2015헌바75)
③ (〇) (헌재 2015. 12. 23. 2015헌바75)
④ (〇) (헌재 2018. 6. 28. 2016헌가8)

[정답] ①

306

다음 설명 중 가장 적절한 것은? (판례)

① 의료광고를 사전에 예방하지 않을 경우 불특정 다수가 신체 건강상 피해를 보는 등 광범위한 해악이 초래될 수 있으므로, 의료광고는 사전검열금지원칙의 적용대상이 아니다. 17국회9

② 건강기능식품의 기능성 표시·광고와 같이 규제의 필요성이 큰 경우에 사전심의절차를 법률로 규정하여도 우리 헌법이 절대적으로 금지하는 사전검열에 해당한다고 보기는 어렵다. 19서울

③ 건강기능식품의 기능성 표시·광고를 하고자 하는 자가 사전에 건강기능식품협회의 심의절차를 거치도록 하는 것은 헌법이 금지하는 사전검열에 해당하지는 않지만 과잉금지원칙에 위반하여 건강기능식품 판매업자의 표현의 자유를 침해한다. 17국가7

④ 행정주체인 방송위원회로부터 위탁을 받아 방송광고의 사전심의라는 공무를 수행하는 한국광고자율심의기구에 의하여 방송광고의 사전심의를 받도록 하는 것은 언론·출판에 대한 사전검열에 해당한다. 08국가7

해설

① (✗) 헌법상 사전검열은 예외 없이 금지되는 것으로 보아야 하므로 의료광고 역시 사전검열금지원칙의 적용대상이 된다. (헌재 2015. 12. 23. 2015헌바75)

② (✗) 건강기능식품 기능성광고 사전심의는 그 검열이 행정권에 의하여 행하여진다 볼 수 있고, 헌법이 금지하는 사전검열에 해당하므로 헌법에 위반된다. (헌재 2018. 6. 28. 2016헌가8)

③ (✗) 건강기능식품 기능성광고 사전심의는 그 검열이 행정권에 의하여 행하여진다 볼 수 있고, 헌법이 금지하는 사전검열에 해당하므로 헌법에 위반된다. (헌재 2018. 6. 28. 2016헌가8)

④ (〇) (헌재 2008. 6. 26. 2005헌마506)

[정답] ④

307

다음 설명 중 가장 적절하지 않은 것은? (판례)

① 심의기관에서 허가절차를 통하여 영화의 상영여부를 종국적으로 결정할 수 있도록 하는 것은 검열에 해당한다. 또한 영화의 상영으로 인한 실정법 위반의 가능성을 사전에 막고, 청소년 등에 대한 상영이 부적절할 경우 이를 유통단계에서 효과적으로 관리할 수 있도록 미리 등급을 심사하는 것도 사전검열에 해당한다. 04사시

② 행정기관인 청소년보호위원회 및 각 심의기관에게 '청소년 유해매체물의 결정권한을 부여하는 것은 죄형법정주의에 위배되거나 법관에 의한 재판을 받을 권리를 침해하는 것이 아니다. 06사시

③ 청소년을 보호하기 위하여 영화의 상영 전에 필름을 민간인으로 구성된 영상물등급위원회에 제출하게 하고 그 내용을 심사하여 연령등급분류를 하는 것 자체는 검열에 해당하지 않는다. 10법무

④ 비디오물 유통 전에 등급분류를 받도록 하는 것은 과잉금지원칙의 최소침해성 요건을 침해한다고 볼 수 없다. 11국회8

해설

① (×) 영화의 상영으로 인한 실정법위반의 가능성을 사전에 막고, 청소년 등에 대한 상영이 부적절할 경우 이를 유통단계에서 효과적으로 관리할 수 있도록 미리 등급을 심사하는 것은 사전검열이 아니다. (헌재 1992. 6. 26. 90헌바26)

② (○) (헌재 2000. 6. 29. 99헌가16)

③ (○) 비디오물 등급분류는 비디오물 유통으로 인해 청소년이 받게 될 악영향을 미리 차단하고자 공개나 유통에 앞서 이용 연령을 분류하는 절차에 불과하다. (헌재 2007. 10. 4. 2004헌바36)

④ (○) 불법 비디오물이 청소년들에게 미치는 악영향을 차단하기 위해서는 비디오물이 유통에 이르기 전에 사전적으로 이를 규율하는 수밖에 없다. 그러므로 이 사건 규정은 과잉금지원칙에 위반되지 않는다. (헌재 2007. 10. 4. 2004헌바36)

[정답] ①

308

다음 설명 중 가장 적절한 것은? (판례)

① 영화의 상영으로 인한 실정법 위반의 가능성을 사전에 막고, 청소년 등에 대한 상영이 부적절할 경우 이를 유통단계에서 효과적으로 관리할 수 있도록 미리 등급을 심사하는 것은 사전검열에 해당한다. 10지방7

② 의회는 행정기관으로 하여금 영화의 상영 전에 내용을 심사하여 등급분류를 보류할 수 있도록 하고 등급분류를 받지 않은 영화의 상영을 금지하는 법률을 제정할 수 있다. 10법무

③ 법관의 보충적인 가치판단을 통해서 그 의미내용을 확인할 수 있더라도, 그 보충적인 해석이 해석자의 주관적이고 개인적인 취향에 따라 좌우될 가능성이 있다면 명확성 원칙에 반한다고 할 수 있다. 11회8

④ '제한상영가' 등급의 영화를 '상영 및 광고 선전에 있어서 일정한 제한이 필요한 영화'라고 규정하고 있는 법률규정은, 제한상영가 등급의 영화란 영화의 내용이 지나치게 선정적, 폭력적, 또는 비윤리적이어서 청소년에게는 물론 일반적인 정서를 가진 성인에게조차 혐오감을 주거나 악영향을 끼치는 영화로 해석될 수 있으므로 명확성원칙에 위반되지 않는다. 18서울

해설

① (×) 영화의 상영으로 인한 실정법위반의 가능성을 사전에 막고, 청소년 등에 대한 상영이 부적절할 경우 이를 유통단계에서 효과적으로 관리할 수 있도록 미리 등급을 심사하는 것은 사전검열이 아니다. (헌재 1992. 6. 26. 90헌바26)

② (×) 영상물등급위원회는 실질적으로 행정기관인 검열기관에 해당하고, 이에 의한 등급분류보류는 비디오물 유통 이전에 그 내용을 심사하여 허가받지 아니한 것의 발표를 금지하는 제도, 즉 검열에 해당되므로 헌법에 위반된다. (헌재 2008. 10. 30. 2004헌가18)

③ (○) (대법원 2008. 10. 23., 자, 2008초기264,)

④ (×) '제한상영가' 등급의 영화가 어떤 영화인지를 알 수가 없고, 따라서 영진법 제21조 제3항 제5호는 명확성원칙에 위배된다. (헌재 2008. 7. 31. 2007헌가4)

[정답] ③

309

다음 설명 중 가장 적절하지 않은 것은? (판례)

① 국가가 개인의 표현행위를 규제하는 경우, 표현내용에 대한 규제는 원칙적으로 중대한 공익의 실현을 위하여 불가피한 경우에 한하여 엄격한 요건 하에서만 허용되는 반면, 표현내용과 무관한 표현방법에 대한 제한은 합리적인 공익상의 이유로 비례의 원칙의 준수 하에서 가능하다. 12변시

② 「신문 등의 진흥에 관한 법률」의 등록조항은 인터넷신문의 명칭, 발행인과 편집인의 인적사항 등 인터넷신문의 외형적이고 객관적 사항을 제한적으로 등록하도록 하고 있는 바, 이는 인터넷신문에 대한 인적 요건의 규제 및 확인에 관한 것으로 인터넷신문의 내용을 심사·선별하여 사전에 통제하기 위한 규정으로 사전허가금지원칙에 위배된다. 20지방7

③ 방송프로그램에 대한 법원의 방영금지 가처분 결정을 허용하는 것은 사전검열에 해당하지 않는다. 10지방7

④ 인터넷에서 국가보안법이 금지하는 행위를 수행하는 내용의 정보에 대하여 방송통신위원회가 정보통신서비스 제공자 또는 게시판 관리 운영자에게 해당 정보의 취급을 거부·정지 또는 제한하도록 명할 수 있도록 하는 법률규정은 관계 중앙행정기관장의 요청에 의해 심의위원회의 심의를 거친 후 그에 따른 시정요구를 이행하지 않을 경우에 해당 명령이 내려지도록 하고 있다면 언론의 자유를 과도하게 제한하지 않는다. 15국회9

해설

① (○) (헌재 2011. 12. 29. 2010헌바368)
② (×) 이 사건 등록조항은 사전허가금지원칙에도 위배되지 않는다. (헌재 2016. 10. 27. 2015헌마1206) 〈주〉 외형적 제한이다.
③ (○) 사법부가 사법절차에 의하여 심리, 결정하는 것이어서 헌법에서 금지하는 사전검열에 해당하지 아니한다. (헌재 2001. 8. 30. 2000헌바36)
④ (○) (헌재 2015. 10. 21. 2014헌바344)

 ②

310

다음 설명 중 가장 적절한 것은? (판례)

① 사법부가 사법절차에 의하여 심리 결정하는 방영금지가처분은 헌법에서 금지하는 사전검열에 해당하므로 위헌이다. 08국회8

② 명예를 훼손하는 도서를 출판하기 전에 법원이 출판금지를 명하는 것은 검열에 해당하지 않는다. 10법무/18법행

③ 방송사업허가제는 방송의 공적 기능을 보장하기 위한 제도로서 표현내용에 대한 가치판단에 입각한 사전봉쇄 내지 그와 같은 실질을 가진다고 볼 수 있으므로, 헌법상 금지되는 언론·출판에 대한 허가에 해당한다. 16국회8

④ 사법절차에 의한 음반판매의 금지조치나 그 효과에 있어서는 실질적으로 동일한 형벌규정의 위반으로 인한 압수를 하는 것은 사전검열에 해당한다. 10지방7

⑤ 명백하고 현존하는 위험의 원칙은 사전에 표현의 자유를 규제하기 위한 행정청의 판단기준이다. 11국회8

해설

① (×) 사법부가 사법절차에 의하여 심리, 결정하는 것이어서 헌법에서 금지하는 사전검열에 해당하지 아니한다. (헌재 2001. 8. 30. 2000헌바36)
② (○) (헌재 2001. 8. 30. 2000헌바36)
③ (×) 표현내용에 대한 가치판단에 입각한 사전봉쇄를 위한 것이거나 그와 같은 실질을 가진다고는 볼 수 없으므로 위의 금지된 "허가"에는 해당되지 않는다고 할 것이다. (헌재 2001. 5. 31. 2000헌바43)
④ (×) 압수는 사후적 사법적 규제와 동일하므로 헌법상의 검열금지의 원칙에 위반되지 아니한다. (헌재 1992. 6. 26. 90헌바26)
⑤ (×) 명백하고 현존하는 위험의 원칙은 사후적으로 표현의 자유를 규제하기 위한 판단기준으로 미국연방법원의 입장이다.

 ②

311
다음 설명 중 가장 적절하지 않은 것은? (판례)

① 사전허가금지의 대상은 언론·출판 자유의 내재적 본질인 표현의 내용을 보장하는 것은 물론, 언론·출판을 위해 필요한 물적 시설이나 언론기업의 주체인 기업인으로서의 활동까지 포함하는 것이다. 20비상

② 「세종특별자치시 옥외광고물 관리 조례」에서 특정구역 안에서 업소별로 표시할 수 있는 옥외광고물의 총수량을 원칙적으로 1개로 제한한 것은 표현의 자유를 침해한다. 20국회8

③ 옥외광고물 등 관리법상 사전허가제도는 광고물 등의 내용을 심사·선별하여 광고물을 사전에 통제하려는 제도가 아님은 명백하므로, 헌법 제21조 제2항이 정하는 사전허가검열에 해당되지 아니한다. 16국회9/18변시

④ 옥외광고물과 게시시설의 설치장소에 관하여 허가나 신고를 받게 하는 것은 과잉금지의 원칙에 어긋난다. 18국회9

> **해설**
> ① (×) 사전허가금지의 대상은 어디까지나 언론·출판 자유의 내재적 본질인 표현의 내용을 보장하는 것을 말하는 것이지, 언론·출판을 위해 필요한 물적 시설이나 언론기업의 주체인 기업인으로서의 활동까지 포함되는 것으로 볼 수는 없다. (헌재 2016. 10. 27. 2015헌마1206)
> ② (×) 광고물 총수량 조항이 법률유보원칙에 위배되어 청구인들의 표현의 자유 및 직업수행의 자유를 침해한다고 보기 어렵다. (헌재 2016. 3. 31. 2014헌마794)
> ③ (○) (헌재 1998. 2. 27. 96헌바2)
> ④ (×) 각양각색의 광고물로 인하여 국민의 주거환경과 국토경관이 크게 침해당하게 될 것이다. 따라서 과잉금지원칙에 위배되어 언론·출판의 자유를 침해한다고 볼 수 없다. (헌재 1998. 2. 27. 96헌바2)
>
> **정답** ③

312
다음 설명 중 가장 적절하지 않은 것은? (판례)

① 인터넷 포털사이트에 게시된 불법내용의 정보에 대하여 방송통신위원회가 당해 포털사이트 운영자에게 삭제명령을 내리는 것은 헌법이 금지하는 검열에 해당한다. 10법무

② 정기간행물의 공보처장관에 대한 납본제도는 그 정기간행물의 내용을 심사하여 이를 공개 내지 배포하는데 대한 허가나 금지와 관계없으므로 사전검열이 아니다. 14법행

③ 정기간행물의 납본제도와 검·인정 교과서제도는 사전검열금지원칙에 위배되지 않는다. 17회9

④ 여론조사 실시행위에 대한 신고의무를 부과하고 있는 공직선거법 조항은 여론조사결과의 보도나 공표행위를 규제하는 것이 아니라 여론조사의 실시 행위에 대한 신고의무를 부과하는 것으로, 허가받지 아니한 것의 발표를 금지하는 헌법 제21조 제2항의 사전검열과 관련이 있다고 볼 수 없으므로 검열금지원칙에 위반되지 아니한다. 19입시

> **해설**
> ① (×) 헌법이 금지하는 검열에 해당하지 않는다. (헌재 2002. 6. 27. 99헌마480) 〈주〉 사후조치는 검열에 해당하지 않는다.
> ② (○) (헌재 1992. 6. 26. 90헌바26)
> ③ (○) [1] 정간물의 납본제도는 사전검열을 위한 제도는 아니다. (헌재 1992. 6. 26. 90헌바26).
> [2] 자신이 연구한 결과를 얼마든지 책자로서 발표할 수 있는 이 사건 교과서 검·인정제도와는 직접 관련이 없는 것이다. (헌재 1992. 11. 12. 89헌마88)
> ④ (○) (헌재 2015. 4. 30. 2014헌마360) 〈주〉 신고는 일방적 통보로 바로 효력이 발생하므로 검열이 아니다.
>
> **정답** ①

6. 인터넷 본인확인

313
다음 설명 중 적절한 것을 모두 고르면? (판례)

> ㉠ 정치적 표현의 자유는 헌법에 정한 언론·출판·집회·결사의 자유 보장규정에 의한 보호를 받는 것이 아니라 선거원칙을 규정하고 있는 「헌법」 제41조 제1항 및 제67조 제1항과 「헌법」 제10조 행복추구권으로부터 유래되는 일반적 행동자유권 등에 의해서 우선적으로 보호된다. 21소방
> ㉡ 정보통신망의 발달로 선거기간 중 인터넷언론사의 선거와 관련한 게시판 대화방 등도 정치적 의사를 형성·전파하는 매체로서 역할을 담당하고 있으므로, 언론·출판의 자유에 의하여 보호된다. 11법무
> ㉢ 인터넷 언론사가 선거운동 기간 중에 인터넷 게시판과 대화방에 정당·후보자에 대해 지지·반대의 글을 게시할 수 있도록 운영하는 경우 게시자의 실명을 기입하도록 하는 기술적 조치를 취해야 한다는 의무를 부과하고 있는 법규정은 사전검열금지의 원칙에 반하여 인터넷 사용자의 표현의 자유를 침해하는 것이다. 15지방7

① ㉠ ㉡ ㉢
② ㉠ ㉡
③ ㉠ ㉢
④ ㉡

해설

① (✗) 대외적으로 해명을 하는 행위는 표현의 자유에 속하는 것이지 사생활의 자유나 양심의 자유에 속하는 것은 아니다. (헌재 2001. 8. 30. 99헌바92)
② (○) (헌재 2010. 2. 25. 2008헌마324)
③ (✗) [1] 이 사건 법률조항이 사전검열금지의 원칙에 위배된다고도 할 수 없다. (헌재 2010. 2. 25. 2008헌마324) [2] 심판대상조항은 게시판 등 이용자의 익명표현의 자유 및 개인정보자기결정권과 인터넷언론사의 언론의 자유를 침해한다. (헌재 2021. 1. 28. 2018헌마456) 〈주〉 명확성원칙과 검열금지원칙에 위반되는 것이 아니라, 과잉금지원칙에 위반된다.

정답 ④

314
다음 설명 중 가장 적절하지 않은 것은? (판례)

① 헌법 제21조에서 보장하고 있는 표현의 자유에는 자신의 신원을 누구에게도 밝히지 아니한 채 익명 또는 가명으로 자신의 사상이나 견해를 표명하고 전파할 자유도 포함된다. 11법무
② 인터넷 게시판 본인확인제는 정보통신서비스 제공자의 언론의 자유와 직업수행의 자유도 제한하나, 그 중에서 침해의 정도가 큰 주된 기본권은 언론의 자유이다. 14법행
③ 인터넷언론사의 공개된 게시판·대화방에서 정당이나 후보자에 대한 지지, 반대의 글을 게시하는 행위는 양심의 자유에 의하여 보호되는 영역이다. 11법무
④ 인터넷언론사에 대하여 선거운동기간 중 홈페이지의 게시판, 대화방 등에 정당·후보자에 대한 지지·반대의 글을 게시하는 경우 실명확인을 하는 기술적 조치를 할 의무는 명확성의 원칙에 위배되지 않는다. 14법행
⑤ 선거운동기간 중 모든 익명표현을 사전적·포괄적으로 규율하는 것은 익명표현의 자유를 지나치게 제한한다. 23경승

해설

① (○) (헌재 2010. 2. 25. 2008헌마324)
② (○) 정보통신서비스 제공자의 직업수행의 자유도 제한하나, 이 사건과 가장 밀접한 관계에 있고 또 침해의 정도가 큰 주된 기본권은 언론의 자유라 할 것이다. (헌재 2012. 8. 23. 2010헌마47).
③ (✗) 인터넷언론사의 공개된 게시판·대화방에서 스스로의 의사에 의하여 정당·후보자에 대한 지지·반대의 글을 게시하는 행위가 양심의 자유나 사생활 비밀의 자유에 의하여 보호되는 영역이라고 할 수 없다. (헌재 2010. 2. 25. 2008헌마324) 〈주〉 표현의 자유의 보호영역이다.
④ (○) (헌재 2015. 7. 30. 2012헌마734)
⑤ (○) (헌재 2021. 1. 28. 2018헌마456) 〈주〉 인터넷 게시판 본인 실명확인 사안이다.

정답 ③

315
다음 설명 중 가장 적절하지 않은 것은? (판례)

① 인터넷 게시판 본인확인제는 인터넷이라는 매체에 글을 쓰고자 하는 자와 다른 매체에 글을 쓰는 자를 차별취급하고 있고, 이러한 차별취급에 관한 판단은 익명표현의 자유의 침해 여부에 관한 판단과 동일하다고 할 수 없다. 14법행
② 인터넷 공간에서의 익명표현이 부작용을 초래할 우려가 있다 하더라도 그것이 갖는 헌법적 가치에 비추어 강하게 보호되어야 한다. 14법행
③ '익명표현'은 표현의 자유를 행사하는 하나의 방법으로서 그 자체로 규제되어야 하는 것은 아니고, 부정적 효과가 발생하는 것이 예상되는 경우에 한하여 규제될 필요가 있다. 22경찰1차/23경승
④ 인터넷 게시판 본인확인제는 건전한 인터넷 문화를 조성하기 위한 것으로서 정당한 목적 달성에 기여하는 적합한 수단이다. 14법행
⑤ 인터넷게시판을 운영하는 정보통신서비스 제공자에게 본인확인절차를 거쳐야만 게시판을 이용할 수 있도록 한 '본인확인제'는 위헌이다. 18국회8

해설
① (×) 청구인 등이 주장하는 차별취급은 익명표현의 자유의 침해 여부에 관한 판단과 동일하다고 할 것이므로 별도로 판단하지 아니한다. (헌재 2012. 8. 23. 2010헌마47)
② (○) (헌재 2012. 8. 23. 2010헌마47)
③ (○) (헌재 2021. 1. 28. 2018헌마456)
④ (○) 본인확인제의 적용범위를 광범위하게 정하여 침해의 최소성이 인정되지 아니한다. 또한 법익의 균형성도 인정되지 않는다. (헌재 2012. 8. 23. 2010헌마47) 〈주〉 목적과 수단은 정당하나, 최소침해와 법익균형을 위반하였다.
⑤ (○) (헌재 2012. 8. 23. 2010헌마47)

정답 ①

316
다음 설명 중 가장 적절한 것은? (판례)

① 인터넷언론사의 공개된 게시판, 대화방에서 스스로의 의사에 의하여 정당 후보자에 대한 지지·반대의 글을 게시하는 행위는 양심의 자유나 사생활비밀의 자유에 의하여 보호되는 영역이라고 할 것이다. 14법행
② 인터넷 언론사에 대하여 선거운동기간 중 당해 인터넷홈페이지 게시판·대화방 등에 정당 후보자에 대한 지지·반대의 글을 게시할 수 있도록 하는 경우 실명을 확인받도록 하는 기술적 조치를 할 의무를 부과한 구 공직선거법은 표현의 자유를 침해하지 않는다. 18법행
③ 인터넷게시판을 설치·운영하는 정보통신서비스 제공자에게 본인확인조치의무를 부과하여 게시판 이용자로 하여금 본인확인절차를 거쳐야만 게시판을 이용할 수 있도록 규정한 것은 인터넷게시판 이용자의 표현의 자유와 인터넷게시판을 운영하는 정보통신서비스 제공자의 언론의 자유를 침해한다. 15지방7
④ 실명인증자료의 보관 및 제출의무는 개인의 인적정보를 수집할 목적으로 규정된 조항이 아니므로, 개인정보를 대상으로 한 개인정보 자기결정권에 대한 제한은 아니다. 14법행

해설
① (×) 양심의 자유나 사생활 비밀의 자유에 의하여 보호되는 영역이라고 할 수 없다. (헌재 2010. 2. 25. 2008헌마324) 〈주〉 표현의 자유로 보호되는 영역이다.
② (×) 과잉금지원칙에 반하여 인터넷언론사 홈페이지 게시판 등 이용자의 익명표현의 자유와 개인정보자기결정권, 인터넷언론사의 언론의 자유를 침해한다. (헌재 2021. 1. 28. 2018헌마456)
③ (○) (헌재 2012. 8. 23. 2010헌마47)
④ (×) 게시판 등 이용자의 익명표현의 자유 및 개인정보자기결정권과 인터넷언론사의 언론의 자유를 침해한다. (헌재 2021. 1. 28. 2018헌마456)

정답 ③

7. 선거, 음란, 명예훼손 등

317
설명 중 가장 적절하지 않은 것은? (판례)

① 헌법 제21조 제4항 전문은 "언론·출판은 타인의 명예나 권리 또는 공중도덕이나 사회윤리를 침해하여서는 아니 된다."라고 규정하고 있는바, 이는 헌법상 표현의 자유의 보호영역에 대한 한계를 설정한 것이라고 보아야 한다. 22경찰1차
② 선거운동기간 중 모든 익명표현을 사전적·포괄적으로 규율하는 것은 표현의 자유보다 행정편의와 단속편의를 우선함으로써 익명표현의 자유와 개인정보자기결정권 등을 지나치게 제한한다. 21국가7
③ 지역농협 이사 선거의 경우 전화(문자메시지를 포함한다)·컴퓨터통신(전자우편을 포함한다)을 이용한 지지 호소의 선거운동방법을 금지하고, 이를 위반한 자를 형사처벌하도록 한 구「농업협동조합법」조항은 표현의 자유를 침해한다. 21경승
④ 지역농협 이사 선거의 경우 전화·컴퓨터 통신을 이용한 지지 호소의 선거운동방법을 금지하고, 이를 위반한 자를 처벌하는 것은 해당 선거 후보자의 결사의 자유와 표현의 자유를 침해한다. 17국가7

[해설]
① (✕) 헌법 제21조 제4항 전문은 언론·출판의 자유에 따르는 책임과 의무를 강조하는 동시에 언론·출판의 자유에 대한 제한의 요건을 명시한 규정일 뿐, 헌법상 표현의 자유의 보호영역에 대한 한계를 설정한 것이라고 볼 수는 없으므로, 공연한 사실의 적시를 통한 명예훼손적 표현 역시 표현의 자유의 보호영역에 해당한다. (헌재 2021. 2. 25. 2017헌마1113)
② (○) (헌재 2021. 1. 28. 2018헌마456) 〈주〉 선거운동기간 중 인터넷 게시판 실명확인 사건이다.
③ (○) (헌재 2016. 11. 24. 2015헌바62)
④ (○) (헌재 2016. 11. 24. 2015헌바62)

[정답] ①

318
다음 설명 중 가장 적절하지 않은 것은? (판례)

① 새마을금고의 임원선거와 관련하여 법률에서 정하고 있는 방법 외의 방법으로 선거운동을 할 수 없도록 하고 이를 위반한 경우 형사처벌 하도록 정하고 있는 새마을금고법규정은 표현의 자유를 침해하지 않는다. 19서울
② 누구든지 정보통신망을 통하여 '그 밖에 범죄를 목적으로 하거나 교사 또는 방조하는 내용의 정보'를 유통하여서는 아니 된다는 법률규정은, 수범자의 예견가능성을 해하거나 행정기관의 자의적 집행을 가능하게 할 정도로 불명확하다고 할 수 없다. 13국가7
③ "음란"이란 인간존엄 내지 인간성을 왜곡하는 노골적이고 적나라한 성표현으로서 오로지 성적 흥미에만 호소할 뿐 전체적으로 보아 하등의 문학적, 예술적, 과학적 또는 정치적 가치를 지니지 않은 것으로서, 음란한 표현은 언론·출판의 자유의 보호영역에 포함되지 아니한다. 20법무
④ 헌법 제21조 제4항은 "언론·출판은 타인의 명예나 권리 또는 공중도덕이나 사회윤리를 침해하여서는 아니 된다."고 규정하고 있는바, 이는 언론·출판의 자유에 따르는 책임과 의무를 강조하는 동시에 언론·출판의 자유에 대한 제한의 요건을 명시한 규정으로 볼 것이고, 헌법상 표현의 자유의 보호영역 한계를 설정한 것이라고는 볼 수 없기 때문에, 음란표현도 헌법 제21조가 규정하는 언론 출판의 자유의 보호영역에는 해당하되, 다만 헌법 제37조 제2항에 의하여 제한할 수 있는 것이다. 17국가7

[해설]
① (○) (헌재 2018. 2. 22. 2016헌바364).
② (○) (헌재 2012. 2. 23. 2008헌마500)
③ (✕) 음란표현은 헌법 제21조가 규정하는 언론·출판의 자유의 보호영역 내에 있다. (헌재 2009. 5. 28. 2006헌바109)
④ (○) (헌재 2009. 5. 28. 2006헌바109)

[정답] ③

319
다음 설명 중 가장 적절한 것은? (판례)

① 음란표현은 사회의 건전한 성도덕을 크게 해칠 뿐만 아니라 사상의 경쟁메커니즘에 의해서도 그 해악이 해소되기 어려워 언론·출판의 자유의 보호영역에 해당하지 않는 반면, 저속한 표현은 이러한 정도에 이르지 않는 성표현 등을 의미하는 것으로서 헌법적인 보호영역 안에 있다. 21법원

② '음란표현'은 헌법상 언론 출판의 자유의 보호영역 밖에 있다고 보아야 한다. 22경찰1차

③ '음란'은 사상의 경쟁메커니즘에 의해서도 그 해악이 해소되기 어려워 언론·출판의 자유에 의한 보장을 받지 않는 반면, '저속'은 헌법적인 보호영역 안에 있다. 17국가7

④ 출판사 등록취소 사유로서 '저속'의 개념은 그 적용범위가 매우 광범위할 뿐만 아니라 법관의 보충적인 해석에 의한다 하더라도 그 의미내용을 확정하기 어려울 정도로 매우 추상적이어서 명확성 원칙에 위배된다. 18행시

해설

① (✗) 이 사건 법률조항의 음란표현은 헌법 제21조가 규정하는 언론·출판의 자유의 보호영역 내에 있다. (헌재 2009. 5. 28. 2006헌바109) 〈주〉 음란과 저속 모두 헌법적 보호영역 안에 있다.

② (✗) 음란표현은 헌법 제21조가 규정하는 언론·출판의 자유의 보호영역 내에 있다. (헌재 2009. 5. 28. 2006헌바109)

③ (✗) 이 사건 법률조항의 음란표현은 헌법 제21조가 규정하는 언론·출판의 자유의 보호영역 내에 있다. (헌재 2009. 5. 28. 2006헌바109)

④ (○) "저속"의 개념에는 출판사등록이 취소되는 성적 표현의 하한이 열려 있기 때문에 출판을 하고자 하는 자는 어느 정도로 자신의 표현내용을 조절해야 되는지를 도저히 알 수 없도록 되어 있어 명확성의 원칙 및 과도한 광범성의 원칙에 반한다. (헌재 1998. 4. 30. 95헌가16)

정답 ④

320
다음 설명 중 가장 적절하지 않은 것은? (판례)

① 저속한 간행물의 출판을 전면적으로 금지시키고 출판사의 등록을 취소시킬 수 있도록 하는 것은 청소년보호를 위해 지나치게 과도한 수단을 선택한 것으로 성인의 알권리를 침해한다. 18서울

② '공공의 안녕질서 또는 미풍양속을 해하는'이라는 불온통신의 개념을 전제로 하여 규제를 가하는 것은 규제되는 표현의 내용이 명확하지 아니하여 명확성의 원칙에 위배되며, 표현의 자유를 지나치게 광범위하게 포괄적으로 제한함으로써 과잉금지의 원칙에도 위배된다. 06사시

③ 비방할 목적으로 정보통신망을 이용하여 공공연하게 사실을 드러내어 다른 사람의 명예를 훼손한 자를 처벌하는 법률규정은, 허위의 명예나 과장된 명예를 보호하기 위하여 표현의 자유에 대한 심대한 위축효과를 발생시키기 때문에 과잉금지원칙을 위반하여 표현의 자유를 침해한다. 17국가7

④ 허위사실표현도 헌법 제21조가 규정하는 언론·출판의 자유의 보호영역에 해당한다. 17국회9

해설

① (○) 청소년보호라는 명목으로 성인이 볼 수 있는 것까지 전면 금지시킨다면 이는 성인의 알권리의 수준을 청소년의 수준으로 맞출 것을 국가가 강요하는 것이어서 성인의 알권리까지 침해하게 된다. (헌재 1998. 4. 30. 95헌가16)

② (○) (헌재 2002. 6. 27. 99헌마480)

③ (✗) 심판대상조항은 과잉금지원칙을 위반하여 표현의 자유를 침해하지 않는다. (헌재 2016. 2. 25. 2013헌바105)

④ (○) '허위사실의 표현'도 헌법 제21조가 규정하는 언론출판의 자유의 보호영역에는 해당하되, 다만 헌법 제37조 제2항에 따라 제한될 수 있는 것이다. (헌재 2010. 12. 28. 2008헌바157)

정답 ③

321

다음 설명 중 가장 적절하지 않은 것은? (판례)

① 공익을 해할 목적의 허위의 통신을 금지하는 전기통신기본법 규정에서의 '공익'은 형벌조항의 구성요건으로서 구체적인 표지를 정하고 있는 것이 아니며, 그 의미가 불명확하고 추상적인 것이어서 명확성의 원칙에 위배된다. 18국회9/23 경찰1

② 공공의 이익의 기초가 되는 표현의 자유권 또한 헌법상 보장된 권리로서 인간의 존엄과 가치에 기초한 피해자의 명예(인격권)에 못지 아니할 정도로 보호되어야 할 중요한 권리이기 때문에 전자가 후자보다 중하기만 하면 위법성조각사유로서 정당성이 충족된다고 보는 것이 타당하다. 11국회8

③ 공직자의 공무집행에 관하여는 허위의 사실보도라 하더라도 그것이 언론사의 현실적 악의에 의한 것임을 원고가 입증하지 못하면 언론사에 대하여 징벌적 손해배상책임을 물을 수 없다는 것이 대법원의 판례이다. 06행시

④ 유인물 등에 표현된 내용이 타인의 명예를 훼손하는 것이고, 그것이 진실한 사실이라는 증명이 없다 하더라도 그 행위자가 동 사실을 진실하다고 믿은 데 상당한 이유가 있는 경우에는 불법행위가 성립하지 아니한다는 것이 대법원의 판례이다. 06행시

해설

① (○) (헌재 2010. 12. 28. 2008헌바157)
② (○) 이익교량은 일반적으로 우월한 가치가 다른 쪽보다 중하기만 하면 되는 것이지 현저히 중하여야만 하는 것은 아니다. (대법원 1996. 6. 28. 96도977)
③ (×) [1] 공공의 이익을 위한 것일 때에는 적시된 사실이 진실이라는 증명이 있거나 그 증명이 없다 하더라도 행위자가 그것을 진실이라고 믿었고 또 그렇게 믿을 상당한 이유가 있으면 위법성이 없다고 보아야 할 것이나,
[2] 그에 대한 입증책임은 어디까지나 명예훼손 행위를 한 방송 등 언론매체에 있다. (대법원 2004. 2. 27. 2001다53387)
④ (○) (대법원 2004. 2. 27. 2001다53387)

 정답 ③

322

다음 설명 중 가장 적절하지 않은 것은? (판례)

① 공직자의 도덕성, 청렴성에 대하여는 국민과 정당의 감시기능이 필요함에 비추어, 그 점에 관한 정당대변인의 의혹제기는 악의적이거나 현저히 상당성을 잃은 공격이 아닌 한 쉽게 책임을 추궁하여서는 아니 된다는 것이 대법원의 판례이다. 06행시

② 공직자의 공무집행과 직접적인 관련이 없는 개인적인 사생활에 관한 사실이라도 일정한 경우 공적인 관심 사안에 해당할 수 있고, 공직자의 자질·도덕성·청렴성에 관한 사실은 그 내용이 개인적인 사생활에 관한 것이라 할지라도 순수한 사생활의 영역에 있다고 보기 어려우므로 이에 대한 문제제기 내지 비판은 허용되어야 한다. 19국회8

③ 정보통신망 이용촉진 및 정보보호 등에 관한 법률 조항 중 '공포심이나 불안감을 유발하는 문언을 반복적으로 상대방에게 도달하게 한 자' 부분은, 정보 수신자가 불안감이나 공포심을 실제로 느꼈는지 여부와 상관없이 정보를 보낸 사람을 처벌 가능한 것으로 해석할 수 있어, 그 처벌 대상이 무한히 확장될 가능성이 있으므로 명확성원칙에 위배되어 표현의 자유를 침해한다. 19국회8

④ 신문보도의 명예훼손적 표현의 피해자가 공적 인물인지 사인(私人)인지, 그 표현이 공적 관심사안에 관한 것인지 순수한 사적 영역에 속하는 것인지에 따라 헌법적 심사기준에 차이가 있어야 한다는 것이 헌법재판소의 판례이다. 06행시

해설

① (○) (대법원 2003. 7. 8. 2002다64384)
② (○) (헌재 2013. 12. 26. 2009헌마747)
③ (×) '공포심이나 불안감을 유발하는 문언을 반복적으로 도달하게 한 행위'란 명확성원칙에 위배되지 않는다. (헌재 2016. 12. 29. 2014헌바434)
④ (○) (대법원 2003. 7. 8. 2002다64384)

 정답 ③

8. 기타 판례

323
설명 중 가장 적절하지 않은 것은? (판례)

① 공포심이나 불안감을 유발하는 문언을 반복적으로 상대방에게 도달하게 한 자를 형사처벌하도록 한 「정보통신망 이용촉진 및 정보보호 등에 관한 법률」 조항은 표현의 자유를 침해하지 않는다. 21경승
② 금융지주회사법 제48조의3 제2항 중 금융지주회사의 임·직원이 업무상 알게 된 공개되지 아니한 정보 또는 자료를 다른 사람에게 누설하는 것을 금지하는 부분은 표현의 자유를 침해하지 않는다. 19국회8
③ '법관이 그 품위를 손상하거나 법원의 위신을 실추시킨 경우'를 징계사유로 하는 법률규정은 '품위 손상', '위신 실추'와 같은 추상적인 용어를 사용하여 그 적용범위가 지나치게 광범위하거나 포괄적이어서 법관의 표현의 자유를 과도하게 제한한다고 볼 수 있다. 19서울
④ 검사의 '혐의 없음' 처분을 받은 피의자에 관한 수사경력에 관한 전산자료를 형의 실효 등에 관한 법률에 의하여 5년간 보존하는 것은 과잉제한금지원칙에 위반되지 않는다. 14국회8

해설

① (O) (헌재 2016. 12. 29. 2014헌바434)
② (O) 수범자를 제한하고 있고, 그들이 업무상 알게 된 정보 및 자료의 누설만을 금지하고 있다. 따라서 표현의 자유를 침해하지 아니한다. (헌재 2017. 8. 31. 2016헌가11)
③ (×) 적용범위가 지나치게 광범위하거나 포괄적이어서 법관의 표현의 자유를 과도하게 제한한다고 볼 수 없어 <u>과잉금지원칙에 위배되지 아니한다</u>. (헌재 2012. 2. 23. 2009헌바34)
④ (O) (헌재 2009. 10. 29. 2008헌마257)

정답 ③

324
다음 설명 중 옳은 것을 모두 고른 것은? (판례)

㉠ 긴급조치 제1호는 유신헌법을 부정하거나 반대하고 폐지를 주장하는 행위 중 실제로 국가의 안전보장과 공공의 안녕질서에 대한 심각하고 중대한 위협이 명백하고 현존하는 경우 이외에도, 국가긴급권의 발동이 필요한 상황과는 전혀 무관하게 헌법과 관련하여 자신의 견해를 단순하게 표명하는 행위까지 모두 처벌하고 처벌의 대상이 되는 행위를 구체적으로 특정할 수 없으므로 표현의 자유를 침해한다. 16사시
㉡ 이적단체를 찬양·고무·동조하는 내용이 일기(日記)에 포함되어 있다 하더라도 이것이 실정법상의 처벌사유에 해당한다는 이유로 처벌할 수 없다는 것이 대법원의 판례이다. 02사시
㉢ 대한민국을 모욕할 목적으로 국기를 훼손하는 행위를 처벌하도록 한 것은 표현의 방법이 아닌 표현의 내용에 대한 규제이므로 표현의 자유를 침해한다. 20국회9

① ㉠
② ㉠ ㉡
③ ㉡ ㉢
④ ㉠ ㉡ ㉢

해설

㉠ (O) 죄형법정주의의 명확성 원칙에 위배되며, 국민의 헌법개정권력의 행사와 관련한 참정권, 국민투표권, 영장주의 및 신체의 자유, 법관에 의한 재판을 받을 권리 등을 침해한다. (헌재 2013. 3. 21. 2010헌바70)
㉡ (O) 일기라는 것은 작성자가 보고 듣고 느낀 자기 개인의 생활체험을 자기 자신만이 간직하기 위해서 작성되는 작성자 자신에 대한 것이고 타인에 대하여 작성되는 것이 아니므로 그 내용이 반공법 4조 1항에 해당되는 사실이라고 하더라도 처벌할 수 없다고 할 것이다. (대법원 1975. 12. 9. 73도3392)
㉢ (×) 과잉금지원칙에 위배되어 청구인의 표현의 자유를 침해한다고 볼 수 없고, 표현의 자유의 본질적 내용을 침해한다고도 할 수 없다. (헌재 2019. 12. 27. 2016헌바96) 〈주〉 형법상 국가모독죄는 위헌이지만 국기모독죄는 합헌이므로 주의한다.

정답 ②

제4항 집회·결사의 자유

1. 집회의 자유의 내용

325

다음 설명 중 가장 적절한 것은? (판례)

① 집회란 다수인이 일정한 장소에서 공동목적을 가지고 회합하는 일시적인 결합체를 의미하기 때문에 2인이 모인 집회는 집회 및 시위에 관한 법률의 규제대상이 되지 않는다. 16국가7
② 집회는 일정한 장소를 전제로 하여 특정 목적을 가진 다수인이 일시적으로 회합하는 것을 말하는 것으로, 여기서의 다수인이 가지는 공동의 목적은 '내적인 유대 관계'로 족하지 않고 공통의 의사형성과 의사표현이라는 공동의 목적이 포함되어야 한다. 16변시/21경승/23경찰1
③ 집회 및 시위에 관한 법률상 사방이 폐쇄되어 있으나 천장이 없는 장소에서 여는 집회는 옥외집회가 아니다. 15법행
④ 시위의 자유도 집회의 자유를 규정한 헌법 제21조 제1항에 의해 보호된다. 18입시

[해설]
① (×) 2인이 모인 집회도 규제 대상이 된다고 보아야 한다. (대법원 2012. 5. 24., 2010도11381)
② (×) 공동의 목적은 '내적인 유대 관계'로 족하다고 할 것이다. (헌재 2009. 5. 28. 2007헌바22)
③ (×) "옥외집회"란 천장이 없거나 사방이 폐쇄되지 아니한 장소에서 여는 집회를 말한다.
④ (○) (헌재 2005. 11. 24. 2004헌가17)

[정답] ④

326

다음 설명 중 가장 적절하지 않은 것은? (판례)

① 여러 사람이 번갈아 참여하는 1인 릴레이 시위는 집회 및 시위에 관한 법률상의 시위에 해당하지 않는다. 11법행
② 자유로이 통행할 수 없는 대학구내에서의 시위는 그것이 불특정다수인의 의견에 영향을 가하는 것일지라도 집회 및 시위에 관한 법률상의 규제대상이 되지 않는다. 11지방7/22경채
③ 헌법이 명시적으로 밝히고 있는 것은 아니지만, 집회의 자유의 보장 대상은 평화적, 비폭력적 집회에 한정된다. 15법행
④ 우리 헌법상 집회의 자유에 의해 보호되는 것은 오로지 평화적 또는 비폭력적 집회에 한정된다. 21경승/22경채

[해설]
① (○) 1인 시위는 다수인을 전제로 한 집회 및 시위에 관한 법률 제2조 제2호의 '시위' 개념에는 포함된다고 볼 수 없으므로, 집회 및 시위에 관한 법률상의 제한을 받지 아니한다(서울지법 2003. 5. 21. 2002나60701).
② (×) 공중이 자유로이 통행할 수 없는 장소인 대학구내에서의 시위도 그것이 불특정다수인의 의견에 영향을 가하는 것이라면 바로 집시법상의 시위로서 집시법의 규제대상이 되는 것이다. (헌재 1994. 4. 28. 91헌바14)
③ (○) (헌재 2003. 10. 30. 2000헌바67)
④ (○) 우리 헌법상 집회의 자유에 의하여 보호되는 것은 오로지 '평화적' 또는 '비폭력적' 집회에 한정되는 것이므로 집회의 자유를 빙자한 폭력행위나 불법행위 등은 헌법적 보호범위를 벗어난 것인 만큼, 형법, '폭력행위 등 처벌에 관한 법률', 도로교통법 등에 의하여 형사처벌되거나 민사상의 손해배상책임 등에 의하여 제재될 수 있다. (헌재 2014. 3. 27. 2010헌가2)

[정답] ②

327

다음 설명 중 가장 적절하지 않은 것은? (판례)

① 집회의 자유는 표현의 자유와 더불어 민주적 공동체가 기능하기 위하여 불가결한 근본요소에 속하므로, 폭력을 사용한 의견의 강요라고 하여 헌법적으로 보호되지 않는다 볼 수 없다. 21국회9/23경승
② 평화적 집회는 옥외집회든 비공개집회든 장소이동의 집회든지 헌법상 보호된다. 11국회8
③ 국회의 헌법적 기능을 무력화시키거나 저해할 우려가 있는 집회를 금지하는 조항은 집회의 자유를 침해하지 않는다. 18국회9
④ 집회의 자유는 집회의 시간, 장소, 방법과 목적을 스스로 결정할 권리, 즉 집회를 하루 중 언제 개최할지 등 시간 선택에 대한 자유와 어느 장소에서 개최할지 등 장소 선택에 대한 자유를 내포하고 있다. 21경승

해설

① (×) 우리 헌법상 집회의 자유에 의하여 보호되는 것은 오로지 '평화적' 또는 '비폭력적' 집회에 한정된다. (헌재 2003. 10. 30. 2000헌바67)
② (○) 우리 헌법상 집회의 자유에 의하여 보호되는 것은 오로지 '평화적' 또는 '비폭력적' 집회에 한정된다. (헌재 2003. 10. 30. 2000헌바67)
③ (○) 헌법기관인 국회의 기능을 보호하는 것이 매우 특별한 중요성을 지닌 공익에 해당함은 의심의 여지가 없으나, 이 사건 법률조항은 위에서 살펴 본 바와 같이 국회의 기능을 무력화시키거나 저해할 우려가 있는 집회를 금지하는 데 머무르지 않고, 그 밖의 평화적이고 정당한 집회까지 전면적으로 제한하는 것으로 과잉금지원칙을 위반하여 헌법에 위반된다. (헌재 2009. 12. 29. 2006헌바20) 〈주〉 헌법적 기능을 무력화시키는 집회, 즉 위헌적 집회의 금지는 합헌이다.
④ (○) (헌재 2003. 10. 30. 2000헌바67)

정답 ①

328

다음 설명 중 가장 적절하지 않은 것은? (판례)

① 집회·시위장소는 집회·시위의 목적을 달성하는 데 있어서 매우 중요한 역할을 수행하는 경우가 많기 때문에 장소선택의 자유는 집회·시위의 자유의 한 실질을 형성한다. 17국회9
② 집회의 자유에는 집회의 장소를 스스로 결정할 장소선택의 자유도 포함된다. 18입시
③ 집회의 자유에는 집회를 통하여 형성된 의사를 집단적으로 표현하는 데 그치고, 이를 통하여 불특정 다수인의 의사에 영향을 줄 자유까지를 포함하지는 않는다. 15법행
④ 집회의 자유는 개인이 집회에 참가하는 것을 방해하거나 또는 집회에 참가할 것을 강요하는 국가행위를 금지한다. 17행시

해설

① (○) (헌재 2005. 11. 24. 2004헌가17)
② (○) 집회의 자유에 의하여 구체적으로 보호되는 주요행위는 집회의 준비 및 조직, 지휘, 참가, 집회장소·시간의 선택이다. 주최자는 집회의 대상, 목적, 장소 및 시간에 관하여, 참가자는 참가의 형태와 정도, 복장을 자유로이 결정할 수 있다. (헌재 2003. 10. 30. 2000헌바67)
③ (×) 집회의 자유는 집회를 통하여 형성된 의사를 집단적으로 표현하고 이를 통하여 불특정 다수인의 의사에 영향을 줄 자유를 포함한다. (헌재 2005. 11. 24. 2004헌가17)
④ (○) 집회의 자유는 개인이 집회에 참가하는 것을 방해하거나 또는 집회에 참가할 것을 강요하는 국가행위를 금지할 뿐만 아니라, 예컨대 집회장소로의 여행을 방해하거나, 집회장소로부터 귀가하는 것을 방해하거나, 집회참가자에 대한 검문의 방법으로 시간을 지연시킴으로써 집회장소에 접근하는 것을 방해하는 등 집회의 자유행사에 영향을 미치는 모든 조치를 금지한다. (헌재 2003. 10. 30. 2000헌바67)

정답 ③

329

다음 설명 중 가장 적절하지 않은 것은? (판례)

① 집회의 자유는 국가가 개인의 집회참가행위를 감시하고 그에 대한 정보를 수집함으로써 집회에 참가하고자 하는 자로 하여금 불이익을 두려워하여 미리 집회참가를 포기하도록 집회 참가의사를 약화시키는 것 등 집회의 자유의 행사에 영향을 미치는 모든 조치를 금지한다. 17변시

② 집회장소로부터 귀가를 방해하거나 참가자에 대한 검문방법으로 시간을 지연하여 집회장소에 접근을 방해하는 등 집회와 관련하여 제3자나 참가자의 행동의 자유를 제한하는 조치는 허용된다. 11국회8

③ 헌법재판소의 결정에 따라 해산된 정당의 목적을 달성하기 위한 집회 또는 시위를 주최하는 행위는 금지된다. 15법원

④ 집회의 자유는 민주정치에 있어 필수의 전제가 되는 것이므로 그 보장이 절실히 요구된다. 17법행

해설

① (O) (헌재 2003. 10. 30. 2000헌바67)
② (X) 예컨대 집회장소로의 여행을 방해하거나, 집회장소로부터 귀가하는 것을 방해하거나, 집회참가자에 대한 검문의 방법으로 시간을 지연시킴으로써 집회장소에 접근하는 것을 방해하는 등 집회의 자유행사에 영향을 미치는 모든 조치를 금지한다. (헌재 2003. 10. 30. 2000헌바67)
③ (O) 집회 및 시위에 관한 법률 제5조 제1항 제1호. 헌법재판소의 결정에 따라 해산된 정당의 목적을 달성하기 위한 집회 또는 시위를 주최하여서는 아니 된다.
④ (O) 집회 및 시위의 자유는 민주정치에 있어서 필수의 전제가 되는 것이므로 그 보장이 절실히 요구된다고 하겠으나 동 자유를 행사함에 있어서는 그 본질상 집단적 성격을 띠고 일정한 개최 장소를 필요로 하며 이로 인한 교통의 혼잡과 일반시민의 불편 등 타인의 자유와 권리를 침해할 가능성이 높은 내제적 한계를 지니고 있으므로 이를 합리적으로 제한할 필요가 있다. (헌재 1992. 1. 28. 89헌가8)

정답 ②

330

다음 설명 중 옳은 것을 모두 고른 것은? (판례)

㉠ 집회의 자유는 개인의 인격발현의 요소이자 민주주의를 구성하는 요소라는 이중적 헌법적 기능을 가지고 있다. 17행시
㉡ 헌법이 집회의 자유를 보장한 것은 관용과 다양한 견해가 공존하는 다원적인 '열린사회'에 대한 헌법적 결단이라고 할 수 있다. 17법원
㉢ 집회의 자유에는 집회를 방해할 의도로 집회에 참가할 자유도 포함된다. 18입시
㉣ 집회의 자유는 집권세력에 대한 정치적 반대의사를 공동으로 표명하는 효과적인 수단으로서 현대사회에서 언론매체에 접근할 수 없는 소수집단에게 그들의 권익과 주장을 옹호하기 위한 적절한 수단을 제공한다. 18법행
㉤ 집회의 자유는 타인과의 의견교환을 통하여 공동으로 인격을 발현하는 자유를 보장하는 기본권이자 동시에 국가권력에 의하여 개인이 타인과 사회공동체 고립되는 것으로부터 보호하는 기본권이다. 18법행

① ㉠ ㉡ ㉢ ㉣ ㉤
② ㉠ ㉡ ㉢ ㉣
③ ㉠ ㉡ ㉣ ㉤
④ ㉡ ㉢ ㉣

해설

㉠ (O) (헌재 2003. 10. 30. 2000헌바67)
㉡ (O) (헌재 2009. 9. 24. 2008헌가25)
㉢ (X) 집회를 방해할 의도로 집회에 참가하는 것은 보호되지 않는다. (헌재 2003. 10. 30. 2000헌바67)
㉣ (O) (헌재 2003. 10. 30. 2000헌바67)
㉤ (O) (헌재 2003. 10. 30. 2000헌바67)

정답 ③

331
다음 설명 중 옳은 것을 모두 고른 것은? (판례)

㉠ 집회를 통하여 국민들이 자신의 의견과 주장을 집단적으로 표명함으로써 여론의 형성에 영향을 미친다는 점에서, 집회의 자유는 표현의 자유와 더불어 민주적 공동체가 기능하기 위하여 불가결한 근본요소에 속한다. 18법행

㉡ 집회의 자유는 개성신장과 아울러 여론형성에 영향을 미칠 수 있게 하여 동화적 통합을 촉진하는 기능을 가지며, 나아가 정치·사회현상에 대한 불만과 비판을 공개적으로 표출케 함으로써 정치적 불만세력을 사회적으로 통합하여 정치적 안정에 기여하는 역할을 한다. 16변시

㉢ 헌법은 집회의 자유를 국민의 기본권으로 보장함으로써, 평화적 집회 그 자체는 공공의 안녕질서에 대한 위험이나 침해로서 평가되어서는 아니 되며, 개인이 집회의 자유를 집단적으로 행사함으로써 불가피하게 발생하는 일반대중에 대한 불편함이나 법익에 대한 위험은 보호법익과 조화를 이루는 범위 내에서 국가와 제3자에 의하여 수인되어야 한다는 것을 규정하고 있는 것이다. 18법행

㉣ 집회의 자유는 국가에 대한 방어권으로서 집회의 주체, 주관, 진행, 참가 등에 관하여 국가권력의 간섭이나 방해를 배제할 수 있는 주관적 권리로서의 성격과 사회공동체에 있어서 불가결한 객관적 가치질서로서의 성격을 갖는다. 14서울

① ㉠ ㉡ ㉢ ㉣
② ㉠ ㉡ ㉢
③ ㉡ ㉢ ㉣
④ ㉢ ㉣

해설
㉠ (O) (헌재 2003. 10. 30. 2000헌바67)
㉡ (O) (헌재 2014. 4. 24. 2011헌가29)
㉢ (O) (헌재 2003. 10. 30. 2000헌바67)
㉣ (O) (헌재 2016. 9. 29. 2014헌가3) 〈주〉 기본권의 이중성이다.

[정답] ①

2. 허가제 절대금지

332
다음 설명 중 가장 적절하지 않은 것은? (판례)

① 집회에 대한 허가제는 절대적으로 금지된다. 16법원
② 입법자가 법률로써 일반적으로 집회를 제한하는 경우에는 헌법 제21조 제2항이 규정하고 있는 사전허가금지에 해당한다. 15국회9
③ 헌법 제21조 제2항은, 집회에 대한 허가제는 집회에 대한 검열제와 마찬가지이므로 이를 절대적으로 금지하겠다는 헌법개정 권력자인 국민들의 헌법가치적 합의이며 헌법적 결단이다. 11국8
④ 집회에 대한 허가를 금지한 헌법 제21조 제2항은 기본권 제한에 관한 일반적 법률유보조항인 헌법 제37조 제2항에 앞서서, 우선적이고 제1차적인 위헌심사기준이 되어야 한다. 14국회8

해설
① (O) 헌법 제21조 제2항은, 집회에 대한 허가제는 집회에 대한 검열제와 마찬가지이므로 이를 절대적으로 금지하겠다는 헌법개정권력자인 국민들의 헌법가치적 합의이며 헌법적 결단이다. (헌재 2009. 9. 24. 2008헌가25)
② (X) 헌법 제21조 제2항의 '허가'는 '행정청이 주체가 되어 집회의 허용 여부를 사전에 결정하는 것'으로서 행정청에 의한 사전허가는 헌법상 금지되지만, 입법자가 법률로써 일반적으로 집회를 제한하는 것은 헌법상 '사전허가금지'에 해당하지 않는다. (헌재 2014. 4. 24. 2011헌가29)
③ (O) (헌재 2009. 9. 24. 2008헌가25)
④ (O) (헌재 2009. 9. 24. 2008헌가25)

[정답] ②

333

다음 설명 중 가장 적절하지 않은 것은? (판례)

① 집회에 대한 허가제를 금지한 「헌법」 제21조 제2항은 헌법 자체에서 직접 집회의 자유에 대한 제한의 한계를 명시하고 있으므로, 기본권 제한에 관한 일반적 법률유보조항인 「헌법」 제37조 제2항에 앞서서 우선적이고 제1차적인 위헌심사기준이 되어야 한다. 20경채

② 헌법이 금지하고 있는 집회에 대한 '허가는 행정권이 주체가 되어 집회 이전에 예방적 조처로서 집회의 내용·시간·장소 등을 사전에 심사하여 일반적인 집회금지를 특정한 경우에 해제함으로써 집회를 할 수 있게 하는 제도를 의미한다. 14국회8

③ 헌법에서 금지하고 있는 집회에 대한 허가는 입법권이 주체가 되어 집회의 내용·시간·장소 등을 사전심사하여 일반적인 집회금지를 특정한 경우에 해제함으로써 집회를 할 수 있게 하는 제도를 의미한다. 21경승

④ 헌법 제21조 제2항에 의하여 금지되는 '허가'는 '행정청이 주체가 되어 집회의 허용 여부를 사전에 결정하는 것으로 법률적 제한이 실질적으로 행정청의 허가 없는 옥외집회를 불가능하게 하는 것이라면 헌법상 금지되는 사전허가제에 해당하지만, 그에 이르지 아니하는 한 헌법 제21조 제2항에 반하는 것은 아니다. 16국가7

해설

① (O) (헌재 2009. 9. 24. 2008헌가25)
② (O) (헌재 2012. 3. 29. 2011헌바53)
③ (X) 헌법 제21조 제2항에서 금지하고 있는 '허가'는 행정권이 주체가 되어 집회 이전에 예방적 조처로서 집회의 내용·시간·장소 등을 사전심사하여 일반적인 집회금지를 특정한 경우에 해제함으로써 집회를 할 수 있게 하는 제도, 즉 허가를 받지 아니한 집회를 금지하는 제도를 의미한다. (헌재 2009. 9. 24. 2008헌가25)
④ (O) (헌재 2014. 4. 24. 2011헌가29)

정답 ③

334

다음 설명 중 가장 적절한 것은? (판례)

① 집회의 사전허가제는 헌법으로 금지되고, 현행법은 사전신고제로 하고 있다. 17법행

② '신고하지 아니한 시위에 대하여 관할 경찰관서장이 해산명령을 발한 경우에, 시위 참가자가 해산명령을 받고도 지체 없이 해산하지 아니한 행위'를 징역 또는 벌금·구류 또는 과료로 처벌하는 「집회 및 시위에 관한 법률」 조항이 해산명령의 발령 여부를 관할 경찰관서장의 재량에 맡기고 있는 것은 죄형법정주의의 법률주의에 위반된다. 23경승

③ 옥외집회에 대한 신고의무는 단순한 행정절차적 협조의무에 불과하고 그러한 협조의무의 이행은 과태료 등의 행정상 제재로도 충분히 확보 가능함에도 불구하고, 「집회 및 시위에 관한 법률」에서 징역형이 있는 형벌의 제재로 신고의무의 이행을 강제하는 것은 「헌법」 제21조 제2항에서 금지하고 있는 허가제에 해당한다. 20경채

④ 집회의 자유에 대한 신고제는 집회의 자유에 대한 일반적 금지가 원칙이고 예외적으로 행정권의 허가가 있을 때에만 이를 허용한다는 점에서 헌법이 금지하는 허가제와는 집회의 자유에 대한 이해와 접근방법의 출발점을 달리하고 있다. 14국회8

해설

① (O) (헌재 2014. 1. 28. 2011헌바174)
② (X) 심판대상조항은 죄형법정주의의 법률주의에 위반되지 아니한다. (헌재 2016. 9. 29. 2014헌바492)
③ (X) 집회에 대한 사전신고제도는 헌법 제21조 제2항의 사전허가금지에 위배되지 않는다. (헌재 2014. 1. 28. 2011헌바174)
④ (X) 헌법규정에서 금지하고 있는 '허가'제는 집회의 자유에 대한 일반적 금지가 원칙이고 예외적으로 행정권의 허가가 있을 때에만 이를 허용한다는 점에서, 집회의 자유가 원칙이고 금지가 예외인 집회에 대한 신고제와는 집회의 자유에 대한 이해와 접근방법의 출발점을 달리 하고 있는 것이다. (헌재 2009. 9. 24. 2008헌가25)

정답 ①

3. 집회의 제한

335
다음 설명 중 가장 적절하지 않은 것은? (판례)

① 집회의 자유는 집회의 시간, 장소, 방법과 목적을 스스로 결정할 권리를 포함하므로, 옥외집회를 야간에 주최하는 행위 역시 집회의 자유에 의해 보호되는 것이 원칙이다. 16법원

② 집회의 자유는 다수인이 집단적 형태로 의사를 표현하는 것이므로 공공의 질서 내지 법적 평화와 마찰을 일으킬 가능성이 상당히 높은 것이어서, 집회의 자유에 대한 일정 범위 내의 제한은 불가피하다. 14서

③ 민주적 기본질서에 위배되는 집회·시위를 금지하고 이에 위반한 자를 형사처벌하는 조항은 집회의 자유를 침해하지 않는다. 18국회9

④ 집회의 자유는 반드시 법률에 의하여만 제한될 수 있으므로 법률에 정해지지 않은 방법으로 이를 제한할 경우에는 그것이 과잉금지원칙에 위배되었는지 여부를 판단할 필요 없이 헌법에 위반된다. 09법행

[해설]

① (O) (헌재 2009. 9. 24. 2008헌가25)
② (O) (헌재 2009. 9. 24. 2008헌가25) 〈주〉 특히 교통방해의 경우 제한이 불가피하다.
③ (X) 규제대상인 집회·시위의 목적이나 내용을 구체적으로 적시하지 않은 채 헌법의 지배원리인 '민주적 기본질서'를 구성요건으로 규정하였을 뿐이다. 이와 같은 규율의 광범성으로 인하여 과잉금지원칙에 위배되어 집회의 자유를 침해한다. (헌재 2016. 9. 29. 2014헌가3)
④ (O) (헌재 2008. 5. 29. 2007헌마712)

[정답] ③

336
다음 설명 중 가장 적절하지 않은 것은? (판례)

① 집회의 자유는 개인의 사회생활과 여론형성 및 민주정치의 토대를 이루고 소수자의 집단적 의사표현을 가능하게 하는 중요한 기본권이기 때문에 단순히 위법행위의 개연성이 있다는 예상만으로 집회의 자유를 제한할 수는 없다. 14서울

② 민주적 기본질서에 위배되는 집회·시위를 금지하고 위반 시 형사처벌하는 것은 규율범위의 광범성으로 인하여, 집회·시위의 내용이나 목적이 민주적 기본질서에 조금이라도 위배되는 경우 처벌이 가능할 뿐 아니라 사실상 사회현실이나 정부정책에 비판적인 사람들의 집단적 의견표명 일체를 봉쇄하는 결과를 초래하므로 집회의 자유를 침해한다. 19변시

③ 집회의 금지와 해산은 원칙적으로 공공의 안녕질서에 대한 직접적인 위협이 명백하게 존재하는 경우에 한하여 허용될 수 있다. 17행시

④ 옥외집회나 시위가 사전신고한 범위를 뚜렷이 벗어나 질서를 유지할 수 없게 된 경우, 이에 대한 해산명령에 불응하는 자를 형사처벌하는 「집회 및 시위에 관한 법률」 규정은 집회의 자유를 침해한다. 20국회9

[해설]

① (O) (헌재 2009. 9. 24. 2008헌가25)
② (O) (헌재 2016. 9. 29. 2014헌가3)
③ (O) (헌재 2003. 10. 30. 2000헌바67)
④ (X) 심판대상조항이 달성하려는 공공의 안녕질서 유지 및 회복이라는 공익과 심판대상조항으로 인하여 제한되는 청구인들의 집회의 자유 사이의 균형을 상실하였다고 보기 어려우므로, 심판대상조항은 과잉금지원칙을 위반하여 집회의 자유를 침해한다고 볼 수 없다. (헌재 2016. 9. 29. 2015헌바309)
〈주〉 질서위반으로 규제하면 위헌이고, 위험이 명백하거나 뚜렷한 경우에 규제하면 합헌이다.

[정답] ④

337

다음 설명 중 가장 적절한 것은? (판례)

① 일출시간 전, 일몰시간 후의 옥외집회 또는 시위를 원칙적으로 금지하면서 다만 옥외집회의 경우 예외적으로 관할 경찰관서장이 허용할 수 있도록 한 조항은 헌법 제21조 제2항의 사전허가제금지에 위배되어 집회의 자유를 침해한다. 22경승

② 야간에 옥외집회 및 시위를 금지하는 집회 및 시위에 관한 법률 제10조는 해가 진 후부터 같은 날 24시까지의 옥외집회 또는 시위에 적용되는 한 헌법에 위반된다. 15국회9

③ 야간옥외집회를 시간적으로 또는 공간적·장소적으로 더 세분화하여 규제하는 것이 사실상 어렵고 특히 필요한 야간옥외집회의 경우에는 일정한 조건하에서 허용되므로, 야간옥외집회를 일반적으로 금지하고 예외적으로 허용하는 것은 침해의 최소성 및 법익균형성 원칙에 위배되지 않는다. 11지방7

④ 헌법재판소는 야간시위를 금지하는 조항에 대하여, 이미 보편화된 야간의 일상적인 생활의 범주에 속하는 시간대까지 이를 적용하는 것은 위헌을 면할 수 없으나, 헌법재판소가 그러한 시간대를 직접 특정하는 것은 입법부와의 권력분립 측면에서 적절하지 않다는 점을 들어 헌법불합치의 주문을 선고하였다. 15법원

해설

① (×) [1] '옥외집회에 대한 일반적인 사전허가'라고 볼 수 없다. [2] 이 사건 법률조항은 '일몰시간 후부터 같은 날 24시까지의 옥외집회 또는 시위'에 적용되는 한 헌법에 위반된다. (헌재 2014. 4. 24. 2011헌가29) 〈주〉 과잉금지원칙에 위반된다.

② (○) (헌재 2014. 3. 27. 2010헌가2) 〈주〉 한정위헌결정이다.

③ (×) 옥외집회가 금지되는 야간시간대를 광범위하게 정하지 않더라도 입법목적을 달성하는데 큰 어려움이 없다. (헌재 2009. 9. 24. 2008헌가25) 〈주〉 시간대 세분화는 어렵지 않으므로, 일반적 금지는 과잉금지원칙에 위반된다.

④ (×) '해가 진 후부터 같은 날 24시까지의 시위'에 적용하는 한 헌법에 위반된다. (헌재 2014. 3. 27. 2010헌가2) 〈주〉 헌법재판소가 시간대를 직접 특정하는 것이 "적절하지 않다"는 부분과 "헌법불합치" 부분이 틀렸다. 헌재는 한정위헌결정을 하였다.

정답 ②

338

다음 설명 중 가장 적절한 것은? (판례)

① 외교기관 인근에서의 집회가 다른 장소와 비교할 때 중요한 보호법익과의 충돌상황을 야기할 수 있다거나, 이로써 법익에 대한 침해로 이어질 개연성이 높다고는 할 수 없다. 17행시

② 외교기관의 경계 지점으로부터 반경 100미터 이내 지점에서의 집회 및 시위를 원칙적으로 금지하되 외교기관의 기능이나 안녕을 침해할 우려가 없다고 인정되는 예외적인 경우에 집회 및 시위를 허용하는 법률 조항은, 외교기관을 대상으로 하는 경우에는 그 경계지점으로부터 100미터 이내의 장소에서는 개별 집회·시위의 내용과 성질을 불문하고 일체의 집회·시위를 전면 금지하고 있는 것으로서 집회의 자유를 과도하게 침해하여 헌법에 위반된다. 16법원

③ 법관의 독립과 재판의 공정성 확보를 위하여 각급 법원의 경계 지점으로부터 100미터 이내의 장소에서 옥외집회와 시위를 전면적으로 금지하는 것은 집회의 자유를 침해한다. 19국회8

④ 각급 법원 인근에 집회·시위금지장소를 설정하는 것은 입법목적 달성을 위한 적합한 수단으로 볼 수 없다. 20법원

해설

① (×) 외교기관 인근에서의 집회는 일반적으로 다른 장소와 비교할 때 중요한 보호법익과의 충돌상황을 야기할 수 있고, 이로써 법익에 대한 침해로 이어질 개연성이 높다. (헌재 2010. 10. 28. 2010헌마111)

② (×) 이 사건 법률조항은 예외적인 경우에는 집회 및 시위를 허용하고 있는바, 침해의 최소성원칙에 반한다고 할 수 없다. (헌재 2010. 10. 28. 2010헌마111)

③ (○) (헌재 2018. 7. 26. 2018헌바137)

④ (×) 전면적으로 금지하는 것은 과잉금지원칙을 위반하여 집회의 자유를 침해한다. (헌재 2018. 7. 26. 2018헌바137) 〈주〉 목적의 정당성, 수단의 적합성은 인정된다. 침해의 최소성과 법익의 균형성을 위반하여 과잉금지원칙에 위반된다.

정답 ③

339

다음 설명 중 가장 적절하지 않은 것은? (판례)

① 국무총리 공관 경계지점으로부터 100미터 이내의 장소에서 옥외집회·시위를 전면적으로 금지하는 것은 집회의 자유를 침해한다. 19변시
② 재판에 영향을 미칠 염려가 있거나 미치게 하기 위한 집회 또는 시위를 금지하고 이를 위반한 자를 형사처벌하는 것은 사실상 재판과 관련된 집단적 의견표명 일체가 불가능하게 되어 집회의 자유를 실질적으로 박탈하는 결과를 초래하므로 집회의 자유를 침해한다. 19변시/23경승
③ 사법행정과 관련된 의사표시 전달을 목적으로 한 집회는 법관의 독립을 침해할 우려가 있으므로 금지되어야 한다. 20소방
④ 국회의 업무가 없는 '공휴일이나 휴회기 등에 행하여지는 집회'를 예외 없이 금지하는 것은 과도하게 집회의 자유를 제한하는 것이다. 20소방
⑤ 국무총리 공관으로부터 100미터 이내의 장소에서는 옥외집회 또는 시위를 하여서는 아니되지만 행진은 할 수 있다. 11법행

해설

① (O) (헌재 2018. 6. 28. 2015헌가28)
② (O) (헌재 2016. 9. 29. 2014헌가3)
③ (×) 누구든지 각급 법원의 경계 지점으로부터 100미터 이내의 장소에서 옥외집회 또는 시위를 할 경우 형사처벌한다고 규정한 '집회 및 시위에 관한 법률'은 집회의 자유를 침해한다. (헌재 2018. 7. 26. 2018헌바137)
④ (O) (헌재 2009. 12. 29. 2006헌바20)
⑤ (O) 집회 및 시위에 관한 법률 제11조 제4호. 〈주〉 행진은 그 장소에 머물지 않고 그저 지나가는 행위이므로 금지되지 않는다.

[정답] ③

4. 집시법의 주요내용

340

다음 설명 중 가장 적절하지 않은 것은? (판례)

① 옥외집회 또는 시위를 주최하고자 하는 자는 신고서를 옥외집회나 시위를 시작하기 720시간 전부터 48시간 전에 관할 경찰서장에게 제출하여야 한다. 11지방7
② 옥외집회를 주최하려는 자는 옥외집회 신고서를 관할경찰서장에게 제출하여야 하며, 신고한 옥외집회를 하지 아니하게 된 경우에는 신고서에 적힌 집회 일시 24시간 전에 그 철회사유 등을 적은 철회신고서를 관할경찰서장에게 제출하여야 한다. 19국회8
③ 관할경찰관서장은 옥외집회신고서의 기재 사항에 미비한 점이 있을 경우 접수증을 교부한 때부터 12시간 이내에 주최자에게 24시간을 기한으로 그 기재사항을 보완할 것을 통고할 수 있다. 09법행/22경채
④ 집회 또는 시위의 주최자는 집회 및 시위에 관한 법률 제8조에 따른 금지 통고를 받았을 경우, 통고를 받은 날부터 7일 이내에 해당 경찰관서의 바로 위의 상급경찰관서의 장에게 이의를 신청할 수 있다. 19국회8

해설

① (O) 집회 및 시위에 관한 법률 제6조 제1항. 옥외집회나 시위를 주최하려는 자는 그에 관한 다음 각 호의 사항 모두를 적은 신고서를 옥외집회나 시위를 시작하기 720시간 전부터 48시간 전에 관할 경찰서장에게 제출하여야 한다. 다만, 옥외집회 또는 시위 장소가 두 곳 이상의 경찰서의 관할에 속하는 경우에는 관할 지방경찰청장에게 제출하여야 하고, 두 곳 이상의 지방경찰청 관할에 속하는 경우에는 주최지를 관할하는 지방경찰청장에게 제출하여야 한다.
② (O) 집회 및 시위에 관한 법률 제6조.
③ (O) 집회 및 시위에 관한 법률 제7조.
④ (×) 집회 및 시위에 관한 법률 제9조 제1항. 집회 또는 시위의 주최자는 제8조에 따른 금지 통고를 받은 날부터 10일 이내에 해당 경찰관서의 바로 위의 상급경찰관서의 장에게 이의를 신청할 수 있다.

[정답] ④

341

다음 설명 중 가장 적절하지 않은 것은? (판례)

① 관할경찰서장이 이미 접수된 옥외집회신고서를 법률상 근거 없이 반려한 행위는 집회의 자유를 침해한 것이다. 13국가7
② 조회의 시간과 장소가 중복되는 2개 이상의 신고가 있을 경우 관할경찰관서장은 먼저 신고된 집회가 다른 집회의 개최를 봉쇄하기 위한 가장집회신고에 해당하는지 여부에 관하여 판단할 권한이 없으므로 뒤에 신고된 집회에 대하여 집회 자체를 금지하는 통고를 하여야 한다. 20경승/21법행
③ 집회의 시간과 장소가 중복되는 2개 이상의 신고가 있는 경우 그 목적으로 보아 서로 상반되거나 방해가 된다고 인정되면 장소를 분할하여 개최하도록 권유 등을 해 보고, 권유가 받아들여지지 않은 경우 뒤에 접수된 집회에 대하여 관할경찰서장이 그 금지를 통고할 수 있다. 09법행
④ 동시에 접수된 두 개의 옥외집회 신고서에 대하여 관할 경찰관서장이 적법한 절차에 따라 접수순위를 확정하려는 노력을 하지 않고, 폭력사태 발생이 우려되고 상호 충돌을 피한다는 이유로 모두 반려하는 것은 집회의 자유를 침해하는 것이다. 16국가7

해설

① (O) (헌재 2008. 5. 29. 2007헌마712)
② (X) 먼저 신고된 집회가 다른 집회의 개최를 봉쇄하기 위한 허위 또는 가장 집회신고에 해당함이 객관적으로 분명해 보이는 경우에는, 관할경찰관서장이 뒤에 신고된 집회에 대하여 집회 자체를 금지하는 통고를 하여서는 아니 된다. (대법원 2014. 12. 11. 2011도13299) 〈주〉 가장집회인지 판단할 권한이 있다는 뜻이다.
③ (O) 집회 및 시위에 관한 법률 제8조.
④ (O) (헌재 2008. 5. 29. 2007헌마712)

[정답] ②

342

다음 설명 중 가장 적절하지 않은 것은? (판례)

① 집회 또는 시위의 주최자는 집회 또는 시위에 있어서의 질서를 유지하여야 하며, 질서를 유지할 수 없으면 그 집회 또는 시위의 종결을 선언하여야 한다. 19국회8
② 집회에는 주최자 또는 주관자가 있는 것이 일반적이지만 주최자 또는 주관자가 집회의 필수적인 요소는 아니다. 11국회8
③ 관할경찰관서장은 일정 수준 이상의 소음을 발생시키는 확성기, 북, 징, 꽹과리 등의 사용 중지를 명할 수 있다. 11법행
④ 관할경찰관서장은 대통령령으로 정하는 주요 도시의 주요 도로에서의 집회 또는 시위로 인하여 해당 도로와 주변 도로의 교통 소통에 장애를 발생시켜 심각한 교통 불편을 줄 우려가 있어도 집회 또는 시위의 주최자가 질서유지인을 두고 도로를 행진하는 경우에는 집회 또는 시위를 금지할 수 없다. 11법행
⑤ 집회 또는 시위의 주최자는 집회 또는 시위의 질서 유지에 관하여 자신을 보좌하도록 18세 이상의 사람을 질서유지인으로 임명할 수 있다. 22경채

해설

① (O) 집회 및 시위에 관한 법률 제16조.
② (O) 주최자 또는 주관자가 존재하지 않는 집회도 존재할 수 있다.
③ (O) 집회 및 시위에 관한 법률 제14조.
④ (X) 집회 및 시위에 관한 법률 제12조 제2항. 집회 또는 시위의 주최자가 질서유지인을 두고 도로를 행진하는 경우에는 제1항에 따른 금지를 할 수 없다. 다만, 해당 도로와 주변 도로의 교통 소통에 장애를 발생시켜 심각한 교통 불편을 줄 우려가 있으면 제1항에 따른 금지를 할 수 있다.
⑤ (O) 집회 및 시위에 관한 법률 제16조 제2항.

[정답] ④

343
다음 설명 중 가장 적절한 것은? (판례)

① 옥외집회의 신고는 수리를 요하지 아니하는 정보제공적 신고이므로 경찰서장이 이미 접수된 옥외집회 신고서를 반려하는 행위는 공권력의 행사에 해당하지 아니한다. 21법원

② 경찰이 신고범위를 벗어난 동안에만 집회참가자들을 촬영한다 할지라도, 집회참가자에 대한 촬영행위는 집회참가자들에게 심리적 부담으로 작용하여 집회의 자유를 전체적으로 위축시키는 결과를 가져올 수 있으므로 집회의 자유를 침해한다. 19국회8/23경찰1

③ 경찰관은 집회, 시위의 질서유지를 위하여 집회 또는 시위의 장소에 정복을 입고 자유롭게 출입할 수 있으며, 집회 또는 시위의 주최자에게 알릴 필요는 없다. 11법행

④ 옥외집회에 대한 사전신고는 행정관청에 집회에 관한 구체적인 정보를 제공함으로써 공공질서의 유지에 협력하도록 하는 데에 그 의의가 있는 것이지 집회의 허가를 구하는 신청으로 변질되어서는 아니 되므로, 신고를 하지 아니하였다는 이유만으로 그 옥외집회 또는 시위를 헌법의 보호범위를 벗어나 개최가 허용되지 않는 집회 내지 시위라고 단정할 수 없다. 15법행

[해설]

① (×) 피청구인의 이 사건 반려행위는 주무(主務) 행정기관에 의한 행위로서 기본권침해 가능성이 있는 공권력의 행사에 해당한다. (헌재 2008. 5. 29. 2007헌마712) 〈주〉 인용결정을 한 사안이다.

② (×) 피청구인이 신고범위를 벗어난 동안에만 집회참가자들을 촬영한 행위가 과잉금지원칙을 위반하여 집회참가자인 청구인들의 일반적 인격권, 개인정보자기결정권 및 집회의 자유를 침해한다고 볼 수 없다. (헌재 2018. 8. 30. 2014헌마843)

③ (×) 집회 및 시위에 관한 법률 제19조(경찰관의 출입) ①경찰관은 집회 또는 시위의 주최자에게 알리고 그 집회 또는 시위의 장소에 정복(正服)을 입고 출입할 수 있다. 다만, 옥내집회 장소에 출입하는 것은 직무 집행을 위하여 긴급한 경우에만 할 수 있다

④ (○) (헌재 2014. 1. 28. 2011헌바174)

[정답] ④

344
다음 설명 중 옳지 않은 것을 모두 고른 것은? (판례)

㉠ 경찰이 미신고 옥외집회·시위 또는 신고범위를 벗어난 집회·시위에 대해 조망촬영이 아닌 근접촬영의 방식으로 촬영함으로써 적법한 경찰의 해산명령에 불응하는 집회·시위의 경위나 전후 사정에 관한 자료를 수집하는 것은 해당 집회·시위참가자의 개인정보자기결정권을 침해한다. 20비상/23경찰1

㉡ 사전신고를 하지 않은 옥외집회는 불법집회이므로 관할경찰관서장은 언제나 해산명령을 내릴 수 있으며, 이에 불응하는 경우에는 처벌할 수 있다고 보아야 한다. 17변시

㉢ 옥외집회 또는 시위가 그 신고의 범위를 일탈한 경우에는 그 신고내용과 동일성이 유지되고 있더라도 관할경찰관서장은 신고를 하지 아니한 옥외집회 또는 시위로 보아 이를 해산하거나 저지할 수 있다. 09법행

① ㉠ ㉡ ㉢　　② ㉠ ㉡
③ ㉡ ㉢　　④ ㉠ ㉢

[해설]

㉠ (×) 피청구인이 신고범위를 벗어난 동안에만 집회참가자들을 촬영한 행위가 과잉금지원칙을 위반하여 집회참가자인 청구인들의 일반적 인격권, 개인정보자기결정권 및 집회의 자유를 침해한다고 볼 수 없다. (헌재 2018. 8. 30. 2014헌마843)

㉡ (×) 옥외집회 또는 시위로 인하여 타인의 법익이나 공공의 안녕질서에 대한 직접적인 위험이 명백하게 초래된 경우에 한하여 위 조항에 기하여 해산을 명할 수 있고, 이와 달리 미신고라는 사유만으로 그 옥외집회 또는 시위를 해산할 수 있는 것으로 해석한다면, 집회의 자유를 침해하게 되므로 부당하다. (대법원 2012. 4. 26. 2011도6294)

㉢ (×) 현저히 일탈하는 행위에 이르렀다고 하더라도, 이를 신고 없이 옥외집회 또는 시위를 주최한 행위로 볼 수는 없고, 처음부터 옥외집회 또는 시위가 신고된 것과 다른 주최자나 참가단체 등의 주도 아래 신고된 것과는 다른 내용으로 진행되는 등의 경우에는 그 주최 행위를 '신고 없이 옥외집회 또는 시위를 주최한 행위'로 보아 처벌할 수 있다. (대법원 2008. 7. 10. 2006도9471) 〈주〉 신고 내용과 동일성이 유지되면 해산할 수 없다.

[정답] ①

5. 결사의 자유의 주체

345
다음 설명 중 가장 적절하지 않은 것은? (판례)

① 결사의 목적은 반드시 비영리적인 것에 한하지 않으며 영리단체도 헌법상 결사의 자유의 보호를 받는다. 15법원
② 결사라 함은 다수인이 일정한 공동의 목적을 위하여 계속적인 단체를 결성하는 것인데, 다만 그 공동의 목적이 영리적인 경우에는 헌법상 결사의 자유에 의하여 보호되는 결사가 아니다. 17법행
③ 헌법 제21조 제1항에 의해 보호되는 결사의 개념에는 공공목적에 의해 구성원의 자격이 정해진 특수단체나 공법상의 결사가 포함되지 않는다. 15국회9
④ 구 주택건설촉진법상의 주택조합은 주택이 없는 국민의 주거생활의 안정을 도모하고 모든 국민의 주거수준 향상을 기한다는 공공목적을 위하여 법이 구성원의 자격을 제한적으로 정해 놓은 특수조합이어서, 이는 헌법상 결사의 자유가 뜻하는 헌법상 보호법익의 대상이 되는 단체가 아니다. 17국가7

해설

① (○) (헌재 2002. 9. 19. 2000헌바84)
② (×) 영리단체도 헌법상 결사의 자유에 의하여 보호된다고 보아야 할 것이다. (헌재 2002. 9. 19. 2000헌바84)
③ (○) (헌재 1994. 2. 24. 92헌바43) 〈주〉 결사의 자유는 사적단체의 결사를 보호하며, 공법상 결사는 보호되지 않는다.
④ (○) (헌재 1994. 2. 24. 92헌바43) 〈주〉 농지개량조합, 교섭단체, 주택조합, 의료보험조합 등은 결사의 자유로 보호되지 않는다.

[정답] ②

346
다음 설명 중 가장 적절하지 않은 것은? (판례)

① 농협은 기본적으로 사법인의 성격을 지니므로, 공공성이 강한 법인으로서 공적인 역할을 수행한다고 하더라도, 농협의 구성원들이 기본권 침해를 주장하여 과잉금지원칙 위배 여부를 판단할 때에는 사적인 임의결사의 기본권이 제한되는 경우와 마찬가지로 엄격한 심사기준이 적용된다. 17국가7
② 축협중앙회는 공법인성과 사법인성을 겸유한 특수한 법인으로서 결사의 자유라는 기본권의 주체가 될 수 있지만, 축협중앙회의 공법인적 특성이 상대적으로 더 크다는 점은 그의 기본권의 제약요소로 작용한다. 14사시
③ 상공회의소가 결사의 자유의 주체가 되는 사법인으로 기본적으로는 임의단체라고 하더라도 일반결사에 비하여 여러 규제와 혜택을 법령으로 규정하고 있으므로 완화된 심사기준을 적용할 수 있다. 14사시
④ 안마사들을 안마사회에 의무적으로 가입하고 회비를 납부하도록 한 의료법 조항은 소극적 결사의 자유를 침해하지 않는다. 14사시
⑤ 안마사들로 하여금 의무적으로 대한안마사협회의 회원이 되어 정관을 준수하도록 하는 법률조항은 안마사들의 결사의 자유를 침해하지 않는다. 16변시

해설

① (×) 농협은 공공성이 강한 법인으로, 순수한 사적인 임의결사의 기본권이 제한되는 경우의 심사에 비해서는 완화된 기준을 적용할 수 있다. (헌재 2012. 12. 27. 2011헌마562) 〈주〉 순수사법인은 결사의 자유가 있고 그에 대한 제한을 엄격심사한다. 공적 역할을 수행하는 사법인은 결사의 자유가 있지만 그에 대한 제한을 완화심사한다. 순수공법인은 결사의 자유가 없다.
② (○) (헌재 2000. 6. 1. 99헌마553)
③ (○) (헌재 2006. 5. 25. 2004헌가1)
④ (○) (헌재 2008. 10. 30. 2006헌가15)
⑤ (○) (헌재 2008. 10. 30. 2006헌가15)

[정답] ①

6. 결사의 자유의 내용

347
다음 설명 중 가장 적절하지 않은 것은? (판례)

① 헌법 제21조가 보호하는 결사의 자유가 기존의 단체로부터 탈퇴할 자유와 가입하지 않을 자유까지 포함하는 것은 아니다. 15국회9
② 근로자의 단결권도 결사의 자유 속에 포함되나, 헌법이 노동3권과 같은 특별 규정을 두어 별도로 단결권을 보장하는 것은 근로자의 단결에 대해서는 일반 결사의 경우와 다르게 특별한 보장을 해준다는 뜻을 내포하고 있다. 14사시
③ 노동조합을 설립할 때 행정관청에 설립신고서를 제출하게 하고 그 요건을 충족하지 못하는 경우 설립신고서를 반려하도록 하는 법률조항은 헌법상 금지된 결사에 대한 허가제에 해당하지 않는다. 16변시
④ '대한민국고엽제전우회'의 회원으로 가입한 사람은 '월남전 참전자회'의 회원이 될 수 없도록 한 법률규정은, 회원으로 가입할 법인을 선택할 수 있는 결사의 자유를 과도하게 침해하지 않는다. 17국가7

> 해설
> ① (×) 결사의 자유에는 ① 단체결성의 자유, ② 단체존속의 자유, ③ 단체활동의 자유, ④ 결사에의 가입·잔류의 자유와 같은 적극적인 자유는 물론, 기존의 단체로부터 탈퇴할 자유와 결사에 가입하지 아니할 소극적인 자유도 포함된다. (헌재 2012. 3. 29. 2011헌바53)
> ② (○) (헌재 2012. 3. 29. 2011헌바53)
> ③ (○) (헌재 2012. 3. 29. 2011헌바53)
> ④ (○) 양 법인의 중복가입에 따라 발생할 수 있는 두 단체 사이의 마찰, 중복지원으로 인한 예산낭비를 방지하기 위한 것이다. (헌재 2016. 4. 28. 2014헌바442)

[정답] ①

제5항 학문·예술의 자유

348
다음 설명 중 가장 적절하지 않은 것은? (판례)

① 대학의 자율성은 헌법 제22조 제1항에서 보장하는 학문의 자유의 확실한 보장수단으로서 반드시 필요한 대학의 헌법상 기본권이다. 10국가7
② 학문의 자유에서 말하는 '학문'이란 일정한 지식수준을 기반으로 방법론적으로 정돈된 비판적인 성찰을 함으로써 진리를 탐구하는 활동을 말한다. 학문의 자유는 곧 진리탐구의 자유라 할 수 있고, 나아가 그렇게 탐구한 결과를 발표하거나 강의할 자유 등도 학문의 자유의 내용으로서 보장된다. 09사시
③ 초·중·고교 교사는 수업의 자유를 내세워 헌법과 법률이 지향하는 자유민주적 기본질서를 침해할 수 없다. 17국회8
④ 국립대학도 국가의 간섭 없이 인사·학사·시설·재정 등 대학과 관련된 사항들을 자주적으로 결정하고 운영할 자유를 가지며, 이러한 대학의 자율성은 원칙적으로 대학 자체의 계속적 존립에까지 미친다. 09사시

> 해설
> ① (○) (헌재 2006. 4. 27. 2005헌마1047) 〈주〉 대학의 자율성은 헌법 제22조 학문의 자유를 위한 수단이다. 다만 헌법 제31조에 교육제도법정주의와 함께 규정되어 입법재량이 크다.
> ② (○) (헌재 1992. 11. 12. 89헌마88)
> ③ (○) 가치편향적이거나 반도덕적인 내용의 교육은 할 수 없다. (헌재 1992. 11. 12. 89헌마88)
> ④ (×) 대학의 자율성은 그 보호영역이 원칙적으로 당해 대학 자체의 계속적 존립에까지 미치는 것은 아니다. (헌재 2001. 2. 22. 99헌마613)

[정답] ④

349

다음 설명 중 가장 적절하지 않은 것은? (판례)

① 대학의 자치에 있어서 대학 전 구성원이 자율성을 가지며, 대학 교수회·교수 모두가 단독, 혹은 중첩적으로 주체가 될 수 있다. 17국회8

② 대학의 관리·운영에 관한 사항이 재학생의 학문의 자유와 관련이 없다고 볼 수 없으므로, 국립대학 서울대학교를 법인으로 전환하는 법률조항에 대하여 서울대학교 재학생의 자기관련성이 인정된다. 23법행

③ 대학교수가 반국가단체로서의 북한의 활동을 찬양·고무·선전 또는 이에 동조할 목적 아래 '한국전쟁과 민족통일'이란 논문을 제작·반포하거나 발표한 것은 헌법이 보장하는 학문의 자유의 안에 있지 않다. 17국회8

④ 사립학교 교원이 선거범죄로 100만 원 이상의 벌금형을 선고받아 그 형이 확정되면 당연퇴직되도록 규정한 것은 교수의 자유를 침해하지 않는다. 17국회8

⑤ 예술의 자유는 창작한 예술품을 일반대중에게 전시·공연·보급할 수 있는 자유인 바, 예술품 보급의 자유와 관련해서 예술품 보급을 목적으로 하는 예술출판자 등도 이러한 의미에서의 예술의 자유의 보호를 받는다. 09사시

해설

① (O) 문제되는 경우에 따라서 대학, 교수, 교수회 모두가 단독, 혹은 중첩적으로 주체가 될 수 있다고 보아야 할 것이다. (헌재 2006. 4. 27. 2005헌마1047)

② (X) 대학의 관리·운영에 관한 사항은 학생의 학문의 자유와 관련되어 있다고 볼 수 없어 자기관련성이 인정되지 않는다. (헌재 2014. 4. 24. 2011헌마612) 〈주〉 서울대학교 법인화를 규정한 서울대학교법에 대하여 기각결정을 한 사안이다.

③ (O) (대법원 2010. 12. 9. 2007도10121)

④ (O) (헌재 2008. 4. 24. 2005헌마857)

⑤ (O) (헌재 1993. 5. 13. 91헌바17)

[정답] ②

제4장 경제적 자유

제1절 재산권

1. 재산권의 범위

350
다음 설명 중 가장 적절하지 않은 것은? (판례)

① 재산권의 객체인 재산권은 경제적 가치가 있는 모든 공법상·사법상 권리이고, 그 재산가액의 다과를 불문한다. 17법행
② 국가의 일방적인 급부인 사회부조는 헌법상 보호되는 재산권이 아니다. 15법원
③ 공법상의 재산적 가치 있는 지위가 헌법상 재산권의 보호를 받기 위하여는, 우선 입법자에 의하여 수급요건, 수급자의 범위, 수급액 등 구체적인 사항이 법률에 규정됨으로써 구체적인 법적 권리로 형성되어 개인의 주관적 공권의 형태를 갖추어야 한다. 09법행
④ 법률이 일정한 요건을 갖춘 경우 비과세하도록 규정하는데, 비과세요건을 갖추었을 경우 얻을 수 있는 이익 역시 헌법이 보호하는 재산권의 영역에 포함된다. 21법행

해설
① (O) (헌재 1992. 6. 26. 90헌바26)
② (O) 사회부조와 같이 국가의 일방적인 급부에 대한 권리는 재산권의 보호대상에서 제외된다. (헌재 2000. 6. 29. 99헌마289)
③ (O) (헌재 2000. 6. 29. 99헌마289)
④ (✕) 비과세요건을 갖추었을 경우 얻을 수 있는 이익은 단순히 기대이익, 사실상 이익에 불과하고 단순한 재산상 이익의 기대는 헌법이 보호하는 재산권의 영역에 포함되지 않는다. (헌재 2007. 7. 26. 2004헌마914)

정답 ④

351
다음 설명 중 가장 적절하지 않은 것은? (판례)

① 문화재청장이나 시·도지사가 지정한 문화재, 도난물품 또는 유실물인 사실이 공고된 문화재 및 출처를 알 수 있는 중요한 부분이나 기록을 인위적으로 훼손한 문화재의 선의취득을 배제하는 것은 재산권을 제한한다. 13사시
② 구체적인 권리가 아닌 단순한 이익이나 재화의 획득에 관한 기회 또는 기업활동의 사실적·법적 여건 등은 재산권보장의 대상이 아니다. 18법행
③ 시혜적 입법의 시혜대상이 될 경우 얻을 수 있는 재산상 이익의 기대가 성취되지 않았다고 하여도 그러한 단순한 재산상 이익의 기대는 헌법이 보호하는 재산권의 영역에 포함되지 않는다. 18지방7
④ 공무원이 국가 또는 지방자치단체에 대하여 어느 수준의 보수를 청구할 수 있는 권리는 헌법 제23조에 의하여 보장되는 재산권의 내용에 포함된다고 볼 수 없다. 21법행

해설
① (✕) 선의취득의 기회는 사적 유용성(私的 有用性) 및 그에 대한 원칙적 처분권을 내포하는 재산가치 있는 구체적 권리로서 헌법 제23조 제1항에 의하여 보호되는 재산권에 해당하지 아니한다. (헌재 2009. 7. 30. 2007헌마870) 〈주〉 선의취득은 자신의 노력에 따른 당연한 권리가 아니라, 법률로 부여되는 혜택일 뿐이다.
② (O) (헌재 1996. 8. 29. 95헌바36)
③ (O) (헌재 2011. 6. 30. 2010헌바430)
④ (O) (헌재 2008. 12. 26. 2007헌마444) 〈주〉 공무원의 보수는 국가가 결정한다.

정답 ①

352

다음 설명 중 가장 적절하지 않은 것은? (판례)

① 이동전화번호에 대하여 사적 유용성 및 그에 대한 원칙적 처분권을 내포하는 재산가치 있는 구체적 권리인 재산권이 생긴다고 볼 수 없다. 21법행
② 일본국에 의하여 광범위하게 자행된 반인도적 범죄행위에 대하여 일본군위안부 피해자들이 일본에 대하여 가지는 배상청구권은 헌법상 보장되는 재산권이 아니다. 21경채
③ 특수임무와 관련하여 국가를 위하여 특별한 희생을 한 특수임무수행자의 경우, '특수임무수행자 보상심의위원회'의 심의·의결을 거쳐 특수임무수행자로 인정되기 전에는 당사자의 보상금수급권은 헌법이 보장하는 재산권이라고 할 수 없고, 그 심의·의결이 있기 전의 당사자 지위는 보상금수급권 취득에 대한 기대이익을 가지고 있는 것에 불과하다. 15법행
④ 연금납부자의 연금수급 기대권은 헌법상 보호되는 재산권이다. 15법원

해설

① (O) 방송통신위원회의 이동전화 식별번호 통합 정책은 010번호 이외의 식별번호를 사용하는 청구인들의 인격권, 개인정보자기결정권, 재산권을 "제한"하지 않는다. (헌재 2013. 7. 25. 2011헌마63) 〈주〉 행복추구권을 제한하지만 침해는 아니다.
② (×) 일본국에 의하여 광범위하게 자행된 반인도적 범죄행위에 대하여 일본군위안부 피해자들이 일본에 대하여 가지는 배상청구권은 헌법상 보장되는 재산권이다. (헌재 2011. 8. 30. 2006헌마788)
③ (O) '특수임무수행자 보상심의위원회'의 심의·의결을 거쳐 특수임무수행자로 인정되어야만 비로소 보상금 등 지급대상자로 확정될 수 있다. 이러한 심의·의결에 의하여 특수임무수행자로 인정되기 전에는 특임자보상법에 의한 보상금수급권은 헌법이 보장하는 재산권이라고 할 수 없다. (대법원 2014. 7. 24. 2012두23501)
④ (O) 연금수급기대권은 헌법상 보호되는 재산권에 포함된다. (헌재 2013. 10. 24. 2012헌마906)

[정답] ②

353

다음 설명 중 가장 적절하지 않은 것은? (판례)

① 공무원연금은 기여금 납부를 통해 공무원 자신도 재원의 형성에 일부 기여한다는 점에서 후불임금의 성격도 가지고 있으므로 공무원연금법 상 연금수급권은 사회적 기본권의 하나인 사회보장수급권의 성격과 재산권의 성격을 아울러 지니고 있다. 18지방7
② 군인연금법상 퇴역연금수급권과 같이 연금수급인 자신이 기여금의 납부를 통해 연금의 재원형성에 일부 기여하는 경우에는 이러한 연금수급권은 사회적 기본권의 하나인 사회보장 수급권의 성격을 지니면서도 재산권으로서의 성격을 아울러 지닌다. 15변시
③ 사립학교교직원 연금법상 퇴직급여 및 퇴직수당을 받을 권리는 사회적 기본권의 하나인 사회보장수급권인 동시에 경제적 가치가 있는 권리로서 헌법 제23조에 의하여 보장되는 재산권이다. 21경승
④ 군인연금법상의 연금수급권, 공무원연금법상의 연금수급권, 국가유공자의 보상수급권, 국민연금법상 사망일시금은 헌법상의 재산권에 포함된다. 20법행/22경승

해설

① (O) (헌재 2016. 3. 31. 2015헌바18)
② (O) 수급인 자신이 기여금의 납부를 통한 후불적 임금의 성격 또한 가미되어 있으므로 재산권으로서의 성격을 지니고 있다. (헌재 2007. 10. 25. 2005헌바68).
③ (O) (헌재 2010. 7. 29. 2008헌가15)
④ (×) 사망일시금은 사회보험의 원리에서 다소 벗어난 장제부조적·보상적 성격을 갖는 급여로 사망일시금은 헌법상 재산권에 해당하지 않는다. (헌재 2019. 2. 28. 2017헌마432) 〈주〉 나머지 권리는 재산권에 포함된다.

[정답] ④

354

다음 설명 중 가장 적절하지 않은 것은? (판례)

① 의료급여수급권은 공공부조의 일종으로서 순수하게 사회정책적 목적에서 주어지는 권리이므로 개인의 노력과 금전적 기여를 통하여 취득되는 재산권의 보호대상에 포함된다고 보기 어렵다. 20국가7

② 법률에 의하여 구체적으로 형성된 의료보험수급권은 재산권의 보장을 받는 공법상의 권리로서 헌법상의 사회적 기본권의 성격과 재산권의 성격을 아울러 지니고 있다. 21비상

③ 건강보험수급권과 같이 공법상의 권리가 헌법상의 재산권으로 보호받기 위해서는 국가의 일방적인 급부에 의한 것이 아니라 수급자의 상당한 자기기여를 전제로 하므로 수급자의 자기기여가 없는 상태라면 재산권 침해는 문제되지 않는다. 21법행

④ 개인택시면허는 경제적 가치가 있는 사법상의 권리로서 헌법에 의하여 보호되는 재산권에 해당되지는 아니한다. 13서울

⑤ 국가의 간섭 없이 자유로이 기부할 수 있는 기회는 재산권의 보호범위에 포함되지 않는다. 17법행/19입시

해설

① (O) 의료급여수급권은 공공부조의 일종으로서 순수하게 사회정책적 목적에서 주어지는 권리이므로 개인의 노력과 금전적 기여를 통하여 취득되는 재산권의 보호대상에 포함된다고 보기 어렵다. (헌재 2009. 9. 24. 2007헌마1092) 〈주〉 의료보험수급권, 건강보험수급권 등은 재산권이지만, 의료급여수급권, 교통급여수급권, 생활급여수급권 등은 재산권이 아니다.

② (O) (헌재 2003. 12. 18. 2002헌바1)

③ (O) (헌재 2005. 2. 24. 2003헌마31)

④ (×) 개인택시면허는 자신의 노력으로 혹은 금전적 대가를 치르고 얻은 재산권이라고 할 수 있다. (헌재 2012. 3. 29. 2010헌마443)

⑤ (O) (헌재 1998. 5. 28. 96헌가5) 〈주〉 기부하고 기부받을 권리는 재산권이 아니라 표현의 자유 또는 행복추구권이다.

정답 ④

355

다음 설명 중 가장 적절한 것은? (판례)

① 헌법 제23조의 재산권은 민법상의 소유권뿐만 아니라, 재산적 가치 있는 사법상의 물권·채권 등 모든 권리를 포함하며, 국가로부터의 일방적인 급부가 아닌 자기 노력의 대가나 자본의 투자 등 특별한 희생을 통하여 얻은 공법상의 권리도 포함한다. 15변시

② 약사의 한약조제권은 헌법상 재산권으로 보장된다. 21경승

③ 학교안전공제회가 관리 운용하는 학교안전공제 및 사고예방 기금은 헌법상 재산권으로 보장된다. 21경승

④ 우편법에 의한 우편물의 지연배달에 따른 손해배상청구권은 헌법상 보호되는 재산권이 아니다. 15법원

해설

① (O) (헌재 2009. 9. 24. 2007헌마1092)

② (×) 약사의 한약조제권이란 권리(청구권)가 아니라, 법률에 의하여 약사의 지위에서 인정되는 하나의 권능에 불과하다. 그렇다면 약사의 한약조제권은 재산권의 범위에 속하지 아니한다. (헌재 1997. 11. 27. 97헌바10)

③ (×) 공제회가 관리·운용하는 기금은 사적 이익을 위해 권리주체에게 귀속될 수 있는 성질의 것이 아니므로, 이는 헌법 제23조 제1항에 의하여 보호되는 공제회의 재산권에 해당되지 않는다. (헌재 2015. 7. 30. 2014헌가7)

④ (×) 우편물의 수취인인 청구인은 우편물의 지연배달에 따른 손해배상청구권을 갖게 되는바, 이는 헌법이 보장하는 재산권의 내용에 포함되는 권리라 할 것이다. (헌재 2013. 6. 27. 2012헌마426)

정답 ①

356

다음 설명 중 옳은 것을 모두 고른 것은? (판례)

㉠ 국가에 대한 구상권은 헌법 제23조 제1항에 의하여 보장되는 재산권이라 할 수 없다. 18지방7
㉡ 수용된 토지가 당해 공익사업에 필요 없게 되거나 이용되지 아니하였을 경우에 피수용자가 그 토지소유권을 회복할 수 있는 권리, 즉 환매권은 피수용자가 수용 당시 정당한 손실보상을 받은 이상 헌법이 보장하는 재산권의 내용에 포함되는 권리라고 볼 수 없다. 20법행
㉢ 환매권은 헌법상의 재산권 보장규정으로부터 도출되는 것으로서, 피수용자가 수용 당시 이미 정당한 손실보상을 받았다는 사실로 말미암아 부인되지 않는다. 11법행
㉣ 토지의 가격이 취득일 당시에 비하여 현저히 상승한 경우 환매금액에 대한 협의가 성립하지 아니한 때에는 사업시행자로 하여금 환매금액의 증액을 청구할 수 있도록 한 공익사업을 위한 토지 등의 취득 및 보상에 관한 법률 조항은 환매권자의 재산권을 침해하지 아니한다.
18법행/20경승

① ㉠ ㉡   ② ㉠ ㉢
③ ㉡ ㉢   ④ ㉢ ㉣

해설

㉠ (×) 국가에 대한 구상권은 헌법 제23조 제1항에 의하여 보장되는 재산권이다. (헌재 1994. 12. 29. 93헌바21)
㉡ (×) 공공용지의 취득 및 손실보상에 관한 특례법 제9조의 환매권도 토지수용법 제71조의 그것과 마찬가지로 헌법이 보장하는 재산권의 내용에 포함되는 권리라고 보는 것이 상당하다. (헌재 1994. 2. 24. 92헌가15)
㉢ (○) 환매권은 일단 공용수용의 요건을 갖추어 수용절차가 종료하였다고 하더라도 그 후에 수용의 목적인 공공사업이 수행되지 아니하는 등의 경우에 수용의 헌법상 정당성의 근거가 장래를 향하여 소멸한다는 점에 기초를 둔다. 따라서 환매권은 헌법상의 재산권 보장규정으로부터 도출되는 것으로서, 특히 피수용자가 수용 당시 이미 정당한 손실보상을 받았다는 사실로 말미암아 부정되지 않는다. (헌재 1994. 2. 24. 92헌가15)
㉣ (○) (헌재 2016. 9. 29. 2014헌바400).

정답 ④

357

다음 설명 중 옳지 않은 것을 모두 고른 것은? (판례)

㉠ 토지의 협의취득 또는 수용 후 당해 공익사업이 다른 공익사업으로 변경되는 경우에 당해 토지의 원소유자 또는 그 포괄승계인의 환매권을 제한하고, 환매권 행사기간을 변환 고시일부터 기산하도록 한 구 공익사업을 위한 토지 등의 취득 및 보상에 관한 법률 조항은 이들의 재산권을 침해한다. 20국가7
㉡ 공익사업을 위한 토지 등의 취득 및 보상에 관한 법률 제91조 제1항이 환매권의 발생기간을 '취득일로부터 10년 이내'로 제한한 것은 환매권의 구체적 행사를 위한 내용을 정한 것이라기보다는 환매권의 발생 여부 자체를 정하는 것이어서 사실상 원소유자의 환매권을 배제하는 결과를 초래할 수 있으므로, 기본권 제한입법의 한계를 준수하지 못하고 있어 헌법에 위반된다. 21법무
㉢ 주주권은 주주의 자격과 분리하여 양도·질권설정·압류할 수 없고 시효에 걸리지 않아 보통의 채권과 상이한 성질을 가지므로 헌법상 재산권 보장의 대상이 되지 않는다. 12사시

① ㉠ ㉡   ② ㉠ ㉢
③ ㉡ ㉢   ④ ㉠ ㉡ ㉢

해설

㉠ (×) 이 사건 법률조항은 과잉금지원칙에 위배되어 청구인의 재산권을 침해한다고 할 수 없다. (헌재 2012. 11. 29. 2011헌바49)
㉡ (○) [1] 환매권은 헌법이 보장하는 재산권의 내용에 포함되는 권리이다. [2] 2000년대 이후 공익사업이 지연되다가 폐지되는 사례가 다수 발생하고 있다. 결국 이 사건 법률조항은 헌법 제37조 제2항에 반하여 재산권을 침해한다. (헌재 2020. 11. 26. 2019헌바131) 〈주〉 환매권의 발생기간을 제한하는 것은 합헌인데, 그 기간을 10년 이내로 제한한 것이 헌법에 합치되지 않는다.
㉢ (×) 주주권은 주주의 자격과 함께 사용(결의)·수익(담보제공)·처분(양도·상속)할 수 있다는 점에서 헌법상 재산권 보장의 대상에 해당한다. (헌재 2008. 12. 26. 2005헌바34)

정답 ②

358

다음 설명 중 가장 적절하지 않은 것은? (판례)

① 상공회의소의 의결권 또는 회원권은 그 회원들의 헌법상 보장되는 재산권이 아니다. 15법원
② 국가 경제정책의 변화로 그동안 영위하던 영업을 폐업하게 된 경우, 그로 인한 재산적 손실은 헌법 제23조 제1항의 재산권의 보호 범위에 속한다. 09법행
③ 재산권보장은 상속을 포함하는 것이므로 생전증여에 의한 처분도 재산권의 보호를 받는다. 19입시
④ 재산권 보장은 사유재산의 처분과 그 상속을 포함하는 것이므로 유언자가 생전에 최종적으로 자신의 재산권에 대하여 처분할 수 있는 법적 가능성을 의미하는 유언의 자유는 헌법상 재산권의 보호를 받는다. 13변시

해설

① (O) 상공회의소의 의결권 또는 회원권은 상공회의소라는 법인의 의사형성에 관한 권리일 뿐 이를 따로 떼어 헌법상 보장되는 재산권이라고 보기 어렵다. (헌재 2000. 11. 30. 99헌마190)
② (X) 폐업으로 인한 재산적 손실은 헌법 제23조 제1항의 재산권의 범위에 속하지 아니한다. (헌재 2000. 7. 20. 99헌마452)
③ (O) 우리 헌법의 재산권 보장은 사유재산의 처분과 그 상속을 포함하는 것인바, 유언자가 생전에 최종적으로 자신의 재산권에 대하여 처분할 수 있는 법적 가능성을 의미하는 유언의 자유는 생전 증여에 의한 처분과 마찬가지로 헌법상 재산권의 보호를 받는다. (헌재 1989. 12. 22. 88헌가13)
④ (O) (헌재 2008. 12. 26. 2007헌바128)

[정답] ②

359

다음 설명 중 가장 적절하지 않은 것은? (판례)

① 헌법재판소는 대법원 판례에 의하여 인정되는 관행어업권은 헌법상 재산권 보장의 대상이 되는 재산권에 해당한다고 보고 있다. 17법행
② 잠수기어업허가를 받아 키조개 등을 채취하던 자가 잠수기어업허가를 받지 못하여 상실된 이익은 헌법 제23조의 재산권의 보호범위에 포함되지 않는다. 09법행
③ 헌법상의 재산권은 경제적 가치가 있는 모든 공법상·사법상의 권리인바, 체육시설업에 대한 사업계획승인권은 그 권리에 어떠한 재산적 가치가 내포되어 있다고 할 수 없으므로 헌법상 보호되는 재산권에 해당되지 않는다. 12사시
④ 장기미집행 도시계획시설결정의 실효제도는 도시계획시설부지로 하여금 도시계획시설결정으로 인한 사회적 제약으로부터 벗어나게 하는 것으로서 결과적으로 개인의 재산권이 보다 보호되는 측면이 있는 것은 사실이며, 이와 같은 보호는 헌법상 재산권으로부터 당연히 도출되는 권리이다. 16지방7

해설

① (O) (헌재 1999. 7. 22. 97헌바76) 〈주〉 다만 국가에 등록된 경우에 한하여 재산권으로 보호된다.
② (O) (헌재 2008. 6. 26. 2005헌마173) 〈주〉 국가의 허가를 받은 경우에 한하여 재산권으로 보호된다.
③ (O) 체육시설법의 관련 규정상 필수시설을 경락받은 자가 사업계획승인을 당연히 승계하는 것이 아니다. 따라서 이 사건 법률조항은 재산권을 제한하는 규정이라 할 수 없다. (헌재 2010. 4. 29. 2007헌바40) 〈주〉 시설을 경락받았어도 그 사업이 국가의 승인을 받아야 재산권으로 보호된다.
④ (X) 이와 같은 보호는 입법자가 새로운 제도를 마련함에 따라 얻게 되는 법률에 기한 권리일 뿐 **헌법상 재산권으로부터 당연히 도출되는 권리는 아니다.** (헌재 2005. 9. 29. 2002헌바84) 〈주〉 국가가 실효시켜주어야 재산권으로 보호된다.

[정답] ④

360

다음 설명 중 가장 적절한 것은? (판례)

① '사업인정고시가 있은 후에 3년 이상 토지가 공익용도로 사용된 경우' 토지소유자에게 매수 혹은 수용청구권을 인정한 「공익사업을 위한 토지 등의 취득 및 보상에 관한 법률」의 조항을 통하여 인정되는 '수용청구권'은 사적유용성을 지닌 것으로서 재산의 사용, 수익, 처분에 관계되는 법적 권리이므로 헌법상 재산권에 포함된다. 22경승
② 관리처분계획인가의 고시가 있으면 별도의 영업손실보상 없이 재건축사업구역 내 임차권자의 사용·수익을 중지시키는 것은 임차권자의 재산권을 침해한다. 22법무
③ 불법적인 사용의 경우에 인정되는 수용청구권도 헌법상 재산권으로 인정된다. 22경간
④ 재산권의 내용을 새로이 형성하는 법률이 합헌적이기 위해서는 장래에 적용될 법률이 「헌법」에 합치하면 되는 것이지 과거의 법적 상태에 의하여 부여된 구체적 권리에 대한 침해를 정당화하는 이유가 존재하여야 하는 것은 아니다. 22해경2

해설

① (O) (헌재 2005. 7. 21. 2004헌바57) 〈주〉 개인소유 땅을 3년이상 동안 공적 용도로 썼으면 이제 보상금 주고 국가가 수용해가라는 청구권이다.
② (X) 재건축지역에서 낮은 차임이라는 경제적 이익을 누린 것으로 보이므로, 심판대상조항이 별도의 보상규정을 두지 않은 것은 침해의 최소성 원칙에 위배되지 아니한다. (헌재 2020. 4. 23. 2018헌가17)
③ (X) 입법자에 의한 재산권의 내용과 한계의 설정은 기존에 성립된 재산권을 제한할 수도 있고, 기존에 없던 것을 새롭게 형성하는 것일 수도 있다. 역으로 그 형성에 포함되어 있지 않은 것은 재산권의 범위에 속하지 않는다.(헌재 2005. 7. 21. 2004헌바57) 〈주〉 법률로 형성되지 않은 것은 재산으로 인정되지 않는다는 뜻이다.
④ (X) 재산권의 내용을 새로이 형성하는 법률이 합헌적이기 위하여서는 장래에 적용될 법률이 헌법에 합치하여야 할 뿐만 아니라, 또한 과거의 법적 상태에 의하여 부여된 구체적 권리에 대한 침해를 정당화하는 이유가 존재하여야 하는 것이다. (헌재 1999. 4. 29. 94헌바37) 〈주〉 과거 침해에 대해서 보상 등으로 과거를 올바르게 처리한 다음에 장래에 적용하여야 한다.

[정답] ①

361

다음 설명 중 가장 적절하지 않은 것은? (판례)

① 공무원연금법상 퇴직연금수급자가 지방의회의원으로 선출되어 받게 되는 보수가 기존의 연금에 미치지 못하는 경우에도 연금 전액의 지급을 정지하도록 한 규정은 그에 해당하는 지방의회의원의 재산권을 침해한다. 22법무
② 지역구국회의원선거 예비후보자가 정당의 공천심사에서 탈락하여 후보자등록을 하지 않은 경우를 지역구국회의원선거 예비후보자의 기탁금 반환 사유로 규정하지 않은 것은 예비후보자의 재산권을 침해한다. 22법무
③ 보안거리에 저촉되는 화약류저장소에 대한 시설이전명령 때문에 화약류저장소를 이용한 영업을 하지 못하게 된다 하더라도 그로 인해 상실되는 영리획득의 기회를 헌법에 의해 보장되는 재산권으로 보기는 어렵다. 22법무
④ 구 민법상 법정혈족관계로 인정되던 계모자 사이의 상속권은 헌법상 재산권으로 인정되지 않는다. 22법원

해설

① (O) (헌재 2022. 1. 27. 2019헌바161) 〈주〉 보수가 기존의 연금에 미치지 '못하는' 경우에 연금 '전액'의 지급을 정지한다는 내용이 중요한 포인트이다.
② (O) 지방자치단체의 장선거에 있어 정당의 공천심사에서 탈락한 후 후보자등록을 하지 않은 경우를 기탁금 반환 사유로 규정하지 않은 심판대상조항은 과잉금지원칙에 반하여 헌법에 위반된다. (헌재 2020. 9. 24. 2018헌가15)
③ (O) 구체적 권리가 아닌 영리획득의 단순한 기회나 기업활동의 사실적·법적 여건은 기업에게는 중요한 의미를 갖는다고 하더라도 재산권 보장의 대상이 되지 않는다. (헌재 2021. 9. 30. 2018헌바456)
④ (X) 구 민법상 법정혈족관계로 인정되던 계모자 사이의 상속권도 헌법상 재산권으로 인정된다. (헌재 2009. 11. 26. 2007헌마1424)

[정답] ④

2. 재산권의 보장과 한계 (제23조 제1항)

362
다음 설명 중 옳은 것을 모두 고른 것은? (판례)

㉠ 헌법 제23조 제1항의 재산권 보장에 의하여 보호되는 재산권은 사적 유용성 및 그에 대한 원칙적 처분권을 내포하는 재산가치 있는 구체적 권리이다. 13변시
㉡ 헌법상 보장하고 있는 재산권은 경제적 가치가 있는 모든 공법상·사법상의 권리를 뜻한다. 18행시
㉢ 재산권보장은 개인이 현재 누리고 있는 재산권을 개인의 기본권으로 보장한다는 의미와 개인이 재산권을 향유할 수 있는 법제도로서의 사유재산제도를 보장한다는 이중적 의미를 가지고 있다. 11국회8

① ㉠ ㉡
② ㉠ ㉢
③ ㉡ ㉢
④ ㉠ ㉡ ㉢

해설

㉠ (O) 헌법 제23조 제1항에 의하여 보호되는 재산권은 사적(私的) 유용성 및 그에 대한 원칙적 처분권을 내포하는 재산가치있는 구체적 권리라 할 것이고, 단순한 이익이나 재화의 획득에 관한 기회 등은 재산권보장의 대상이 되지 아니한다. (헌재 1999. 4. 29. 96헌바55)

㉡ (O) 헌법이 보장하고 있는 재산권은 경제적 가치가 있는 모든 공법상·사법상의 권리를 뜻하고, 그 재산가액의 다과를 불문한다. 또 이 재산권의 보장은 재산권의 자유로운 처분의 보장까지 포함한 것이다. (헌재 1992. 6. 26. 90헌바26)

㉢ (O) 재산권보장은 개인이 현재 누리고 있는 재산권을 개인의 기본권으로 보장한다는 의미와 개인이 재산권을 향유할 수 있는 법제도로서의 사유재산제도를 보장한다는 이중적 의미를 가지고 있다. (헌재 1993. 7. 29. 92헌바20)

정답 ④

363
다음 설명 중 옳은 것을 모두 고른 것은? (판례)

㉠ 헌법이 보장하는 재산권의 내용과 한계를 정하는 법률이 재산권을 형성한다는 의미를 갖는다 하더라도, 이러한 법률이 사유재산제도나 사유재산을 부인하는 것은 재산권 보장규정의 침해를 의미하고 결코 재산권형성적 법률유보라는 이유로 정당화될 수 없다. 15사시
㉡ 입법자가 재산권을 형성하는 내용의 완전히 새로운 제도를 창설하면서 그 행사기간 등을 정하는 경우, 이는 기본적으로 입법재량이 인정되고 그에 기초한 정책적 판단이 이루어져야 할 특별한 영역이므로, 그 입법이 합리적인 재량의 범위를 일탈한 것인지 여부를 기준으로 심사하여야 한다. 15사시
㉢ 가축전염병의 확산을 막기 위한 방역조치로서 도축장 사용정지·제한명령은 공익목적을 위하여 이미 형성된 구체적 재산권을 박탈하거나 제한하는 헌법 제23조 제3항의 수용·사용 또는 제한에 해당하는 것이 아니라, 도축장 소유자들이 수인하여야 할 사회적 제약으로서 헌법 제23조 제1항의 재산권의 내용과 한계에 해당한다. 19국회8/22국회5

① ㉠ ㉡
② ㉠ ㉢
③ ㉡ ㉢
④ ㉠ ㉡ ㉢

해설

㉠ (O) (헌재 1993. 7. 29. 92헌바20)
㉡ (O) (헌재 2006. 11. 30. 2003헌바66)
㉢ (O) 도축장 사용정지·제한명령은 공익목적을 위하여 이미 형성된 구체적 재산권을 박탈하거나 제한하는 헌법 제23조 제3항의 수용·사용 또는 제한에 해당하는 것이 아니라, 도축장 소유자들이 수인하여야 할 사회적 제약으로서 헌법 제23조 제1항의 재산권의 내용과 한계에 해당한다. (헌재 2015. 10. 21. 2012헌바367)
〈주〉 국가가 도축장을 빼앗아가는게 아니라 그 사용만 제한한다는 뜻이다.

정답 ④

3. 재산권의 제한 (제23조 제2항)

364
다음 설명 중 가장 적절하지 않은 것은? (판례)

① 재산권의 행사는 공공복리에 적합하도록 하여야 하며, 국가안전보장·질서유지·공공복리를 위하여 제한될 수 있다. 18행시
② 재산권행사의 사회적 의무성을 헌법에서 명문화하고 있는 것은 사유재산제도의 보장이 타인과 더불어 살아가야 하는 공동체 생활과의 조화와 균형을 흐트러뜨리지 않는 범위 내에서의 보장임을 천명한 것이므로, 재산권행사의 공공복리 적합의무는 윤리적 의무로 보아야 한다. 15사시
③ 재산권 행사의 대상이 되는 객체가 지닌 사회적인 연관성과 사회적 기능이 크면 클수록 입법자에 의한 보다 더 광범위한 제한이 정당화된다. 13변시
④ 토지재산권은 그 강한 사회성 내지는 공공성으로 말미암아 다른 재산권에 비하여 보다 강한 제한과 의무가 부과될 수 있다. 19입시

해설
① (○) 헌법 제23조, 제37조.
② (×) 재산권행사의 공공복리 적합의무는 <u>헌법상의 의무로써</u> 입법형성권의 행사에 의해 현실적인 의무로 구체화되고 있다. (헌재 1989. 12. 22. 88헌가13)
③ (○) (헌재 2010. 2. 25. 2008헌바98)
④ (○) (헌재 1998. 12. 24. 89헌마214) 〈주〉일반물건, 보호동물, 토지, 농지 등의 순으로 강한 공공성을 가진다. 따라서 보다 강한 제한과 의무가 부과될 수 있으므로, 이 권리를 제한하는 입법재량이 커진다. 따라서 제한입법에 대하여 헌재는 완화심사를 한다.

정답 ②

365
다음 설명 중 가장 적절하지 않은 것은? (판례)

① 토지는 국민경제의 관점에서나 그 사회적 기능에 있어서 다른 재산권과 같게 다루어야 할 성질의 것이 아니어서 다른 재산권에 비하여 보다 강하게 공동체의 이익을 관철할 것이 요구된다. 18행시
② 헌법상의 재산권은 토지소유자가 이용가능한 모든 용도로 토지를 사용할 권리나 가장 경제적 또는 효율적으로 사용할 수 있는 권리를 보장하는 것은 아니므로 입법자는 중요한 공익상의 이유로 토지를 일정용도로 사용하는 권리를 제한하거나 제외할 수 있다. 16지방7
③ 토지의 강한 사회성 내지 공공성으로 말미암아 토지 재산권에는 다른 재산권에 비하여 보다 강한 제한과 의무가 부과되고 이에 대한 제한입법에는 입법자의 광범위한 입법형성권이 인정되므로, 과잉금지원칙에 의한 심사는 부적절하다. 15사시
④ 토지 재산권에 대하여는 다른 재산권에 비하여 보다 강한 제한과 의무를 부과할 수 있지만 그 경우 다른 기본권을 제한하는 입법과 마찬가지로 비례성 원칙을 준수하여야 하고, 재산권의 본질적 내용인 사용·수익권과 처분권을 부인하여서는 안 된다. 11국회8

해설
① (○) (헌재 1999. 10. 21. 97헌바26)
② (○) (헌재 1999. 10. 21. 97헌바26)
③ (×) [1] <u>토지재산권의 강한 사회성 내지는 공공성으로 말미암아</u> 이에 대하여는 다른 재산권에 비하여 <u>보다 강한 제한과 의무가 부과될 수 있다.</u>
[2] 그렇다고 하더라도 토지재산권에 대한 제한입법 역시 다른 기본권을 제한하는 입법과 마찬가지로 <u>과잉금지의 원칙(비례의 원칙)을 준수해야 하고, 재산권의 본질적 내용인 사용·수익권과 처분권을 부인해서는 아니된다.</u> (헌재 1998. 12. 24. 89헌마214)
④ (○) (헌재 1998. 12. 24. 89헌마214)

정답 ③

366
다음 설명 중 가장 적절한 것은? (판례)

① 물건에 대한 재산권 행사에 비하여 동물에 대한 재산권 행사는 사회적 연관성과 사회적 기능이 적다 할 것이므로 이를 제한하는 입법재량을 좁게 인정하여야 한다. 15국가7/20경승
② 헌법상의 재산권은 토지소유자가 이용가능한 모든 용도로 토지를 자유로이 최대한 사용할 권리나 가장 경제적 또는 효율적으로 사용할 수 있는 권리를 보장한다. 11국회8
③ 농지의 사회성과 공공성은 일반적인 토지의 경우보다 더 강하다고 할 수 있으므로 농지재산권을 제한하는 입법에 대한 헌법심사의 강도는 다른 토지재산권을 제한하는 입법에 대한 것보다 완화된다. 21국회5
④ 농지의 경우 그 사회성과 공공성의 정도는 일반적인 토지의 경우와 동일하므로, 농지 재산권을 제한하는 입법에 대한 헌법심사의 강도는 다른 토지 재산권을 제한하는 입법에 대한 것보다 낮아서는 아니 된다. 21지방7

해설

① (×) 일반적인 물건에 대한 재산권 행사에 비하여 동물에 대한 재산권 행사는 사회적 연관성과 사회적 기능이 매우 크다 할 것이므로 이를 제한하는 경우 입법재량의 범위를 폭넓게 인정함이 타당하다. (헌재 2013. 10. 24. 2012헌바431)
② (×) 헌법상의 재산권은 토지소유자가 이용가능한 모든 용도로 토지를 자유로이 <u>최대한 사용할</u> 권리나 가장 경제적 또는 효율적으로 사용할 수 있는 권리를 보장하는 것을 의미하지는 <u>않는다</u>. (헌재 1998. 12. 24. 89헌마214)
③ (○) (헌재 2010. 2. 25. 2008헌바98)
④ (×) <u>농지의 경우 그 사회성과 공공성은 일반적인 토지의 경우보다 더 강하다고 할 수 있으므로, 농지 재산권을 제한하는 입법에 대한 헌법심사의 강도는 다른 토지 재산권을 제한하는 입법에 대한 것보다 낮다고 봄이 상당하다</u>(헌재 2010. 2. 25. 2008헌바98).

정답 ③

367
다음 설명 중 가장 적절하지 않은 것은? (판례)

① 문화재의 사용, 수익, 처분에 있어 고의로 문화재의 효용을 해하는 은닉을 금지하는 것은 문화재에 관한 재산권 행사의 사회적 제약을 구체화한 것에 불과하다. 13변시
② 도로의 지표 지하 50미터 이내의 장소에서는 관할 관청의 허가나 소유자 또는 이해관계인의 승낙이 없으면 광물을 채굴할 수 없도록 규정한 구 광업법 조항은 광업권자의 재산권을 침해한다. 15변시
③ 도로 등 영조물 주변 일정 범위에서 관할 관청 또는 소유자 등의 허가나 승낙 하에서만 광업권자의 채굴행위를 허용하는 것은 광업권자의 재산권을 침해하지 아니한다. 16서울
④ 개발제한구역으로 인한 지가의 하락은 토지소유자가 감수해야 하는 사회적 제약의 범주에 속하는 것이다. 19입시
⑤ 개발제한구역지정 당시의 상태대로 토지를 사용·수익 처분할 수 있는 이상, 자신의 토지를 장래에 건축이나 개발목적으로 사용할 수 있으리라는 기대가능성이나 신뢰 및 이에 따른 지가상승의 기회는 원칙적으로 재산권의 보호범위에 속하지 않는다. 18법무

해설

① (○) 보상을 요하는 헌법 제23조 제3항 소정의 수용 등에 해당하는 것은 아니다. (헌재 2007. 7. 26. 2003헌마377) 〈주〉 국가가 수용으로 빼앗는게 아니라 사용만 제한하는 것이다.
② (×) 광업권자가 수인하여야 하는 사회적 제약의 범주에 속하는 것이다. 따라서 광업권자의 <u>재산권을 침해하지 아니한다</u>. (헌재 2014. 2. 27. 2010헌바483)
③ (○) (헌재 2014. 2. 27. 2010헌바483)
④ (○) (헌재 1998. 12. 24. 89헌마214)
⑤ (○) (헌재 1998. 12. 24. 89헌마214)

정답 ②

368

다음 설명 중 적절한 것을 모두 고르면? (판례)

> ㉠ 재산권에 대한 제약이 비례원칙에 합치하는 것이라면 그 제약은 재산권자가 수인하여야 하는 사회적 제약의 범위 내에 있는 것이고, 반대로 재산권에 대한 제약이 비례원칙에 반하여 과잉된 것이라면 그 제약은 재산권자가 수인하여야 하는 사회적 제약의 한계를 넘는 것이다. 18법무
>
> ㉡ 도시계획시설의 지정으로 말미암아 당해 토지의 이용가능성이 배제되거나 또는 토지소유자가 토지를 종래 허용된 용도대로도 사용할 수 없기 때문에 이로 말미암아 현저한 재산적 손실이 발생하는 경우에는, 원칙적으로 사회적 제약의 범위를 넘는 수용적 효과를 인정하여 국가나 지방자치단체는 이에 대한 보상을 해야 한다. 18법무
>
> ㉢ 개발제한구역으로 지정되어 종래의 지목과 토지현황에 의한 이용방법에 따른 토지의 사용을 할 수 없거나 실질적으로 사용·수익을 전혀 할 수 없는 경우에는 헌법상 반드시 금전보상이 요청된다. 11법행

① ㉠ ㉡ ㉢ ② ㉠ ㉡
③ ㉠ ㉢ ④ ㉢

해설

㉠ (○) (헌재 2005. 9. 29. 2002헌바84)
㉡ (○) (헌재 1999. 10. 21. 97헌바26)
㉢ (×) 재산권의 침해와 공익간의 비례성을 다시 회복하기 위한 방법은 헌법상 반드시 금전보상만을 <u>해야 하는 것은 아니다</u>. 입법자는 지정의 해제 또는 토지매수청구권 제도와 같이 금전보상에 갈음하거나 기타 손실을 완화할 수 있는 제도를 보완하는 등 <u>여러 가지 다른 방법을 사용할 수 있다.</u> (헌재 1998. 12. 24. 89헌마214)

[정답] ②

369

다음 설명 중 적절한 것을 모두 고르면? (판례)

> ㉠ 입법자가 재산권을 비례의 원칙에 부합하게 합헌적으로 제한하기 위해서는 수인의 한계를 넘어 가혹한 부담이 발생하는 예외적인 경우에는 이를 완화하는 보상규정을 두어야 한다. 다만 헌법적으로 가혹한 부담의 조정이라는 '목적'을 달성하기 위하여 이를 조정할 수 있는 '방법'의 선택에서는 입법자에게 광범위한 형성의 자유가 부여된다. 15법행
>
> ㉡ 토지소유자가 수인해야 할 사회적 제약의 정도를 넘는 경우에도 아무런 보상 없이 재산권의 과도한 제한을 감수해야 하는 의무를 부과하는 것은 위헌이다. 이러한 경우 입법자는 비례의 원칙을 충족시키고 이로써 법률의 위헌성을 제거하기 위하여 예외적으로 발생한 특별한 부담에 대하여 보상규정을 두어야 하는데, 여기에서 보상이란 헌법상 정당보상원칙에 따라 금전보상만을 의미한다. 18법무
>
> ㉢ 개발제한구역 지정으로 인하여 토지를 종래의 목적으로도 사용할 수 없거나 더 이상 법적으로 허용된 토지이용의 방법이 없기 때문에, 실질적으로 토지의 사용·수익의 길이 없는 경우 토지소유자에게 헌법 제23조 제3항에 의한 정당한 보상이 지급되어야 한다. 11국회8

① ㉠ ㉡ ㉢ ② ㉠ ㉡
③ ㉡ ㉢ ④ ㉠

해설

㉠ (○) (헌재 1998. 12. 24. 89헌마214)
㉡ (×) 헌법상 반드시 금전보상만을 해야 하는 것은 아니다. 입법자는 여러 가지 다른 방법을 사용할 수 있다. (헌재 1998. 12. 24. 89헌마214)
㉢ (×) 입법자가 <u>헌법 제23조 제1항 및 제2항에 의하여</u> 재산권의 내용을 구체적으로 형성하고 공공의 이익을 위하여 재산권을 제한하는 과정에서 이를 합헌적으로 규율하기 위하여 두어야 하는 규정이다. (헌재 1998. 12. 24. 89헌마214) 〈주〉 국가가 토지를 수용으로 빼앗은게 아니므로 제23조 제3항이 아니다.

[정답] ④

4. 재산권의 수용과 보상 (제23조 제3항)

370
다음 설명 중 가장 적절하지 않은 것은? (판례)

① 재산권의 행사는 공공복리에 적합하도록 하여야 하며, 공공필요에 의한 재산권의 수용·사용 또는 제한 및 그에 대한 보상은 법률로써 하되, 정당한 보상을 지급하여야 한다. 16지방7
② 헌법 제23조 제3항에서 규정된 '공공필요' 요건 중 '공익성'은 기본권 일반의 제한사유인 '공공복리'보다 넓은 개념이다. 18변시
③ 민간개발자가 관광단지 조성계획상의 조성 대상 토지면적 중 사유지의 3분의2 이상을 취득한 경우에 나머지 토지 등을 수용할 수 있도록 한 관광진흥법 조항은 헌법 제23조 제3항의 공공필요성을 갖추었으며, 헌법상 과잉금지원칙에 위반하여 재산권을 침해하는 것도 아니다. 15사시
④ 행정기관이 개발촉진지구 지역개발사업으로 실시계획을 승인하고 이를 고시하기만 하면 고급골프장 사업과 같이 공익성이 낮은 사업에 대해서까지도 시행자인 민간개발자에게 수용권한을 부여하는 것은 헌법 제23조 제3항에 위배된다. 18지방7

[해설]
① (○) 헌법 제23조.
② (×) '공공필요'의 요건에 관하여, 공익성은 추상적인 공익 일반 또는 국가의 이익 이상의 중대한 공익을 요구하므로 기본권 일반의 제한사유인 '공공복리'보다 좁게 보는 것이 타당하다. (헌재 2014. 10. 30. 2011헌바129)
③ (○) (헌재 2013. 2. 28. 2011헌바250)
④ (○) 심판대상조항은 고급골프장, 고급리조트 등의 사업과 같이 입법목적에 대한 기여도가 낮을 뿐만 아니라, 대중의 이용·접근 가능성이 작아 공익성이 낮은 사업을 위해서까지 공공수용이 허용될 수 있는 가능성을 열어두고 있어 헌법 제23조 제3항에 위반된다. (헌재 2014. 10. 30. 2011헌바129)

[정답] ②

371
다음 설명 중 가장 적절하지 않은 것은? (판례)

① 헌법 제23조 제3항이 규정하는 '정당한 보상'이란 원칙적으로 피수용재산의 객관적인 가치를 완전하게 보상하는 것이어야 한다는 완전보상을 의미한다. 17법원
② 헌법이 규정한 '정당한 보상'이란 손실보상의 원인이 되는 재산권의 침해가 기존의 법질서 안에서 개인의 재산권에 대한 개별적인 침해인 경우에는 그 손실 보상은 원칙적으로 피수용재산의 객관적인 재산가치를 완전하게 보상하는 것이어야 한다는 완전보상을 뜻하는 것이다. 21법무
③ 헌법 제23조 제3항이 규정하는 정당한 보상이란 원칙적으로 피수용재산의 객관적인 재산가치를 완전하게 보상하는 완전보상을 의미하는바, 공시지가를 기준으로 수용된 토지에 대한 보상액을 산정하는 것은 정당보상원칙에 위배된다. 18변시
④ 공익사업의 시행으로 지가가 상승하여 발생하는 개발이익을 배제하고 손실보상액을 산정한다 하여 헌법이 규정한 정당보상의 원리에 어긋난다고 볼 수 없다. 17법원

[해설]
① (○) 헌법 제23조 제3항이 규정하는 정당한 보상이란 원칙적으로 피수용재산의 객관적인 재산가치를 완전하게 보상하는 것이어야 한다는 완전보상을 의미한다. (헌재 1995. 4. 20. 93헌바20)
② (○) (헌재 1990. 6. 25. 89헌마107)
③ (×) 당해 토지의 협의성립 또는 재결 당시 공시된 공시지가 중 당해 사업인정의 고시일에 가장 근접한 시점에 공시된 공시지가로 하도록 규정한 것은 시점보정의 기준이 되는 공시지가에 개발이익이 포함되는 것을 방지하기 위한 것으로 개발이익이 배제된 손실보상액을 산정하는 적정한 수단에 해당되므로 헌법 제23조 제3항에 위반된다고 할 수 없다. (헌재 2009. 12. 29. 2009헌바142)
④ (○) (헌재 2009. 12. 29. 2009헌바142)

[정답] ③

372

다음 설명 중 가장 적절한 것은? (판례)

① 헌법 제23조 제3항은 "공공필요에 의한 재산권의 수용·사용 또는 제한 및 그에 대한 보상은 법률로써 하되, 완전한 보상을 지급하여야 한다"고 규정하여 피수용재산의 객관적인 재산가치를 완전하게 보상하여야 함을 선언하고 있다. 21법원

② 공공필요에 의한 재산권의 수용·사용 또는 제한 및 그에 대한 보상은 법률로써 하되, 상당한 보상을 지급하여야 한다. 18행시/22해간

③ 수용으로 인한 보상가액은 피수용토지의 수용 시점 시가에 의하여야 하고, 공익사업의 시행으로 지가가 상승하여 발생하는 개발이익 역시 해당 토지의 객관적 가치에 포함되므로, 손실보상액에서 그와 같은 개발이익을 배제하는 것은 헌법이 정한 정당보상의 원리에 위배된다. 21법무

④ 손실보상은 적법한 공용제한의 경우를 전제한 것이며, 위법한 공용제한의 경우는 원칙상 손해배상법의 법리가 적용된다. 11법행

해설

① (×) 헌법 제23조 제3항은 "공공필요에 의한 재산권의 수용·사용 또는 제한 및 그에 대한 보상은 법률로써 하되, 정당한 보상을 지급하여야 한다"라고 규정하고 있는 바, "정당한 보상"이라 함은 원칙적으로 완전보상을 뜻하는 것이라 할 것이다. (대법원 1993. 7. 13. 93누2131)

② (×) 헌법 제23조 ③ 공공필요에 의한 재산권의 수용·사용 또는 제한 및 그에 대한 보상은 법률로써 하되, 정당한 보상을 지급하여야 한다. 〈주〉"상당한" 보상은 헌법에 규정도 없고 헌재가 그렇게 해석하는 것도 아니므로 틀린 지문이다.

③ (×) 개발이익은 그 성질상 완전보상의 범위에 포함되는 피수용자의 손실이라고 볼 수 없으므로, 이러한 개발이익을 배제하고 손실보상액을 산정한다 하여 헌법이 규정한 정당한 보상의 원칙에 위반되지 않는다. (헌재 2009. 12. 29. 2009헌바142)

④ (○) (헌재 2005. 7. 21. 2004헌바57)

정답 ④

373

다음 설명 중 가장 적절한 것은? (판례)

① 공공필요에 의한 재산권의 수용에 있어서 수용의 주체는 국가 등의 공적 기관에 한정된다고 할 것이므로 민간기업에게 산업단지개발사업에 필요한 토지 등을 수용할 수 있도록 하는 것은 헌법 제23조 제3항에 위반된다. 13변시/17법원

② 건설공사를 위하여 문화재 발굴허가를 받아 매장문화재를 발굴하는 경우 그 발굴비용을 사업시행자로 하여금 부담하게 하는 것은 문화재 보존을 위해 사업시행자에게 일방적인 희생을 강요하는 것이므로 재산권을 침해한다. 12사시/20경승

③ 주택 등의 재산권에 대한 수용이 헌법 제23조 제3항이 정하고 있는 정당보상의 원칙에 부합하는 이상, 그러한 수용만으로 거주·이전의 자유를 침해한다고는 할 수 없다. 18국회9

④ 공용수용으로 생업의 근거를 상실한 자에 대하여 상업용지 또는 상가분양권 등을 공급하는 생활대책은 헌법 제23조 제3항에 규정된 정당한 보상에 포함되므로 생활대책 수립 여부는 입법자의 입법정책적 재량의 영역에 속하지 아니한다. 17법원

해설

① (×) 이 사건 수용조항을 통해 민간기업에게 사업시행에 필요한 토지를 수용할 수 있도록 규정할 필요가 있다는 입법자의 인식에도 합리적인 이유가 있다 할 것이다. (헌재 2009. 9. 24. 2007헌바114)

② (×) 건설공사를 위하여 문화재발굴허가를 받아 매장문화재를 발굴하는 경우 그 발굴비용을 사업시행자로 하여금 부담하도록 한 구 문화재보호법은 과잉금지원칙에 위배되어 재산권을 침해하지 않는다. (헌재 2010. 10. 28. 2008헌바74)

③ (○) (헌재 2011. 11. 24. 2010헌바231)

④ (×) 생활대책은 헌법 제23조 제3항에 규정된 정당한 보상에 포함되는 것이라기보다는 생활보상의 일환으로서 국가의 정책적인 배려에 의하여 마련된 제도이므로, 그 실시 여부는 입법자의 입법정책적 재량의 영역에 속한다. (헌재 2013. 7. 25. 2012헌바71) 〈주〉 주택 등의 수용에 대하여 정당한 보상을 하였다면 국가의 의무는 다 한 것이고, 주거대책 또는 생활대책은 재량의 영역이다.

정답 ③

5. 재산권의 소급박탈 금지 (제13조 제2항)

374
다음 설명 중 가장 적절하지 않은 것은? (판례)

① 헌법은 모든 국민은 소급입법에 의하여 참정권의 제한을 받거나 재산권을 박탈당하지 않는다고 규정하고 있다. 21소방

② 모든 국민은 소급입법에 의하여 참정권의 제한을 받거나 재산권을 제한당하지 아니한다. 20소방

③ 헌법 제13조 제2항은 "모든 국민은 소급입법에 의하여 … 재산권을 박탈당하지 아니한다."라고 규정하고 있는바, 새로운 입법으로 이미 종료된 사실관계 또는 법률관계에 작용하도록 하는 진정소급입법은 개인의 신뢰보호와 법적 안정성을 내용으로 하는 법치국가원리에 의하여 특단의 사정이 없는 한 헌법상 허용되지 않는 것이 원칙이다. 15변시

④ 재산권의 내용을 새로이 형성하는 법률이 합헌적이기 위해서는 장래에 적용될 법률이 헌법에 합치하여야 하고, 나아가 과거의 법적 상태에 의하여 부여된 구체적 권리에 대한 침해를 정당화하는 이유가 존재하여야 한다. 16지방7

해설

① (O) 헌법 제13조 제2항.
② (X) 헌법 제13조 ② 모든 국민은 소급입법에 의하여 참정권의 제한을 받거나 재산권을 박탈당하지 아니한다. 〈주〉헌법에는 "제한"이 아니라 "박탈"당하지 아니한다고 규정되어 있다. 재산권에 대해서도 헌법 제37조 제2항의 제한은 가능하다.
③ (O) (헌재 1999. 7. 22. 97헌바76)
④ (O) 재산권의 내용을 새로이 형성하는 법률이 합헌적이기 위하여서는 장래에 적용될 법률이 헌법에 합치하여야 할 뿐만 아니라, 또한 과거의 법적 상태에 의하여 부여된 구체적 권리에 대한 침해를 정당화하는 이유가 존재하여야 하는 것이다. (헌재 1999. 4. 29. 94헌바37)

[정답] ②

375
다음 설명 중 가장 적절한 것은? (판례)

① 헌법 제13조 제2항이 금하고 있는 소급입법은, 이미 과거에 완성된 사실·법률관계를 규율의 대상으로 하는 이른바 진정소급효의 입법과 이미 과거에 시작하였으나 아직 완성되지 아니하고 진행과정에 있는 사실·법률관계를 규율의 대상으로 하는 이른바 부진정소급효의 입법을 모두 의미한다. 20법원

② 소급입법에 의한 재산권의 박탈은 진정소급효의 입법, 부진정소급효의 입법 등 소급입법의 태양에 관계없이 원칙적으로 금지되고, 예외적으로 헌법적 정당성이 있는 경우에만 허용된다. 21소방

③ 국민이 소급입법을 예상할 수 있었거나, 신뢰보호의 요청에 우선하는 심히 중대한 공익상의 사유가 있다면 진정소급입법을 정당화할 수 있다. 21소방

④ 친일행위의 대가로 취득한 친일반민족행위자의 재산을 그 취득·증여 등 원인행위시에 국가의 소유로 하도록 한 것은 진정소급입법에 해당하므로, 이는 소급입법에 의한 재산권 박탈을 금지하는 헌법 제13조 제2항에 위배된다. 12사시/21소방

해설

① (X) 헌법 제13조 제2항이 금하고 있는 소급입법은 진정소급효를 가지는 법률만을 의미하는 것이다. (헌재 2013. 11. 28. 2012헌마770)
② (X) 진정소급입법이 금지되는 것으로서, 부진정소급효의 입법은 원칙적으로 허용된다. (헌재 2013. 11. 28. 2012헌마770)
③ (O) (헌재 1999. 7. 22. 97헌바76)
④ (X) 이 사건 귀속조항은 진정소급입법에 해당 하지만, 진정소급입법이라 할지라도 예외적으로 국민이 소급입법을 예상할 수 있었던 경우와 같이 소급입법이 정당화되는 경우에는 허용될 수 있다. 따라서 이 사건 귀속조항은 진정 소급입법에 해당하나 헌법 제13조 제2항에 반하지 않는다. (헌재 2011. 3. 3. 2008헌바141)

[정답] ③

376

다음 설명 중 가장 적절하지 않은 것은? (판례)

① 이른바 '진정소급입법'은 헌법적으로 허용되지 아니하는 것이 원칙이나 예외적으로 국민이 소급입법을 예상할 수 있었거나, 법적 상태가 불확실하고 혼란스러웠거나 하여 보호할 만한 신뢰의 이익이 적은 경우와 소급입법에 의한 당사자의 손실이 없거나 아주 경미한 경우, 그리고 신뢰보호의 요청에 우선하는 심히 중대한 공익상의 사유가 소급입법을 정당화하는 경우에는 허용될 수 있다. 15법행

② 결손금 소급공제 대상 중소기업이 아닌 법인이 결손금 소급공제로 부당환급받은 세액은 국가의 환수대상이고 당해 법인 역시 국가의 환수조치를 충분히 예상할 수 있었으므로 이를 소급하여 징수할 수 있도록 한 것은 재산권 침해가 아니다. 15법행

③ 종전의 관행어업권자들에게 구 수산업법 시행일부터 2년 이내에 어업권원부에 등록을 하도록 하고 그 기간 내에 등록하지 아니한 경우 관행어업권을 소멸하게 하는 것은 지나친 재산권의 제한에 해당하지 아니한다. 15국가7

④ 친일반민족행위자 재산의 국가귀속에 관한 특별법(이하 '친일재산귀속법'이라 한다)에 따라 그 소유권이 국가에 귀속되는 '친일재산'의 범위를 '친일반민족행위자가 국권침탈이 시작된 러일전쟁 개전시부터 1945년 8월 15일까지 일본제국주의에 협력한 대가로 취득하거나 이를 상속받은 재산 또는 친일재산임을 알면서 유증 증여를 받은 재산'으로 규정하고 있는 친일재산귀속법 조항은 재산권을 침해하지 않는다. 19국회8

해설

① (○) (헌재 1998. 9. 30. 97헌바38)
② (✕) 법인세를 부당 환급받은 법인은 소급입법을 통하여 이자상당액을 포함한 조세채무를 부담할 것이라고 예상할 수 없었다. 따라서 재산권을 침해한다. (헌재 2014. 7. 24. 2012헌바105)
③ (○) (헌재 1999. 7. 22. 97헌바76)
④ (○) (헌재 2011. 3. 31. 2008헌바141)

 ②

6. 재산권 판례

377

다음 설명 중 가장 적절하지 않은 것은? (판례)

① 면책을 받은 채무자에 대하여 파산절차에 의한 배당을 제외하고는 파산채권자에 대한 채무의 전부에 관하여 그 책임을 면제하는 채무자 회생 및 파산에 관한 법률의 규정은 파산채권자의 재산권을 침해한다고 할 수 없다. 17법행

② 헌법재판소는 개인파산절차에서 면책을 받은 채무자가 악의로 채권자목록에 기재하지 않은 청구권에 대해서만 면책의 예외를 인정하고, 파산채권자에게 채무자의 악의를 입증하도록 규정한 채무자 회생 및 파산에 관한 법률 조항은 파산채권자의 재산권을 침해하지 않는다고 판시하였다. 15변시

③ 회사정리절차에 있어서 정리채권 등의 추완신고는 정리계획안 심리를 위한 관계인집회가 끝난 후에는 하지 못한다고 규정한 구 회사정리법 조항은 이해관계인의 헌법상 재산권을 침해하지 아니한다. 18법행

④ 교도소에 수용된 때에는 국민건강보험급여를 정지하도록 하는 것은 재산권을 침해하는 것이다. 19입시

해설

① (○) (헌재 2013. 3. 21. 2012헌마569)
② (○) (헌재 2014. 6. 26. 2012헌가22) 〈주〉 채무자의 악의에 대한 입증책임을 파산채권자에게 부담시킨 것은 파산의 특성을 고려한 규정이다.
③ (○) (헌재 2002. 10. 31. 2001헌바59) 〈주〉 채권신고는 관계인집회가 끝나기 전에 빨리 와서 해야 한다.
④ (✕) 교도소에 수용된 때에는 국민건강보험급여를 정지하도록 한 이사건 조항은 수용자에게 보험급여가 정지되는 경우 보험료 납부의무도 면제되므로, 수급자의 자기기여가 없는 상태에서 수용자가 위 조항을 재산권 침해로 다툴 수는 없다. (헌재 2005. 2. 24. 2003헌마31)

 ④

378
다음 설명 중 가장 적절하지 않은 것은? (판례)

① 법인이 과밀억제권역 내에 본점의 사업용 부동산으로 건축물을 신축하여 이를 취득하는 경우 취득세를 중과세하는 구 지방세법 조항은, 인구유입이나 경제력집중의 유발 효과가 없는 신축 또는 증축으로 인한 부동산의 취득의 경우에도 모두 중과세 대상에 포함시키는 것이므로 재산권을 침해한다. 19국회8

② 종합부동산세는 전국의 모든 과세대상 부동산을 과세물건으로 하여, 소유자별 내지 세대별로 합산한 '부동산가액'을 과세표준으로 삼는 보유세의 일종이므로 양도소득세와의 사이에 이중과세의 문제는 발생하지 아니한다. 09법행

③ 보유기간이 1년 이상 2년 미만인 자산이 공용수용으로 양도된 경우에도 중과세하는 구 소득세법 조항은 재산권을 침해하지 않는다. 19국회8

④ 회원제 골프장용 부동산의 재산세에 대하여 1천분의 40의 중과세율을 규정한 법률조항이 과잉금지원칙에 반하여 회원제 골프장 운영자 등의 재산권을 침해한다고 볼 수 없다. 23법행

[해설]

① (×) 수도권에 발생되는 사회문제의 해소와 국토의 균형 있는 발전을 위한 것으로 거주·이전의 자유와 영업의 자유를 침해하지 않는다. (헌재 2014. 7. 24. 2012헌바408)

② (○) 종합부동산세는 양도소득세와 사이에서는 각각 그 과세의 목적 또는 과세 물건을 달리하는 것이므로, 이중과세의 문제는 발생하지 아니한다. (헌재 2008. 11. 13. 2006헌바112)

③ (○) 자산 매수 당시에 매수자 대부분이 부동산 투기 목적이나 투기의 위험성을 가지고 있다고 할 수 있으므로 보유기간을 기준으로 세율을 가중한 것은 재산권을 침해하지 아니한다. (헌재 2015. 6. 25. 2014헌바256)

④ (○) (헌재 2020. 3. 26. 2016헌가17 등)

[정답] ①

379
다음 설명 중 가장 적절한 것은? (판례)

① 상속재산에 관한 포괄 당연승계주의는 헌법상 보장된 재산권을 과도하게 제한하는 규정으로 헌법에 위반된다. 18서울

② 상속인이 귀책사유 없이 상속채무가 적극재산을 초과하는 사실을 알지 못하여 상속개시 있음을 안 날로부터 3월 내에 한정승인 또는 포기를 하지 못한 경우에도 단순승인을 한 것으로 보는 민법 제1026조 제2호는 재산권을 보장한 헌법 제23조 제1항 등에 위반된다. 18서울

③ 상속회복청구권의 행사기간을 상속권의 침해행위가 있은 날부터 10년 또는 상속침해를 안 날로부터 3년을 행사기간으로 규정한 것은 상속인의 재산권을 침해한다. 18서울

④ 상속회복청구권에 대하여 단기의 제척기간을 규정하고 있는 민법 제999조 제2항을 적용함에 있어 공동상속인을 참칭상속인의 범위에 포함시키는 것은 진정상속인의 재산권을 침해한다. 18서울

⑤ 유류분 반환청구는 피상속인이 생전에 한 유효한 증여라도 그 효력을 잃게 하는 것이므로, 민법 제1117조에서 '반환하여야 할 증여를 한 사실을 안 때로부터 1년'이라는 단기소멸시효를 정한 것은 재산권을 침해한다. 21법무

[해설]

① (×) 포괄·당연승계주의는 헌법에 위반된다고 할 수 없다. (헌재 2004. 10. 28. 2003헌가13)

② (○) (헌재 1998. 8. 27. 96헌가22) 〈주〉 피상속인 사망으로 상속이 개시되는데, 이로부터 3개월은 너무 짧은 기간이다.

③ (×) 상속인의 재산권, 사적자치권, 재판청구권을 침해하는 것이 아니다. (헌재 2004. 4. 29. 2003헌바5) 〈주〉 상속개시시가 아니라 침해행위시부터 기산되므로 충분한 기간이다.

④ (×) 진정상속인의 재산권 및 재판청구권을 침해하지 않는다. (헌재 2006. 2. 23. 2003헌바38)

⑤ (×) 재산권을 침해하지 않는다. (헌재 2010. 12. 28. 2009헌바20) 〈주〉 父가 고아원에 증여하고 사망한 경우 그 상속인은 상속분의 절반을 유류분으로 받을 수 있다. 상속개시, 증여사실, 유류분권을 모두 알고 1년이면 권리행사에 충분한 기간이다.

[정답] ②

380

다음 설명 중 가장 적절하지 않은 것은? (판례)

① 계약의 이행으로 받은 금전을 계약 해제에 따른 원상회복으로서 반환하는 경우 그 받은 날로부터 이자를 지급하도록 한 민법 조항은, 계약 당사자의 귀책사유 등 제반 사정을 계약 해제로 인한 손해배상의 범위를 정할 때 고려하게 되므로, 원상회복의무자의 재산권을 침해하지 않는다. 19국회8

② 등기부취득시효를 규정한 민법 조항은 원소유자의 재산권을 침해하지 아니한다. 18법행

③ 소액임차인이 보증금 중 일부를 우선하여 변제받으려면 주택에 대한 경매신청의 등기 전에 대항력을 갖추어야 한다고 규정한 「주택임대차보호법」 조항은 입법형성의 한계를 벗어나 주택에 대한 경매신청의 등기 전까지 주민등록을 미처 갖추지 못한 소액임차인의 재산권을 침해한다. 21지방7

④ 임차주택의 양수인이 임대인의 지위를 승계하도록 규정한 구「주택임대차보호법」 조항은 임차인의 주거생활의 안정을 도모함과 동시에 주민등록이라는 공시기능을 통하여 주택 양수인의 불측의 손해를 예방할 수 있도록 하고 있으므로, 기본권 침해의 최소성 원칙에 반하지 않는다. 22경간

해설

① (O) (헌재 2017. 5. 25. 2015헌바421)
② (O) 10년의 시효기간이 부당하게 짧다고 보기도 어렵다. 따라서 청구인의 재산권을 침해하지 않는다. (헌재 2016. 2. 25. 2015헌바257)
③ (×) 주택에 대한 경매신청의 등기 전까지 주민등록을 미처 갖추지 못한 소액임차인의 재산권을 침해한다고 보기 어렵다. (헌재 2020. 8. 28. 2018헌바422) 〈주〉 소액임차인이 보증금을 우선 변제받으려면 대항력을 갖춰야 하는데, 그 동네 주민센터에 주민등록을 하면 된다.
④ (O) (헌재 2017. 8. 31. 2016헌바146)

정답 ③

381

다음 설명 중 가장 적절한 것은? (판례)

① 건축허가를 받은 자가 1년 이내에 공사에 착수하지 아니한 경우 건축허가를 필수적으로 취소하도록 규정한 것은 건축주의 재산권을 침해하지 않는다. 16서울

② 교원의 정년을 단축하여 계속 재직하면서 재화를 획득할 수 있는 기회를 박탈하는 것은 재산권 침해이다. 16서울

③ 성매매에 제공되는 사실을 알면서 건물을 제공하는 행위를 한 자를 처벌하는 것은 집창촌에서 건물을 소유하거나 그 권리권한을 가지고 있는 자의 재산권을 침해한다. 16서울

④ 건축법을 위반한 건축주 등이 건축 허가권자로부터 위반건축물의 철거 등 시정명령을 받고도 그 이행을 하지 않는 경우 건축법 위반자에 대하여 시정명령 이행시까지 반복적으로 이행강제금을 부과할 수 있도록 규정한 건축법 조항은 건축법 위반자의 재산권을 침해한다. 18법행/20경승

해설

① (O) 이 사건 법률조항은 건축행위의 규제에 있어 건축물과 관련된 안전의 확보 및 위험의 방지를 위한 것이므로 건축주의 재산권을 침해하지 않는다. (헌재 2010. 2. 25. 2009헌바70)
② (×) 교원의 정년단축으로 기존 교원이 입는 경제적 불이익은 계속 재직하면서 재화를 획득할 수 있는 기회를 박탈당한다는 것인데 이러한 경제적 기회는 재산권보장의 대상이 아니다. (헌재 2000. 12. 14. 99헌마112)
③ (×) 성매매 강요·알선을 근절하기 위한 것으로, 헌법 제37조 제2항의 기본권 제한의 한계를 일탈하였다고 볼 수 없다. (헌재 2006. 6. 29. 2005헌마1167)
④ (×) 과잉금지의 원칙에 위배되지 아니하므로 위반자의 재산권을 침해하지 아니한다. (헌재 2011. 10. 25. 2009헌바140)

정답 ①

382
다음 설명 중 가장 적절하지 않은 것은? (판례)

① 청중이나 관중으로부터 당해 공연에 대한 반대급부를 받지 아니하는 경우에는 상업용 목적으로 공표된 음반 또는 상업용 목적으로 공표된 영상저작물을 재생하여 공중에게 공연할 수 있도록 하더라도 저작재산권자의 재산권을 침해하지 않는다. 21국회5
② 문화창달을 위하여 문화예술 공연관람자 등에게 예술감상에 의한 정신적 풍요의 대가로 문화예술진흥기금을 납입하게 하는 것은 헌법의 문화국가이념에 반한다. 22경찰2
③ 영화관 관람객이 입장권 가액의 100분의 3을 부담하도록 하고 영화관 경영자는 이를 징수하여 영화진흥위원회에 납부하도록 강제하는 내용의 영화상영관 입장권 부과금 제도는 영화관 관람객의 재산권을 침해하지 않는다. 20국가7
④ 개발부담금의 부과기준 중 종료시점지가를 부과 종료 시점 당시의 부과 대상 토지와 이용 상황이 가장 비슷한 표준지의 공시지가를 기준으로 산정하도록 한 법률조항은 과잉금지원칙에 반하여 개발부담금 납부의무자의 재산권을 침해한다. 23법행
⑤ 보세판매장 특허수수료는 행정관청이 보세판매장 특허를 부여해 줌으로써 특정인이 얻게 되는 독점적 권리에 대한 반대급부로서, 영업이익이 아닌 매출액을 기준으로 차등 요율을 적용하여 보세판매장 특허수수료를 정한 규칙 조항이 재산권을 침해한다고 볼 수 없다. 23법행

해설
① (O) (헌재 2019. 11. 28. 2016헌마1115) 〈주〉 공연에 대한 반대급부를 받지 않는다는 것은 무료공연이라는 뜻이다.
② (O) (헌재 2003. 12. 18. 2002헌가2)
③ (O) (헌재 2008. 11. 27. 2007헌마860) 〈주〉 문화예술진흥기금 위헌 결정이 있은 이후, 영화 입장권 부과금으로 운영하고 있다.
④ (×) 과잉금지원칙에 반하여 개발부담금 납부의무자의 재산권을 침해한다고 볼 수 없다. (헌재 2021. 12. 23. 2018헌바435)
⑤ (O) (헌재 2018. 4. 26. 2017헌마530)

[정답] ④

제2절 직업의 자유

1. 서설

383
다음 설명 중 가장 적절하지 않은 것은? (판례)

① 직업의 자유는 근대 시민사회의 출범과 함께 비로소 쟁취된 기본권이나, 현대사회에서도 공산주의 국가에서는 기본권으로 인정되지 않는다 14국회8
② 직업의 자유의 법적 성격 자체가 주관적 공권의 성격이므로, 각자의 생활의 수요를 충족시키는 방편이 되고 또한 개성신장의 바탕이 된다는 점에서 객관적 법질서의 성격을 인정할 수 없는 것이 원칙이다. 14국회8
③ 헌법 제15조가 규정하는 직업선택의 자유는 자신이 원하는 직업을 자유롭게 선택하는 좁은 의미의 '직업선택의 자유'와 그가 선택한 직업을 자기가 원하는 방식으로 자유롭게 수행할 수 있는 '직업수행의 자유'를 포함하는 직업의 자유를 의미한다. 16법원
④ 직업이란 생활의 기본적 수요를 충족시키기 위한 계속적인 소득활동을 의미하며 그러한 내용의 활동인 한 그 종류나 성질을 묻지 않는다. 14국회8

해설
① (O) 공산주의 하에서는 직업의 자유가 기본권으로 인정되지 않는다.
② (×) 직업선택의 자유는 각자의 생활의 수요를 충족시키는 방편이 되고 또한 개성신장의 바탕이 된다는 점에서 주관적 공권의 성격이 두드러진 것이기는 하나 사회적 시장경제질서라고 하는 객관적 법질서의 구성요소이기도 하다. (헌재 1997. 4. 24. 95헌마273) 〈주〉 기본권의 이중적 성격이다.
③ (O) (헌재 1998. 3. 26. 97헌마194)
④ (O) (헌재 1993. 5. 13. 92헌바80)

[정답] ②

2. 직업의 자유의 주체

384
다음 설명 중 가장 적절하지 않은 것은? (판례)

① 법인의 경우에는 사법인은 직업의 자유의 주체가 되나 공법인은 직업의 자유의 주체로 인정되지 아니한다. 14국회8
② 외국인이 국내에서 누리는 직업의 자유는 법률 이전에 헌법에 의해서 부여된 기본권이라고 할 수는 없고, 법률에 따른 정부의 허가에 의해 비로소 발생하는 권리이다. 17변시
③ 직업의 자유 중 직장선택의 자유는 국민의 권리가 아닌 인간의 권리로 보아야 할 것이므로 외국인도 제한적으로 주체가 된다. 15지방7
④ 직장 선택의 자유는 인간의 존엄과 가치 및 행복추구권과도 밀접한 관련을 가지는 만큼 단순히 국민의 권리가 아닌 인간의 권리이기 때문에, 외국인도 국내에서 제한 없이 직장 선택의 자유를 향유할 수 있다고 보아야 한다. 21경승

해설
① (O) 헌법상 기본권의 주체가 될 수 있는 법인은 원칙적으로 사법인에 한하는 것이고, 공법인은 헌법의 수범자이지 기본권의 주체가 될 수 없다. (헌재 2000. 6. 1. 99헌마553)
② (O) (헌재 2014. 8. 28. 2013헌마359)
③ (O) (헌재 2011. 9. 29. 2007헌마1083) 〈주〉 직장선택의 자유는 직업의 자유의 일종으로 외국인에게 "제한적으로" 인정된다.
④ (×) 외국인도 제한적으로라도 직장 선택의 자유를 향유할 수 있다고 보아야 한다. (헌재 2011. 9. 29. 2007헌마1083) 〈주〉 "제한 없이" 부분이 틀렸다.

[정답] ④

385
다음 설명 중 가장 적절하지 않은 것은? (판례)

① 직업선택의 자유에는 자신이 원하는 직업 내지 직종에 종사하는데 필요한 전문지식을 습득하기 위한 직업교육장을 임의로 선택할 수 있는 '직업교육장 선택의 자유'도 포함된다. 20소방/21경승
② 외국인 근로자의 사업장 변경허가기간을 그 신청일로부터 2개월로 제한한 것은 외국인 근로자의 사업장 변경자체를 금지하는 것이 아니라 허가기간을 제한하는 것에 불과하므로 외국인 근로자의 직장선택의 자유를 침해하지 않는다. 13국회8
③ 외국인근로자의 사업장 이동을 3회로 제한하는 것은 직업의 자유를 침해하지 않는다. 17입시
④ 외국인 근로자의 사업장 변경을 원칙적으로 3회를 초과할 수 없도록 하는 규정은 외국인 근로자에게 일단 형성된 근로관계를 포기하는 것을 제한하기 때문에 직업선택의 자유에 대한 제한이 아니라 근로의 권리에 대한 제한으로 보아야 한다. 20국회8

해설
① (O) (헌재 2009. 2. 26. 2007헌마1262)
② (O) (헌재 2011. 9. 29. 2009헌마351)
③ (O) (헌재 2011. 9. 29. 2007헌마1083)
④ (×) 근로의 권리란 "일할 자리에 관한 권리"와 "일할 환경에 관한 권리"를 말하며, 후자는 건강한 작업환경, 일에 대한 정당한 보수, 합리적인 근로조건의 보장 등을 요구할 수 있는 권리 등을 의미하는바, 직장변경의 횟수를 제한하고 있는 이 사건 법률조항은 위와 같은 근로의 권리를 제한하는 것은 아니라 할 것이다. (헌재 2011. 9. 29. 2007헌마1083) 〈주〉 근로의 권리가 아니라 직장 선택의 자유를 제한하되, 침해하지는 아니한다.

[정답] ④

3. 직업의 자유의 내용

386
다음 설명 중 가장 적절하지 않은 것은? (판례)

① 직업이란 생활의 기본적 수요를 충족시키기 위한 계속적인 소득활동을 의미하며 그 종류나 성질을 묻지 아니하나, 대학생이 방학 또는 휴학 중 학원강사로서 일하는 행위는 직업의 자유의 보호영역에 속한다고 볼 수 없다. 12변시/17변시/19행시

② 개인이 다수의 직업을 선택하여 동시에 행사하는 겸직의 자유는 직업의 자유에 포함된다. 17입시

③ 경쟁의 자유는 다른 기업과의 경쟁에서 국가의 간섭이나 방해를 받지 않고 기업활동을 할 수 있는 자유를 의미하기 때문에 직업의 자유에 의하여 보장된다. 12변시

④ 게임 결과물의 환전업을 영위한 자를 처벌하는 법규정에서 문제되는 게임 결과물의 환전은 이러한 행위를 영업으로 하는 경우 생활의 기본적 수요를 충족시키는 계속적인 소득활동이 될 수 있기에 게임 결과물의 환전업 역시 헌법 제15조가 보장하고 있는 직업에 해당한다. 16법무/18서울

해설

① (×) 방학기간을 이용하여 또는 휴학 중에 학비 등을 벌기 위해 학원강사로서 일하는 행위는 어느 정도 계속성을 띤 소득활동으로서 직업의 자유의 보호영역에 속한다고 봄이 상당하다. (헌재 2003. 9. 25. 2002헌마519)

② (O) 누구든지 자기가 선택한 직업에 종사하여 이를 영위하고 언제든지 임의로 그것을 바꿀 수 있는 자유와 여러 개의 직업을 선택하여 동시에 함께 행사할 수 있는 자유, 즉 겸직의 자유도 가질 수 있다는 것이다. (헌재 1997. 4. 24. 95헌마90)

③ (O) (헌재 1999. 7. 22. 98헌가5)

④ (O) 게임 결과물의 환전업은 헌법 제15조가 보장하고 있는 직업에 해당한다. (헌재 2010. 2. 25. 2009헌바38) 〈주〉 공공무해성은 직업의 요건이 아니다.

[정답] ①

387
다음 설명 중 가장 적절한 것은? (판례)

① 직업의 자유에는 해당직업에 합당한 보수를 받을 권리까지 포함되는 것이다. 14국회8/21경승

② 의료인이 '치료효과를 보장하는 등 소비자를 현혹할 우려가 있는 내용의 광고'를 한 경우 형사처벌하도록 규정한 의료법 조항은 의료인의 표현의 자유뿐만 아니라 직업수행의 자유도 동시에 제한한다. 17변시

③ 직장선택의 자유는 개인이 그 선택한 직업분야에서 구체적인 취업의 기회를 가지거나, 이미 형성된 근로관계를 계속 유지하거나 포기하는 데에 있어 국가의 방해를 받지 않는 자유로운 선택·결정을 보호하는 것을 내용으로 하므로 한번 선택한 직장의 존속보호를 청구할 권리까지 보장한다. 21법행

④ 헌법이 보장하는 직업의 자유는 자신이 원하는 직업 내지 직종을 자유롭게 선택하고 선택한 직업을 자유롭게 수행할 수 있음을 그 내용으로 하는 것이므로, 특정인에게 배타적·우월적인 직업선택권이나 독점적인 직업 활동의 자유까지도 보장하는 것이다. 14국회8

해설

① (×) '어느 정도 계속성을 띤 소득활동으로서 직업의 자유의 보호영역에 속한다고 봄이 상당하다. (헌재 2003. 9. 25. 2002헌마519)

② (O) (헌재 2014. 9. 25. 2013헌바28)

③ (×) 원하는 직장을 제공하여 줄 것을 청구하거나 한번 선택한 직장의 존속보호를 청구할 권리를 보장하지 않으며, 또한 사용자의 처분에 따른 직장 상실로부터 직접 보호하여 줄 것을 청구할 수도 없다. (헌재 2011. 7. 28. 2009헌마408) 〈주〉 계속근로기간 1년 미만의 근로자에 대한 퇴직급여 미지급을 합헌으로 본 사안이다.

④ (×) 직업선택의 자유는 특정인에게 배타적·우월적인 직업선택권이나 독점적인 직업활동의 자유까지 보장하는 것은 아니다. (헌재 2001. 9. 27. 2000헌마208).

[정답] ②

4. 1단계 제한 (직업수행)

388
다음 설명 중 가장 적절하지 않은 것은? (판례)

① 헌법재판소는, 직업선택의 자유와 직업행사의 자유는 기본권주체에 대한 그 제한의 효과가 다르기 때문에 제한에 대한 위헌심사기준도 다르다고 하여, 독일의 단계이론과 유사한 논리를 전개한다. 12변시
② 직업수행의 자유는 직업결정의 자유에 비하여 상대적으로 그 침해의 정도가 작다고 할 것이므로 공공복리 등 공익상의 이유로 비교적 넓은 법률상의 규제가 가능하다. 16법원/19행시
③ 직업선택의 자유에 있어서 필요한 경우 객관적 사유에 따라 직업에의 접근을 제한하여야 하며, 이러한 조치를 통하여 목적을 달성할 수 없는 경우 주관적 사유에 따라 직업선택의 자유를 제한하여야 한다. 22국회9
④ 직업의 자유를 제한함에 있어서도 다른 기본권과 마찬가지로 헌법 제37조 제2항에서 정한 과잉금지의 원칙은 준수되어야 하며, 직업수행의 자유를 제한하는 법령에 대한 위헌여부를 심사하는 데 있어서는 좁은 의미의 직업선택의 자유에 비하여 다소 완화된 심사기준을 적용할 수 있다. 16법원

해설
① (O) (헌재 2002. 10. 31. 99헌바76)
② (O) (헌재 2008. 2. 28. 2006헌마1028)
③ (X) 2단계 제한인 <u>주관적 사유</u>에 의한 직업선택의 자유제한을 먼저 하고, 이를 통하여 목적을 달성할 수 없을 경우 3단계 마지막 제한인 <u>객관적 사유</u>에 의한 직업선택의 자유를 제한한다.
④ (O) (헌재 2009. 9. 24. 2006헌마1264)

정답 ③

389
다음 설명 중 옳지 않은 것을 모두 고른 것은? (판례)

㉠ 택시의 10부제 운행은 객관적 사유에 의한 직업선택의 자유 제한이다. 12국회9
㉡ 유흥업소의 영업시간 제한은 주관적 사유에 의한 직업선택의 자유 제한이다. 12국회9
㉢ 대형 할인마트의 월 1회 주말 영업 제한은 주관적 사유에 의한 직업선택의 자유 제한이다. 12국회9
㉣ 피보험자인 전 국민의 의료보험수급권을 보장할 목적으로 의료기관을 요양기관으로 강제로 지정하는 '강제지정제'의 경우는 객관적 사유에 의한 직업선택의 자유를 제한하는 것이다. 04사시
㉤ 학교교과 교습학원의 교습시간을 05:00부터 22:00까지로 제한하는 것은 객관적 사유에 의한 직업선택의 자유에 대한 제한이다. 18서울

① ㉠ ㉡
② ㉠ ㉡ ㉣
③ ㉡ ㉢ ㉣ ㉤
④ ㉠ ㉡ ㉢ ㉣ ㉤

해설
㉠ (X) (헌재 2019. 4. 11. 2018헌마42) 〈주〉 직업수행의 자유 제한으로 합헌이다.
㉡ (X) (헌재 1996. 8. 14. 96헌바61) 〈주〉 직업수행의 자유 제한으로 합헌이다.
㉢ (X) (헌재 2018. 6. 28. 2016헌바77) 〈주〉 직업수행의 자유 제한으로 합헌이다.
㉣ (X) (헌재 2011. 6. 30. 2008헌마595) 〈주〉 직업수행의 자유 제한으로 합헌이다.
㉤ (X) (헌재 2009. 10. 29. 2008헌마635) 〈주〉 직업수행의 자유 제한으로 합헌이다.

정답 ④

390

다음 설명 중 가장 적절한 것은? (판례)

① 부동산중개업자로 하여금 법령이 정하는 한도를 초과하는 수수료 받지 못하게 하는 경우는 객관적 사유에 의한 직업선택의 자유를 제한하는 것이다. 04사시
② 석유제품에 다른 석유제품 또는 석유화학제품을 혼합하는 등의 방법으로 대통령령이 정하는 유사석유제품을 생산·판매하는 것을 제한하는 경우는 객관적 사유에 의한 직업선택의 자유를 제한하는 것이다. 04사시
③ 건설업자가 명의대여행위를 한 경우 그 건설업 등록을 필요적으로 말소하도록 한 건설산업기본법 규정은 직업수행의 자유를 제한한다. 16법무
④ 건축사가 업무범위를 위반하여 업무를 행한 때 이를 필요적 등록취소사유로 규정한 경우는 객관적 사유에 의한 직업선택의 자유를 제한하는 것이다. 04사시

해설

① (×) (헌재 2015. 5. 28. 2013헌가7) 〈주〉 직업수행의 자유 제한으로 합헌이다.
② (×) (헌재 2009. 5. 28. 2006헌바24) 〈주〉 직업수행의 자유 제한으로 합헌이다.
③ (○) 건설업자가 명의대여행위를 한 경우 그 건설업 등록을 필요적으로 말소하도록 한 이 사건 법률조항은 <u>직업수행의 자유 및 재산권을 침해하지 않는다.</u> (헌재 2001. 3. 21. 2000헌바27) 〈주〉 직업수행의 자유 제한으로 합헌이다.
④ (×) 헌법상 보장된 직업선택의 자유, 그 중 '<u>직업수행의 자유</u>'를 제한하게 되는 것이라 할 수 있다. 과잉금지원칙에 위배되고, 헌법 제15조 소정의 <u>직업선택의 자유의 본질적 내용</u>을 침해한 것이다. (헌재 1995. 2. 23. 93헌가1) 〈주〉 건축사라는 업종선택은 자유롭지만, 업무범위에서 제한이 있었으므로 직업수행의 자유 제한이다. 사건의 경중을 가리지 않고 무조건 등록취소사유로 하여 위헌이다.

[정답] ③

5. 2단계 제한 (주관적 직업선택)

391

다음 설명 중 가장 적절하지 않은 것은? (판례)

① 어떤 직업의 수행을 위한 전제요건으로서 일정한 주관적 요건을 갖춘 자에게만 그 직업에 종사할 수 있도록 직업선택의 자유를 제한하는 경우에는, 주관적 요건 자체가 그 제한목적과 합리적인 관계가 있어야 한다. 15법원
② 입법자가 일정한 전문분야에 관한 자격제도를 마련함에 있어서는 그 제도를 마련한 목적을 고려하여 정책적인 판단에 따라 제도의 내용을 구성할 수 있으므로, 입법자의 판단은 존중되어야 한다. 13국회8
③ 입법자는 어떠한 직업분야에 관한 자격제도를 만들면서 그 자격요건 내지 결격사유를 어떻게 설정할 것인가에 관하여 폭넓은 입법재량을 갖는다. 15법원
④ 사법시험 및 변호사시험에 합격한 자들에 한하여 변호사 자격부여는 직업수행의 자유 제한이다. 12국회9

해설

① (○) 이와 같이 좁은 의미의 직업선택의 자유를 제한함에 있어, 어떤 직업의 수행을 위한 전제요건으로서 일정한 주관적 요건을 갖춘 자에게만 그 직업에 종사할 수 있도록 제한하는 경우에는 주관적 요건 자체가 그 제한목적과 합리적인 관계가 있어야 한다는 <u>비례의 원칙이 적용되어야</u> 할 것이다. (헌재 1995. 6. 29. 90헌바43)
② (○) (헌재 1996. 4. 25. 94헌마129)
③ (○) (헌재 2014. 1. 28. 2011헌바252)
④ (×) 주관적 사유에 의한 <u>직업선택의 자유</u> 제한이다.

[정답] ④

392

다음 설명 중 가장 적절하지 않은 것은? (판례)

① 입법자는 일정한 전문분야에 관한 자격제도를 마련함에 있어서 그 제도를 마련한 목적을 고려하여 정책적인 판단에 따라 제도의 내용을 구성할 수 있으므로 자격요건에 관한 법률조항은 합리적인 근거 없이 현저히 자의적인 경우에만 헌법에 위반된다. 16법무

② 헌법 제15조에 따라 모든 국민은 직업의 자유를 가지지만, 국가는 국민의 신체와 재산의 보호와 밀접한 관련이 있는 직업들에 대해서는 공공의 이익을 위해 그 직업의 수행에 필요한 자격제도를 둘 수 있으며, 이때 그 구체적인 자격제도의 형성에 있어서는 입법자에게 광범위한 입법형성권이 인정되고, 다만 입법자가 합리적인 이유 없이 자의적으로 자격제도의 내용을 형성한 경우에만 그 자격제도가 헌법에 위반된다고 할 수 있다. 16법원

③ 대학 졸업 이상의 학력 소지자에게만 학원강사가 될 수 있도록 하는 것은 주관적 사유에 의한 직업선택의 자유에 대한 제한이다. 18서울

④ 정원제로 사법시험의 합격자를 결정하는 방법은 개인이 주관적인 노력으로 획득할 수 있는 변호사로서의 자질과 능력을 검정하는 것이 아니라 변호사의 사회적 수급상황 등 객관적 사유에 의하여 직업선택의 자유를 제한하는 것이다. 16국회8

해설

① (○) (헌재 2001. 1. 18. 2000헌마364)
② (○) (헌재 2007. 5. 31. 2006헌마646)
③ (○) (헌재 2003. 9. 25. 2002헌마519) 〈주〉 주관적 사유에 의한 직업선택의 자유 제한으로 합헌이다.
④ (×) 객관적 사유가 아닌 주관적 사유에 의한 직업선택의 자유의 제한이다. (헌재 2010. 5. 27. 2008헌바110) 〈주〉 주관적 사유에 의한 직업선택의 자유 제한으로 합헌이다.

[정답] ④

393

다음 설명 중 가장 적절하지 않은 것은? (판례)

① 20년 이상 관세행정분야에서 근무한 자에게 일정한 절차를 거쳐 관세사 자격을 부여한 구 관세사법 규정은 헌법에 위반되지 않는다. 17국회8

② 등록기준을 법으로 정하고 일정한 등록기준을 충족시켜야 등록을 허용하는 건설업의 등록제는 소위 '객관적 사유에 의한 직업 허가규정'에 속하는 것으로서 직업선택의 자유를 제한한다. 23경승

③ 성인 대상 성범죄로 형을 선고받아 확정된 자로 하여금 그 형의 집행을 종료한 날부터 10년 동안 의료기관에 취업할 수 없도록 한 것은, 일정한 직업을 선택함에 있어 기본권 주체의 능력과 자질에 따른 제한이므로 이른바 '주관적 요건에 의한 좁은 의미의 직업선택의 자유'에 대한 제한에 해당한다. 17변시

④ 일반학원의 강사라는 직업의 개시를 위한 주관적 전제조건으로서 '대학 졸업 이상의 학력 소지'라는 자격기준을 갖추도록 요구함으로써 직업선택의 자유를 제한하고 있으나 일률적으로 자격기준을 설정하여 통제하는 방식만큼의 효과를 거둘 만한 다른 제도나 절차를 쉽게 찾아보기 어려우므로 최소침해의 원칙은 문제되지 않는다. 16법무

해설

① (○) (헌재 2001. 1. 18. 2000헌마364) 〈주〉 주관적 직업선택의 자유 제한으로 합헌이다.
② (×) '주관적 사유에 의한 직업허가규정'에 속하는 것으로서 직업선택의 자유를 제한하는 규정이다. (헌재 2007. 5. 31. 2007헌바3) 〈주〉 주관적 직업선택의 자유 제한으로 합헌이다.
③ (○) (헌재 2016. 3. 31. 2013헌마585) 〈주〉 주관적 직업선택의 자유 제한으로 10년간 일률적 제한이므로 위헌이다.
④ (○) (헌재 2003. 9. 25. 2002헌마519) 〈주〉 주관적 직업선택의 자유 제한으로 합헌이다.

[정답] ②

6. 3단계 제한 (객관적 직업선택)

394
다음 설명 중 가장 적절하지 않은 것은? (판례)

① 직업의 자유를 제한함에 있어, 당사자의 능력이나 자격과 상관없는 객관적 사유에 의한 직업선택의 자유의 제한은 월등하게 중요한 공익을 위하여 명백하고 확실한 위험을 방지하기 위한 경우에만 정당화될 수 있다. 21국회8
② 시각장애인만 안마사 자격인정을 받을 수 있도록 하는 비맹제외기준을 설정하고 있는 의료법 조항은, 시각장애인의 생계보장 등 공익이 비시각장애인들이 받게 되는 직업선택의 자유의 박탈보다 우월하다고 할 수 있다. 21법행
③ 경비업을 경영하고 있는 자들로 하여금 경비업을 전문으로 하는 별개의 법인을 설립하지 않는 한 경비업과 그 밖의 업종 간에 택일하도록 강제'하는 것은 주관적 사유에 의한 직업의 자유의 제한이며, 헌법재판소가 이를 심사함에 있어서는 엄격한 비례의 원칙이 그 심사척도가 된다. 16국회8/22경채
④ 지적측량업무를 비영리법인에게만 대행할 수 있도록 하는 것은 과잉금지원칙에 위배된다. 18입시
⑤ 행정사의 모든 겸직을 금지하고, 그 위반행위를 모두 형사처벌하는 법률조항은 직업선택의 자유를 침해한다. 보충

해설

① (O) (헌재 2008. 2. 28. 2006헌마1028)
② (O) (헌재 2008. 10. 30. 2006헌마1098) 〈주〉 합헌이다.
③ (X) 당사자의 능력이나 자격과 상관없는 <u>객관적 사유에 의한 제한</u>은 엄격한 비례의 원칙이 그 심사척도가 된다. (헌재 2002. 4. 25. 2001헌마614) 〈주〉 위헌이다.
④ (O) (헌재 2002. 5. 30. 2000헌마81)
⑤ (O) (헌재 1997. 4. 24. 95헌마90) 〈주〉 객관적 사유에 의한 직업선택의 자유 제한이다. 3단계 제한으로 위헌이다.

정답 ③

7. 기타 판례

395
다음 사례에 관한 설명 중 가장 적절한 것은? (다툼이 있는 경우 판례에 의함) 22경찰1차

> 청구인 A는 경장으로 근무 중인 사람으로서 공무원보수규정의 해당 부분이 경찰공무원 임용령 시행규칙 상의 '계급환산기준표' 및 '호봉획정을 위한 공무원경력의 상당계급기준표'에 따라 경찰공무원인 자신의 1호봉 봉급월액을 청구인의 계급에 상당하는 군인 계급인 중사의 1호봉 봉급월액에 비해 낮게 규정함으로써 자신의 기본권을 침해한다고 주장하면서 2007년 4월 16일 그 위헌확인을 구하는 헌법소원심판을 청구하였다.

① 청구인 A는 공무원보수규정의 해당 부분이 자신의 평등권, 재산권, 직업선택의 자유 및 행복추구권 등을 침해한다고 주장하는 바, 이는 기본권 충돌에 해당한다.
② 경찰공무원과 군인은 공무원보수규정 상의 봉급표에 있어서 본질적으로 동일 유사한 지위에 있다고 볼 수 없으므로 청구인 A의 평등권 침해는 문제되지 않는다.
③ 직업의 자유에 '해당 직업에 합당한 보수를 받을 권리'까지 포함되어 있다고 보아야 하므로, 경장의 1호봉 봉급월액을 중사의 1호봉 봉급월액보다 적게 규정한 것은 청구인 A의 직업수행의 자유를 침해한 것이다.
④ 공무원이 국가 또는 지방자치단체에 대하여 어느 수준의 보수를 청구할 수 있는 권리는 단순한 기대이익에 불과하여 재산권의 내용에 포함된다고 볼 수 없으므로 공무원보수규정의 해당 부분은 청구인 A의 재산권을 침해하지 않는다.

해설

① (X) 기본권의 충돌이 아니라 <u>기본권의 경합</u>에 해당한다.
② (X) 경찰공무원과 군인은 본질적으로 동일·유사한 집단이라고 할 것이므로, <u>차별취급이 존재한다</u>. (헌재 2008. 12. 26. 2007헌마444) 〈주〉 평등권 침해가 문제되는데, 침해는 아니다.
③ (X) 직업선택이나 직업수행의 자유가 <u>침해되었다고 할 수 없다.</u> (헌재 2008. 12. 26. 2007헌마444)
④ (O) (헌재 2008. 12. 26. 2007헌마444)

정답 ④

396

다음 설명 중 가장 적절하지 않은 것은? (판례)

① 학교정화구역 내 극장영업금지를 규정한 학교보건법 제6조는 극장영업자의 직업의 자유와 예술의 자유를 제한하나 예술의 자유는 간접적으로 제약되고 입법자의 객관적 동기를 참작하여 볼 때 사안과 가장 밀접한 관계에 있고 또 침해의 정도가 가장 큰 주된 기본권은 직업의 자유이므로 직업의 자유 침해만을 판단하는 것으로 족하므로 예술의 자유 침해여부를 판단할 필요는 없다. 12국회

② 대학의 정화구역 내에서 극장시설 및 영업을 일반적으로 금지하고 있는 학교보건법 규정은 직업의 자유를 과도하게 침해하여 위헌이다. 09사시

③ 유치원 및 초·중·고등학교의 정화구역 중 극장영업을 절대적으로 금지하고 있는 학교보건법 규정은 직업의 자유를 과도하게 침해하여 위헌이다. 09사시

④ 극장의 자유로운 운영에 대한 제한은 공연물 영상물이 지니는 표현물, 예술작품으로서의 성격에 기하여 예술의 자유의 제한과 관련성이 있으므로, 학교정화구역 내의 극장시설 및 영업을 일률적으로 금지하고 있는 학교보건법은 정화구역 내에서 극장업을 하고자 하는 극장운영자의 예술의 자유를 과도하게 침해한다. 17국회8

해설

① (×) 침해의 정도가 가장 큰 주된 기본권은 직업의 자유라고 할 것이다. 따라서 이하에서는 직업의 자유의 침해여부를 중심으로 살피는 가운데 표현·예술의 자유의 침해여부에 대하여도 부가적으로 살펴보기로 한다. (헌재 2004. 5. 27. 2003헌가1)

② (○) (헌재 2004. 5. 27. 2003헌가1) 〈주〉 대학 극장금지 규정은 위헌결정을 하였다.

③ (○) (헌재 2004. 5. 27. 2003헌가1) 〈주〉 유치원과 초중고 극장금지 규정은 헌법불합치결정을 하였다.

④ (○) (헌재 2004. 5. 27. 2003헌가1) 〈주〉 극장운영자의 직업수행의 자유, 표현의 자유, 예술의 자유를 침해하며, 대학생·유치원생·초중고교생들의 행복추구권을 침해한다.

정답 ①

397

다음 설명 중 가장 적절한 것은? (판례)

① 유치원 주변의 학교환경위생정화구역 안에서 당구장 시설을 하지 못하도록 하는 것은 비례의 원칙에 위배되어 직업수행의 자유를 침해한다. 12변시

② 유치원 주변 학교정화구역 안에서 당구장 설치를 금지하는 것은 직업수행의 자유를 침해하지 않는다. 18입시/23경승

③ 초등학교, 중학교, 고등학교의 학교환경위생정화구역 내에서의 당구장시설을 제한하면서 예외적으로 학습과 학교보건위생에 나쁜 영향을 주지 않는다고 인정하는 경우에 한하여 당구장 시설을 허용하도록 하는 것은 과도하게 직업의 자유를 침해한다. 18입시/23경승

④ 당구장 경영자인 청구인에게 당구장 출입문에 18세 미만자에 대한 출입금지 표시를 하게 하는 시행규칙은 당구장 경영자의 직업수행의 자유와 평등권을 침해하지 않는다. 12법무

해설

① (○) (헌재 1997. 3. 27. 94헌마196)

② (×) 유치원주변에 당구장시설을 허용한다고 하여도 이로 인하여 유치원생이 학습을 소홀히 하거나 교육적으로 나쁜 영향을 받을 위험성이 있다고 보기 어려우므로, 기본권제한의 한계를 벗어난 것이다. (헌재 1997. 3. 27. 94헌마196)

③ (×) 초등학교, 중학교, 고등학교 기타 이와 유사한 교육기관의 학생들은 아직 변별력 및 의지력이 미약하여 당구의 오락성에 빠져 학습을 소홀히 하고 당구장의 유해환경으로부터 나쁜 영향을 받을 위험성이 크므로 직업(행사)의 자유를 침해하는 것이라 할 수 없다. (헌재 1997. 3. 27. 94헌마196)

④ (×) 당구장 경영자인 청구인에게 당구장 출입문에 18세 미만자에 대한 출입금지 표시를 하게 하는 시행규칙은 당구장 경영자의 직업수행의 자유, 평등권을 침해한다. (헌재 1993. 5. 13. 92헌마80) 〈주〉 학교정화구역 밖의 지역에 당구장을 설치한 사안이다.

정답 ①

398
다음 설명 중 가장 적절한 것은? (판례)

① 유치원 주변 학교환경위생 정화구역에서 성관련 청소년유해물건을 제작·생산·유통하는 청소년 유해업소를 예외 없이 금지하는 학교보건법은 직업의 자유를 침해한 것이다. 19법원/20경승

② 대학 주변의 학교정화구역에서 납골시설의 설치·운영을 금지한 것은 납골시설의 설치·운영을 직업으로서 수행하고자 하는 자의 직업의 자유를 침해한다. 12국가7

③ 학교보건법에서 학교환경위생 정화구역 안에서 노래연습장의 시설·영업을 금지하는 것은 직업선택의 자유 및 행복추구권을 침해한다. 08국회8

④ 학교환경위생정화구역 안에서 여관시설 및 영업행위를 금지하고 있는 학교보건법은 직업수행의 자유, 재산권을 침해하지 않는다. 10국회8

해설

① (✕) 유치원 주변 및 아직 유아 단계인 청소년을 유해한 환경으로부터 보호하고 이들의 건전한 성장을 돕기 위한 것으로 <u>직업의 자유를 침해하지 아니한다</u>. (헌재 2013. 6. 27. 2011헌바8)

② (✕) 납골시설을 기피하는 정서는 사회의 일반적인 풍토와 문화에서 비롯된 것이어서 <u>종교의 자유, 행복추구권 및 직업의 자유를 침해한다고 보기 어렵다</u>. (헌재 2009. 7. 28. 2008헌가2)

③ (✕) 학교보건법에서 학교환경위생 정화구역 안에서 노래연습장의 시설·영업을 금지하는 것은 <u>직업선택의 자유 및 행복추구권을 침해하지 않는다</u>. (헌재 1999. 7. 22. 98헌마480)

④ (○) 학교환경위생정화구역 안에서 여관시설 및 영업행위를 금지하고 있는 학교보건법은 <u>직업수행의 자유, 재산권을 침해하지 않는다</u>. (2005헌바110)

정답 ④

399
다음 설명 중 옳은 것을 모두 고른 것은? (판례)

㉠ 학원설립·운영자가 구 학원의 설립·운영 및 과외교습에 관한 법률을 위반하여 벌금형을 선고받은 경우 등록의 효력을 잃도록 규정하고 있는 것은 당사자의 능력이나 자격과는 하등 관련이 없는 객관적 사유에 의한 직업선택의 자유에 대한 제한이다. 16국회8

㉡ 구 학원의 설립·운영 및 과외교습에 관한 법률을 위반하여 벌금형을 선고 받은 후 1년이 지나지 아니한 자는 학원설립·운영의 등록을 할 수 없도록 규정한 구 학원의 설립·운영 및 과외교습에 관한 법률상의 등록결격조항은 과잉금지원칙에 위배되어 직업선택의 자유를 침해한다고 보기 어렵다. 16국회8

㉢ 법인의 임원이 학원의 설립·운영 및 과외교습에 관한 법률을 위반하여 벌금형을 선고받은 경우 법인에 대한 학원설립·운영 등록이 효력을 잃도록 한 법률규정은, 학원을 설립하고 운영하는 법인에게 지나치게 과중한 부담을 지우게 되어 학원법인의 직업수행의 자유를 침해한다. 17국가7

① ㉠ ㉡
② ㉠ ㉢
③ ㉡ ㉢
④ ㉠ ㉡ ㉢

해설

㉠ (✕) '주관적 요건에 의한 좁은 의미의 직업선택의 자유의 제한'에 해당한다. 벌금형이 확정되기만 하면 일률적으로 등록을 상실하도록 규정하고 있어 <u>지나친 제재라 하지 않을 수 없다</u>. (헌재 2014. 1. 28. 2011헌바252)

㉡ (○) (헌재 2015. 5. 28. 2012헌마653) 〈주〉 주관적 사유에 의한 직업선택의 자유 제한이며 합헌이다.

㉢ (○) (헌재 2015. 5. 28. 2012헌마653) 〈주〉 학원법인의 임원(대표이사 또는 일반이사)이 벌금형을 받은 경우 일률적으로 등록을 실효시키는 규정은 법인의 직업수행의 자유 제한이며 위헌이다.

정답 ③

400

다음 설명 중 가장 적절하지 않은 것은? (판례)

① 학교교과교습학원의 교습시간을 05:00부터 22:00까지 규정하고 있는 조례는 학생이나 부모의 인격의 자유로운 발현권, 자녀교육권, 직업의 자유, 평등권을 침해하지 아니한다. 12법무

② 학원이나 체육시설에서 어린이통학버스를 운영하는 자로 하여금 어린이통학버스에 반드시 보호자를 동승하여 운행하도록 한 「여객자동차 운수사업법」 조항은 학원이나 체육시설에서 어린이통학버스를 운영하는 자의 직업수행의 자유를 침해한다. 21국회5

③ 건설업자에게 부정한 방법에 의한 등록행위를 금지하고 이를 위반한 경우 필요적으로 건설업등록을 말소하도록 하는 입법조치는 목적의 달성을 위하여 반드시 필요한 최소한의 것이므로 과잉금지원칙에 위배하여 직업의 자유를 침해하였다고 볼 수 없다. 13법행

④ 건설산업기본법에서 건설업자가 명의대여를 한 경우 건설업의 등록을 필요적으로 말소하도록 규정하는 것은 합헌이지만, 임원이 금고 이상의 형을 선고받은 경우 법인의 건설업 등록을 필요적으로 말소하도록 규정한 것은 위헌이다. 16법무

해설

① (○) (헌재 2009. 10. 29. 2008헌마635)

② (×) 어린이 등의 안전을 효과적으로 담보하는 중요한 역할을 하는 점 등에 비추어 보면 <u>직업수행의 자유를 침해한다고 볼 수 없다.</u> (헌재 2020. 4. 23. 2017헌마479)

③ (○) 건설산업기본법 제83조는 필요적 등록말소사유로서 <u>부정한 방법으로 건설업 등록을 한 때(제1호), 명의대여행위금지를 위반한 때(제5호), 영업정지처분을 위반한 때(제7호)</u>의 세 가지 유형은 등록제를 침탈하거나 형해화함으로써 그 근간을 흔드는 중대한 위반으로 판단된다. (헌재 2016. 12. 29. 2015헌바429) 〈주〉 건설업자의 위 3가지 사유를 필요적 등록말소하여도 합헌이다.

④ (○) [1] (헌재 2001. 3. 21. 2000헌바27)
[2] (헌재 2014. 4. 24. 2013헌바25)

정답 ②

401

다음 설명 중 가장 적절하지 않은 것은? (판례)

① 개인택시운송사업자의 운전면허가 취소된 경우 개인택시 운송사업면허를 취소할 수 있도록 규정한 것은 직업의 자유와 재산권을 침해하는 것이 아니다. 12법무

② 거짓이나 그 밖의 부정한 수단으로 운전면허를 받은 경우 국민의 생명·신체를 보호할 필요성이 매우 크므로 모든 범위의 운전면허를 필요적으로 취소하도록 규정한 「도로교통법」 조항은 직업의 자유를 침해하지 않는다. 21회8

③ 수상레저안전법 상 조종면허를 받은 사람이 동력수상레저기구를 이용하여 범죄행위를 하는 경우에 조종면허를 필요적으로 취소하도록 하는 구 수상레저안전법 상 규정은 직업의 자유 내지 일반적 행동의 자유를 침해한다. 21국가7/22해간

④ 자동차운전전문학원을 졸업하고 운전면허를 받은 사람 중 교통사고를 일으킨 비율이 대통령령이 정하는 비율을 초과하는 경우에 운전전문학원의 등록을 취소하거나 운영정지를 명할 수 있도록 한 것은 자기책임의 범위를 벗어난 과도한 법적 책임을 부과하는 것으로 볼 수 있다. 13국회8

해설

① (○) (헌재 2015. 5. 28. 2013헌바29) 〈주〉 임의적 취소라서 합헌이다.

② (×) <u>과잉금지원칙에 반하여 일반적 행동의 자유 또는 직업의 자유를 침해한다.</u> (헌재 2020. 6. 25. 2019헌가9) 〈주〉 부정취득한 운전면허의 필요적 취소는 합헌이지만, 다른 운전면허까지 일률적으로 모두 필요적 취소하여 위헌이다.

③ (○) (헌재 2015. 7. 30. 2014헌가13) 〈주〉 일률적인 필요적 취소라서 위헌이다.

④ (○) (헌재 2005. 7. 21. 2004헌가30) 〈주〉 사고비율이 높은 것은 학원 탓이 아니다.

정답 ②

402
다음 설명 중 가장 적절한 것은? (판례)

① 자동차운전전문학원을 졸업하고 운전면허를 받은 사람 중 교통사고를 일으킨 비율이 대통령령이 정하는 비율을 초과하는 때에는 학원의 등록을 취소하거나 1년 이내의 운영정지를 명할 수 있도록 하는 것은 운전전문학원이 조성하는 사회적 위험을 관리하기 위한 것이므로 운전전문학원 운영자의 직업의 자유를 침해한다고 볼 수 없다. 16법무

② 운전면허를 받은 사람이 다른 사람의 자동차를 훔친 경우 운전면허를 필요적으로 취소하게 하는 것은, 자동차 운행과정에서 야기될 수 있는 교통상 위험과 장해를 방지함으로써 안전하고 원활한 교통을 확보하기 위한 것으로서, 자동차 절도라는 불법의 정도에 상응하는 제재수단에 해당하여 직업의 자유를 침해하지 않는다. 17국가7

③ 택시운전자격을 취득한 사람이 강제추행 등 성범죄를 범하여 금고 이상의 형의 집행유예를 선고받은 경우 그 자격을 취소하도록 규정한 여객자동차 운수사업법 관련 조항은 과잉금지원칙에 위배되어 직업의 자유를 침해한다. 18국회9

④ 운전면허를 받은 사람이 자동차 등을 이용하여 살인 또는 강간 등의 범죄행위를 한 때 운전면허를 취소하도록 규정한 도로교통법은 직업의 자유를 침해한 것이다. 21경승/23경승

해설

① (✗) 자기책임의 범위를 벗어난 것이다. 그러므로 이 사건 조항은 비례의 원칙에 어긋나 <u>직업의 자유를 침해한다</u>. (헌재 2005. 7. 21. 2004헌가30)

② (✗) <u>직업의 자유 내지 일반적 행동의 자유를 침해한다</u>. (헌재 2017. 5. 25. 2016헌가6) 〈주〉 일률적 필요적 취소라서 위헌이다.

③ (✗) 택시를 이용하는 국민을 성범죄 등으로부터 보호하고, 여객운송서비스 이용에 대한 불안감을 해소하려는 것으로 <u>과잉금지원칙에 위배되지 않는다</u>. (헌재 2018. 5. 31. 2016헌바14) 〈주〉 필요적 취소이지만 합헌이다.

④ (O) (헌재 2015. 5. 28. 2013헌가6) 〈주〉 일률적 필요적 취소라서 위헌이다.

[정답] ④

403
다음 설명 중 가장 적절한 것은? (판례)

① 음주측정거부자에 대해 필요적으로 면허를 취소할 것을 규정한 도로교통법 조항은 재산권, 직업선택의 자유, 행복추구권, 또는 양심의 자유 등에 대한 과도한 금지에 해당한다.

② 금고이상의 실형을 선고받고 그 형의 집행이 종료되거나 면제되지 아니한 자는 농산물도매시장의 중도매업 허가를 받을 수 없다고 규정한 것은 직업선택의 자유를 침해한 것으로 볼 수 없다. 13법행

③ 허위로 진료비를 청구해서 환자나 진료비 지급기관 등을 속여 사기죄로 금고 이상 형을 선고받고 그 형의 집행이 종료되지 아니하였거나 집행을 받지 않기로 확정되지 않은 의료인에 대하여 필요적으로 면허를 취소하도록 하는 것은, 과도하게 의료인의 직업의 자유를 침해하는 것이다. 17국가7

④ 의료인이 아닌 자의 무면허 의료행위를 일률적·전면적으로 금지하고 이를 위반한 경우에 그 치료결과에 관계없이 형사처벌을 하는 법률조항은, 비례의 원칙에 위배되어 직업의 자유를 침해한다. 12변시

해설

① (✗) 음주측정은 음주운전을 단속하기 위한 불가피한 전치적(前置的) 조치라고 인정되므로 이 정도의 제재를 가하는 것은 <u>양심의 자유나 행복추구권 등에 대한 침해가 될 수 없다</u>. (헌재 2004. 12. 16. 2003헌바87)

② (O) (헌재 2005. 5. 26. 2002헌바67)

③ (✗) 과잉금지의 원칙에 위배하여 청구인의 <u>직업선택의 자유를 침해하는 것이 아니다</u>. (헌재 2017. 6. 29. 2016헌바394)

④ (✗) 심판대상조항들의 규제방법은 '대안이 없는 유일한 선택'으로서 실질적으로도 <u>비례의 원칙에 합치된다</u>. (헌재 2016. 10. 27. 2016헌바322)

[정답] ②

404

다음 설명 중 가장 적절하지 않은 것은? (판례)

① 주류 판매업면허를 받은 자가 타인과 동업 경영을 하는 경우 관할 세무서장이 해당 주류 판매업자의 면허를 필요적으로 취소하도록 한 구「주세법」조항은 면허가 있는 자들끼리의 동업의 경우도 일률적으로 주류 판매업 면허를 취소하도록 규정하고 있으므로 주류 판매 면허업자의 직업의 자유를 침해한다. 22경간

② 세무 관련 분야에서 전문성이 인정되는 자격증을 소지한 자를 7급 세무직 공무원 공개경쟁채용시험에서 우대하는 것은 업무상 전문성을 강화하고 자격증 소지 여부가 시험에서 우대를 고려할 객관적 근거가 되며, 가산점제도가 자격증 없는 자들의 응시기회 자체를 제한한다고 보기 어려우므로 과잉금지원칙에 반하지 않는다. 22경간

③ 「세무사법」위반으로 벌금형을 받은 세무사의 등록을 필요적으로 취소하도록 한「세무사법」조항은 벌금형의 집행이 끝나거나 집행을 받지 아니하기로 확정된 후 3년이 지난 때에 다시 세무사로 등록하여 활동할 수 있는 점 등에 비추어 볼 때 청구인의 직업선택의 자유를 침해하지 않는다. 22경간

④ 법학전문대학원 입학자 중 법학 외의 분야 및 당해 법학전문대학원이 설치된 대학 외의 대학에서 학사학위를 취득한 자가 차지하는 비율이 입학자의 3분의 1 이상이 되도록 규정한「법학전문대학원 설치·운영에 관한 법률」조항은 직업의 자유를 침해하지 않는다. 22경간/23경승

해설

① (×) 주류 판매업면허를 받은 자가 타인과 동업 경영을 하는 경우 관할 세무서장이 해당 주류 판매업자의 면허를 필요적으로 취소하도록 한 이 조항은 주류 판매면허업자의 직업의 자유를 침해하지 않는다.(헌재 2021. 4. 29. 2020헌바328) 〈주〉 면허의 필요적 취소인데도 합헌이므로 주의해야 한다.

② (○) (헌재 2020. 6. 25. 2017헌마1178)

③ (○) (헌재 2021. 10. 28. 2020헌바221) 〈주〉 등록의 필요적 취소인데도 합헌이므로 주의해야 한다.
〈주〉 필합 - 건설 택시 음주 허위진료비 농산물 + 의사 세무사 중개사 (무자격자 또는 자격위반) + 주류

④ (○) (헌재 2009. 2. 26. 2007헌마1262)

[정답] ①

405

다음 설명 중 가장 적절한 것은? (판례)

① 일반게임제공업자 등이 게임물의 버튼 등 입력장치를 자동으로 조작하여 게임을 진행하는 장치 또는 소프트웨어를 제공하거나 게임물 이용자가 이를 이용하게 해서는 안된다고 하는 것은 일반 게임제공업자의 직업의 자유를 침해하지 않는다. 22국회9

② '거짓이나 그 밖의 부정한 수단으로 운전면허를 받은 행위'에 대한 불이익 처분으로 '부정 취득한 해당 운전면허와 함께 해당 운전자가 보유하고 있는 나머지 운전면허'도 필요적으로 취소하도록 규정한「도로교통법」조항은 일반적 행동의 자유 또는 직업의 자유를 침해하지 않는다. 22국가5

③ 소송사건의 대리인인 변호사가 수형자를 접견하고자 하는 경우 소송계속 사실을 소명할 수 있는 자료를 제출하도록 규정하고 있는「형의 집행 및 수용자의 처우에 관한 법률 시행규칙」중 '수형자 접견'에 관한 부분은 변호사의 직업수행의 자유를 침해하지 않는다. 22국가5

④ 「학원의 설립·운영 및 과외교습에 관한 법률」에 따라 설립된「학원 및 체육시설의 설치, 이용에 관한 법률」에 따라 설립된 체육시설에서 어린이통학버스를 운영함에 있어서 어린이 등과 함께 보호자를 의무적으로 동승하여 운행하도록 하는「도로교통법」조항은 학원 및 체육시설 운영자의 직업수행의 자유를 침해한다. 22국가5

해설

① (○) (헌재 2022. 5. 26. 2020헌마670 등)

② (×) 심판대상조항은 과잉금지원칙에 반하여 일반적 행동의 자유 또는 직업의 자유를 침해한다. (헌재 2020. 6. 25. 2019헌가9)

③ (×) 심판대상조항은 과잉금지원칙에 위배되어 변호사인 청구인의 직업수행의 자유를 침해한다. (헌재 2021. 10. 28. 2018헌마6) 〈주〉 수단의 적합성 원칙에 위반된다.

④ (×) 이 사건 보호자동승조항이 과잉금지원칙에 반하여 청구인들의 직업수행의 자유를 침해한다고 볼 수 없다. (헌재 2020. 4. 23. 2017헌마479)

[정답] ①

406
다음 설명 중 가장 적절한 것은? (판례)

① 헌법재판소는 법무사보수기준제가 법무사라는 직업의 선택 그 자체를 제한하는 것이 아니라 직업행사의 자유를 제한하는 제도에 해당한다고 보아 그것이 직업의 자유를 침해하는지 여부를 심사하기 위한 기준으로 비례성원칙을 적용하였다. 22법무

② 출석주의를 완화하여 최초의 전자등기신청 전에 한 차례 사용자등록을 하도록 한 부동산등기규칙 조항은 무자격등기 브로커에 의한 무차별적 등기를 가능하게 하여 법무사인 청구인들의 직업에 대한 신뢰가 훼손됨으로써 직업선택의 자유를 침해한다. 22법무

③ 법무사 아닌 자가 등기신청대행 등의 법무행위를 업으로 하는 것을 금지하고 이를 위반하는 경우 형사처벌하는 법무사법 조항은 법무사 자격이 없는 일반 국민의 직업 선택의 자유를 과도하게 제한하여 헌법에 위반된다. 22법무

④ 고소·고발장을 법무사만이 그 작성사무를 업으로 할 수 있는 법원과 검찰청의 업무에 관련된 서류로 규정한 것은 일반행정사의 직업 선택의 자유 등의 기본권을 침해한다. 22법무

해설

① (O) 직업의 자유도 다른 기본권과 마찬가지로 헌법 제37조 제2항에서 정한 한계인 비례의 원칙을 지킨 것인지 여부를 살펴본다. (헌재 2003. 6. 26. 2002헌바3)

② (X) 무자격 브로커에 의한 등기신청의 대리 등 관련 업무의 취급은 법무사법 제3조 제1항에 의해 금지되고, 제74조에 의해 형사처벌 대상이 된다. 이 사건 규칙조항으로 인해 청구인들의 직업선택의 자유가 침해될 가능성까지 인정할 수는 없다. (헌재 2021. 12. 23. 2018헌마49) 〈주〉 각하결정을 하였다.

③ (X) 청구인에게는 같이 어느 때고 법무사 자격을 취득할 수 있는 기회가 열려있기 때문에 청구인의 직업선택의 자유를 침해할 정도로 입법형성의 재량을 일탈한 것이라고 볼 수 없다. (헌재 2003. 9. 25. 2001헌마156)

④ (X) 고소고발장의 작성을 법무사에게만 허용하고 일반행정사에 대하여 이를 하지 못하게 한 것은 일반행정사의 직업 선택의 자유나 평등권 등을 침해하는 것이라고 볼 수 없다. (헌재 2000. 7. 20. 98헌마52)

[정답] ①

407
다음 설명 중 가장 적절하지 않은 것은? (판례)

① 마약류 관리에 관한 법률을 위반하여 금고 이상의 실형을 선고받고, 집행이 끝나거나 면제된 날부터 20년이 지나지 않은 것을 택시운송사업의 운전업무 종사자격의 결격사유 및 취소사유로 정한 것은 직업선택의 자유를 침해하지 않는다. 22경간

② 성인대상 성범죄로 형을 선고받아 확정된 자에게 그 형의 집행을 종료한 날로부터 10년 동안 의료기관을 개설하거나 의료기관에 취업할 수 없도록 한 아동·청소년의 성보호에 관한 법률은 직업선택의 자유를 침해한다. 21경승

③ 아동학대 관련 범죄전력자가 아동 관련 기관인 체육시설 등을 운영하거나 학교에 취업하는 것을 형이 확정된 때부터 형의 집행이 종료되거나 집행을 받지 아니하기로 확정된 후 10년까지의 기간 동안 제한하는 것은 직업의 자유를 침해한다. 18국가7

④ 성적목적 공공장소 침입죄로 형을 선고받아 확정된 자로 하여금 그 형의 집행을 종료한 날부터 10년 동안 의료기관을 제외한 아동·청소년 관련기관 등을 개설하거나 그에 취업할 수 없도록 하는 것은 직업선택의 자유를 침해한다. 17국회8

해설

① (X) 위법의 정도나 비난 가능성의 정도가 미약한 경우까지도 획일적으로 20년이라는 장기간 동안 택시운송사업의 운전업무 종사자격을 제한하는 것이므로 직업선택의 자유를 침해한다. (헌재 2015. 12. 23. 2013헌마575)

② (O) 범행의 정도가 가볍고 재범의 위험성이 상대적으로 크지 않은 자에게까지 10년 동안 일률적인 취업제한을 하고 있는 것은 직업선택의 자유를 침해한다. (헌재 2016. 10. 27. 2014헌마709)

③ (O) (헌재 2018. 6. 28. 2017헌마130)

④ (O) (헌재 2016. 10. 27. 2014헌마709)

[정답] ①

408

다음 설명 중 가장 적절하지 않은 것은? (판례)

① 금고 이상의 형을 선고받고 그 집행이 종료된 후 5년을 경과하지 아니한 자가 변호사가 될 수 없도록 제한한 것은 변호사의 공공성과 변호사에 대한 국민의 신뢰를 보호하기 위한 것으로 그 목적의 정당성이 인정되고 목적달성에 적절한 수단이다. 13법행

② 사람을 사상한 후 필요한 조치 및 신고를 하지 아니하여 벌금 이상의 형을 선고 받고 운전면허가 취소된 사람은 운전면허가 취소된 날부터 4년간 운전면허를 받을 수 없도록 하는 도로교통법 관련 조항은 운전자의 직업의 자유 및 일반적 행동의 자유를 침해하는 것이다. 18국회9

③ 금고 이상의 실형을 선고받고 그 집행이 종료된 날부터 3년이 경과되지 않은 경우 중개사무소 개설등록을 취소하도록 한 공인중개사법 조항은 직업선택의 자유를 침해한 것이 아니다. 20법원/22해간

④ 범죄의 종류와 관계없이 금고 이상의 형의 집행유예를 선고받고 그 유예기간이 지난 후 2년이 경과하지 아니한 자는 변호사가 될 수 없도록 규정한 것은 변호사의 직업선택의 자유를 침해하지 아니한다. 21국회5

해설

① (O) 변호사 활동을 영원히 박탈하는 조항이 아니라 5년간 변호사 활동을 금지하고 윤리의식을 제고할 시간을 주는 것으로 적절한 수단이다. (헌재 2006. 4. 27. 2005헌마997)

② (X) 개별성과 특수성을 일일이 고려하는 것은 현실적으로 쉽지 아니하므로, 어느 정도 일률적인 규율은 불가피하다. 따라서 직업의 자유 및 일반적 행동의 자유를 침해하지 않는다. (헌재 2017. 12. 28. 2016헌바254)

③ (O) (헌재 2015. 5. 28. 2013헌가7)

④ (O) (헌재 2006. 4. 27. 2005헌마997)

[정답] ②

409

다음 설명 중 가장 적절한 것은? (판례)

① 입법자가 설정한 자격요건을 구비하여 자격을 부여받은 자에게 사후적으로 결격사유가 발생하면, 입법자는 당연히 그 자격을 박탈할 수 있다. 15법원

② 청원경찰이 금고 이상의 형의 선고유예를 받은 경우 당연퇴직되도록 규정한 「청원경찰법」 조항은 청원경찰의 직업의 자유를 침해하지 않는다. 18국회8/21경승

③ 청원경찰이 법원에서 자격정지의 형을 선고받은 경우 국가공무원법을 준용하여 당연퇴직하도록 한 조항은 청원경찰의 직업의 자유를 침해한다. 18국회8

④ 사립학교 교원이 금고 이상의 형의 집행유예를 받은 경우 당연퇴직 되도록 규정한 「사립학교법」 조항은 사립학교 교원의 직업의 자유를 침해하지 않는다. 21국회8

해설

① (X) 비록 어떠한 직업분야에 관한 자격제도를 만들면서 그 자격요건 내지 결격사유를 어떻게 설정할 것인가에 관하여 입법자에게 폭넓은 입법재량이 인정되기는 하나, 일단 자격요건을 구비하여 자격을 부여받았다면 사후적으로 결격사유가 발생했다고 해서 당연히 그 자격을 박탈할 수 있는 것은 아니다. (헌재 2014. 1. 28. 2011헌바252)

② (X) 청원경찰에게 공무원보다 더 가혹한 제재를 가하고 있으므로, 침해의 최소성 원칙에 위배된다. 따라서 과잉금지원칙에 반하여 직업의 자유를 침해한다. (헌재 2018. 1. 25. 2017헌가26)

③ (X) 청원경찰로서의 성실하고 공정한 직무수행을 담보하기 위한 법적 조치이므로, 청구인의 직업의 자유를 침해하지 아니한다. (헌재 2011. 10. 25. 2011헌마85) 〈주〉 선고유예와 달리, 형의 선고는 당연퇴직사유로 하여도 합헌이다.

④ (O) (헌재 2010. 10. 28. 2009헌마442) 〈주〉 선고유예와 달리, 형의 집행유예는 당연퇴직사유로 하여도 합헌이다.

[정답] ④

410
다음 설명 중 가장 적절하지 않은 것은? (판례)

① 의료법이 의사 및 한의사의 복수의 면허를 가진 의료인인 경우에도 '하나의' 의료기관만을 개설하고 다른 의료기관의 개설을 금지하도록 규정한 것은 직업의 자유를 침해했다고 보기 어렵다. 12법무/17국회8
② 의료인으로 하여금 어떠한 명목으로도 둘 이상의 의료기관을 개설할 수 없도록 하고 이를 위반할 경우 형사처벌하는 것은 여러 개의 의료기관을 개설하고자 하는 의료인의 직업수행 방법을 제한하고 있다. 22국회8
③ 약사 또는 한약사가 아니면 약국을 개설할 수 없다고 규정한 약사법은 법인을 구성하여 약국을 개설·운영하려고 하는 약사들 및 이들 약사들로 구성된 법인의 직업선택의 자유를 침해한 것이다. 18법행
④ 안경사 면허를 가진 자연인에게만 안경업소의 개설을 할 수 있도록 한 것은 법인의 직업의 자유를 침해하지 않는다. 22국회9

해설

① (✗) 전면적으로 금지하는 것은 지나치다. 따라서 직업의 자유, 평등권을 침해한다. (헌재 2007. 12. 27. 2004헌마1021)
② (○) (헌재 2021. 6. 24. 2019헌바342) 〈주〉 합헌결정을 하였다.
③ (○) (헌재 2002. 9. 19. 2000헌바84)
④ (○) (헌재 2021. 6. 24. 2017헌가31) 〈주〉 약국개설을 자연인으로 한정한 것은 위헌이고, 안경업소개설을 자연인으로 한정한 것은 합헌이다.

[정답] ①

411
다음 설명 중 가장 적절하지 않은 것은? (판례)

① 건전한 한약조제질서를 확립하여 국민의 건강을 보호 증진하고, 국민건강상의 위험을 미리 방지하고자 비교적 안전성과 유효성이 확보된 일정한 처방에 한하여 한의사의 처방전 없이도 조제할 수 있도록 허용하는 것은 정당한 목적 달성을 위한 적절한 수단이다. 13법행
② 의료 기기 수입업자가 의료기관 개설자에게 리베이트를 제공하는 경우를 처벌하는 조항은 의료기기 수입업자의 직업의 자유를 침해하지 않는다. 18국회8
③ 품목허가를 받지 아니한 의료기기를 수리·판매·임대 수여 또는 사용의 목적으로 수입한 자를 처벌하는 조항은 의료기기 수입업자의 직업수행의 자유를 침해하지 않는다. 18국회8
④ 의료인이 '치료효과를 보장하는 등 소비자를 현혹할 우려가 있는 내용의 광고'를 한 경우 형사처벌하도록 규정한 「의료법」 조항은 의료인의 직업수행의 자유를 침해한다. 22경채

해설

① (○) (헌재 2008. 7. 31. 2005헌마667)
② (○) (헌재 2018. 1. 25. 2016헌바201)
③ (○) (헌재 2015. 7. 30. 2014헌바6)
④ (✗) 의료인의 직업수행의 자유를 침해한다고 볼 수 없다. (헌재 2014. 9. 25. 2013헌바28)

[정답] ④

412

다음 설명 중 가장 적절하지 않은 것은? (판례)

① 입원환자에 대하여 의약분업의 예외를 인정하면서도 의사로 하여금 조제를 직접 담당하도록 한 것은 직업수행의 자유를 침해한다. 17지방7

② 보건복지부장관이 치과전문의자격시험제도를 실시할 수 있도록 시행규칙을 마련하지 아니한 행정입법부작위는 전공의수련과정을 마친 청구인들의 직업의 자유를 침해한 것이다. 19법원

③ 치과대학을 졸업하고 국가시험에 합격하여 치과의사면허를 받았을 뿐만 아니라, 전공의수련과정을 사실상 마친 사람들에게 시행규칙의 미비로 인하여 전문의자격의 취득을 막은 것은 이들에게 직업의 자유를 침해한 것이고, 또한 행복추구권과 평등권을 침해하였다. 06입시

④ 전문과목을 표시한 치과의원은 그 표시한 전문과목에 해당하는 환자만을 진료하여야 한다고 규정한 의료법규정은 직업수행의 자유를 침해한다. 17지방7

해설

① (X) 의약분업의 예외를 인정한 취지를 살리면서도 약사 이외의 사람이 조제를 담당하여 발생할 수 있는 약화사고 등을 방지하기 위해서는, 의사로 하여금 조제를 직접 담당하도록 하는 것이 타당하다. 이 사건 법률조항은 직업수행의 자유를 침해하지 아니한다. (헌재 2015. 7. 30. 2013헌바422)

② (O) (헌재 1998. 7. 16. 96헌마246) 〈주〉 법률에서 위임한 사항을 시행규칙이 규정하지 않은 행정입법부작위가 문제된 사안이다.

③ (O) (헌재 1998. 7. 16. 96헌마246).

④ (O) (헌재 2015. 5. 28. 2013헌마799) 〈주〉 시행규칙을 마련했는데, 이번에는 전문과목으로 한정하여 문제가 된 사안이다.

[정답] ①

413

다음 설명 중 가장 적절한 것은? (판례)

① 치과의사의 치과전문의 자격 인정 요건으로 '외국의 의료기관에서 치과의사전문의 과정을 이수한 사람'을 포함하지 아니한 치과의사전문의의 수련 및 자격 인정 등에 관한 규정은 직업수행의 자유를 침해한다. 17지방7

② 외국의 의사·치과의사·한의사 자격을 가진 자에게 예비시험을 치도록 한 것은 사실상 외국에서 학위를 받은 사람이 국내에서 면허를 받는 길을 봉쇄하는 방향으로 악용될 소지가 있으므로 직업선택의 자유를 침해한다. 13법행

③ 외국에서 치과대학을 졸업한 대한민국 국민이 국내 치과의사 면허시험에 응시하기 위해서는 기존의 응시요건에 추가하여 새로이 예비시험에 합격할 것을 요건으로 규정한 「의료법」의 '예비시험' 조항은 외국에서 치과대학을 졸업한 국민들이 가지는 합리적 기대를 저버리는 것으로서 신뢰보호의 원칙상 허용되지 아니한다. 22경승

④ 외국에서 침구사자격을 얻은 사람들을 위하여 국내에서 그들의 침구사자격을 인정하는 법률을 제정할 헌법상 입법작위의무가 존재한다. 06입시

해설

① (O) 이미 국내에서 치과의사면허를 취득하고 외국의 의료기관에서 치과전문의 과정을 이수한 사람들에게 다시 국내에서 전문의 과정을 다시 이수할 것을 요구하는 것은 지나친 부담을 지우는 것이다. (헌재 2015. 9. 24. 2013헌마197)

② (X) 외국에서 수학한 보건의료인력의 질적 수준을 담보하려는 것으로, 예비시험 조항은 청구인들의 직업선택의 자유를 침해하지 않는다. (헌재 2003. 4. 24. 2002헌마611)

③ (X) 청구인들의 직업선택의 자유를 침해하지 않는다. (헌재 2003. 4. 24. 2002헌마611) 〈주〉 과잉금지원칙위반도 아니고, 신뢰보호원칙위반도 아니라고 판시하였다.

④ (X) 외국에서 침구사자격을 얻은 사람들을 위하여 국내에서도 그들의 침구사자격을 인정하는 법률을 제정하여야 한다는 헌법상의 명시적 위임은 없다. (헌재 1991. 11. 25. 90헌마19) 〈주〉 자격요건에 대해서는 입법재량이 크다는 뜻이다.

[정답] ①

414

다음 설명 중 가장 적절한 것은? (판례)

① 법학전문대학원에 입학하는 자들에 대하여 학사 전공별로, 그리고 출신 대학별로 법학전문대학원 입학정원의 비율을 각각 제한한 것은 직업의 자유를 제한한다. 13사시
② 법학전문대학원 설치·운영에 관한 법률이 인가주의와 총 입학정원주의를 정하고 있는 것은 대학의 자율성과 국민의 직업선택의 자유를 침해하는 것이다. 15지방7
③ 변호사시험의 응시기회를 법학전문대학원의 석사학위 취득예정자의 경우 그 예정기간 내 시행된 시험일부터 5년 내에 5회로 제한한 「변호사시험법」 규정은 응시기회의 획일적 제한으로 청구인들의 직업선택의 자유를 침해한다. 20지방7
④ 세무사 자격 보유 변호사로 하여금 세무사로서 세무사의 업무를 할 수 없도록 규정한 세무사법 관련 조항은 세무사 자격 보유 변호사의 직업선택의 자유를 침해하지 않는다. 21국회5
⑤ '일반의 법률사건에 관하여 화해사무를 취급한 자'를 형사 처벌하도록 하는 구 변호사법은 변호사 아닌 자의 법률사무 취급을 포괄적으로 금지하여 일반 국민의 직업선택의 자유를 침해한다. 23법행

해설

① (O) 법로스쿨에 입학하는 것을 제한하는 것이기 때문에 직업교육장 선택의 자유 내지 직업선택의 자유를 제한한다고 할 것이다. (헌재 2009. 2. 26. 2007헌마1262)
② (×) 국가인력을 효율적으로 운용하고자 함에 그 목적이 있는바, 대학의 자율성과 국민의 직업선택의 자유를 침해하지 아니한다. (헌재 2009. 2. 26. 2008헌마370)
③ (×) 변호사시험에 무제한 응시함으로 인하여 발생하는 인력 낭비, 응시인원의 누적으로 인한 시험 합격률의 저하 등을 방지하려는 것으로, 직업선택의 자유를 침해하지 아니한다. (헌재 2016. 9. 29. 2016헌마47)
④ (×) 세무사로서 세무대리를 일체 할 수 없게 됨으로써 직업선택의 자유를 침해하므로 헌법에 위반된다. (헌재 2018. 4. 26. 2015헌가19)
⑤ (×) 이 사건 법률조항은 변호사제도를 보호·유지하려는 데 그 목적이 있어 일반국민의 직업선택의 자유를 침해한다고 볼 수 없다. (헌재 2010. 10. 28. 2009헌바4)

[정답] ①

415

다음 설명 중 가장 적절하지 않은 것은? (판례)

① 변호사가 변호사 업무수행을 하던 중 변리사 등록을 한 경우 대한변리사회에 의무적으로 가입하게 하는 조항은 변호사의 직업수행의 자유를 침해하지 않는다. 18국회8
② 변호사가 변리사 업무를 수행하는 경우 변리사 연수교육을 받을 의무를 부과하는 조항은 변호사의 직업수행의 자유를 침해하지 않는다. 18국회8
③ 변호사시험의 성적 공개를 금지하고 있는 변호사시험법 관련 조항은 변호사시험 합격자에 대하여 그 성적을 공개하지 않도록 규정하고 있을 뿐이고, 청구인들의 법조인으로서의 직업 선택이나 직업수행에 있어서 어떠한 제한을 두고 있는 것은 아니므로 직업선택의 자유를 제한하고 있다고 볼 수 없다. 16국회8
④ 소송사건의 대리인인 변호사가 수형자를 접견하고자 하는 경우 소송계속 사실을 소명할 수 있는 자료를 제출하도록 규정하고 있는 '형의 집행 및 수용자의 처우에 관한 법률 조항은 과잉금지원칙에 위배되어 변호사인 청구인의 직업수행의 자유를 침해하지 않는다. 최신판례
⑤ 변호사의 자격이 있는 자에게 더 이상 세무사 자격을 자동으로 부여하지 않도록 한 것은 과잉금지원칙에 반하여 직업선택의 자유를 침해한다고 볼 수 없다. 22국회8/23법행

해설

① (O) (헌재 2017. 12. 28. 2015헌마1000)
② (O) (헌재 2017. 12. 28. 2015헌마1000)
③ (O) 청구인들의 직업선택의 자유를 제한하고 있다고 볼 수 없다. (헌재 2015. 6. 25. 2011헌마769) 〈주〉 알권리(정보공개청구권)을 제한하여 침해한다.
④ (×) 진지하게 소 제기 여부를 고민하는 변호사와 수형자라면 접견이 충분하지 않고 소송의 승패가 불확실하여 소송절차를 진행하기가 부담스러울 수밖에 없다. 따라서 심판대상조항은 과잉금지원칙에 위배되어 변호사인 청구인의 직업수행의 자유를 침해한다. (헌재 2021. 10. 28. 2018헌마60)
⑤ (O) (헌재 2021. 7. 15. 2018헌마279)

[정답] ④

416

다음 설명 중 가장 적절하지 않은 것은? (판례)

① 법무사의 보수를 대한법무사협회회칙에 정하도록 하고 법무사가 회칙 소정의 보수를 초과하여 보수를 받거나 보수 외에는 명목의 여하를 불문하고 금품을 받는 것을 금지하는 법무사법 규정은 헌법에 위배되지 아니한다. 12법무
② 식품이나 식품의 용기·포장에 '음주전후' 또는 '숙취해소'라는 표시를 금지하는 것은 음주를 조장하는 내용에 대한 정당한 금지로 영업의 자유를 침해하지 아니한다. 15지방7
③ 샘플 화장품을 판매 금지하고 그 위반자에 대해서 형사처벌을 규정한 것은 작업수행의 자유를 침해하지 아니한다. 18입시
④ 이륜자동차 운전자의 고속도로 통행을 금지함으로 인하여 퀵서비스 배달업의 수행에 지장을 받더라도 고속도로 통행 금지로 인하여 발생하는 간접적 사실상의 효과일 뿐이므로 직업수행의 자유를 침해하지 않는다. 12법무
⑤ 안경사의 안경제조행위 및 그 전제가 되는 도수측정행위를 허용하는 것은 안과의사의 의료권과 직업선택의 자유를 침해하는 것이 아니다. 13국회8
⑥ 제1종 운전면허의 취득요건으로 양쪽 눈의 시력(교정시력 포함)이 각각 0.5 이상일 것을 요구하는 「도로교통법 시행령」 조항은 좁은 의미의 직업선택의 자유와 직업수행의 자유를 침해하지 아니한다. 22경채

> 해설

① (O) (헌재 2003. 6. 26. 2002헌바3)
② (X) 숙취해소용 식품의 제조·판매에 관한 영업의 자유 및 광고 표현의 자유를 과잉금지원칙에 위반하여 침해하는 것이다. (헌재 2000. 3. 30. 99헌마143)
③ (O) (헌재 2017. 5. 25. 2016헌바408) 〈주〉 정확한 정보 없는 불법 화장품의 유통을 차단하기 위한 것이다.
④ (O) (헌재 2008. 7. 31. 2007헌바90)
⑤ (O) (헌재 1993. 11. 25. 92헌마87)
⑥ (O) (헌재 2003. 6. 26. 2002헌마677)

[정답] ②

417

다음 설명 중 가장 적절한 것은? (판례)

① 특허, 실용신안, 디자인 또는 상표의 침해로 인한 손해배상, 침해금지 등의 민사소송에서 변리사에게 소송대리를 허용하지 않는 것은 변리사들의 직업의 자유를 침해한다. 13국회8
② 법인이 대도시 내에서 하는 부동산등기에 대하여 통상보다 높은 세율의 등록세를 부과하는 것은 해당 법인의 직업수행의 자유 또는 거주·이전의 자유를 침해하지 않는다. 12국가7
③ 지방공무원의 의사에 반하는 타 지방자치단체로의 전출명령은 직업의 자유를 침해하지 않는다. 17입시
④ 제조업의 직접생산 공정업무를 근로자파견의 대상 업무에서 제외하는 「파견근로자보호 등에 관한 법률」 조항은 사용사업주의 직업수행의 자유를 침해한다. 18국가7/21경승
⑤ 대통령령으로 정하는 공공기관 및 공기업으로 하여금 매년 정원의 100분의 3 이상씩 34세 이하의 청년 미취업자를 채용하도록 한 이른바 '청년할당제'는 35세 이상 미취업자들의 평등권, 직업선택의 자유를 침해한다. 19행시

> 해설

① (X) 특허침해소송은 변호사 소송대리원칙이 적용되어야 하는 일반 민사소송의 영역이다. 따라서 청구인들의 직업의 자유를 침해하지 아니한다. (헌재 2012. 8. 23. 2010헌마740)
② (O) 헌재 1998. 2. 27. 97헌바79)
③ (X) 지방공무원의 직업선택의 자유, 그 중에서도 직장선택의 자유를 침해하는 것이 된다. (헌재 2002. 11. 28. 98헌바101) 〈주〉 당사자의 동의를 얻어서 전출한다면 합헌이 된다.
④ (X) 제조업의 특성상 숙련되지 못한 근로자의 파견 또는 근로자의 잦은 변동을 방지할 필요성이 크다. 따라서 과잉금지원칙에 위반하여 제조업의 직접생산공정업무에 파견근로자를 사용하고자 하는 사업주의 직업수행의 자유를 침해한다고 볼 수 없다. (헌재 2017. 12. 28. 2016헌바346)
⑤ (X) 청년할당제는 평등권, 공공기관 취업의 자유를 침해한다고 볼 수 없다. (헌재 2014. 8. 28. 2013헌마553)

[정답] ②

418

다음 설명 중 가장 적절한 것은? (판례)

① 형의 집행을 유예하는 경우에 사회봉사를 명할 수 있도록 하는 법규정에 의하여 사회봉사 명령을 선고받은 이의 일반적 행동의 자유는 제한되지만, 이로 인하여 직업의 자유까지 제한된다고 볼 수 없다. 18서울

② 소주판매업자에게 자도소주구입을 강제하는 자도소주구입명령제도는 독과점을 방지하고, 중소기업을 보호한다는 공익적 목적달성을 위한 적합한 수단이므로 소주판매업자의 직업의 자유를 침해하지 않는다. 19행시/22해경2

③ 연락운송 운임수입의 배분에 관한 협의가 성립하지 아니한 때에는 당사자의 신청을 받아 국토교통부장관이 결정하도록 한「도시철도법」조항은 국토교통부장관의 결정에 의해 이루어지므로 적법절차원칙에 위배된다. 20국회8

④ 현금영수증 의무발행업종 사업자에게 건당 10만 원 이상 현금을 거래할 때 현금영수증을 의무 발급하도록 하고, 위반 시 현금영수증 미발급 거래대금의 100분의 50에 상당하는 과태료를 부과하도록 한 규정은 공익과 비교할 때 과태료 제재에 따른 불이익이 매우 커서 직업수행의 자유를 침해한다. 20국회8

해설

① (○) (헌재 2012. 3. 29. 2010헌바100)

② (✕) 위의 구입명령제도는 소주판매업자의 직업의 자유는 물론 소주제조업자의 경쟁 및 기업의 자유, 즉 직업의 자유와 소비자의 행복추구권에서 파생된 자기결정권을 지나치게 침해하는 위헌적인 규정이다. (헌재 1996. 12. 26. 96헌가18) 〈주〉수단의 적합성이 부정되었다.

③ (✕) 처분의 사전통지, 의견제출의 기회, 처분의 이유 제시 등이 국토교통부장관의 결정에도 적용되어 절차적 보장이 이루어지므로, 적법절차원칙에 위배되지 아니한다. 과잉금지원칙을 위반하여 도시철도운영자 등의 직업수행의 자유를 침해하였다고 볼 수 없다. (헌재 2019. 6. 28. 2017헌바135)

④ (✕) 거래의 투명성과 세원 관리의 효율성을 높이기 위한 것으로, 과잉금지원칙에 위배되지 아니한다. (헌재 2019. 8. 29. 2018헌바265)

[정답] ①

419

다음 설명 중 가장 적절한 것은? (판례)

①「특정경제범죄 가중처벌 등에 관한 법률」에서 금융회사 등 임직원의 직무에 속하는 사항의 알선에 관하여 금품 등 수수행위 금지 조항은 금품 등을 대가로 다른 사람을 위하여 중개하거나 편의를 도모하는 것을 할 수 없게 하므로 과잉금지원칙에 위배된다. 22경간

②「변호사법」에서 변호사는 계쟁권리(係爭權利)를 양수할 수 없다고 규정하고 이를 위반시 형사처벌을 부과하도록 규정한 것은 변호사가 당해 업무를 처리하며 정당한 보수를 받는 방법을 일률적으로 금지하고 있으므로 과잉금지원칙에 위배된다. 22경간

③ 구「식품위생법」에서 식품의약품안전처장이 식품의 사용기준을 정하여 고시하고, 고시된 사용기준에 맞지 아니하는 식품을 판매하는 행위를 금지·처벌하는 규정들은 생녹용의 사용조건을 엄격하게 제한한 후 이 기준에 따라서만 생녹용을 판매할 수 있도록 하므로 과잉금지원칙에 위배된다. 22경간

④ 농협·축협 조합장이 범죄의 종류와 관계없이 금고 이상의 형을 선고받고 그 형이 확정되지 아니한 경우에도 이사가 그 직무를 대행하도록 규정한「농업협동조합법」조항은 직업수행의 자유를 침해한다.

해설

① (✕) 심판대상조항은 과잉금지원칙에 위배되어 일반적 행동자유권 또는 직업수행의 자유를 침해하지 않는다. (헌재 2016. 3. 31. 2015헌바197)

② (✕) 심판대상조항은 변호사인 청구인의 직업수행의 자유를 침해한다고 보기 어렵다. (헌재 2021. 10. 28. 2020헌바488).

③ (✕) 심판대상조항들은 과잉금지원칙에 위배되어 직업수행의 자유를 침해하지 아니한다. (헌재 2021. 2. 25. 2017헌바222).

④ (○) 이 사건 법률조항들은 단순히 금고 이상의 형을 선고받은 모든 범죄로 그 적용대상을 무한정 확대함으로써 과잉금지원칙에 위반하여 청구인들의 직업수행의 자유를 침해한다. (헌재 2013. 8. 29. 2010헌마562)

[정답] ④

제3절 소비자의 권리

420
다음 설명 중 가장 적절하지 않은 것은? (판례)

① 우리나라에서는 1980년 제8차 개정헌법(제5공화국 헌법)에서부터 소비자보호에 관한 명시적 규정을 두게 되었다. 04법행
② 현행 헌법은 소비자의 권리를 소비자보호운동의 보장 차원에서 규정하고 있을 뿐 기본권으로 명시하고 있지는 않다. 06법행
③ 소비자의 권리는 내·외국인을 불문하고 그 주체가 될 수 있으나, 법인은 성질상 이를 향유할 수 없다. 06법행
④ 외국인과 법인도 소비자 권리의 주체가 될 수 있다. 04법행
⑤ 소비자의 권리는 알 권리의 요소를 가지고 있다. 06법행

해설
① (O) 1980년 8차 개정헌법에서 '소비자보호운동'을 처음 규정하였다.
② (O) 헌법 제124조 국가는 건전한 소비행위를 계도하고 생산품의 품질향상을 촉구하기 위한 소비자보호운동을 법률이 정하는 바에 의하여 보장한다.
③ (X) 법인, 외국인 모두 소비자의 권리 주체가 될 수 있다.
④ (O) 헌법 제124조는 모든 소비자가 주체이므로 외국인과 법인도 소비자 권리의 주체가 될 수 있다.
⑤ (O) 소비자 기본법 제4조 제2호. 소비자는 물품 등을 선택함에 있어서 필요한 지식 및 정보를 제공받을 권리를 가진다.

정답 ③

421
다음 설명 중 가장 적절하지 않은 것은? (판례)

① 국가는 등록된 소비자단체의 건전한 육성·발전을 위하여 필요할 경우 금전적 지원을 제외한 적절한 지원을 할 수 있다. 04법행
② 국가는 소비자단체의 건전한 육성·발전을 위하여 금전적 지원을 할 수 있다. 06법행
③ 소비자는 물품 및 용역을 선택함에 있어 필요한 지식과 정보를 제공받을 권리, 신속·공정한 절차에 따라 적절한 피해보장을 받을 권리 등을 가진다. 04법행
④ 소비자는 물품과 용역을 사용 또는 이용함에 있어 거래의 상대방 구입장소 가격 거래조건 등을 자유로이 선택할 권리를 가진다. 06법행
⑤ 국가는 물품 또는 용역의 잘못된 소비 혹은 과다한 소비로 인한 위해를 방지하기 위하여 필요한 경우 광고의 내용 및 방법에 관한 기준을 정하여야 한다. 04법행

해설
① (X) 소비자기본법 제32조. 국가 또는 지방자치단체는 등록소비자단체의 건전한 육성·발전을 위하여 필요하다고 인정될 때에는 보조금을 지급할 수 있다.
② (O) 소비자기본법 제32조. 국가 또는 지방자치단체는 등록소비자단체의 건전한 육성·발전을 위하여 필요하다고 인정될 때에는 보조금을 지급할 수 있다.
③ (O) 소비자 기본법 제4조.
④ (O) 소비자기본법 제4조 제3호. 소비자는 물품 등을 사용함에 있어서 거래상대방·구입장소·가격 및 거래조건 등을 자유로이 선택할 권리를 가진다.
⑤ (O) 소비자기본법 제11조. 국가는 물품 등의 잘못된 소비 또는 과다한 소비로 인하여 발생할 수 있는 소비자의 생명·신체 또는 재산에 대한위해를 방지하기 위하여 다음 각 호의 어느 하나에 해당하는 경우에는 광고의 내용 및 방법에 관한 기준을 정하여야 한다.

정답 ①

제5장 참정권

제1절 국민투표권

1. 서설

422
다음 설명 중 가장 적절한 것은? (판례)

① 국민투표권과 선거권은 모두 국민이 국가의 의사형성에 직접 참여하는 헌법에 의해 보장되는 직접적인 참정권이다. 20비상
② 국민투표의 가능성은 국민주권주의나 민주주의 원칙과 같은 일반적인 헌법원칙에 근거하여 인정될 수 없으며, 헌법에 명문으로 규정되지 않는 한 허용되지 않는다. 06사시
③ 대의제를 보완하기 위한 직접민주제적 요소로서 국민발안, 국민소환, 국민투표 등의 제도가 있는데, 역대 한국헌법은 그 중 국민투표제만을 채택하였다. 08지방7/02사시
④ 제3공화국 헌법에서 국민투표를 처음으로 규정한 이래 국민투표는 모두 헌법개정을 위한 국민투표였다. 14지방7

해설
① (✕) 우리 헌법은 참정권에 관하여 간접적인 참정권으로 공무원선거권(헌법 제24조), 공무담임권(헌법 제25조)을, 직접적인 참정권으로 국민투표권(헌법 제72조, 제130조)을 규정하고 있다. (헌재 2005. 10. 4. 2005헌마848)
② (O) 국민투표는 국민에 의한 국가권력의 행사방법의 하나로서 명시적인 헌법적 근거를 필요로 한다. (헌재 2004. 5. 14. 2004헌나1).
③ (✕) 1954년 제2차 개헌에서 중요정책 국민투표와 국민발안을 처음 규정하였다. 〈주〉 국민소환제는 채택한 적이 없다.
④ (✕) [1] 1954년 제1공화국 제2차 개헌에서 중요정책에 대한 국민투표제를 처음 규정하였다.

[정답] ②

423
다음 설명 중 가장 적절한 것은? (판례)

① 헌법 제72조의 국민투표 부의제는 대통령의 임의적 국민투표제이지만, 헌법개정안에 대한 국민투표제는 필요적 국민투표제이다. 16법원
② 헌법이 채택하고 있는 국민투표 가운데 필수적 국민투표제에 관하여는 의결정족수 규정이 없으나, 임의적 국민투표제에 관한 헌법상의 의결정족수 규정을 유추적용할 수 있다. 06사시
③ 헌법 제72조에서는 헌법개정안에 대한 국민투표의 경우와 달리 국민투표 결과의 확정방법을 규정하고 있지 아니하고, 다만 국민투표법에서 국회의원선거권자 과반수의 투표와 투표자 과반수의 찬성으로 확정된다고 규정하고 있다. 14법행
④ 대통령이 국민투표부의권을 행사한 경우 그 정책에 대한 결정은 국회의원선거권자 과반수 투표와 투표자 과반수 찬성을 얻어야 한다는 것을 헌법에 명시적으로 밝히고 있다. 14지방7

해설
① (O) [1] 헌법 제72조 대통령은 필요하다고 인정할 때에는 외교·국방·통일 기타 국가안위에 관한 중요정책을 국민투표에 붙일 수 있다.
[2] 헌법 제130조 제2항. 헌법개정안은 국회가 의결한 후 30일 이내에 국민투표에 붙여 국회의원선거권자 과반수의 투표와 투표자 과반수의 찬성을 얻어야 한다.
② (✕) 헌법 제72조의 중요정책에 대한 임의적 국민투표제에는 의결정족수 규정이 없고, 헌법 제130조의 헌법개정에 대한 필수적 국민투표제에 국회의원선거권자 과반수의 투표와 투표자 과반수의 찬성이라는 의결정족수 규정이 있다.
③ (✕) 헌법 제72조의 중요정책에 대한 국민투표에는 정족수에 대해 아무런 규정을 두고 있지 않다. 따라서 헌법 제130조의 헌법개정에 대한 국민투표를 적용하여 해결한다.
④ (✕) 헌법 제72조의 중요정책에 대한 국민투표에 대한 정족수에 대해 아무런 규정을 두고 있지 않다.

[정답] ①

2. 헌법 제72조의 국민투표

424
다음 설명 중 가장 적절하지 않은 것은? (판례)

① 대통령은 필요하다고 인정할 때에는 외교·국방·통일 기타 국가안위에 관한 중요정책을 국민투표에 붙일 수 있다. 15법원
② 헌법은 대의민주주의를 기본으로 하고 있어, 중요 정책에 관한 사항이라 하더라도 반드시 국민의 직접적인 의사를 확인하여 결정해야 하는 것은 아니다. 15법원
③ 외교·국방·통일 기타 국가안위에 관한 중요정책이 국가의 미래에 관련될 때에는 대통령은 반드시 국민투표의 형태로 결정하여야 한다. 20경채
④ 대통령이 국민투표를 정치적 무기화하고 정치적으로 남용할 수 있는 위험성이 있다는 점을 고려하면, 국민투표부의권의 헌법 제72조는 대통령에 의한 국민투표의 정치적 남용을 방지할 수 있도록 엄격하고 축소적으로 해석되어야 한다. 22해경2

해설
① (O) 헌법 제72조. 대통령은 필요하다고 인정할 때에는 외교·국방·통일 기타 국가안위에 관한 중요정책을 국민투표에 붙일 수 있다. 〈주〉국민투표 "부의권"은 대통령의 단독 재량권이고, "국민투표권"은 국민의 헌법상 기본권이다.
② (O) 헌법 제72조는 국민투표에 부쳐질 중요정책인지 여부를 대통령이 재량에 의하여 결정하도록 명문으로 규정하고 있다. (헌재 2005. 11. 24. 2005헌마579)
③ (×) 헌법 제72조 대통령은 필요하다고 인정할 때에는 외교·국방·통일 기타 국가안위에 관한 중요정책을 국민투표에 붙일 수 있다. 〈주〉국민투표부의권은 대통령의 재량사항이다.
④ (O) (헌재 2003. 11. 27. 2003헌마694) 〈주〉대통령의 국민투표부의권을 중요정책만으로 제한하여야 한다는 뜻이다.

[정답] ③

425
다음 설명 중 가장 적절하지 않은 것은? (판례)

① 특정의 국가정책에 대하여 다수의 국민들이 국민투표를 원할 경우 대통령이 국민투표에 회부하지 아니하더라도 이를 헌법에 위반된다고 할 수 없다. 15법원
② 국민은 특정의 국가정책에 관하여 국민투표에 회부할 것을 대통령에게 요구할 권리가 있다. 15법원
③ 헌법 제72조의 국민투표권은 대통령이 어떠한 정책을 국민투표에 부의한 경우에 비로소 행사가 가능한 기본권이라 할 수 있다. 18법원
④ 대통령은 외교·국방·통일 기타 국가안위에 관한 중요정책이라 하더라도 국민투표에 부치지 않고 독자적으로 결정할 수도 있다. 14지방7
⑤ 대통령이 어떤 사항을 국민투표에 회부하기 위해서는 국무회의의 심의를 거쳐야 한다. 18법행

해설
① (O) (헌재 2005. 11. 24. 2005헌마579).
② (×) 헌법 제72조는 국민투표에 부쳐질 중요정책인지 여부를 대통령이 재량에 의하여 결정하도록 명문으로 규정하고 있다. 따라서 국민에게 특정의 국가정책에 관하여 국민투표에 회부할 것을 요구할 권리가 인정된다고 할 수도 없다. (헌재 2005. 11. 24. 2005헌마579).
③ (O) 헌법 제72조의 국민투표권은 대통령이 어떠한 정책을 국민투표에 부의한 경우에 비로소 행사가 가능한 기본권이라 할 수 있다. (헌재 2005. 11. 24. 2005헌마579)
④ (O) 헌법 제72조의 국민투표는 임의적인 것으로 외교, 국방, 통일, 기타 국가안위에 관한 중요정책이라고 하더라도 국민투표 없이 대통령이 독자적으로 결정할 수 있다.
⑤ (O) 헌법 제89조. 헌법개정안·국민투표안·조약안·법률안 및 대통령령안은 국무회의의 심의를 거쳐야 한다.

[정답] ②

426
다음 설명 중 가장 적절한 것은? (판례)

① 신행정수도 후속대책을 위한 연기 공주지역 행정중심복합도시 건설을 위한 특별법이 수도를 분할하는 국가정책을 집행하는 내용을 가지고 있고 대통령이 이를 추진하고 집행하기 이전에 그에 관한 국민투표를 실시하지 아니하였다면 국민투표권 침해의 가능성이 인정된다. 16법원/22해경2

② 대통령은 외교, 국방, 통일, 국가안위에 관한 중요정책, 대통령에 대한 재신임을 국민투표에 붙일 수 있다. 18법행

③ 대통령이 헌법 제72조에 따라 특정 정책과 결합하여 자신에 대한 신임 여부를 국민투표에 부치는 것은 헌법적으로 허용되지 않는다. 14법행

④ 甲이 자신에 대한 신임과 연계한 국민투표를 단지 제안하였을 뿐 강행하지는 않았다면, 그 자체만으로는 헌법 제72조에 반한다고 볼 수 없다. 14사시

해설

① (×) 대통령의 중요정책 국민투표 부의가 행해지지 않은 이상 청구인들의 국민투표권이 행사될 수 있을 정도로 구체화되었다고 할 수 없으므로 그 침해의 가능성은 인정되지 않는다. (헌재 2005. 11. 24. 2005헌마579)

② (×) 대통령은 헌법상 국민에게 자신에 대한 신임을 국민투표의 형식으로 물을 수 없을 뿐만 아니라, 특정 정책을 국민투표에 붙이면서 이에 자신의 신임을 결부시키는 대통령의 행위도 위헌적인 행위로서 헌법적으로 허용되지 않는다. (헌재 2004. 5. 14. 2004헌나1)

③ (○) (헌재 2004. 5. 14. 2004헌나1)

④ (×) 대통령이 위헌적인 재신임 국민투표를 단지 제안만 하였을 뿐 강행하지는 않았으나, 헌법상 허용되지 않는 재신임 국민투표를 국민들에게 제안한 것은 그 자체로서 헌법 제72조에 반하는 것으로 헌법을 실현하고 수호해야 할 대통령의 의무를 위반한 것이다. (헌재 2004. 5. 14. 2004헌나1)

[정답] ③

3. 기타 문제

427
다음 설명 중 가장 적절하지 않은 것은? (판례)

① 「정당법」상의 당원의 자격이 없는 자는 국민투표에 관한 운동을 할 수 없다. 20경승

② 대의기관의 선출주체가 곧 대의기관의 의사결정에 대한 승인 주체가 되는 것이 원칙이나, 국민투표권자의 범위가 대통령선거권자, 국회의원선거권자와 반드시 일치할 필요는 없다. 20경승

③ 국민투표는 선거와 달리 국민이 직접 국가의 정치에 참여하는 절차이므로, 국민투표권은 대한민국 국민의 자격이 있는 사람에게 반드시 인정되어야 하는 권리이다. 22해경2

④ 주민등록을 할 수 없는 재외국민의 국민투표권 행사를 전면적으로 배제하고 있는 국민투표법 제14조 제1항은 국민투표권을 침해한다. 16법원/20경승

해설

① (○) 국민투표법 제28조(운동을 할 수 없는 자) ① 정당법상의 당원의 자격이 없는 자는 운동을 할 수 없다.

② (×) 국민투표는 대의기관인 국회와 대통령의 의사결정에 대한 국민의 승인절차이므로, 국민투표권자의 범위는 대통령선거권자 및 국회의원선거권자와 일치되어야 한다. (헌재 2014. 7. 24. 2009헌마256) 〈주〉 재외국민에게도 국민투표권이 인정되어야 한다는 논리이다.

③ (○) (헌재 2014. 7. 24. 2009헌마256) 〈주〉 재외국민 주민등록이나 거주 여부 관련없이 인정해야

④ (○) (헌재 2007. 6. 28. 2004헌마644) 〈주〉 재외국민도 국민이므로, 국내거주하든 외국거주하든 국민투표권을 인정하여야 한다.

[정답] ②

428

다음 설명 중 가장 적절하지 않은 것은? (판례)

① 통일정책을 국민투표에 부의한 경우 국가 또는 지방자치단체는 관보·공보 등의 간행물을 통하여 그 국민투표안의 제안이유·주요골자와 그 내용을 홍보하고 그 국민투표안에 대한 찬성의 의견을 게재할 수 있다. 14사시
② 국민투표에 관한 사무는 선거와 마찬가지로 선거관리위원회가 관할한다. 18법행
③ 19세 이상의 국민에게 국민투표권이 있고, 대한민국 국적을 가지고 있는 재외국민의 경우 국내거소신고가 되어 있는 경우에는 투표권을 행사할 수 있다. 18법행
④ 국민투표의 효력에 관하여 이의가 있는 투표인은 투표인 10만인 이상의 찬성을 얻어 중앙선거관리위원회 위원장을 피고로 하여 투표일로부터 20일 이내에 대법원에 국민투표 무효소송을 제기할 수 있다. 06사시

해설

① (×) 국민투표법 제23조. 구·시·군선거관리위원회는 국민투표안의 제안이유·주요골자와 그 내용·국민투표절차 기타 필요한 사항을 게재한 국민투표공보를 1회 이상 발행하여야 한다. 국가 또는 지방자치단체는 국민투표안에 대한 찬성의 의견을 게재할 수는 없다.
② (○) 헌법 제114조 제6항. 중앙선거관리위원회는 법령의 범위 안에서 선거관리·국민투표관리 또는 정당사무에 관한 규칙을 제정할 수 있으며, 법률에 저촉되지 아니하는 범위 안에서 내부규율에 관한 규칙을 제정할 수 있다.
③ (○) 국민투표법 제7조, 제14조. 〈주〉 공직선거법상 국민선거권은 18세 이상이지만, 국민투표법상 국민투표권은 아직 개정되지 않아서 19세 이상이다.
④ (○) 국민투표법 제92조.

정답 ①

429

다음 설명 중 가장 적절한 것은? (판례)

① 국민투표의 효력에 관하여 이의가 있는 정당 및 투표인은 중앙선거관리위원회위원장을 피고로 하여 대법원에 제소할 수 있다. 08지방7
② 국민투표의 효력에 관하여 이의가 있는 투표인은 투표인 1만인 이상의 찬성을 얻어 중앙선거관리위원회 위원장을 피고로 하여 투표일로부터 30일 이내에 대법원에 제소할 수 있다. 14법행
③ 대법원은 국민투표에 관하여 국민투표법 또는 국민투표법에 의하여 발하는 명령에 위반하는 사실이 있는 경우라도 국민투표의 결과에 영향을 미쳤다고 인정하는 때에 한하여 국민투표 무효의 판결을 하여야 하며, 국민투표의 일부의 무효를 판결할 수는 없다. 18법원
④ 대법원은 국민투표무효의 소송에 있어서 국민투표에 관하여 국민투표법에 위반하는 사실이 있는 경우라도 국민투표의 결과에 영향이 미쳤다고 인정하는 때에 한하여 국민투표의 전부 또는 일부의 무효를 판결한다. 14법행/20경승

해설

① (×) 국민투표법 제92조. 국민투표의 효력에 관하여 이의가 있는 투표인은 투표인 10만인 이상의 찬성을 얻어 중앙선거관리위원회위원장을 피고로 하여 투표일로부터 20일 이내에 대법원에 제소할 수 있다. 〈주〉 정당은 국민투표의 효력에 대한 제소권이 없다. 국민선거에 대한 소송에서는 정당도 제소권이 있으므로 양자를 구별하여야 한다.
② (×) 국민투표법 제92조. 국민투표의 효력에 관하여 이의가 있는 투표인은 투표인 10만인 이상의 찬성을 얻어 중앙선거관리위원회위원장을 피고로 하여 투표일로부터 20일 이내에 대법원에 제소할 수 있다.
③ (×) 국민투표법 제93조. 대법원은 제92조의 규정에 의한 소송에 있어서 국민투표에 관하여 이 법 또는 이 법에 의하여 발하는 명령에 위반하는 사실이 있는 경우라도 국민투표의 결과에 영향이 미쳤다고 인정하는 때에 한하여 국민투표의 전부 또는 일부의 무효를 판결한다.
④ (○) 국민투표법 제93조.

정답 ④

제2절 공무담임권

1. 서설

430
다음 설명 중 가장 적절하지 않은 것은? (판례)

① 현행 헌법은 공무담임권을 명시적으로 규정하고 있지 않다. 19법원
② 공무담임권은 국민주권의 실현 방법으로 국가의 공적인 업무를 수행함에 있어 참여하고 이를 수행하는 권리로서 헌법상의 권리이다. 13법원
③ 공무담임권이란 입법부, 집행부, 사법부는 물론 지방자치단체 등 국가, 공공단체의 구성원으로서 그 직무를 담당할 수 있는 권리를 말한다. 18지방7
④ 공무원직에 관한 한 공무담임권은 직업의 자유에 우선하여 적용되는 특별법적 규정이다. 10사시

해설
① (✗) 헌법 제25조. 모든 국민은 법률이 정하는 바에 의하여 공무담임권을 가진다.
② (○) 공무담임권은 헌법이 인정하는 임명직과 선거직의 공직에 취임할 수 있는 권리를 뜻한다. (헌재 2009. 10. 29. 2009헌마127) 〈주〉 공무원이 되려면 시험에 합격하여 임명되거나 선거에 당선되는 방법이 있다.
③ (○) (헌재 2004. 2. 26. 2003헌바4)
④ (○) (헌재 1999. 12. 23. 99헌마135)

정답 ①

431
다음 설명 중 가장 적절하지 않은 것은? (판례)

① 공직을 직업으로 선택하는 경우에 있어서 직업선택의 자유는 공무담임권을 통해서 그 기본권보호를 받게 된다고 할 수 있으므로 공무담임권을 침해하는지 여부를 심사하는 이상 이와 별도로 직업선택의 자유 침해 여부를 심사할 필요는 없다. 22경찰1차
② 헌법 제24조는 모든 국민은 '법률이 정하는 바에 의하여' 선거권을 가진다고 규정함으로써 법률유보의 형식을 취하고 있지만, 이것은 국민의 기본권을 법률에 의하여 구체화하라는 뜻이며 선거권을 법률을 통해 구체적으로 실현하라는 의미이다. 17지방7
③ 지방자치단체의 장 선거권은 지방의회의원 선거권, 국회의원 선거권 및 대통령 선거권 등과 달리, 헌법 제24조에 의해 보호되는 기본권이 아니다. 17지방7
④ 선출직 공무원의 공무담임권은 선거를 전제로 하는 대의제의 원리에 의하여 발생하는 것이므로 공직의 취임이나 상실에 관련된 어떠한 법률조항이 대의제의 본질에 반한다면 이는 공무담임권도 침해하는 것이라고 볼 수 있다. 19국회8

해설
① (○) (헌재 2006. 3. 30. 2005헌마598)
② (○) 헌법 제24조는 모든 국민은 '법률이 정하는 바에 의하여' 선거권을 가진다고 규정함으로써 법률유보의 형식을 취하고 있지만, 이것은 국민의 선거권이 '법률이 정하는 바에 따라서만 인정될 수 있다'는 포괄적인 입법권의 유보하에 있음을 의미하는 것이 아니다. 국민의 기본권을 법률에 의하여 구체화하라는 뜻이며 선거권을 법률을 통해 구체적으로 실현하라는 의미이다. (헌재 2007. 6. 28. 2004헌마644)
③ (✗) 지방자치단체의 장 선거권은 지방의회의원 선거권, 국회의원 선거권 및 대통령 선거권 등과 마찬가지로 헌법 제24조에 의해 보호되는 기본권이다. (헌재 2016. 10. 27. 2014헌마797) 〈주〉 헌법에는 선임이라고 규정되어 있지만, 헌재는 선거권으로 해석한다.
④ (○) (헌재 2005. 4. 28. 2004헌마219)

정답 ③

2. 공무담임권의 보호영역

432

다음 설명 중 가장 적절하지 않은 것은? (판례)

① 공무담임권이란 국가·공공단체의 구성원으로서 그 직무를 담당할 수 있는 권리를 말하며, 직무를 담당한다는 것은 모든 국민이 현실적으로 그 직무를 담당할 수 있다고 하는 의미가 아니라, 국민이 공무담임의 평등한 기회를 보장받음을 의미한다. 10사시
② 공무담임권은 원하는 경우에 언제나 공직에 취임할 수 있는 현실적 권리를 보장한다. 13법원
③ 공무담임권은 국민이 국가나 공공단체의 구성원으로서 직무를 담당할 수 있는 권리를 뜻하고, 여기서 직무를 담당한다는 것은 공무담임에 관하여 능력과 적성에 따라 평등한 기회를 보장받는 것을 의미한다. 21경승
④ 헌법 제7조에서 보장하는 직업공무원제도의 기본적 요소에 능력주의가 포함되는 점에 비추어 공무담임권은 모든 국민이 누구나 그 능력과 적성에 따라 공직에 취임할 수 있는 균등한 기회의 보장을 그 내용으로 한다. 16사시

해설

① (O) 공무담임권은 모든 국민이 현실적으로 그 직무를 담당할 수 있다고 하는 의미가 아니라, 국민이 공무담임에 관한 자의적이지 않고 평등한 기회를 보장받음을 의미하는 바, 공무담임권의 보호영역에는 공직취임의 기회의 자의적인 배제 뿐 아니라, 공무원 신분의 부당한 박탈까지 포함되는 것이라고 할 것이다. (헌재 2004. 2. 26. 2003헌바4)
② (×) 공무담임권은 원하는 경우에 언제나 공직에 취임할 수 있는 현실적 권리를 보장하는 것이 아니라, 공무담임의 기회보장적 성격을 갖는 것이다. (헌재 2005. 4. 28. 2004헌마219)
③ (O) (헌재 2004. 2. 26. 2003헌바4)
④ (O) (헌재 1999. 12. 23. 98헌바33)

정답 ②

433

다음 설명 중 가장 적절한 것은? (판례)

① 공무담임권은 공직취임의 기회균등만을 요구할 뿐, 취임한 뒤 승진할 때에도 균등한 기회제공을 요구하는 것은 아니다. 19국회8
② 공무원에 대한 징계처분의 결과 승진임용이 제한되어 공무원 승진시험대상 후보자 명부에서 제외된 것은 공무담임권을 제한한다. 13사시
③ 공무담임권의 보호영역에는 공직취임기회의 자의적인 배제뿐만 아니라 공무원 신분의 부당한 박탈이나 권한의 부당한 정지, 승진시험의 응시제한이나 이를 통한 승진기회의 보장 등이 포함된다. 18서울2회/21경승/22경찰1차
④ 대법원 판례에 의하면 공무원의 사퇴는 사퇴의 의사표시를 한 때 발생하는 것이 아니라, 임명권자가 면직의 의사표시를 한 때 발생한다. 14서울

해설

① (×) 공무담임권은 공직취임의 기회 균등뿐만 아니라 취임한 뒤 승진할 때에도 균등한 기회 제공을 요구한다. (헌재 2018. 7. 26. 2017헌마1183)
② (×) '승진시험의 응시제한'이나 이를 통한 승진기회의 보장 문제는 공무담임권의 보호영역에 포함된다고 보기는 어려우므로 결국 이 사건 심판대상 규정은 청구인의 공무담임권을 침해한다고 볼 수 없다. (헌재 2007. 6. 28. 2005헌마1179) 〈주〉 제한하지 않으므로 침해하는 것도 아니다.
③ (×) '승진시험의 응시제한'이나 이를 통한 승진기회의 보장 문제는 공무담임권의 보호영역에 포함된다고 보기는 어렵다. (헌재 2007. 6. 28. 2005헌마1179)
④ (O) (대법원 2001. 8. 24. 99두9971)

정답 ④

434

다음 설명 중 가장 적절하지 않은 것은? (판례)

① 경찰청 내에 일반직 공무원의 정원이 증가하여 승진 경쟁이 치열해졌다 하더라도 그러한 불이익은 승진기회 내지 승진 확률이 축소되는 사실상의 불이익에 불과할 뿐이므로 공무담임권 침해 문제가 생길 여지는 없다. 13법원

② 승진가능성이라는 것은 공직신분의 유지나 업무수행과 같은 법적 지위에 직접 영향을 미치는 것이 아니고 간접적, 사실적 또는 경제적 이해관계에 영향을 미치는 것에 불과하여 공무담임권의 보호영역에 포함된다고 보기는 어렵다. 21비상

③ 공무담임권의 보호영역에는 공직취임의 자의적인 배제뿐 아니라, 공무원 신분의 부당한 박탈이나 권한 또는 직무의 부당한 정지도 포함된다. 15국회8

④ 공무담임권의 보호영역에는 일반적으로 공직취임의 기회보장, 신분박탈, 직무의 정지가 포함될 뿐만 아니라, 여기서 나아가 공무원이 특정의 장소에서 근무하는 것 또는 특정의 보직을 받아 근무하는 것을 포함하는 일종의 공무수행의 자유까지 그 보호영역에 포함된다. 10사시

해설

① (O) 승진가능성이라는 것은 공직신분의 유지나 업무수행과 같은 법적 지위에 직접 영향을 미치는 것이 아니고 간접적, 사실적 또는 경제적 이해관계에 영향을 미치는 것에 불과하여 공무담임권의 보호영역에 포함된다고 보기는 어렵다. (헌재 2010. 3. 25. 2009헌마538)

② (O) (헌재 2010. 3. 25. 2009헌마538)

③ (O) (헌재 2007. 6. 28. 2005헌마1179)

④ (✕) 공무원이 특정의 장소에서 근무하는 것 또는 특정의 보직을 받아 근무하는 것을 포함하는 일종의 '공무수행의 자유'까지 그 보호영역에 포함된다고 보기는 어렵다. (헌재 2008. 6. 26. 2005헌마1275)

[정답] ④

435

다음 설명 중 가장 적절하지 않은 것은? (판례)

① 헌법 제25조의 공무담임권의 보호영역에는 특별한 사정도 없이 공무원이 특정의 장소에서 근무하는 것이나 특정의 보직을 받아 근무하는 것을 포함하는 일종의 '공무수행의 자유' 까지 포함하지 않는다. 17지방7

② 공무원이 특정의 장소에서 근무하는 것 또는 특정의 보직을 받아 근무하는 것을 포함하는 일종의 공무수행의 자유도 그 보호영역에 포함된다. 13법원/20소방/21지방7

③ 국방부 등의 보조기관에 근무할 수 있는 기회를 현역군인에게만 부여하고 군무원에게는 부여하지 않는 법률조항은 군무원의 공무담임권을 침해하지 않는다. 19국회8

④ 공무담임권은 각종 선거에 입후보하여 당선될 수 있는 피선거권과 공직에 임명될 수 있는 공직취임권을 포함한다. 16사시

해설

① (O) (헌재 2014. 1. 28. 2011헌마239) 〈주〉 사인의 직업선택의 자유에는 직업수행의 자유까지 포함된다. 그러나 공무원의 공무담임권에는 공무수행의 자유가 포함되지 않는다.

② (✕) 공무원이 특정의 장소에서 근무하는 것 또는 특정의 보직을 받아 근무하는 것을 포함하는 일종의 '공무수행의 자유'까지 그 보호영역에 포함된다고 보기는 어렵다. (헌재 2008. 6. 26. 2005헌마1275)

③ (O) 공무원이 특정의 장소에서 근무하는 것 또는 특정의 보직을 받아 근무하는 것을 포함하는 일종의 '공무수행의 자유'까지 그 보호영역에 포함된다고 보기는 어렵다. (헌재 2008. 6. 26. 2005헌마1275)

④ (O) 공무담임권은 각급 공직선거에 입후보하여 당선될 수 있는 피선거권과 선거직 이외의 모든 공직에 임명될 수 있는 공직취임권을 포괄하는 개념으로서, 국민 누구나가 국정의 담당자가 될 수 있는 길을 열어 놓고 있는 참정권을 뜻한다. (헌재 1999. 5. 27. 98헌마214)

[정답] ②

436

다음 설명 중 가장 적절하지 않은 것은? (판례)

① 국방부 등의 보조기관에 근무할 수 있는 기회를 현역군인에게만 부여하고 군무원에게는 부여하지 않는 법률조항은 군무원의 공무담임권을 침해한다. 20경승

② 공무원의 재임 기간 동안 충실한 공무 수행을 담보하기 위하여 공무원의 퇴직급여 및 공무상 재해보상을 보장할 것까지 공무담임권의 보호영역에 포함된다고 보기는 어렵다. 18지방7

③ 정당의 내부경선에 참여할 권리는 헌법이 보장하는 공무담임권의 내용에 포함되지 아니하므로, 정당이 당내경선을 실시하지 않는 것이 공무담임권을 침해하는 것은 아니다. 15국회8

④ 서울교통공사는 공익적인 업무를 수행하기 위한 지방공사이나 서울특별시와 독립적인 공법인으로서 경영의 자율성이 보장되고, 서울교통공사의 직원의 신분도 지방공무원법이 아닌 지방공기업법과 정관에서 정한 바에 따르는 등, 서울교통공사의 직원이라는 직위가 헌법 제25조가 보장하는 공무담임권의 보호영역인 '공무'의 범위에는 해당하지 않는다. 22경찰1차

해설

① (×) 이 사건 법률조항이 특정직공무원으로서 군무원인 청구인들의 공무담임권을 제한하는 것은 아니다. (헌재 2008. 6. 26. 2005헌마1275)

② (O) 심판대상조항으로 인한 공무담임권 및 행복추구권의 제한은 문제되지 않는다. (헌재 2014. 6. 26. 2012헌마459) 〈주〉 지자체장의 퇴직급여를 부정하여도 합헌이라는 결정이다.

③ (O) 청구인이 정당의 내부경선에 참여할 권리는 헌법이 보장하는 공무담임권의 내용에 포함된다고 보기 어렵다. 따라서 심판대상조항으로 인하여 청구인의 공무담임권이 침해될 여지는 없다. (헌재 2014. 11. 27. 2013헌마814) 〈주〉 정당, 농협 등은 사적단체이므로 내부적 선거는 공무담임권과 무관하다.

④ (O) 청구인들의 주장에 따른 기대권이 공무담임권의 보호영역에 포함되지 않는 이상, 청구인들의 공무담임권 및 평등권을 침해할 가능성이 인정되지 아니한다. (헌재 2021. 2. 25. 2018헌마174) 〈주〉 교통공사는 공기업일 뿐, 공무소는 아니다.

[정답] ①

3. 공무담임권의 제한

437

다음 설명 중 가장 적절하지 않은 것은? (판례)

① 국회의원선거의 기탁금 제도 및 공무원 시험의 응시연령 제한은 모두 공무담임권의 제한 문제와 관련된다. 16사시

② 헌법상 대학의 자율은 대학에게 대학의 장 후보자 선정과 관련하여 반드시 직접선출 방식을 보장하여야 하는 것은 아니다. 19사시

③ 대학 총장 후보자 선정과 관련하여 대학에게 반드시 직접선출 방식을 보장하여야 하는 것은 아니며, 다만 대학교원들의 합의된 방식으로 그 선출방식을 정할 수 있는 기회를 제공하면 족하다. 20법행

④ 사립대학 교원이 국회의원으로 당선된 경우 임기개시일 전까지 그 직을 사직하도록 하는 것은 사립대학 교원의 직업선택의 자유를 제한하는 것이지 공무담임권을 제한하는 것은 아니다. 17서울

해설

① (O) (헌재 2018. 4. 26. 2014헌마274)

② (O) 대학교원들의 합의된 방식으로 그 선출방식을 정할 수 있는 기회를 제공하면 족하다. (헌재 2006. 4. 27. 2005헌마1047) 〈주〉 직선제 또는 간선제를 자율적으로 선택할 수 있다.

③ (O) (헌재 2006. 4. 27. 2005헌마1047) 〈주〉 직선제 또는 간선제를 자율적으로 선택할 수 있다.

④ (×) 심판대상조항은 공무담임권과 직업선택의 자유라는 두 가지 기본권을 모두 제한하고 있다. (헌재 2015. 4. 30. 2014헌마621) 〈주〉 사립대학 교원직과 국회의원직을 양자택일하도록 강제하고 있으므로 2개의 기본권을 모두 제한한다.

[정답] ④

438
다음 설명 중 가장 적절하지 않은 것은? (판례)

① 총장후보자 지원자들에게 1,000만 원의 기탁금을 납부하게 하는 것은 지원자가 무분별하게 총장후보자에 지원하는 것을 예방하는 데 기여할 수 있고, 그 액수가 과다하다고도 볼 수 없어 헌법에 위반된다고 할 수 없다. 19변시

② 국립대학교 총장후보자로 지원하려는 사람에게 1,000만 원의 기탁금 납부를 요구하고, 납입하지 않을 경우 총장후보자에 지원하는 기회를 주지 않는 것은 공무담임권을 침해한다. 19국회8

③ 대구교육대학교 총장임용후보자선거에서 후보자가 되려는 사람은 1,000만 원의 기탁금을 납부하도록 규정한 '대구교육대학교 총장임용후보자 선정규정'의 '기탁금납부조항'은 과잉금지원칙에 위배되어 후보자가 되려는 청구인의 공무담임권을 침해하지 않는다. 최신판례

④ 대구교육대학교 총장임용후보자선거 후보자가 제1차 투표에서 최종 환산득표율의 100분의 15 이상을 득표한 경우에만 기탁금의 반액을 반환하도록 하고 반환하지 않는 기탁금은 대학 발전기금에 귀속되도록 규정한 '대구교육대학교 총장임용후보자 선정규정'의 '기탁금귀속조항'은 과잉금지원칙에 위배되어 청구인의 재산권을 침해한다. 최신판례

해설

① (×) 과잉금지원칙에 반하여 청구인의 <u>공무담임권을 침해한다</u>. (헌재 2018. 4. 26. 2014헌마274) 〈주〉 전북대학교 총장후보자 선정은 간선제 방식으로 선거과열 문제가 덜하다고 보았다.

② (○) (헌재 2018. 4. 26. 2014헌마274)

③ (○) <u>기탁금납부조항은 청구인의 공무담임권을 침해하지 아니한다</u>. (헌재 2021. 12. 23. 2019헌마825) 〈주〉 대구교육대학교 총장후보자 선정은 직선제 방식으로 선거과열 위험성이 크다고 보았다.

④ (○) <u>기탁금귀속조항은 과잉금지원칙에 위반되어 청구인의 재산권을 침해한다</u>. (헌재 2021. 12. 23. 2019헌마825) 〈주〉 대구교육대학교 총장후보자 사건으로 1,000만원 기탁금납부조항은 합헌이지만, 기탁금귀속조항은 위헌이다.

[정답] ①

439
다음 설명 중 가장 적절하지 않은 것은? (판례)

① 순경 공채시험 응시연령의 상한을 '30세 이하'로 규정하고 있는 것은 합리적이라고 볼 수 없으므로 침해의 최소성 원칙에 위배되어 공무담임권을 침해한다. 15국회8/22경채

② 헌법재판소는 공무원임용시험령 제16조 중 5급 공개경쟁채용시험의 응시연령 상한을 '32세까지'로 한 부분이 응시자의 공무담임권을 침해하지 않는다고 결정하였다. 14서울

③ 5급 공채시험 응시연령의 상한을 '32세까지'로 제한한 것은 기본권 제한을 최소한도에 그치도록 요구하는 헌법 제37조 제2항에 부합된다고 보기 어렵다. 17국회8

④ 부사관으로 최초로 임용되는 사람의 최고연령을 27세로 정한 법률조항은 부사관이라는 공직취임의 기회를 제한하고 있으나, 군 조직의 특수성, 군 조직 내에서 부사관의 상대적 지위 및 역할 등을 고려할 때 공무담임권을 침해한다고 볼 수 없다. 16변시

해설

① (○) 심판대상 조항들이 순경 공채시험, 소방사 등 채용시험, 그리고 소방간부 선발시험의 응시연령의 상한을 '30세 이하'로 규정하고 있는 것은 합리적이라고 볼 수 없으므로 침해의 최소성 원칙에 위배되어 청구인들의 <u>공무담임권을 침해한다</u>. (헌재 2012. 5. 31. 2010헌마278)

② (×) 5급 공개경쟁채용시험의 응시연령 상한을 '32세까지'로 한 부분은 과잉금지원칙에 위반하여 <u>공무담임권을 침해한다</u>. (헌재 2008. 5. 29. 2007헌마1105)

③ (○) (헌재 2008. 5. 29. 2007헌마1105)

④ (○) (헌재 2014. 9. 25. 2011헌마414)

[정답] ②

440

다음 설명 중 가장 적절하지 않은 것은? (판례)

① 지방공무원법의 지방공무원의 전입에 관한 규정은 해당 지방공무원의 동의가 있을 것을 당연한 전제로 하여 그 공무원이 소속된 지방자치단체의 장의 동의를 얻어서만 그 공무원을 전입할 수 있음을 규정하고 있는 것으로 보아야 한다. 17지방7

② "지방자치단체의 장은 다른 지방자치단체의 장의 동의를 얻어 그 소속 공무원을 전입할 수 있다."라는 「지방공무원법」 규정은 해당 공무원 본인의 동의가 필요하다는 것을 전제로 해석할 때 헌법에 합치한다. 20국회9

③ 지방자치단체의 장이 공소제기된 후 구금상태에 있는 경우 부단체장이 그 권한을 대행하도록 한 규정은 공무원 권한(직무)의 부당한 정지에 해당하여 공무담임권을 침해한다. 16사시/21경승/23경승

④ 지방자치단체의 장이 금고 이상의 형을 선고받고 그 형이 확정되지 아니한 경우 부단체장이 그 권한을 대행하도록 규정한 구 지방자치법의 조항은 지방자치단체의 장의 공무담임권을 침해한다. 18서울/20경승/23경승

⑤ 형사사건으로 기소되면 필요적으로 직위해제 처분을 하도록 하는 규정은 헌법에 위반된다. 17지방7

해설

① (○) (헌재 2002. 11. 28. 98헌바101)
② (○) (헌재 2002. 11. 28. 98헌바101) 〈주〉 의사에 반하여 전출 전입할 수 있다고 해석하면 위헌이다.
③ (×) 자치단체장이 '공소 제기된 후 구금상태'에 있는 경우 자치단체행정의 계속성과 융통성을 보장하기 위해서는 해당 자치단체장을 직무에서 배제시키는 방법 외에는 달리 의미있는 대안을 찾을 수 없으므로 과잉금지원칙에 위반되지 않는다. (헌재 2011. 4. 28. 2010헌마474) 〈주〉 지자체장은 구금되었기 때문에 스스로 공무를 수행할 수 없다.
④ (○) (헌재 2010. 9. 2. 2010헌마418) 〈주〉 지자체장은 구금되지 않아서 스스로 공무를 수행할 수 있다.
⑤ (○) (헌재 1998. 5. 28. 96헌가12) 〈주〉 임의적이면 합헌인데, 필요적 직위해제 처분이라서 위헌이다.

[정답] ③

441

다음 설명 중 가장 적절한 것은? (판례)

① 지방자치단체의 장이 공소 제기된 후 구금상태에 있는 경우 부단체장이 그 권한을 대행하도록 한 지방자치법의 조항은 유죄판결이나 그 확정을 기다리지 아니한 채 바로 지방자치단체의 장의 직무를 정지시키고 있으므로 무죄추정의 원칙에 반한다. 18서울2회

② 공직선거에 후보자로 등록하고자 하는 자가 제출하여야 하는 범죄경력에 이미 실효된 금고 이상의 형까지 기재하도록 정한 공직선거법 조항은, 실효된 금고 이상의 형의 범죄경력을 가진 후보자의 공무담임권을 침해한다. 23경승

③ 성인에 대한 성폭력범죄의 처벌 등에 관한 특례법 제2조에 따른 성폭력범죄 행위로 파면·해임되거나 100만원 이상의 벌금형이나 그 이상의 형 또는 치료감호를 선고받아 그 형 또는 치료감호가 확정된 사람을 고등교육법상의 교원으로 임용할 수 없도록 한 법률 규정은 해당 학교의 교원이 되고자 하는 사람에 대한 과도한 제한으로서 공무담임권을 침해한다. 21법행

④ 아동·청소년의 성보호에 관한 법률 제2조 제2호에 따른 아동·청소년대상 성범죄 행위로 형을 선고받아 확정된 사람은 초·중등교육법상의 교원에 임용될 수 없도록 한 법률 규정은 공무담임권을 침해하지 아니한다. 21법행

해설

① (×) 무죄추정의 원칙에 위반되지 않는다. (헌재 2011. 4. 28. 2010헌마474) 〈주〉 일을 할 수 없어서 대행할 뿐이다.
② (×) 금고 이상의 형의 범죄경력을 가진 후보자의 당선기회를 봉쇄하는 것이 아니므로 공무담임권과는 직접 관련이 없다. (헌재 2008. 4. 24. 2006헌마402)
③ (×) 과잉금지원칙에 반하여 청구인의 공무담임권을 침해한다고 할 수 없다. (헌재 2020. 12. 23. 2019헌마502)
④ (○) (헌재 2019. 7. 25. 2016헌마754)

[정답] ④

442

다음 설명 중 가장 적절한 것은? (판례)

① 벌금형의 선고유예 판결을 공무원의 결격사유로 하지 않으면서 금고형의 선고유예판결을 결격사유로 하는 것은 합리성과 형평에 반한다. 14국회8

② 금고 이상의 형의 선고유예를 받고 그 기간 중에 있는 자를 임용결격사유로 삼고, 위 사유에 해당하는 자가 임용되더라도 이를 당연무효로 하는 구 국가공무원법 조항은 입법자의 재량을 일탈하여 공무담임권을 침해한다. 17서울/22경찰1차/23경찰1

③ 향토예비군 지휘관이 금고 이상 형의 선고유예를 받은 경우에는 그 직에서 당연해임되도록 규정하고 있는 법률조항은 공무담임권을 침해하지 않는다. 16변시

④ 금고 이상의 형의 선고유예를 받은 경우에 공무원직에서 당연히 퇴직하는 것으로 정한 지방공무원법의 조항은 과실범의 경우마저 당연퇴직 사유에서 제외하지 않아 최소침해성의 원칙에 반하여 위헌이다. 17법원

해설

① (✗) 금고형이 벌금형보다 훨씬 무거운 형이므로 벌금형의 선고유예 판결을 공무원 결격사유로 아니면서 금고형의 선고유예 판결을 결격사유로 하였다고 해서 합리성과 형평에 반한다고도 볼 수 없다. (헌재 1990. 6. 25. 89헌마220)

② (✗) 입법자의 재량을 일탈하여 공무담임권을 침해한 것이라고 볼 수 없다. (헌재 2016. 7. 28. 2014헌바437)

③ (✗) 교통사고 관련 범죄 등 과실범의 경우마저 당연해임의 사유에서 제외하지 않고 있으므로 최소침해성의 원칙에 반한다. (헌재 2005. 12. 22. 2004헌마947)

④ (○) (헌재 2003. 10. 30. 2002헌마684)

[정답] ④

443

다음 설명 중 적절한 것은? (판례)

① 수뢰죄를 범하여 금고 이상의 형의 선고유예를 받은 국가공무원을 당연퇴직하도록 한 국가공무원법조항은 과잉금지원칙에 반하여 공무담임권을 침해한다. 15국회8

② 공무원의 신분이나 직무상 의무와 관련이 없는 범죄의 경우에도 퇴직급여 등을 제한하는 것은, 공무원범죄를 예방하고 공무원이 재직 중 성실히 근무하도록 유도하는 입법목적을 달성하는데 적합한 수단이다. 17국회8/21경승

③ 공무원의 직무와 관련이 없는 범죄라 할지라도 고의범의 경우에는 공무원의 법령준수의무, 청렴의무, 품위유지의무 등을 위반한 것으로 볼 수 있으므로 이를 퇴직급여의 감액사유에서 제외하지 아니하더라도 헌법에 위반되지 않는다. 21국회8

④ 아동에 대한 성적 학대행위로 형을 선고받아 확정된 사람을 공직에 진입할 수 없도록 하는 조항은 입법목적의 정당성이 부정된다. 23법행

해설

① (✗) 수뢰죄는 수수액의 다과에 관계없이 공무원 직무의 불가매수성과 염결성을 치명적으로 손상시키고, 직무의 공정성을 해치며 국민의 불신을 초래하므로 일반 형법상 범죄와 달리 엄격하게 취급할 필요가 있다. 따라서 청구인의 공무담임권을 침해하지 아니한다. (헌재 2013. 7. 25. 2012헌바409)

② (✗) 입법목적을 달성하는 데 적합한 수단이라고 볼 수 없다. (헌재 2007. 3. 29. 2005헌바33)

③ (○) (헌재 2016. 6. 30. 2014헌바365) 〈주〉 직무와 관련이 있는 범죄 또는 직무와 관련이 없어도 고의범에 대한 퇴직급여 감액 또는 제한은 합헌이다.

④ (✗) 상당한 기간 동안 임용을 제한하는 덜 침해적인 방법으로도 입법목적을 충분히 달성할 수 있다. 따라서 심판대상조항은 과잉금지원칙에 위배되어 청구인의 공무담임권을 침해한다. (헌재 2022. 11. 24. 2020헌마1181) 〈주〉 목적과 수단은 정당하나, 최소침해성과 법익균형성에 위반되어 헌불결정을 받았다.

[정답] ②

444
다음 설명 중 적절하지 않은 것을 모두 고르면? (판례)

> ㉠ 공무원의 범죄행위가 직무와 직접적 관련이 없고 과실에 의한 경우라도 금고 이상 형의 선고유예판결을 받은 경우라면 당연 퇴직토록 한 소정의 법률조항은 직업공무원제도와 공무원의 신분보장을 규정한 헌법 제7조 제2항에 반한다는 것이 헌법재판소의 입장이다. 18서울1회
>
> ㉡ 자격정지 이상의 선고유예를 받고 그 선고유예기간 중에 있는 자에 대하여 당연퇴직을 규정하고 있는 「경찰공무원법」 규정은 재판청구권을 침해하고, 적법절차원칙에 위배되어 위헌이다. 22경승
>
> ㉢ 피성년후견인인 국가공무원은 당연퇴직한다고 규정한 「국가 공무원법」 조항은 성년후견이 개시되지는 않았으나 동일한 정도의 정신적 장애가 발생한 국가공무원의 경우와 비교할 때 사익의 제한 정도가 과도하여 과잉금지원칙에 위반되므로 공무담임권을 침해한다. 23경찰1

① ㉠ ㉡ ㉢   ② ㉠ ㉡
③ ㉠ ㉢   ④ ㉡ ㉢

해설

㉠ (×) 헌법 제25조의 공무담임권을 침해한다. (헌재 2003. 10. 30. 2002헌마684) 〈주〉 기본권인 공무담임권의 침해로 인정되면 공무원제도 위반에 대한 판단은 별도로 하지 않는다.

㉡ (×) [1] 재판청구권을 침해하거나 적법절차의 원리를 위배하였다고 할 수 없다. (헌재 1998. 4. 30. 96헌마7) [2] 최소침해성원칙에 반하여 헌법 제25조의 공무담임권을 침해한 위헌 법률이다. (헌재 2004. 9. 23. 2004헌가12) 〈주〉 재판청구권을 침해하거나 적법절차원칙에 위반되는 것이 아니라, 과잉금지원칙에 위반되어 공무담임권을 침해하여 위헌이다.

㉢ (O) 성년후견이 개시되었어도 정신적 제약을 극복하여 후견이 종료될 수 있고, 이 경우 법원에서 성년후견 종료심판을 하고 있다는 사실에 비추어 보아도 사익의 제한 정도가 지나치게 가혹하다. 또한 심판대상조항처럼 국가공무원의 당연퇴직사유를 임용결격사유와 동일하게 규정하려면 국가공무원이 재직 중 쌓은 지위를 박탈할 정도의 충분한 공익이 인정되어야 하나, 이 조항이 달성하려는 공익은 이에 미치지 못한다. (헌재 2022. 12. 22. 2020헌가8)

[정답] ②

445
다음 설명 중 가장 적절하지 않은 것은? (판례)

① 고용노동 및 직업상담 직류를 채용하는 경우 직업상담사 자격증 보유자에게 만점의 3% 또는 5%의 가산점을 부여한다고 명시한 인사혁신처 2018년도 국가공무원 공개경쟁채용시험 등 계획공고는 직업상담사 자격증을 소지하지 않은 상태에서 국가공무원 공개경쟁채용시험에 응시하려고 하는 자들의 공무담임권을 침해하지 않는다. 19국회8

② 관련 자격증 소지자에게 세무직 국가공무원 공개경쟁채용시험에서 일정한 가산점을 부여하는 대통령령 규정은 가산대상 자격증을 소지하지 아니한 사람의 공무담임권을 침해한다. 21법행/23법행

③ 취업지원 실시기관 채용시험의 가점 적용대상에서 보국수훈자의 자녀를 제외하는 법 개정을 하면서, 가까운 장래에 보국수훈자의 자녀가 되어 채용시험의 가점을 받게 될 것이라는 신뢰를 장기간 형성해 온 사람에 대하여 경과조치를 두지 않은 국가유공자 등 예우 및 지원에 관한 법률 부칙 규정은 공무담임권을 침해하지 않는다. 18서울2회

④ 재판연구원 및 검사의 신규임용에 있어 서류전형 이후 법학전문대학원 졸업예정자에게만 필기전형이나 실무기록평가를 치르게 하는 것은 사법연수원 수료자의 공무담임권을 침해할 가능성이 없다. 16사시

해설

① (O) (헌재 2018. 8. 30. 2018헌마46)

② (×) 과잉금지의 원칙에 반하여 청구인의 공무담임권을 침해하지 않는다. (헌재 2020. 6. 25. 2017헌마1178) 〈주〉 참고정리 – 자격증 가산점 (합헌), 지역 가산점 (합헌), 국공립 가산점 (위헌)

③ (O) 심판대상조항의 적용시점을 정하는 것은 입법재량의 영역에 속하는 것인 점 등을 종합하면, 경과규정을 두지 않았다는 이유만으로 헌법상의 신뢰보호원칙에 위배되어 직업선택의 자유, 공무담임권을 침해하였다고 볼 수 없다. (헌재 2015. 2. 26. 2012헌마400)

④ (O) (헌재 2015. 4. 30. 2013헌마504)

[정답] ②

446
다음 설명 중 가장 적절한 것은? (판례)

① 지방자치단체의 장은 국가의 존립과 헌법 기본질서의 유지를 위한 국가안보 분야로서 대통령령으로 정하는 분야에는 복수국적자의 임용을 제한할 수 있다. 18지방7
② 성인에 대한 성폭력범죄 행위로 벌금 100만 원 이상의 형을 선고받고 확정된 자에 한하여 고등교육법 상의 교원으로 임용할 수 없도록 한 것은 죄형법정주의 및 과잉금지원칙에 반하여 청구인의 공무담임권을 침해한다. 21국가7
③ 행정 5급 일반임기제공무원에 관한 경력경쟁채용시험에서 '변호사 자격 등록'을 응시자격요건으로 하는 방위사업청장의 공고는 변호사 자격을 가졌으나 변호사 자격 등록을 하지 아니한 청구인들의 공무담임권을 침해한다. 21국가7/23법행
④ 교육의원후보자가 되려는 사람은 5년 이상의 교육경력 또는 교육행정경력을 갖추도록 규정한 구 「제주특별자치도 설치 및 국제자유도시 조성을 위한 특별법」의 조항은 경력을 갖추지 못한 청구인들의 공무담임권을 침해한다. 21국가7/22경채

해설
① (○) 지방공무원법 제25조의2 제2항.
② (×) <u>최소한의 자격기준을 설정하였다고 할 것이므로, 과잉금지원칙에 반하여 청구인의 공무담임권을 침해한다고 할 수 없다.</u> (헌재 2020. 12. 23. 2019헌마502)
③ (×) 임용예정자에게 변호사등록 거부사유 등이 있는지를 <u>대한변호사협회의 검증절차를 통하여 확인받도록 하는 데 목적이 있다. 따라서 공무담임권을 침해하지 않는다.</u> (헌재 2019. 8. 29. 2019헌마616)
④ (×) <u>청구인들의 공무담임권을 침해하는 것이라 볼 수 없다.</u> (헌재 2020. 9. 24. 2018헌마444) 〈주〉 일반 지방의원과 달리, 교육의원은 교육의 특수성 때문에 5년 이상 경력을 요구할 수 있다.

[정답] ①

447
다음 설명 중 가장 적절하지 않은 것은? (판례)

① 청구인이 당선된 당해선거에 관한 것인지를 묻지 않고, 선거에 관한 여론조사의 결과에 영향을 미치게 하기 위하여 둘 이상의 전화번호를 착신전환 등의 조치를 하여 같은 사람이 두 차례 이상 응답하여 100만 원 이상의 벌금형을 선고받은 자로 하여금 지방의회의원의 직에서 퇴직되도록 한 조항은 청구인의 공무담임권을 침해하지 않는다. 22법원
② 허위사실공표금지 조항이 직접 선거권, 공무담임권을 제한하는 내용을 담고 있지 않더라도, 허위사실공표금지 조항으로 인하여 벌금 100만 원 이상의 형을 선고받으면 공직선거법에 의하여 당선무효나 선거권 및 피선거권의 제한의 결과를 발생시킬 수 있다면, 허위사실공표금지 조항 역시 후보자의 공무담임권을 제한하는 조항에 해당한다. 23법행
③ 시·도지사 후보자로 등록하려는 사람에게 5천만 원의 기탁금을 납부하도록 한 공직선거법 조항은 공무담임권을 침해한다고 볼 수 없다. 23법행
④ 행정 5급 일반임기제 공무원에 관한 경력경쟁채용시험에서 변호사 직무 분야의 응시자격요건으로 '변호사 자격 등록'을 요구함으로써, 변호사 자격 등록을 하지 않은 사람으로 하여금 경력경쟁채용시험에 응시할 수 없도록 하는 공고는 변호사 자격을 가졌으나 변호사 자격 등록을 하지 아니한 자의 공무담임권을 침해하지 않는다. 23법행

해설
① (○) (헌재 2022. 3. 31. 2019헌마986).
② (×) 이러한 기본권 제한은 이 사건 허위사실공표금지 조항의 직접적인 효과라기보다는 벌금 100만 원 이상의 형을 선고받은 경우에 위 법률 조항이 적용되어 나타난 결과이므로, 이 사건 허위사실공표금지 조항에 의하여 선거권 및 공무담임권이 제한된다고 볼 수 없다. (헌재 2021. 2. 25. 2018헌바223)
③ (○) 시·도지사선거에서 기탁금제도는 후보자 난립을 방지하고, 아울러 선거운동에서의 불법행위에 대한 과태료 및 행정대집행 비용을 사전에 확보하기 위한 것으로, 그 기탁금액이 지나치게 많지 않는 한 이를 위헌이라고 할 수는 없다. (헌재 2019. 9. 26. 2018헌마128)
④ (○) (헌재 2019. 8. 29. 2019헌마616)

[정답] ②

제6장 청구권적 기본권

제1절 청원권

448
다음 설명 중 가장 적절하지 않은 것은? (판례)

① 청원권은 법인과 외국인을 제외한 자연인에게만 인정된다. 06행시
② 헌법상 보장된 청원권의 주체는 국민이고, 국민에는 법인도 포함된다. 18법무
③ 청원은 반드시 문서로 하여야 하고 문서로 하지 아니한 청원은 효력이 없다. 12국회9
④ 정부에 제출 또는 회부된 정부의 정책에 관계되는 청원의 심사는 국무회의의 심의를 거쳐야 한다. 21경승/23경승

해설
① (×) 우리 헌법은 청원권의 주체로 국민을 명시하고 있지만, 외국인도 국내에 외국인 등록이 된 경우에는 청원권이 인정된다. 또한 법인에게도 청원권이 인정될 수 있다.
② (○) 헌법 제26조. 모든 국민은 법률이 정하는 바에 의하여 국가기관에 문서로 청원할 권리를 가진다.
③ (○) 헌법 제26조 ① 모든 국민은 법률이 정하는 바에 의하여 국가기관에 문서로 청원할 권리를 가진다.
④ (○) 헌법 제89조. - 정부에 제출 또는 회부된 정부의 정책에 관계되는 청원의 심사는 국무회의의 심의를 거쳐야 한다.

[정답] ①

449
다음 설명 중 가장 적절한 것은? (판례)

① 헌법과 청원법에 의하면 청원은 문서로 가능하나 예외적인 경우 구두로도 가능하다. 06행시
② 정부에 제출되는 정부의 정책에 관계되는 청원의 심사는 청원법에 따라 국무회의의 심사를 거칠 수 있다. 13법원
③ 헌법 제26조에서 규정한 청원권은 공권력과의 관계에서 일어나는 여러 가지 이해관계, 의견, 희망 등에 관하여 적법한 청원을 한 국민에게, 국가기관이 청원을 수리 심사하여 그 결과를 통지할 것을 요구할 수 있는 권리이다. 12법무
④ 헌법에서는 청원에 대하여 심사할 의무만을 규정하므로 국가기관은 청원에 대하여 그 결과를 통지하여야 할 의무를 지지 않는다. 16국가7

해설
① (×) 헌법 제26조. 모든 국민은 법률이 정하는 바에 의하여 국가기관에 문서로 청원할 권리를 가진다. 〈주〉 청원은 반드시 문서로 해야만 한다.
② (×) 헌법 제89조. - 정부에 제출 또는 회부된 정부의 정책에 관계되는 청원의 심사는 국무회의의 심의를 거쳐야 한다. 〈주〉 국무회의 심의는 의무사항이다.
③ (○) 헌법 ② 국가는 청원에 대하여 심사할 의무를 진다. (헌재 1997. 7. 16. 93헌마239) 〈주〉 헌법에는 "심사" 의무를 규정하였고, 헌법재판소는 "결과통지" 의무까지 인정하였다.
④ (×) 모든 국민에게, 국가기관이 청원을 수리·심사하여 그 결과를 통지할 것을 요구할 수 있는 권리를 말한다. (헌재 2004. 5. 27. 2003헌마851)

[정답] ③

450
다음 설명 중 가장 적절하지 않은 것은? (판례)

① 헌법상 보장된 청원권은 공권력과의 관계에서 일어나는 여러 가지 이해관계, 의견, 희망 등에 관하여 적법한 청원을 한 모든 국민에게 국가기관이 청원을 수리할 뿐만 아니라 이를 심사하여 청원자에게 적어도 그 처리결과를 통지할 것을 요구할 수 있는 권리를 말한다. 18법무
② 국민이면 누구든지 널리 제기할 수 있는 민중적 청원제도는 재판청구권 기타 준사법적 구제청구와는 완전히 성질을 달리하는 것이기 때문에 청원권의 보호범위에는 청원사항의 처리결과에 심판서나 재결서에 준하여 이유를 명시할 것까지를 요구하는 것은 포함되지 아니한다. 16국회9/23경승
③ 국가기관은 청원을 수리한 후 그 내용에 따라 조치를 취할 의무가 있는 것은 아니다. 12회9
④ 청원제도는 행정기관에 대한 권리침해의 구제를 구하기 위한 제도이기도 하므로, 이 경우 청원권은 청원사항에 대한 심리 또는 재결을 요구할 수 있는 권리가 된다. 06행시

해설

① (O) (헌재 2004. 5. 27. 2003헌마851)
② (O) (헌재 1997. 7. 16. 93헌마239)
③ (O) 국가기관이 그 수리한 청원을 받아들여 구체적인 조치를 취할 것인지 여부는 국가기관의 자유재량에 속한다. (대법원 1990. 5. 25. 90누1458)
④ (×) 헌법상 보장된 청원권은 공권력과의 관계에서 일어나는 여러 가지 이해관계, 의견, 희망 등에 관하여 적법한 청원을 한 모든 당사자에게 국가기관이 청원을 수리할 뿐만 아니라 이를 심사하여 청원자에게 그 처리결과를 통지할 것을 요구할 수 있는 권리를 말하나, 청원사항의 처리결과에 심판서나 재결서에 준하여 이유를 명시할 것까지를 요구하는 것은 청원권의 보호범위에 포함되지 아니한다. (헌재 1997. 7. 16. 93헌마239).

정답 ④

451
다음 설명 중 옳지 않은 것을 모두 고른 것은? (판례)

㉠ 청원에 대하여 국가기관이 수리 심사하여 그 결과를 청원인에게 통지하였다고 하더라도, 그 결과가 청원인의 기대에 미치지 못한다면 헌법소원의 대상이 되는 공권력의 불행사에 해당한다. 12법무/16국회9
㉡ 청원 소관관서는 청원법이 정하는 절차와 범위 내에서 청원사항을 성실·공정·신속 심사하고 청원인에게 그 처리결과를 통지할 의무가 있고, 그 처리내용은 공권력의 행사 또는 불행사에 해당하므로 청원인은 그 처리내용이 기대하는 바에 미치지 못하는 경우라면 헌법소원 심판을 제기하는 것이 허용된다. 18법무
㉢ 청원서를 접수한 국가기관이 심사결과를 통지한 결과가 청원인의 기대에 미치지 아니하는 경우, 이는 공권력의 행사 또는 불행사에 해당한다고 볼 수 있으므로, 위 청원인은 그 처리결과를 대상으로 헌법소원을 제기할 수 있다. 이와 같이 헌법상 보장된 청원권을 매개로 하여 권리구제를 받을 수 있는 폭이 한층 확대된다는 점에서, 오늘날 청원권은 그 중요성이 새로이 부각되고 있다. 20법행/23경찰1

① ㉠ ㉡ ㉢
② ㉠ ㉡
③ ㉠ ㉢
④ ㉡ ㉢

해설

㉠ (×) 비록 그 처리내용이 청원인이 기대하는 바에 미치지 않는다고 하더라도 헌법소원의 대상이 되는 공권력의 행사 내지 불행사라고는 볼 수 없다. (헌재 1997. 7. 16. 93헌마239)
㉡ (×) 비록 그 처리내용이 청원인이 기대하는 바에 미치지 않는다고 하더라도 헌법소원의 대상이 되는 공권력의 행사 내지 불행사라고는 볼 수 없다. (헌재 1997. 7. 16. 93헌마239)
㉢ (×) 비록 그 처리내용이 청원인이 기대하는 바에 미치지 않는다고 하더라도 헌법소원의 대상이 되는 공권력의 행사 내지 불행사라고는 볼 수 없다. (헌재 1997. 7. 16. 93헌마239) 〈주〉 공권력의 행사 또는 불행사에 해당한다는 부분과 헌법소원을 제기할 수 있다는 부분이 틀렸다.

정답 ①

452

다음 설명 중 가장 적절하지 않은 것은? (판례)

① 국민은 법령에 따라 행정권한을 위임 또는 위탁받은 개인에게도 청원을 제출할 수 있다. 21지방7

② 국회에 청원을 하려는 자는 의원의 소개를 받거나 국회규칙으로 정하는 기간 동안 국회규칙으로 정하는 일정한 수 이상의 국민의 동의를 받아 청원서를 제출하여야 한다. 21소방

③ 청원권은 특히 국회와 국민의 유대를 지속시켜 주는 수단이기 때문에 국회의 경우에는 국회의원의 소개를 받아서 청원을 하여야 하지만, 지방의회의 경우에는 지방의회의원의 소개를 얻지 않고서 가능하다. 16국회9

④ 국회에 청원을 할 때 국회의원의 소개를 얻어 청원서를 제출하도록 한 것은, 국회에 청원을 하려는 자를 행정기관 등에 청원을 하는 자와 차별하는 것이나 행정부 등에 대한 청원은 당해 기관이 단독으로 의사결정을 할 수 있기 때문에 합의제 기관인 국회에 대한 청원과는 달리 취급할 수 있으므로 이를 자의적이라거나 합리성이 없는 차별이라고 볼 수 없다. 14법행

⑤ 지방의회에 청원할 때에 지방의회 의원의 소개를 얻도록 한 것은 헌법 위반이 아니다. 12국회9/23경승

해설

① (O) 청원법 제4조(청원기관) 이 법에 따라 국민이 청원을 제출할 수 있는 기관은 다음 각 호와 같다. - 3. 법령에 따라 행정권한을 가지고 있거나 행정권한을 위임 또는 위탁받은 법인·단체 또는 그 기관이나 개인 〈주〉 청원기관 - 1. 국가기관 2. 지자체기관 3. 공무수탁사인(법인, 단체 개인 포함)

② (O) 국회법 제123조 제1항. 〈주〉 국회청원심사규칙에 의하면 청원서 공개된 날부터 30일 이내에 10만명 이상의 동의를 받은 경우 국민동의청원으로 접수된 것으로 본다.

③ (X) 지방자치법 제73조(청원서의 제출) ① 지방의회에 청원을 하려는 자는 지방의회의원의 소개를 받아 청원서를 제출하여야 한다. 〈주〉 국회와 지방의회 모두 의원의 소개를 받아야 한다.

④ (O) (헌재 2006. 6. 29. 2005헌마604)

⑤ (O) (헌재 1999. 11. 25. 97헌마54)

정답 ③

453

다음 설명 중 가장 적절하지 않은 것은? (판례)

① 공무원의 위법·부당한 행위에 대한 시정은 물론 징계를 요구하는 청원도 할 수 있다. 12국회9

② 법률·명령·조례·규칙 등의 제정·개정 또는 폐지는 「청원법」상 청원사항에 해당하지 않는다. 21경승

③ 공공의 제도 또는 시설의 운영에 관한 청원은 가능하다. 12국회9

④ 청원법에 따르면 청원이 사인간의 권리관계 또는 개인의 사생활에 관한 사항인 때에는 수리하지 아니하게 되어 있다. 13법원

해설

① (O) 청원법 제5조(청원사항) 국민은 다음 각 호의 어느 하나에 해당하는 사항에 대하여 청원기관에 청원할 수 있다. - 1. 피해의 구제 2. 공무원의 위법·부당한 행위에 대한 시정이나 징계의 요구 3. 법률·명령·조례·규칙 등의 제정·개정 또는 폐지 4. 공공의 제도 또는 시설의 운영 5. 그 밖에 청원기관의 권한에 속하는 사항 〈주〉 청원사항 - 공공제도, 공무원, 법령, 피해구제 등 (공 법 피해)

② (X) 청원법 제5조(청원사항) 제3호.

③ (O) 청원법 제5조 제4호.

④ (O) 청원법 제6조(청원 처리의 예외) 청원기관의 장은 청원이 다음 각 호의 어느 하나에 해당하는 경우에는 처리를 하지 아니할 수 있다. 이 경우 사유를 청원인(공동청원의 경우에는 대표자를 말한다)에게 알려야 한다. - 1. 국가기밀 또는 공무상 비밀에 관한 사항 2. 감사·수사·재판·행정심판·조정·중재 등 다른 법령에 의한 조사·불복 또는 구제절차가 진행 중인 사항 3. 허위의 사실로 타인으로 하여금 형사처분 또는 징계처분을 받게 하는 사항 4. 허위의 사실로 국가기관 등의 명예를 실추시키는 사항 5. 사인간의 권리관계 또는 개인의 사생활에 관한 사항 6. 청원인의 성명, 주소 등이 불분명하거나 청원내용이 불명확한 사항 〈주〉 청원처리의 예외 - 불명확, 허위, 기밀, 사생활 등 (불명확한 허위 기 사)

정답 ②

454
다음 설명 중 가장 적절한 것은? (판례)

① 청원서를 접수한 기관은 청원사항이 그 기관이 관장하는 사항이 아니라고 인정되는 때에는 지체 없이 소관 기관에 청원서를 이송하고 이를 청원인에게 알려야 한다. 16국회9
② 동일인이 같은 내용의 청원서를 같은 청원기관에 2건 이상 제출한 반복청원의 경우라도 청원기관의 장은 나중에 제출된 청원서를 반려하거나 종결처리하여서는 아니 된다. 23경승
③ 동일인이 같은 내용의 청원서를 2개 이상의 청원기관에 제출한 경우 소관이 아닌 청원기관의 장은 청원서를 반려하여야 한다. 보충
④ 동일인이 동일한 내용의 청원서를 동일한 기관에 2건 이상 제출하거나 2 이상의 기관에 제출한 때에는 청원에 대한 심사의무가 발생하지 않는다. 16국회9

해설

① (O) 청원법 제15조(청원서의 보완요구 및 이송) ② 청원기관의 장은 청원사항이 다른 기관 소관인 경우에는 지체 없이 소관 기관에 청원서를 이송하고 이를 청원인(공동청원의 경우 대표자를 말한다)에게 알려야 한다.
② (×) 청원법 제16조(반복청원 및 이중청원) ① 청원기관의 장은 동일인이 같은 내용의 청원서를 같은 청원기관에 2건 이상 제출한 반복청원의 경우에는 나중에 제출된 청원서를 반려하거나 종결처리할 수 있고, 종결처리하는 경우 이를 청원인에게 알려야 한다.
③ (×) 청원법 제16조(반복청원 및 이중청원) ② 동일인이 같은 내용의 청원서를 2개 이상의 청원기관에 제출한 경우 소관이 아닌 청원기관의 장은 청원서를 소관 청원기관의 장에게 이송하여야 한다. 이 경우 반복청원의 처리에 관하여는 제1항을 준용한다.
④ (×) 청원법 제16조 – 반복청원은 반려하거나 종결처리할 수 있고, 이중청원은 소관 청원기관의 장에게 이송하여야 한다. 〈주〉 따라서 심사의무가 발생하지 않는다는 표현은 틀린다.

정답 ①

455
다음 설명 중 가장 적절하지 않은 것은? (판례)

① 청원법에 따르면 청원을 관장하는 기관이 청원을 접수한 때에는 특별한 사유가 없는 한 90일 이내에 그 처리결과를 청원인에게 통지하여야 한다. 13법원
② 청원이 「청원법」상 처리기간 이내에 처리되지 아니하는 경우 청원인은 청원을 관장하는 기관에 이의신청을 할 수 있다. 21경승
③ 「국회법」상 위원회에서 본회의에 부의하기로 결정한 청원은 의견서를 첨부하여 의장에게 보고한다. 보충
④ 「국회법」상 위원회에서 본회의에 부의할 필요가 없다고 결정한 청원은 그 처리 결과를 의장에게 보고하고, 의장은 청원인에게 알려야 한다. 다만, 폐회 또는 휴회 기간을 제외한 10일 이내에 의원 30명 이상의 요구가 있을 때에는 이를 본회의에 부의한다. 21소방

해설

① (O) 청원법 제21조 ② 청원기관의 장은 청원을 접수한 때에는 특별한 사유가 없으면 90일 이내에 처리결과를 청원인에게 알려야 한다. ③ 청원기관의 장은 부득이한 사유로 제2항에 따른 처리기간에 청원을 처리하기 곤란한 경우에는 60일의 범위에서 한 차례만 처리기간을 연장할 수 있다. 이 경우 그 사유와 처리예정기한을 지체 없이 청원인에게 알려야 한다.
② (O) 청원법 제22조(이의신청) ① 청원인은 청원기관의 장이 처리기간 내에 청원을 처리하지 못한 경우 처리기간이 경과한 날부터 30일 이내에 청원기관의 장에게 문서로 이의신청을 할 수 있다.
③ (O) 국회법 제125조(청원의 심사보고) ⑦ 위원회에서 본회의에 부의하기로 결정한 청원은 의견서를 첨부하여 의장에게 보고한다.
④ (×) 국회법 제125조(청원의 심사보고) ⑧ 위원회에서 본회의에 부의할 필요가 없다고 결정한 청원은 그 처리 결과를 의장에게 보고하고, 의장은 청원인에게 알려야 한다. 다만, 폐회 또는 휴회 기간을 제외한 7일 이내에 의원 30명 이상의 요구가 있을 때에는 이를 본회의에 부의한다.

정답 ④

456

다음 설명 중 가장 적절한 것은? (판례)

① 공개청원을 접수한 청원기관의 장은 접수일부터 30일 이내에 청원심의회의 심의를 거쳐 공개 여부를 결정하고 결과를 청원인에게 알려야 한다. 22경간

② 「청원법」 규정에 의하면 청원기관의 장은 공개청원의 공개결정일부터 60일간 청원사항에 관하여 국민의 의견을 들어야 한다. 22경간

③ 청원기관의 장은 청원을 접수한 때에는 특별한 사유가 없으면 60일 이내에 처리결과를 청원인에게 알려야 한다. 이 경우 공개청원의 처리결과는 온라인청원시스템에 공개하여야 한다. 22경간

④ 교도소 수형자의 서신을 통한 청원을 아무런 제한 없이 허용한다면 수용자가 이를 악용하여 검열 없이 외부에 서신을 발송하는 탈법수단으로 이용할 수 있게 되므로 이에 대한 검열은 청원권의 본질적 내용을 침해하는 것은 아니다. 21소방

⑤ 수용자가 발송하는 서신이 국가기관에 대한 청원적 성격을 가지고 있는 경우에 교도소장의 허가를 받도록 한 것은 수용자에게 보장된 청원권을 침해하는 것이다. 23경찰1

해설

① (×) 청원법 제13조 ① 공개청원을 접수한 청원기관의 장은 접수일부터 15일 이내에 청원심의회의 심의를 거쳐 공개 여부를 결정하고 결과를 청원인에게 알려야 한다.
〈주〉 공개는 15일, 의견은 30일, 처리는 90일이다.

② (×) 청원법 제13조(공개청원의 공개 여부 결정 통지 등) ② 청원기관의 장은 공개청원의 공개결정일부터 30일간 청원사항에 관하여 국민의 의견을 들어야 한다.

③ (×) 청원법 제21조(청원의 처리 등) ② 청원기관의 장은 청원을 접수한 때에는 특별한 사유가 없으면 90일 이내에 처리결과를 청원인에게 알려야 한다. 이 경우 공개청원의 처리결과는 온라인청원시스템에 공개하여야 한다.

④ (○) (헌재 2001. 11. 29. 99헌마713)

⑤ (×) 이에 대한 검열은 청원권의 본질적 내용을 침해한다고 할 수 없다. (헌재 2001. 11. 29. 99헌마713)

정답 ④

457

다음 설명 중 가장 적절하지 않은 것은? (판례)

① 국민은 여러 가지 이해관계 또는 국정에 관하여 자신의 의견이나 희망을 해당 기관에 직접 진술하는 외에 그 본인을 대리하거나 중개하는 제3자를 통해 진술하더라도 이는 청원권으로서 보호된다. 12법무/23법행

② 공무원이 취급하는 사건 또는 사무에 관한 사항의 청탁에 관해 금품을 수수하는 행위를 청원권의 내용으로 보장할지 여부에 대해서 입법자에게 폭넓은 재량권이 주어져 있다. 21경승

③ 공무원이 취급하는 사건 또는 사무에 관하여 청탁한다는 명목으로 금품을 받은 경우에 처벌하도록 규정한 구 변호사법 제111조는 일반적 행동자유권 및 청원권을 제한한다. 12법무

④ 근로자가 공공기관에 사용자를 비방하는 내용의 청원을 하여 이를 징계사유로 삼는 것은 청원을 하였다는 이유로 불이익을 강요하는 것에 해당하여 허용되지 아니한다. 14법행

⑤ 공무원이 취급하는 사건 또는 사무에 관하여 사건 해결의 청탁 등을 명목으로 금품을 수수하는 행위를 규제하는 조항은 일반적 행동자유권뿐만 아니라 청원권을 제한한다. 22법원

해설

① (○) (헌재 2012. 4. 24. 2011헌바40)

② (○) (헌재 2012. 4. 24. 2011헌바40)

③ (○) (헌재 2012. 4. 24. 2011헌바40) 〈주〉 헌법에 청원의 '절차'에 대한 규정은 없으므로, 절차와 관련된 것은 입법재량이 크다.

④ (×) 청원서의 내용이 허위의 사실이거나 사용자를 비방하는 것이라면 사용자의 인격, 비밀, 명예, 신용 등을 훼손하여서는 아니되는 성실의무에 반하여 징계사유가 된다고 할 것이고, 이는 청원행위 자체를 이유로 한 불이익 처분이 아니므로 청원법 제11조에 반하는 것이라고 할 수 없다. (대법원 1999. 9. 3. 97누2528)

⑤ (○) (헌재 2012. 4. 24. 2011헌바40)

정답 ④

제2절 재판청구권

1. 서설

458
다음 설명 중 가장 적절하지 않은 것은? (판례)

① 모든 국민은 헌법과 법률이 정한 법관에 의하여 법률에 의한 재판을 받을 권리를 가진다. 16국회8
② 재판의 심리와 판결은 공개하나, 심리는 국가의 안전보장 또는 안녕질서를 방해하거나 선량한 풍속을 해할 염려가 있을 때에는 법원의 결정으로 공개하지 아니할 수 있다. 17입시
③ 재판청구권은 헌법재판을 청구할 권리까지 포함하는 것은 아니다. 17입시
④ 재판을 받을 권리는 사법권의 독립이 보장된 법원에서 재판을 받을 권리를 포함한다. 16국회9
⑤ 국민과 외국인, 사법인과 공법인을 불문하고 재판청구권의 주체가 될 수 있다. 16국회8

해설
① (○) 헌법 제27조.
② (○) 헌법 제109조.
③ (×) 헌법상 보장되는 기본권인 '공정한 재판을 받을 권리'에는 '공정한 헌법재판을 받을 권리'도 포함된다. (헌재 2014. 4. 24. 2012헌마2)
④ (○) 헌법 제103조.
⑤ (○) 재판청구권은 인간의 권리이므로, 국민뿐만 아니라 외국인에게도 인정되며, 공법인, 사법인 등의 법인에게도 재판청구권이 인정된다.

[정답] ③

459
다음 설명 중 가장 적절하지 않은 것은? (판례)

① 공권력이나 사인에 의해 기본권이 침해당하거나 침해당할 위험에 처해 있을 경우 재판청구권에 기하여 이에 대한 구제나 그 예방을 요청할 수 있으므로, 재판청구권은 다른 기본권의 보장을 위한 기본권이라는 성격을 가진다. 16사시
② 재판청구권과 같은 절차적 기본권은 원칙적으로 제도적 보장의 성격이 강하기 때문에, 자유권적 기본권 등 다른 기본권의 경우와 비교하여 볼 때 상대적으로 광범위한 입법형성권이 인정되므로, 관련 법률에 대한 위헌심사기준은 과잉금지원칙이 적용된다. 22국회8/22경찰2
③ 재판청구권 침해 여부에 대하여는 입법형성의 범위를 일탈했는지 여부가 그 심사기준이 된다. 14법행
④ 법원은 국민의 재판청구권에 근거하여 법령에 정한 국민의 정당한 재판청구행위에 대해서만 재판을 할 의무를 부담하고 법령이 규정하지 아니한 재판청구행위에 대하여는 그 의무가 없다. 18법행
⑤ 재판청구권은 권리구제절차를 규정하는 절차법에 의해서 구체적으로 실현되며 동시에 이에 의하여 제한된다. 16국회9

해설
① (○) (헌재 2009. 4. 30. 2007헌바121)
② (×) <u>재판청구권과 같은 절차적 기본권은 원칙적으로 제도적 보장의 성격이 강하기 때문에, 자유권적 기본권 등 다른 기본권의 경우와 비교하여 볼 때 상대적으로 광범위한 입법형성권이 인정되므로, 관련 법률에 대한 위헌심사기준은 합리성원칙 내지 자의금지원칙이 적용된다.</u> (헌재 2009. 7. 30. 2008헌바162) 〈주〉 평등권과 제도보장은 자의금지심사를 한다.
③ (○) 헌법상 재판청구권은 입법자에게 광범위한 입법재량이 인정된다. 따라서 입법형성의 범위를 일탈했는지 여부가 그 심사기준이 된다. (헌재 2013. 5. 30. 2012헌바335).
④ (○) (헌재 1994. 6. 30. 93헌마161)
⑤ (○) (헌재 2002. 10. 31. 2000헌가12) 〈주〉 형사소송법, 민사소송법, 행정소송법 등의 절차법이 규정한 한도 내에서만 구체적인 권리로 보호된다.

[정답] ②

460

다음 설명 중 적절한 것을 모두 고르면? (판례)

> ㉠ 국민이 재판을 통하여 권리보호를 받기 위해서는 그 전에 최소한 법원조직법에 의하여 법원이 설립되고 민사소송법 등 절차법에 의하여 재판관할이 확정되는 등 입법자에 의한 재판청구권의 구체적 형성이 불가피하므로, 재판청구권에 대해서는 입법자의 입법재량이 인정된다. 14법행
>
> ㉡ 헌법 제27조 제1항이 규정하는 '법률에 의한' 재판을 받을 권리는 '절차법이 정한 절차에 따라 실체법이 정한 내용대로 재판을 받을 권리'로서 이를 보장하기 위해서는 입법자에 의한 재판청구권의 구체적 형성이 불가피하므로, 이러한 입법이 상당한 정도로 '권리구제의 실효성'을 보장하는 것이어야 한다고 요구할 수는 없다. 14법행
>
> ㉢ 권리남용으로 인한 패소의 경우에 소송비용 부담에 관한 별도의 예외 규정을 두지 않았다는 점을 이유로 민사소송법 제98조가 재판청구권을 침해한다고 볼 수 없다. 21법행

① ㉠ ㉡ ㉢ ② ㉠ ㉡
③ ㉠ ㉢ ④ ㉠

해설

㉠ (O) (헌재 2013. 3. 21. 2011헌바219)
㉡ (×) 헌법 제27조 제1항이 규정하는 '법률에 의한' 재판을 받을 권리는 '절차법이 정한 절차에 따라 실체법이 정한 내용대로 재판을 받을 권리'로서 이를 보장하기 위해서는 입법자에 의한 재판청구권의 구체적 형성이 불가피하다. 그러나 이러한 입법은 단지 법원에 제소할 수 있는 형식적인 권리나 이론적 가능성만을 허용하는 것이 아니라 상당한 정도로 '권리구제의 실효성'을 보장하는 것이어야 한다. (헌재 2013. 3. 21. 2012헌바128) 〈주〉예컨대 민사소송에서 공시송달 절차를 거쳤더라도 이것만으로 소송당사자의 자백으로 간주하는 것은 권리의 실질보장이 아니다.
㉢ (O) (헌재 2013. 5. 30. 2012헌바335) 〈주〉실정법 위반이 아닌 권리남용(신의칙)으로 패소한 경우에도 민사소송 비용을 부담해야 한다는 뜻이다.

정답 ③

2. 법률에 의한 재판

461

다음 설명 중 가장 적절하지 않은 것은? (판례)

① 재판청구권은 재판이라는 국가적 행위를 청구할 수 있는 적극적 측면과 헌법과 법률이 정한 법관이 아닌 자에 의한 재판이나 법률에 의하지 아니한 재판을 받지 아니하는 소극적 측면을 아울러 가지고 있다. 17입시
② 법관에 의한 재판을 받을 권리를 보장한다고 함은 결국 법관이 사실을 확정하고 법률을 해석·적용하는 재판을 받을 권리를 보장한다는 뜻이고, 그와 같은 법관에 의한 사실 확정과 법률의 해석 적용의 기회에 접근하기 어렵도록 제약이나 장벽을 쌓는 것은 허용되지 않는다. 17법무
③ 법관에 의한 재판을 받을 권리를 보장한다고 함은 법관이 사실을 확정하고 법률을 해석·적용하는 재판을 받을 권리를 보장하는 것이다. 16국회9
④ 재판청구권의 내용으로서 사실적 측면이 아닌 법률적 측면에 관해서만 한 번 이상 법원의 판단을 받을 권리가 도출된다. 13사시

해설

① (O) (헌재 1998. 5. 28. 96헌바4)
② (O) (헌재 1995. 9. 28. 92헌가11)
③ (O) (헌재 1995. 9. 28. 92헌가11)
④ (×) 재판청구권은 사실관계와 법률관계에 관하여 최소한 한 번의 재판을 받을 기회가 제공될 것을 국가에게 요구할 수 있는 절차적 기본권을 뜻한다. (헌재 1997. 12. 24. 96헌마172)

정답 ④

462
다음 설명 중 가장 적절하지 않은 것은? (판례)

① 헌법이 대법원을 최고법원으로 규정하였다고 하여 대법원이 곧바로 모든 사건을 상고심으로서 관할하여야 한다는 것은 아니다. 09법원
② 헌법은 법원의 재판에 관해 원칙적 3심제를 규정하고 있다. 13사시
③ 심급제도가 몇 개의 심급으로 형성되어야 하는지에 관하여 헌법이 전혀 규정하는 바가 없으므로 이는 입법자의 광범위한 형성권에 맡겨져 있다. 18국회9
④ 재판청구권으로부터 반드시 모든 사건에 관해 대법원의 재판을 받을 권리가 도출되지는 않는다. 13사시
⑤ 재판청구권은 기본권의 침해에 대한 구제절차가 반드시 헌법소원의 형태로 독립된 헌법재판기관에 의하여 이루어질 것을 요구하지는 않는다. 16사시

해설
① (O) 헌법이 대법원을 최고법원으로 규정하고 있다고 하여 대법원이 곧바로 모든 사건을 상고심으로서 관할하여야 한다는 결론이 당연히 도출되는 것은 아니다. (헌재 2005. 9. 29. 2005헌마567) 〈주〉 경우에 따라서 대법원의 심리를 생략하여도 합헌일 수 있다.
② (×) 헌법 제101조 제2항. 법원은 최고법원인 대법원과 각급법원으로 조직된다. 〈주〉 우리 헌법은 법원의 재판과 관련하여 3심제를 규정하고 있지 않다.
③ (O) 심급제도가 몇 개의 심급으로 형성되어야 하는가에 관하여 헌법이 전혀 규정하는 바가 없으므로, 이는 입법자의 광범위한 형성권에 맡겨져 있는 것이며, 모든 구제절차나 법적분쟁에서 반드시 보장되는 것은 아니다. (헌재 2005. 3. 31. 2003헌바34)
④ (O) (헌재 2004. 12. 16. 2003헌바105)
⑤ (O) (헌재 1997. 12. 24. 96헌마172)

정답 ②

463
다음 설명 중 가장 적절한 것은? (판례)

① 헌법 제27조 제1항의 '모든 국민은 헌법과 법률이 정한 법관에 의하여 법률에 의한 재판을 받을 권리'로부터 모든 사건에 관하여 대법원의 재판을 받을 권리가 도출되지는 않는다. 16변시
② 재판청구권에 사건의 경중을 가리지 않고 모든 사건에 대하여 대법원에 의한 재판을 받을 권리를 포함한다. 17입시
③ 항소심에서 심판대상이 된 사항에 한하여 법령위반의 상고이유로 삼을 수 있도록 상고를 제한하는 형사소송법 규정은 재판청구권을 침해하여 위헌이다. 17행시
④ 재심도 재판절차 중의 하나이므로 재심청구권은 헌법 제27조에서 규정한 재판을 받을 권리에 당연히 포함된다. 17서울

해설
① (O) (헌재 2005. 9. 29. 2005헌마567)
② (×) 헌법이 대법원을 최고법원으로 규정하고 있다고 하여 대법원이 곧바로 모든 사건을 상고심으로서 관할하여야 한다는 결론이 당연히 도출되는 것은 아니다. (헌재 2005. 9. 29. 2005헌마567)
③ (×) 현행 형사소송법은 상고심을 원칙적으로 법률심이자 사후심으로 규정하여, 상고심의 심판대상을 항소심에서 심판대상이 되었던 사항에 한정하고 있다. 그렇다면 항소심에서 심판대상이 된 사항에 한하여 법령위반의 상고이유로 삼을 수 있도록 상고를 제한하는 심판대상조항이 합리적인 입법재량의 한계를 일탈하여 청구인들의 재판청구권을 침해하였다고 볼 수 없다. (헌재 2015. 9. 24. 2012헌마798)
④ (×) 재심청구권은 헌법 제27조에서 규정한 재판을 받을 권리에 당연히 포함된다고 할 수 없다. (헌재 2004. 12. 16. 2003헌바105)

정답 ①

464

다음 설명 중 가장 적절하지 않은 것은? (판례)

① 어떤 사유를 재심사유로 정하여 재심을 허용할 것인가는 입법자가 확정판결에 대한 법적 안정성, 재판의 신속·적정성, 법원의 업무부담 등을 고려하여 결정하여야 할 입법정책의 문제이다. 17법무

② 재심사유를 알고도 주장하지 아니한 때에는 재심의 소를 제기할 수 없도록 규정한 민사소송법 규정은 재판청구권을 침해하지 않는다. 17행시

③ 재심제도의 규범적 형성에 있어서는 재판의 적정성과 정의의 실현이라는 법치주의의 요청에 의해 입법형성의 자유가 축소된다. 21경승

④ 과학기술의 발전으로 인해 기존의 확정판결에서 인정된 사실과는 다른 새로운 사실이 드러난 경우를 「민사소송법」상 재심의 사유로 인정하고 있지 않는 「민사소송법」 조항은 입법자의 합리적인 재량의 범위를 벗어나 재판청구권을 침해한다고 할 수 없다. 21경승

해설

① (○) (헌재 2004. 12. 16. 2003헌바105)

② (○) (헌재 2019. 2. 28. 2016헌바457) 〈주〉 재판청구권은 한 번 이상의 기회를 보장하기 때문에, 스스로 그 권리를 포기하면 다시 구제할 필요가 없다.

③ (✕) 법적 안정성과 정의의 실현이라는 상반된 요청을 어떻게 조화시키느냐의 문제로 돌아가므로, 결국 이는 불가피하게 입법자의 형성적 자유가 넓게 인정되는 영역이라고 할 수 있다. (헌재 2009. 4. 30. 2007헌바121)

④ (○) 시효제도 등 다소간 실체적 진실의 희생이나 양보 하에 법적 안정성을 추구하는 여러 법적 제도들이 있다는 점 등을 함께 고려해 볼 때, 이 사건 법률조항은 입법자의 합리적인 재량의 범위를 벗어나 재판청구권 내지 평등권을 침해한다고 할 수 없다. (헌재 2009. 4. 30. 2007헌바121)

[정답] ③

465

다음 설명 중 가장 적절하지 않은 것은? (판례)

① 특허쟁송에 있어서 특허청의 심판과 항고심판을 거쳐 곧바로 법률심인 대법원의 재판을 받게 하는 것은 법관에 의한 재판을 받을 권리를 침해한다. 18변시

② 법무부가 내린 변호사에 대한 징계결정에 대하여 불복이 있는 경우 그 결정이 법령에 위반된 것을 이유로 하는 경우에만 대법원에 즉시항고할 수 있도록 하는 법률 조항은 재판청구권을 침해한다. 15국회8

③ 법무부 징계위원회의 결정에 대하여 불복이 있는 경우 그 결정이 법령위반을 이유로 한 경우에만 대법원에 즉시항고를 허용하는 변호사법 조항은 재판청구권을 침해한다. 18국회8

④ 법관에 대한 징계처분 취소청구소송을 대법원의 단심재판에 의하도록 규정한 「법관징계법」 조항은 재판청구권을 침해한다. 21국회8/22경채

해설

① (○) 법관에 의한 사실확정 및 법률적용의 기회를 박탈한 것이다. (헌재 1995. 9. 28. 92헌가11) 〈주〉 행정심판 이후 곧바로 "법률심"인 대법원의 재판을 받게되면 "사실심" 재판 기회가 박탈된다.

② (○) 변호사법 조항은 법관에 의한 사실확정 및 법률적용의 기회를 박탈한 것이다. (헌재 2000. 6. 29. 99헌가9)

③ (○) 법관에 의한 사실확정 및 법률적용의 기회를 박탈한 것이다. (헌재 2000. 6. 29. 99헌가9) 〈주〉 행정심판 이후 곧바로 "법률위반"을 이유로 대법원의 재판을 받게되면 "사실심" 재판 기회가 박탈된다.

④ (✕) 대법원이 법관에 대한 징계처분 취소청구소송을 단심으로 재판하는 경우에는 사실확정도 대법원의 권한에 속하여 법관에 의한 사실확정의 기회가 박탈되었다고 볼 수 없으므로, 헌법 제27조 제1항의 재판청구권을 침해하지 아니한다. (헌재 2012. 2. 23. 2009헌바34) 〈주〉 "법률심" 또는 "법률위반을 이유로"라는 표현 없이 대법원 단심재판을 받을 때에는 대법원이 사실판단과 법적판단을 모두 하기 때문에 재판청구권 침해가 아니다.

[정답] ④

466
다음 설명 중 옳은 것을 모두 고른 것은? (판례)

㉠ 범죄인인도법 제3조가 법원의 범죄인인도심사를 서울고등법원의 전속관할로 하고 그 심사결정에 대한 불복절차를 인정하지 않은 것은 적법절차원칙에 위배된다. 19국회8

㉡ 특허재판과 지방의회의원선거, 자치구·시·군의 장의 선거에 관한 선거소송은 예외적으로 단심제로서 대법원에 소를 제기할 수 있다. 13사시

㉢ 소액사건에 관하여 일반사건에 비해 상고 및 재항고를 제한하고 있는 소액사건심판법 제3조는 재판청구권을 침해하지 않는다. 17입시

㉣ 상고제도는 국민의 법률생활의 중요한 영역의 문제를 해결하는 데 집중적으로 투입, 활용되어야 한다는 공익상의 필요성과 신속·간편·저렴하게 처리되어야 할 소액사건절차 특유의 요청 등을 고려할 때 현행 소액사건 상고 제한제도가 결코 위협적인 차별대우라 할 수 없으므로 평등권을 침해하지 않는다. 18법행

① ㉠ ㉡
② ㉢ ㉣
③ ㉠ ㉡ ㉢
④ ㉡ ㉢ ㉣

해설

㉠ (✕) 이 사건 법률조항이 적어도 법관과 법률에 의한 한 번의 재판을 보장하고 있으므로, 재판청구권을 과잉 제한하는 것이라고 보기는 어렵다. (헌재 2003. 1. 30. 2001헌바95)

㉡ (✕) 대통령, 시도지사, 국회의원 선거는 대법원 전속의 단심제이고, 지방의회의원선거, 자치구·시·군의 장의 선거, 특허재판은 2심제이며, 범죄인인도심사는 서울고등법원 단심제인데, 모두 합헌이다.

㉢ (○) 모든 사건에 대해 획일적으로 상고할 수 있게 할지 여부는 입법재량의 문제라고 할 것이므로 소액사건심판법 제3조가 소액사건에 대하여 상고의 이유를 제한하였더라도, 평등권을 침해하지 않는다. (헌재 2012. 12. 27. 2011헌마61)

㉣ (○) (헌재 2011. 6. 30. 2010헌바395) 〈주〉 소액사건은 민사소송가액이 3천만원 이하의 사건이다.

정답 ②

3. 국민참여재판

467
다음 설명 중 가장 적절하지 않은 것은? (판례)

① 국민참여재판은 사법권의 민주적 정당성을 위한 것으로서 모든 국가권력이 국민의 의사에 기초해야 한다는 국민주권주의에 근거하고 있다. 18서울

② 헌법상 재판을 받을 권리의 보호범위에는 배심재판을 받을 권리가 포함되지 아니한다. 21지방7

③ 헌법상 헌법과 법률이 정한 법관에 의한 재판을 받을 권리는 직업법관에 의한 재판을 주된 내용으로 하므로 국민참여재판을 받을 권리는 헌법 제27조 제1항의 재판을 받을 권리의 보호범위에 당연히 포함된다. 12사시/21경승

④ 형사소송절차에서 국민참여재판제도는 사법의 민주적 정당성과 신뢰를 높이기 위하여 배심원이 사실심 법관의 판단을 돕기 위한 권고적 효력을 가지는 의견을 제시하는 제한적 역할을 수행할 수 뿐이고, 헌법상 재판을 받을 권리의 보호범위에는 배심재판을 받을 권리가 포함되지 아니한다. 15법행

해설

① (○) (헌재 2016. 12. 29. 2015헌바63)

② (○) (헌재 2009. 11. 26. 2008헌바12)

③ (✕) 헌법상 재판을 받을 권리의 보호범위에는 배심재판을 받을 권리가 포함되지 아니한다. (헌재 2014. 1. 28. 2012헌바298) 〈주〉 국민참여재판은 헌법상 기본권이 아니라 법률상 권리이다.

④ (○) (헌재 2014. 1. 28. 2012헌바298) 〈주〉 국민참여재판은 헌법에 근거규정이 없다.

정답 ③

468

다음 설명 중 가장 적절한 것은? (판례)

① 우리 헌법상 헌법과 법률이 정한 법관에 의한 재판을 받을 권리는 직업법관에 의한 재판에 국한되는 것이 아니라, 국민참여재판을 받을 권리까지를 포함한다. 따라서 형사소송절차에서 국민참여재판을 받을 권리를 배제함에 있어서는 헌법에서 정한 적법절차의 원칙을 따라야 한다. 20법행

② 형사소송절차상의 권리로서 국민참여재판을 받을 권리를 배제함에 있어서는 헌법상 적법절차의 원칙이 적용될 여지가 없다. 18서울

③ 국민참여재판법에서 정하는 대상 사건에 해당하는 한 피고인은 원칙적으로 국민참여재판으로 재판을 받을 법률상 권리를 가진다고 할 것이고, 이러한 형사소송절차상의 권리를 배제함에 있어서는 헌법에서 정한 적법절차원칙을 따라야 한다. 15법행

④ 국민참여재판은 필요적 국선변호사건에 해당하지 않는다. 09법행

해설

① (×) 국민참여재판을 받을 권리가 헌법 제27조 제1항에서 규정한 재판을 받을 권리의 보호범위에 속한다고 볼 수 없다. (헌재 2009. 11. 26. 2008헌바12)

② (×) 국민참여재판을 받을 권리는 헌법상 기본권으로서 보호될 수는 없지만, 재판참여법에서 정하는 대상 사건에 해당하는 한 피고인은 원칙적으로 국민참여재판으로 재판을 받을 법률상 권리를 가진다고 할 것이고, 이러한 형사소송절차상의 권리를 배제함에 있어서는 헌법에서 정한 적법절차원칙을 따라야 한다. (헌재 2014. 1. 28. 2012헌바298)

③ (○) (헌재 2014. 1. 28. 2012헌바298)

④ (×) 국민의 형사재판 참여에 관한 법률 제7조(필요적 국선변호) 이 법에 따른 국민참여재판에 관하여 변호인이 없는 때에는 법원은 직권으로 변호인을 선정하여야 한다.

[정답] ③

469

다음 설명 중 가장 적절하지 않은 것은? (판례)

① 법률이 국민참여재판 신청권을 부여하면서 단독판사 관할사건으로 재판받는 피고인과 합의부 관할사건으로 재판받는 피고인을 다르게 취급하는 것은 합리적인 이유가 있다. 18서울

② 입법자가 외부의 침략으로부터 국가를 보존한다는 목적을 위해 존재하는 집단인 군의 특수성을 고려하여 「군사법원법」에 의한 군사재판을 국민참여재판 대상사건에서 제외한 것은 평등원칙에 위배되지 아니한다. 21국회9

③ 피고인이 국민참여재판을 원하지 아니하면 그 의사에 따르는 것이 원칙이나, 법원이 사건의 중요성, 사회의 관심도 등을 종합적으로 고려하여 국민참여재판을 여는 것이 필요하다고 인정되는 경우에는 그 의사에 불구하고 국민참여재판을 받도록 할 수 있다. 15법행

④ 국민의 형사재판 참여에 관한 법률이 국민참여재판의 일반적 배제사유로 '그 밖에 국민참여재판으로 진행하는 것이 적절하지 아니하다고 인정되는 경우'라고 규정한 것은 적법절차원칙에 위배되지 아니한다. 21법행

⑤ 국민참여재판으로 진행하는 것이 적절하지 아니하다고 인정되는 경우 법원이 국민참여재판 배제결정을 할 수 있도록 한 구 국민의 형사재판 참여에 관한 법률 조항은 피고인의 재판청구권을 침해한다고 볼 수 없다. 15법행

해설

① (○) (헌재 2015. 7. 30. 2014헌바447)

② (○) (헌재 2021. 6. 24. 2020헌바499)

③ (×) 국민의 형사재판 참여에 관한 법률 제5조(대상사건) ② 피고인이 국민참여재판을 원하지 아니하거나 제9조제1항에 따른 배제결정이 있는 경우는 국민참여재판을 하지 아니한다.

④ (○) (헌재 2014. 1. 28. 2012헌바298)

⑤ (○) (헌재 2014. 1. 28. 2012헌바298)

[정답] ③

470
다음 설명 중 가장 적절하지 않은 것은? (판례)

① 배심원은 국민참여재판을 하는 사건에 관하여 사실의 인정, 증거능력의 유무, 법령의 적용 및 형의 양정에 관한 의견을 제시할 권한이 있다. 09법행

② 법률상 배심원의 자격은 대한민국 국민으로 정하여져 있으므로 외국인은 배심원이 될 수 없다. 15법행

③ 국민참여재판제도의 취지와 배심원의 권한 및 의무 등 여러사정을 종합적으로 고려하여 만 20세에 이르기까지 교육 및 경험을 쌓은 자로 하여금 배심원의 책무를 담당하도록 정한 것은 입법형성권의 한계 내의 것으로 자의적인 차별이라고 볼 수 없다. 22경채

④ 배심원은 유·무죄에 관하여 전원의 의견이 일치하지 아니하는 때에는 평결을 하기 전에 심리에 관여한 판사의 의견을 들어야 한다. 09법행

⑤ 배심원의 평결과 의견은 법원을 기속하지 아니한다. 09법행

[해설]

① (×) 국민의 형사재판 참여에 관한 법률 제12조(배심원의 권한과 의무) ① 배심원은 국민참여재판을 하는 사건에 관하여 사실의 인정, 법령의 적용 및 형의 양정에 관한 의견을 제시할 권한이 있다. 〈주〉 '증거능력'에 유무에 관해 의견을 제시할 권한은 없다.

② (○) 국민의 형사재판 참여에 관한 법률 제16조(배심원의 자격) 배심원은 만 20세 이상 대한민국 국민 중에서 이 법으로 정하는 바에 따라 선정된다.

③ (○) (헌재 2021. 5. 27. 2019헌가19).

④ (○) 국민의 형사재판 참여에 관한 법률 제46조(재판장의 설명·평의·평결·토의 등) ② 배심원 전원의 의견이 일치하면 그에 따라 평결한다. 다만, 배심원 과반수의 요청이 있으면 심리에 관여한 판사의 의견을 들을 수 있다. ③ 배심원은 유·무죄에 관하여 전원의 의견이 일치하지 아니하는 때에는 평결을 하기 전에 심리에 관여한 판사의 의견을 들어야 한다.

⑤ (○) 국민의 형사재판 참여에 관한 법률 제46조 ⑤ 제2항부터 제4항까지의 평결과 의견은 법원을 기속하지 아니한다.

[정답] ①

4. 행정심판전치주의

471
다음 설명 중 가장 적절하지 않은 것은? (판례)

① 행정기관에 의한 심판은 재판의 전심절차로서만 허용되기 때문에, 그에 대해서는 반드시 법원에 의한 정식재판의 길이 열려 있어야 한다. 09법원

② 입법자가 행정심판을 전심절차가 아니라 종심절차로 규정할 경우 이는 헌법 제107조 제3항에 위반될 뿐 아니라 재판청구권을 보장하고 있는 헌법 제27조에도 위반된다. 15국회8

③ 교원에 대한 징계처분에 관하여 재심청구를 거치지 아니하고서는 행정소송을 제기할 수 없도록 하는 것은 재판청구권을 침해하지 않는다. 16국회9

④ 행정심판절차의 구체적 형성에 관한 입법자의 입법형성의 한계를 고려할 때, 필요적 전심절차로 규정되어 있는 경우뿐만 아니라 임의적 전심절차로 규정되어 있는 경우에도 반드시 사법절차가 준용되어야 한다. 17서울

⑤ 어떤 행정심판을 필요적 전심절차로 규정하면서도 그 절차에 사법절차가 준용되지 않는다면 재판청구권을 보장하고 있는 헌법 제27조에 위반된다. 18법행

[해설]

① (○) 헌법 제107조 제3항은 "재판의 전심절차로서 행정심판을 할 수 있다고 규정함으로써, 입법적 형성의 한계를 제시하고 있다. (헌재 2002. 10. 31. 2001헌바40)

② (○) (헌재 2001. 6. 28. 2000헌바30)

③ (○) (헌재 2007. 1. 17. 2005헌바86)

④ (×) 임의적 전치제도로 규정함에 그치고 있다면 위 헌법조항에 위반된다 할 수 없다. (헌재 2001. 6. 28. 2000헌바30)

⑤ (○) (헌재 2001. 6. 28. 2000헌바30) 〈주〉 필요적 전심절차는 사법절차 준용이 필요적이고, 임의적 전심절차는 사법절차 준용도 임의적이다.

[정답] ④

472

다음 설명 중 가장 적절하지 않은 것은? (판례)

① 신청인이 동의한 때 국가배상심의회의 배상결정에 민사소송법 규정에 의한 재판상의 화해 효력을 부여한 것은 행정상의 손해배상에 관한 분쟁을 신속히 종결·이행시키기 위한 것으로 헌법에 위반되지 아니한다. 18서울

② '민주화운동 관련자 명예회복 및 보상 심의 위원회'의 보상금 등 지급결정에 동의한 때 재판상 화해의 성립을 간주함으로써 법관에 의하여 법률에 의한 재판을 받을 권리를 제한하는 법규정은 재판청구권을 침해하지 않는다. 19서울/22경채

③ 심의위원회의 배상금 등 지급결정에 신청인이 동의한 때에는 국가와 신청인 사이에 민사소송법에 따른 재판상 화해가 성립된 것으로 보는 세월호피해지원법 제16조는 과잉금지원칙을 위반하여 청구인들의 재판청구권을 침해하지 않는다. 보충

④ 배상금 등을 지급받으려는 신청인으로 하여금 '4·16세월호참사에 관하여 어떠한 방법으로도 일체의 이의를 제기하지 않을 것임을 서약합니다'라고 일체의 이의제기를 금지한 조항은 법률유보원칙을 위반하여 청구인들의 일반적 행동의 자유를 침해한다. 보충

[해설]

① (×) 사법절차에 준한다고 볼 수 있는 각종 중재·조정절차와는 달리 배상결정절차에 있어서는 심의회의 제3자성·독립성이 희박한 점, 심의절차의 공정성·신중성도 결여되어 있는 점에서 재판청구권을 과도하게 제한하는 것이어서 위헌이다. (헌재 1995. 5. 25. 91헌가7)

② (○) 관련자 및 유족의 재판청구권을 침해하지 아니한다. (헌재 2018. 8. 30. 2014헌바180)

③ (○) 과잉금지원칙을 위반하여 청구인들의 재판청구권을 침해하지 않는다. (헌재 2017. 6. 29. 2015헌마654)

④ (○) 배상금 등을 지급받으려는 신청인으로 하여금 '4·16세월호참사에 관하여 어떠한 방법으로도 일체의 이의를 제기하지 않을 것임을 서약합니다'라고 일체의 이의제기를 금지한 조항은 법률유보원칙을 위반하여 청구인들의 일반적 행동의 자유를 침해한다. (헌재 2017. 6. 29. 2015헌마654)

[정답] ①

473

다음 설명 중 가장 적절하지 않은 것은? (판례)

① 보상금 등의 지급결정에 동의한 때 "민주화운동과 관련하여 입은 피해"에 대해 재판상 화해의 성립을 간주하는 민주화운동 관련자 명예회복 및 보상 등에 관한 법률규정은 정신적 손해에 대한 국가배상청구권을 침해한다. 22경채

② 5·18민주화운동과 관련하여 보상금 지급 결정에 동의하면 '정신적 손해'에 관한 부분도 재판상 화해가 성립된 것으로 보는 구 '광주민주화운동 관련자 보상 등에 관한 법률' 조항은 국가배상청구권을 침해하지 않는다. 보충

③ 보상금 등의 지급결정에 동의한 때에는 특수임무수행 등으로 인하여 입은 피해에 대하여 재판상 화해가 성립된 것으로 보는 '특수임무수행자 보상에 관한 법률' 조항은 재판청구권을 침해하지 않는다. 보충

④ 특수임무수행자 등이 보상금 등의 지급결정에 동의한 때에는 특수임무수행 또는 이와 관련한 교육훈련으로 입은 피해에 대하여 재판상 화해가 성립된 것으로 보는 특수임무수행자 보상에 관한 법률 조항 중 '정신적 손해'에 관한 부분은 국가배상청구권 또는 재판청구권을 침해하지 않는다. 보충

[해설]

① (○) 민주화운동 관련자와 유족의 국가배상청구권을 침해한다. (헌재 2018. 8. 30. 2014헌바180)

② (×) 정신적 손해에 대한 국가배상청구권의 행사까지 금지하는 것은 국가배상청구권을 침해한다. (헌재 2021. 5. 27. 2019헌가17)

③ (○) 재판상 화해가 성립된 것으로 보는 '특수임무수행자 보상에 관한 법률' 조항은 재판청구권을 침해하지 않는다. (헌재 2011. 2. 24. 2010헌바199)

④ (○) 재판상 화해가 성립된 것으로 보는 특수임무수행자 보상에 관한 법률 조항 중 '정신적 손해'에 관한 부분은 국가배상청구권 또는 재판청구권을 침해하지 않는다. (헌재 2021. 9. 30. 2019헌가28)

[정답] ②

5. 군사재판과 소송비용재판

474
다음 설명 중 가장 적절하지 않은 것은? (판례)

① 헌법 제27조 제1항에서 명시적으로 규정하고 있는 바와 같이, 헌법상 재판을 받을 권리라 함은 '법관에 의하여' 재판을 받을 권리를 의미한다. 14법행
② 헌법 제110조 제1항에 따라 특별법원으로서 군사법원을 둘 수 있지만, 법률로 군사법원을 설치함에 있어서 군사재판의 특수성을 고려하여 그 조직·권한 및 재판관의 자격을 일반법원과 달리 정하는 것은 헌법상 허용되지 않는다. 21국가7
③ 군사법원에서 심판관을 일반장교로 임명할 수 있도록 규정하는 것이 재판청구권을 침해하는 것은 아니다. 16국회9
④ 헌법은 "군인 또는 군무원이 아닌 국민은 대한민국의 영역 안에서는 중대한 군사상 기밀 초병 초소 유독음식물공급 포로 군용물에 관한 죄중 법률이 정한 경우와 비상계엄이 선포된 경우를 제외하고는 군사법원의 재판을 받지 아니한다."고 규정하고 있다. 15국회8/22경찰1차
⑤ 군인 또는 군무원이 아닌 국민은 비상계엄이 선포된 경우 군사법원의 재판을 받을 수 있다. 22해간

[해설]
① (O) (헌재 1992. 6. 26. 90헌바25)
② (×) 법률로 **특별법원인** 군사법원을 설치함에 있어서 군사재판의 특수성을 고려하여 그 조직·권한 및 재판관의 자격을 **일반법원과 달리 정하는 것은 헌법상 허용된다.** (헌재 2013. 3. 21. 2010헌바70) 〈주〉 군사법원은 특별법원이므로 재판관의 자격이 없는 심판관을 두어도 합헌이다.
③ (O) (헌재 1996. 10. 31. 93헌바25)
④ (O) 헌법 제27조 ② 군인 또는 군무원이 아닌 국민은 대한민국의 영역안에서는 중대한 군사상 기밀·초병·초소·유독음식물공급·포로·군용물에 관한 죄중 법률이 정한 경우와 **비상계엄**이 선포된 경우를 제외하고는 군사법원의 재판을 받지 아니한다. 〈주〉 기초독포물은 법률이 정한 바에 따라 군사재판을 받을 수 있다.
⑤ (O) 헌법 제27조 제2항. 〈주〉 경비계엄이 아니라 비상계엄이다.

[정답] ②

475
다음 설명 중 가장 적절하지 않은 것은? (판례)

① 군사시설 중 전투용에 공하는 시설을 손괴한 일반 국민이 평시에 군사법원에서 재판을 받도록 하는 것은 법관에 의한 재판을 받을 권리를 침해하는 것이다. 18국회9/22경채
② 비상계엄하의 군사재판은 군인·군무원의 범죄, 군사에 관한 간첩죄, 초병·초소·유독음식물공급·포로에 관한 죄 중 법률이 정한 경우에 한하여 단심으로 할 수 있다. 다만, 사형을 선고한 경우에는 그러하지 아니하다. 보충
③ 현역병으로 입대한 군인이 그 신분 취득 전 저지른 범죄에 대하여 군사법원의 재판을 받도록 하는 것은 현역병의 재판청구권을 침해하여 위헌이다. 16국회8
④ 군사법원법의 적용대상이 되는 모든 범죄에 대하여 수사기관의 구속기간의 연장을 허용하는 것은 부적절한 방식에 의한 과도한 기본권 제한으로서, 신체의 자유 및 신속한 재판을 받을 권리를 침해하는 것이다. 18변시
⑤ 구속기간의 제한은 수사를 촉진시켜 형사피의자의 신체구속이라는 고통을 감경시켜 주고 신속한 공소 제기 및 그에 따른 신속한 재판을 가능하게 한다는 점에서 헌법에서 보장한 신속한 재판을 받을 권리의 실현을 위하여서도 불가결한 조건이다. 21소방

[해설]
① (O) (헌재 2013. 11. 28. 2012헌가10) 〈주〉 군용물에 대한 군사재판은 합헌이지만, 군사시설에 대한 군사재판은 위헌이다.
② (O) 헌법 제110조 ④ **비상계엄**하의 군사재판은 군인·군무원의 범죄나 군사에 관한 **간첩죄**의 경우와 초병·초소·유독음식물공급·포로에 관한 죄 중 법률이 정한 경우에 한하여 단심으로 할 수 있다. 다만, 사형을 선고한 경우에는 그러하지 아니하다. 〈주〉 군용물 등은 규정이 없다.
③ (×) 헌법 제27조 제1항의 재판청구권을 침해하지 않는다. (헌재 2009. 7. 30. 2008헌바162) 〈주〉 인적, 물적 비용 등을 감안한 결정이다.
④ (O) 그 **과도한 광범성**으로 인하여 **과잉금지의 원칙**에 어긋난다. (헌재 2003. 11. 27. 2002헌마193) 〈주〉 군인에 한해서 범죄의 경중을 고려하지 않은 일률적 연장이라서 위헌이다.
⑤ (O) (헌재 1997. 8. 21. 96헌마48) 〈주〉 국가보안법 상 구속기간의 연장에 관한 사안이다.

[정답] ③

476

다음 설명 중 가장 적절하지 않은 것은? (판례)

① 사법보좌관에 의한 소송비용액 확정결정절차를 규정한 「법원조직법」 조항은 소송비용액 확정절차의 경우에 이의절차 등 법관에 의한 판단을 거치도록 하고 있기 때문에 헌법 제27조 제1항에 위반되지 않는다. 21경승

② 사법보좌관에 의한 소송비용액확정결정은 헌법과 법률이 정한 법관에 의한 재판을 받을 권리를 침해할 수 있으므로 이의절차 등에 의하여 종국적으로 법관이 소송비용액 확정결정절차를 처리할 수 있는 장치를 두고 있지 않으면, 헌법에 위배될 수 있다. 09법원

③ 법관의 자격이 없는 법원공무원으로 하여금 소송비용액 확정결정 절차 등 재판의 부수적 업무를 처리하게 하는 사법보좌관제도는 법관에 의한 재판을 받을 권리를 침해한다. 18변시

④ 법원 직권으로 원고에게 소송비용에 대한 담보제공을 명할 수 있도록 하고, 원고가 담보를 제공하지 않을 경우 변론 없이 판결로 소를 각하할 수 있다고 규정한 민사소송법 조항은 재판청구권을 침해하지 않는다. 17서울

해설

① (O) (헌재 2009. 2. 26. 2007헌바8) 〈주〉 소송비용결정 이후 정식재판이 보장되기 때문에 합헌이다.

② (O) (헌재 2009. 2. 26. 2007헌바8) 〈주〉 소용비용 결정절차도 사후 법원재판절차를 보장하지 않으면 위헌이 될 수 있다.

③ (X) 이 사건 조항에 의한 소송비용액 확정결정절차의 경우에도 이러한 이의절차에 의하여 법관에 의한 판단을 거치도록 함으로써 법관에 의한 사실확정과 법률해석의 기회를 보장하고 있다. 따라서 헌법 제27조 제1항에 위반된다고 할 수 없다. (헌재 2009. 2. 26. 2007헌바8)

④ (O) 심판대상조항에 따라 법원 직권으로 담보 제공을 명할 수 있는 사유는 엄격히 제한되어 있고, 원고를 위한 담보제공명령 불복절차가 마련되어 있다. 따라서 심판대상조항이 재판청구권을 침해한다고 할 수 없다. (헌재 2016. 2. 25. 2014헌바366)

[정답] ③

6. 신속, 공개, 공정한 재판

477

다음 설명 중 가장 적절한 것은? (판례)

① 헌법에 재판청구권의 내용으로 신속한 재판을 받을 권리가 명시적으로 규정되어 있지 않다. 20법무

② 헌법 제27조 제3항은 '모든 국민은 신속한 재판을 받을 권리를 가진다'고 규정하고 있으므로 모든 국민은 법률에 의한 구체적 형성이 없어도 직접 신속한 재판을 청구할 수 있는 권리를 가진다. 09법원

③ 국민의 재판청구에 대하여 법원은 신속한 재판을 하여야 할 헌법 및 법률상 작위의무가 존재한다. 19법원

④ 심리불속행 상고기각판결의 경우에 판결이유를 생략할 수 있도록 규정한 상고심절차에 관한 특례법 조항은 재판청구권을 침해하지 않는다. 21국회8

해설

① (X) 헌법 제27조 ③ 모든 국민은 신속한 재판을 받을 권리를 가진다. 형사피고인은 상당한 이유가 없는 한 지체 없이 공개재판을 받을 권리를 가진다. 〈주〉 헌법에 신속한 재판을 받을 권리와 공개재판을 받을 권리가 규정되어 있다. 그러나 공정한 재판을 받을 권리는 규정되어 있지 않다.

② (X) 헌법 제27조 제3항 제1문에 의거한 신속한 재판을 받을 권리의 실현을 위해서는 구체적인 입법형성이 필요하고, 신속한 재판을 위한 어떤 직접적이고 구체적인 청구권이 이 헌법규정으로부터 직접 발생하지는 아니한다. (헌재 1999. 9. 16. 98헌마75)

③ (X) 보안관찰처분들의 취소청구에 대해서 법원이 그 처분들의 효력이 만료되기 전까지 신속하게 판결을 선고해야 할 헌법이나 법률상의 작위의무가 존재하지 아니한다. (헌재 1999. 9. 16. 98헌마75) 〈주〉 입법재량이므로 특정사안에 대한 입법의무는 없다.

④ (O) (헌재 2012. 5. 31. 2010헌마625)

[정답] ④

478
다음 설명 중 가장 적절한 것은? (판례)

① 심리불속행제도는 남상고 사건에 대한 신속한 처리를 통해 당사자의 재판을 받을 권리를 충실히 하기 위한 것이므로 위헌이라고 볼 수 없으나, 심리불속행 상고기각 판결 시 일체의 이유를 기재하지 않을 수 있도록 하는 것은, 판결의 적정성 여부, 상고인 주장에 대한 판단누락 등을 살펴볼 기회가 박탈되므로, 재판청구권을 침해한다. 21법행

② 소송구조에 대한 재판을 상소심법원이 아닌 소송기록을 보관하고 있는 법원이 하도록 한 것은 입법자의 재량권을 벗어나 소송구조 신청인의 공정한 재판을 받을 권리를 침해한다. 20비상

③ 소취하간주의 경우는 실질적인 재판이 이루어진 것이 아님에도 원고를 패소자로 보고 변호사보수가 산입된 소송비용을 원칙적으로 원고가 부담하도록 하는 것은 원고의 재판청구권을 침해한다. 20비상

④ 헌법에 '공정한 재판'에 관한 명문의 규정은 없지만 재판청구권이 국민에게 효율적인 권리보호를 제공하기 위해서는, 법원에 의한 재판이 공정하여야만 할 것은 당연한 전제이므로 '공정한 재판을 받을 권리'는 헌법 제27조의 재판청구권에 의하여 함께 보장된다. 14법행

해설

① (×) 재판청구권 등을 침해하여 위헌이라고 볼 수 없다. (헌재 2007. 7. 26. 2006헌마551)

② (×) 원심법원이 이를 담당하여도 무리가 없고 오히려 신속한 소송구조를 촉진할 수 있다. 공정한 재판을 받을 권리를 침해하였다고 할 수 없다. (헌재 2016. 7. 28. 2015헌마105)

③ (×) 부당한 제소를 방지하여 사법제도의 적정하고 합리적인 운영을 도모하려는 데에 그 취지가 있으므로 재판청구권을 침해하지 아니한다. (헌재 2017. 7. 27. 2015헌바1)

④ (○) (헌재 2013. 3. 21. 2011헌바219)

[정답] ④

479
다음 설명 중 가장 적절하지 않은 것은? (판례)

① 헌법상 보장되는 기본권인 '공정한 재판을 받을 권리'에는 '공정한 헌법재판을 받을 권리'도 포함된다. 16사시

② 헌법 해석상 국회가 선출하여 임명된 헌법재판소의 재판관 중 공석이 발생한 경우에 국회가 공정한 헌법재판을 받을 권리의 보장을 위하여 공석인 재판관의 후임자를 선출하여야 할 구체적 작위의무를 부담한다고 볼 수는 없다. 21지방7

③ 청구인의 변호인이 국가보안법위반죄로 구속기소된 청구인의 변론준비를 위하여 피청구인인 검사에게 그가 보관중인 수사기록 일체에 대한 열람·등사신청을 하였으나, 피청구인은 국가기밀의 누설이나 증거인멸, 증인협박, 사생활침해의 우려 등 정당한 사유를 밝히지 아니한 채 이를 전부 거부한 것은 청구인의 신속·공정한 재판을 받을 권리와 변호인의 조력을 받을 권리를 침해하는 것으로 헌법에 위반된다. 16법무

④ 변호인이 있는 때에 피고인에게 따로 공판조서 열람청구를 인정하지 않아도 기본권을 침해하는 것이 아니다. 17국회9

해설

① (○) (헌재 2014. 4. 24. 2012헌마2)

② (×) 헌법 제27조가 보장하는 재판청구권에는 공정한 헌법재판을 받을 권리도 포함된다. 9인의 재판관 중 3인은 국회에서 선출하는 자를 임명하므로, 국회가 선출하여 임명된 재판관 중 공석이 발생한 경우, 국회는 공정한 헌법재판을 받을 권리의 보장을 위하여 공석인 재판관의 후임자를 선출하여야 할 구체적 작위의무를 부담한다. (헌재 2014. 4. 24. 2012헌마2)

③ (○) (헌재 1997. 11. 27. 94헌마60)

④ (○) 피고인은 언제든지 자신의 의사에 반하는 변호인을 배제하고 위 규정에 의한 공판조서열람권을 행사할 수도 있게 되어 있으므로, 피고인의 공정한 재판을 받을 권리가 침해된다고 할 수는 없다. (헌재 1994. 12. 29. 92헌바31)

[정답] ②

480

다음 설명 중 가장 적절하지 않은 것은? (판례)

① 수형자가 국선대리인인 변호사를 접견하는데 교도소장이 그 접견내용을 녹음·기록하였다고 해도 재판을 받을 권리를 침해하는 것은 아니다. 18국회9
② 검사가 법원의 증인으로 채택된 수감자를 그 증언에 이르기까지 거의 매일 검사실로 하루 종일 소환하여 피고인측 변호인이 접근하는 것을 차단하고, 검찰에서의 진술을 번복하는 증언을 하지 않도록 회유·압박하는 한편, 때로는 검사실에서 그에게 편의를 제공하기도 한 행위는 피고인의 공정한 재판을 받을 권리를 침해한다. 16법무/23경찰1
③ 변호사와 접견하는 경우에도 수용자의 접견을 원칙적으로 접촉차단시설이 설치된 장소에서 하도록 규정한 것은 과잉금지원칙에 위배하여 수용자의 재판청구권을 침해한다. 18입시
④ 형사소송법은 차폐시설을 설치하고 증인신문절차를 진행할 경우 피고인으로부터 의견을 듣도록 하는 등 피고인이 받을 수 있는 불이익을 최소화하기 위한 장치를 마련하고 있으므로, '피고인 등'에 대하여 차폐시설을 설치하고 신문할 수 있도록 한 것이 변호인의 조력을 받을 권리를 침해한다고 할 수는 없다. 21국가7

해설

① (×) 수형자와 변호사와의 접견내용을 녹음, 녹화하게 되면 그로 인해 제3자인 교도소 측에 접견내용이 그대로 노출되므로 수형자와 변호사는 상담과정에서 상당히 위축될 수밖에 없다. 따라서 청구인의 재판을 받을 권리를 침해한다. (헌재 2013. 9. 26. 2011헌마398)
② (○) (대법원 2002. 10. 8. 2001도3931)
③ (○) 변호사접견이라 하더라도 교정시설의 질서 등을 해할 우려가 있는 특별한 사정이 있는 경우에는 예외를 두도록 한다면 악용될 가능성도 방지할 수 있다. 따라서 이 사건 접견조항은 과잉금지원칙에 위배하여 청구인의 재판청구권을 지나치게 제한하고 있으므로, 헌법에 위반된다. (헌재 2013. 8. 29. 2011헌마122)
④ (○) (헌재 2016. 12. 29. 2015헌바221) 〈주〉 증인을 보호하기 위하여 피고인 및 그 변호인과 증인사이에 차폐시설을 설치한 사안이다.

[정답] ①

481

다음 설명 중 가장 적절한 것은? (판례)

① 수용자가 변호사와 접견하는 경우 원칙적으로 접촉차단시설이 설치된 장소에서 하도록 한 규정은, 교정시설의 안전과 질서유지 및 소지금지물품의 반입을 예방하려는 공익이 수형자가 입게 되는 불이익보다 크므로 수형자의 재판청구권을 침해하지 않는다. 14사시
② 변호인과 증인 사이에 차폐시설을 설치하여 증인신문을 진행할 수 있도록 규정한 형사소송법 조항은 재판청구권을 침해하지 않는다. 18국회8
③ 형사소송법 제297조 제1항 전문 중 '재판장은 증인이 피고인의 면전에서 충분한 진술을 할 수 없다고 인정한 때에는 피고인을 퇴정하게 하고 진술하게 할 수 있다.'는 부분은 피고인의 증인에 대한 반대신문권 등을 완전히 박탈하는 것으로서 과잉금지원칙에 위반되므로, 헌법이 보장하는 공정한 재판을 받을 권리를 침해한다. 16법무
④ 소환된 증인 또는 그 친족 등이 보복을 당할 우려가 있는 경우, 재판장은 피고인을 퇴정시키고 증인신문을 행할 수 있도록 규정한 특정범죄신고자 등 보호법 조항은 피고인의 형사소송법상의 반대신문권을 제한하고 있어 피고인의 공정한 재판을 받을 권리를 침해한다. 22경찰1차

해설

① (×) 과잉금지원칙에 위배하여 청구인의 재판청구권을 지나치게 제한하고 있다. (헌재 2013. 8. 29. 2011헌마122)
② (○) 형사소송법은 차폐시설을 설치하고 증인신문절차를 진행할 경우 피고인으로부터 의견을 듣도록 하고 있다. 따라서 청구인의 공정한 재판을 받을 권리 및 변호인의 조력을 받을 권리를 침해한다고 할 수 없다. (헌재 2016. 12. 29. 2015헌바221)
③ (×) 피고인은 여전히 형사소송법 제161조의2에 의하여 반대신문권이 보장되므로, 공정한 재판을 받을 권리를 침해한다고 할 수 없다. (헌재 2012. 7. 26. 2010헌바62)
④ (×) 범죄신고자 등을 실질적으로 보호하고 실체적 진실의 발견을 용이하게 하기 위한 것으로서, 공정한 재판을 받을 권리를 침해한다고 할 수 없다. (헌재 2010. 11. 25. 2009헌바57)

[정답] ②

482

다음 설명 중 가장 적절하지 않은 것은? (판례)

① 특별검사가 공소제기한 사건의 재판기간과 상소절차 진행기간을 일반사건보다 단축하는 것은 공정한 재판을 받을 권리를 침해하지 않는다. 17국회9
② 특별검사가 공소제기한 사건의 재판기간과 상소절차 진행기간을 일반사건보다 단축하는 것은 공정한 재판을 받을 권리를 침해한다. 20국회9
③ 검사의 불기소처분에 대하여 어떤 방법으로 어느 범위에서 제한하여 그 남용을 통제할 것인지 여부는 기본적으로 입법자의 재량에 속하는 입법정책의 문제이다. 15법행
④ 검사의 기소유예처분에 대하여 피의자가 불복하여 법원의 재판을 받을 수 있는 절차를 국가가 법률로 마련해야 할 헌법적 의무는 존재하지 않는다. 17법무

해설

① (○) (헌재 2008. 1. 10. 2007헌마1468) 〈주〉 특별검사가 공소제기한 사건은 신속한 재판의 필요성이 크다.
② (×) 청구인들의 평등권과 공정한 재판을 받을 권리를 침해하고 무죄추정원칙에 위배된다고 볼 수 없다. (헌재 2008. 1. 10. 2007헌마1468) 〈주〉 이명박 주가조작 등 진상규명을 위한 특별검사 임명법 사건이다.
③ (○) 기소독점주의와 기소편의주의의 남용, 즉 검사의 자의적인 불기소처분에 대한 통제방법에 관하여 헌법에 아무런 규정을 두고 있지 않기 때문에 기본적으로 입법자의 재량에 속하는 입법정책의 문제이다. (헌재 1997. 8. 21. 94헌바2)
④ (○) 입법자의 입법형성재량에 기초한 정책적 판단에 따라 결정할 문제로서 헌법해석상으로도 입법의무가 도출된다고 보기 어렵다. (헌재 2013. 9. 26. 2012헌마562) 〈주〉 입법재량이라는 뜻이다.

[정답] ②

483

다음 설명 중 가장 적절하지 않은 것은? (판례)

① 재정신청절차의 신속하고 원활한 진행을 위하여 구두변론의 실시여부를 법관의 재량에 맡기는 것은 재판청구권을 침해하지 않는다. 19서울
② 재정신청 기각 결정에 대하여 형사소송법의 재항고를 금지하는 것은 법원의 재판이 헌법소원의 대상에서 제외되어 있는 상황 등을 고려할 때 재정신청인의 재판청구권을 침해하는 것으로 볼 수 있다. 21법행
③ 「형사소송법」상 즉시항고 제기기간을 3일로 제한하고 있는 것은 헌법상 재판청구권을 공허하게 하므로 입법재량의 한계를 일탈하여 재판청구권을 침해한다. 21국회8
④ 토지수용위원회의 수용재결서를 받은 날로부터 60일 이내에 보상금증감청구소송을 제기하도록 한 공익사업을 위한 토지 등의 취득 및 보상에 관한 법률 조항은 보상금증감청구소송을 제기하려는 토지소유자의 재판청구권을 침해한다. 18지방7

해설

① (○) (헌재 2018. 4. 26. 2016헌마1043)
② (○) 재정신청 기각결정에 대하여 형사소송법 제415조의 재항고를 금지하는 것은 재정신청인 청구인들의 재판청구권을 침해하고, 청구인들의 평등권을 침해한다. (헌재 2011. 11. 24. 2008헌마578)
③ (○) 3일이라는 제기기간은 지나치게 짧다. 따라서 입법재량의 한계를 일탈하여 재판청구권을 침해하는 규정이다. (헌재 2018. 12. 27. 2015헌바77) 〈주〉 이후 즉시항고 제기기간을 7일로 개정하였다. (형사소송법 제405조 2019. 12. 31. 개정)
④ (×) 60일의 제소기간은 입법재량의 한계를 벗어났다고 보기 어려우므로, 보상금증감청구소송을 제기하려는 토지소유자의 재판청구권을 침해한다고 볼 수 없다. (헌재 2016. 7. 28. 2014헌바206)

[정답] ④

484

다음 설명 중 가장 적절하지 않은 것은? (판례)

① 인신보호법 상 피수용자인 구제청구자의 즉시항고 제기기간을 3일로 정한 것은 피수용자의 재판청구권을 침해한다. 18지방7

② 정식재판 청구기간을 '약식명령의 고지를 받은 날로부터 7일 이내'로 정하고 있는 형사소송법(1954. 9. 23. 법률 제341호로 제정된 것) 제453조 제1항 중 피고인에 관한 부분이 합리적인 입법재량의 범위를 벗어나 약식명령 피고인의 재판청구권을 침해한다고 볼 수 없다. 16법무

③ 취소소송의 제소기간을 처분 등이 있음을 안 때로부터 90일 이내로 규정한 것은 지나치게 짧은 기간이라고 보기 어렵고 행정법 관계의 조속한 안정을 위해 필요한 방법이므로 재판청구권을 침해하지 않는다. 19서울/20경승

④ 법관기피신청이 소송의 지연을 목적으로 함이 명백한 경우에 신청을 받은 법원 또는 법관은 결정으로 이를 기각할 수 있도록 규정한 형사소송법 제20조 제1항은 헌법상 보장되는 공정한 재판을 받을 권리를 침해한다. 22경찰1차

⑤ 사법보좌관의 지급명령에 대한 이의신청기간을 2주 이내로 규정한 「민사소송법」 조항은 재판청구권을 침해하지 않는다. 22경간

해설

① (O) 3일의 기간이 충분하다고 보기 어렵다. 따라서 재판청구권을 침해한다. (헌재 2015. 9. 24. 2013헌가21)
② (O) (헌재 2013. 10. 24. 2012헌바428)
③ (O) (헌재 2018. 6. 28. 2017헌바66)
④ (X) 헌법상 보장되는 공정한 재판을 받을 권리를 침해하는 것은 아니다. (헌재 2021. 2. 25. 2019헌바551)
⑤ (O) (헌재 2020. 12. 23. 2019헌바353) 〈주〉 재판청구 또는 이의신청기간은 3일은 위헌, 7일 이상은 합헌이다.

정답 ④

485

다음 설명 중 가장 적절한 것은? (판례)

① 국가배상사건인 당해사건 확정판결에 대해 헌법재판소 위헌결정을 이유로 한 재심의 소를 제기할 경우 재심제기기간을 재심사유를 안 날부터 30일 이내로 한 「헌법재판소법」 조항은 재판청구권을 침해하지 않는다. 22경간

② 특허법이 규정하고 있는 30일의 제소기간은 90일의 제소기간을 규정하고 있는 행정소송법에 비하여 지나치게 짧아 특허무효심결에 대하여 소송으로 다투고자 하는 당사자의 재판청구권 행사를 불가능하게 하거나 현저히 곤란하게 하여 헌법에 위반된다. 22법원

③ 정식재판 청구기간을 약식명령의 고지를 받은 날로부터 7일 이내로 정하고 있는 「형사소송법」 조항은 합리적인 입법재량의 범위를 벗어나 약식명령 피고인의 재판청구권을 침해한다. 22국가7

④ 재판에 대한 불복기간의 제한은 입법자가 상소심의 구조와 성격 등을 고려하여 결정할 입법재량의 문제이므로, 즉시항고 제기기간에 관하여 민사소송법은 1주로 규정하고 있음에도 형사소송법이 그 절반 가량인 3일로 규정한 것은 상대적으로 신속한 확정이 필요한 형사재판의 특성을 반영한 것으로서 그 차별취급에 합리적 이유가 있다. 22법무

해설

① (O) (헌재 2018. 12. 27. 2015헌바77)
② (X) 30일의 제소기간이 지나치게 짧아 현저히 곤란하게 한다고 할 수 없으므로, 재판청구권을 침해하지 아니한다.(헌재 2018. 8. 30. 2017헌바258)
③ (X) 이 사건 법률조항이 합리적인 입법재량의 범위를 벗어나 약식명령 피고인의 재판청구권을 침해한다고 볼 수 없다. (헌재 2013. 10. 24. 2012헌바428)
④ (X) 외국의 입법례와 비교하더라도 3일이라는 제기기간은 지나치게 짧다. 따라서 입법재량의 한계를 일탈하여 재판청구권을 침해하는 규정이다. (헌재 2018. 12. 27. 2015헌바77) 〈주〉 이후 즉시항고 제기기간을 7일로 개정하였다. (형사소송법 제405조 2019. 12. 31. 개정)

정답 ①

486
다음 설명 중 가장 적절한 것은? (판례)

① 판사의 디엔에이감식시료채취영장 발부행위는 실질적으로 행정처분으로서의 성질을 가지고 있으므로 행정소송 또는 헌법소원의 대상이 된다. 21법행/22경승

② 헌법재판소는 디엔에이감식시료채취영장 발부 과정에서 채취 대상자에게 자신의 의견을 밝히거나 영장 발부 후 불복할 수 있는 절차 등에 관하여 규정하지 않은 것이 재판청구권을 침해한다고 하면서 단순위헌결정을 하였다. 21경채

③ 디엔에이 감식시료채취영장 발부 과정에서 형이 확정된 채취대상자에게 자신의 의견을 밝히거나 영장 발부 후 불복할 수 있는 절차 등에 관하여 규정하지 않은 것은 재판청구권을 침해한다. 19서울/21법행

④ 디엔에이(DNA) 감식시료 채취영장 청구는 그 대상자에게 구속영장 청구 시와 같이 엄격한 절차적 권리가 보장되어야 하거나 영장 발부 후 반드시 구제절차를 두어야 하는 것은 아니므로 재판청구권을 침해하지 않는다. 21국회8

[해설]
① (✗) 이 사건 영장 발부는 검사의 청구에 따라 판사가 디엔에이감식시료채취의 필요성이 있다고 판단하여 이루어진 재판으로서, 헌법소원심판의 대상이 될 수 있는 예외적인 재판에 해당하지 아니한다. (헌재 2018. 8. 30. 2016헌마344) 〈주〉 행정처분이 아니라 재판이라서 헌법소원을 청구할 수 없다.
② (✗) 이 사건 영장절차 조항에 대하여 단순위헌결정을 하는 대신 헌법불합치 결정을 선고한다. (헌재 2018. 8. 30. 2016헌마344)
③ (○) (헌재 2018. 8. 30. 2016헌마344)
④ (✗) 영장 발부에 대하여 불복할 수 있는 기회를 주거나 채취행위의 위법성 확인을 청구할 수 있도록 하는 구제절차마저 마련하고 있지 않다. 따라서 과잉금지원칙을 위반하여 청구인들의 재판청구권을 침해한다. (헌재 2018. 8. 30. 2016헌마344)

[정답] ③

487
다음 설명 중 가장 적절하지 않은 것은? (판례)

① 영상물에 수록된 '19세 미만 성폭력범죄 피해자'의 진술에 관하여 조사 과정에 동석하였던 신뢰관계인 내지 진술조력인의 법정진술에 의하여 그 성립의 진정함이 인정된 경우에도 증거능력을 인정할 수 있도록 정한 '성폭력범죄의 처벌 등에 관한 특례법' 조항은 과잉금지원칙을 위반하여 공정한 재판을 받을 권리를 침해한다. 22경간

② 자기 또는 배우자의 직계존속을 고소하지 못하도록 규정한 형사소송법 제224조는 '효'라는 우리 고유의 전통규범을 수호하기 위하여 비속이 존속을 고소하는 행위의 반윤리성을 억제하고자 하는 것이어서, 평등원칙에 위반되지 아니한다. 16법무

③ 기피신청에 대한 재판을, 그 신청을 받은 법관의 소속 법원 합의부에서 하도록 한 민사소송법 조항은 재판청구권을 침해한다. 18국회8

④ 민사소송법이 통상의 불복방법이 없는 결정·명령에 대하여도 재판에 영향을 미친 헌법 또는 법률의 위반이 있는 때에는 대법원에 불복할 수 있도록 특별항고제도를 두고 있으므로, 가집행선고부 판결에 대한 집행정지의 재판에 대하여 불복을 신청할 수 없도록 규정하고 있다고 하더라도 헌법에 위반된다고 볼 수 없다. 18법행

[해설]
① (○) 피고인의 반대신문권을 보장하지 않고 있다. 따라서 과잉금지원칙을 위반하여 공정한 재판을 받을 권리를 침해한다. (헌재 2021. 12. 23. 2018헌바524)
② (○) (헌재 2011. 2. 24. 2008헌바56)
③ (✗) 기피재판은 일반적인 재판절차보다 신속성이 더욱 강하게 요구된다. 따라서 이 사건 법률조항은 공정한 재판을 받을 권리를 침해하지 아니한다. (헌재 2013. 3. 21. 2011헌바219)
④ (○) (헌재 1993. 11. 25. 91헌바8) 〈주〉 특별항고라는 불복절차가 있으므로 합헌이다.

[정답] ③

488
다음 설명 중 옳은 것을 모두 고른 것은? (판례)

㉠ 무죄판결이 확정된 형사피고인에게 국선변호인의 보수에 준하여 변호사 보수를 보상하여 주도록 규정한 형사소송법 규정은 재판청구권을 침해하지 않는다. 17행시

㉡ 교도소장이 수형자가 출정비용을 예납하지 않았거나 영치금과의 상계에 동의하지 않았다는 이유로 행정소송 변론기일에 출정을 제한한 행위는 형벌의 집행을 위한 것으로 수형자의 재판청구권을 침해하였다고 볼 수 없다. 18변시

㉢ 관세청의 통고처분을 행정소송의 대상에서 제외한 관세법규정은 재판청구권 침해가 아니다. 17국회9

㉣ 상속재산분할에 관한 사건을 가사비송사건으로 분류하고 있는 가사소송법 조항은 재판청구권을 침해한다. 18국회8

① ㉠ ㉡ ㉢ ㉣
② ㉠ ㉡ ㉢
③ ㉠ ㉢
④ ㉡ ㉣

해설

㉠ (○) (헌재 2013. 8. 29. 2012헌바168) 〈주〉 국가의 지나친 재정부담을 고려하였다.

㉡ (×) 이 사건 출정제한행위를 한 것은 청구인의 재판청구권을 과도하게 침해하였다고 할 것이다. (헌재 2012. 3. 29. 2010헌마475) 〈주〉 재판을 위해서 수형자를 일단 출정시키고 나중에 회수하는 방안을 마련해야 한다.

㉢ (○) 통고처분에 대하여 이의가 있으면 통고내용을 이행하지 않음으로써 고발되어 형사재판절차에서 통고처분의 위법·부당함을 얼마든지 다툴 수 있기 때문에 관법관에 의한 재판받을 권리를 침해한다든가 적법절차의 원칙에 저촉된다고 볼 수 없다. (헌재 1998. 5. 28. 96헌바4)

㉣ (×) 상속재산분할에 관한 사건의 결과는 가족공동체의 안정에 커다란 영향을 미친다는 특수성을 감안할 때, 공정한 재판을 받을 권리를 침해한다고 볼 수 없다. (헌재 2017. 4. 27. 2015헌바24) 〈주〉 가족 간에 재산문제를 소송으로 싸우지 말라고 비송사건으로 분류하였다는 뜻이다.

정답 ③

489
다음 설명 중 가장 적절하지 않은 것은? (판례)

① 당초 유효한 법률에 근거한 공무원의 직무집행이 사후에 그 근거가 되는 법률에 대한 헌법재판소의 위헌결정으로 위법하게 된 경우, 이에 이르는 과정에 있어 공무원의 고의, 과실을 어느 정도 인정할 수 있고, 그로써 국가의 청구인들에 대한 손해배상책임이 성립한다고 볼 수 있다. 22경찰2

② 법정소동죄 등을 규정한 형법 제138조에서의 '법원의 재판'에 헌법의 규정에 따라 헌법재판소가 담당하게 된 '헌법재판'도 포함된다. 22법원

③ 항소심 확정판결에 대한 재심소장에 붙일 인지액을 항소장에 붙일 인지액과 같게 정한「민사소송 등 인지법」조항은 항소심 확정판결에 대해서 재심을 청구하는 사람의 재판청구권을 침해하지 아니한다. 22국가7

④ 재판청구권은 재판이라는 국가적 행위를 청구할 수 있는 적극적 측면과 헌법과 법률이 정한 법관이 아닌 자에 의한 재판이나 법률에 의하지 아니한 재판을 받지 아니하는 소극적 측면을 아울러 가지고 있다. 22법무

해설

① (×) 법률에 근거한 행정처분이 사후에 그 처분의 근거가 되는 법률에 대한 헌법재판소의 위헌결정으로 결과적으로 위법하게 집행된 처분이 될지라도, 이에 이르는 과정에 있어서 공무원의 고의, 과실을 인정할 수는 없다. (헌재 2008. 4. 24. 2006헌바72)

② (○) (대판 2021. 8. 26. 2020도12017) 〈주〉 형법에도 출제되었다.

③ (○) 항소심 확정판결에 대해 재심을 청구하는 사람에게 제1심 확정판결에 대해 재심을 청구하는 사람보다 1.5배 많은 인지액을 부담시키는 데에는 합리적인 이유가 있다. (헌재 2017. 8. 31. 2016헌바447) 〈주〉 인지액 사건들은 모두 합헌이다.

④ (○) (헌재 1998. 5. 28. 96헌바4)

정답 ①

490
다음 설명 중 가장 적절하지 않은 것은? (판례)

① 법원이 직권으로 치료감호를 선고할 수 있는지 여부는 재판청구권의 적극적 측면은 물론 소극적 측면에도 해당하지 않는다. 따라서 '피고인 스스로 치료감호를 청구할 수 있는 권리' 뿐만 아니라 '법원으로부터 직권으로 치료감호를 선고받을 수 있는 권리'는 헌법상 재판청구권의 보호범위에 포함된다고 보기 어렵다. 22법무

② 학교법인의 기본재산을 매도함에 있어 관할청의 허가를 받도록 하는 「사립학교법」규정은 강제경매절차를 통하여 사법적 청구권을 실현하려는 채권자 내지 최고가매수신고인의 신속한 재판을 받을 권리를 침해한다. 22회5

③ 특수임무수행자는 보상금 등 산정과정에서 국가 행위의 불법성이나 구체적인 손해 항목 등을 주장 입증할 필요가 없고 특수임무수행자의 과실이 반영되지도 않으며, 국가배상청구에 상당한 시간과 비용이 소요되는 데 반해 보상금등 지급결정은 비교적 간이·신속한 점까지 고려하면, 「특수임무수행자 보상에 관한 법률」이 정한 보상금을 지급받는 것이 국가배상을 받는 것에 비해 일률적으로 과소 보상된다고 할 수 없으므로 국가배상청구권 또는 재판청구권을 침해한다고 보기 어렵다. 22경찰2

④ 군인이 상관의 지시나 명령에 대하여 재판청구권을 행사하는 경우에 그것이 위법, 위헌인 지시와 명령을 시정하려는 데 목적이 있을 뿐, 군 내부의 상명하복관계를 파괴하고 명령불복종 수단으로서 재판청구권의 외형만을 빌리거나 그 밖에 다른 불순한 의도가 있지 않다면, 정당한 기본권의 행사이므로 군인의 복종의무를 위반하였다고 볼 수 없다. 22법원

해설
① (O) (헌재 2021. 1. 28. 2019헌가24) 〈주〉 검사만 치료감호를 청구할 수 있으며, 합헌이다.
② (✕) 학교법인의 기본재산을 매도함에 있어 관할청의 허가를 받도록 하는 이 사건 법률조항은 학교법인의 채권자 등의 신속한 재판을 권리를 침해하지 아니한다. (헌재 2012. 2. 23. 2011헌바14)
③ (O) (헌재 2021. 9. 30. 2019헌가28)
④ (O) (대판 2018. 3. 22. 2012두26401 전합)

정답 ②

7. 재판절차진술권

491
다음 설명 중 가장 적절하지 않은 것은? (판례)

① 헌법 제27조 제5항에서 정한 형사피해자의 재판절차진술권은 범죄 피해자가 당해 사건의 재판절차에 증인으로 출석하여 자신이 입은 피해의 내용과 사건에 관하여 의견을 진술할 수 있는 권리를 말한다. 12법원

② 형사피해자로 하여금 자신이 피해자인 범죄에 대한 형사재판절차에 접근할 가능성을 제한하는 것이 그의 재판청구권에 대한 제한은 아니다. 15법행/23경찰1

③ 교통사고로 사망한 사람의 부모는 헌법상 재판절차진술권이 보장되는 형사피해자의 범주에 속한다. 16국회8

④ 헌법 제27조 제5항이 정한 재판절차진술권에 대한 법률유보는 기본권으로서의 재판절차진술권을 보장하고 있는 헌법규범의 의미와 내용을 법률로써 구체화하기 위한 것이다. 12법원

해설
① (O) (헌재 1993. 3. 11. 92헌마48)
② (✕) 자신이 피해자인 범죄에 대한 형사재판절차에 접근할 가능성을 제한하는 것으로서 형사피해자의 재판청구권의 침해 여부가 문제된다. (헌재 2007. 7. 26. 2005헌마67)
③ (O) 교통사고로 사망한 사람의 부모는 교통사고처리특례법의 보호법익인 생명의 주체는 아니라고 하더라도, 그 교통사고로 자녀가 사망함으로 인하여 극심한 정신적 고통을 받은 법률상 불이익을 입게 된 자임이 명백하므로, 헌법상 재판절차진술권이 보장되는 형사피해자의 범주에 속한다. (헌재 1997. 2. 20. 96헌마76)
④ (O) (헌재 1999. 12. 23. 98헌마345) 〈주〉 자유권에 대한 법률유보는 기본권 ":제한적" 법률유보이지만, 청구권에 대한 법률유보는 기본권 "형성적(구체화적)" 법률유보이므로 구별하여야 한다.

정답 ②

492

다음 설명 중 가장 적절한 것은? (판례)

① 피해자의 재판절차진술권은 피의자가 이미 공소제기된 것을 전제로 하는 것으로서, 종합보험 등 가입을 이유로 검사의 공소권 없음의 불기소처분이 내려진 교통사고 사건의 피해자는 재판절차진술권을 가지고 있다고 볼 수 없다. 12사시

② 헌법 제27조 제5항이 정한 재판절차진술권에 대한 법률유보는 법률에 의한 기본권의 제한을 목적으로 하는 자유권적 기본권에 대한 법률유보의 경우와 같이 보아야 한다. 12법원

③ 형사피해자에게 약식명령을 고지하지 않도록 규정한 것은 입법자가 입법재량을 일탈·남용하여 형사피해자의 재판을 받을 권리를 침해하는 것이 아니다. 21국가7

④ 약식명령은 경미하고 간이한 사건을 대상으로 하지만 형사피해자가 약식명령을 고지받지 못하는 것은 형사재판절차에서의 참여기회를 봉쇄하는 것이므로 형사피해자의 재판절차진술권을 침해하는 것이다. 22국회5

해설

① (×) 교통사고로 중상해를 입은 피해자는 형사재판절차에서 그 피해에 대하여 진술할 기회조차 가지지 못하게 된다. 따라서 과잉금지의 원칙에 위반하여 재판절차진술권을 침해한다. (헌재 2009. 2. 26. 2005헌마764)

② (×) 자유권적 기본권에 대한 법률유보의 경우와는 달리 기본권으로서의 재판절차진술권을 보장하고 있는 헌법규범의 의미와 내용을 법률로써 구체화하기 위한 이른바 기본권형성적 법률유보에 해당한다. (헌재 1993. 3. 11. 92헌마48)

③ (○) (헌재 2019. 9. 26. 2018헌마1015)

④ (×) 형사재판절차에서의 참여기회가 완전히 봉쇄되어 있다고 볼 수 없다. 따라서 형사피해자의 재판절차진술권을 침해하지 않는다. (헌재 2019. 9. 26. 2018헌마1015)

[정답] ③

제3절 형사보상청구권

1. 서설

493

다음 설명 중 적절한 것을 모두 고른 것은? (판례)

> ㉠ 형사보상청구권을 인정하는 헌법적 본질은 국민의 인신권을 침해하는 결과를 발생시킨 국가의 그릇된 형사사법작용에 대한 원인책임을 추궁하기 위한 것이다. 13국회9
>
> ㉡ 형사보상은 과실책임의 원리에 의하여 고의·과실로 인한 위법행위와 인과관계 있는 모든 손해를 배상하는 손해배상과는 달리, 형사사법절차에 내재하는 불가피한 위험에 대하여 형사사법기관의 귀책사유를 따지지 않고 형사보상청구권자가 입은 손실을 보상하는 것이다. 20비상
>
> ㉢ 형사보상청구권에 관한 헌법 제28조에서 규정하는 '정당한 보상'은 헌법 제23조 제3항에서 재산권의 침해에 대하여 규정하는 '정당한 보상'과는 차이가 있다. 22법무

① ㉠ ㉡ ㉢   ② ㉠ ㉡
③ ㉠ ㉢   ④ ㉡ ㉢

해설

㉠ (×) 억울한 구금에 대한 피해를 보상함이 목적이지 형사사법작용에 대한 책임추궁을 위한 것이 아니다.

㉡ (○) (헌재 2010. 10. 28. 2008헌마514)

㉢ (○) 형사보상은 형사피고인 등의 신체의 자유를 제한한 것에 대하여 사후적으로 그 손해를 보상하는 것인바, 구금으로 인하여 침해되는 가치는 객관적으로 평가하기 어려운 것이므로, 그에 대한 보상을 어떻게 할 것인지는 국가의 경제적, 사회적, 정책적 사정들을 참작하여 입법재량으로 결정할 수 있는 사항이라 할 것이다. 이러한 점에서 헌법 제28조에서 규정하는 '정당한 보상'은 헌법 제23조 제3항에서 재산권의 침해에 대하여 규정하는 '정당한 보상'과는 차이가 있다 할 것이다. (헌재 2010. 10. 28. 2008헌마514)

[정답] ④

494
다음 설명 중 적절한 것을 모두 고른 것은? (판례)

㉠ 국가의 형사사법행위가 고의·과실로 인한 것으로 인정되는 경우에는 국가배상청구 등 별개의 절차에 의하여 인과관계 있는 모든 손해를 배상받을 수 있다. 17법무

㉡ 형사보상은 국가배상과는 그 취지 자체가 상이하므로 형사보상 절차로서 인과관계 있는 모든 손해를 보상하지 않는다고 하여 반드시 부당하다고 할 수 없다. 23경승

㉢ 「범죄피해자 보호법」 제17조 제2항의 유족구조금은 사람의 생명 또는 신체를 해치는 죄에 해당하는 행위로 인하여 사망한 피해자 또는 그 유족들에 대한 손해배상을 목적으로 하는 것으로서, 위 범죄행위로 인한 손해를 전보하기 위하여 지급된다는 점에서 불법행위로 인한 적극적 손해의 배상과 같은 종류의 금원이라고 봄이 타당하다. 22경승

① ㉠ ㉡ ㉢
② ㉠ ㉡
③ ㉠ ㉢
④ ㉡ ㉢

해설

㉠ (O) 국가의 형사사법행위가 고의·과실로 인한 것으로 인정되는 경우에는 국가배상청구 등 별개의 절차에 의하여 인과관계 있는 모든 손해를 배상받을 수 있으므로, 형사보상절차로써 인과관계 있는 모든 손해를 보상하지 않는다고 하여 반드시 부당하다고 할 수는 없다. (헌재 2010. 10. 28. 2008헌마514)

㉡ (O) 형사보상은 형사사법절차에 내재하는 불가피한 위험으로 인한 피해에 대한 보상으로서 국가의 위법·부당한 행위를 전제로 하는 국가배상과는 그 취지 자체가 상이하므로 형사보상절차로서 인과관계 있는 모든 손해를 보상하지 않는다고 하여 반드시 부당하다고 할 수는 없다. (헌재 2010. 10. 28. 2008헌마514)

㉢ (X) 범죄피해자 보호법에 의한 범죄피해 구조금 중 위 법 제17조 제2항의 유족구조금은 사람의 생명 또는 신체를 해치는 죄에 해당하는 행위로 인하여 사망한 피해자 또는 그 유족들에 대한 손실보상을 목적으로 하는 것으로서, 위 범죄행위로 인한 손실 또는 손해를 전보하기 위하여 지급된다는 점에서 불법행위로 인한 소극적 손해의 배상과 같은 종류의 금원이라고 봄이 타당하다. (대법원 2017. 11. 9. 2017다228083)

정답 ②

2. 형사보상의 요건

495
다음 설명 중 가장 적절한 것은? (판례)

① 형사피의자와 형사피고인이 형사보상청구권을 주장하기 위해서는 무죄판결을 받아야 한다. 18국회9

② 형사피의자로서 구금되었다가 검사의 불기소처분으로 풀려난 사람은 설령 검사의 공소제기가 있었더라면 무죄판결을 받았을 것이 명백한 경우에도 그 구금에 대한 보상을 청구할 수 없다. 13국회9

③ 피고인으로서 구금되었다가 무죄판결을 받은 자 뿐만 아니라, 피의자로 구금되었다가 검사로부터 불기소처분(기소중지, 기소유예 제외)을 받은 자도 형사보상의 대상이 된다. 17법무

④ 1개의 재판으로 경합범의 일부에 대하여 무죄재판을 받고 다른 부분에 대하여 유죄재판을 받았을 경우 법원은 보상청구의 전부를 인용하여야 한다. 16국가7

해설

① (X) 형사보상 및 명예회복에 관한 법률 제27조(피의자에 대한 보상) ① 피의자로서 구금되었던 자 중 검사로부터 공소를 제기하지 아니하는 처분을 받은 자는 국가에 대하여 그 구금에 대한 보상을 청구할 수 있다.

② (X) 형사보상 및 명예회복에 관한 법률 제27조 제1항. - 형사피의자로 구금된 자도 보상청구를 할 수 있다.

③ (O) 형사보상 및 명예회복에 관한 법률 제27조 제1항.

④ (X) 형사보상 및 명예회복에 관한 법률 제4조(보상하지 아니할 수 있는 경우) 다음 각 호의 어느 하나에 해당하는 경우에는 법원은 재량으로 보상청구의 전부 또는 일부를 기각할 수 있다. - 1. 「형법」 제9조 및 제10조 제1항의 사유로 무죄재판을 받은 경우 2. 본인이 수사 또는 심판을 그르칠 목적으로 거짓 자백을 하거나 다른 유죄의 증거를 만듦으로써 기소, 미결구금 또는 유죄재판을 받게 된 경우 3. 1개의 재판으로 경합범의 일부에 대하여 무죄재판을 받고 다른 부분에 대하여 유죄재판을 받았을 경우 〈주〉 형사피고인에 대한 보상청구 기각의 경우는 거짓자백, 불법성 인정, 다른 사건 유죄의 3가지가 있다.

정답 ③

496

다음 설명 중 가장 적절하지 않은 것은? (판례)

① 형사피의자로 구금되었다가 법률이 정하는 불기소처분을 받은 자는 법률이 정하는 바에 의하여 형사보상청구권을 행사할 수 있다. 16국가7

② 외형상·형식상으로 무죄재판이 없었더라도 면소나 공소기각의 재판을 받은 경우에 형사보상을 청구할 수 있는 경우가 있다. 18서울/23경승

③ 형사보상 및 명예회복에 관한 법률에 따르면 본인이 수사 또는 심판을 그르칠 목적으로 거짓 자백을 하거나 다른 유죄의 증거를 만듦으로써 기소, 미결구금 또는 유죄재판을 받게 된 것으로 인정된 경우에는 법원은 재량으로 보상청구의 전부 또는 일부를 기각할 수 있다. 22경찰1차

④ 형사피의자로서 구금되었던 자에게 보상을 하는 것이 선량한 풍속 그 밖에 사회질서에 위배된다고 인정할 특별한 사정이 있는 경우라도 피의자보상의 전부를 지급하여야 한다. 21경승

해설

① (O) 형사보상 및 명예회복에 관한 법률 제27조 제1항.
② (O) 형사보상 및 명예회복에 관한 법률 제26조(면소 등의 경우) ① 다음 각 호의 어느 하나에 해당하는 경우에도 국가에 대하여 구금에 대한 보상을 청구할 수 있다. 1. 「형사소송법」에 따라 면소 또는 공소기각의 재판을 받아 확정된 피고인이 면소 또는 공소기각의 재판을 할 만한 사유가 없었더라면 무죄재판을 받을 만한 현저한 사유가 있었을 경우
③ (O) 형사보상 및 명예회복에 관한 법률 제4조 제2호.
④ (X) 형사보상 및 명예회복에 관한 법률 제27조(피의자에 대한 보상) ② 다음 각 호의 어느 하나에 해당하는 경우에는 피의자보상의 전부 또는 일부를 지급하지 아니할 수 있다. - 1. 본인이 수사 또는 재판을 그르칠 목적으로 거짓 자백을 하거나 다른 유죄의 증거를 만듦으로써 구금된 것으로 인정되는 경우 2. 구금기간 중에 다른 사실에 대하여 수사가 이루어지고 그 사실에 관하여 범죄가 성립한 경우 3. 보상을 하는 것이 선량한 풍속이나 그 밖에 사회질서에 위배된다고 인정할 특별한 사정이 있는 경우 〈주〉 형사피의자에 대한 보상청구 기각의 경우는 거짓자백, 불법성 인정, 다른 사건 유죄의 3가지가 있다.

정답 ④

3. 형사보상의 효과

497

다음 설명 중 가장 적절한 것은? (판례)

① 헌법이 명하는 정당한 보상이라 함은 구금 중에 받은 적극적인 재산상의 손실과 구금으로 인한 정신적·물질적 피해에 대한 보상을 요구할 수 있다는 것이며, 구금되지 않았더라면 얻을 수 있었던 소극적인 이익이나 기대이익의 상실 등은 청구할 수 없다. 13국회9

② 형사보상청구는 무죄재판을 한 법원의 상급법원에 대하여 하여야 한다. 21국가5

③ 형사보상청구는 무죄재판을 한 법원에 대하여 하여야 하는데, 대리인을 통하여는 할 수 없다. 20비상/21국가5

④ 형사보상을 청구할 수 있는 자가 그 청구를 하지 아니하고 사망하였을 때에는 그 상속인이 이를 청구할 수 있다. 16국가7

해설

① (X) 형사보상 및 명예회복에 관한 법률 제5조(보상의 내용) ② 법원은 제1항의 보상금액을 산정할 때 다음 각 호의 사항을 고려하여야 한다. 2. 구금기간 중에 입은 재산상의 손실과 얻을 수 있었던 이익의 상실
② (X) 형사보상 및 명예회복에 관한 법률 제7조(관할법원) 보상청구는 무죄재판을 한 법원에 대하여 하여야 한다. 〈주〉 상급법원이 아니라 무죄재판을 한 법원에 대하여 청구한다.
③ (X) 형사보상 및 명예회복에 관한 법률 제13조(대리인에 의한 보상청구) 보상청구는 대리인을 통하여서도 할 수 있다.
④ (O) 형사보상 및 명예회복에 관한 법률 제3조 제1항. - 보상을 청구할 수 있는 자가 그 청구를 하지 않고 사망하였을 때에는 그 상속인이 이를 청구할 수 있다.

정답 ④

498
다음 설명 중 가장 적절하지 않은 것은? (판례)

① 형사보상제도에 따라 형사보상금을 수령한 피고인은 다시 국가배상법에 의한 손해배상을 청구할 수 없다. 21경승
② 다른 법률에 따라 손해배상을 받을 자가 같은 원인에 대하여 형사보상 및 명예회복에 관한 법률에 따른 보상을 받았을 때에는 그 보상금의 액수를 빼고 손해배상의 액수를 정하여야 한다. 16국가7
③ 국가의 형사사법행위가 고의 과실로 인한 것으로 인정되는 경우에는 국가배상청구 등 별개의 절차에 의하여 인과관계 있는 모든 손해를 배상받을 수 있으므로, 형사보상절차로써 인과관계 있는 모든 손해를 보상하지 않는다고 하여 반드시 부당하다고 할 수는 없다. 22경찰1차
④ 국가가 확정된 형사보상금의 지급을 지체하는 경우, 미지급 형사보상금에 대하여 지급 청구일 다음 날부터 민사법정이율로 계산한 지연손해금을 가산하여 지급하여야 한다. 21경채

[해설]
① (×) 형사보상 및 명예회복에 관한 법률 제6조(손해배상과의 관계) ① 이 법은 보상을 받을 자가 다른 법률에 따라 손해배상을 청구하는 것을 금지하지 아니한다.
② (○) 형사보상 및 명예회복에 관한 법률 제6조 제3항.
③ (○) 형사보상청구권은 헌법 제28조에 따라 '법률이 정하는 바에 의하여' 행사되므로 그 내용은 법률에 의해 정해지는바, 형사보상의 구체적 내용과 금액 및 절차에 관한 사항은 입법자가 정하여야 할 사항이다. (헌재 2010. 10. 28. 2008헌마514)
④ (○) (대법원 2017. 5. 30. 2015다223411)

[정답] ①

4. 기타 문제

499
다음 설명 중 가장 적절한 것은? (판례)

① 형사보상의 청구기간을 '무죄판결이 확정된 때로부터 1년'으로 규정한 것은 형사보상청구권의 행사를 어렵게 할 정도로 지나치게 짧다고 할 수 없으므로 합리적인 입법재량을 행사한 것으로 볼 수 있다. 20국회8
② 형사보상의 청구는 무죄재판이 확정된 때로부터 1년 이내에 하도록 그 기간을 제한하고 있는데, 형사보상청구의 기간은 재판상 그 권리를 행사하여야 하는 기간으로서 제척기간에 해당한다. 20비상/21경승
③ 형사보상청구는 무죄재판이 확정된 사실을 안 날로부터 3년, 무죄재판이 확정된 날로부터 5년 이내에 하여야 한다. 17법무
④ 형사보상의 청구에 대한 보상의 결정에 대하여는 불복을 신청할 수 없도록 단심재판으로 규정한 형사보상법 조항은 청구인들의 형사보상청구권을 침해하지 않는다. 21법원/21경승/22경찰1차

[해설]
① (×) 형사보상청구는 무죄재판이 확정된 때로부터 1년 이내에 하도록 규정한 구 형사보상법 조항은 형사보상청구권을 침해한 것이다. (헌재 2010. 7. 29. 2008헌가4)
② (×) [1] 형사보상 및 명예회복에 관한 법률 제8조(보상청구의 기간) 보상청구는 무죄재판이 확정된 사실을 안 날부터 3년, 무죄재판이 확정된 때부터 5년 이내에 하여야 한다.
③ (○) 형사보상 및 명예회복에 관한 법률 제8조.
④ (×) 이 사건 불복금지조항은 형사보상청구권 및 재판청구권을 침해한다. (헌재 2010. 10. 28. 2008헌마514) 〈주〉 이후 "기각결정" 뿐만 아니라 "보상결정"에 대해서도 즉시항고를 할 수 있도록 형사보상법 제20조를 개정하였다. (2011. 5. 23. 개정)

[정답] ③

5. 형사소송법상 형사비용보상청구권

500
다음 설명 중 가장 적절하지 않은 것은? (판례)

① 헌법 제28조의 형사보상청구권이 구금되었던 자를 전제로 하는 것과 달리, 형사소송법상 비용보상청구는 무죄판결이 확정된 자에게 구금 여부를 묻지 않고 재판에 소요된 비용을 보상해 주는 제도이다. 15법행
② 피고인이었던 자가 수사를 그르칠 목적으로 거짓 자백을 한 경우에는 형사소송상 비용의 전부 또는 일부를 보상하지 않을 수 있다. 15법행
③ 형사소송법상 비용의 보상은 피고인이었던 자의 청구에 따라 무죄판결을 선고한 법원의 합의부에서 결정으로 하고, 그 결정에 대해서는 즉시항고를 할 수 없다. 15법행
④ 입법자가 형사비용보상청구권을 행사할 수 있는 청구기간을 정하면서 국가배상청구권이나 형사보상청구권보다 짧은 기간만 허용하였다고 하여 이러한 차별취급이 합리적 이유 없는 자의적 차별이라 단정할 수 없다. 21법행

해설

① (O) (헌재 2015. 4. 30. 2014헌바408)
② (O) 형사소송법 제194조의2(무죄판결과 비용보상) 〈주〉 형사보상 기각사유와 유사하다.
③ (X) 형사소송법 제194조의3(비용보상의 절차 등) ② 제1항에 따른 청구는 무죄판결이 확정된 사실을 안 날부터 3년, 무죄판결이 확정된 때부터 5년 이내에 하여야 한다. ③ 제1항의 결정에 대하여는 즉시항고를 할 수 있다. 〈주〉 형사보상청구와 유사하다.
④ (O) (헌재 2015. 4. 30. 2014헌바408) 〈주〉 형사비용보상청구권의 제척기간을 6개월로 규정한 조항은 "합헌"이라는 뜻이다.

[정답] ③

501
다음 설명 중 가장 적절하지 않은 것은? (판례)

① 형사보상청구권은 국가의 형사사법작용에 의해 신체의 자유라는 중대한 법익을 침해받은 국민을 구제하기 위하여 헌법상 보장된 국민의 기본권이므로 일반적인 사법(私法)상의 권리보다 더욱 확실하게 보호되어야 할 권리이다. 12사시
② 형사소송법상 비용보상청구권은 헌법 차원이나 기본권 보호 차원에서 당연히 보호되어 온 것이 아니라 국가의 정치적·경제적 여건이 나아지고 그에 따라 사법제도 수준이 향상됨에 따라 입법자가 국민의 권리구제 범위를 확장하면서 형성되는 권리이다. 15법행
③ 형사비용보상청구권의 제척기간을 무죄판결이 확정된 날부터 6개월로 규정한 구 형사소송법 조항이 과잉금지원칙에 위반되어 재판청구권 및 재산권을 침해하는 것으로 볼 수 없다. 21법행/23경승
④ 현행 형사소송법에 의하면, 비용보상청구는 무죄판결이 확정된 사실을 안 날로부터 3년, 무죄판결이 확정된 때로부터 5년 이내에 하여야 하는데, 헌법재판소는 구 형사소송법상의 비용보상청구기간이 지나치게 짧아 위헌이라고 하였다. 15법행/23경승

해설

① (O) (헌재 2010. 7. 29. 2008헌가4)
② (O) (헌재 2012. 3. 29. 2011헌바19)
③ (O) (헌재 2015. 4. 30. 2014헌바408) 〈주〉 형사보상청구권은 헌법상 기본권이므로 제척기간 1년이 위헌이고, 형사비용보상청구권은 법률상 권리이므로 제척기간 6개월도 합헌이다.
④ (X) 현행 형사소송법 제194조의3(비용보상의 절차 등) ② 제1항에 따른 청구는 무죄판결이 확정된 사실을 안 날부터 3년, 무죄판결이 확정된 때부터 5년 이내에 하여야 한다. 〈주〉 현행법의 내용으로서 합헌이다.

[정답] ④

제4절 국가배상청구권

1. 서설

502
다음 설명 중 옳은 것을 모두 고른 것은? (판례)

> ㉠ 대체로 영미법계에서는 일찍부터 국가의 책임을 인정해 왔고, 대륙법계에서는 국가무책임의 원칙을 강조했다. 04행시
> ㉡ 국가배상청구권은 공무원의 국민에 대한 책임을 담보하고 법치국가의 원리를 구현하기 위하여 인정된 청구권적 기본권의 하나이다. 14국회9
> ㉢ 헌법재판소는 국가배상청구권을 재산권과 청구권의 양 성격을 갖는 것으로 본다. 14국회9

① ㉠ ㉡ ㉢
② ㉠ ㉡
③ ㉡ ㉢
④ ㉢

해설
㉠ (✕) 영미법계는 당초 국가배상책임을 인정하지 않다가 2차 세계대전 이후에야 비로소 인정한 것에 반해, 대륙법계는 일찍이 국가배상책임을 공법적 책임으로 인정하였다.
㉡ (○) (헌재 2015. 4. 30. 2013헌바395)
㉢ (○) (헌재 2015. 4. 30. 2013헌바395) 〈주〉 기본적으로 청구권이지만, 법률에 따라 구체화되면 재산권이 될 수 있다.

[정답] ③

2. 공무원

503
다음 설명 중 가장 적절한 것은? (판례)

① 국가배상 성립요건의 공무원 개념은 국가공무원과 지방공무원의 신분을 가진 자에 한하고 공무를 수탁받은 사인(私人)은 해당하지 않는다. 21경승
② 국가배상청구권의 성립요건으로서 '공무원의 불법행위'에서 말하는 공무원에는 국가공무원과 지방공무원이 모두 포함되나, 공무를 위탁받아 실질적으로 공무를 수행하는 자는 포함되지 아니한다. 14국회9
③ 지방자치단체에 의하여 '교통할아버지'로 선정된 노인이 어린이 보호, 교통안내, 거리질서 확립 등의 위탁 받은 업무 범위를 넘어 교차로 중앙에서 교통정리를 하다가 교통사고를 발생시킨 경우, 그 지방자치단체는 국가배상법상의 배상책임을 부담하지 아니한다. 06사시
④ 「국가배상법」은 법치국가원리에 따라 국가의 공권력 행사는 적법해야 함을 전제로 모든 공무원의 직무행위상 불법행위로 발생한 손해에 대해 국가가 책임지도록 규정한 것이므로, 조항의 의미와 목적을 살펴볼 때 법관과 다른 공무원은 본질적으로 다른 집단이라고 볼 수는 없다. 21국회9

해설
① (✕) 국가배상법 제2조 소정의 '공무원'이라 함은 널리 공무를 위탁받아 실질적으로 공무에 종사하고 있는 일체의 자를 가리키는 것이다. (대법원 2001. 1. 5. 98다39060)
② (✕) 널리 공무를 위탁받아 실질적으로 공무에 종사하고 있는 일체의 자를 가리킨다. (대법원 2001. 1. 5. 98다39060)
③ (✕) '교통할아버지'로 선정된 노인이 위탁받은 업무 범위를 넘어 교차로 중앙에서 교통정리를 하다가 교통사고를 발생시킨 경우, 지방자치단체는 국가배상법 제2조 소정의 배상책임을 부담한다. (대법원 2001. 1. 5. 98다39060)
④ (○) (헌재 2021. 7. 15. 2020헌바1) 〈주〉 법관의 불법행위에 대해서도 국가배상을 청구할 수 있다는 뜻이다.

[정답] ④

3. 직무관련성

504
다음 설명 중 가장 적절한 것은? (판례)

① 국가배상청구의 요건인 '공무원의 직무'에는 권력적 작용, 비권력적 작용 이외에 사경제주체의 활동도 포함된다. 21경승

② 국가배상법 제2조 제1항의 '직무를 집행하면서'라 함은 직무행위를 구성하는 행위는 물론 객관적으로 직무행위와 외형상 관련 있는 것으로 인정되는 행위도 포함한다. 17법행

③ 국가배상 성립요건의 직무집행판단은 행위자의 주관적 의사를 고려하여 실질적으로 직무집행행위인지에 따라 판단해야 한다. 18서울

④ 공무원이 경계감호의무를 소홀히 한 결과 헌병대 영창에서 탈주한 군인들이 민가에 침입하여 일반 국민에게 손해를 입힌 경우, 국가는 그로 인하여 피해자들이 입은 손해를 배상할 책임이 없다. 06사시

해설

① (✕) 국가배상청구의 요건인 '공무원의 직무'에는 권력적 작용만이 아니라 비권력적 작용도 포함되며 단지 행정주체가 <u>사경제주체로서 하는 활동</u>만 제외된다. (대법원 2001. 1. 5. 98다39060) 〈주〉 국가배상의 공무원에는 공무수탁사인도 포함되지만, 공무관련성에는 사경제활동이 제외되므로, 구별하여야 한다.

② (○) (대법원 2005. 1. 14. 2004다26805)

③ (✕) 국가배상법 제2조 제1항의 '직무를 집행함에 당하여'라 함은 <u>행위 자체의 외관을 객관적으로 관찰한다.</u> (대법원 2005. 1. 14. 2004다26805)

④ (✕) 국가는 그로 인하여 피해자들이 입은 손해를 배상할 책임이 있다. (대법원 2003. 2. 14. 2002다62678) 〈주〉 직무관련성을 객관적 외형이론으로 판단한다.

정답 ②

4. 불법행위 - 고의·과실

505
다음 설명 중 가장 적절하지 않은 것은? (판례)

① 행정처분이 후에 항고소송에서 취소된 사실이 있다면 당해 행정처분이 곧바로 공무원의 고의 또는 과실로 인한 것으로서 불법행위를 구성한다고 보아야 한다. 09법무/10법행

② 교육감이 법률의 규정에서 정하여진 직무상의 의무를 게을리하여 그 의무를 위반한 것으로 위법하다고 하기 위해서는 그 의무 위반이 직무에 충실한 보통 일반의 공무원을 표준으로 할 때 객관적 정당성을 상실하였다고 인정될 정도에 이르러야 한다. 10법행

③ 법관의 재판에 법령의 규정을 따르지 아니한 잘못이 있다 하더라도 무조건 국가배상책임이 인정되는 것은 아니고, 당해 법관에게 부여된 권한의 취지로 보아 명백히 어긋나게 행사하였다고 인정할 만한 특별한 사정이 있어야 한다. 09법무

④ 입법부가 법률로써 행정부에게 특정한 사항을 위임했음에도 불구하고 행정부가 정당한 이유 없이 시행령을 제정하지 않음으로써 이를 이행하지 않는 것은 불법행위에 해당한다. 17법행

⑤ 경매담당 공무원이 이해관계인에 대한 기일통지를 잘못한 것이 원인이 되어 경락허가결정이 취소되었다면 국가가 경락대금 및 등기비용 등의 손해를 배상하여야 한다. 09법무

해설

① (✕) 어떠한 행정처분이 후에 항고소송에서 취소되었다고 할지라도 그 기판력에 의하여 당해 행정처분이 곧바로 공무원의 고의 또는 과실로 인한 것으로서 <u>불법행위를 구성한다고 단정할 수는 없다.</u> (대법원 2000. 5. 12. 99다70600)

② (○) (대법원 2010. 4. 22. 2008다38288, 전합)

③ (○) (대법원 2003. 7. 11. 99다24218)

④ (○) (대법원 2007. 11. 29. 2006다3561)

⑤ (○) (대법원 2008. 7. 10. 2006다23664)

정답 ①

5. 손해배상책임

506
다음 설명 중 가장 적절하지 않은 것은? (판례)

① 공무원의 직무상 불법행위로 손해를 받은 국민이 법률이 정하는 바에 의하여 국가 또는 공공단체에 정당한 배상을 청구하였을 때 공무원 자신의 책임은 면제된다. 17입시

② 국민이 국가에 대해서만 손해배상청구권을 행사했더라도 공무원자신의 책임은 면제되지 않는다. 04행시

③ 헌법 제29조 제1항 단서는 공무원이 한 직무상 불법행위로 인하여 국가 등이 배상책임을 진다고 할지라도 그 때문에 공무원 자신의 민·형사상 책임이나 징계책임이 면제되지 아니한다는 원칙을 규정한 것이나, 그 조항 자체로 공무원 개인의 구체적인 손해배상책임의 범위까지 규정한 것으로 보기는 어렵다. 10법행

④ 공무원이 직무수행 중 불법행위로 타인에게 손해를 입힌 경우에 국가나 지방자치단체가 국가배상책임을 부담하는 외에 공무원 개인도 고의 또는 중과실이 있는 경우에는 불법행위로 인한 손해배상책임을 지지만, 공무원에게 경과실이 있을 뿐인 경우에는 공무원 개인은 불법행위로 인한 손해배상책임을 부담하지 아니한다. 10법행

해설

① (✕) 헌법 제29조 ① 공무원의 직무상 불법행위로 손해를 받은 국민은 법률이 정하는 바에 의하여 국가 또는 공공단체에 정당한 배상을 청구할 수 있다. 이 경우 공무원 자신의 책임은 면제되지 아니한다.

② (○) (대법원 1996. 2. 15., 95다38677, 전합)

③ (○) (대법원 1996. 2. 15. 95다38677, 전합) 〈주〉 헌법에서 공무원도 배상책임을 진다고 규정하고 있는데, 그 범위를 고의 또는 중과실인 경우로 범위를 제한하는 것이 헌법재판소의 입장이다.

④ (○) (대법원 1997. 2. 11. 95다5110)

정답 ①

507
다음 설명 중 적절한 것을 모두 고르면? (판례)

㉠ 헌법재판소 판례에 의하면 일반국민이 공동불법행위자인 군인의 부담부분에 관하여 국가에 대하여 구상권을 행사할 수 없다고 해석한다면 일반국민의 재산권을 과잉제한하는 경우에 해당한다. 21경채

㉡ 헌법 제29조 제2항의 이중배상청구금지 규정취지를 그대로 유지하고 있는 현행 국가배상법 제2조 제1항 단서 규정은 동 규정에서의 군인 등과 공동불법행위자인 일반국민의 경우에도 적용되어, 손해를 배상한 공동불법행위자가 국가에 대하여 구상권을 행사할 수 없다고 함이 헌법재판소의 견해이다. 21군무5

㉢ 대법원은 공동불법행위자인 민간인은 피해 군인이 입은 손해의 일부에 대해서 국가 등이 민간인에 구상의무를 부담한다면 그 내부적인 관계에서 부담하여야 할 부분을 제외한 나머지 자신의 부담부분에 한하여 손해배상의무를 부담하고, 국가 등에 대하여는 그 귀책부분의 구상을 청구할 수 없다고 판시하였다. 02사시

① ㉠ ㉡ ㉢　　② ㉠ ㉡
③ ㉠ ㉢　　　④ ㉡ ㉢

해설

㉠ (○) (헌재 1994. 12. 29. 93헌바21)

㉡ (✕) 국가배상법 제2조 제1항 단서 중 군인에 관련되는 부분을, 일반국민이 직무집행 중인 군인과의 공동불법행위로 직무집행 중 다른 군인에게 공상을 입혀 그 피해자에게 공동의 불법행위로 인한 손해를 배상한 다음 공동불법행위자인 군인의 부담부분에 관하여 국가에 대하여 구상권을 행사하는 것을 허용하지 않는다고 해석한다면, 일반국민을 국가에 대하여 지나치게 차별하는 경우에 해당하므로 헌법 제11조, 제29조에 위반되며, 헌법 제23조 제1항 및 제37조 제2항에도 위반된다. (헌재 1994. 12. 29. 93헌바21) 〈주〉 헌재는 구상권 행사를 인정한다.

㉢ (○) (대법원 2001. 2. 15. 96다42420, 전합) 〈주〉 대법원은 이중배상금지원칙을 근거로 민간인의 구상권 행사를 부정한다.

정답 ③

508

다음 설명 중 가장 적절하지 않은 것은? (판례)

① 군무원이 직무집행과 관련하여 받은 손해에 대하여는 법률이 정하는 보상 외에 국가 또는 공공단체에 공무원의 직무상 불법행위로 인한 배상은 청구할 수 없다. 14국회9
② 군인이 직무집행과 관련하여 공상을 입었더라도 군인연금법 등에 의하여 별도의 보상을 받을 수 없는 경우는 국가배상법 제2조 제1항 단서의 적용대상에서 제외된다. 06사시
③ 향토예비군대원이 훈련 등 직무집행과 관련하여 공상을 입은 경우에 본인이 다른 법령에 따라 재해보상금 등의 보상을 지급받을 수 있을 때에는 국가배상법에 따른 국가배상을 청구할 수 없다. 09법무
④ 전투경찰순경, 경비교도, 공익근무요원 등은 「국가배상법」 제2조 제1항 단서의 적용대상에 해당하지 아니한다. 18서울1회

[해설]
① (○) 국가배상법 제2조(배상책임) ① … 다만, 군인·군무원·경찰공무원 또는 예비군대원이 전투·훈련 등 직무 집행과 관련하여 전사·순직하거나 공상을 입은 경우에 본인이나 그 유족이 다른 법령에 따라 재해보상금·유족연금·상이연금 등의 보상을 지급받을 수 있을 때에는 이 법 및 「민법」에 따른 손해배상을 청구할 수 없다. 〈주〉 이중배상금지원칙이다.
② (○) (대법원 1997. 2. 14. 96다28066) 〈주〉 법률이 정하는 보상을 받은 경우에는 국가배상청구를 할 수 없지만, 법률이 정하는 보상을 받을 수 없는 경우에는 국가배상을 청구할 수 있다는 뜻이다.
③ (○) (대법원 2017. 2. 3. 2015두60075)
④ (×) [1] 전투경찰순경은 헌법 제29조 제2항 및 국가배상법 제2조 제1항 단서 중의 '경찰공무원'에 해당한다. (헌재 1996. 6. 13. 94헌마118) [2] 공익근무요원은 국가배상법 제2조 제1항 단서의 군인·군무원·경찰공무원 또는 향토예비군대원에 해당한다고 할 수 없다. (대법원 1997. 3. 28. 97다4036) [3] 현역병으로 입영하여 소정의 군사교육을 마치고 경비교도로 임용된 자는 국가배상법 제2조 제1항 단서가 정하는 군인 등에 해당하지 아니한다. (대법원 1998. 2. 10. 97다45914)
〈주〉 "전투경찰순경"은 경찰에 해당하고, "향토예비군"은 군인에 해당하므로 이중배상금지원칙이 적용된다. 그러나 "경비교도", "공익근무요원"은 이중배상금지원칙이 적용되지 않는다.

[정답] ④

6. 기타문제

509

다음 설명 중 가장 적절한 것은? (판례)

① 헌법재판소는 구 국가배상법 제9조의 배상결정전치주의 규정이 본질적으로 같은 것을 자의적으로 다르게 취급함으로써 국민의 평등권을 침해하는 것으로 보아 위헌으로 결정하였으며, 이에 동 조항의 배상결정전치주의는 선택적 결정전치주의로 개정되었다. 04행시
② 헌법재판소는 국가배상법 상의 배상결정전치주의가 법관에 의한 재판을 받을 권리와 신속한 재판을 받을 권리를 침해한다고 하였고, 이에 따라 국가배상법 상의 배상결정전치주의가 폐지되었다. 18지방7
③ 국가배상법에 따른 손해배상 소송은 배상심의회의 배상금 지급 또는 기각결정을 거친 후에 제기할 수 있다. 17법행
④ 현행 국가배상법에서는 당사자가 배상심의회에 배상신청을 하여 그 결과에 불복할 경우 소송을 제기할 수도 있고, 배상심의회를 거치지 아니하고 바로 법원에 소송을 제기할 수도 있다. 14국회9/21경승

[해설]
① (×) 국가배상법에 의한 손해배상소송을 제기하기 위해서는 배상결정을 필요적으로 거치도록 규정하였다고 하더라도 국민의 평등권을 침해하는 것이라고는 할 수 없다. (헌재 2000. 2. 24. 99헌바17) 〈주〉 필요적 배상결정전치주의가 합헌으로 결정났음에도, 국가배상법에서 임의적 전치주의로 개정하였다.
② (×) 평등권을 침해하는 것이라고는 할 수 없다. (헌재 2000. 2. 24. 99헌바17) 〈주〉 필요적 배상결정전치주의가 합헌으로 결정났음에도, 국가배상법에서 임의적 전치주의로 개정하였다.
③ (×) 국가배상법 제9조(소송과 배상신청의 관계) 이 법에 따른 손해배상의 소송은 배상심의회에 배상신청을 하지 아니하고도 제기할 수 있다.
④ (○) 국가배상법 제9조.

[정답] ④

510

다음 설명 중 가장 적절하지 않은 것은? (판례)

① 국가배상청구권에 관하여 소멸시효를 인정하는 것은 헌법에 위반된다는 것이 헌법재판소의 입장이다. 17법행

② 국가배상청구에 있어서도 오랜 기간의 경과로 인한 과거 사실의 증명의 곤란으로부터 채무자를 구제하고 또 권리행사를 게을리 한 자에 대한 제재 및 장기간 불안정한 상태에 놓이게 되는 가해자를 보호하기 위하여 소멸시효 제도의 적용은 필요하므로 헌법에 위반되지 아니한다. 18서울

③ 「국가배상법」에 소멸시효에 관한 규정을 두지 않고 소멸시효에 관해서는 「민법」 규정을 준용하도록 한 국가배상법 조항은 헌법에 위반되지 않는다. 21경승/22경찰2

④ 「진실·화해를 위한 과거사 정리 기본법」상 민간인 집단희생사건, 중대한 인권침해·조작의혹사건에 「민법」상 소멸시효 조항의 객관적 기산점이 적용되도록 하는 것은 청구인들의 국가배상청구권을 침해한다. 22경간

해설

① (×) 소멸시효제도에 의하여 국가배상청구권을 일부 제한하고 있다 하더라도 헌법 제37조 제2항에 위반된다고 볼 수도 없다. (헌재 1997. 2. 20. 96헌바24)

② (○) (헌재 1997. 2. 20. 96헌바24)

③ (○) 국가배상법 제8조(다른 법률과의 관계) 국가나 지방자치단체의 손해배상 책임에 관하여는 이 법에 규정된 사항 외에는 「민법」에 따른다. (헌재 1997. 2. 20. 96헌바24)

④ (○) (헌재 2018. 8. 30. 2014헌바148) 〈주〉 민법상 소멸시효의 객관적 기산점을 일반적인 국가배상청구권에 적용하는 것은 합헌이지만, 이를 과거사정리에 적용하는 것은 위헌이므로 구별해야 한다. 1980년대 전두환 정권의 희생자들에 대한 사건이다.

[정답] ①

511

다음 설명 중 가장 적절한 것은? (판례)

① 생명 신체의 침해로 인한 국가배상청구권은 양도 압류하지 못한다. 18국회9

② 생명·신체 및 재산의 침해로 인한 국가배상을 받을 권리는 양도하거나 압류하지 못한다. 18지방7

③ 군인이나 군무원이 타인에게 입힌 손해에 대한 배상신청사건을 심의하기 위하여 국방부에 특별심의회를 두며, 특별심의회는 국방부장관의 지휘를 받아야 한다. 18지방7

④ 지구심의회에서 배상신청이 기각된 신청인은 결정정본이 송달된 날부터 2주일 이내에 그 심의회를 거쳐 본부심의회나 특별심의회에 재심을 신청할 수 있으나, 지구심의회에서 배상신청이 각하된 신청인은 재심을 신청할 수 없다. 20비상

해설

① (○) 국가배상법 제4조(양도 등 금지) 생명·신체의 침해로 인한 국가배상을 받을 권리는 양도하거나 압류하지 못한다.

② (×) 국가배상법 제4조(양도 등 금지) 생명·신체의 침해로 인한 국가배상을 받을 권리는 양도하거나 압류하지 못한다.

③ (×) 국가배상법 제10조(배상심의회) ① 국가나 지방자치단체에 대한 배상신청사건을 심의하기 위하여 법무부에 본부심의회를 둔다. 다만, 군인이나 군무원이 타인에게 입힌 손해에 대한 배상신청사건을 심의하기 위하여 국방부에 특별심의회를 둔다. ③ 본부심의회와 특별심의회와 지구심의회는 법무부장관의 지휘를 받아야 한다. 〈주〉 군인, 군무원 손해배상 심의는 국방부의 특별심의회에서 하되, "국방부장관"이 아니라, "법무부장관"의 지휘를 받는다.

④ (×) 국가배상법 제15조의2(재심신청) ① 지구심의회에서 배상신청이 기각(일부기각된 경우를 포함한다) 또는 각하된 신청인은 결정정본이 송달된 날부터 2주일 이내에 그 심의회를 거쳐 본부심의회나 특별심의회에 재심(再審)을 신청할 수 있다. 〈주〉 "기각" 뿐만 아니라 "각하"에 대해서도 재심을 신청할 수 있다.

[정답] ①

제5절 범죄피해자구조청구권

1. 서설

512
다음 설명 중 가장 적절한 것은? (판례)

① 형사피해자의 재판절차진술권의 형사피해자는 범죄피해자구조청구권의 범죄피해자보다 넓은 개념이다. 18국회9
② 범죄피해자구조청구권의 주체는 자연인과 법인이며, 외국인은 상호보증이 있는 경우에 한하여 주체가 될 수 있다. 22법원
③ 구조대상 범죄피해는 대한민국 영역 안에서 또는 대한민국 영역 밖에서 행하여진 범죄로 인한 피해를 말한다. 19행시
④ 범죄피해자 구조청구권의 대상이 되는 범죄피해에 해외에서 발생한 범죄피해의 경우를 포함하고 있지 아니한 것은 불합리한 자의적인 차별이다. 20경승/21법행/22법원

해설
① (O) 재판절차진술권의 주체는 범죄로 인한 모든 피해자이지만, 범죄피해자구조청구권의 주체는 대한민국의 영역 안의 생명 또는 신체 피해자만을 말한다.
② (×) 범죄피해자 보호법 제23조(외국인에 대한 구조) 이 법은 외국인이 구조피해자이거나 유족인 경우에는 해당 국가의 상호보증이 있는 경우에만 적용한다. 〈주〉 외국인은 주체가 될 수 있지만, 법인은 생명 또는 신체에 대한 피해를 당할 수 없기 때문에 구조청구권의 주체가 될 수 없다.
③ (×) 범죄피해자보호법 제3조 제1항 제4호. – 대한민국의 영역 안에서 발생한 범죄에 한정된다.
④ (×) 평등원칙에 위배되지 아니한다. (헌재 2011. 12. 29. 2009헌마354)

[정답] ①

513
다음 설명 중 가장 적절하지 않은 것은? (판례)

① 범죄피해구조금은 국가의 재정에 기반을 두고 있는 바, 구조금 청구권의 행사대상을 우선적으로 대한민국의 영역 안의 범죄 피해에 한정하고, 향후 구조금의 확대에 따라서 해외에서 발생한 범죄피해의 경우에도 구조를 하는 방향으로 운영하는 것은 입법형성의 재량의 범위 내라고 할 수 있다. 18지방7
② 「범죄피해자 보호법」상 범죄피해자란 타인의 범죄행위로 피해를 당한 사람과 그 배우자(사실상의 혼인관계를 포함한다), 직계 친족 및 형제자매를 말한다. 21경채
③ 외국인이 구조피해자이거나 유족인 경우에는 해당 국가의 상호보증이 있는 경우에 한하여 범죄피해자구조청구권을 행사할 수 있다. 19행시
④ 범죄피해자구조청구권은 생명, 신체에 대한 피해를 입은 경우에 적용되는 것은 물론이고 재산상 피해를 입은 경우에도 적용된다. 19행시/20경승

해설
① (O) (헌재 2011. 12. 29. 2009헌마354)
② (O) 범죄피해자보호법 제3조(정의) ① 이 법에서 사용하는 용어의 뜻은 다음과 같다. 1. "범죄피해자"란 타인의 범죄행위로 피해를 당한 사람과 그 배우자(사실상의 혼인관계를 포함한다), 직계친족 및 형제자매를 말한다. 〈주〉 범죄피해자에는 피해자 본인과 그 가족이 포함된다.
③ (O) 범죄피해자보호법 제23조(외국인에 대한 구조) 이 법은 외국인이 구조피해자이거나 유족인 경우에는 해당 국가의 상호보증이 있는 경우에만 적용한다.
④ (×) 범죄피해자보호법 제3조 제1항 제4호. – 대한민국 영역 안의 생명, 신체 피해에 한정되고, 재산, 명예 등의 피해는 제외된다. 또한 정당방위, 정당행위, 과실에 의한 행위로 피해를 입은 경우도 제외된다.

[정답] ④

2. 범죄피해자구조의 요건

514
다음 설명 중 가장 적절한 것은? (판례)

① 대한민국의 영역 안에서 과실에 의한 행위로 사망하거나 장해 또는 중상해를 입은 경우에도 범죄피해자구조청구권이 인정된다. 18지방7
② 범죄행위 당시 구조피해자와 가해자 사이에 사실상의 혼인관계가 있는 경우에도 구조피해자에게 구조금을 지급한다. 18지방7/20경승
③ 과실에 의한 행위로 사망한 경우는 범죄피해자 보호법상 구조의 대상이 되는 범죄피해에 해당하지 아니한다. 14법행
④ 형사사건의 수사 또는 재판에 있어서 수사단서의 제공, 진술, 증언 또는 자료제출과 관련하여 피해자로 된 때에는 피해자의 생계유지가 곤란한 사정이 있는 경우에 범죄피해구조금을 지급한다. 04사시

해설
① (✕) 범죄피해자보호법 제3조. 범죄피해자구조청구권에서 과실에 의한 행위는 제외한다.
② (✕) 범죄피해자보호법 제19조(구조금을 지급하지 아니할 수 있는 경우) ① 범죄행위 당시 구조피해자와 가해자 사이에 다음 각 호의 어느 하나에 해당하는 친족관계가 있는 경우에는 구조금을 지급하지 아니한다. 1. 부부(사실상의 혼인관계를 포함한다)
③ (○) 범죄피해자보호법 제3조 제1항 제4호. – 대한민국 영역 안의 생명, 신체 피해에 한정되고, 재산, 명예 등의 피해는 제외된다. 또한 정당방위, 정당행위, 과실에 의한 행위로 피해를 입은 경우도 제외된다.
④ (✕) 범죄피해자보호법 제16조. – 가해자의 불명, 피해자의 생계유지 등의 무자력은 요건이 아니다. 〈주〉 과거에는 요건이었지만, 법 개정으로 삭제되었다.

[정답] ③

515
다음 설명 중 가장 적절한 것은? (판례)

① 자기 또는 타인의 형사사건의 수사 또는 재판에 있어서 증언과 관련하여 피해자로 된 때에는 가해자가 무자력이 아닌 경우에도 구조금을 지급받을 수 있다. 09국회8
② 범죄피해자 보호법은 가해자의 불명 또는 무자력으로 피해의 전부 또는 일부를 배상받지 못하는 경우를 구조청구권의 성립요건으로 규정하고 있다. 14법행
③ 구조금의 지급에 관한 사항을 심의·결정하기 위하여 지방법원에 범죄피해구조심의회를 둔다. 09국회8
④ 범죄피해자 보호법은 구조피해자의 사실혼 배우자와 구조피해자의 사망 당시 구조피해자의 수입으로 생계를 유지하고 있는 구조피해자의 부모를 유족구조금 지급에서 같은 순위의 유족으로 규정하고 있다. 14법행

해설
① (○) 제4장 구조대상 범죄피해에 대한 구조 – 범죄피해자보호법 제16조(구조금의 지급요건) 국가는 구조대상 범죄피해를 받은 사람이 다음 각 호의 어느 하나에 해당하면 구조피해자 또는 그 유족에게 범죄피해구조금을 지급한다. – 1. 구조피해자가 피해의 전부 또는 일부를 배상받지 못하는 경우 2. 자기 또는 타인의 형사사건의 수사 또는 재판에서 고소·고발 등 수사단서를 제공하거나 진술, 증언 또는 자료제출을 하다가 구조피해자가 된 경우
② (✕) 범죄피해자보호법 제16조. – 가해자의 불명, 피해자의 생계유지 등의 무자력은 요건이 아니다. 〈주〉 과거에는 요건이었지만, 법 개정으로 삭제되었다.
③ (✕) 범죄피해자보호법 제24조(범죄피해구조심의회 등) ① 구조금 지급에 관한 사항을 심의·결정하기 위하여 각 지방검찰청에 범죄피해구조심의회를 두고 법무부에 범죄피해구조본부심의회를 둔다. 〈주〉 지방법원이 아니라 지방검찰청에 둔다.
④ (✕) 범죄피해자보호법 제18조(유족의 범위 및 순위) 〈주〉 배우자와 자녀가 1순위이고, 부모는 2순위이다.

[정답] ①

516

다음 설명 중 가장 적절하지 않은 것은? (판례)

① 피해자와 가해자 사이에 사실상의 혼인관계 또는 친족관계가 있다든지, 피해자가 범죄행위를 유발하거나 피해의 발생에 관하여 피해자에게 귀책사유가 있는 경우에는 범죄피해구조금의 전부 또는 일부를 지급하지 않을 수 있다. 04사시

② 범죄피해자 보호법에 따르면, 국가는 구조피해자가 직계혈족의 관계가 있는 가해자로부터 범죄피해를 입은 경우에는 원칙적으로 구조금을 지급하지 아니하나 구조금을 지급하지 아니하는 것이 사회통념에 위배된다고 인정할 만한 특별한 사정이 있는 경우에는 구조금의 일부를 지급할 수 있다. 14법행

③ 피해자 또는 유족이 당해 범죄피해를 원인으로 하여 산업재해 보상보험법에 의한 장해급여를 지급받을 수 있는 경우에는 그 지급받을 금액의 범위 안에서 범죄피해구조금을 지급하지 않는다. 04사시

④ 국가는 피해자 또는 유족이 당해 범죄피해를 원인으로 하여 손해배상을 받은 때에도 구조금을 전부 지급한다. 09국회8

해설

① (○) 범죄피해자보호법 제19조 - (1) 피해자와 가해자가 친족관계인 경우(사실혼 포함), (2) 범죄에 대한 교사방조, 유발, 부정행위 등으로 피해자가 범죄와 관련 있는 경우 등에는 구조금을 지급하지 않는다.

② (○) 범죄피해자보호법 제19조 ⑦ 제1항부터 제6항까지의 규정에도 불구하고 구조금의 실질적인 수혜자가 가해자로 귀착될 우려가 없는 경우 등 구조금을 지급하지 아니하는 것이 사회통념에 위배된다고 인정할 만한 특별한 사정이 있는 경우에는 구조금의 전부 또는 일부를 지급할 수 있다.

③ (○) 범죄피해자 보호법 제20조(다른 법령에 따른 급여 등과의 관계) 구조피해자나 유족이 해당 구조대상 범죄피해를 원인으로 하여 「국가배상법」이나 그 밖의 법령에 따른 급여 등을 받을 수 있는 경우에는 대통령령으로 정하는 바에 따라 구조금을 지급하지 아니한다.

④ (✗) 범죄피해자보호법 제21조(손해배상과의 관계) ① 국가는 구조피해자나 유족이 해당 구조대상 범죄피해를 원인으로 하여 손해배상을 받았으면 그 범위에서 구조금을 지급하지 아니한다.

정답 ④

3. 기타 문제

517

다음 설명 중 가장 적절한 것은? (판례)

① 범죄피해자구조금의 지급신청은 해당 구조대상 범죄피해의 발생을 안 날부터 3년이 지나거나 해당 구조대상 범죄피해가 발생한 날부터 5년이 지나면 할 수 없다. 19행시

② 구조금의 지급신청은 당해 범죄피해의 발생을 안 날로부터 3년 또는 당해 범죄피해가 발생한 날로부터 10년이 경과한 때에는 이를 할 수 없다. 09국회8

③ 구조금의 지급을 받을 권리는 그 구조결정이 당해 신청인에게 송달된 날로부터 3년간 행사되지 아니하면 시효로 인하여 소멸된다. 09국회8

④ 범죄피해구조금을 받을 권리는 그 구조결정이 해당 신청인에게 송달된 날부터 1년간 행사하지 아니하면 시효로 인하여 소멸된다. 18지방7/20경승

해설

① (✗) 범죄피해자보호법 제25조(구조금의 지급신청) ② 제1항에 따른 신청은 해당 구조대상 범죄피해의 발생을 안 날부터 3년이 지나거나 해당 구조대상 범죄피해가 발생한 날부터 10년이 지나면 할 수 없다. 〈주〉 형사보상청구는 3년, 5년이고, 범죄피해구조청구는 3년, 10년이다. 구별하여야 한다.

② (○) 범죄피해자보호법 제25조 제2항.

③ (✗) 범죄피해자보호법 제31조(소멸시효) 구조금을 받을 권리는 그 구조결정이 해당 신청인에게 송달된 날부터 2년간 행사하지 아니하면 시효로 인하여 소멸된다.

④ (✗) 범죄피해자보호법 제31조(소멸시효) 구조금을 받을 권리는 그 구조결정이 해당 신청인에게 송달된 날부터 2년간 행사하지 아니하면 시효로 인하여 소멸된다.

정답 ②

제7장 사회적 기본권

제1절 인간다운 생활권

1. 서설

518
다음 설명 중 가장 적절하지 않은 것은? (판례)

① 국가는 노인과 청소년의 복지향상을 위한 정책을 실시할 의무를 진다. 21법원
② 헌법은 국가의 재해예방 의무에 대해서 아무런 규정을 두고 있지 않다. 21법원
③ 사회적 기본권은 입법과정이나 정책결정과정에서 사회적 기본권에 규정된 국가목표의 무조건적인 최우선적 배려가 아니라 단지 적절한 고려를 요청하는 것이다. 15지방7
④ 국가는 사회적 기본권에 의하여 제시된 국가의 의무와 과제를 국가의 재정·경제능력의 범위 내에서 다른 국가과제와의 조화와 우선순위결정을 통하여 이행할 수밖에 없다. 21법원

해설
① (O) 헌법 제34조 ① 모든 국민은 인간다운 생활을 할 권리를 가진다. ② 국가는 사회보장·사회복지의 증진에 노력할 의무를 진다. ③ 국가는 여자의 복지와 권익의 향상을 위하여 노력하여야 한다. ④ 국가는 노인과 청소년의 복지향상을 위한 정책을 실시할 의무를 진다. ⑤ 신체장애자 및 질병·노령 기타의 사유로 생활능력이 없는 국민은 법률이 정하는 바에 의하여 국가의 보호를 받는다. ⑥ 국가는 재해를 예방하고 그 위험으로부터 국민을 보호하기 위하여 노력하여야 한다. 〈주〉 노인과 신체장애인에 대한 근로보호 규정은 없으나 생활보호 규정은 있으니, 구별해야 한다.
② (X) 헌법 제34조 제6항. 국가는 재해를 예방하고 그 위험으로부터 국민을 보호하기 위하여 노력하여야 한다.
③ (O) (헌재 2002. 12. 18. 2002헌마52) 〈주〉 입법재량이 크다.
④ (O) (헌재 2002. 12. 18. 2002헌마52) 〈주〉 입법재량이 크다.

[정답] ②

519
다음 설명 중 적절한 것을 모두 고르면? (판례)

㉠ 모든 국민은 인간다운 생활을 할 권리를 가지며 국가는 생활능력 없는 국민을 보호할 의무가 있다는 헌법의 규정은 모든 국가기관을 기속하므로, 입법부 또는 행정부의 경우와 헌법재판소의 경우에 있어서 그 기속력의 의미가 다르게 이해되어서는 안 된다. 17변시
㉡ 헌법 제34조 제1항이 보장하는 인간다운 생활을 할 권리는 사회권적 기본권의 일종으로서 인간의 존엄에 상응하는 최소한의 물질적인 생활의 유지에 필요한 급부를 요구할 수 있는 권리를 의미한다. 19서울
㉢ 인간다운 생활을 할 권리란 국가에 대하여 인간의 존엄에 상응하는 최소한의 급부를 국가에 청구할 수 있는 권리를 말하는데, 헌법재판소는 '건강하고 문화적인 최저한도의 생활'을 인간의 존엄에 상응하는 최소한의 보장 수준으로 보고 있다. 12국회

① ㉠ ㉡ ㉢   ② ㉠ ㉡
③ ㉠ ㉢   ④ ㉡

해설
㉠ (X) 모든 국민은 인간다운 생활을 할 권리를 가지며 국가는 생활능력 없는 국민을 보호할 의무가 있다는 헌법의 규정은 모든 국가기관을 기속하지만 그 기속의 의미는 동일하지 아니한데, 입법부나 행정부에 대하여는 행위규범으로서 작용하지만, 헌법재판에 있어서는 통제규범으로 작용하는 것이다. (헌재 2004. 10. 28. 2002헌마328) 〈주〉 기속력의 의미를 다르게 해석해야 한다.
㉡ (O) (헌재 1995. 7. 21. 93헌가14)
㉢ (X) 인간다운 생활을 할 권리로부터는 인간의 존엄에 상응하는 생활에 필요한 "최소한의 물질적인 생활"의 유지에 필요한 급부를 요구할 수 있는 구체적인 권리가 상황에 따라서는 직접 도출될 수 있다고 할 수는 있어도, 동 기본권이 직접 그 이상의 급부를 내용으로 하는 구체적인 권리를 발생케 한다고는 볼 수 없다. (헌재 2003. 5. 15. 2002헌마90) 〈주〉 헌법재판소는 최소한의 물질적 생활을 보장했는가를 기준으로 심판하는 통제규범의 기능을 한다.

[정답] ④

2. 사회보장

520

다음 설명 중 가장 적절하지 않은 것은? (판례)

① 사회보장수급권은 법률상의 권리로서 헌법의 기본권으로 인정될 수는 없고, 입법자의 재량에 의해서 사회·경제적 여건 등을 종합하여 합리적인 수준에서 결정된다. 17국회8

② 공무원연금법상의 연금수급권과 같은 사회보장수급권은 헌법 제34조의 규정으로부터 도출되는 사회적 기본권의 하나이며, 따라서 국가에 대하여 적극적으로 급부를 요구하는 것이므로 헌법규정만으로는 이를 실현할 수 없고, 법률에 의한 형성을 필요로 한다. 17변시/19입시

③ '인간다운 생활을 할 권리'로부터는 인간의 존엄에 상응하는 생활에 필요한 '최소한의 물질적인 생활'의 유지에 필요한 급부를 요구할 수 있는 구체적인 권리가 상황에 따라서는 직접 도출될 수 있다고 할 수는 있어도, 동 기본권이 직접 그 이상의 급부를 내용으로 하는 구체적인 권리를 발생케 한다고는 볼 수 없다. 17변시

④ 사회적 기본권에 관한 법률유보는 주로 권리의 내용을 구체화하는 기본권구체화적 법률유보를 의미하기 때문에, 국회가 사회적 기본권을 구체화하는 입법의무를 게을리 할 경우 헌법재판소는 결정의 형식으로 스스로 입법할 수 없다. 15지방7

[해설]

① (×) 사회보장수급권은 <u>헌법에서 도출되는 사회적 기본권의 하나</u>이다. 사회보장수급권의 구체적 내용, 즉 수급요건, 수급권자의 범위, 급여금액 등은 법률에 의하여 비로소 확정된다. (헌재 2001. 9. 27. 2000헌마342) 〈주〉 국가의 사회보장의무는 헌법 제34조 제2항에 명시되어 있다.

② (○) (헌재 1999. 4. 29. 97헌마333)

③ (○) (헌재 2003. 5. 15. 2002헌마90)

④ (○) (헌재 1999. 4. 29. 97헌마333)

[정답] ①

521

다음 설명 중 가장 적절하지 않은 것은? (판례)

① 「공무원연금법」상의 연금수급권과 같이 사회보장수급권과 재산권의 두 요소가 불가분적으로 혼재되어 있는 경우 입법자로서는 그 구체적 내용을 정함에 있어 어느 한 쪽의 요소에 보다 중점을 둘 수도 있다. 21국회5

② 국민연금제도의 가입대상을 18세 이상 60세 미만의 국민으로 제한한 것은 평등원칙을 침해한 것이다. 21비상

③ 산재보험수급권은 이른바 '사회보장수급권'의 하나로서 국가에 대하여 적극적으로 급부를 요구하는 것이지만, 헌법규정만으로는 이를 실현할 수 없고, 법률에 의한 형성을 필요로 한다. 18법행

④ 근로자의 평균임금을 산정할 수 없는 경우에 노동부장관이 평균임금을 정하여 고시하여야 하는 작위의무는 직접 헌법에 의하여 부여된 것은 아니나, 법률이 행정입법을 당연한 전제로 규정하고 있음에도 불구하고 행정권이 그 취지에 따라 행정입법을 하지 아니함으로써 법령의 공백상태를 방치하고 있는 경우 노동부장관의 그러한 행정입법 작위의무는 헌법적 의무라고 보아야 한다. 22경채

[해설]

① (○) (헌재 1999. 4. 29. 97헌마333) 〈주〉 사회보장성에 중점을 두어 재량으로 감액할 수 있다는 뜻이다.

② (×) 청구인들을 불합리하게 차별대우함으로써 헌법상의 평등원칙을 침해한다고 볼 수 없다. (헌재 2001. 4. 26. 2000헌마390)

③ (○) (헌재 2009. 5. 28. 2005헌바20)

④ (○) (헌재 2002. 7. 18. 2000헌마707) 〈주〉 평균임금이 규정되어야 산재보험금을 받을 수 있다.

[정답] ②

522
다음 설명 중 가장 적절하지 않은 것은? (판례)

① 공무원 퇴직연금의 수급요건을 재직기간 20년에서 10년으로 완화한 개정「공무원연금법」의 적용대상을 법 시행일 당시 재직 중인 공무원으로 한정한 공무원연금법 (2015. 6. 22. 법률 제13387호) 부칙은 평등권을 침해한 것이다. 21비상

② 산재보험수급권은 이른바 '사회보장수급권'의 하나로서 국가에 대하여 적극적으로 급부를 요구하는 것이지만 국가가 재정부담능력과 전체적 사회보장 수준 등을 고려하여 그 내용과 범위를 정하는 것이므로 입법부에 폭넓은 입법형성의 자유가 인정된다. 18서울

③ 국가가 인간다운 생활을 보장하기 위한 헌법적 의무를 다 하였는지의 여부가 사법적 심사의 대상이 된 경우에는, 국가가 생계보호에 관한 입법을 전혀 하지 아니하였다든가 그 내용이 현저히 불합리하여 헌법상 용인될 수 있는 재량의 범위를 명백히 일탈한 경우에 한하여 인간다운 생활을 할 권리를 보장한 헌법에 위반된다고 할 수 있다. 17지방7/22경찰1차

④ 사회적 기본권의 성격을 가지는 산재보험수급권은 법률에 의해서 구체적으로 형성되는 권리로서, 국가가 헌법 제34조에 따른 사회보장의무에 위반하여 생계보호에 관한 입법을 전혀 하지 아니하였거나 또는 그 내용이 현저히 불합리하여 헌법상 용인될 수 있는 재량의 범위를 명백히 일탈한 경우에 한하여 헌법에 위반된다고 할 수 있다. 18법행

해설
① (×) 상당한 규모의 재정부담도 발생하게 될 것이므로, 개정 공무원연금법의 적용대상을 법 시행일 당시 재직 중인 공무원으로 한정한 공무원연금법 부칙은 청구인의 평등권을 침해하지 않는다. (헌재 2017. 5. 25. 2015헌마933)
② (○) (헌재 2005. 7. 21. 2004헌바2)
③ (○) (헌재 2004. 10. 28. 2002헌마328)
④ (○) (헌재 2015. 6. 25. 2014헌바269)

정답 ①

523
다음 설명 중 가장 적절한 것은? (판례)

① 인간다운 생활을 보장하기 위한 객관적인 내용의 최소한을 보장하고 있는지 여부는 특정한 법률에 의한 생계급여만을 가지고 판단하여서는 안 되고, 다른 법령에 의거하여 국가가 최저생활보장을 위하여 지급하는 각종 급여나 각종 부담의 감면 등을 총괄한 수준으로 판단하여야 한다. 19서울

② 보건복지부장관이 고시한 생계보호기준에 따른 생계보호의 수준이 일반 최저생계비에 못미친다면, 청구인들의 행복추구권과 인간다운 생활을 할 권리를 침해한 것이다. 20법원

③ 「국민연금법」상 분할연금제도는 이혼한 배우자가 혼인 기간 중 재산형성에 기여한 부분을 청산·분배하는 재산권적인 성격을 가진 것으로, 이혼배우자의 노후를 보장하는 사회보장적 성격을 가지는 것이 아니다. 20비상

④ 보건복지부장관이 최저생계비를 고시함에 있어 장애로 인한 추가지출비용을 반영한 별도의 최저생계비를 결정하지 않은 채 가구별 인원수만을 기준으로 최저생계비를 결정한 고시는 엄격한 기준인 비례성원칙에 따른 심사를 함이 타당하다. 20경승/21경채/21소방

해설
① (○) (헌재 2004. 10. 28. 2002헌마328) 〈주〉 최저생계급여만으로 판단하면 안되고, 생계급여, 주거급여, 의료급여, 교통급여 등의 각종급여를 모두 총괄하여 판단하여야 한다.
② (×) 행복추구권이나 인간다운 생활을 할 권리를 침해한 것이라고는 볼 수 없다. (헌재 1997. 5. 29. 94헌마33)
③ (×) 분할연금제도는 재산권적인 성격과 사회보장적 성격을 함께 가진다. (헌재 2016. 12. 29. 2015헌바182) 〈주〉 별거·가출 등으로 실질적인 혼인관계가 존재하지 않았던 기간을 포함시켜 분할연금을 산정하는 규정에 대하여 헌법불합치를 선고한 사안이다.
④ (×) 이 사건 고시로 인한 장애인가구와 비장애인가구의 차별취급이 평등위반인지 여부를 심사함에 있어서는 완화된 심사기준인 자의금지원칙을 적용함이 상당하다. (헌재 2004. 10. 28. 2002헌마328) 〈주〉 기각결정을 하였다.

정답 ①

524

다음 설명 중 가장 적절한 것은? (판례)

① 생계급여를 지급함에 있어 '개별가구 또는 개인의 여건'에 관한 조건 부과 유예 대상자의 범위를 정할 때 '대학원에 재학 중인 사람' 또는 '부모에게 버림받아 부모를 알 수 없는 사람'에 대하여 조건 부과 유예사유를 두지 않은 것은 인간다운 생활을 할 권리를 침해한 것이다. 21소방

② 사립학교 교원에 대한 명예퇴직수당은 장기근속자의 조기 퇴직을 유도하기 위한 특별장려금이라고 할 것이고 사회보장수급권에 해당하지 않는다. 18서울

③ 공무원의 재임 기간 동안 충실한 공무 수행을 담보하기 위하여 공무원의 퇴직급여 및 공무상 재해보상을 보장할 것까지 공무담임권의 보호영역에 포함된다고 본다. 20경승

④ 헌법 제25조의 공무담임권은 공무원의 재임기간 동안 충실한 공직 수행을 담보하기 위하여 공무원의 퇴직급여 및 공무상 재해보상 보장까지 그 보호영역으로 하고 있으므로, 공무원연금법이 선출직 지방자치단체의 장을 위한 별도의 퇴직급여제도를 마련하지 않은 것은 사회보장수급권을 침해한다. 18변시

해설

① (×) 국민기초생활 보장법은 조건 부과 유예 대상자에 해당하지 않는다고 하더라도, 수급자의 개인적 사정을 고려하여 근로조건의 제시를 유예할 수 있는 제도를 별도로 두고 있으므로, 청구인의 인간다운 생활을 할 권리도 침해하지 않는다. (헌재 2017. 11. 30. 2016헌마448) 〈주〉 예외사유를 두고 있으므로 과잉금지원칙에 위반되지 않는다.

② (○) (헌재 2007. 4. 26. 2003헌마533)

③ (×) 공무원의 퇴직급여 및 공무상 재해보상을 보장할 것까지 그 보호영역으로 하고 있다고 보기 어렵다. (헌재 2014. 6. 26. 2012헌마459) 〈주〉 지자체장의 퇴직금을 부정한 사안이다.

④ (×) 지방자치단체장을 위한 퇴직급여제도를 마련하여야 할 입법적 의무가 도출된다고 볼 수는 없다. (헌재 2014. 6. 26. 2012헌마459)

[정답] ②

525

다음 설명 중 가장 적절한 것은? (판례)

① 선거로 취임하는 공무원인 지방자치단체장을 「공무원연금법」의 적용대상에서 제외하는 법률 조항은, 지방자치단체장도 경력직공무원 또는 다른 특수경력직공무원등과 차이가 없는데도 「공무원연금법」의 적용에 있어 지방자치단체장을 다른 공무원에 비하여 합리적 이유 없이 차별하는 것으로, 지방자치단체장들의 평등권을 침해한다. 20경승

② 선출직 공무원으로서 받게 되는 보수가 기존의 연금에 미치지 못하는 경우에도 연금 전액의 지급을 정지하도록 정한 구 공무원연금법 규정은 과잉금지원칙에 위배되어 재산권을 침해하지 않는다. 20국회9/21비상

③ 기초연금 수급액을 「국민기초생활 보장법」상 이전소득에 포함시키도록 하는 구 「국민기초생활 보장법 시행령」 조항은 기초 연금을 함께 수급하고 있거나 장차 수급하려는 「국민기초생활보장법」상 수급자인 노인들의 인간다운 생활을 할 권리를 침해하지 않는다. 22경채

④ 공무원연금법에서 다른 법령에 따라 국가나 지방자치단체의 부담으로 공무원연금법에 따른 급여와 같은 종류의 급여를 받는 자에게는 그 급여에 상당하는 금액을 공제하여 지급한다고 규정하고 있는 것은 사회보장수급권의 위헌적 침해로 볼 수 있다. 18서울

해설

① (×) 심판대상조항은 청구인들의 평등권을 침해하지 않는다. (헌재 2014. 6. 26. 2012헌마459)

② (×) 심판대상조항은 연금을 대체할 만한 적정한 소득이 있다고 할 수 없는 경우에도 일률적으로 연금전액의 지급을 정지하여 지급정지제도의 본질 및 취지와 어긋나는 결과를 초래한다. 따라서 심판대상조항은 과잉금지원칙에 위배되어 재산권을 침해한다. (헌재 2022. 1. 27. 2019헌바161) 〈주〉 신뢰보호원칙은 판단하지 않고, 과잉금지원칙에 반한다고 판단하였다.

③ (○) (헌재 2019. 12. 27. 2017헌마1299)

④ (×) 청구인의 사회보장수급권이나 재산권을 침해하였다고 보기 어렵다. (헌재 2013. 9. 26. 2011헌바272)

[정답] ③

3. 근로자, 수용자, 장애인, 유공자 등

526
다음 설명 중 가장 적절한 것은? (판례)

① 일정 범위의 사업을 산업재해보상보험법의 적용 대상에서 제외하면서 그 적용제외사업을 대통령령으로 정하도록 규정한 산업재해보상보험법 조항은 근로조건이 열악한 소규모 사업장 등에 근무하는 근로자들에 대하여 최소한의 내용도 보장하지 않고 있는 것이므로 인간다운 생활을 할 권리를 침해한다. 18법행

② 업무상 질병으로 인한 업무상 재해에 있어 업무와 재해 사이의 상당인과관계에 대한 입증책임을 이를 주장하는 근로자나 그 유족에게 부담시키는 산업재해보상보험법 조항은 사회보장수급권을 침해하지 아니한다. 18법행/22경찰1차

③ 헌법 제15조의 직업의 자유 또는 헌법 제32조의 근로의 권리, 사회국가원리 등으로부터 실업방지 및 부당한 해고로부터 근로자를 보호할 국가의 의무를 도출할 수는 없다. 21법행

④ 헌법상 직업의 자유 또는 근로의 권리, 사회국가원리 등에 근거하여 근로자에게 국가에 대한 직접적인 직장존속보장청구권이 헌법상 인정된다. 20법무

해설
① (×) 이 사건 법률조항은 헌법 제34조에 위반되지 않는다. (헌재 2003. 7. 24. 2002헌바51)
② (○) (헌재 2015. 6. 25. 2014헌바269) 〈주〉 민사소송 원칙상 그 사실을 주장하는 자가 입증책임을 부담한다.
③ (×) 실업방지 및 부당한 해고로부터 근로자를 보호하여야 할 국가의 의무를 도출할 수는 있을 것이다. (헌재 2002. 11. 28. 2001헌바50)
④ (×) 국가에 대한 직접적인 직장존속보장청구권을 근로자에게 인정할 헌법상의 근거는 없다. (헌재 2002. 11. 28. 2001헌바50)

[정답] ②

527
다음 설명 중 가장 적절한 것은? (판례)

① 공무원과는 달리 산재보험에 가입한 근로자의 통상의 출·퇴근 재해를 업무상 재해로 인정하지 않더라도 입법자의 입법형성의 한계를 벗어난 자의적인 차별은 아니다. 16법원

② 산업재해보상보험의 생활보장적 성격을 감안하더라도 사용자가 제공하지 않는 통상의 출퇴근에서 발생한 재해를 업무상 재해로 인정하여 근로자를 보호해 줄 수 있는 헌법적 근거는 없다. 19입시

③ 형의 집행 및 수용자의 처우에 관한 법률에 의한 교도소 구치소에 수용 중인 자를 기초생활보장제도의 보장단위인 개별가구에서 제외키로 한 것은 위 수용자의 인간다운 생활을 할 권리를 침해한다. 17변시

④ 국가는 노인의 특성에 적합한 주택정책을 복지향상차원에서 개발하여 노인으로 하여금 쾌적한 주거활동을 할 수 있도록 노력하여야 할 의무를 부담한다. 17지방7

해설
① (×) 합리적 이유 없이 비혜택근로자에게 경제적 불이익을 주어 이들을 자의적으로 차별하는 것이므로, 헌법상 평등원칙에 위배된다. (헌재 2016. 9. 29. 2014헌바254)
② (×) 산재보험수급권은 이른바 '사회보장수급권'의 하나로서 국가에 대하여 적극적으로 급부를 요구하는 것이다. (헌재 2016. 9. 29. 2014헌바254) 〈주〉 헌법적 근거가 있다.
③ (×) 국민기초생활 보장법의 보충급여의 원칙에 따라 중복적인 보장을 피하기 위하여 위 수용자를 기초생활보장제도의 보장단위인 개별가구에서 제외키로 한 것은 위 수용자의 인간다운 생활을 할 권리를 침해하지 아니한다. (헌재 2011. 3. 31. 2009헌마617)
④ (○) (헌재 2016. 6. 30. 2015헌바46)

[정답] ④

528

다음 설명 중 가장 적절하지 않은 것은? (판례)

① 국가가 경제주체간의 조화를 통한 경제의 민주화를 위해 규제와 조정을 할 수 있다고 천명하고 있는 헌법규정 취지에 비추어 볼 때, 장애인고용의무제로 인하여 사업주의 계약의 자유가 일정한 범위 내에서 제한된다고 하여 곧 헌법상 비례의 원칙을 위반하였다고 볼 수 없다. 13사시

② 국가가 장애인의 복지를 향상해야 할 의무가 있다고 하여, '장애인을 위한 저상버스의 도입'과 같은 구체적인 국가의 행위의무를 도출할 수는 없다. 19입시

③ 언어장애를 가진 후보자를 위한 선거운동방법을 별도로 마련해 주지 않은 채 언어장애 후보자와 비장애 후보자의 선거운동방법을 같은 수준에서 일률적으로 제한하는 것은 평등권을 침해한 것이다. 13사시/22경찰1차

④ 방송광고, 후보자 등의 방송연설, 방송시설주관 후보자연설의 방송, 선거방송토론위원회 주관 대담 토론회의 방송에서 한국 수화언어 또는 자막의 방영을 재량사항으로 규정한 공직선거법 조항이 자의적으로 비청각장애인과 청각장애인인 청구인을 달리 취급하여 청구인의 평등권을 침해한다고 보기는 어렵다. 22경찰1차

[해설]

① (O) (헌재 2003. 7. 24. 2001헌바96) 〈주〉 여성할당제, 청년할당제, 장애인할당제 등은 모두 사회국가주의에 의하여 합헌이다.
② (O) (헌재 2002. 12. 18. 2002헌마52)
③ (X) 이 사건 법률조항을 평등의 원칙에 위반되는 것이라고 할 수는 없는 것이다. (헌재 2009. 2. 26. 2006헌마626)
④ (O) (헌재 2020. 8. 28. 2017헌마813) 〈주〉 사회권은 모두 법률로 구체화되어야 하는 입법재량사항이다.

[정답] ③

529

다음 설명 중 가장 적절한 것은? (판례)

① 국가유공자 등 예우 및 지원에 관한 법률이 보상받을 권리의 발생시기를 국가보훈처장에게 등록신청을 한 날이 속하는 달부터 발생하도록 한 것은 행복추구권 및 인간다운 생활을 할 권리를 침해한다. 19서울

② 참전명예수당은 국가를 위한 특별한 공헌과 희생에 대한 국가보훈적 성격과 고령으로 사회활동능력을 상실한 참전유공자에게 경제적 지원을 함으로써 참전의 노고에 보답하며 장기적인 측면에서 수급권자의 생활보호를 위한 사회보장적 의미를 동시에 갖는 것이다. 17지방7

③ 수급권자에게 2 이상의 급여의 수급권이 발생한 때 그 자의 선택에 의하여 그 중의 하나만을 지급하고 다른 급여의 지급을 정지하도록 하는 것은 「헌법」 제37조 제2항의 기본권 제한의 입법적 한계를 일탈한 것이다. 21소방

④ 국민연금의 급여수준은 납입한 연금 보험료의 금액을 기준으로 결정하여야 하며, 한 사람의 수급권자에게 여러 종류의 수급권이 발생한 경우에는 중복하여 지급해야 한다. 17입시

[해설]

① (X) [1] 인간다운 생활을 할 권리를 침해하였다고 할 수는 없다. [2] 행복추구권을 침해한다고 할 수 없다. (헌재 2006. 11. 30. 2005헌바25) 〈주〉 등록신청을 한 후부터 권리가 생긴다.
② (O) (헌재 2010. 2. 25. 2007헌마102)
③ (X) 기본권 제한의 입법적 한계를 일탈한 것으로 볼 수 없고, 또 합리적인 이유가 있으므로 평등권을 침해한 것도 아니다. (헌재 2000. 6. 1. 97헌마190)
④ (X) [1] 입법적 한계를 일탈한 것으로 볼 수 없고, 평등권을 침해한 것도 아니다. (헌재 2000. 6. 1. 97헌마190)
[2] 국민연금법 제52조(병급의 조정) 수급권자에게 이 법에 의한 2 이상의 급여의 수급권이 발생한 때에는 그 자의 선택에 의하여 그 중의 하나만을 지급하고 다른 급여의 지급은 정지된다.

[정답] ②

4. 연금, 퇴직금

530
다음 설명 중 옳지 않은 것은 몇 개인가? (판례)

㉠ 국민연금이 피보험자의 생활위험을 보호하도록 함으로써 순수한 사회정책적 차원에서 가입자의 노령보호를 주된 목적으로 하는 데 비하여, 공무원연금은 피보험자(공무원)에 대한 사회정책적 보호 외에 공무원근무관계의 기능유지라는 측면도 함께 도모하고 있다. 18변시

㉡ 군인연금법상 퇴역연금수급권은 순수한 재산권만이 아닌 특성을 지니므로, 비록 퇴역연금수급권이 재산권으로서의 성격을 일부 지닌다고 하더라도 사회보장법리에 강하게 영향을 받을 수밖에 없다. 18변시

㉢ 공무원연금제도와 산업재해보상보험제도는 사회보장형태로서 사회보험이라는 점에 공통점이 있을 뿐, 보험가입자 등에서 큰 차이가 있어, 공무원연금법상의 유족급여수급권자와 산업재해보상보험법상의 유족급여수급권자가 본질적으로 동일한 비교집단이라고 보기 어렵다. 18변시

㉣ 장해급여제도는 본질적으로 소득재분배를 위한 제도가 아니고, 손해배상 내지 손실보상적 급부인 점에 그 본질이 있는 것으로, 사회보장적 급부로서의 성격은 상대적으로 약하고 재산권적인 보호의 필요성은 보다 강하므로 다른 사회보험수급권에 비하여 보다 엄격한 보호가 필요하다. 22비상

① 없음 ② 1개 ③ 2개 ④ 3개

해설

㉠ (O) (헌재 2019. 11. 28. 2018헌바455)
㉡ (O) (헌재 2007. 10. 25. 2005헌바68)
㉢ (O) (헌재 2014. 5. 29. 2012헌마555)
㉣ (O) (헌재 2009. 5. 28. 2005헌바20)

정답 ①

531
다음 설명 중 가장 적절하지 않은 것은? (판례)

① 독립유공자 유족에 대한 부가연금지급에 있어서 독립유공자 본인의 서훈등급에 따라 차등을 두는 것은 합리적인 이유가 있으므로, 평등권을 침해하는 것이 아니다. 17입시

② 퇴직연금 수급자가 유족연금을 함께 받게 된 경우에 그 유족연금액의 2분의 1을 빼고 지급하도록 하는 것은 입법형성의 한계를 벗어나 재산권을 침해한다고 볼 수 없다. 21국회8

③ 군인연금법상의 퇴역연금은 퇴역군인의 생활을 보장하기 위한 사회보험 내지 사회보장·사회복지적 성질도 함께 갖는 것이며, 이와 같은 법적 성질은 퇴역일시금의 경우도 기본적으로 같다. 09국가7 / 17입시

④ 공무원연금법상의 각종 급여는 후불임금으로서의 성격을 띠므로, 그에 관한 입법자의 입법재량은 일반적인 재산권과 유사하게 제한된다. 16법원

해설

① (O) (헌재 1997. 6. 26. 94헌마52)
② (O) [1] 심판대상조항은 입법형성의 한계를 벗어나 청구인의 인간다운 생활을 할 권리 및 재산권을 침해하였다고 볼 수 없다. [2] 공무원연금법상 퇴직연금을 받는 자는 작스런 소득의 상실에 대비한 생활보장의 필요성이 크지 않다. 따라서 평등권을 침해하지 않는다. (헌재 2020. 6. 25. 2018헌마865)
③ (O) (헌재 1996. 10. 31. 93헌바55)
④ (X) 공무원의 퇴직급여 및 퇴직수당은 후불임금적 성격이나 사회보장적 급여로서의 성격을 가짐과 동시에 공무원이 재직중 국민에 대한 봉사자 지위에서 가지는 의무를 성실히 수행한 데 대한 공로보상적 급여로서의 성격도 함께 가지는 것이다. (헌재 1995. 6. 29. 91헌마50) 〈주〉 국가의 공로보상적 성격을 가지기 때문에 공무원으로 재직 중의 사유로 금고 이상의 형의 선고를 받는 경우 퇴직급여의 지급을 하지 않을 수도 있다.

정답 ④

532

다음 설명 중 가장 적절하지 않은 것은? (판례)

① 산업재해보상보험법 소정의 유족의 범위에 '직계혈족의 배우자'를 포함시키고 있지 않은 산업재해보상보험법 조항은 헌법 제34조의 인간다운 생활을 할 권리를 침해하지 아니한다. 18법행

② 공무원연금법에 따른 퇴직연금일시금을 지급받은 사람 및 그 배우자를 기초연금 수급권자의 범위에서 제외하는 것은 한정된 재원으로 노인의 생활안정과 복리향상이라는 기초연금법의 목적을 달성하기 위한 것으로서 합리성이 인정되므로 인간다운 생활을 할 권리를 침해한다고 볼 수 없다. 19법원/22경찰1차

③ 공무원이 유족 없이 사망하였을 경우, 연금수급자의 범위를 직계존비속으로만 한정하는 것은 공무원의 형제자매 등 다른 상속권자들의 재산권을 침해한 것으로 볼 수 있다. 16법원

④ 입법자는 공무원연금법상 연금수급권의 구체적 내용을 정함에 있어 반드시 민법상 상속의 법리와 순위에 따라야 하는 것이 아니라 공무원연금제도의 목적 달성에 알맞도록 독자적으로 규율할 수 있다. 16법원

해설

① (O) (헌재 2012. 3. 29. 2011헌바133) 〈주〉 입법재량이다.
② (O) (헌재 2018. 8. 30. 2017헌바197) 〈주〉 입법재량이다.
③ (✕) 직계존비속과 달리 형제자매는 가족 구성원으로서 법적인 부양의무를 부담하지 않다. 따라서 공무원이 유족 없이 사망하였을 경우, 연금수급자의 범위를 직계존비속으로만 한정하고 있는 이 사건 법률조항이 입법형성권의 한계를 일탈하여 청구인들의 재산권을 침해한 것으로 볼 수 없다. (헌재 2014. 5. 29. 2012헌마555)
④ (O) 정책판단·결정에 관하여는 입법자에게 상당한 정도로 형성의 자유가 인정된다. (헌재 1999. 4. 29. 97헌마333)

정답 ③

533

다음 설명 중 적절한 것을 모두 고르면? (판례)

㉠ 구 공무원연금법에서 유족급여수급권의 대상을 19세 미만의 자녀로 한정한 것은 19세 이상 자녀들의 재산권과 평등권을 침해하지 않는다. 23법행

㉡ '독립유공자 예우에 관한 법률' 중 보상금을 받을 권리가 다른 손자녀에게 이전되지 않도록 하는 것에 관한 부분은 평등권을 침해하지 않는다. 23법행

㉢ 독립유공자의 유족 중 자녀의 범위에서 사후양자를 제외하는 독립유공자예우에 관한 법률 조항은 보상금을 받을 권리의 이전과 관련하여 독립유공자의 손자녀를 달리 취급하고 있으므로 현저하게 합리성을 잃은 자의적인 차별이라 할 수 있다. 23법행

① ㉠ ㉡ ㉢
② ㉠ ㉡
③ ㉠ ㉢
④ ㉡ ㉢

해설

㉠ (O) (헌재 2019. 11. 28. 2018헌바335)
㉡ (O) (헌재 2020. 3. 26. 2018헌마331) 〈주〉 유공자의 사망이나 장해에 대해 자녀에 비해 손자녀는 고통이 덜하다.
㉢ (✕) 사후양자의 경우 양자가 되는 시점에 이미 독립유공자가 사망하였으므로, 독립유공자와 생계를 같이하였거나 부양받는 상황에서 그의 희생으로 인하여 사회·경제적으로 예전보다 불리한 지위에 놓이게 될 여지가 없으며 사후양자와 일반양자는 생활의 안정과 복지의 향상을 도모할 필요성의 면에서 보면 상당한 차이가 있으므로, 본문조항이 서로를 달리 취급하는 것은 헌법상 평등원칙에 위반되지 않는다. (헌재 2021. 5. 27. 2018헌바277) 〈주〉 보상금을 노리고 유공자 사망후 양자가 되는 것을 방지하려는 취지이다.

정답 ②

5. 세금, 보험, 기타

534
다음 설명 중 가장 적절하지 않은 것은? (판례)

① 종합부동산세에 있어서 자산소득에 대한 부부간 합산과세는 자산소득의 특성을 고려하여 소비단위별 담세력에 부합하는 공평한 과세를 실현하기 위한 것으로서 합리적 근거가 있다. 12국회

② 현대국가에서 조세의 유도적 형성적 기능은 국민이 공동의 목표로 삼고 있는 일정한 방향으로 국가사회를 유도하고 그러한 상태를 형성하기 위한 기능을 의미하고 이 같은 기능은 모든 국민으로 하여금 '인간다운 생활을 할 권리'를 보장한 헌법 제34조 제1항에 의하여 헌법적 정당성이 뒷받침된다. 12국회

③ 사회연대의 원칙은 사회보험체계 내에서의 소득의 재분배를 정당화하는 근거이며, 사회보험에의 강제가입의무를 정당화하고, 재정구조가 취약한 보험자와 재정구조가 건전한 보험자 사이의 재정조정을 가능하게 한다. 19입시

④ 국가가 저소득층 지역가입자를 대상으로 소득수준에 따라 국민건강보험법상의 보험료를 차등지원하는 것은 사회국가원리에 의하여 정당화된다. 17국가7

해설

① (×) 부부자산소득합산과세는 혼인한 부부를 비례의 원칙에 반하여 사실혼관계의 부부나 독신자에 비하여 차별하는 것으로서 헌법 제36조 제1항에 위반된다. (헌재 2005. 5. 26. 2004헌가6)
② (○) (헌재 2003. 12. 18. 2002헌바16)
③ (○) (헌재 2001. 8. 30. 2000헌마668)
④ (○) (헌재 2000. 6. 29. 99헌마289)

정답 ①

535
다음 설명 중 옳지 않은 것을 모두 고른 것은? (판례)

㉠ 헌법 제119조 제2항의 '적정한 소득의 분배를 유지'하기 위해서는 소득에 대한 누진세율에 따른 종합과세를 시행하여야 할 구체적인 헌법적 의무가 조세입법자에게 부과된다. 17지방7

㉡ 국민건강보험법상 보험료의 국고지원에 있어서 지역가입자와 직장가입자의 차별취급은 사회국가원리의 관점에서 합리적인 차별이 아니므로 평등원칙에 위반된다. 17지방7

㉢ 경과실의 범죄로 인한 사고는 개념상 우연한 사고의 범위를 벗어나지 않으므로 경과실로 인한 범죄행위에 기인하는 보험사고에 대하여 의료보험급여를 부정하는 것은 우연한 사고로 인한 위험으로부터 다수의 국민을 보호하고자 하는 사회보장제도로서의 의료보험의 본질을 침해하여 헌법에 위반된다. 17지방7/22경채

① ㉠ ㉡
② ㉠ ㉢
③ ㉡ ㉢
④ ㉠ ㉡ ㉢

해설

㉠ (×) 입법자로 하여금 소득세법에 있어서 반드시 누진세율을 도입할 것까지 요구하는 것은 아니다. 소득에 단순비례하여 과세할 것인지 아니면 누진적으로 과세할 것인지는 입법자의 정책적 결정에 맡겨져 있다. 그러므로 이 사건 법률조항이 소득계층에 관계없이 동일한 세율을 적용한다고 하여 담세능력의 원칙에 어긋나는 것이라 할 수 없다. (헌재 1999. 11. 25. 98헌마55)

㉡ (×) 직장가입자에 비하여, 지역가입자에는 노인, 실업자, 퇴직자 등 소득이 없거나 저소득의 주민이 다수 포함되어 있으므로, 국고지원에 있어서의 지역가입자와 직장가입자의 차별취급은 사회국가원리의 관점에서 합리적인 차별에 해당하는 것으로서 평등원칙에 위반되지 아니한다. (헌재 2000. 6. 29. 99헌마289)

㉢ (○) (헌재 2003. 12. 18. 2002헌바1)

정답 ①

536

다음 설명 중 옳지 않은 것을 모두 고른 것은? (판례)

> ㉠ 경과실로 인한 범죄행위에 기인하는 보험사고에 대하여 의료보험급여를 부정하는 것이 사회보장제도로서의 의료보험의 본질을 침해하는 것은 아니다. 21소방
>
> ㉡ 일정한 경우 국가는 사인인 제3자에 의한 국민의 환경권 침해에 대해서 적극적으로 보호조치를 취할 의무를 지므로 공직선거법에서 확성장치 사용에 따른 소음제한기준을 두고 있지 않은 것은 국민의 정온한 환경에서 생활할 권리를 보호하기 위한 입법자의 의무를 과소하게 이행하였다고 할 수 없다. 12국회
>
> ㉢ 도시환경정비사업의 시행으로 인하여 철거되는 주택의 소유자를 위하여 임시수용시설을 설치하도록 규정하지 않은 도시 및 주거환경정비법 조항은 위 도시환경정비사업의 시행으로 철거되는 주택의 소유자에 대하여 최소한의 물질적 생활도 보장하지 않는 것이므로 인간다운 생활을 할 권리를 침해하는 것이다. 19법원

① ㉠ ㉡
② ㉠ ㉢
③ ㉡ ㉢
④ ㉠ ㉡ ㉢

해설

㉠ (✕) 경과실로 인한 범죄행위에 기인하는 보험사고에 대하여 의료보험급여를 부정하는 것은 우연한 사고로 인한 위험으로부터 다수의 국민을 보호하고자 하는 사회보장제도로서의 의료보험의 본질을 침해하여 헌법에 위반된다. (헌재 2003. 12. 18. 2002헌바1)

㉡ (✕) 적절하고 효율적인 최소한의 보호조치를 취하지 아니하여 국가의 기본권 보호의무를 과소하게 이행한 것으로서, 청구인의 건강하고 쾌적한 환경에서 생활할 권리를 침해하므로 헌법에 위반된다. (헌재 2019. 12. 27. 2018헌마730)

㉢ (✕) 이 사건 법률조항은 국가에 대하여 최소한의 물질적 생활을 요구할 수 있음을 내용으로 하는 인간다운 생활을 할 권리의 향유와는 관련이 없고, 이 사건 법률조항으로 인하여 거주지를 이전하여야 하는 것은 아니므로 거주이전의 자유와도 관련이 없다. (헌재 2014. 3. 27. 2011헌바396)

정답 ④

537

다음 설명 중 가장 적절하지 않은 것은? (판례)

① 주거환경개선사업 및 주택재개발사업의 시행으로 철거되는 주택의 소유자에 대해서는 임시수용시설의 설치 등을 사업시행자의 의무로 규정한 반면, 도시환경정비사업의 경우에는 이와 같은 규정을 두지 아니한 것은 청구인의 인간다운 생활을 할 권리를 제한한다. 22경찰2

② 지뢰피해자 및 그 유족에 대한 위로금 산정 시 사망 또는 상이를 입을 당시의 월평균임금을 기준으로 하고, 그 기준으로 산정한 위로금이 2천만 원에 이르지 아니할 경우 2천만 원을 초과하지 아니하는 범위에서 조정·지급할 수 있도록 한 「지뢰피해자 지원에 관한 특별법」 조항은 인간다운 생활을 할 권리를 침해한다고 볼 수 없다. 22국가5

③ 구 「공무원연금법」상 유족급여수급권이 헌법상 보장되는 재산권에 포함되기 때문에 대통령령이 정하는 정도의 장애상태에 있지 아니한 19세 이상의 자녀를 유족의 범위에서 제외한 것은 유족급여수급권의 본질적 내용을 침해하여 입법형성권의 범위를 벗어났다고 보기 어렵다. 22국가5

④ 산재피해 근로자에게 인정되는 산재보험수급권은 입법재량권의 행사에 의하여 제정된 「산업재해보상보험법」에 의하여 비로소 구체화되는 '법률상의 권리'이며, 개인에게 국가에 대한 사회보장·사회복지 또는 재해예방 등과 관련된 적극적 급부청구권이 인정되는 것은 아니다. 22국가5

해설

① (✕) 도시환경정비사업의 시행으로 인하여 철거되는 주택의 소유자를 위하여 임시수용시설을 설치하도록 규정하지 않은 이 사건 법률조항은 인간다운 생활을 할 권리의 향유와는 관련이 없고, 거주이전의 자유와도 관련이 없다. (헌재 2014. 3. 27. 2011헌바396) 〈주〉 주거환경개선은 주민의 이주가 필수이나, 도시환경정비는 주민의 이주가 필수가 아니다. 재산권을 제한하지만 정당한 보상을 받은 이상 합헌이다.

② (○) (헌재 2019. 12. 27. 2018헌바236)

③ (○) 유족급여수급권이 헌법상 보장되는 재산권에 포함되더라도 수급권자인 유족의 범위는 법률에 의하여 구체적으로 형성되어야만 비로소 확정된다. 그런데 유족급여수급권은 사회보장적 급여의 성격을 가지므로 입법자는 광범위한 형성의 자유를 가진다. 따라서 심판대상조항은 입법형성권의 범위를 벗어났다고 보기 어렵다. (헌재 2019. 11. 28. 2018헌바335).

④ (○) (헌재 2003. 7. 24. 2002헌바51)

정답 ①

제2절 교육을 받을 권리

1. 서설

538

다음 설명 중 가장 적절하지 않은 것은? (판례)

① 「헌법」 제31조 제1항은 취학·진학의 기회에 있어서 고려될 수 있는 차별기준으로 '능력'을 제시하고 있다. 20경채
② 교육을 받을 권리를 규정한 헌법 제31조 제1항은 헌법 제10조의 행복추구권에 대한 특별규정으로서, 교육의 영역에서 능력주의를 실현하고자 하는 것이다. 19국회8
③ 교육을 받을 권리는 국가에 대해 교육을 받을 수 있도록 적극적으로 배려해 줄 것을 요구할 권리와 능력에 따라 균등하게 교육받는 것을 공권력에 의하여 침해받지 않을 권리를 포함한다. 13국회9
④ 국가의 교육시설은 그 물적·인적 한계 등으로 인하여 입학자격조건을 정하는 경우에 능력에 따른 차별이 가능한 영역으로서 입법재량의 범위가 넓은 영역이다. 13국회9

[해설]
① (O) (헌재 2017. 12. 28. 2016헌마649)
② (X) 헌법 제31조 제1항은 헌법 제11조의 일반적 평등조항에 대한 특별규정으로서 교육의 영역에서 평등원칙을 실현하고자 하는 것이다. (헌재 2017. 12. 28. 2016헌마649)
③ (O) 헌법 제31조 제1항의 교육을 받을 권리는, 국민이 능력에 따라 균등하게 교육받을 것을 공권력에 의하여 부당하게 침해받지 않을 권리와, 국민이 능력에 따라 균등하게 교육받을 수 있도록 국가가 적극적으로 배려하여 줄 것을 요구할 수 있는 권리로 구성되는바, 전자는 자유권적 기본권의 성격이, 후자는 사회권적 기본권의 성격이 강하다고 할 수 있다. (헌재 2008. 4. 24. 2007헌마1456)
④ (O) (헌재 2011. 6. 30. 2010헌마503)

[정답] ②

539

다음 설명 중 가장 적절한 것은? (판례)

① 능력에 따라 균등하게 교육을 받을 권리는 개인의 정신적·육체적·경제적 능력에 따른 차별만을 허용할 뿐 성별·종교·사회적 신분에 의한 차별은 허용하지 않는다. 13국회9
② 모든 국민은 그 보호하는 자녀에게 적어도 초등교육과 법률이 정하는 고등교육을 받게 할 의무를 진다. 20경채
③ 학문의 자유와 대학의 자율성에 따라 대학이 학생의 선발 및 전형 등 대학입시제도를 자율적으로 마련할 수 있다 하더라도, 국민의 '균등하게 교육을 받을 권리'를 위해 대학의 자율적 학생 선발권은 일정부분 제약을 받을 수 있다. 21국가7
④ 교육의 기회균등에는 교육시설에 균등하게 참여할 수 있는 권리가 포함된다 하더라도, 편입학조치로 인하여 기존의 재학생들의 교육환경이 상대적으로 열악해지는 경우에는 새로운 편입학 자체를 하지 말도록 요구하는 것은 교육을 받을 권리의 내용으로 포섭할 수 있다. 16변시/22경채

[해설]
① (X) 우리 헌법은 제31조 제1항에서 "모든 국민은 능력에 따라 균등하게 교육을 받을 권리를 가진다."고 규정함으로써 모든 국민의 교육의 기회균등권을 보장하고 있다. 이는 정신적·육체적 능력 이외의 성별·종교·경제력·사회적 신분 등에 의하여 교육을 받을 기회를 차별하지 않아야 한다. (헌재 1994. 2. 24. 93헌마192)
② (X) 헌법 제31조 ② 모든 국민은 그 보호하는 자녀에게 적어도 초등교육과 법률이 정하는 교육을 받게 할 의무를 진다. 〈주〉 법률이 정하는 교육은 중등교육이다. 고등교육은 대학교육을 의미하므로 국민의 의무사항이 아니다.
③ (O) (헌재 2017. 12. 28. 2016헌마649) 〈주〉 검정고시 학력취득자의 수시모집 지원을 제한한 사안이다.
④ (X) 교육을 받을 권리는 타인의 교육시설 참여 기회를 제한할 것을 청구할 수 있는 권리가 아니므로, 이러한 불이익은 사실상 불이익에 불과하여 교육을 받을 권리가 제한된다고 볼 수 없다. (헌재 2019. 2. 28. 2018헌마37)

[정답] ③

540

다음 설명 중 가장 적절하지 않은 것은? (판례)

① 공개경쟁을 통한 입학시험제도는 합헌이지만, 능력이 떨어지는 사람에 대하여 국가는 이들을 교육하기 위한 적극적 배려를 하여야 한다. 17서울

② 수학능력에 대한 공개경쟁입학시험을 통해 교육을 받을 권리를 제한적으로 부여하거나 대학이 정하는 일정한 기준에 미달하는 자에 대하여 입학을 불허하는 것은 합헌이다. 13지방7

③ 교육을 받을 권리가 국가에 대하여 특정한 교육제도나 시설의 제공을 요구할 수 있는 권리를 뜻하는 것은 아니므로, 대학의 구성원이 아닌 사람이 대학도서관에서 도서를 대출할 수 없거나 열람실을 이용할 수 없더라도 교육을 받을 권리가 침해된다고 볼 수 없다. 21국가7

④ 대학구성원이 아닌 사람의 도서관 이용에 관하여 대학도서관의 관장이 승인 또는 허가할 수 있도록 규정한 국·공립대학교의 도서관규정은, 대학구성원이 아닌 사람에 대하여 도서 대출이나 열람실 이용을 확정적으로 제한하는 것이다. 17국가7

[해설]

① (○) 합리적 차별사유 없이 교육을 받을 권리를 제한하지 아니함과 동시에 국가가 모든 국민에게 균등한 교육을 받게 하고 특히 경제적 약자가 실질적인 평등교육을 받을 수 있도록 적극적 정책을 실현해야 한다. (헌재 1994. 2. 24. 93헌마192)

② (○) 학생의 입학을 전형함에 있어 대학은 법령과 학칙에 정해진 범위 내에서 대학의 목적과 그 대학의 특수 사정을 고려하여 자유로이 수학능력의 기준을 결정할 수 있고 입학지원자가 모집정원에 미달한 경우라도 대학이 정한 입학사정기준에 미달하는 자에 대하여는 입학을 거부할 수 있다. (대법원 1982. 7. 27. 81누398)

③ (○) (헌재 2016. 11. 24. 2014헌마977)

④ (×) 대학구성원이 아닌 사람의 도서관 이용에 관하여 대학도서관의 관장이 승인 또는 허가할 수 있도록 규정한 이 사건 도서관규정은 대학구성원이 아닌 사람에 대하여 도서 대출이나 열람실 이용을 확정적으로 제한하는 것이 아니다. (헌재 2016. 11. 24. 2014헌마977) 〈주〉 도서관 규정이 기본권을 제한하는 것이 아니라, 그 규정에 따른 도서관장의 거부처분이 기본권을 제한하는 것이다.

[정답] ④

541

다음 설명 중 가장 적절한 것은? (판례)

① 헌법 제31조 제1항에 의하여 보장되는 교육을 받을 권리는 개인적 성향·능력 및 정신적·신체적 발달상황 등을 고려하지 아니한 채 동일한 교육을 받을 수 있는 권리를 의미하는 것이다. 14법행

② 헌법 제31조의 교육을 받을 권리는 국민이 국가에 대해 직접 특정한 교육제도나 학교시설을 요구할 수 있는 기본권이며, 자신의 교육환경을 최상 혹은 최적으로 만들기 위해 타인의 교육시설 참여 기회를 제한할 것을 청구할 수 있는 기본권이기도 하다. 17국가7/21법행21지방7

③ 헌법 제31조 제1항에서 보장되는 교육의 기회균등권은 모든 국민에게 균등한 교육을 받게 하고 특히 경제적 약자가 실질적인 평등교육을 받을 수 있도록 국가에게 적극적 정책을 실현할 것을 요구하므로, 헌법 제31조 제1항으로부터 국민이 직접 실질적 평등교육을 위한 교육비를 청구할 권리가 도출된다. 21지방7

④ 지방교육자치도 중앙권력에 대한 지방적 자치로서의 성격과 정치권력에 대한 문화적 자치로서의 속성도 아울러 지니고 있기 때문에 지방교육자치의 민주적 정당성 요청은 어느 정도 제한이 불가피하다. 14법행

[해설]

① (×) 헌법상의 자녀교육권은 자녀의 개인적 성향·능력 및 정신적·신체적 발달상황 등을 고려하여 교육목적을 달성하기에 적합한 교육수단을 선택할 권리를 포함한다. (헌재 2009. 4. 30. 2005헌마514)

② (×) 헌법은 제31조 제1항의 '교육을 받을 권리'에 국민이 직접 특정한 교육제도나 학교시설을 요구할 수 있는 권리는 포함되지 않는다. (헌재 2000. 4. 27. 98헌가16) 〈주〉 농어촌 특별전형을 배제해 달라는 권리는 없다고 보았다.

③ (×) 국민이 직접 평등교육을 위한 교육비를 청구할 권리가 도출된다고 볼 수 없다. (헌재 2008. 9. 25. 2008헌마456)

④ (○) (헌재 2009. 9. 24. 2007헌마117) 〈주〉 따라서 교육감은 선거로 뽑아야 한다는 뜻이다.

[정답] ④

2. 주체

542
다음 설명 중 가장 적절하지 않은 것은? (판례)

① 청소년은 국가의 교육권한과 부모의 교육권의 범주 내에서 자신의 교육에 관하여 스스로 결정할 권리, 즉 자유롭게 교육을 받을 권리를 가진다. 21법행
② 학생에게도 국가의 간섭을 받지 아니하고 자신의 능력과 개성, 적성에 맞는 학교를 자유롭게 선택할 권리가 인정된다. 21국회5
③ 부모의 자녀에 대한 교육권은 비록 헌법에 명문으로 규정되어 있지는 않지만, 이는 모든 인간이 국적과 관계없이 누리는 양도할 수 없는 불가침의 인권이다. 21경승
④ 부모의 자녀교육권은 헌법상 교육을 받을 권리와 불가분의 관계에 있으므로, "모든 국민은 능력에 따라 균등하게 교육을 받을 권리를 가진다"는 헌법규정에 의하여 보호된다. 21소방
⑤ 부모는 아직 성숙하지 못하고 인격을 닦고 있는 초·중·고등학생인 자녀를 교육시킬 교육권을 가지고 있으며, 그 교육권의 내용에 자녀를 교육시킬 학교선택권이 포함된다. 10지방7

[해설]
① (O) (헌재 2000. 4. 27. 98헌가16)
② (O) (헌재 2012. 11. 29. 2011헌마827)
③ (O) (헌재 2009. 4. 30. 2005헌마514)
④ (X) '부모의 자녀에 대한 교육권'은 비록 헌법에 명문으로 규정되어 있지는 아니하지만, 이는 모든 인간이 국적과 관계없이 누리는 양도할 수 없는 불가침의 인권으로서 혼인과 가족생활을 보장하는 헌법 제36조 제1항, 행복추구권을 보장하는 헌법 제10조 및 "국민의 자유와 권리는 헌법에 열거되지 아니한 이유로 경시되지 아니한다"고 규정하는 헌법 제37조 제1항에서 나오는 중요한 기본권이다. (헌재 2000. 4. 27. 98헌가16) 〈주〉 부모의 자녀교육권은 교육받을 권리가 아니라 가족권 또는 행복추구권으로 보호된다. 따라서 헌법에 명문의 규정은 없지만 헌법상 근거가 있는 헌법상 기본권이다.
⑤ (O) (헌재 1995. 2. 23. 91헌마204)

[정답] ④

543
다음 설명 중 가장 적절한 것은? (판례)

① '부모의 자녀에 대한 교육권'은 비록 헌법에 명문으로 규정되어 있지는 않지만, 혼인과 가족생활을 보장하는 헌법 제36조 제1항, 교육을 받을 권리를 규정한 헌법 제31조 제1항에서 직접 도출되는 권리이다. 19국회8
② 부모의 자녀교육권은 다른 기본권과는 달리, 기본권의 주체인 부모의 자기결정권이라는 의미에서 보장되는 것이 아니라, 자녀의 보호와 인격발현을 위하여 부여되는 기본권이다. 12법원
③ 학교폭력 가해학생에 대해 일정한 조치가 내려졌을 경우 그 조치가 적절하였는지 여부에 대해 가해학생 학부모가 의견을 제시할 수 있는 권리는 학부모의 자녀교육권의 내용에 포함되지 않는다. 20비상
④ 학교교육에 관한 한, 국가는 헌법 제31조에 의하여 부모의 교육권으로부터 원칙적으로 독립된 독자적인 교육권한을 부여받음으로써 부모의 교육권보다 우위를 차지하지만, 학교 밖의 영역에서는 원칙적으로 부모의 교육권이 우위를 차지한다. 14국가7/21경승/22경채

[해설]
① (X) 부모의 자녀에 대한 교육권은 비록 헌법에 명문으로 규정되어 있지는 않다. (헌재 2009. 4. 30. 2005헌마514) 〈주〉 헌법 제31조 제1항에서 직접 도출되지는 않는다.
② (O) (헌재 2000. 4. 27. 98헌가16) 〈주〉 부모의 자녀교육권은 자기를 위한 기본권이 아니라 자녀를 위한 기본권이다.
③ (X) 학교가 학생에 대해 불이익 조치를 할 경우 해당 학생의 학부모가 의견을 제시할 권리는 자녀교육권의 일환으로 보호된다. (헌재 2013. 10. 24. 2012헌마832) 〈주〉 학교폭력 가해학생에 대한 재심 제한 규정을 기각한 사안이다.
④ (X) 학교교육에 관한 한, 국가는 헌법 제31조에 의하여 부모의 교육권으로부터 원칙적으로 독립된 독자적인 교육권한을 부여받음으로써 부모의 교육권과 함께 자녀의 교육을 담당하지만, 학교 밖의 교육영역에서는 원칙적으로 부모의 교육권이 우위를 차지한다. (헌재 2000. 4. 27. 98헌가16)

[정답] ②

544

다음 설명 중 가장 적절하지 않은 것은? (판례)

① 교사의 교육을 할 권리는 헌법상 보장되는 기본권이라고 볼 수 있다. 21법행

② 학교교육에 있어서 교사의 가르치는 권리를 수업권이라고 한다면 그것은 자연법적으로는 학부모에게 속하는 자녀에 대한 교육권을 신탁받은 것이고, 실정법상으로는 공교육의 책임이 있는 국가의 위임에 의한 것이다. 18행시

③ 교사의 수업권은 헌법상 보장되는 기본권이 아니며 설령 보장된다고 하더라도 학생의 수학권을 위한 제약이 불가피하다. 12법원

④ 초·중등학교 교사인 청구인들이 교육과정에 따라 학생들을 가르치고 평가하여야 하는 법적인 부담이나 제약을 받는다고 하더라도 이는 헌법상 보장된 기본권에 대한 제한이라고 보기 어렵다. 21국가7

해설

① (×) 교사의 교육을 할 권리는 헌법상 보장되는 기본권이라 보기 어렵다. (헌재 2009. 3. 26. 2007헌마359) 〈주〉 교사라는 직업의 자유는 보장된다. 그러나 교사로서 교육을 할 권리는 헌법상 기본권이 아니라 법률상 권리에 불과하다.

② (○) (헌재 1992. 11. 12. 89헌마88)

③ (○) (헌재 1992. 11. 12. 89헌마88) 〈주〉 학생의 수학권이 교사의 수업권보다 상위의 기본권이다.

④ (○) 교사인 청구인들이 이 사건 교육과정에 따라 학생들을 가르치고 평가하여야 하는 법적인 부담이나 제한을 받는다고 하더라도 이는 헌법상 보장된 기본권에 대한 제한이라고 보기 어려워 기본권침해가능성이 인정되지 아니한다. (헌재 2021. 5. 27. 2018헌마1108) 〈주〉 초중등학교 교사는 수업권이라는 헌법상 기본권이 없으므로 각하 결정을 한 사안이다.

정답 ①

545

다음 설명 중 가장 적절한 것은? (판례)

① 교원의 정치활동은 교육수혜자인 학생의 입장에서는 수업권의 침해로 받아들여질 수 있다는 점에서 초·중등학교 교육공무원의 정당가입 및 선거운동을 제한하는 것은 헌법적으로 정당화될 수 있다. 17국가7

② 초·중등학교장의 중임횟수를 제한한 사립학교법은 임기에 제한을 두고 있지 아니한 대학의 장과 비교할 때 초·중등학교장의 직업의 자유를 침해하고 평등권을 침해한다. 18법행

③ 「학교폭력예방 및 대책에 관한 법률」에서 학교폭력 가해학생에 대하여 수 개의 조치를 병과할 수 있도록 하고, 출석정지기간의 상한을 두지 아니한 부분은 과잉금지원칙에 위배되어 청구인들의 학습의 자유를 침해한다. 22경간/23경찰1

④ 사립유치원의 공통적인 세입·세출 자료가 없는 경우 관할청의 지도·감독에는 한계가 존재할 수밖에 없다는 이유로 사립유치원의 회계를 국가가 관리하는 공통된 회계시스템을 이용하여 처리하도록 하는 것은 개인사업자인 사립유치원의 자유로운 회계처리 방법 선택권을 과도하게 침해한다. 22국회8

해설

① (○) (헌재 2004. 3. 25. 2001헌마710)

② (×) 교장의 노령화·관료화를 방지하고자 한 것으로, 최장 8년간 재임이 보장되고 동일한 학교의 장 중임만 제한받을 뿐이므로 학교법인의 사학의 자유나 초·중등학교장의 직업의 자유를 침해한다고 볼 수 없다. (헌재 2013. 11. 28. 2007헌마1189)

③ (×) 가해학생의 학습의 자유에 대한 제한이 입법 목적 달성에 필요한 최소한의 정도를 넘는다고 볼 수 없다.(헌재 2019. 4. 11. 2017헌바140) 〈주〉 합헌이다.

④ (×) 입법형성의 한계를 현저히 일탈하여 사립유치원 설립·경영자의 사립학교 운영의 자유를 침해한다고 볼 수 없다. (헌재 2021. 11. 25. 2019헌마542)

정답 ①

3. 의무교육

546
다음 설명 중 가장 적절한 것은? (판례)

① 헌법상 의무교육제도는 국민의 교육을 받을 권리를 뒷받침하기 위한 헌법상의 교육기본권에 부수하는 제도적 보장이다. 12법원
② 헌법은 초등교육과 중등교육을 의무교육으로 실시하도록 명문으로 규정하고 있다. 18행시
③ 지능이나 수학능력 등 일정한 능력이 있음에도 법률에 따라 아동의 입학연령을 제한하여 초등학교 입학을 허용하지 않는 것은 능력에 따라 균등한 교육을 받을 권리를 침해한다. 16변시
④ 특정지역에 대하여 우선적으로 중학교 의무교육을 실시한 것은 교육의 권리를 침해한다. 18서울

[해설]
① (O) (헌재 1991. 2. 11. 90헌가27)
② (×) 헌법 제31조 ② 모든 국민은 그 보호하는 자녀에게 적어도 초등교육과 법률이 정하는 교육을 받게 할 의무를 진다. 〈주〉 국가의 의무가 아니라 국민의 의무로 규정되어 있다. 또한 중등교육이 아니라 법률이 정하는 교육이라고 규정되어 있다.
③ (×) 의무취학 시기를 만 6세가 된 다음날 이후의 학년초로 규정하고 있는 교육법 제96조 제1항은 의무교육제도 실시를 위해 불가피한 것이며 이와 같은 아동들에 대하여 만 6세가 되기 전에 앞당겨서 입학을 허용하지 않는다고 해서 헌법 제31조 제1항의 능력에 따라 균등하게 교육을 받을 권리를 본질적으로 침해한 것으로 볼 수 없다. (헌재 1994. 2. 24. 93헌마192)
④ (×) 중학교 의무교육을 일시에 전면실시하는 대신 단계적으로 확대실시하도록 한 것은 주로 전면실시에 따르는 국가의 재정적 부담을 고려한 것으로 실질적 평등의 원칙에 부합된다. (헌재 1991. 2. 11. 90헌가27) 〈주〉 초등교육은 헌법에 명시되어 반드시 전국에 일률적으로 의무교육이 시행되어야 하지만, 중등교육은 법률에 규정되어 있으므로 지역별로 단계적 시행해도 합헌이다.

[정답] ①

547
다음 설명 중 가장 적절하지 않은 것은? (판례)

① 교육의 의무의 주체는 학령아동의 친권자 또는 그 후견인이다. 17서울
② 의무교육 무상의 원칙에 있어서 무상의 범위는 헌법상 교육의 기회균등을 실현하기 위해 필수불가결한 비용, 즉 모든 학생이 의무교육을 받음에 있어서 경제적인 차별 없이 수학하는 데 반드시 필요한 비용에 한한다. 13지방7
③ 의무교육제도는 국민에 대하여는 그 보호하는 자녀에게 적어도 초등교육과 법률이 정하는 교육을 받게 할 의무를 부과하고, 국가에 대하여는 인적·물적 교육시설을 정비하고 교육환경을 개선하여야 할 의무를 부과한다. 13국회9
④ 의무교육에서 무상의 범위에 학교와 교사 등 인적·물적 시설 및 그 시설을 유지하기 위한 인건비와 시설유지비는 포함되지 않는다. 13국회9
⑤ 수업료나 입학금의 면제, 학교와 교사 등 인적·물적 기반 및 그 기반을 유지하기 위한 인건비와 시설유지비, 신규시설투자비 등의 재원마련 비용은 의무교육 무상의 범위에 포함된다. 19서울

[해설]
① (O) 교육의 의무에서 의무의 주체는 구체적으로 자녀를 가진 국민, 즉 친권자 또는 후견인이다
② (O) (헌재 2012. 4. 24. 2010헌바164).
③ (O) (헌재 1991. 2. 11. 90헌가27)
④ (×) 무상의 범위는 모든 학생이 의무교육을 받음에 있어서 경제적인 차별 없이 수학하는 데 반드시 필요한 비용에 한한다고 할 것이며, 수업료나 입학금의 면제, 학교와 교사 등 인적·물적 기반 및 그 기반을 유지하기 위한 인건비와 시설유지비, 신규시설투자비 등의 재원마련 및 의무교육의 실질적인 균등보장을 위해 필수불가결한 비용은 무상의 범위에 포함된다. (헌재 2012. 8. 23. 2010헌바220)
⑤ (O) (헌재 2012. 8. 23. 2010헌바220)

[정답] ④

548

다음 설명 중 가장 적절한 것은? (판례)

① 학교운영지원비는 운영상 교원연구비와 같은 교사의 인건비 일부와 학교회계직원의 인건비 일부 등 의무교육과정의 인적 기반을 유지하기 위한 비용을 충당하는 데 사용되고 있으므로 의무교육 무상의 범위에 포함되어야 한다. 19서울

② 학교운영지원비는 기본적으로 학부모의 자율적 협찬금의 성격을 갖고 있으며, 그 지출에 대한 내용도 충분하게 통제되고 있으므로 이를 중학교 학생으로부터 징수하도록 하는 법률조항은 의무교육의 무상원칙에 위배되지 아니한다. 16변시

③ 의무교육으로 운영되는 공립중학교에서 의무교육과정의 인적기반을 유지하기 위한 비용인 교사, 학교회계직원의 일부 인건비 등을 충당하는데 사용되는 학교운영지원비를 징수하는 것은 의무교육 무상의 원칙에 위반되지 않는다. 17법행

④ 학교운영지원비를 학교회계 세입항목에 포함시키도록 하는 것은 헌법 제31조 제3항에 규정되어 있는 의무교육의 무상원칙에 위반되지 않는다. 16국가7/20경승

해설

① (O) 학교운영지원비는 그 조성이나 징수 측면에서도 기본적이고 필수적인 학교 교육에 필요한 비용에 가깝게 운영되고 있다고 볼 것이다. 따라서 학교운영지원비를 학교회계 세입항목에 포함시키도록 하는 이사건 세입조항은 헌법 제31조 3항에 규정되어 있는 의무교육 무상의 원칙에 위배된다. (헌재 2012. 8. 23. 2010헌바220).

② (×) 이 사건 세입조항은 헌법 제31조 제3항에 규정되어 있는 의무교육의 무상원칙에 위배되어 헌법에 위반된다. (헌재 2012. 8. 23. 2010헌바220)

③ (×) 이 사건 세입조항은 헌법 제31조 제3항에 규정되어 있는 의무교육의 무상원칙에 위배되어 헌법에 위반된다. (헌재 2012. 8. 23. 2010헌바220)

④ (×) 이 사건 세입조항은 헌법 제31조 제3항에 규정되어 있는 의무교육의 무상원칙에 위배되어 헌법에 위반된다. (헌재 2012. 8. 23. 2010헌바220) 〈주〉 세입항목에 포함시킨다는 것은 학부모에게 그 비용을 부담시킨다는 뜻이다.

[정답] ①

549

다음 설명 중 가장 적절하지 않은 것은? (판례)

① 의무교육의 무상성에 관한 헌법상 규정은 의무교육의 비용을 오로지 국가 또는 지방자치단체의 예산, 즉 조세로 해결해야 함을 의미하는 것은 아니다. 21지방7/21경승/23경찰1

② 의무교육의 무상성에 관한 헌법상 규정은 교육을 받을 권리를 보다 실효성 있게 보장하기 위해 의무교육 비용을 학령아동 보호자의 부담으로부터 공동체 전체의 부담으로 이전하라는 명령일 뿐 의무교육의 모든 비용을 조세로 해결해야 함을 의미하는 것은 아니다. 14국가7/23경찰1

③ 학교용지확보를 위하여 공동주택 수분양자들에게 학교용지부담금을 부과할 수 있도록 하고 있는 구 학교용지 확보에 관한 특례법 조항은 헌법상 의무교육의 무상원칙에 반한다. 10지방7

④ 개발사업지역에서 100세대 규모 이상의 주택건설용 토지를 조성·개발하거나 공동주택을 건설하는 사업자에 대하여 학교용지부담금을 부과하는 것은 헌법상 의무교육의 무상원칙에 위배된다. 21경승

해설

① (O) (헌재 2008. 9. 25. 2007헌가9)

② (O) (헌재 2008. 9. 25. 2007헌가1)

③ (O) (헌재 2005. 3. 31. 2003헌가20)

④ (×) 의무교육의 무상성에 관한 헌법상 규정은 교육을 받을 권리를 보다 실효성 있게 보장하기 위해 의무교육 비용을 학령아동 보호자의 부담으로부터 공동체 전체의 부담으로 이전하라는 명령일 뿐 의무교육의 모든 비용을 조세로 해결해야 함을 의미하는 것은 아니므로, 학교용지부담금의 부과대상을 수분양자가 아닌 개발사업자로 정하고 있는 특례법 제2조 제2호, 제5조 제1항 본문은 의무교육의 무상원칙에 위배되지 아니한다. (헌재 2008. 9. 25. 2007헌가9)

[정답] ④

550
다음 설명 중 가장 적절한 것은? (판례)

① 헌법상 의무교육 무상의 범위는 교육의 기회균등을 실현하기 위해 필수불가결한 비용을 말하므로, 단순한 영양공급 차원을 넘어 교육적 성격을 가지는 학교급식은 무상의 의무교육 내용에 포함된다. 17법행/19서울

② 학교의 급식활동은 의무교육에 있어서 필수불가결한 교육과정이고 이에 소요되는 경비는 의무교육의 실질적인 균등보장을 위한 본질적이고 핵심적인 항목에 해당하므로, 급식에 관한 경비를 전면무상으로 하지 않고 그 일부를 학부모의 부담으로 정하고 있는 것은 의무교육의 무상원칙에 위배된다. 21국가7

③ 국민의 교육을 받을 권리로부터 국가가 사립유치원의 교사 인건비, 운영비 등을 예산으로 지원해야 할 헌법상 작위의무가 헌법해석상 도출된다. 10지방7

④ 의무교육 무상의 원칙이 의무교육을 위탁받은 사립학교를 설치·운영하는 학교법인 등과의 관계에서 이미 학교법인이 부담하도록 규정되어 있는 경비까지 국가나 지방자치단체의 부담으로 한다는 취지로 볼 수는 없다. 19서울

해설

① (×) 학교급식은 의무교육의 실질적인 균등보장을 위한 본질적이고 핵심적인 부분이라고까지는 할 수 없다. (헌재 2012. 4. 24. 2010헌바164)

② (×) 입법형성권의 범위를 넘어 헌법상 의무교육의 무상원칙에 반하는 것으로 보기는 어렵다. (헌재 2012. 4. 24. 2010헌바164)

③ (×) 국가 및 지방자치단체가 사립유치원에 대하여 교사 인건비, 운영비 및 영양사 인건비를 예산으로 지원하여야 할 구체적인 작위의무가 헌법해석상 바로 도출된다고 볼 수 없다(헌재 2006. 10. 26. 2004헌마13)

④ (○) (대법원 2015. 1. 29. 2012두7387)

정답 ④

4. 대학의 자율권

551
다음 설명 중 가장 적절하지 않은 것은? (판례)

① 대학의 자율성은 학문의 자유를 보장하기 위한 수단으로서 대학에 부여된 헌법상 기본권이다. 18법무

② 대학의 자율성은 헌법 제22조 제1항에서 보장하는 학문의 자유의 확실한 보장수단으로서 반드시 필요한 대학의 헌법상 기본권이다. 10국가7

③ 헌법 제31조 제4항이 규정하는 교육의 자주성 및 대학의 자율성은 헌법 제22조 제1항이 보장하는 학문의 자유의 확실한 보장을 위해 꼭 필요한 것으로서 대학에 부여된 헌법상 기본권인 대학의 자율권이므로, 국립대학인 청구인도 이러한 대학의 자율권의 주체로서 헌법소원심판의 청구인능력이 인정된다. 22경찰1차

④ 법인으로 설립되지 않은 국립대학은 당사자능력이 인정되지 않으므로, 헌법소원심판을 제기할 수 있는 청구인적격도 인정되지 않는다. 18법무

해설

① (○) (헌재 1992. 10. 1. 92헌마68)

② (○) (헌재 2006. 4. 27. 2005헌마1047) 〈주〉 대학의 자율성은 학문의 자유를 위한 수단이다.

③ (○) (헌재 2015. 12. 23. 2014헌마1149) 〈주〉 대학의 자율은 헌법 제22조의 학문의 자유를 위한 수단이지만, 헌법 제31조 제4항의 교육제도 법정주의에 의하여 법률의 형성이 필요하므로 폭넓은 입법재량이 인정된다.

④ (×) 헌법 제31조 제4항이 규정하고 있는 교육의 자주성, 대학의 자율성 보장은 대학에 대한 공권력 등 외부세력의 간섭을 배제하고 대학인 자신이 대학을 자주적으로 운영할 수 있도록 함으로써 대학인으로 하여금 연구와 교육을 자유롭게 하여 진리탐구와 지도적 인격의 도야라는 대학의 기능을 충분히 발휘할 수 있도록 하기 위한 것으로서 이는 학문의 자유의 확실한 보장수단이자 대학에 부여된 헌법상의 기본권이다. (헌재 1992. 10. 1. 92헌마68) 〈주〉 헌법상 기본권의 주체이므로 헌법소원을 청구할 적격이 있다는 뜻이다.

정답 ④

552

다음 설명 중 가장 적절하지 않은 것은? (판례)

① 국립대학은 국가가 설립한 공법상 영조물이지만, 대학의 자율이라는 기본권의 주체이기도 하다. 18법무
② 대학의 자유에는 대학이 계속적으로 존속하는 것은 포함되지 않는다. 10국가7
③ 국립대학도 국가의 간섭 없이 인사·학사·시설·재정 등 대학과 관련된 사항들을 자주적으로 결정하고 운영할 자유를 가지며, 이러한 대학의 자율성은 원칙적으로 대학 자체의 계속적 존립에까지 미친다. 09사시
④ 대학의 자율성에 대한 규율의 정도는 그 시대의 사정과 각급 학교에 따라 다를 수 밖에 없는 것이므로 교육의 본질을 침해하지 않는 한 궁극적으로는 입법권자의 형성의 자유에 속한다. 18법무

【해설】
① (○) 헌재 1992. 10. 1. 92헌마68)
② (○) 대학의 자율성은 그 보호영역이 원칙적으로 당해 대학 자체의 계속적 존립에까지 미치는 것은 아니다. (헌재 2001. 2. 22. 99헌마613)
③ (×) 대학의 자율성은 그 보호영역이 원칙적으로 당해 대학 자체의 계속적 존립에까지 미치는 것은 아니다. (헌재 2001. 2. 22. 99헌마613)
④ (○) (헌재 2006. 4. 27. 2005헌마1047)

[정답] ③

553

국립대학의 장 후보자 선정방식을 규정한 교육공무원법 제24조 제4항과 관련하여 가장 적절하지 않은 것은?

① 대학의 자치의 주체를 기본적으로 대학으로 본다고 하더라도 교수나 교수회의 주체성이 부정된다고 볼 수는 없고, 가령 학문의 자유를 침해하는 대학의 장에 대한 관계에서는 교수나 교수회가 주체가 될 수 있다. 16지방7
② 대학의 자율성 즉, 대학의 자치란 대학이 그 본연의 임무인 연구와 교수를 외부의 간섭 없이 수행하기 위하여 인사 학사시설 재정 등의 사항을 자주적으로 결정하여 운영하는 것을 말한다. 따라서 연구 교수활동의 담당자인 교수가 그 핵심주체라 할 것이나, 연구 교수활동의 범위를 좁게 한정할 이유가 없으므로 학생, 직원 등도 포함될 수 있다. 22경찰1차
③ 대학 본연의 기능인 학술의 연구나 교수, 학생선발 지도 등과 관련된 교무 학사행정의 영역에서는 대학구성원의 결정이 우선한다고 볼 수 있으나, 대학의 재정, 시설 및 인사 등의 영역에서는 학교법인이 기본적인 윤곽을 결정하게 되므로, 대학구성원에게는 이러한 영역에 대한 참여권이 인정될 여지가 없다. 22경찰1차
④ 교수나 교수회에게 헌법 제31조 제4항의 대학의 자율의 보장내용에 포함되는 헌법상의 기본권인 국립대학의 장 후보자 선정에 참여할 권리가 인정된다. 보충판례

【해설】
① (○) (헌재 2006. 4. 27. 2005헌마1047)
② (○) (헌재 2013. 11. 28. 2007헌마1189) 〈주〉 이들 모두 개방이사제에 의하여 대학운영에 참여할 수 있다는 뜻이다.
③ (×) 대학의 재정, 시설 및 인사 등의 영역에서는 학교법인이 기본적인 윤곽을 결정하되, 대학구성원에게는 이러한 영역에 대하여 일정 정도 참여권을 인정하는 것이 필요하다. (헌재 2013. 11. 28. 2007헌마1189) 〈주〉 대학 교수 등도 개방이사제에 의하여 대학운영에 참여할 수 있다는 뜻이다.
④ (○) (헌재 2006. 4. 27. 2005헌마1047)

[정답] ③

554

국립대학의 장 후보자 선정방식을 규정한 교육공무원법 제24조 제4항과 관련하여 가장 적절하지 않은 것은?

① 대학의 자율의 구체적인 내용은 법률이 정하는 바에 의하여 보장되며, 국가는 헌법 제31조 제6항에 따라 학교제도에 관한 전반적인 형성권과 규율권을 부여받는데, 규율의 정도는 그 시대와 각급 학교의 사정에 따라 다를 수밖에 없다. 16지방7

② 대학의 자율의 구체적인 내용은 법률이 정하는 바에 의하여 보장되지만, 대학의 자율성 보장은 대학자치의 본질이므로 대학의 자율에 대한 침해 여부를 심사함에 있어서는 엄격한 과잉금지원칙을 적용하여야 한다. 18변시

③ 대학의 장 후보자 선정의 방식으로 '대학의 장 임용 추천위원회에서의 선정'을 규정한 교육공무원법 제24조 제4항은 간선제를 강요하여 대학의 자율을 침해하는 것이 아니다. 보충판례

④ 대학의 장 후보자 선정을 직접선거의 방법으로 실시하기로 해당 대학 교원의 합의가 있는 경우 그 선거관리를 선거관리위원회에 의무적으로 위탁시키는 교육공무원법 제24조의3 제1항은 대학의 자율을 침해한 것이 아니다. 14지방7

해설

① (O) (헌재 2006. 4. 27. 2005헌마1047) 〈주〉 대학의 자율은 기본권이지만, 학교제도이기도 하기 때문에 입법재량이 크다.
② (×) 대학의 자율은 궁극적으로는 입법권자의 형성의 자유에 속하는 것이라 할 수 있다. 따라서 입법자가 기본권을 제한함에 있어 헌법 제37조 제2항에 의한 합리적인 입법한계를 벗어나 자의적으로 그 본질적 내용을 침해하였는지 여부에 따라 판단되어야 할 것이다. (헌재 2006. 4. 27. 2005헌마1047) 〈주〉 평등권과 제도보장은 자의금지원칙으로 심사한다.
③ (O) 대학의 장 후보자 선정과 관련하여 대학에게 반드시 직접선출 방식을 보장하여야 하는 것은 아니며, 다만 대학교원들의 합의된 방식으로 그 선출방식을 정할 수 있는 기회를 제공하면 족하다. (헌재 2006. 4. 27. 2005헌마1047)
④ (O) (헌재 2006. 4. 27. 2005헌마1047) 〈주〉 직선제와 간선제를 선택할 수 있는데, 직선제를 하기로 했으면 선관위의 위탁하여야 한다.

[정답] ②

555

국립대학의 장 후보자 선정방식을 규정한 교육공무원법 제24조 제4항과 관련하여 가장 적절한 것은?

① 대학의 장 후보자를 추천할 때 해당 대학 교원의 합의된 방식과 절차에 따라 직접선거로 선정하는 경우, 해당 대학은 선거관리에 관하여 그 소재지를 관할하는 선거관리위원회법에 따른 구·시·군 선거관리위원회에 선거관리를 위탁하여야 한다. 16지방7

② 대학의 장 후보자를 추천할 때 해당 대학 교원의 합의된 방식과 절차에 따라 직접선거로 선정하는 경우 해당 대학은 선거관리에 관하여 중앙선거관리위원회에 선거관리를 위탁할 수 있다. 18변시

③ 국립대학의 장 후보자 선정을 위한 직접선거과정에서 선거관리를 그 대학소재지 관할 선거관리위원회에 위탁하게 정한 교육공무원법의 규정은 대학의 자율성을 침해한다. 14지방7

④ 대학의 장이 단과대학장을 보할 때 그 대상자의 추천을 받거나 선출의 절차를 거치지 아니하고, 해당 단과대학 소속 교수 또는 부교수 중에서 직접 지명하도록 하고 있는 것은 대학의 자율성을 침해하는 것이다. 16지방7

해설

① (O) 교육공무원법 제24조의3.
② (×) 교육공무원법 제24조의3 제1항. – 그 소재지를 관할하는 「선거관리위원회법」에 따른 구·시·군선거관리위원회에 선거관리를 위탁하여야 한다. 〈주〉 '중앙' 선거관리위원회는 틀린 표현이다.
③ (×) 교육공무원법 제24조의3 제1항이 매우 자의적인 것으로서 합리적인 입법한계를 일탈하였거나 대학의 자율의 본질적인 부분을 침해하였다고 볼 수 없다. (헌재 2006. 4. 27. 2005헌마1047)
④ (×) 이 사건 심판대상조항에 의해 대학의 자율성이 침해될 가능성이 인정되지 아니한다. (헌재 2014. 1. 28. 2011헌마239)

[정답] ①

556

사립 또는 국립대학의 운영 등과 관련된 판례로 가장 적절하지 않은 것은?

① 사립학교운영권 자체는 종전 이사들의 독립된 재산권의 대상이 되지 아니한다. 18법행
② 사립학교의 설립자에게는 사립학교운영의 자유가 기본권으로 보장된다. 14법행
③ 사립학교의 재산관리에 국가개입은 금지된다. 14법행
④ 사립학교 운영의 자유는 헌법상 기본권이지만, 국가가 일정한 범위 내에서 사립학교의 운영을 감독·통제할 권한과 책임을 진다. 18법행
⑤ 사립학교법상 개방이사제 또는 개방감사제는 학교법인의 사학의 자유를 침해하지 아니한다. 18법행
⑥ 이사회와 재경위원회에 일정 비율 이상의 외부인사를 포함하는 내용 등을 담고 있는 구 국립대학법인 서울대학교 설립 운영에 관한 법률 규정의 이른바 '외부인사 참여 조항'이 대학의 자율의 본질적인 부분을 침해하였다고 볼 수 없다. 22경찰1차

[해설]

① (O) 사립학교를 위하여 출연된 재산에 대한 소유권은 학교법인에 있다. (헌재 2013. 11. 28. 2007헌마1189)
② (O) (헌재 2001. 1. 18. 99헌바63) 〈주〉 재산은 학교법인이 소유하나, 그 학교의 운영권은 설립자에게 보장된다.
③ (X) 국민이 교육을 받고 부모의 자녀교육권이 적절하게 보장되도록 하기 위하여 사립학교의 재산관리에 국가개입은 불가피하고 긴요한 것으로서 그 정당성은 충분히 인정된다. (헌재 2001. 1. 18. 99헌바63)
④ (O) (헌재 2013. 11. 28. 2007헌마1189)
⑤ (O) 개방이사제에 관한 사립학교법 제14조 제3항, 제4항은 사립학교운영의 투명성과 공정성을 제고기 위한 것으로서, 학교법인의 사학의 자유를 침해한다고 볼 수 없다. (헌재 2013. 11. 28. 2007헌마1189) 〈주〉 개방이사제는 학교운영에 외부인사를 참여시키는 제도이다.
⑥ (O) (헌재 2014. 4. 24. 2011헌마612) 〈주〉 서울대학교 법인화를 규정한 서울대학교법에 대하여 기각결정을 한 사안이다.

[정답] ③

557

대학 교수 임용과 관련하여 가장 적절한 것은?

① 기간임용제와 정년보장제는 국가가 문화국가의 실현을 위한 학문진흥의 의무를 이행함에 있어서나 국민의 교육권의 실현 방법 면에서 각각 장단점이 있어 어느 쪽이 좋은 제도인지에 대한 판단에는 어려움이 있으므로, 입법정책에 맡겨 두는 것보다는 헌법재판소에서 가늠하는 것이 옳다. 14지방7
② 헌법재판소는 교수의 재임용을 절차적 보장이 없더라도 임용권자의 의사에 맡긴 것은 위헌이 아니라고 본다. 10국가7/22경채
③ 대학교육기관의 교원은 당해 학교법인의 정관이 정하는 바에 따라 기간을 정하여 임면할 수 있다고 규정한 구 사립학교법 조항은 헌법 제31조 제6항 소정의 교원지위법정주의에 위반된다. 14지방7
④ 임용기간이 만료한 교수에 대한 재임용거부를 재심청구대상으로 법률에 명시하지 않은 것은 교원지위법정주의에 위반되지 않는다. 14지방7/22경채

[해설]

① (X) 기간임용제와 정년보장제는 헌법재판소에서 이를 가늠하기보다는 입법자의 입법정책에 맡겨 두는 것이 옳다고 본다. (헌재 1998. 7. 16. 96헌바33)
② (X) 재임용이 거부되었을 경우 사후에 그에 대해 다툴 수 있는 제도적 장치를 전혀 마련하지 않고 있는 이 사건 법률조항은 교원지위법정주의에 위반된다. (헌재 2003. 2. 27. 2000헌바26)
③ (O) (헌재 2003. 12. 18. 2002헌바14)
④ (X) 임용기간이 만료한 대학교원에 대한 재임용거부를 재심청구의 대상으로 명시하지 않은 교원지위 향상을 위한 특별법 조항은 헌법 제31조 제6항 소정의 교원지위법정주의에 위반된다. (헌재 2003. 12. 18. 2002헌바14) 〈주〉 재임용거부 사유가 명시되고, 불복절차도 마련되어야 합헌이 될 수 있다.

[정답] ③

558
대학과 관련된 설명 중 가장 적절하지 않은 것은?

① 임용권자가 임용기간이 만료된 국·공립대학의 조교수에 대하여 재임용을 거부하는 취지로 한 임용기간만료의 통지는 대학교원의 법률관계에 영향을 주는 것으로서 행정소송의 대상이 되는 처분에 해당한다. 13지방7

② 교원 재임용의 심사요소로 학생교육·학문연구·학생지도를 언급하되 이를 모두 필수요소로 강제하지 않는 사립학교법 제53조의2 제7항 전문은 교원의 신분에 대한 부당한 박탈을 방지함과 동시에 대학의 자율성을 도모한 것으로서 교원지위법정주의에 위반되지 아니한다. 15국가7

③ 2년제 전문대학의 졸업자에게만 대학 산업대학 또는 원격대학의 편입학 자격을 부여하고, 3년제 전문대학의 2년 이상 과정 이수자에게는 편입학 자격을 부여하지 아니한 것은 교육을 받을 권리를 침해한다. 16변시

④ 대학의 자율은 연구와 교육의 내용, 그 방법과 대상, 교과과정의 편성, 학생의 선발과 전형 및 교원의 임면에 관한 사항을 포함하는 것으로 대학시설의 관리·운영도 대학의 자율에 포함된다. 14지방7

⑤ 대학은 학생의 선발과 전형방법, 성적의 평가, 상벌 등을 스스로 정할 수 있다. 10국가7

해설

① (○) (대법원 2004. 4. 22. 2000두7735 전합)
② (○) (헌재 2014. 4. 24. 2012헌바336)
③ (×) 교육을 받을 권리나 평생교육을 받을 권리를 본질적으로 침해하지 않는다. (헌재 2010. 11. 25. 2010헌마144)
④ (○) (대법원 2018. 11. 29. 2018다207854)
⑤ (○) (헌재 1992. 10. 1. 92헌마68)

정답 ③

5. 기타문제

559
다음 설명 중 가장 적절하지 않은 것은? (판례)

① 자율형 사립고등학교를 후기학교로 정하여 신입생을 일반고와 동시에 선발하도록 한 「초·중등교육법 시행령」 규정은 신뢰보호원칙에 위배되지 않는다. 21경채

② 자율형 사립고등학교를 후기학교로 정하여 신입생을 일반고와 동시에 선발하도록 하고, 자사고를 지원한 학생에게 평준화지역 후기학교에 중복지원하는 것을 금지하는 조항은 교육제도 법정주의에 위반되지 않는다. 21국회8

③ 자율형 사립고등학교를 후기학교로 정하여 신입생을 일반고와 동시에 선발하도록 하고, 자율형 사립고등학교를 지원한 학생에게 평준화지역 후기학교에 중복지원 할 수 없도록 한 것은 학교법인의 사학운영의 자유를 침해하지 않는다. 21국회8

④ 자율형 사립고등학교를 후기학교로 정하여 신입생을 일반고와 동시에 선발하도록 한 조항은 학교법인의 평등권을 침해한다. 21국회8/21법행/23경찰1

⑤ 자사고를 지원한 학생에게 평준화지역 후기학교에 중복지원하는 것을 금지하는 조항은 학생과 학부모의 평등권을 침해한다. 21국회8

해설

① (○) (헌재 2019. 4. 11. 2018헌마221) 〈주〉 자사고 선발을 반드시 전기에 해야 한다는 선례나 신뢰는 없었다.
② (○) (헌재 2019. 4. 11. 2018헌마221) 〈주〉 고교입시 특성상 법률이 아니라 대통령으로 상황에 맞게 규정하는 것은 합헌이다.
③ (○) (헌재 2019. 4. 11. 2018헌마221) 〈주〉 학생을 선발하는 학교의 운영권은 침해되지 않는다.
④ (×) 동시선발 조항은 청구인 학교법인의 평등권을 침해하지 아니한다. (헌재 2019. 4. 11. 2018헌마221) 〈주〉 동시선발조항이 아니라 중복지원금지조항이 학생과 부모를 침해한다.
⑤ (○) (헌재 2019. 4. 11. 2018헌마221)

정답 ④

560

다음 설명 중 가장 적절하지 않은 것은? (판례)

① 검정고시로 고등학교 졸업학력을 취득한 사람들의 수시모집 지원을 기초생활수급자·차상위계층, 장애인 등을 대상으로 한 일부 특별전형을 제외하고 일률적으로 제한하는 국립교육대학교 수시모집 입시요강은 검정고시 출신자의 균등하게 교육을 받을 권리를 침해한다. 21국회5/21지방7/23경찰1

② 고졸검정고시 또는 고입검정고시에 합격했던 자가 해당 검정고시에 다시 응시할 수 없게 됨으로써 제한되는 주된 기본권은 자유로운 인격발현권으로, 과잉금지원칙에 위배된다. 19변시

③ 고시 공고일을 기준으로 고등학교에서 퇴학된 날로부터 6월이 지나지 아니한 자를 고등학교 졸업학력 검정고시를 받을 수 있는 자의 범위에서 제외하는 것은, 그 제한에 대하여 과잉금지원칙에 따른 심사를 하여야 한다. 17국가7

④ 대학수학능력시험을 한국교육방송공사(EBS) 수능교재 및 강의와 연계하여 출제하기로 한 '2018학년도 대학수학능력시험 시행기본계획'은 헌법 제31조 제1항의 능력에 따라 균등하게 교육을 받을 권리를 직접 제한한다고 보기는 어렵다. 19국회8

해설

① (O) (헌재 2017. 12. 28. 2016헌마649) 〈주〉 인격권이 아니라 교육받을 권리를 침해한다는 점을 주의한다.

② (X) 과잉금지원칙에 위배되어 청구인의 교육을 받을 권리 등을 침해한다. (헌재 2012. 5. 31. 2010헌마139) 〈주〉 인격발현권이 아니라 교육받을 권리를 침해한다.

③ (O) (헌재 2008. 4. 24. 2007헌마1456) 〈주〉 자의금지심사가 아니라 비례심사를 하며, 교육을 받을 권리, 평등권 등을 침해하지 않는다(기각결정).

④ (O) (헌재 2018. 2. 22. 2017헌마691) 〈주〉 교육받을 권리는 제한하지 않는다. 교육을 통한 자유로운 인격발현권을 제한하지만 침해가 아니라서 합헌이다.

정답 ②

561

다음 설명 중 가장 적절하지 않은 것은? (판례)

① 고교평준화지역에서 일반계 고등학교에 진학하는 학생을 교육감이 학교군별로 추첨에 의하여 배정한 것은 교육의 권리를 침해하지 않는다. 18서울

② 특수목적고교에 비교평가에 의한 내신특례를 인정하고 그 시행에 따른 합리적인 경과조치를 정하는 것은 교육의 기회균등에 대한 침해가 아니다. 14국가7

③ 국·공립학교처럼 사립학교에도 학교운영위원회를 의무적으로 설치하도록 한 것은 현저히 자의적이거나 비합리적으로 사립학교의 공공성만을 강조하고 사립학교의 자율성을 제한한 것이라 보기 어렵다. 18행시

④ 공립학교뿐만 아니라 사립학교에 있어서도 학부모가 참여하는 학교운영위원회를 의무적으로 설치하도록 하는 것은 사립학교의 자율성과 재산권을 침해하는 것으로서 위헌이다. 10지방7

해설

① (O) (헌재 2009. 4. 30. 2005헌마514)

② (O) (헌재 1996. 4. 25. 94헌마119)

③ (O) 심판대상조항에 의하여 사립학교 교육의 자주성·전문성이 어느 정도 제한된다고 하더라도, 그 입법취지 및 학교운영위원회의 구성과 성격 등을 볼 때, 사립학교 학교운영위원회제도가 현저히 자의적이거나 비합리적으로 사립학교의 공공성만을 강조하고 사립학교의 자율성을 제한한 것이라 보기 어렵다. (헌재 2001. 11. 29. 2000헌마278)

④ (X) 사립학교 학교운영위원회는 대체로 자문기관으로서, 자문사항 중 학교예산 및 결산에 관한 자문은 사학이 요청할 경우에만 행하게 하고 있는 것 등을 볼 때, 이 제도가 사학의 재산권 행사를 본질적으로 훼손하는 것은 아니며, 이는 정당한 입법목적을 달성하기 위한 것으로서 제한이 과잉한 것이라 할 수 없다. (헌재 2001. 11. 29. 2000헌마278)

정답 ④

562
다음 설명 중 적절하지 않은 것을 모두 고르면? (판례)

㉠ 학부모의 자녀교육권과 학생의 교육을 받을 권리에는 학교교육이라는 국가의 공교육 급부의 형성과정에 균등하게 참여할 권리로서의 참여권이 내포되어 있다. 21국회5

㉡ 조례에 의한 규제가 지역 여건이나 환경 등 그 특성에 따라 다르게 나타나는 것은 헌법이 지방자치단체의 자치입법권을 인정한 이상 당연히 예상되는 결과이나, 고등학생들이 학원 교습시간과 관련하여 자신들이 거주하는 지역의 학원조례조항으로 인하여 다른 지역 주민들에 비하여 더한 규제를 받게 되었다면 평등권이 침해되었다고 볼 수 있다. 17국가7

㉢ 한자를 국어과목에서 분리하여 초등학교 재량에 따라 선택적으로 가르치도록 하는 것은, 국어교과의 내용으로 한자를 배우고 일정 시간 이상 필수적으로 한자교육을 받음으로써 교육적 성장과 발전을 통해 자아를 실현하고자 하는 학생들의 자유로운 인격발현권을 제한하는 것이나, 학부모의 자녀교육권을 제한하는 것은 아니다. 18변시/22경채

① ㉠ ㉡ ㉢ ② ㉠ ㉡
③ ㉠ ㉢ ④ ㉡ ㉢

해설

㉠ (×) 학교교육이라는 국가의 공교육 급부의 형성과정에 균등하게 참여할 권리로서의 <u>참여권이 내포되어 있다고 할 수 없다.</u> (헌재 2019. 11. 28. 2018헌마1153) 〈주〉 사립학교법에 의하여 교원에 대한 징계위원회를 설치하는데 있어 학생과 부모의 기본권 제한이 없다며 각하한 사안이다.

㉡ (×) 이 사건 조항으로 인하여 <u>평등권이 침해되었다고 볼 수는 없다.</u> (헌재 2009. 10. 29. 2008헌마635) 〈주〉 조례는 지역마다 다를 수 밖에 없다.

㉢ (×) 한자 관련 고시는 일정 시간 이상 필수적으로 한자교육을 받음으로써 <u>학생들의 자유로운 인격발현권을 제한한다.</u> 또한 <u>학부모의 자녀교육권도 제한할 수 있다.</u> (헌재 2016. 11. 24. 2012헌마854) 〈주〉 학생의 자유로운 인격발현권과 학부모의 자녀교육권을 침해하지는 않는다(기각결정).

[정답] ①

563
다음 설명 중 가장 적절하지 않은 것은? (판례)

① 헌법 제31조 제6항의 교육제도 법정주의는 교육의 영역에서 의회유보의 원칙을 규정한 것임과 동시에 국가에 대해 학교제도에 관한 포괄적인 규율권한을 부여한 것이다. 21국회5

② 초등학교 교육과정의 편제와 수업시간은 교육현장을 가장 잘 파악하고 교육과정에 대해 적절한 수요 예측을 할 수 있는 해당 부처에서 정하도록 할 필요가 있으므로, 초·중등교육법 제23조 제2항이 교육과정의 기준과 내용에 관한 기본적인 사항을 교육부장관이 정하도록 위임한 것 자체가 교육제도 법정주의에 반한다고 보기 어렵다. 18변시/20경승

③ 학원설립등록의무를 부과하고 이를 어긴 경우 처벌하도록 규정하는 것은 행복추구권, 직업선택의 자유를 침해한다고 볼 수 없다. 17서울

④ 학원의 종류 중 '유아를 대상으로 교습하는 학원'을 학교교과교습학원으로 분류한 것은 교육의 권리를 침해한다. 18서울

해설

① (○) (헌재 2012. 11. 29. 2011헌마827) 〈주〉 고등학교를 교육감이 추첨에 의하여 배정하도록 한 초중등교육법 시행령이 학교선택권을 침해하지 않는다고 결정한 사안이다.

② (○) (헌재 2016. 2. 25. 2013헌마838)

③ (○) 학원의 등록제도는 국민의 교육을 받을 권리를 실질적으로 보장하기 위하여 <u>교육제도와 시설을 일정한 수준으로 유지시키고 이를 위하여 국가가 적절한 지도, 감독을 하기 위한 목적을 지닌 제도</u>라고 할 수 있으므로 헌법에 위배하여 국민의 행복추구권, 직업선택의 자유를 침해한다고 볼 수 없다. (헌재 2001. 2. 22. 99헌바93)

④ (×) 심판대상 법률조항은 교육기관의 교육운영에 관한 자주적인 결정권을 제한하거나 교육내용이나 교육방법을 제한하는 규정이 아니므로 <u>교육의 권리를 제한한다고 볼 여지가 없다.</u> (헌재 2013. 5. 30. 2011헌바227) 〈주〉 유아 대상 교습시설을 새로이 규율대상으로 규정하였더라도 직업선택의 자유와 행복추구권을 침해하지 않는다(합헌결정).

[정답] ④

제3절 근로의 권리와 근로3권

1. 근로의 권리

564
다음 설명 중 가장 적절하지 않은 것은? (판례)

① 현행 헌법은 국가의 고용증진의무를 규정하고 있다. 18법원
② 헌법은 여자 및 연소자 근로의 특별한 보호와 최저임금제의 시행에 관하여 규정하고 있다. 18행시
③ 현행 헌법은 여성 근로자의 특별한 보호를 규정하고 있으나, 연소자의 근로는 특별한 보호를 규정하고 있지 않다. 18법원
④ 현행 헌법은 국가유공자 등에 대한 근로기회 우선보장을 규정하고 있다. 17행행

해설
① (○) 헌법 제32조 ① 모든 국민은 근로의 권리를 가진다. 국가는 사회적·경제적 방법으로 근로자의 고용의 증진과 적정임금의 보장에 노력하여야 하며, 법률이 정하는 바에 의하여 최저임금제를 시행하여야 한다. ② 모든 국민은 근로의 의무를 진다. 국가는 근로의 의무의 내용과 조건을 민주주의원칙에 따라 법률로 정한다. ③ 근로조건의 기준은 인간의 존엄성을 보장하도록 법률로 정한다. ④ 여자의 근로는 특별한 보호를 받으며, 고용·임금 및 근로조건에 있어서 부당한 차별을 받지 아니한다. ⑤ 연소자의 근로는 특별한 보호를 받는다. ⑥ 국가유공자·상이군경 및 전몰군경의 유가족은 법률이 정하는 바에 의하여 우선적으로 근로의 기회를 부여받는다.
② (○) 헌법 제32조. 제1항, 제4항, 제5항.
③ (×) 헌법 제32조 ⑤ 연소자의 근로는 특별한 보호를 받는다.
④ (○) 헌법 제32조 제6항.

[정답] ③

565
다음 설명 중 가장 적절한 것은? (판례)

① 근로란 소득을 대가로 이루어지는 정신적·육체적 활동을 의미한다. 17법무
② 현행 헌법은 근로조건의 기준의 법률주의를 규정하고 있지 않다. 17법행
③ 근로자가 최저임금을 청구할 수 있는 권리는 헌법에서 직접 도출된다. 15법원/21소방/21경승
④ 현행 헌법은 장애인 근로자의 특별한 보호를 규정하고 있다. 17법행
⑤ 헌법 제32조 제6항의 '법률이 정하는 바에 의하여 우선적으로 근로의 기회가 부여되는 대상'이 누구인가에 대하여 헌법재판소는 국가유공자, 상이군경, 전몰군경의 유가족, 국가유공자의 유가족, 상이군경의 유가족이 포함된다고 판시하고 있다. 19서울

해설
① (○) 근로기준법 제2조. "근로"란 정신노동과 육체노동을 말한다.
② (×) 헌법 제32조 ③ 근로조건의 기준은 인간의 존엄성을 보장하도록 법률로 정한다.
③ (×) 최저임금을 청구할 수 있는 권리가 바로 헌법 제32조 제1항의 근로의 권리에 의하여 보장된다고 보기는 어렵다. (헌재 2012. 10. 25. 2011헌마307) 〈주〉 법률로 구체화되어야 한다.
④ (×) 노인, 장애인 근로자의 보호와 관련하여서는 헌법 제32조에서 명문으로 규정하고 있지 않다. 헌법에는 제34조에서 노인, 장애인에 대한 생활보호를 명시하고 있다.
⑤ (×) 헌법 제32조 제6항에 따라 우선적인 근로의 기회를 부여받는 대상자는 '국가유공자', '상이군경', 그리고 '전몰군경의 유가족'이라고 보아야 한다. 따라서 국가유공자의 가족은 위 헌법 조항에 의한 보호대상에 포함되지 않으므로, 이 사건 시행령 조항이 헌법 제32조 제6항의 우선적 근로의 기회제공의무를 위반한 것이라고 볼 수 없다. (헌재 2012. 11. 29. 2011헌마533) 〈주〉 국가유공자의 유가족, 상이군경의 유가족은 보호대상에서 제외된다.

[정답] ①

566

다음 설명 중 가장 적절하지 않은 것은? (판례)

① 근로의 권리는 사회적 기본권으로서, 국가에 대하여 직접 일자리(직장)를 청구하거나 일자리에 갈음하는 생계비의 지급청구권을 의미하는 것이 아니라, 고용증진을 위한 사회적·경제적 정책을 요구할 수 있는 권리에 그치는 것이다. 19서울

② 근로자가 퇴직급여를 청구할 수 있는 권리는 헌법 제32조 제1항의 근로의 권리의 본질적인 내용에 해당하므로, 모든 근로자는 헌법상 권리로서 퇴직급여 청구권을 갖는다. 21법무

③ 계속 근로기간 1년 미만인 근로자를 퇴직급여 지급대상에서 제외하는 것은 그 차별에 합리적 이유가 있으므로 평등권을 침해하지 않는다. 17법행

④ 계속근로기간 1년 미만인 근로자가 퇴직급여를 청구할 수 있는 권리가 근로의 권리에 의하여 보장된다고 보기는 어렵다. 21소방

⑤ 사용자로 하여금 2년을 초과하여 기간제근로자를 사용할 수 없도록 한 「기간제 및 단시간근로자 보호 등에 관한 법률」 조항은 근로의 권리 침해 문제를 발생시키지 않는다. 23경승

[해설]

① (○) (헌재 2011. 7. 28. 2009헌마408)
② (×) 헌법 제32조 제1항이 규정하는 근로의 권리는 사회적 기본권으로서 국가에 대하여 직접일자리를 청구하거나 일자리에 갈음하는 생계비의 지급청구권을 의미하는 것이 아니라 고용증진을 위한 사회적·경제적 정책을 요구할 수 있는 권리에 그친다. (헌재 2011. 7. 28. 2009헌마408) 〈주〉 퇴직급여청구권은 헌법으로 직접 보장되지 않고, 법률로 구체화되어야만 보장된다.
③ (○) 이 사건 법률조항에서 '계속근로기간이 1년 미만인 근로자'를 퇴직급여 대상에서 제외하여 '계속근로기간이 1년 이상인 근로자'와 차별취급하는 것은 합리적 이유가 있으므로 청구인의 평등권이 침해되었다고 보기 어렵다. (헌재 2011. 7. 28. 2009헌마408)
④ (○) (헌재 2011. 7. 28. 2009헌마408)
⑤ (○) (헌재 2013. 10. 24. 2010헌마219) 〈주〉 2년 뒤에 정규직으로 전환하도록 유도하여 근로자를 보호하기 위한 규정이다.

[정답] ②

567

다음 설명 중 가장 적절하지 않은 것은? (판례)

① 근로의 권리로부터 국가에 대한 직접적인 직장존속청구권이 도출되는 것은 아니다. 21경승

② 우리 헌법상 국가는 근로관계의 존속보호를 위하여 최소한의 보호를 제공하여야 할 의무를 지고 있다. 그러므로 국가가 법률로 국가보조연구기관을 통폐합함에 있어 재산상의 권리·의무만 승계시키고, 근로관계의 당연승계조항을 두고 있지 아니한 것은 위헌이다. 11법원

③ 근로의 권리란 근로의 기회를 얻지 못한 경우에는 국가에 대하여 근로의 기회를 제공하여 줄 것을 요구할 수 있는 권리를 말한다. 17법무

④ 헌법상 근로의 권리는 '일할 자리에 관한 권리'만이 아니라 '일할 환경에 관한 권리'도 의미하는데, '일할 환경에 관한 권리'는 인간의 존엄성에 대한 침해를 방어하기 위한 권리로서 외국인에게도 인정된다. 17국가7

⑤ 최저임금의 적용을 위해 주 단위로 정해진 근로자의 임금을 시간에 대한 임금으로 환산할 때, 해당 임금을 1주 동안의 소정근로시간 수와 법정 주휴시간 수를 합산한 시간 수로 나누도록 규정한 「최저임금법 시행령」조항은 사용자의 직업의 자유를 침해하지 않는다. 21국회8

[해설]

① (○) 국가에 대한 직접적인 직장존속보장청구권을 근로자에게 인정할 헌법상의 근거는 없다. (헌재 2002. 11. 28. 2001헌바50)
② (×) 우리 헌법상 국가에 대한 직접적인 직장존속보장청구권을 인정할 근거는 없으므로 재산상의 권리·의무만을 새로이 설립되는 한국보건산업진흥원에 승계시키고, 직원들의 근로관계가 당연히 승계되는 것으로 규정하지 않았다 하여 위헌이라 할 수 없다. (헌재 2002. 11. 28. 2001헌바50)
③ (○) (헌재 2015. 5. 28. 2013헌마619)
④ (○) (헌재 2016. 3. 31. 2014헌마367)
⑤ (○) (헌재 2020. 6. 25. 2019헌마15) 〈주〉 최저임금을 적용할 때, 주 5일 외에 토요일도 4시간 근무한 것으로 합산 계산한다.

[정답] ②

2. 근로3권

568
다음 설명 중 가장 적절하지 않은 것은? (판례)

① 근로자는 근로조건의 향상을 위하여 자주적인 단결권, 단체교섭권 및 단체행동권을 가진다. 21법원
② 노동조합에는 헌법 제21조 제2항의 결사에 대한 허가제금지원칙이 적용되지 않는다. 21법원
③ 노동조합이 노동조합으로서 자주성 등을 갖추고 있는지를 심사하여 이를 갖추지 못한 단체의 설립신고서를 반려하도록 하는 것은 근로자의 단결권을 침해한다고 볼 수 없다. 21국회5
④ 노동3권은 사회권적 성격을 갖고 있으며, 이는 입법조치를 통하여 근로자의 헌법적 권리를 보장하여야 할 국가의 의무로 나타난다. 12국회

해설

① (O) 헌법 제33조 ① 근로자는 근로조건의 향상을 위하여 자주적인 단결권·단체교섭권 및 단체행동권을 가진다.
② 공무원인 근로자는 법률이 정하는 자에 한하여 단결권·단체교섭권 및 단체행동권을 가진다.
③ 법률이 정하는 주요방위산업체에 종사하는 근로자의 단체행동권은 법률이 정하는 바에 의하여 이를 제한하거나 인정하지 아니할 수 있다.
② (×) 근로자의 단결권이 근로자 단결체로서 사용자와의 관계에서 특별한 보호를 받아야 할 경우에는 헌법 제33조가 우선적으로 적용되지만, 그렇지 않은 통상의 결사 일반에 대한 문제일 경우에는 헌법 제21조 제2항이 적용되므로 노동조합에도 헌법 제21조 제2항의 결사에 대한 허가제금지원칙이 적용된다. (헌재 2012. 3. 29. 2011헌바53)
③ (O) (헌재 2012. 3. 29. 2011헌바53) 〈주〉 설립신고는 외형적 심사이므로 검열 또는 사전허가제가 아니라서 허용된다.
④ (O) (헌재 1998. 2. 27. 94헌바13)

정답 ②

569
다음 설명 중 가장 적절하지 않은 것은? (판례)

① 공무원인 근로자는 법률이 정하는 자에 한하여 단결권, 단체교섭권 및 단체행동권을 가진다. 21법원
② 공무원인 근로자 중 법률이 정하는 자 이외의 공무원은 노동3권의 주체가 되지 못하므로 노동3권이 인정됨을 전제로 헌법 제37조 제2항의 과잉금지원칙을 적용할 수는 없다. 12국회
③ 국가공무원법 제66조 제1항이 근로3권이 보장되는 공무원의 범위를 사실상 노무에 종사하는 공무원에 한정한 것은 입법재량권의 범위를 벗어난 것이 아니다. 21국5
④ 「헌법」 제33조 제2항의 해석상 국가공무원이든 지방공무원이든 공무원의 경우에는 전면적으로 단체행동권이 제한되거나 부인될 가능성이 있다. 20경채
⑤ 소방공무원을 노동조합 가입대상에서 제외한 「공무원의 노동조합 설립 및 운영 등에 관한 법률」 조항은 소방공무원들의 단결권을 침해하지 않는다. 23경승

해설

① (O) 헌법 제3조 ② 공무원인 근로자는 법률이 정하는 자에 한하여 단결권, 단체교섭권 및 단체행동권을 가진다.
② (O) (헌재 2007. 8. 30. 2003헌바51) 〈주〉 기본권이 없으면 그에 대한 제한을 헌법재판소가 심사하지 않는다.
③ (O) (헌재 2007. 8. 30. 2003헌바51) 〈주〉 법률이 정한 바에 따른 것이므로 합헌이다.
④ (×) 현행 헌법 제33조 제2항의 해석상 공무원의 경우에 전면적으로 단체행동권이 제한되거나 부인되는 것이 아니다. (헌재 1993. 3. 11. 88헌마5) 〈주〉 주요방위산업체에 종사하는 근로자에 한해서 헌법 제33조 제3항이 적용되어 단체행동권에 한해서 부정될 수 있다.
⑤ (O) (헌재 2008. 12. 26. 2006헌마462)

정답 ④

570
다음 설명 중 가장 적절한 것은? (판례)

① 청원경찰의 복무에 관하여 국가공무원법의 해당 조항을 준용함으로써 노동운동을 금지하는 청원경찰법의 해당 조항 중 국가공무원법의 해당 조항 가운데 '노동운동' 부분을 준용하는 부분은 국가기관이나 지방자치단체 이외의 곳에서 근무하는 청원경찰인 청구인들의 근로3권을 침해한다. 22경찰1차

② 청원경찰에 대하여 직접행동을 수반하지 않는 단결권과 단체교섭권을 인정하면 시설의 안전 유지에 지장이 된다고 단정할 수 있다. 21국회5

③ 법률이 정하는 주요방위산업체에 종사하는 근로자의 단체행동권은 법률로 제한할 수 있지만, 이를 부정할 수는 없다. 19입시

④ 헌법은 "법률이 정하는 주요방위산업체에 종사하는 근로자의 단결권은 법률이 정하는 바에 의하여 이를 제한하거나 인정하지 아니할 수 있다."라고 규정하고 있다. 18행시

해설
① (○) (헌재 2017. 9. 28. 2015헌마653) 〈주〉 청원경찰의 근로3권을 전면적으로 제한한 규정은 과잉금지원칙에 위배되어 근로3권을 침해한다.
② (×) 청원경찰에 대하여 직접행동을 수반하지 않는 단결권과 단체교섭권을 인정하더라도 시설의 안전 유지에 지장이 된다고 단정할 수 없다. (헌재 2017. 9. 28. 2015헌마653)
③ (×) 헌법 제33조 ③ 법률이 정하는 주요방위산업체에 종사하는 근로자의 단체행동권은 법률이 정하는 바에 의하여 이를 제한하거나 인정하지 아니할 수 있다.
④ (×) 헌법 제33조 ③ 법률이 정하는 주요방위산업체에 종사하는 근로자의 단체행동권은 법률이 정하는 바에 의하여 이를 제한하거나 인정하지 아니할 수 있다. 〈주〉 헌법 제33조 제3항에 의하여 부정되는 것은 근로3권 또는 단결권이 아니라 단체행동권이다.

[정답] ①

571
다음 설명 중 가장 적절하지 않은 것은? (판례)

① 단결권은 사회권적 성격을 띤 자유권으로서의 성격을 가지며, 일반적인 시민적 자유권과는 질적으로 다른 권리로서 설정되어 헌법상 그 자체로 이미 결사의 자유에 대한 특별법적인 지위를 승인받고 있다. 20경채

② 헌법상 보장된 근로자의 단결권은 단결할 자유뿐만 아니라 단결하지 아니할 자유인 이른바 소극적 단결권도 이에 포함된다. 20경채

③ 노동3권은 자유권적 성격을 갖고 있으며, 이는 국가가 근로자의 단결권을 존중하고 부당하게 침해해서는 안 된다는 것을 의미한다. 12국회

④ 헌법재판소는 단결권·단체교섭권·단체행동권의 자유권적 성격을 강조하여 그 법적 성격을 근로3권은 '사회적 보호기능을 담당하는 자유권' 또는 '사회권적 성격을 띤 자유권'이라고 밝힌 바 있다. 14서울/17법행

해설
① (○) (헌재 2005. 11. 24. 2002헌바95)
② (×) 헌법상 보장된 근로자의 단결권은 단결할 자유만을 가리킬 뿐이고, 단결하지 아니할 자유인 이른바 소극적 단결권은 이에 포함되지 않는다. (헌재 2005. 11. 24. 2002헌바95) 〈주〉 결사의 자유는 소극적 권리도 보호되지만, 단결권은 특칙으로서 적극적 권리만 보호된다.
③ (○) 근로3권의 성격은 국가가 단지 근로자의 단결권을 존중하고 부당한 침해를 하지 아니함으로써 보장되는 자유권적 측면인 국가로부터의 자유 뿐이 아니라, 근로자의 권리행사의 실질적 조건을 형성하고 유지해야 할 국가의 적극적인 활동을 필요로 한다. 따라서 근로3권의 사회권적 성격은 입법조치를 통하여 근로자의 헌법적 권리를 보장할 국가의 의무에 있다. (헌재 1998. 2. 27. 94헌바13)
④ (○) 근로3권은 '사회적 보호기능을 담당하는 자유권' 또는 '사회권적 성격을 띤 자유권'이라고 말할 수 있다. (헌재 1998. 2. 27. 94헌바13) 〈주〉 사회권적 성격을 띤 자유권은 "자유권"을 보다 강조하는 표현이다. 따라서 법률로 제한할 때 엄격한 비례심사를 한다.

[정답] ②

572

다음 설명 중 가장 적절하지 않은 것은? (판례)

① 공무원에게 근로3권을 일체 허용하지 않고 전면적으로 부정하는 것은 입법형성권의 범위를 벗어난다. 19입시
② 5급 이상 공무원의 노동조합가입을 금지하고 6급 이하의 공무원 중에서도 인사·보수 등 행정기관의 입장에 서는 자 등의 노동조합가입을 금지하는 것은 공무원들의 단결권을 침해하지 않는다. 20국회9
③ 헌법 제33조 제1항이 "근로자는 근로조건의 향상을 위하여 자주적인 단결권, 단체교섭권, 단체행동권을 가진다."고 규정하여 비록 단체협약체결권을 명시하고 있지 않지만, 단체교섭권에는 단체협약체결권이 포함되어 있다고 보아야 한다. 15서울/23경승
④ 국회는 헌법 제33조 제2항에 따라 공무원인 근로자에게 단결권·단체교섭권·단체행동권을 인정할 것인가의 여부, 어떤 형태의 행위를 어느 범위에서 인정할 것인가 등에 대하여 필요한 한도에서만 공무원의 근로3권을 제한할 수 있을 뿐 광범위한 입법형성의 자유를 갖는 것은 아니다. 17국가7

[해설]

① (○) (헌재 2018. 8. 30. 2015헌가38)
② (○) 6급 이하의 공무원 중에서도 '지휘감독권 행사자' 등은 '항상 사용자의 이익을 대표하는 자'의 입장에 있거나 그 업무의 공공성·공익성이 큰 점 등을 고려하여 위 공무원들을 노동조합 가입대상에서 제외한 것으로, 청구인들의 단결권을 침해한다고 볼 수 없다. (헌재 2008. 12. 26. 2005헌마971)
③ (○) (헌재 1998. 2. 27. 94헌바13) 〈주〉 교섭한 자가 협약까지 체결할 수 있어야 하는 것이 합당하다.
④ (×) 우리 헌법은 제33조 제1항에서 근로자의 자주적인 노동3권을 보장하고 있으면서도, 같은 조 제2항에서 공무원인 근로자에 대하여는 법률에 의한 제한을 예정하고 있다. 따라서 국회는 광범위한 입법형성의 자유를 가진다. (헌재 2008. 12. 26. 2005헌마971)

[정답] ④

573

다음 설명 중 가장 적절한 것은? (판례)

① 국가공무원법 제66조 제1항 본문은 "공무원은 노동운동이나 그 밖에 공무 외의 일을 위한 집단행위를 하여서는 아니 된다."라고 규정하고 있는데, 위 규정 중 '그 밖에 공무 외의 일을 위한 집단행위' 부분은 명확성 원칙에 위반될 뿐 아니라 표현의 자유에 대한 과도한 제한이다. 21법무
② 국가 또는 지방자치단체의 정책결정에 관한 사항이나 기관의 관리·운영에 관한 사항으로서 근무조건과 직접 관련되지 아니하는 사항을 공무원노동조합의 단체교섭대상에서 제외하고 있는 공무원의 노동조합설립 및 운영 등에 관한 법률 제8조 제1항 단서 중 '직접' 부분은 명확성원칙에 위반된다. 15국가7
③ 공무원노동조합은 정책결정에 관한 사항이나 임용권의 행사 등 근무조건과 직접 관련이 없는 사항에 대해서는 정부측 교섭대표 및 지방자치단체의 장과 교섭하고 단체협약을 체결한다. 20국회9
④ 헌법 제33조 제2항에 따라 공무원인 근로자에게 단결권·단체교섭권·단체행동권을 인정할 것인가의 여부, 어떤 형태의 행위를 어느 범위에서 인정할 것인가 등에 대하여 국가는 광범위한 입법형성의 자유를 가진다. 18서울

[해설]

① (×) '그 밖에 공무 외의 일'은 명확성원칙, 과잉금지원칙에 위배되지 않는다. (헌재 2014. 8. 28. 2011헌바32)
② (×) 이 사건 규정 상의 '직접'의 의미가 법집행 기관의 자의적인 법집행을 초래할 정도로 불명확하다고 볼 수 없으므로 명확성원칙에 위반된다고 볼 수 없다. (헌재 2013. 6. 27. 2012헌바169)
③ (×) 이 사건 규정에서 정책결정에 관한 사항이나 기관의 관리·운영 사항이 근무조건과 직접 관련되지 않을 때 이를 교섭대상에서 제외하도록 한 이 사건 규정이 과잉금지원칙에 위반된다고 볼 수 없다. (헌재 2013. 6. 27. 2012헌바169)
④ (○) (헌재 2008. 12. 26. 2005헌마971)

[정답] ④

574
다음 설명 중 가장 적절하지 않은 것은? (판례)

① 헌법 제33조 제2항은 공무원의 근로자적 성격을 인정하는 것을 전제로 한 규정이 아니다. 14국회8
② 공무원도 각종 노무의 대가로 얻는 수입에 의존하여 생활하는 사람이라는 점에서는 통상적인 의미의 근로자적인 성격을 지니고 있다. 11국가7
③ 공무원이란 직접 또는 간접적으로 국민에 의하여 선출 또는 임용되어 국가나 공공단체와 공법상의 근무관계를 맺고 공공적 업무를 담당하고 있는 사람들을 가리킨다고 할 수 있고, 공무원도 각종 노무의 대가로 얻는 수입에 의존하여 생활하는 사람이라는 점에서는 통상적인 의미의 근로자적인 성격을 지니고 있으므로, 헌법 제33조 제2항 역시 공무원의 근로자적 성격을 인정하는 것을 전제로 규정하고 있다. 17국가7
④ 노조전임자에 대한 급여 지원을 금지하는 것은 노조전임자나 노동조합의 단체교섭권 및 단체행동권을 침해하지 않는다. 21국회5

해설
① (✗) 공무원도 각종 노무의 대가로 얻는 수입에 의존하여 생활하는 사람이라는 점에서는 통상적인 의미의 근로자적인 성격을 지니고 있다. (헌재 2007. 8. 30. 2005헌가5)
② (O) (헌재 2015. 5. 28. 2013헌마343)
③ (O) (헌재 2007. 8. 30. 2005헌가5)
④ (O) (헌재 2014. 5. 29. 2010헌마606)

정답 ①

575
다음 설명 중 적절하지 않은 것은? (판례)

① 헌법 제37조 제2항에 의하여 근로자의 근로3권에 대해 일부 제한이 가능하다 하더라도, '공무원 또는 주요방위사업체 근로자'가 아닌 근로자의 근로3권을 전면적으로 부정하는 것은 본질적 내용 침해금지에 위반된다. 17국가7
② 공항 항만 등 국가중요시설의 경비업무를 담당하는 특수경비원에게 경비업무의 정상적인 운영을 저해하는 일체의 쟁의행위를 금지하는 경비업법의 해당 조항은 특수경비원의 단체행동권을 박탈하여 근로3권을 규정하고 있는 헌법 제33조 제1항에 위배된다. 11국회8/22경찰1차
③ 특수경비원에게 경비업무의 정상적인 운영을 저해하는 쟁의행위를 금지하는 경비업법 규정은 단체행동권을 침해하는 것이 아니다. 11국회8
④ 국가비상사태 하에서라도 단체교섭권·단체행동권이 제한되는 근로자의 범위를 구체적으로 제한함이 없이 그 허용 여부를 주무관청의 조정결정에 포괄적으로 위임하고 이에 위반할 경우 형사처벌하도록 규정하는 것은 근로3권의 본질적인 내용을 침해하는 것이다. 18국회8

해설
① (O) (헌재 2015. 3. 26. 2014헌가5) 〈주〉 헌법 제33조 제3항에 의하여 주요방위사업체 근로자에 한해서 단체행동권만 제한 또는 부정할 수 있다.
② (✗) 공항·항만 등 국가중요시설의 경비업무를 담당하는 특수경비원에게 경비업무의 정상적인 운영을 저해하는 일체의 쟁의행위를 금지하는 경비업법 제15조 제3항은 특수경비원의 단체행동권을 박탈한 것으로 헌법 제33조 제1항에 위배된다고 볼 수 없다. (헌재 2009. 10. 29. 2007헌마1359)
③ (O) (헌재 2009. 10. 29. 2007헌마1359)
④ (O) 이는 모든 근로자의 단체교섭권·단체행동권을 사실상 전면적으로 부정하는 것으로서 헌법에 규정된 근로3권의 본질적 내용을 침해하는 것이다. (헌재 2015. 3. 26. 2014헌가5)

정답 ②

3. 유니언 샵

576
다음 설명 중 가장 적절한 것은? (판례)

① 헌법재판소는 소극적 단결권은 헌법 제33조 제1항의 단결권에 포함되지 않는다고 보고 있다. 14서울

② 헌법상 보장된 근로자의 단결권은 단결할 자유만을 가리키는 것이 아니라 단결하지 아니할 자유, 즉 소극적 단결권도 포함한다. 18서울

③ 근로자에게 보장된 단결권의 내용에는 단결할 자유뿐만 아니라 노동조합을 결성하지 아니할 자유나 노동조합에 가입을 강제당하지 아니할 자유, 그리고 가입한 노동조합을 탈퇴할 자유도 포함된다. 18국회8/20경승

④ 헌법상 보장된 근로자의 단결권은 단결할 자유만을 의미하므로 근로자가 노동조합을 결성하지 아니할 자유는 헌법상 근거를 찾을 수 없다. 12국회/17행시

해설

① (○) (헌재 2005. 11. 24. 2002헌바95)
② (×) 헌법상 보장된 근로자의 단결권은 단결할 자유만을 가리킬 뿐이고, 단결하지 아니할 자유 이른바 <u>소극적 단결권은 이에 포함되지 않는다.</u> (헌재 1999. 11. 25. 98헌마141) 〈주〉 소극적 단결권은 결사의 자유 또는 행복추구권에 의하여 보장된다.
③ (×) 가입한 노동조합을 탈퇴할 자유는 근로자에게 보장된 <u>단결권의 내용에 포섭되는 권리로서가 아니다.</u> (헌재 2005. 11. 24. 2002헌바95)
④ (×) 근로자가 노동조합을 결성하지 아니할 자유나 노동조합에 가입을 강제당하지 아니할 자유, 그리고 가입한 노동조합을 탈퇴할 자유는 근로자에게 보장된 단결권의 내용에 포섭되는 권리로서가 아니라 <u>헌법 제10조의 행복추구권에서 파생되는 일반적 행동의 자유 또는 제21조 제1항의 결사의 자유에서 그 근거를 찾을 수 있다.</u> (헌재 2005. 11. 24. 2002헌바95)

[정답] ①

577
다음 설명 중 가장 적절하지 않은 것은? (판례)

① 헌법 제33조 제1항의 단결권에는 개별 근로자가 노동조합 등 근로자단체를 조직하거나 그에 가입하여 활동할 수 있는 개별적 단결권뿐만 아니라 근로자단체가 존립하고 활동할 수 있는 집단적 단결권도 포함된다. 21경승

② 개인적 단결권과 집단적 단결권이 충돌하는 경우 기본권의 서열 이론에 입각하여 어느 기본권이 더 상위의 기본권이라고 단정할 수 없다. 17입시/22경간

③ 근로자의 개인적 단결권과 노동조합의 집단적 단결권이 충돌하는 경우, 기본권의 서열이론에 입각하여 근로자의 개인적 단결권을 상위 기본권이라고 판단하고 있다. 10지방7

④ 노동조합의 적극적 단결권은 근로자 개인의 단결하지 않을 자유보다 중시된다고 할 것이므로, 노동조합에게 조직강제권을 부여한다고 하여 이를 근로자의 단결하지 아니할 자유의 본질적인 내용을 침해하는 것으로 단정할 수는 없다. 17법무

해설

① (○) (헌재 2015. 5. 28. 2013헌마671)
② (○) (헌재 2005. 11. 24. 2002헌바95)
③ (×) 개인적 단결권과 집단적 단결권이 충돌하는 경우 기본권의 서열이론이나 법익형량의 원리에 입각하여 <u>어느 기본권이 더 상위기본권이라고 단정할 수는 없다.</u> (헌재 2005. 11. 24. 2002헌바95)
④ (○) <u>노동조합의 적극적 단결권은 근로자 개인의 단결하지 않을 자유보다 중시된다고 할 것이고</u>, 또 노동조합에게 위와 같은 조직강제권을 부여한다고 하여 이를 근로자의 단결하지 아니할 자유의 본질적인 내용을 침해하는 것으로 단정할 수는 없다. (헌재 2005. 11. 24. 2002헌바95)

[정답] ③

578
다음 설명 중 가장 적절하지 않은 것은? (판례)

① 노동조합이 당해 사업장에 종사하는 근로자의 3분의 2 이상을 대표하고 있을 때에는 근로자가 그 노동조합의 조합원이 될 것을 고용조건으로 하는 단체협약의 체결을 부당노동행위의 예외로 하는 법률규정은 근로자의 단결하지 아니할 자유의 본질적인 내용을 침해하는 것이므로 근로자의 단결권을 보장한 헌법에 위반된다. 22경승

② 노동조합에 적극적 단결권(조직강제권)을 부여한다고 하여 이를 두고 곧바로 근로자의 단결하지 아니할 자유의 본질적인 내용을 침해하는 것으로 단정할 수는 없다. 08법행

③ 일반적으로 노동조합이 사용자와 유니언 샵 협정을 체결하는 경우 조합규약에 의해 조합원 자격이 있는 근로자는 원칙적으로 당해 노동조합에 가입하여야 한다. 08법행

④ 단체협약에 유니언 샵 협정에 따라 '근로자는 노동조합의 조합원이어야만 된다.'는 규정이 있는 경우에는 다른 명문의 규정이 없더라도 사용자는 노동조합에서 탈퇴한 근로자를 해고할 의무가 있다. 08법행

해설

① (✗) 이 사건 법률조항은 노동조합의 조직유지·강화를 위하여 당해 사업장에 종사하는 근로자의 3분의 2 이상을 대표하는 노동조합(이하 '지배적 노동조합'이라 한다)의 경우 단체협약을 매개로 한 조직강제[이른바 유니언 샵(Union Shop) 협정의 체결]를 용인하고 있다. 노동조합의 적극적 단결권은 근로자 개인의 단결하지 않을 자유보다 중시된다고 할 것이고, 또 노동조합에게 위와 같은 조직강제권을 부여한다고 하여 이를 근로자의 단결하지 아니할 자유의 본질적인 내용을 침해하는 것으로 단정할 수는 없다. (헌재 2005. 11. 24. 2002헌바95)

② (○) (헌재 2005. 11. 24. 2002헌바95)
③ (○) (헌재 2005. 11. 24. 2002헌바95)
④ (○) (헌재 2005. 11. 24. 2002헌바95)

[정답] ①

4. 근로권의 주체

579
다음 설명 중 가장 적절하지 않은 것은? (판례)

① 헌법 제32조 제1항의 근로의 권리는 국가에 대하여 근로의 기회를 제공하는 정책을 수립해줄 것을 요구할 수 있는 권리도 내포하므로 노동조합도 그 주체가 될 수 있다. 17지방7/21경승/21소방/22경찰1차

② 헌법 제33조 제1항이 규정한 근로3권의 주체는 근로자 개개인과 근로자들로 구성된 노동조합이다. 17법행

③ 근로의 권리 중 일할 환경에 관한 권리에 대해서는 외국인의 기본권 주체성을 인정할 수 있다. 17법무

④ 노동조합 및 노동관계조정법상의 근로자성이 인정되는 한, 출입국관리 법령에 의하여 취업활동을 할 수 있는 체류자격을 얻지 아니한 외국인 근로자도 노동조합의 결성 및 가입이 허용되는 근로자에 해당된다. 18국회8

해설

① (✗) 개인인 근로자가 근로의 권리의 주체가 되는 것이고, 노동조합은 그 주체가 될 수 없는 것으로 이해되고 있다. (헌재 2009. 2. 26. 2007헌바27)

② (○) 근로3권은 근로자들의 집단적 활동을 보장하기 위한 권리로서, 개인인 근로자뿐 아니라 단결체인 노동조합도 근로3권의 주체가 된다. (헌재 2009. 2. 26. 2007헌바27)

③ (○) 근로의 권리가 "일할 자리에 관한 권리"만이 아니라 "일할 환경에 관한 권리"도 함께 내포하고 있는바, 후자는 인간의 존엄성에 대한 침해를 방어하기 위한 자유권적 기본권의 성격도 갖고 있어 외국인 근로자라고 기본권 주체성을 부인할 수는 없다. (헌재 2007. 8. 30. 2004헌마670)

④ (○) (대법원 2015. 6. 25. 2007두4995, 전합)

[정답] ①

580

다음 설명 중 가장 적절한 것은? (판례)

① 구 사립학교법상 교원은 노동조합 결성 등 집단행동이 금지되었는데 이는 사립학교교원이 가지는 근로기본권의 본질적 내용을 침해한 것으로 볼 수 있다. 18서울

② 교원이 아닌 사람이 교원노조에 일부 포함되어 있다는 이유로 이미 설립신고를 마치고 활동 중인 노동조합을 법외노조로 하도록 정하는 것은 과잉금지의 원칙에 반한다. 16법원

③ 「교원의 노동조합 설립 및 운영 등에 관한 법률」의 적용을 받는 교원의 범위를 초·중등학교에 재직 중인 교원으로 한정하고 있는 동법 조항은 과잉금지원칙에 위배된다. 23경승

④ 노동조합 및 노동관계조정법 시행령 제9조 제2항은 법률의 위임 없이 법률이 정하지 아니한 법외노조 통보에 관하여 규정함으로써 헌법상 노동3권을 본질적으로 제한하고 있으므로 그 자체로 무효이다. 비교판례

해설

① (×) 사립학교 교원에게 헌법 제33조 제1항에 정한 근로3권의 행사를 제한 또는 금지하고 있다고 하더라도 이로써 사립학교교원이 가지는 근로기본권의 본질적 내용을 침해한 것으로 볼 수 없다. (헌재 1991. 7. 22. 89헌가106) 〈주〉 합헌결정에도 불구하고 1999년에 교원노조법이 제정되었다.

② (×) 이미 설립신고를 마친 교원노조의 법상 지위를 박탈할 것인지 여부는 이 사건 법외노조통보 조항의 해석 내지 법 집행의 운용에 달린 문제이다. 따라서 이 사건 법률조항은 청구인들의 단결권을 침해하지 아니한다. (헌재 2015. 5. 28. 2013헌마671) 〈주〉 법원의 해석에 맡길 문제로 보았다.

③ (×) 동법 조항은 과잉금지원칙에 위배되지 않는다. (헌재 2015. 5. 28. 2013헌마671) 〈주〉 재직 중인 교원에 한정하고, 교원 아닌 자가 포함되면 법외노조로 본다.

④ (○) 노동조합 및 노동관계조정법 시행령 제9조 제2항은 법률의 위임 없이 법률이 정하지 아니한 법외노조 통보에 관하여 규정함으로써 헌법상 노동3권을 본질적으로 제한하고 있으므로 그 자체로 무효이다. (대법원 2020. 9. 3. 2016두32992 전합) 〈주〉 헌법재판소는 법원의 해석에 맡겼고, 법원은 법률유보원칙에 반하므로 무효라고 전합 판결을 하였다.

정답 ④

581

다음 설명 중 가장 적절한 것은? (판례)

① 대학의 교원은 노조형태의 단결체가 꼭 필요한 것은 아니므로, 초·중등학교의 교원과 달리 법률로써 단결권을 인정하지 않는다고 하여 평등권을 침해하는 것은 아니다. 20국회9

② 고등교육법에서 규율하는 대학 교원들의 단결권을 인정하지 않는 교원의 노동조합 설립 및 운영 등에 관한 법률 규정은 교육공무원 아닌 대학 교원들에게 헌법이 보장하고 있는 근로3권의 핵심적이고 본질적인 권리인 단결권을 침해하는 것인 반면, 교육공무원인 대학 교원에 대하여는 그 직무수행의 특성을 고려한 합리적인 제한으로서 단결권을 침해한다고 볼 수 없다. 21법행

③ 교원노조를 설립하거나 가입하여 활동할 수 있는 자격을 초·중등교원으로 한정함으로써 교육공무원이 아닌 대학 교원에 대해서 근로기본권의 핵심인 단결권조차 전면적으로 부정한 법률조항은 그 입법목적의 정당성을 인정하기 어렵고, 수단의 적합성 역시 인정할 수 없다. 20경승

④ 교육공무원이 아닌 대학 교원의 단결권을 인정하지 않는 것은 헌법에 위배되지만, 교육공무원인 대학 교원의 단결권을 인정하지 않는 것은 헌법에 위배되지 않는다. 21국회5/23경승

해설

① (×) 초·중등학교의 교원과 달리 취급하는데 합리적인 이유가 없다. (헌재 2018. 8. 30. 2015헌가38)

② (×) [1] 교육공무원이 아닌 대학 교원에 대해서는 그 입법목적의 정당성을 인정하기 어렵고, 수단의 적합성 역시 인정할 수 없다. [2] 교육공무원인 대학 교원에 대하여 보더라도, 입법형성권의 범위를 벗어나 헌법에 위반된다. (헌재 2018. 8. 30. 2015헌가38) 〈주〉 공무원 아닌 대학교원에 대해서는 목적의 정당성을 부정하고, 공무원인 대학교원에 대해서는 침해최소성과 법익균형성을 부정하였다.

③ (○) (헌재 2018. 8. 30. 2015헌가38)

④ (×) (헌재 2018. 8. 30. 2015헌가38) 〈주〉 둘 다 위헌이다.

정답 ③

5. 해고예고, 연차휴가 등

582
다음 설명 중 가장 적절하지 못한 것은? (판례)

① 해고예고제도는 근로자의 인간 존엄성을 보장하기 위한 합리적 근로조건에 해당한다고 보기 힘들므로, 해고예고에 관한 권리는 근로자가 향유하는 근로의 권리의 내용에 포함되지 않는다. 17서울/23경승

② 해고예고제도는 근로관계의 존속이라는 근로자보호의 본질적 부분과 관련되는 것이 아니므로, 해고예고제도를 둘 것인지 여부, 그 내용 등에 대해서는 상대적으로 넓은 입법형성의 여지가 있다. 19서울

③ 합리적 이유 없이 '월급근로자로서 6개월이 되지 못한 자'를 해고예고제도의 적용대상에서 제외한 것은 근무기간이 6개월 미만인 월급근로자의 근로의 권리를 침해하고, 평등원칙에도 위배된다. 16국회8/18행시/21법행/22국회5

④ 일용근로자로서 3개월을 계속 근무하지 아니한 자를 해고예고제도의 적용제외사유로 규정하고 있는 근로기준법 규정은 일용근로자인 청구인의 근로의 권리를 침해하지 않는다. 20국회5/22경찰1차/22국가5

[해설]

① (✕) 해고예고제도는 근로자가 갑자기 직장을 잃어 생활이 곤란해지는 것을 막는 데 목적이 있으므로 근로의 권리의 내용에 포함된다. (헌재 2015. 12. 23. 2014헌바3)

② (○) (헌재 2015. 12. 23. 2014헌바3)

③ (○) 합리적 이유 없이 "월급근로자로서 6개월이 되지 못한자"를 해고예고제도의 적용대상에서 제외한 이 사건 법률조항은 근무기간이 6개월 미만인 월급근로자의 근로의 권리를 침해하고, 평등원칙에도 위배된다. (헌재 2015. 12. 23. 2014헌바3) 〈주〉 월급근로자는 예고 없이 해고할 수 없다.

④ (○) (헌재 2017. 5. 25. 2016헌마640) 〈주〉 일용근로자는 예고 없이 해고할 수 있다.

[정답] ①

583
다음 설명 중 가장 적절하지 않은 것은? (판례)

① 연차유급휴가는 인간의 존엄성을 보장하기 위한 합리적인 근로조건에 해당하므로 연차유급휴가에 관한 권리는 근로의 권리의 내용에 포함된다. 21소방/23경승

② 정직기간을 연가일수에서 공제할 때 어떠한 비율에 따라 공제할 것인지에 관하여는 입법자에게 재량이 부여되어 있기 때문에, 정직처분을 받은 공무원에 대하여 정직일수를 연차유급휴가인 연가일수에서 공제하도록 규정하는 법령조항은 공무원인 근로자의 근로의 권리를 침해하지 않는다. 17국가7/22해간

③ '65세 이후 고용된 자'에게 실업급여에 관한 고용보험법의 적용을 배제하는 것은 근로의 의사와 능력의 존부에 대한 합리적인 이유가 인정된다. 19입시

④ 65세 미만의 일정한 노인성 질병이 있는 사람의 장애인 활동 지원급여 신청자격을 제한하는 법령조항은 합리적 이유가 없으므로 평등원칙에 위반되지 않는다. 22경찰1차

[해설]

① (○) (헌재 2008. 9. 25. 2005헌마586)

② (○) (헌재 2008. 9. 25. 2005헌마586)

③ (○) (헌재 2018. 6. 28. 2017헌마238) 〈주〉 65세 이후이다.

④ (✕) 65세 미만의 일정한 노인성 질병이 있는 사람의 장애인 활동 지원급여 신청자격을 제한하는 법령조항은 합리적 이유가 없으므로 평등원칙에 위반된다. (헌재 2020. 12. 23. 2017헌가22) 〈주〉 65세 미만이다.

[정답] ④

584

다음 설명 중 적절한 것을 모두 고르면? (판례)

> ㉠ 매월 1회 이상 정기적으로 지급하는 상여금 등 및 복리후생비의 일부를 새롭게 최저임금에 산입하도록 한 「최저임금법」상 산입 조항은 헌법상 용인될 수 있는 입법재량의 범위를 명백히 일탈하였다고 볼 수 없으므로 근로자들의 근로의 권리를 침해하지 아니한다. 22경찰2
>
> ㉡ 퇴직급여제도가 갖는 사회보장적 급여의 성격과 근로자의 장기간 복무 및 충실한 근무를 유도하는 기능을 감안하더라도, 소정근로시간이 1주간 15시간 미만인 이른바 '초단시간근로자'에 대해 퇴직급여제도 적용대상에서 제외하는 것은 "근로조건의 기준은 인간의 존엄성을 보장하도록 법률로 정하도록 규정"한 헌법 제32조 제3항에 위배된다. 22경찰2
>
> ㉢ 축산업 근로자들에게 육체적·정신적 휴식을 보장하고 장시간 노동에 대한 경제적 보상을 해야 할 필요성이 요청됨에도 동물의 사육 근로자에 대하여 근로시간 및 휴일 규정의 적용을 제외하도록 한 것은 근로의 권리를 침해한다. 22국회8

① ㉠
② ㉠ ㉡
③ ㉡ ㉢
④ ㉠ ㉡ ㉢

[해설]

㉠ (○) (헌재 2021. 12. 23. 2018헌마629) 〈주〉상여금(보너스)도 최저임금에 포함된다.

㉡ (×) 사용자의 부담을 경감하기 위한 기준을 설정한 것으로, 이것이 헌법상 용인될 수 있는 입법재량의 범위를 현저히 일탈한 것이라고 볼 수 없으므로, 헌법 제32조 제3항에 위배되는 것으로 볼 수 없다. (헌재 2021. 11. 25. 2015헌바334)

㉢ (×) 축산업은 가축의 양육 및 출하에 있어 기후 및 계절의 영향을 강하게 받으므로, 심판대상조항은 청구인의 근로의 권리를 침해하지 않는다. (헌재 2021. 8. 31. 2018헌마563)

[정답] ①

585

다음 설명 중 적절한 것을 모두 고르면? (판례)

> ㉠ 교원은 학생들에 대한 지도·교육이라는 노무에 종사하고 그 대가로 받는 임금·급료 그 밖에 이에 준하는 수입으로 생활하는 사람이므로 근로자에 해당한다. 22국회9
>
> ㉡ 근로자가 퇴직급여를 청구할 수 있는 권리는 헌법상 바로 도출되는 것이 아니라 「근로자퇴직급여 보장법」등 관련 법률이 구체적으로 정하는 바에 따라 비로소 인정될 수 있는 것이므로, 계속 근로기간 1년 미만인 근로자가 퇴직급여를 청구할 수 있는 권리는 헌법 제32조 제1항에 의하여 보장된다고 보기 어렵다. 22국회5
>
> ㉢ 계속근로기간 1년 이상인 근로자가 근로연도 중도에 퇴직한 경우 중도퇴직 전 1년 미만의 근로에 대하여 유급휴가를 보장하지 않는 것은 근로의 권리를 침해한다. 16사시

① ㉠
② ㉠ ㉡
③ ㉡ ㉢
④ ㉠ ㉡ ㉢

[해설]

㉠ (○) (헌재 2018. 8. 30. 2015헌가38)

㉡ (○) (헌재 2011. 7. 28. 2009헌마408)

㉢ (×) 연차유급휴가는 매년 일정 기간 근로의무를 면제하여 근로자에게 정신적·육체적 휴양의 기회를 부여하려는 것으로, 심판대상조항은 근로의 권리를 침해한다고 볼 수 없다. (헌재 2015. 5. 28. 2013헌마619)

[정답] ②

6. 노동쟁의 기타

586
다음 설명 중 가장 적절한 것은? (판례)

① 노동조합을 설립할 때 행정관청에 설립신고서를 제출하게 하고 그 요건을 충족하지 못한 경우 설립신고서를 반려하도록 한 규정은 근로자의 단결권을 침해하는 것이다. 15서울 / 17행시

② 노동조합으로 하여금 행정관청이 요구하는 경우 결산 결과와 운영 상황을 보고하도록 하고 그 위반 시 과태료에 처하도록 하는 것은 노동조합의 단결권을 침해한다. 17서울

③ 하나의 사업 또는 사업장에 두 개 이상의 노동조합이 있는 경우 단체교섭에 있어 그 창구를 단일화하도록 하고 교섭대표가 된 노동조합에게만 단체교섭권을 부여하고 있는 교섭창구단일화제도는 노사의 자율성을 부정하는 것이므로 단체교섭권을 침해하는 것이다. 18국회8

④ 노동조합이 비과세 혜택을 받을 권리는 헌법 제33조 제1항이 당연히 예상한 권리에 포함된다고 보기 어렵고, 위 헌법 조항으로부터 그러한 권리가 파생된다거나 이에 상응하는 국가의 조세법규범 정비의무가 발생한다고 보기도 어렵다. 19입시

해설

① (X) 과잉금지원칙에 위반되어 근로자의 단결권을 침해한다고 볼 수 없다. (헌재 2012. 3. 29. 2011헌바53) 〈주〉 허가제도는 내용심사라서 위헌이지만 신고제도는 외형심사이므로 합헌이다.

② (X) 노동조합의 재정 집행과 운영에 있어서의 적법성, 민주성 등을 확보하기 위해서는 조합자치 또는 규약자치에만 의존할 수는 없고 행정관청의 감독이 보충적으로 요구된다. 따라서 단결권을 침해하지 아니한다. (헌재 2013. 7. 25. 2012헌바116)

③ (X) 소수 노동조합도 교섭대표노동조합을 정하는 절차에 참여하게 하여 교섭대표노동조합이 사용자와 대등한 입장에 설 수 있는 기반이 되도록 하고 있으므로 '노동조합 및 노동관계조정법' 조항들이 과잉금지원칙을 위반하여 청구인들의 단체교섭권을 침해한다고 볼 수 없다. (헌재 2012. 4. 24. 2011헌마338)

④ (O) (헌재 2009. 2. 26. 2007헌바27)

정답 ④

587
다음 설명 중 가장 적절하지 않은 것은? (판례)

① 쟁의행위의 목적은 근로조건의 향상을 위한 것이어야 한다. 11국회8

② 헌법 제33조 제1항은 근로3권의 주체로서 근로자만을 명시적으로 규정하고 있을 뿐, 사용자에 대해서는 규정하고 있지 않다. 14서울

③ 노동조합 및 노동관계조정법은 동법상의 쟁의행위의 개념에 사용자의 직장폐쇄를 포함하고 있다. 14서울

④ 사용자의 직장폐쇄는 근로자의 쟁의행위 개시 전후에 행할 수 있다. 11국회8

⑤ 노동관계 당사자가 쟁의행위를 함에 있어서는 그 목적, 방법 및 절차상의 한계를 벗어나지 아니한 범위 안에서 관계자들의 민사상 및 형사상 책임이 면제된다. 17지방7

⑥ 노동조합 및 노동관계조정법 그리고 대법원 판례는 해고된 자가 해고의 효력을 다투고 있을 때에는 근로자의 지위가 유지된다. 14서울

해설

① (O) 헌법 제33조 ① 근로자는 근로조건의 향상을 위하여 자주적인 단결권·단체교섭권 및 단체행동권을 가진다.

② (O) 헌법 제33조 제1항.

③ (O) 노동조합 및 노동관계조정법 제2조 제6호. 〈주〉 사용자의 쟁의행위는 헌법에 규정이 없고, 법률에 규정이 있다.

④ (X) 노동조합 및 노동관계조정법 제46조 제1항. 사용자는 노동조합이 쟁의행위를 개시한 "이후"에만 직장폐쇄를 할 수 있다.

⑤ (O) (헌재 2010. 4. 29. 2009헌바168)

⑥ (O) (대법원 1992. 3. 31. 91다14413)

정답 ④

588

다음 설명 중 가장 적절하지 않은 것은? (판례)

① 쟁의행위는 업무의 저해라는 속성상 그 자체로 형법상의 여러 가지 범죄의 구성요건에 해당될 수 있음에도 불구하고 그것이 정당성을 가지는 경우에는 형사책임이 면제되지만, 민사상 손해배상책임은 면제되지 아니한다. 15서울

② 노동조합이 정치적 목적의 쟁의행위(파업)를 하는 것은 허용되지 않는다. 11국회8

③ 형법상 업무방해죄는 모든 쟁의행위에 대하여 무조건 적용되는 것이 아니라, 단체행동권의 내재적 한계를 넘어 정당성이 없다고 판단되는 쟁의행위에 대하여만 적용되는 조항임이 명백하다고 할 것이므로, 그 목적이나 방법 및 절차상 한계를 넘어 업무방해의 결과를 야기시키는 쟁의행위에 대하여만 이 사건 법률조항을 적용하여 형사처벌하는 것은 헌법상 단체행동권을 침해하였다고 볼 수 없다. 11법원

④ 공무원인 노동조합원의 쟁의행위를 형사처벌하면서 사용자측인 정부교섭대표의 부당노동행위에 대해서는 그 구제수단으로서 민사상의 구제절차를 마련하는 데 그치고 형사처벌을 규정하지 않았다고 하더라도 이러한 규정이 공무원의 단체교섭권을 침해하는 것은 아니다. 16사시

해설

① (×) 쟁의행위는 업무의 저해라는 속성상 그 자체가 형법상의 여러 가지 범죄의 구성요건에 해당될 수 있음에도 불구하고 그것이 정당성을 가지는 경우에는 형사책임이 면제되며, 민사상 손해배상 책임도 발생하지 않는다. (헌재 2010. 4. 29. 2009헌바168)

② (○) (대법원 1997. 2. 11. 96누2125) 〈주〉 근로조건향상의 목적만 정당한 목적으로 보호된다.

③ (○) (헌재 2010. 4. 29. 2009헌바168)

④ (○) 어떤 행위를 범죄로 규정하고 이에 대하여 어떠한 형벌을 과할 것인가 하는 문제는 원칙적으로 입법정책에 관한 사항이다. (헌재 2008. 12. 26. 2005헌마971)

정답 ①

589

다음 설명 중 가장 적절하지 않은 것은? (판례)

① '교원의 노동조합 설립 및 운영 등에 관한 법률'의 적용을 받는 교원의 범위를 초·중등학교에 재직 중인 교원으로 한정하고 있는 '교원의 노동조합 설립 및 운영 등에 관한 법률' 제2조는 전국교직원노동조합 및 해직 교원들의 단결권을 침해하지 않는다. 23법행

② 노동조합을 설립할 때 행정관청에 설립신고서를 제출하게 하고 그 요건을 충족하지 못하는 경우 설립신고서를 반려하도록 하고 있는 '노동조합 및 노동관계조정법'은 헌법 제21조 제2항 후단에서 금지하는 결사에 대한 허가제이다. 23법행

③ 최저임금 산입을 위하여 임금지급 주기에 관한 취업규칙을 변경하는 경우 노동조합 또는 근로자 과반수의 동의를 받을 필요 없도록 규정한 최저임금법규정은 노동조합 및 근로자의 단체교섭권을 침해하지 않는다. 23법행

④ 사용자가 노동조합의 운영비를 원조하는 행위를 부당노동행위로 금지하는 '노동조합 및 노동관계조정법'은 노동조합의 단체교섭권을 침해한다. 23법행

해설

① (○) (헌재 2015. 5. 28. 2013헌마671)

② (×) 노동조합이 그 설립 당시부터 노동조합으로서 자주성 등을 갖추고 있는지를 심사하여 이를 갖추지 못한 단체의 설립신고서를 반려하도록 하는 것은 과잉금지원칙에 위반되어 근로자의 단결권을 침해한다고 볼 수 없다. (헌재 2012. 3. 29. 2011헌바53)

③ (○) (헌재 2021. 12. 23. 2018헌마629)

④ (○) (헌재 2018. 5. 31. 2012헌바90)

정답 ②

제4절 환경권

590
다음 설명 중 적절한 것을 모두 고르면? (판례)

> ㉠ 모든 국민은 건강하고 쾌적한 환경에서 생활할 권리, 즉 환경권을 가지고 있고, 국가와 국민은 환경보전을 위하여 노력하여야 한다. 환경권은 건강하고 쾌적한 생활을 유지하는 조건으로서 양호한 환경을 향유할 권리이고, 생명·신체의 자유를 보호하는 토대를 이루며, 궁극적으로 '삶의 질' 확보를 목표로 하는 권리이다. 13법행/21소방
>
> ㉡ 국가는 각종 개발·건설계획을 수립하고 시행함에 있어 소중한 자연환경을 보호하여 그 자연환경 속에서 살아가는 국민들이 건강하고 쾌적한 삶을 영위할 수 있도록 보장하고 나아가 우리의 후손에게 이를 물려줄 수 있도록 적극적인 조치를 취하여야 할 책무를 부담한다. 09법원
>
> ㉢ 국민의 생명·신체의 안전이 질병 등으로부터 위협받거나 받게 될 우려가 있는 경우, 국가는 국민의 생명·신체의 안전을 보호하기 위하여 필요한 적절하고 효율적인 입법·행정상의 조치를 취함으로써 침해의 위험을 방지하고 이를 유지할 구체적이고 직접적인 의무를 진다. 20국회8/22해간

① ㉠ ㉡ ㉢   ② ㉠ ㉡
③ ㉠ ㉢   ④ ㉡ ㉢

해설
① (O) (헌재 2008. 7. 31. 2006헌마711)
③ (O) (대법원 2006. 6. 2. 2004마1148)
④ (X) 침해의 위험을 방지하고 이를 유지할 포괄적인 의무를 진다 할 것이다. (헌재 2008. 12. 26. 2008헌마419) 〈주〉 국가는 헌법에 의하여 구체적이고 직접적인 의무가 아니라 포괄적 의무를 부담하는 데 그친다. 미국산 쇠고기 수입위생조건 기각 사안이다.

정답 ②

591
다음 설명 중 가장 적절하지 않은 것은? (판례)

① '건강하고 쾌적한 환경에서 생활할 권리'를 보장하는 환경권의 보호대상이 되는 환경에는 자연환경만 포함되고 인공적 환경과 같은 생활환경은 포함되지 않는다. 13법행

② '건강하고 쾌적한 환경에서 생활할 권리'를 보장하는 환경권의 보호대상이 되는 환경에는 자연환경뿐만 아니라 인공적 환경과 같은 생활환경도 포함되므로, 일상생활에서 소음을 제거·방지하여 정온한 환경에서 생활할 권리는 환경권의 한 내용을 구성한다. 21소방

③ 조망이익은 원칙적으로 특정의 장소가 그 장소로부터 외부를 조망함에 있어 특별한 가치를 가지고 있고, 그와 같은 조망이익의 향유를 하나의 중요한 목적으로 하여 그 장소에 건물이 건축된 경우와 같이 당해 건물의 소유자나 점유자가 그 건물로부터 향유하는 조망이익이 사회통념상 독자의 이익으로 승인되어야 할 정도로 중요성을 갖는다고 인정되는 경우에 비로소 법적인 보호의 대상이 된다. 10법행

④ 환경권은 건강하고 쾌적한 환경에 대한 침해배제를 청구할 수 있는 자유권적 측면과 쾌적한 환경에서 생활할 수 있도록 배려하는 보호·보장청구권의 측면을 모두 가지고 있다. 18법무

해설
① (X) '건강하고 쾌적한 환경에서 생활할 권리'를 보장하는 환경권의 보호대상이 되는 환경에는 자연환경뿐만 아니라 인공적 환경과 같은 생활환경도 포함된다. (헌재 2008. 7. 31. 2006헌마711)
② (O) (헌재 2019. 12. 27. 2018헌마730)
③ (O) (대법원 2007. 6. 28. 2004다54282)
④ (O) (헌재 2014. 6. 26. 2011헌마150)

정답 ①

592

다음 설명 중 가장 적절하지 않은 것은? (판례)

① 환경권을 행사함에 있어 국민은 국가로부터 건강하고 쾌적한 환경을 향유할 수 있는 자유를 침해당하지 않을 권리를 행사할 수 있고, 일정한 경우 국가에 대하여 건강하고 쾌적한 환경에서 생활할 수 있도록 요구할 수 있는 권리가 인정되기도 하는바, 환경권은 그 자체 종합적 기본권으로서의 성격을 지닌다. 21소방

② 환경권은 명문의 법률규정이나 관계법령의 규정 취지 및 조리에 비추어 권리의 주체, 대상, 내용, 행사방법 등이 구체적으로 정립될 수 있어야만 인정되는 것이므로, 사법상의 권리로서의 환경권을 인정하는 명문의 규정이 없는데도 환경권에 기하여 직접 방해배제청구권을 인정할 수 없다. 10법행

③ 헌법 제35조 제1항은 환경권을 국민의 기본권의 하나로 승인하고 개개의 국민에게 직접 구체적인 사법상(私法上)의 권리를 부여하고 있으므로, 이를 구체화하는 명문의 법률조항이 없더라도 동 조항을 근거로 환경침해의 배제를 구하는 민사소송을 제기할 수 있다. 05사시

④ 환경권의 내용과 행사는 법률에 의해 구체적으로 정해지는 것이기는 하나(헌법 제35조 제2항), 이 헌법조항의 취지는 특별히 명문으로 헌법에서 정한 환경권을 입법자가 그 취지에 부합하도록 법률로써 내용을 구체화하도록 한 것이지 환경권이 완전히 무의미하게 되는데도 그에 대한 입법을 전혀 하지 아니하거나, 어떠한 내용이든 법률로써 정하기만 하면 된다는 것은 아니다. 13법행/22경찰1차

해설

① (O) (헌재 2008. 7. 31. 2006헌마711)
② (O) (대법원 1997. 7. 22. 96다56153)
③ (X) 환경권은 명문의 법률규정이나 관계 법령의 규정 취지 및 조리에 비추어 권리의 주체, 대상, 내용, 행사 방법 등이 구체적으로 정립될 수 있어야만 인정되는 것이므로, 사법상의 권리로서의 환경권을 인정하는 명문의 규정이 없는데도 <u>환경권에 기하여 직접 방해배제청구권을 인정할 수 없다.</u> (대법원 1997. 7. 22. 96다56153)
④ (O) (헌재 2008. 7. 31. 2006헌마711)

정답 ③

593

다음 설명 중 가장 적절한 것은? (판례)

① 국가의 보호의무를 입법자가 어떻게 실현하여야 할 것인가 하는 문제는 입법자의 책임범위에 속하나, 헌법재판소는 국가가 국민의 법익보호를 위하여 최대한의 보호조치를 취했는가를 기준으로 심사한다. 13법행/22경채

② 국가가 국민의 건강하고 쾌적한 환경에서 생활할 권리에 대한 보호의무를 다하지 않았는지 여부를 헌법재판소가 심사할 때에는 이른바 '과잉입법금지원칙' 내지 '비례의 원칙'의 위반 여부를 기준으로 삼아야 한다. 22경찰1차

③ 공직선거법에서 확성장치 사용 등에 따른 소음제한기준을 규정하지 아니한 것은 관련 법익을 형량하여 기본권 보호의무를 이행하는 데 있어서 환경권을 과소하게 보호하고 있고, 이는 청구인이 누려야 할 정온한 환경에서 생활할 권리를 침해하지 않는다. 10법행

④ 악취가 배출되는 사업장이 있는 지역을 악취관리지역으로 지정함으로써 악취방지를 위한 예방적·관리적 조처를 할 수 있도록 한 것은 헌법상 국가와 국민의 환경보전의무를 바탕으로 주민의 건강과 생활환경의 보전을 위하여 사업장에서 배출되는 악취를 규제·관리하기 위한 적합한 수단이다. 22경간

해설

① (X) 이른바 '<u>과소보호금지원칙</u>'의 위반 여부를 기준으로 삼아야 한다. (헌재 2008. 7. 31. 2006헌마711)
② (X) 이른바 <u>과소보호금지원칙'의 위반 여부를 기준으로 삼아야 한다.</u> (헌재 2019. 12. 27. 2018헌마730)
③ (X) 적절하고 효율적인 최소한의 보호조치를 취하지 아니하여 국가의 기본권 보호의무를 과소하게 이행한 것으로서, 청구인의 <u>건강하고 쾌적한 환경에서 생활할 권리를 침해하므로 헌법에 위반된다.</u> (헌재 2019. 12. 27. 2018헌마730) 〈주〉 최소보호하면 합헌인데, 본 사안은 과소보호라서 위헌이다.
④ (O) (헌재 2020. 12. 23. 2019헌바25) 〈주〉 직업수행의 자유를 침해하지 않아서 합헌이다.

정답 ④

594
다음 설명 중 가장 적절하지 않은 것은? (판례)

① 환경보전은 단순히 국가의 노력만으로 이루어지기는 어려우므로 헌법은 국민의 환경보전 노력의무도 규정하고 있다. 18법무
② 국가는 헌법상 환경권 조항을 근거로 수질개선부담금과 같은 환경부담금을 부과하는 방법을 선택할 수 있다. 05사시
③ 공직선거법이 주거지역에서 확성장치의 최고출력 내지 소음을 제한하는 규정을 두지 아니한 것은 청구인의 건강하고 쾌적한 환경에서 생활할 권리를 침해한다. 22경찰1차
④ 독서실과 같이 정온을 요하는 사업장의 실내소음 규제기준을 만들어야 할 입법의무가 헌법의 해석상 곧바로 도출된다고 볼 수 있다. 22경찰1차
⑤ 교도소장의 안전철망 설치행위는 과잉금지원칙에 위반되지 않아 수용자의 환경권을 침해하지 아니한다. 22군무5
⑥ 구 「도로법」 규정은 도로구역의 결정 또는 변경과 고시에 대하여 공익사업법상의 사업인정을 의제하는 조항으로서, 도로공사 시행자가 환경을 파괴하는 것을 정당화하는 규정이 아니므로 환경권을 침해할 가능성이 없다. 22군무5

해설

① (○) 헌법 제35조 ① 모든 국민은 건강하고 쾌적한 환경에서 생활할 권리를 가지며, 국가와 국민은 환경보전을 위하여 노력하여야 한다. 〈주〉 헌법에는 "국가"의 노력뿐만 아니라 "국민"의 노력도 규정되어 있다.
② (○) (헌재 1998. 12. 24. 98헌가1)
③ (○) (헌재 2019. 12. 27. 2018헌마730)
④ (×) 독서실과 같이 정온을 요하는 사업장의 실내소음 규제기준을 만들어야 할 입법의무가 헌법의 해석상 곧바로 도출된다고 보기는 어렵다. (헌재 2017. 12. 28. 2016헌마45)
⑤ (○) (헌재 2014. 6. 26. 2011헌마150).
⑥ (○) (헌재 2011. 11. 24. 2010헌바231) 〈주〉 사업인정조항이 아니라 공사 시행이 환경권을 침해할 가능성이 있다.

[정답] ④

595
다음 설명 중 가장 적절하지 않은 것은? (판례)

① 환경영향평가 대상사업의 경우 그 대상 지역 안의 주민들이 환경침해를 받지 아니하고 쾌적한 환경에서 생활할 수 있는 환경상의 이익은 주민 개개인에 대하여 개별적으로 보호되는 직접적·구체적 이익이다. 09법원
② 환경영향평가 대상지역 밖에 거주하는 주민에게는 헌법상의 환경권 또는 환경정책기본법에 근거하여 공유수면매립면허처분과 농지개량사업 시행인가처분의 무효확인을 구할 원고적격이 없다. 10행
③ 환경영향평가 대상사업이라도 그 대상 지역 밖의 주민의 경우에는 그들이 누리는 환경상의 이익은 공익으로서의 추상적 이익에 해당하므로 대상사업을 허용하는 허가나 승인처분 등의 취소를 구할 원고적격이 전혀 인정되지 않는다. 18법무
④ 사업장 등에서 발생되는 환경오염 또는 환경훼손으로 인하여 피해가 발생한 때에는 당해 사업자는 그 피해를 배상하여야 하고 사업장 등이 2개 이상 있는 경우에 어느 사업장 등에 의하여 그 피해가 발생한 것인지 알 수 없을 때에는 각 사업자는 연대하여 배상하여야 한다. 10법행
⑤ 공해를 원인으로 한 손해배상청구소송에 있어서는 가해자측이 배출한 어떤 유해한 원인물질이 피해자측에 도달하여 피해자에게 손해가 발생하였다면 가해자측에서는 그 무해함을 입증하지 못하는 한 책임을 면할 수 없다. 05사시

해설

① (○) (대법원 1998. 4. 24. 97누3286)
② (○) (대법원 2006. 3. 16., 2006두330, 전합) 〈주〉 대상지역 밖에 거주하는 주민은 헌법이나 법률에 근거한 원고적격은 인정되지 않는다.
③ (×) 환경영향평가 대상지역 밖의 주민이라 할지라도 환경상 이익에 대한 침해 또는 침해우려가 있다는 것을 입증함으로써 그 처분 등의 무효확인을 구할 원고적격을 인정받을 수 있다. (대법원 2006. 3. 16. 2006두330 전합)
④ (○) 환경정책기본법 제44조 제2항.
⑤ (○) (대법원 1991. 7. 23. 89다카1275) 〈주〉 대기업인 가해자측에 입증책임을 부담시켜서 서민을 보호한다.

[정답] ③

제5절 혼인과 가족생활의 권리

1. 서설

596
다음 설명 중 가장 적절하지 않은 것은? (판례)

① 헌법 제36조 제1항은 혼인과 가족에 관련되는 공법 및 사법의 모든 영역에 영향을 미치는 헌법원리이다. 15법원
② 헌법 제36조 제1항은 가족생활을 스스로 결정하고 형성할 수 있는 자유를 기본권으로 보장한다. 19변시
③ 역사적 전승으로서 오늘의 헌법이념에 반하는 것은 헌법전문에서 타파의 대상으로 선언한 '사회적 폐습'이 될 수 있을지언정 헌법 제9조가 '계승·발전' 시키라고 한 전통문화에는 해당하지 않는다고 보는 것이 우리 헌법의 조화적 헌법해석이라 할 것이다. 14법행
④ 전래의 어떤 가족제도가 헌법 제36조 제1항이 요구하는 개인의 존엄과 양성평등에 반하는 경우에도 헌법 제9조에서의 전통을 근거로 헌법적 정당성을 주장할 수 있다. 11법원

해설
① (○) 헌법 제36조 제1항은 혼인과 가족에 관련되는 공법 및 사법의 모든 영역에 영향을 미치는 헌법원리 내지 원칙규범으로서의 성격도 가진다. (헌재 2002. 8. 29. 2001헌바82)
② (○) (헌재 2013. 9. 26. 2011헌가42)
③ (○) (헌재 2005. 2. 3. 2001헌가9)
④ (×) 전래의 어떤 가족제도가 헌법 제36조 제1항이 요구하는 개인의 존엄과 양성평등에 반한다면 헌법 제9조에서의 전통을 근거로 헌법적 정당성을 주장할 수 없다. (헌재 2005. 2. 3. 2001헌가9)

정답 ④

597
다음 설명 중 가장 적절하지 않은 것은? (판례)

① 호주제는 당사자의 의사나 복리와 무관하게 남계혈통 중심의 가의 유지와 계승이라는 관념에 뿌리박은 특정한 가족관계의 형태를 일방적으로 규정·강요함으로써 개인과 가족의 자율적 결정권을 존중하라는 헌법 제36조 제1항에 부합하지 않는다. 16법무
② 동성동본금혼제는 '인간으로서의 존엄과 가치 및 행복추구권'을 규정한 헌법이념에 반한다. 10법행
③ 1991. 1. 1.부터 그 이전에 성립된 계모자 사이의 법정혈족관계를 소멸시키도록 한 「민법」부칙 조항은 계자의 친부와 계모의 혼인에 따라 가족생활을 자유롭게 형성할 권리를 침해하지 않는다. 23경승
④ 출생 직후의 자(子)에게 성을 부여할 당시 부(父)가 이미 사망하였거나 부모가 이혼하여 모가 단독으로 친권을 행사하고 양육할 것이 예상되는 경우에도 부의 성을 사용할 것이 강제되도록 한 법률 조항은 헌법에 합치한다. 11법원/23경찰1
⑤ 자의 성을 정함에 있어 부성주의를 원칙으로 하는 것은 헌법 제10조, 제36조 제1항에 위반되지 않는다. 10법행

해설
① (○) 헌재 2005. 2. 3. 2001헌가9
② (○) (헌재 1997. 7. 16. 95헌가6) 〈주〉 목적의 정당성을 부정한 결정이다.
③ (○) 개인의 존엄과 양성평등에 반하는 전래의 가족제도를 개선하기 위한 입법이므로 가족제도를 보장하는 헌법 제36조 제1항에 위반된다고 볼 수도 없다. (헌재 2011. 2. 24. 2009헌바89)
④ (×) 부성주의의 예외를 규정하지 않고 있는 것에 있으므로 이 사건 법률조항에 대해 헌법불합치결정을 선고한다. (헌재 2005. 12. 22. 2003헌가5)
⑤ (○) (헌재 2005. 12. 22. 2003헌가5)

정답 ④

2. 부부관계

598
다음 설명 중 가장 적절하지 않은 것은? (판례)

① 법적으로 승인되지 아니한 사실혼도 헌법 제36조 제1항의 보호범위에 포함된다. 18지방7/20법행/22경간/23경승

② 부부 자산소득 합산과세제도는 헌법 제11조 제1항에서 보장하는 평등원칙을 혼인과 가족생활에서 더 구체화함으로써 혼인한 자의 차별을 금지하고 있는 헌법 제36조 제1항에 위반된다. 17국가7

③ 부부의 자산소득을 합산하여 과세함으로써 누진율에 따른 추가적인 조세부담을 안기는 법률조항은 혼인한 자를 혼인하지 않은 자에 비해 불리하게 차별취급하는 조항으로서 허용되지 아니다 11법원

④ 누진과세제도 하에서 혼인한 부부에게 조세부담의 증가를 초래하는 부부자산소득합산과세를 규정하고 있는 구 소득세법 제80조 제1항 제2호는 혼인한 부부를 비례의 원칙에 반하여 사실혼관계의 부부나 독신자에 비하여 차별하는 것으로서 헌법 제36조 제1항에 위반된다. 16법무

해설

① (×) 법적으로 승인되지 아니한 사실혼은 헌법 제36조 제1항의 보호범위에 포함되지 아니하므로, 이 사건 법률조항은 헌법 제36조 제1항에 위반되지 않는다. (헌재 2014. 8. 28. 2013헌바119)

② (○) (헌재 2002. 8. 29. 2001헌바82)

③ (○) 자산소득합산과세의 대상이 되는 혼인한 부부를 혼인하지 않은 부부나 독신자에 비하여 차별취급하는 것은 헌법상 정당화되지 아니하기 때문에 헌법 제36조 제1항에 위반된다. (헌재 2002. 8. 29. 2001헌바82)

④ (○) (헌재 2002. 8. 29. 2001헌바82)

[정답] ①

599
다음 설명 중 가장 적절한 것은? (판례)

① 1세대 3주택 이상에 해당하는 주택에 대하여 양도소득세 중과세를 규정하고 있는 구「소득세법」조항은 헌법 제36조 제1항이 정하고 있는 혼인에 따른 차별금지원칙에 위배되고, 혼인의 자유를 침해한다. 21경승

② 혼인취소사유에 해당하는 중혼에 대해 그 취소청구권자로 직계비속을 포함하지 않은 법률 조항은 혼인 당사자의 자기결정권을 침해하지 않기 위한 취지이므로 합리적 차별에 해당한다고 볼 수 있다. 11법원/16법무

③ 중혼을 혼인취소의 사유로 정하면서 그 취소청구권의 제척기간 또는 소멸사유를 규정하지 않은 민법 조항은 후혼배우자의 인격권을 침해한다. 16지방7/21경승/22법원

④ 수형자의 배우자에 대해 인터넷화상접견과 스마트접견을 할 수 있도록 하고 미결수용자의 배우자에 대해서는 이를 허용하지 않는 것이 미결수용자의 배우자의 평등권을 침해하는지 여부는 헌법상 혼인과 가족생활에 대한 특별한 헌법적 보호에 비추어 볼 때, 엄격한 비례성심사를 하여야 한다. 22국회8

해설

① (○) [1] 과잉금지원칙에 반하여 청구인의 재산권을 침해하지 않는다. [2] 최소침해성원칙에 위배되어 혼인의 자유를 침해한다. (헌재 2011. 11. 24. 2009헌바146)

② (×) 합리적인 이유 없이 직계비속을 차별하고 있어, 평등원칙에 위반된다. (헌재 2010. 7. 29. 2009헌가8)

③ (×) 이 사건 법률조항이 현저히 입법재량의 범위를 일탈하여 후혼배우자의 인격권 및 행복추구권을 침해하지 아니한다. (헌재 2014. 7. 24. 2011헌바275)

④ (×) 평등권 침해 여부는 차별에 합리적 이유가 있는지를 살펴보는 방식으로 심사하는 것이 적절하다.(헌재 2021. 11. 25. 2018헌마598) 〈주〉 평등권은 자의금지심사를 한다.

[정답] ①

3. 가족관계

600

다음 설명 중 가장 적절하지 않은 것은? (판례)

① 혼인 종료 후 300일 이내에 출생한 자를 전남편의 친생자로 추정하는 것은 모가 가정생활과 신분관계에서 누려야 할 혼인과 가족생활에 관한 기본권을 침해한다. 21경승
② 친생부인의 소의 제소기간과 그 기산점에 관하여 '그 출생을 안 날로부터 1년 내'라고 정한 것은 인간의 존엄과 가치, 행복추구권을 보장한 헌법 제10조와 혼인과 가족생활의 권리침해금지를 보장한 헌법 제36조 제1항에 위반된다. 10법행
③ 친생부인의 소의 제척기간을 규정한 민법 제847조 제1항 중 '부(夫)가 그 사유가 있음을 안 날부터 2년내' 부분은 입법재량의 한계를 일탈하지 않은 것으로서 헌법에 위반되지 아니한다. 16법무/17국가7/22경찰1차
④ 인지청구의 소의 제소기간을 부 또는 모의 사망을 안 날로부터 1년 내로 제한하는 것은 인간의 존엄과 가치 및 행복추구권을 침해하는 것이다. 10법행

해설

① (O) (헌재 2015. 4. 30. 2013헌마623)
② (O) (헌재 1997. 11. 27. 95헌바14) 〈주〉 출생을 알고 1년 내는 권리보호에 미흡하다.
③ (O) (헌재 2015. 3. 26. 2012헌바357) 〈주〉 사유가 있음을 알고 2년 내는 권리보호에 충분하다.
④ (×) 입법재량의 한계를 일탈하지 않은 것으로서 헌법에 위반되지 아니한다. (헌재 2015. 3. 26. 2012헌바357) 〈주〉 父 생존시에는 언제든 인지청구를 할 수 있으므로 권리보호에 충분하다.

정답 ④

601

다음 설명 중 가장 적절하지 않은 것은? (판례)

① 친양자 입양의 경우에도 친양자로 될 사람이 그의 의사에 따라 스스로 입양의 대상이 될 것인지 여부를 결정할 수 있는 자유를 보장한다. 17변시
② 친양자로 될 자와 마찬가지로 친생부모 역시 그로부터 출생한 자와의 가족 및 친족관계의 유지에 관하여 헌법 제36조 제1항에 의하여 인정되는 혼인과 가정생활의 자유로운 형성에 대한 기본권을 가진다. 17변시
③ 친양자 입양을 청구하기 위해서는 친생부모의 친권상실, 사망 기타 동의할 수 없는 사유가 없는 한 친생부모의 동의를 반드시 요하도록 하는 것은 친양자가 될 자의 가족생활에 관한 기본권을 침해하지 않는다. 18지방7
④ 원칙적으로 3년 이상 혼인 중인 부부만이 친양자 입양을 할 수 있도록 규정하여 독신자는 친양자 입양을 할 수 없도록 한 구 민법 조항은 독신자의 가족생활의 자유를 침해한다. 21경승

해설

① (O) (헌재 2013. 9. 26. 2011헌가42)
② (O) (헌재 2012. 5. 31. 2010헌바87)
③ (O) '친생부모의 친권이 상실되거나 사망 기타 사유로 동의할 수 없는 경우'에는 그 동의 없이도 친양자 입양이 가능하도록 예외규정을 두어 기본권 제한의 비례성을 준수하고 있으므로 헌법에 위반되지 아니한다. (헌재 2012. 5. 31. 2010헌바87) 〈주〉 친생부모의 동의가 없으면 일반입양만 가능하다.
④ (×) 독신자는 친양자 입양을 할 수 없게 되어 가족생활의 자유가 다소 제한되지만 여전히 일반입양은 할 수 있으므로 과잉금지원칙에 위반하여 독신자의 가족생활의 자유를 침해한다고 볼 수 없다. (헌재 2013. 9. 26. 2011헌가42) 〈주〉 독신자는 일반입양만 가능하다.

정답 ④

제6절 보건권

602
다음 설명 중 가장 적절하지 않은 것은? (판례)

① 모든 국민은 보건에 관하여 국가의 보호를 받는다. 21국가5
② 헌법 제10조, 제36조 제3항에 따라 국가는 국민의 생명·신체의 안전이 위협받거나 받게 될 우려가 있는 경우 국민의 생명·신체의 안전을 보호하기에 필요한 적절하고 효율적인 조치를 취하여 그 침해의 위험을 방지하고 이를 유지할 포괄적 의무를 진다. 21국가5
③ 국민의 보건에 관한 권리는 국민이 자신의 건강을 유지하는데 필요한 국가적 급부와 배려까지 요구할 수 있는 권리를 포함하는 것은 아니다. 21국가5
④ 국가는 국민의 건강을 소극적으로 침해하여서는 아니 될 의무를 부담하는 것에서 한 걸음 더 나아가 적극적으로 국민의 보건을 위한 정책을 수립하고 시행하여야 할 의무를 부담한다. 21국가5

해설
① (O) 헌법 제36조 ③ 모든 국민은 보건에 관하여 국가의 보호를 받는다.
② (O) (헌재 2008. 12. 26. 2008헌마419)
③ (X) 헌법 제36조 제3항이 규정하고 있는 국민의 보건에 관한 권리는 국민이 자신의 건강을 유지하는 데 필요한 국가적 급부와 배려를 요구할 수 있는 권리를 말하는 것이다.(헌재 2012. 2. 23. 2011헌마123)
④ (O) (헌재 2012. 2. 23. 2011헌마123) 〈주〉 소극적 의무 외에 적극적 의무도 부담한다.

정답 ③

603
다음 설명 중 가장 적절하지 않은 것은? (판례)

① 구 의료보험법과 국민건강보험법상의 요양기관 강제지정제는 의료인의 직업행사의 자유를 침해하지 않는다. 06입시
② 국고지원에 있어서의 지역가입자와 직장가입자의 차별취급은 사회국가원리의 관점에서 합리적인 차별에 해당하는 것으로서 평등원칙에 위반되지 않는다. 06입시
③ 치료감호 청구권자를 검사로 한정하고, 피고인의 치료감호 청구권을 따로 인정하지 않은 구「치료감호법」조항은 국민의 보건에 관한 권리를 침해한다. 22경찰2
④ 국가의 국민보건에 관한 보호의무를 명시한 헌법 제36조 제3항에 의한 권리를 헌법소원을 통하여 주장할 수 있는 자는 의료 수혜자적 지위에 있는 국민이라고 할 것이므로, 의료시술자적 지위에 있는 안과의사가 자기 고유의 업무범위를 주장하여 다투는 경우에는 위 헌법규정을 원용할 수 없다. 22경찰2
⑤ 무면허 의료행위를 일률적, 전면적으로 금지하고 이를 위반한 경우 그 치료결과에 관계없이 형사처벌을 받게 하는 「의료법」조항은 국민의 생명권, 건강권, 보건권 및 그 신체활동의 자유 등을 보장하는 규정이지, 이를 제한하는 규정이라고 할 수 없다. 22경찰2

해설
① (O) (헌재 2014. 4. 24. 2012헌마865)
② (O) (헌재 2000. 6. 29. 99헌마289)
③ (X) 국민의 보건에 관한 권리를 침해하는 것은 아니다. (헌재 2010. 4. 29. 2008헌마622)
④ (O) (헌재 1993. 11. 25. 92헌마87) 〈주〉 안경사에게 시력검사행위를 허용한 사안으로 안과의사는 국민보건권을 주장할 수 없다.
⑤ (O) (헌재 1996. 10. 31. 94헌가7)

정답 ③

제8장 국민의 기본적 의무

1. 서설

604
다음 설명 중 옳은 것을 모두 고른 것은? (판례)

> ㉠ 재산권행사의 공공복리적합의무는 헌법상의 의무로서, 입법형성권의 행사에 의해 현실적인 의무로 구체화된다. 12국회
> ㉡ 헌법은 국가뿐만 아니라 국민에 대해서도 환경보전의 의무를 부과하고 있다. 17법행
> ㉢ 현행 헌법은 국민의 의무로서 납세의 의무, 국방의 의무, 자녀에게 초등교육과 법률이 정하는 교육을 받게 할 의무, 환경보전을 위해 노력할 의무, 모성의 보호를 위하여 노력할 의무 등을 규정하고 있다. 08법무

① ㉠ ㉡
② ㉠ ㉢
③ ㉡ ㉢
④ ㉠ ㉡ ㉢

해설

㉠ (O) 재산권행사의 공공복리 적합의무는 헌법상의 의무로써 입법형성권의 행사에 의해 현실적인 의무로 구체화된다. (헌재 1989. 12. 22. 88헌가13)

㉡ (O) 헌법 제35조 ① 모든 국민은 건강하고 쾌적한 환경에서 생활할 권리를 가지며, 국가와 국민은 환경보전을 위하여 노력하여야 한다.

㉢ (X) 모두 국민의 의무이지만, 모성의 보호를 위하여 노력할 의무는 국민의 의무가 아니라 국가의 의무이다. - 헌법 제36조 ② 국가는 모성의 보호를 위하여 노력하여야 한다.

[정답] ①

605
다음 설명 중 옳지 않은 것을 모두 고른 것은? (판례)

> ㉠ 기본적 의무에 관한 헌법규정은 모든 국민과 국가기관을 구속할 수 있는 직접적 효력을 가지고 있다. 12국회
> ㉡ 근로의 의무는 국민뿐만 아니라 외국인도 그 주체가 된다. 12국회
> ㉢ 헌법 제38조는 국민이 납세의 의무를 진다고 규정하고 있으므로, 외국인은 우리나라와 해당 국가와 사이에 과세할 수 있는 근거 조약이 체결되지 않는 한 우리나라에 대하여 납세의 의무를 지지 않는다. 11법행

① ㉠ ㉡
② ㉠ ㉢
③ ㉡ ㉢
④ ㉠ ㉡ ㉢

해설

㉠ (X) 우리헌법은 납세의무나 국방의무는 법률에 그 내용을 유보하고 있어, 법률에 의해 구체화 되어야 비로소 국민을 직접적으로 구속하는 효력이 발생한다.

㉡ (X) 외국인은 경우에 따라서 근로의 권리의 주체가 될 수는 있으나, 근로의무의 주체는 될 수 없다.

㉢ (X) 외국인도 국내에 재산이 있는 경우나, 과세대상이 되는 행위를 한 경우 납세의무를 부담할 수 있다.

[정답] ④

2. 납세의 의무

606
다음 설명 중 가장 적절하지 않은 것은? (판례)

① 헌법 제38조, 제59조가 선언하는 조세법률주의는 조세법의 목적과 내용이 기본권 보장의 헌법이념에 부합되어야 한다는 실질적 적법절차를 요구하는 법치주의를 의미한다. 17국가7

② 헌법 제38조, 제59조가 선언하는 조세법률주의는 실질적 법치주의를 뜻하므로, 비록 과세요건이 법률로 명확히 정해진 것일지라도 그것만으로 충분한 것은 아니고 조세법의 목적이나 내용이 기본권 보장의 헌법이념과 이를 뒷받침하는 헌법상 요구되는 제 원칙에 합치되어야 한다. 17국가7

③ 과세요건, 즉 납세의무자, 과세물건, 과세표준, 과세기간, 세율 등은 법률로 규정해야 하지만 조세의 부과나 징수절차까지 법률로 규정할 필요는 없다. 12국회

④ 과세요건법정주의는 헌법 제59조에서 규정하고 있는 조세법률주의의 핵심적인 내용 중의 하나로서, 과세는 국민의 재산권을 침해하는 것이 되므로 납세의무를 성립시키는 납세의무자, 과세물건, 과세표준, 과세기간, 세율 등의 모든 과세요건과 조세의 부과·징수절차는 모두 국민의 대표기관인 국회가 제정한 법률로 규정하여야 한다는 것이다. 11법행

해설
① (○) (헌재 1998. 2. 27. 95헌바5)
② (○) (헌재 1997. 7. 16. 96헌바36)
③ (×) 모든 과세요건과 조세의 부과징수절차는 모두 국민의 대표기관인 국회가 제정한 법률로 이를 규정하여야 한다. (헌재 1995. 2. 23. 93헌바48)
④ (○) (헌재 1995. 2. 23. 93헌바48)

정답 ③

607
다음 설명 중 가장 적절하지 않은 것은? (판례)

① 원칙적으로 조세의 부과·징수는 국민의 납세의무에 기초하는 것으로서 재산권의 침해가 되지 않으나 그에 관한 법률조항이 조세법률주의에 위반되고 이로 인한 자의적인 과세처분권 행사에 의하여 납세의무자의 사유재산에 관한 이용·수익·처분권이 중대한 제한을 받게 되는 경우에는 예외적으로 재산권의 침해가 될 수 있다. 11법행

② 조세의 부과·징수로 인해 납세의무자의 사유재산에 관한 이용·수익·처분권이 중대한 제한을 받게 되는 경우에는 재산권의 침해가 될 수 있다. 16국가7

③ 관련 당사자가 공평에 반하는 이익을 얻을 가능성이 있다면, 이미 실효된 법률조항을 유효한 것으로 해석하여 과세의 근거로 삼더라도 권력분립원칙에 반하는 것은 아니다. 21경채/23경승

④ 조세채권은 그 납부기한으로부터 1년 이내에 설정된 전세권·질권·저당권에 의해 담보된 채권보다 우선하여 징수한다는 내용의 국세기본법 규정은 조세의 합형평성의 원칙 등에 위배된다. 11법행

해설
① (○) (헌재 1997. 12. 24. 96헌가19)
② (○) (헌재 1997. 12. 24. 96헌가19)
③ (×) 관련 당사자가 공평에 반하는 이익을 얻을 가능성이 있다 하여 <u>이미 실효된 법률조항을 유효한 것으로 해석하여 과세의 근거로 삼는 것은 과세근거의 창설을 국회가 제정하는 법률에 맡기고 있는 헌법상 권력분립원칙과 조세법률주의의 원칙에 반한다.</u> (헌재 2012. 5. 31. 2009헌바123)
④ (○) (헌재 1990. 9. 3. 89헌가95) 〈주〉 국가의 조세채권을 개인의 담보채권보다 무조건 우선하는 것은 위헌이다.

정답 ③

3. 국방의 의무

608

다음 설명 중 가장 적절하지 않은 것은? (판례)

① 국방의 의무는 병역법에 의하여 군복무에 임하는 등의 직접적인 병력형성의무만을 가리키는 것이 아니라, 향토예비군 설치법, 민방위기본법 등에 의한 간접적인 병력형성의무도 포함하며, 병력형성 이후 군 작전 명령에 복종하고 협력하여야 할 의무도 포함한다. 16국가7/17법행

② 병역의무 그 자체를 이행하느라 받는 불이익은 '누구든지 병역의무 이행으로 인하여 불이익한 처우를 받지 아니한다.'고 규정하고 있는 헌법 제39조 제2항과 관련이 없다. 11법원

③ 헌법 제39조 제2항의 병역의무 이행으로 인한 '불이익한 처우'라 함은 단순한 사실상·경제상의 불이익을 모두 포함하는 것이 아니라 법적인 불이익을 의미한다. 16국가7

④ 헌법 제39조 제2항은 누구든지 병역의무의 이행으로 인하여 불이익한 처우를 받지 아니한다고 규정하고 있는데, 여기서 불이익한 처우란 법적인 불이익뿐만 아니라 사실상·경제상 불이익을 모두 포함한다. 12국회

[해설]

① (○) (헌재 2002. 11. 28. 2002헌바45)
② (○) (헌재 2009. 7. 30. 2007헌마991)
③ (○) (헌재 2003. 6. 26. 2002헌마484)
④ (×) 헌법 제39조 제2항은 병역의무를 이행한 사람에게 보상조치를 취할 의무를 국가에게 지우는 것이 아니라 법문 그대로 병역의무의 이행을 이유로 불이익한 처우를 하는 것을 금지하고 있을 뿐이고, 이 조항에서 금지하는 '불이익한 처우'라 함은 단순한 사실상, 경제상의 불이익을 모두 포함하는 것이 아니라 법적인 불이익을 의미하는 것으로 이해하여야 한다. (헌재 2003. 6. 26. 2002헌마484)

[정답] ④

609

다음 설명 중 가장 적절한 것은? (판례)

① 공무원 시험의 응시자격을 '군복무를 필한 자'라고 하여 군복무 중에는 그 응시기회를 제한하는 것은 병역의무의 이행을 이유로 불이익을 주는 것이다. 11사시/20경승

② 병역의무를 완수한 후 직장을 가지고 사회활동을 영위하면서 병력동원훈련에 소집되어 실역에 복무중인 예비역이 그 소집기간 동안 군형법의 적용을 받는 것은 병역의무의 이행을 이유로 불이익을 받는 것이다. 11사시

③ 경찰대학의 입학 연령을 17세 이상 21세 미만으로 한정하여 병역의무이행 후 그 상한연령을 초과하면 입학하지 못하게 하는 것은 병역의무의 이행을 이유로 불이익을 주는 것이 아니다. 11사시

④ 군복무로 인한 휴직기간을 법무사 시험의 일부 면제에 관한 법무사법 제5조의2 제1항의 공무원 근무경력에 산입하지 아니한 것은 병역의무의 이행으로 인한 불이익처우금지를 규정한 헌법 제39조 제2항을 위반한 것이다. 11법원

[해설]

① (×) 국방의 의무를 이행하느라 입는 불이익이라고 할 수는 있을지언정, 병역의무의 이행으로 불이익한 처우를 받는 것이라고는 할 수 없다. (헌재 1999. 2. 25. 97헌바3)
② (×) 국방의 의무를 이행하느라 입는 불이익이라고 할 수는 있을지언정, 병역의무의 이행으로 불이익한 처우를 받는 것이라고는 할 수 없다. (헌재 1999. 2. 25. 97헌바3)
③ (○) (헌재 2007. 5. 31. 2006헌마627)
④ (×) 병역의무의 이행으로 인하여 불이익한 처우를 받지 아니한다고 규정한 헌법 제39조 제2항 위반이라고 할 수 없다. (대법원 2006. 6. 30. 2004두4802)

[정답] ③

원헌법 기출총정리 2.0

초판인쇄 2023년 04월 27일
초판발행 2023년 05월 04일
편 저 자 김원욱
발 행 인 최창호
등   록 제2016-000065호
발 행 처 주식회사 좋은책
주   소 서울시 관악구 관악로12길 10, 3층
교재문의 TEL) 02-871-7720 / FAX) 02-871-7721
I S B N 979-11-6348-566-7(13360)

본서의 무단 전재·복제 행위는 저작권법에 의거하여 5년 이하의 징역 또는
5천만원 이하의 벌금에 처하거나 이를 병과할 수 있습니다.

저자와의 협의하에 인지를 생략합니다.

정가 36,000원